缠中说禅：
教你炒股票
108课（完全解读版）

禅世雕龙 / 编著

上册

中国宇航出版社
·北京·

内 容 简 介

本书为缠中说禅"教你炒股票"108课即所谓"缠论"原文的深入解读版，书中采用主题梳理的方式，精心梳理了"教你炒股票"108课原文的框架结构，增加了600多张配图以及"课文解读""深入解析""字斟句酌""拓展阅读""学习重点和难点"等板块，对108课原文进行了详细注释，对一些历史事件和写作背景进行了还原，对缠论中较难理解、容易误解和一些模糊的内容进行了抽丝剥茧式的辨析讲解，归纳了缠论技术分析体系的五大重点和难点内容，对于读者阅读和理解原本不清晰的理论框架、投资策略、操盘方法有一定的实用价值。本书适合证券投资者、证券从业者和缠论爱好者阅读。

版权所有　侵权必究

图书在版编目（CIP）数据

缠中说禅：教你炒股票108课：完全解读版 / 禅世雕龙编著. -- 北京：中国宇航出版社，2021.11（2025.5重印）
ISBN 978-7-5159-1990-4

Ⅰ.①缠… Ⅱ.①禅… Ⅲ.①股票投资－基本知识 Ⅳ.①F830.91

中国版本图书馆CIP数据核字(2021)第212240号

责任编辑　田芳卿　　　　**封面设计**　李　松

出版发行 中国宇航出版社

社　址	北京市阜成路8号	**邮　编**	100830
	(010)60286808		(010)68768548
网　址	www.caphbook.com		
经　销	新华书店		
发行部	(010)60286888		(010)68371900
	(010)60286887		(010)60286804(传真)
零售店	读者服务部		
	(010)68371105		
承　印	三河市君旺印务有限公司		

版　次	2021年11月第1版 2025年5月第 6 次印刷
规　格	787×1092
开　本	1/16
印　张	48.75
字　数	923千字
书　号	ISBN 978-7-5159-1990-4
定　价	158.00元

本书如有印装质量问题，可与发行部联系调换

写作说明

写作本书有偶然的成分。在自学缠论的七八年中，做过很详实的读书笔记，但均属自娱自乐，难登大雅之堂。有幸结识了中国宇航出版社的编辑，在编辑老师的指导与帮助下，充分认识到一本好书应该有的样子，以及对普及与推广缠论发挥的积极作用。据此对原笔记结构进行了调整，内容做了脱胎换骨的改进，以使之成为一本严谨、实用的缠论学习参考书。

网上流传的"教你炒股票"108课系列文章，是热心网友从缠中说禅博客中摘选而成。2006年5月12日发表的"G股是G点，大牛不用套"，是缠中说禅第一篇涉及投资市场的博客文章。其后，从2006年6月7日发表"不会赢钱的经济人，只是废人"开始，到2008年8月29日发表"何为底部？从月线看中期走势演化"为止，共计摘录汇集了109篇涉及市场投资的博客文章。在此期间，缠中说禅深入浅出地介绍了自创的一套炒股理论，俗称"缠论"。

学习缠论困难吗？绝大部分缠论爱好者都认为学习缠论是一件困难的事。"教你炒股票"108课系列文章发表至今十多年了，但社会共识明显不多，甚至连理论的基本轮廓很多人都搞不清楚。

结合自己多年学习缠论的经历，认为一本好的"教你炒股票"108课解读图书，应该满足以下三个层面的需求。

一、单纯语义层面

语义层面即平常所说的文字层面。针对"教你炒股票"108课文字内容，本书做了以下四方面的工作。

（1）文章最初发表在新浪博客中，个别内容以两性关系为喻，虽无大碍，但毕竟不雅，故将之改删。

（2）文字尽量保持原汁原味，对于明显的错误，本书径行改之。对于无法确证的疑似错误，以方括号方式标注。任何解读版本都无法保证自己的理解是正确的，有必要为读者留下思考的空间。

（3）作为一套证券操作理论，文中涉及大量案例，因受博客形式限制，缠中说禅配图较少，很多读者阅读过程中难以对照理解。基于此，本书补充了330多张案例原图，基本做到一例一图。同时，缠中说禅的原文配图也以醒目方式出现在相应的文章之中。

（4）"教你炒股票"108课系列文章发表于十多年前，其当时的写作背景以及许多历史事件、基本概念，未经介绍就直接使用，对于现在的读者来说，有些已产生隔膜，增加了学习理解的难度。基于此，本书以"拓展阅读"的方式补充了相关知识和背景资料。

二、理论具象层面

有些观点和问题，仅用文字无法清楚表达。若搭配图片，寥寥数语，就能让读者豁然开朗，这就是俗话所说的"百闻不如一见""千言万语不如一张图"。

"教你炒股票"108课同样如此。理论是抽象的，用语言来表述定义、定理，进行走势分析，很考验读者的阅读理解能力。一个有价值的解读版本，要能将抽象的内容转化为具体的图形，即本书所说的具象层面。

为达此目的，本书做了以下工作。

（1）文中添加的走势图，不只做简单的文字说明，还进行了必要的缠论走势划分，比如画出走势中枢、走势类型，等等。

（2）为文中提出的定义、定理以及走势分析增加相应的示意图，从而降低理解难度。本书增加了270多幅示意图，基本解决了理论具象化的问题。

三、理论思想层面

这一点最为困难，要求解读者首先在头脑中建立缠论的理论框架与逻辑体系，并将之贯穿全书，消除原文碎片化与杂乱的感觉。

（1）缠中说禅最初只是想把一些有用的结论告诉大家，因此课程不是按正式的理论框架撰写的，存在诸多本末倒置式的推导，其目的仅仅想为读者指出大的方向，给出一些不那么严密的逻辑性引导。这种做法严重影响了读者的阅读理解，产生了一定程度的混乱，甚至造成部分人眼中的前后矛盾。

一个好的解读版本需要密切关注"教你炒股票"108课系列文章的写作时间，尽量还原缠中说禅写作时的课程进度以及当时的写作背景，从而作最贴切的解读。

事实证明，前后期的缠论只有精度方面的差异，不存在大的逻辑问题。

（2）缠论是一部未完成的作品，理论层面尚有不少未明确的地方，这造成了读者学习时最大的困扰，本书将其归纳、总结为五大重点和难点，并随课程进度作出解答。

每个问题课文中都有现成的答案，只是比较隐晦，缠中说禅没有明示，甚至讲解中说法有些许改变，因此需要反复推敲，前后比对，方可理解到位。解决了这五大重点和难点，学习缠论就不再有含混和令人困惑的地方。

（3）"教你炒股票"108课采用博客形式撰写，体系比较松散，而且文字信息量非常大，这使得初学者往往找不到重点，容易陷入谜团，无法自拔。

充分了解各时期缠中说禅写作的背景，"教你炒股票"108课的内容安排就具有了明显的脉络。从中也可以看出，不同时期缠中说禅讲解的侧重点各不相同。本书在不破坏原文结构的情况下，将"教你炒股票"108课分成22个主题，并对有价值的主题进行抽丝剥茧式的解读分析。掌握了这22个主题，缠论就无秘密可言，学习缠论也不再困难。

本书是对学习缠论时走过的道路和弯路进行的一个回顾，希望对学习缠论的同道中人有所借鉴，对缠论初学者有所帮助，使学缠之道更为顺利。

由于时间较紧，本人能力有限，书中错漏之处在所难免，敬请广大读者与缠友批评指正，为缠论的发扬光大共尽绵薄之力。

禅世雕龙
2021年8月1日

目 录

上 册

主题 1　投资心态建设（一）

股市闲谈	G股是G点，大牛不用套	2
教你炒股票 1	不会赢钱的经济人，只是废人	8
教你炒股票 2	没有庄家，有的只是赢家和输家	13
教你炒股票 3	你的喜好，你的死亡陷阱	15
教你炒股票 4	什么是理性？今早买N中工就是理性	17
教你炒股票 5	市场无须分析，只要看和干	20
教你炒股票 6	本ID如何在五粮液、包钢权证上提款的	22
教你炒股票 7	给赚了指数亏了钱的一些忠告	29
教你炒股票 8	G点为中心，拒绝"启动失败"	36
教你炒股票 9	甄别"启动失败"的数学原则	40
教你炒股票 10	2005年6月，本ID为何时隔四年后重看股票	44

主题 2　缠论视角下的均线系统

教你炒股票 11	不会吻，无以高潮	50
教你炒股票 12	一吻何能消魂	61
教你炒股票 13	不带套的操作不是好操作	67
教你炒股票 14	喝茅台的高潮程序	71

主题 3　走势必完美在同级别走势中的应用

教你炒股票 15　没有趋势，没有背驰　　　　　　　　　　　92

教你炒股票 16　中小资金的高效买卖法　　　　　　　　　99

教你炒股票 17　走势终完美　　　　　　　　　　　　　108

主题 4　普通走势划分中的走势类型及走势中枢

教你炒股票 18　股性不活跃的不是好股票　　　　　　　124

教你炒股票 19　学习缠中说禅技术分析理论的关键　　　134

教你炒股票 20　缠中说禅走势中枢级别扩张及第三类买卖点　138

主题 5　缠论标准三类买卖点（一）

教你炒股票 21　缠中说禅买卖点分析的完备性　　　　　150

教你炒股票 22　将 8 亿大米装到 5 个庄家的肚里　　　　164

教你炒股票 23　市场与人生　　　　　　　　　　　　　175

教你炒股票 24　MACD 对背驰的辅助判断　　　　　　　177

教你炒股票 25　吻，MACD、背驰、中枢　　　　　　　187

教你炒股票 26　市场风险如何回避　　　　　　　　　　196

教你炒股票 27　盘整背驰与历史性底部　　　　　　　　204

教你炒股票 28　下一目标：摧毁基金　　　　　　　　　219

教你炒股票 29　转折的力度与级别　　　　　　　　　　225

主题 6　缠论的哲学基础（一）

教你炒股票 30　缠中说禅理论的绝对性　　　　　　　　242

教你炒股票 31　资金管理的最稳固基础　　　　　　　　248

教你炒股票 32　走势的当下与投资者的思维方式　　　　253

主题 7　走势的多义性

教你炒股票 33　走势的多义性　　　　　　　　　　　　262

教你炒股票 34	宁当面首，莫成怨男	270
教你炒股票 35	给基础差的同学补补课	273
教你炒股票 36	走势类型连接结合性的简单运用	283

主题 8　缠论标准三类买卖点（二）

教你炒股票 37	背驰的再分辨	294

主题 9　走势的同级别分解

教你炒股票 38	走势类型连接的同级别分解	304
教你炒股票 39	同级别分解再研究	311
教你炒股票 40	同级别分解的多重赋格	321

主题 10　投资心态建设（二）

教你炒股票 41	没有节奏，只有死	326
教你炒股票 42	有些人是不适合参与市场的	330

主题 11　小级别背驰引发大级别转折

教你炒股票 43	有关背驰的补习课	334
教你炒股票 44	小级别背驰引发大级别转折	344

主题 12　日内看盘方式

教你炒股票 45	持股与持币，两种最基本的操作	352
教你炒股票 46	每日走势的分类	355
教你炒股票 47	一夜情行情分析	363
教你炒股票 48	暴跌，牛市行情的一夜情	373

主题 13　实战建议（一）

教你炒股票 49	利润率最大的操作模式	378
教你炒股票 50	操作中的一些细节问题	387

教你炒股票 51	短线股评荐股者的传销把戏	391
教你炒股票 52	炒股票就是真正的学佛	402
教你炒股票 53	三类买卖点的再分辨	406

下 册

主题 14　具体走势分析

教你炒股票 54	一个具体走势的分析	412
教你炒股票 55	买之前戏，卖之高潮	426
教你炒股票 56	5·30 印花税当日行情图解——图解分析示范（一）	429
教你炒股票 57	当下图解分析再示范——图解分析示范（二）	438
教你炒股票 58	图解分析示范（三）	445
教你炒股票 59	图解分析示范（四）	449
教你炒股票 60	图解分析示范（五）	457
教你炒股票 61	区间套定位标准图解——图解示范分析（六）	465

主题 15　缠论的分型、笔、线段

教你炒股票 62	分型、笔与线段	474
教你炒股票 63	替各位理理基本概念	485
教你炒股票 64	去机场路上给各位补课	494
教你炒股票 65	再说说分型、笔、线段	501
教你炒股票 66	主力资金的食物链	509

主题 16　线段的特征序列及特征序列分型

教你炒股票 67	线段的划分标准	512
教你炒股票 68	走势预测的精确意义	520
教你炒股票 69	月线分段与上海大走势分析、预判	525

教你炒股票 70	一个教科书式走势的示范分析	531
教你炒股票 71	线段划分标准的再分辨	537
教你炒股票 72	本 ID 已有课程的再梳理	546
教你炒股票 73	市场获利机会的绝对分类	554
教你炒股票 74	如何躲避政策性风险	558
教你炒股票 75	逗庄家玩的一些杂史（一）	562
教你炒股票 76	逗庄家玩的一些杂史（二）	571
教你炒股票 77	一些概念的再分辨	576
教你炒股票 78	继续说线段的划分	587
教你炒股票 79	分型的辅助操作与一些问题的再解答	594

主题 17　缠论的哲学基础（二）

教你炒股票 80	市场没有同情、不信眼泪	608
教你炒股票 81	图例、更正及分型、走势类型的哲学本质	614
教你炒股票 82	分型结构的心理因素	625
教你炒股票 83	笔—线段与线段—最小中枢结构的不同心理意义	632
教你炒股票 84	本 ID 理论一些必须注意的问题	635
教你炒股票 85	逗庄家玩的一些杂史（三）	643
教你炒股票 86	走势分析中必须杜绝一根筋思维	646
教你炒股票 87	逗庄家玩的一些杂史（四）	653

主题 18　走势的中阴阶段

教你炒股票 88	图形生长的一个具体案例	658
教你炒股票 89	中阴阶段的具体分析	663
教你炒股票 90	中阴阶段结束时间的辅助判断	668

主题 19　缠论相邻级别的关系（一）

教你炒股票 91	走势结构的两重表里关系（一）	676
教你炒股票 92	中枢震荡的监视器	688
教你炒股票 93	走势结构的两重表里关系（二）	693

主题 20　实战建议（二）

教你炒股票 94	当机立断	698
教你炒股票 95	修炼自己	702
教你炒股票 96	无处不在的赌徒心理	704
教你炒股票 97	中医、兵法、诗歌、操作（一）	706
教你炒股票 98	中医、兵法、诗歌、操作（二）	709

主题 21　缠论相邻级别的关系（二）

| 教你炒股票 99 | 走势结构的两重表里关系（三） | 716 |

主题 22　实战建议（三）

教你炒股票 100	中医、兵法、诗歌、操作（三）	722
教你炒股票 101	答疑	726
教你炒股票 102	再说走势必完美	730
教你炒股票 103	学屠龙术前先学好防狼术	734
教你炒股票 104	几何结构与能量动力结构	736
教你炒股票 105	远离聪明、机械操作	738
教你炒股票 106	均线、轮动与缠中说禅板块强弱指标	740
教你炒股票 107	如何操作短线反弹	750
教你炒股票 108	何谓底部？从月线看中期走势演化	753

主题 1
投资心态建设（一）

写作"教你炒股票"前 10 课时，缠中说禅还没做好将缠论公之于众的准备，因此只是以调侃的口吻写了些有关投资心态建设的内容。

主要内容：

（1）大多数人的买卖行为出于好恶，实则是每个个体的贪嗔痴疑慢在交易行为中的呈现。若想摆脱人性对于操作的影响，需要找到市场走势自身的规律，将关注的重点放在这些规律上。缠论就是一个揭示市场走势规律的理论，可以帮助学习者迈入职业投资人的殿堂。

（2）包括缠论在内的证券投资理论和分析技术，都不能用来预测股票的未来走势与价格，这是学习和使用缠论必须解决的心理问题，否则南辕北辙，浪费时光。

（3）缠论的核心是将走势进行完全分类，据此当下应对。

（4）缠论乘法原则下的介入程序。

股市闲谈

G股是G点,大牛不用套

(2006-05-12　19:02:25)

一年前股市跌到1000点[1]最腥风血雨时,当时看到很多人在网上很可怜,就用老ID给了一个明确的说法,叫"G股是G点[2]",越腥风血雨就机会越大了。

现在这个G点已经弄得让很多人受不了。绝大多数在市场中的人都是很犯贱的,跌也怕,涨也怕,真是可怜。为此,今天再给一句话,叫"大牛不用套"。

【课文解读:此时大盘的情况如图0-1、图0-2所示。大盘在1783点以下已经运行了四年,1700点左右成为2002—2006年盘整的高点。缠中说禅发表本篇博客时,大盘再次来到1700点附近,此时说"大牛不用套",意在指出不能用惯性思维来理解本轮行情,可见缠中说禅预判后面将出现突破走势。】

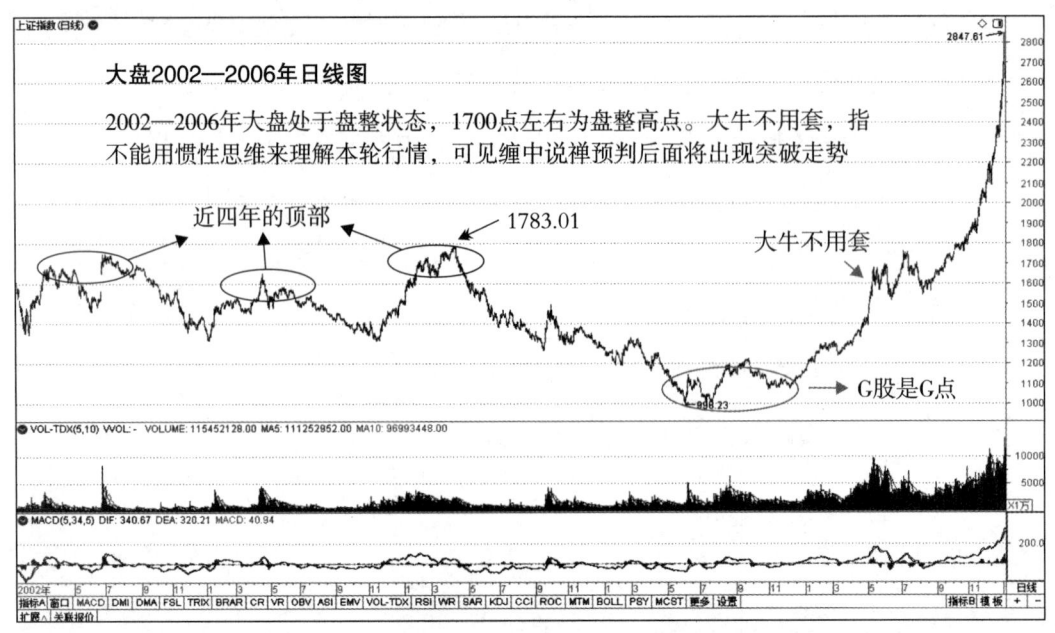

图0-1　大盘2002—2006年的几个关键时间节点

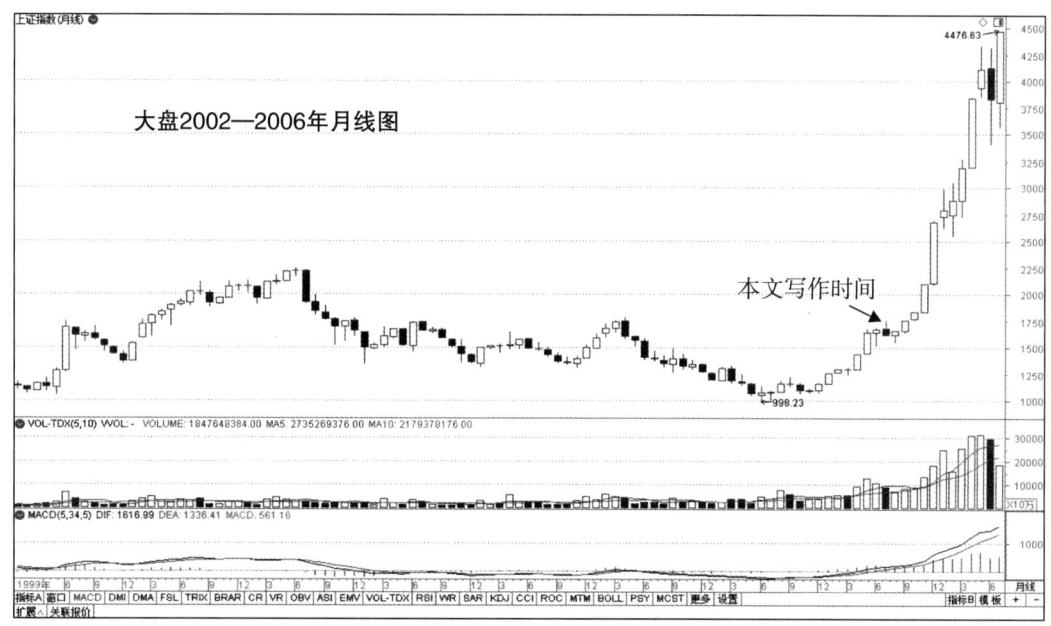

图 0-2　本文写作前后大盘月线走势图

这个不用套，最关键的意思就是不要用老思路来套用走势，特别是那些对市场了解不多的。

例如，那天看到有人说什么五粮液的权证[3]疯了，都三四元了，这些人就是对市场了解不多。知道以前宝安权证[4]给干到多少吗？知道深圳市场受香港影响，一直都有玩权证的传统吗？知道在香港比这疯多的权证遍地都是吗？市场总是要超越一般人想象的。三四元就贵？**【课文解读：图 0-3 为发表本文时五粮液权证的价格。】**为什么股价就不能比酒价贵？哪一天，按复权算，一瓶茅台、五粮液买不来一股相应股票，又有什么可奇怪的？

当然，对于极少数的人来说，市场就是一个提款机，想提就提。这怎么才能办到？就是要对市场充分地了解。真了解市场的人，就知道市场都是一样的，就像穿着各种衣服的人，扒光了都一样。真明白市场的，就无所谓牛熊，市场永远都是提款机。

【深入解析：涨、跌、牛、熊都是表相，真正了解市场的人是掌握市场运行规律的人。】

当然，如果市场只能是单边的，那么唯一的区别就是在熊市中，投入的资金以及摆动频率要小。

不过，即使在牛市中，高手和低手之间的盈利程度也是区别很大的。一个股票如果上涨 1 倍，低手最终落袋的最多就是 1 倍，而高手搞出三四倍来是一个很简单

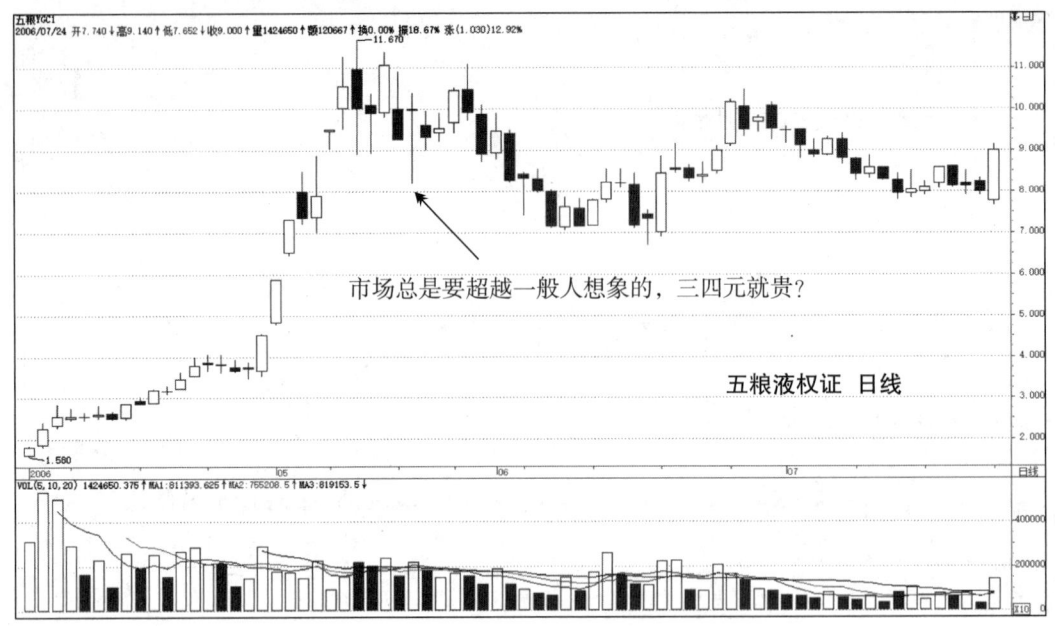

图 0-3　五粮液权证日线走势图

的事情。【**课文解读**：这里明确了缠论高手必然要做短差。】

其实，股票投资十分简单，最关键的就是成本，时机其实就是成本。如果你有本事能比市场的平均成本低，就永远立于不败之地。既然波动是市场风险所在，那么相应地就提供了利用市场的风险，利用一切值得利用的波动把持有成本往 0 甚至负数干下去的机会，这样，无论牛熊，都无所谓了。

有波动就有风险，相应就有利润。对于一个高手来说，只要有足够的时间，一个下跌股票弄出来的利润一定比一个低手在一个上涨股票弄出来的大。当然这只是举例，真正的高手当然不会故意逆着趋势干。

投资是一门艺术，而投资的艺术归根结底是资金管理[5]的艺术，这就像歌唱的艺术，归根结底是呼吸的艺术一样。【**字斟句酌**：这里缠中说禅承认投资是一门艺术，但又希望无限提升它的科学性，因此在后面的理论讲解中使用了数学表达方式，这无疑加大了理论设计的难度。】而市场的波动，归根结底是在前后两个高低点关系构成的一个完全分类中展开的，明白了这一点，市场就如同自己的掌纹一样举手可见了。【**课文解读**：对于完全分类的含义，缠中说禅有全面详细的讲解，其本质是对一个整体进行划分，通过对各组成部分的研究，达到对事物整体的研究把握。缠中说禅所说的完全分类，按某一标准进行的分类应该是唯一的、完全的。如走势可以完全分解为上涨、下跌和盘整。】以上这些，不但对于散户，对于庄家其实也是一样的。能明白这一点的，就可以在市场中游刃有余了。当然，这个境界还有向上一路，这就不是能对一般人说的，而且说了也白说，就不说了。

---

[1]中国股市经过长达四年漫漫熊市的煎熬之后，终于在2005年6月6日到达了此轮熊市的历史性终点，当日上证指数盘中一度跌破了1000点整数关口，创下998点的新低。这是自1997年2月24日以来首次出现三位数的指数点位，也是一个具有历史意义的长期大底。此时，绝大部分中国股民早已对股市失去耐心，炒股的人会被周围人嘲笑，甚至视为精神有问题。

尽管那时绝大部分股票均低于10元，5元以下含金量极高的绩优股、成长股遍地都是，比如万科A只有3.10元，中信证券只有4.70元，中国石化只有3.20元，但绝大部分中国人对股票还是不屑一顾。

剩下极少数对中国股市仍有信心的人，在指数创下998点新低之前，曾经组织了一场轰轰烈烈的"千点保卫战"，6月6日上证指数跌破1000点，给了他们沉重的一击。有趣的是，当时股民几乎没有人意识到自己已经坐在一个历史性的大底上。调查显示，90%的人认为股市还要跌到900点或以下，75%的人认为要跌到800点以下，认为要跌到500点以下的也有43%。好在6月6日启动的"六六顺"行情，很快就使上证指数告别了三位数字的历史。

[2]"G股"是中国股市发展过程中特定时期的特有名称，指完成股权分置改革后恢复上市交易的公司股票，如G三一、G金牛等。"G"是"股改"头一个字的拼音字母。标示"G"股的出发点是区分完成股改和未完成股改的两类公司，便于对完成股改的公司实施再融资等方面的优惠政策，这意味着市场中出现了一个股改概念板块——G股。

所谓股权分置，是指在我国证券市场设立初期，A股市场上市公司股份分为流通股与非流通股。股东持有的向社会公开发行且能在证券交易所上市交易的股份称为流通股，主要成分为社会公众股。公开发行前的股份暂不上市交易，称为非流通股，其大多为国有股和法人股。这种同一上市公司股份分为流通股和非流通股的股权分置状况，为中国内地证券市场独有。

股权分置不能适应资本市场改革开放和稳定发展的要求，必须通过股权分置改革，消除流通股和非流通股的流通制度差异。2005年4月29日，经国务院批准，中国证监会发布《关于上市公司股权分置改革试点有关问题的通知》，开始启动股权分置改革试点工作。

股权分置改革，解决了中国证券市场最基础、最关键的一个问题，是中国证券市场自成立以来影响极为深远的改革举措。

股权分置改革激活了上市公司的投资价值，增强了对场外资金的吸引力，一时成为市场炒作的热点和市场兴奋点，也就是缠中说禅所说的"G点"。随着股权分置改革的不断推进，中国股市也酝酿出了一次超级大牛市。

[3]权证(sharewarrant)，是指基础证券发行人或其以外的第三人发行的约定持有人在规定期间内或特定到期日，有权按约定价格向发行人购买或出售标的证券，或以现金结算方式收取结算差价的有价证券。投资者支付一定数量的价金之后，就从发行人那里获取了一个权利，这种权利使得权证持有人可以在未来某一特定日期或特定期间内，以约定的价格向权证发行人购买/出售一定数量的资产。购买股票的权证称为认购权证，出售股票的权证叫作认售权证（或认沽权证）。

权证分为欧式权证、美式权证和百慕大式权证三种。

所谓欧式权证，就是只有到了到期日才能行权的权证。所谓美式权证，就是在到期日之前随时都可以行权的权证；所谓百慕大式权证，就是持有人可以在设定的几个日子或约定的到期日有权买卖标的证券的权证。

持有人购买权证，获取的是一个权利而不是责任，其有权决定是否履行契约，而发行者仅有履行契约的义务。因此，为获得这项权利，投资者需付出一定的代价即权利金。

权证（实际上所有期权）与远期合约或期货合约的区别在于，权证持有人获得的不是一种责任，而是一种权利。远期合约或期货合约持有人则有责任执行双方签订的买卖合约，即必须以一个指定的价格，在指定的未来时间交易指定的相关资产。从上面的定义可以看出，根据权利的行使方向，权证可以分为认购权证和认沽权证。认购权证属于期权当中的"看涨期权"，认沽权证属于"看跌期权"。

由于权证发行量小，市场相关制度不健全，自从权证在中国诞生以来，就被前仆后继的投机者疯狂炒作，权证发行也数度被叫停。

2005年8月22日，第一只股改权证和第一只备兑权证——宝钢认购权证在上海证券交易所挂牌上市，这意味着自1996年6月底管理层终止权证交易9年之后，权证再次登上历史舞台。宝钢认购权证的诞生，不但为股权分置改革提出了一种新的对价方式，而且也给市场带来一种新的交易品种。据统计，沪市有宝钢、武钢、招行、南航等17家上市公司先后在股改中利用权证作为股改对价，相关大股东发行了21只权证产品并在上交所挂牌交易。

［4］宝安权证是深圳A股市场上出现的第一个权证，也是我国A股历史上炒作最疯狂的一个权证。

1992年11月5日，2640万张宝安认股权证上市，开盘价4元。在随后一年的交易期中，宝安权证最高被炒到23.60元，比20元的行权价还高出近4元。这意味着在23.60元价位买入权证的人，预期宝安股票在权证到期时至少会涨到43.60元，也就是行权价的两倍多。在投资品种稀少、投机风气盛行、市场法律法规不完善的特定环境下，宝安权证一度成为市场爆炒的对象，其价格曾经远高于标的物——深宝安本身。

有人回忆说，当时在深圳炒股票的人文化水平不高，你怎么说他就怎么做，一有人煽风点火，大家就跟着炒，结果，宝安权证的价格始终高于实际价值。经过疯狂的炒作之后，由于正股价跌破行权价，宝安权证最终被人们遗弃。这只明星权证摘牌的时候，已经变成废纸一张，许多参与炒作的投机者和大户在这次权证泡沫中惨遭血洗，炒作资金也随之灰飞烟灭。

［5］走势不仅有三种状态，而且还有不同的级别，所以契合走势的资金管理就不再是简单的买入、卖出，空仓或者持有，而是还有丰富的层次。

教你炒股票 1

不会赢钱的经济人，只是废人

（2006-06-07　18:08:15）

"教你炒股票"这样的题目，全中国不会有第二人比本 ID 更适合写的。当然，股票是炒出来的，不是写出来的，因此也从未想过写这样的题目。但任何事情都是有缘起的，缘分到了，也不妨写上一写。

人，总是很奇怪的。就算是很聪明的人，或者在其他行业很成功的人，一旦进入资本市场，就像换了人。

虚拟和现实的鸿沟使得干实业的，且不说期货了，就算到风险小［很］多的股市，也很少能干好的。而习惯在虚拟市场玩游戏的，基本很难回头去弄实业，这些例子都太多了。【**深入解析**：虚拟经济与实体经济的本质区别在于是否包含商品生产、加工的过程。实体经济有独立的商品生产、加工环节，最终借助商品实现交易，其过程为人—商品—人。虚拟经济的虚拟性表现为商品生产、加工环节的缺失，直接进入到人与人的交易阶段，交易品种为某种现成的物品，其过程为人—人。交易方式不同，带来游戏规则的改变，对应着不同的思维方式。实体经济中的商品生产、加工环节，其实际作用是提高了竞争的门槛，降低了无序竞争的压力。商品的生产、加工过程具有线性化结构，即便科技含量很高的芯片制造业，大家也都清楚，它的难度在于设备门槛高、工序流程多，但大体上仍是一个努力就会成功、投入就有回报的经济行为。虚拟经济则比较魔幻，商品生产与加工环节缺失，意味着难以对交易品种进行深入细致的了解；意味着难以通过自身的努力进行差异化生产，以取得最大的交易优势；意味着无法恰如其分地评估商品价值，尤其在目前交易品种已经不限于实物与货币的时代，大量金融产品无法明确其价值，更不用说高度包装后的各种金融衍生品了。】

周围朋友和经济有关的，干金融的比较多，也有几个干实业的。去年人民币放开[1]后，有次和他们一起玩，偶然聊起股票。当时给他们的意见是，由于资源的全球化升势及人民币的升值，国内实业将有很大的困难，而虚拟市场由于对资本的吸纳作用将大有改观，会出现一个至少是大X浪级别的行情，劝他们应该分流部分资金到资本市场来（见图1-1）。由于前几年资本市场上出事的人一拨接一拨，这帮家伙很犹豫，一晃就把时间过了。

今年，过完春节，这帮家伙突然开始不断骚扰本ID，说要入市。本ID当时已经忙得无暇分身，对他们一番数落，然后告诉他们，现在是个人都能挣钱，自己玩去，没空理你们。

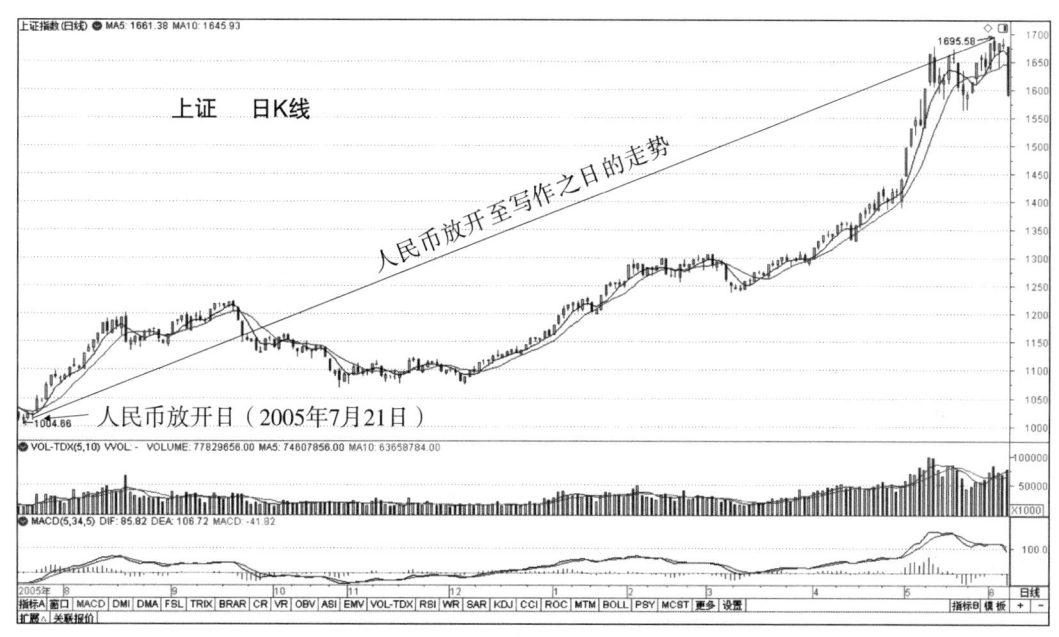

图1-1 人民币放开与大盘走势

进入三四月份，当时有色等行情已经很火爆（见图1-2），这帮家伙想大进又怕风险，一直在小打小闹。

有一天，又在一起玩，他们一定要本ID选择一些具体的股票。因为这两年一直有很多外资大基金进来接触，要收[购]中国快速消费品[2]的企业，还有就是一些大的周期行业[3]将面临重组，就让他们去关注这两类股票和权证。

5月份后，股市大涨，大家都很忙。中旬时又有机会碰头，一问之下，基本都没怎么大买，买了的也没几个站就下车了。他们都显得很烦躁，不断问有什么可买的。

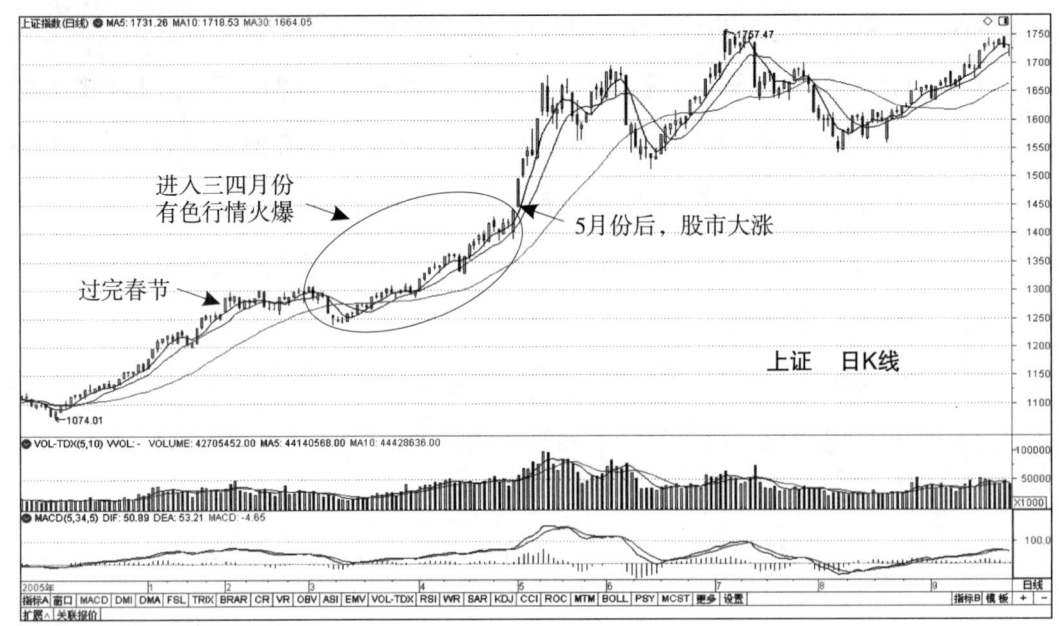

图1-2 本课提及的时间点

既有点可怜又有点烦他们,怎么在市场外弄得好好的,一到市场里都成这样了?就有点敷衍地告诉他们,去买深沪两地3元上下的本地股。而且告诉他们,这样下去肯定要出问题的,最好自己好好学学,别人怎么厉害也不可能整天像照顾小孩一样看着。

上周日,又碰在一起。这几位,大概都一肚子股票了,这次个个神采飞扬;大概又都刨了几本书,听了几[段]股评,看了几[本]杂志,更是口水喷喷地这面那面、一线二线地专家了,1800、2000、2500点地牛人了。这市场,还真能改造人![4] 只是这市场的绞肉机,又有新货了。

有人说,市场是老人挣新人的钱。而市场中的老人,套个10年8年的一抓一大把。其实,市场从来都是明白人挣糊涂人的钱。

在市场经济中,只要你参与到经济中来,就是经济人[5]了。经济人当然就以挣钱为目的,特别在资本市场中,没有慈善家,只有赢家和输家。

而不会赢钱的经济人,只是废人!无论你在其他方面如何成功,到了市场里,赢输就是唯一标准,除此之外,都是废话。

［1］这里是指从 2005 年 7 月 21 日起，我国开始实行以市场供求为基础、参考一篮子货币进行调节、有管理的浮动汇率制度。人民币汇率不再盯住单一美元，形成更富弹性的人民币汇率机制。自此，人民币开始一路升值。

［2］快速消费品简称 FMCG（Fast Moving Consumer Goods），是指使用寿命较短、消费速度较快的消费品。典型的快速消费品包括日化用品、食品饮料、烟酒等，药品中的非处方药（OTC）通常也可以归为此类。之所以被称为"快速"，是因为它们首先是日常用品，依靠消费者高频次和重复的使用与消耗，通过规模的市场销量来实现利润和价值。与快速消费品概念对应的是"耐用消费品"（Durable Consumer Goods），通常使用周期较长，一次性投资较大，包括（但不限于）家用电器、家具、汽车等。

［3］周期行业（Cyclical Industry）是指与国内或国际经济波动相关性较强的行业，其中典型的周期性行业包括大宗原材料（如钢铁、煤炭）、工程机械、船舶等。周期性行业又分为消费类周期性行业和工业类周期性行业。

消费类周期性行业包括房地产、银行、证券、保险、汽车、航空等。消费类周期性行业兼具周期性行业和消费行业的特性，它们的终端客户大部分是个人消费者（银行的消费者还包括企业），虽然品牌忠诚度较低，但仍具有一定的品牌效应。

工业类周期性行业包括有色金属、钢铁、化工、水泥、电力、煤炭、石化、工程机械、航运、装备制造等，这些行业与宏观经济相关度很高。宏观经济复杂多变，基本不可预测（众多著名经济学家的预测往往也是错误的），因此产品价格波幅巨大，下跌迅猛，需求变化迅速而且周期长，有时投资者根本没有反应的时间。此外，产品成本受原材料影响明显，基本上属于重资产型企业，投入产出周期长。行业景气度高峰期，大量的资本支出带来庞大的折旧和摊销，利润对产量的变化极为敏感。行业低谷时规模调整弹性小，影响盈利的不可测因素众多，所以盈利呈现高度的波动性，判断周期拐点的难度也较高。另外，石化、电力、石油等受政府价格管制的行业，存在盈利意外下滑的可能性。

［4］这里讲述了一个很残酷的现实：以炒股为生非常困难，但大多数人却难以察觉。其原因主要有以下两点：其一，投入门槛低。投资实体之前，必须考虑需要投入的资金、应具备的技术能力、人员如何搭配等方方面面的问题。投资股票就简单多了，有几千元开户资金就可以开户交易。其二，市场走势的规律性弱，难以建立个人的操作系统。市场走势规律性弱，以至于让人觉得炒股很简单，赚钱很容易，不需要勤奋，不需要努力。因为从短期来看，你无论做什么，无论怎么做，都可能在股市中赚钱：胡乱买一只股票，你可

能就赚钱了；根据小道消息买卖，你又赚钱了；逆势加仓操作，结果股价真的强劲反弹，你又赚钱了。而那些努力做研究，严格按计划操作的人，却可能偏偏在赔钱。正是由于市场走势规律性差，所以难以正确评估技术分析理论的有效性，难以建立起个人的操作系统。

［5］经济人即假定人思考和行为都是目标理性的，唯一试图获得的经济好处就是物质性补偿的最大化。"经济人"的概念来自亚当·斯密《国富论》中的一段话："每天所需要的食物和饮料，不是出自屠户、酿酒家和面包师的恩惠，而是出于他们自利的打算。不说唤起他们利他心的话，而说唤起他们利己心的话，不说自己需要，而说对他们有好处。"西尼尔定量地确立了个人经济利益最大化公理，约翰·穆勒在此基础上总结出"经济人假设"，后来帕累托将"经济人"这个专有名词引入经济学。

西方古典经济学中的"经济人"假设，认为人具有完全理性，总是做出让自己利益最大化的选择。1978年诺贝尔经济学奖得主西蒙修正了这一假设，提出了"有限理性"概念，认为人是介于完全理性与非理性之间的"有限理性"状态。

缠中说禅在这里引用"经济人"的说法，明确提醒大家要入市不忘初心。99.99%的人进入股市是为了赚钱，然而在股市中摸爬滚打一段时间后，很多人就变得痴迷与彷徨，习惯甚至喜欢上了股市的刺激与疯狂。

教你炒股票 2

没有庄家，有的只是赢家和输家

（2006-06-07 22:41:27）

庄家这种动物对大多数人来说很神秘，对本 ID 来说就太稀松平常了。

庄家和散户这种二元对立，大概比较适合现代中国人的思维模式，因此就变得如此的常识。但常识往往就是共同谬误的同义词，不仅是所谓的散户，而且很多的所谓庄家，也就牺牲其中。

一般定义中的所谓庄家，就是那些拿着大量资金，能控制股票走势的人。在有关庄家的神话中，庄家被描述成无所不能的，既能超越技术指标，更能超越基本面，大势大盘就更不在话下了。这里说的还只是个股的庄家，至于国家级的庄家，更成了所谓散户的上帝。关于这些庄家、上帝的传闻，在市场中一秒钟都不曾消停，构成了常识的谬误流播。

但所谓的庄家，前赴后继，尸骨早堆成了山。

前几天在一个私人聚会里，还碰到一个 50 年代的老大叔，说已经准备了 20 亿，要坐庄，让本 ID 去联系一下某某公司的头。那人也是有头有脸的人了，不想当众奚落他，暗地里把他嘲笑了一番，简直是脑子锈着了。

当然，即使庄家的神话已经如此常识，这种傻人还是一直、也会继续前赴后继的。而正因为这种傻人如此的多，猎人打起猎来才能收获丰富。看到越摆庄家谱的，猎人就越高兴，反正这类型的，基本在市场上混个几年就尸骨无存了。

市场没有什么庄家[1]，有的只是赢家和输家！有的只是各种类型的动物，还有极少数的高明猎手。市场就是一个围猎的游戏。当你只有一把小弓箭，你可以去打野兔；当你有了屠龙刀，抓几条蛇来玩当然就没劲了，关键你是否有屠龙刀！

[1]庄家是股市神话中最深入人心的一个,甚至有人认为庄家监控着自己的账户。"市场没有什么庄家,有的只是赢家和输家!"这句话并非否定了庄家的存在,后面博客提到的"有些分力特别巨大",指的应该就是庄家。"市场没有什么庄家"是指与市场相比,任何个体都是渺小的,无法长久左右市场走势,主力或庄家逆大势而为,其行为堪比逆天改命,纵使侥幸成功,最终也必将付出惨痛的代价。更何况炒股是一个需要互动的游戏,追求绝对控盘必然增加出货的难度。当年风光无二的"德隆系"三架马车(唐万里、唐万新兄弟从 1996 年开始并购和掌控"合金股份""湘火炬""新疆屯河"三只股票),就因股价涨幅巨大,庄家持股比例过高,坐庄意图过于明显,导致庄家无法在高位顺利出货,最终全盘崩溃。

教你炒股票 3

你的喜好，你的死亡陷阱

（2006-06-09 17:03:48）

要世界杯了，在世界杯时谈论股票是一件很无趣的事情。而且，全世界的人都知道，世界杯前后，股票市场几乎都要大跌。这个常识[1]，虽然并不比所有有关所谓庄家的常识更值得常识，但至少有趣，并不像所谓庄家一般无聊。

还可以增加一句的是，足球至少有帅男，而见过的如此之多的所谓庄家里，连长得不那么歪瓜裂枣的都少，这的确是实际情况，并不是开玩笑。

但你的喜好，就是你的死亡陷阱！【**课文解读**：好恶是最常见的错误心态，它是惯性思维的产物，因受到已有知识、经验的束缚，从而无法客观公正地面对现实的挑战。好恶又表现为一种情绪，当这种情绪左右了人的思想时，所有针对事物本质的讨论都变成了一种情绪对抗，所以有"众生只有好恶，没有真相"的说法。好恶往往使人陷入人性"贪婪与恐惧"的陷阱而不能自拔。】在市场中要生存，第一条就是在市场中要杜绝一切喜好。市场的诱惑，永远就是通过你的喜好而陷你于死亡。市场中需要的是露水之缘而不是比翼之情，天长地久之类的东西和市场无关。市场中唯一值得天长地久的就是赢钱，任何一个来市场的人，其目的就是赢钱，任何与赢钱无关的都是废话。

必须明白，任何让你买入一只股票的理由，并不是因为这股票如何好或被忽悠得如何好，只是你企图通过买入而赢钱。能赢钱的股票就是好的，否则都是废话。因此，市场中的任何喜好，都是把你引入迷途的陷阱，必须逐一看破，进而洗心革面，才能在市场上生存。

当然，能看清楚自己周围的市场陷阱，还只是第一步。更进一步，要学会利用市场陷阱来赢钱。当你要买的时候，空头的陷阱【**课文解读**：市场主力为了买入或洗盘，故意营造恐慌氛围，迫使投资者低价抛售筹码。】就是你的最佳机会，当你要卖的时候，多头的陷阱【**课文解读**：市场主力为了出货，故意制造突破或连续上涨形态，吸引投资者追高买入。】当然就是你的天堂。这市场，永远不缺卖在最低点、买在最高点的人。这世界上没有什么是可以让所有人赢钱的，连大牛市中都有很多人要亏损累累。而市场中的行为，就如同一个修炼上乘武功的过程，最终能否成功，还是要落实到每个人的智慧、秉性、天赋、勤奋上来！

----

[1] 统计显示，在举办世界杯的月份，全球股市下跌概率大于70%。关于"世界杯魔咒"产生的原因，一个普遍的说法是，由于世界杯赛事十分精彩，投资人的精力被分散，特别是机构操盘手和基金经理的注意力被分散，从而使得市场表现冷清。此外，世界杯一般在五六月份举行，中国股市有"五穷六绝七翻身"的说法，即使没有世界杯，也往往因流动性阶段性紧张和政策空窗期而走弱。

教你炒股票 4

什么是理性？今早买 N 中工就是理性

（2006-06-19 21:41:14）

很奇怪，在资本市场中，经常有人在教导别人要理性。而所有理性模式后面，都毫无例外地对应着一套价值系统为依据。企图通过这所谓的依据而战胜市场，就是所有这些依据最大的心理依据，而这，就是所有资本谎言和神话的基础。真正的理性就是要去看破各色各样的理性谎言，理性从来都是人 YY 出来的皇帝新衣，这在哲学层面已不是什么新鲜的事情。

更可笑的是，被所谓理性毒害的人们，更经常地把理性当成一种文字游戏。当文字货币化以后，这种文字游戏就以一种更无耻的方式展开了。【课文解读：贩卖理性，忽视了规律的当下属性。】但真正的理性从来都是当下的，从来都是实践的，而实践，从来都是当下的理性。就像工作是干出来的而不是说出来的，理性也一样。

站在资本市场的角度，就是所有的介入都是可介入从而被介入地介入着。也就是所有的介入，当你介入时，市场与你就一体了，你创造着市场，从而市场也创造着你。而这种创造都是当下的，从而也是模式化的。真正的理性关心的不是介入的具体模式如何，而是这种模式如何被当下着。最重要的是，这种模式如何死去。【课文解读：几点重要启示：（1）理性的市场投资行为是建立一种进退有据的操作方式；（2）介入后，介入的原因不再重要，当下走势是否满足退出条件是唯一需要思考的问题；（3）以后就是不断完善系统，强化执行力的过程。】

生的，总要死去。如果自然真有什么法则，这就是唯一的法则，市场上的法则也一样。所谓法则，就是宿命。在市场中，死亡是常态，也是必然。而生存，必须以死为依据，所谓生生不息，其实就是死死不息。当你被依据所依据时，其实已在死亡之中。而生死，从来都是被当下所模式。资本市场也一样，以为离了生死也就无生死可了，这不过是所谓理性的妄想。任何市场中人，都是被生死了的，生死无处可离，生死就在呼吸之间。不离生死而从容于生死，没有这种大勇猛，一切的理性都不过垂死的哀鸣。对于市场来说，介入就是介入生死，无所依据地从容于各种模式之间，无所（往）[住]而生其心，而心实无所（往）[住]，方可于生死而从容。【课文解读："应无所住而生其心"，出自《金刚经》，又称无住心、非心，与般若心经中"空即是色"义同。意即不论处于何境，此心皆能无所执着，自然生起。心若有所执着，犹如生根不动，则无法有效掌握一切。故不论于何处，心都不可存有丝毫执着，才能随时任运自在，如实体悟真理。禅宗六祖惠能未得法前，五祖弘忍为说《金刚经》，至"应无所住，而生其心"，慧能言下大悟，一切万法不离自性，由是得传衣钵。股市中一种常见的现象是以盈亏评判操作，缠中说禅在这里提醒大家，市场投资要转变思想，将尊重市场客观规律放在首位，唯此方可不受盈亏的羁绊，从容进行投资实践。】

  对于市场的参与者来说，首要且时刻必须清楚自己目前介入模式的当下。而市场中的绝大多数人，是不知道自己在干什么的。狠一点说，就是死都不知道怎么死就死了，市场基本由这种人构成。这种构成与资金实力无关，大资金死起来更快，一夜之间土崩瓦解的事情，本ID见得多了。此外，如果你一定要很习惯地、理性地追问什么是理性，那么，相对那些光说不干的所谓理性，今早15元多买N中工就是理性（见图4-1）！理性是干出来的，今天，你干了吗？【课文解读：短时间

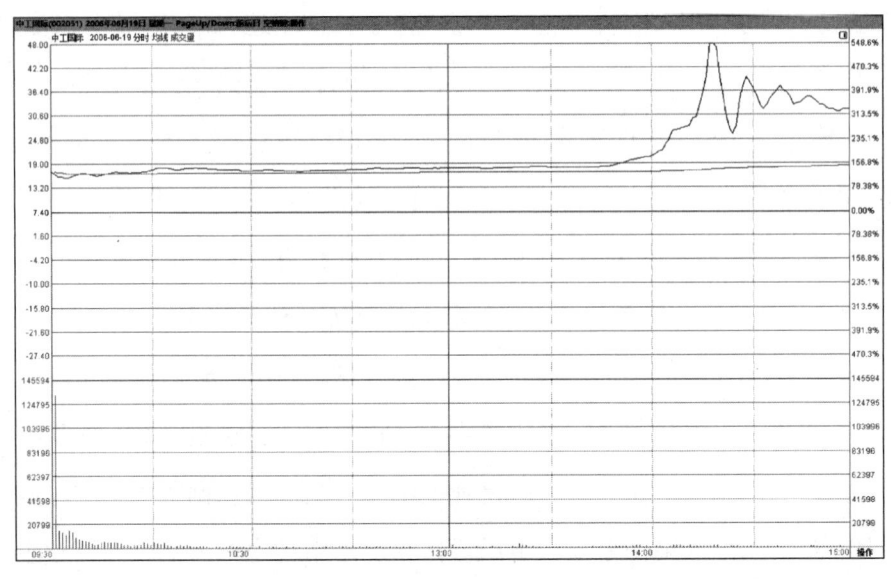

图4-1　中工国际上市日分时走势图

内对股价影响最大的是供求关系。N中工是2006年IPO重新开闸后第一只上市交易的股票，开盘后受到资金热烈追捧，当日换手率很高。按中国股市交易规则，这些买盘当天不能卖出，实际上造成了买卖失衡，缠中说禅由此得出多方大胜的判断。基于以上判断，缠中说禅认为15元多买入N中工是一种"理性"的行为。以上结论都是当下得出的。N中工上市之前虽然预期会受追捧，但常言道，"市场总是对的"，新股上市是否能达到预期，需要股价的走势和换手率等指标来确认。】

教你炒股票 5

市场无须分析，只要看和干

（2006-06-21　20:52:02）

喜欢吹牛皮的，在市场里最常见。例如一种以分析市场、吹牛皮为生的职业，叫什么股评、专家的，此类人不过是市场上的寄生虫。真正的猎手只会观察、操作，用嘴是打不了豺狼的。

市场就是一个狩猎场，首先你要成为一个好猎手。而一个猎手，首先要习惯于无言。如果真有什么真理，那真理也是无言的。可言说的，都不过是人类思想的分泌物，臭气熏天。真不可言说了，就无不可言。言而无言，是乃真言[1]。

一个好的猎手，可以没有嘴巴，但一定会有一双不为外物所动的眼睛，在这眼睛下，一切如幻化般透明。要不被外物所动，则首先要不被自我所迷惑。其实无所谓外物、自我，都不过幻化空花，如此，方可从容其中。

猎手只关心猎物，猎物不是分析而得的。猎物不是你所想到的，而是你看到的。相信你的眼睛，不要相信你的脑筋，更不要让你的脑筋动了你的眼睛。被脑筋所动的眼睛充满了成见，而所有的成见都不过对应着把你引向那最终陷阱的诱饵。猎手并不畏惧陷阱，猎手只是看着猎物不断地、以不同方式却共同结果地掉入各类陷阱，这里无所谓分析，只是看和干！【**课文解读**：这段话有两层含义：（1）大多数人的交易行为仅仅是人性本能的反应，因此缠中说禅提醒人们建立交易系统的重要性，从而降低人性贪嗔痴疑慢对操作的影响，这就是首先不要被"自我"所迷惑。（2）当你对市场理解比较深刻，完成基因改造之后，自然明白走势受到众多因素的影响，绝对预测就是一个笑话。既然不能绝对预测，自然只有"应对"和"见招拆招"，即"看"和"干"（买点买，卖点卖），此时不受外界影响，坚持操作系统就是重中之重。】

猎手的好坏不是基于其能说出多少道道来，而是其置于其地的直觉。好的猎手不看而看，心物相通。如果不明白这一点，最简单的就是把你一个人扔到深山里，只要你能活着出来，就大概能知道一点了。

如果觉得这有点残忍，那就到市场中来。这里有无数的虎豹豺狼，用你的眼睛去看，用你的心去感受，而不是用你的耳朵去听流言蜚语，用你的脑筋去抽筋！

---

[1]《道德经》中的"道可道，非常道，名可名，非常名"，佛教中的"如来"一词，都包含有"真理是无言的，一说就错"的含义。"真理是无言的"这种说法，源于2500年前的灵山大法会。佛祖释迦牟尼见到五百弟子，他们都各具神通，然而仍未达到最高境界。于是佛祖拈起一束美丽的优波罗花示众。众弟子皆默然，只有迦叶尊者心领神会，破颜微笑，妙悟其意。佛祖高兴地说："我将诸般心法不立文字、以心传心的方式传之摩诃迦叶。"迦叶遵崇佛祖旨意，其后下传二十七代弟子，由二十八代弟子达摩祖师将禅传入中土。

"真理是无言的"包含两方面的意思：其一，文字并不适合描述复杂的事物，比如对声音、真理等的描述，有时会显得苍白无力。其二，人们对一段文字的理解，需要阅读者在头脑中进行二次解读，这时阅读者已有的知识、经验无形中会加入进来。比如面对"能穿多少穿多少"这样一句话，如认为隐含信息是夏天或冬天，就会有完全不一样的解读。

教你炒股票 6

本 ID 如何在五粮液、包钢权证上提款的

（2006-10-24　12:45:16）

最近忙着和孔二爷闹，满博客都是孔二爷。前两天耍了一下鲁超女活跃一下气氛，今天想继续说说这"教你炒股票"系列。总不能整天都是孔二爷，也要照顾一下孔方兄。都是姓孔的，一碗水要端平。

股票上永远不缺英雄，更永远不缺死去的英雄。最近的英雄们都又在吹投资，但投资这内裤永远掩盖不了股票扒光后赤裸裸的投机。阴符云："天性，人也；人心，机也；立天之道以定人也。天发杀机，斗转星移；地发杀机，龙蛇起陆；人发杀机，天地反覆；天人合发，万化定基。"不投这个机，又如何夺天地之造化？股票市场也是一样的。【深入解析：目前市场中不少人将价值投资奉为圭臬，这一点在股神巴菲特的财富传奇深入人心后尤甚。不少人将他的投资理念，归纳为买入"好"公司股票，长期持有就能赚大钱。这种简单化的理解，使得很多所谓巴菲特的信徒在 2008 年都吃了很大的亏。事实上，1968 年末，巴菲特关闭了合伙基金公司，此后美国经济和股市都陷入了长期的调整。2008 年金融危机之前，长达三四年时间，巴菲特的伯克希尔－哈撒韦公司拥有四五百亿美元的现金，一直都没有做大的投资。直到金融危机之后，他才开始大规模投资，能用的现金都用完了，而且还采用发行新股的方式收购铁路公司。正是对大变局的积极应对，他才成为这波金融危机最大的赢家。正如《阴符经》所说，众生的天道不过是众生的心理呈现，难逃人心的浮躁与善变，所以不管是投资也好，投机也罢，都不过是在天时地利人和之时的投机行为而已。】

对于本 ID 来说，这股票市场就如同提款机，时机到了，就去提款，时机不到，就让它搁在那。市场不能经常搞，必须耐心等待它的异动，才能操作。

本 ID 曾写帖子"G 股是 G 点，大牛不用套！"连 G 点都不明白，是没资格谈

论股票的。

要找到这市场的G点，其道理是一样的。但光知道有G点还是不能乱搞，首先要了解他是干净的，是安全的，否则高潮还没有就翘了，那不麻烦大了？这市场也是一样的，不是什么机会、G点都要搞的，首先的前提要安全，要像去银行提款一样安全。市场上也只有这样又安全又能G点的机会，才值得投机。【课文解读：就缠论写作背景而言，2005年开始的这一波大行情的G点是股权分置改革。就缠论而言，市场的G点就是缠论的三类买点，不过能否介入，还需要参考其他因素。】

就像四月份时本ID在五粮液、包钢认购权证上的布局（见图6-1、图6-2）。为什么选择它们而不是其他，道理很简单，因为它们既有认购又有认沽。而对于企业来说，除非行情特别不好，否则是不会让认沽兑现的。因为不兑现，这就是一个空头支票，而兑现是要掏真金白银的。因此，对既有认购又有认沽的认购权证来说，认沽和认购的行权价之间的差价，就是认购权证最安全的底线*。

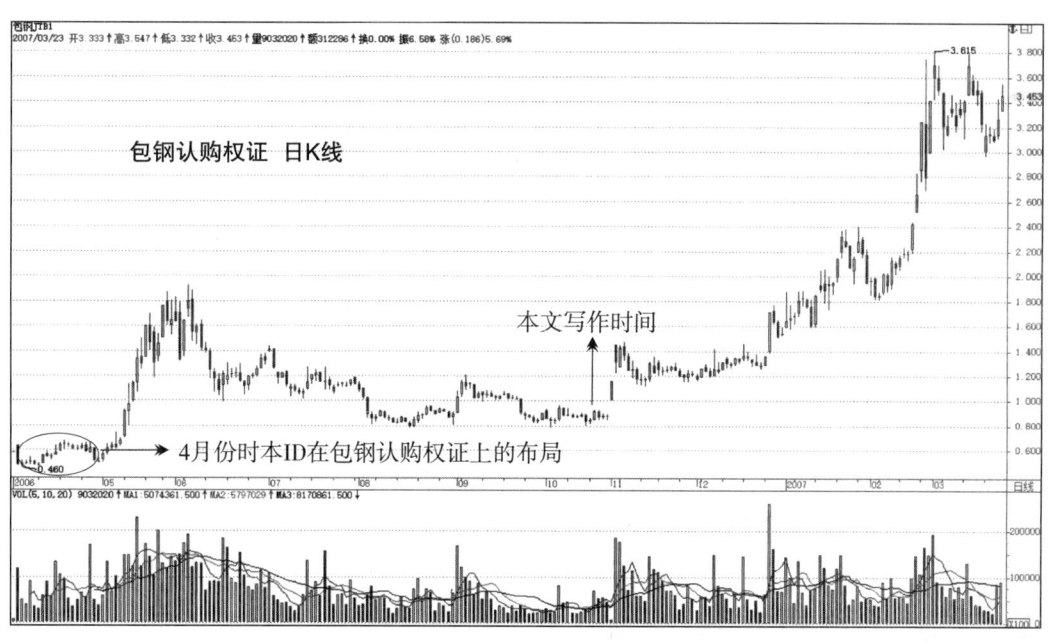

图6-1　包钢认购权证日K线走势图

对于五粮液、包钢认购权证，这个底线就分别是1.02和0.43元。而本ID当时分别在1元多和4毛多吃它们，是不是和去银行提款一样安全？唯一遗憾的是，

注：标示*号的内容文后有详细讲解。

它们的盘子都太小，容纳不了太大的资金。小盘的股票，没什么劲。

投机不是瞎搞，是要清清楚楚地搞。要清清楚楚，就要对市场充分地理解，要明白其道道。

图 6-2　五粮液认购权证日 K 线走势图

深入解析

权证无风险套利

"无风险套利"是众多市场投资者梦寐以求的机遇，本课缠中说禅指出既有认购又有认沽的权证具有这种可能性，下面以包钢权证为例详细分析一下这种套利方案。

一、包钢认购权证的无风险套利方案

1. 包钢权证基本信息

权证类型	认购权证	认沽权证
权证简称	包钢 JTB1	包钢 JTP1
权证代码	580002	580995

（续表）

权证类型	认购权证	认沽权证
权证类型	欧式认购权证	欧式认沽权证
发 行 人	包头钢铁（集团）有限责任公司	包头钢铁（集团）有限责任公司
标的证券	G包钢（SH600010）	G包钢（SH600010）
行权价格	2.00元	2.45元
行权比例	1∶1，即1份权证可以购买1股股票	1∶1，即1份权证可以出售1股股票
结算方式	证券给付	证券给付
赠送比例	每10股送4.5份	每10股送4.5份
发行总量	714,914,937份	714,914,937份
存续期	12个月	12个月
上市日	2006年3月31日	2006年3月31日
到期日	2007年3月30日	2007年3月30日
行权期	2007年3月26日–3月30日	2007年3月26日–3月30日

2. 包钢权证行权期间包钢股份的最低价格

根据权证的基本信息可知，包钢权证是由认沽与认购权证构成的蝶式权证，该形式权证给了投资者一次无风险套利的机会。本课缠中说禅指出：既有认购又有认沽，对于企业来说，除非行情特别不好，否则是不会让认沽兑现的，因为不兑现，这就是一个空头支票，而兑现是要掏真金白银的。

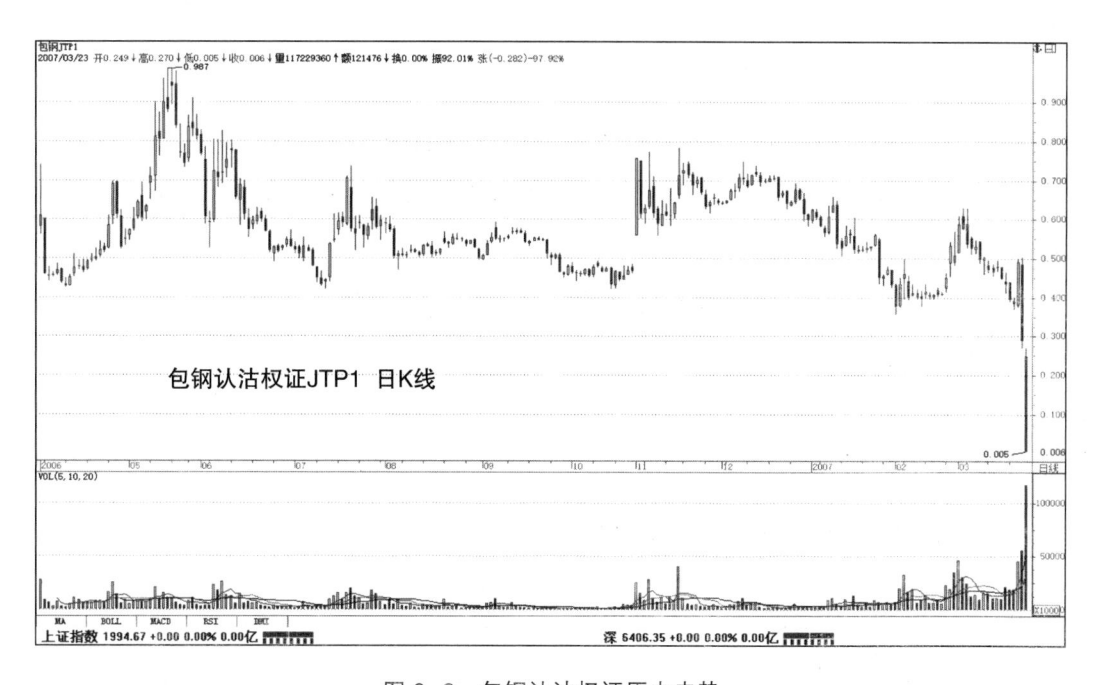

图6-3 包钢认沽权证历史走势

按上述思路，权证发行人会极力避免认沽权证的行权行为，因此行权期间股票价格应高于认沽权证的最低成本，这个最低成本即是无风险套利的安全边界。

不考虑购入认沽权证的费用及交易手续费，行权时的每股成本如下：

1 份权证 ×1 股（行权比例）×2.45 元（行权价格）=2.45 元

由此可以推算出包钢权证行权期间，股票价格不会低于 2.45 元。

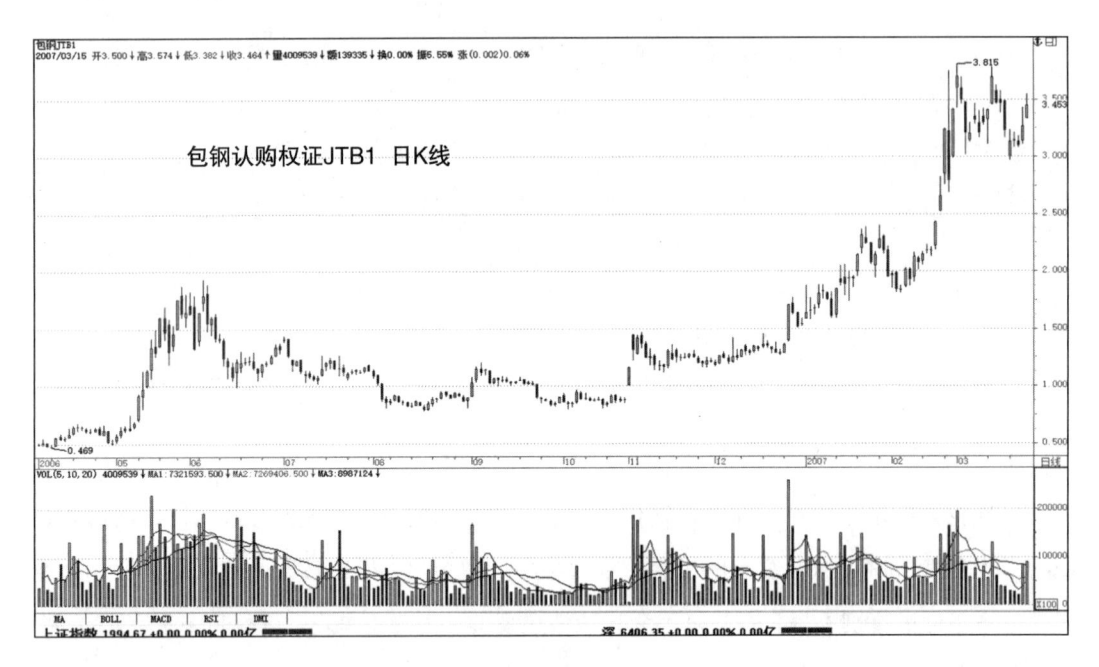

图 6-4　包钢认购权证历史走势

3. 无风险套利方案边界

2.45 元是权证发行人极力维护的最低股票价格，它同时成为认购权证无风险套利时的天花板，购入权证的花费 + 行权价格不能超过此价格。由此可以计算出每份认购权证的最高安全价格：

2.45 元 –［1 份权证 ×1 股（行权比例）×2.00 元（行权价格）］

=2.45 元 –2.00 元

=0.45 元

考虑到交易还将产生各种费用，所以缠中说禅本文给出包钢认购权证的底线价格为 0.43 元。

二、包钢与五粮液权证的最终收益

1. 包钢权证最终收益分析

图 6-5 是包钢股份的日 K 线图，图中截选了包钢权证发行期间的股价走势，2007 年

3月30日是包钢权证的最后行权日,彼时G包钢的股票收盘价为5.59元。

首先,这意味着包钢认沽权证成为了一张废纸,行权不但无法获利,而且会有不小的损失。图6-3包钢认沽权证的走势也说明了这一点,在行权前的最后一个交易日(2007年3月23日),其价格暴跌至0.005元。

与此同时,图6-4的包钢认购权证在行权前的最后一个交易日(2007年3月23日)则以3.453元高价报收,为本次认购权证的炒作画上了一个圆满的句号。

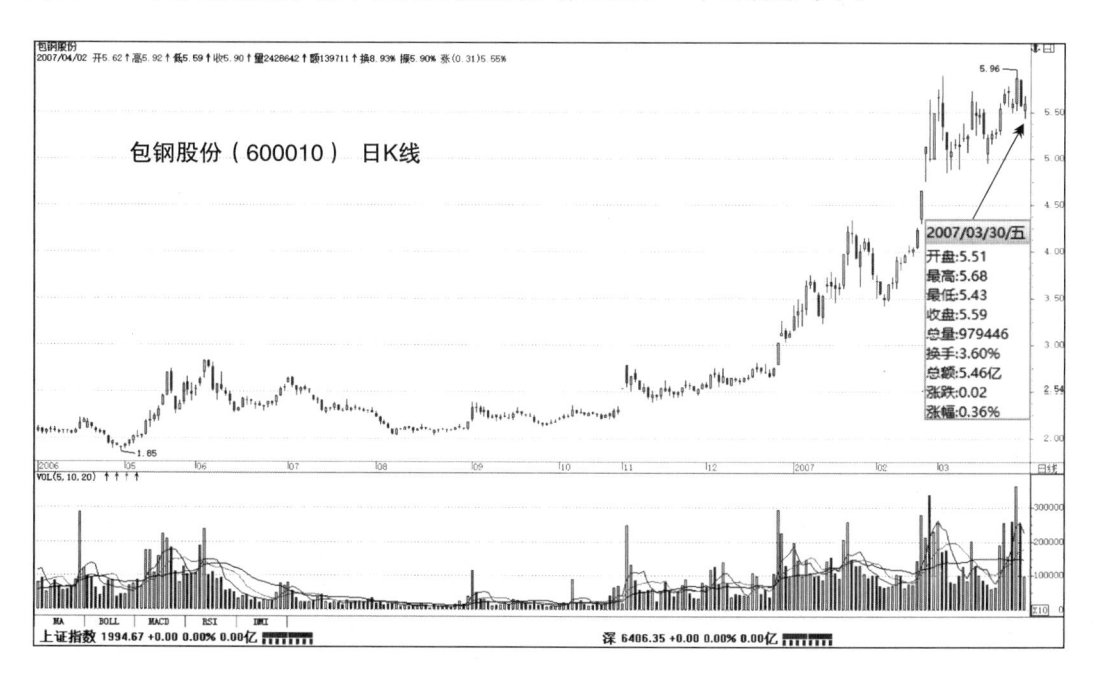

图6-5 标的股票G包钢历史走势

不过,认购权证持有者选择行权收益更高,以缠中说禅的初始成本0.50元/份权证计算,如果购入1000000份包钢认购权证,并持有到最后的行权日,共将获利:

[1000000份权证×1股/权证×5.59元(行权日股票价格)]-[1000000份权证×2元(行权价格)+1000000份权证×0.5元(购入权证的价格)]

=5590000元-2500000元

=3090000元

2.五粮液认购权证收益分析

五粮液认购权证与包钢认购权证略有不同:其行权比例为1:1.402,即每份认购权证可以购买1.402股标的股票;行权价格为4.898元/股,最后行权日的股票收盘价如图6-6所示,达到了21.40元。

仍以缠中说禅的初始成本 1.50 元为例，假设买入 1000000 份五粮液认购权证，并持有到最后的行权日，则将获利：

[1000000 份权证 ×1.402 股/份权证 ×21.4 元（行权日股票收盘价）]−[1000000 份权证 ×4.898 元（行权价格）+1000000 份权证 ×1.5 元（权证价格）]

=30002800 元 −6398000 元

=23604800 元

由此可见，牛市之初买入有安全保障的认购权证是一种占用资金少、获利空间巨大的投资。

图 6-6　五粮液认购权证标的股票五粮液的历史走势

教你炒股票 7

给赚了指数亏了钱的一些忠告

（2006-11-16　12:00:01）

今天不宠幸孔二爷了，宠幸一下股票。早就说过，中国没有人有资格和本 ID 谈论股票。国庆前，香港有几个大的基金经理过来，吃饭时让本 ID 给修理了一通，屁颠屁颠回去了。本 ID 和他们说了大的国际经济趋势以及大中国区的金融前景，还有内地的政治经济形势，坚定他们的信心。他们主要是对内地的情况不了解，所以有所狐疑。最近这伙人干得不错。在市场里，干就往死里干，不干白不干。把锅炒热了才有好菜吃，这道理不很简单？

但这几个月还是有点烦，就是整天给一大叔骚扰。他钱不多，也就千万级别的资金规模，这种人本 ID 从不搭理。但这大叔有点特殊，有些渊源，人家年纪又这么大，40 好几了，怎么都给点面子。但有时候，真想踹他两脚。

4 月份，本 ID 布局权证时，他就不敢买。后来权证疯了，他就后悔。然后告诉他，年纪大了就不要玩太高风险的，买银行股吧，民生[银行]，4 块钱附近买了就搁着（见图 7-1），结果赚了几毛钱就跑，真没出息。

最可气的是，国航跌破发行价时告诉他去买（见图 7-2），他自己也当过兵，特别提醒他国航的李总当兵出身的，怎么可能让自己的股票跌破发行价这么没面子？这大叔犹犹豫豫，N 天时间也就买了点，涨起来几毛钱又走了。

最近，让他在 3 元多吸纳北辰实业（见图 7-3），4 块不到就跑了，本 ID 简直对他彻底绝望。

不过他还算好，有部分钱在年初三四块买了一只自己十分熟悉的北京股票，现在已经 10 块了。但这大叔最麻烦的是，上下一波动就紧张，就打电话来骚扰本 ID。本 ID 教他怎么在箱型盘整时弄短差，【深入解析：短差，是利用操作以下级别的买卖点进行操作的行为。】这大叔，涨的时候不敢卖，跌的时候不敢买，本 ID 真服了他。

之所以说这，因为这种情况在散户中太常见。散户就如浮萍，没根，没主意，这样不给屠杀才怪了。大概最近比这大叔更惨的，赚了指数亏了钱的也不在少数，本 ID 也废话一下，让有缘者得之。

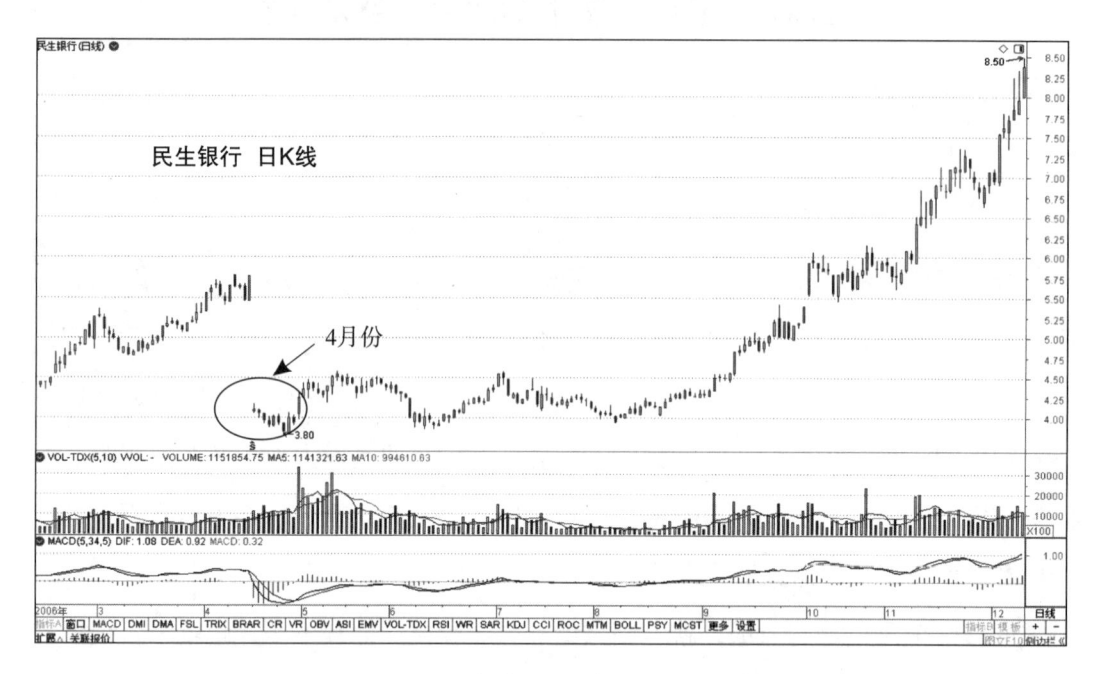

图 7-1 2006 年前后民生银行日 K 线走势图

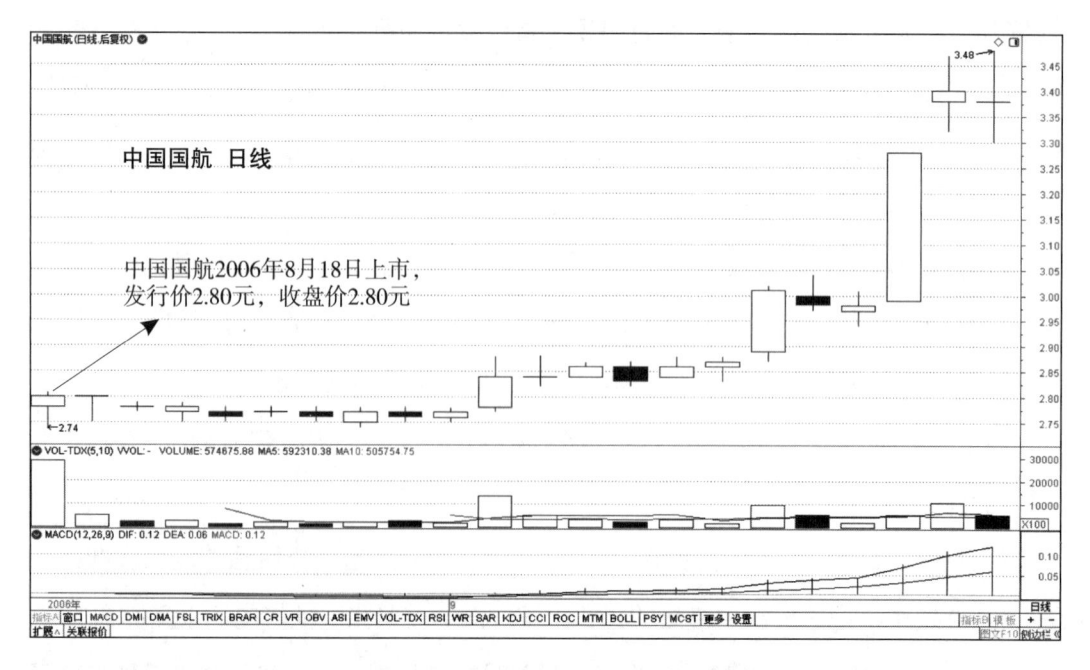

图 7-2 中国国航上市之初日 K 线走势图

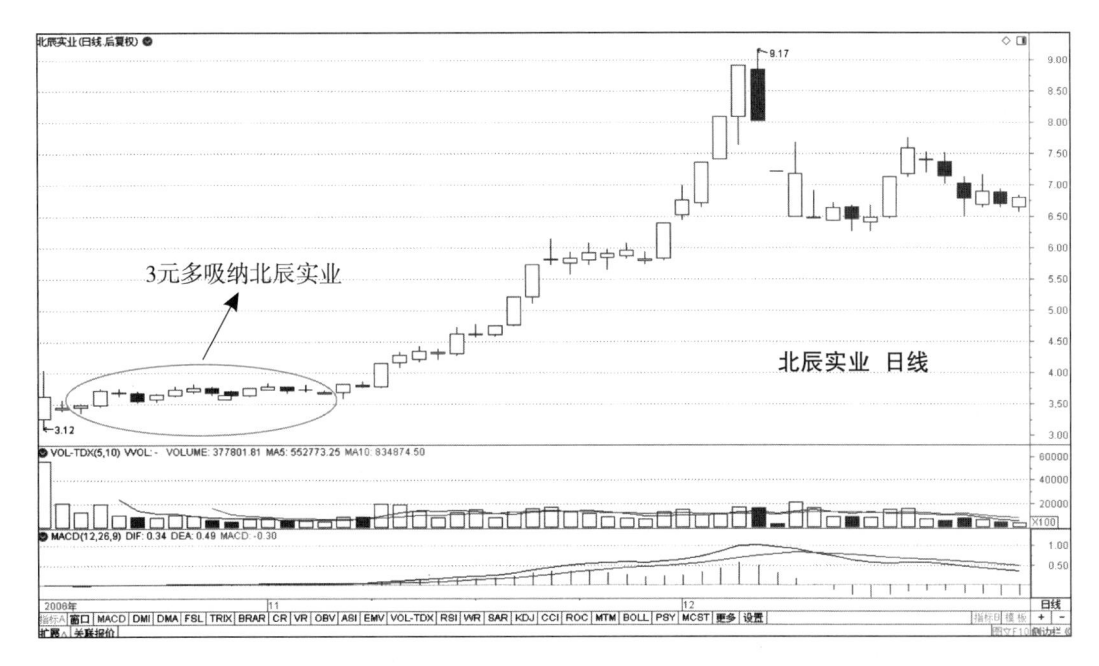

图 7-3　北辰实业 2006 年底前后日 K 线走势图

去年破 1000 点前，本 ID 曾写"G 股是 G 点"。今年 5 月刚突破后，本 ID 又写"大牛不用套"，但为什么有人竟然可以不挣钱？最主要的是对牛市没信心，对牛市的节奏没把握。5 月份前有色等的上涨（见图 7-4），不过是牛市的预热阶段，而目前以金融股等为代表的指数股上涨，是牛市的第一阶段。

[19]96 年的时候，深发展涨了 N 倍了（见图 7-5），很多股票还没怎么动。牛市的第一阶段都是这样的，一线股先涨，它们不到位，其他股票怎么涨？全世界的牛市都基本这样子，没什么新鲜的。

错过了这个节奏怎么办？如果你跟盘技术还行的，就要在回档的时候跟进强势股票。散户就怕跌，但牛市里，跌就是爹，一跌就等于爹来了，又要发钱了。【课文解读：请注意"发钱"的前提，必须在牛市中。牛市的特点是大涨小回，因此"跌"弥足珍贵。】如果跟盘技术不行，有一种方式是最简单的，就是盯着所有放量突破上市首日最高价的新股，以及放量突破年线然后缩量回调年线的老股，这都是以后的黑马。特别那些年线走平后向上出现拐点的股票，一定要看好了。【课文解读：突破上市首日最高价的新股，表明解套了所有二级市场的接盘者；突破年线的股票，代表最近一年中买入的人基本上都是盈利的，年线走平更是意味着消化掉了套牢盘。两种走势传达出当下股价已为市场广泛认可，做空能量极小，牛市中上涨一触即发。】

至于还在年线下面的股票，先别看了，等它们上年线再说。其实，这就是在牛市中最简单可靠的找所谓牛股的方法。

举一个例子，去看看宝钢（见图7-6），突破年线后缩量回调，10月23日

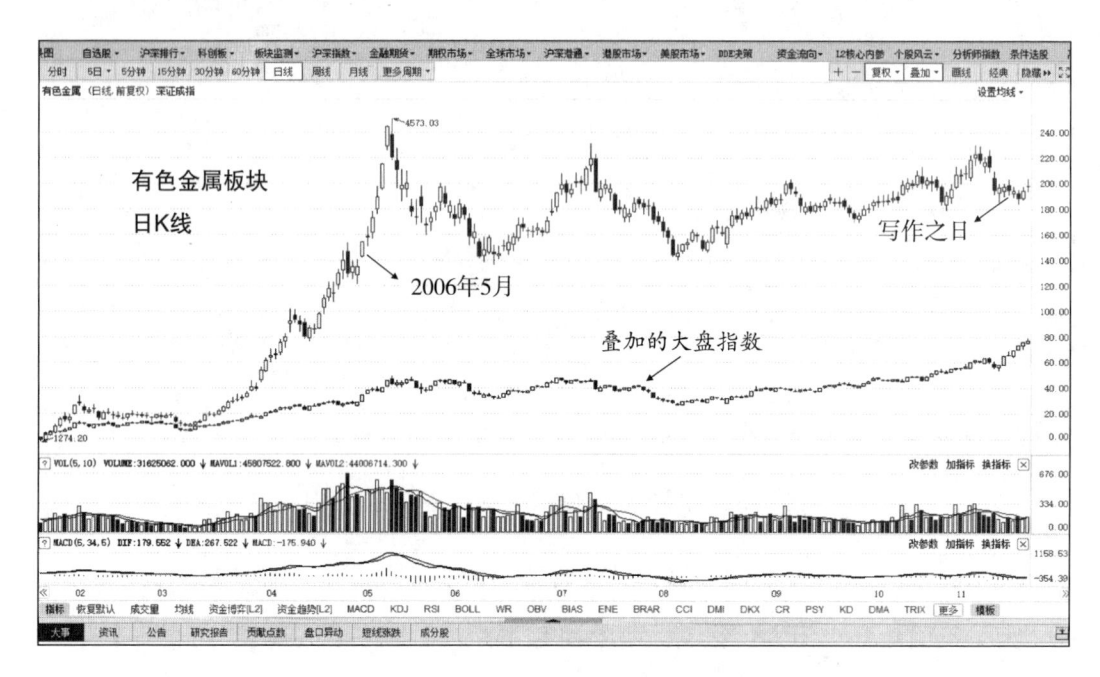

图7-4　2006年有色金属板块与大盘指数走势对比图

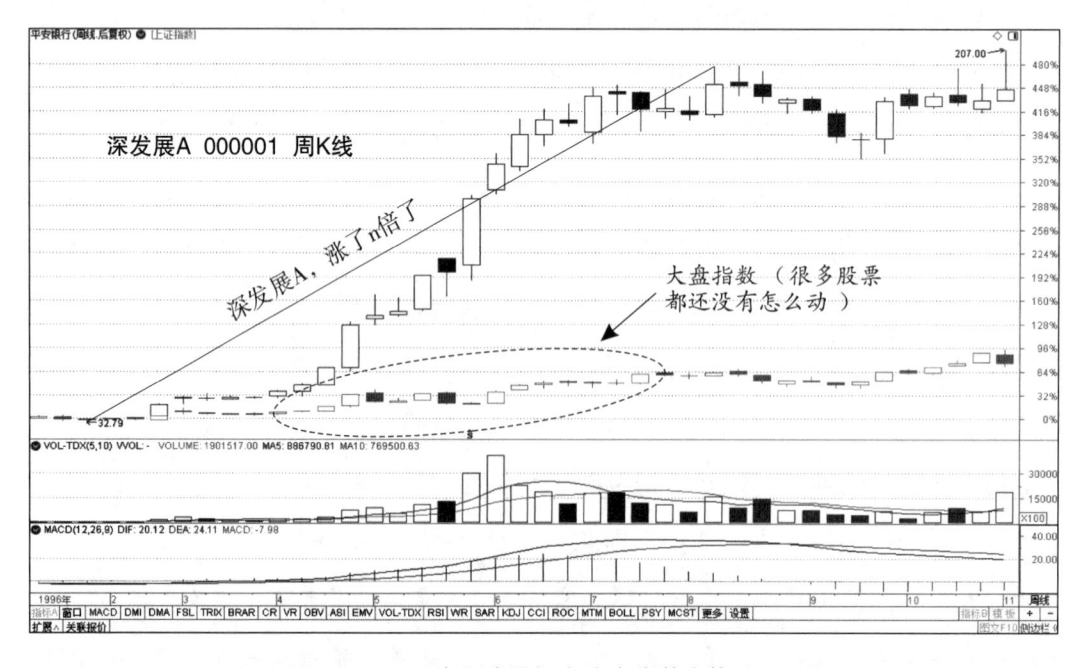

图7-5　1996年深发展A与大盘指数走势对比图

回调 4.20 元，当时年线就在 4.17 元，然后再放量启动。今天，11 月 16 日，已经 6 元多了，50% 就这么完成了。从年线上启动，先涨个 50%，不像玩一样？

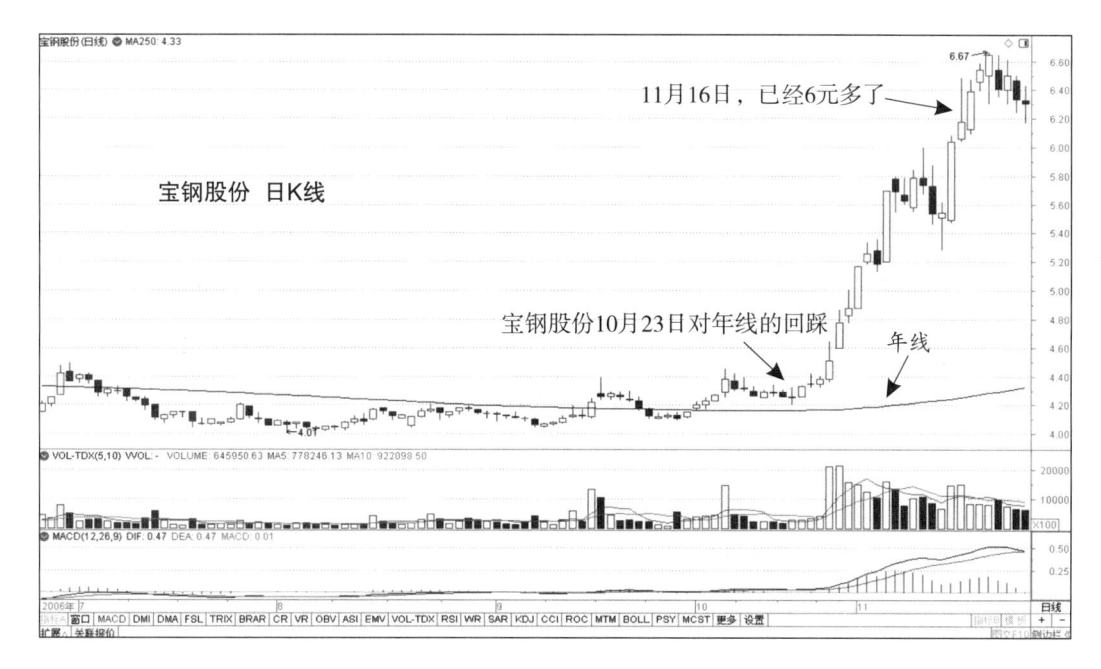

图 7-6　宝钢股份年线位置启动上涨走势图

本 ID 一般只看大盘股票，小盘股没法进去，但散户可以看小盘股，原则是一样的。不过小盘股可要留意，一般大盘股启动的骗线比较少，小盘股可不一定，这都要自己好好去揣摩。

散户就当好散户，别整天想着抄底、逃顶，底都让你抄了，顶都让你逃了，不是散户的人吃什么去呀？散户，一定要等趋势明确才介入或退出，这样会少走很多弯路。

一只股票涨起来千万别随意抛了，中线如果连 30 天[均]线都没跌破，证明走势很强，就要拿着。当然，如果你水平高一点，在上涨的时候，根据短线指标可以打短差，这样可以增加资金的利用率。但高位抛掉的，只要中线图形没走坏，回档时一定要买回来，特别那些没出现加速的股票。

有一个抛股票的原则，分两种情况。

一种是缓慢推升的（见图 7-7），一旦出现加速上涨，就要时刻注意出货的机会。

另一种是第一波就火爆上涨（见图 7-8），调整后第二波的上涨一旦出现背弛或放巨量的，一定要小心，找机会走人。

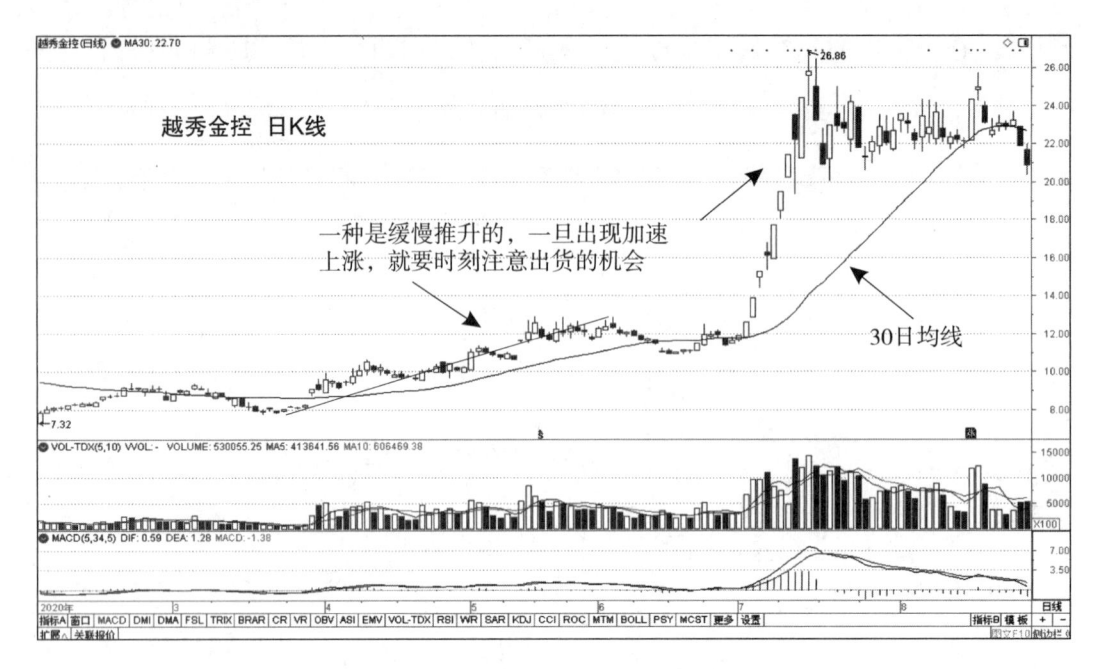

图 7-7　两种常见的出货方式之一——缓慢推升后加速上涨

图 7-8　两种常见的出货方式之二——两波上涨后背驰或放巨量

具体的操作是一个火候的问题，必须自己用心去体会。就像煲汤，火候的问题是没法教的，只能自己在实践中体会。还有，对抛弃的股票一定不能有感情，玩过就扔，千万别有感情。

还有一点必须提醒，在牛市中，一定要严重关注成分股，特别有一定资金规模的，成分股都是大部队在战斗。别整天跟那些散兵游勇玩，那些人自己都自身难保。本 ID 看这种所谓游资被消灭的都看到麻木了，大资金就爱吃他们，几个亿几个亿吃他们，这才有点意思，否则吃小散户的几万几千，累不累呀？

牛市中，最终所有股票都会有表现的机会，只要掌握了节奏，资金的利用率就高。一个牛市下来，挣的钱如果不超出指数最终涨幅的几倍，指数长一倍，不挣个四五倍，那就算废物点心了。要达到这种水平，其实很简单，就一个原则：避开大的回档，借回档踏准轮动节奏。千万别相信什么基本面的忽悠，特别对于散户来说，最多也就一亿几千万的钱，有必要研究什么基本面吗？所谓基本面，只是一个由头，给自己壮胆和忽悠别人用的。对基本面，只要知道别人心目中的基本面以及相应的影响就可以了，自己千万别信。

本 ID 还是那句话，玩资本主义的游戏就要用资本主义的原则。既然玩股票了，就要心狠手辣，市场从来不同情失败者。市场不需要焚尸炉，失败者的尸体在市场中连影子、味道都不会留下。别给自己的失败找任何理由，失败只能是你自己的失败。失败就找机会扳回来，但前提是必须找到失败的真正原因，否则不过是延续不同的情节，相同的悲剧。

希望来本博客的人，除了学《论语》、听音乐、看文章，还都能学会挣钱。这个世界上最无耻下流的就是不会挣钱的人。你说钱是孙子，而你连孙子都搞不掂，那你最多就是龟孙子，有什么资格说话？有钱不是大爷，没钱更不是大爷。在市场挣钱就如同打仗，九死一生。而最终能活着的，就是牛人。牛人就要牛，这又有什么可说的？

教你炒股票 8

G 点为中心，拒绝"启动失败"

（2006-11-20 12:00:31）

拿投资来忽悠的人，总爱编一些关于"面"的神话。诸如基本面、技术面、心理面、资金面，这面那面，都如同面首之"面"，不过是进而"里子"的借口。【**课文解读**：面首，"面，貌之美；首，发之美"，谓美男子，引申为男妾、男宠。第一次提出面首这个称谓的，是南北朝时期南朝刘宋的前废帝刘子业。《魏书·刘子业传》记载："时（刘子业）其姊山阴公主大见爱狎，淫恣过度，谓子业曰：'妾与陛下男女虽殊，俱托体先帝。陛下六宫数百，而妾唯一驸马，事不均平，乃可如此！'子业为主置面首左右三十人。"本文"面"指对于事物的看法与观点，"里子"指事物内在本质的规律。】

投资的结果很简单，就"输、赢"两种。

所有关于投资的理论把戏，都企图通过控制某种"输入"而把"输"这结果给去了。因此，一切相关的理论前提就必然建立在这样一个逻辑假设之上：输入与输出间被某种必然的逻辑关系和因果链条所连接[1]。

然而，现实中，企图跳过"面"而直捣"里子"，同样是一种荒谬的幻想。即使"面"和"里子"没有任何必然的联系，但现实依然只能从"面"到"里子"。那种企图否定一切"面"的，企图直接就"里子"就 G 点的，不过是把某种"面"当"里子"了。这种人，终生被骗而不知。【**课文解读**：目前市面上的投资理论存在两大误区：一类误将某种面当作走势波动的唯一原因，另一类则宣称看破天机，否定一切面的分析，比如易经炒股、周期理论，等等，其实不过是自欺欺人的把戏。】

投资领域，没有任何理论可以描述这种从"面"的输入到"里子"输出的必然关系，因为这种关系根本不存在。但人只要介入这种投资游戏，其介入就必然要以某种方式进行，相应地，其后必然有着某种理论、信念的基础。正因为绝对正确的不存在，因此反而使得各种理论、信念基础之间有了比较的可能。【课文解读：这里的任何理论自然也包括缠论。很多人学习缠论是为了找到一个可以预知未来的方式，认为这样就可以料敌机先，财源滚滚了。这里缠中说禅说得很清楚，缠论也绝对不是这样一种神器，这是缠论学习者必须清醒意识到的。没有这样的思维转变，学习理论只会南辕北辙，白白浪费时光。】

任何好的投资理论，最终都只面向"里子"，就如同一个好市场，必须最终以其G点的澎湃度来证明其优秀。相应地，投资市场最重要的指标就是高潮度。一个长期没有高潮的市场，是不值得任何关注的。【课文解读：如图8-1所示，豫金刚石近3年处于明显的下跌趋势中，就是个长期没有高潮的市场，不值得任何关注。】一个市场能进入可投资的视界，首先要显示其G点的萌动，否则还是一边凉快去吧。

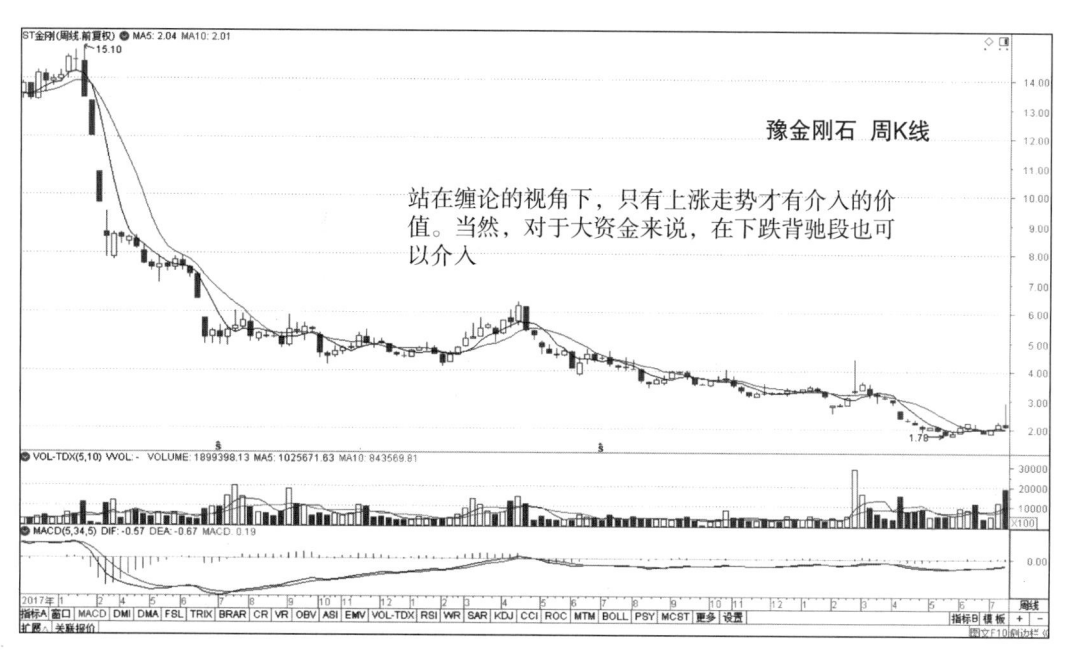

图8-1　长期没有高潮的市场——豫金刚石周K线走势图

在世界总的市场体系中，永远不缺高潮萌动的市场。但大多数的散户，就喜欢低迷的市场，以为低迷市场没有攻击性就安全了，以为长期没有高潮的市场就一定安全。

投资需要通过市场的高潮赚取其利润，是采利而补。采利，太晚不行，太急也不行，必须把握其火候。

具体对于股票来说，按其是否萌动的标准，把所有股票动态地进行分类，一种是可以搞的，一种是不能搞的。将你参与的股票限制在能搞的范围内，不管任何情况，这是必须遵守的原则[2]。

当然，搞的分类原则，各人可以有所不同。

例如，250天线以及周线上的成交量压力线的突破。

资金量不大且短线技术还可以的，可以把250天线改成70天线、35天线，甚至改为30分钟图里的相应均线。

对新股，可以用上市第一日的最高价作为标准。

还有，就是接近安全线的股票。例如在第6课里，本ID给出的一个带认沽权证的认购权证介入的安全线标准。

而对于有一定水平的人，识别各种空头陷阱，利用空头陷阱介入，是一个很好的方法。这种方法比较专业点，以后专门说。

市场只有两种，能搞的和不能搞的。必须坚持的是，不能搞的就无论发生什么情况都不能搞，除非能达到某种能搞的标准而自动成为能搞的对象。一旦被搞的分类原则确定，就一定要严格遵守"只搞能搞的"原则。可惜，这样一个简单的原则，绝大多数的人即使知道也不能遵守。

人的贪婪使得人有一种企图占有所有机会的冲动，这种人叫"花痴"。"花痴"在投资市场的命运一定是悲惨的。

在投资市场，定好"能搞"的"G点萌动"标准。接下来，就要防止其"启动失败"。投资市场里，这走势"启动失败"的比例和市场总体强度有关，在熊市中这比例至少是80%以上，而牛市中这个比例就小多了，大概就30%。

选一个好股票，把"启动失败"的一类给筛出去可是最重要也是最困难的一步，很多所谓的高手，就死在这一步上。关于这问题，将在下一讲中详细论述。

---

[1] 市面上关于投资理财的书籍琳琅满目，投资理论的种类同样五花八门，然而缠论以外的投资理论，大多具有重大缺陷，而且是与生俱来、底层设计时造成的缺陷。无论是偏重技术指标、成交量变化的技术分析派，还是侧重宏观经济与企业基本面分析的基本分析派，大都试图找出股票价格与某种指标或分析结果之间的因果关系。实际上，在投资

领域里，绝对不存在这种一一对应关系。比如大多数技术分析理论，其理论依据不过是对历史数据的统计与分析，仅仅具有概率上的优势。价值投资派就错得更加离谱，尤其面对中国股市时，如何解释大蓝筹交易冷清、垃圾股满天飞的现状？事实上，投资市场极为复杂，影响因素众多。某个甚至某些原因都不足以左右市场走势，它们只不过是一些分力，据此投资，结果可想而知。

[2]投资理论最大的作用就是分类。缠中说禅指出众多投资理论的缺陷，并非要推翻原有的各种理论。相反，"教你炒股票"108课中，不乏对各种投资理论的运用。接下来的课程中，更是强调了各种分析理论综合使用的重要性。由此可见，缠中说禅想表达的不是各种投资理论荒谬无用，而是对于理论的使用不得其法。缠论思维下的理论分析只是一种分类工具，而非简单、绝对的买入和卖出信号。

以常见的均线系统为例，当5日均线由下而上穿越10日均线时，代表最近人们愿意以更高的价格买入股票，意味着短期内市场对股价的积极评价，但也仅限于此。此后是否极泰来形成反转，还是仅仅昙花一现，短暂反弹，都无法当下判断。但是理论、指标反映出的市场状态，对于操作者同样珍贵。比如，可以将短期均线位于长期均线之上定义为"可参与"的市场，反之为"不可参与"的市场。在市场由"不可参与"转为"可参与"的当下买入，反之退出。这样，理论分析虽不能预测，但可以依据走势的分类，在情形明朗或相对乐观的情况下进行投资。

当然，上述分类非常浅显、粗糙，缠论具有更为完美的分类方式，下面的课程中会陆续加以介绍。市场由"不可参与"到"可以参与"的转折关键点，就是文章中所说的"G点萌动"。

教你炒股票9

甄别"启动失败"的数学原则

（2006-11-22 12:00:00）

设计一个程序，将所有投资对象进行分类，只搞那些能搞的，这是投资的第一原则。【深入解析：学习投资，首先是学会对走势进行分类。】在分类中，所应用的程序可以各色各样，但有一点是肯定的，即没有任何一个程序可以使得所选能搞的最终都百分之百能成功。因为任何操作程序都必然面对"启动失败"的问题。

甄别"启动失败"之所以困难重重，使得无数所谓高手死无葬身之地，是因为"启动失败"这事还真得真刀真枪地实干才能发现。而这玩意是一锤子的买卖，这次成功还不能保证下次就一定成功，因此要有效甄别、及早发现而减少损失就成了一个头号难题。

许多所谓高手会宣称，出现什么情况，这股票就会涨。但实际上，任何一种情况，都有着极高百分比的可能会出现"启动失败"，确定能搞的突然就变成不能搞了，使得介入变成了套牢。这种情况，在投资里简直太常见了。

那么，如何甄别"启动失败"？首要的就是严格的资金管理。一旦出现"启动失败"现象，必须马上退出，即使下面突然又强力拉升，也必须这样干。而且"启动失败"特敏感，一个偶尔的因素就可能导致，而要重新再来，还要等待一个长的不应期。【深入解析：生物对某一刺激发生反应后，在一定时间内，即使再给予刺激也不发生反应，一般称此期间为不应期。例如给神经肌肉等应激性器官或部位以刺激，刚产生兴奋之后，再给予第二次刺激则无效。该时期被认为是该器官或部位处于兴奋状态的恢复时期。】一个长的调整过后，即使会高潮不断，也浪费了时间，有这时间，可搞的东西多了去了，这世界又不只有一只股票。当然，这里说的只是基本原则，如果有一套严格的分批介入和退出程序，这一切都变得简单。资金管理问题，涉及面很广，以后会专门分析介绍。这里说的是另一个方面，就是如何能在投资领域尽量避免碰到"启动失败"。

"启动失败"出现的根本原因在于介入程序出现破缺，出现程序所不能概括的异常情况，这对于所有程序都是必然存在的。而一个程序出现异常，也就是出现"启动失败"的概率有多大，这是可以通过长期的数据测试来确定的。最简单的就是抛硬币，正面买，背面不买。这样也算一个介入程序，但这样一个程序的"启动失败"率，至少是 50% 以上。

现在的问题其实很简单，就是如何发现一个"启动失败"率特别低的介入程序。但答案很不幸，任何一个孤立的程序都不会有太低的"启动失败"率。如果一个程序的"启动失败"率低于 10%，那就是超一流的程序了。按照这个程序，你投资 10 次，最多失误 1 次，这样的程序是很厉害的，基本没有。

但问题不像表面所见那么糟，在数学中，有一个乘法原则可以完全解决这个问题。假设三个互相独立的程序的"启动失败"率分别为 30%、40%、30%，这都是很普通的并不出色的程序。那么，由这三个程序组成的程序组，其"启动失败"率就是 30%×40%×30%=3.6%，【课文解读：拥有 70%、60%、70% 成功率的三个程序，已经非常出色了，96.4% 的成功率可以封神了。】也就是说，按这个程序组，干 100 次，只会出现不到 4 次"启动失败"，这绝对是一个惊人的结果。

现在，问题的关键变成，如何去寻找这三个互相独立的程序。

首先，技术指标，都单纯涉及价量的输入而来，都不是独立的，只需要选择任意一个技术指标构成一个买卖程序就可以。对于水平高点的人来说，一个带均线和成交量的 K 线图，比任何技术指标都有意义。【课文解读：考虑到还没有开始缠论的教学，所以出现在这里的是技术指标，否则一定是缠中说禅技术分析理论。即便是缠论，其"启动失败"概率能否只有 30% 也有疑问，更何况是某个单薄的技术指标。如果真有这样的技术指标，哪里还需要三个程序，就"一招鲜"也可以吃遍天了。要知道，赌场老板的胜率也不过 55% 左右。】

其次，任何一个股票都不是独立的。在整个股票市场中，处在一定的比价关系中，这个比价关系的变动，也可以构成一个买卖系统。这个买卖系统是和市场资金的流向相关的，一切与市场资金相关的系统，都不能与之独立。【课文解读：2017 年 4

月，中国平安（601318）突然启动并最终由 35 元涨到 81 元，与它相关的保险类股票，因比价关系，股价均有所表现，这种现象还有一个响亮的名字："风口"。】

最后，可以选择基本面构成一个甄别"启动失败"程序，但这个基本面不是单纯指公司盈利之类的。像本 ID 在前面所说，国航李总当兵出身，不会让自己的股票长期跌破发行价这么没面子。还有认沽权证基本不会让兑现，等等，这才是更重要的基本面。这需要对市场的参与者、对人性有更多的了解才可能精通。【课文解读：比如基本面中的股东数量，通过它可以发现股权更为集中还是大幅扩散，往往昭示着股价未来的走势。记得几年前炒作"雄安特区"时，板块中很多个股的股东人数在短时间内大幅增加，很显然短时间内没有大的机会了。】

当然，上面这三个独立的程序只是本 ID 随手而写。任何人都可以设计自己的独立交易程序组，但原则是一致的，就是三个程序组之间必须是互相独立的。像人气指标和资金面其实是一回事情，各种技术指标都是互相相关的，等等。如果把三个非独立的程序弄在一起，一点意义都没有。【字斟句酌：本文缠中说禅所给的乘法原则下的三个独立买卖程序，严格来说不够严谨。首先并非独立，技术指标或者技术面是基于股价走势即市场合力进行分析，而比价效应与基本面都是分力，因此它们之间的关系是合力与两个重要分力的关系。其次，分力与合力，分力与分力之间的作用周期也不一定相同，因此三个独立程序组成的程序组绝非简单罗列可以构成。】

借地说说如何看本 ID 的文章。本 ID 不是股评，不会推荐什么股票，所以希望来本 ID 这里知道什么具体股票的，就不要浪费时间了。试想，真有本事的人，挣钱都忙不过来，怎么会当股评［人］。本 ID 这里，股票只是其中一个小项目，只是希望来这里的人也学会怎么挣钱。

所谓六艺，不会挣钱，在经济社会里还算人吗？看本 ID 的文章，要学会方法。当然，本 ID 有时候可能有意无意就会透露点东西，但你必须有分析能力，要吃透方法。

就像 10 月 24 日告诉你认购权证介入的一个原则，26 日武钢认购权证就大幅启动（见图 9-1），两周从 3 毛多涨到 1 块多，翻了快 4 倍。如果你真能吃透本 ID 所说的方法，这种机会是可以把握的。至于现实的股市，本 ID 在前面已经反复说了，只要是牛市，股票都要表现的。前几天大家可能都很烦银行股，因为大家都没有。但昨天开始大家就高兴了，因为银行股不动，其他股票开始动。别恨银行股，哪天它们真见顶了，市场也好不了。它们是红旗，各位只要看着红旗还在打，各根据地就可以继续轮动大干了。股票的运动是有规律的，好好学习，这一切都能在你的把握中。

至于说本 ID 想炫耀自己，这种废话根本不值得反驳。本 ID 在投资市场曾干过事情牛的程度超过你们所有人的想象，本 ID 还用向你们炫耀？本 ID 现在只是把东西抖点出来，活跃一下博客的气氛，没有其他任何想法。

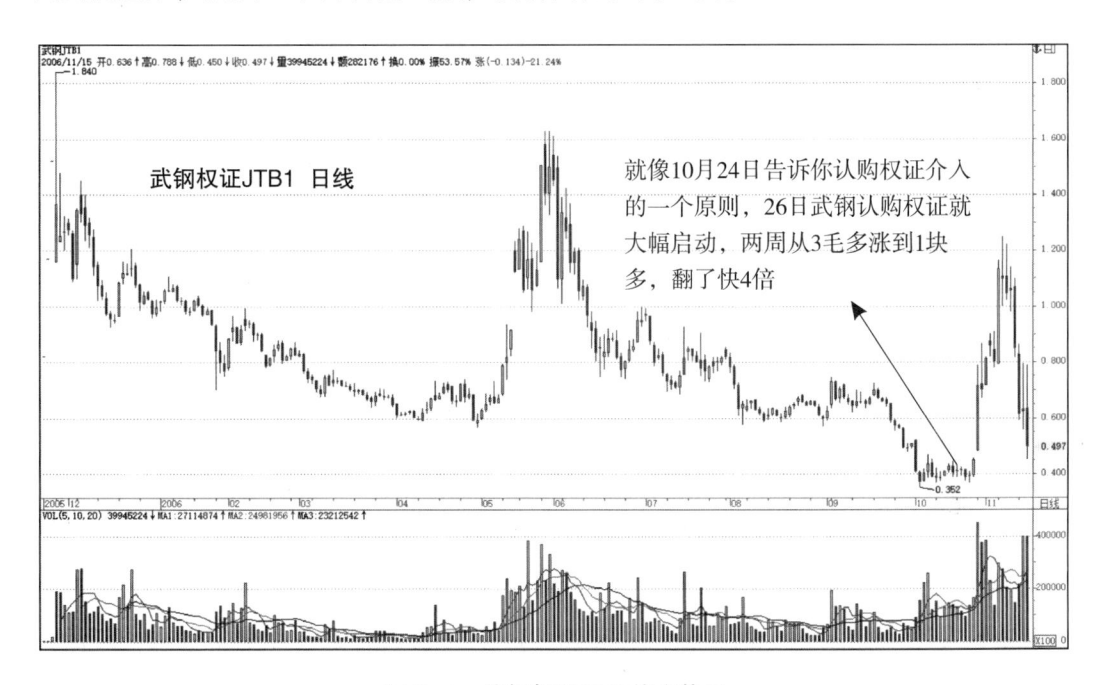

图 9-1 武钢权证日 K 线走势图

教你炒股票 10

2005年6月，本ID为何时隔四年后重看股票

（2006-11-24）

2001年6月后，本ID就从未看过股票，直到2005年6月。

本ID是严重反对人民币升值的，曾写有"货币战争和人民币战略"在网上广泛流传。但到2005年6月，本ID知道有些事情不是人力可为的，天要下雨，娘要嫁人，Let It Be [随他去] 吧。所以2005年6月，本ID时隔四年后重看股票。

【课文解读：缠中说禅在"教你炒股票"第35课给出过退出市场的原因："因为在本ID的操作级别上出现卖点，所以全部退出，等有了买点再说。"如图10-1所示。缠中说禅分析出大盘2001年6月至2005年6月处于"不可参与"状态，所以空仓躲避了这一轮大级别下跌，如图10-2所示。】

在强国论坛的人都知道，2005年6月最暴跌时，本ID连续三次罕有地表扬一个政府官员，就是股市当时的新人，如今那位著名的山东人。【课文解读：指时任中国证监会主席尚福林。尚福林出生于山东济南，曾出任第5届中国证监会主席，也是提出股权分置改革并将其付诸实施的第一人，股权分置改革使中国证券市场发生了历史性转变。】其后还专门写文章为他说股改"开弓没有回头箭"而热烈鼓掌。同时，本ID却曾写过这样的文章"群狼争肉——国有股流通与国有资产蚕食、瓜分游戏"，这，难道是本ID逻辑混乱、前后矛盾吗？

非也，这就是昨天本ID所解释的《论语》里"子曰：众，恶之，必察焉；众，好之，必察焉[1]"的完美应用。确实，从好恶角度，本ID严重反对人民币升值，反对国有股流通，而且深刻地分析了这些玩意后面的现实逻辑关系和严重后果。但在股市里，本ID从来没有好恶。只要有点金融常识的人都知道，本币的历史性升值所带来的历史性牛市曾被太多国家所经历。本ID只知道，一旦人民币升值，国有股流通，

股市将大涨。知识分子为什么可笑，就是有好恶而无"察"，企图以理论来理论现实，十足脑子水太多了。

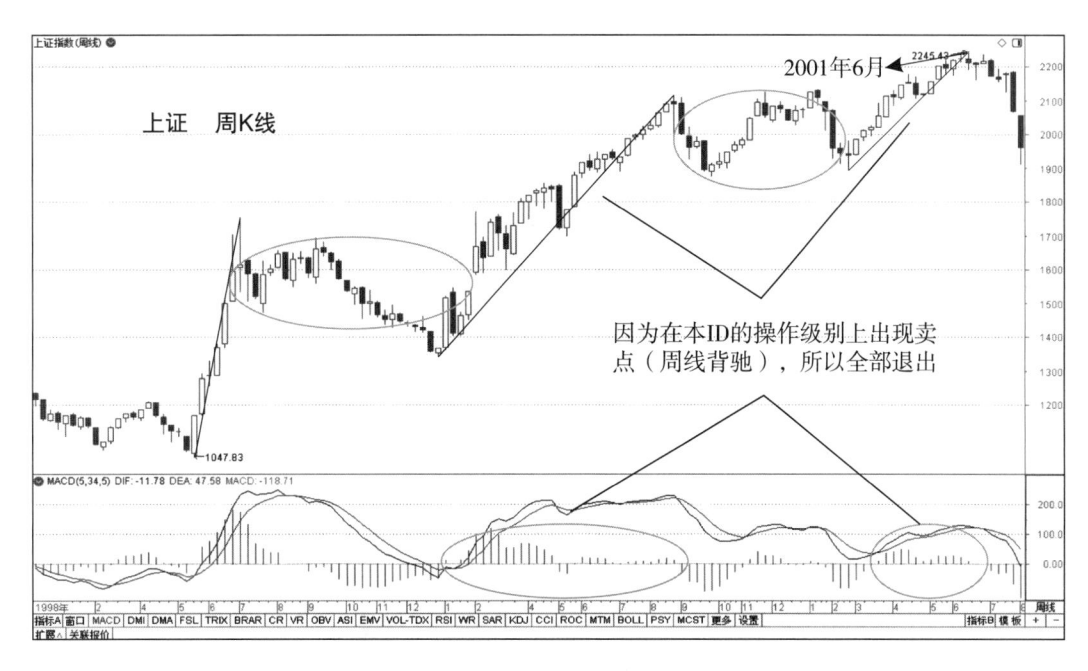

图 10-1　2001 年 6 月前大盘走势分析

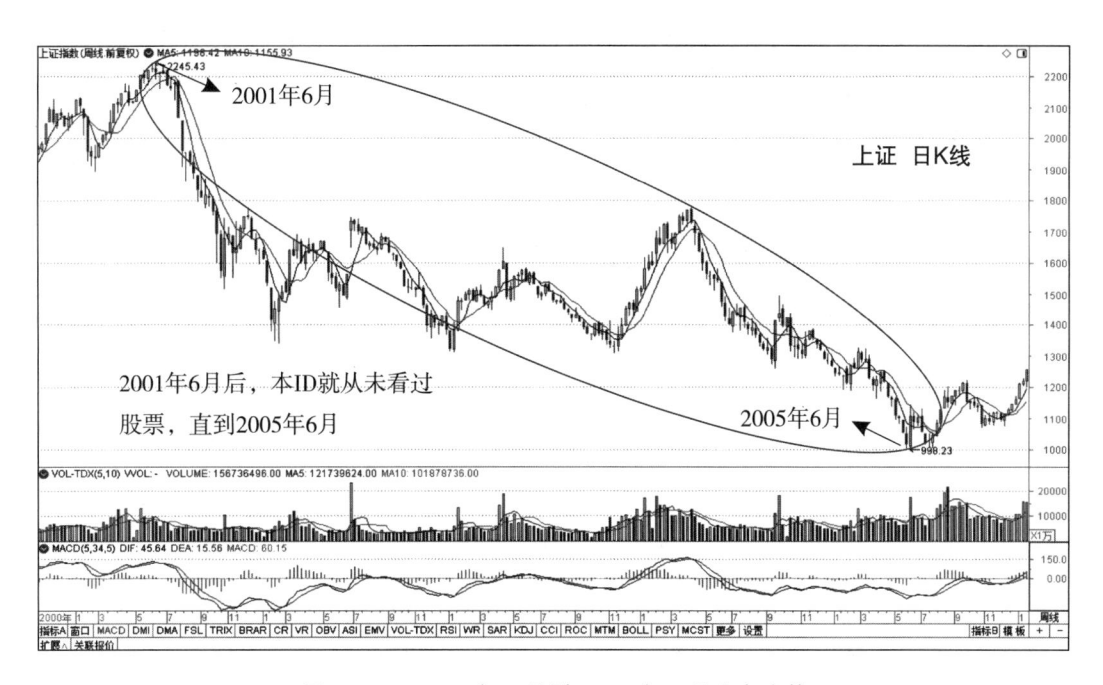

图 10-2　2001 年 6 月到 2005 年 6 月大盘走势

书呆子是不适宜投资市场的，错了，应该是投机市场。别相信这世上有什么投资市场，世界本身都是投机的，还有什么资可投？任何一个投资者和股票的关系，都不过是一个4N9的关系，可以投机的就是这个N。其后再换一个继续N2的游戏，如果该游戏可以新戏不断，而你又能获利而不亏损，那你就是高手中的高手了。世界就那么简单，别把自己搞糊涂了。

股票，恶之，必察焉；股票，好之，必察焉。由孔子的话，不难明白以上的道理。而明白这道理，就明白投机市场第一原则"只搞能搞的"所依。智慧都是相通的，"只搞能搞的"，而不是"只搞喜欢的"。能搞是需要"察"而得之，不是靠喜好厌恶而来的。随便在市场里抓一个人，问他为什么买手里的股票，一万个人有9999个告诉你因为他的股票如何如何好，这种人能在市场上长久活下来就[是]世界最大奇迹了。本ID从来不觉得自己手里的股票有什么好，只知道它们能搞。

但几乎所有的人，包括庄家、散户，都喜欢为自己股票的好找理由。别以为庄家就不这样，庄家里的傻人从来不比散户少，本ID见多了。这些人，拿了股票就到处找理由为其持有、上涨编故事，就算股票已经从10跌到1了，还乐此不疲。市场里所有的亏损，都是因为持有了不能介入的股票而造成的。但无论任何股票，能参与的总是相对的，不能参与的却是绝对的。就像4N9里，如果你为了某股票把N设成无穷，那么劝你自杀吧，因为你活也白活了，你已经不是人，而是某股票的附属物。N只能有限地给予一个固定的能搞对象，有1个，就要有第2个，这样才能生生不息，才能风生水起。

但在4N9任意一段N中，这股票就是你的全部，你要全身心地投入去"察"、去"获取"。投机市场，机会总是一闪而过，别到白天才问夜的黑，那什么菜都凉了。能参与是相对的，意味着随时就会变成不能参与。一旦这"机会"失去了，就会在逆境的泥潭难以自拔。对股票，都要全身心地往死里干然后抛弃，这是不能偏废的两方面，任何的失败者都一定是至少在其中一面失败了。

在4N9的任何一段N中，可以有世界上最浪漫的故事，最火热的缠绵，有无数的细节，所有的故事只是唯一的故事。

---

[1]《论语》中，这句话一般断为"子曰：众恶之，必察焉；众好之，必察焉。"

缠中说禅则断为"子曰：众，恶之，必察焉；众，好之，必察焉。"并将其译为"孔子说：一切现象，当被认为是恶的就会被厌恶，对此必须摈弃一切厌恶当下直观；一切现象，当被认为是好的就会被喜好，对此必须摈弃一切喜好当下直观。"对于为何如此断句和翻译，缠中说禅给出过自己的解释，参见缠中说禅"论语详解"第34课。

主题 2
缠论视角下的均线系统

这个主题贯穿在第 11 课至第 14 课中,此时缠中说禅只想将一些有用的结论告诉大家,因此介绍了一下缠论视角下的均线系统。

主要内容:

(1)普通均线系统的构成与使用方法。

(2)缠论视角下均线系统的收敛、发散、金叉、死叉、吻、多(空)头排列、多(空)头趋势、均线缠绕以及背驰判断等。

(3)均线系统下的缠论第一类买卖点、第二类买卖点。

(4)缠论的区间套理论。

(5)贵州茅台的操作分析。

教你炒股票 11

不会吻，无以高潮

（2006-11-29 12:00:00）

甄别"启动失败"，必须要选择三个独立的系统。

其中一个最常用的，就是所谓的技术派玩意。单纯的技术派是不行的，单纯的非技术派也是不行的。技术派的玩意，必须也只能在三个独立系统里，才会有大的功效。【课文解读：技术面仅仅是天时、地利、人和中的一环。】

技术分析，最核心的思想就是分类，这是几乎所有玩技术的人都搞不清楚的一点。技术指标发出买入信号，对于技术派来说，就以为是上帝给了暗示一般。抱着如此识见，几乎所有技术派都很难有大的成功。技术指标不过是把市场所有可能的走势进行一个完全的分类，为什么技术派事后都是高手，真正干起来就个个失败，就是这个原因。【课文解读：分类的目的是为了应对，应对需要随时掌握市场状况，并拥有处置预案。以技术指标决定进出者往往以结果为导向，将指标与某种结果挂钩。】

技术分析可说的东西太多了，这指标那指标，如何应用，关键就是上面所说的分类问题。任何技术指标，只是把市场进行完全分类后指出在这个技术指标的视角下，什么是能搞的，什么是不能搞的，如此而已。至于这个指标对应的情况是否百分之百反映在实际的走势上，这个问题的答案肯定是否定的，否则所有的人都可以按照这[个]指标操作，哪里还有亏钱的人？然而，只要站在纯粹分类的角度考察技术指标，那么，技术指标就会发挥它最大的威力。

最简单又最实用的技术指标系统就是所谓的均线系统*。均线系统显然不是一个太精确的系统，[因为有]太多的骗线。如果你按照突破某条均线就买入操作，反之卖出，那你的成功率绝对不会高，特别当这条均线是短期的。

真正有用的是均线系统，也就是由若干条代表短、中、长期走势的均线构成的技术评价系统。

注意，任何技术指标、系统，本质上都是一个评价系统，也就是告诉你在这个系统的标准下，评价对象的强弱。

例如，一条5日均线，站在上面，代表着用5日均线对市场所有情况进行分类，目前站在5日均线上这种情况意味着是强势。然而，站在5日均线上的同时，可能对于10日均线是在其下，那对于10日均线的系统评价，这种情况就是弱势了。那究竟相应的走势是强还是弱？

其实，强弱都是相对的，关键是你操作所介入的标准。对于超超短线来说，在1分钟线上显示强势就可以介入了，特别在有T+0的情况下，这种操作是很正常的。但对于大资金来说，就算日线上的5日强势，也不足以让他们感兴趣。任何技术指标系统的应用，首要的选择标准都和应用的资金量和操作时间有关，脱离了这个，任何继续的讨论都没有意义。因此，每个人都应该按照自己的实际情况来考虑如何去选择相应的参数，只要明白了其中的道理，其应用完全在于一心了。

均线系统，必然有着各条均线间的关系问题。任何两条均线的关系，其实就是一个"吻"的问题。

按"吻"的标准，可以把相应的关系进行一个完全分类："飞吻""唇吻""湿吻"。

把短期均线当成是多头，长期均线当成空头，那么"长期均线位于短期均线之上"意味着空头排列，而"短期均线位于长期均线之上"意味着多头排列，要赚钱，就要多来点"多头排列"。

飞吻：短期均线略略走平后继续按原来趋势进行下去。

唇吻：短期均线靠近长期均线但不跌破或升破，然后按原来趋势继续下去。

湿吻：短期均线跌破或升破长期均线甚至出现反复缠绕，如胶似漆。

飞吻出现的几率比较少，一般都是在趋势特别强烈的时候。而太火爆的趋势是不可能太长久的，所以其后的震荡经常出现。

唇吻，任何一段基本的趋势过程中最常见到的方式，特别在"空头趋势"的情况下，基本都是这种方式。一旦出现唇吻，反弹基本就该结束了。在"多头趋势"

的情况下，调整结束的概率也是很大的，但也要预防唇吻演变成湿吻。【**深入解析：**如图 11-1 所示，某级别 K 线图中，短期、长期均线大涨小回，呈现明显的上涨形态，对应的走势即为多头趋势。某级别 K 线图中，短期、长期均线大跌小回，呈现明显的下跌形态，对应的走势即为空头趋势。均线代表最近某段时间的平均成交价格，空头趋势时股价自下而上接近均线会触发解套盘，因此均线对股价压制明显。】

图 11-1　多头趋势与空头趋势

湿吻，一段趋势后出现的较大调整中，还有就是在趋势出现转折时，这种情况也很常见。特别是在"空头趋势"的情况下，如果出现短、中、长各类均线同时湿吻，这往往意味着行情要出现重大转折，要变天了，"空头趋势"要变成"多头趋势"了。

注意，任何的行情转折，在很大几率上都是由湿吻引发的，这里分为两种情况*：

一种是先湿吻，然后按原趋势来一个大的高潮，制造一个陷阱，再转折。

另一种，反复湿吻，构造一个转折性箱型，其后的高潮，就是长、短期均线位置的转化了。

在"空头排列"的情况下，一旦出现湿吻，就要密切注意了。特别是这个湿吻是在一个长期"空头趋势"后出现的，就要更加注意了，其后的下跌往往是介入的良机，因为空头陷阱的概率简直太大了。

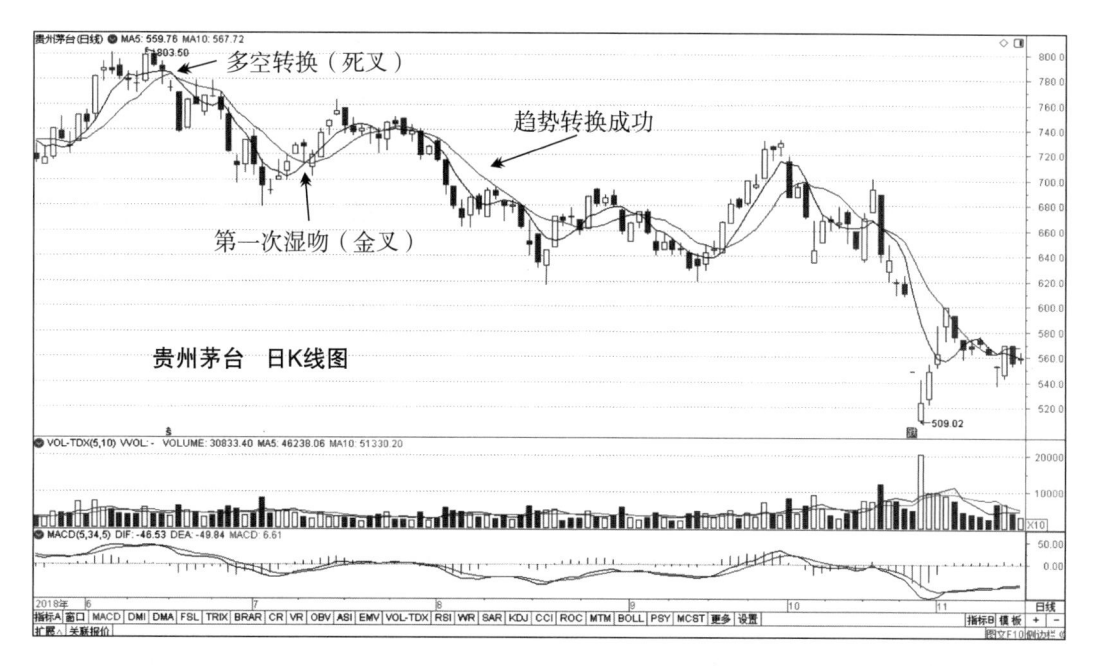

图 11-2　趋势转换成功案例

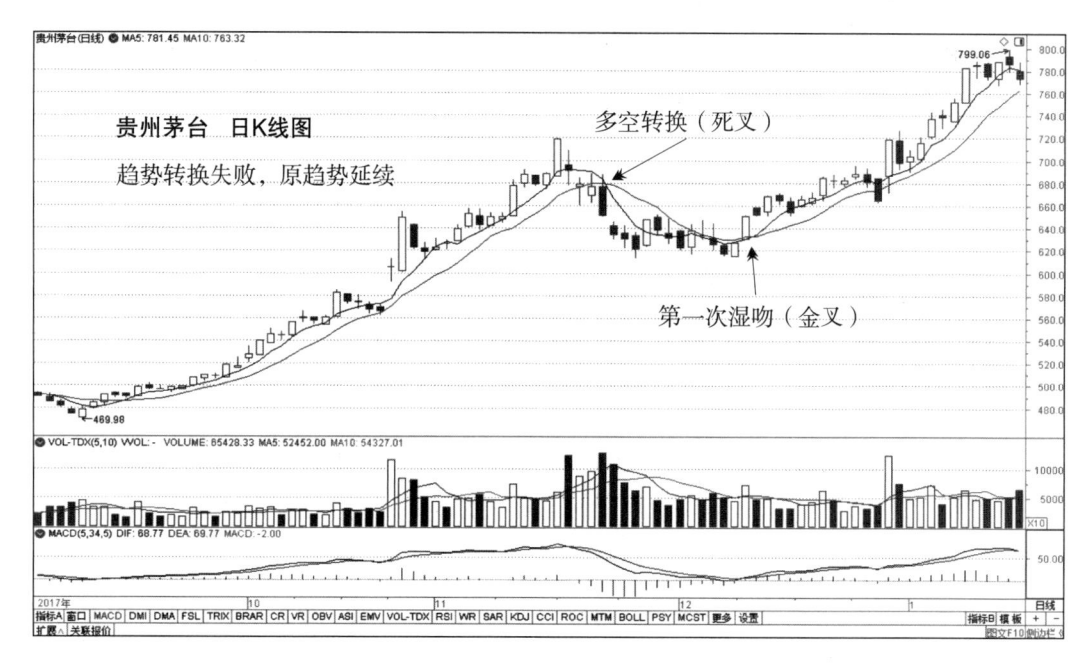

图 11-3　趋势转折失败案例

必须提醒，这一点对趋势形成的第一次湿吻不成立。但湿吻之后必有高潮，唯一的区别只是长短均线位置的区别，关键判断的是位置。【**深入解析**：这里的"趋势形成"是假设的。如图11-2所示，原来的多头趋势出现均线死叉后，首先假设市场进入了空头趋势，然后再根据走势判断假设是否成立。转变趋势的第一次湿吻后有两种可能走势，以多头趋势第一次湿吻为例进行分析，空头趋势的情况与此相反。一种是如图11-2所示，其后如期转为空头趋势。另一种如图11-3所示，仅仅是原多头趋势中的一次调整，新"趋势形成"的假设失败。湿吻意味着趋势中的调整走势结束，因此无论是上涨还是下跌趋势出现湿吻后，必然还有一段原方向的走势。】会吻，才有高潮，连吻都不会，怎么高潮呢？

拓展阅读

均线操盘系统

均线（MA）是移动平均线的简称。与很多技术指标的计算方式相比，移动平均线没有采用加权平均的方式，仅仅利用算术平均进行平滑处理。比如，5日均价等于最近5天的收盘价之和除以5。均线有效地平滑了单日大涨、大跌带来的波动。5日均线是5日平均收盘价的连线，30日均线是最近30日平均收盘价的连线。

一、股价K线加单条均线操盘系统

最简单的均线系统是单条均线系统。均线是近几日股价平均价格的连线，当股价高于均线时，表明市场参与者为了拥有股票，愿意支付更高的价格，股价位于均线之下时，意味着近期人们可以用更少的资金拥有股票。追涨杀跌是人性的本能，买涨不买跌是绝大多数市场参与者的必然选择，因此均线对于股价具有助涨助跌的功能。

根据上述特点，使用股价与一条均线，可以组建一个最简单的均线系统。如图11-4所示，股价在均线之上运行时，行情看涨，是一个多头主导的走势，称为多头排列，反之是空头排列。股价由均线之下转而向上突破均线时称为金叉；反之，股价由均线之上转而向下跌破均线时，称为死叉。这是一个最简单的分类，只能对应最简单的操作：出现金叉时买入，死叉时卖出。

观察图中金叉与死叉的位置，不难发现，依此操作交易过于频繁，获利空间太小，肯定不是大家希望的交易方式，尤其是使用 5 日、10 日类短期均线时。

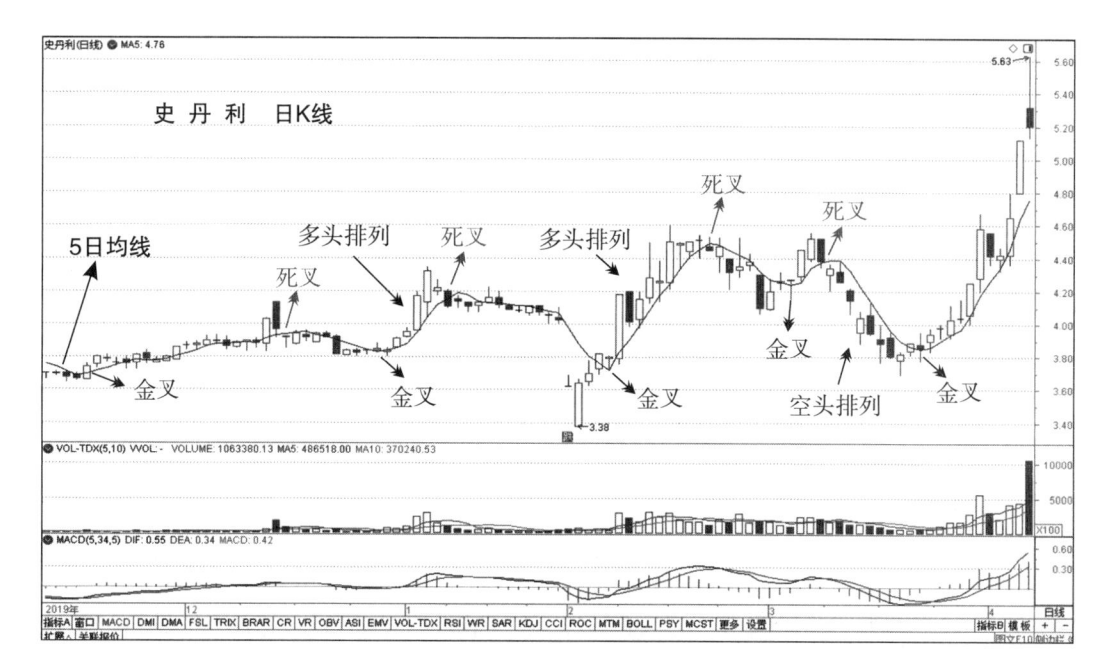

图 11-4　单一均线与 K 线组成的操盘系统

二、多均线组成的均线操盘系统

可以通过增加均线数量，使用由若干条不同周期的均线构成均线组，对走势进行分类。这样改善了单一均线过于单薄的弱点，同时细分了市场，可以全面了解各个时期买入者的盈亏状态，计算出市场整体的盈亏比等，据此对市场走势做一个全局性的判断。

多均线系统的重要性表现在均线组出现共振时，即短期、中期、长期均线同时转为多头排列或空头排列，这是一个重要的反转信号。特别是在长期空头趋势后，如果短期、中期、长期均线同时转为多头排列时，意味着短期、中期、长期买入者都是盈利的，此时市场的抛压很轻，少量买盘就可能引发跟风，往往预示着行情要出现重大转折，要变天了，此前长时间下跌的市场，要变成上涨了。

如图 11-5 所示，2005 年，上证指数跌到 998 点后，出现了一个力度很强的反弹。到七八月份，大盘 5 日、10 日、20 日以及 60 日均线呈现出多头排列形态，即短期均线位于长期均线之上。此时长期下跌的市场转而上涨的可信度极高，是一个强烈的反转信号。

三、对普通均线操盘系统的优化——双均线操盘系统

上述普通均线系统虽然有可取之处，但实用性不强。比如单均线系统，买卖点之间

的获利空间太小，交易过于频繁。多均线系统，每增加一条均线，分类的数量将呈几何级数增加，走势分类过于复杂，同样不利于操作。在原有的股价 K 线、单一均线构成的均线系统基础上，可以增加一条均线，构成一个由长期、短期均线组成的双均线系统，如图 11-6 所示。

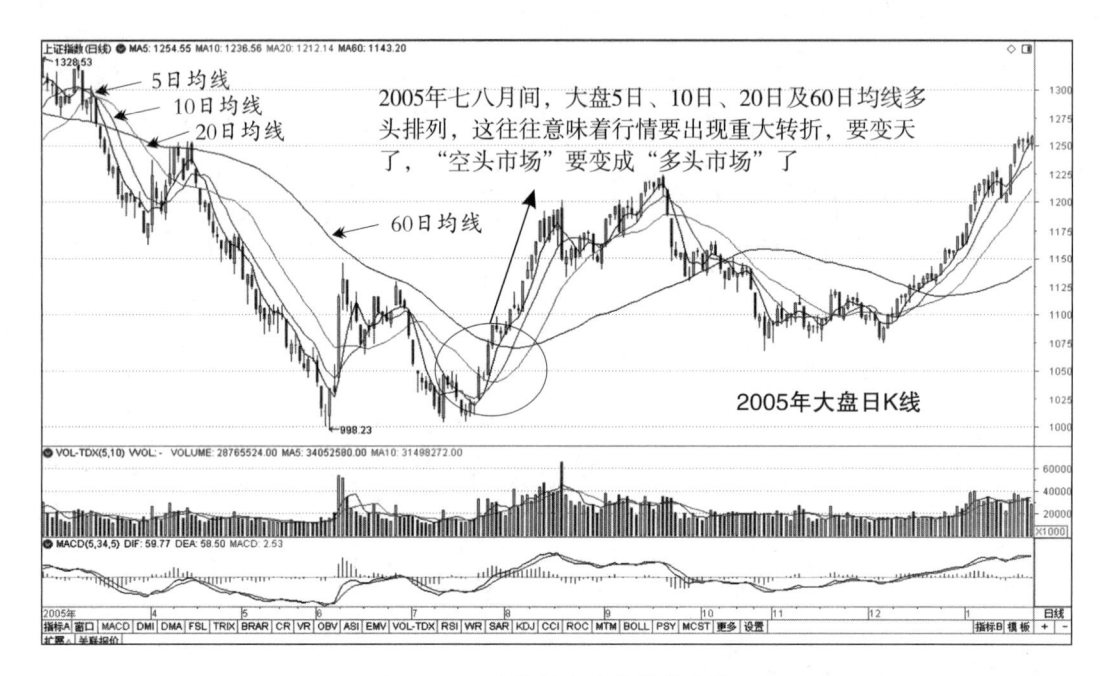

图 11-5 多均线产生共振的走势

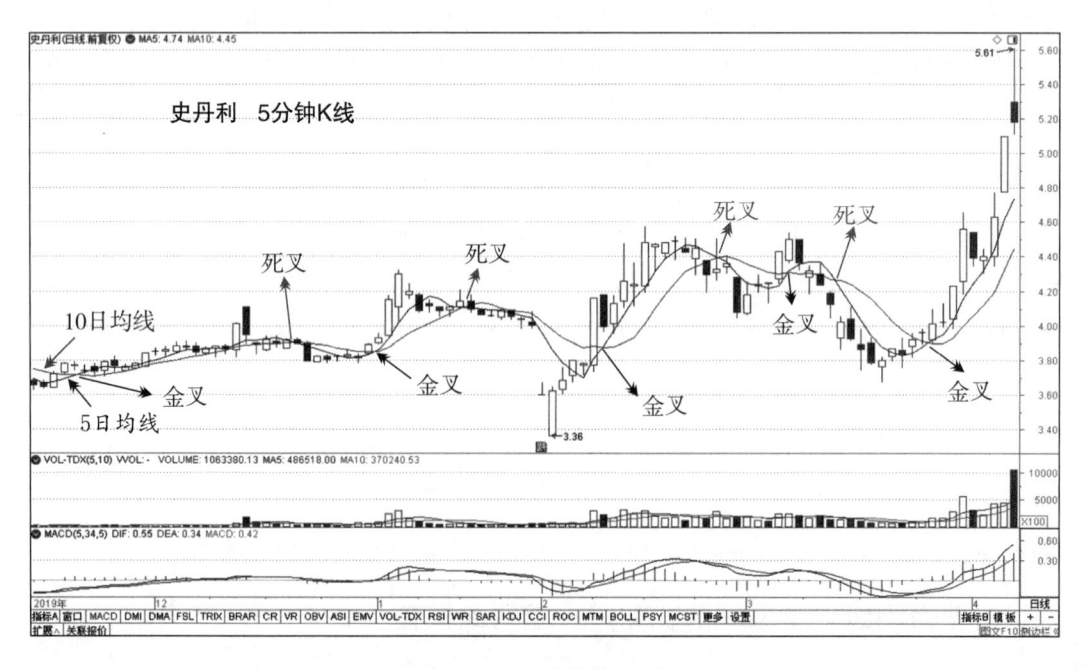

图 11-6 双均线操盘系统

与之前的股价 K 线加一条均线构成的单均线系统相比，双均线系统变化不大，效果却很好。首先双均线系统平滑了偶然事件带来的短时间波动，提高了系统的稳定性，同时没有使走势分析过于复杂。

金叉：短期均线向上突破长期均线称为金叉。

死叉：短期均线向下跌破长期均线称为死叉。

多头排列：短期均线位于长期均线之上。

空头排列：长期均线位于短期均线之上。

四、双均线系统中的走势分类

调整走势必然会造成短期、长期均线由发散（相距越来越远）转为收敛（二者之间的距离逐渐缩小）甚至相交的情况。按调整力度可以分为三种情况，使用常见的三种接吻方式，可以形象地表达这种力度上的差异。如图 11-7 所示，它们分别是飞吻、唇吻、湿吻。

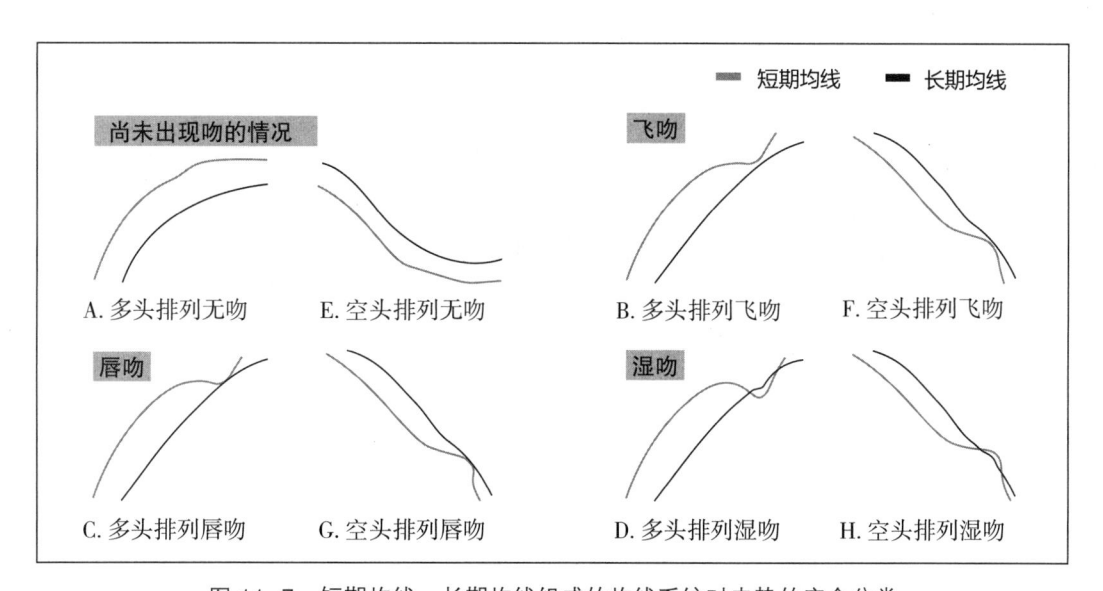

图 11-7 短期均线、长期均线组成的均线系统对走势的完全分类

飞吻：短期均线略略走平后继续按原来趋势进行下去，并不形成"金叉"或"死叉"，是力度最小的调整走势。

唇吻：短期均线略微触及长期均线但不跌破或升破，然后按原来趋势继续下去，是普通力度的调整走势。

湿吻：短期均线跌破或升破长期均线甚至出现如图 11-7 中短期、长期均线反复缠绕，如胶似漆的情况，是力度最强的一种调整走势。

这样，一段走势可以细分为如图 11-7 所示的八种状态。

A. 多头排列（尚未出现吻的情况）。

B. 多头排列出现飞吻。

C. 多头排列出现唇吻。

D. 多头排列出现湿吻。

E. 空头排列（尚未出现吻的情况）。

F. 空头排列出现飞吻。

G. 空头排列出现唇吻。

H. 空头排列出现湿吻。

多头趋势：某级别 K 线图中，短期、长期均线大涨小回，呈现明显的上涨形态，对应的走势即为多头趋势。

空头趋势：某级别 K 线图中，短期、长期均线大跌小回，呈现明显的下跌形态，对应的走势即为空头趋势。

深入解析

湿吻引发的走势转折

分类不是目的，利用分类找出买卖点才是关键，缠论第一类买卖点出现在走势转折时。按均线系统中的走势分类方式，无论是空头趋势还是多头趋势，湿吻后无疑是最可能出现走势转折的。

转折的常见方式有以下两种：（1）不构造湿吻平台。（2）构造一个湿吻平台。

1. 不构造湿吻平台

如图 11-8 所示，先湿吻，但没有构成短期、长期均线缠绕的平台，然后按原趋势来一个大的高潮，制造一个陷阱，再转折。

2. 构造一个湿吻平台

如图 11-9 所示，反复湿吻，构造一个均线缠绕形成的平台（即湿吻后均线未经发散即再次缠绕的情况，其实就是简版的缠论走势中枢）。均线缠绕平台后的下跌往往是介入的良机，因为空头陷阱的概率简直太大了。

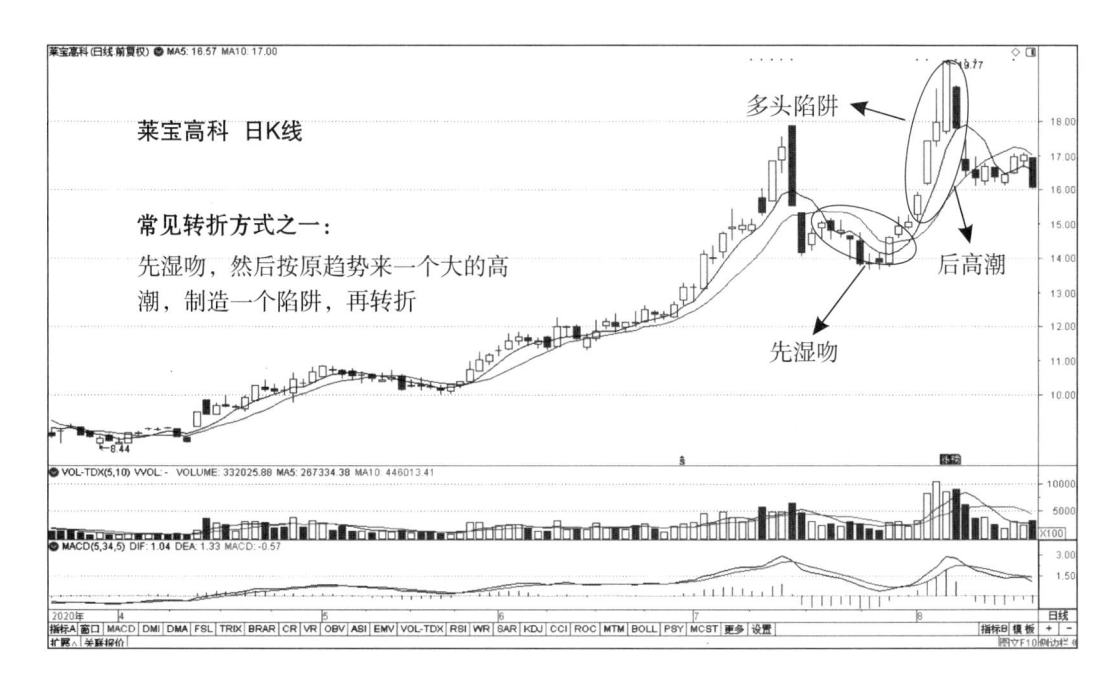

图 11-8 常见转折方式案例之一

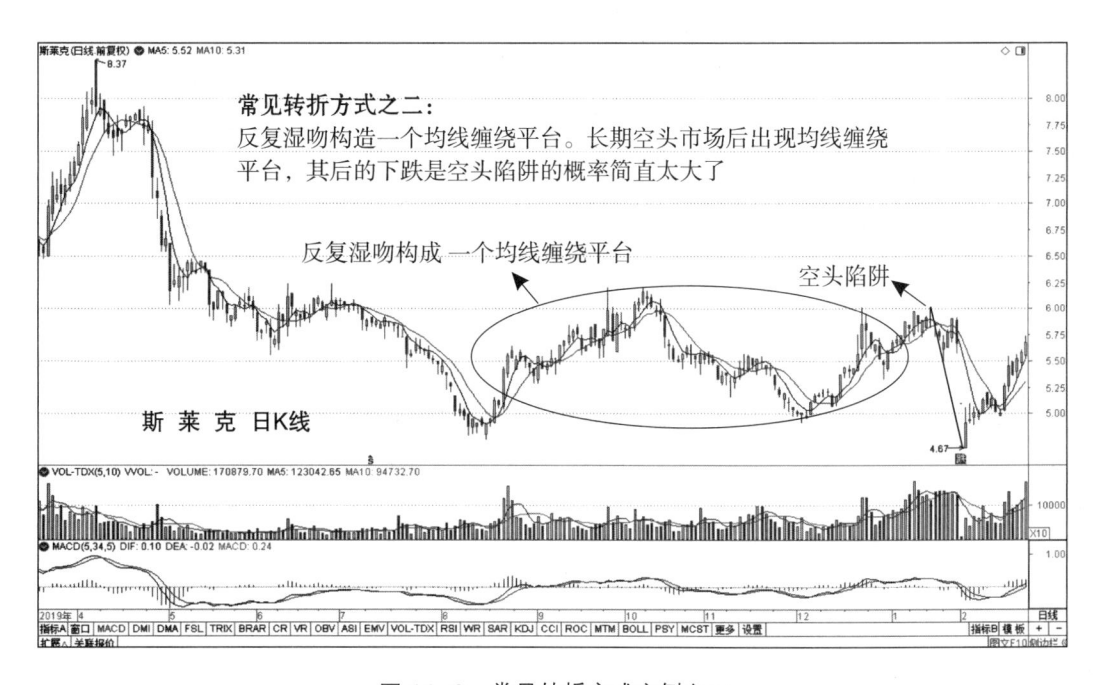

图 11-9 常见转折方式案例之二

为了今后更容易地识别它们，图 11-10、图 11-11 给出了这两种情况对应的股价走势示意图。

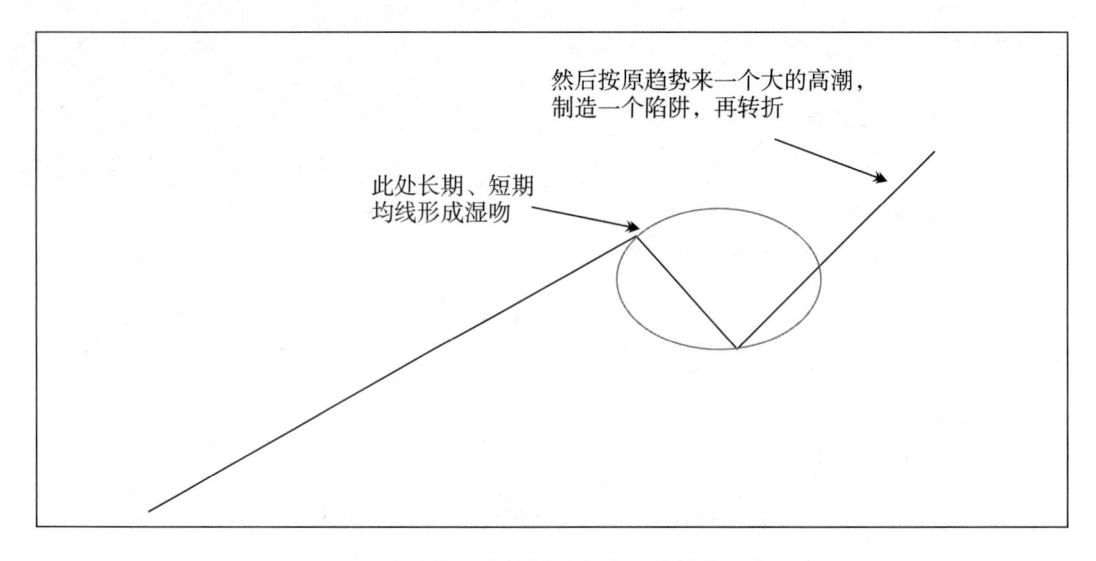

图 11-10　第一种转折对应的 K 线结构示意图

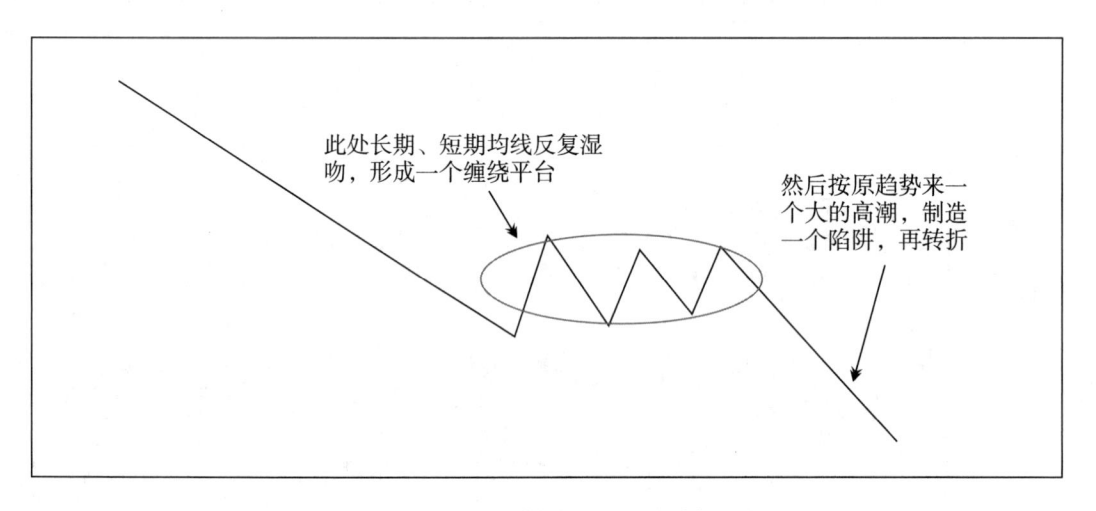

图 11-11　第二种转折对应的 K 线结构示意图

教你炒股票 12

一吻何能消魂

（2006-12-01 12:03:48）

干，马上要遇到的就是风险问题。任何一个位置介入，都存在风险，而且除非行情走出来了，否则即使最简单的均线系统，也没人能事先百分之百地确认究竟采取怎样的方式去"吻"。

熟悉本 ID 所解《论语》的都知道，风险是"不患"的，是无位次的，任何妄求在投资中的绝对无风险，都是痴心妄想。唯一的办法，就是设置一个系统，使得无位次、"不患"的风险在该系统中成为有位次、"患"的系统，这是长期战胜市场的唯一方法。【深入解析：关于"患"与"不患"，缠中说禅在"论语新解"中有大量的论述，但没有给出明确的定义。从课文解读出发，"患"可理解为相对的、有条件的，而"不患"则为绝对、无条件。一场惨烈的车祸之后，司机昏迷不醒，我们无法判断他的命运，但当将他送入 ICU，接通各种仪器设备后，他的生命就变得有迹可寻了。同理，一套好的投资理论就好比 ICU 中的各种仪器设备，它能随时报告市场走势情况，使得无法绝对预测的走势有了相对可以把握的可能。】

必须根据自己的实际情况，例如资金、操作水平等，设置一套分类评价系统，然后根据该系统，对所有可能的情况都设置一套相应的应对程序，这样，一切的风险都以一种可操作的方式被操作了。而操作者唯一要干的事情，就是一旦出现相应的情况，采取相应的操作。

对于股票来说，实际的操作无非三种：买、卖、持有。当然，在实际中，还有一个量的问题，这和资金管理有关，暂且不考虑。那么，任何投资操作，都演化成这样一个简单的数学问题：N 种完全分类的风险情况，对应三种（买、卖、持有）操作的选择。【字斟句酌："持有"应包括买入持有和卖出空仓两种状态。】

例如，对于一个简单的由 5 日均线与 10 日均线构成的买卖系统，首先，两者的位置关系构成一个完全分类，5 日均线在上是牛，10 日均线在上是熊，还有一种是互相缠绕的情况。【深入解析：这里深入分析一下这个买卖系统，首先它有三种状态：5 日均线在上、10 日均线在上以及均线缠绕。这就表明，这个买卖系统并非利用均线金叉与死叉进行操作，即进入多头排列时买入和转为空头排列时卖出，否则只是两种状态，没有包含均线缠绕的情况。其次，均线相互缠绕，无论从字面还是含义上看，都不是指均线的单次穿越，否则使用金叉与死叉就好。当然，和均线缠绕构成平台的情况也不相同，构成缠绕平台时没有明确的方向性，此时无所谓 5 日均线在上还是 10 日均线在上。排除上述种种不可能，可以大致勾勒出这个 5 日与 10 日均线组成的买卖系统的轮廓：5 日均线在上为牛，不再是简单的均线多头排列，而是一段由多头掌控，多头排列为主，空头排列为辅的多头趋势；10 日均线在上为熊，同样是一段空头掌控下的空头趋势；互相缠绕在买卖系统中则为多头或空头趋势下的调整走势。调整走势时均线排列与趋势位置相反，如图 12-1 所示。多头趋势的调整以死叉开始，金叉结束，空头趋势的调整过程从均线金叉到死叉。】这种情况最终都要演化成短期均线在上或长期均线在上，只有两种性质：中继或转折。

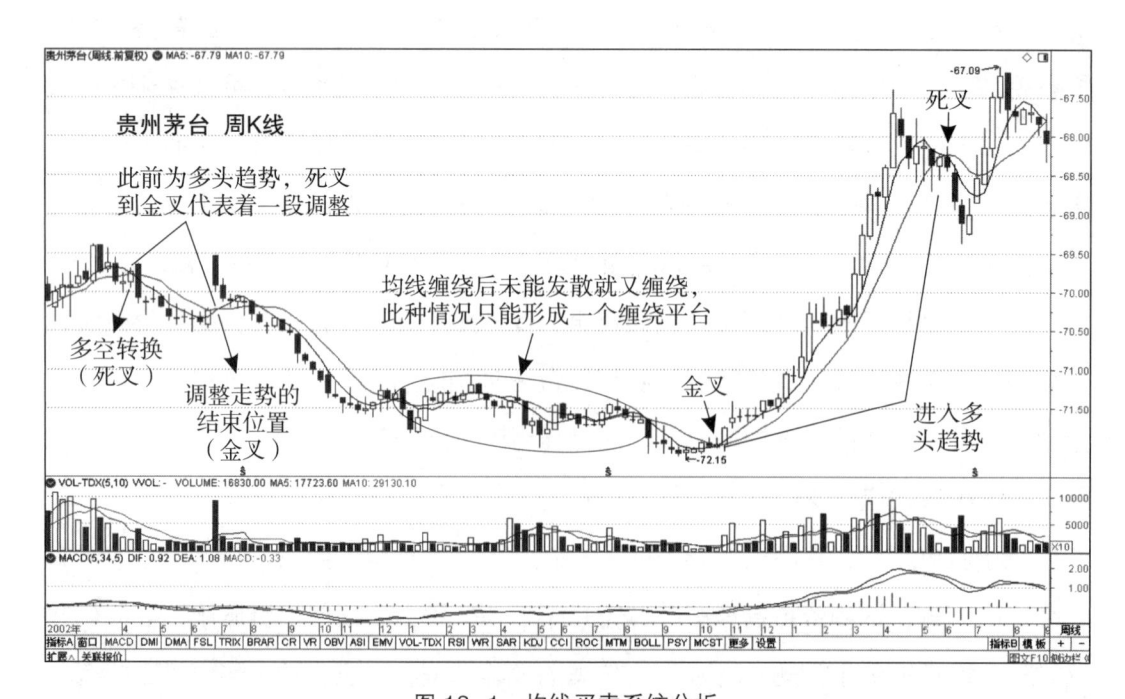

图 12-1 均线买卖系统分析

相应地,一个最简单的操作系统就此产生,就是在短、长期均线互相缠绕完成后介入。【**字斟句酌**:按字面意思理解,买卖点为金叉或死叉。不过实际上均线系统是滞后的,所以缠论视角下的买点在金叉之前,卖点同样提前于死叉,详见后面的课程。】

对于多头来说,这样一个系统无非面临两个结果,变为短期均线在上成功,变为长期均线在上失败。由于缠绕若是中继就延续原位置关系,若转折就改变位置关系,因此对多头来说,值得介入的只有两种情况:长期均线在上的转折,短期均线的中继,空头反之。【**深入解析**:这里疑为"短期均线在上的中继",如图12-2所示,以短期均线在上的中继为例,金叉意味着多头趋势下的调整结束,其后如果均线能由收敛(吻)再到发散,就证明这次缠绕仅仅是多头趋势的调整。】

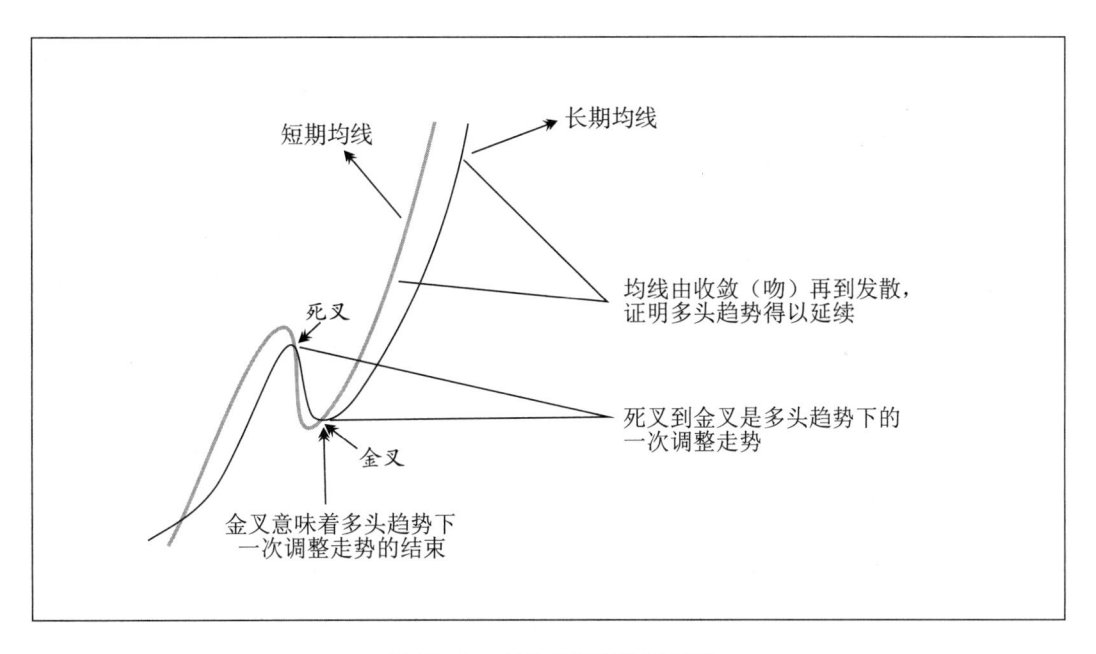

图 12-2 多头趋势延续示意图

对于任[何一]种走势,首要判断的是位置关系:长期均线在上还是短期均线在上。这问题只要有眼睛的都能判断出来,对于5日、10日的均线系统来说,5日[均线]在上就是多头排列,反之就是空头排列,这在任何情况下都是明确的。如果是多头趋势的情况,一旦出现缠绕,唯一需要应付的就是这缠绕究竟是中继还是转折。可以肯定地说,没有任何方法可以百分之百确定该问题,但还是有很多方法使得判断的准确率足够高。

例如，多头趋势出现的第一次缠绕是中继的可能性极大，如果是第三、第四次出现，这个缠绕是转折的可能性就会加大。

还有，出现第一次缠绕前，5日线的走势必须是十分有力的，不能是疲软的玩意，这样缠绕极大可能是中继，其后至少会有一次上升的过程出现。

第三，缠绕出现前的成交量不能放得过大，一旦过大，骗线出现的几率就会大大增加。如果量突然放太大而又萎缩过快，一般即使没有骗线，缠绕的时间也会增加，而且成交量也会（现）[存]在两次收缩的情况。

多头趋势选择第一次出现缠绕的中继情况，而空头趋势就相反。要寻找最后一次缠绕的转折情况，其后如果出现急跌却背驰，【课后详解：这里的"背驰"并非严格意义上的缠论概念，仅是一般意义的金融学名词，指股价创新高或新低，而技术指标却没能走出相应的力度。】那是最佳的买入时机。抄底不是不可以，但只能选择这种情况。然而，没有人百分之百确认那是最后一次缠绕。一般，空头趋势后的第一次缠绕肯定不是，从第二次开始都有可能。如何判断，最有力的就是利用好背驰制造的空头陷阱。关于如何利用背驰，是一个专门的话题，以后会详细论述。

综合上述，利用均线构成的买卖系统，首先要利用空头趋势最后一次缠绕后背驰构成的空头陷阱抄底进入，这是第一个值得买入的位置（见下面茅台的例子）。

第二个值得买入或加码的位置，就是多头趋势后第一次缠绕形成的低位。

【课文解读：第一、第二类买卖点的情况请参考图12-3中贵州茅台8月7日的第一类买点和9月14日形成的第二类买点，具体分析见本课下面的讲解。】

站在该系统下，这两个买点的风险是最小的，准确地说，收益和风险之比是最大的，也是唯一值得买入的两个点。但必须指出，并不是说这两个买点一定没有风险，其风险在于：

对于第一个买点，把中继判断为转折，把背驰判断错了。

对于第二个买点，把转折判断成中继。

这些都构成其风险，但这里的风险很大程度和操作的熟练度有关。对于高手来说，判断的准确率要高多了。而如何成为高手，关键一点还是要多干、[多]看、[多]参与，形成一种直觉。但无论高手还是低手，买点的原则是不变的，唯一能[区分]

高低的地方，只是这个中继和转折以及背驰的判断。

明白了这一点，任何不在这两个买点买入的行为都是不可以原谅的，因为这是原则的错误，而不是高低的区别。如果你选择了这个买卖系统，就一定要按照这个原则了。买的方式明白了，卖就反过来就可以了，这是十分简单的。

一吻而消魂，学会这消魂之吻，就能在动荡的市场中找到一个坚实的基础。当然，相应的均线的参数可以根（本）[据]资金量等情况给予调节，资金量越大，参数也相应越大，这要自己去好好摸索了。这点，对于短线依然有效，只是把日线改为分钟线就可以了。而一旦买入，就一直持有等待第一个卖点，也就是多头趋势缠绕后出现背驰，以及第二个卖点，也就是变成空头趋势的第一个缠绕高点把东西卖了，这样就完成一个完整的操作。

注意，买的时候一般最好在第二个买点，而卖尽量在第一个卖点，这是买和卖不同的地方。

补充一个例子，让不习惯抽象的人能理解：

对于喜欢用日线的，如图 12-3 所示，用茅台为例子给一个分析，使用了 5 日和 10 日均线。

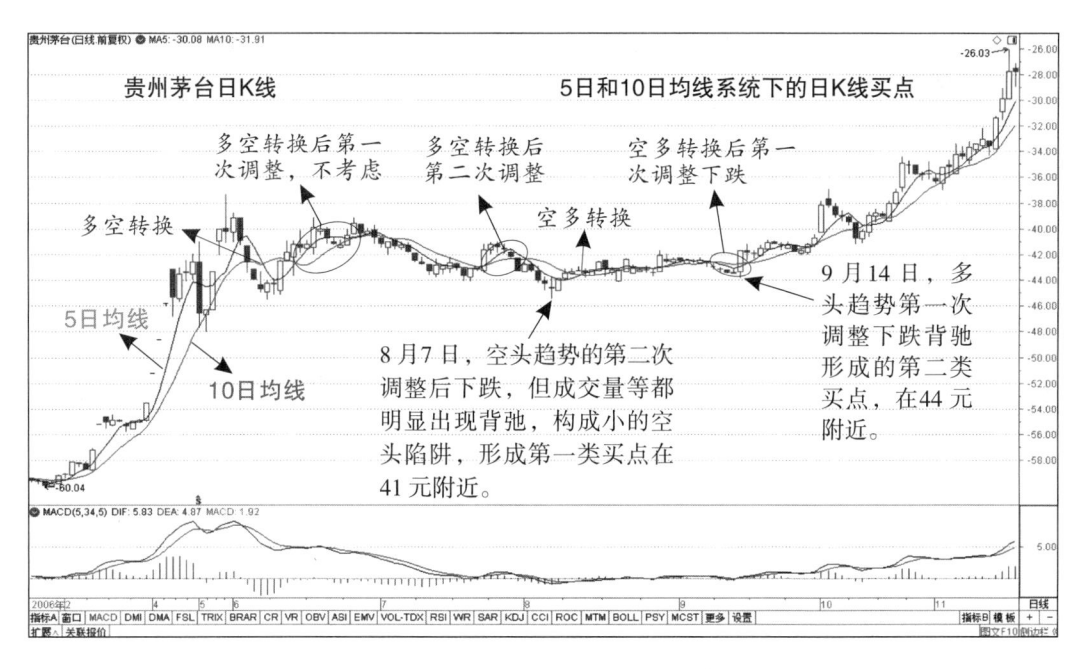

图 12-3　贵州茅台日线上的买点

8月7日，空头趋势的第二次缠绕后下跌，但成交量等都明显出现背弛，构成小的空头陷阱，成为第一个买点，在41元附近。

9月14日，多头趋势的第一次缠绕下跌形成第二个买点，在44元附近。

然后基本就沿着10日线一直上涨。即使是短线，10日线不有效跌破就继续持有等待第一个卖点，也就是缠绕后背弛的出现。第二个卖点就是变成空头趋势的第一个缠绕的高点。目前这一切都没出现，所以就持有等待［卖点］出现。

教你炒股票 13

不带套的操作不是好操作

（2006-12-04 12:08:28）

不带套[1]的操作一定不是好操作，特别对于资金量大的！带套有两种，一种是主动，一种是被动。

何谓被动带套？就是介入时根本不知道为何介入，在一种盲目的状态下被套了。然后还有一种很错误的理论，认为亏损多少就要止蚀。按这种方法来操作，最终都不可能大成功的。几乎所有的投资者，都是这种被动带套的。这种人，都是被套所套。

其实，从来不存在真正的止蚀问题，只存在股票是否依然在能搞的范围内的问题，只有这种意义下才存在止蚀：一只股票的走势从能搞变成不能搞。【课文解读：从这个意义上讲，所有对于缠论的解读，如果不能明确理论框架下什么样的股票形态能介入，什么样的不能，都是白白浪费时间。】请注意，站在盈亏的［角度］，这时并不意味着操作是失败了，可能已经大大盈利了，唯一退出的原因只是股票的走势已经不能搞了。

投资市场中一个最坏的毛病就是根据盈亏进出，而盈亏不是先验的，【课文解读：先验指先于经验得到的知识或理论，通常基于某种逻辑基础。比如，太阳不适合人类生存，就是一个先验的结论，无须通过大量的试验才能得到。】是根据当下的走势当下决定的，是被动的。根据盈亏进出，就是根据被动的因数进出，这不是被动带套是什么？

何谓主动带套？这里有两层意思。

其一，介入不可能一下子完成，特别对于大资金来说，如果不采取主动带套的方法，怎么可能买到足够的货？那种号称从来不带套的，肯定从来没操作过大资金。

［其二］，但更重要的是，任何的介入，都有一个主动的防护加入其中。这个

防护就是从一旦变为不能搞,就立刻从买入程序中退出。这个防护的启动是和任何盈亏无关的,只和当下的走势有关。

例如,在上一课所说的买入程序里,对于第一个买点(见图13-1),一旦上涨时依然出现空头趋势的缠绕,【课文解读:上涨时又出现空头趋势才有的调整力度。其力度可以通过调整结束的位置来判断,跌破第一买点,则原空头趋势延续。】那么一定要退出。为什么?因为第一个买点买入的基础在于等着市场最后一个缠绕后出现背驰,而现在又出现空头趋势的缠绕,意味着前面引导买入程序启动的缠绕并不是最后一个缠绕,也就是程序判断上出现问题,因此必须退出。

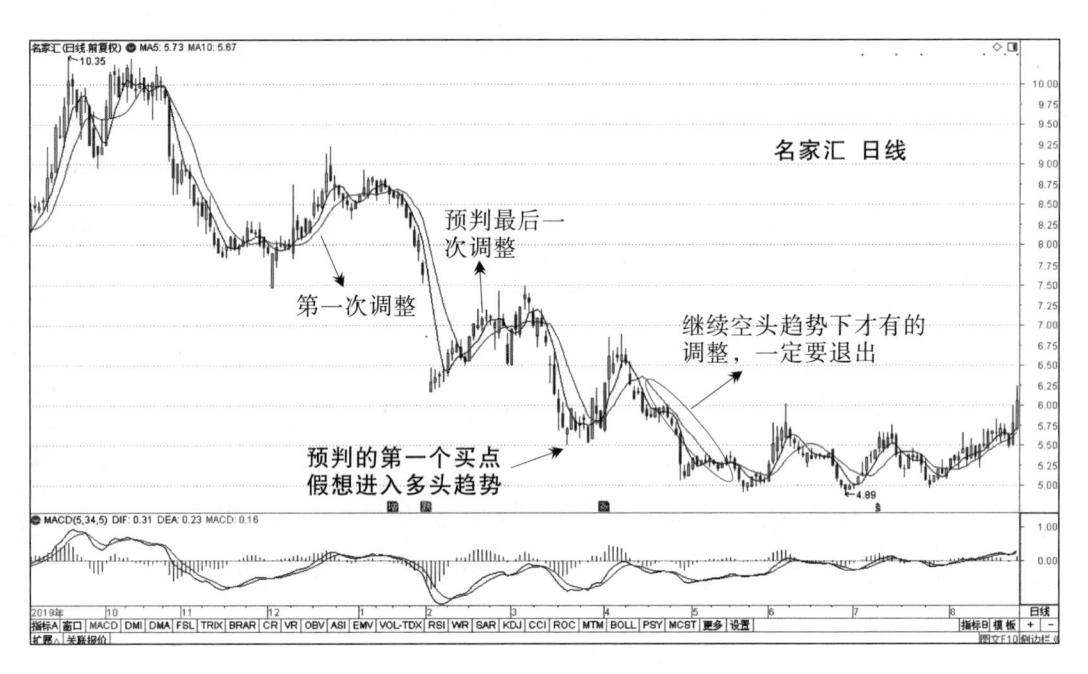

图13-1 第一个买点介入失败的情况

一般情况下,这种退出一定是盈利的,但这并不能成为不退出的理由。甚至不排除这种情况,就是退出后,缠绕经过以时间换空间的折腾慢慢变成多头趋势,最后还大幅上涨了(这种情况即使出现,也可以根据第二个买点的原则重新介入,所以真正的机会并不会丢失)。但即使这样,也绝对不能因为这种可能的情况有侥幸心理,因为还有更大的可能是缠绕后出现加速下跌。

对于走势,可能是无位次的,而实现是有位次的。任何的操作,只能建立在有位次的基础上,这对于熟悉本ID所解《论语》的人应该能理解。半部《论语》治天下,就别说股市了。要股市上脱胎换骨,多看本ID说的《论语》,那是源泉。【深入解析:走势本身可能是完全随机的,但在投资市场中,即使没有目的性的走势,也会表现出某种规律。任何操作,都只能建立在这些规律之上。】

而对于上一(章)[课]所说的第二个买点,【课文解读:缠论的第二个买点是多头趋势第一次调整后的低点,也即趋势中继买点。】一旦该缠绕中出现跌破前面空头趋势的最低位(见图13-2),就意味着买入程序出现问题,必须在任何一个反弹中把股票出清。在这种情况下,不排除后面出现上涨,理由如上。任何操作,没有百分之百准确的。一旦出现特殊情况,一定要先退出来,这是在投资生涯中能长期存活的最重要一点。当然,有经验的人,即使退出,也会按部就班,很有秩序。这和打仗是一个道理,一发现战机不对,就要撤,不能硬抗,否则不给灭了才怪了。

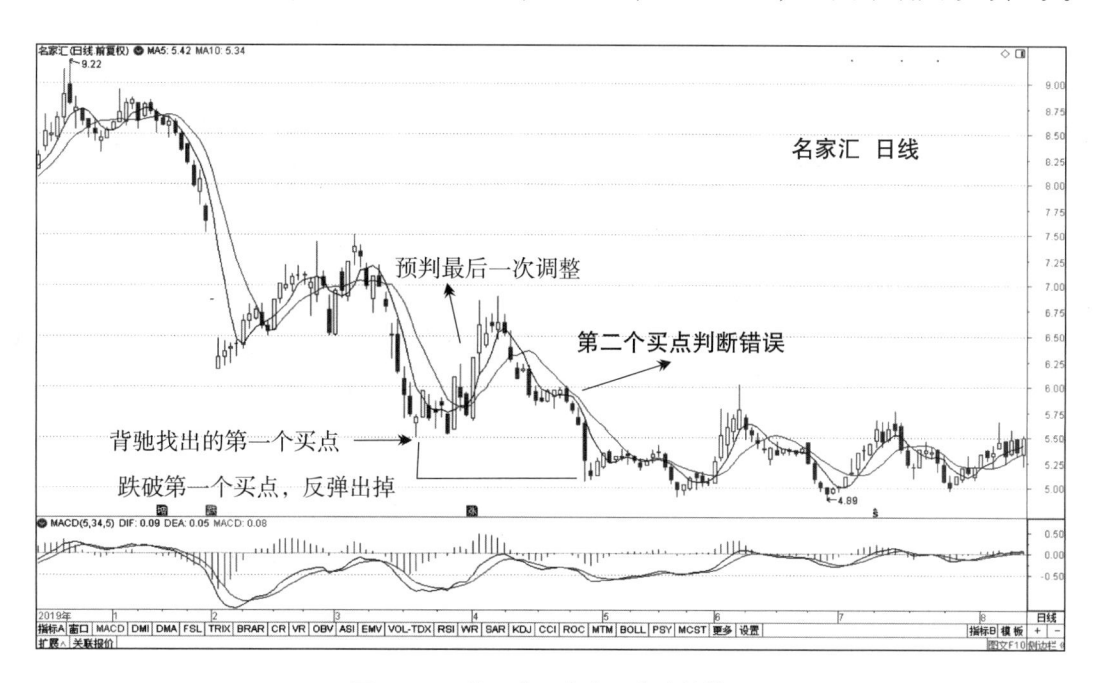

图13-2 第二个买点介入失败的情况

投资是一个长期的事业,别抱着赌博的心态企图一次成功。只要有这种心态,最终的结局一定悲惨,这已经被无数事例所验证。为什么要研究符合自己的买卖程序?就是因为这是市场风浪中唯一安全的港湾。港湾有时候也会有台风,但不能因为有时候有台风就不要港湾了。还有一点,就是买入程序的成功率和市场的强度有关。在强的市场里,买入程序的成功率基本都在90%以上,但在弱的市场里,这成功率就要低多了。

任何根据均线等技术系统构成的买卖程序，都只是一个综合判断的一个子判断，并不是说这一招就可以了。至少有一点是任何技术的买卖程序不能解决的，就是相同程序选出来的股票，为什么有些涨得多，有些涨的少，能不能就此而选出最有力度的，这在实际的操作中是很有意义的问题。用一个庸俗的比喻，技术系统是"海选"，而其后需要的是"复赛""PK"，这才能选出真正可以介入的股票。关于这个问题，在后面会逐步展开。

---

[1]缠中说禅比较喜欢玩一些文字游戏，一个普普通通的"套"字，从"教你炒股票"第1课至今，拥有几种不同的含义。

（1）G股是G点，大牛不用套。本系列教程开篇文章的"G股是G点，大牛不用套"，这里"套"指的是套用，生搬硬套。这个前面有详细的说明，这里不再赘述。

（2）不带套的操作不是好操作。本课"不带套的操作不是好操作"中的"套"字，有两层意思：其一指套路、方案、系统；其二指买入股票后，因股价下跌造成亏损，以至于难以卖出的情况，即俗称的"套牢"。

如是第一层意思，即"套路、方案、系统"，"不带套的操作不是好操作"，可以理解为在买入股票之前，要有预案，有操作系统。将走势分类，按固定的模式处理买入与卖出，就是操作系统。股价走势虽然无法预测，但如果这个操作系统具有概率上的优势，或者获利能力上的优势（每笔平均获利大于亏损），就是一个比较完美的操作系统。

如是第二层意思，即股票下跌造成的"套牢"，严格按照缠论操作，散户、小资金应该是不存在"套牢"的问题的。因为缠论并非只有单一买入程序，针对任何介入，都有实时的监测标准，一旦市场变为"不可介入"，就立刻从买入程序中退出，它和任何盈亏无关，只和当下的走势相关。

但大资金就不同了，由于不能一下子买到足够多的筹码，只能选择一个大级别的底部区域慢慢吸筹。这种情况下，只要介入条件没有被破坏，就可以无视短期的资金亏损（被套），这是一种主动带套的操作。

教你炒股票 14

喝茅台的高潮程序

（2006-12-05 11:35:20）

前面说了很多理论上的东西，现在用一个实际的股票来说明一下具体的用法。就用茅台吧，边喝茅台边上课。这里先假设所有看的人都能找到茅台上市以来的周线和日线图。

前面说过两条均线间"吻"的三种方式，其中的湿吻是最明显的缠绕例子，而飞吻和唇吻是缠绕的特殊例子。在均线操作系统中所指的缠绕，包括这三种吻。【**课文解读**：飞吻没有形成缠绕空间，唇吻缠绕空间缩小为一个点。】而从实际的比例看，湿吻出现的几率是最大的。但在长期均线系统中，例如周线、月线等，唇吻的例子比例也很大。【**课文解读**：均线系统是一个可以实战的系统，所以课后有详细分析。】

先复习一下相关定义。

飞吻：短期均线略略走平后继续按原来趋势进行下去。

唇吻：短期均线靠近长期均线但不跌破或升破，然后按原来趋势继续下去。

湿吻：短期均线跌破或升破长期均线甚至出现反复缠绕，如胶似漆。【**深入解析**：湿吻包含形成均线缠绕平台的情况。】

多头排列：短期均线在长期均线之上。

空头排列：短期均线在长期均线之下。

第一类买点：用比较形象的语言描述，就是由空头趋势最后一吻后出现的背驰式下跌构成。

第二类买点：多头趋势第一吻后出现的下跌构成。

现在，先打开茅台的周线图（见图 14-1），在茅台快 6 年的周线图上，用 5

周与10周均线构成的买卖系统,只有第一类和第二类买点各一个。可见,在周线图上,按均线系统构成的买点并不常见,一旦出现必须珍惜。

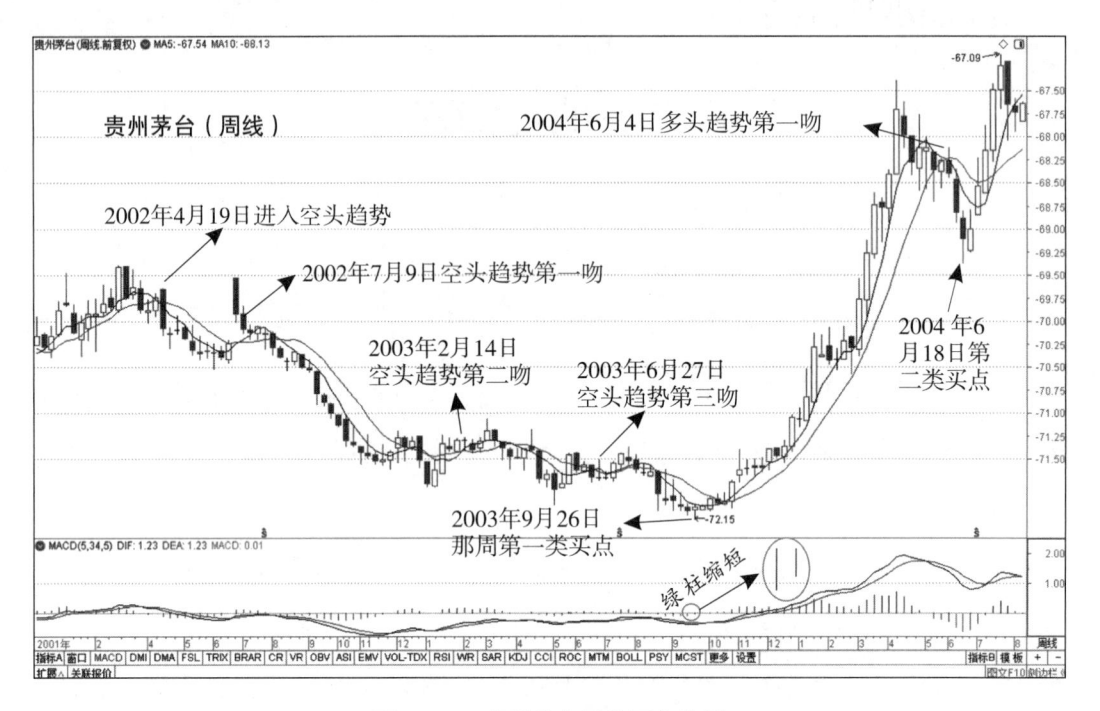

图 14-1 贵州茅台周线买点分析

仔细分析:2002年4月19日那周,茅台进入空头趋势,其后在2002年7月9日那周进入空头趋势的第一吻。前面已经说过,这第一吻后的下跌一般不会构成买点,必须是至少第二吻以后。

其第二吻出现在2003年2月14日那周,是典型的湿吻,其后(在)[再]下跌并没构成背驰,不符合第一类买入点的原则。

然后在2003年6月27日那周构成第三吻,是一个不太强烈的湿吻。其后的下跌就出现了明显的背驰走势,在MACD图上,绿柱子比上一次的明显缩短,而[股价]低位却低于上次绿柱子出现时的低位。

如何判断背驰走势结束,最简单的就是当绿柱子缩短,而股价继续创新低。这次,明显地发生在2003年9月26日这一周,意味着底部出现,第一类买点构造完成,可以大举介入了。

第一类买点出现后,茅台也正常地改变均线位置关系,进入多头趋势。一直到2004年6月4日那周出现多头趋势后的第一吻,其后的下跌构成周线上的第二类买点。

这里有一个很重要的技巧，就是第二类买点如何精确地把握。由于在周线多头趋势后第一吻的调整不构成明显的下跌走势，【**课文解读**：如图14-1所示，周线多头趋势第一吻后的调整只有一段下，不符合缠论视角下本级别走势至少由上、下、上或下、上、下三段走势构成的要求，所以缠中说禅说周线上不构成明显的下跌走势。】因此，对于第一类买点的背驰走法［势］就无法出现，【**课文解读**：是指在周线上无法通过背驰寻找第一类买点的方式找出第二类买点。】这时候就要降低K线级别，从日线图上寻找最佳买点。

这里给出一个**缠中说禅买点定律**：大级别的第二类买点由次一级别相应走势的第一类买点构成（该定律是有专利的，发明权一定要明确。这一点必须明确，否则以后本ID不会再说任何定律了。该定律一定没有任何人发现过，其他本ID已发现的定律也一样。哪天本ID心情好再说几个，但前提是不能让本ID发现有盗版的，各位也应该和本ID一起监督）。

例如，周线上的第二类买点由日线上相应走势的第一类买点构成。有了这个缠中说禅买点定律，所有的买点都可以归结到第一类买点。

对于茅台，2004年6月4日那周出现多头趋势后第一吻，对应在日线图上是明显的空头走势（见图14-2）。该走势其中出现三次吻，分别在2004年4月29日、5月18日、6月1日，都是典型的湿吻。但前两次其后的下跌都没有出现背驰，只有第三次，出现明显的背驰性走势。6月18日创下低点后，MACD的绿柱子明显比前面的要缩短，这就构成了日线上的第一类买点，而这个买点，在周线上就是第二类买点。注意，后面由于除权，价位上似乎比这个要低了，其实并没有。

站在周线角度，茅台的买点就这两个了，而其后的卖点至今没出现。如果当时根据这两个买点介入的，目前应该继续持有，直到卖点出现。但是，这是一种针对特别大资金的玩法，例如50亿以上。对于资金量一般的，例如10亿以下的，有一种增加资金流动性的玩法，就是充分利用日线的卖点回避大的调整，虽然这种调整站在周线的角度不一定要参与。

缠中说禅短差程序就是：大级别买点介入的，在次级别第一类卖点出现时，可以先减仓，其后在次级别第一类买点出现时回补。对于周线买点介入的，就应该利用日线的第一类卖点减仓，其后在［日线］第一类买点回补。

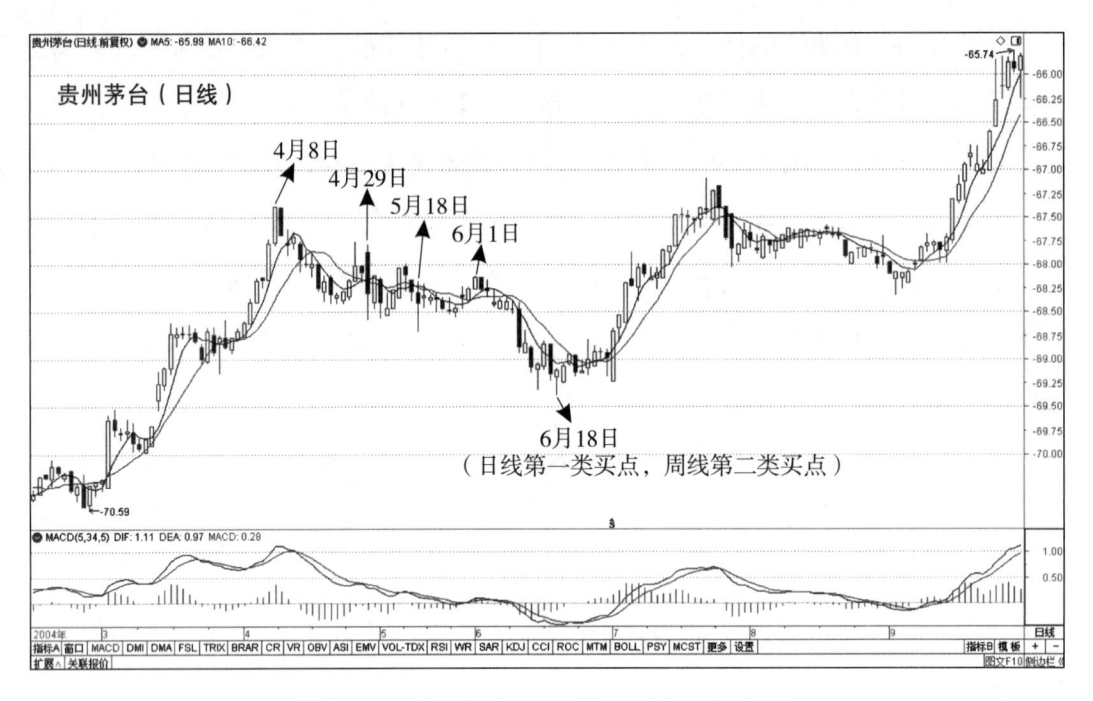

图 14-2　贵州茅台周线第二类买点的精准定位

对于茅台，分析如下。

在周线上，2003 年 9 月 26 日这一周根据第一类买点介入的，其后的多头市场出现 9 次吻，前 8 次都没构成背驰走势。第 9 次出现在 2004 年 3 月 26 日，其后的上涨出现明显背驰，4 月 8 日的高位对应的 MACD 红柱子并没有相应创出新高，这就构成日线上的第一类卖点（见图 14-3）。

其后的［日线］第一类买点出现在 6 月 18 日（见图 14-2），然后的第一类卖点出现在 10 月 27 日，然后第一类买点出现在 12 月 22 日，下一个第一类卖点出现在 2005 年 4 月 26 日，接着的第一类买点出现在 2005 年 12 月 13 日，下面的第一类卖点至今没出现。也就是说，即使是站在日线的角度，2005 年 12 月 13 日介入的茅台，［到现在］根本就没有出现卖点，唯一正确的就是坚决持有。

当然，如果资金量小，不是按周线的，第一类、第二类买点都是最多按日线的，就可以相应在 30 分钟等更小的级别内找到第一类卖点而弄出短差来。那就太细了，各位自己研究去。

要把握好这个均线构成的买卖系统，必须深刻理解**缠中说缠买点定律**：大级别的第二类买点由次一级别相应走势的第一类买点构成。

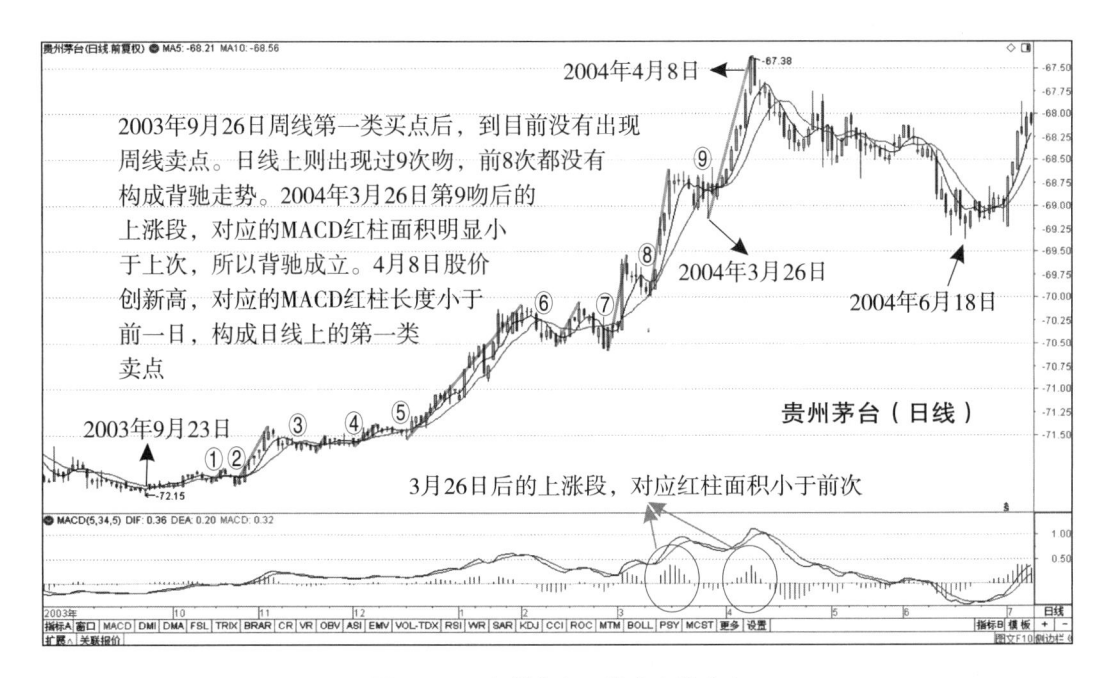

图 14-3　贵州茅台日线卖点的确定

如果资金量不特别巨大，就要熟练**缠中说禅短差程序**：大级别买点介入的，在次级别第一类卖点出现时，可以先减仓，其后在次级别第一类买点出现时回补。这样才能提高资金的利用率。

注意，该定律和程序都要注意版权，任何人都可以用，也不收任何版权费，但这个版权必须要明确，否则本 ID 心情不好，就没兴趣再说任何定律、程序了。严惩所有企图盗版去招摇撞骗的人。

各位要多看图，根据相应的资金量以及性格去定自己的操作级别，然后具体是熟练，否则就是纸上谈兵，毫无意义了。

拓展阅读

用于背驰判断的 MACD 指标

背驰是理解本课的难点，对背驰的判断主要使用 MACD 指标，所以先介绍一下 MACD 指标。

注：本课所说的"背驰"是一般意义上的，后期课文中出现的"背驰"则多为缠论意义上的。

一、MACD 指标的构成和基本参数

MACD 指标全称"指数平滑异同移动平均线",指标全称揭示它主要包含以下三层含义。

指数平均线: 表明这个指标是以收盘价格为基础设计出来的。

平滑: 平滑的计算方式很复杂,可以简单理解为首先对价格进行加权处理,日期越近权重越大,然后再进行平均运算,最终得到一个波动平缓的价格曲线。

异同: 通过指标中快线、慢线的位置关系即孰上孰下,以及逐渐靠拢还是慢慢发散,展示多空的力量状态。

1. MACD 指标的构成

如图 14-4 所示,MACD 指标由三部分组成,它们分别是快线(DIF)、慢线(DEA)和柱线(BAR)。

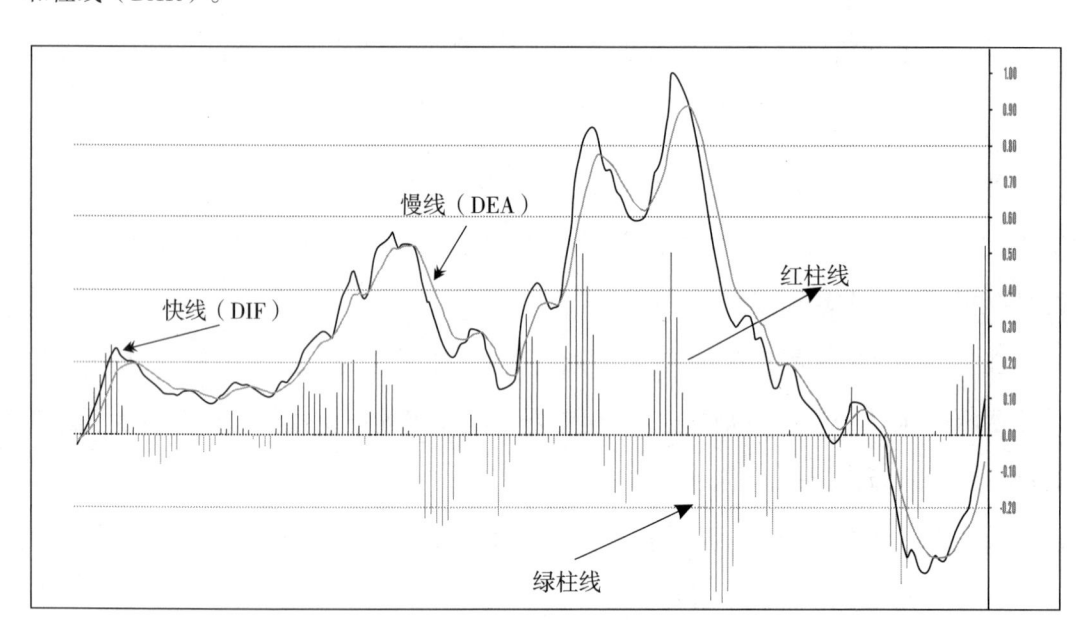

图 14-4 MACD 指标示意图

快慢线一般使用黄色和白色表示,俗称"黄白线"。

柱线(BAR),默认为红、绿两种颜色,红柱线代表多头力度,绿柱线代表空头力度。本书中,快慢线和柱线均以黑色或灰色代替。

2. MACD 指标重要参数

如图 14-5 所示,MACD 指标的重要参数有三项,分别是短期(SHORT)、长期(LONG)和中期(MID)参数,主要用于计算快慢线。

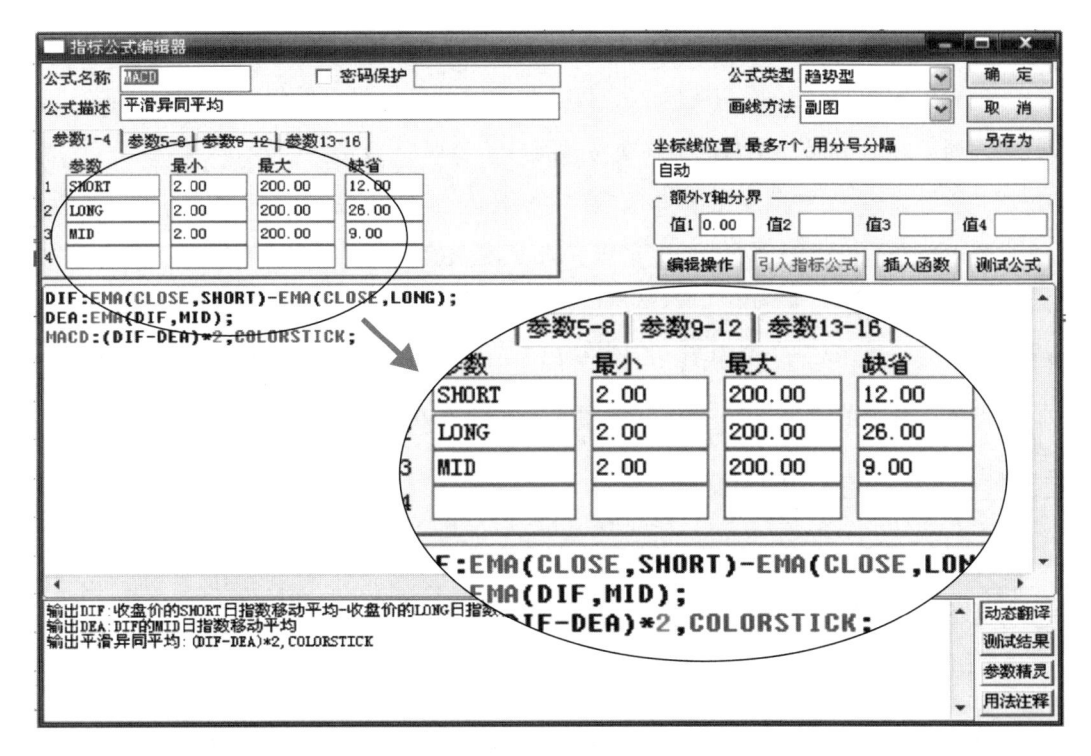

图 14-5 MACD 指标参数及设置

快线（DIF）是经平滑处理后的短周期与长周期平均指数的差值。

慢线（DEA）是快线按中期值进行加权平滑处理后的数值。

由快慢线的计算方式可知，短期（SHORT）与长期（LONG）是相互呼应的，所以短周期的取值必须小于长周期值。中周期值则相对独立，希望快慢线反差大、更灵敏，就选取小一些的数值，反之使用较大的数值。

柱线（BAR）是快线与慢线差值的形象体现，差值为负时以绿色柱线表示，正值以红色柱线表示，分别代表空头与多头力度。为了方便观察，柱线的高度默认为快慢线差值的2倍。这个参数同样可以在软件中修改，见软件公式中的：

输出平滑异同平均：（DIF-DEA）×2，COLORSTICK；

×2 就是柱线的高度系数。

作为指标之王，MACD 指标不单是震荡指标，还是一个趋势指标。如图 14-4 所示，指标以 0 轴为分界线，将市场划分为多头市场和空头市场，快慢线位于 0 轴以上为多头市场，反之表明股价运行在空头市场中。

二、指标参数的设定与修改

如图 14-5 所示，MACD 指标的缺省参数一般设置为"12，26，9"，分别是短期（SHORT）、长期（LONG）、中期（MID）的 MACD 周期值。这些参数同样可以方便地修改。

短周期设定为 12，长周期取值 26，可能和我国股市早期一周有 6 个交易日有关，12 天代表两周，26 天则是一个月的平均交易时间。

除此之外，还有一组常用的周期参数值"5，34，5"，它加大了短周期与长周期的差值，且将中周期值设定得很小，所以指标更灵敏，比较适合短线操作时使用。

使用 MACD 指标不仅要考虑参数值，还要注意使用的级别，即指标在哪个周期 K 线图上使用，在分钟线、日线、周线、月线等周期中，指标值代表不同的意义。如日 K 线图中，周期值以日为单位；在 30 分钟 K 线图上，则以 30 分钟 K 线计算相应指标值。

三、柱线的简单使用方法

柱线是快慢线的差值，如图 14-6 所示。柱线的颜色间接反映出快慢线的位置关系，红色时表示快线在慢线之上运行，绿色时则相反，慢线位于快线之上。

1. 柱线收敛与发散

如图 14-6 所示，MACD 柱线的重要作用是通过研究它的收敛（逐渐缩短）和发散（逐渐增长），观察市场多空力量的变化，找出多空力量的转折点。

MACD 柱线收敛：表示市场原方向的能量在减弱。

MACD 柱线发散：代表市场原方向的能量在增加。

MACD 柱线长度：代表市场力度大小，红柱线伸长表示上涨力量在增强，红柱线的长度越长，表示上涨力度越强；绿柱线伸长表示下跌力量在增强，绿柱线的长度越长，表示下跌力量越强。

2. 柱线抽脚与缩头

如图 14-6 中左图所示，在下跌过程中，柱线会在 0 轴之下不断向下发散，绿柱最长时下跌动能达到最强。当绿柱线达到最长后，出现短于前一根柱线的柱线时，就发生了"抽脚"，说明市场下跌动能开始减弱，短期内有转势的可能。

如图 14-6 中右图所示，在上涨过程中，柱线会在 0 轴之上不断向上发散，红柱最长时代表上涨动能达到最强。以最长柱线为分界点，之前的柱线是依次伸长的，之后的柱线依次缩短。柱线第一次缩短称为"缩头"，说明市场上涨动能开始减弱，短期内有转势的可能。

3. 杀多点与逼空点

如图 14-7 中左图所示，当 MACD 柱线从 0 轴之下回抽到 0 轴附近，但没能突破 0 轴

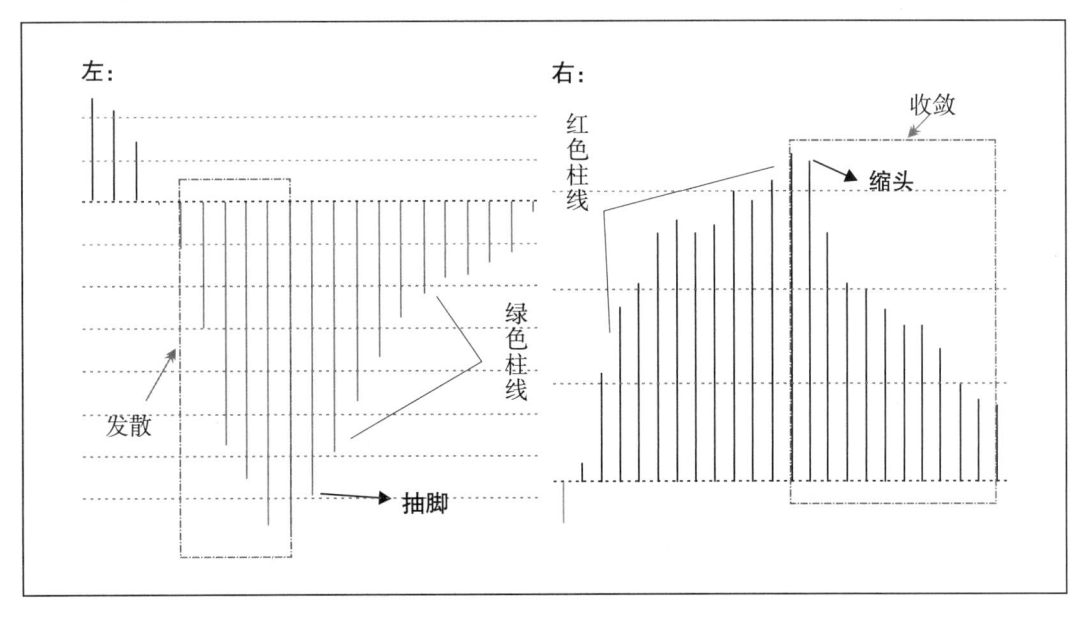

图 14-6　MACD 指标的发散、收敛与缩头、抽脚

又开始向下发散时，开始发散的第一根绿柱线便是"杀多点"。"杀多点"对应的 K 线称为"杀多棒"，其特征通常是放量的实体大阴线。

如图 14-7 中右图所示，当 MACD 柱线从 0 轴之上回抽到 0 轴附近，但没能向下突破 0 轴又开始向上发散时，开始发散的第一根红柱线就是"逼空点"。从"逼空点"开始，股价往往会放量以更快的速度上涨，使得空头此后找不到好的入场点，所以称为"逼空点"。对应的 K 线称为"逼空棒"，其特征通常是放量的实体大阳线。

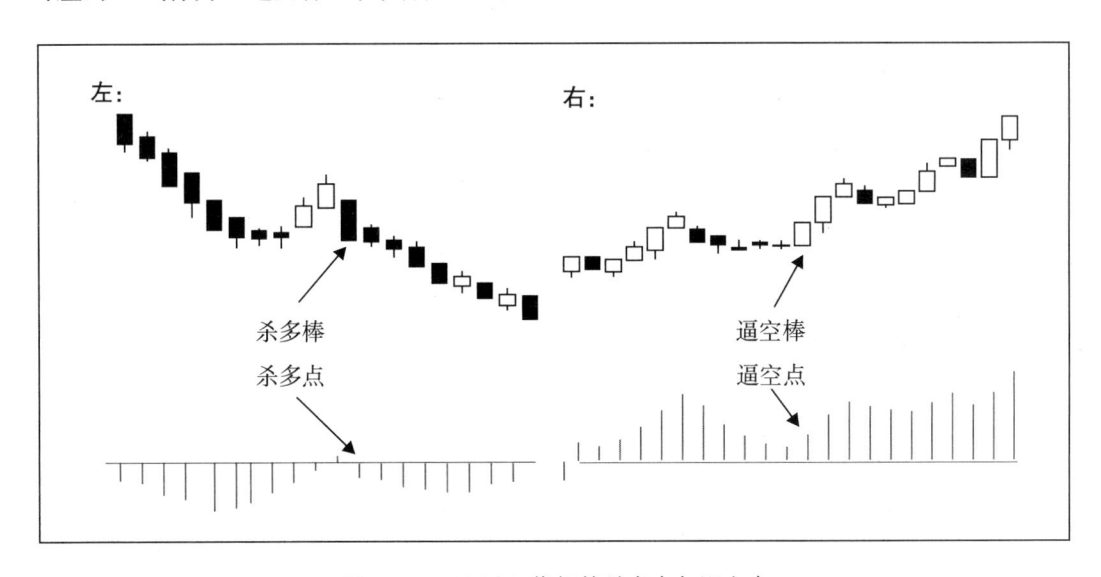

图 14-7　MACD 指标的杀多点与逼空点

79

深入解析

缠论视角下的均线系统

1. 湿吻

如图 14-8 所示，短期均线跌破或升破长期均线甚至反复缠绕，如胶似漆。

2. 金叉与死叉

如图 14-8 所示，金叉是短期均线向上突破长期均线时形成的交叉点，死叉是长期均线向下突破短期均线时形成的交叉点。

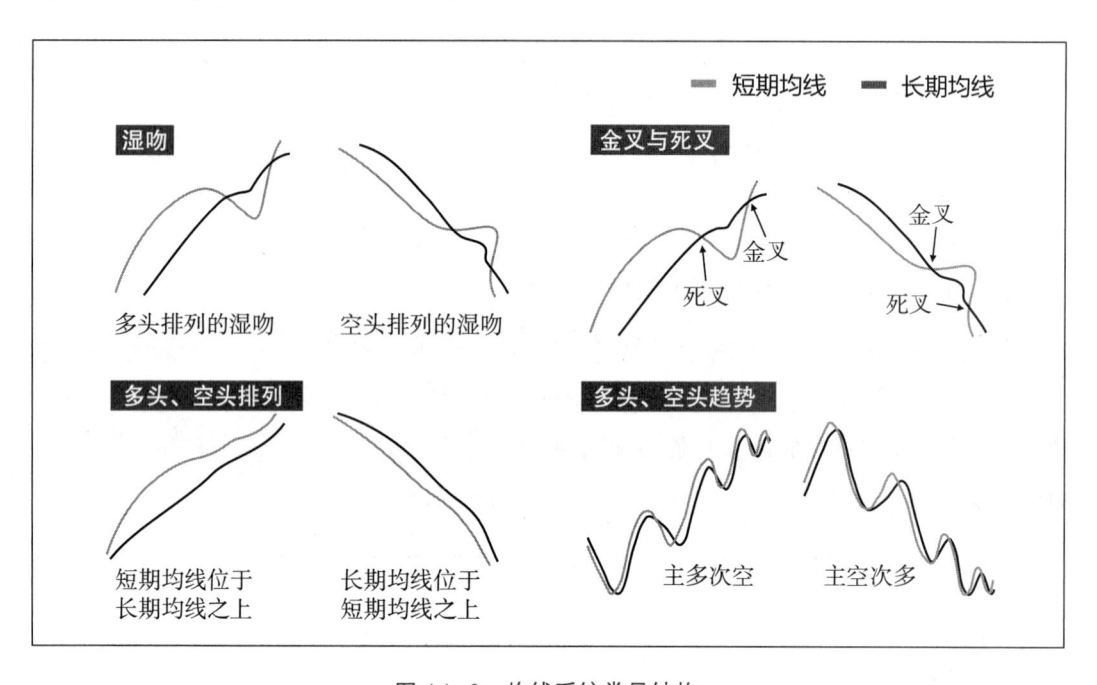

图 14-8 均线系统常见结构

3. 多头排列与空头排列

多头排列指短期均线位于长期均线之上。

空头排列指长期均线位于短期均线之上。

4. 多头趋势与空头趋势

如图 14-8 所示，某级别 K 线图中，短期、长期均线大涨小回，呈现明显的上涨形态，对应的走势即为多头趋势；某级别 K 线图中，短期、长期均线大跌小回，呈现明显的下跌形态，对应的走势即为空头趋势。

5. 均线缠绕、均线缠绕平台及多空趋势下的吻

既然是均线缠绕，自然不是长期、短期均线单次的穿越，否则就和金叉与死叉没有区别了。

如图14-9所示，均线缠绕表现为短期、长期均线来回穿越的过程。多头趋势中调整形成的缠绕以死叉开始，结束于金叉；反之以金叉开始，结束于死叉。

如图14-9所示，均线缠绕后未能发散就再次缠绕形成的走势平台，就是均线缠绕平台。形成均线缠绕平台，表明走势陷入短时间的无序状态。

空头趋势下，调整走势的起点称为空头趋势的吻。多头趋势下，调整走势的起点称为多头趋势的吻。

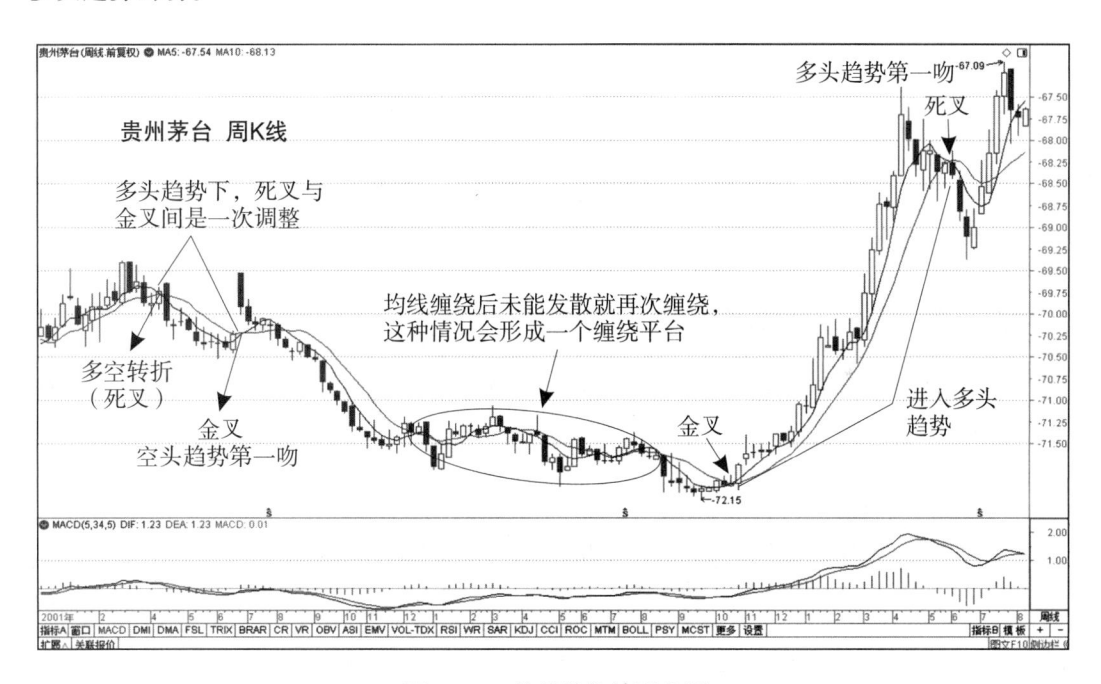

图 14-9 均线缠绕情况分析

6. 背驰的条件

这是一个隐含的知识点，缠中说禅在前面的课程中没有说明就直接使用了，造成不少人在阅读本课时无法理解，产生困惑。

背驰需要满足以下两个条件。

（1）均线湿吻。均线湿吻有两种情况，一种只是一次均线缠绕，另一种如图14-10所示，可以形成一个均线缠绕平台。进行背驰判断时，要把形成缠绕平台的情况考虑在内。

用来进行背驰判断的后一段走势，不能是缠绕平台中的某段走势，必须明显突破缠绕平台，下一课所说的"没有趋势，没有背驰"就是这个意思。

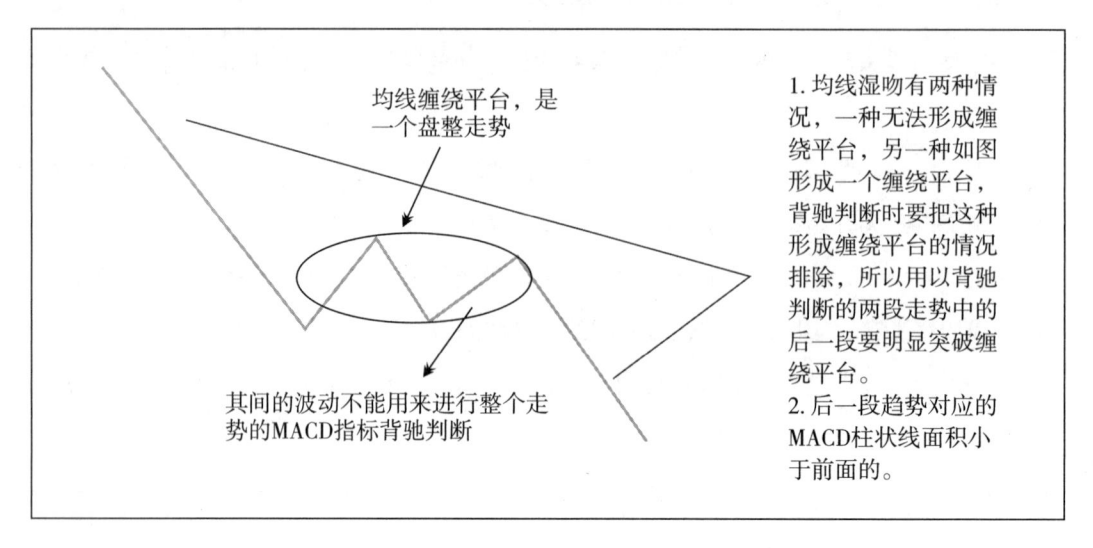

图中标注：
- 均线缠绕平台，是一个盘整走势
- 其间的波动不能用来进行整个走势的MACD指标背驰判断
- 1.均线湿吻有两种情况，一种无法形成缠绕平台，另一种如图形成一个缠绕平台，背驰判断时要把这种形成缠绕平台的情况排除，所以用以背驰判断的两段走势中的后一段要明显突破缠绕平台。
- 2.后一段趋势对应的MACD柱状线面积小于前面的。

图 14-10　背驰需要满足的两个条件

（2）后一段趋势对应的 MACD 柱状线面积小于前一段趋势。

本课中贵州茅台的案例，许多情况因不满足第一个条件，因而没有发生背驰。

7. 均线系统第一类买卖点

均线系统第一类买卖点：用比较形象的语言描述，就是由空头趋势最后一吻后出现的背驰式下跌构成。

缠中说禅视角下的均线系统具有很强的实用性，因此有必要对上述定义进行抽丝剥茧式的剖析。定义中的"空头趋势"和"最后一吻"是两个关键点。

第一类买点是空头趋势转为多头趋势的关键位置，所以空头趋势是第一类买点的前提条件。

空头趋势。实际操作中，它不一定是一个已经确认的形态，也可以是一个假设。比如多头趋势出现背驰后，可以先假设其后将出现一个空头趋势，再根据走势来判断假设是否成立。

如图 14-11 所示，多头趋势下的死叉代表着走势进入了空头趋势，其后的金叉也被称为空头趋势的第一吻。再次强调，这个空头趋势是假设的。

空头趋势第一吻后的下跌。如图 14-11 所示，紧接空头趋势第一吻后的走势，其实是一个多头排列的上涨走势。不过定义中明确指明是一段下跌走势，所以其区间大体应该是如图 14-11 中所示，由第二次死叉与第二次金叉决定的第二段下跌走势。

如果这段走势背驰了，就无法证明从第一个死叉开始的走势进入了空头趋势；如果走势没有背驰，那么自然不存在合格的买入点。所以缠中说禅说，"这第一吻后的下跌一般不会构成买点，必须是至少第二吻以后。"

最后一吻后出现的背驰式下跌。如图14-12所示，确认趋势进入空头趋势后，其后就是不断把新出现的下跌段与之前的下跌走势进行比较，直到找出某段背驰走势，其背驰低点就是均线系统的第一类买入点，因此，最后一吻是通过背驰段来确认的。只有走势背驰了，才能确定上一吻为空头趋势的最后一吻。

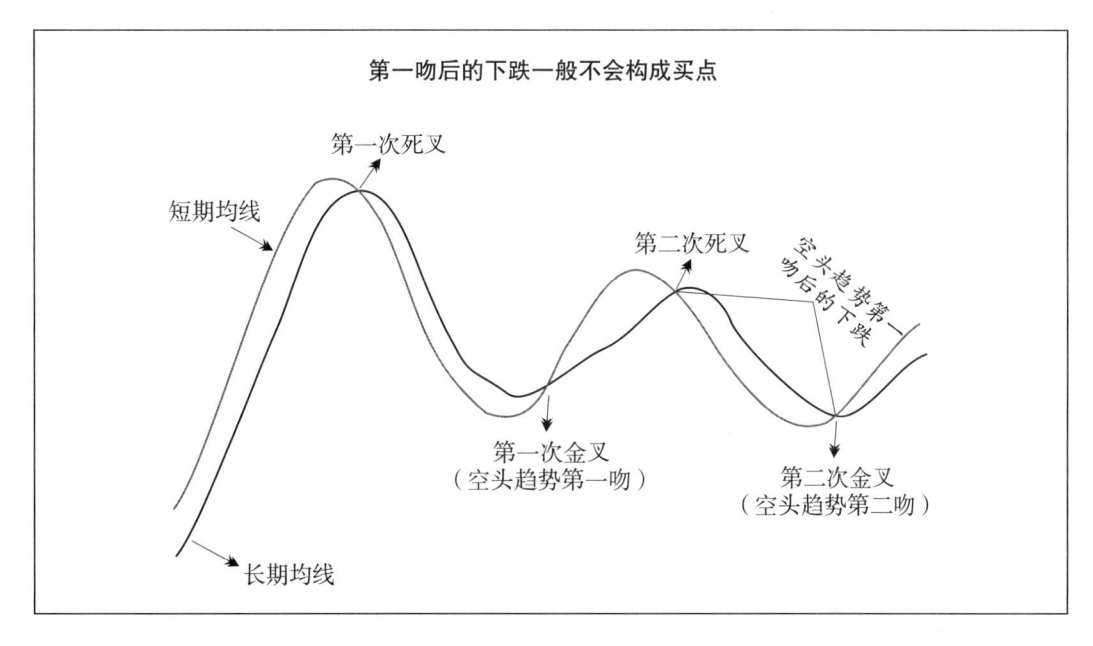

图 14-11 转为空头趋势后的走势分析

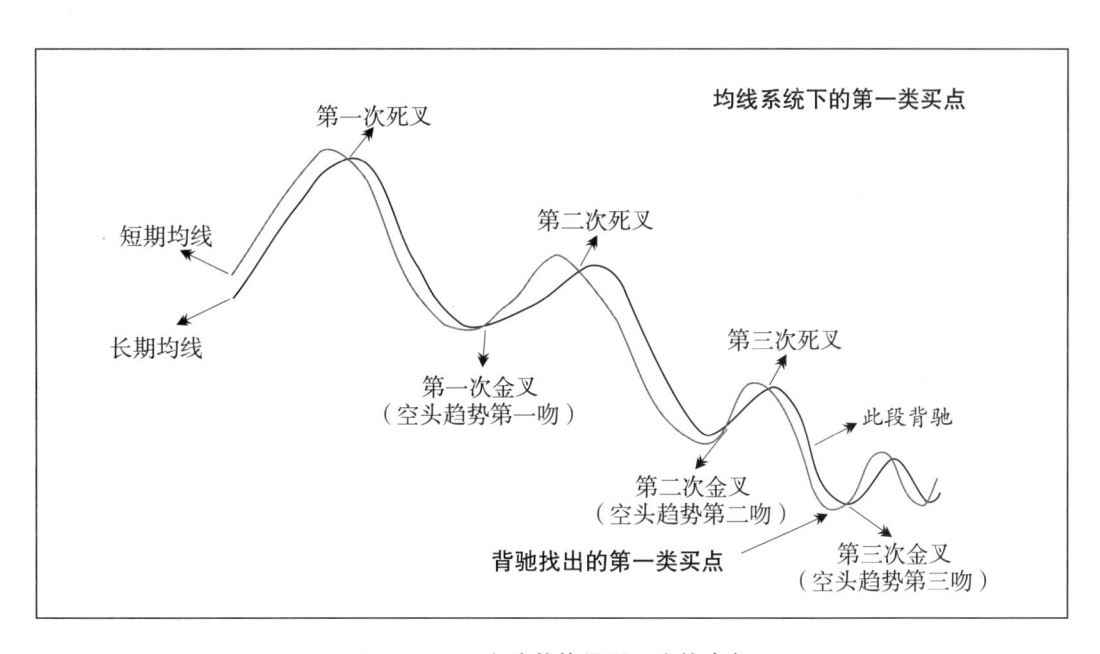

图 14-12 空头趋势最后一吻的确定

第一类买点位置的确定。很多人使用均线系统时拘泥于定义，按"死叉卖出，金叉买入"的原则操作。空头趋势的"吻"是个金叉，如果它能够直接使用，那么均线系统第一类买点的定义可以改为"空头趋势出现背驰后的最后一吻"来描述。

如图14-12所示，均线系统的第一类买点实际上是提前于第三次金叉（第三吻）的，这是由于均线系统的整体滞后性造成的，其原因在于均线的计算方式。

最终可以得出结论，均线系统的买卖点是由走势的背驰点决定的。

8. 第二类买点

均线系统第二类买点的定义：多头趋势第一吻后出现的下跌构成。

均线系统第二类买点是原走势延续的一个买点，而且是空头趋势转为多头趋势后的第一次下跌背驰买点。

多头趋势第一吻：这里的多头趋势依然是假设的，因为还有趋势转换失败的可能。

如图14-13所示，均线系统第一类买点之后，市场进入多头趋势。多头趋势的第一吻是多头趋势中调整走势的开始位置，是个死叉。与第一类买点的情况不太一样，死叉点后面紧接着一个下跌走势，如果发生背驰了，背驰点就是均线系统的第二类买点。

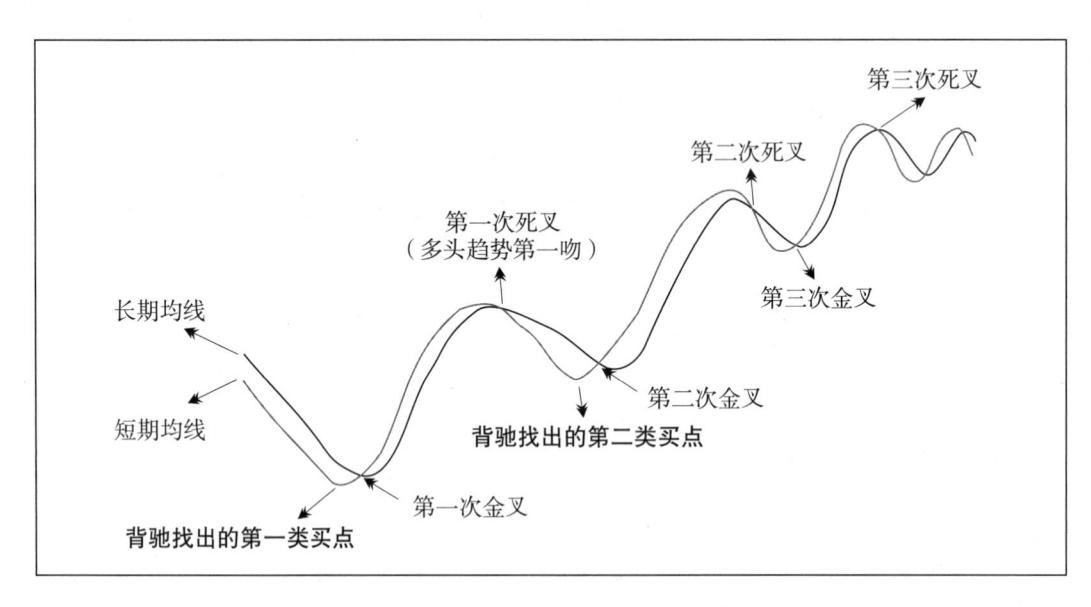

图14-13 均线系统第二类买点的确定

> **深入解析**

贵州茅台周线买点

图 14-14 是贵州茅台 2002 年 4 月至 2005 年底的周 K 线走势图。在长达 3 年 8 个月的走势图上，只出现了周线级别的第一类、第二类买点各一个，且没有合格的周线卖点出现。

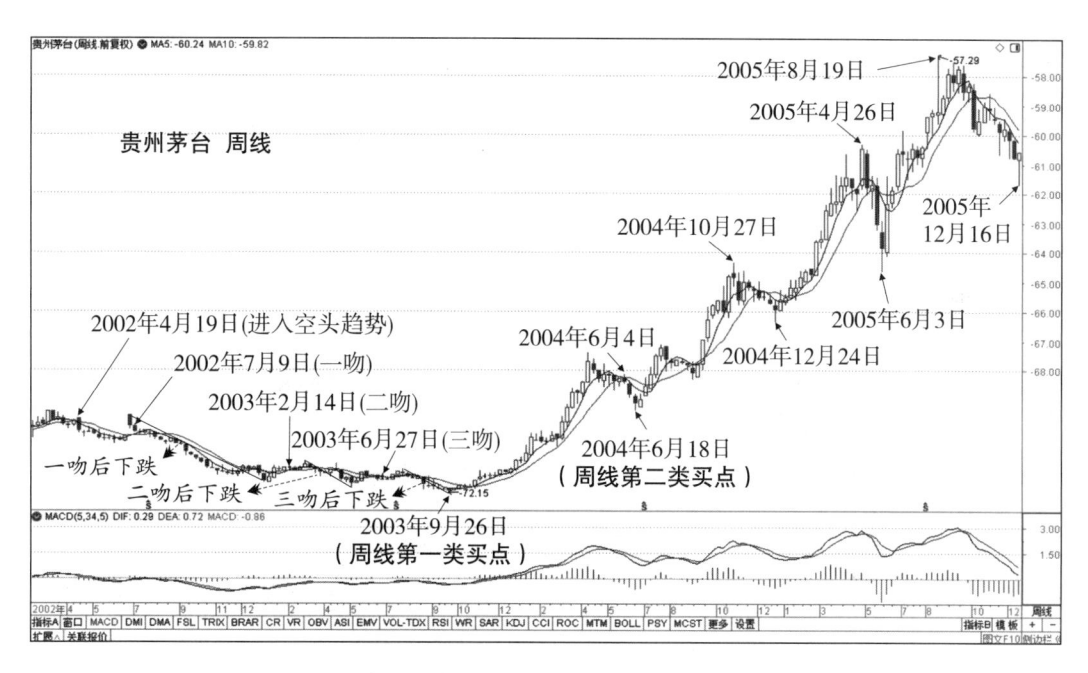

图 14-14　贵州茅台 2002 年 4 月至 2006 年周 K 线走势图

1. 周线上的第一类买点

如图 14-15 所示。

① 2002 年 4 月 19 日那周，均线出现死叉，进入空头趋势。

② 2002 年 7 月 9 日那周是空头趋势下的第一吻。根据前面的分析，空头趋势第一吻后的下跌走势不能出现背驰，否则无法真正进入空头趋势。

③ 第二吻出现在 2003 年 2 月 14 日那周，是典型金叉产生的湿吻。此时对比第一吻后的下跌与之前的下跌，第一吻后的下跌果然没有背驰，走势进入空头趋势。

④ 2003 年 6 月 27 日那周构成空头第三吻，是一个不太强烈的金叉产生的湿吻。第二吻后的下跌与第一吻后的下跌走势相比太弱了，甚至没能明显突破第一吻后下跌的低点，因此此处实际上形成了一个均线缠绕的平台，这种情况下是不能将它与之前的走势进行背

驰比较的。

第三吻后的下跌就出现了明显的背驰走势。整体看，股价创新低，而在MACD指标图上，第三吻后下跌对应的绿柱线面积明显小于第一吻后下跌对应的绿柱线面积。

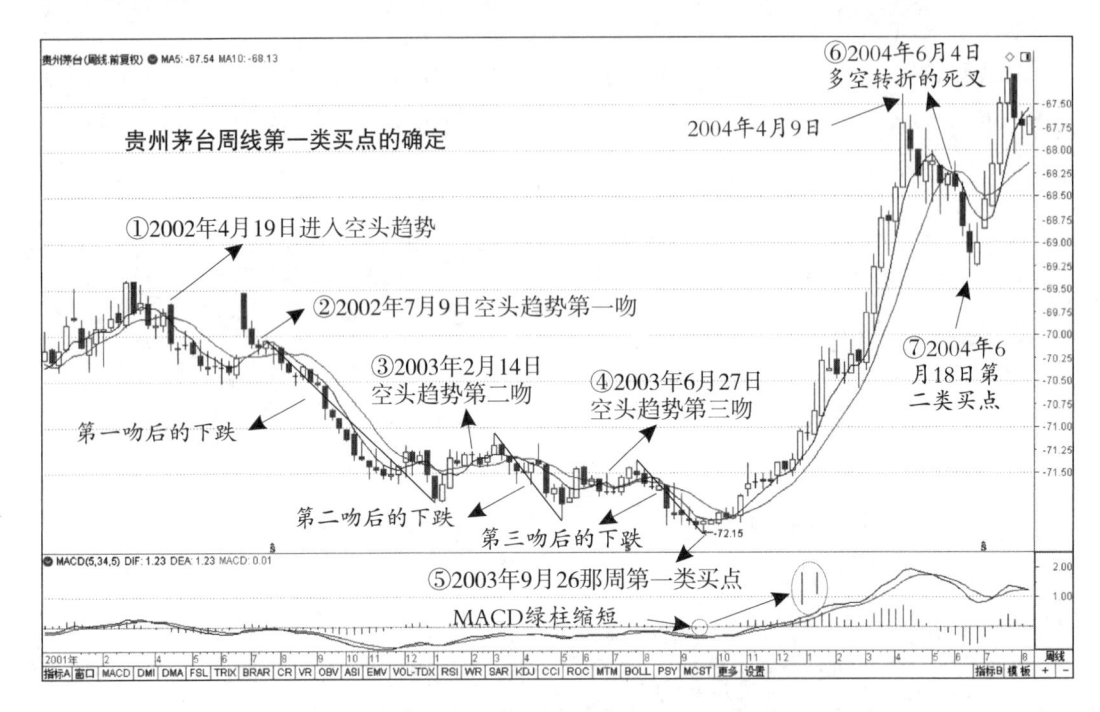

图 14-15　贵州茅台周线第一类、第二类买点

⑤ 2003 年 9 月 26 日这周，股价创出新低，但MACD绿柱短于上周（见图中所示），是标准的MACD抽脚形态，这说明市场短期底部出现，第一类买点构造完成，可以大举介入了。

第一类买点出现后，茅台通过一个金叉进入多头趋势。

2. 周 K 线图上的第二类买点

⑥如图 14-15 所示，2004 年 6 月 4 日那周多头趋势后的第一吻，是个死叉。由于之前的上涨力度很强，所以其后的下跌很可能产生周线上的第二类买点。

⑦ 2004 年 6 月 18 日构成周线的第二类买点。与前面的第一类买点一样，它也是先于金叉点出现的。

均线系统第二类买点是中继性买点，因此在本级别 K 线图上缺少可供分析的信息。周线上的这个买点虽然可以依靠MACD抽脚作为买入依据，但它不是一个精确的买入信号。

3. 周线买点精准定位及短差程序

缠中说禅买点定律：大级别的第二类买点由次一级别相应走势的第一类买点构成。

下面再逐字逐句地分析一下这个定律。

首先，很明显，这个定律和缠论后期的级别联立不是一个东西，它是由上而下的，级别联立的基础是由小级别递归出大级别。

贵州茅台周线第一类买点可以在周K线图上通过走势背驰的方式确定，周线第二类买点则不能，这意味着两者有很大的不同。对比两个买点，周线第一类买点是一个多空趋势转换的买点，它之前的走势至少含有下、上、下结构。周线第二类买点是一个上涨中继性的买点，它是在一段上涨趋势中产生的，具体为上涨过程中的次级别回调产生的，因此是一个次级别的买点。

通过上述分析，可以得出以下结论。

本级别K线图上的缠论走势类型：至少应为一段上、下、上或者下、上、下的走势结构，就如图14-15中2002年4月19日至2003年9月26日的周K线走势一样。

次级别走势类型：在本级别K线图上表现为没有细节的走势段，比如图14-15周K线上2004年4月9日至2004年6月18日的那段走势。

周线上产生的第二类买点，只在次级别K线图上才有具体的结构，所以可以在日线图上，通过分析周线第一类买点的方式进行买点分析，即将周线第二类买点转化为日线上的第一类买点。

这个定理并非专为确认均线系统第二类买卖点所设，按上述方法，本级别每段没有内部结构的走势，其起始位置都可以通过次级别定位。同时，它也为做短差提供了理论依据：大级别的操作者，可以利用次级别的走势进行短差操作。

缠中说禅短差程序：大级别买点介入的，在次级别第一类卖点出现时，可以先减仓，其后在次级别第一类买点出现时回补。

以贵州茅台为例，2003年9月26日这一周根据周线第一类买点介入的，其后可在2004年4月8日的日线第一类卖点先减仓，再在2004年6月18日接回，如图14-16所示。

其后在2004年10月27日减仓，于2004年12月22日接回。

2005年4月26日再减仓，2005年12月15日接回。

（在这段走势中出现两个送配缺口，使得有些买卖点感觉怪怪的，姑且按原文来处置吧。）

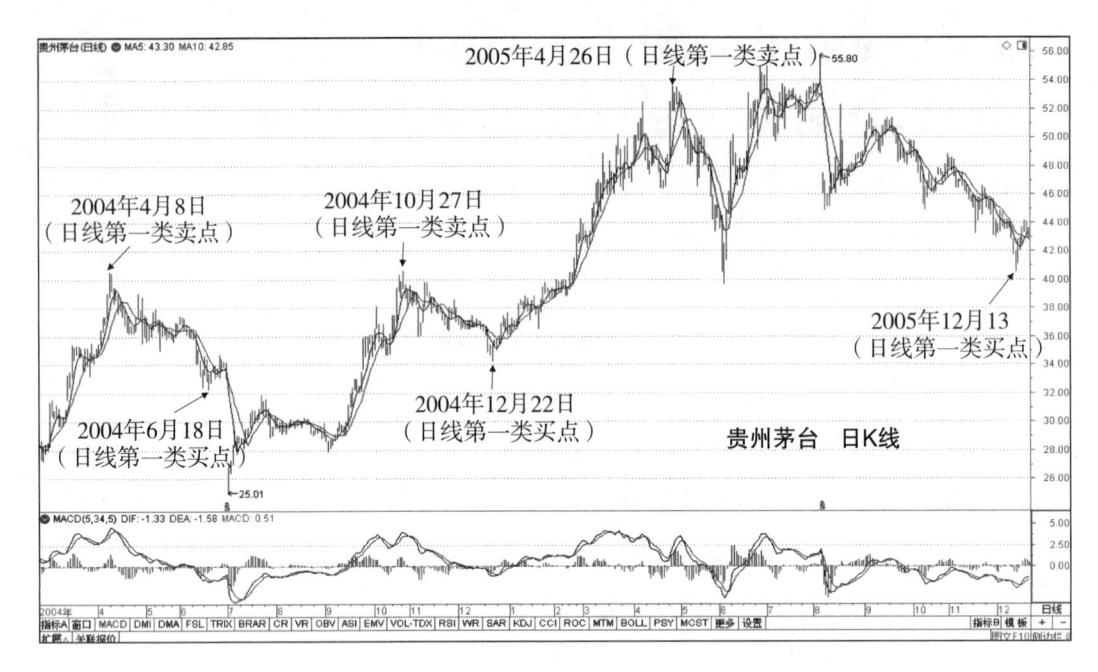

图 14-16　贵州茅台的日线短差买卖点

> 深入解析

大级别买点精准定位及短差举例

下面以案例的形式展示缠论大级别买点的精准定位及短差程序操作方式。

1. 周线买入后的日线卖点确认

如图 14-17 所示，在周线 2003 年 9 月 26 日这一周根据第一类买点介入后，日线图上出现了 9 次吻。

①第一吻：上涨力度很弱，构成一个缠绕平台，不考虑卖出。

②第二吻：观察其下的 MACD 红柱面积，明显没有背驰。

③第三吻：上涨力度很弱，构成一个缠绕平台，不考虑卖出。

④第四吻：上涨力度很弱，构成一个缠绕平台，不考虑卖出。

⑤第五吻：强势上涨，观察其下的 MACD 红柱面积，明显没有背驰。

⑥第六吻：上涨力度很弱，构成一个缠绕平台，不考虑卖出。

⑦第七吻：上涨力度尚可，其下的 MACD 红柱面积没有明显减少。

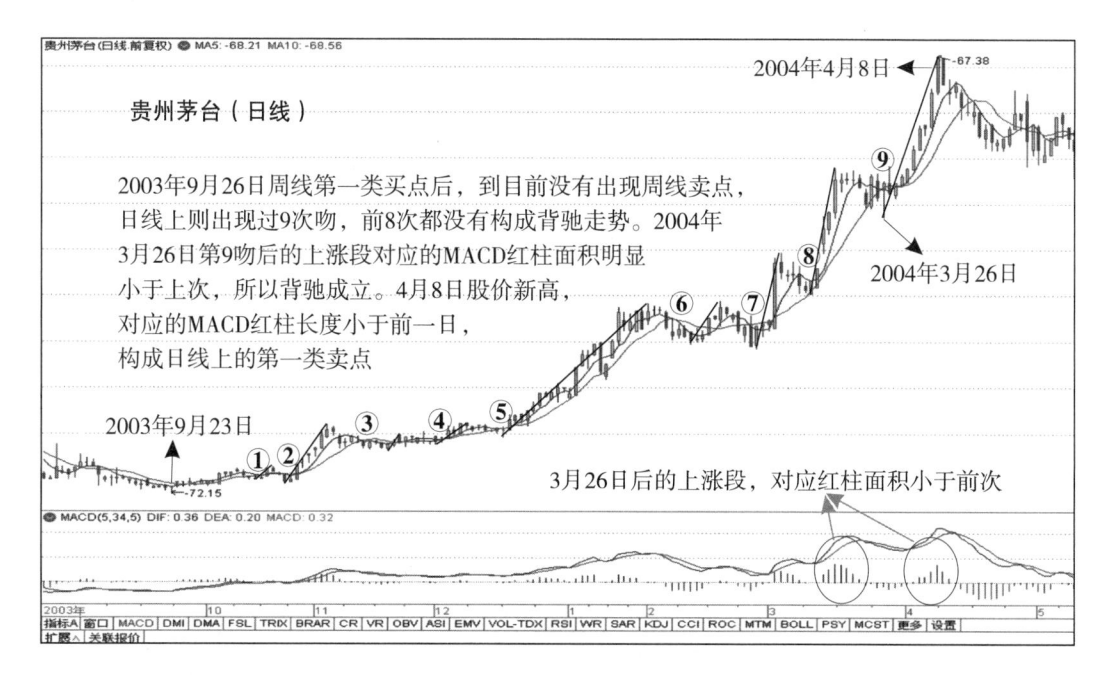

图 14-17　贵州茅台日线卖点的确定

⑧第八吻：上涨力度强，没有背驰。

⑨第九吻：发生在 2004 年 3 月 26 日，其后的上涨出现明显的背驰，4 月 8 日股价高位对应的 MACD 红柱并没有创出新高，红柱面积也小于之前上涨段的红柱面积，这就构成了日线上的第一类卖点。

2. 周线第二类买点的日线精准定位

如图 14-18 所示，这段下跌走势从 2004 年 4 月 8 日开始。

（1）2004 年 4 月 8 日那天走势背驰，形成日线第一类卖点后，走势逐渐由多头趋势转为空头趋势。

（2）2004 年 4 月 29 日形成空头趋势的第一吻，因为是第一次，不考虑背驰的情况。

（3）5 月 18 日出现第二吻，其后的下跌过于无力，与第一吻后的下跌形成了一个缠绕平台，所以不考虑背驰的情况。

（4）6 月 1 日构造第三吻，是一个典型的湿吻，其后的下跌需要密切关注。

（5）6 月 18 日创下低点后，第三吻后的下跌对应的 MACD 绿柱面积，明显比第一吻后的下跌对应的绿柱面积要小，这就构成了日线上的第一类买点，这个买点即是周线上的第二类买点。

需要说明的是，周线与日线的精细程度差别巨大，这段走势周线进入空头趋势的死叉出现在 6 月 4 日，日线死叉发生在 4 月 16 日。

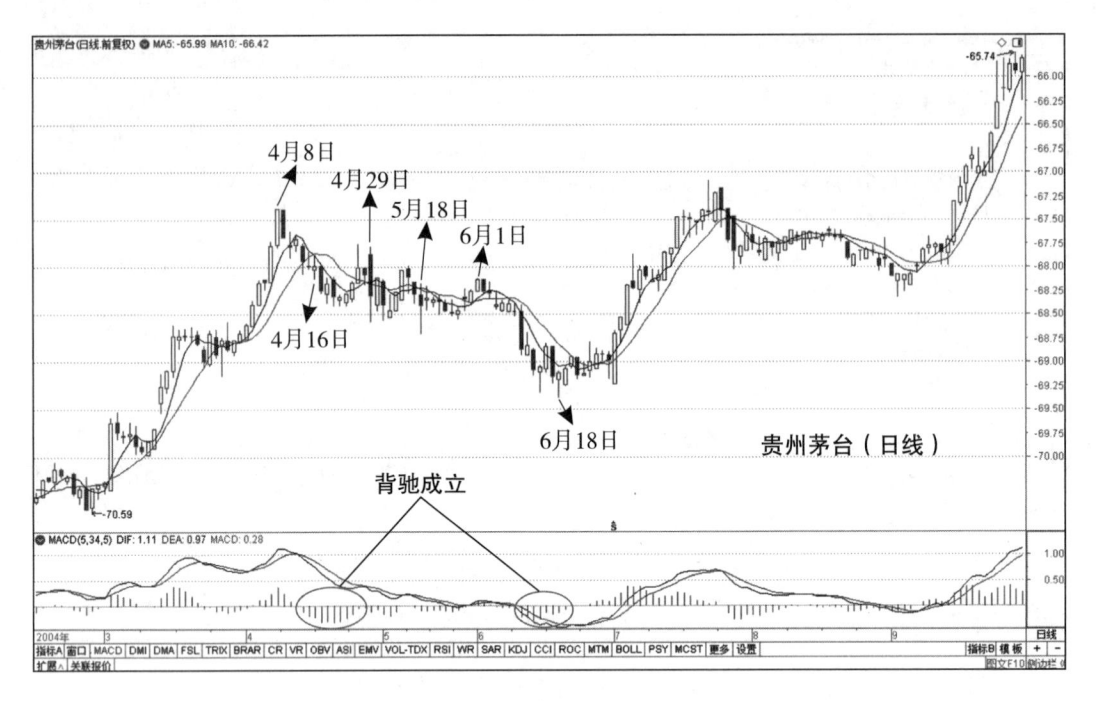

图 14-18　日线图上精准定位周线第二类买点

> 学习重点和难点

缠论的两种看盘方式（1）

本课缠中说禅使用了先确定大级别再察看小级别的看盘方式，它是缠论两种看盘方式之一，即区间套式看盘方式。

本课中，周线第二类买点的精确定位方式，揭示出了相邻级别的对应结构。比如周线图上的一段没有内部结构的走势，在日线图上表现为一段至少有上、下、上或下、上、下的走势。具体可参考图 14-15 中 2004 年 4 月 9 日至 2004 年 6 月 18 日的那段没有内部结构的周 K 线走势，与图 14-18 中 2004 年 4 月 8 日至 2004 年 6 月 18 日那段日 K 线下跌走势。

关于缠论相邻级别的结构，还有以下几点没有明确。

（1）相邻级别的定义，即缠论级别序列的构成。

（2）次级别走势在本级别如何精确定义，比如使用多少根 K 线才能代表次级别的一段走势。这个问题缠中说禅在前期讲解中比较随意，没有严格的规定。

（3）次级别走势的具体形态也不是很清楚。

以上问题都需要在后面的课程中逐步给出答案。

主题 3
走势必完美在同级别走势中的应用

这个主题是第 15 课至第 17 课中最重要的内容，它揭示了缠论的诞生过程。

主要内容：

（1）何为同级别走势，同级别走势类型的基本结构。

（2）同级别走势类型的连接。

（3）"走势终完美"的含义。

（4）如何将静态的、形同废话的"走势必完美"转化为动态的、可操作的理论——缠论。

教你炒股票 15

没有趋势，没有背驰

（2006-12-08　11:55:57）

有人很关心诸如庄家、主力之类的事情，但散户、庄家的位次分野这类事情不过是市场之"不患"下的"患"。对本 ID 所解《论语》熟悉的，对此都很容易理解。有些东西是超越散户、庄家的位次分野的，这是市场之根，把握了，所谓散户、庄家的位次分野就成了笑话。【深入解析：市场具有的某些规律是不受散户、庄家因素影响的。】如果真喜欢听有关庄家的逸事、秘闻，以后有空本 ID 可以说点，而且还可以告诉你如何阻击、搞死庄家。这一点，环视国内，没有比本 ID 更有经验的了。

对于市场走势，有一个是"不患"的，就是走势的三种分类：上涨、下跌、盘整。【深入解析：市场走势的三种分类是绝对的。】所有走势都可以分解成这三种情况，这是一个最简单的道理，而这才是市场分析唯一值得依靠的基础。很多人往往忽视最简单的东西，去搞那些虚头巴脑的玩意。而无论你是主力、散户、庄家，都逃不过这三种分类所交织成的走势。

那么，何谓上涨、下跌、盘整？下面给出一个定义。首先必须明确的是，所有上涨、下跌、盘整都建立在一定的周期图表上*。例如在日线上的盘整，在 30 分钟线上可能就是上涨或下跌，【课文解读：日线与 30 分钟图表上最后一个走势类型，一个为盘整，另一个可能就是上涨或下跌。】因此，一定的图表是判断的基础。而图表的选择，与上面所说交易系统的选择是一致的，相关于你的资金、性格、操作风格等。

上涨：最近一个高点比前一高点高，且最近一个低点比前一低点高。

下跌：最近一个高点比前一高点低，且最近一个低点比前一低点低。

盘整：最近一个高点比前一高点高，且最近一个低点比前一低点低；或者最近一个高点比前一高点低，且最近一个低点比前一低点高。

【**深入解析**：以上定义有一个重要的隐形提示：已完成的走势至少包含三段，否则无法满足定义中前高、前低的要求。它有一个非常重要的应用，缠论的第二类、第三类买卖点的推导均与之有关。根据以上定义，可以画出如图 15-1 所示的上涨、下跌以及盘整走势示意图。图中是最简单的走势形态，由三段走势组成。】

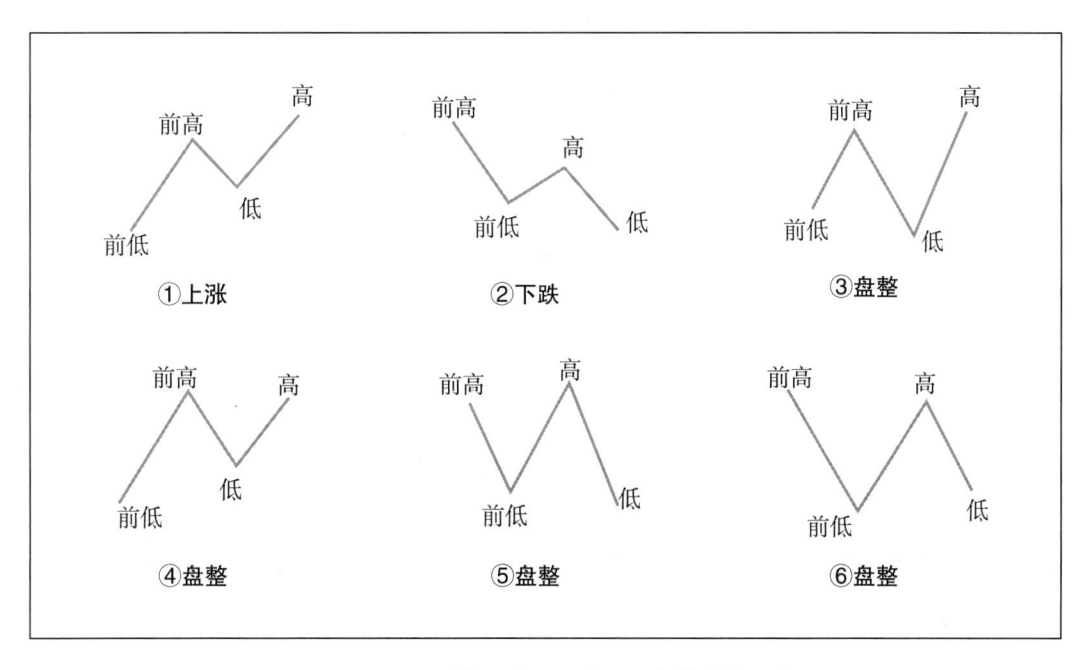

图 15-1　同级别的上涨、下跌以及盘整走势示意图

操作的关键不是定义，而是如何充分理解定义而使得操作有一个坚固的基础。其中的困难在于如何去把握高点和低点，因为高点、低点是有其级别的，在 30 分钟图上看到的高点，可能在周线图上什么都没看到。【**深入解析**：级别不同，观察到的细节不同。1 根周 K 线等价于大约 40 根 30 分钟 K 线，因此，除了其间的极限高、低点，30 分钟 K 线的其他细节在周 K 线图中都可能无法呈现。】为此，必须要[用]均线系统来过滤，也就是前面常说的"吻"的概念，只有在"吻"前后出现的高、低点才有意义。【**深入解析**：用"吻"过滤意味着用调整力度来过滤，即一段趋势中调整走势可能会有很多，但力度不足以引发均线湿吻的，都不予考虑。】

这里，首先要搞清楚"吻"是怎样产生的。如果一个走势，连短期均线都不能突破，那期间出现的高低点，肯定只是低级别图表上的，在本级别图表上没有意义。当走势突破短期均线却不能突破长期均线，就会形成"飞吻"；当走势突破长期均线马上形成陷阱，就会形成"唇吻"；当走势突破长期均线出现一定的反复，就会形成"湿吻"。由此可见，"吻"的分类是基于对原趋势的反抗程度。"飞吻"是基本没有任何反抗力，"唇吻"的力度也一般，而"湿吻"，就意味着力度有了足够的强度。而一切的转折，基本都是从"湿吻"开始的。

转折，一般只有两种：

（1）"湿吻"后继续原趋势，形成陷阱后回头制造出转折。

（2）出现盘整，以时间换空间地形成转折。

【**课文解读**：第一种情况的走势连接为上涨+下跌或下跌+上涨式，第二种情况的走势连接为上涨+盘整+下跌或下跌+盘整+上涨。】

第二种情况暂且不说。第一种情况，最大的标志就是所谓的"背驰"了。必须注意：没有趋势，没有背驰*。在盘整中是无所谓"背驰"的，这点是必须特别明确的。【**课文解读**：上涨或下跌之后如果出现盘整，则需等盘整完成后，再进行走势背驰判断。】还有一点是必须注意的，这里的所有判断都只关系到两条均线与走势，和任何技术指标都无关。

如何判断"背驰"？首先定义一个概念，称为**缠中说禅趋势力度**：前一"吻"的结束与后一"吻"开始由短期均线与长期均线相交所形成的面积。

【**字斟句酌**：如图15-2所示，以多头趋势为例，"前一吻结束"应该是多头趋势中调整走势结束，以均线金叉为标志；"后一吻开始"，代表了新的调整走势开始，以均线死叉为标志。两者之间由短期均线与长期均线围成的面积，就是缠中说禅所说的趋势力度。】

在前后两个同向趋势中，当缠中说禅趋势力度比上一次缠中说禅趋势力度要弱，就形成"背驰"。按这个定义，是最稳妥的办法。唯一的缺点是必须等再次接吻后才能判断，这时候，走势离真正的转折点已经有一点距离了。如何解决这个问题：第一种方法，看低一级别的图，从中按该种办法找出相应的转折点。这样和真正的低点基本没有太大的距离。

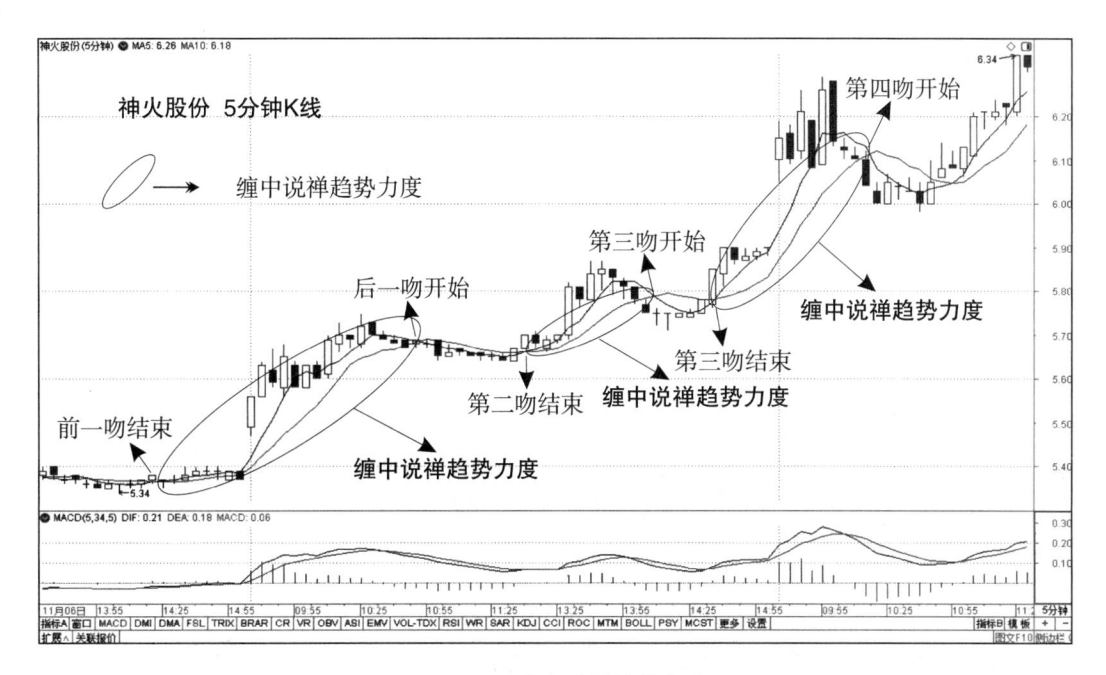

图 15-2　缠中说禅趋势力度

还有一种方法，技巧比较高。首先再定义一个概念，称为**缠中说禅趋势平均力度**：当下与前一"吻"的结束时短期均线与长期均线形成的面积除以时间。因为这个概念是即时的，马上就可以判断当下的缠中说禅趋势平均力度与前一次缠中说禅趋势平均力度的强弱对比。一旦这次比上次弱，就可以判断"背驰"即将形成。然后再根据短期均线与长期均线的距离，一旦延伸长度缩短，就意味着真正的（低）[底]部马上形成。按这种方法，真正的转折点基本就可以完全同时地抓住。但有一个缺陷，就是风险稍微大点，且需要的技巧要高点，对市场的感觉要好点。

【**课文解读**：以上两种背驰判断方式后面都没怎么使用，所以了解一下即可。】

纯粹的两条均线的 K 线图，就足以应付最复杂的市场走势了。当然，如果没有这样的看图能力，可以参照一下技术指标，例如 MACD 等。关于各技术指标的应用，以后会陆续说到。

> 拓展阅读

K线图级别概念

一定的周期图表就是级别的概念。图15-3是布达拉宫在不同比例下的俯视图，不同比例看到的细节各不相同。第一幅只能看出大致的轮廓，最后一幅可以清楚地看到树的影像。级别就是观看物体时使用的那个比例。

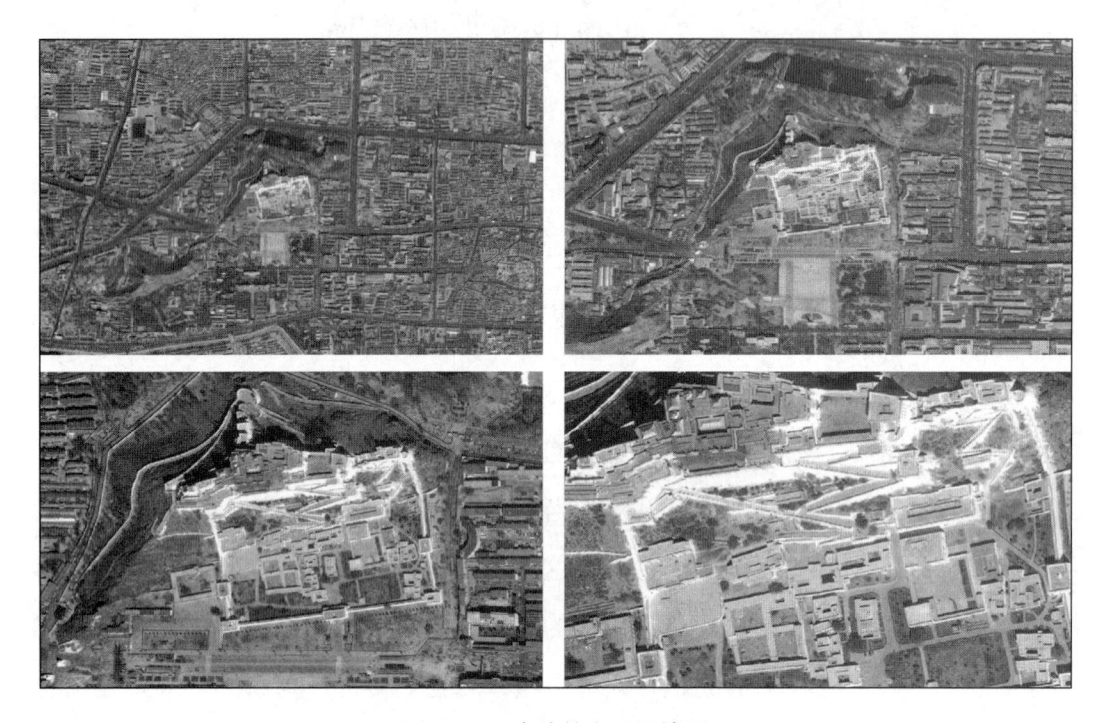

图15-3　布达拉宫卫星地图

使用计算机炒股的人都知道，K线有不同周期可以选择，如1分钟、5分钟、30分钟、日线、周线……这就是走势一般意义上的级别概念。

股票级别的特点和上面布达拉宫俯视图的情况比较类似，大级别粗略、明了，小级别复杂但有更多细节。图15-4是东方财富某日的日K线与当天1分钟K线的对比图。

日K线仅由当日4个价格构成，分别是开盘价、收盘价、最高价和最低价，其余细节都被抹去了。当日1分钟K线则有240根之多，充分展现出当日股价的波动情况。波动中不但有若干个高低点，还包含几段上涨或下跌的走势连接，提供了大量的走势信息可供研究。

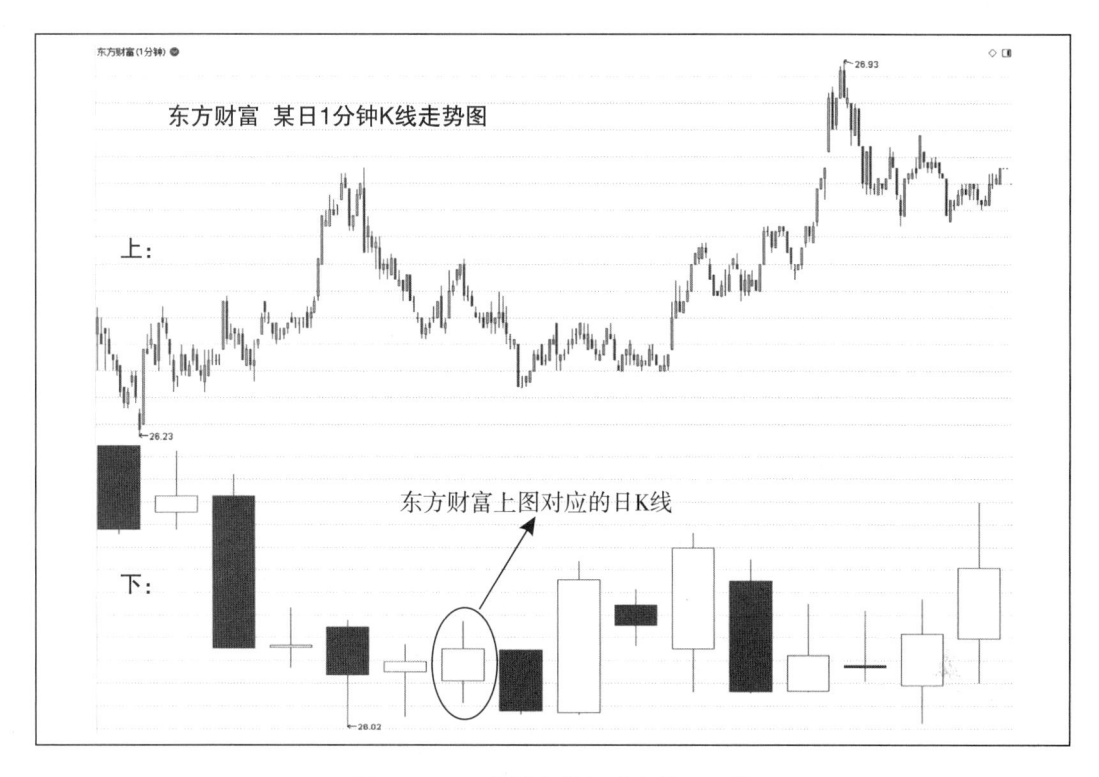

图 15-4　1 分钟走势与对应的日 K 线

深入解析

"没有趋势，没有背驰"的含义

转折有以下两种方式：A."湿吻"后继续原趋势，形成陷阱后回头制造出转折。B. 出现盘整，以时间换空间的转折。"没有趋势，没有背驰"指第二种情况，即由下跌（上涨）走势转为盘整的情况。盘整走势缺少方向性，不能通过背驰的方式判断买卖点。

缠中说禅在这里没有给出判断市场进入盘整的具体判断方法，根据前文讲述，应有以下两种。

（1）如图 15-5 中左图所示，符合定义的盘整走势，即最近一个高点比前一高点高，且最近一个低点比前一低点低；或者最近一个高点比前一高点低，且最近一个低点比前一低点高。

（2）如图 15-5 中右图所示，形成均线缠绕平台，此时的盘整可能是次级别的，比如前面茅台例子中的走势。

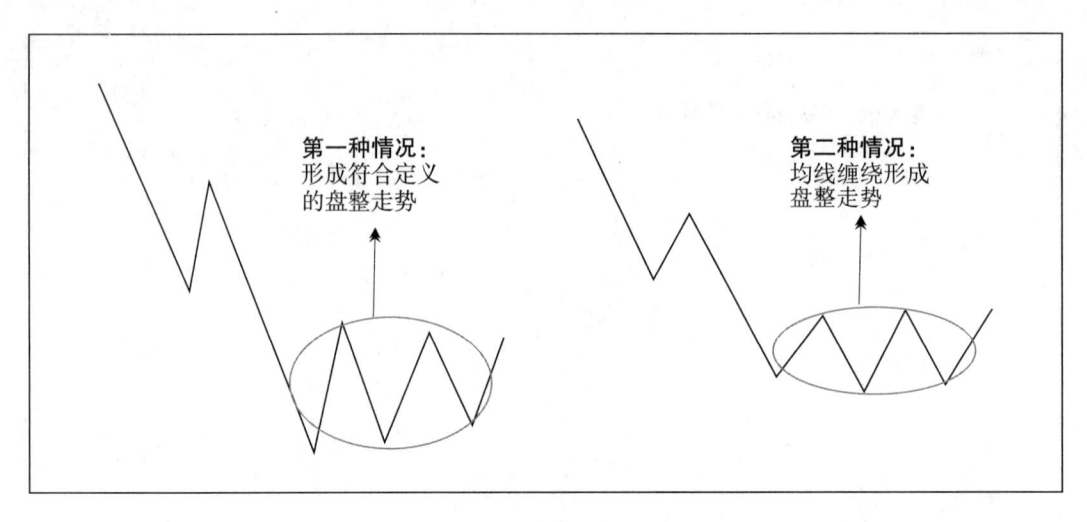

图 15-5 形成盘整走势的情况分析

教你炒股票 16

中小资金的高效买卖法

（2006-12-14 12:06:47）

上面说过，市场任何品种任何周期下的走势图，都可以分解成上涨、下跌、盘整三种基本情况的组合。

上涨、下跌构成趋势，如何判断趋势与盘整，是判断走势的核心问题。一个最基本的问题就是，走势是分级别的，在30分钟[图]上的上涨，可能在日线图上只是盘整的一段，甚至是下跌中的反弹，所以抛开级别前提而谈论趋势与盘整是毫无意义的，这必须切实把握。

注意，下面以及前面的讨论，如没有特别声明，都是在同级别的层面上展开的。只有把同级别 * 的事情弄明白了，才可以把不同级别走势组合在一起研究，这是后面的事情了。【**课文解读**：这是学习中最大的难点和重点，课后有详细分析。】

上涨、下跌、盘整三种基本走势，有六种组合可能，代表着三类不同的走势[连接]（见图16-1）。

陷阱式：上涨＋下跌；下跌＋上涨。

反转式：上涨＋盘整＋下跌；下跌＋盘整＋上涨。

中继式：上涨＋盘整＋上涨；下跌＋盘整＋下跌。

市场的走势，都可（能）[以]通过这三类走势[连接]得以分解和研究。站在多头的角度，首先要考虑的是买入，因此，上面六种最基本走势[连接]中，有买入价值的是：下跌＋上涨、下跌＋盘整＋上涨、上涨＋盘整＋上涨三种。【**课文解读**：依次对应为下跌买入、下跌＋盘整买入以及上涨＋盘整后买入，即上涨前买入。】没有买入价值的是：上涨＋下跌、上涨＋盘整＋下跌、下跌＋盘整＋下跌。由此不难发现，如果在一个下跌走势中买入，其后只会遇到一种没买入价值的走势，就是下跌＋盘整＋下跌，这比在上涨时买入要少一种情况。【课文解读：上涨后买入有三种可能：下跌、盘整＋上涨和盘整＋下跌，下跌后买入也有三种可能：上涨、盘整＋上涨和盘整＋下跌。相比之下，下跌后买入比上涨后买入少了上涨＋下跌这种没有买入价值的情况。】

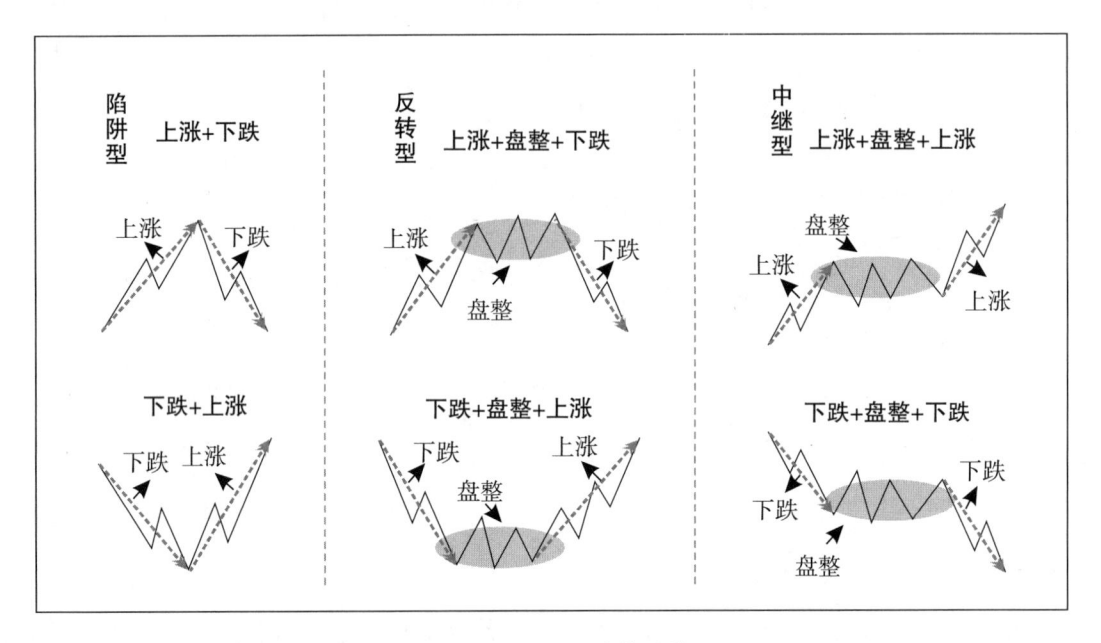

图 16-1　同级别走势连接

而在下跌时买入，唯一需要躲避的风险有两个：A.该段跌势未尽；B.该段跌势虽尽，但盘整后出现下一轮跌势。

在上一课"没有趋势，没有背驰"中，对下跌走势用背驰来找第一类买点，就是要避开上面的第一个风险。

而当买入后，将面对的是第二个风险。如何避开？就是其后一旦出现盘整走势，必须先减仓退出。

为什么不全部退出，因为盘整后出现的结果有两种：上涨、下跌。一旦出现下跌，就意味着亏损，而且盘整也会耗费时间，对于中小资金来说，完全没必要。这里有一个很重要的问题留待后面分析，就是如何判断盘整后是上涨还是下跌。如果把握了这个技巧，就可以根据该判断来决定是减仓退出还是利用盘整动态建仓了。这是一个大问题，特别对于不想坐庄的大资金来说，这是一个最重要的问题，因为不想坐庄的大资金的安全建仓，在六种走势中只可能在下跌＋盘整＋上涨这一种，【课文解读：前面分析了只有两种情况可以买入，小资金只做下跌＋上涨，大资金建仓需要时间，所以多了一个盘整阶段。】其他都不适用。至于坐庄的建仓方法，和这些都不同，如有兴趣，本 ID 以后也可以说的。

根据上面的分析，可以马上设计一种行之有效的买卖方法：在第一类买点买入后，一旦出现盘整走势，无论后面［走势］如何，都马上退出。这种买卖方法的实质，就是在六种最基本的走势中，只参与唯一的一种：下跌＋上涨。对于资金量不大的，这是最有效的一种买卖方法，下面重点分析。

对于下跌＋上涨来说，连接下跌前面的可能走势只会有两种：上涨和盘整。如果是上涨＋下跌＋上涨，那意味着这种走势在上一级别的图形中是一个盘整（见图 16-2），因此这种走势可以归纳在盘整的操作中，这在以后对盘整的专门分析里研究。

陷阱式 上涨＋下跌

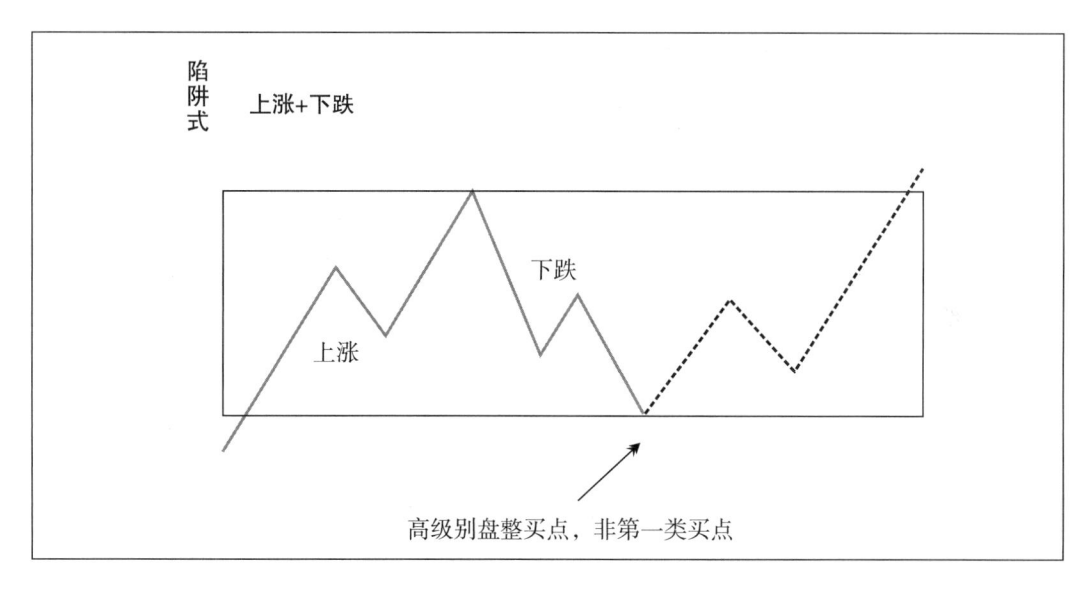

上涨 下跌

高级别盘整买点，非第一类买点

图 16-2　上涨＋下跌＋上涨的走势连接

换言之，对于只操作"下跌＋上涨"买卖的，"上涨＋下跌＋上涨"走势不考虑。也就是说，当你希望用"下跌＋上涨"买卖方法介入一只出现第一类买点的股票，如果其前面的走势是"上涨＋下跌"，则不考虑。注意，不考虑不意味着这种情况没有盈利可能，而只是这种情况可以归到盘整类型的操作中，但"下跌＋上涨"买卖方法是拒绝参与盘整的。如此一来，按该种方法，可选择的股票又少了，只剩下这样一种情况，就是"盘整＋下跌＋上涨"。

从上面的分析可以很清楚地看到，对于"下跌+上涨"买卖方法来说，必须是这样一种情况：就是一个前面是"盘整+下跌"型的走势后出现第一类买点。【深入解析：现在寻找的是第一类买点，因此排除了一些机会。】显然，这个下跌是跌破前面盘整的，否则就不会构成"盘整+下跌"型，只会仍是盘整。那么，在该盘整前的走势，也只有两种：上涨、下跌。对于"上涨+盘整+下跌"的（见图16-3），也实质上构成高一级别的盘整，因此对于"下跌+上涨"买卖方法来说，也不能参与这种情况。那么也就是只剩下这样一种情况："下跌+盘整+下跌"。

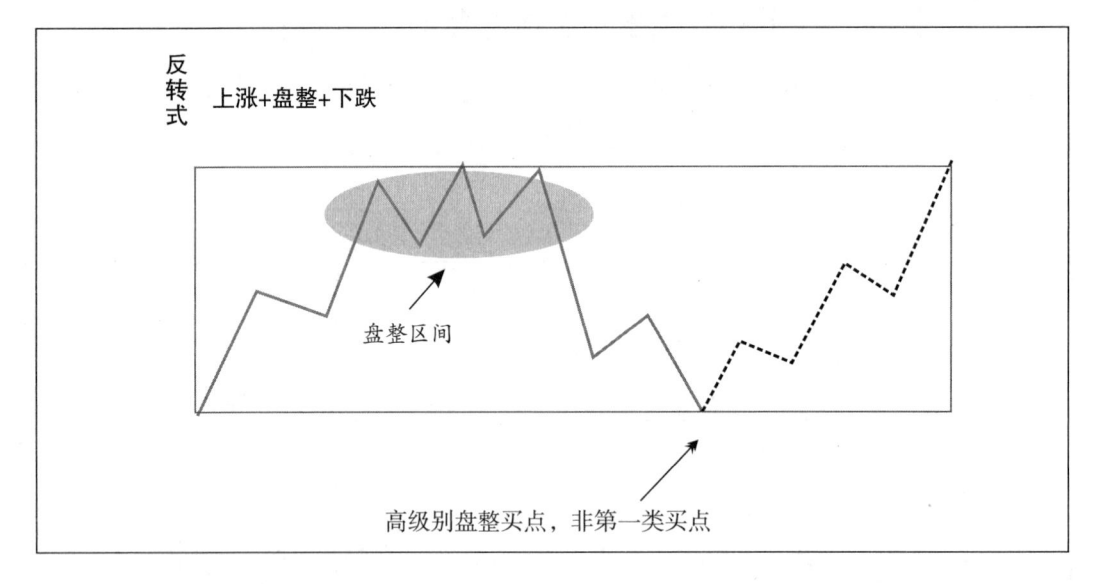

图 16-3　上涨+盘整+下跌的走势连接

综上所述，对于"下跌+上涨"买卖方法来说，对股票的选择就只有一种情况，就是：出现第一类买点且之前走势是"下跌+盘整+下跌"*类型（见图16-4）。这里就得到了用"下跌+上涨"买卖方法选择买入品种的标准程序：

（1）首先只选择出现"下跌+盘整+下跌"走势的。

（2）在该走势的第二段下跌出现第一类买点时介入。

（3）介入后，一旦出现盘整走势，坚决退出。

注意，这个退出肯定不会亏钱的，因为可以利用低一级别的第一类卖点退出，是肯定要盈利的。为什么要退出，因为它不符合"下跌+上涨"买卖不参与盘整的标准。盘整的坏处是浪费时间，而且盘整后存在一半的可能是下跌，对于中小资金来说，根本没必要参与。一定要记住，操作一定要按标准来，这样才是最有效率的。

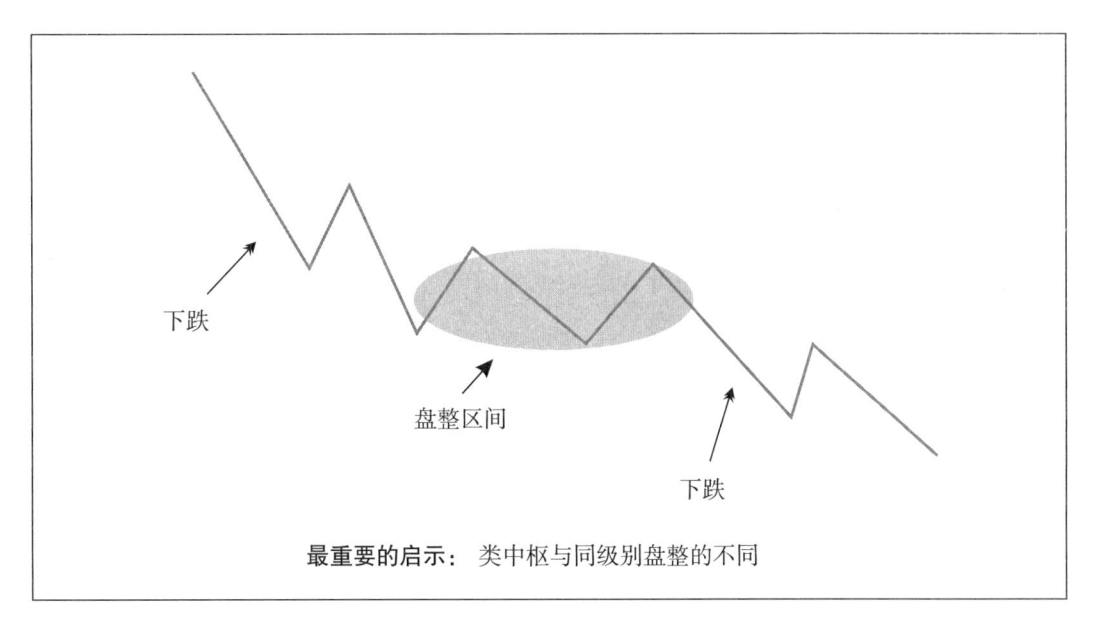

图 16-4　下跌 + 盘整 + 下跌的走势连接

如果买入后不出现盘整，那就要彻底恭喜你了，因为这股票将至少回升到"下跌 + 盘整 + 下跌"的盘整区域。如果在日线或周线上出现这种走势，进而发展成为大黑马的可能是相当大的。

举一个例子：驰宏锌锗（见图 16-5，日线图）。

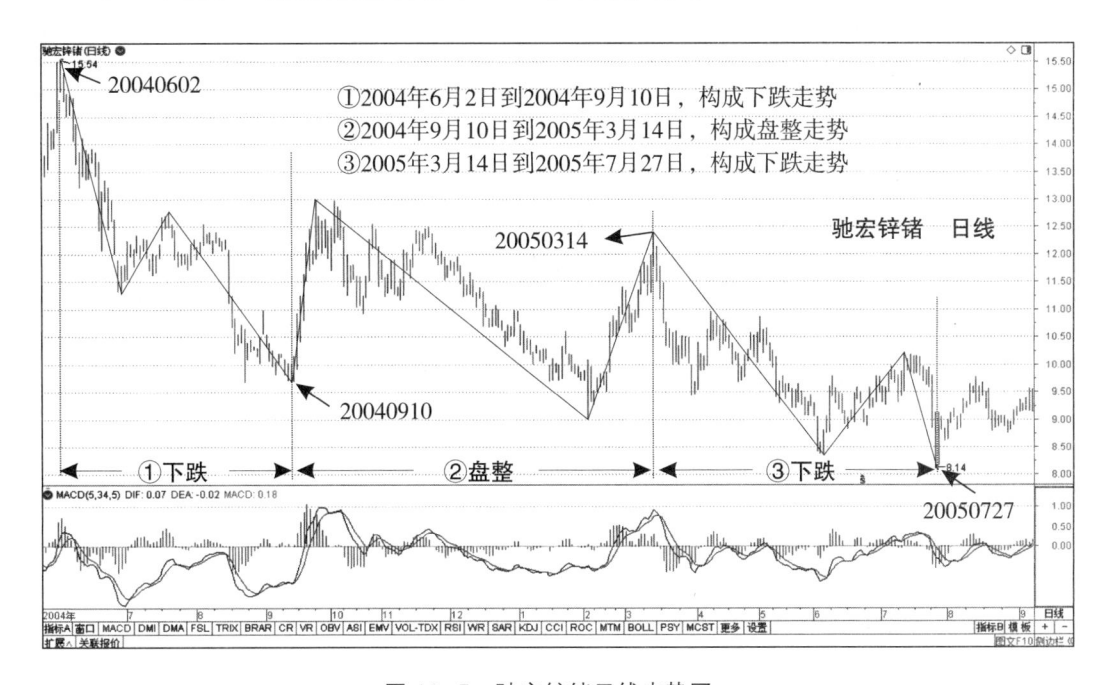

图 16-5　驰宏锌锗日线走势图一

2004年6月2日到2004年9月10日，构成下跌走势。

2004年9月10日到2005年3月14日，构成盘整走势。

2005年3月14日到2005年7月27日，构成下跌走势。

【课文解读：图16-5中的盘整与第二段下跌走势中含有一些小的波动，如同贵州茅台的走势分析一样，可以看作是次级别的盘整，不影响本级别走势划分。】

也就是说，从2004年6月2日到2005年7月27日，构成标准的"下跌＋盘整＋下跌"的走势。而在相应的2005年3月14日到2005年7月27日的第二次下跌走势中（见图16-6），7月27日出现明显的第一类买点，这就完美地构成了"下跌＋上涨"买卖方法的标准买入信号。其后走势，很快就回到2004年9月10日到2005年3月14日的盘整区间（见图16-5），然后回调，在2005年12月8日出现标准的第二类买点，其后走势就不用多说了。

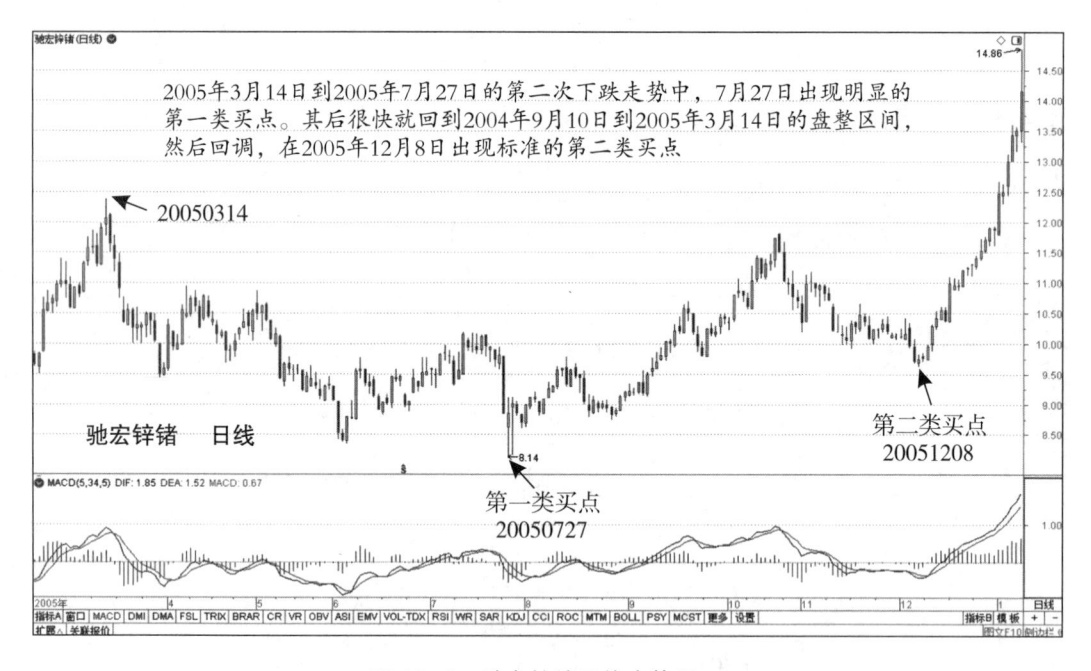

图16-6　驰宏锌锗日线走势图二

该种方法反过来就是选择卖点的好方法了，也就是说前面出现"上涨＋盘整＋上涨"走势的，一旦第二段升势出现第一类卖点，一定要走，因为后面很可能就是"上涨＋下跌"的典型走势。

对此，也举一个例子：北辰实业（见图16-7，30分钟图）。

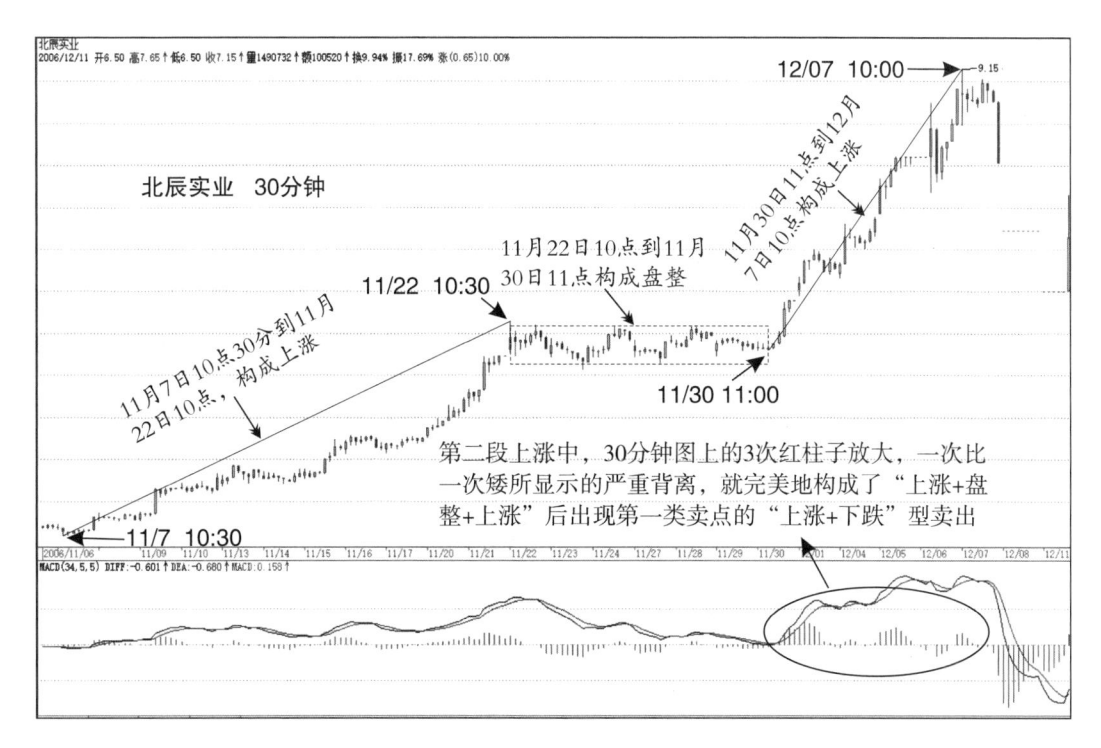

图 16-7 北辰实业 30 分钟 K 线走势图

在 30 分钟图上，11 月 7 日 10 点 30 分到 11 月 22 日 10 点，构成上涨。

11 月 22 日 10 点到 11 月 30 日 11 点构成盘整。

11 月 30 日 11 点到 12 月 7 日 10 点构成上涨。

而在第二段上涨中，30 分钟图上的 3 次红柱子放大，一次比一次矮所显示的严重背离，【深入解析：单从字面看，"背驰"与"背离"二者的区别不大，但出现在缠论系列课程中，其意义截然不同。背离指股票或指数下跌或上涨中，不断创出新高或新低，但指标不能同步创出新高或新低。背驰在缠论里是一个专用术语，通过对趋势中相应小级别走势段进行 MACD 指标比较，得出趋势结束、转折的结论。】就完美地构成了"上涨 + 盘整 + 上涨"后出现第一类卖点的"上涨 + 下跌"型卖出。如果以后学了时间之窗的概念，对该股的卖点就更有把握了，各位注意到 11 月 7 日 10 点 30 分和 12 月 7 日 10 点之间的关系没有。【课文解读：以周期理论为主要工具，分析者认为，市场运动的大量线索就在其运行周期上。说到时间周期，不能不提神奇的斐波那契数列。斐波那契数列由基本的 0、1、1、2 开始，简单地把数列中后两位数字不断相加，就可以得出整个数列：0、1、1、2、3、5、8、

13、21、34、55、89、144…。本例中的 11 月 7 日 10 点至 12 月 7 日 10 点，共计 22 个交易日，与数列中的 21 极为接近。】

这种方法，无论买卖，都极为适用于中小资金。如果把握得好，是十分高效的，不过要多多看图，认真体会，变成自己的直觉才行。另外请多看文章后面的跟帖【课文解读：跟帖指缠中说禅在陆续发表"教你炒股票"108 课过程中的一些博客问答及解盘示意，这些问答和解盘示意，可参阅中国宇航出版社出版的《缠中说禅：教你炒股票解盘答问篇（配图校注版）》】，ID 的一些回复都是针对一些主帖没说到的细节东西，而且都是针对各位提出的不同问题的。还有多看前面的（章节）[课程]，把所有问题都搞懂，参与市场是不能有半点糊涂的。

学习重点和难点

缠论的两种走势划分（1）

"同级别"是本课乃至前期课程中最大的理解难点，如不搞清楚它的来龙去脉，后期学习一般走势划分时，将会一筹莫展，无所适从。

"教你炒股票"108 课中对于"同级别"的使用，共分以下两种情况。

（1）缠论的最小级别。因无次级别可以使用，比如缠论的 1 分钟级别。大多数炒股软件提供的最低级别 K 线为 1 分钟，造成缠论 1 分钟以下级别的走势无法通过更低级别 K 线结构来确定，同时意味着无法生成 1 分钟级别的走势中枢。为此，缠中说禅为缠论最小级别设定了单独的划分规则。

本文中的"同级别"明显是这种情况，即无法再进行分解或不考虑分解的情况。同时由于没有次级别的走势可供使用，所以无法构成缠论的标准走势中枢，因此"同级别"的走势类型无法通过走势中枢数量来定义，就有了第 15 课中的以高、低点位置关系定义的上涨、下跌与盘整概念，同时有了如图 16-1 所示的 6 种同级别走势类型的连接。不过该定义不够严谨，如图 16-8 中的走势，按定义是趋势类型，其实它依然是某种盘整。

（2）约定使用的某个单一级别。"教你炒股票"108 课中还存在另一种同级别概念，即某个相同且固定的级别。此时的走势本身并非只有单一级别，而是分解、组合成某个固定级别。相关内容后面有专门的主题分析，这里就不展开了。

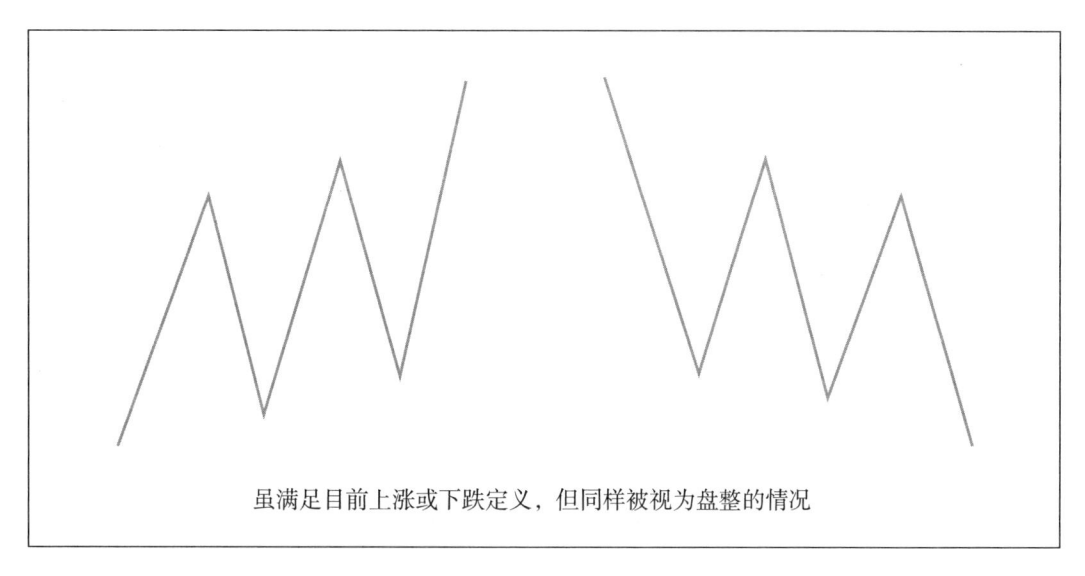

虽满足目前上涨或下跌定义,但同样被视为盘整的情况

图 16-8　盘整走势的特殊情况

学习重点和难点

类中枢与标准走势中枢（1）

观察图 16-4 中的同级别下跌买入程序,最重要的启示就是下跌段中的"N"型类中枢（后期缠论概念）与同级别的"M"型盘整结构的区别,类似标准走势中枢结构。

显然,同级别盘整更能代表走势一定程度上的多空均衡,类中枢则只是一个深度的调整,不具有多空均衡的特性,因此,缠论合格的买卖点一般出现在"M"型结构后。

教你炒股票 17

走势终完美

（2006-12-18 11:52:42）

任何级别的所有走势，都能分解成趋势与盘整两类，而趋势又分为上涨与下跌两类。

以上结论，不是从天而降的，而是从无数图形的分析实践中总结出来的。正如《论语》所说："由诲女，知之乎！知之为，知之；不知为，不知；是知也。"[1]这个从实际图形中总结出来的简单经验，却是一切有关技术分析理论的唯一坚实基础。

这个基础，所有接触技术分析的人都知道，但可惜没有人能深究下去，然后就沉入技术指标、交易系统等苦海不能自拔。试想，基础都没搞清楚，又有什么可立起来？而基础稳固了，技术指标、交易系统等都是小儿科了。

由上可得到"**缠中说禅技术分析基本原理一**"：任何级别的任何走势类型终要完成。后面一句用更简练的话［概括］，就是"走势终完美"。

这个原理的重要性在于把实践中总结出来的、很难实用的、静态的"所有级别的走势都能分解成趋势与盘整"，转化成动态的、可以实用的"走势类型终要完成"，这就是论语所说的智慧："所有级别的走势都能分解成趋势与盘整"是"不患"的，是无位次的，而"走势类型终要完成"的"走势终完美"以"所有级别的走势都能分解成趋势与盘整"的无位次而位次之，而"患"之。

因为在实际操作中，面对的都是鲜活的、当下的，而正如《论语》所说的，"由知、德者，鲜矣"，[2]必须直面这种当下、鲜活，才能创造。而在任何一个走势的当下，无论前面是盘整还是趋势，都有一个两难的问题：究竟是继续延续还是改变。例如，原来是在一个趋势中，该趋势是否延续，还是改变成相反的趋势或盘整，这样的问题在当下的层次上永远是"不患"的，无位次的。任何宣称自己能解决这个两难问题的，就如同在地球上宣称自己不受地球引力影响一样无效，这是任何面对技术图形的人都必须时刻牢记的。但这个两难的"不患"，在"所有级别的走势都能分解成趋势与盘整"的"不患"下，又成了其"患"，就因此可以位次（该问题的理解，可以参考本ID关于《论语》相关章节的解释）。

正因为当下的走势是两难的，也就是在不完美到完美的动态过程中，这就构成了其"不患"而位次的基础。"走势终完美"，而走势"不患"地可以分解成趋势与盘整。换言之，"趋势终完美，盘整也终完美"。

【课文解读：**"走势终完美"是创建缠论的理论基础**，理论的建立遵循以下逻辑：（1）从绝对意义上讲，走势无法预测，但如上一课所讲，走势同样拥有绝对的分类，即任何已完成的走势只能是趋势或盘整中的某一类；（2）从走势类型的绝对分类可以得出一个更为有用的定理——任何级别的任何走势终要完成，即走势终完美。走势终完美使得当下走势有迹可循，它分为两种情况：（1）当下走势处于不完美状态，则必然会完美；（2）当下走势处于某种完美状态，则必然会转化为其他的走势类型。从不完美到完美或者从某种完美再到新的完美，就为当下操作提供了依据。缠中说禅通过这种方式将静态的三种走势分类，转化为当下动态的操作思路。】

"走势终完美"这句话有两个不可分割的方面：任何走势，无论是趋势还是盘整，在图形上最终都要完成。另一方面，一旦某种类型的走势完成以后，就会转化为其他类型的走势，这就是"不患"而有其位次。

在技术分析里，不同的位次构成不同的走势类型，【深入解析：此句表明下面将进入到多级别走势类型分析。】各种位次以无位次而位次。而如何在不同位次之间灵活运动，是实际操作中最困难的部分，也是技术分析最核心的问题之一。

为了深入研究这复杂问题，必须先引入**缠中说禅走势中枢的概念**：某级别走势类型中，被至少三个连续次级别走势类型所重叠的部分，称为缠中说禅走势中枢。

换言之，缠中说禅走势中枢就是至少三个连续次级别走势类型重叠部分所构成。

这里有一个递归的问题，就是这次级别不能无限下去。就像有些半吊子哲学胡诌什么"一分为二"，而"分"不是无限的。按照量子力学，物质之分是有极限的，同样，级别之次也不可能无限。在实际之中，对最后不能分解的级别，其缠中说禅走势中枢就不能用"至少三个连续次级别走势类型所重叠"定义，而定义为至少三个该级别单位K线重叠部分。

一般来说，对实际操作，都把这最低的不可分解级别设定为1分钟或5分钟线。当然，也可以设定为1秒钟线，但这都没有太大区别。【**深入解析**：前期，缠中说禅希望缠论以市场规律的面目示人，因此当级别之次无法无限时，就参考走势中枢的结构，将它的用法推而广之，使用不同的缠论构件来构架中枢，以期证明理论的全面性与有效性。但走势中枢的定义如此不严肃还是不太好，尤其出现在以数学原理著称的缠论中。三根K线重叠构成的走势中枢，其可靠性能有多大呢？另外，"教你炒股票"108课中还存在三笔成交构成的走势中枢。】

有了上面的定义，就可以在任何一个级别的走势中找到"缠中说禅走势中枢"。有了该中枢，就可以给"盘整""趋势"给出一个最精确的定义。

缠中说禅盘整：在任何级别的任何走势中，某完成的走势类型只包含一个缠中说禅走势中枢，就称为该级别的缠中说禅盘整。

缠中说禅趋势：在任何级别的任何走势中，某完成的走势类型至少包含两个以上依次同向的缠中说禅走势中枢，就称为该级别的缠中说禅趋势。该方向向上就称为上涨，向下就称为下跌。

【**课文解读**：上述定义中，走势中枢与走势类型出现了"循环定义"。本课缠中说禅希望以推导的方式进行破解，即最低级别的走势中枢无须遵守由次级别走势类型构成的规定，改由最低级别图中三根重叠K线组成。此方式虽然避免了"循环定义"，但不具有实际操作意义，而且造成了走势中枢概念的混乱。后期缠中说禅为最低级别走势制定了新的规则，避免了最低级别走势中枢的出现，这种方式更容易为大众所接受。其规则为：在选定的最低级别K线图上，通过分型、笔推导出线段，即最低级别以下的最简走势类型，进而有了符合定义的最低级别走势中枢，这样就完美解决了"循环定义"的问题。】

那么，是否可能在某级别存在这样的走势，不包含任何缠中说禅走势中枢？【**字斟句酌**：缠中说禅宣扬缠论如数学般严谨，可是又因为采用博客的方式写作，经常有不太严密的说辞。比如以上关于走势中枢的构成，明显不是次级别走势类型，甚至不是炒股软件给出的最小级别走势。如果课文中真要使用诸如K线等构件组成的中枢，就应该给出此类走势中枢的缠论级别定位。】这是不可能的。因为任何图形上的"向上+向下+向上"或"向下+向上+向下"，都必然产生某一级别的缠中说禅走势中枢。没有缠中说禅走势中枢的走势图，就意味着在整张走势图形上只存在两个可能，就是一次向下后永远向上，或者一次向上后永远向下。【**课文解读：上、下或下、上的两段走势无法构成走势中枢。**】要出现这两种情况，该交易品种必然在一定时期交易后永远被取消交易。而这里探讨走势的一般情况，其前提就是该走势可以不断延续下去，不存在永远取消交易的情况，所以，相应有"**缠中说禅技术分析基本原理二**"*：任何级别任何完成的走势类型，必然包含一个以上的缠中说禅走势中枢。

由原理一、原理二以及缠中说禅走势中枢的定义，就可以严格证明：

"**缠中说禅走势分解定理一**"：任何级别的任何走势，都可以分解成同级别"盘整""下跌"与"上涨"三种走势类型的连接。【**深入解析**：此处的同级别是相同级别的意思。因是分解定理，所以分解后的级别必然小于原走势级别。比如5分钟的上涨，必然可以分解成1分钟的上涨、盘整与下跌的走势连接。】

"**缠中说禅走势分解定理二**"：任何级别的任何走势类型，都至少由三段以上次级别走势类型构成。

这些证明都很简单，就和初中几何的证明一样，有兴趣自己来一下。由上面的原理和定理，就可以严格地给出具体操作唯一可以依赖的两个坚实的基础。因为某种类型的走势完成以后就会转化为其他类型的走势，对于下跌的走势来说，一旦完成，只能转化为上涨与盘整，因此，一旦能把握下跌走势转化的关节点买入，就在市场中占据了一个最有利的位置。而这个买点，就是前面反复强调的"第一类买点"。而因为无论是趋势还是盘整在图形上最终都要完成，所以在第一类买点出现后第一次次级别回调制造的低点，是市场中第二有利的位置。为什么？因为上涨和盘整必然要在图形上完成，而上涨和盘整在图形上的要求，是必须包含三个以上的次级别运动，因此后面必须还至少有一个向上的次级别运动。这样的买点是绝对安全的，其安全性由走势的"不患"而保证，这，就是在前面反复强调的第二类买点。买点的情况说了，卖点的情况反之亦然。

综上所述，就不难明白为什么本ID在前面反复强调这两类买卖点了。因为该两类买卖点是被最基础的分析所严格保证的，就如同几何中严格[的]定理一样，只要找准了这两类买卖点，在市场的实际走势中是战无不胜的，是波涛汹涌的市场中最坚实的港湾。关于该两类买卖点与走势及上述原理、定理间密不可破的逻辑关系，必须切实理解体会，这是所有操作中最坚实、最不能混淆的基础。

由上面的原理、定理，就可以继续证明前面已经说过的"**缠中说禅买卖点定律一**"：任何级别的第二类买卖点都由次级别相应走势的第一类买（卖）点构成。

这样，就像前面曾说过的，任何由第一类、第二类买卖点构成的缠中说禅买卖点，都可以归结到不同级别的第一类买卖点。由此得到"**缠中说禅趋势转折定律**"：

任何级别的上涨转折都是由某级别的第一类卖点构成的；任何的下跌转折都是由某级别的第一类买点构成的。

注意，这某级别不一定是次级别，因为次级别里可以是第二类买卖点，【**课文解读**：小级别背驰引发大级别转折时会出现这种情况，后面有介绍。】而且还有这种情况，就是不同级别同时出现第一类买卖点，也就是出现不同级别的同步共振，所以这里只说是某级别。

本ID以上对技术分析的理论构建，绝对前无古人，就像欧几里德之于几何一样。这是为纷繁的技术分析找到了一个坚实的理论基础，由这些原理、定理，可以继续引申出不同的定理，就像几何里面一样。这些定理，都是抛开一切偶然因数的，而实际的操作，必须建立在此之上，才会长期立于不败之地。

这些问题以后还要逐步展开，这里先把两个前面已经让各位思考的例子来分析一下，让各位对趋势、级别、走势中枢等概念有一个感性的认识，毕竟上面抽象的方法并不是每个人都能理解的。

驰宏锌锗（见图17-1）：

为什么从2004年6月2日到2005年7月27日，【**字斟句酌**：此处应为7月26日。】构成标准的"下跌+盘整+下跌"的走势，而类似的图形在580991（海尔JTP1）上不算？

这唯一的原因就是因为后者在日线的下跌中并不构成日线级别的缠中说禅走势中枢（见图17-2），而在30分钟线上，这个中枢是明确的，所以580991（海尔JTP1）只构成30分钟级别上的"下跌+盘整+下跌"。

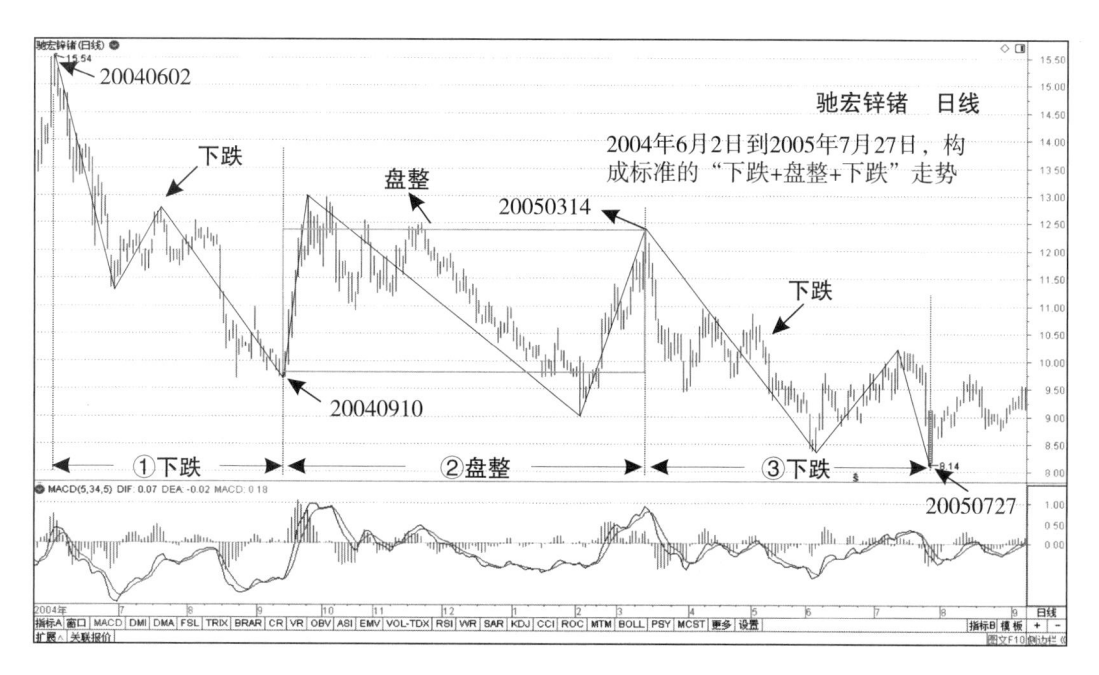

图 17-1 驰宏锌锗日 K 线走势图一

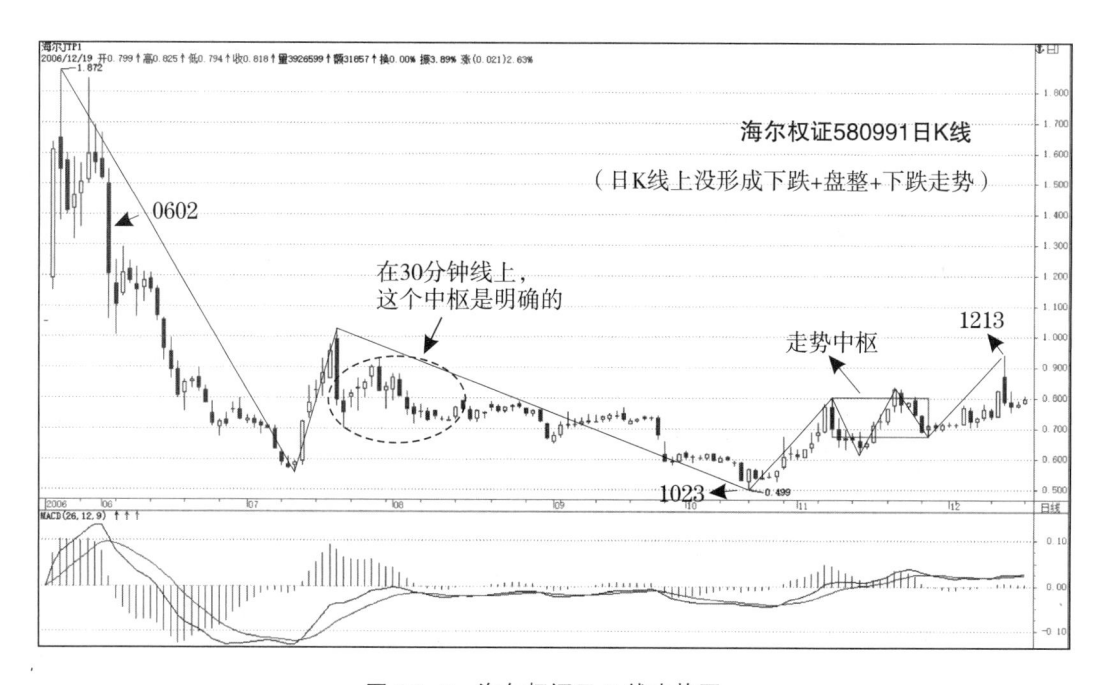

图 17-2 海尔权证日 K 线走势图一

其后的上涨，对 600497（驰宏锌锗），2005 年 7 月 27 日到 10 月 25 日，明确地出现在日线上的上涨走势（为什么？因为在日线上明确地看到两个缠中说禅走势中枢）。【深入解析：如图 17-3 所示，缠中说禅写作之日，站在彼时看前面的走势，两个中枢非常清晰。】

图 17-3 驰宏锌锗日 K 线走势图二

而580991（海尔JTP1），从2006年10月23日到12月13日，只构成日线上的盘整走势（见图17-4）。

为什么？因为在日线上明确地看到一个缠中说禅走势中枢。

图 17-4 海尔权证日 K 线走势图二

两者力度上有如此区别的技术上的原因就是下面两个。

（1）"下跌＋盘整＋下跌"走势的出现级别不同，一个是日线，一个是30分钟的。

（2）其后的第一段走势，一个是日线上涨，一个是日线盘整。

以上内容，足够各位消化几天了。后面还有很多内容，逐一写来。但请注意版权，发现抄袭的本ID要抓来狗头铡给铡了。

最后布置几（条）[道]思考题：

（1）连接两相邻同级别缠中说禅走势中枢的一定是趋势吗？一定是次级别的趋势吗？

（参考答案：不一定是趋势，也不一定是次级别趋势，可能是更低级别的趋势，甚至是个缺口。）

（2）背驰是两相邻同向趋势间，后者比前者的走势力度减弱所造成的，如果用均线或MACD等判断其力度，一定要在同级别的图上吗？同级别的MACD红绿柱子背驰一定反映某级别趋势间出现背驰吗？是相应级别的趋势出现背驰吗？

（参考答案：不一定在同级别图上，理论上趋势力度的计算，与图表的级别无关，只与趋势对应的指标值之和有关；MACD背驰一定反映某级别趋势的背驰，但不一定是同级别，也可能是次级别以下的某个级别。）

（3）盘整的高低点是如何造成的？（这个问题有点难度，提示，用缠中说禅走势中枢以及级别等进行分析。）

（参考答案：这个问题涉及到走势如何转折。首先，最精确的高低点只有在最低级别K线图上才能观察到，其次是K线转折的具体结构。由能否构成K线中枢可以分为两种情况，详细分析见第18课。）

---

[1]这句话出自《论语》，通常断句为"子曰：由，诲女知之乎！知之为知之，不知为不知，是知也。"意思为："由，我教给你怎样做的话，你明白了吗？知道的就是知道，不知道就是不知道，这就是智慧啊！"缠中说禅在"论语详解：给所有曲解孔子的人（39）"中，将这句话断为"子曰：由诲女，知之乎！知之为，知之；不知为，不知；是知也！"认为这句话的意思是："孔子说：实践教导你，以此而有智慧啊。依智慧而进一步实践，以此而有新的智慧；不依以实践而有的智慧进一步实践，就不会有新的智慧。这，

就是最根本的智慧。"

　　[2]这句话出自《论语》,通常断句为"子曰:由!知德者鲜矣。"意思为"仲由,懂得德的太少了呀!"缠中说禅在"论语详解:给所有曲解孔子的人(37)"中,将这句话断为"子曰:由知、德者,鲜矣!"认为这句话的意思为:"孔子说:蹈行、践履'闻、见、学、行''圣人之道'智慧、所得的君子,永远处在创新、创造之中啊。"

深入解析

本课出现的各种定义和概念

　　在"教你炒股票"第72课中,缠中说禅承认开始发表"教你炒股票"系列文章时,只是想把一些有用的结论告诉大家,因此课程都不是按正式的理论体系撰写的。事实上,这一阶段的课程存在的问题不仅仅是给出结论性的东西,更为致命的是缠中说禅按照数学公式推导的方式进行写作,这样不但造成理论依据缺失,而且存在着大量将结论当前提、本末倒置式的推导。

　　只给出结论,必然造成相关定理、概念都是市场自然规律的感觉,这当然与实际情况不符。比如,缠论走势类型的定义、走势中枢的概念,等等,都是缠中说禅为缠论走势划分制定的规则,对规则无须进行推导,讲清楚并遵照执行即可。

　　下面按这种思路对本文涉及到的定理、定义重新梳理。

　　本课中的定义都与"走势终完美"相关,它们有以下4个。

　　缠中说禅技术分析基本原理一:任何级别的任何走势类型终要完成。

　　缠中说禅技术分析基本原理二:任何级别任何完成的走势类型,必然包含一个以上的缠中说禅走势中枢。

　　缠中说禅走势分解定理一:任何级别的任何走势,都可以分解成同级别"盘整""下跌""上涨"三种走势类型的连接。

　　缠中说禅走势分解定理二:任何级别的任何走势类型,都至少由三段以上次级别走势类型构成。

　　仔细分析上面的4个原理或定理,缠中说禅技术分析基本原理一、缠中说禅走势分解定理一,其实就是"走势终完美"公理的市场化语言描述。

　　缠中说禅技术分析基本原理一:任何级别的上涨、下跌或者盘整走势类型最终都会完成。

缠中说禅走势分解定理一：由于本级别走势中枢由次级别的走势类型构成，因此，任何级别的任何走势，都可以分解成次级别以下某一固定级别的"上涨""盘整""下跌"三种走势类型的连接。

缠中说禅技术分析基本原理二、缠中说禅走势分解定理二则存在结论与前提倒置的情况，下面试着重新定义。

缠中说禅技术分析基本原理二：走势中枢是缠论走势类型最基本的构件，任何级别任何完成的走势类型，最少包含一个走势中枢。

缠中说禅走势分解定理二：任何完成的走势类型最少包含一个走势中枢，走势中枢由至少三个次级别走势构成，所以任何级别的任何走势类型都至少由三段以上次级别走势类型构成。

学习重点和难点

缠论的两种走势划分（2）

本节课的内容很多，也不容易理解，是学习缠论比较关键的一课。很多人学到此课后基本上就"废"了。

最重要的原因是：许多人不明白为什么前面有了上涨、下跌与盘整的定义，现在又给出了新的、完全不一样的定义；新老定义之间是什么关系，是修改了老定义还是增加了新定义，等等。

不解决以上问题，这一课的解读就是失败的，只是隔靴搔痒式的。

"教你炒股票"第16课给出了同级别走势类型的定义，本课又给出了一个以走势中枢数量划分走势类型的方法，它们是相互独立、无法替代的互补关系。

前面课程中给出的同级别走势结构，除了在某些固定场景下使用外，更多出现在分析缠论最小级别时。因为最小级别没有次级别可以利用，所以不存在次级别走势中枢，当然无法定义次级别的走势类型，此时只能使用同级别的上涨、下跌与盘整结构来定义最低以下级别的走势。

本课给出的上涨、下跌与盘整概念，是站在缠论最小级别以上级别的角度给出的，走势中含有的走势中枢都是以次级别走势类型来构建。

同级别的走势划分方式重要且贯穿全文，此后的课程中还有大量应用，并非缠中说禅的笔误或者是放弃的概念。

> 学习重点和难点

缠论相邻级别的结构（1）

走势中枢的概念涉及相邻两个级别，因此缠论级别序列的概念已经无法回避，下面先介绍一下这个概念。

1. 级别序列的概念

炒股软件中的K线图有不同周期可供选择，如1分钟、5分钟、15分钟、30分钟、日线、周线、月线、年线，这就是级别的概念。

通过不同周期的K线图，可以观察到不同精细程度的K线走势。不同周期下，K线走势呈现出不同的结构，这些都是级别的基本概念。

缠中说禅在这个基础上给出了级别序列的概念，使得满足级别序列的相邻走势之间不再彼此独立，高级别一段没有内部结构的走势（线段），在次级别上至少拥有上－下－上或下－上－下的一段走势类型，这些被挑选出来的级别组成的序列，就叫做缠论的级别序列。

2. 缠中说禅推荐的级别序列

与级别序列相关的内容很多，很复杂，这里仅仅给出这个序列：1分钟、5分钟、30分钟、日线、周线、季线和年线。

1分钟是大多数炒股软件默认的最小周期，它被设定为级别序列的最小周期，其余级别以大约5倍的倍数选取。

3. 走势中枢级别的确定

缠论走势中枢：某级别走势类型中，被至少三个连续次级别走势类型所重叠的部分，称为缠中说禅走势中枢。换言之，缠中说禅走势中枢就由至少三个连续次级别走势类型重叠部分所构成。

缠论走势中枢的定义涉及相邻两个级别，因此中枢的表达同样有两种方式，既可以在中枢级别的K线图上，也可以在次级别的K线图上。

从茅台周线第二类买点（见图17-5）的情况来看，周K线图上，小圆圈内一段没有内部结构的走势，与大圆圈里日K线图上的走势是同一段走势，虽然日线走势有复杂的结构，但从缠论角度来看，它们都是相同级别的一段走势。

因此，同样一个 5 分钟的走势中枢，在 5 分钟 K 线图与 1 分钟 K 线图上呈现的效果完全不同：如图 17-6 所示，左图为 1 分钟 K 线图上观察到的情况，右图则是在 5 分钟 K 线图上看到的样子。

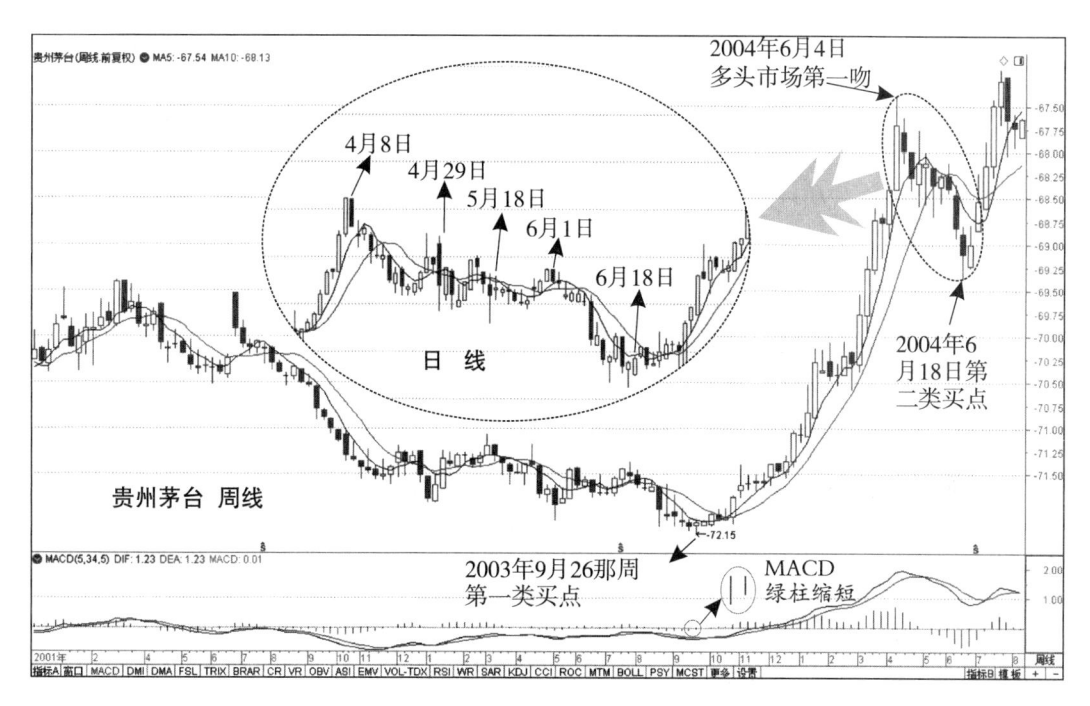

图 17-5　周线走势对应的日线结构

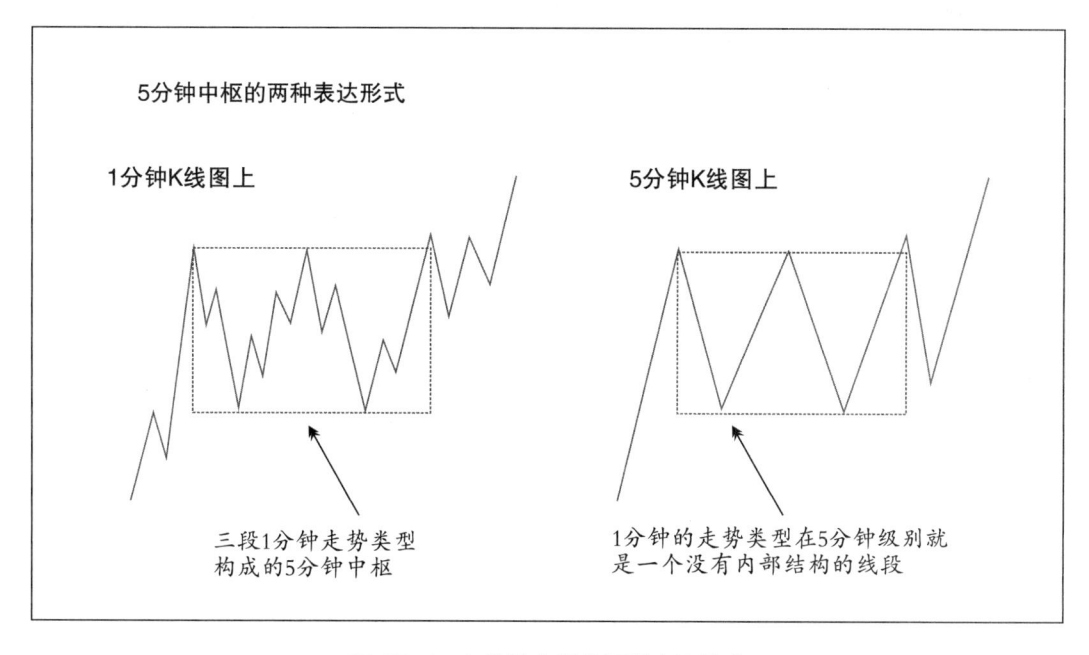

图 17-6　5 分钟中枢的两种表达形式

它们看上去有很大的不同，1分钟K线图上的中枢是由走势类型构造的，5分钟K线图上则由三段线段（数学意义上的）构成。它们都符合中枢的理论要求，但确实造成了众多缠友关于走势中枢应该由线段构成还是笔构成的分歧。

"教你炒股票"108课中，两种结构的图例均大量出现，学习者需要深入理解K线图级别与走势类型的表达方式。

> **学习重点和难点**

缠论的两种看盘方式（2）

"教你炒股票"108课中除了有两种走势划分方法，还存在两种不同的看盘方式。仍以贵州茅台为例，如图17-5所示。2004年6月18日的周线第二类买点首先通过周线图来发现，然后在日K线图上精准定位。

这是一种由上至下捕捉买点的方式，它很像查看纸质地图，首先找到城市位置，再确定某个区，某条街道，最后是某个具体的楼盘。我们把这种方式称为"区间套"看盘方式。

这种方式有以下两个缺陷。

1. 没有对精度提出严格要求

这好像没有统一地图类型一样，全国地图与河北省地图都可以找到天津市，使用哪一种地图没有给出判断依据。而使用不同地图，意味着对应缠论不同的级别，这造成了走势级别判断的混乱。

此外，缠论的区间套看盘方式，前期没有对本级别K线图上的一段走势结构进行严格定义，只是泛泛而言的"一段"。有时十来根K线，有时几根K线，甚至两三根K线都成为一段，显得比较随意。

2. 以K线周期为主的级别安排缺乏内在逻辑

相比前者，这一点可谓致命。

现实生活中的地址信息都隐含着约定俗成的规则，投资市场中的走势，在各级别K线图上明显不具有相同或相似的规律。

如图17-7所示，上海家化某日的即时成交局部截图，除去9∶25分的集合竞价，仅

上海家化分时成交

600315 上海家化 分时成交明细 Up/PageUp/滚轮 前翻 Down/PageDown/滚轮 后翻

时间	价格	成交			时间	价格	成交			时间	价格	成交			时间	价格	成交		
09:25	35.48	1086万		228	09:31	35.48	74.9万	S	39	09:32	35.33	3.5万	S	3	09:34	35.40	3.2万	B	9
09:30	35.50	540.7万	B	73	09:31	35.50	7.8万	B	8	09:33	35.37	26.5万	B	47	09:34	35.40	9.2万	B	15
09:30	35.50	391.2万	S	129	09:31	35.54	8.9万	B	16	09:33	35.34	20.9万	B	39	09:34	35.35	8.1万	S	19
09:30	35.48	208.3万	S	96	09:31	35.51	4.6万	S	12	09:33	35.33	6.0万	B	5	09:34	35.40	13.1万	B	3
09:30	35.51	22.4万	S	6	09:31	35.50	11.4万	S	13	09:33	35.30	16.9万	S	36	09:34	35.39	14.2万	B	14
09:30	35.51	31.6万	S	27	09:31	35.51	26.6万	B	29	09:33	35.32	4.9万	S	13	09:34	35.41	30.5万	B	25
09:30	35.51	34.1万	S	37	09:31	35.44	51.0万	S	29	09:33	35.30	57.5万	S	44	09:34	35.45	17.4万	B	22
09:30	35.61	11.0万	B	9	09:31	35.48	75.6万	B	24	09:33	35.30	37.4万	S	29	09:34	35.45	17.0万	B	8
09:30	35.60	16.0万	S	14	09:31	35.50	7.1万	B	6	09:33	35.30	18.4万	S	38	09:34	35.40	21.9万	S	23
09:30	35.71	11.4万	B	14	09:31	35.48	44.4万	S	23	09:33	35.40	52.4万	B	31	09:34	35.46	3.2万	B	8
09:30	35.70	24.3万	B	30	09:31	35.48	20.9万	B	34	09:33	35.40	60.5万	S	35	09:35	35.45	29.8万	S	27
09:30	35.63	17.8万	S	25	09:32	35.42	8.1万	S	8	09:33	35.34	6.7万	S	5	09:35	35.45	8.2万	B	18
09:30	35.64	24.6万	S	27	09:32	35.39	20.9万	S	15	09:33	35.35	12.4万	B	18	09:35	35.45	112.0万	B	11
09:30	35.60	44.9万	S	24	09:32	35.48	101.5万	B	23	09:33	35.40	11.0万	B	12	09:35	35.53	170.5万	B	40
09:30	35.56	24.9万	S	27	09:32	35.39	172.3万	S	43	09:33	35.35	30.0万	S	22	09:35	35.40	57.0万	S	16
09:30	35.60	38.8万	B	28	09:32	35.41	32.2万	B	15	09:33	35.36	11.0万	B	8	09:35	35.42	78.6万	B	11
09:30	35.63	24.2万	B	18	09:32	35.46	13.8万	B	30	09:33	35.34	7.4万	B	10	09:35	35.42	10.3万	S	2
09:30	35.48	189.5万	S	35	09:32	35.32	41.3万	S	39	09:33	35.35	39.9万	B	25	09:35	35.45	1.4万	S	2
09:30	35.45	19.5万	S	22	09:32	35.41	99.1万	B	32	09:33	35.35	3.9万	B	8	09:35	35.45	1.8万	B	3
09:30	35.42	161.2万	S	47	09:32	35.40	66.9万	S	17	09:33	35.39	11.7万	B	19	09:35	35.45	6.7万	S	15
09:30	35.50	44.7万	S	27	09:32	35.44	118.4万	B	30	09:33	35.35	5.7万	S	4	09:35	35.47	1.8万	B	4
09:31	35.54	17.4万	S	10	09:32	35.36	17.3万	S	17	09:34	35.35	12.0万	S	9	09:35	35.54	162.1万	B	23
09:31	35.50	10.7万	S	8	09:32	35.40	8.8万	B	15	09:34	35.40	5.0万	B	8	09:35	35.54	16.7万	S	6
09:31	35.54	35.2万	B	8	09:32	35.40	19.1万	S	27	09:34	35.33	3.2万	S	6	09:35	35.49	4.3万	S	12
09:31	35.50	8.5万	S	9	09:32	35.41	20.2万	B	21	09:34	35.39	0.7万	B	2	09:35	35.54	12.8万	B	19
09:31	35.54	7.1万	B	5	09:32	35.36	75.0万	S	40	09:34	35.33	25.1万	S	19	09:35	35.51	4.3万	S	12
09:31	35.50	19.2万	S	7	09:32	35.38	10.3万	B	14	09:34	35.35	14.8万	B	16	09:35	35.54	4.3万	B	10
09:31	35.50	6.0万	S	7	09:32	35.38	6.7万	B	18	09:34	35.37	5.3万	B	7	09:35	35.52	2.1万	S	2
09:31	35.54	64.0万	B	22	09:32	35.40	18.4万	B	32	09:34	35.34	11.0万	S	11	09:35	35.54	2.5万	B	7
09:31	35.54	30.0万	B	21	09:32	35.31	10.2万	S	15	09:34	35.33	3.5万	S	6	09:35	35.50	16.0万	S	20

图 17–7 上海家化某日的即时成交局部截图

仅是早上开盘后 5 分钟左右的成交数据。为了方便观察，每分钟的成交数据以较粗的虚线分隔。

1 分钟 K 线图：选择每分钟交易数据中的开盘价、最高价、最低价和收盘价生成 1 根 K 线，共有如图 17–8 中左图显示的 5 根 K 线。

5 分钟 K 线图：如果时间参数扩大到 5 分钟，相当于在 9∶30 至 9∶35 的全部交易数据中选择以上 4 个价格，最终生成 1 根如图 17–8 中右图显示的 5 分钟 K 线。

比较 1 分钟与 5 分钟 K 线走势图的生成方式，两个级别 K 线图都源自同一批原始交易数据，不同级别代表了原始交易数据图形化时的 K 线时间周期取值参数，两个周期之间没有必然的联系，绝对不存在 5 个 1 分钟走势相加，得到 1 个 5 分钟走势的可能性。

同理，周 K 线图与日 K 线图上的同一段走势，不过是同一段走势的不同精细程度的呈现，无法从理论高度保证周 K 线上的一段走势一定表现为日 K 线上的三段。具体的例子比比皆是，只要打开 K 线图，仔细分析一下就很明确。

实际操作中，本级别的一段没有内部结构的走势，不一定正好对应次级别上的一段至少上一下一上或下一上一下的走势类型，操作中可以继续向更低级别的 K 线图中寻找，直到找出符合看盘需求的一段走势类型。

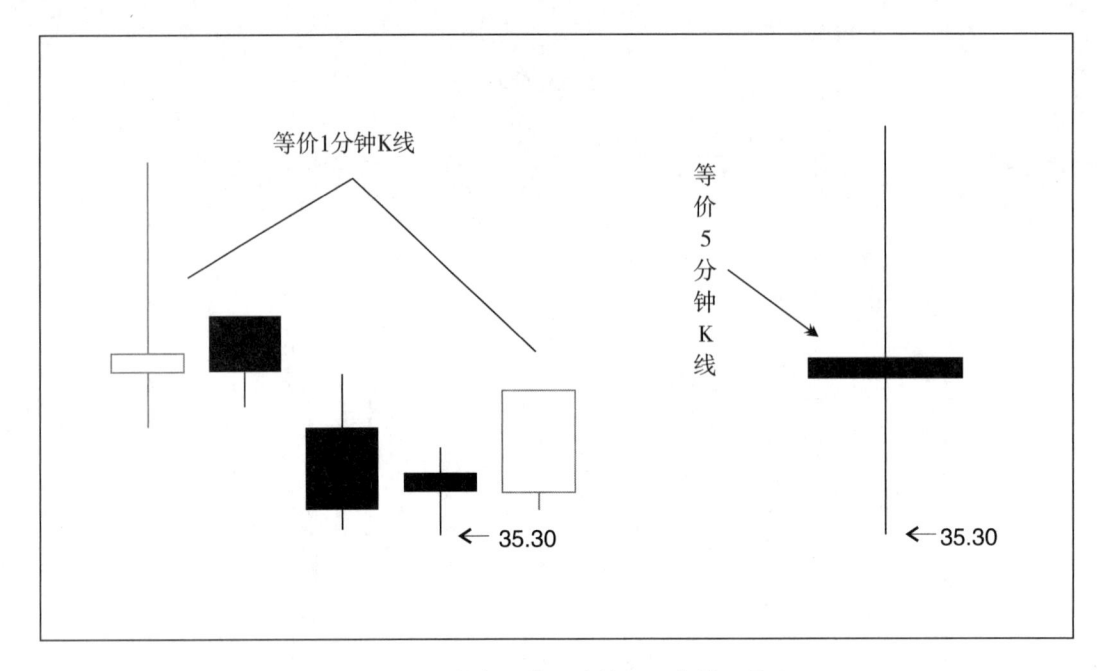

图 17-8　同段交易的 1 分钟与 5 分钟 K 线图

因此，区间套看盘方式下，并不存在真正意义的缠论级别序列，无法匹配号称如数学般严谨的缠论，只不过是权宜之计。

缠中说禅在课程之初采取区间套看盘方式，同样事出有因。首先，课程不是按正规教程撰写的，在没有给出分型、笔、线段等概念时，无法搭建出缠论的级别序列，由小及大推导的看盘方式也就没有了理论基础。

其次，区间套看盘方式简单易懂，喜闻乐见，无须专门学习，而且虽不够专业，但与缠论的级别序列有异曲同工之妙。

两种看盘方式就好像拼音与五笔输入法一样，专业的打字员不太可能使用拼音输入法，但不影响拼音输入法拥有最大的使用人群。

区间套看盘方式虽不完善，却是缠论前期课程中的主要看盘方式，因此必须搞清楚，否则会造成看图时的最大困扰。

缠论的另一种看盘方式，完全不是建立在时间概念上，而是一种缠论结构，今后随课程的进展再做具体分析。

主题 4
普通走势划分中的走势类型及走势中枢

这个主题涵盖第 18 课至第 20 课。与上一主题不同，这里的走势类型具有普遍意义，不再是同级别或最低级别的概念。

主要内容：

（1）走势中枢及走势类型的定义及构成。

（2）走势中枢的新生、延伸、扩张、破坏。

（3）走势类型的延伸。

（4）缠论的第三类买卖点。

教你炒股票 18

股性不活跃的不是好股票

（2006-12-26 15:05:58）

首先把前面一些最基本的概念、原理、定理列举如下。

走势：打开走势图看到的就是走势。走势分不同级别。

走势类型：上涨、下跌、盘整。

趋势：上涨、下跌。

缠中说禅走势中枢：某级别走势类型中，被至少三个连续次级别走势类型所重叠的部分。

具体的计算以前三个连续次级别的重叠为准，严格的公式可以这样表示：次级别的连续三个走势类型 A、B、C，分别的高、低点是 $a_1\backslash a_2$，$b_1\backslash b_2$，$c_1\backslash c_2$。则，中枢的区间就是 [max(a_2,b_2,c_2)，min(a_1,b_1,c_1)]。

【**课文解读**：最大的（a_2,b_2,c_2），最小的（a_1,b_1,c_1）。】而实际上用目测就可以，不用这么复杂。

【**深入解析**：这里关于中枢区间的定义存在一个问题。如图 18-1 所示，缠中说禅将 A、B、C 的高点设为 1，低点设为 2，如此一来，生搬硬套上面中枢区间公式，就会出现中枢标注的次级别走势高点、低点并非习惯的由小到大，从左至右的顺序排列。后面课程使用了缠中说禅中枢定义的标注方式，看图时需要注意。】

注意，次级别的前三个走势类型都是完成的，才构成该级别的缠中说禅走势中枢。完成的走势类型，在次级别图上是很明显的，根本就用不着再看次级别下面级别的图了。

缠中说禅盘整：在任何级别的任何走势中，某完成的走势类型只包含一个缠中说禅走势中枢，就称为该级别的缠中说禅盘整。

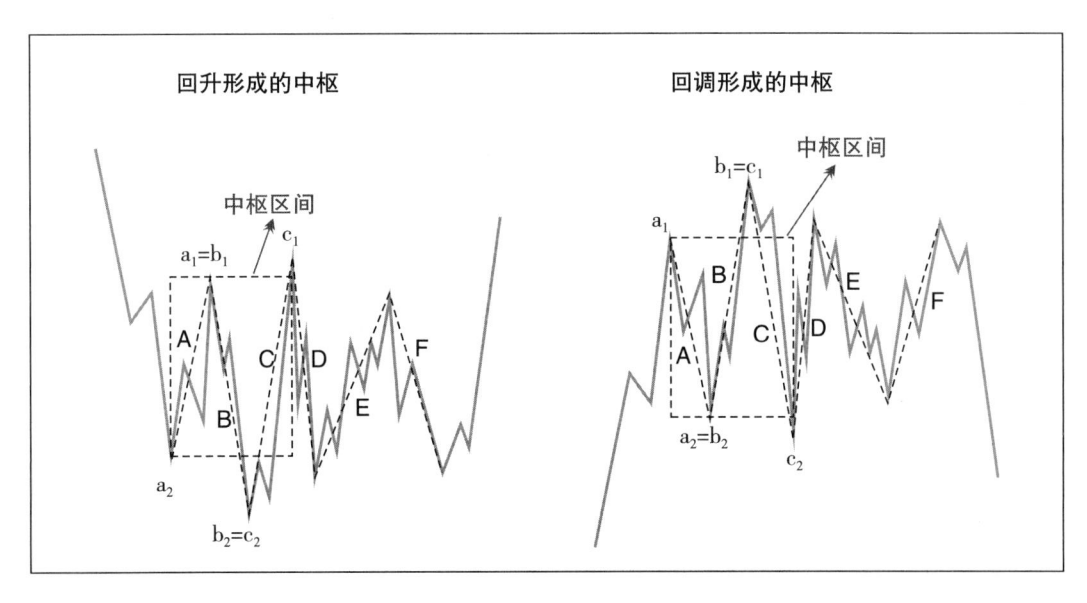

图 18-1 不同方式形成的走势中枢及标示方式

缠中说禅趋势：在任何级别的任何走势中，某完成的走势类型至少包含两个以上依次同向的缠中说禅走势中枢，就称为该级别的缠中说禅趋势。该方向向上就称为上涨，向下就称为下跌。注意，趋势中的缠中说禅走势中枢之间必须绝对不存在重叠。【课文解读：和以前的定义相比，加入了两个中枢之间绝对不存在重叠的要求。】

"缠中说禅技术分析基本原理一"：任何级别的任何走势类型终要完成。

"缠中说禅技术分析基本原理二"：任何级别任何完成的走势类型，必然包含一个以上的缠中说禅走势中枢。

"缠中说禅走势分解定理一"：任何级别的任何走势，都可以分解成同级别"盘整""下跌"与"上涨"三种走势类型的连接。【课文解读：这里的"同级别"指次级别或以下某个固定级别。】

"缠中说禅走势分解定理二"：任何级别的任何走势类型，都至少由三段以上次级别走势类型构成。

原理一"任何级别的任何走势类型终要完成"，这最简单的话，却包含着技术分析最基本的东西，其哲学和灵魂都在此，否则就不可能被列为原理一了，这是最重要的。

一个最简单的问题，如何判断一个走势类型完成了？这是技术分析里最核心的问题之一。例如，一旦判断知道了"下跌"的结束，就知道随后必须要面对的是"盘整"

与"上涨"。而后两种走势，对于多头来说，都必然产生利润，唯一区别，就是大小与快慢的问题。如果在市场中能找到一种百分之百确定的盈利模式，那就是最伟大的成就了。至于大小、快慢，可以继续研究出新的标准来进行判断，而在逻辑上，这是后话了。

这里最大的也是唯一的难点在于"走势类型的延伸"。

例如一个盘整，三个重叠的连续次级别走势类型后，盘整就可以随时完成。也就是说，只要三个重叠的连续次级别走势类型走出来后，盘整随时结束都是完美的。但这可以不结束，可以不断延伸下去，不断围绕这缠中说禅中枢上上下下地延伸下去，直到无穷都是可以的。

这有点像一个学生完成学业后，随时可以参加工作，但也可以一直自我封闭，一直不踏入社会，最后把自己给浪费掉了，直到变成一个废人。

同样，面对趋势，形成两个依次同向的缠中说禅走势中枢后，任何趋势都可以随时结束而完美，但也可以不断地延伸下去，形成更多的中枢。

这种情况在实际操作中太常见了，如果这趋势是向上的，会不断上涨。看看600519（贵州茅台）之类的图（见图18-2），如果把复权算上，就可以看到一个标准的不断延伸的上涨。

大盘2005年见底后的30分钟图上（见图18-3），同样可以看到这种情况。很多人抓不住牛股，经常在第一个中枢时就被震下马，最主要［的］就是对此没有明确的认识。反之，对于下跌的延伸，是所有抄底者的噩梦。逃顶、抄底为何难？归根结底就是这"走势类型的延伸"闹的。

如何判别"走势类型延伸"是否结束？

这里，必须首先搞清楚，"走势类型延伸"的实质是什么？对于趋势来说，其"延伸"就在于同级别的同向"缠中说禅走势中枢"不断产生；而对于盘整来说，其"延伸"就在于不能产生新的"缠中说禅走势中枢"。

由于"走势类型延伸"意味着当下的"走势类型"随时可以完成，因此相应的"类型"必然是确定的，因此"走势类型延伸"是否结束的判断，关键就在于是否产生新的"缠中说禅走势中枢"。此外，由于趋势至少包含两个"缠中说禅走势中枢"，而盘整只有一个，因此，趋势与盘整的判别关键也就在于是否产生新的"缠中说禅

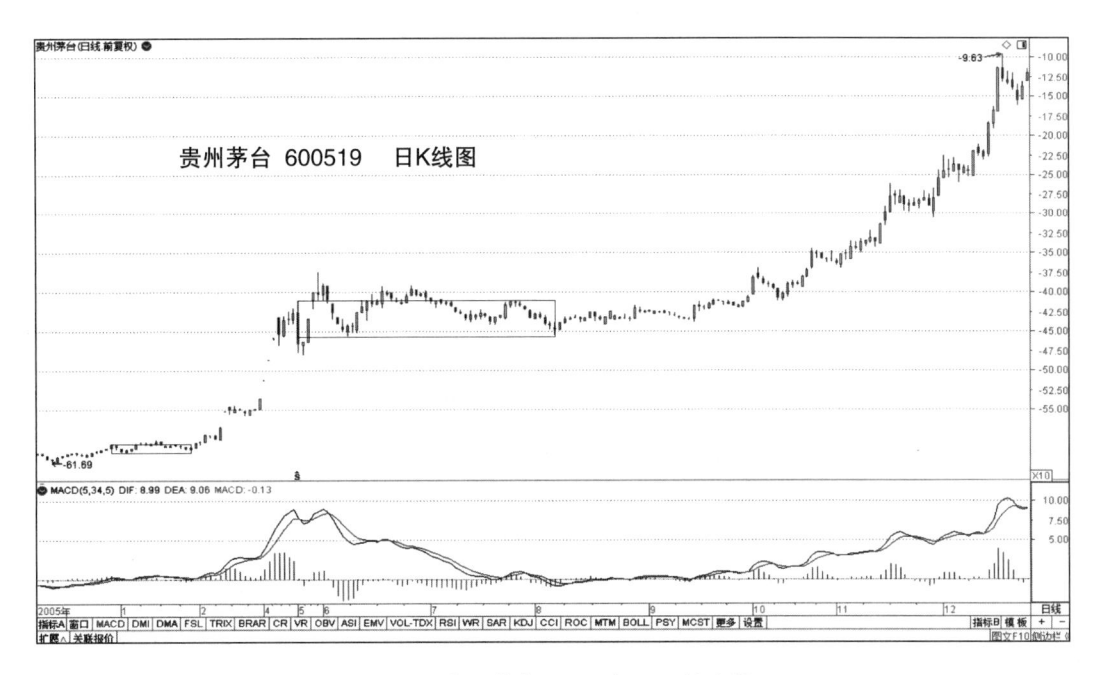

图 18-2　贵州茅台 2005 年日 K 线走势图

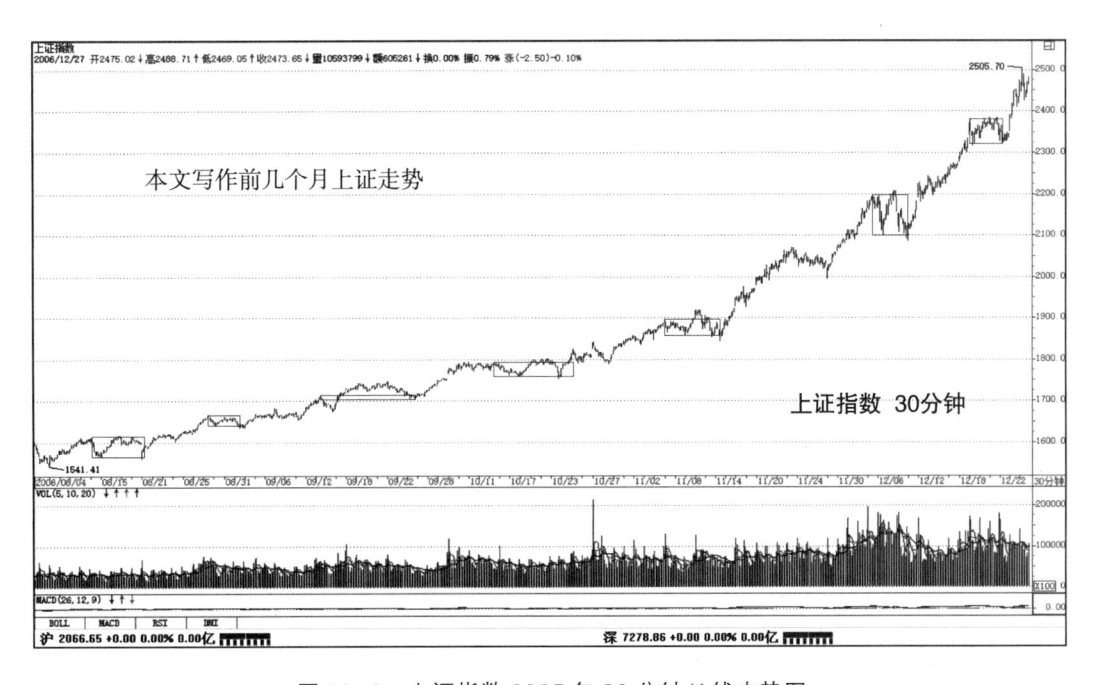

图 18-3　上证指数 2005 年 30 分钟 K 线走势图

走势中枢"。由此可见,"缠中说禅走势中枢"的问题是技术分析中的核心问题,该问题一旦解决,很多判断上的大难题也将迎刃而解。

"缠中说禅走势中枢定理一":在趋势中,连接两个同级别"缠中说禅走势中枢"

的必然是次级别［或］以下级别的走势类型。

【深入解析】：这又是一个把规则当规律讲的例子，它涉及确定走势类型级别的规则。

走势类型级别确定规则：一段走势中可以包含多个不同级别的走势中枢，由于级别序列的存在，这些不同级别的中枢具有不同的权重，级别越高权重越大。一段已完成的走势类型，其级别由最高级别的走势中枢来确定。

如图18-4中左图，走势中包含两个1分钟的走势中枢，因此是一个1分钟的上涨走势。图18-4中右图，走势中包含两个1分钟级别和一个5分钟级别走势中枢，由于5分钟级别的权重大于1分钟，所以走势为5分钟盘整。

这就是不能把5分钟走势当作两个1分钟走势中枢连接的原因。按此规则：在趋势中，连接两个同级别"缠中说禅走势中枢"的必然是次级别或以下级别的走势类型。】

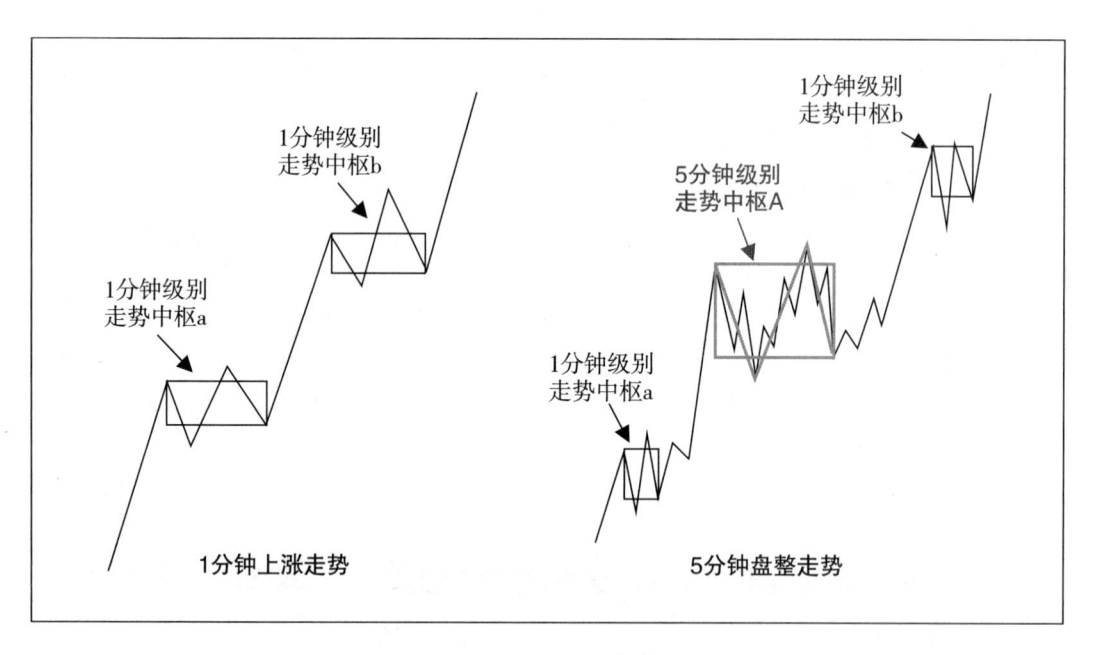

图18-4 走势类型的命名方式

用反证法，该定理的证明是很简单的，而这也回答了上一课中的作业——"连接两相邻同级别缠中说禅走势中枢的一定是趋势吗？一定是次级别的趋势吗？"首先，这不必然是趋势，任何走势类型都可能，最极端的就是跳空缺口后形成新的"缠中说禅走势中枢"；其次，也不一定是次级别的，只要是次级别以下，例如跳空缺口，就属于最低级别，如果图上是日线、周线，就不会是次级别了；最后，往往相连走势类型的级别越低，表示其力度越大，这也就是为什么缺口在分析中有比较强技术含义的理论依据所在。

由定义知道，"缠中说禅走势中枢"的产生原因以及判断标准，也就是其"生"的问题已经解决，那余下的就是其"住、坏、灭"的问题，也就是说，一个"缠中说禅走势中枢"是如何"维持"以及最终被"破坏"进而废弃的。先考虑其"维持"的问题。维持"缠中说禅走势中枢"的一个充分必要条件就是任何一个离开该中枢的走势类型都必须是次级别以下的并以次级别以下的走势类型返回。该问题很容易证明，因为无论是离开还是返回，只要是同级别的走势类型，就意味着形成新的"缠中说禅走势中枢"，这与原中枢的维持前提矛盾。该命题表述成如下定理：

"缠中说禅走势中枢定理二"：在盘整中，无论是离开还是返回"缠中说禅走势中枢"的走势类型必然是次级别［或］以下的。

由此，上一课作业三"盘整的高低点是如何造成的"就有了相应的答案：

无论离开与返回的走势类型是何种级别的，站在最低级别上看，例如把1分钟图当成最低级别，那么最后连接离开与返回走势类型连接处的最低级别图，只能有两种可能（见图18-5）：

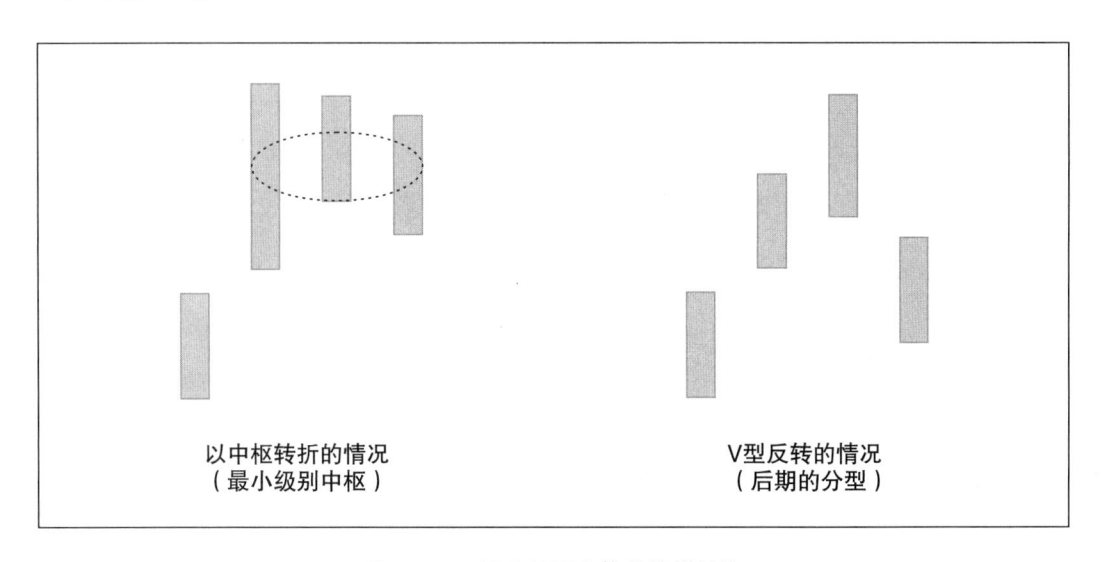

以中枢转折的情况
（最小级别中枢）

V型反转的情况
（后期的分型）

图18-5 最小级别走势的转折结构

（1）三根以上 1 分钟 K 线的来回重叠震荡后回头。

（2）1 分钟 K 线无三根以上 K 线重叠的 V 型走势。

对于第一种情况，这几根重叠 K 线最极端那根的极端位置，就构成盘整中的高低点，一般来说，这种情况比较少见。

对于第二种情况，这个 V 型尖顶那根 K 线的极端位置就构成盘整中的高低点，这种情况十分常见。

【深入解析：如图 18-5 所示，第一种情况以中枢为转折，第二种即 V 型反转，其实就是后面讲解的 K 线分型结构。】

这也是为何真正的低点和高点总是盘中一闪而过的理论依据。本 ID 的理论能解释技术图表上任何细致的问题，这才是一种真正理论所应该具有的品质。这种理论，不需要什么诺贝尔的奖励，那一百万美元在市场上算得了什么！精通这样的理论，市场会给予你多得多的回报。

有了上面两个"缠中说禅走势中枢"定理，不难证明[**缠中说禅走势中枢**]**定理三**：

某级别"缠中说禅走势中枢"的破坏，当且仅当一个次级别走势离开该"缠中说禅走势中枢"后，其后的次级别回抽走势不重新回到该"缠中说禅走势中枢"内（见图 18-6）。【深入解析：由于走势是从小级别生长起来的，所以证明走势中枢是否被破坏，需要次级别的离开和回抽走势。】

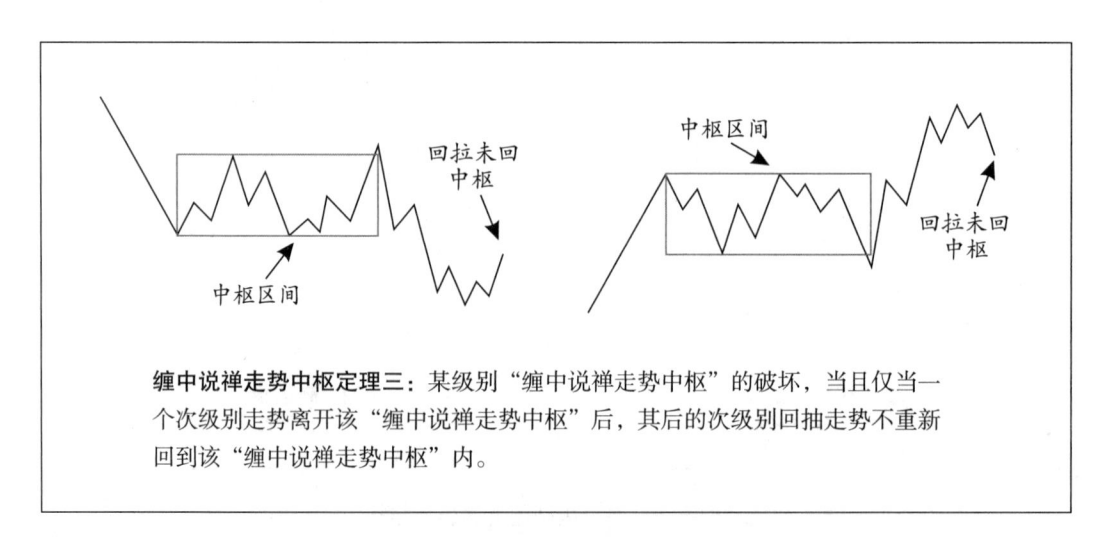

图 18-6 走势中枢被破坏示意图

这定理三中的两个次级别走势的组合只有三种：趋势＋盘整，趋势＋反趋势，盘整＋反趋势（见图18-7）。

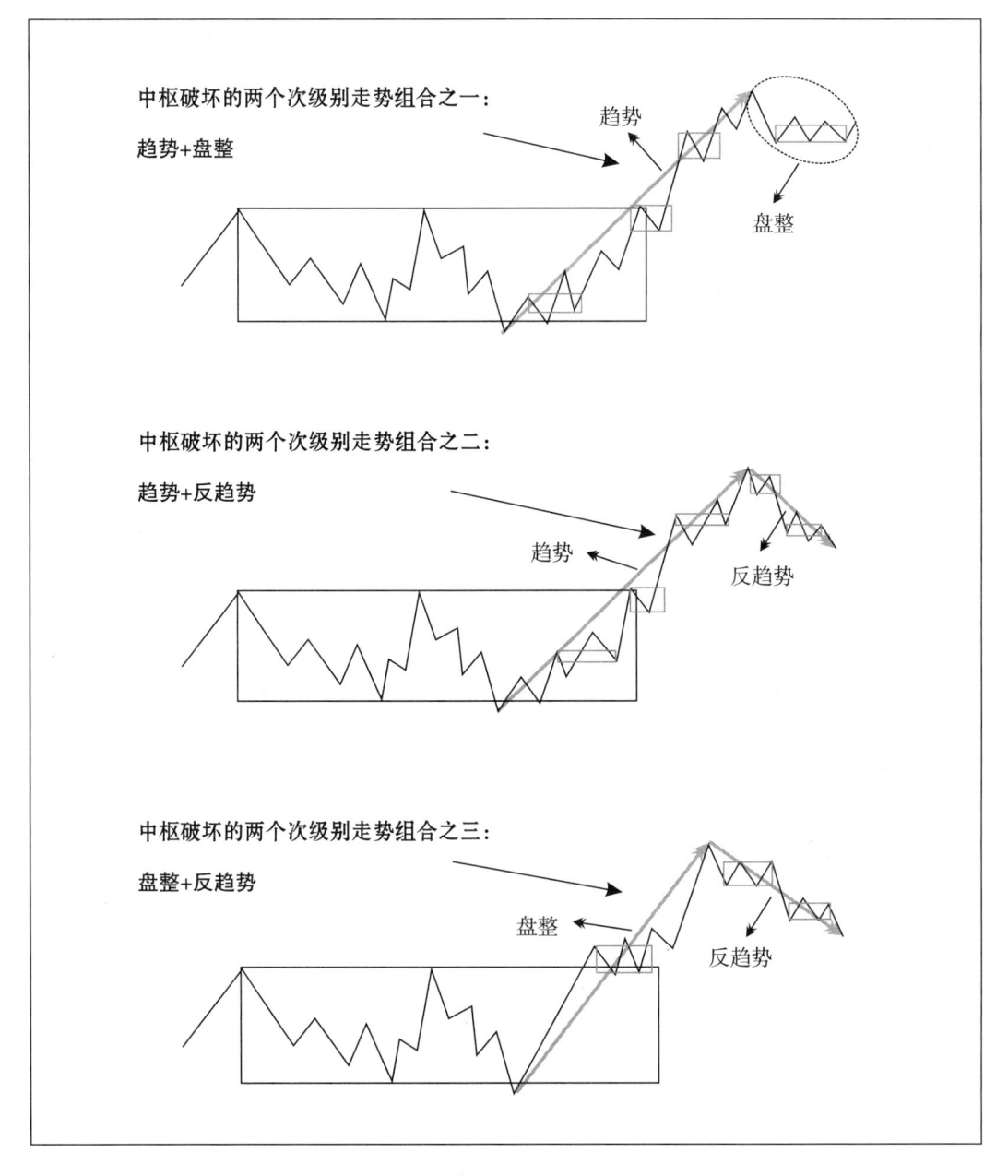

图18-7 中枢破坏的三种情况示意图（以上涨为例）

其中的趋势分为上涨与下跌，分别代表从上方突破与下方跌破两种情况。而站在实用的角度，最（用）[有]力的破坏，就是：趋势＋盘整。

例如在上涨中，如果一个次级别走势向上突破后以一个盘整走势进行整理回抽，那其后的上涨往往比较有力，特别这种突破是在底部区间。这种情况太常见了，其理论依据就在这里。

> 学习重点和难点

缠论的盘整与中枢

缠论中的走势中枢与盘整走势类型是两个不同的概念，如图 18-8 中，a+A+b 是一个 1 分钟的盘整走势类型，其中 A 是走势中枢，a+A+b 整个走势为盘整走势类型，这就是走势中枢与盘整的区别。

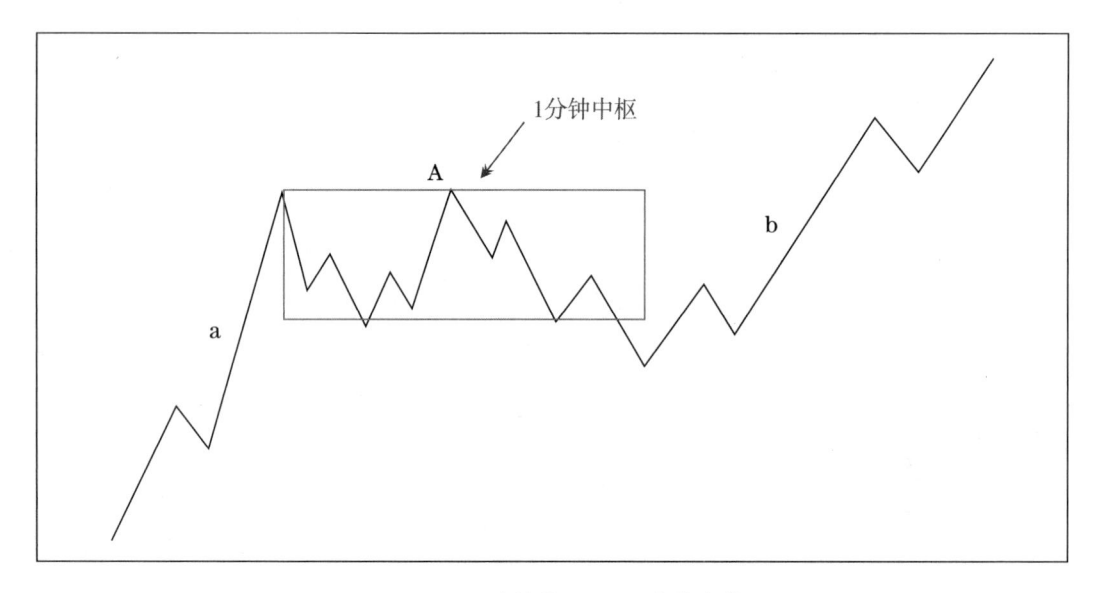

图 18-8　1 分钟的 a+A+b 盘整走势

构造走势中枢是盘整走势的必经之路，但走势中形成了新的同级别走势中枢，并不一定最终构成一段盘整走势。仍以走势中枢第一种破坏情况为例，即趋势＋盘整的中枢破坏方式进行解析，图 18-9 是这种中枢破坏方式的两个小级别走势。此处的盘整最初表现为一个走势中枢，它能否最终形成一个盘整走势类型，需要满足许多条件。如图中所示，当它与前面上涨趋势的最后一个中枢没有重叠时，它实际成为原上涨趋势中新的同向、同级别走势中枢，即原上涨走势的延续。走势类型被破坏的相关知识是"教你炒股票"第 70 课以后讲解的内容，因此前期不免将二者混为一谈。

此外，由于盘整包含一个走势中枢，下跌包含两个走势中枢，所以上涨＋下跌的走势连接，必然首先形成一个上涨+盘整的走势，然后再继续演化，因此这里的盘整仅仅是阶段性的。

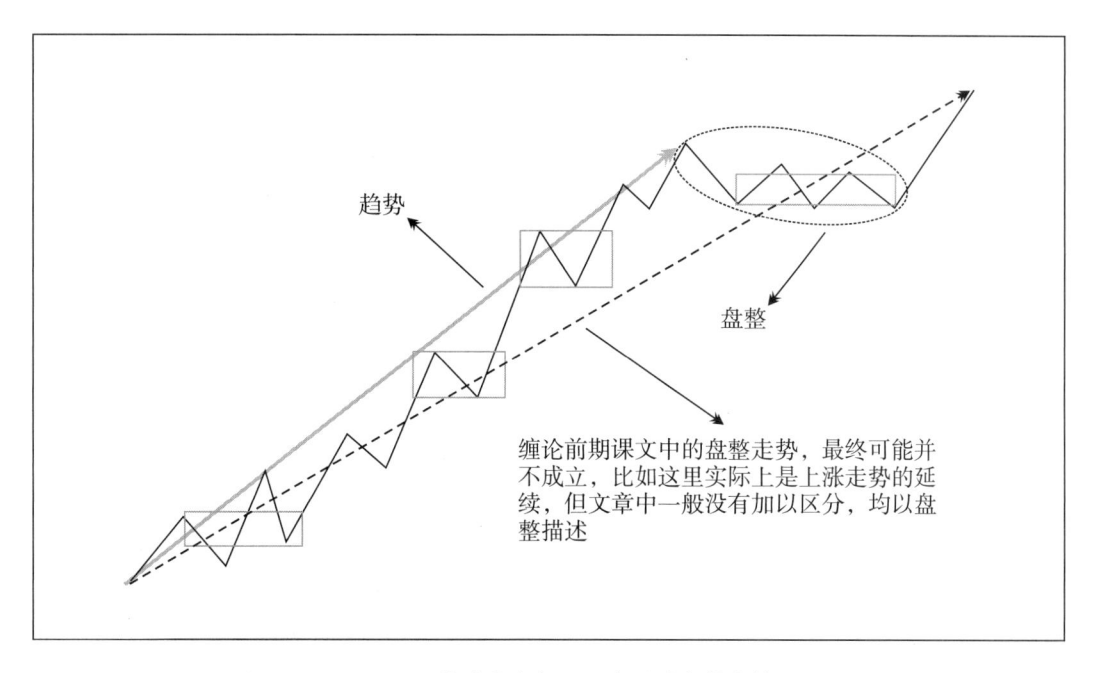

图 18-9　构造出中枢不一定形成盘整走势

教你炒股票 19

学习缠中说禅技术分析理论的关键

（2006-12-27　15:18:10）

本 ID 看了看各位的问题，发现前面说了那么多，似乎真能看明白的没几个。为什么？很简单，估计来这里的人都没受过太严格的数学训练。如果受过严格的数学训练，本 ID 现在所说的，简直就是最简单不过的东西。这里的整个推导过程，和几何里的毫无区别，初中学过几何的，都应该能明白。所以要看明白，最好先把自己的数学神经先活动起来。有一句不大中听的话，像迂腐的文科生，是很难炒什么股票的。别说一般的散户了，就算当庄家，本 ID 所见过的庄家肯定是全国最多的，有一个很明显的规律，就是文科生当庄家，基本死翘翘。这可不是玩笑话，是直接经验的总结。迂腐的文科生最大特点就是脑子缺根筋——数学思维的筋。

其次，请把以前学过的一切技术分析方法先放下，因为本 ID 这里所说的，和所有曾有的技术分析方法的根本思路都不同。一般的技术分析方法，或者用各种指标，或者用什么胡诌的波段、波浪，甚至江恩、神经网络等等，其前提都是从一些神秘的先验前提出发。【课文解读：注意，这里的"先验"有一个定语——神秘的，实际上否定了上述理论的先验性，因而只能是一些玄学。】例如波浪理论里的推动浪 5 波，调整浪 3 波之类的废话，似是而非，实战中毫无用处，特别对于个股来说，更是没用。至于什么江恩理论，还有什么周期理论、神经网络之类的，都是把一些或然的东西当成必然，理论上头头是道，一用起来就错漏百出。那些支持位、阻力位、通道线、第三浪之类的玩意，只能当庄家制造骗线的好工具。

如果真明白了本 ID 的理论，就会发现，其他技术分析里所说的现象，都能在本 ID 的理论中得到解释，而且还可以给出其成立的相应界限。例如，一个股票新上市后直接向下5波后反手就向上5波形成V字型，按波浪理论，就无法得到解释，而用缠中说禅走势中枢的定理，这是很容易解决的问题。那些理论都是把复杂的走势给标准化成某种固定的模式，就如同面首宣称不带套的爱不是爱一样可笑。对于庄家来说，对一般人所认识的所谓技术分析理论，早就研究得比谁都精通。任何坐过庄的人都知道，技术图形是用来骗人的，越经典的图形越能骗人。但任何庄家，唯一逃不掉的就是本ID在分析中所说的那些最基本的东西。因为这些东西本质上对于市场是"不患"的，只要是市场中的，必然在其中，庄家也不例外。就像任何的帝王将相，都逃不掉生老病死。

这里必须强调，技术分析系统在本ID的理论中只是三个独立的系统之一，最基础的是三个独立系统所依据的概率原则所保证的数学上的系统有效性。但技术分析系统之所以重要，就是因为对于一个完全没有消息的散户来说，这是最公平、最容易得到的信息。技术走势是完全公开的，对于任何人来说，都是第一手，最直接的，这里没有任何的秘密、先后可言。技术分析的伟大之处就在于，利用这些最直接、最公开的资料，就可以得到一种可靠的操作依据。单凭对技术分析的精通与资金管理的合理应用，就完全可以长期有效地战胜市场。对于一般的投资者来说，如果你希望切实参与市场之中，这是一个最稳[妥可]靠的基础。

本ID觉得，如果你只是想挣点钱，那么没必要学什么技术分析，在牛市里，买基金就可以了，特别是和指数相关的基金，你就至少能跟上指数的涨幅。但市场不单单是为挣钱而存在的，市场是一个最好的修炼自己的地方。人类的贪婪、恐惧、愚蠢，哪里最多？资本市场里，每时每刻都在演绎着。在这个大染缸里修炼自己，这才是市场最大的益处。战胜市场，其实就是战胜自己的贪婪、恐惧、愚蠢。本ID的理论只是把市场剥光给各位看，而剥光一个人并不意味着就等于征服一个人。对于市场，其道理是一样的。不干，不可能征服市场。对于市场来说，干就是一切。技术分析的最终意义不是去预测市场要干什么，而是市场正在干什么，是一种当下的直观。

在市场上，所有的错误都是离开了这当下的直观，用想象、用情绪来代替。例如现在，还有多少人为工行的上涨而忿忿不平（见图19-1），却不能接受这样一个当下最直观的事实。多次反复强调，牛市第一波涨的就是成分股，工行这最大的成分股不涨，还有谁涨？［19］96年的牛市，最大的成分股就是［深］发展，那时候比这不更厉害多了，工行这又算得了什么？

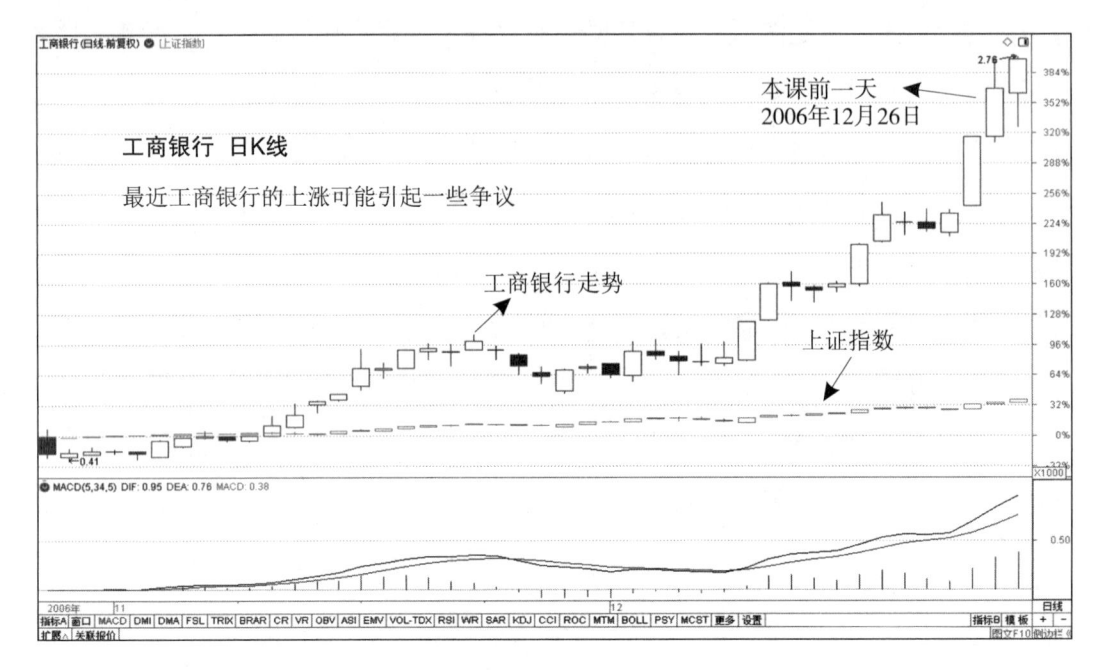

图19-1 工商银行2006年下半年日K线走势

市场是有规律的，但市场的规律并不是显而易见的，是需要严格的分析才能得到的。更重要的是，市场的规律是一种动态的，在不同级别合力作用下显示出来的规律，企图用些单纯的指标、波段、波浪、分型、周期等等预测、把握，只可能错漏百出。

但只要把这动态的规律在当下的直观中把握好，应用纯熟，踏准市场的节奏，并不是不可能的。

最后布置一个作业：

在所谓的波浪理论里，有一个所谓的结论，大概意思是说第四浪的调整一般在第三浪的第四子浪范围内。用缠中说禅走势中枢的相关定理分析该结论成立的范围以及局限性，相应给出类似走势的一个更合理的理论分析与实际操作准则。

（参考答案：如图19-2所示，波浪理论中的上涨分为5浪，第3浪最长，是主升浪，它包含5个子浪。按缠论分析，第3浪中的第5个子浪产生了背驰，因此第4浪回调与第3浪的第4个、第5个子浪形成了一个走势中枢。

波浪理论以上结论经不起推敲，首先，5浪上涨是一个没有逻辑基础的先验式结论。其次，关于第4浪回拉进入第3浪第4、第5子浪区间也仅仅是经验之谈。

如果单纯按照缠论操作，首先不会有思维定式（几浪上升几浪下跌）的羁绊，走势分析都是当下做出的。上涨走势是否健康，转折的方式，等等，缠论都有相应的判断方法，这种当下应对的方法自然更具逻辑性与科学性。缠论与其他技术分析理论的区别完全可以上升到"道"与"术"的区别。"道"是指规则、规律。"术"则是操作步骤。比如，你明白如何判断肉煮熟了没有，知道加什么调料会产生什么口感，这就是道。相对来说，菜谱就是术，它详细给出配料、烹饪方式、烹饪时间并给出操作步骤，照章办事即可。）

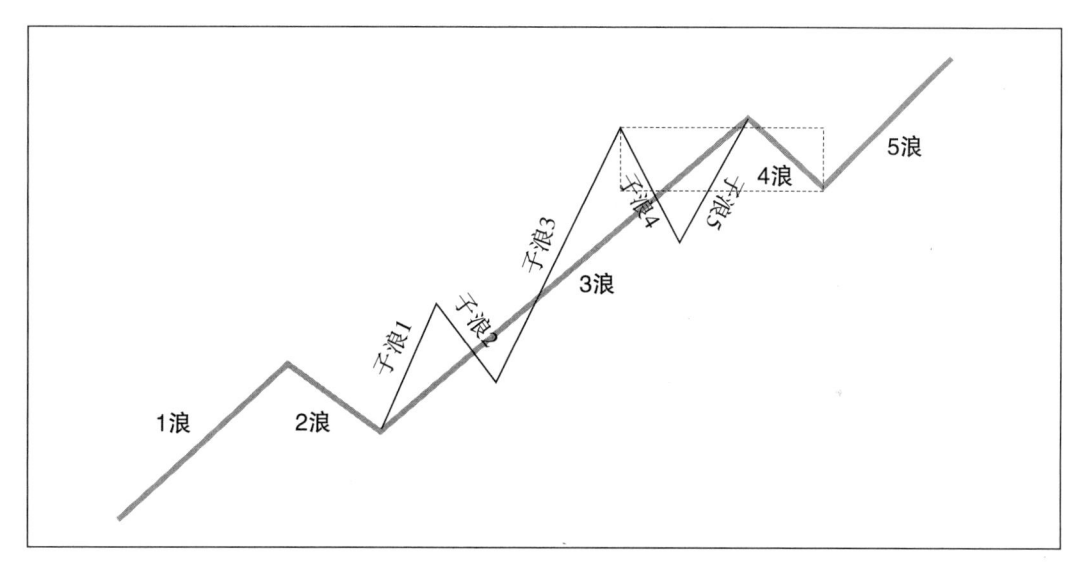

图 19-2 波浪理论示意图

教你炒股票 20

缠中说禅走势中枢级别扩张及第三类买卖点

（2007-01-05 15:23:22）

前面已经很明确地指出，缠中说禅走势中枢由前三个连续次级别走势类型的重叠部分确定，其后的走势有两种情况（见图 20-1）：

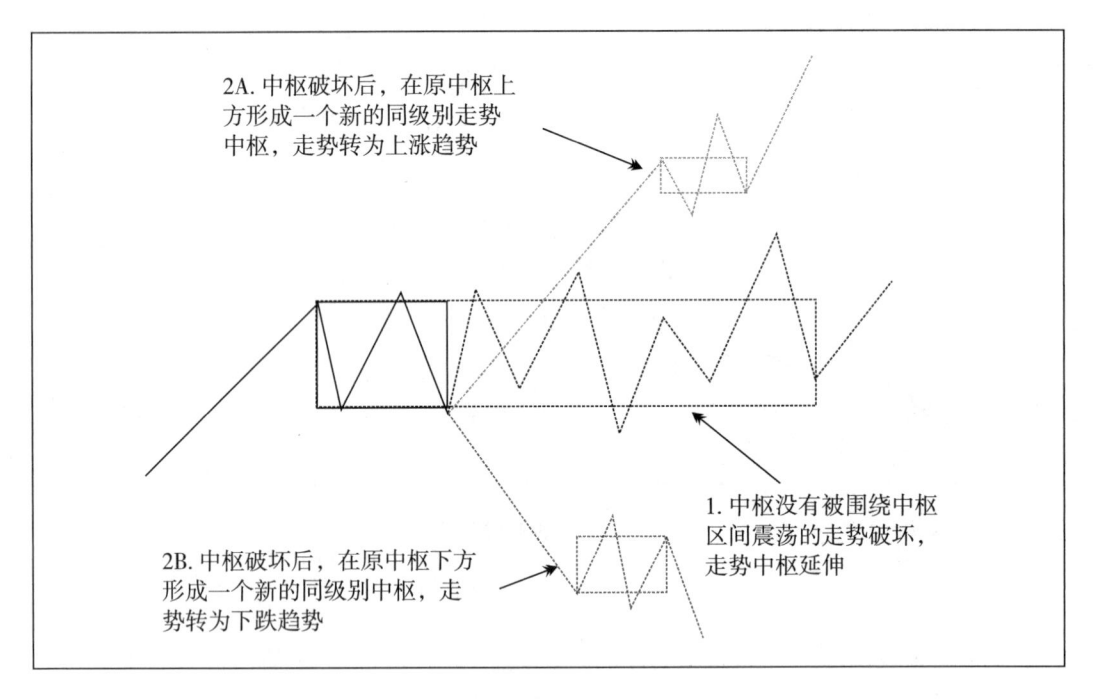

图中标注：
- 2A. 中枢破坏后，在原中枢上方形成一个新的同级别走势中枢，走势转为上涨趋势
- 2B. 中枢破坏后，在原中枢下方形成一个新的同级别中枢，走势转为下跌趋势
- 1. 中枢没有被围绕中枢区间震荡的走势破坏，走势中枢延伸

图 20-1　中枢形成后的可能走势示意图

（1）该走势中枢的延伸。
（2）产生新的同级别走势中枢。

而在趋势里，同级别的前后缠中说禅走势中枢是不能有任何重叠的，这包括任何围绕走势中枢产生的任何瞬间波动之间的重叠。因此，如果三个连续次级别走势类型的重叠区间虽然不和前面的走势中枢有任何重叠，但围绕该中枢产生的波动触

及前面走势中枢延续时的某个瞬间波动区间，这时候，就不能认为该走势类型是趋势，而只是产生一个更大级别的缠中说禅走势中枢。

这里，必须把两种情况严格区分。

（1）走势中枢以及其延伸。

这种情况下，所有围绕走势中枢产生的前后两个次级波动都必须至少有一个触及走势中枢的区间。否则，就必然产生一个新的三次连续次级走势类型的重叠部分离开原来的走势中枢，这与走势中枢的延续矛盾。【字斟句酌：按上述说法，应该可以形成中枢的破坏点，所以略做修改。如图20-2所示，由于考察的是任意截取的两个连续次级别走势，所以它们可能是离开中枢+返回中枢的走势连接，也可能是返回中枢+离开中枢的走势连接。当这两个任意截取的连续次级别走势，至少有一个满足其结束点触及中枢区间，就称为走势中枢的延伸。】

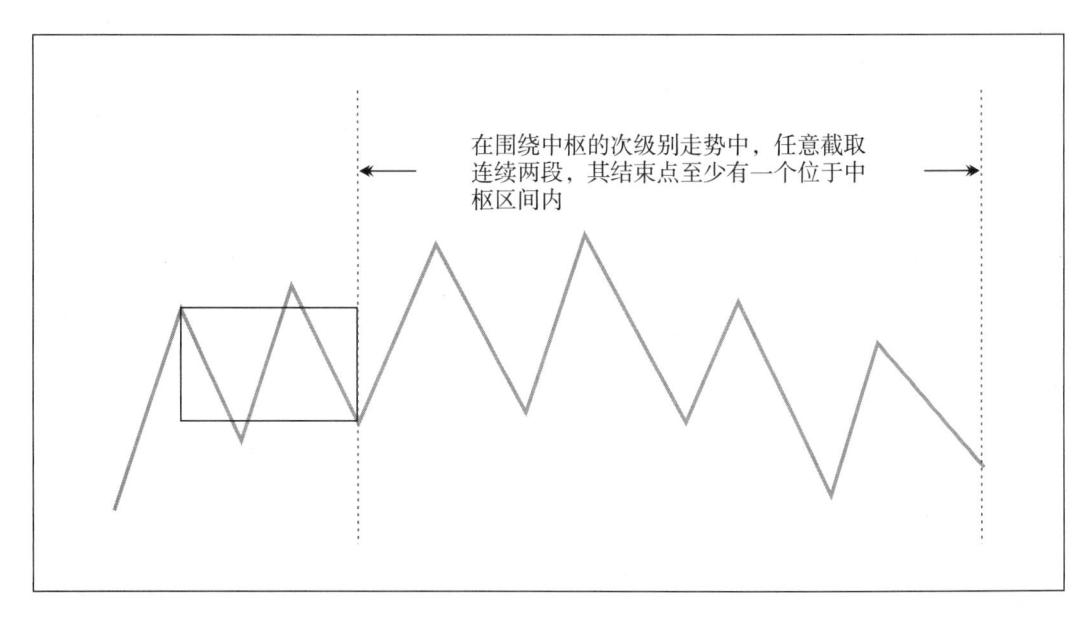

图 20-2　走势中枢的延伸

（2）一个走势中枢完成前，其波动触及上一个走势中枢或延伸时的某个瞬间波动区间，由此产生更大级别的走势中枢。

【课文解读：这里对上节课中的趋势定义进行了补充，加上了前后中枢不能有重叠的要求。前中枢震荡低点不能与后中枢震荡高点有重合，或者前中枢震荡高点不能与后中枢震荡低点有重合。】

一个简单的例子就能区别以上的情况。例如，一个股票开盘立刻封涨停，那么，只能算是1分钟级别上出现了走势中枢的延伸，无论这个延伸有多长时间，都不可能产生更大级别的走势中枢。如果该股票第二天开始继续开盘涨停，那么就形成一个1分钟级别上的趋势，这个趋势可以无限延伸下去。【课文解读：注意区分两种延伸：一字涨停后的成交被看作中枢的延伸，第二天以后的一字涨停是趋势的延伸，同为"延伸"，意思不同。】但只要依然只是只形成1分钟的走势中枢，无论能连续涨停多少天，都不足以形成即使是5分钟的走势中枢，除非中途有打开涨停的时候。还有一种特殊的情况，就是所谓的庄股，如果有一个庄家特别有毛病，每天就成交一次，每天的价位都一样，这样也只形成一个1分钟的走势中枢，大级别的中枢都不能形成。【字斟句酌：这里1分钟的走势中枢，应该是分笔级别的，即炒股软件可以接收到的每笔成交，它基本上是市场参与者可以触碰到的最小级别了(小于K线中枢)。这里缠中说禅只为举例说明，其实基本不具实用价值。这里提醒我们，在极端情况下，走势中枢除了级别之分，还有结构之分，比如K线中枢、笔中枢，等等。】

换言之，走势中枢的延伸与不断产生新的走势中枢并相应围绕波动互不重叠而形成趋势，【课文解读：走势中枢的延伸与趋势的延伸。】在这两种情况下，一定不可能形成更大级别的走势中枢。而要形成一个更大级别的走势中枢，必然要采取第三种方式，就是围绕新的同级别走势中枢产生后的波动与围绕前中枢的某个波动区间产生重叠。由此可马上得到一个重要的定理：

缠中说禅走势级别延续定理一： 在更大级别缠中说禅走势中枢产生前，该级别走势类型将延续。也就是说，只能是只具有该级别缠中说禅走势中枢的盘整或趋势的延续。

看看去年指数的走势，就知道该定理重要。很多人总是说，怎么都涨那么多了还涨。明白这个定理，就知道，要这个市场跌，现在这种最多只出现过日线走势中枢的走势，在周线走势中枢出现前，不可能结束。【深入解析：形成周线中枢，意味着日线级别上涨走势被破坏，相关知识的学习还没有展开，以后自然明白。】而且，从去年8月份开始的走势（见图20-3），甚至连日线的走势中枢都没形成过，最多就是30分钟的，要结束这种走势，首先要形成日线的中枢。明白这个定理，就不会整天自己吓自己。

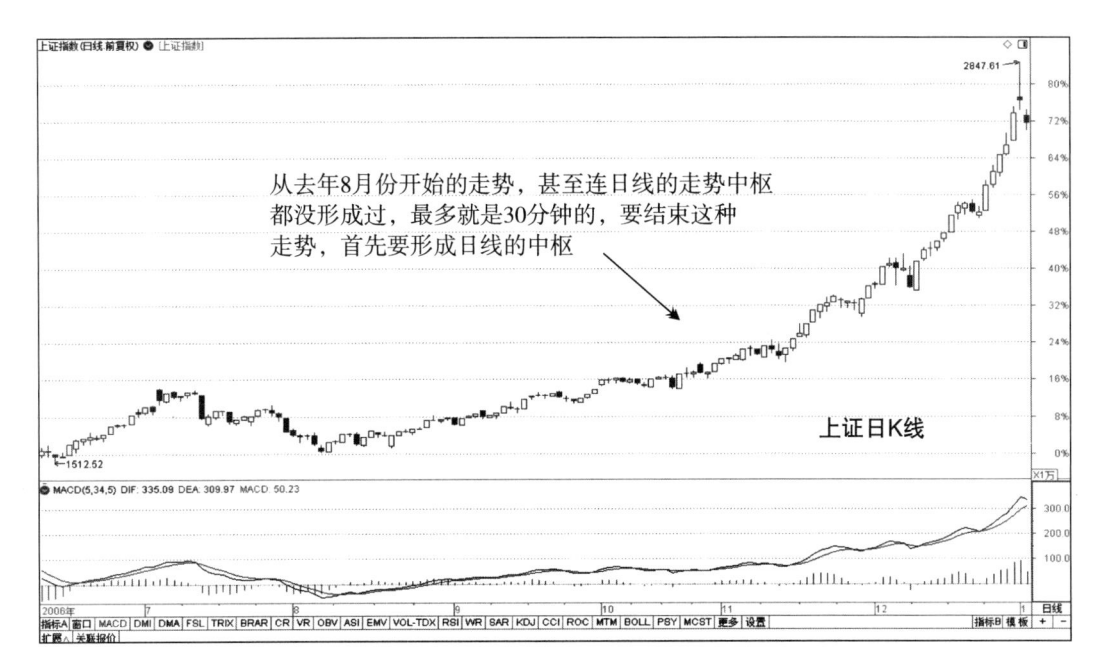

图 20-3　2006 年下半年上证指数日 K 线走势图

这里由定理一很简单就能证明一个更重要的定理，对走势改变给一个更精确、预先的界定：

缠中说禅走势级别延续定理二：更大级别缠中说禅走势中枢产生，当且仅当围绕连续两个同级别缠中说禅走势中枢产生的波动区间产生重叠。【**字斟句酌：**后面关于走势多义性的讲解中，还增加了一种可能性，即围绕中枢的震荡走势超过6段。】

这里来一个比喻就好理解了，缠中说禅走势中枢就如同恒星，和围绕该恒星转动的行星构成一个恒星系统。而两个同级别恒星系统要构成一个更大级别的系统，首先必然要至少是其中的外围行星之间发生关系，这就是定理二说的东西。

有了上面的定理，就可以很精确地讨论走势中枢的问题了。根据走势中枢的数学表达式：A、B、C，高、低点分别是 $a_1 \backslash a_2, b_1 \backslash b_2, c_1 \backslash c_2$，则中枢的区间就是 [max (a_2, b_2, c_2)，min (a_1, b_1, c_1)]。而中枢的形成无非两种，一种是回升形成的，一种是回调形成的。对于第一种，有 $a_1 = b_1$，$b_2 = c_2$；对第二种有 $a_2 = b_2$，$b_1 = c_1$。但无论是哪种情况，中枢的公式都可以简化为 [max (a_2, c_2)，min (a_1, c_1)]。显然，A、C 段，其方向与中枢形成的方向是一致的。由此可见，在中枢的形成与延伸中，由与中枢形成方向一致的次级别走势类型的区间重叠确定。

例如，回升形成的中枢，由向上的次级别走势类型的区间重叠确定，反之亦然。

为方便起见，以后都把这些与中枢方向一致的次级别走势类型称为 Z 走势段，按中枢中的时间顺序，分别记为 Z_n 等，而相应的高、低点分别记为 g_n、d_n，定义四个指标，GG=max（g_n），G=min（g_n），D=max（d_n），DD=min（d_n），n 遍历中枢中所有 Z_n。特别地，再定义 ZG=min（g_1,g_2），ZD=max（d_1,d_2），显然，[ZD,ZG] 就是缠中说禅走势中枢的区间，由此有了如下定理：

【课文解读：（1）与构成中枢的三段走势类型相关的参数，如图 20-4 所示。

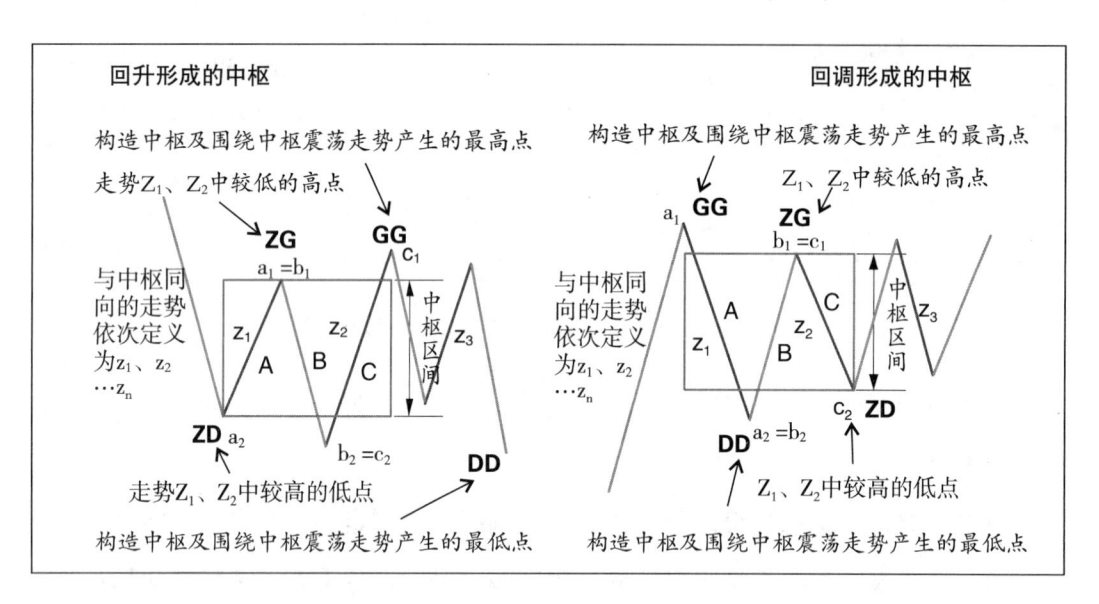

图 20-4　两种走势中枢的参数设定

形成中枢的三个走势类型（A、B、C）：形成走势中枢的前三段连续有重合的走势。

形成中枢的三段走势的高低点（$a_1\backslash a_2$、$b_1\backslash b_2$、$c_1\backslash c_2$）：走势类型 A、B、C 对应的高低点，其中高点用 1 表示，低点设为 2。

中枢区间的高点（ZG）：构成中枢的三个走势类型 A、B、C 中较低的高点。

中枢区间的低点（ZD）：构成中枢的三个走势类型 A、B、C 中较高的低点。

中枢的区间：[最大的（a_2,b_2,c_2），最小的（a_1,b_1,c_1）]。

（2）与中枢震荡相关的参数。

与中枢同向走势（$z_1,z_2,z_3\cdots z_n$）：与中枢同向的走势类型，按时间顺序依次标注为 $z_1,z_2,z_3\cdots z_n$。

注意：（1）z_1,z_2,z_3 并非构成中枢的那三段走势。（2）回升与回调形成的中枢，

其 $z_1, z_2, z_3 \cdots z_n$ 方向有所不同，回升中枢为向上走势，回调中枢是向下走势。

围绕中枢震荡的走势高点（$g_1, g_2, g_3 \cdots g_n$）：$z_1, z_2, z_3 \cdots z_n$ 的高点；

围绕中枢震荡的走势低点（$d_1, d_2, d_3 \cdots d_n$）：$z_1, z_2, z_3 \cdots z_n$ 的低点；

围绕中枢震荡走势的最高点（GG）：最高的 g_n；

围绕中枢震荡走势的最低点（DD）：最低的 d_n。】

缠中说禅走势中枢中心定理一：走势中枢的延伸等价于任意区间[d_n, g_n]与[ZD, ZG]有重叠（见图20-5）。

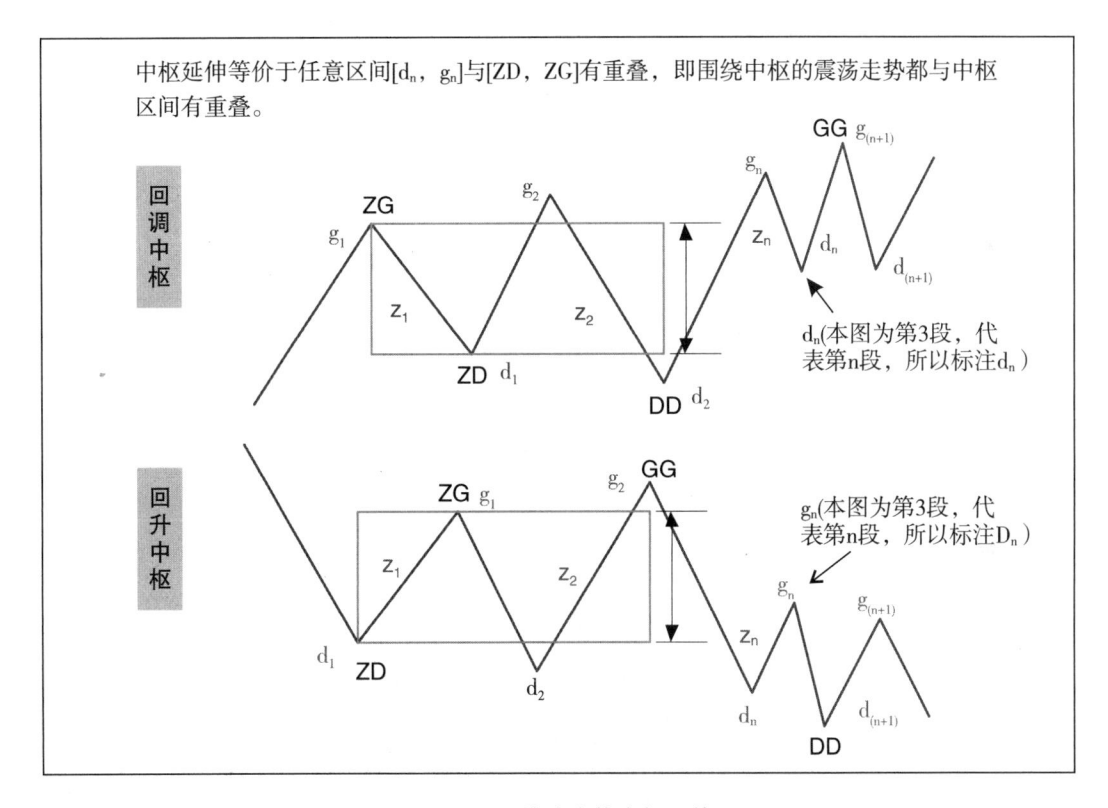

图 20-5 缠论走势中枢延伸

换言之，若有 Z_n，使得 $d_n > ZG$ 或 $g_n < ZD$，则必然产生高级别的走势中枢或趋势及延续。【**深入解析**：如图20-6所示，原中枢被破坏后有三种可能：（1）扩张成为高级别走势中枢；（2）原为盘整演化为趋势；（3）原为趋势演化为趋势的延续。】

缠中说禅走势中枢中心定理二：前后同级别的两个缠中说禅走势中枢，后GG<前DD等价于下跌及其延续；后DD>前GG等价于上涨及其延续。【**深入解**

析：前后两个走势中枢，后中枢震荡高点与前走势中枢震荡低点没有重合，则是下跌及其延续；若后中枢震荡低点与前中枢震荡高点没有重合，则是上涨及其延续。】后ZG＜前ZD且后GG≥前DD，或后ZD＞前ZG且后DD≤前GG，则等价于形成高级别的走势中枢（见图20-6）。

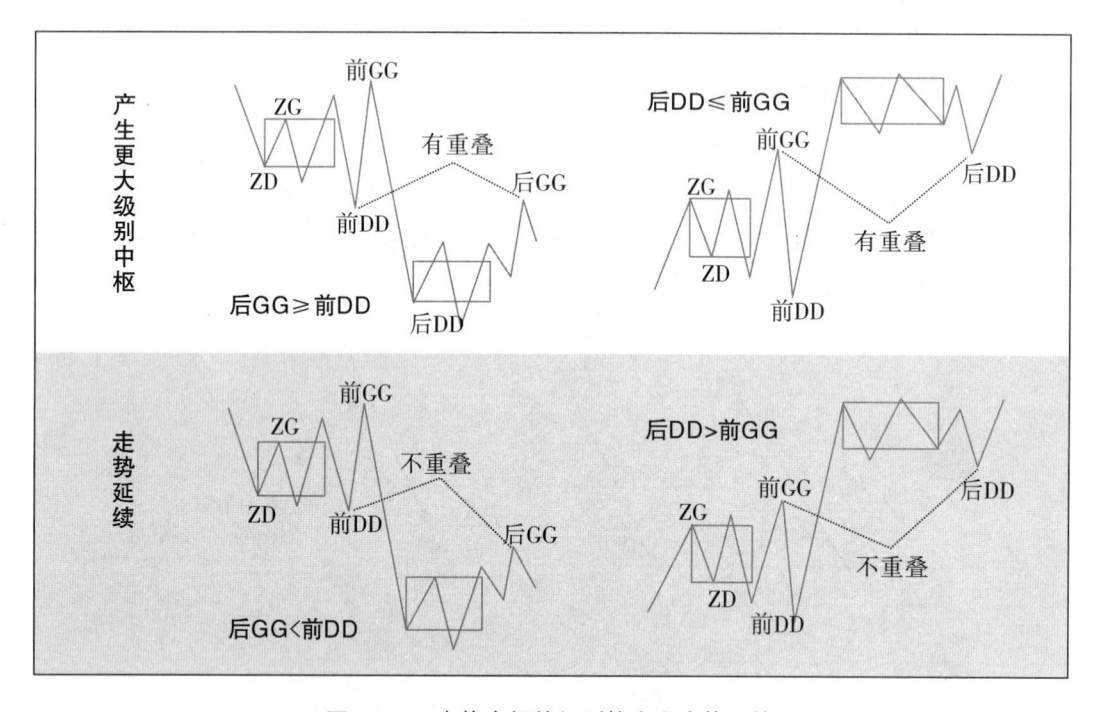

图20-6 走势中枢的级别扩张和走势延续

由定理一，可以得到**第三类买卖点定理**：一个次级别走势类型向上离开缠中说禅走势中枢，然后以一个次级别走势类型回试，其低点不跌破ZG，则构成第三类买点；一个次级别走势类型向下离开缠中说禅走势中枢，然后以一个次级别走势类型回抽，其高点不升破ZD，则构成第三类卖点（见图20-7）。【**深入解析**：注意，判断能否形成第三类买卖点的标准，是次级别走势类型能否重新回到走势中枢的区间，而不是围绕中枢的震荡区间。】

例如，601398（工商银行）在12月14日构成典型的日线级别第三类买点（见图20-8）；601588（北辰实业）在11月14日构成典型的日线级别第三类买点（见图20-9）；000803（ST金宇）在1月20日构成典型的日线级别第三类卖点（见图20-10）。【**深入解析**：显然这里是按区间套看盘方式确定的第三类买卖点，日K线上的三段走势构成一个日线级别的中枢，次级别回调表现为一个没有内部细节的线段。】

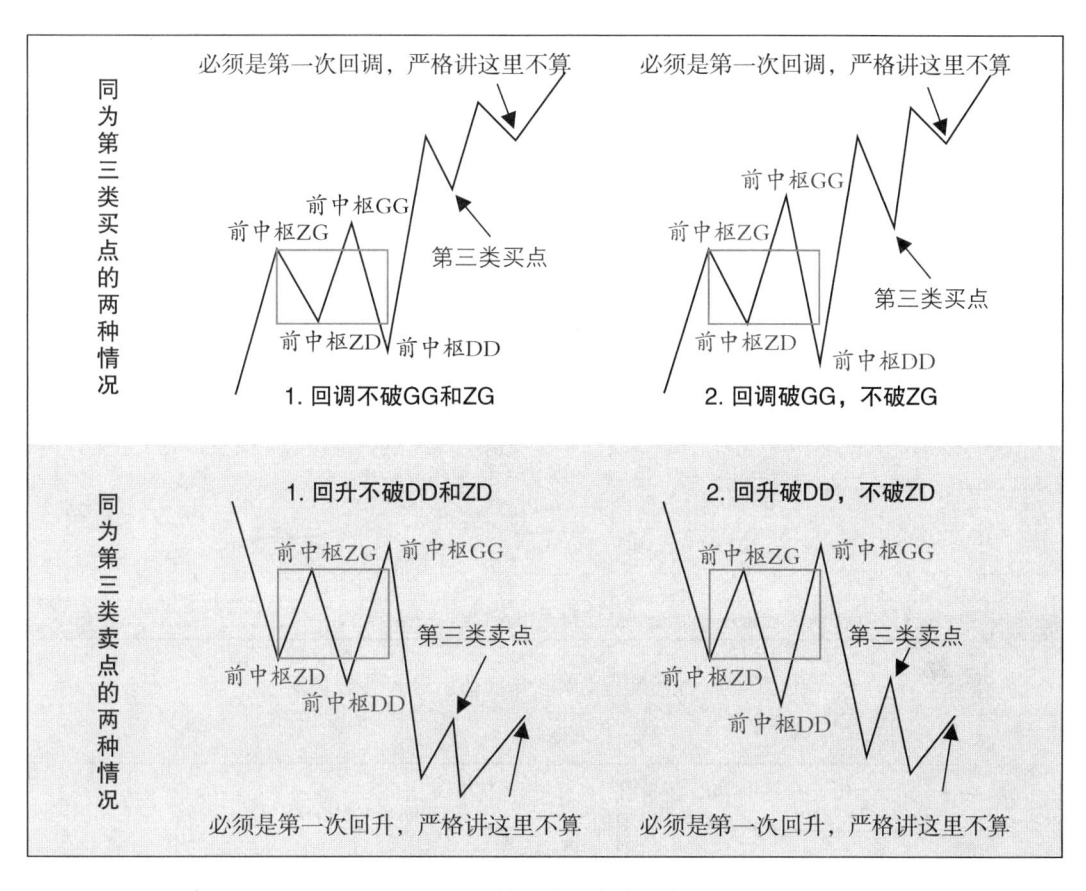

图 20-7　第三类买卖点示意图

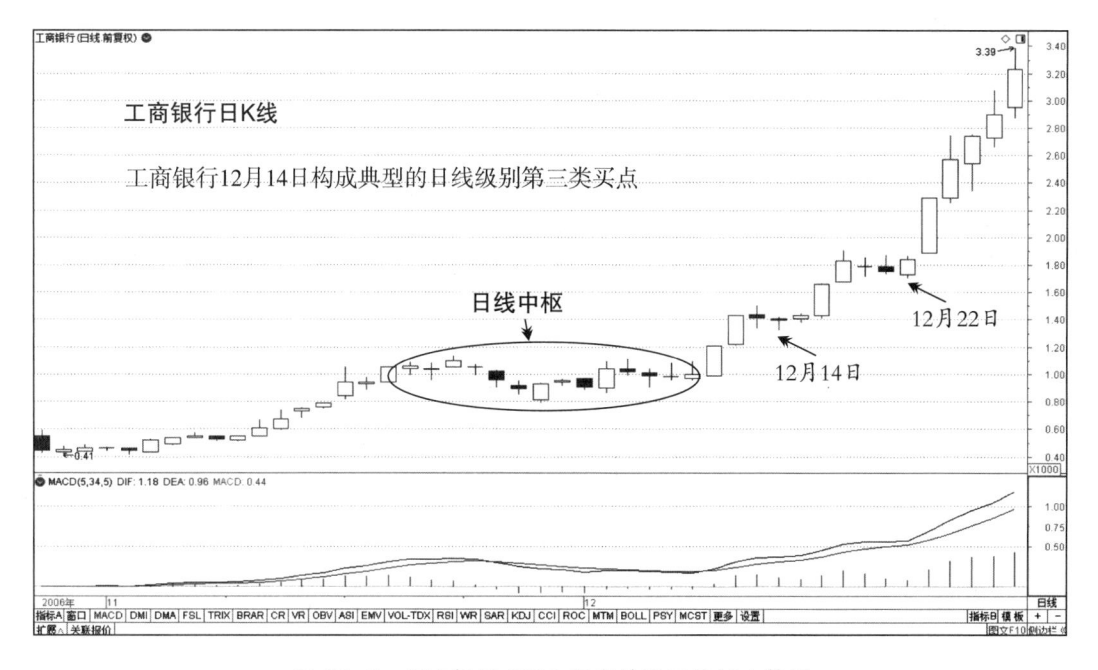

图 20-8　工商银行 2006 年底前后日 K 线走势图

图 20-9　北辰实业 2006 年底前后日 K 线走势图

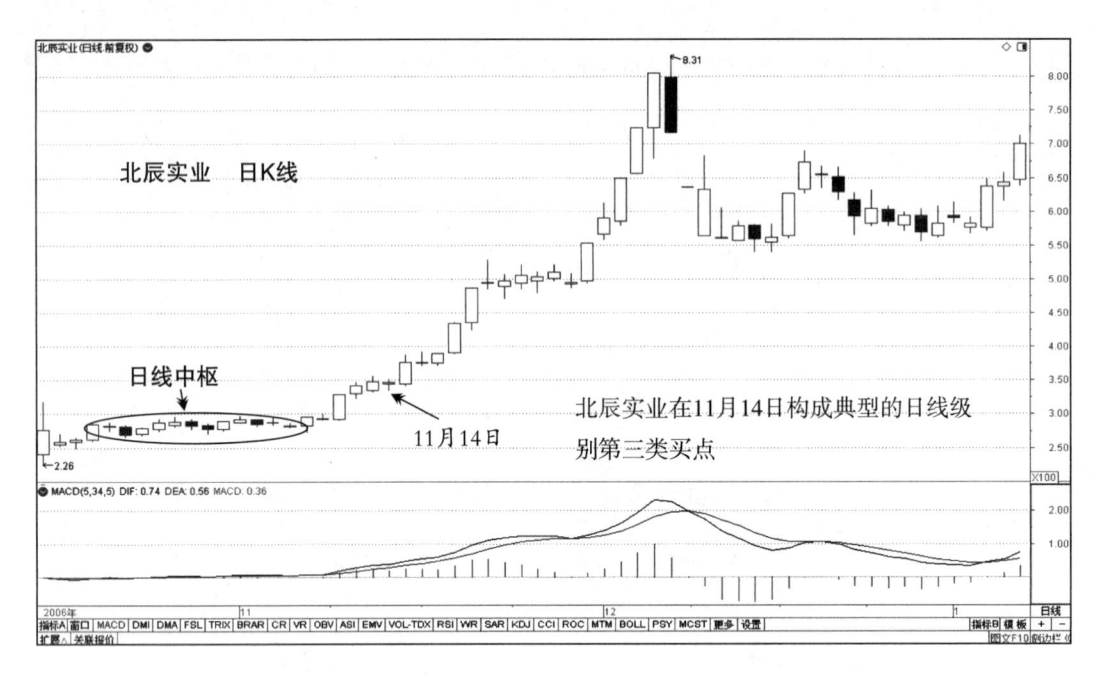

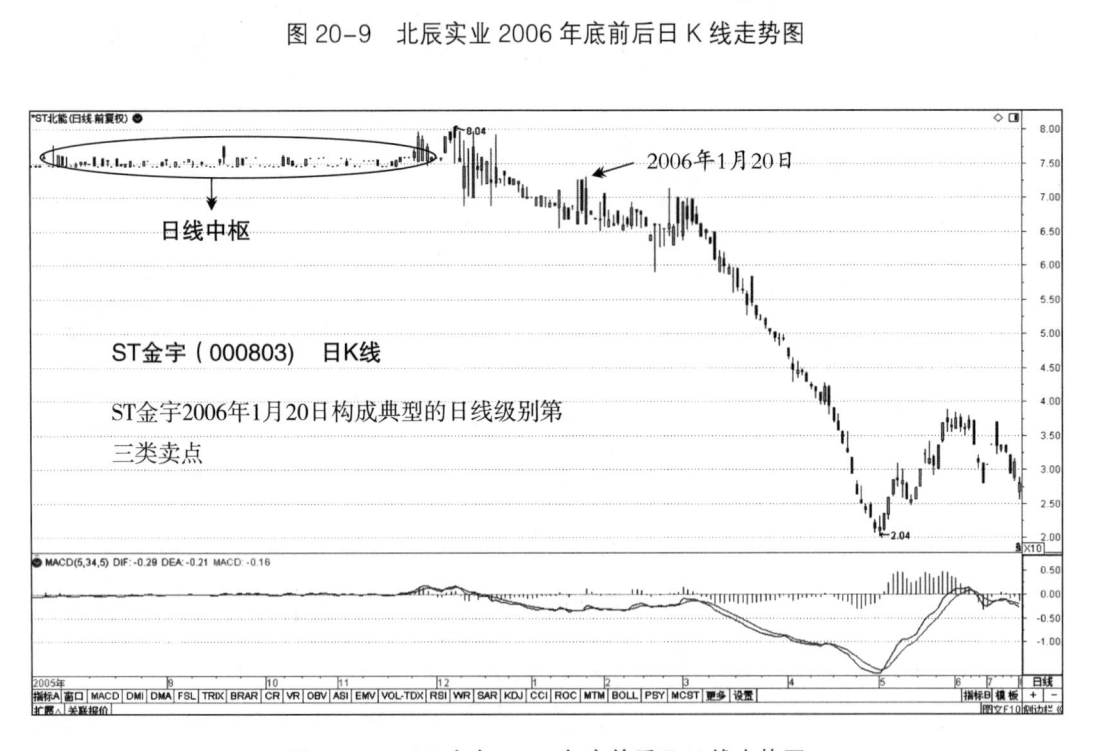

图 20-10　ST 金宇 2006 年底前后日 K 线走势图

注意，第三类买卖点比第一、二类要后知后觉，但如果抓得好，往往不用浪费盘整的时间，比较适合短线技术较好的资金。但一定要注意，并不是任何回调回抽都是第三类买卖点，必须是第一次（见图 20-7）。而且，第三类买卖点后，并不必然是趋势，也有进入更大级别盘整的可能。但这种买卖之所以必然盈利，就是因为即使是盘整，也会有高点出现。操作策略很简单，一旦不能出现趋势，一定要在盘整的高点出掉，这和第一、二类买点的策略是一样的。【**深入解析**：形成第三类买卖点，甚至形成新的走势中枢，并不意味着一定是趋势，因为如果新的中枢与原中枢的震荡区间有重合，就会形成一个高级别的走势中枢，因此也有进入更大级别盘整的可能。】

思考题一：第三类买卖点有可能和同级别的第二类买卖点重合吗？

【**参考答案**：可能会重合。如果第一类买卖点后的走势突破了原走势中最后一个中枢区间，就可能形成第二类、第三类买卖点重合的情况。】

思考题二：工商银行在12月22日构成日线级别第三类买点吗？

【**参考答案**：不构成日线级别第三类买点。如图20-8所示，12月22日的低点不是第一次次级别回调中枢形成的低点，因此不算第三类买点。】

主题 5
缠论标准三类买卖点（一）

这个主题非常重要，出现在"教你炒股票"第21课至第29课中，重点讲解了缠论的标准三类买卖点。

主要内容：

（1）缠论三类买卖点的完备性。

（2）趋势背驰与盘整背驰的异同。

（3）如何使用 MACD 指标进行背驰判断。

（4）大级别盘整背驰的作用。

（5）趋势背驰后产生的缠论标准三类买卖点。

（6）趋势背驰后的三种后续走势分析。

教你炒股票 21

缠中说禅买卖点分析的完备性[1]

（2007-01-09 15:03:58）

前面已经说过三类买卖点，一个很现实的问题，就是除了这三类买卖点之外，还有什么其他类型的买卖点？答案是否定的。这里必须强调的是，这三类买卖点，都是被理论所保证的、百分之百安全的买卖点。如果对这三类买卖点的绝对安全性没有充分的理解，就绝对不可能也绝对没有对缠中说禅技术分析理论有一个充分的理解。

市场交易，归根结底就是买卖点的把握。买卖点的完备性就是理论的完备性，因此，对这个问题必须进行一个概括性的论述。

所谓百分之百安全的买卖点，就是这点之后，市场必然发生转折，没有任何模糊或需要分辨的情况需要选择。市场交易，不能完全建筑在或然上，这市场的绝对必然性，是交易中唯一值得信赖的港湾。有人可能要反驳说，世界上没有绝对的东西。那么，世界上没有绝对的绝对性又是哪个上帝所保证的？任何的绝对性，都是建立在"不患"之上的，而市场本身，也是建立在"不患"之上的，"不患"本"患"，"患"本"不患"，但这不影响其精彩与绝对。相关方面的理解，请多看本 ID 所解释的《论语》。【**课文解读**：所有关于投资市场的绝对性结论，都是基于某种相对条件得出的。比如，走势无法绝对预测，就是根据无法掌握所有预测所需客观条件推导而来。同理，投资市场的很多绝对性结论虽然客观存在，但并不是理论上的"绝对"意义，就像缠论买卖点的完备性，虽然受客观因素的影响无法做到绝对，但这不影响理论的"精彩与绝对"。】

股票市场，不是一个单纯的理论问题。虽然在理论上，本 ID 可以向所有人揭示其买卖点的完备性，但买卖点不可能自动去买卖，最终的交易是人去完成的。

相同的工具，可能在不同的人手下就有了完全不同的结果，而市场只看结果。任何人，哭着喊着说自己所用的理论是完备的、最好的都没用，是人使理论，而非理论使人，要让这人使理论达到理论一般的完美，最终只能靠自己在市场中的修炼了，这就与《论语》有着密切的关系了。修、齐、治、平，同样适用于股票市场的交易。

从上面一系列关于缠中说禅走势中枢的分析可知，在走势中的任何一个点，必然面临两种可能：走势类型的延续或转折。【深入解析：这里就是对"走势必完美"理论的应用。】换言之，例如对于一个必然的买点，必须满足以下的两种情况之一：一个向上的延续或一个由下往上的转折。

对于延续的情况，能产生的，只能是在一个上升的过程中，否则就无所谓延续了。对于上升的延续中产生的买点，必然有一个中枢在前面存在着。

对于转折，被转折的前一段走势类型只能是下跌与盘整，而无论下跌还是盘整，买点之前都必然有一个走势中枢存在。

归纳上述，无论前面的走势是什么情况，都唯一对应着一个中枢存在后走势的延续或转折，这分析对卖点同样有效。【深入解析：上一课中出现和使用的"延伸"一词，这里改用"延续"，意思应该没有发生变化。无论是上涨的延续，还是盘整、下跌后的转折产生的买点，都必然和前走势最后一个走势中枢有关，卖点的情况也是如此。】

因此，所有买卖点都必然对应着与该级别最靠近的一个中枢的关系。对于买点来说，该中枢下产生的必然对应着转折，中枢上产生的必然对应着延续。而中枢有三种情况：延续、扩张与新生。如果是中枢延续，那么在中枢上是不可能有买点的，因为中枢延续必然要求所有中枢上的走势都必然转折向下，在这时候，只可能有卖点。

而中枢扩张或新生，在中枢之上都会存在买点，这类买点，就是第三类买点。也就是说，第三类买点是中枢扩张或新生产生的。【课文解读：中枢扩张指围绕两个相邻中枢的震荡区间有重合，意味着前面的走势中枢首先被破坏，即包含前中枢的第三类买卖点。中枢延伸指围绕中枢的震荡区间扩大，不产生第三类买卖点，因此不能混为一谈。】中枢扩张导致一个更大级别的中枢，而中枢新生，就形成一个上涨的趋势，这就是第三类买点后必然出现的两种情况。对于更大级别中枢的情况，肯定没有马上出现一个上涨趋势的情况诱人，所以对于实际操作中，如何尽量避免第一种情况就是一个最大的问题。但无论是哪种情况，只要第三类买点的条件符合，其后都必然要盈利，这才是问题的关键。

对于中枢下形成的买点，但如果该中枢是在上涨之中的，在中枢之下并不能必然形成买点。中枢下的买点，只可能存在于下跌与盘整的走势类型中。换言之，一个上涨趋势确定后，不可能再有第一类与第二类买点，只可能有第三类买点。

【课文解读：第一类、第二类买卖点必须是新走势初次产生的操作时机。第一类买卖点是新走势的起点，第二类买卖点出现在新走势第一次回调的位置。】

而对于盘整的情况，其中枢的扩张与新生，都不能必然保证该买点出现后能产生向上的转折，因为其扩张与新生完全可以是向下发展的。而对于中枢延续的情况，中枢形成后随时都可以打破而结束延续，也不必然有向上的转折，所以盘整的情况下，中枢下也不必然产生买点。【课文解读：这里"买点"指符合缠论要求的买点，即缠论的第一类、第二类、第三类买点。中枢震荡出现的买卖点是缠论中的短差介入点，是次要机会。】因此，只有在下跌确立后的中枢下方才可能出现买点，这就是第一类买点。

第二类买点是和第一类买点紧密相连的，因为出现第一类买点后，必然只会出现盘整与上涨的走势类型。而第一［类］买点出现后的第二段次级别走势低点，就构成第二类买点。根据走势必完美的原则，其后必然有第三段向上的次级别走势出现，因此该买点也是绝对安全的。

第二类买点，不必然出现在中枢的上或下，可以在任何位置出现。中枢下出现的，其后的力度就值得怀疑了，出现扩张性中枢的可能性极大；在中枢中出现的，出现中枢扩张与新生的机会对半；在中枢上出现，中枢新生的机会就很大了。但无论哪种情况，盈利是必然的。

显然，第一类买点与第二类买点是前后出现的，不可能产生重合。而第一类与第三类买点，一个在中枢之下，一个在中枢之上，也不可能产生重合。只有第二类买点与第三类买点是可能产生重合的，这种情况就是：第一类买点出现后，一个次级别的走势凌厉地直接上破前面下跌的最后一个中枢，然后在其上产生一个次级别的回抽不触及该中枢，这时候，就会出现第二类买点与第三类买点重合的情况（见图 12-1），也只有这种情况才会出现两者的重合。

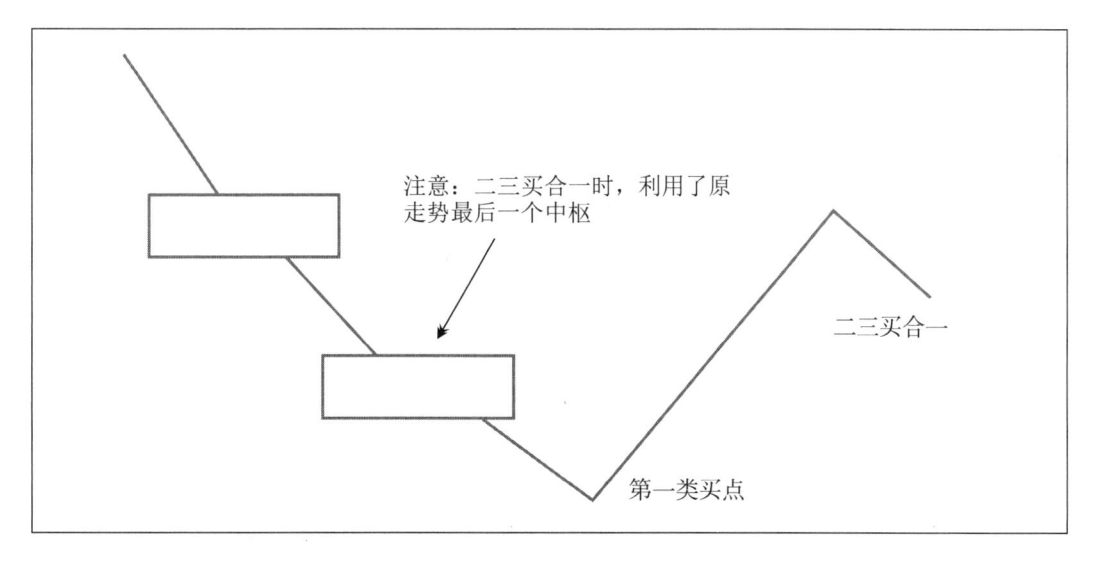

图 21-1　第二类、第三类买点合一示意图

当然，在理论上没有任何必然的理由确定第二、三类买点重合后一定不会只构成一个更大级别的中枢扩张。但实际上，一旦出现这种情况，一个大级别的上涨往往就会出现。

一个最典型的例子，就是大盘在 [19] 94 年 7 月底部跌到 325 点后，8 月 1 日跳空高开，5 分钟上形成单边上涨突破前面的 30 分钟中枢，第二天大幅上冲后突然大幅回洗，形成 5 分钟走势级别的回抽（见图 21-2）。那时候最高已经摸到快 500 点，一天半上涨 50%，又半天回跌 15%。这样的回抽，一般来说是很恐怖的。但如果明白第二类买点与第三类买点的重合道理，就知道这是最好的补进机会。结果第三天又开始单边上扬，第六天达到 750 点。这是指数上最典型的一个例子了。而且，325 点留下的缺口至今未补。中国几十年的一个大牛市，从指数上看，这是一个最重要的缺口了，将支持中国股市几十年甚至上百年的大牛市。

补充一句，站在特大型牛市的角度，中国就从来没出现过熊市。大家打开上海 [市场] 的年线图就可以看到，从 1992 年到 2005 年，一个完美的年级别缠中说禅 [走势] 中枢的三段次级别走势完成（见图 21-3），时间刚好是 13 年，一个完美的时间之窗。【课文解读：从 1993 年开始算起更合理。】

[图表：上证指数 日K线]

1994年7月最低跌到325点，8月1日跳空高开，5分钟的上涨走势突破前面的30分钟中枢，第二天大幅上冲，最高摸到快500点，突然以5分钟的下跌回抽。一天半上涨50%，半日又回跌15%，这样的回抽，一般来说很恐怖。但如果明白第二类、第三类买点重合的道理，就知道这是最好的补进机会。结果第三天又开始单边上扬，第六天达到750点。

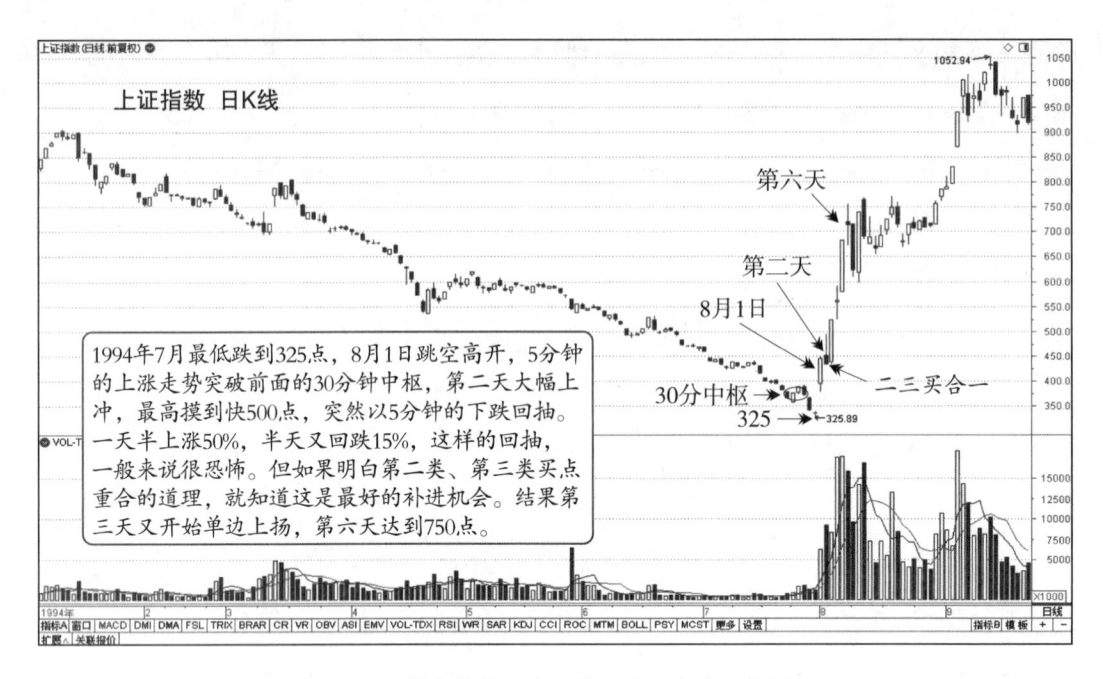

图21-2 著名的第二类、第三类买点合一的例子

[图表：上证指数 年K线]

从1993年到2005年，一个完美的年级别缠中说禅中枢的三段次级别走势完成，时间刚好是13年，一个完美的时间之窗。站在年线的角度，中国股市的真正大牛市才真正开始，因为该中枢是中国股市的第一个年中枢，区间在998到1558点

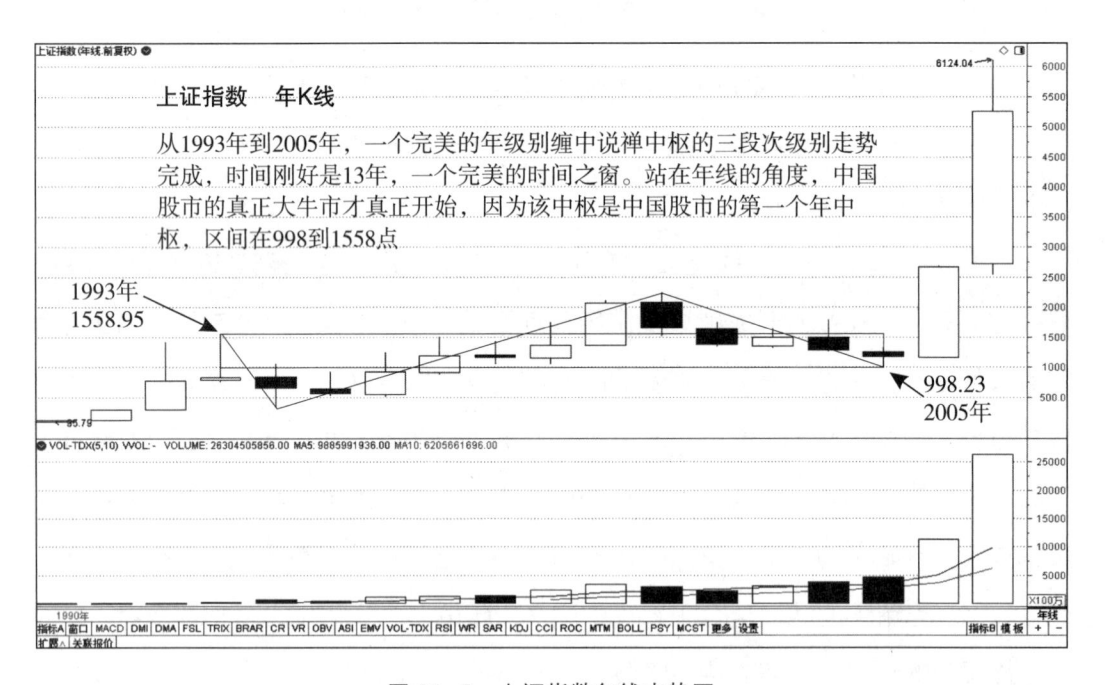

图21-3 上证指数年线走势图

站在年线的角度，中国股市的真正大牛市才真正开始，因为该中枢是中国股市的第一个年中枢，区间在 998 到 1558 点。站在年线级别，在下一个年线级别中枢确立之前，中国股市的调整只可能出现一个季级别的调整。而第一个出现的季级别

的调整，只要不重新跌回 1558 点，就将构成中国股市年线级别上的第三类买点，其后至少出现如去年类（型）[似]幅度的上涨。

由此可见，本 ID 的理论是可以站在如此宏观的视角上判断大趋势的。目前中国的股市没有任何可担心的地方，即使出现调整，最多就是季级别的，其后反而构成第三类买点。而且更重要的是，站在年线的级别看，目前还在第一段的次级别上扬中，要出现第二段的季级别调整，首先要出现月线级别的中枢，目前连这个中枢都没出现。换言之，年线级别的第一段走势还没有任何完成的迹象，这第一段，完全可以走到 6000 点才结束。

今后十几年，中国股市的辉煌，用本 ID 走势必完美的原则，会看得一清二楚。该原则无论是对年线还是 1 分钟线，都一视同仁，这就是缠中说禅技术分析理论厉害之处，这叫大小通杀，老少咸宜。

对卖点的分析是一样的。归纳起来，就有**缠中说禅买卖点的完备性定理**：市场必然产生盈利的买卖点，只有第一、二、三类。

相同的分析，可以证明**缠中说禅升跌完备性定理**：市场中的任何向上与下跌，都必然从三类缠中说禅买卖点中的某一类开始以及结束。换言之，市场走势完全由这样的线段构成，线段的端点是某级别三类缠中说禅买卖点中的某一类。【深入解析：请注意，"线段"应包含盘整走势，三类买卖点也绝非只有趋势背驰产生的标准买卖点。】

思考题：任何一个线段，其端点必然是一买点及一卖点，请完全列出各类买卖点之间可能的组合。如果一线段的端点是同级别的买卖点，有什么组合是绝对不可能出现的。

【参考答案：这里的线段应该指一段走势类型。第三类买卖点是中继性质的，不可能出现在线段的端点。小级别转大级别时（后期概念）没有相应的第一类买卖点，所以任一段走势类型的端点只可能是第一类、第二类买卖点。对应着：一买—一卖，一买—二卖，二买—一卖，二买—二卖，一卖—一买，一卖—二买，二卖—一买以及二卖—二买 8 种组合。由于第一类买卖点与第二类、第三类买卖点的级别不同，因此讨论同级别买卖点时，第一类买卖点与第二类、第三类买卖点的组合绝对不可能出现。】

[1] 完备性也称完全性，是指在数学及其相关领域中，可以从多个不同的角度来精确描述一个定义。当一个对象具有完备性，即表明它不需要添加任何其他元素。缠中说禅用在这里表明缠论的三类买卖点是市场中唯一具有理论保证的买卖点。

深入解析

缠论三类买卖点的完备性分析

本课最后一段，寥寥数语，讲述的却是缠论最高深的市场整体性结构以及缠论买卖点的由来。为了使大家对这种结构有一个深刻的认识，并对缠论三类买卖点的重要作用有深入的了解，下面以上涨＋下跌的走势连接为例，给出缠论理想状态下的走势模型，以及缠论三类买卖点的相应位置，如图21-4所示。

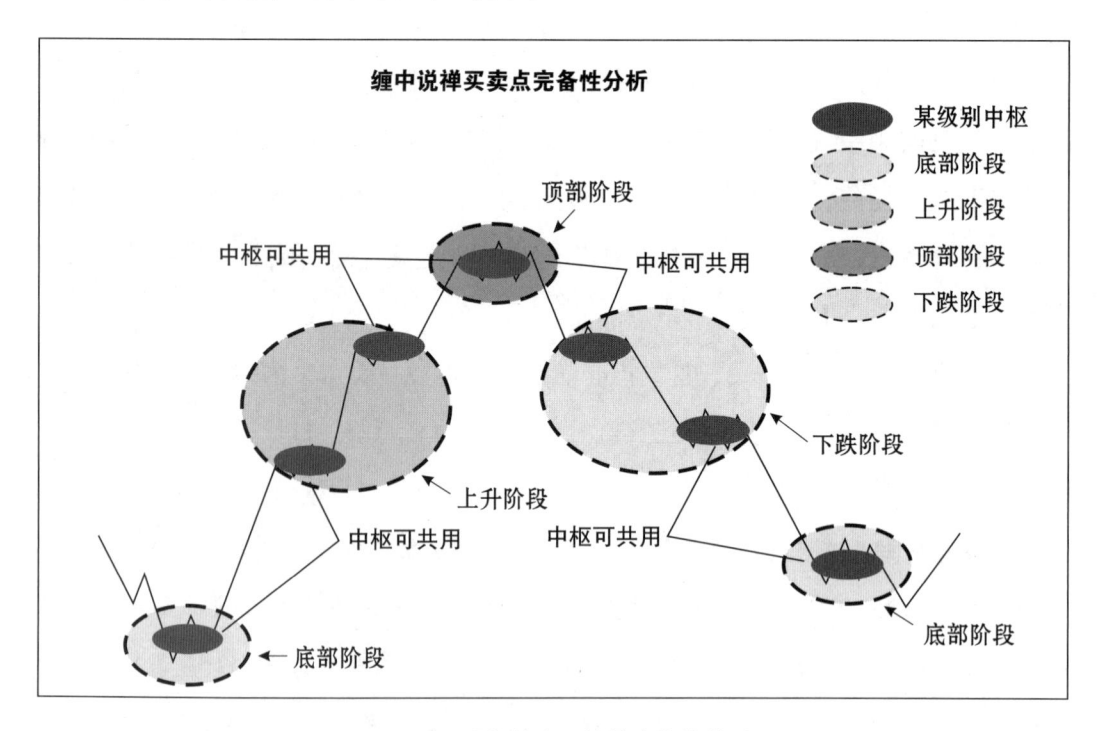

图21-4 理想状态下的缠论走势模型

一、建立理想状态下走势模型的原因

中国股市十多年来走势比较疲软，大盘指数总体变化不大，具有独立行情的个股十中

难有其一，大多随大盘做脉冲式震荡，基本上不断重复着下跌转折（底部）→上涨→上涨转折（头部）→下跌→再回到下跌转折的过程，这一点在小级别 K 线图上尤为明显。

将上述过程简化为上涨 + 下跌的走势连接，可作为研究市场的一个标准模本。再将缠论三类买卖点按理论要求置于其中，通过分析比较缠论买卖点与普通买卖点的差异，以此证明缠论买卖点的完备性：市场必然产生盈利的买卖点只有缠论的第一类、第二类、第三类买卖点。

二、一般意义的买卖点

缠论走势类型以中枢的数量区分，因此走势类型的延续与转折必然和走势最后一个中枢有关，所有买卖点都必然对应着与该级别最近一个中枢的关系。

中枢构造成功后，其后的可能走势只有三种：延续、扩张与新生，对应着走势的不同发展方向。判断走势的三种状态有两个关键的位置，如图 21-5 所示，一个是走势的背驰点，另一个是中枢破坏点，它们成为走势中具有一般意义的买卖机会。

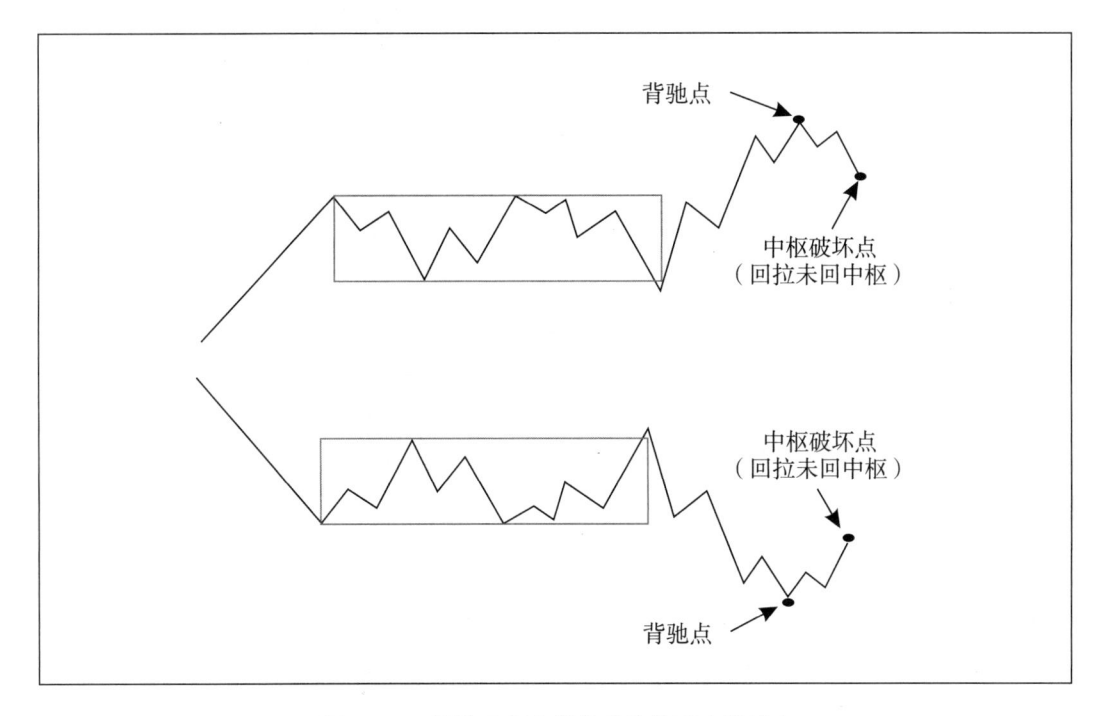

图 21-5　围绕中枢有操作价值的两个关键点

这四个关键点在中枢之上与中枢之下成对出现，但表达出来的意思截然相反。中枢之上的背驰点和中枢之下的中枢破坏点为卖点，中枢之下的背驰点和中枢之上的中枢破坏点为买点。

三、缠论三类买卖点完备性分析

下面详细分析图21-4中走势的买卖机会，找出符合缠论理论要求的买卖点。

1. 底部阶段

这里的底部是相对的，主要是这个阶段之前一定有一个下跌的走势（如图21-4中走势的右侧下跌阶段），这个下跌走势最少包含两个缠中说禅走势中枢，此时的背驰点是一个标准的趋势背驰点。

如果前面的走势只含有一个缠中说禅走势中枢即缠论盘整走势，也可以根据MACD指标的背驰来操作，不过此处的背驰是盘整背驰，不能保证走势回到原中枢区间。具体情况见缠中说禅"教你炒股票"第29课"转折的力度与级别"的相关分析。

（1）中枢之下的买卖点（如图21-6所示）。

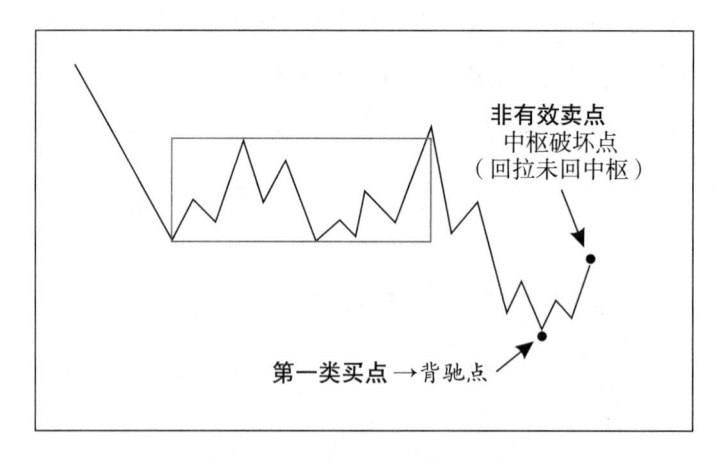

图21-6　中枢之下的买卖点

a. 背驰买点。这个背驰点是市场给出的第一个有操作价值的买入点，其后股价最少会回到中枢，这是缠论的第一类买点。

b. 中枢破坏点。如果前面的第一类买点判断准确，那么这个第三类卖点就不可能存在。出现第三类卖点，代表下跌走势尚未完成，此时才考虑卖出，已经错过太多了。这个中枢破坏点在操作上没有太大的价值，所以不是缠论中有效的买卖点。

（2）中枢之上的买卖点（如图21-7所示）。

a. 背驰卖点。此处背驰为盘整背驰，短线做T+0交易时可考虑使用，但非有效的卖点。

b. 中枢破坏点。经历一段下跌的股票，先构造出一个暂时止跌的走势中枢，其后股价上涨并形成对中枢的破坏，这个中枢破坏点是一个很重要的转势信号，它是缠论的第三类买点。这个买点非常安全，因为此时还是一个未完成的走势，从离开中枢到回调不破原中枢区间，只有一个上和一个下，按照缠论走势分析，其后必然还有一个同级别向上的走势类型才能完美。

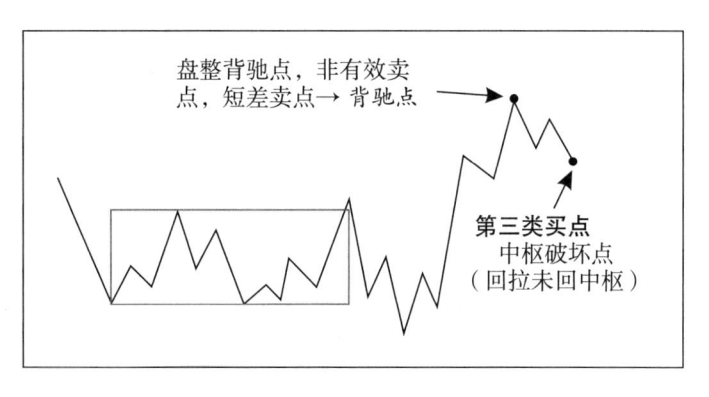

图 21-7 中枢之上的买卖点

（3）缠论第二类买点（如图 21-8 所示）。

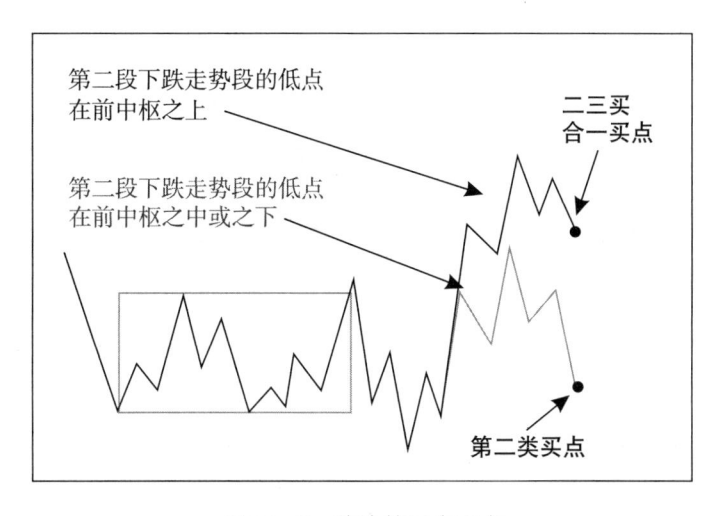

图 21-8 缠论第二类买点

底部阶段还存在一种符合理论要求的买入点，它产生于标准背驰后，走势反转走出了第一段上涨走势并最少进入前面的中枢，从而确定转折成功。其后的下跌走势不创新低时，此时走势尚未完美，其后必然有一段上涨走势，所以是百分之百安全的买点。

如图 21-8 所示，依回调的低点位置，可分为两种情况，在前中枢之中或之下时，称为缠论第二类买入点，在前中枢之上时，是一个第二类、第三类买点重合的买入点。

2. 上涨阶段

本阶段在第二个依次向上的同级别中枢构造成功后被确定，此时缠论上涨走势成立，所以本阶段称为上涨阶段。在这个中枢之前，必定至少有一个位置更低的同级别中枢。

（1）中枢之下的买卖点（如图21-9所示）。

a. 背驰买点。此处的中枢背驰点不是趋势背驰点，不具有走势反转的意义，仅仅是一个盘整背驰点，很明显它不是缠论第一类买点，但可以作为短差买点。第一类、第二类买点仅仅出现在底部阶段，其后只有第三类买点。

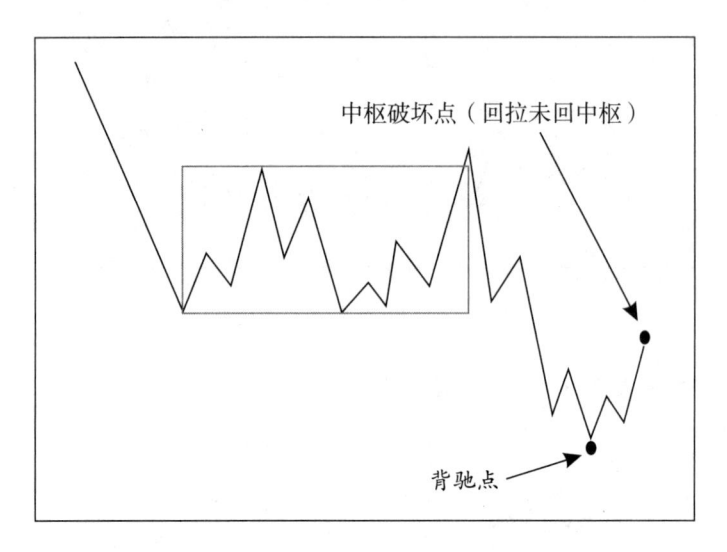

图 21-9　中枢之下的买卖点

b. 中枢破坏点。这里出现中枢破坏点，如果之前在本中枢之上还出现过一个背驰卖点，那么这段上涨走势转折的可能性就很大了。走势进入到下一个阶段——顶部阶段，本阶段可暂不考虑这种情况。

（2）中枢之上的买卖点（如图21-10所示）。

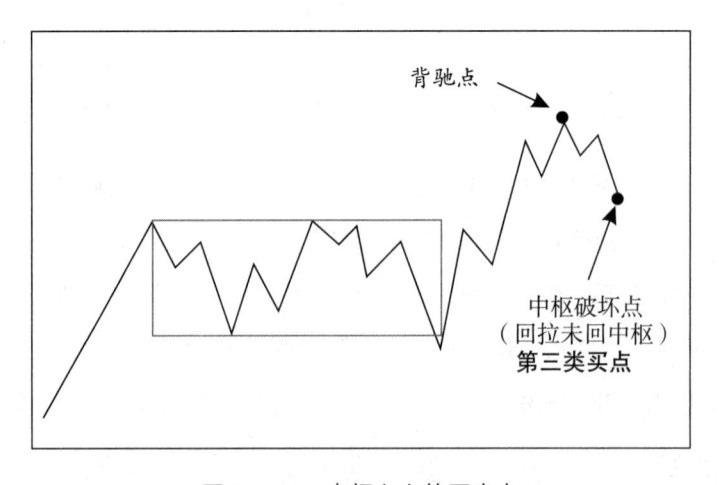

图 21-10　中枢之上的买卖点

a. 背驰卖点。这里出现上涨的背驰点以及其后的中枢下方破坏点，代表着走势进入到下一个阶段——顶部阶段，这里暂不讨论。

b. 中枢破坏点。这个中枢破坏点表明当前上涨走势一切正常，且可能产生一段新的上涨走势，因此是缠论的第三类买点。

3. 顶部阶段

股价依次同向产生 N（N ≥ 2）个中枢后，上涨动能越来越弱，最终出现明显的上涨背驰点（第一类卖点），并被最后一个中枢的破坏点确定（第三类卖点），这个最后中枢的演变过程就是顶部阶段。

（1）中枢之下的买卖点（如图 21-11 所示）。

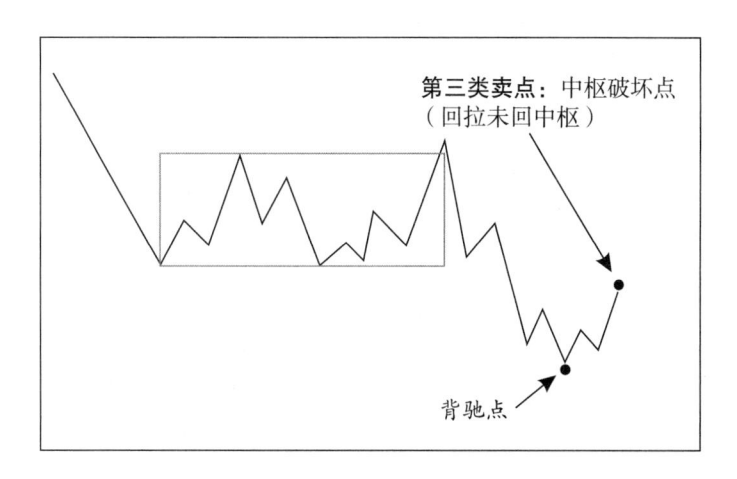

图 21-11 中枢之下的买卖点

a. 背驰买点。同上涨阶段情况相似，这个中枢下的背驰买点，最多只是一个盘整背驰买点，所以很明显它不是缠论第一类买点，仅仅是短差买点。

b. 中枢破坏点。这个中枢破坏点是一个很重要的卖点，结合中枢之上的上涨背驰点，证明走势进入到了顶部阶段，这个中枢破坏点就是缠论第三类卖点。

和第二类买点的情况一样，这里也存在着第二类、第三类卖点重合或出现标准第二类卖点的情况，请参考底部阶段的相关介绍。

（2）中枢之上的买卖点（如图 21-12 所示）。

a. 背驰卖点。这个背驰点是一个重要的转折卖点，它代表着对整个上涨走势的修正，具体可能性在后面的课程中会有详细的分析，它是缠论的第一类卖点。

b. 中枢破坏点。顶部阶段时，前面那个背驰卖点是一定成立的。根据背驰后的走势特点，其后的回踩必然会回到中枢，所以这个中枢破坏点在顶部阶段并不存在。

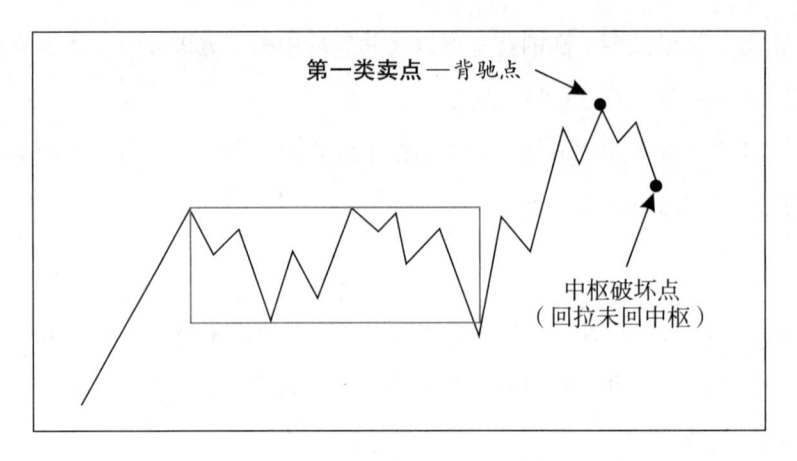

图 21-12 中枢之上的买卖点

4. 下跌阶段

股价经历了底部阶段—上涨阶段—顶部阶段，终于要构建出同级别的第二个向下中枢，即股价从上涨转为下跌阶段。

（1）中枢之下的买卖点（如图 21-13 所示）。

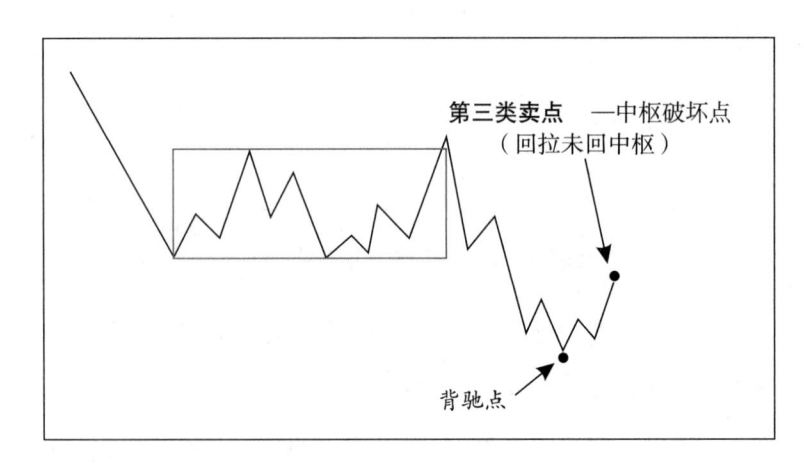

图 21-13 中枢之下的买卖点

a. 背驰买点。此处如果出现背驰点，那么走势可能转化为底部阶段，这和下跌阶段的设定不符，所以这个背驰点不存在。

b. 中枢破坏点。此处的中枢破坏点表明股价下跌趋势得以延续，其后一定还有一个下跌的走势段，所以这里可以看做是缠论的第三类卖点，虽然相比顶部阶段那个转折卖点有点晚。

（2）中枢之上的买卖点（如图 21-14 所示）。

a. 背驰卖点。这个背驰点是盘整背驰点，所以仅仅是一个做短差的机会。

b. 中枢破坏点。下跌阶段出现的背驰点，其后必然会回到中枢，所以这个破坏点在下跌阶段并不会出现。

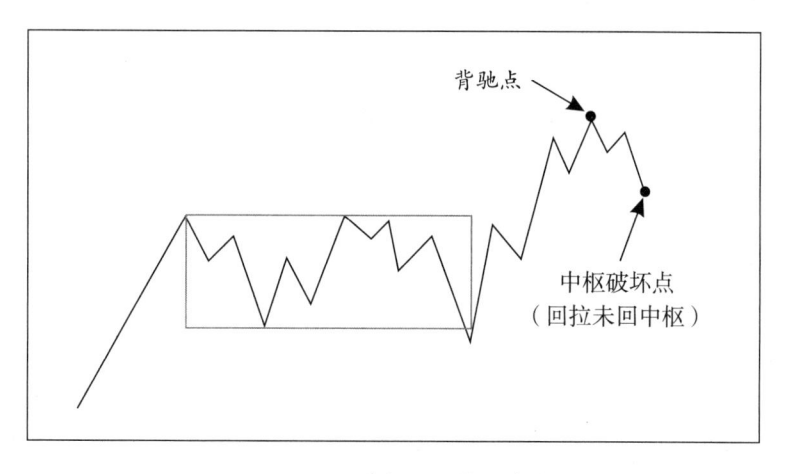

图 21-14　中枢之上的买卖点

综上所述，缠论三类买卖点伴随着一段新走势的诞生而产生。第一类买卖点是新走势的起点，第二类买卖点是新走势的初次回调确认点，第三类买卖点是新走势的中继性操作点，它们的出现表明新走势健康、安全，因此是市场中必然产生盈利的机会。

教你炒股票 22

将 8 亿大米装到 5 个庄家的肚里

（2007-01-11 15:10:32）

今天说点不算闲话的闲话。说了这么多买点，对于小资金来说，出现跟着买就可以了。但对于大资金来说，具体的情况要复杂点，因为一个大资金要进去，又不想变庄家，这是需要很高技巧的。下面是本 ID 发的一个梦，各位就权当梦话听。如果现实中有任何对应物，那纯属巧合，本 ID 不背负任何的法律责任。

12 月 20 日，突然天上掉下够 8 亿农民一人一口的大米，然后就玩了这样一个游戏，把这 8 亿大米装到 5 个叫庄家的肚子里：撑活他。首先，不能把 8 亿都一起塞进去，留了 1 亿机动，就是哪个庄家不听话，想折腾，就要出手教训他。这部分的大米不能固定在任何一个庄家肚子里，要每天在 5 个庄家肚子里流动，有时候会变成 1.5 亿，有时候可能变成 5 千万，这都根据盘面的情况来的。当然，这都是后话，前提是另外那 7 亿已经塞到 5 个庄家的肚子里。

现在，庄家都爱坐庄医药股，所以要猎庄，当然首先要拥有药。

这药【课文解读：华润三九，000999】，刚好是一个典型的第三类买点（见图 22-1、图 22-2），而月线上一个典型的圆底呼之欲出，看着圆底上那高高的山崖在上面，耳边一些精确的风声精确地晃动，【课文解读：指各种利好不断。】那还有什么可怕的，干死算了。

先把它干到圆底的边缘再说。然后就大干起来，成交量激增（见图 22-3）。把里面那家伙搞得很气愤，不断打压，本 ID 就一一接着。两天后，那家伙怕起来了，有点弹尽粮绝的感觉。但周围那些叫基金的物体，发现好股票，都忒兴奋，蜂拥而至。上下不断震荡，然后又拉起来，一拉就拉到月线圆底的边缘，好性感的圆底呀。

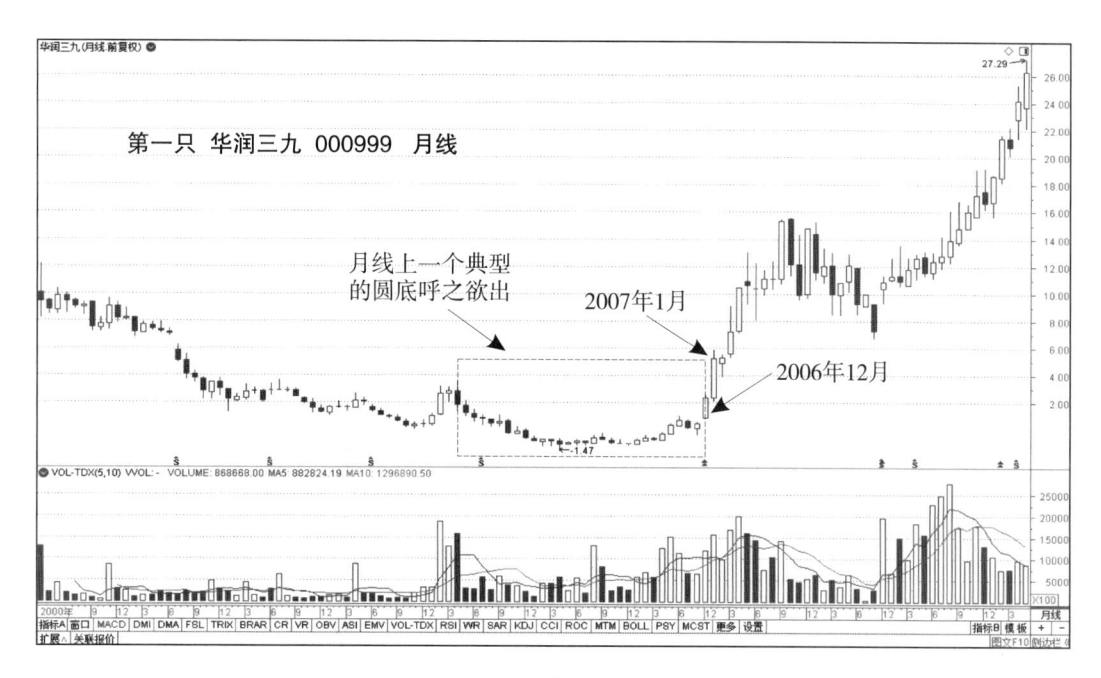

图 22-1　华润三九走势一

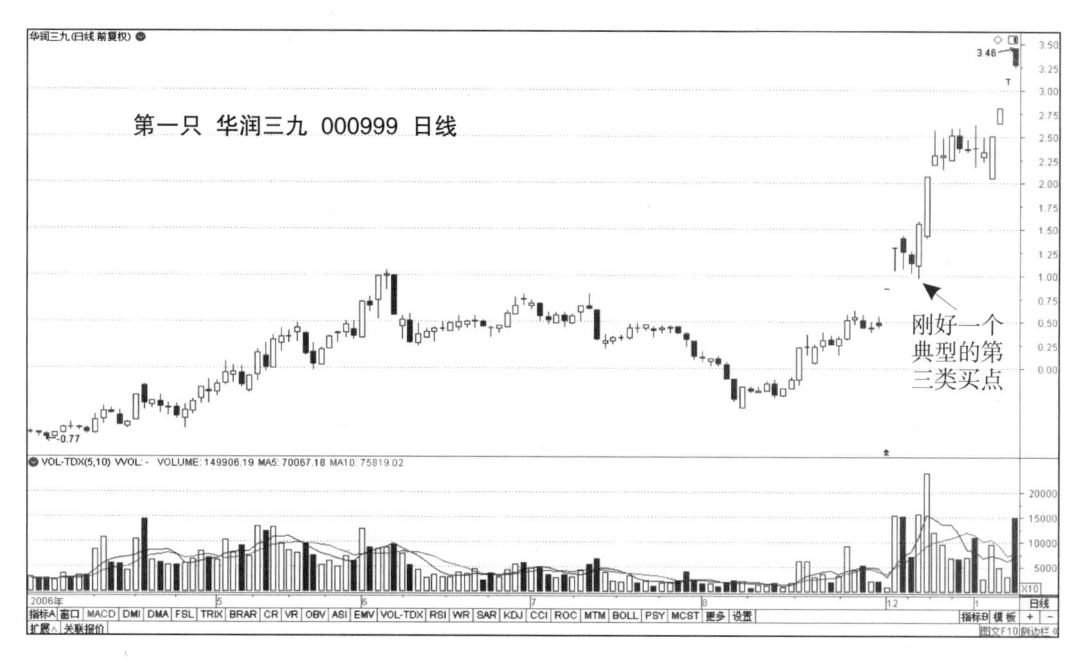

图 22-2　华润三九走势二

第二个【课文解读：建投能源，000600，见图 22-4】，五个手指夹着一个异物，这么委琐的代码，真是活该被人炒作了。还贱着说自己优秀，耳边的风声吹过来："我们不光要部分供大家炒作，还要整体上来供大家炒作。"这么犯贱，还要晃动着第三类买点，那不是天生就想挨揍吗？所以它就被揍了。

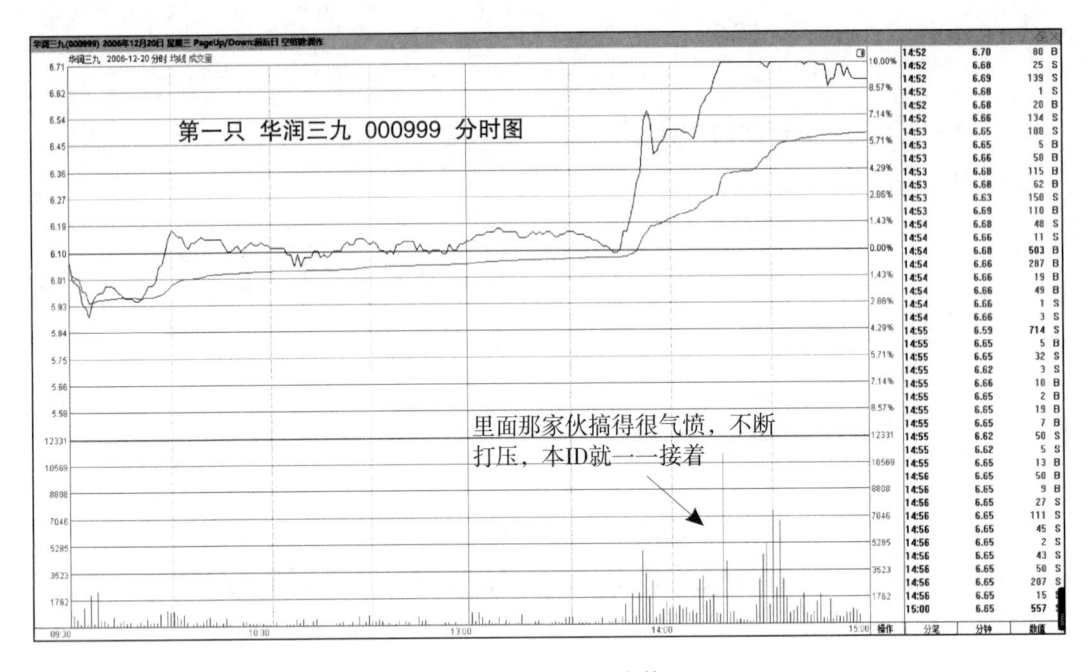

图 22-3 华润三九走势三

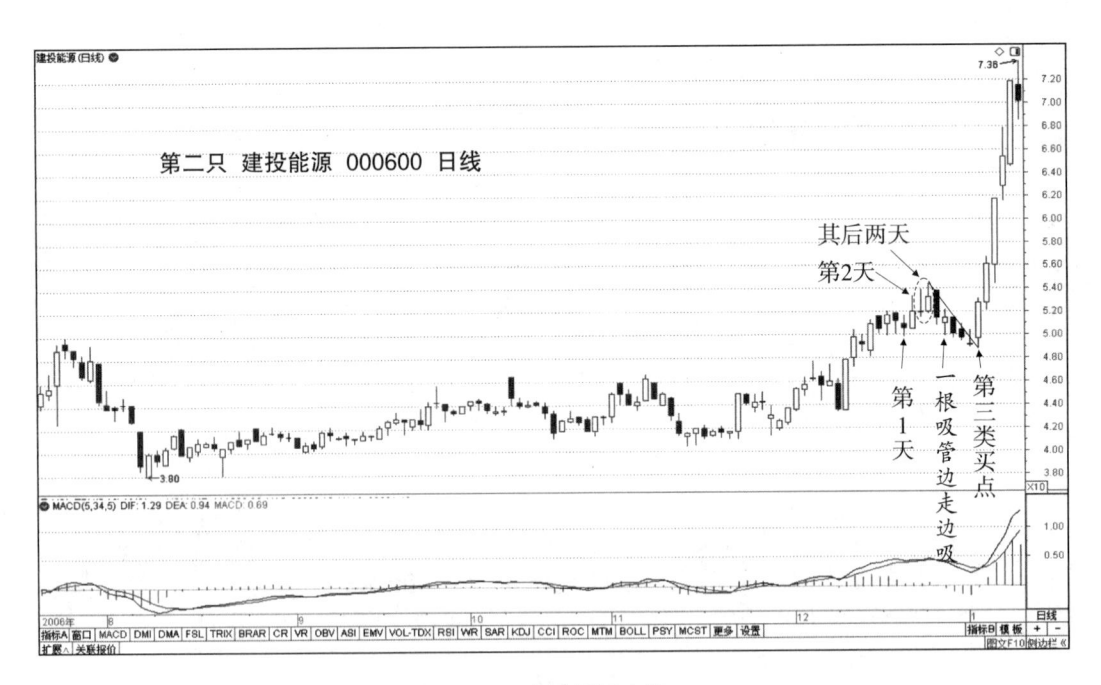

图 22-4 建投能源走势一

第一天，轻轻碰了一下，没什么浮筹，这庄家够抠门的，反应慢？

第二天，轻轻突破一下，浮筹多了点。其后两天，盘中上蹿下跳的（见图 22-5、图 22-6），但就是成交量无法放大，碰到一个没有情趣的主。

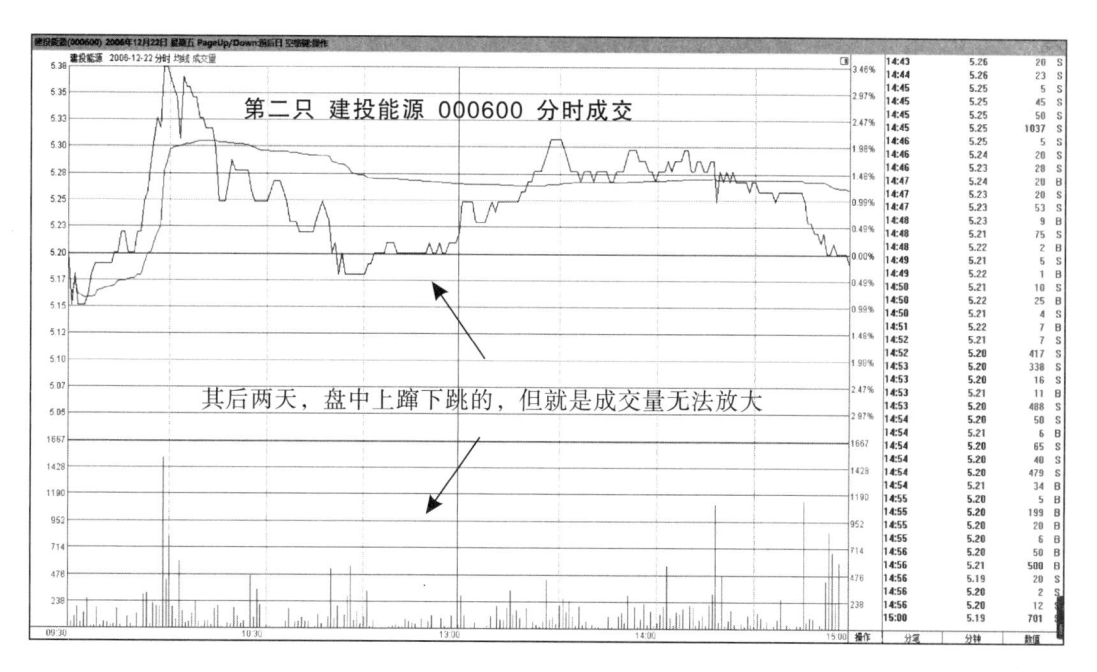

图 22-5　建投能源走势二

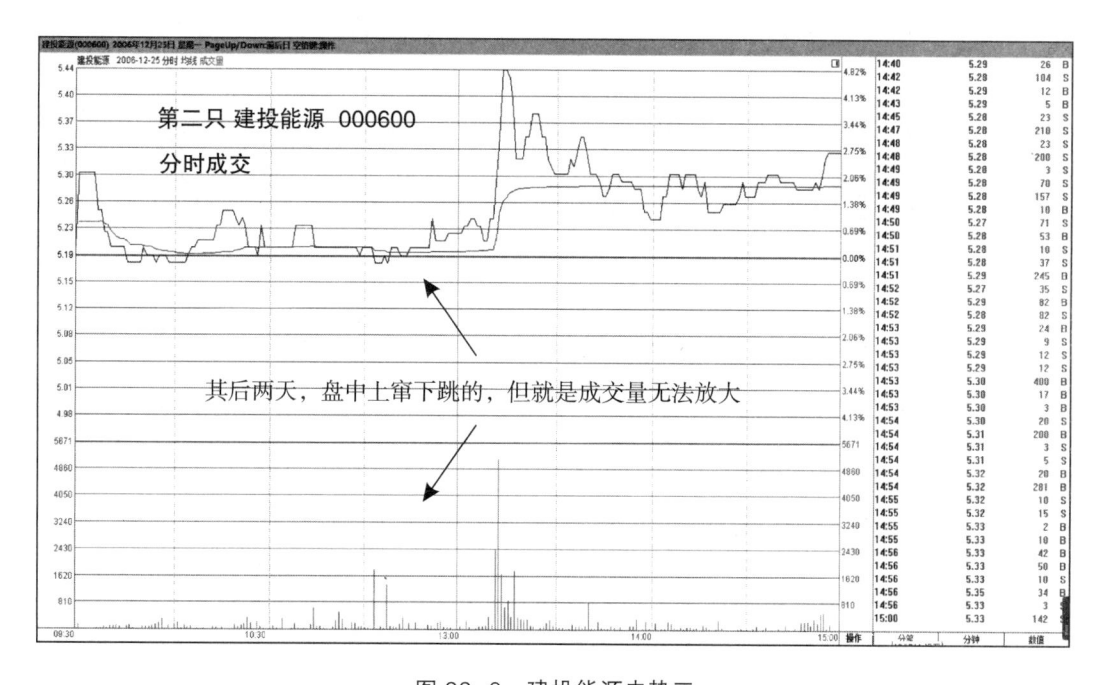

图 22-6　建投能源走势三

一般这种主，不能硬搞，闪一个身，让他摆摆庄家的威风。一根吸管，顺着慢慢往下边走边吸。

跌破某整数位后，那家伙也被吸的没了力，下不去了。本 ID 突然晃动明晃晃的大刀,一副抢筹状,吓得这抠门的家伙飞一样就起来了。对付这种抠门的家伙,缺乏情趣的家伙,就要这样,以吸为主,偶尔恐吓。这种抠门的家伙,一般都自以为自己的题材很牛,怕自己损失了什么低价筹码,一恐吓就飞得比鸭子还快。对这种人,就要天天弄他的短差,砸得狠就顶死他,拉得狠就先躲在旁边,瞧好机会就突然袭击他,让他难受。对这种庄家,要像蚊子一样不断地出击,更要像赶鸭子一样往上赶。

第三个【课文解读:中核科技,000777,见图22-7】,和第一个的代码模式是一样的。这个庄家比较秀气,典型的江浙派,一看就不喜欢。只是有人不断向本ID灌输它要整体上市,又有这个题材那个题材,就像去商场购物,导购一定要本ID消费一样。本ID想起N年前曾买过它,突然心里一动,有了一种怀旧的感觉,试一下N年后,这味道是否依然从前。

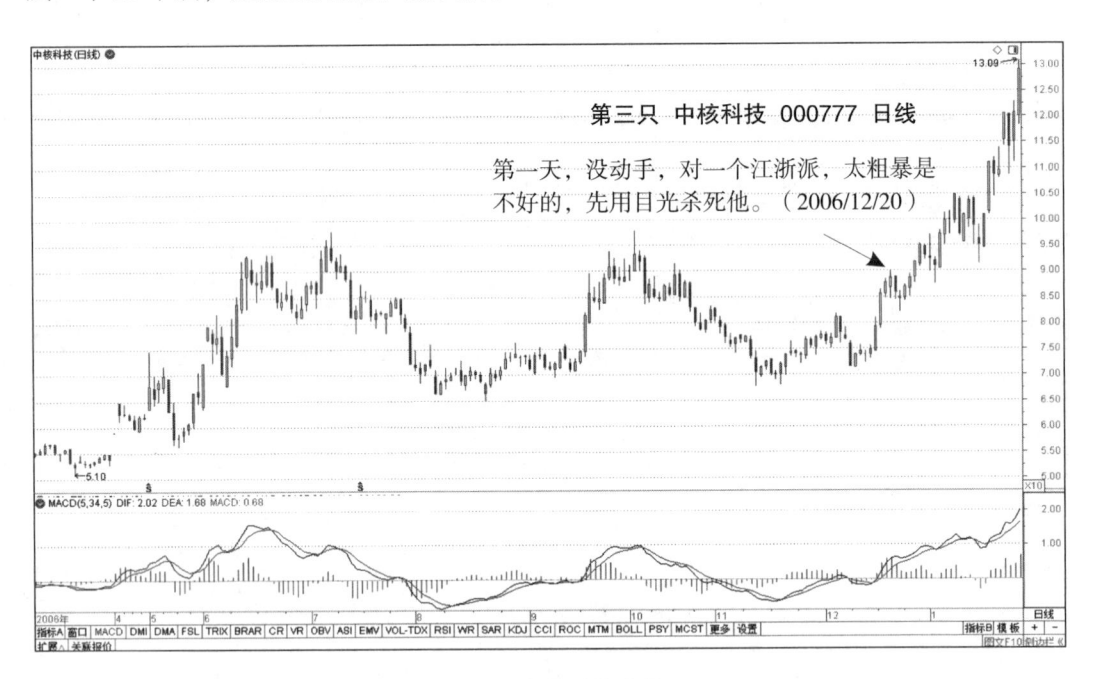

图22-7 中核科技走势一

因此,就在一个小级别的第三类买点开始下手了。这有点像419,明知道这只能是419的,但要的就是那种激情,那种不循规蹈矩的风情。

第一天,没动手,对一个江浙派,太粗暴是不好的,先用目光杀死它。

第二天,为了表示对它的旧情依旧,把它的代码当成买单输进去,买单扫过N个价位,砰地一声,成交上出现了它的代码(见图22-8)。那江浙派被惊动了,窜动两下，开始在上面放单，本ID又轻轻扫了他几下。突然，本ID在下面放上一个9999的买单，对他这类轻盈的体形，9999已经足够耀目了。江浙派定了一定，正想反应，突然那买单又没了。惊鸿一现，已经在江浙派软软的身上留下了粉红的印记：这庄家是本ID的了。一种被轻薄的感觉在江浙派身上晃动，他开始发怒，开始打压。本ID在下跌中不停吸货，还真收集到不少筹码。

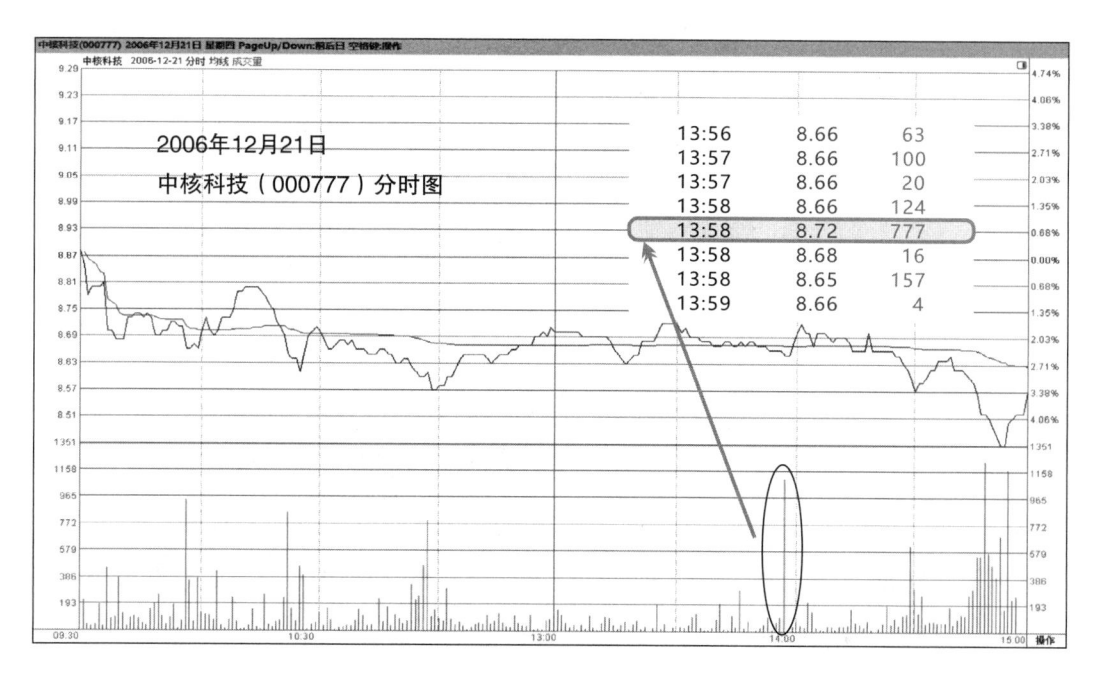

图 22-8　中核科技走势二

第二天，江浙派没有从被戏弄的愤怒中清醒过来，继续往下打压股价（见图22-9），本ID的吸筹越来越快。江浙派大概突然发现，这样继续下去，他就有丢光筹码的危险，尾市几笔就拉起来了。从第三天开始，在不断的震荡中，股价开始上涨。江浙派也就是江浙派，就是没什么牛劲，每天尾市的游戏继续。突然有一天，他也玩起打压恐吓的游戏。一个江浙派，水一样的男子，一副恐吓状，真是太滑稽了。前两天，本ID就看热闹，不管他，第三天突然发狠，严重警告他，再乱恐吓就把他给杀了。江浙派果然是胆小之人，一碰到比他还凶恶的人，也只好温柔起来。水一样的男子，一温柔就要拉升，真是恶心死了。

对这种庄家，不能整天像蚊子一样咬，一定要在适当的时候突然狠狠[来]一下，他就会惊吓得往相应方向惯性下去。一般来说，这种庄家都是反应有点迟钝的，注定画出来的图形，总是反反复复，缠绵不断。

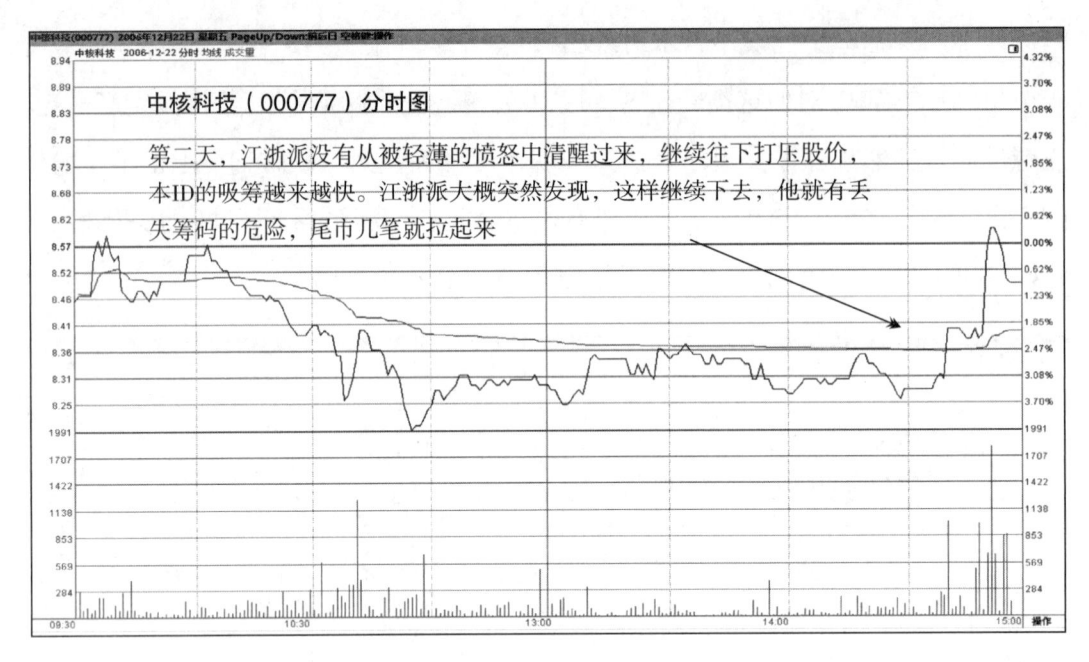

图 22-9　中核科技走势三

第四个，和江浙派的代码几乎一样【课文解读：新潮实业，600777】，唯一不同就是一个在深圳，一个在上海。一个上海的山东男子是否沾染了上海男人的气味，在第一天试盘时，就不再成为本 ID 的一个疑问。对于庄家，解决疑问的最好办法就是干，真理是干出来的。

第一天的浮码就不少（见图 22-10、图 22-11），10 几个交易日前那两根大量暗示着，这庄家即使不是新手，也是做庄没多久的。这样最好了，浮码多，水就浑，藏点大米还不简单？这大米藏得又快又多，这种打乱仗的感觉真不错，就像一场混战，谁怕谁呀。

一般来说，对于大资金，打乱仗是最好玩的。记得 N 年前，那次，把一个股票从 7 元多一下干了 N 倍，中途就在 20 多换了一口气。4 家人，一直打乱仗，其他人在周围进进出出晃悠着，好玩透了，还是混战好呀。【课文解读：疑为哈投股份（600864），其 2000 年的一段走势如图 22-12 所示。】

最后一个，虽然就和江浙派差一个尾数，【课文解读：新兴铸管，000778，如图 22-13 所示。】但性格怎么差那么远，典型的山里男子，老实巴交的，没有激情，但很稳健，像个仆人，随便就把大米藏好了。

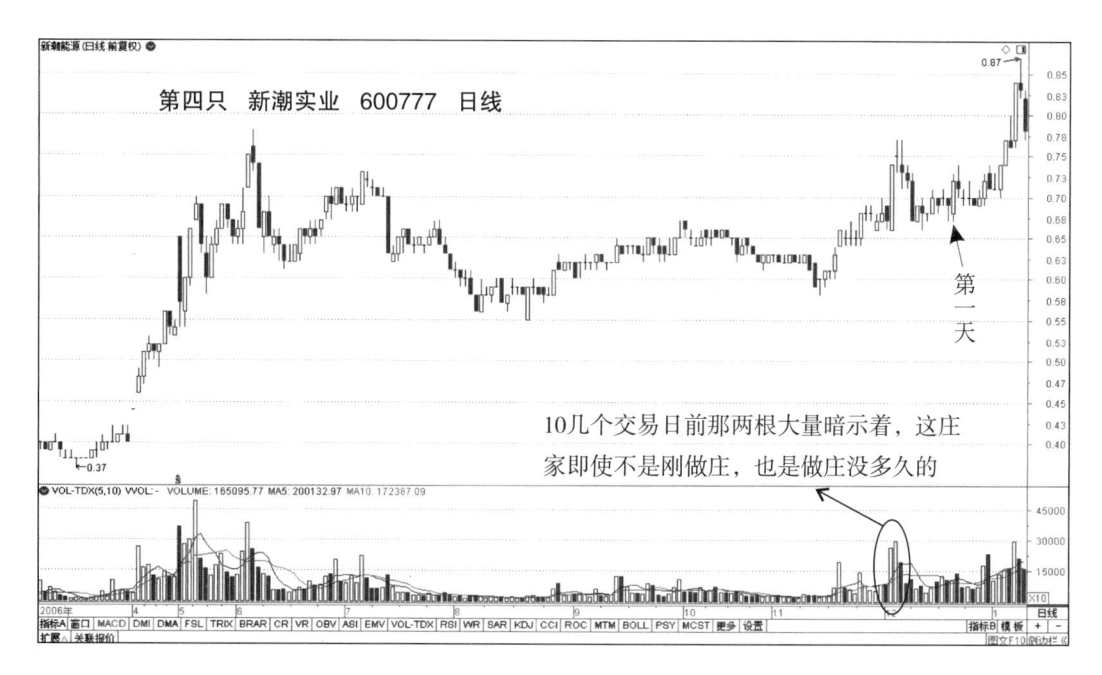

图 22-10 新潮实业走势一

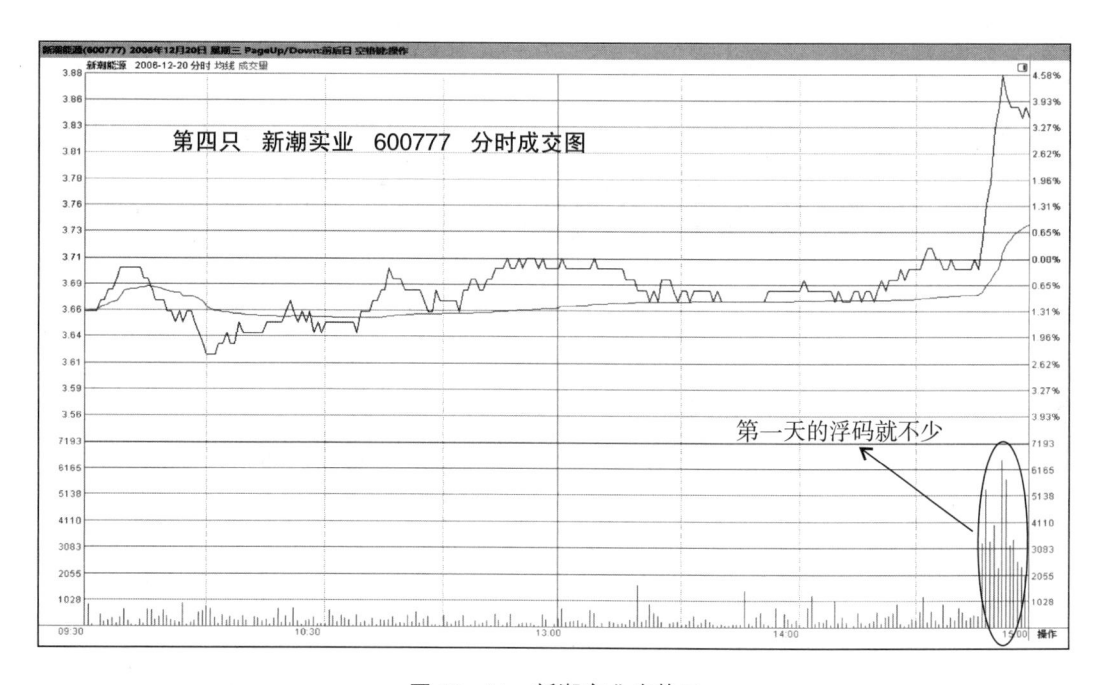

图 22-11 新潮实业走势二

为什么消费它？不为什么，仅仅是因为它和江浙派尾数差一个，而山东人是前面差一个，好记。而且周线图上的中枢强烈地勾引着走势往上，【**深入解析**：这里所说的上方周线中枢，是在未复权的情况下产生的，图 22-14 是该股前复权后的走势情况，缠中说禅的介入点依然是第三类买点。】这种老实巴交的，就算没有什么大惊喜，只要让人放心就好。一般在一个组合里，一定要放一个这样老实巴交的股票，万一其他股票出现什么特殊的情况，马上变现这个去增援是能随时办到的，这样就一定不会出大乱子了。市场里，安全是第一的。而对于资金的总体安全来说，一定的快速变现能力是最重要的。

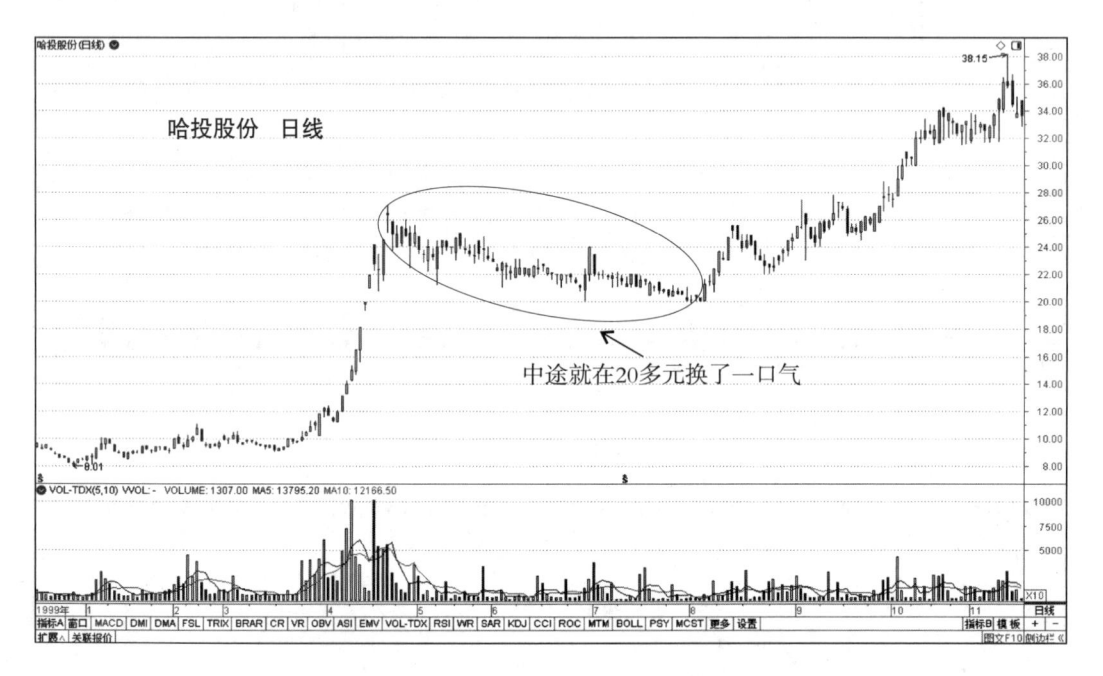

图 22-12　哈投股份日 K 线走势图

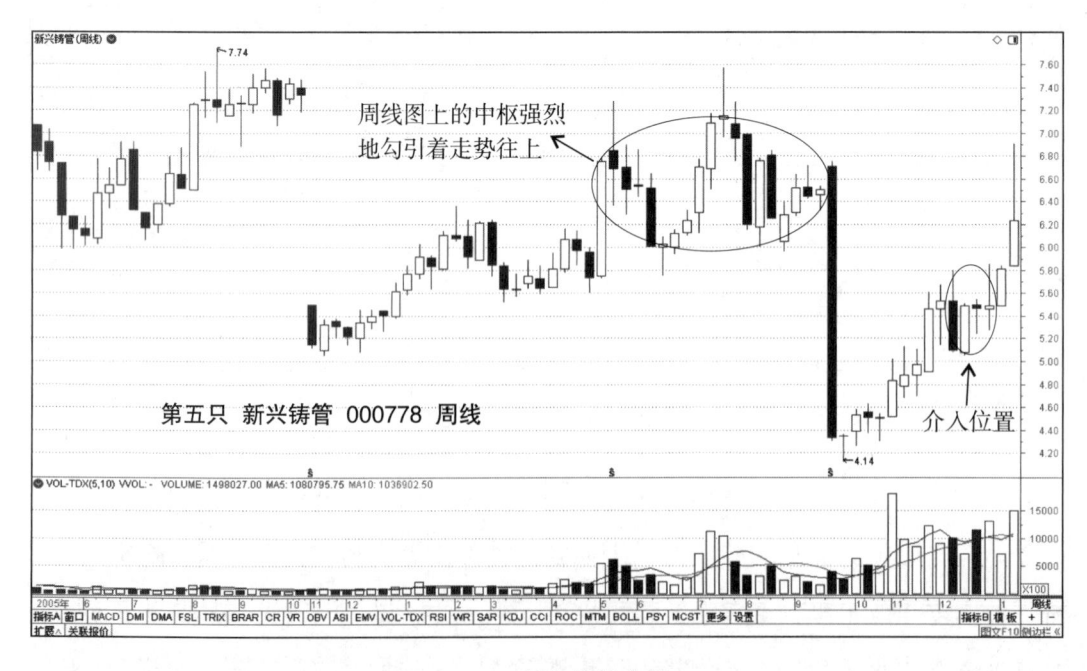

图 22-13　新兴铸管走势一

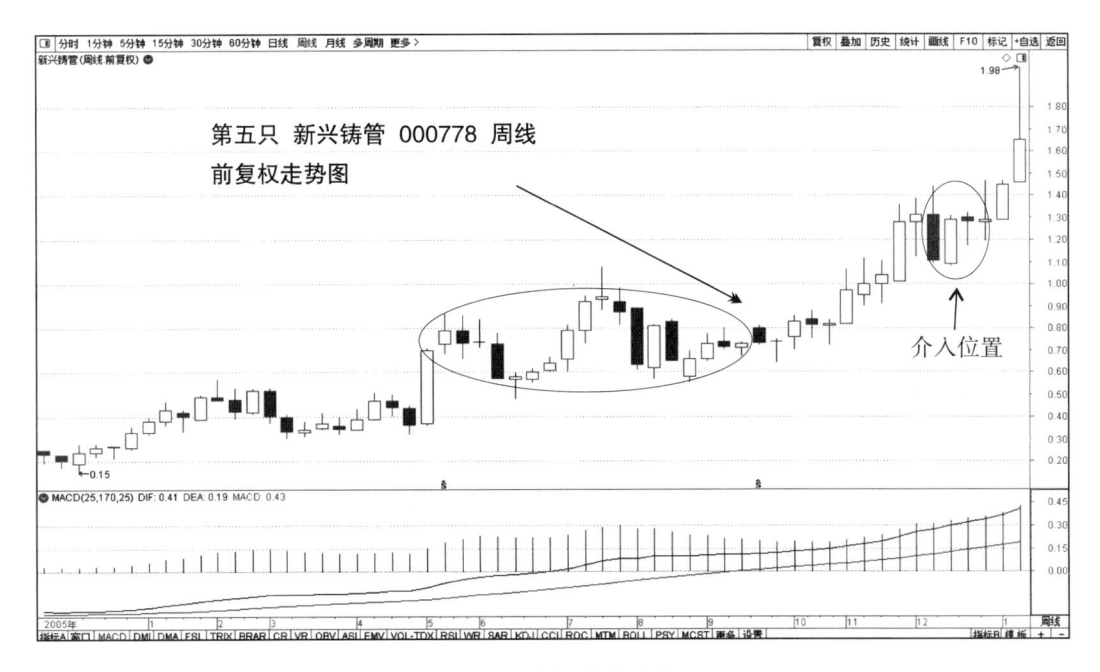

图 22-14 新兴铸管走势二

本 ID 这里梦话连篇，当然是有风险的。最直接的，就是里面的人看到了，气不过，狂洗盘。这，本 ID 还真不怕。正因为不怕，所以就继续梦话连篇，各位最好就当谎话连篇，千万别当真。

关于大资金不想当庄家，又想资金利用率高，当然有很多的方法，这只是其中的一种。

一般来说，这种阻击，在一个低位的大级别第三类买点进行是比较安全的。首先，第一类买点不适合，你先进去，大家都看着你，找机会吃你，你还找哪里潜伏下来？

第二类买点是可以的，但一般都采取比较温柔的办法，慢慢来。

第三类买点介入，有点硬来的感觉，这要求有一定的功力，否则给吃了都不知道怎么死的。但这样的安全性在于，第一，时间利用率高。第三类买点等于箭在弦上了，你这样突然进去横插一刀，除非是实力特别强，而且所用资金又没有什么期限，所弄的题材也没到迫在眉睫的地步，这样，他会留下来和你折腾，从而变成持久战。

高手就是高在一定要对盘中庄家的脾性有充分的感觉，对症下药，而且对阻击的目标有充分的了解，这样就能避免陷入持久战，互相在那里干耗着。当然，干耗其实也不怕，就是不断弄短差，把成本降下来，熬都熬死对方。这样的前提是资金必须绝对自由，没有期限。一笔自有的、没有利息压力的资金，是阻击的一个最安全的保障。阻击一定要控制好量，最失败的阻击就是阻击成了庄家。

为什么要在低位的第三类买点出手？这个位置，庄家已经货不少了，而成本还在附近。如果大力打压，你有实力在低位顶住，除非那庄家钱出问题了，否则不可能亏钱把所有货倒给你。如果真是这样，就成全他算了。

对于第三类买点的阻击，资金实力是很重要的，关键就是要顶住突然变向的打压，所以也要求一定只能在低位，不能与庄家的成本相差太远。具体的操作还有很多特别重要的细节，以后再说了。

教你炒股票 23

市场与人生

（2007-01-15　15:50:11）

说了这么多技术上的问题，暂且停一期，说说技术外的事情。技术只是最粗浅的东西。同样的技术，在纯技术的层面，在不同人的理解中，只要能正确地理解里面的逻辑关系，把握是没有问题的。但关键是应用，这里就有极大的区别了。市场充满了无穷的诱惑与陷阱，对应着人的贪婪与恐惧。单纯停留在技术的层面，最多就是一个交易机器，最近即使能在市场中得到一定的回报，但这种回报是以生命的耗费为代价的。无论多大的回报，都抵不上生命的耗费。生命，只有生命才能回报。生命是用来参透生命，而不是为了生不带来、死不带走的所谓回报。

但有一种人，自以为清高，自以为远离金钱、市场就是所谓的道。可怜这种人不过是废物点心，他们所谓的道不过是自渎的产物。道不远人，道又岂和市场相违？人的贪婪、恐惧，市场的诱惑、陷阱，又哪里与道相远？【课文解读：真理、真相不会因你视而不见而改变，放下并非逃避。内心强大的人，不会祈求一个完美的外部世界，而是塑造接受、容纳一个有缺失的现实世界的心态。】

在当代社会，不了解资本市场的，根本没有资格生存。而陷在资本市场，只能是一种机械化的生存。当代社会，资本主义社会，无论有多少可以被诟病的，但却构成了当下唯一现实的生存。了解、参与资本市场，除了以此兜住那天上的馅饼等小算计外，更因为这资本、这资本市场是人类当下的命运，人类所有贪嗔痴疑慢都在此聚集，不（与）[于]此自由，何谈自由？不（与）[于]此解脱，何谈解脱？

自由不是逃避，解脱更不是逃避，只有在五浊恶世【课文解读：佛教谓尘世中烦恼痛苦炽盛，充满五种浑浊不净，即劫浊、见浊、烦恼浊、众生浊和命浊。】才有大自由、大解脱，只有在这五浊恶世中最恶浊之处才有大自由、大解脱。

出于污泥而不染者，不过是自渎的废物，污泥者又何曾污？染又何妨？真正的自由、解脱，是自由于不自由，解脱于不解脱，入于污泥而污之，出于污泥而污之，无污泥可出而无处污泥，无污泥可入而无处不污泥。

投资市场最终比的是修养与人格及见识，光从技艺上着手，永远只能是匠人，不可能成为真正的高手。古代有所谓的打禅七，【**课文解读**：佛家所说的闭关、打禅七、佛七等，都牵扯到一个"七"字，这个七指的是第七识。佛家七识是指眼识、耳识、鼻识、舌识、身识、意识和末那识。末那识是第七识，它的表现形式是俱生我执，特点为以我为中心的看法、说法、思想、认为，等等。闭关是把这些"识"关闭住，把眼关闭住，不叫它看东西；把耳朵关闭住，不叫它听东西；把鼻子关闭住不叫它闻……最终造就这样一个环境，让你尽快进入你自己的空性。打禅七的意思就是打掉第七识。】在现代社会，能找到7天来打禅七是极其奢侈的事情了。但每周，有一个小时，抛开一切束缚，抛开一切人群，独自一个人，在房间里，在高山上，在河流里，在星空下，在山野的空谷回音中，张开没有眼睛的眼睛，没有耳朵的耳朵，俯视这世界，倾听这世界。其实，何处不是房间、高山、河流、星空、山野？何处有束缚需要抛开？在资本、政治、淫乱、贪婪、恐惧的血盆大口里，就是自由、解脱的清凉之地。当然，如果没有如此见识，还是先去需要自己的房间、高山、河流、星空、山野，但最终，依然要在五浊恶世中污之恶之。不如此，无以自由、解脱。

教你炒股票 24

MACD 对背驰的辅助判断

（2007-01-18　15:02:43）

这一章完全不在计划之中，其实该问题以前已说过，现在有点炒冷饭。但发现这里的人，绝大多数还是搞不懂，也就不妨结合点例子再说一次。要完全解决背驰问题，必须对中枢进行更进一步的分析，这是以后章节的事情了。但现在大家好像都急于用，而对中枢，好像真理解的没几个，继续深入下去，浅的都一团浆，深的更没法弄。因此，详细说说 MACD 对背驰的辅助判断这样一种不绝对精确，但比较方便，容易理解的方法，对那些还没把握中枢基本分析的人，是有帮助的。也就是说，如果你一时真搞不懂中枢的问题，那就用这个方法，也足以应付一般的情况了。

首先，背驰同样有级别的问题。一个 1 分钟级别的背驰，在绝大多数的情况下，不会制造一个周线级别的大顶，除非日线上同时也出现背驰。但出现背驰后必然有逆转，这是没任何商量余地的。有人要问，究竟逆转多少？那很简单，就是重新出现新的次级别买卖点为止。由于所有的买卖点，最终都可以归到某级别的第一类买卖点，而背驰与该种买卖点密切相关，所以可以这样说，任何的逆转，必然包含某级别的背驰。以后用严格的方法，可以证明如下定理：

缠中说禅背驰 – 买卖点定理：任一背驰都必然制造某级别的买卖点，任一级别的买卖点都必然源自某级别走势的背驰。

该定理的证明这里暂且不说了。换句话说，只要你看到某级别的背驰，必然意味着要有逆转。但逆转并不意味着永远的，例如，日线上向上的背驰制造一个卖点，回跌后，在 5 分钟或 30 分钟 [级别] 出现向下的背驰制造一个买点，然后由这买点开始，又可以重新上涨，甚至创新高，这是很正常的情况 *。

用 MACD 判断背驰，首先要有两段同向的趋势。同向趋势之间一定有一个盘整或反向趋势连接，把这三段分别称为 A、B、C 段。显然，B 的中枢级别比 A、C 里的中枢级别都要大，否则 A、B、C 就连成一个大的趋势或大的中枢了。【深入解析：**"同向趋势"** 指小级别 A（a）和 C（c），**"之间的盘整与反向趋势"** 指与整体走势同级别的盘整或反趋势。如果是反趋势，显然其幅度要小于 A（a）段的长度，所以 B 在整个大的趋势中表现为第二个本级别的走势中枢。】A 段之前，一定是和 B 同级别或更大级别的一个中枢，【**字斟句酌**：必须是同级别的中枢，第 27 课有说明。】而且不可能是一个和 A 逆向的趋势，否则这三段就会在一个大的中枢里了。

归纳上述，用 MACD 判断背驰的前提是，A、B、C 段在一个大的趋势里，其中 A 之前已经有一个中枢，而 B 是这个大趋势的另一个中枢，这个中枢一般会把 MACD 的黄白线（也就是 DIFF 和 DEA）回拉到 0 轴附近。而 C 段的走势类型完成时，对应的 MACD 柱子面积（向上的看红柱子，向下看绿柱子）比 A 段对应的面积要小，这时候就构成标准的背驰。

【**课文解读**：如图 24-1 所示，趋势背驰的前提是拥有两个同级别的走势中枢，构成一段趋势。趋势中第二个中枢 B，需满足将 MACD 黄白线拉回 0 轴的力度要求。比较中枢 B 前后的两段小级别走势对应的 MACD 红绿柱面积，当后段小于前段时，表明趋势背驰。】

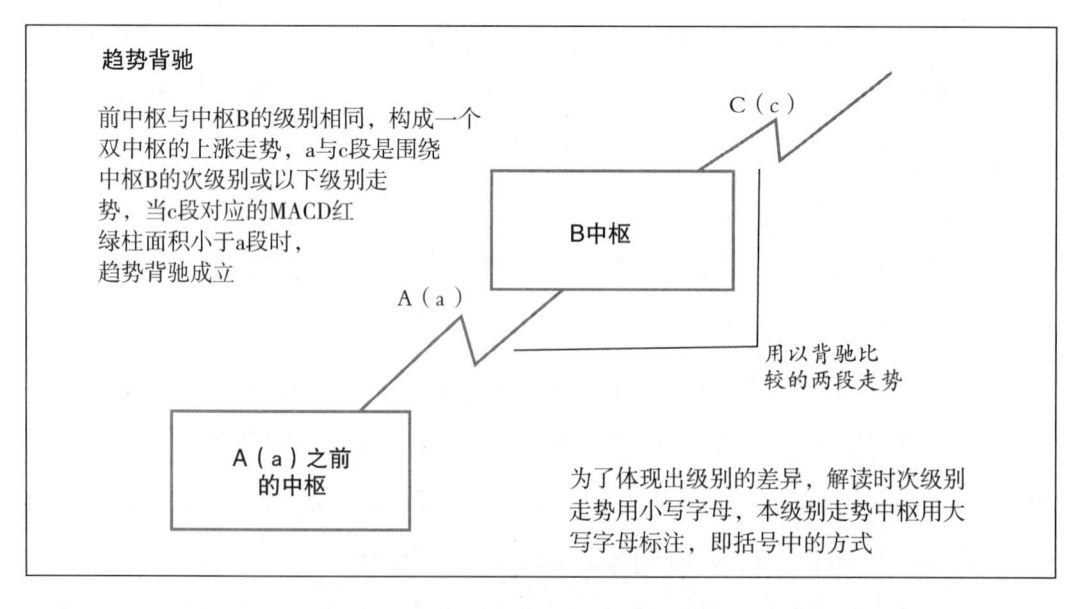

图 24-1 趋势背驰示意图

估计有些人连 MACD 的最基本常识都没有，不妨说两句。首先你要打开带 MACD 指标的图（千万别问本 ID 怎么才会有 MACD 的图，本 ID 会彻底晕倒的），MACD 上有黄白线，也有红绿柱子，红绿柱子交界的那条直线就是 0 轴。上面说的颜色都是通常系统用的，如果你的系统颜色不是这样，那本 ID 只能说上面两条绕来绕去的曲线就是黄白线，有时一组向上、有时一组向下的就是红绿柱。本 ID 也只能描述到这样地步了。如果还不明白，到任意一个证券部举个牌子，写上"谁是黄白线，谁是红绿柱"，估计会有答案的。

这样说有点抽象，就用一个例子，请看 601628［中国］人寿的 5 分钟图（见图 24-2）：

11 日 11 点 30 分到 15 日 10 点 35 分构成一个中枢。

15 日 10 点 35 分到 16 日 10 点 25 分构成 A 段。

16 日 10 点 25 分到 17 日 10 点 10 分，一个标准的三段构成新的中枢，也相应构成 B 段，同时 MACD 的黄白线回拉 0 轴。

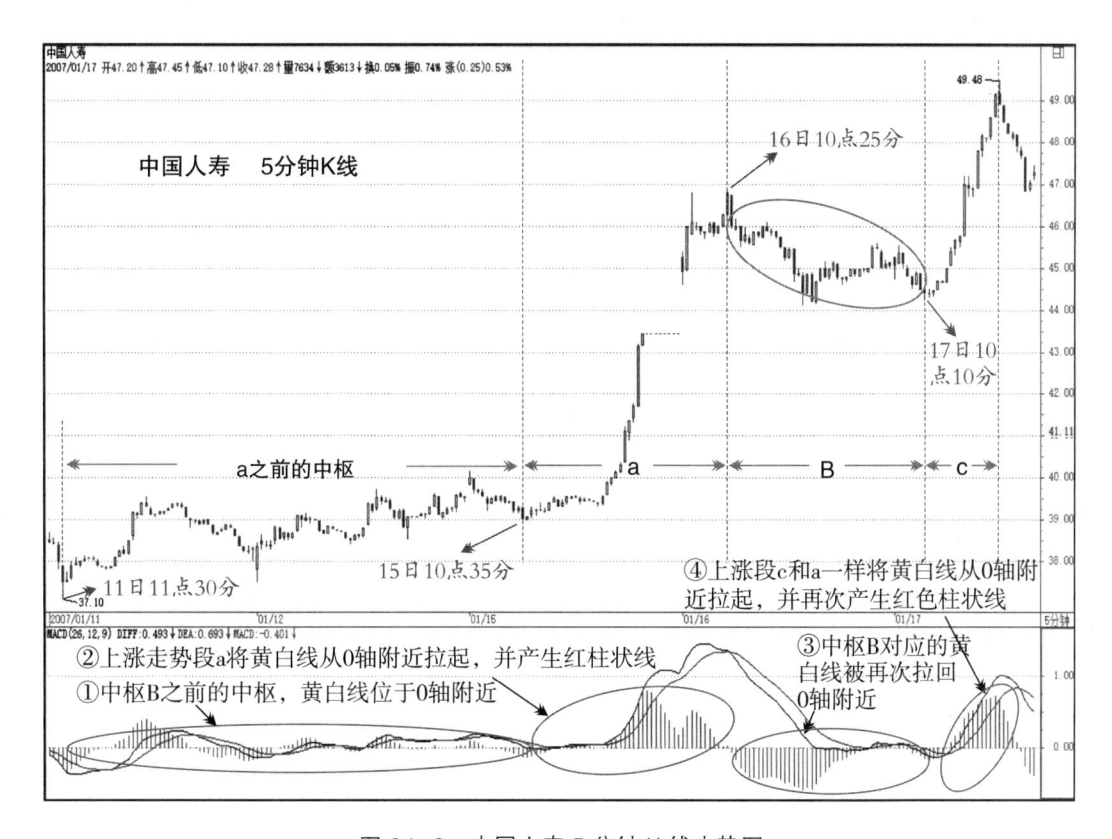

图 24-2　中国人寿 5 分钟 K 线走势图

其后就是 C 段的上涨，其对应的 MACD 红柱子面积明显小于 A 段的，这样的背驰简直太标准了。【深入解析：如图 24-2 所示，本图依然采用区间套看盘方式，具体说明如下：（1）中枢 B 与 a 之前的中枢构成了双中枢的上涨。（2）本图是 5 分钟级别的 K 线图，走势中枢 B 由三段构成，因此是 5 分钟级别。上涨段 a 与 c 是 1 分钟级别的，在本级别表现为一段没有内部细节的线段。（3）c 对应的 MACD 红柱面积小于 a 对应的，背驰成立。注意：课文中统一使用大写字母 A、B、C 来命名，没有区分次级别走势与本级别走势中枢，这里做了区分，如 a、B、c，等等。】

注意，看 MACD 柱子的面积不需要全出来，一般柱子伸长的力度变（慢）[弱]时，【课文解读：表现为红绿柱线的"抽脚"或"缩头"。】把已经出现的面积乘 2，就可以当成是该段的面积。所以，实际操作中根本不用回跌后才发现背驰，在上涨或下跌的最后阶段，判断就出来了，一般都可以抛到最高价位和买在最低价位附近。

上面是一种最标准的背驰判断方法。那么，背驰在盘整中有用吗？首先，为明确起见，一般不特别声明的，背驰都指最标准的趋势中形成的背驰。而盘整用，利用类似背驰的判断方法，也可以有很好的效果。这种盘整中的类似背驰方法的应用，称为盘整背驰 * 判断。

盘整中 [以] 往上的情况为例子，往下的情况反之亦然。如果 C 段不破中枢，一旦出现 MACD 柱子的 C 段面积小于 A 段面积，其后必定有回跌。【深入解析：此处的 A、B、C 是同级不同向的趋势。如果 C 段不升破 A 段的高点，就内部背驰了，即由 A、B、C 形成一个类中枢，则其后必然回跌，构成一个标准的走势中枢。】比较复杂的是如果 C 段上破中枢，但 MACD 柱子的面积小于 A 段的，这时候的原则是先出来。其后有两种情况，如果回跌不重新跌回，就在次级别的第一类买点回补，刚好这反而构成该级别的第三类买点，反之就继续该盘整。

昨天上海的 5 分钟图上，就构成一个标准盘整背驰（见图 24-3）。【课文解读：注意，这里是盘整背驰。】

12 日 14 点 35 [分] 到 16 日 9 点 45 [分] 构成 A 段。

16 日 9 点 45 [分] 到 16 日 13 点 30 [分] 构成 B 段。

16 日 13 点 30 [分] 到 17 日 13 点 05 [分] 构成 C 段。

其中 B 段制造了 MACD 黄白线对 0 轴的回拉，C 段与 A 段构成背驰。【深入

解析： 如图24-3所示，这里是在上证5分钟K线图上进行的缠论同级别分析。A、B、C三段走势都是同级别的上涨或下跌走势，三个走势构成一个盘整结构，C段比A段对应的MACD红柱线面积小，因此盘整背驰。】

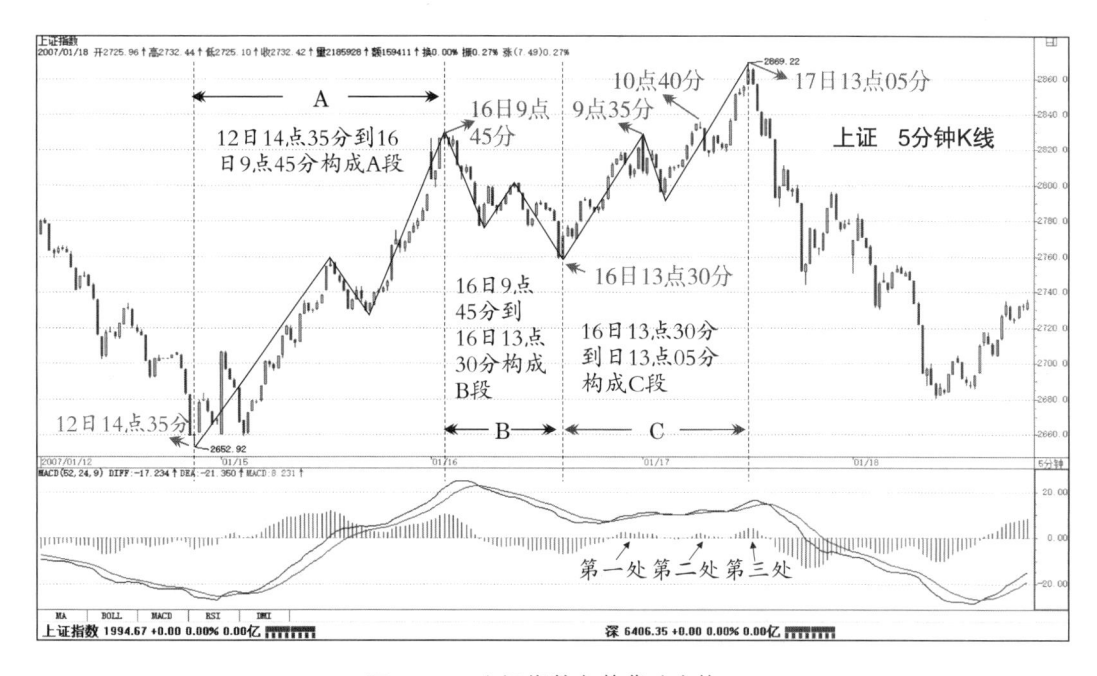

图24-3 上证指数盘整背驰走势一

对C段进行更仔细的分析（见图24-3），9点35[分]的第一（个）[处]红柱，由于并没创新高，所以不构成背驰。10点40[分]的第二（个）[处]红柱子，由于这时候的C段还没有形成一个中枢，根据走势必完美，这C段肯定没完，所以继续。【**深入解析：** 如图24-4所示，9点35分时，C段完全处于B段中，尚不能确定构成一个大的盘整走势，自然不构成盘整背驰。10点40分，C段走势中第三小段走势太弱，和贵州茅台的例子一样，可能会形成一个小级别的中枢，根据走势必完美，这C段肯定没走完，所以继续。】

13点05分，[形成]第三处红柱子，这时候，把三处红柱子的面积加起来，也没有A段两处红柱子面积和大，显然背驰了，所以要走人了。而随后的回跌，马上跌回大的中枢之内，【**深入解析：**"大的中枢"没出现在图24-3上，所以无法发现。图24-5是时间周期跨度更长的上证5分钟K线图，课文中的盘整走势仅仅是图24-5中虚线所示的走势段。当这段走势突破中枢后，走势的内部C对应的MACD红柱面积明显小于A的，走势内部盘整背驰，然后出现回跌，并最终跌回了中枢，所以第三类买点就不存在了。这里提到的"大的中枢",就是如图24-5中方框所示的大级别中枢。】所以不可能有什么第三类买点。不过站在超短线的立场,如果出现次级别的第一类买点,又可以重新介入了。

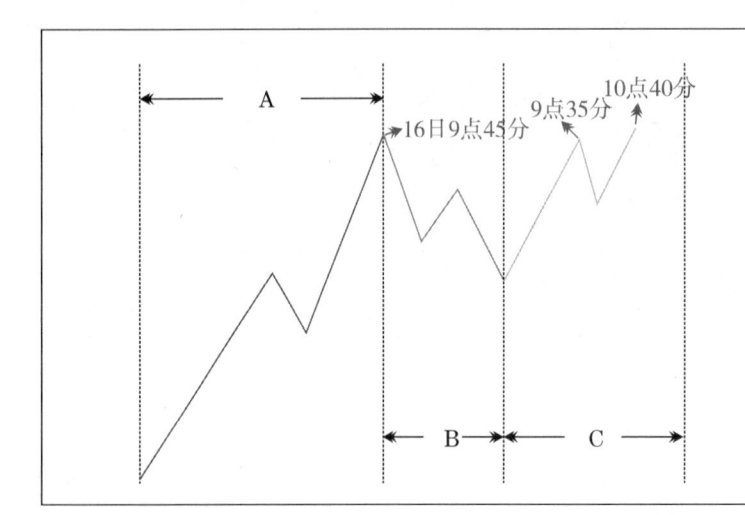

图 24-4　上证指数盘整背驰走势二

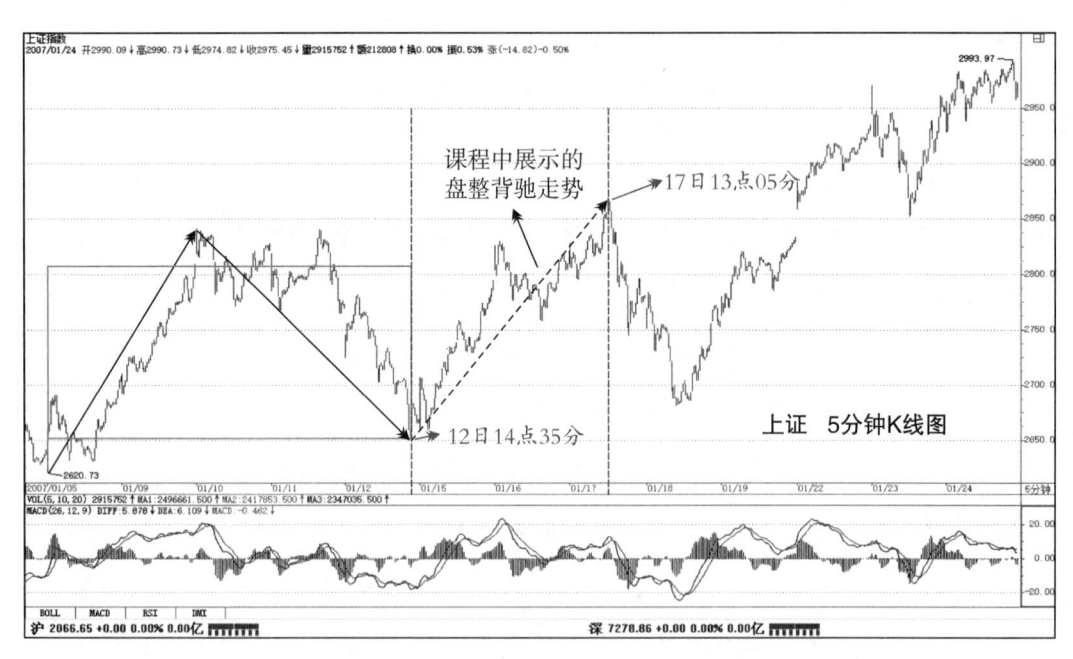

图 24-5　上证指数盘整背驰走势三

那么,有没有盘整背驰后回跌形成第三类买点*的例子,其实这种例子太多了。第三类买点,有一种情况就是这样构成的。例如,000002(万科A)的15分钟图,12月15日10点45分,构成一个盘整背驰(见图24-6),【课文解读:依然采用区间套式看盘方式，图中圆圈处的走势中枢不难理解。】所以要出来，其后的次级别回跌并不重新回到前面的中枢里，就在 18 日 9 点 45 分构成了标准的第三类买点，这时候就该重新回补了。

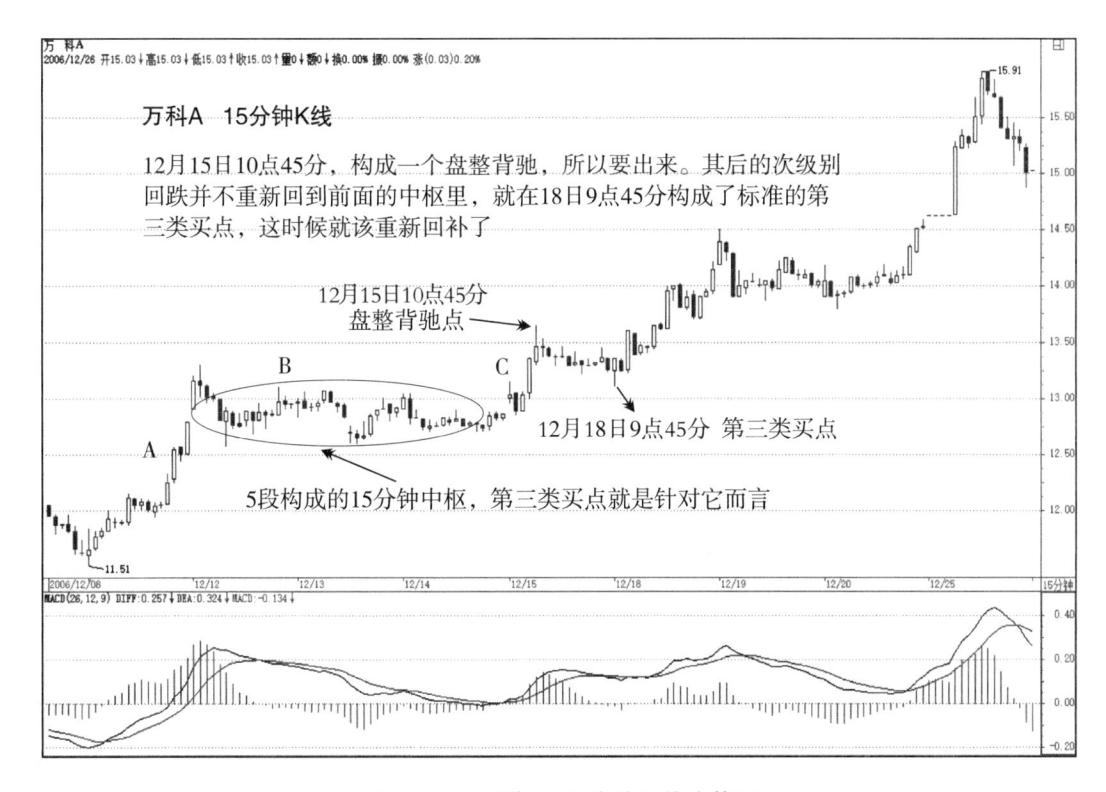

图 24-6　万科 A 15 分钟 K 线走势图

背驰与盘整背驰的两种情况中，背驰是最重要的。一旦出现背驰，其回跌，一定至少重新回到 B 段的中枢里，看看 601628 [中国] 人寿昨天的回跌，就一目了然了。而盘整背驰，一般会在盘整中弄短差时用到，如果其间突破中枢，其回跌必须分清楚上面的两种情况。

必须注意，无论背驰与盘整背驰，只要满足上面相应的标准，其技术上都是绝对的，没有任何的或然。问题不在于这种技术的准确性，而在于操作者判断的准确性。也就是说，必须先把什么是背驰，什么是盘整背驰，它们之间的标准是什么 [搞清楚]。如果连这些都搞不清楚，那是无法熟练应用这项技术的。

必须说明的是，由于 MACD 本身的局限性，要精确地判断背驰与盘整背驰，还是要从中枢本身出发。但利用 MACD，对一般人理解和把握比较简单点，而这已经足够好了。

光用 MACD 辅助判断，即使你对中枢不大清楚，只要能分清楚 A、B、C 三段，其准确率也应该在 90% 以上。而配合上中枢，那是 100% 绝对的，因为这可以用纯数学的推理逻辑地证明。具体的证明，以后会说到。

【深入解析：缠论中有趋势背驰与盘整背驰两种情况，缠中说禅以背驰代表趋势背驰，不太符合日常习惯，以后的解读均以趋势背驰或标准背驰表述。】

学习重点和难点

缠论的两种看盘方式（3）

本课证实了对区间套看盘法的一些认识。首先看一下缠中说禅是怎么说的：日线上向上的背驰制造一个卖点，回跌后，在 5 分钟或 30 分钟 [级别] 出现向下的背驰制造一个买点，然后由这个买点开始，又可以重新上涨，甚至创新高，这是很正常的情况。如图 24-7 所示。

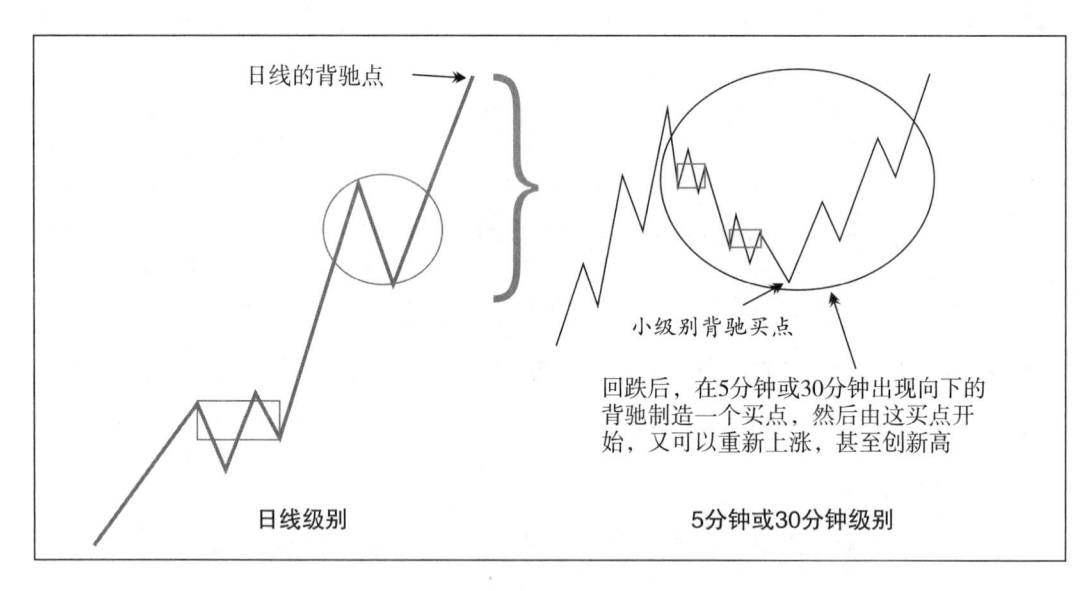

图 24-7 日线背驰对应的小级别可能走势

这句话有两个关键点：其一，日线上的背驰可能造成 5 分钟或 30 分钟级别的背驰下跌，这表明区间套看盘方式中的级别序列并无严格的级别对应关系，日线背驰也可能仅仅对应一个 5 分钟的下跌。其二，某级别背驰并不意味着同级别转折，可以是次级别以下的任何级别。这打破了区间套式看盘方法可以发现大级别买卖点的神话，这种看盘方法只是提供了一种操作思路，增加了买卖成功率而已。

拓展阅读

盘整背驰的两种结构

顾名思义，盘整背驰是在一个盘整走势中出现的背驰。

本课中给出一个盘整背驰的例子，其结构如图 24-8 所示，连接走势 a 与 c 的是一个反方向同级别走势 b。

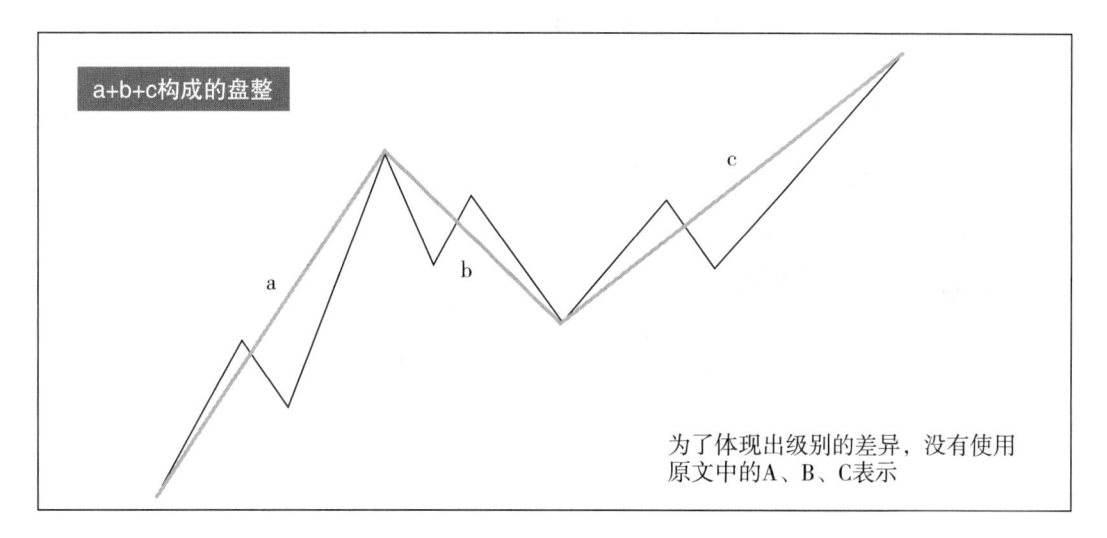

图 24-8　盘整走势结构一

此外，根据盘整的定义，还可以总结出另一种结构的盘整背驰，如图 24-9 所示，连接走势 a 与 c 的是一个高级别中枢 A。

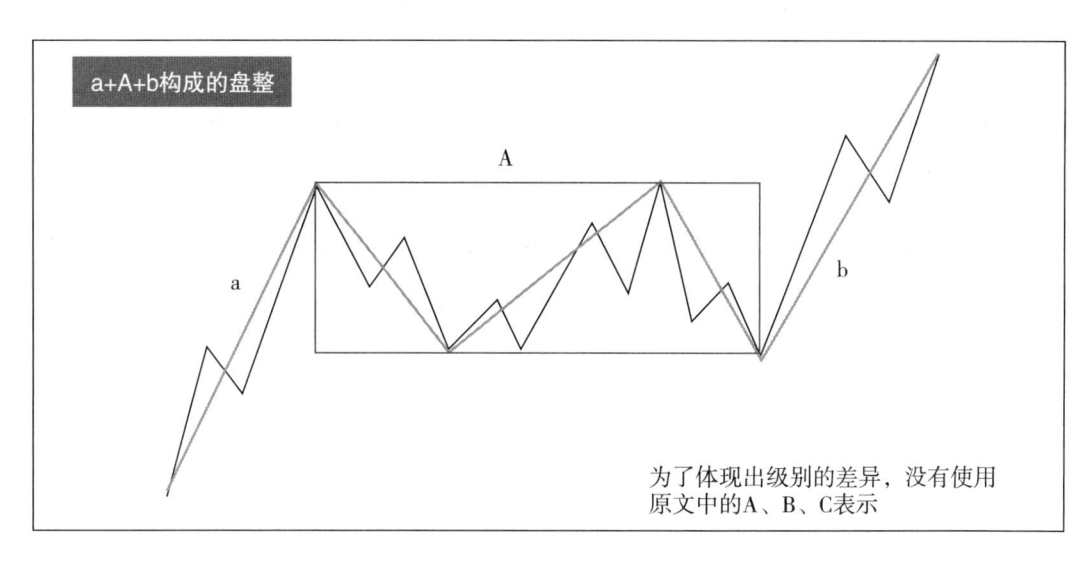

图 24-9　盘整走势结构二

盘整背驰的具体判断方法与标准背驰基本相似，需要注意的是，连接两个走势的反方向走势 b 或中枢 A，应满足把 MACD 黄白线拉回到 0 轴附近的力度要求，然后比较前后走势所对应的 MACD 红绿柱面积，后者面积小于前者则盘整背驰成立。

拓展阅读

盘整背驰与第三类买卖点

首先需要强调一下，标准背驰后是没有第三类买卖点的。比如一个 a+A+b+B+c 的上涨趋势，如果出现标准背驰，则其回跌一定至少重新回到 B 的中枢区间，所以不存在第三类买卖点的情况。

盘整背驰后的走势按调整的力度可以分为两种，如图 24-10 所示。

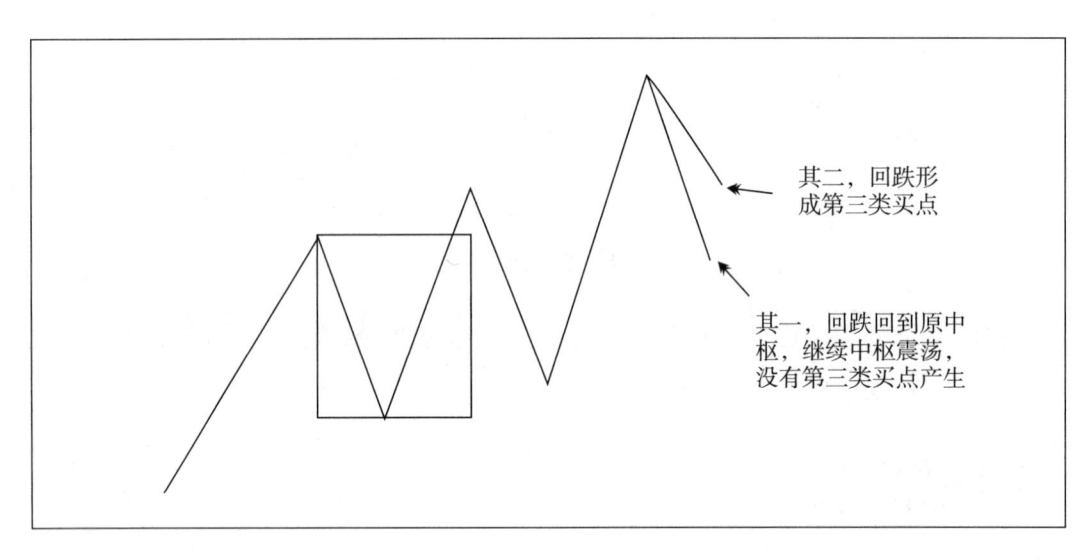

图 24-10　盘整背驰形成第三类买卖点的情况

其一，回跌回到原中枢，则仅仅是中枢震荡，没有产生第三类买点。

其二，回跌形成第三类买点，意味着中枢扩张或新生。

教你炒股票 25

吻，MACD、背弛、中枢

（2007-01-23 15:13:13）

发现很多人把以前的东西都混在一起了，所以先把一些问题再强调一下。所谓的"吻"，是和均线系统相关的。而均线系统，只是走势的一个简单数学处理，说白了，离不开或然率，这和后面所说的中枢等概念是完全不同的，所以一定要搞清楚，不要把均线系统和中枢混在一起了。均线系统，本质上和MACD等指标是一回事，只能是一种辅助性工具。由于这些工具比较通俗，掌握起来比较简单，如果不想太深研究的，可以先把这些搞清楚。

但"学如不及"，对事情如果不能穷根究底，最终都是"犹恐失之"的，【课文解读：缠中说禅这里想表达的意思是：如果只是急着赶进度，最终可能什么也没有得到。】因此，最终还是要把中枢等搞清楚。MACD，当一个辅助系统，还是很有用的。MACD的灵敏度，和参数有关，一般都取用12、26、9为参数，这对付一般的走势就可以了。但一个太快速的走势，1分钟图的反应也太慢了*，如果弄超短线，那就要看实际的走势。

例如，看600779（水井坊）的1分钟图（见图25-1），从16.50元上冲19元的这段，明显是一个1分钟上涨的不断延伸，这种走势如何把握超短的卖点？不难发现，MACD的柱子伸长，和乖离有关，【课文解读：乖离率，简称Y值，是移动平均原理派生的一项技术指标。乖离率的功能主要是通过测算股价在波动过程中与移动平均线出现偏离的程度，从而得出股价在剧烈波动时因偏离移动平均趋势而造成可能的回档或反弹，以及股价在正常波动范围内移动而形成的继续原有趋势的可信度。】大致就是走势和均线的偏离度。

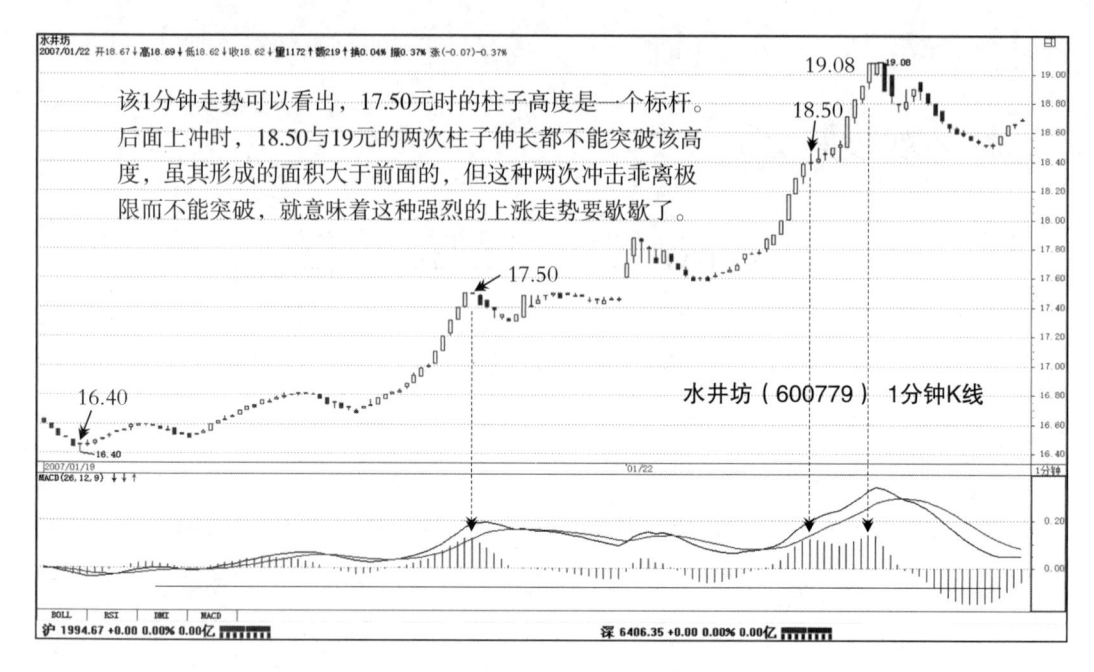

图 25-1　水井坊的强烈上涨走势

打开一个MACD图，首先应该很敏感地去发现该股票MACD伸长的一般高度。在盘整中，一般伸长到某个高度，就一定回去了。而在趋势中，这个高度的一定高点，那也是有极限的。一般来说，一旦触及这个乖离的极限，特别是两次或三次上冲该极限，就会引发因为乖离而产生的回调。这种回调因为变动太快，在1分钟[图]上都不能表现其背驰，所以必须用单纯的MACD柱子伸长来判断。注意，这种判断的前提是1分钟的急促上升，其他情况下，必须配合黄白线的走势来用。

从该1分钟走势可以看出，17.50元时的柱子高度，是一个标杆，后面上冲时，在18.50元与19元分别的两次柱子伸长都不能突破该高度。虽然其形成的面积大于前面的，但这种两次冲击乖离极限而不能突破，就意味着这种强暴的走势，要歇歇了。

还有一种，就是股票不断一字涨停，这时候，由于MACD设计的弱点，在1分钟甚至5分钟[图]上，都会出现一波一波类似正弦波动的走势。这时候不能用背驰来看，最简单，就是用1分钟的中枢来看，【课文解读：这里的1分钟中枢是即时成交价格构成的中枢，其级别比1分钟K线中枢还小。】只要中枢不断上移，就可以不管。直到中枢上移结束，就意味着进入一个较大的调整，然后再根据大一点级别的走势来判断这种调整是否值得参与。如果用MACD配合判断，就用长一点时间的，例如看30分钟[图]。一般来说，这种走势，其红柱子都会表现出这样一种情况，就是红柱子回跌的低点越来越低，最后触及0轴，甚至稍微跌破，然后再次放红伸长，这时候就是警告信号。如果这时候在大级别上刚好碰到阻力位，一旦涨停封不住，出现大幅度的震荡就很自然了。例如600385（ST金泰，见图25-2），在2.92元那涨停，MACD出现一点的绿柱子，然后继续涨停，继续红柱子。而3.28元是前期的日线高位，结果3.22元涨停一没封住，就开始大幅度的震荡。

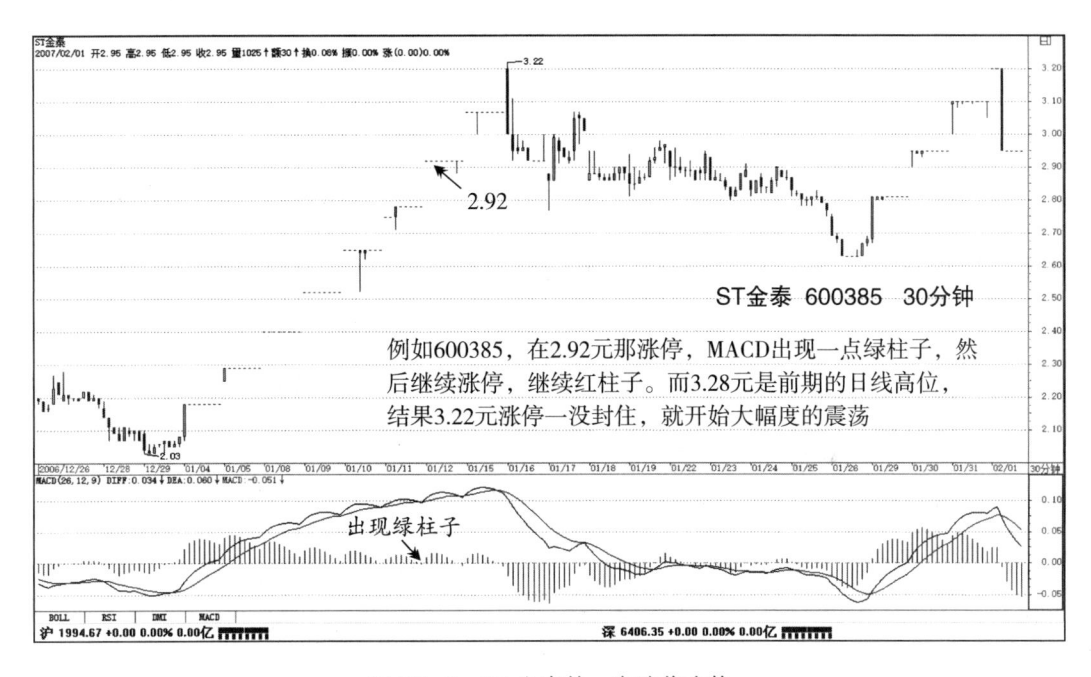

图25-2 ST金泰的一字涨停走势

注意，如果这种连续涨停是出现在第一段的上涨中，即使打开涨停后，震荡结束，形成一定级别的中枢后，往往还有新一段的上涨，必须在大级别上形成背驰，才会构成真正的调整。因此，站在中线的角度，上面所说的超短线，其实意义并不太大，有能力就玩，没能力就算了。关键是要抓住大级别的调整，不参与其中，这才是最关键的。

此外，一定要先分清楚趋势和盘整，然后再搞清楚背驰与盘整背驰。盘整背驰里的三种情况，【深入解析：（1）盘整背驰跌回原中枢，中枢延伸。（2）盘整背驰形成第三类买卖点，其后形成新的、同向同级别走势中枢，即趋势及其延续。

（3）盘整背驰后，虽然形成了第三类买卖点，但其后形成的新中枢震荡区间与原中枢震荡区间有重叠，即走势中枢的级别扩张。】特别是形成第三类买点的情况，一定要搞清楚。注意，盘整背驰出来，并不一定都要大幅下跌，否则怎么会有第三类买点构成的情况。而趋势中产生的背驰，一定至少回跌到 B 段中，这就可以预先知道至少的跌幅。

对背驰的回跌力度，和级别很有关系。如果日线上在上涨的中段刚开始的时候，MACD［黄白线］刚创新高，红柱子伸长力度强劲，这时候 5 分钟即使出现背驰，其下跌力度显然有限，所以只能打点短差，甚至可以不管。而在日线走势的最后阶段，特别是上涨的延伸阶段，一个 1 分钟的背驰足以引发暴跌。这一点必须多级别地综合来考察，绝对不能一看背驰就抛，等跌 50％，世界上哪里有这样的事情。

一般来说，一个标准的两个中枢的上涨，在 MACD 上会表现出这样的形态 *，就是第一段，MACD 的黄白线从 0 轴下面上穿上来，在 0 轴上方停留的同时，形成相应的第一个中枢，同时形成第二类买点。其后突破该中枢，MACD 的黄白线也快速拉起，这往往是最有力度的一段。一切的走势延伸等等，以及 MACD［黄白线］绕来绕去的所谓指标钝化，都经常出现在这一段。这段一般在一个次级别的背驰中结束，然后进入第二个中枢的形成过程中，同时 MACD 的黄白线会逐步回到 0 轴附近。最后，开始继续突破第二个中枢，MACD 的黄白线以及柱子都再次重复前面的过程，但这次，黄白线不能创新高，或者柱子的面积或者伸长的高度不能突破新高，出现背驰，这就结束了这一个两个中枢的上涨过程。明白这个道理，大多数股票的前生后世，一早就可以知道了。

用最近涨得最厉害的一个股票来说明，000572（海马汽车），该股票的力度，其实是和它在日线与周线上出现双重的第二类买点有关，相应地，就有了 MACD［黄白线］双重在 0 轴停留形成第一个中枢的情况。

在周线上（见图 25-3），该股从 2005 年 12 月 9 日到 2006 年 7 月 14 日形成第一段，同时 MACD［黄白线］也回到 0 轴上面。

其后就开始形成第一个中枢，最终在 2006 年 11 月 17 日形成第二类买点，同时，黄白线在 0 轴附近横盘。【深入解析：最标准的第二类买点是上涨后的第一次回调低点，但如果回调形成了走势中枢，则每个中枢低点都可看作是类第二类买点，

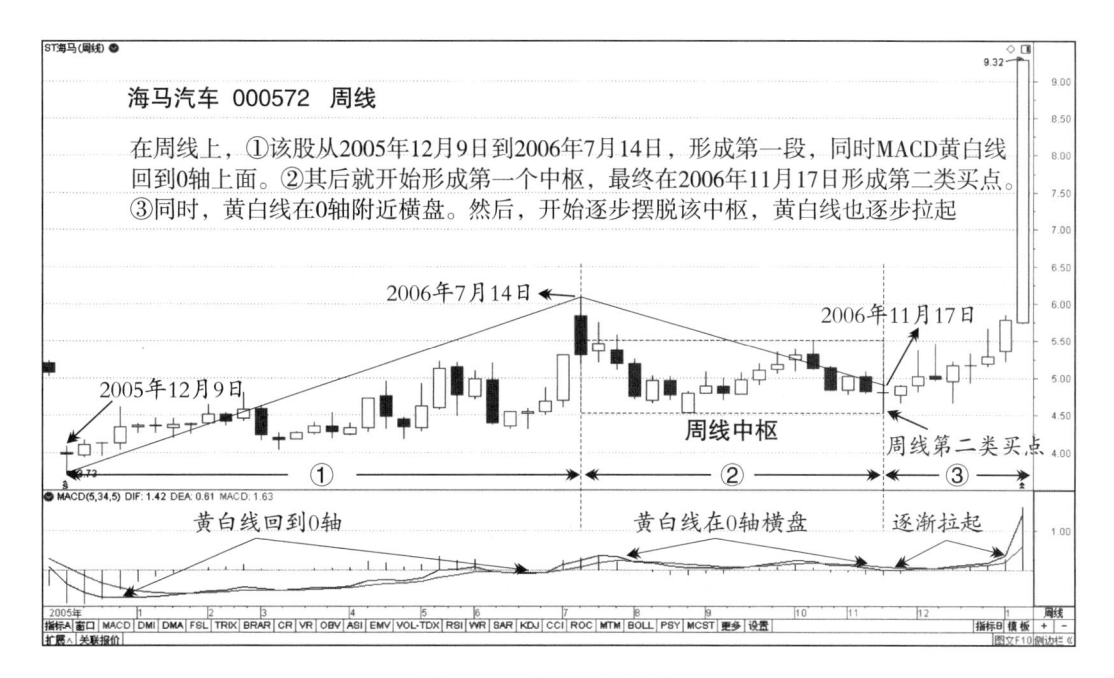

图 25-3 海马汽车走势一

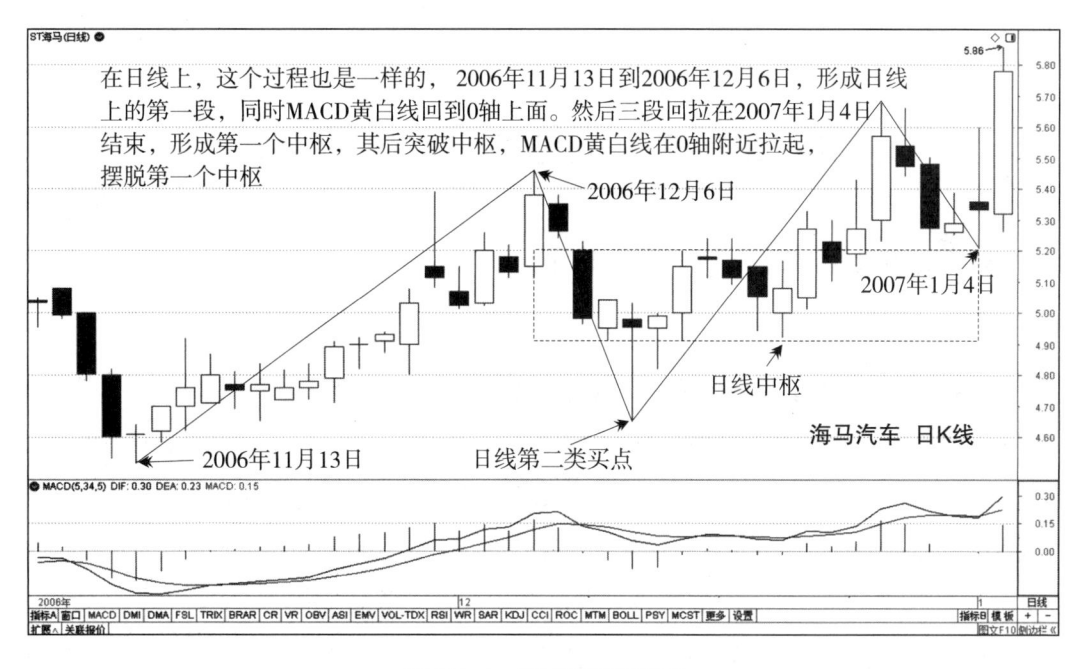

图 25-4 海马汽车走势二

本文就是这种情况。】

然后，开始逐步摆脱该中枢，黄白线也逐步拉起。

在日线上（见图25-4），这个过程也是一样的。2006年11月13日到2006

年 12 月 6 日，形成日线上的第一段，同时 MACD［黄白线］回到 0 轴上面。

然后三段回拉在 2007 年 1 月 4 日结束，形成第一个中枢。其后突破中枢，MACD［黄白线］在 0 轴附近拉起，摆脱第一个中枢。该股以后的走势就很简单了，首先形成一个至少是日线级别的新中枢，同时 MACD［黄白线］回抽 0 轴；然后再突破，出现背驰，构成一个大调整，从而导致一个至少周线以上级别的中枢，使得 MACD［黄白线］出现回拉 0 轴；然后再拉起来，出现背驰。其后的调整就大了去了，至少是月线级别的。

必须注意，MACD［黄白线］在 0 轴附近盘整以及回抽 0 轴所形成的中枢，不一定就是相应级别的中枢，而是至少是该级别的中枢。例如日线 MACD［黄白线］的 0 轴盘整与回拉，至少构成日线的中枢，但也可以构成周线的中枢，这时候就意味着日线出现三段走势。

拓展阅读

极端走势下 MACD 指标的使用方法

1. 小级别强劲走势下 MACD 指标的用法

小级别：软件设定的最小级别一般为 1 分钟级别（有些软件可提供秒级 K 线）。

1 分钟以上级别可参考次级别的 K 线图，没必要采用下面的方式进行操作。

强劲走势的定义：整个走势中 MACD 黄白线一直无法触及 0 轴，意味着在 K 线图级别上没有发生背驰，走势一直延续。这种本级别走势无法使用常规的 MACD 指标找出缠论背驰点，又没有次级别可供参考的情况下，就要用到 MACD 指标的超买超卖乖离度指标判断买卖点。

MACD 指标除了可以利用黄白线与 0 轴的位置关系作为趋势指标，利用柱线的收敛与发散作为震荡指标使用外，还可以利用 MACD 红绿柱线的极限长度，作为超买或超卖的乖离度指标，因此被称为"指标之王"。

系统默认红绿柱线的长度是快慢线的 2 倍差值，代表了多空力度的相对强度。不同个股的柱线极限值受到股权结构、交易习惯等因素的影响，有一定的惯性，可以笼统地将它看作股性活跃度指标。

图 25-1 所示的水井坊，因两次冲击乖离极限而不能有效突破，随后出现回调走势。

2. 涨（跌）停走势下的 MACD 指标用法

由于 MACD 指标设计时未考虑到中国股市的涨跌停板制度，因此出现涨跌停板后指标严重失真，此时不能简单地利用背驰等指标来操作。造成这种困扰的原因，需从 MACD 红绿柱线的产生方式入手分析。

以上涨为例，柱线的长度取决于快慢线的差值。快慢线数值都与快线的计算方式有关，当股价涨停时，用以计算快线的长、短周期值的差值逐渐趋近并最终等于 0。根据 MACD 计算公式，快线比慢线衰退的更加迅速，所以表现为红柱线迅速收缩，并产生绿柱，最终红绿柱线均消失，黄白线停留在 0 轴上。

图 25-5 为巴比食品上市之初的 1 分钟 K 线走势。按中国股市惯例，每天股票开盘时涨停，红柱线爆出。随着涨停的幅度加大（同为 10%，但基数每天增加），红柱线越来越长。涨停板后红柱线开始收敛并产生绿柱，最终快慢线全部归零，红绿柱线消失，结束一天的交易。

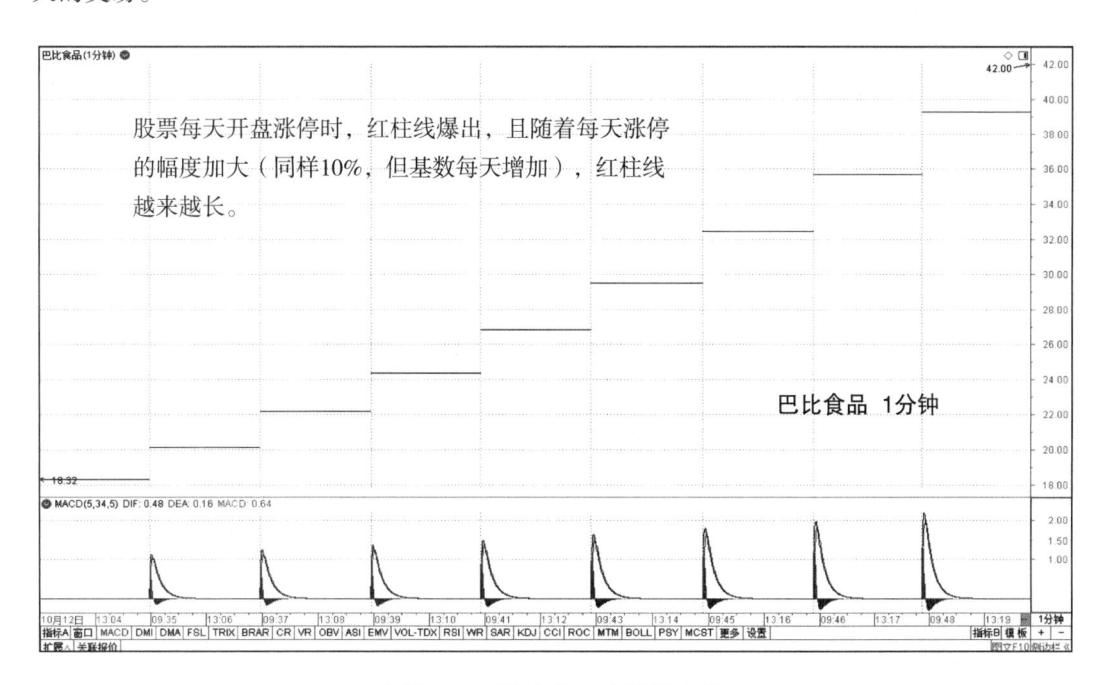

图 25-5 巴比食品一字涨停走势一

遇到这种一字板上涨的股票，一方面可以以涨跌停板价格作为最小的中枢来看，只要中枢不断上移，就可以不管。直到中枢上移结束，意味着进入一个较大的调整，然后再根据大一点级别的走势来判断这种调整是否值得参与。

另外，也可以直接使用大级别的 K 线图，图 25-6 是巴比食品的 30 分钟 K 线图，这样得到一个变化相对缓慢的 MACD 红绿柱线图形，分析时更直观。

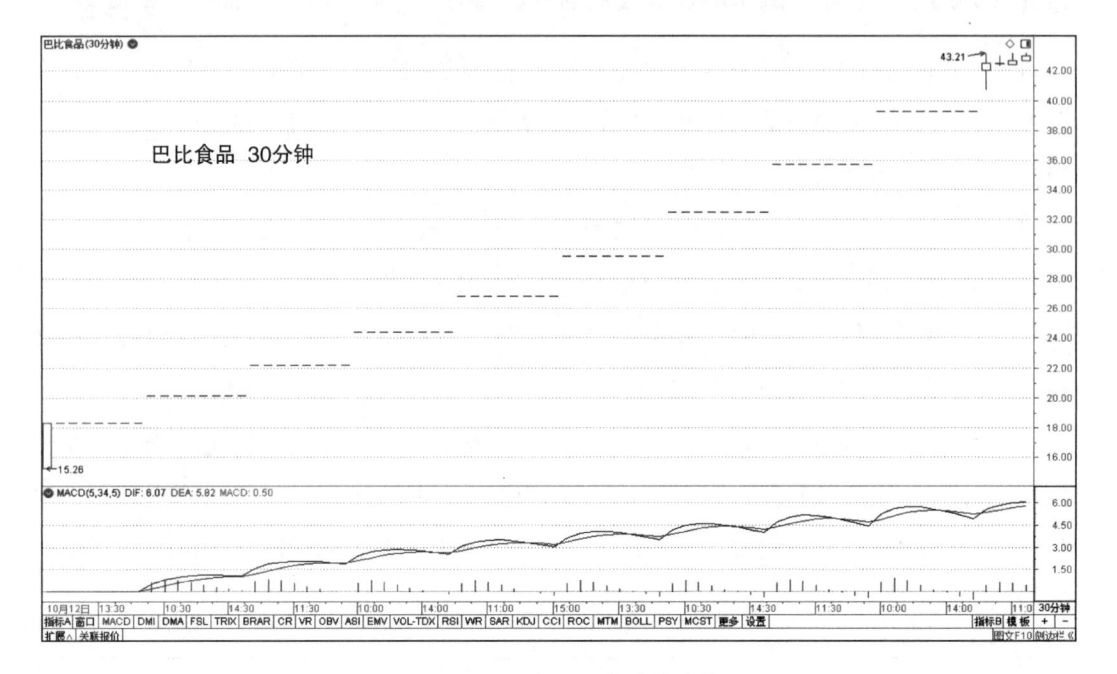

图 25-6　巴比食品一字涨停走势二

拓展阅读

趋势背驰的 MACD 指标表现

为了更好地理解缠论走势与 MACD 指标的关系，下面以一段双中枢的上涨走势为例，简单描述一下。

如图 25-7 所示，最简单的上涨走势可以简化为 a+A+b+B+c，其中的 a、b、c 为次级别及以下级别走势，A、B 为本级别的走势中枢。

为了绘制方便，黄白线用一根线代表。这样一段具有双中枢的上涨走势，MACD 黄白线的常规表现如下：

a——黄白线从 0 轴下方上穿过来。

A——黄白线停留在 0 轴附近，并围绕 0 轴上下震荡。

b——黄白线由 0 轴急速拉起，走出最有力度的一段上涨。

B——黄白线回拉 0 轴，围绕 0 轴上下震荡。

c——黄白线从 0 轴再次拉起，但力度低于 b 段，形成标准背驰，从而宣告这段趋势终结。

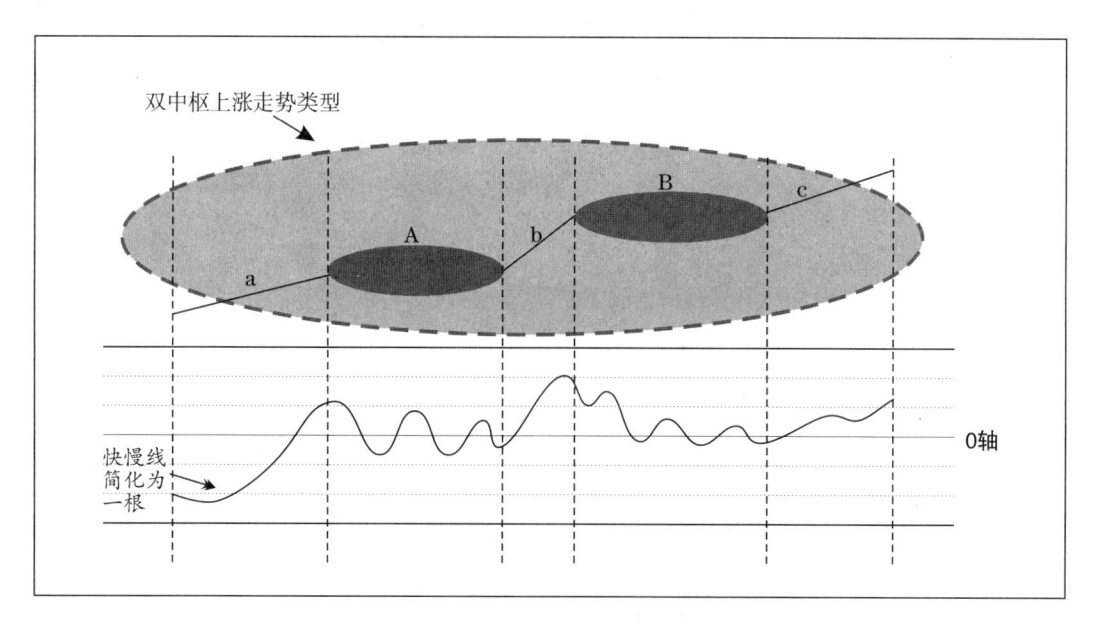

图 25-7　上涨走势时 MACD 指标呈现的状态

教你炒股票 26

市场风险如何回避

（2007-01-30 15:09:57）

在对中枢进行更深入的分析之前，先写这一章。注意，这不是粗略地谈论市场风险*的回避问题，而是对这个问题进行一个根本性的分析。

首先要搞清楚，什么是市场的风险。有关风险，前面可以带上不同的定性，政策风险、系统风险、交易风险、流通风险、经营风险，等等。但站在纯技术的角度，一切风险都必然体现在价格的走势上。所有的风险，归根结底，最终都反映为价格波动的风险。例如，某些股票市盈率很高，但其股价就是涨个不停，站在纯技术的角度，只能在技术上衡量其风险，而不用考虑市盈率之类的东西。【深入解析：技术分析直面股价走势，所有的风险都在走势上反映出来了。】

本 ID 理论成立的一个最重要前提，就是被理论所分析的交易品种必须是在可预见的时间内能继续交易的。例如，一个按日线级别操作的股票，如果一周后就停止交易，那就没意义了，因为这连最基本的前提都没有了。当然，如果你是按 1 分钟级别去交易，那一周后停止交易的股票即使有风险，也是技术上可以控制的。唯一不能控制的就是，不知道交易什么时候被突然停止，这种事情是技术上的最大死穴。本 ID 的理论也不是万能的，唯一不能的地方，就是突然会被停止交易，理论成立的前提没有了。当然，有一种更绝的就是交易不算了，这和停止交易是一个效果。这绝对不是天方夜谭，在不成熟的市场里一点都不奇怪。例如那著名的 327 事件*，本 ID 肯定是那次事件的最大冤家。本 ID 当天在高位把一直持有多天的多仓平了，因为按技术肯定要回调。在最后万国发疯打跌停时，本 ID 又全仓杀进去开多仓，价位 14.50 元。结果第二天竟然[宣布交易]不算，幸亏本 ID 反应快，在别的品种封停前抢进去了。后来都集中到 319 上，【课文解读：319、327 都是国债期货合约代号，非具体某日。】一直持有到 190 附近平仓，然后马上转到股票上。刚买完，第二天就公布停国债期货，股市从 500 多点三天到 900 多点。所以本 ID 对国债期货是很有感情的，最主要是一次被不算了。幸亏当时守纪律，不贪小便宜开空仓，否则就麻烦大了。还有就是最后一天走掉，免去了最后的所有麻烦，还赶了一个股票的底。当时所谓的大户室里，都是有人专门报单的，直接打给场内的红马甲，行情不忙的时候还可以和红马甲聊天，确实人性化，不像现在都基本是电脑对电脑，一点意思都没有。本 ID 是刚上大学就开始炒股票，天天往证券部去，年龄不大，股龄可长了去了。可怜大学基本没上过一堂课，除了考试，基本就没见过老师，各位千万别学。

说了那么多，只是想说明一个道理，像交易不算，突然停止交易等，并不是本 ID 的理论可以控制的。像本 ID 最后一天在 319 平仓，决不是看图来的，只是 327 不算的经历，使得本 ID 受到严重教训，对当时那些管理层采取坚决不信任的态度，先出来免得又来一次不算而已。但只要交易延续，交易是算的，那么本 ID 的理论就没有任何盲点需要特别留意了。所以，在应用本 ID 的理论时，唯一需要提防的风险就是交易能否延续以及是否算数。对那些要停止交易的品种，最好别用什么理论了，直接去赌场算了。至于停牌之类的，不影响理论对风险的控制。其他的一切风险，必然会反映在走势上。而只要走势是延续的，不会突然被停止而永远没有了，那一切的风险都在本 ID 的理论控制之中，这是一个最关键的结论，应用本 ID 的理论，是首先要明确的。【课文解读：交易品种在可预见的时间内能继续交易是使用缠论的前提。】但更重要的是，停止交易不是因为市场的原因，而是因为自身。任何的交易都必须有钱，也就是交易的前提是先有钱。一旦钱是有限期的，那么等于自动设置了一个停止交易的时限，这样的交易，是所有失败交易中最常见的一种。以前很多人死在透支上，其实就是这种情况。任何交易的钱，最好是无限期的。如果真有什么限期，也是足够长的，这是投资中极为关键的一点。一个有限期的钱，唯一可能就是把操作的级别降到足够低，这样才能把这个限期的风险尽量控制，但这只是一个没有办法的办法，最好别出现。

有人可能要问，如果业绩突然不好或有什么坏消息怎么办？其实这种问题没什么意义。即使在成熟市场里，这类的影响都会事先反映在走势上，更不用说在中国社会里，什么消息可以没有任何人事先知道？你不知道不等于别人不知道，你没反应不等于别人没反应。而这一切，无论你知道与否，都必然会反映到走势上，等消息明朗，一切都晚了。走势是怎么出来的？是用钱堆出来的！在这资本的社会里，又有什么比用实在的钱堆出来的更可信？除了走势，又有什么是更值得相信的？而那些更值得相信的东西，又有哪样不是建筑在金钱之上的？资本市场就是一个金钱的游戏，除了钱，还是钱。只有钱是唯一值得信任的，而钱在市场上运动的轨迹，就是走势，这是市场中唯一可以观察与值得观察的东西。一切基本面、消息面等的分析，最终都要落实到走势上，要让实在的钱来说话，否则都是自渎而已。只要有钱的运动，就必然留下轨迹，必然在走势上反映出来。市场中，唯一的活动，其实就是钱与股票的交换运动。股票就是废纸一张，什么基本面分析，这价值那价值的，归根结底都是胡诌。股票就是废纸，唯一的功能就是一张能让你把一笔钱经过若干时间后合法地换成另一笔钱的凭证。交易的本质就是投入一笔钱，在若干时间后换成另一笔钱出来，其中的凭证就是交易的品种。本质上，任何东西都可以是交易品种，所谓股票的价值，不过是引诱你把钱投进来的诱饵。应用本 ID 理论的人，绝对要首先认清楚这一点。对于你投入的钱来说，那些能让你在下一时刻变成更多的钱出来的凭证就是有价值的。如果有一个机器，只要你投 1 块钱，1 秒钟后就有 1 万亿块钱出来，那傻瓜才炒股票。可惜没有这机器，所以只能在资本市场上玩。而市场上，对任何的股票都不值得产生感情，没有任何股票可以给你带来收益，能给你带来收益的是你的智慧和能力，那种把钱在另一个时间变成更多钱的智慧和能力。股票永远是孙子，被股票所转的，就连孙子都不如了。

  同理，市场的唯一风险就是你投入的钱在后面的时刻不能用相应的凭证换成更多的钱。除此之外，一切的风险都是狗屁风险。但任何的凭证，本质上都是废纸，以 0 以上的任何价格进行的任何交易都必然包含风险，也就是说，都可能导致投入的钱在后面的某一时刻不能换回更多的钱，所以，交易的风险永远存在。那么，有什么样的可能，使得交易是毫无风险的？唯一的可能，就是你拥有一个负价格的凭证。什么是真正的高手、永远不败的高手？就是有本事在相应的时期内把任何的凭证变成负价格的人。对于真正的高手来说，交易什么其实根本不重要，只要市场有波动，就可以把任何的凭证在足够长的时间内变成负价格。本 ID 的理论，本质上只探讨一个问题，如何把任何价格的凭证，最终都把其价格在足够长的时间内变成负数。**【课文解读：此乃缠论高手的定义。】**

任何的市场波动，都可以为这种让凭证最终变成负数的活动提供正面的支持，无论是先买后卖与先卖后买，效果是一样的。但很多人就只会单边运动，不会来回动，这都是坏习惯。市场无论涨还是跌，对于你来说永远是机会，你永远可以在买卖之中。只要有卖点，就要卖出，只要有买点就要买入，唯一需要控制的，就是量。即使对于本 ID 这样的资金量来说，1 分钟的卖点本 ID 也会参与，只是可能就只卖 5 万股。跌回来 1 分钟买点买回来，差价就只有 1 毛钱，整个操作就除了手续费可能只有 4000 元的收入。但 4000 元不是钱？够一般家庭一个月的开销了。而更重要的是，这样的操作能让本 ID 的总体成本降低即使是 0.000000001 分，本 ID 也必须这样弄。所以，对于本 ID 来说，任何的卖点都是卖点，任何的买点都是买点，本 ID 唯一需要控制的只是买卖的量而已。级别的意义，其实只有一个，基本只和买卖量有关。日线级别的买卖量当然比 1 分钟级别的要多多了，本 ID 可以用更大的量去参与买卖，例如 100 万股，1000 万股，甚至更多。对于任何成本为正的股票，本 ID 永远不信任，只有一个想法，就是要尽快搞成负数的。对权证也不例外。例如已经停掉的某认购权证，本 ID 最终在最后几天上涨到 1 块多完全出掉时，当时的成本是负的 2 块 8 毛多。注意，本 ID 的仓位是一直不变的，最开始多少就是多少，上上下下，卖点的时候变少，买点的时候又恢复原来的数量，但绝对不加仓，一开始就买够。

因此，站在这个角度，股票是无须选择的。唯一值得选择的，就是波动大的股票，而这个是不能完全预测的，就像面首的行与不行，谁知道下一次怎么样？对于本 ID 来说，市场从来没有任何的风险，除非市场永远一条直线。当然，对于资金量小的投资者，完全可以全仓进出，游走在不同的凭证之间。这样的效率当然是最高的，不过这不适用于大资金。大资金不可能随时买到足够的量。一般来说，本 ID 只在月线、最低是周线的买点位置进去。追高是不可能的，这样会让变负数的过程变得太长。而且都是在庄家吸得差不多时进去，一般都是二类或三类买点，这样可以骗庄家打压给点货，从散户手里买东西太累。一般不在月线的第一类买点进去，这样容易自己变庄家了。对于庄家来说，本 ID 是最可怕的敌人，本 ID 就像一个吸血的机器，无论庄家是向上向下，都只能为本 ID 制造把成本摊成负数的机会，他无论干什么都没用。庄家这种活，本ID早不干了，本ID只当庄家的祖宗。庄家，无论是谁，只要本ID看上了，就要给本ID进贡。

一笔足够长的钱+本ID理论的熟练运用=战无不胜。市场，哪里有什么风险？

深入解析

市场风险分析

这一课是分析市场风险的，风险也可以分类，并分别加以对待。

1. 普通风险

政策风险、系统风险、交易风险、流通风险、经营风险等同属此类。

缠论属于技术分析理论范畴，它直面股价走势，上述风险都反映在股价走势图上，所以只要不突然停止交易就可以避免。

停止交易是技术分析理论的死穴，必须避免。有两种可能会导致这种情况：（1）交易使用的资金有期限；（2）上市公司基本面恶化甚至涉及犯罪，由此导致停牌或退市。

2. 市场波动带来的风险

绝大多数人的买卖记录，就好像在某只股票连绵不断的K线图上做截图游戏。某一时刻选取了截图的起点后，不管中途股价走势如何变化，默默地等待结束点的到来，最终得到或输或赢的结果，这一切都像在做一种基于概率的投机游戏。

有时判断错了股票的未来走势，自然得到输的结果。但还有很多时候判断对了股票的未来走势却做错了，因为无论买入理由多么充分，股票如何优秀，股价也不会一往无前。走势总是九曲十八弯，其间充斥无数的回调、震荡。造成回调、震荡的原因可以是系统性的、政策性的、基本面的，等等，这些真真假假、原因各异的"坑"，时刻考验着投资人，最终胜利者总是凤毛麟角，波动成为交易最大的风险。

上述风险可以使用资金管理加以应对。

在一个比较大的级别介入后，可以利用小级别走势中的波动高抛低吸，动态地降低股票成本，这样就解决了股价波动带来的风险问题。

这比较像在网游中拥有"吸血"属性的武器一样，它的作用是将对怪兽的伤害按百分比转化为自身的血量。当你的伤害够高或怪物的攻击力不强时，打怪完全可以不掉血，获胜只是时间问题。

唯一需要控制的就是量，可以按照不同级别分配不同的仓位。这样市场无论是涨还是跌，永远都是机会，永远可以在买卖之中，只要有卖点就卖出，只要有买点就买入。

拓展阅读

"327"事件回顾

1. 事件背景

"327"是"92（3）国债06月交收"国债期货合约的代号，对应1992年发行、1995年6月到期兑付的三年期国库券，该券发行总量是240亿元人民币。

国债的转让流通起步于1988年。1990年以前，国库券一直是靠行政分配方式发行的。1990年，才形成全国性的二级市场。个人投资者普遍把国债作为一种变相的长期储蓄存款，很少有进入市场交易的兴趣。这种现象一直持续到1992年，当时中国国债的发行极其困难。

通过多次国际考察，决策者对国际金融市场有了较多的了解，感觉应当创新金融工具。在当时的体制框架和认识水平上，开展股票指数期货交易是不可能的，而国债的发行正受到国家的大力鼓励。借鉴美国的经验，1992年12月28日，上海证券交易所首次设计并试行推出了12个品种的国债期货合约。

国债期货试行的两周内，交易极为清淡，仅成交19口。1993年7月10日，情况发生了历史性的变化。这一天，财政部颁布了《关于调整国库券发行条件的公告》，公告称，在通货膨胀居高不下的背景下，政府决定参照中央银行公布的保值贴补率给予一些国债品种保值补贴，国债收益率开始出现不确定性，国债期货市场的炒作空间扩大了。

所谓的保值补贴就是保值贴息。由于通货膨胀带来人民币贬值，从而使国债持有者的实际财富减少，为了补偿国债持有人的这项损失，财政部拿出一部分钱增加国债利息，称之为保值贴息。从经济学的角度来看，保值贴息应该与通货膨胀率的实际值相等。按照国际惯例，大多数国家（包括2012年的中国）已经取消了这一补贴，原因在于，国债购买者在购买时应当自行预见金融产品收益的不确定性。

2. 事件起因

20世纪90年代中期，国家开放了国债期货交易试点，采用国际惯例，实行保证金制度。

虽然保证金比例大大高出了1%的国际标准，但2.5%的保证金比例仍然把可交易量扩大到了40倍，有效提高了国债期货产品的流动性。

期货价格主要取决于相应现货价格预期，因此影响现货价格的因素也就成了期货市场的炒作题材。具体到影响1992年三年期国债现券价格的主要因素有以下几种。

基础价格：92（3）现券的票面利率为9.5%，如果不计保值和贴息，到期本息之和为128.50元。

保值贴补率：92（3）现券从1993年7月11日起实行保值，其中1995年7月份到期兑付时的保值贴补率的高低，影响92（3）现券的实际价值。

贴息问题：1993年7月1日，人民币三年期储蓄存款利率上调至12.24%，这与92（3）现券的票面利率拉出了2.74个百分点的利差。而1994年7月10日财政部发布的公告，仅仅规定了92（3）等国债品种将与居民储蓄存款一样享受保值贴补，并未说明92（3）现券是否随着储蓄利率的提高进行同步调整。因此，92（3）现券是否加息成为市场一大悬念，直接影响92（3）现券的到期价值。

1995年新券流通量的多寡，也直接影响92（3）期券的炒作。上海证交所采用混合交易制度，如果新券流通量大，且能成为混合交收的基础券种，那么，空方将有更多的选择余地，市场将有利于空方。如果相反，则对多方有利。

这些价格的不确定因素，为92（3）国债期货的炒作提供了空间。

3. 事件发展

1995年，国家宏观调控提出三年内大幅降低通货膨胀率的措施。到1994年底、1995年初，通胀率已经被控下调了2.5%左右。与此同时，在1991-1994的三年时间里，中国通胀率一直居高不下，保值贴息率一直在7%~8%的水平上。根据这些数据，时任万国证券总经理，有中国证券教父之称的管金生预测，"327"国债的保值贴息率不可能上调，即使不下降，也应维持在8%的水平。按照这一分析，"327"国债将以132元的价格兑付。因此，当市价在147~148元波动的时候，万国证券联合辽宁国发集团公司（简称"辽国发"），成为市场空头主力。

另外一边，隶属于财政部的中国经济开发信托投资公司（简称"中经开"）成了多头主力。有理由认为，他们当时已经知道财政部将上调保值贴息率。

1995年2月23日，财政部发布公告称，"327"国债将按148.50元兑付，空头判断彻底错误。当日，中经开率领多方借利好大肆买入，将价格推到了151.98元。随后辽国发的高岭、高原兄弟在形势对空头极其不利的情况下由空翻多，将其50万口空单迅速平仓，反手买入 50 万口做多，"327"国债在 1 分钟内上涨了 2 元。这对于万国证券意味着一个沉重打击——60 亿元人民币的巨额亏损。管金生为了维护自身利益，在收盘前 8 分钟，做出避免巨额亏损的疯狂举措：大举透支卖出国债期货，做空国债。

从 16 点 23 分开始，在手头并没有足够保证金的前提下，空方突然发难，先以 50 万口把价位从 151.30 元打到 150 元，然后又把价位打到 148 元，最后一个 730 万口的巨大卖单把价位打到 147.40 元。这笔 730 万口卖单面值 1460 亿元，使当日开仓的多方全部爆仓。由于时间仓促，多方根本来不及反应，使得这次激烈的多空绞杀战终于以万国证券盈利而告终。而以中经开为代表的多头，则出现了约 40 亿元的巨额亏损。

4. 事件处理结果

面对这次异常交易事件，1995 年 2 月 23 日晚上 10 点，上交所经过紧急讨论，之后宣布：1995 年 2 月 23 日 16 点 22 分 13 秒之后的所有交易无效，当日"327"品种的收盘价为违规交易前最后成交的一笔交易价格 151.30 元。经此调整，当日国债成交额为 5400 亿元。也就是说，当日收盘前 8 分钟内空头的所有卖单无效，"327"产品兑付价由会员协议确定。上交所的这一决定，使万国证券的尾盘操作收获瞬间化为泡影，万国证券因此亏损 56 亿元人民币，濒临破产。

"327"事件震撼了中国证券期货界，"民间"（英国金融时报说法）将 1995 年 2 月 23 日称为中国证券史上最黑暗的一天。

1995 年 9 月 20 日，国家监察部、中国证监会等部门公布了对"327 事件"的调查结果和处理决定。决定说，"这次事件是一起在国债期货市场发展过快、交易所监管不严和风险控制滞后的情况下，由上海万国证券公司、辽宁国发（集团）公司引起的国债期货风波。"决定认为，上交所对市场存在过度投机带来的风险估计严重不足，交易规则不完善，风险控制滞后，监督管理不严，致使在短短几个月内屡次发生严重违规交易引起的国债期货风波，在国内外造成极坏的影响。

"327"国债期货事件之后，各交易所采取了提高保证金比例，设置涨跌停板等措施以抑制国债期货的投机气氛。但因国债期货的特殊性和当时的经济形势，交易中仍然风波不断，并于当年 5 月 10 日再次酿出"319"风波。鉴于中国当时不具备开展国债期货交易的基本条件，1995 年 5 月 17 日，中国证监会作出了暂停国债期货交易试点的决定。至此，中国第一个金融期货品种宣告夭折。

"327"国债券期货事件无疑对金融市场的发展产生了巨大影响，以至于股指期货到 2010 年才正式推出，而新的国债期货到 2013 年 9 月才在中国金融期货交易所上市交易。

教你炒股票 27

盘整背驰与历史性底部

（2007-02-02 15:11:27）

趋势，一定有至少两个同级别中枢。对于背驰来说，肯定不会发生在第一个中枢之后，肯定是至少第二个中枢之后。对于那种延伸的趋势来说，很有可能在发生第 100 个中枢以后才背驰。当然，这种情况，一般来说，一百年见不到几次。第二个中枢后就产生背驰的情况，一般占了绝大多数，特别在日线以上的级别，这种就几乎达到 90% 以上。因此，如果形成一个日线以上级别的第二个中枢，就要密切注意背驰的出现。而在小级别中，例如 1 分钟的情况下，这种比例要小一点，但也是占大多数。一般四五个中枢以后才出现背驰的，都相当罕见了。

如果在第一个中枢就出现背驰，那不会是真正意义上的背驰，只能算是盘整背驰*。其真正的技术含义，其实就是一个企图脱离中枢的运动，由于力度有限，被阻止而（出现）[重新]回到中枢里。【**深入解析**：这就是缠中说禅以中枢数量区分盘整与趋势的内在因素。】

一般来说，小级别的盘整背驰，意义都不太大，而且必须结合其位置 [分析]。如果是高位，那风险就更大了，往往是刀口舔血的活动。但如果是低位，那意义就不同了，因为多数的第二、三类买点，其实都是由盘整背驰构成的。而第一类买点，多数由趋势的背驰构成。

一般来说，第二、三类的买点（见图 27-1），都有一个三段的走势，第三段往往都破点第一段的极限位置，从而形成盘整背驰。【**字斟句酌**：如图 27-1 所示，因第三段破第一段的极限位置才能形成盘整背驰，故缠中说禅有此一说。其实第二类买卖点不破第一类买卖点极限位置的居多。】注意，这里是把第一、三段看成两个走势类型之间的比较，这和趋势背驰里的情况有点不同。这两个走势类型是否一定是趋势,都问题不大,两个盘整在盘整背驰中也是可以比较力度的。【深入解析:(1)趋势背驰的c段必须为次级别的趋势,这一点后面会讲。(2)这里的两个盘整走势不是同级别的盘整走势,同级别盘整的结构是明确的,没有办法区分方向。(3)如图27-2所示,走势段a与c都是只有一个走势中枢的盘整走势,它们因具有明显的方向性,所以可以进行盘整背驰的比较。向上笔开始的盘整走势是向上盘整,向下笔开始的盘整走势为向下盘整。这也是盘整与走势中枢的另一个不同之处,盘整有方向,走势中枢则没有。】

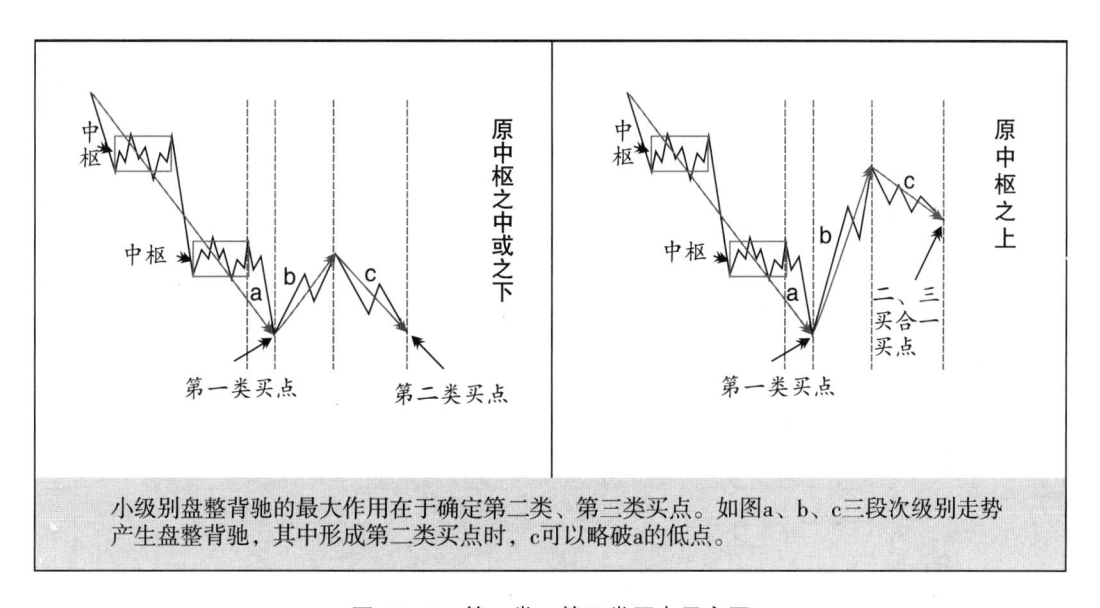

图 27-1 第二类、第三类买点示意图

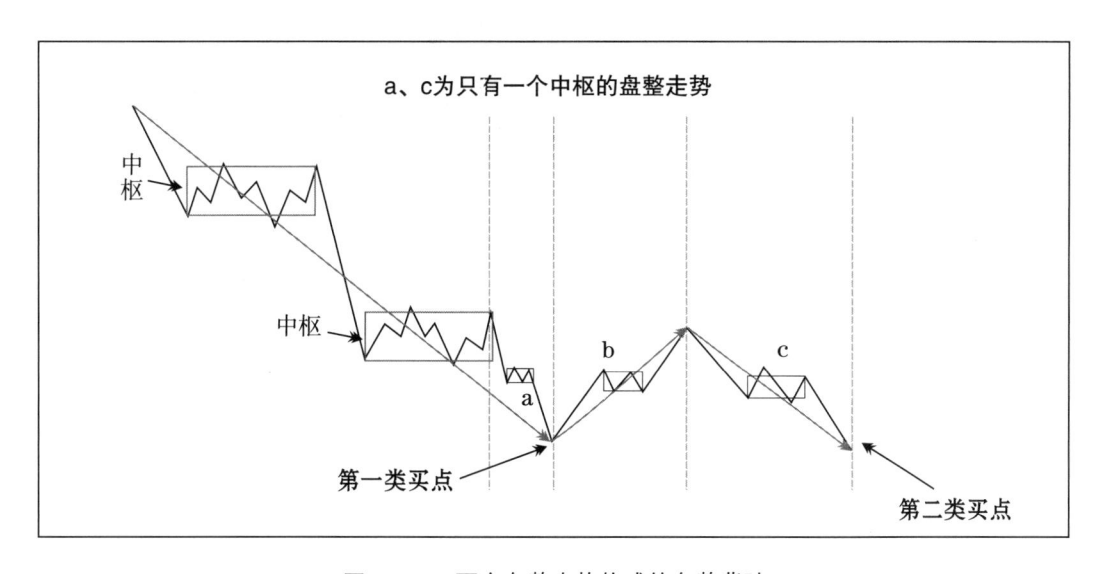

图 27-2 两个盘整走势构成的盘整背驰

这里，先补充一个定义，就是在某级别的某类型走势，如果构成背驰或盘整背驰，就把这段走势类型称为某级别的背驰段。

盘整背驰最有用的，就是用在大级别上，特别是至少周线级别以上的，这种盘整背驰所发现的，往往就是历史性的大底部。配合 MACD，这种背驰是很容易判断的。这种例子太多，例如 000002（万科 A），谁都知道该股是大牛股，但这牛股的底部，如果学了本 ID 的理论，是谁都可以发现的。请看该股的季线图（见图 27-3），也就是三个月当成一个 K 线的图。

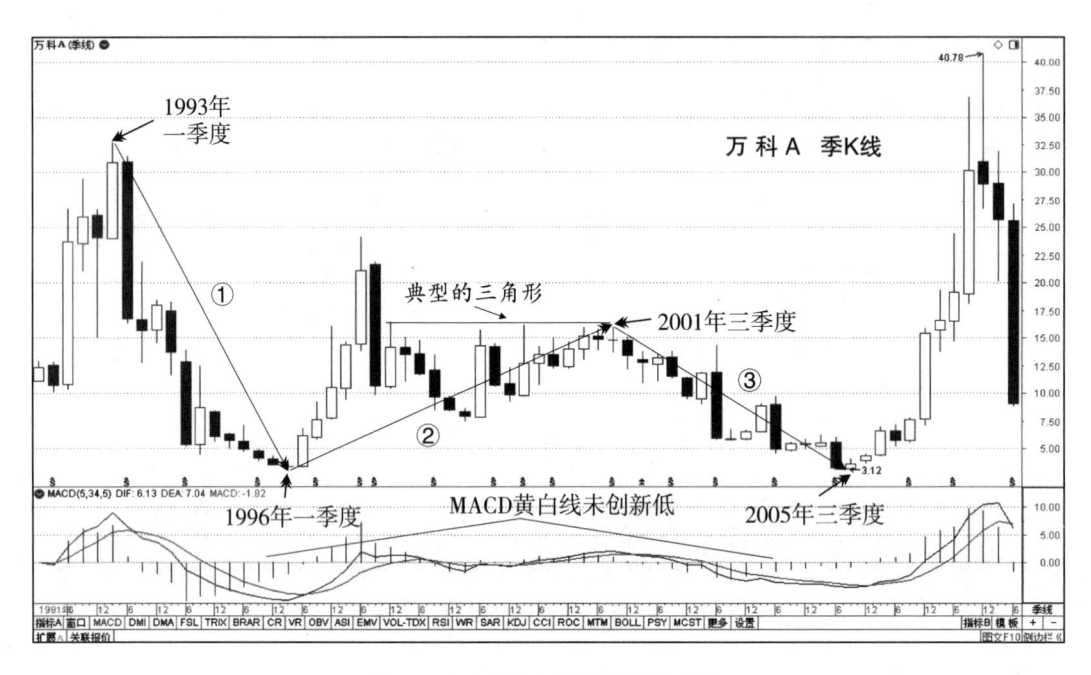

图 27-3 万科 A 的季线盘整背驰

1993 年第一季度的 36.70 元下跌到 1996 年第一季度的 3.20 元，构成第一段，刚好前后 13 季度，一个神奇数字 *。

1996 年的第一季度然后到 2001 年第三季度的 15.99 元，构成第二段，一个典型的三角形，中枢的第二段出现三角形的情况很常见。前后 23 季度，和 21 的神奇数字相差不大。

2001 年第三季度下跌到 2005 年第三季度的 3.12 元，前后刚好 17 周，神奇数字 34 的一半，也是一个重要的数字。

第一段跌幅是 33.50 元，第三段是 12.87 元，分别与神奇数字 34 和 13 极为接近。因为 13 的下一个神奇数字是 21，加上前面说过的 17，都不可能是第三段的跌幅，因此，站在这种角度，万科的 2.99 元附近就是铁底了。

不过这种数字分析意义不大，最简单的判断还可以用 MACD 来。第三段跌破第一段的 3.20 元，但 MACD 明显出现标准的背驰形态：回抽 0 轴的黄白线再次下跌不创新低，而且柱子的面积是明显小于第 1 段的。一般来说，只要其中一个符合就可以是一个背驰的信号，两个都满足就更标准了。

从季度图就可以看出，万科跌破 3.20 元就发出背驰的信号。

而实际操作中，光看季度线是不可能找到精确的买点的。但对大资金，这已经足够了，因为大资金的建仓本来就是可以越跌越买，只要知道其后是一个季度级别的行情就可以了。

而对于小资金来说，这太浪费时间，因此精确的买点可以继续从月线、周线、日线甚至 30 分钟一直找下去。如果你的技术过关，你甚至可以现场指出，就在这 1 分钟，万科见到历史性大底部。因为季度线跌破 3.20 元后，这个背驰的成立已经是确认了。而第三段的走势，从月线、周线、日线等，可以一直分析下去，找到最精确的背驰点。

学过数学分析的，都应该对区间套定理有印象。这种从大级别往下精确找大级别买点的方法，和区间套是一个道理。

以万科为例子，季度图上的第三段，在月线上，可以找到针对月线最后中枢的背驰段。而这背驰段，一定在季度线的背驰段里，而且区间比之小。把这个过程从月线延伸到周线、日线、30 分钟、5 分钟、1 分钟，甚至是每笔成交，这区间不断缩小。在理论上，甚至可以达到这样一种情况，就是明确指出，就这一笔是万科历史底部的最后一笔成交，这成交完成意味着万科一个历史性底部的形成与 [新] 时代的开始。当然，这只是最理想的情况。因为这些级别不是无限下去的，因此，理论上并不能去证明就是一个如极限一样的点状情况的出现。但用这种方法去确认一个十分精确的历史底部区间，是不难的。

推而广之，可以证明**缠中说禅精确大转折点寻找程序定理***：某大级别的转折点，可以通过不同级别背驰段的逐级收缩范围而确定。

换言之，某大级别的转折点，先找到其背驰段，然后在次级别图里，找出相应背驰段在次级别里的背驰段。将该过程反复进行下去，直到最低级别，相应的转折点就在该级别背驰段确定的范围内。如果这个最低级别是可以达到每笔成交的，理论上，大级别的转折点，可以精确到笔的背驰上，甚至就是唯一的一笔。（当本ID十几年前发现这个定理时，有一个坏毛病，总是希望在实际操作上也精确到笔，因此还发明了其他古怪的看盘方法，不过这些其实都意义不大。1分钟的背驰段，一般就是以分钟计算的事情，对于大级别的转折点，已经足够精确了，对大资金，基本没什么用处。）

要理解本章，如果忘了的，最好把高数里的区间套定理复习一下，这个思路是一样的。当然，由于级别不是无限可分的，不可能达到数学上唯一一点的精度。

各位有时间可以参考一下600640（号百控股）、000001（平安银行）、000006（深振兴A）、000009（中国宝安）、000012（南玻A）、600643（爱建集团）的季度图（见图27-4至图27-9），看看历史底部是怎么形成的。

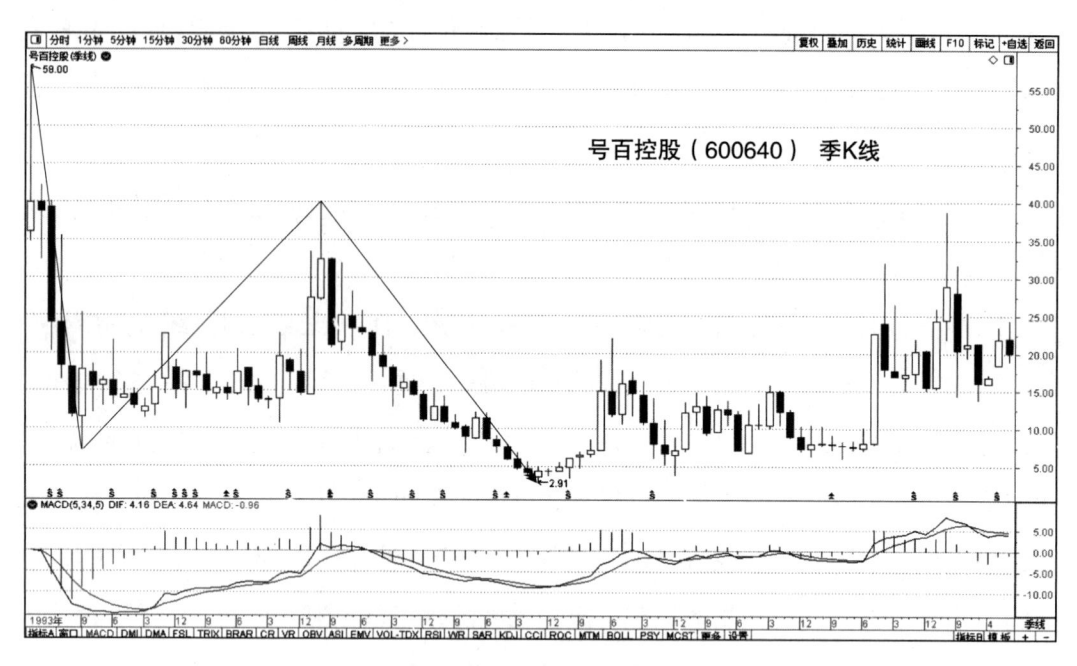

图27-4 号百控股的季线盘整背驰

当然，只有特别老的股票才可以用季度图。而月线图的，看600663（陆家嘴，见图27-10），一个标准的例子。

上面说的是背驰构成的买点。注意，第一类买点肯定是趋势背驰构成的，而盘整背驰构成的买点，在小级别中是意义不大的，所以以前也没专门当成一种买点。但在大级别里，这也构成一种类似第一类买点的买点，因为在超大级别里，往往不会形成一个明显的趋势。这也就是以前回帖曾说过的，站在最大的级别看，所有股票都只有一个中枢。因此，站在大级别里，绝大多数的股票都其实是一个盘整，这时候就要用到这因为盘整背驰而形成的类第一类买点了。这个级别，至少应该是周线以上。

图 27-5 平安银行的季线盘整背驰

图 27-6 深振业 A 的季线盘整背驰

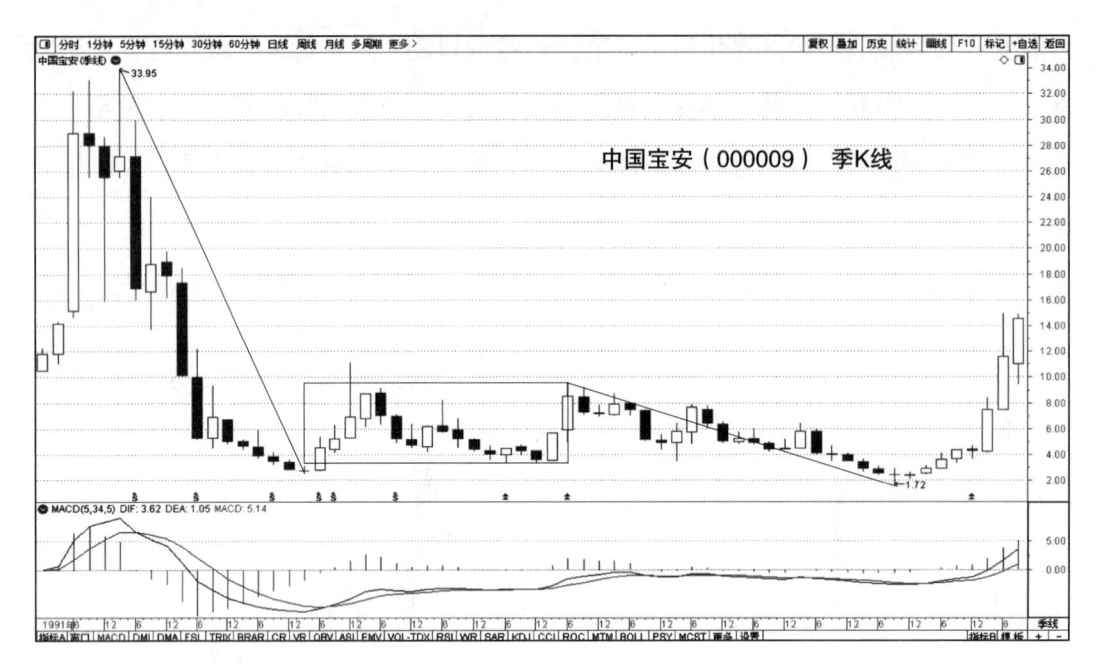

图 27-7　中国宝安的季线盘整背驰

图 27-8　南玻 A 的季线盘整背驰

类似的，在大级别里，如果不出现新低，但可以构成类似第二类买点的买点。在 MACD 上，显示出类似背驰时的表现，黄白线回拉 0 轴上下，而后一［段走势对应的］柱子面积小于前一［段走势对应的］柱子的。

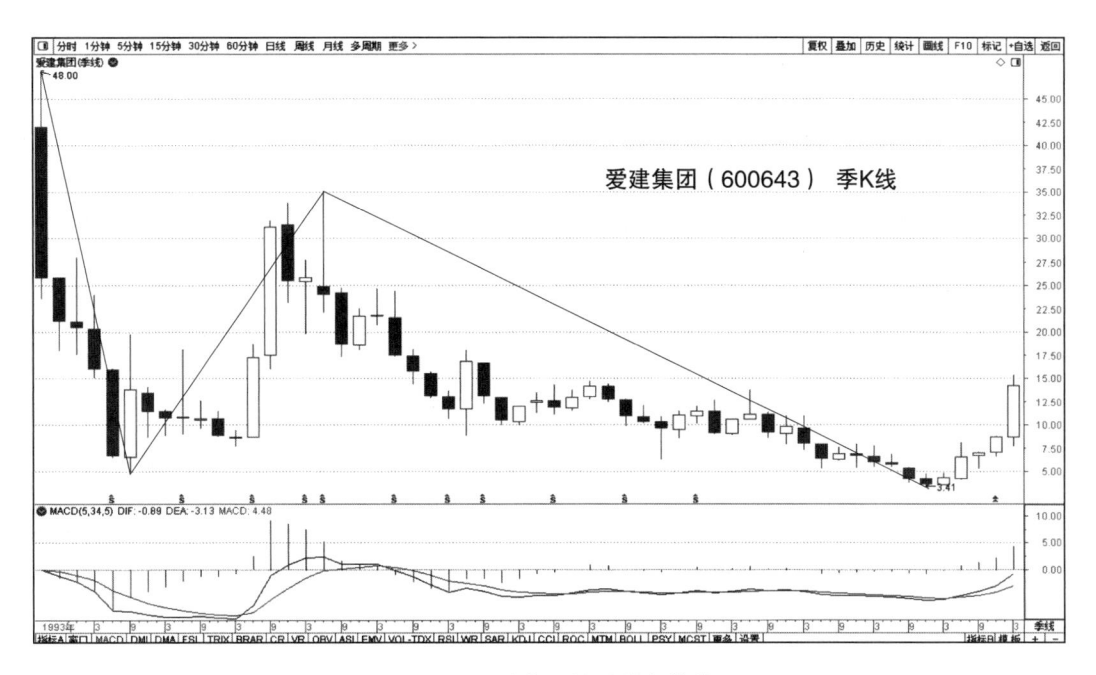

图 27-9　爱建集团的季线盘整背驰

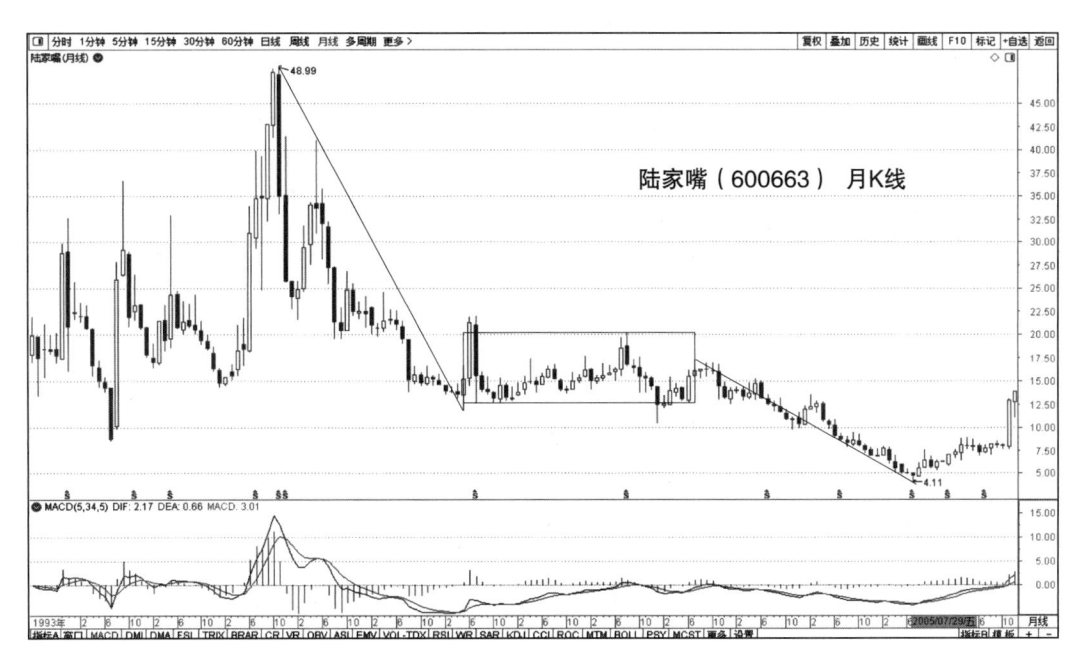

图 27-10　陆家嘴的月线盘整背驰

一个最典型的例子，就是季度图上的 600685（中船防务，见图 27-11），2005 年第三季度的 2.21 元构成一个典型的类第二类买点。在实际操作中，2.21 元的相应区间的寻找，也是按上面级别逐步往下找背驰段的方法实现。

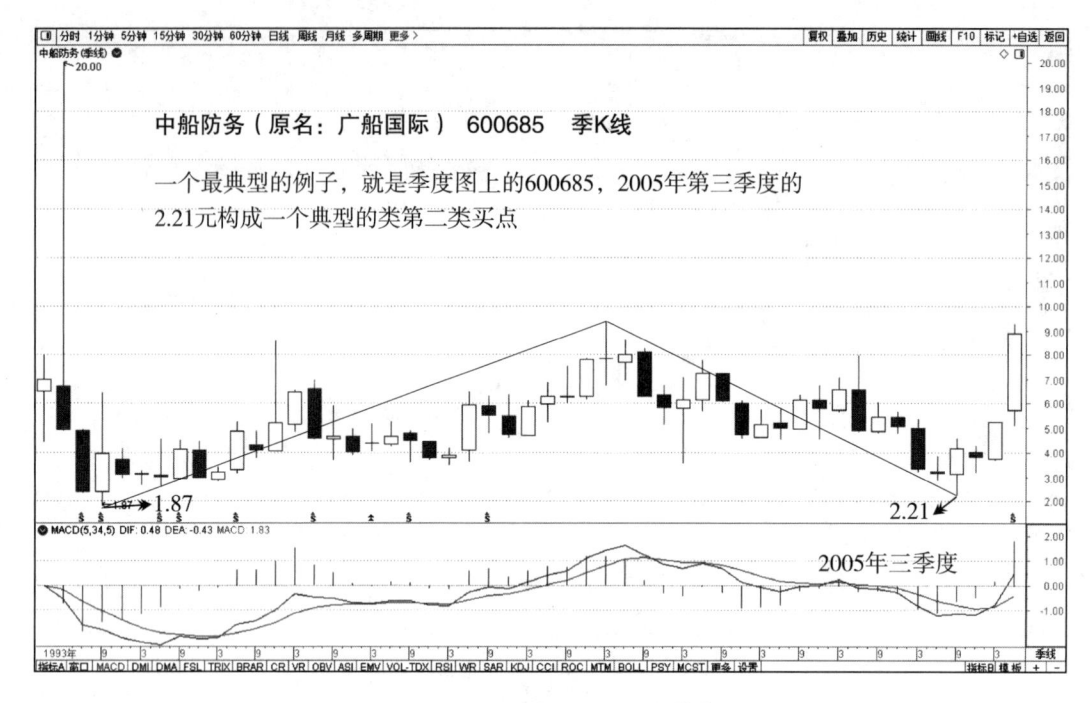

图 27-11　中船防务的季线盘整背驰

这一课，把找大牛市底部的一个方法说了，这个方法足以让你终生受用。随着以后股票越来越多，老股票越来越多，这种方法将在下一轮大牛市中大放异彩。这大牛市搞不好是 30 年以后的事情了，30 年以后，希望你还能记得这一课。当然，如果按照周线级别，那不用等 30 年了。不过，周线找出来的，不一定是历史性大底，可能就是一个比较长线的底部。如果把这种方法用在日线上，也是可以的，但相应的可靠性就不是那么绝对了。

补充一个本 ID 理论的学历标准：

精通找出各级别中枢的，是幼儿园毕业。

精通分别中枢的新生、延伸、扩展的，是学前班毕业。

精通分辨盘整背驰与背驰，躲过盘整背驰转化为第三类买卖点的是小学毕业。

各位自己对照一下。

深入解析

标准背驰与盘整背驰的重要区别

如图 27-12 所示，标准背驰即趋势背驰，首先必须要有一段趋势。用大写字母 A、B 代表同级别中枢，小写字母 a、b、c 代表次级别的走势类型，最简单的是 a+A+b+B+c 形成一段趋势。当 c 与 b 相比 MACD 指标背驰，就是标准背驰。

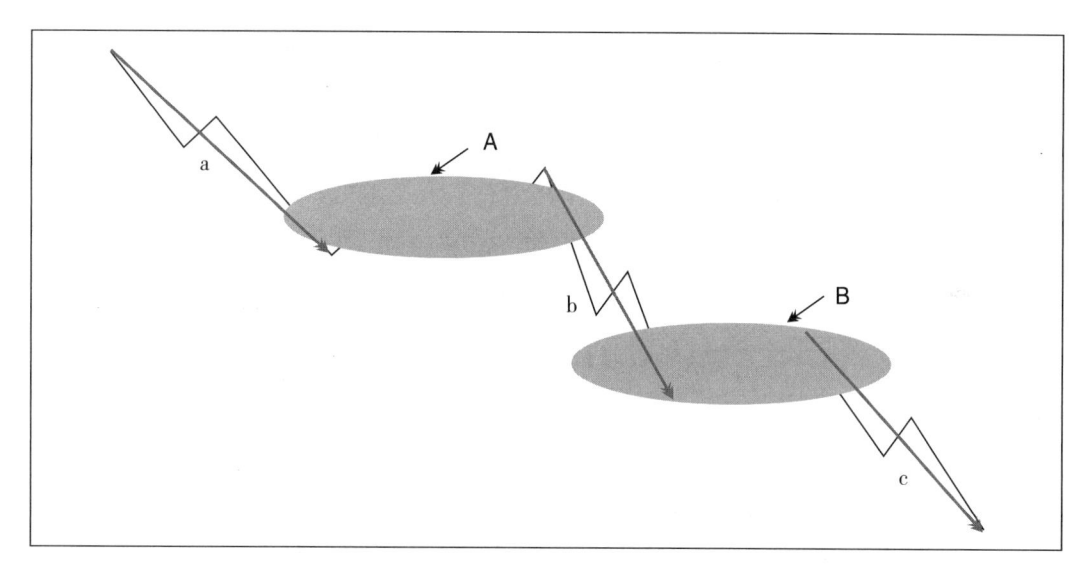

图 27-12 最简趋势结构

产生盘整背驰有三种情况。

（1）如图 27-13 所示，三个同级别走势类型 a、b、c，其中 b 与 a、c 呈反方向，且 c 与 a 相比 MACD 指标背驰。

三个同级别走势类型 a、b、c，其中 b 与 a、c 呈反方向，且 c 与 a 相比 MACD 指标背驰

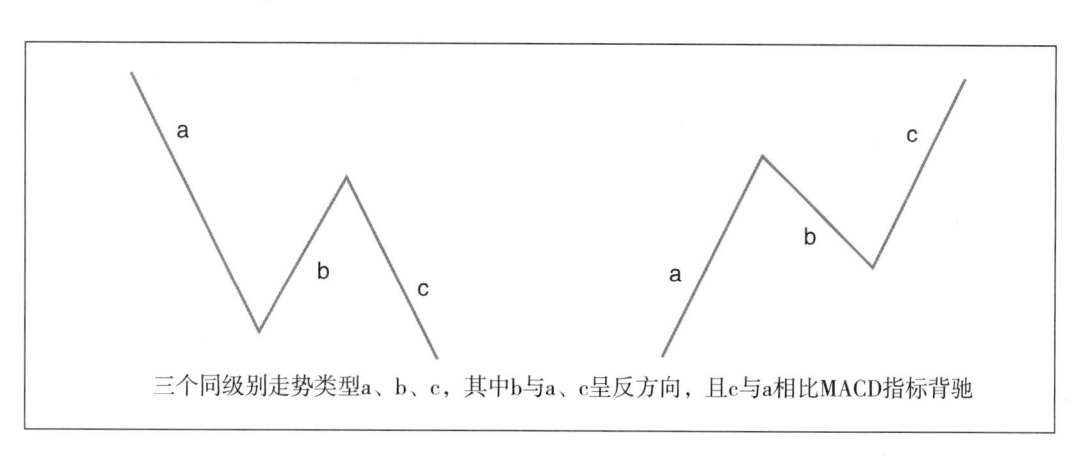

图 27-13 盘整背驰的三种结构之一

213

（2）如图 27-14 所示，进入和离开中枢 A 的两段同级走势类型 a、b 组成的一段 a+A+b 盘整走势，当 b 与 a 相比 MACD 指标背驰。

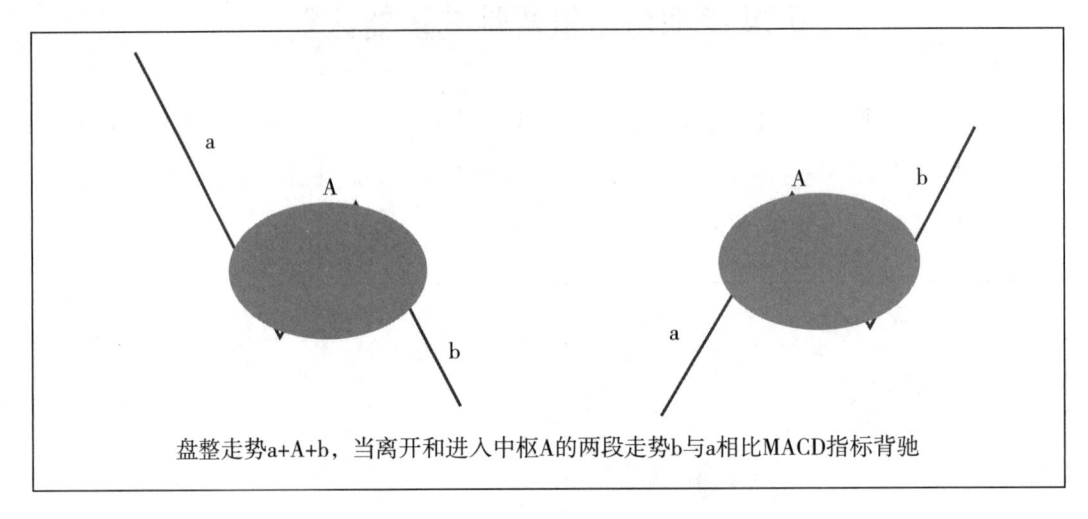

盘整走势 a+A+b，当离开和进入中枢 A 的两段走势 b 与 a 相比 MACD 指标背驰

图 27-14　盘整背驰的三种结构之二

（3）如图 27-15 所示，围绕中枢 A 震荡的两段依次同向次级别走势类型之间 MACD 指标背驰。

围绕中枢 A 震荡的两段依次同向次级别走势类型之间 MACD 指标背驰

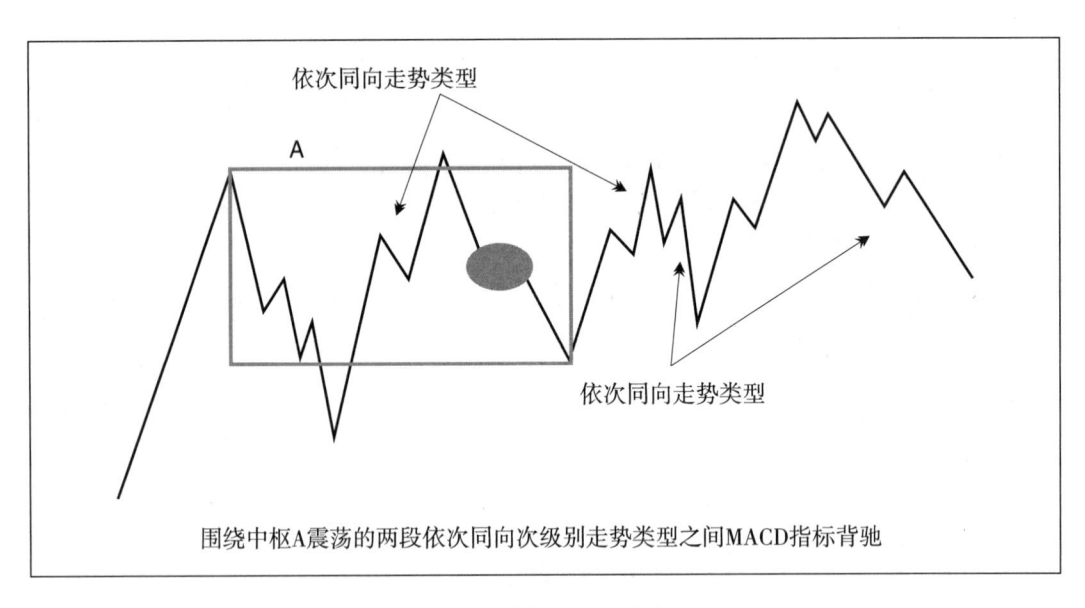

图 27-15　盘整背驰的三种结构之三

> 拓展阅读

神奇数字

神奇数字指斐波那契数列，由 0、1、1、2、3、5、8、13、21、34、55、89、144、233…组成。

1. 斐波那契数列的由来

斐波那契数列是由意大利中世纪数学家斐波那契（Fibonacci，1175-1240 年），在他 1202 年所著的《算盘书》（Liber Abaci）中以兔子繁殖为例推导出来的。

斐波那契首先假设一对刚出生的小兔一个月后就能长大，再过一个月就能生下一对小兔，并且此后每个月都生一对小兔，如果一年内兔子没有发生死亡，那么一对刚出生的兔子，在一年内繁殖成多少对兔子？

由该繁衍规律得到的每个月兔子的数量组成了斐波那契数列，因此斐波那契数列也称为"兔子数列"。

2. 斐波那契数列的规律

从 0、1、1、2、3、5、8、13、21、34、55、89、144、233…这个数列可以发现，第一个元素为 0，第二个元素为 1，之后的每一个元素为前两个元素之和。在数学上，我们可以用递归的方法来定义斐波纳契数列的生成规律，如下所示：

当 n=0 时，$F(n)=0$

当 n=1 时，$F(n)=1$

当 n>1 时，$F(n)=F(n-1)+F(n-2)$

3. 斐波那契数列的神奇之处

斐波那契数列存在许多神奇的特点，以下是其中最重要的两点。

其一，前一个数字除以后一个数字，其结果越来越接近 0.618。

其二，反过来，当后一个数字除以其前面的数字时，得到的结果越来越趋向于 1.618。

0.618 与 1.618 彼此互为倒数，并且 0.618 这个数值正是有名的"黄金分割"比例，这也是斐波那契数列又称为黄金分割数列的原因。

黄金分割：假设线段总长为 1，在线段上找到一个黄金分割点，将线段分割为 A 和 B 两部分，B 的长度为 x，A 的长度为 1-x，当 A 与 B 的长度之比等于 B 与全长的比，这个比例就为黄金分割。

> 深入解析

缠论区间套的使用方法

缠中说禅大级别转折点的精确定位：某级别的转折点，可以通过小级别背驰段的逐级收缩范围而确定。

换言之，某大级别的转折点，先找到其背驰段，然后在次级别图里找出相应背驰段。将该过程反复进行下去，直到最低级别，相应的转折点就在该级别背驰段确定的范围内。

下面用中船防务（600685）为例，介绍一下区间套的使用方法（原博客使用的案例是万科 A，但该股经历过多次送配，导致 MACD 指标失真，故这里没有采用）。

（1）季线图。

如图 27-16 所示，灰色圆圈下面的绿柱面积明显小于第一段走势产生的绿柱面积，此时可以将灰色圆圈内的走势看做是季线上的背驰段。

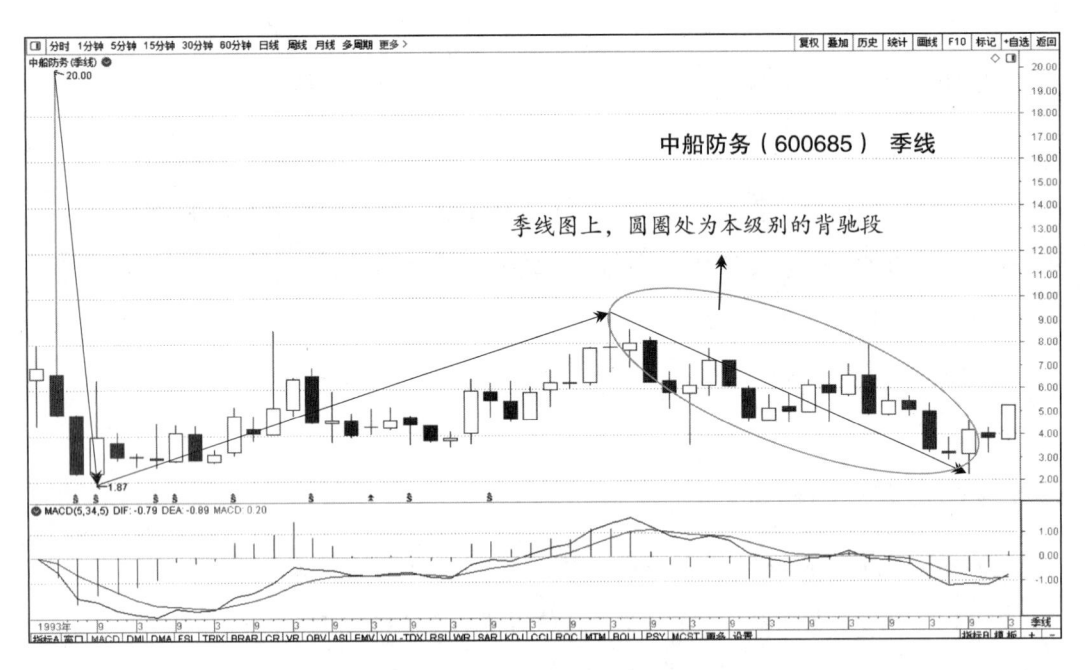

图 27-16　中船防务季线走势图

（2）月线图。

如图 27-17 所示，季线上的背驰段在月线图上的对应走势是一个标准 a+A+b 的盘整走势，灰色圆圈处是这个盘整背驰的背驰段。

教你炒股票 27　盘整背驰与历史性底部

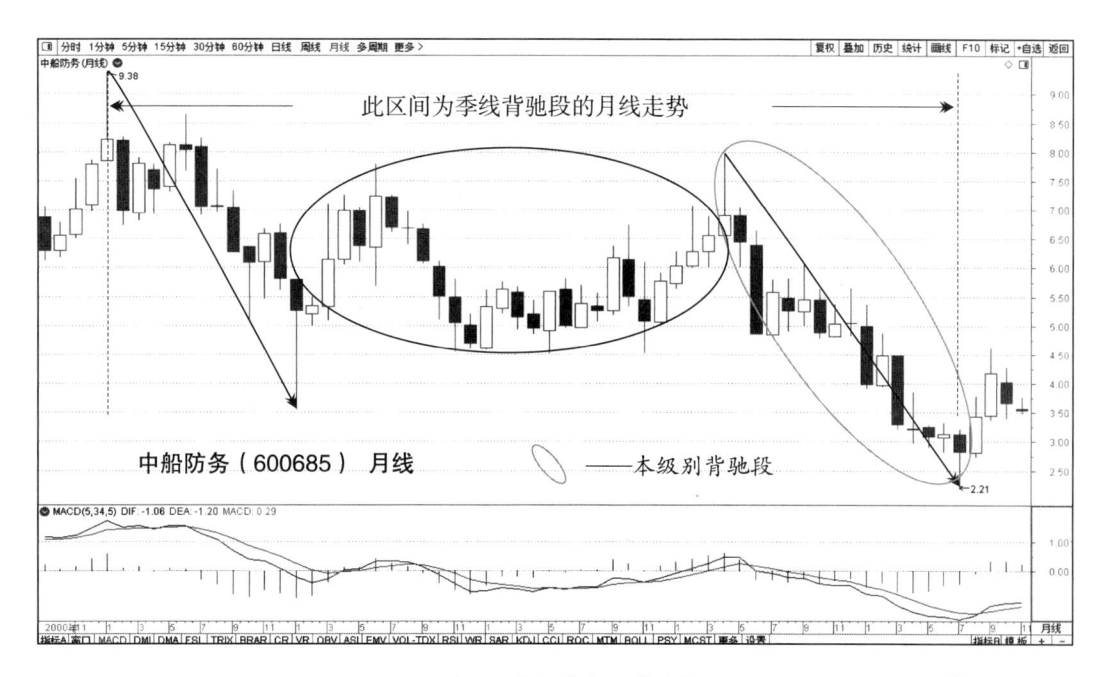

图 27-17　中船防务月线走势图

（3）周线图。

如图 27-18 所示，月线上的背驰段，在周线图上的对应走势是一个标准的 a+A+b 走势，图中灰色圆圈处是这个盘整背驰的背驰段。

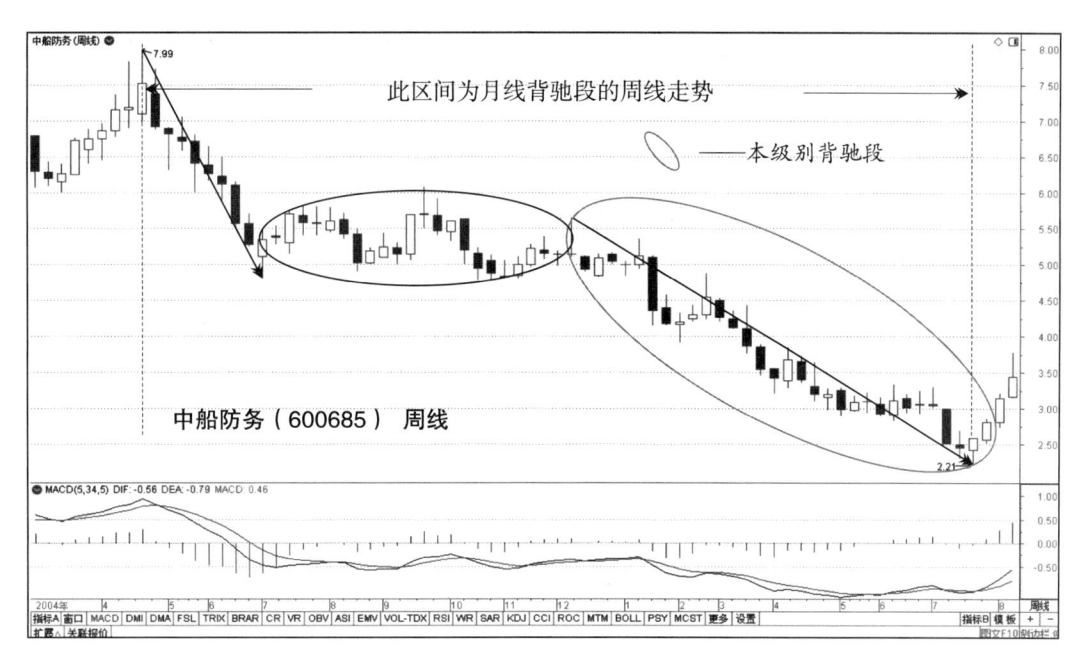

图 27-18　中船防务周线走势图

217

（4）日线图。

如图 27-19 所示，图中走势是周线上的背驰段在日线图上的对应走势，是一个标准的 a+A+b+B+c 的趋势，最后一段下跌是这个标准趋势的背驰段。

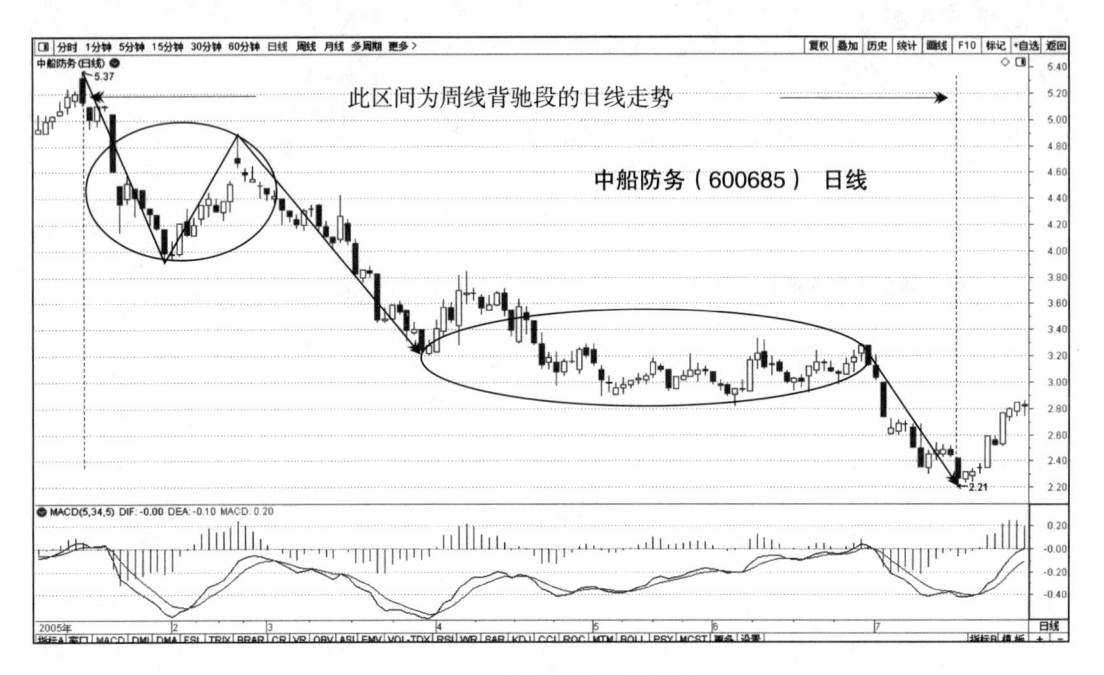

图 27-19　中船防务日线走势图

这个逐渐缩小级别的过程，根据需要还可以继续向低级别进行，理论上可以精确到每笔成交。

需要注意：MACD 指标的计算方式，使得绿柱线是一点点生长出来的，注定下跌之初绿柱线面积小于上一个下跌段对应的面积。因此，比较绿柱线面积时，后走势应满足绿柱线伸长后再缩小、最终基本为 0 这一条件。

教你炒股票 28

下一目标：摧毁基金

（2007-02-06 15:04:50）

基金，无论公募还是私募，说白了就是合法传销。本 ID 从来看不起任何基金，无论公募还是私募。理论上，只要这个合法传销无限延伸下去，那最开始的人肯定要多牛有多牛了。

很多人爱用巴菲特说事，所谓价值投资，其实不过是一种传销手段而已。股票，归根结底就是废纸一张，而其传销本性决定了，股票的所谓价值可以是这样一个完美的圈套，就是在股票所代表的公司上有 1 元的利润，在股票上就可以产生至少 10 元的增值。这，无非就是资产虚拟化中的放大功能。

因此，任何一个空壳公司，理论上，只要能合法地发行基金，然后用这传销得到的钱部分地投在该空壳公司的资产上，就可以在股票上赚取 10 倍以上的增值。只要有钱，什么优质资产不可以买入注入？只要有钱，什么优质资产不被优先选购？然后，投资这股票的基金就挣钱了，然后新一轮的传销又开始了，如此而已。【课文解读：几年前央视质疑乐视网"创业失败还是涉嫌欺诈"，这家顶着创新、颠覆光环的公司的成长之路，是不是和缠中说禅 10 年前的预言如出一辙？在中国 A 股市场上，如此狗血的剧情经常上演，主角也不只是各路基金，众多上市公司也参与其中。】

任何不承认股票废纸性质的理论，都是荒谬的。任何股票，如果是因为有价值而持有，那都不过是唬人的把戏。长期持有某种股票的唯一理由就是，一个长期的买点出现后，长期的卖点还没到来。站在这个角度，年线图就是最长线的图了，因为任何一个人大概也就能经历七八十根的年 K 线，一个年线的第一类买点加一个年线的第一类卖点，基本就没了。把握好这两点，比任何价值投资的人都要牛了，那些人，不过是在最多是年线的买点与卖点间上下享受了一番而已。

站在中国股市的现实中，这轮牛市的一个大的调整，必然会出现基金的某种程度的崩溃。上一次的牛市，让证券公司毁了不少，这一次牛市，毁的就是基金。

投资的第一要点就是"你手中的钱，一定是能长期稳定地留在股市的，不能有任何的借贷之类的情况"。而基金，不过是所谓合法地借贷了很多钱而已，即使是没有利息的，性质一样。一旦行情严重走坏，基金必然面临巨大的风险，一次大的赎回潮就足以让很多基金永不超生。

传销，通常只有一个后果：归零。基金，至少对大多数来说，一样。这是基金一个最大、严重违反投资要点的命门：他的钱都不是他的。对于开放式基金，这点更严重，因为这种赎回是可以随时发生的。而中国的开放式基金就更可怕，中国人的行为趋同性极为可怕，国人一窝蜂去干一件事的后果是什么，大概也见过不少了，无论政治、经济、学术上，无一例外。

由基金这个大命门，派生出一个必然的小命门，就是所谓的基金经理必然要以净值为标准，就像当官的以 GDP 为标准一样。而基金又有一个当婊子还要立牌坊的搞笑规定，一个基金拿某只股票是有一定比例限制的*。也就是说，基金在这点上，连庄家都不如，一旦超配，唯一的办法就是找其他基金帮忙拉一把。几家基金一起持有，其实就是联合坐庄。万一都超配了，或者一时各基金都无暇他顾，那就构成了一个很好的阻击机会。

站在本 ID 的立场上，基金就是傻大个，短差又弄不来，又不能随时护盘砸盘，他持有的实际效果，就是让股票的盘子变小了。就算不用一些非市场的手段，一些在中国肯定效果一流的桌底游戏，一次设计合理的阻击足以让这基金，轻的，吃点哑巴亏，重的，让他清盘走人。注意，这市场是开放的，不是本 ID 心狠手辣，而是只要有命门，必然有人攻击。难道本 ID 不攻击，这命门就不存在？

和傻大个玩游戏，如果他能熬得住，大不了就弄了一次出色的短差，等于傻大个持有的筹码人间蒸发了一段时期。投资中，唯一重要的其实就是成本。成本比傻大个低，再起来时，傻大个就更危险了，一次搞不死，还不能搞两次、三次，总有搞死的时候。一旦往下搞，基金的净值熬不住，那基金经理就可以走人了，然后，那些筹码就可以信达、东方一番了。【课文解读：中国信达资产管理公司、中国东方资产管理公司、中国长城资产管理公司、中国华融资产管理公司是经国务院批准设立的金融资产管理公司，主要负责管理和处置国有银行不良贷款。缠中说禅借用它们暗讽基金有"破产"的风险。】

如果在一个大级别的，例如月线中枢的调整中，一个集中的攻击，打破一个点，把一个基金公司集中搞垮，所有的基金公司都将面临严重的赎回潮，然后就整个市场都可以严重地信达、东方一番了。吃散户有什么意思呀，基金，就是散户打包，让人一口吃，少麻烦。

最近，一个小的周线中枢震荡，就足以让本ID去试验一下。一个20%都不到的回调，一个就算跌停也就5%的股票，一个基本面面临严重好转的个股，已经让某些人坐不住了。某些傻大个超配了，找人护也没人有空了。看看上周基金的净值，这种局面再维持一周，估计就有人熬不住了。当然，现在的基金还有实力，一棍子肯定打不死的。这次只是闹着玩一次，感觉不错，最次就是权当洗了一次盘，弄了一个出色的短差。本ID可没有这次就把人击倒的想法，12元不行，难道不可以20元才搞死？只要短差出来了，死的一定是没弄短差的人！

本ID对散户可从来都很仁慈的，在高位已经严重提醒要洗盘了，听不见可不是本ID的问题[1]。现在的股票，并不是每一个都有庄家的，基金成了越来越重要的阻击目标。这个目标是现实存在的，任何道德说教都没用，你不搞，还怕没人搞？至于这个命门如何化解，如何不让这成为外国游资的重大突破目标，那就不可能是水平还在小学的管理层所能明白的。

对这种事情，本ID的态度一向很明确，不干白不干，干了白干。本ID只是按着技术提示来，买点买、卖点卖，任何有命门的，都可以产生利润，都可以抽血，为什么不可以玩玩？有罪的不是本ID废了其命门，而是谁让如此的命门来招惹攻击？

市场经济，永远都是血腥的，这一切，都由资本的虚拟化所决定。一个虚拟的资本，就如同僵尸，不吃血，怎么活？对于这一点，必须有清楚的认识。市场打开，就必然要面对各种攻击。如果管理层的智力还达不到攻击者的千分之一，那只有瞎闹的份。下一个死的，一定是基金。在一个月线级别的调整中，这一幕必然上演。现在唯一有疑问的是，不会连一个周线级别的调整，都会有好戏提前上演吧？这个可能性是不大的，如果真出现，这基金也弱了。对于这么弱的对手，本ID是没兴趣了，对手越强越好玩。

投资，就当独行客，所有事情都自己去承担。而本ID的理论，是一个客观的描述，和任何的主观分析无关，就如同阳光、空气，不管你是否认识，都存在着。

不理解这一点，那是不可能明白本ID的理论的。

---

[1] 缠中说禅不但提醒大家要洗盘，而且给出了操作提示，见2007年1月24日博客"就算是摇头丸也该洗洗盘了"。课后"拓展阅读"附上了该博客文章，内容略有删减。

拓展阅读

证券投资基金运作管理办法

第三十一条 基金管理人运用基金财产进行证券投资，不得有下列情形：

（一）一只基金持有一家上市公司的股票，其市值超过基金资产净值的百分之十；

（二）同一基金管理人管理的全部基金持有一家公司发行的证券，超过该证券的百分之十；

（三）基金财产参与股票发行申购，单只基金所申报的金额超过该基金的总资产，单只基金所申报的股票数量超过拟发行股票公司本次发行股票的总量；

（四）违反基金合同关于投资范围、投资策略和投资比例等约定；

（五）中国证监会规定禁止的其他情形。

完全按照有关指数的构成比例进行证券投资的基金品种可以不受前款第（一）项、第（二）项规定的比例限制。

拓展阅读

就算是摇头丸也该洗洗盘了

剔除元旦的放假，刚好一个月，21日的交易日，一个神奇数字，翻番了。这时候，

就算是摇头丸也该洗洗盘了。【课文解读：如图28-1所示，请看缠中说禅提醒大家洗盘的时间点。】

看来各位还需要好好学习，首先要学的是心态。当所有人都觉得无风险时，洗盘就是必须的了。市场，永远可以被利用的就是恐惧和贪婪，一定要彻底地修炼。

最近本ID特忙，在大换仓，把去年的一些涨幅过大的、现在估值偏高的股票换过来。这些是老资金了，和12月19日说的不是一笔钱。这段时间的震荡，就是一直在换仓，不仅仅是本ID这样干，很多人也这样干着。

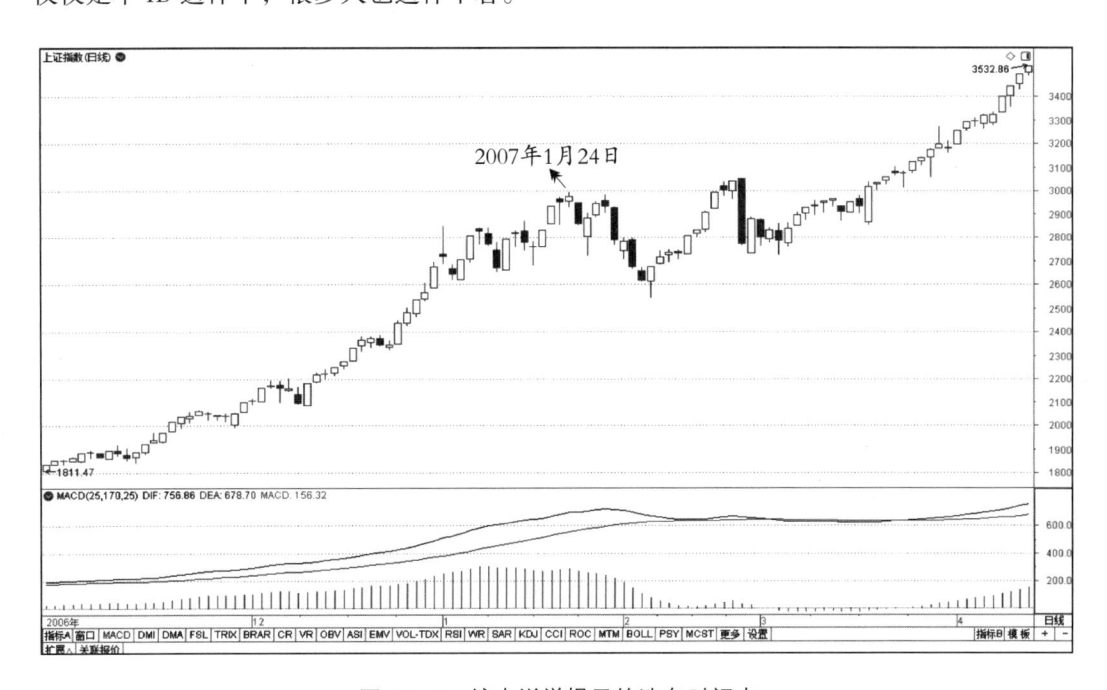

图 28-1 缠中说禅提示的洗盘时间点

其实，本ID所换的方向，在回帖里都有说过。这段时间本ID新换的，主要的如下几个板块：军工、有色、农业、环保、公用事业。前两个板块，停了大半年了，也该动动了；后三个板块，公用主要是一些低市盈率的股票，这是防守仓位；农业、环保，是以后要大力支持的，本ID最近忙着搞一件大事情，和这两方面都有关系。

当然，药和钢铁，是去年就开始布局的，就不用说了。

曾提过的8只股票，中线都没问题的，而且现在都离提的时候有一定涨幅了。

药【课文解读：指华润三九（000999）】，就不说了，还S呢。浙江人【课文解读：指中核科技（000777）】，山东人【课文解读：指新潮实业（600777）】、管子【课文解读：指新兴铸管（000778）】、5夹1【课文解读：指建投能源（000600）】都没什么可说的。今年那三只，直升飞机【课文解读：指中信海直（000099）】正慢慢起飞，山东那大大的环保【**课文解读**：指山大华特（000915）】正清扫着，还有那过年不收礼的玩意【**课文解读**：指健特生物（000416）】，盘中有点乱，还行。

军工、有色，都是最近一两周进去的，自己看技术找买点。本ID搞的军工只搞和航天有关的，有色只搞稀有金属。

以上都是梦话，大家洗洗睡吧。

教你炒股票 29

转折的力度与级别

（2007-02-09 15:08:08）

在某级别的盘整中，或者说围绕某级别中枢的震荡、延续中，不存在转折的问题，除非站在次级别图形中，才有转折问题的探讨。对于上涨的转折，有两种情况：下跌与盘整；对于下跌的转折，也有两种情况：上涨与盘整。

转折是有级别的*，关于转折与背驰的关系，有如下定理。

缠中说禅背驰-转折定理：某级别趋势的背驰将导致该趋势最后一个中枢的级别扩展、该级别更大级别的盘整或该级别[或]以上级别的反趋势。【**课文解读**：背驰-转折定理是指趋势背驰，不包含盘整背驰的情况。】

该定理的证明有点抽象，估计大多数的人都没兴趣，那就用一个例子来说明，也大致知道证明的轮廓。更重要的是，这样，各位对走势的形成有一个更深切的认识。

例如，一个5分钟背驰段的下跌，【**课文解读**：如图29-1所示，5分钟下跌走势a+A+b+B+c出现标准背驰，其走势内部的最后一段1分钟走势c，即为5分钟走势的背驰段。】最终通过1分钟以及1分钟以下级别的精确定位，最终可以找到背驰的精确点，其后就发生反弹。注意，反弹只是一般的术语，在本ID的理论中，对这反弹会有一个很明确的界定，就是包括三种情况*：

A. 该趋势最后一个中枢的级别扩展。

B. 该级别更大级别的盘整。

C. 该级别[或]以上级别的反趋势。

（1）该趋势最后一个中枢的级别扩展。

对于5分钟级别趋势发生背驰的情况，那这个5分钟级别的趋势里所具有的中枢都是5分钟级别的，假设共有N个，显然，这个N≥2。【课文解读：如图29-1所示，5分钟的趋势中，最大级别的走势中枢为5分钟。】

a、b、c：1分钟走势类型；A、B：5分钟走势中枢

2. 5分钟级别的趋势里，最大的中枢为5分钟级别，共有N个，N≥2。

1. 1分钟走势段c，就是5分钟下跌的背驰段

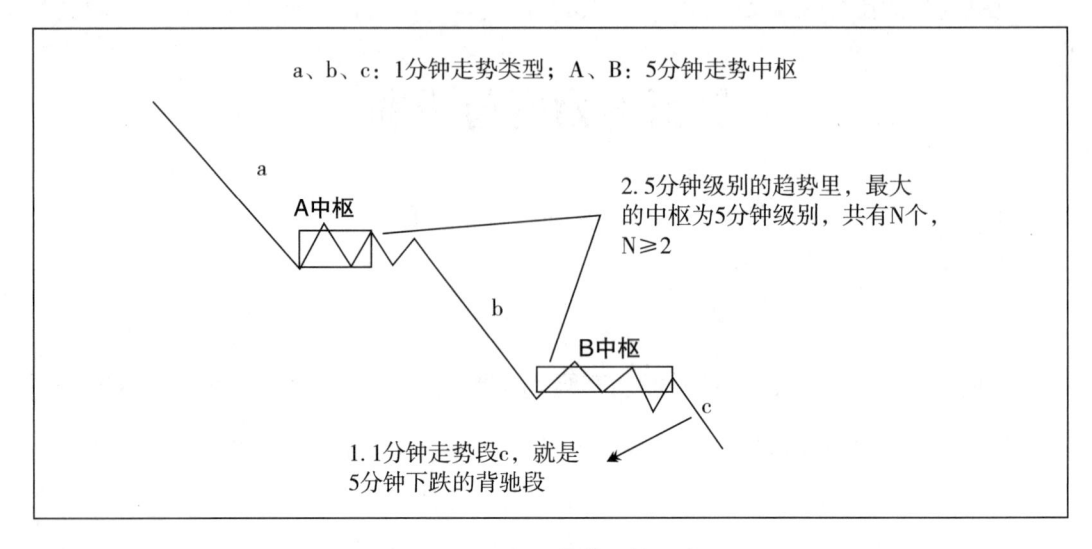

图29-1　下跌走势背驰情况分析

考虑最后一个中枢的情况，最后的背驰段，跌破该中枢后，该背驰段显然是一个1分钟以下级别的走势，否则就和该中枢是5分钟级别趋势的最后一个中枢的前提矛盾了。【课文解读：下跌走势中，离开最后一个中枢的走势为1分钟，1分钟走势内部背驰时，背驰段为1分钟以下级别。】

该背驰段出现第一类买点发生反弹，显然，该反弹一定触及最后一个中枢的DD=min（dn），也就是围绕该中枢震荡的最低点。否则，如果反弹连这都触及不了，就等于在下面又至少形成一个新的5分钟中枢，这与上面中枢是最后一个中枢矛盾。这种只触及最后一个中枢的DD=min（dn）反弹，就是背驰后最弱的反弹。这种反弹，将把最后一个中枢变成一个级别上的扩展，例如，把5分钟的中枢扩展成30分钟甚至更大的中枢。【课文解读：因两个相邻中枢震荡区间有重叠引发中枢级别扩张。】

前面说过，第一类买点是绝对安全的，即使是这样一种最低级别的反弹，也有足够的空间让买入获利。而且，一般这种情况出现得特别少，很特殊的情况，但理论上，是要完全精确的，不能放过任何一种情况。如果不幸碰到这种情况，在资金利用率的要求下，当然是要找机会马上退出，否则就会浪费时间了。

注意，这种情况和盘整背驰中转化成第三类卖点的情况不同。那种情况下，反弹的级别一定比最后一个中枢低。而这种情况，反弹的级别一定等于或大于最后一个中枢的。因此，这两种情况，不难区分。

（2）该级别更大级别的盘整。

（3）该级别［或］以上级别的反趋势。

这两种情况就是发生转折的两种情况，原理是一样的，只是相应的力度有区别。

【课文解读：前面第一种情况代表背驰但转折失败。】

当反弹至少要重新触及最后一个中枢，这样，将发生转折，也就是出现盘整与上涨两种情况。对于上面5分钟下跌的例子，就意味着，将出现5分钟级别更大的盘整或5分钟级别［或］以上的上涨。两段走势类型的连接，就有两种情况出现：下跌+盘整，或者下跌+上涨。

注意，这里的盘整的中枢级别一定大于下跌中的中枢级别，否则就和下跌的延伸或第一种该趋势最后一个中枢的级别扩展搞混了。

而上涨的中枢，不一定大于下跌中的中枢。例如，一个5分钟级别的下跌后，反过来是一个5分钟级别的上涨，这是很正常的。但如果是盘整，那就至少是30分钟级别的。

有人总是搞不明白为什么"下跌+盘整"中盘整的中枢级别一定大于下跌中的中枢，这里不妨用一个例子说明一下。

例如，还是一个5分钟的下跌，那至少有两个中枢。整个下跌，最一般的情况就是a+A+b+B+c，其中的a、b、c，其级别最多就是1分钟级别的，甚至最极端的情况，可以就是一个缺口。而A、B，由于是5分钟级别的中枢，那至少由3段1分钟的走势类型构成。如果都按1分钟级别的走势类型来计量，而且不妨假设a、b、c都是1分钟的走势类型，那么a+A+b+B+c就有9个1分钟的走势类型。

而一个30分钟的盘整，至少有3个5分钟的走势类型。而1个5分钟的走势类型，至少有3个1分钟的走势类型。也就是一个30分钟的盘整，就至少有9个1分钟的走势类型，这和上面a+A+b+B+c的数量是一致的。

从这数量平衡的角度，就知道为什么"下跌+盘整"中，盘整的级别一定比下跌的级别大了。如果级别一样，例如一个 5 分钟的盘整，只有 3 个 1 分钟的走势类型，那和 9 就差远了，也不匹配。当然，"下跌 + 盘整"中盘整的级别一定比下跌的级别大，最主要的原因还不是这个，而是上面说到的，如果该级别一样，那只有两种情况，下跌延伸或下跌最后一个中枢扩展，和"下跌 + 盘整"是不搭界的。【深入解析：趋势背驰且转折成功后的走势，与原趋势是相互独立的，趋势背驰后的高级别盘整是一个独立的存在。】

有人可能还有疑问，如果下跌最后一个中枢扩展，例如 5 分钟扩展成 30 分钟，那和 5 分钟级别下跌 +30 分钟级别盘整有什么区别*？这区别大了，因为在"5 分钟级别下跌 +30 分钟级别盘整"，也就是"下跌 + 盘整"中，下跌和盘整都是完成的走势类型，这意味着是两个走势类型的连接。而下跌最后一个中枢扩展，是一个未完成的走势类型的延续，还在一个走势类型里。

例如，在上面的 a+A+b+B+c 里，如果 B+c 发生中枢扩展，从 5 分钟扩展成 30 分钟的，那么 a+A+b 就是一个 5 分钟的走势类型。把 a+A+b 用 a'表示，而 B+c 发生中枢扩展用 A'表示，那么整个走势就表示成 a'+A'。其后的走势还可以继续演化，形成 a'+A'+b'+B'+c'，也就是扩展成一个 30 分钟级别的下跌。当然还可以有其他的演化，总之，是必须把走势类型给完成了，这和"下跌 + 盘整"的情况显然是不同的*。

本 ID 的理论是对市场走势最精确的分析，必须把所有情况以及其分辨了然于胸，才可能对市场的走势有一个精确的把握。如果本 ID 把这套理论出版，书名就可以是《市场哲学的数学原理》，因为本 ID 的理论的严密性以及对市场的意义，一点不比牛顿对物理的意义差，这一点，是必须逐步明确认识的。而且，本 ID 这套理论，是建立在纯数学的推理上的，完全没有发生爱因斯坦对牛顿颠覆等类似无聊事情的可能。不了解这一点，是不可能真正理解本 ID 理论的，因此就会"学如不及，犹恐失之"。

以上三种情况，就完全分类了某级别背驰后的级别与力度，也就是某级别的第一类买点后将发生怎么样的情况。第一类卖点的情况是一样的，只是方向相反。

注意，这里说的是最精确的情况。由于第一种情况很少发生且和第二种情况有所类似，【字斟句酌：这两种情况区别很大：第一种情况将原趋势转为大级别盘整，第二种情况破坏了原走势并形成一个新的大级别盘整走势。】所以粗糙地说，也可以说背驰以后就意味着盘整和反趋势。

那么，怎么分别这几种情况，关键就是看反弹中第一个前趋势最后一个中枢级别的次级别走势（例如前面的下跌是5分钟级别，就看1分钟级别的第一次反弹），是否重新回抽最后一个中枢里。如果不能，那第一种情况的可能就很大了，而且也证明反弹的力度值得怀疑。当然这种判别不是绝对的，但有效性很大。

备注：第一次次级别回抽即使回到中枢，也有可能是级别扩展。

例如，这次2007年2月6日的反弹，用5分钟背驰段，然后考察1分钟以及1分钟以下级别的背驰进行精确定位，可以极为精确地把握这个底部，而且在实践中，很多人按照本ID的理论都把握住了。【课文解读：可参考图29-2、图29-3、图29-4及图中的文字说明。】

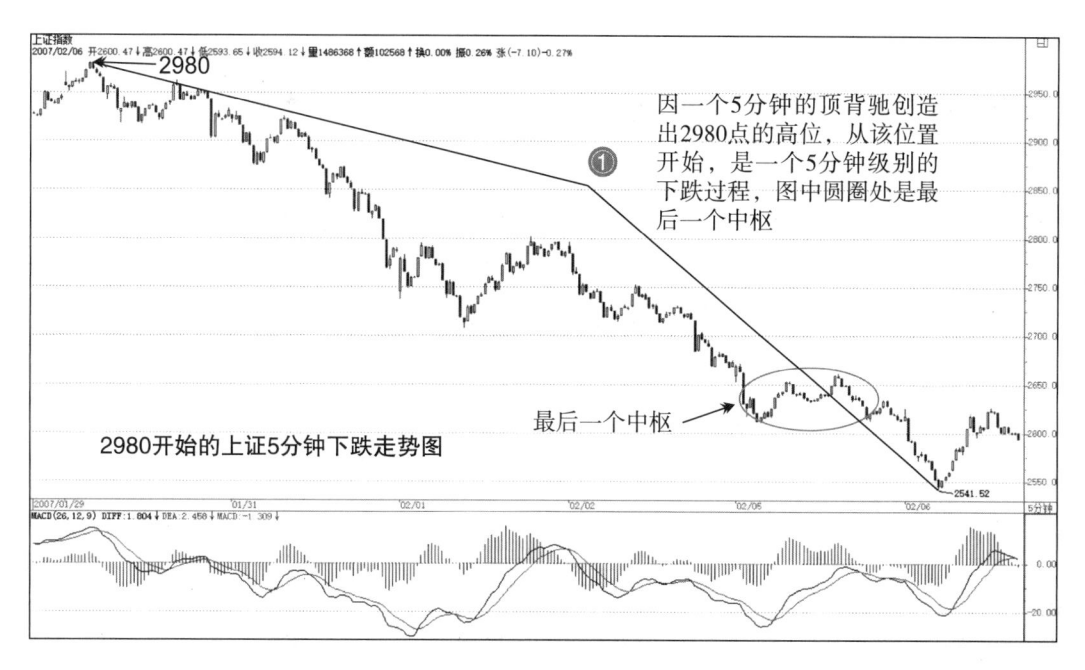

图 29-2　上证指数走势一

那么，其后的反弹，第一波是1分钟走势马上回到从2980[点]开始的5分钟下跌的最后一个中枢里，这样就意味着第一种最弱的情况可能性可以完全排除了。【课文解读：排除了"下跌背驰，将该趋势最后一个中枢级别扩张"的情况。】

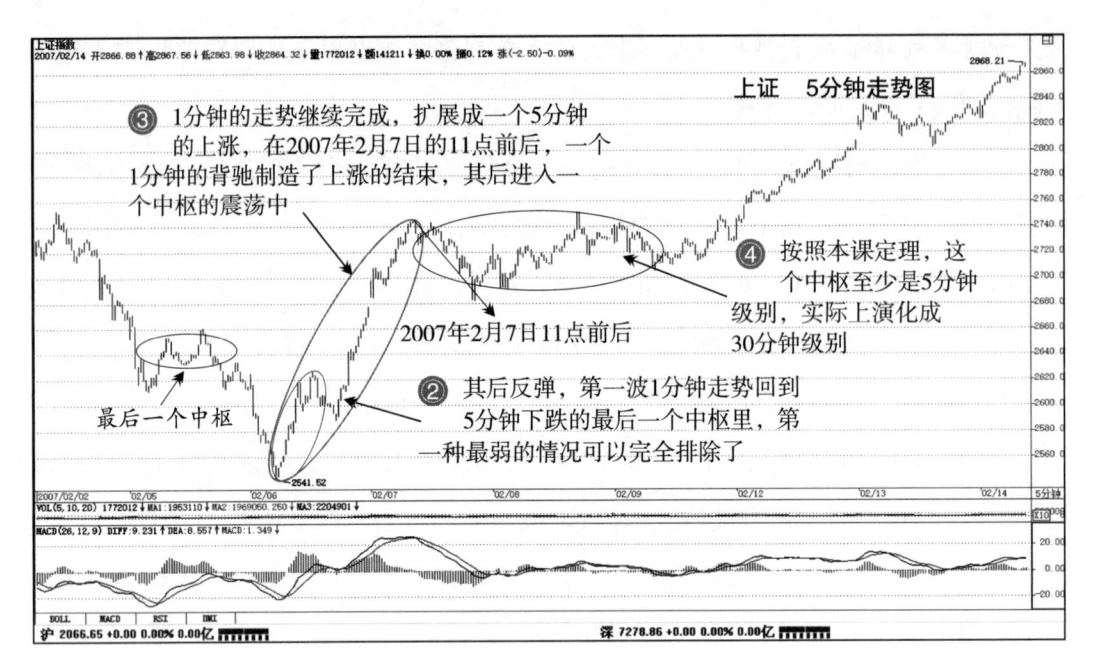

图 29-3　上证指数走势二

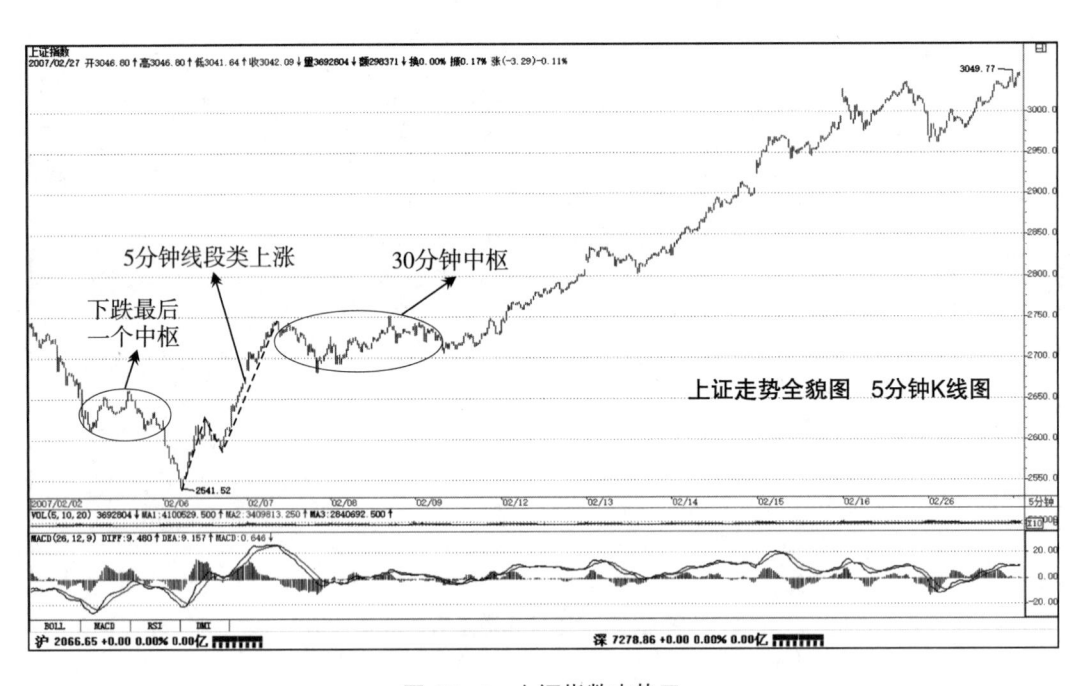

图 29-4　上证指数走势三

其后，1分钟的走势继续完成，扩展成一个5分钟的上涨。在2007年2月7日的11点前后，一个1分钟的背驰制造了上涨的结束，其后进入一个中枢的震荡中。这个中枢，按照本章的定理，就可以断言，至少是5分钟级别的，而实际上演化成

230

一个30分钟级别的。这意味着，一个快速的5分钟上涨的可能就没有了，【**深入解析**：这里前面的5分钟上涨指同级别（线段类）上涨，如图29-4中虚线所示的5分钟线段类上涨，后面的快速5分钟上涨应该是标准上涨，解读见课后分析*。】后面只有两种演化的可能，就是一个30分钟以上级别的盘整，或者是一个30分钟以上的上涨。至于哪种情况，就必须看后面走势的演化。

而对于实际的操作，这两种情况并没有多大的区别。例如是盘整还是上涨，关键看突破第一个中枢后是否形成第三类买点。而操作中，是在第一、二类买点先买了，然后观察第三类买点是否出现，出现就继续持有，否则就可以抛出，因此在操作上，不会造成任何困难。

当然，如果是资金量特别小，或者对本ID的理论达到小学毕业水平，那么完全可以在突破的次级别走势背驰时先出掉，然后看回试是否形成第三类买点，形成就回补，不形成就不回补，就这么简单。

当然，要达到这种境界，首先要对本ID的理论小学毕业，否则，你根本分辨不清楚盘整背驰与第三类买点的转化关系，怎么可能操作？而且，这种操作，必须反复看图，实际操作，才可能精通、熟练的。当然，如果真精通、熟练了，除了同样是本ID小学已经毕业的人，几乎没有人是你的对手了。

那么，实际操作中，怎么才能达到效率最高。一个可被理论保证的方法就是：在第一次抄底时，最好就是买那些当下位置离最后一个中枢的DD=min（d_n）幅度最大的。所谓的超跌，应该以此为标准。因为本章的定理保证了，反弹一定达到DD=min（d_n）之上，然后在反弹的第一波次级别背驰后出掉。如果这个位置还不能达到最后一个中枢，那么这个股票可以基本不考虑。当然，这可能有例外，但可能性很小。

然后在反弹的第一次次级别回试后买入那些反弹能达到最后一个中枢的股票，而且最好是突破该中枢的，而且回试后能站稳的。根据走势必完美，一定还有一个次级别的向上走势类型，如果这走势类型出现盘整背驰，那就要出掉。如果不出现，那就要恭喜你了，你买到了一个所谓V型反转的股票，其后的力度当然不会小。

至于如何预先判断V型反转，这就不是本章定理可以解决的问题，必须在以后的课程里才能解决。

> 深入解析

转折的级别

本文"转折的力度与级别"特指趋势背驰场景下,所以在开始解读定理之前,有必要研究一下盘整背驰与趋势背驰的不同,其区别主要表现在转折的级别上。

以下跌走势背驰后的最弱情况为例。

趋势背驰:图29-5是一个5分钟级别的下跌走势背驰后的情况,c的低点即为整个走势的背驰点。

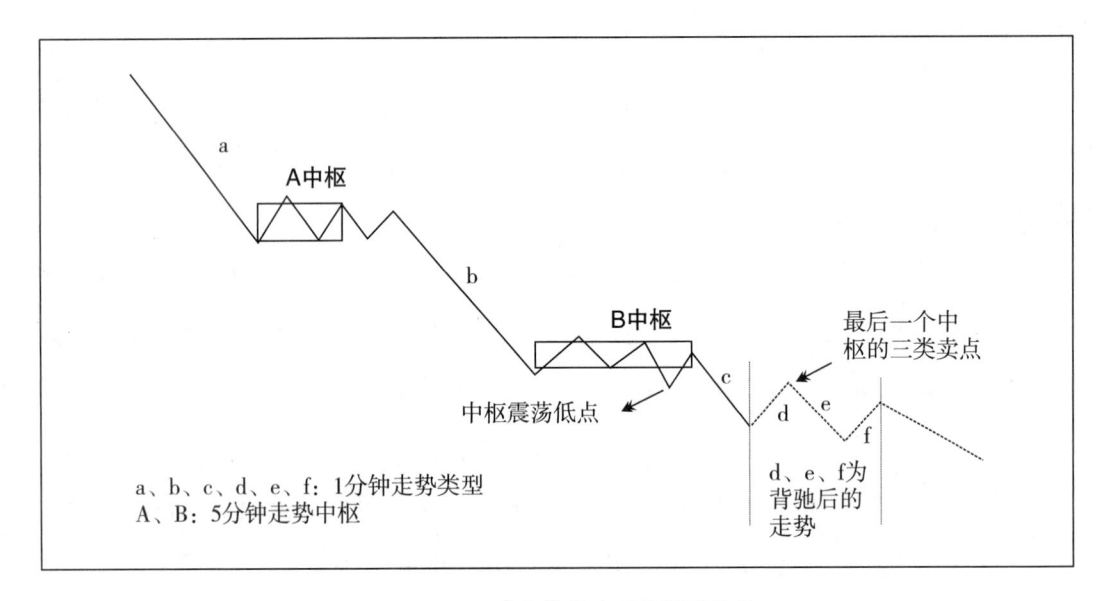

图 29-5 下跌走势背驰后的最弱情况

盘整背驰:图29-6同为5分钟级别的下跌走势,但围绕走势中枢B的震荡走势c,没有创出新低,因此c段仅仅是中枢B的盘整背驰段(理由后期给出)。选择如此接近的两个走势进行分析,是为了加深对相关内容的理解。

假设上述两种情况都引发了反弹,且反弹都只突破了原下跌走势最后一个中枢的震荡低点,没能回到中枢区间。

仅仅从结果上看,两种情况都形成了原走势最后一个中枢的第三类卖点,不过从级别上看,它们有着本质的区别:

趋势背驰代表原走势结束,因此背驰点(c段走势的低点)成为新老走势的分界点,其后必然有一个新的本级别走势。

图中文字：

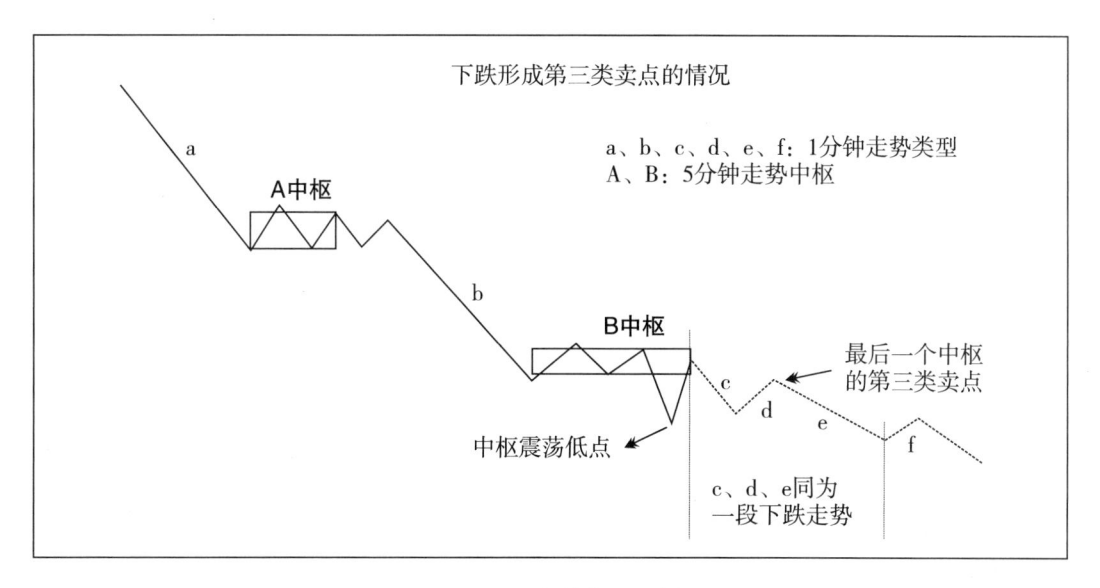

下跌形成第三类卖点的情况

a、b、c、d、e、f：1分钟走势类型
A、B：5分钟走势中枢

A中枢
b
B中枢
最后一个中枢的第三类卖点
中枢震荡低点
c、d、e同为一段下跌走势

图 29-6　盘整背驰判断

盘整背驰则仅仅是围绕最后一个走势中枢 B 的次级别走势背驰，其后的反弹自然也是次级别的。

如图 29-5 所示，5 分钟的下跌走势 a+A+b+B+c 背驰后，1 分钟走势段 c 的低点就是整段下跌的背驰点，理论保证其后有 3 个 1 分钟走势 d、e、f，至少形成一个 5 分钟级别的走势中枢。

如图 29-6 所示，同样的 5 分钟下跌走势 a+A+b+B+c，其中的 1 分钟走势段 c 相对中枢 B 之前下跌走势 b 段 MACD 指标背驰，但下跌没有创出新低，所以整个 5 分钟的下跌走势没有背驰，仅仅出现一个围绕走势中枢 B 的盘整背驰。有背驰就一定有反弹，其后的走势 d 就是这个盘整背驰引发的。反弹没能回到中枢 B 的区间，产生一个针对中枢 B 的第三类卖点。此时从中枢 B 开始的下跌仅仅只有两段走势，走势未完美，因此必然有 1 分钟走势 e 的出现，至此 c、d、e 完成了一个新的下跌走势。

对比上述两种情况，趋势背驰之后最少有三段 1 分钟的走势，盘整背驰则是包含背驰段一共三段走势，起点不同，终点也不一样。其深层次的原因就是反弹的级别不同，盘整背驰后的反弹仅仅是原走势次级别的，而趋势背驰后的走势则最少是原走势级别的。

趋势背驰，d 的高点就是缠论的第三类卖点，它出现后有两种可能走势。

（1）走势段 e 与走势段 c 相比盘整背驰。

5 分钟下跌走势背驰后，e 段盘整背驰，d、e、f 形成一个新的 5 分钟走势中枢，其将原走势中枢 B 的级别扩展，这实际上是下跌背驰但转折失败的情况。

如果是 5 分钟的盘整背驰后，e 段同样盘整背驰，同样大概率形成一个新的 5 分钟级别走势中枢，并将原走势最后一个中枢的级别扩大。

（2）走势段e与走势段c相比不背驰。

这种情况在下跌趋势背驰后是不会出现的，如果出现了，只能证明原来下跌背驰的判断出现了问题，当然也可能是突发事件引起的。总而言之，第三类卖点出现后，走势段e不背驰，意味着下跌背驰判断错误。

如果是盘整背驰后，e段不背驰，则意味着其后最少还有一段次级别的下跌走势才可以完美。

以上就是标准背驰与盘整背驰后转折级别的不同之处。

深入解析

趋势背驰－转折的情况分析

趋势背驰首先要有一段趋势，如图29-7所示，最简趋势也需要有两个同向同级别的走势中枢。

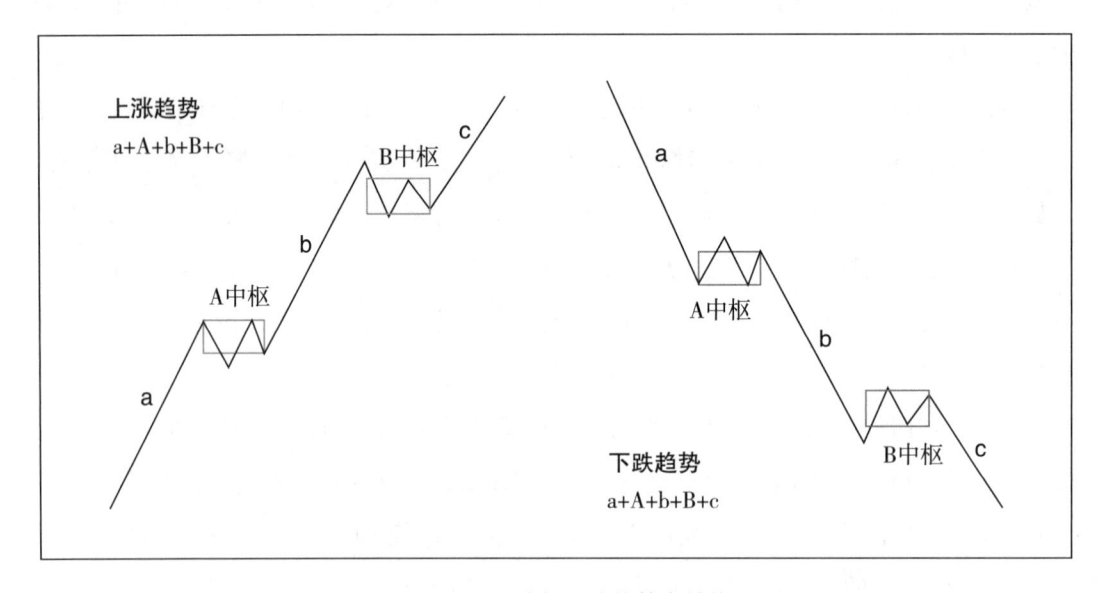

图29-7 上涨与下跌的基本结构

缠中说禅背驰－转折定理：某级别趋势的背驰将导致该趋势最后一个中枢的级别扩展，或者该级别更大级别的盘整，或者该级别或以上级别的反趋势。

下面就将背驰－转折的三种可能走势详细分析如下。

（1）趋势背驰但转折失败后，将原趋势最后一个中枢的级别扩大。

如图 29-8 所示，标准下跌走势类型 a+A+b+B+c 背驰后，反弹依次走出三个次级别走势类型 f_1、f_2、f_3，在原走势最后一个中枢下面构造出一个新的本级别中枢 F，这是最弱的一种走势。由于中枢 B 与中枢 F 震荡区间有重叠，所以扩展成一个大级别的中枢，走势转为大级别的盘整。

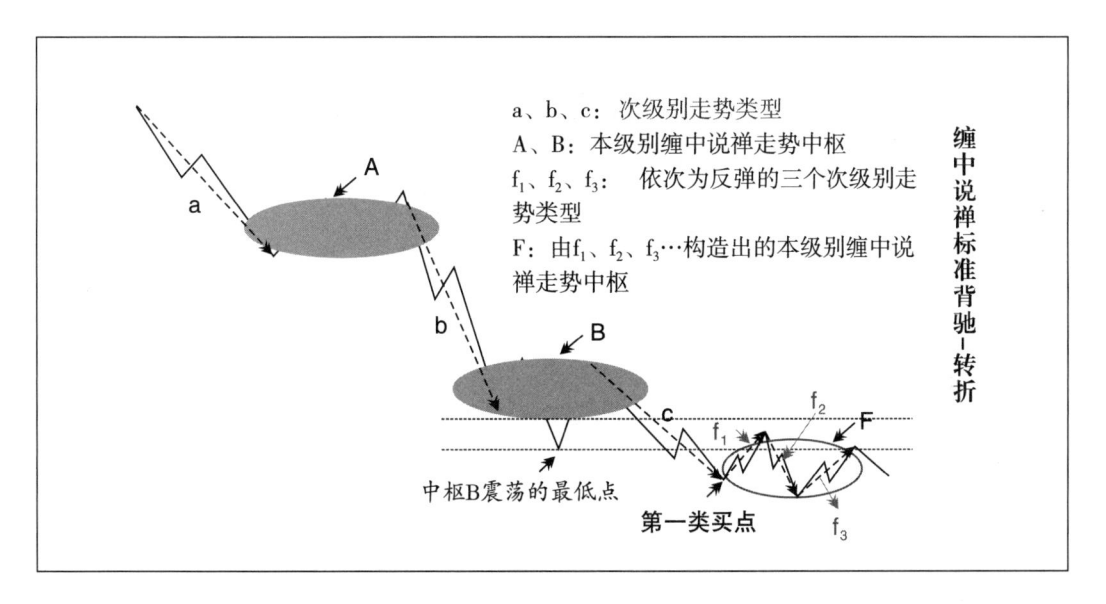

图 29-8　趋势背驰导致原走势最后一个中枢的级别扩展

这种趋势背驰但转折失败的情况，可以提前预判。当背驰后的次级别反弹走势（图 29-8 中的 f_1）不能回到原趋势最后一个中枢区间时，就需要注意这种情况的发生。走势最终演变成为 a+A+b+（B+F），（B+F）为高级别的中枢，a+A+b 整体为围绕高级别中枢的震荡。

（2）趋势背驰后转折成功，形成更大级别盘整。

背驰-转折成功后的走势是对原趋势的修正，按中枢的次级别即 a、b、c 的级别计算，背驰成功的修正走势至少有：1（a）+3（A）+1（b）+3（B）+1（c）共 9 段走势。9 段次级别走势可以形成一个比原趋势级别更高的走势中枢，所以趋势背驰-转折成功后，如果是盘整的话，必然是一个高级别的。

这个高级别的盘整走势有两种结构。

第一种，如图 29-9 所示，反弹依次走出三个次级别走势类型 f_1、f_2、f_3，f_1 至少回到下跌趋势最后一个中枢区间。其后如果形成盘整走势，那么由 f_1、f_2、f_3 形成的本级别中枢至少会扩展成高级别的。

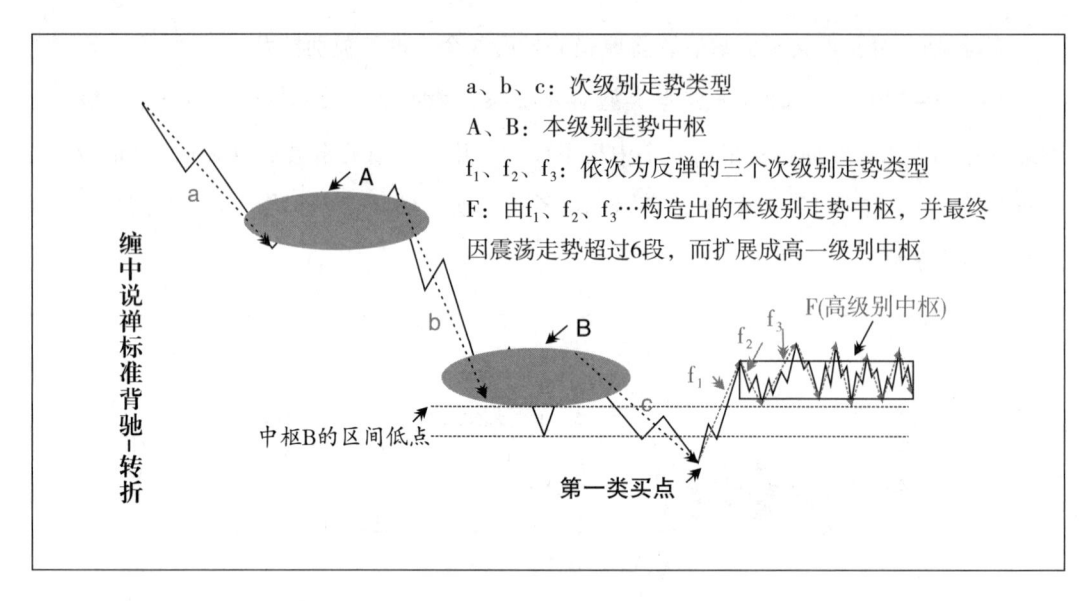

图 29-9　趋势背驰后形成更大级别的盘整之一

第二种，如图 29-10 所示，反弹先形成一个本级别的线段类上涨，并最终构成一个更高级别的走势中枢。

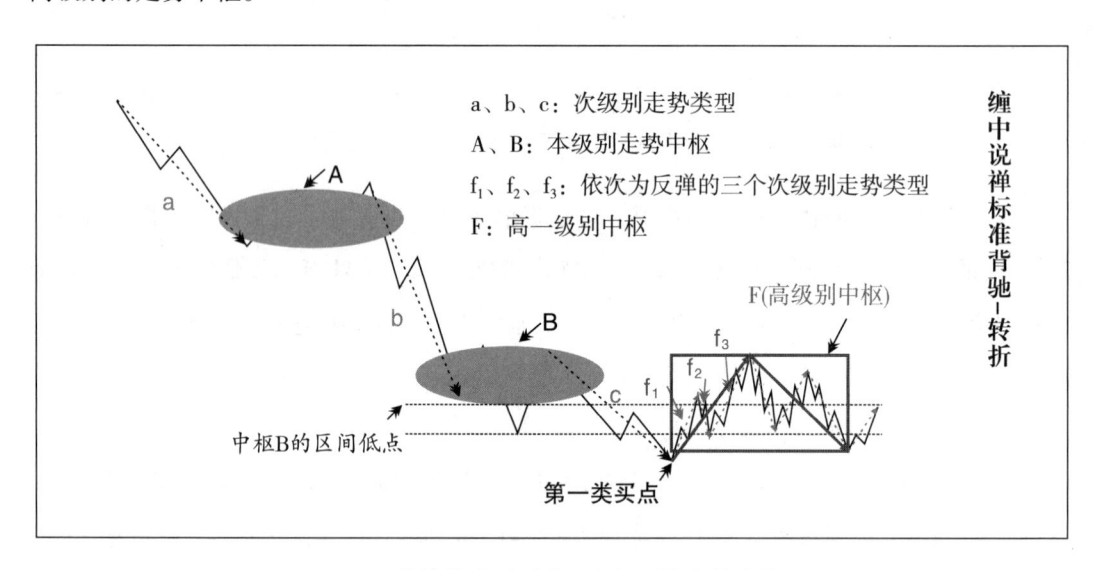

图 29-10　趋势背驰后形成更大级别的盘整走势之二

需要注意：高级别中枢构造成功后，并不意味着后期走势一定继续下跌，而是上涨与下跌几率均等，即背驰 - 转折为一个高级别的上涨。

（3）趋势背驰后转折成功，形成同级别或以上级别的反趋势。

如图 29-11 所示，标准下跌走势类型 a+A+b+B+c 背驰后，演化成同等级别的反趋势（具有两个同向本级别的走势中枢），或更高级别的反趋势。

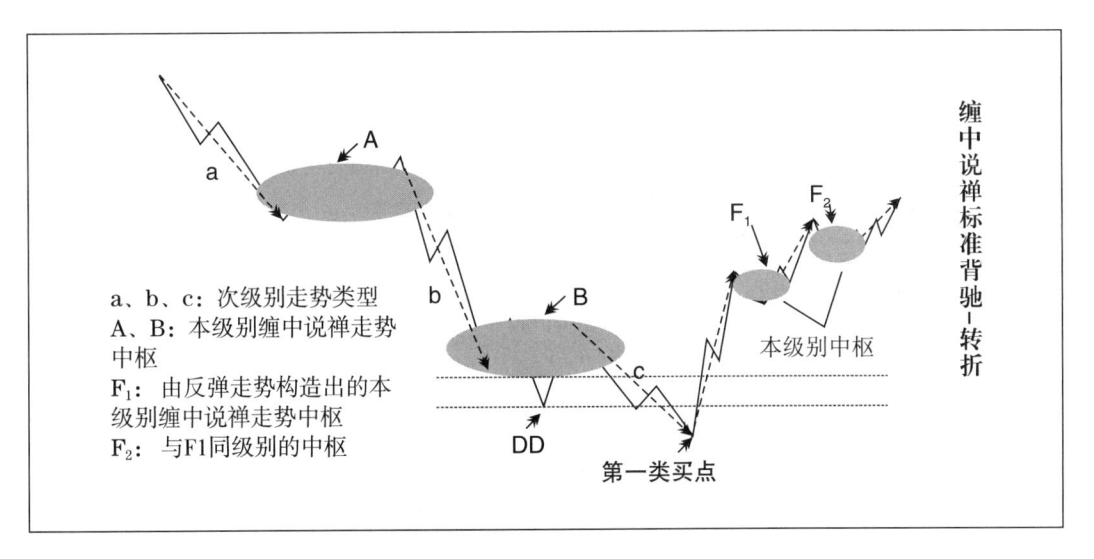

图 29-11　趋势背驰后形成该级别或以上级别的反趋势

深入解析

一种容易混淆的情况

趋势背驰但转折失败的情况是将最后一个中枢扩大成高级别。比如5分钟下跌背驰后，将最后一个中枢扩大成30分钟级别。它与标准背驰后形成高级别盘整的情况，比如5分钟级别下跌+30分钟级别盘整走势具有很大的区别。

图 29-12 是本文中的例子，它就是一个5分钟级别下跌+30分钟级别盘整的走势，其中的5分钟下跌和30分钟盘整都是完成的走势类型，它意味着是两个走势类型的连接。

如图 29-13 所示，背驰－转折中的第一种情况，是将下跌最后一个中枢的级别扩大，比如5分钟级别下跌，扩大成了一个30分钟的盘整走势。图中 a+A+b 是一个5分钟的盘整走势，以 a′ 标记；中枢 B 与中枢 F 组成一个30分钟的中枢，图中用 A′ 表示；B 中枢不再单独存在，整个走势是一个围绕新中枢 A′ 的30分钟盘整。

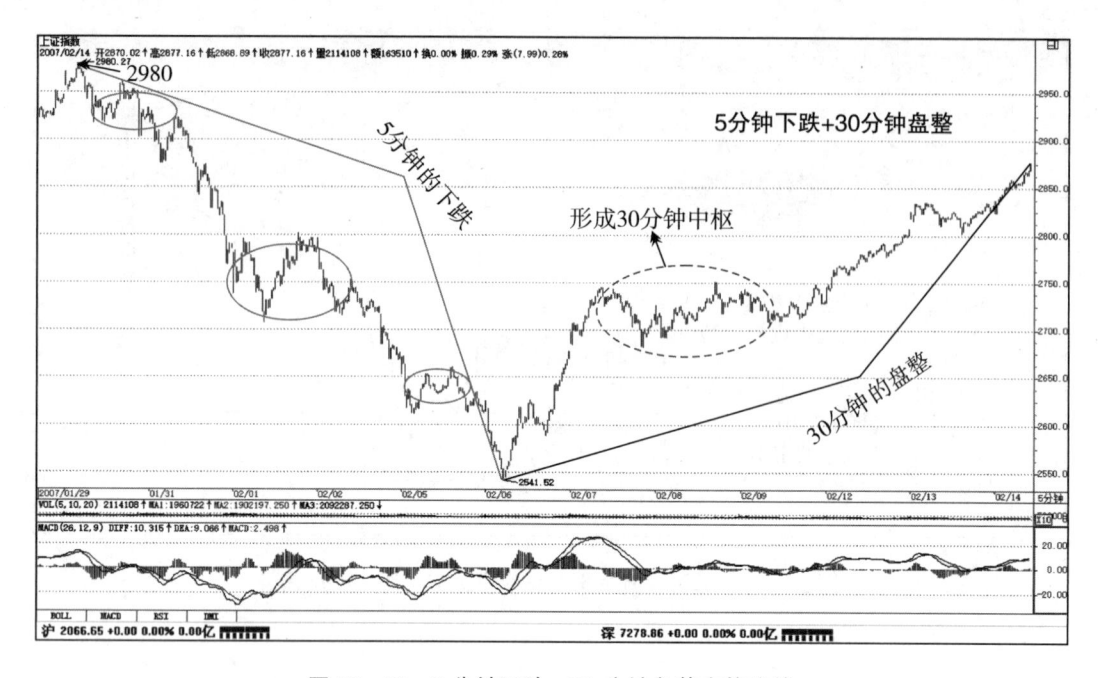

图 29-12　5 分钟下跌 +30 分钟盘整走势连接

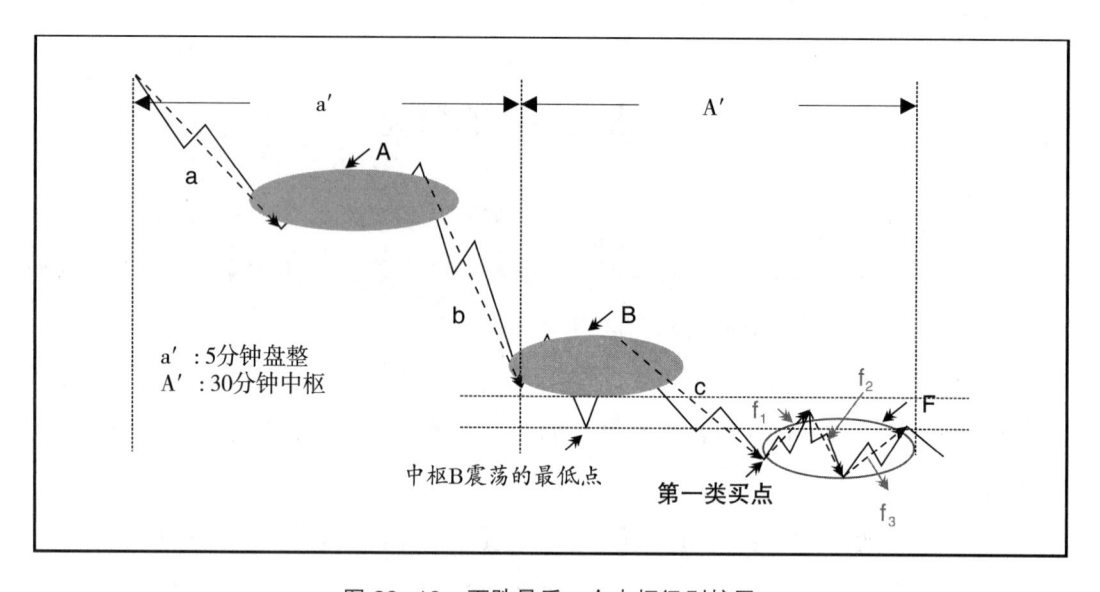

图 29-13　下跌最后一个中枢级别扩展

> 学习重点和难点

类中枢与标准走势中枢（2）

今天的课程，已经无法回避类中枢与标准走势中枢异同的问题，否则课程难以为继。

图 29-14 是类中枢与标准走势中枢的结构，这里主要分析一下它们是不是同样可以作为走势中枢使用，是不是相同级别。

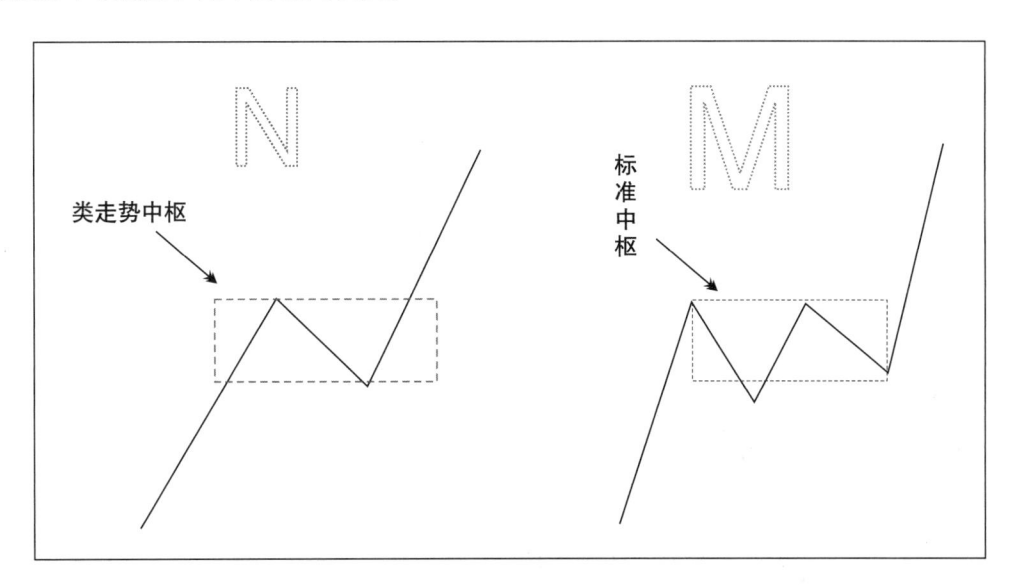

图 29-14　类中枢与标准走势中枢

（1）走势中枢定义：被至少三个连续次级别走势类型所重叠的部分，称为缠中说禅走势中枢。

从定义上看，二者都是适用的，没有什么差别。

（2）"教你炒股票"第 62 课以后相继给出了缠论的笔、线段等概念，如图 29-15 所示，并确定使用 1 分钟级别的线段代替 1 分钟以下级别的走势类型。三个线段有重叠构成最简 1 分钟走势，其间包含的仅为类中枢，所以类中枢与标准走势中枢同样没有什么区别。

（3）后面课程中的线段被破坏，同样说明了这个问题，被破坏后的走势实为两段走势的连接，就是类中枢的雏形，按理论规则，同样意味着走势升级。

综上所述，类中枢与标准走势中枢同为中枢，均会造成走势升级。当然，它们还是有很大的不同之处，这一点后面再行解析说明。

含有类中枢的走势，在缠论中称为"线段"，含有标准走势中枢的走势称为标准趋势或盘整。

图中标注：
- --- 1分钟级别的笔
- 1分钟以下走势
- 1分钟走势

最简1分钟走势的形成

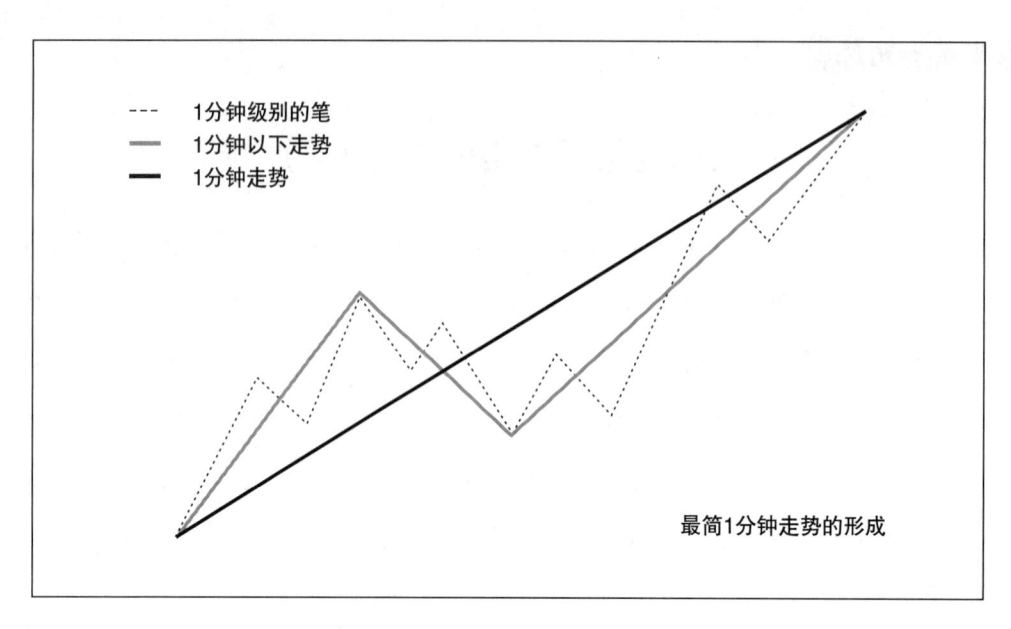

图 29-15　类中枢与标准走势中枢的异同

最低级别的线段类走势，不以类中枢数量区分类型，它们就是前面所讲的同级别走势，分为上涨、下跌和盘整。

这也回答了原文中两个5分钟上涨的问题：

其后，1分钟的走势继续完成，扩展成一个5分钟的上涨，在2007年2月7日的11点前后，一个1分钟的背驰制造了上涨的结束，其后进入一个中枢的震荡中。这个中枢，按照本章的定理，就可以断言，至少是5分钟级别的。而实际上演化成一个30分钟级别的，这意味着，一个快速的5分钟上涨的可能就没有了。

课文中两次提到的5分钟上涨，其中"扩展成一个5分钟的上涨"应该是同级别的上涨，而"这意味着，一个快速的5分钟上涨的可能就没有了"中的5分钟上涨，指拥有双中枢的上涨。

主题 6
缠论的哲学基础（一）

这个主题隐含在第 30 课至第 32 课中。与之前的泛泛而谈不同，这里主要针对缠论的理论基础展开。

主要内容：

（1）价格充分有效市场的含义。

（2）群体性交易的最大特点。

（3）缠论资金管理方式。

教你炒股票 30

缠中说禅理论的绝对性

（2007-02-13　15:07:02）

市场价格是否完全反映所有信息，可以随意假定。无论何种假定，都和实际的交易关系不大。交易中，你唯一需要明确的，就是无论市场价格是否完全反映信息，你都必须以市场的价格交易，而你的交易将构成市场的价格。对于交易来说，除了价格，一无所有（成交量可以看成是在一个最低的时间段内按该价格重复成交了成交数量个交易单位）。这一切，和市场价格是否反映所有信息毫无关系，因为所有价格都是当下的。如果当下的信息没被市场反映，那它就是没被市场当下反映的信息，至于会不会被另一个时间的价格反映是另外的事情。站在纯交易的角度，价格只有当下，当下只有价格，除了价格与依据时间延伸出来的走势，市场的任何其他东西都是可以忽略不计的。【课文解读：这里缠中说禅解释了缠论以走势K线图为载体的原因。】

价格也和人是否理智无关，无论你是否理智，都以价格交易，而交易也被价格，这是无论任何理论都必须接受的事实：交易，只反映为价格，以某种价格某个时间的交易，这就是交易的全部。至于交易后面的任何因数，如果假定其中一种或几种决定了交易的价格，无论这种因数是基本面、心理面、技术面、政治面还是什么，都是典型的上帝式思维，都是无聊勾当。其实，对于价格来说，时间并不需要特别指出，因为价格轨迹中的前后，就意味着时间的因数。也就是说，交易是可以按时间排序的，这就是交易另一个最大的特征：交易是有时间性的。而这时间，不可逆。在物理还在探讨时间是否可逆时，对于交易空间的探讨，这最困难的时间问题，就已经有了最不可动摇的答案。而本ID的理论，当然也是以这交易时间的不可逆为前提。如果今天的交易可以变成昨天的或者干脆不算了，那本ID的理论马上土崩瓦解。

交易，当然是有规律的，而且这规律是万古不变的，归纳上述就是：交易以时间的不可逆为前提完全等价地反映在价格轨迹上。当然，这万古不变也有其可变之处，例如交易突然因为某种原因可以随便更改。因此，在逻辑上更严谨的说法就是，把满足该条规律的市场称为价格充分有效市场。本ID的理论，就是针对这种价格充分有效市场的。而这种市场，至少对应了目前世界上所有正式的交易市场。那么，非价格充分有效市场是否存在？当然有。例如，你昨天一亿元钱买了一石头，今天卖石头的黑帮老大拿着枪顶着你说昨天的交易不算了，钱不给了，石头也收走了。这种存在类似交易的市场，当然不可能是价格充分有效的。【课文解读：使用缠论的前提是价格充分有效市场。】

以前所有市场理论的误区，都在于去探讨决定价格的交易后面的因数。交易是人类的行为，没什么可探讨的。人类就像疯子一样，其行为即使可探讨，在交易层面也变得没什么可探讨的。所有企图解释交易动机、行为的理论都是没有交易价值的。不管人类的交易有什么理由，只要交易就产生价格，就有价格的轨迹，这就足够了。站在纯交易的角度，唯一值得数学化探讨的就是这轨迹，其他的研究都是误区，对交易毫无意义。

那么，价格是随机的吗？这又是一个上帝式的臆测。决定论和随机论，【课文解读：决定论（又称拉普拉斯信条）是一种认为自然界和人类社会普遍存在客观规律和因果联系的理论和学说。决定论概念含有这样的基本要素：有其因必有其果。随机论也称随机漫步，是指基于过去的表现，无法预测将来的发展步骤和方向。】其背后的基础都是一个永恒因数论，一个永恒模式论，也就是，价格行为被某种神秘的理论所永恒模式化。无论这种模式是决定还是随机，这种假设的荒谬性是一样的。交易，只来自现实，因此，价格是被现实的交易所决定的。相应地，上面的顾虑就可以扩充为：交易是现实的行为，交易以时间的不可逆为前提完全等价地反映在价格轨迹上。【课文解读：这里缠中说禅并非想为走势是否有规律下个定论，其否定决定论与随机论的原因是一样的，即简单将价格走势与某些臆想中的原因对应起来的行为。】

交易的现实性是交易唯一可以依赖的基础，那么交易的现实性反映了什么，有

什么可能的现实推论？【**课文解读**：对于价格波动的掌握，只能从交易具有的规律入手。】

首先，人的反应是需要时间的，就算是脑神经的传输，也是需要时间的。其次，社会结构的现实多层性以及个体的差异性决定了，任何的群体性交易都不具有同时性。也就是说，即使是相同原因造成的相同买卖，都不可能同时出现，必然有先后。也就是说，交易具有延异性，不会完全地趋同，这是交易能形成可分析走势的现实基础。【**课文解读**：群体性交易具有的步调不一，是交易产生规律的内在因素。】

由于交易具有延异性，没有绝对的同一性，那么即使对于严格一种因数决定交易行为的系统，也依然能产生可分析的价格轨迹。任何群体性的交易行为，不会出现完全的价格同一性，也就是说，不会永远出现所有人同一时刻的同一交易。而一个完全绝对趋同交易，就等价于一个赌博，所有的买卖和买大小没任何区别。这样的系统是否存在？当然，例如一个庄家百分之百把所有股票都吃了，而且任何一笔交易都只有他一个人参与，没有任何别的人参与，这时候，其走势等价于一个买大小的赌博。而只要有人买入或还持有这股票的 1 股，那么这个交易就可以用本 ID 的理论来描述，因为一个不完全绝对趋同的交易就产生了，本 ID 理论的另一个界限就在此。【**课文解读**：价格充分有效市场下的群体性交易，最大的特点是步调不一，即使相同的原因买卖，买卖行为也有先有后。】

本 ID 的理论只有这两个界限，只要是价格充分有效市场里的非完全绝对趋同交易，那本 ID 的理论就永远绝对有效，这种绝对性就如同压缩映射不动点的唯一性对完备的距离空间一样。【**课文解读**：巴拿赫不动点定理，又称为压缩映射定理或压缩映射原理，是度量空间理论的一个重要工具。它保证了度量空间的一定自映射的不动点的存在性和唯一性，并提供了求出这些不动点的构造性方法。】至于有多少人学习、应用这个理论，对理论本身并没有任何实质的影响。因为，即使所有人都应用本 ID 的理论，由于社会结构以及个体差异，依然不会造成一个完全绝对趋同交易，这样，本 ID 的理论依然有效。而更重要的是，本 ID 的理论，并不是一个僵化的操作，都是永远建立在当下之上的。例如，一个日线级别被判断进入背驰段，由于某种当下的绝对突发事件，例如突然有人无意按错键，又给日本捅去一千几百颗原子弹，使得小级别产生突发性结构破裂，最终影响到大级别的结构，这时候，整个的判断，就建立在一个新的走势基础上了。而往往这时，实际的交易并没有发生，除非你运气忒好，你刚按买入，那原子弹就飞起来了。一般人，总习惯于一种目的性思维，往往忽视了走势是当下构成中的。而本 ID 的理论判断，同样是建筑在当下构成的判断中，这是本 ID 理论又一个关键的特征。关于这种理论的当下性，在以后的课程中会重点介绍，按学历，这是初中的课程。【**课文解读：股票走势图因群体性交易而具有了规律，对于规律的把握尚需当下。**】

而本 ID 的理论，最终比的是人本身。就像乾坤大挪移的第八重肯定打不过第九重的，但任何非乾坤大挪移的，肯定打不过第八重一样。有一种武功是高出其它孤峰之上的，因为起点已经大大超越了，其他那些起点就错了，又怎么能比？显然，不可能所有人都相信、应用本 ID 的理论，因此，那些不用本理论的人，就成了本 ID 理论吸血的对象。现实中，这种对象不是太少，而是太多了。其次，如果有庄家、基金偷学了这种方法，这就等于乾坤大挪移比第几重了。而且对于大资金来说，至少要比散户高出两重，才可能和散户打个平手，因为资金大，没有更高的功力，怎么能挪移起来？更重要的是，级别越大，企图控制干扰所需要的能量越大，对于周线级别以后，基本就没人能完全控制了。如果真是出现个个庄家、基金争学本 ID 理论的情况，那么除了在小级别比功力外，功力浅的完全可以把操作级别提高来加强安全性。更重要的是，应用相同的理论，在现实中也不会有相同的结果，现实就是一个典型的非完全绝对趋同系统。就像同样的核理论，并不会导致德国和美国同时造出原子弹。同样的理论，在不同的资金规模、资金管理水平、选股策略、基本面把握、交易者性格、气质等情况下，自然地呈现不同的面貌，这就保证了同一理论交易的非完全绝对趋同。

对本 ID 的理论，有一点是必须明确的，就是本 ID 的理论是对价格充分有效市场非完全绝对趋同交易的一个完全的数学公理化理论，唯一需要监控的就是价格充分有效市场与非完全绝对趋同交易这两个前提是否还存在。更重要的是，这归根结底是一套关系人的理论，只能不断在交易中修炼，最后比的可是功力。例如，就算是背驰这么简单的事情，就算是同一种方法，当成为群体性行为时，比的就是心态与功力。心态不好，出手早或出手迟的，就会在价格上留下痕迹。甚至当趋同性较强时，会使得级别的延伸不断出现，那就让功力深的人得到一个更好的买入或卖出价格。这些细微的差别积累下来，足以使得盈利水平天差地别。这也是为什么本ID可以把理论公开的一个深层原因，因为本ID的理论是对价格充分有效市场非完全绝对趋同交易的一个客观理论，即使公开了，也不会让这理论有任何改变，就像牛顿力学不会让万有引力改变一样，美国的原子弹爆炸了不会影响中国的原子弹按照同样的理论出现一样。至于理论可能造成的趋同交易加大，也早在本ID理论的计算中，这里比的是当下的功力。

无论你用什么交易方法，只要是在价格充分有效市场非完全绝对趋同交易里，你就在本ID理论的计算中。而要在本ID的理论里功力日增，就首先要成为一个顶天立地的人，这也是本ID让各位多看本ID所解释《论语》的原因。【课文解读：人性影响思维方式，顶天立地的人即少有贪嗔痴疑慢的人，唯此才能不受人性影响，看懂走势。】交易，不过是人类行为的一种。要成为成功的交易者，首先要对人类的行为穷其源，得其智慧。否则，一个糊涂蛋，什么理论都是白搭。本ID理论的基础部分，只是把现实的真相解剖出来，但这远远不够，看明白与行得通，那是两回事情。当然，看都看不明白，是不可能真的行得通的。而行，就是修行，"见、闻、学、行"，缺一不可。本ID的理论如同大道，不需要私藏着，都可以学，都可以行，但能否行到不退转【课文解读：不退转，佛教名词，意为所修功德善根不再退失。这里是指修行到某种境界之后，永远不会退回到原来的阶段。】的位置，是否最终还是"学如不及，犹恐失之"，那就要靠每个人自身的修行了。

理论，只是把现实解剖，但真正的功力，都在当下，不光要用理论的眼睛看清楚现实，更要逐步让自己和走势合一。而行的初步功力是什么？归根结底就是"恰好"。这个"恰好"是动态的，无论多少人，每个人的行为当成一个向量，所有人的行为最终构成走势的向量，而所谓的"恰好"，就是这个总向量本身。而如何才能永远和这总向量一致？就要首先把自己变成一个零向量，【课文解读：长度为零的向量是零向量，也即模等于零的向量，记作0。注意，零向量的方向是无法确定的。但我们规定：零向量的方向与任一向量平行，与任意向量共线，与任意向量垂直。零向量的方向不确定，但模的大小确定。零向量与任意向量的数量积为0。】有也只有当一个零向量加入到任何一个向量叠加系统里，才不会影响到最终的总向量的。把自己的贪婪与恐惧去掉，让市场的走势如同自己的呼吸一般，看走势如同看自己的呼吸，慢慢就可以下单如有神了。你的交易，就是顺着市场的总向量的方向增加其力度而已，这才是真正的顺势而为。只有这样，才算初步入门，才能逐步摆脱被走势所转的可悲境地，才能让自己和走势合一，和那永远变动的总向量一致而行。至于走势分析的学习，只不过是门外的热身而已。

有人可能要追问，如果所有人都变成零向量，那又如何？交易市场存在的基础，就是人的贪婪与恐惧。如果所有参与交易市场的人都没有贪婪与恐惧，那市场就没了，资本主义就没了，货币就被消灭了。那时候，本 ID 的理论自然就不存在了。只有对这个以人的贪婪、恐惧为基础的市场进行"不相"之，【课文解读：不相，佛教用语。与"有相"相对，指摆脱世俗之有相认识所得之真如实相。】才能长期有效地吸取这市场的血。

本 ID 理论的基础部分，在人类历史上第一次把交易市场建筑在严密的公理化体系上，就是要把市场的本来面目还原，让人的贪婪、恐惧无所遁形。只有明确地知道市场当下的行为，才可能逐步化解贪婪与恐惧，把交易行为建筑在一个坚实的现实基础上，而不是贪婪、恐惧所引发的臆测上。只有智慧才可以战胜贪婪、恐惧，而当所有的贪婪与恐惧被战胜后，贪婪与恐惧所物化的资本主义社会本身，也就丧钟敲响了。【课文解读：顶天立地的人意味着能很好地接受自己，接受环境，唯此才能对自己的行为负责，摆脱被"面首""怨男"情绪左右，这与使用缠论所需的状态极为吻合。】

教你炒股票 31

资金管理的最稳固基础

（2007-02-15 15:16:12）

对于小资金来说，资金管理不算一个特别大的问题，但随着盈利的积累，资金越来越大，资金管理就成了最重要的事情。一般来说，只要有好的技术，从万元级到千万元级，都不是什么难事情。但从千万以后，就很少人能稳定地增长上去了。所有的短线客，在资金发展到一定［规模］后，就进入滞涨状态。一旦进入大级别的调整，然后就打回原形，这种事情见得太多了。因此，在最开始就养成好的资金管理习惯，是极为重要的。投资，是一生的游戏，被打回原形是很可悲的事情。好的资金管理，才能保证资金积累的长期稳定。在某种程度上，这比任何的技术都重要，而且是越来越重要。对于大资金来说，最后比拼的，其实就是资金管理的水平。

资金，必须长期无压力，这是最重要的。有人借钱投资，然后盈利后还继续加码，结果都是一场游戏一场梦。1996 年，本 ID 认识一东北朋友，大概是不到 10 万元开始。当时，可以高比例透资，【课文解读】：透资即通常所说的"透支"，一般指银行允许其存款户在事先约定的限额内，超过存款余额支用款项的一种放款形式。存款户对透支放款应支付利息，并有随时偿还的义务。透支作为一种信贷方式，是造成社会经济生活中信用膨胀、货币金融市场混乱的直接原因之一。透支往往会引起银行信用资金紧张，如果银行不得不靠增加货币发行来实现透支款项，这时的透支信贷就可能破坏原有的信贷平衡，造成信用膨胀。另外，透支信贷还可能带来投机行为。由于借款者在透支后只需支付透支款项的本息，因此，当货币市场上的资金利率高于透支利率时，借款者便有可能利用透支款项进行再投资，从而获取更多的利润。这不仅给金融市场造成混乱，同时也给中央银行及国家对整个信贷资金和金融市场的控制带来了更大的困难。因此，许多国家的政府机构和中央银行采取各种措施，如规定透支范围、确定透支的最高限额、提高透支利率等，严格限制透支行为。】1 比 2、3 很普通，1 比 10 也经常见。当时的疯狂，不是现在的人能想象的。在 1996 年的牛市中，他很快就从不到 10 万变成 2 千多万。当时，透支的比例也降下来，大概就 1 比 1 多点。如果当时把所有透资还了，就没有后来的悲剧了。对于他来说，1996 年最后三周一定是最悲惨的，股票从 12 元在三周内急跌到 6 元以下。有人可能要问，那他为什么不先平仓？老人都知道，那次下跌是突然转折，瀑布一样下来的，如果没有走，根本没有走的机会。最后能走的时候，由于快触及平仓点，他的仓位在 6 元多往下一直平下去，根本没有拒绝的可能，证券部要收钱。最后，还了透资，只剩下不到 20 万，真是一场游戏一场梦，又回到原点。但这还不是最戏剧性的，最悲惨的是，这股票从他平完仓的当天开始到 1997 年 5 月，不到 5 个月的时间，从 6 元不到一直涨到 30 元以上，成了最大的黑马。这股票是深圳本地股【课文解读：疑似深天地 A（000023），如图 31-1 所示。】，后来从 30 多元反复下跌，2005 年到了 3 元以下，目前价位在他被开始平仓的位置，6 元多点。

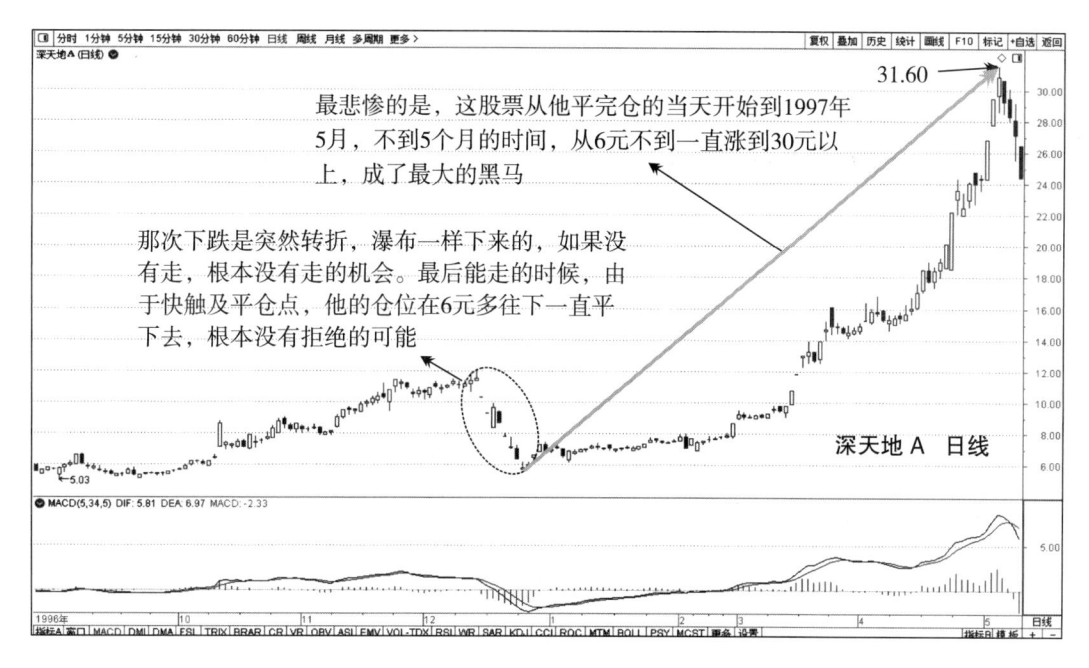

图 31-1 深天地 A 历史走势

一个无压力的资金，是投资的第一要点。虽然前面反复说过，但说完上面的例子，还是要再次强调。

另外一个重要的，就是自己的资金，一定不能交给别人管理。自己的盘子，一定要自己负责，不能把自己的命运交给别人。

又是一个故事，时间要提早四五年，1992年的事情了。这朋友，1992年已经有几千万的资金，在当时也算可以了。结果，因为家里有事处理，把盘子交给一个朋友管理。那人还是后来特别出名的人，说出来，市场里的老人都知道。当时大盘从1400多点回跌（见图31-2），已经跌了很多，以为到底部了。结果这家伙自作主张透资抄底，大盘却一直下跌。等这朋友过了两三周回来，一切早已灰飞烟灭。那次大盘一直跌破400点才到底部，半年内一共下跌了1000多点。后来从400点以下不到，4个月又创出1558点的历史高位。市场就是这么残酷，把命运交给别人，就是这样了。

图31-2　1992年上证指数走势

不能把自己放置在一个危险的境地。所谓"背水一战""置之死地而后生"，都不是资本市场应该采取的态度。

这样的态度，可能一时成功，但最终必然失败。技术分析的最重要意义在于，让你知道市场究竟在干什么，市场在什么位置该干什么；让你知道，一个建立的仓位，如何持有，如何把一个小级别的持有逐步转化为大级别的持有，又如何退出。这一切，最终都是为资金管理服务的。投资最终的目的不是股票本身，而是资金，没收回资金，一切都没意义。股票都是废纸，对资金的任何疏忽，都会造成不可挽回的损失。任何人，必须明确的是，多大的资金，在市场中都不算什么。而且，资金是按比例损失的，一万亿和一万元，按比例损失，变成0的速度是一样的。无论多大的资金，要被消灭，可以在举手之间。因此，永远保持最大的警觉，这是资金管理最大的、最重要的一点。没有这一点，一切管理都是无用的。

一个最简单又最有效的管理，就是当成本为0以前，要把成本变为0；当成本变成0以后，就要挣股票，直到股票见到历史性大顶，也就是至少出现月线以上的卖点。

一些最坏的习惯，就是股票不断上涨，就不断加仓，这样一定会出问题。买股票，宁愿不断跌不断买，也绝对不往上加码。**【深入解析：与前面分析的一样，市场投资最重要的是成本，股票不断上涨，不断加仓，成本持续增加；反之，成本是降低的。】**投入资金买一只股票，必须有仔细、充分的准备，这如同军队打仗，不准备好怎么可能赢？在基本面、技术面等方面都研究好了，介入就要坚决，一次性买入。如果你连一次性买入的信心都没有，证明你根本没准备好，那就一股都不要买。买入以后，如果你技术过关，马上上涨是很正常的。但如果没这水平，下跌了，除非证明你买入的理由没有了，技术上出现严重的形态，否则都不能抛一股，而且可以用部分机动的资金去弄点短差（注意，针对每只买入的股票，都要留部分机动的资金，例如1/10），让成本降下来。但每次短差，一定不能增加股票的数量，这样，成本才可能真的降下来。有些人喜欢越买越多，其实不是什么好习惯。这股票该买多少，该占总体资金多少，一开始就应该研究好，投入以后就不能再增加。

股票开始上涨后，一定要找机会把股票的成本变成0。除了途中利用小级别不断弄短差外，还要在股票达到1倍升幅附近找一个大级别的卖点出掉部分，把成本降为0。这样，原来投入的资金就全部收回来了。有人可能要说，如果那股票以后还要上涨10倍呢？这没问题，当股票成本为0以后，就要开始挣股票。也就是利用每一个短差，上面抛了以后，都全部回补，这样股票就越来越多，而成本还是0。这样，这股票就算再上涨100倍，越涨你的股票越来越多，而成本永远为0。这是最可怕的吸血，庄家、基金无论如何洗盘，都使得你的股票越来越多，而你的成本却是0。然后，等待一个超大级别的卖点，一次性把他砸死，把那庄家、基金给毁了。想想，成本为0的股票，在历史大顶上砸起来是最爽的。

　　这就是资金管理中针对每只股票的最大原则。按照这原则，你不仅可以得到最安全的操作，而且可以赢得最大的利润。特别挣股票的阶段，一般一个股票，盘整的时间都占一半以上。如果一个股票在上涨后出现大型盘整，只要超大级别卖点没出现，这个盘整会让你的股票不仅把抛掉的全挣回来，而且比底部的数量还要多，甚至多很多。一旦股票再次启动，你就拥有比底部还多的但成本为0的股票，这才是最大的黑马，也是最大的利器。一个合理的持仓结构，就是拥有的0成本股票越来越多，一直游戏到大级别上涨结束以后，例如这轮大牛市，直到牛市结束前，才把所有股票全部清仓。而资金，就可以不断增加参与的股票种类，把这程序不断[重复]下去。这样，操作资金不会增加，特别对大资金，不会经常被搞到去当庄家或钱太多买了没人敢进来，这样就不会增加操作的难度，但股票种类越来越多，成本都是0。这样，才会有一个最稳固的资金管理基础。

教你炒股票 32

走势的当下与投资者的思维方式

（2007-02-28 08:44:37）

投资者最大的毛病，就是只有一种思维方式，把自己的喜好当成了市场的现实。按这种逻辑，做多的就永远要做多，做空的就永远要做空，那不有毛病吗？就像这次，春节前的走势，为什么要做多，因为技术上有形成中枢第二段的要求（见图 32-1、图 32-2），这就是做多的客观条件。而当第二段出现背弛，就意味着做多的客观条件没有了，继续硬撑着不是有毛病吗？牛市是快跌慢涨，熊市是快涨慢跌，这最基本的节奏不应该不知道。

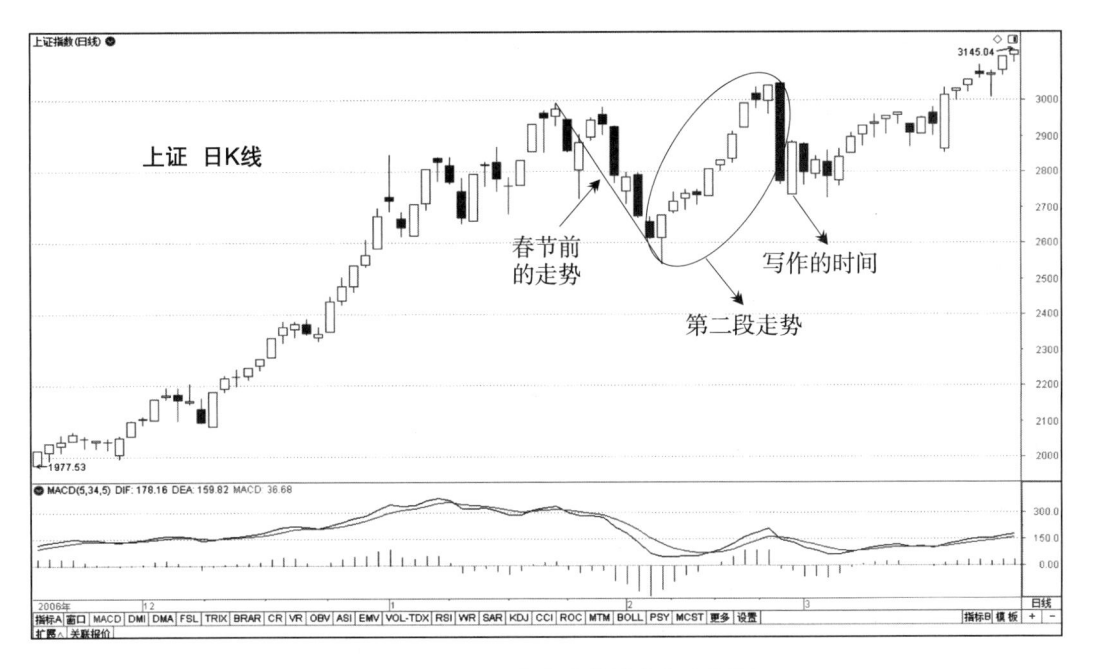

图 32-1 2007 年春节前后大盘走势图

图 32-2　上证指数 5 分钟 K 线走势图——第二段走势中的背驰

有一种更坏的毛病就是涨了才高兴,一跌就哭着脸。请问,光做多,怎么把成本降为 0?股票都是废纸,光涨光做多,永远顶着一个雷。在前面的文章已经多次强调,只有 0 成本的股票才是真正安全的。如果死多死空思维不改变,永远都是股票的奴隶。

而且,跌完以后涨得最快的是什么?就是跌出第三类买点来的股票。看看 000416(民生投资)上次的那一跌(见图 32-3),一个完美的第三类买点,后面是一个月 100% 幅度的上涨,中间还带了一周的假期。

大跌,就把眼睛放大,去找会形成第三类买点的股票,这才是股票操作真正的节奏与思维。

本 ID 的理论里没有风险的概念,风险是一个不可操作的上帝式概念。本 ID 的眼里只有买点、卖点,只有背驰与否,这些都是有严格定义的、可操作的,这才是让股票当你奴隶的唯一途径。

有人可能要反问本 ID,你不是说中国的地盘中国人做主吗?请问,难道中国人做主,就只能做多的主,不能做空的主?这还算什么主?如果你把握了本 ID 的理论,严格按买点买、卖点卖,那你就是股票的主人。所谓汉奸,不过是希望通过他们的伎俩来把中国的血给吸走。而如果你有本事让汉奸低卖高买,那汉奸就死定了。就像这次,去问问联通上谁吃了哑巴亏。

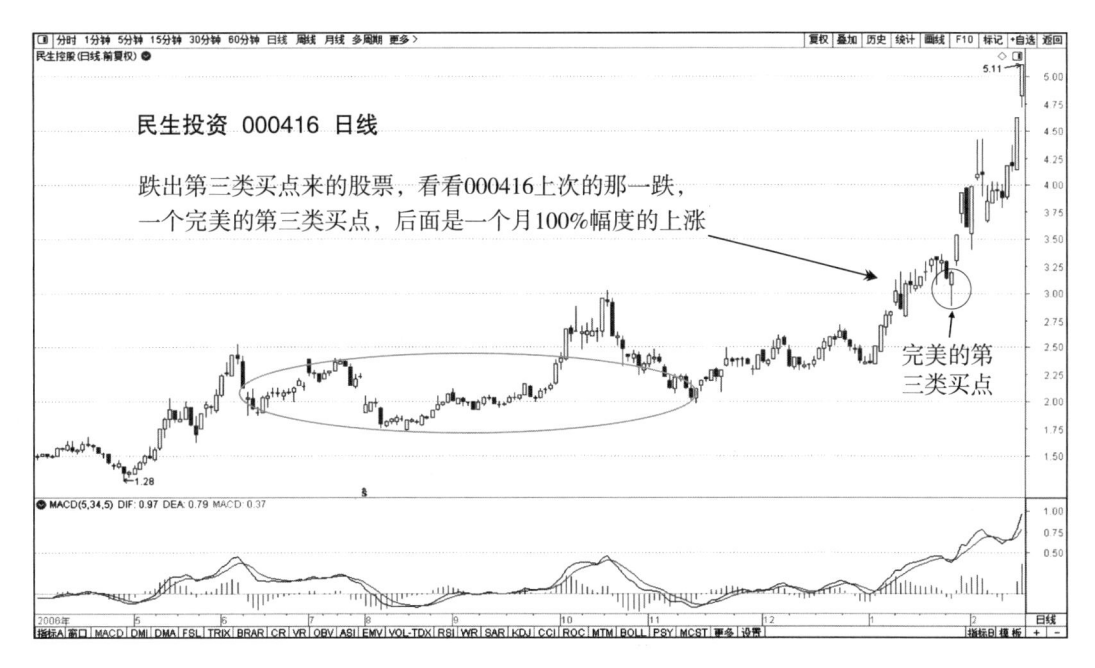

图 32-3 暴跌产生第三类买点的情况

前面本 ID 说过，N 年前干过一个阻击，从 14 元一直阻击上 25 元全出掉，也是春节前后的，算起来就 10 来个交易日，一分钱没花，为什么？就是把某些人的节奏给搞乱了。大家应该记得赵本山和范伟拍卖那场对话，有点类似。具体怎么样，以后和大家说如何阻击的时候再说。不过可以告诉大家最终的结果，那股票最终跌回 3 元多。

股票，如同跳舞，关键是节奏。节奏一错，就没法弄了。买点买、卖点卖，就是一个最合拍的节奏。任何不符合这个节奏的，都要出乱子。【**深入解析：节奏是上涨与下跌，买卖点是此节奏中的关键所在。**】

例如，你是按 30 分钟级别操作的，明明顶背驰了，你不卖，一定要想着还要高，然后底背驰的时候忍不住了，杀出去。这样下来，你很快就不用玩股票了，因为股票很快就玩死你。

走势有其节奏。你操作股票，如同和股票跳舞，你必须跳到心灵相通，也就是前面说的，和那合力一致，这样才是顺势而为，才是出色的舞者。如果不明白的，今天去跳一下舞，找一个舞伴，把他的节奏当成股票的节奏，感应一下。

感应，是当下的。如果当下你还想着前后，那你一定跳不好舞。股票也一样，永远只有当下的走势状态。股票的走势，没有一个必然的、上帝式的意义，所有的意义都是当下赋予的。

例如，一个30分钟的a+A+b+B+c的向上走势，你不可能在A走出来后就说一定有B，这样等于是在预测，等于假设一种神秘的力量在确保B的必然存在，而这是不可能的。那么，怎么知道b段里走还是不走？这很简单，这不需要预测，因为b段是否走，不是由你的喜好决定的，而是由b段当下的走势决定的。如果b段和a段相比，出现明显的背驰，那就意味着要走，否则，就不走。

而参考b段的5分钟以及1分钟图，你会明确地感觉到这b段是如何生长出来的，这就构成一个当下的结构。只要这个当下的结构没有出现任何符合区间套背驰条件的走势，那么就一直等待着，走势自然会在30分钟延伸出足够的力度，使得背驰成为不可能。这都是自然发生的，无须你去预测。

详细说，在上面例子30分钟的a+A+b+B+c里，A是已出现的，是一个30分钟的中枢，这可以用定义严格判别，没有任何含糊、预测的地方。而b段一定不可以出现30分钟的中枢，也就是只能最多是5分钟级别的。如果b段一个5分钟级别的开始上涨已经使得30分钟的图表中不可能出现背驰的情况，那么你就可以有足够的时间去等待走势的延伸，等待它形成一个5分钟的中枢，一直到5分钟的走势出现背驰，这样就意味着B要出现了，一个30分钟的新中枢要出现了。是否走，这和你的资金操作有关了。如果你喜欢短线，你可以走一点，等这个中枢的第一段出现后，回补，第二段高点看5分钟或1分钟的背驰出去，第三段下来再回补，然后就看这个中枢能否继续向上突破走出c段。

注意，c段并不是天经地义一定要有的，就像a也不是天经地义一定要有的。要出现c段，如同要出现b段，都必须有一个针对30分钟[中枢]的第三类买点出现，这样才会有。所以，你的操作就很简单了，每次，5分钟的向上离开中枢后，一旦背驰，就要出来。然后，如果一个5分钟级别的回拉不回到中枢里，就意味着有第三类买点，那就要回补，等待c段的向上。而c段和b段的操作是一样的，是否要走，完全可以按当下的走势来判断，无须任何的预测。不背驰，就意味着还有第三个中枢出现，如此类推。显然，上面的操作，不需要你去预测什么，只要你能感应到走势当下的节奏。而这种感应也没有任何的神秘，就是会按定义去看而已。

那么，30分钟的a+A+b+B+c里，这里的B一定是A的级别？假设这个问题，同样是不理解走势的当下性。当a+A+b时,你是不可能知道B的级别的,只是,只要b不背驰,那B至少和A同级别。但B完全有可能比A的级别大,那这时候,就不能说a+A+b+B+c就是某级别的上涨了,而是a+A+b成为一个a',成为a'+B的意义了。但,无论是何种意义,在当下的操作中都没有任何困难。例如,当B扩展成日线中枢,那么就要在日线图上探究其操作的意义。其后如果有c段,那么就用日线的标准来看其背驰,这一切都是当下的。至于中枢的扩展,其程序都有严格的定义,按照定义操作就行了。在中枢里,是最容易打短差降成本的,关键利用好各种次级别的背驰或盘整背驰就可以了。

所以,一切的预测都是没意义的,当下的感应和反应才是最重要的。你必须随时读懂市场的信号,这是应用本ID理论最基础也是最根本的一点。如果你连市场的信号、节奏都读不懂,其他一切都是无意义的。但,还有一点很重要,就是你读懂了市场,但却不按信号操作,那这就是思维的问题了。老有着侥幸心理,这样也是无意义的。

按照区间套的原则,一直可以追究到盘口的信息里。如果在一个符合区间套原则的背驰中发现盘口的异动,那么,你就能在最精确的转折点操作成功。本ID的理论不废一法,盘口工夫同样可以结合到本理论中来,但关键是在恰当的地方,并不是任何的盘口异动都是有意义的。

本ID的理论由于是从市场的根子上考察市场,所以把握了,你就可以结合各种理论。什么基本面、政策面、资金面、庄家等等因数,这些因数如何起作用,有效与否,都在这市场的基本走势框架上反映出来。

由于市场是当下的,那么,投资者具有的思维也应该是当下的,而任何习惯于幻想的,都是把幻想当成当下而掩盖了对当下真实走势的感应。这市场,关键的是操作,而不是吹嘘、预测。有人可能要反问,怎么这里也经常说些类似预测、吹嘘的话,例如前两天本ID说让汉奸砸盘联通。请问,汉奸可能有几十亿股的联通吗?汉奸砸盘本ID就要接?本ID为什么不可以先砸?为什么一定要在顶背驰接砸盘?本ID又没毛病。汉奸如果有爱好,最好在底背驰的时候砸盘,本ID一定欢迎。而对于本ID来说,如果有些话能当百万兵,本ID凭什么不说?本ID也没兴趣知道,联通昨天936到945【课文解读:936到945指2月27日9点36分至9点45分,如图 32-4。】推出 5.52 元是谁中风了，竟然勇敢地顶出一个顶背弛来。那时候，本 ID 只看到了卖点，如此而已。就算不知道本 ID 的理论，最简单的，难道连 1 月 4 日和 1 月 30 日的连线在哪里都看不清楚（见图 32-5）？

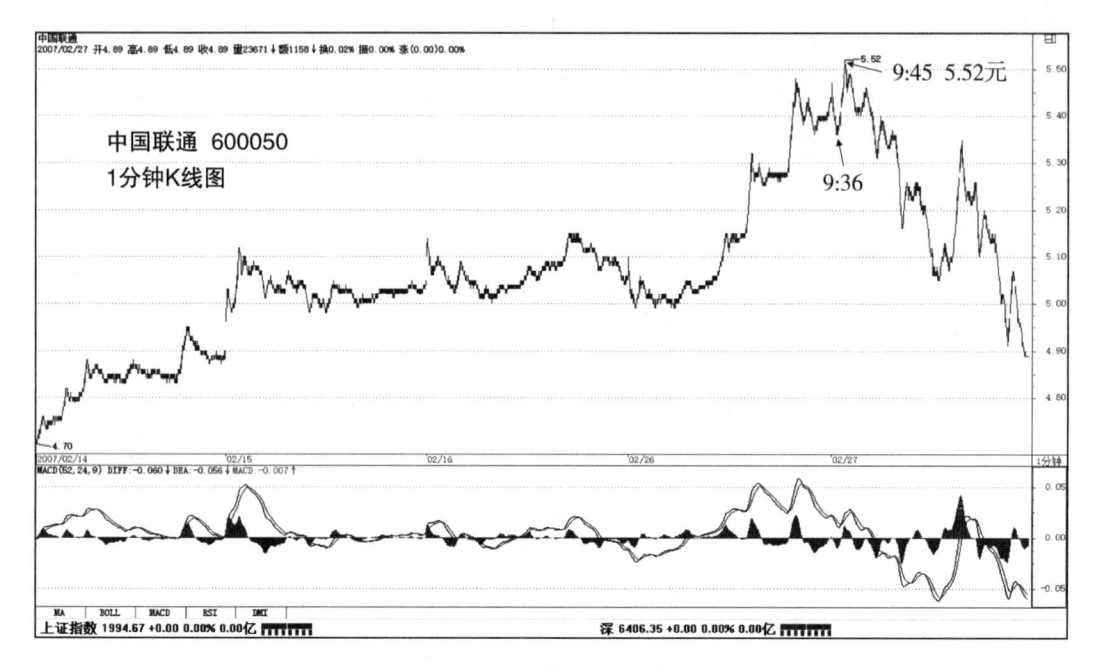

图 32-4　中国联通的顶背驰走势

图 32-5　中国联通日 K 线走势图中的高点连线

所有非汉奸、非奸细的各位请注意了，这里奸细少不了，如果你把这里当成一个纯粹的课堂，那就太小看这里了。但，有一点是无疑的，就是一旦你掌握本ID的理论，你根本无须听任何话。无论谁的话，任何话都是废话，走势永远第一。牛顿不能违反万有引力，本ID也不能违反本ID的理论，这才是最关键的地方。而只有这样，才有可能有一个正确的思维基础。你无须尊重本ID，甚至，你学会本ID的理论，还可以专门和本ID作对，企图在市场上挣本ID的钱。但你必须尊重本ID的理论，就像你必须尊重万有引力一样，否则市场的走势每分每秒都会给你足够的教训。

主题 7

走势的多义性

　　这个主题是第 33 课至第 36 课中最重要的内容。前面介绍了缠论基础知识，但市场走势仍有很多地方处于理论的模糊地带，因此需要对它们进行更严格的定义。

主要内容：

（1）中枢震荡造成的级别扩大。

（2）选择不同级别 K 线图造成的走势多义性。

（3）走势的拆分、组合以及由此产生的分析方式。

教你炒股票 33

走势的多义性

（2007-03-02　15:20:37）

如果市场都是标准的 a+A+b+B+c，A、B 的中枢级别一样，那这市场也太标准、太不好玩了。市场总有其复杂的地方，使得市场的走势呈现一种多义性，就好像诗词中文字的多义性一样。如果没有多义性，诗词都如逻辑一样，那也太没意思了。而所有走势的多义性，都与中枢有关。【课文解读：某级别K线图上的本级别走势中枢，就是一段混沌无方向的走势。但中枢与中枢之间的次级别或以下级别走势，则呈现出明显的方向与线性结构，这就是多义性都与走势中枢有关的原因。】

例如5分钟级别的中枢不断延伸（见图33-1），出现9段以上的1分钟次级别走势。站在30分钟级别的中枢角度，3个5分钟级别的走势重合就形成了，而9段以上的1分钟次级别走势，每3段构成一个5分钟的中枢，这样也就可以解释成这是一个30分钟的中枢。这种情况，只要对中枢延伸的数量进行限制，就可以消除多义性。一般来说，中枢的延伸不能超过5段，也就是一旦出现6段的延伸，加上形成中枢本身那三段，就构成更大级别的中枢了。

另外一种多义性，是因为模本的简略造成的。【课文解读：所谓"模本的简略"，就是因为使用了不同级别的K线图造成的混乱。走势是客观存在的，采用什么级别分析却是主观的。正因如此，某相同时间段亚士创能的1分钟及5分钟K线图，如图33-2、图33-3所示，两张K线图的周期不一样，但都对应着唯一的一段走势类型，可以分别看作1分钟走势类型和5分钟走势类型。类似这种某周期的客观走势，选择不同级别K线图观察造成的不同理解，就是"模本简略"引发的多义性。】

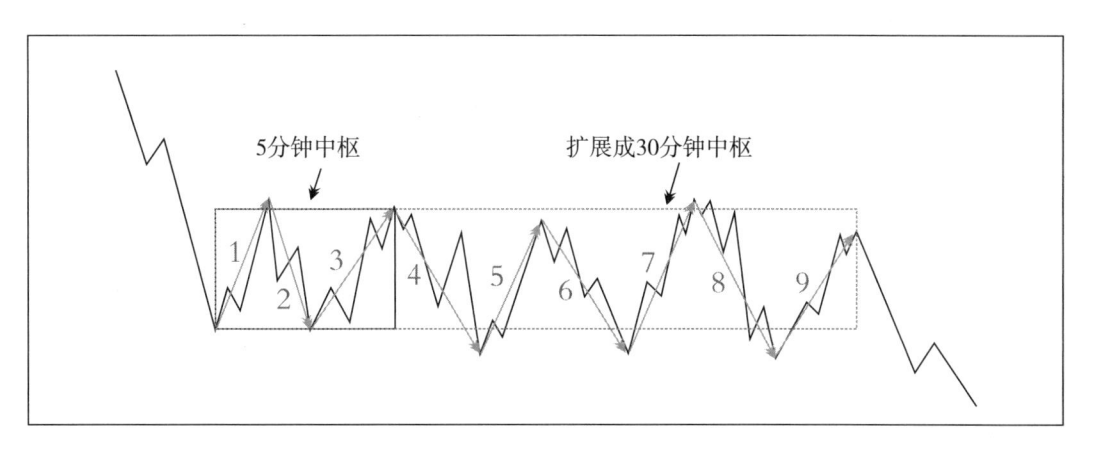

图 33-1　走势中枢延伸构成的中枢扩张

图 33-2　亚士创能 1 分钟 K 线走势图

不同级别的图，其实就是对真实走势不同精度的一种模本。例如，一个年线图当然没有 1 个分笔图的精确度高，很多重要的细节都不可能在大级别的图里看到。而所谓走势的级别，从最严格的意义上说，可以从每笔成交构成的最低级别图形不断按照中枢延伸、扩展等的定义精确地确认出来，这是最精确的，不涉及什么 5 分钟、30 分钟、日线等。但这样会相当累，也没这个必要。【深入解析：这就是缠论的第二种看盘方式，很明显早期不被重视。】用 1 分钟、5 分钟、30 分钟、日线、周线、月线、季线、年线等的级别安排，只是一个简略的方式，最主要是现在可以查

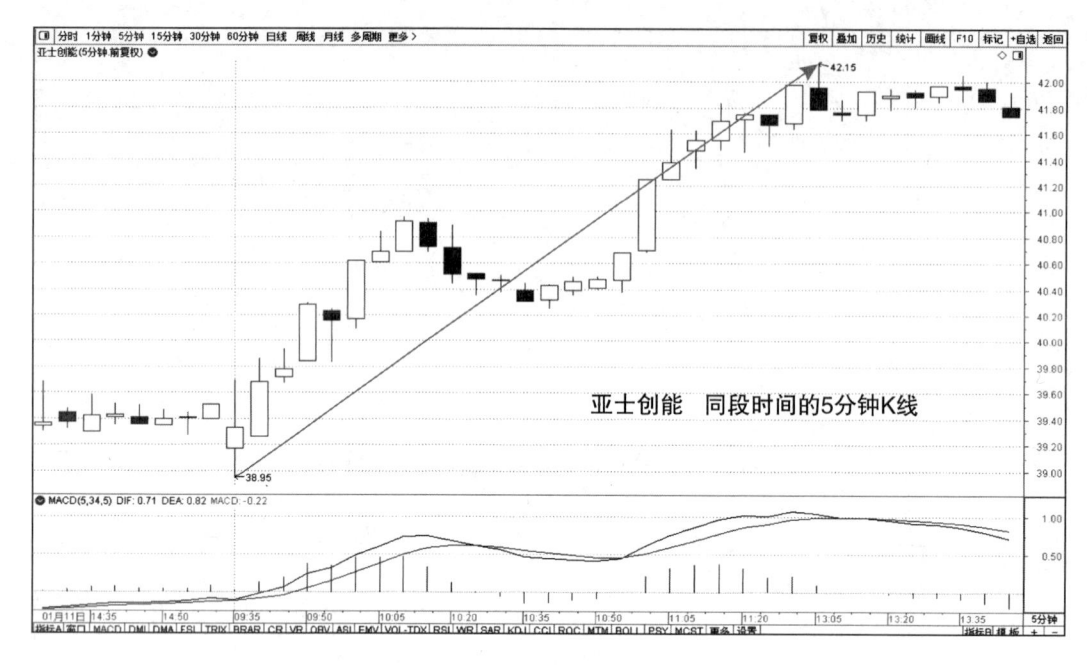

图33-3 亚士创能5分钟K线走势图

到的走势图都是这样安排的。当然,有些系统可以按不同的分钟数显示图形,例如,弄一个7分钟的走势图,这都完全可以。这样,你完全可以按照某个等比数列来弄一个级别序列。不过,可以是可以,但没必要。因为,图的精确并没有太大的实质意义,真实的走势并不需要如此精确的观察。当然,一些简单的变动也是可以接受的,例如去掉30分钟,换成15分钟和60分钟,形成1分钟、5分钟、15分钟、60分钟、日线、周线、月线、季线、年线的级别安排,这也是可以的。

虽然没有必要精确地从最低级别的图表逐步分析,但如果你看的图表的缩放功能比较好,当你把分笔图或1分钟图不断缩小,【课文解读:如图33-4所示,博客中的分笔与炒股软件中的即时成交级别相当。】这样,看到的走势越来越多。而这种从细部到全体的逐步呈现,会对走势级别的不断扩张有一个很直观的感觉,这种感觉,对你以后形成一种市场感觉是有点帮助的。在某个阶段,你可能会形成这样一种感觉,你如同站在重重叠叠的走势连绵中,而当下的趋向,仿佛照亮着层层叠叠的走势,那时候,你往往可以忘记中枢之类的概念。所有的中枢,按照各自的级别,仿佛都变成大小不同的迷宫关口,而真正的路只有一条,而你的心直观当下地感应着。说实在的,当有了这种市场清晰的直觉,才算到门口了。那时候,就如同看一首诗,如果还从语法等去分析,就如同还用中枢等去分析一样。而真正的有感觉的读者，是不会计较于各种字句的纠缠的，整体的直观当下就呈现了，一首诗就如同一[个]自足的世界，你当下就全部拥有了。市场上的直观，其实也是一样的。只要那最细微的苗头一出来，就当下地领悟了，这才算是对市场走势这伟大诗篇一个有点合格的阅读。

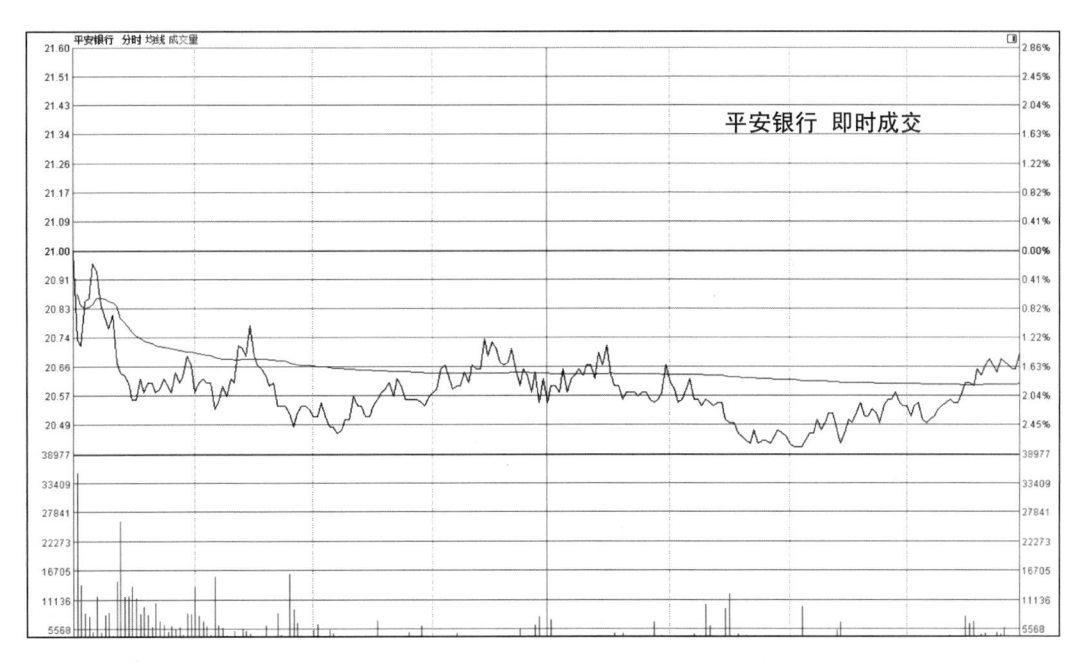

图 33-4 平安银行即时成交图

在一名能充分直观的阅读者眼里，多义性是不存在的，【课文解读：一眼得出最合理的选择。】而当这种最敏锐的直觉还没出现时，对走势多义性的分析依然必要，因此也必须继续。换句话说，如果玩不了超逻辑的游戏，那只能继续在逻辑的圈子里晃悠。除了上面两种多义性，还有一种有实质意义的多义性，也就是走势分析中的多种合理释义。这些释义都符合理论内在的逻辑，因此，这种多义性反而不是负担，而是可以用多角度对走势进行一个分析。

例如，对 a+A+b+B+c，a 完全可以有另一种释义，就是把 a 看成是围绕 A 这个中枢的一个波动，虽然 A 其实是后出现的，但不影响这种看法的意义。同样，c 也可以看成是针对 B 的一个波动，这样整个走势其实就简化为两个中枢与连接两者的一个走势。在最极端的情况下，在 a+A+b+B+c 的走势系列类型里，a 和 c 并不是必然存在的，而 b 完全可以是一个跳空缺口，这样，整个走势就可以简化为两个孤零零的中枢。把这种看法推广到所有的走势中，那么任何的走势图，其实就是一些级别大小不同的中枢。把这些看成不同的星球，在当下位置上的星球对当下位置产生向上的力，当下位置下的产生向下的力。【**字斟句酌**：当下位置上的中枢对当下位置而言是一个套牢区域，产生的更多是抛压，是阻力位。人性是追涨杀跌的，一个明显的套牢区间是无法吸引买盘追入的，否则不符合人性，所以这种操作思路看看就好。】而这些所有力的合力构成一个总的力量，而市场当下的力，也就是当下买卖产生的力，买的是向上的力，卖的是向下的力，这也构成一个合力。前一个合力是市场已有走势构成的一个当下的力，后者是当下的交易产生的力，而研究这两种力之间的关系，就构成了市场研究的另一个角度，也就是另一种释义的过程。这是一个复杂的问题，以后会陆续说到，算是高中的课程了。

现在先别管什么力不力的，可以从纯粹中枢的角度对背驰给出另外的释义。对 a+A+b+B+c，背驰的大概意思就是 c 段的力度比 b 的小了。那么，站在 B 这个中枢的角度，不妨先假设 b+B+c 是一个向上的过程，那么 b 可以看成是向下离开中枢 B，而 c 可以看成是向上离开中枢 B。所谓顶背驰，就是最后这个中枢，向上离开比向下离开要弱。而中枢有这样的特性，就是对无论向上或向下离开的，都有相同的回拉作用。既然向上离开比向下离开要弱，而向下离开都能拉回中枢，那向上的离开当然也能拉回中枢里。对于 b+B+c 向上的走势，这就构成顶背驰，而对于 b+B+c 向下的走势，就构成底背驰。对于盘整背驰，这种分析也一样有效。其实，站在中枢的角度，盘整背驰与背驰，本质上是一样的，只是力度、级别以及发生的中枢位置不同而已。

同样，站在纯中枢的角度，a+A+b+B，其中 B 级别大于 A 的这种情况就很简单了（见图 33-5），这时候，并不必然地 B 后面就接着原方向继续，而是可以进行反方向的运行。例如，a+A+b+B 是向下的，而 a+A+b 其实可以看成是对 B 一个向上离开的回拉。而对中枢来说，并没要求所有的离开都必须按照上一下一上一下的次序，一次向上的离开后再一次向上的离开，完全是被允许的。那站在这个角度，从 B 直接反转向上，就是很自然的。那么，这个反转是否成功，不妨把这个后续的反转写成 c，那么也只要比较一下 a+A+b 与 c 这两段的力度就可以，因为中枢 B 对这两段的回拉力度是一样的。如果 c 比 a+A+b 弱，那当然反转不成功，也就意味着一定要重新回到中枢里,在最强的情况下也至少有一次回拉去确认能否构成一个第三类买点。【课文解读:注意c与a+A+b级别不同,所以并不是简单地拿c与a+A+b进行比较。】而a+A+b与c的力度比较,与背驰的情况没什么分别,只是两者的方向不同而已。如果用MACD来辅助判别,背驰比较的黄白线和柱子面积都在0轴的一个方向上,例如都在上面或下面,而a+A+b与c就分别在不同的方向上,由于这,也不存在黄白线回拉的问题,但有一点是肯定的,就是黄白线至少要穿越一次0轴。这几天大盘的走势,就对这种情况有一个最标准的演示。简略分析一下。

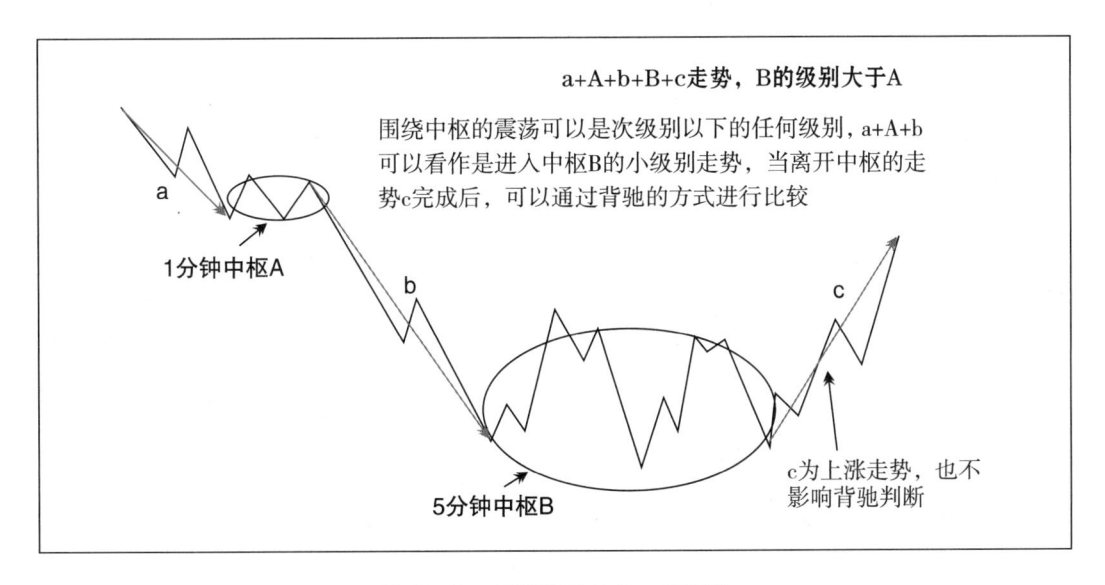

图 33-5 盘整背驰的另一种释义

由于相应的a+A+b是一个1分钟的走势(见图33-6),那天故意提早开盘前发帖子,等于是现场直播B的形成。但1分钟的走势,估计能看到或保留的不多,那就用15分钟图来代替。【课文解读:本例配图使用的是1分钟K线图,这样可以看到更多的细节】

02270945【课文解读:2月27日9点45分】到02280945【课文解读:2月28日9点45分】,刚好4小时,构成a+A+b【字斟句酌:这里怀疑是笔误,如图33-6所示,2月27日9时25分至2月28日9时25分更合理。】

其中的A,在15分钟图上看不清楚,在1分钟图上是02271306【课文解读:2月27日13点6分】到02271337【课文解读:2月27日13点37分】,中枢的区间是2877点到2894点,中枢波动的高点也就是b的起跌点,是2915点。

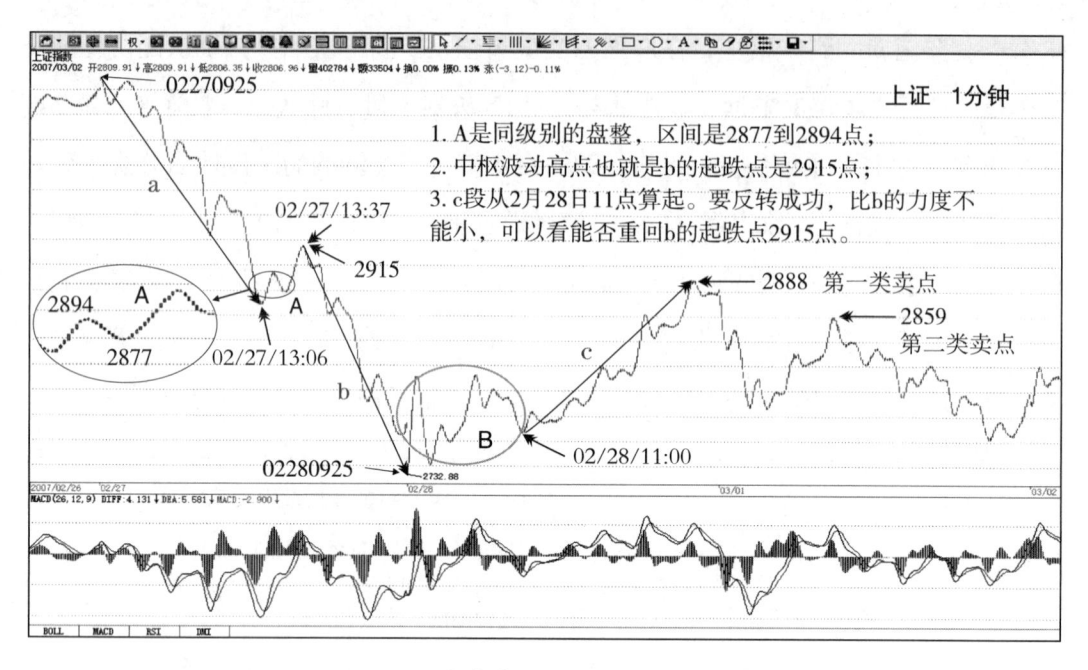

图 33-6　盘整背驰另一种释义具体案例

　　c 段大致从 02281100【课文解读：2 月 28 日 11 点】算起，这个 c 要反转成功，在相同级别内至少要表现出比 b 的力度不能小。这可以从 MACD 来辅助分析，也可以从一个最直观的位置来分析，就是必须能重新回到 b 的起跌点。

　　【深入解析：本例使用了 1 分钟的 K 线图，它是缠论默认的最低级别，所以走势按同级别分解方式进行。a、A、b 是同级别分解中的下跌、盘整、下跌结构，是一个 1 分钟的走势连接。中枢 B 是由 1 分钟级别的上涨 + 下跌 + 上涨 + 下跌走势组合而成，是一个 5 分钟级别的中枢。】

　　这就如同向天上抛球，力度大的如果还抛不高，那怎么能算力度大？至于 c 能不能回到 b 的起跌点，那可以分析 c 内部的小级别。如果 c 出现顶背驰时还达不到该位置，那自然达不到了。所以这种分析都是当下的，不需要预测什么。有人问为什么要看 2915 点，道理就是这个。至于还让大家看 5 日线，只是怕大家看不懂的一个辅助办法，有了这么精确分析，所有的均线其实都没什么意义了。而 c 的力度不够，那就自然要回到 B 里，所以后面的走势就是极为自然的。站在这个角度，2888 点的第一卖点没走，那么 03011100【课文解读：3 月 1 日 11 点 10 分】的 2859 点也该走了，那也可以看成是对 B 的再次离开，这力度显然更小，当然要走了，等回跌以后看情况再回补。而后面又出现了 100 点的回跌，然后出现底背驰，当然就是一个完美的回补点了。

总体围绕中枢的操作原则很简单，每次向下离开中枢只要出现底背驰，那就可以介入了。然后看相应回拉出现顶背驰的位置是否能超越前面一个向上离开的顶背驰高点，不行一定要走。行也可以走，但次级别回抽一旦不重新回到中枢里，就意味着第三类买点出现了，就一定要买回来。如果从底背驰开始的次级别回拉不能重新回到中枢里，那就意味着第三类卖点出现，必须走，然后等待下面去形成新的中枢来重复类似过程。围绕中枢的操作，其实就这么简单。当然，没有本ID的理论，是不可能有如此精确的分析的，就像没有牛顿的理论，人们只能用神话去讲述一切关于星星的故事。

不过，这些分析都是针对指数的，而个股的情况必须具体分析。很多个股，只要指数不单边下跌，就会活跃，不爱搭理指数，所以不能完全按指数来弄。其实，对于指数，最大的利益在期货里。不过，期货的情况有很大的特殊性，因为期货是可以随时开仓的，和股票交易凭证数量的基本稳定不同，所以在力度分析等方面有很多不同的地方，这在以后再说了。

教你炒股票 34

宁当面首，莫成怨男

（2007-03-07 15:09:54）

  面首，一种职业；怨男，一种自虐。面首常有，怨男更常有。怨男，无分贵贱，无关学问。【课文解读：面首，这里暗指投资市场中的失败者，对市场与走势分析有些麻木的股民；怨男，暗指同为投资市场的失败者，但走上了编故事搏同情或转为股评、庄家吹鼓手之类的股民。所有市场参与者，首先要把所有面首、怨男的情绪、基因抛掉、化解。学习缠论并在当下走势中磨练，可以帮助人们了解、把握市场走势，只有掌握了市场走势规律，才能自由于资本市场。】

  面首，被股票所消费者，被股票所玩弄者，被股票忽悠着从亢奋到疲惫间不断晃悠者。【课文解读：指贪婪与恐惧的人性。】非怨男的面首有一好处，就算不太精业了也还很敬业，到处想方设法也要找点宝典、秘籍，又可以继续傻乎乎、乐呵呵地敬业了。

  怨男，有两种，一种是当面首时被用废的，能用的只剩下嘴了，或者去当当股评骗骗人，或者每天对着股市这镜子顾影自怜，或者就编编故事对着往昔的梦境再梦里兴奋一把；另一种是搞理财讲座、做培训、当庄家狗崽的。总之，都不是能玩真的，都是些企图用口眼就能制造快感的发育不良者。

  无论面首或怨男，最大的共同点就是习惯了被玩，当一种面首或怨男的密码被输入后，这面首或怨男的程序就自动运行。其人，不过是傀儡而已，但竟然也乐在其中，也算天下之奇事。不摆脱这各种情绪操控的傀儡命运，就无人可言。但更可怕的是，很多人却深陷其中而不能自拔，甚至不能自知。很多人，从一开始就自闭其路，一开始就是死路一条。

  例如，自以为高明地把股市当赌场，这样，一双赌眼看股市，怎么闹都是一条赌命，其命运就由其最开始的所谓高明所决定了。

"闻见学行"，有如此闻，而有如此见，复有如此学，终有如此行。如此，股市就以各人自渎的想象成为众多股市参与者的坟墓。

正闻、正见、正学、正行，无此四正，要在股市里终有成就，无有是处。正，不是正确的意思。所谓正确，不过是名言之争辩。正，是正是，是当下。只有当下，才是正是，才是这个。要当下闻、当下见、当下学、当下行，才是正闻、正见、正学、正行。

而对于股市来说，只有走势是当下的，离开走势，一切都与当下无关。一切"闻见学行"，只能依走势而"闻见学行"，离开此，都是瞎闹。不符合当下走势的，上帝说正确也白搭。

由此，入股市者，首先就要把所有面首、怨男的情绪、基因抛掉，化掉。如何能办到？也离不开当下，离不开在当下的走势中磨练。当下的走势就是一切，一切股市的秘密就在其中。这秘密，是大道，没有任何的遮掩，对任何人都一视同仁，明明白白地彰显，你还向外求什么？而无数的人，还是要争着玩骑驴找驴的游戏。

在股市中，钱的（大小）[多少]根本不重要，亏损是按百分比的。所有的钱，无论你是从哪里涨起来的，在任何一个位置，变成0的几率是一样的。这个几率是当下存在的，任何人、任何时候都不可能摆脱，这是"不患"的。当下的走势，就如同一把飞速滚动的屠刀，任何与之相反的，都在屠杀之列，而与之顺着的，那被屠的血就成了最好的盛宴。也就是说，一旦你的操作，陷入一种与当下走势相反的状态，任何该种状态的延续就意味着死亡。一旦进入这种状态，唯一正确的选择就是离开。

当然，走势是千变万化而有级别性的。任何的当下，并不就意味着1秒种的变化，而是根据你的资金以及承受所可能的操作级别来决定的。一直所说的操作级别，就是针对此而说。

例如，你根据资金等情况，决定自己的操作级别是30分钟的，那30分钟所有可能发生的走势都在你的计算之中。一旦你已有的操作出现与30分钟实际当下走势相反的情况，那么就意味着你将进入一个30分钟级别的屠杀机器里。这种情况下，只有一种选择，就是用最快的时间退出。

注意，这不是止蚀，而是一种野兽般的反应。走势如同森林，野兽在其中有着天生般的对危险的直觉，这种危险的直觉总是在危险没发生之前。而野兽更伟大的本事在于，一旦危险过去，新的觅食又将开始，原来的危险过去就过去了，不会有任何心理的阴影，只是让对危险的知觉更加强大。

没有任何走势是值得恐惧的。如果你还对任何走势有所恐惧、有所惊喜，那么，你还是面首、怨男级别的，那就继续在当下的走势中磨练，让这一切恐惧、惊喜灰飞烟灭。这里，只需要正闻、正见、正学、正行，而不要面首与怨男，即使面首比怨男要可爱一丁点。

教你炒股票 35

给基础差的同学补补课

（2007-03-09 11:51:34）

个人的理解能力之间相差太大，自然就有先后之别，因此用一堂课给基础差的同学补补课也是应该的。而且很多自以为基础好、明白的，看看也有益，有些细微处的理解也不一定能完全到位。

前面课程，最基础的无非两方面：（1）中枢；（2）走势类型及其连接。【**课文解读**：此时缠论的基本构件只讲到了中枢及走势类型。】这两方面相互依存，如果没有走势类型，中枢也无法定义；而没有中枢，走势也无法分出类型。如果理论就此打住，那么一个循环定义就不可避免。要解决该循环，级别的概念是不可缺少的。有了级别，一个严格的递归式定义才可以展开。【**课文解读**：缠中说禅走势中枢：某级别走势类型中，被至少三个连续次级别走势类型所重叠的部分，称为缠中说禅走势中枢。缠中说禅走势类型：在任何级别的任何走势中，某完成的走势类型至少包含两个以上依次同向的走势中枢，就称为该级别的趋势。该方向向上就称为上涨，向下就称为下跌；只包含一个走势中枢称为盘整。以上为缠中说禅走势中枢与走势类型的定义，仔细阅读不难发现，它有一个致命的缺陷：走势类型和走势中枢互为对方的定义项，即俗称的循环定义。为解决此问题，本课缠中说禅以推导的方式定义出了最低级别的走势中枢，从而破解了这个"先有鸡还是先有蛋"的哲学问题。】

所谓的最低级别，就如量子力学的量子概念。物理世界不是想当然地无限连续的，而市场的交易同样如此。最严格去定义，每笔的交易是最低级别的（见图35-1），连续三笔相同价位的交易，就构成最低级别的中枢。

14:55	77.19	160	S	68
14:55	77.20	171		47
14:55	77.20	88	S	34
14:55	77.19	151	B	47
14:56	77.20	201	B	44
14:56	77.18	163	S	47
14:56	77.19	197	B	62
14:56	77.15	68	S	19
14:56	77.16	53		20
14:56	77.19	268	B	84
14:56	77.13	55	S	27
14:56	77.15	121	B	32
14:56	77.15	103	B	39
14:56	77.12	191	S	50
14:56	77.11	78	S	23
14:56	77.13	229	B	19
14:56	77.12	86		29
14:56	77.14	282	B	79
14:56	77.10	117	B	29
14:56	77.10	122	B	43
14:56	77.05	76	S	17
14:56	77.05	170	S	34
14:56	77.08	130	B	52
14:56	77.06	169	S	58

图 35-1　分时成交明细：最低级别交易

有一个最低级别中枢的走势，就是最低级别的盘整走势类型；有两个最低级别中枢的走势，就是最低级别的趋势走势类型，如果第二个中枢比第一个高，那就是上涨走势类型，反之就是下跌走势类型。

一般来说，假设依次存在着 N（N>2）个中枢，只要依次保持着第 N 个中枢比 N-1 个高的状态，那么就是上涨走势类型的延续；依次保持着第 N 个中枢比 N-1 个低的状态，就是下跌走势类型的延续。

显然，根据上面的定义，在最低级别的上涨里，只要也只有出现依次第 N 个中枢不再高于即等于或低于第 N-1 个的状态，才可说这最低级别的上涨结束。最低级别下跌的情况与此相反。【字斟句酌：用走势中枢来递推不是一个好主意，比如图 35-2，按上述定义，左侧的图因无三笔相同成交构成的最低级别中枢，从而成为一个尚未完成的走势类型；右侧的图因包含一个走势中枢，所以是最低级别的盘

整。但明显左侧的结构更为稳定，更加符合缠论盘整的定义，这应该是后期缠论从分型开始递归的原因。】

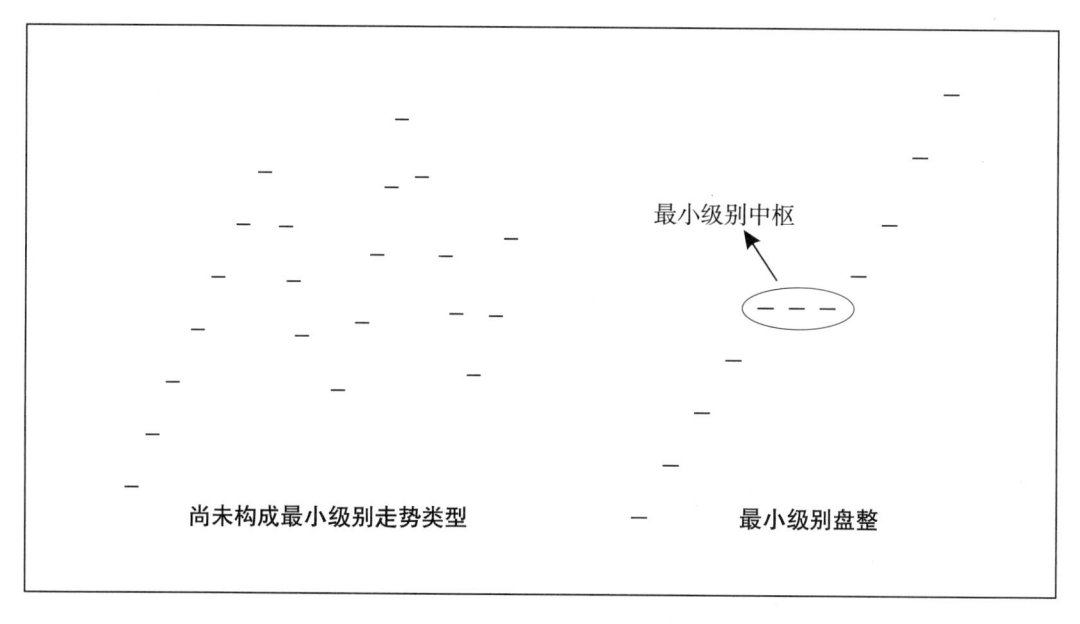

图 35-2　使用走势中枢递推的情况分析

上面就用最低级别的中枢把走势在最低级别上进行了完全分类。而三个连续的最低级别走势类型之间，如果发生重叠关系，也就是三个最低级别走势类型所分别经过的价格区间有交集，那么就形成了高一级别的缠中说禅中枢。有了该中枢定义，依照在最低级别上的分类方法，同样在高级别上可以把走势进行完全的分类。这个过程可以逐级上推，然后就可以严格定义各级别的中枢与走势类型而不涉及任何循环定义的问题。

但如果按严格定义操作，必须从最低级别开始逐步确认其级别，太麻烦也没多大意义，所以才有了后面1、5、15、30、60分钟，日、周、月、季、年的级别分类。在这种情况下，就可以不大严格地说，三个连续1分钟走势类型的重叠构成5分钟的中枢，三个连续5分钟走势类型的重叠构成15或30分钟的中枢等话。在实际操作上，这种不大严格的说法不会产生任何原则性的问题，而且很方便，所以就用了，对此，必须再次明确。【深入解析：没有严格定义出不包含走势中枢的最低级别走势类型，循环定义就无法解决，这就是缠中说禅后期使用线段来定义最低级别走势中枢的原因吧。】

以上这些，都在前面反复提到，但很多人好像还是糊涂，不妨最后再说一次。显然，站在任意一个固定级别里，走势类型是可以被严格划分的。例如，说一个5分钟的走势类型，显然不可能包含一个30分钟的中枢，因为按定义，一个单独的5分钟走势类型无论如何延续，也不可能出现一个30分钟的中枢。要形成一个30分钟的中枢，显然只能是3个以上5分钟走势类型的连接才可能。走势类型与走势类型的连接，这两个概念不可能有任何含糊的地方。5分钟走势类型，必须包含也最多包含5分钟级别中枢，至于是1个还是5个，都不影响是5分钟走势类型，只不过可被分类成是5分钟级别的盘整类型还是趋势类型而已。

显然，一个高级别的走势类型必然就是由几个低级别的走势类型连接而成，但不一定都是次级别的走势类型，例如，a+B+b，B是30分钟中枢，由3个5分钟走势类型构成，a、b是1分钟走势类型，那么a+B+b这个30分钟走势类型就能分解成2个1分钟走势类型和3个5分钟走势类型的连接。但我们还可以通过拆散重分，使得一个高级别的走势类型必然就是由几个次级别的走势类型连接而成，由于中枢里至少有三段次级别走势类型，所以就有了"**缠中说禅走势分解定理二**"*：任何级别的任何走势类型，都至少由三段以上次级别走势类型构成。

例如，还是上面a+B+b的例子，估计很多人怎么都看不出为什么这分解定理一定成立。其实，不妨假设B中有三段5分钟走势类型，分别表示为B_1、B_2、B_3，那么a+B+b=a+B_1+B_2+B_3+b=（a+B_1）+B_2+（B_3+b）。显然（a+B_1）、B_2、（B_3+b）都是5分钟走势类型，这就是该分解定理所说的东西。学过一点抽象代数的都容易理解上面的话，用抽象的话说，就是走势类型连接这种运算是符合结合律的。但走势类型的连接运算不符合交换率，这就是该运算的特别之处。【**拓展阅读**：结合律：（a+b）+c=a+（b+c）；交换率：a+b=b+a 或 a×b=b×a。】

只要明白了走势类型连接运算的结合性，那就不难同时明白"**缠中说禅走势分解定理一**"：任何级别的任何走势，都可以分解成同级别"盘整""下跌"与"上涨"三种走势类型的连接。

其实，就像量子力学有多种数学的处理形式，本ID的理论，同样可以用抽象代数的方法来处理，只是那样的话，就更少人能看懂了。而抽象的方法，不仅简洁，而且更能暴露其实质。这些以后再说了，现在还是用比较简单的、类似几何的方法去理解吧。

注意，走势是客观的，而用什么级别去分析这走势却是主观的。

根据"缠中说禅走势分解定理一"，任何级别的任何走势，都可以分解成同级别"盘整""下跌"与"上涨"三种走势类型的连接，那么就意味着，按某种级别去操作，就等于永远只处理三种同一级别的走势类型及其连接。【**深入解析：**这里的同级别指某个相同的级别，当然它比被分解走势的级别要小。】

还是上面a+B+b的例子，站在5分钟级别的角度，这里有三个走势类型的连接，站在30分钟级别的角度，就只有一个走势类型。那么，前面反复说的，确定自己操作的级别，就是确定自己究竟是按什么级别来分析、操作。例如，5分钟级别上下上三段，意味着在5分钟级别上有2个底背驰、2个顶背驰，按买点买、卖点卖的原则，就有2次的完整操作。而按30分钟级别看，这里就没有买卖点，所以就无须操作。

从纯理论的角度，操作级别越低，相应的效率越高。但实际操作级别是不可能随意低的，究竟按什么级别来分析、操作，和你的资金等具体条件相关。例如，T+1的情况下，按1分钟以下级别的操作，就面临着不能顺利兑现的风险。而系统的操作，要把所有可能的情况都考虑其中，因此完全按1分钟以下级别的操作是不可能的，除非是T+0。此外，级别越小，平均的买卖点间波幅也越小。因此，那些太小的级别，不足以让交易成本、交易误差等相对买卖点间波幅足够小，这样的操作，从长期的角度看，是没有意义的。所谓的交易误差，可以包括很多，例如你看见买点到你实际操作完成，必然有一个时间差，因此也就有了价位上的差别。这对于大级别无所谓，但对特小级别，那就需要特别精确，而这是不可能长期达到的。

因此，根据各种情况，你就可以相应定好自己的操作级别，这样就可以按照相应的级别分析、操作。也就是说，一旦该级别出现买卖点，你必须进入或退出。也就是说，在你的操作级别上，你是不参与任何调整或下跌走势类型的。有人曾问本ID为什么2001年后四年都不看股票，那很简单，就因为在本ID的操作级别上出现卖点，所以就全部退出，等有相应买点再说。制定了相应级别，是否按照次级别以下进行部分操作，那是操作风格问题。而实际上是应该安排这种操作的，特别当进入一个你的操作级别的次级别盘整或下跌，这是你可以忍受的最大级别非上涨走势，当然要操作一下来降低自己的成本。如果你的操作级别很大，那么其次级别的次级别，也可以用来部分操作的。这样，整个操作就有一定的立体性，从而更降低其风险，也就是能进行把成本降低这唯一能降低风险的活动。只有当成本为 0 时，才算真正脱离风险。

根据"缠中说禅走势分解定理"，很容易就证明**"缠中说禅买卖点级别定理"：大级别的买卖点必然是次级别以下某一级别的买卖点。**

这个证明很简单，具体就不写了，还用上面的例子来说明：$a+B+b=a+B_1+B_2+B_3+b=（a+B_1）+B_2+（B_3+b）$，最后的（$B_3+b$）形成30分钟的买卖点，那么自然其极限点在 b 上。对 b 进行分解，如果该极限点不是 b 的买卖点，那么就意味着 b 还没完成，还要延伸下去，那么这极限点自然也不会是（B_3+b）的极限点，这就矛盾了。【**深入解析**：缠论走势类型的级别由其中最大的中枢决定，考察走势中最后一个本级别中枢，共有两种可能：（1）其后还有次级别或以下级别的走势。如图 35-3 所示，无论是 $a+A+b+B+c$ 的标准背驰，还是 $a+A+b$ 的盘整背驰，背驰段均为最后一个小级别走势段 c 或 b，极限点——上涨走势的顶，下跌走势的底，必然出现在这个小级别走势段中，c 或 b 买卖点同时成为大级别走势的买卖点。（2）成为走势转折中最后一个缠论构件。根据缠论走势分解定理，此中枢必然可以分解成至少三个次级别走势类型的连接，最终破坏中枢的次级别走势同时产生了本级别走势的买卖点。综上，本级别走势的买卖点必然是次级别或以下级别的。】

但注意，大级别的买卖点不一定就是次级别的买卖点。在这个例子里，b 可以是 1 分钟级别的，就不是 30 分钟级别的次级别了。所以只能说是次级别以下某一级别的买卖点。这也是为什么有时候，一个 1 分钟的背驰就会引发大级别下跌的原因。在最规范的走势中，该大级别的买卖点刚好是下面所有级别的买卖点。当然，这还是一个很粗糙的定理，在以后的课程里，还有更精细的，这以后再说了。

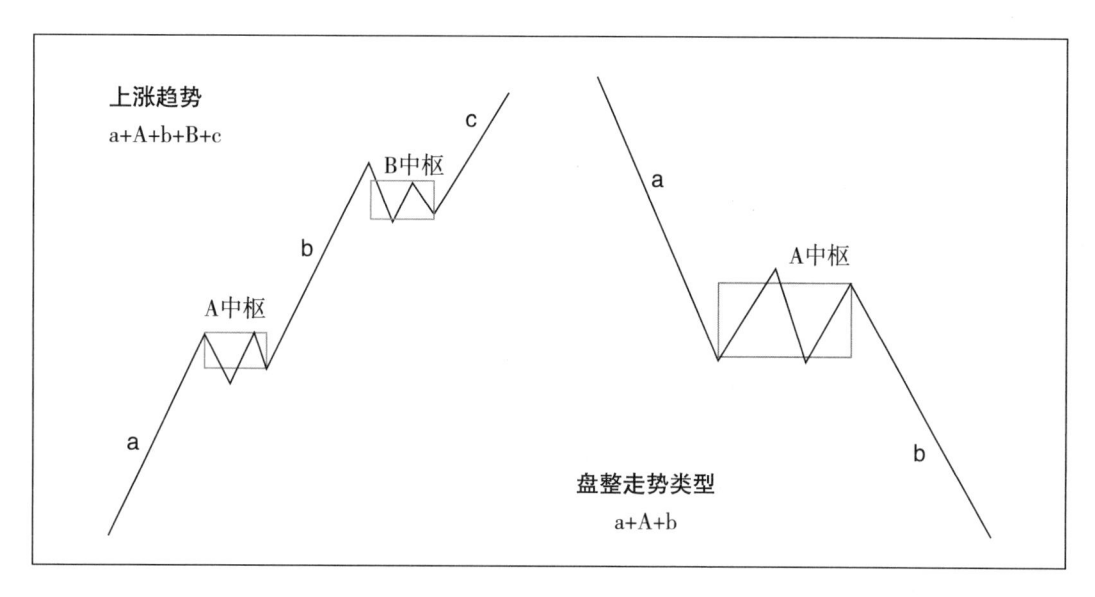

图 35-3　高级别走势的背驰段

【课文解读】

走势分解定理解析

1. 走势分解的目的

该课讲到，走势是客观存在的，但以什么样的视角观察、操作，却是可以人为定义的。

面对一段包含若干级别各异的走势中枢组成的走势，操作时会有一种无从下手的感觉。为了解决这个问题，需要简化走势，用一种固定的视角来分析，这就是走势分解的目的。

2. 走势分解的理论依据

走势分解的目的是简化走势，使得错综复杂的走势在操作层面有个清晰的脉络。

在进行走势分解之前，先复习一下走势类型的相关知识。

根据走势类型的命名规则：一个 5 分钟的走势类型，显然不可能包含一个 30 分钟的走势中枢。

换言之，某已完成的走势类型，其级别由走势中的最高级别走势中枢决定。走势中枢由至少三个以上连续次级别走势类型有重叠构成，由此得出**缠中说禅走势分解定理二：任何级别的任何走势类型，都至少由三段以上次级别走势类型构成**。这个定理就是本级别走势类型使用次级别分解的理论依据。

由以上定理不难看出，分解的重点是对走势中枢进行分解，分解的过程就是走势中枢构成的逆向操作过程。

有了以上定理，可以就具体的走势进行分解。如图35-4所示，B为30分钟走势中枢，a、b_1、b_2、b_3、b 都是5分钟的走势类型，所以整个30分钟 a+B+b 的盘整走势，可以分解成5个5分钟走势类型的连接，分别是 $a+b_1+b_2+b_3+b$。

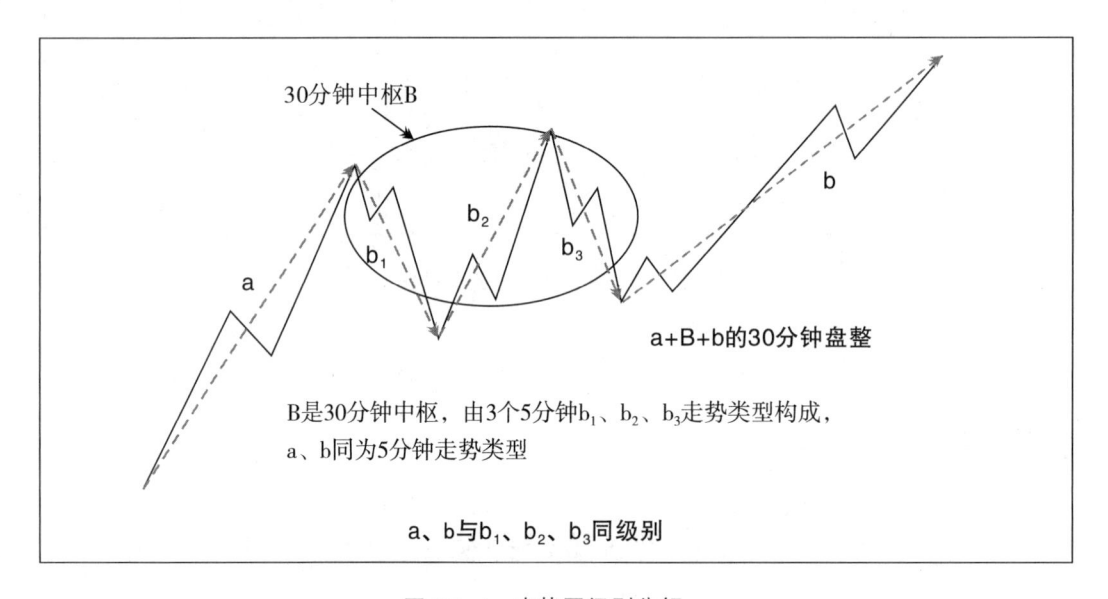

图 35-4 走势同级别分解一

但是围绕走势中枢的震荡走势，可以是次级别或次级别以下任何级别。如图35-5所示，a 和 b 均为1分钟级别的走势类型，这时整个走势分解成3个5分钟走势及2个1分钟走势。

3. 走势类型的同级分解与买卖操作

假设一个5分钟级别的操作者，那么最理想的状态就是只处理本级别的买卖点。面对一段30分钟的走势，将其拆分、组合成次级别即5分钟级别的单一级别走势类型连接，才最方便操作。

缠中说禅走势分解定理一：任何级别的任何走势，都可以分解成同级别的"盘整""下跌"与"上涨"三种走势类型的连接。

这个定理中的"同级别"，并非指"任何级别"的同一级别，而是指某个相同的单一级别，当然分解后的级别肯定是次级别或以下级别的。

如图35-5所示，30分钟的盘整走势可以分解成3个5分钟的走势类型及2个1分钟走势类型，但这还不是同级别分解，因为分解后包含有两个级别的走势类型。因此，除了拆分，有时还需要对走势进行重新组合。同级别分解，准确地说应该是同级拆分、组合。具体的拆分、组合方式在后面的课程中会讲到。

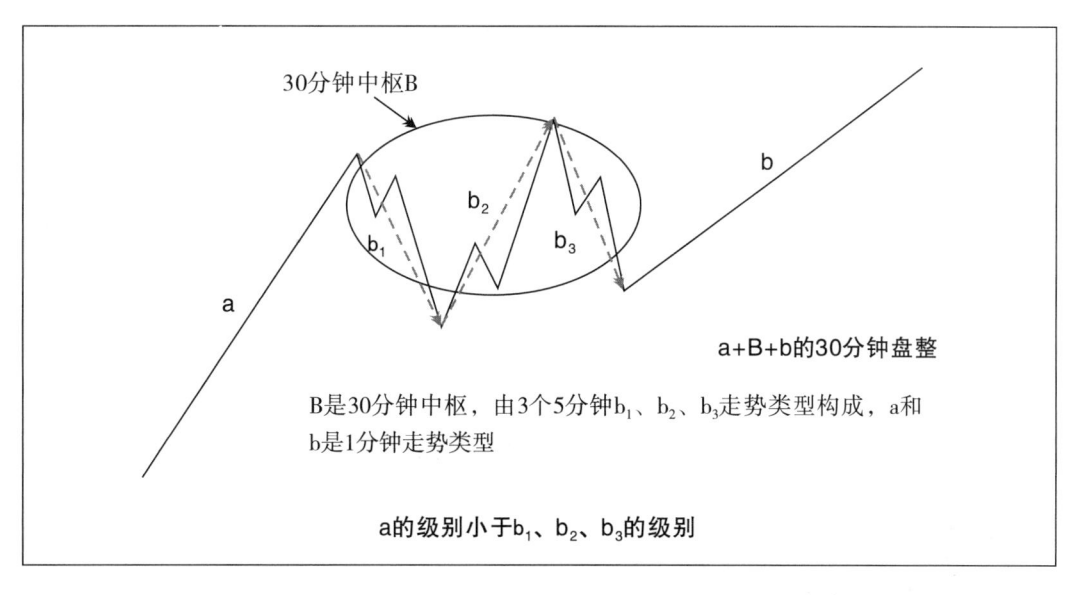

图 35-5　走势同级别分解二

重要启示：走势类型的同级分解包含拆分与组合两个方面。

最终，图 35-4、图 35-5 中 30 分钟的盘整走势，被分解成了如图 35-6、图 35-7 的 5 分钟走势类型连接。

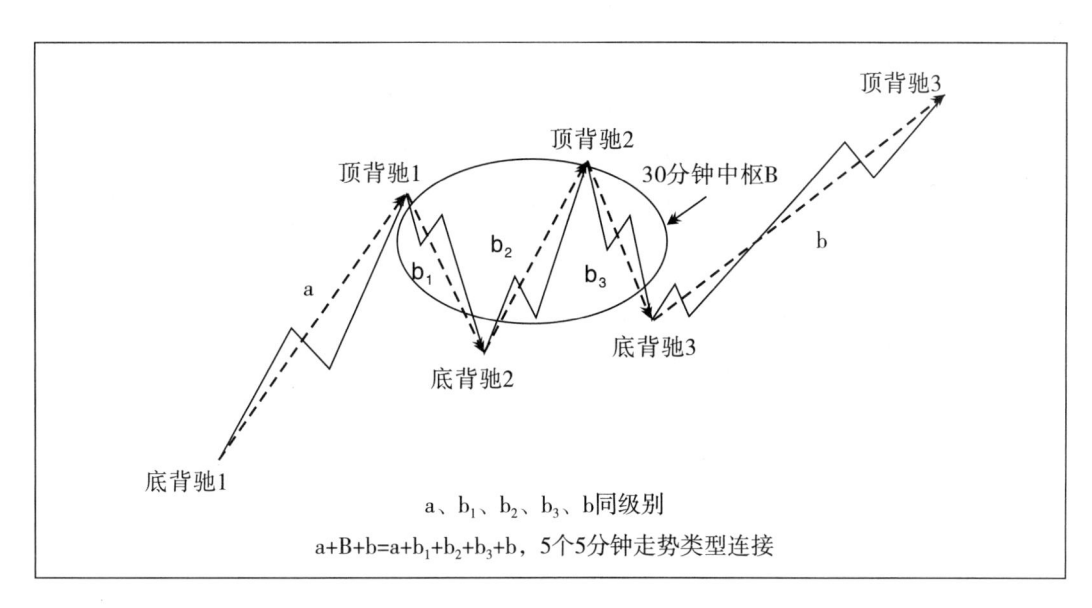

图 35-6　走势同级别分解三

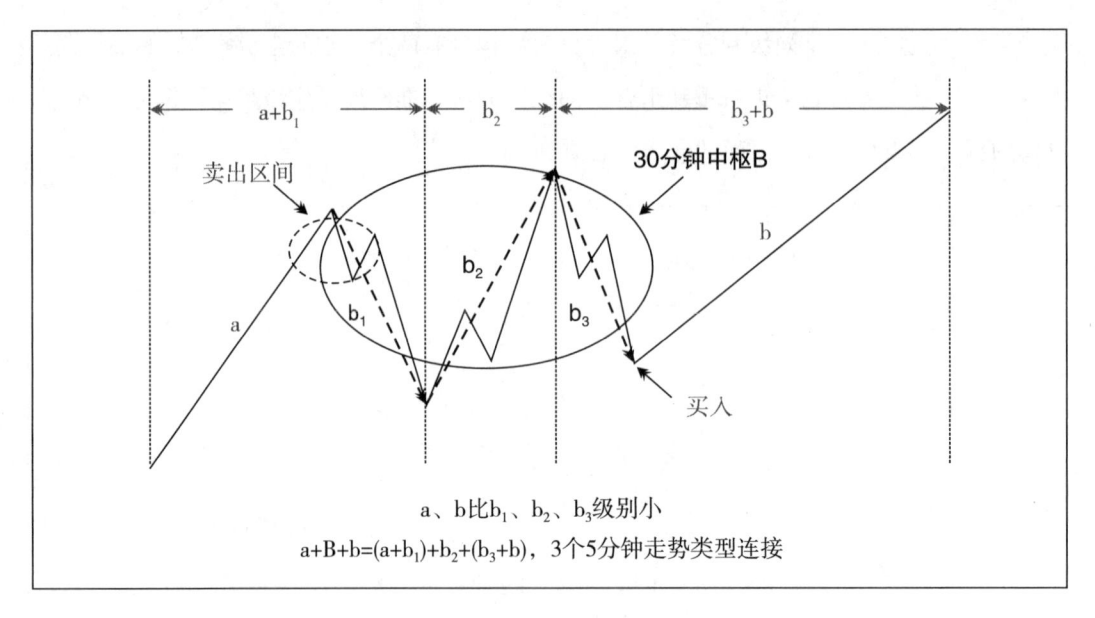

图 35-7 走势同级别分解四

图 35-4 中，各段本来就是 5 分钟走势，所以可以直接分解成图 35-6 所示的 $a+b_1+b_2+b_3+b$，无须再进行组合处理。

图 35-5 中的 30 分钟盘整走势，则拆分、组合成如图 35-7 所示的 $(a+b_1)+b_2+(b_3+b)$，其中的 $(a+b_1)$ 与 (b_3+b) 为拆分、组合后的 5 分钟走势类型。

注意：这种同级别分解方式与之后有所不同。

走势的分解过程可以由次级别再到次次级别依次递减进行下去，最终得到本级别以下任一级别的同级分解走势连接。

经过同级分解，图 35-6 中的走势，有 3 个 5 分钟级别的底背驰可供买入，3 个 5 分钟级别的顶背驰供卖出。图 35-7 中的走势，有 2 个 5 分钟级别的底背驰可供买入，2 个 5 分钟级别的顶背驰可供卖出。其中 $a+b_1$ 的卖出点并非 b_1 的低点，而是图中虚线框处，即走势升级为 5 分钟级别后的次高点。

这里的底背驰与顶背驰都不必然是标准背驰或盘整背驰，二者都有可能，需看 5 分钟内部对应的走势类型而定。抛开背驰的具体类型，出现背驰的买点就买，有了背驰卖点就卖，这构成一个 5 分钟级别符合逻辑、可机械化使用的操作系统。

教你炒股票 36

走势类型连接结合性的简单运用

（2007-03-13 09:00:49）

上堂课提到走势类型连接运算的结合性，也就是走势类型的连接符合结合律，即 A+B+C=（A+B）+C=A+（B+C），A、B、C 的走势类型级别可以不同。因此，站在多义性的角度，根据该结合律，就不难知道，任何一段走势，都可以有很多不同的释义。

必须注意，多义性不是含糊性。一个含糊的理论，其分类、概念等呈现的含糊性，只是证明该理论基础的含糊。而多义性，是站在一个严格、精确的理论基础上，用同一理论的不同视角对同一现象进行分析。

一个最简单的释义角度，就是级别。任何一段走势，都可以根据不同的级别进行分解。不妨用 A_{n-m} 的形式表示根据 n 级别对 A 段进行分解的第 m 段，就有 $A=A_{1-1}+A_{1-2}+A_{1-3}+\cdots+A_{1-m1}=A_{5-1}+A_{5-2}+A_{5-3}+\cdots+A_{5-m5}=A_{30-1}+A_{30-2}+A_{30-3}+\cdots+A_{30-m30}=A_{日-1}+A_{日-2}+A_{日-3}+\cdots+A_{日-m日}$，等等，【课文解读：$A_{n-m}$，n 代表级别，m 代表第多少段走势，$m_1$、$m_5$、$m_{30}$、$m_日$ 等代表着 1 分钟、5 分钟、30 分钟、日线级别最后一段走势。】显然这些分解都符合本 ID 理论。而根据某级别进行操作，站在纯理论的角度，无非等价于选择该等式列中某个子式子进行操作，这在上一课中已经有具体说明。

还有一种应用，就是关于走势的当下判断。当下判断，其基础在于采取的分解方式。

例如，一个按 5 分钟分解的操作角度与一个按 30 分钟分解的操作角度，在同一时间看到的走势意义是不同的。更重要的是，在 5 分钟分解中完成的走势，在 30 分钟却不一定完成。

例如，图36-1中A+B，A、B都是5分钟的走势类型，那么A+B走势，对于30分钟的分解就是未完成的。根据走势必须完美的原则，未完成的走势必完成，也就是，在不同的分解角度，可以在当下看到不同级别的未完成走势根据走势必完美原则产生的运动，这方面的仔细分析留待专门的课程。

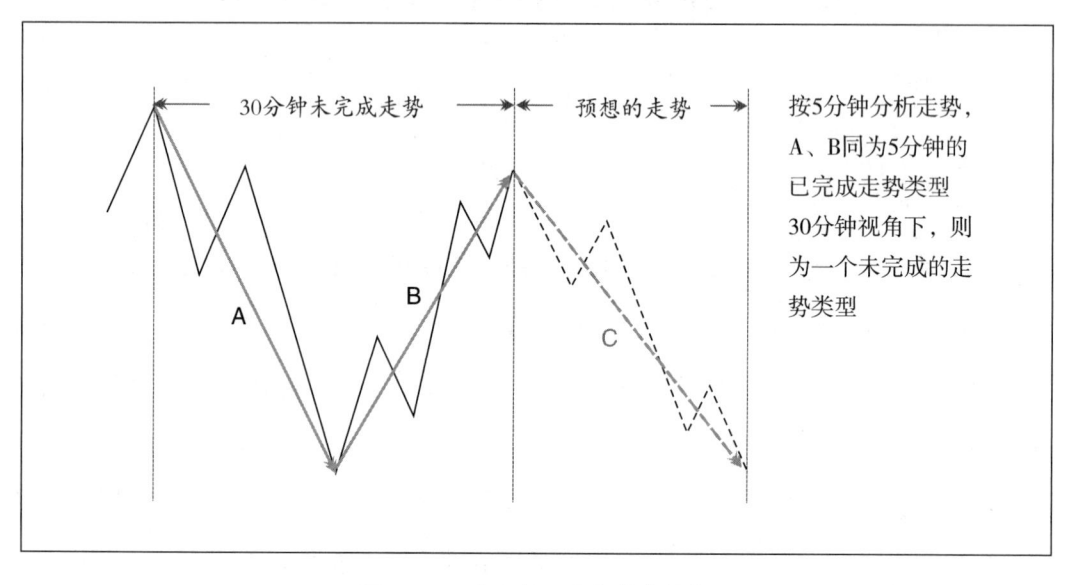

图36-1 多义性下走势的多视角

还有一种应用，就是把走势重新组合，使得走势更加清晰。很多人一看走势就晕，最主要是不了解走势连接的结合性。任何的走势，在结合律上，都可以重新组合，使得走势显示明显的规律性。

假设A+B+C+D+E+F（见图36-2），A、C、E是5分钟级别的，B、D、F是30分钟级别的，其中还有延伸等复杂情况。这时候，就可以把这些走势按5分钟级别重新分解，然后按中枢的定义重新组合走势。按结合律的方法，把原来的分解变成A'+B'+C'+D'+E'+F'，使得A'、B'、C'、D'、E'都是标准的只是30分钟级别，而最后的F'变成在30分钟意义上未完成的走势，这样进行分析，就会很明晰了。

当然，具体的组合有很多可能，如何根据当下的走势选择一种最有利指导操作的，就是考功夫的事情。而这种根据结合律的最佳组合，是根据市场当下的走势随时变化的。而所有的变化，都符合理论要求且不会影响实际操作，是对实际操作起着更有力的帮助。

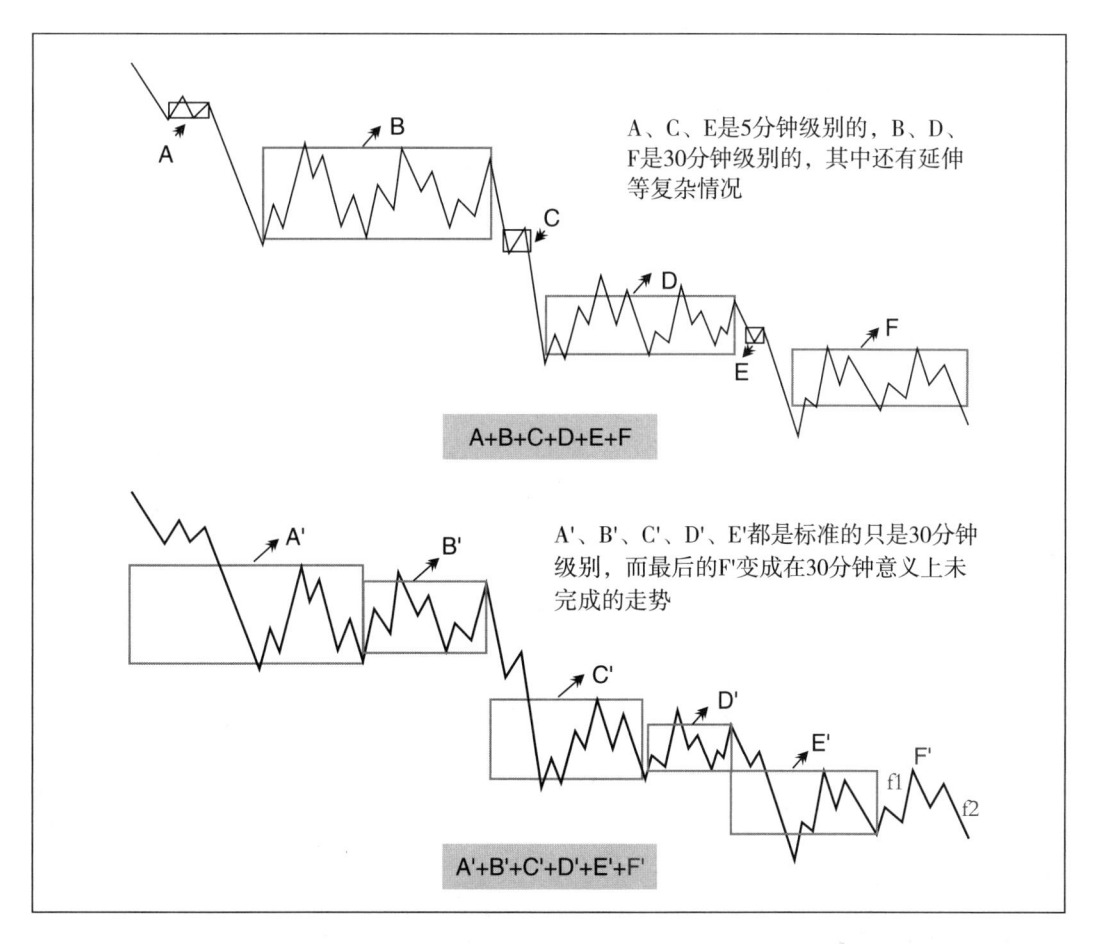

图 36-2 走势的不同划分

例如，在最近走势中，30分钟图上（见图36-3），2760点到2858点这30分钟中枢，03081000（3月8日10点00分）的5分钟回抽确认了一个第三类买点，然后其后就继续走出一个新的30分钟中枢。而03081000（3月8日10点00分）5分钟回抽低点2871点比上一中枢的最高点2888点要低，而后来关于03071330（3月7日13点30分）开始的这个30分钟中枢出现延伸。

这样，我们就可以对这个分解进行重新组合，给出一个更清晰的组合方法。把03081000（3月8日10点00分）的5分钟回抽组合到03051330（3月5日13点30分）开始的这段5分钟走势中，形成一个5分钟的上涨，【课文解读：早期缠论由于"同级别盘整"走势的存在，含"同级别盘整"的走势连接，其级别需加大，因此，同级别上涨、盘整、下跌走势级别比后期要小。比如文中的"5分钟的上涨"，实为后期30分钟含有类中枢的线段类上涨，唯此才能与后期线段被破坏后的级别设定相对应。】然后新的 30 分钟中枢就从 03091030（3月9日10点30分）开始。这样的好处在于，这个中枢震荡的低点 2892 点比 2888 点高，如果其后的震荡不出现跌破 2888 点的走势，那么就是一个 30 分钟的上涨走势形成了。但在这个新的中枢被一个新的第三类买点有效突破前，依然存在震荡跌破 2888 点甚至最终确认中枢扩展。但这样的重新组合，对看图就有了帮助。

图 36-3　上证指数 30 分钟 K 线走势图

当然，站在纯中枢的角度，依然可以坚持让新中枢从 03071330（3月7日13点30分）开始，这样对具体的操作也没有太大影响，但在判断上就没有重新组合的看起来方便了。

注意，这种重新组合，不涉及任何预测性。有人可能要问，那么为什么不一开始就把 03081000（3月8日10点00分）的 5 分钟回抽组合到 03051330（3月5日13点30分）开始的这段 5 分钟走势中？因为这种组合不利于操作，站在这种组合下，03081000（3月8日10点00分）5 分钟回抽的第三类买点意义并没有被揭示，是仅仅被局限在一个小的 5 分钟走势范围内。按照这种组合，就会很恐慌地等待背驰。之所以这样，是因为对走势的理解不够深刻，看不到不同组合反映的意义。而任何组合的反映都是有意义的，对这些组合意义的全面把握，就是一个工夫上的长进了。

此外，组合的一个要点在于，尽量避繁就简。因为中枢扩展比较复杂，【**课文解读**：此处的中枢扩展与之前的中枢扩张应该没有什么区别。】如果有组合使得不出现扩展，当然就采取该种组合更有意义。有人可能要问，那么中枢扩展的定义是否不适用？当然适用。中枢扩展的定义是在两个中枢都完全走出来的情况下定义的，而实际操作中，往往第二个中枢还没有走完，还在继续延伸中。所以，除非出现明确的、符合理论定义的破坏，就可以根据有利于判断、操作的原则，对走势进行当下的组合。

但必须强调的是，当下采取什么组合，就要按该种组合的具体图形意义来判断、操作。例如，现在把03091030（3月9日10点30分）当成新30分钟中枢的起点，那么中枢的位置就变成2947点到2905点，这样后面第三类买点的位置就有了新的标准。当然，你依然可以还是按03071330（3月7日13点30分）开始30分钟中枢，这样，中枢的位置就是2911点到2892点，这样，第三类买点的可能位置就不同了。【**深入解析**：三种走势多义性的划分见课后详解。】

还有一种更重要的应用，就是在中枢的震荡中，围绕中枢的震荡，不一定都是次级别的。例如，一个日线中枢（见图36-4），围绕它的震荡，完全可以是30分钟以下的任意级别，甚至是一个跳空缺口。例如有些股票，完全可以今天一字涨停，

所有围绕日线级别中枢的震荡，都可分解为$A_{30-1}+A_{30-2}+A_{30-3}+\cdots+A_{30-m30}+a$
（a是未完成的30分钟走势类型）

a为30分钟以下任何走势类型

最终会形成组合成30分钟级别的走势类型

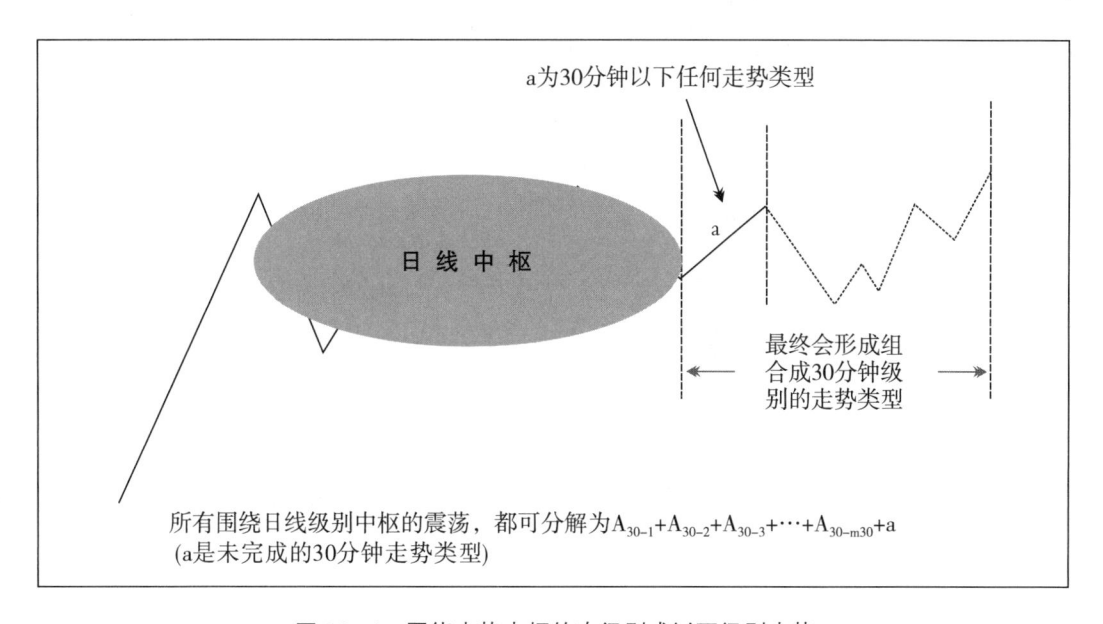

图36-4 围绕走势中枢的次级别或以下级别走势

明天一字跌停，跳来跳去的。一般这种走势，一般人看着就晕了。但如果明白走势连接的结合性，就知道，无论怎么跳，最终都要形成更大级别的[走势]，只要不脱离这日线中枢，最后都至少会形成30分钟级别的走势。

任何围绕日线级别的震荡，最终都必然可以按如下方式进行分解：$A_{30-1}+A_{30-2}+A_{30-3}+\cdots+A_{30-m30}+a$，$a$是未完成的30分钟走势类型，至少$a$依然围绕日线中枢继续震荡，那$a$一定最终会完成30分钟的走势类型。

显然，这里，m30<9，否则就会变成周[线]的中枢了，这样整个的分解就要按日线来，而道理是一样的。

不过，更有实际意义的是，上面的a如果不再围绕日线震荡，例如，假设a是一个5分钟级别的（见图36-5），而其后一个5分钟级别的反抽也不回到中枢里，按照日线中枢，这并不构成第三类买卖点，但对于A_{30-m30}，可能就构成30分钟的第三类买卖点。由于走势都是从未完成到完成，都是从小级别不断积累而来，因此，对于真正的日线第三类买卖点来说，这A_{30-m30}的第三类买卖点，肯定在时间上要早出现。对于A_{30-m30}，这绝对安全，但对日线却不一定，因为这A_{30-m30}的第三类买卖点后完成的30分钟走势，可以用一个30分钟走势又重新回到日线中枢里继续中枢震荡。但这个A_{30-m30}的第三类买卖点依然有参与的价

> 由于走势都是从未完成到完成，都是从小级别不断积累而来，因此，对于真正的日线第三类买卖点来说，这A_{30-m30}的第三类买卖点，肯定在时间上要早出现

（图：日线中枢、30分钟中枢、30分钟中枢区间下沿、日线中枢区间下沿、a、30分钟第三类卖点）

> 即使是日线级别操作，一旦出现A_{30-m30}的第三类买卖点，至少要引起充分重视，完全可以适量参与了

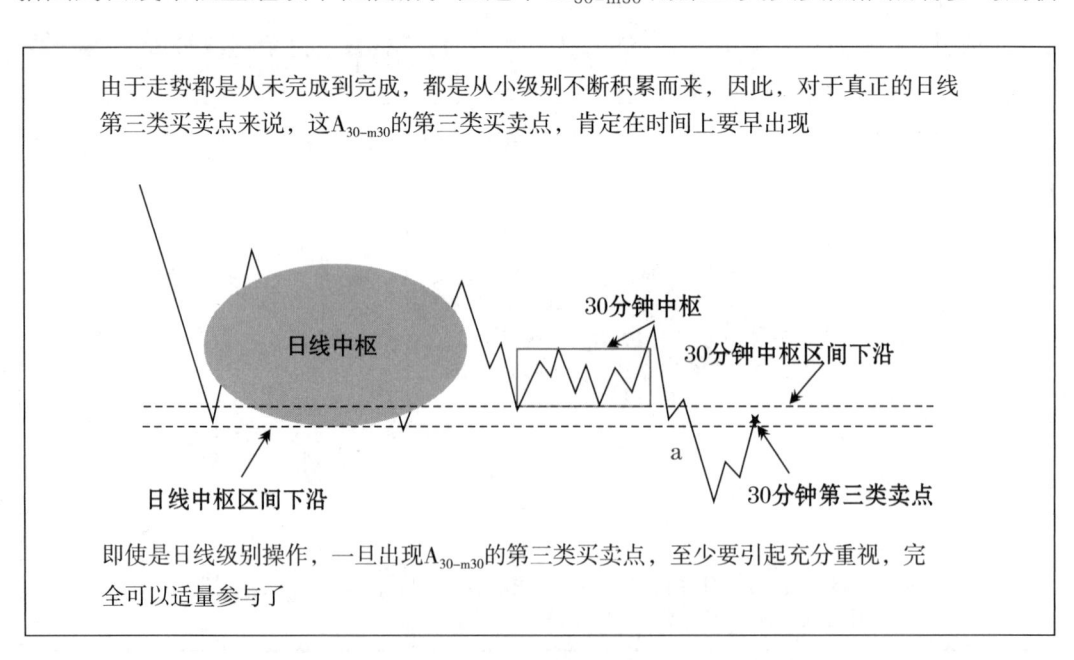

图36-5　次级别以下级别的第三类卖点

值，因为如果其后的 30 分钟出现趋势，最后如果真出现日线的第三类买卖点，往往就在 30 分钟的第二个中枢附近就形成了，根本回不到这 A_{30-m30} 的第三类买卖点位置。因此，这样的买卖点，即使不符合你的操作级别，例如，如果你是日线级别操作的，但一旦这样的 A_{30-m30} 的第三类买卖点出现，至少要引起你充分的重视，完全可以适量参与了。一旦其后出现趋势走势，就要严重注意了。

不应该对走势进行任何的预测，但所有已走出来的走势，却可以根据级别与结合律等随意组合。无论任何组合，在该组合下，都必然符合本 ID 的理论。而任何最终的走势，都在所有组合中完全符合本 ID 的理论。这也是本 ID 理论的神奇之处，无论你怎么组合，都不会出现违反本 ID 理论的情况。

但能否找到最合适的组合以适应操作，以及根据不同的组合，对走势进行综合分析，这就和经验有关了。这些最适合的分解，都是有相应答案的，关键是你能否看出来。而这根本不涉及任何的预测，只是对已有走势的分解，与对理论的把握与图形的熟悉度相关。而这些都是一些最基本的工夫，但必须在当下的走势中不断磨练才能真正掌握。

如果真能把握这些最基本的当下走势的最合理组合，以及用不同组合进行综合分析，那就可以开始继续读初三了。

深入解析

走势多义性实例

本课的图例，明显是采用区间套看盘方式得出的，图中每段走势代表着 5 分钟的走势类型。

图 36-6、图 36-7、图 36-8 是同一段走势的三种不同拆分、组合方式，给出了三种不同的分析视角，实际操作中可以根据需要自由切换。

（1）**第一种拆分、组合方式**，如图 36-6 所示。

三个 5 分钟走势类型构成 30 分钟走势中枢 A，中枢区间 2760~2858 点。

从 2723 点开始是一段 5 分钟上涨，2871 点回抽确认第三类买点。

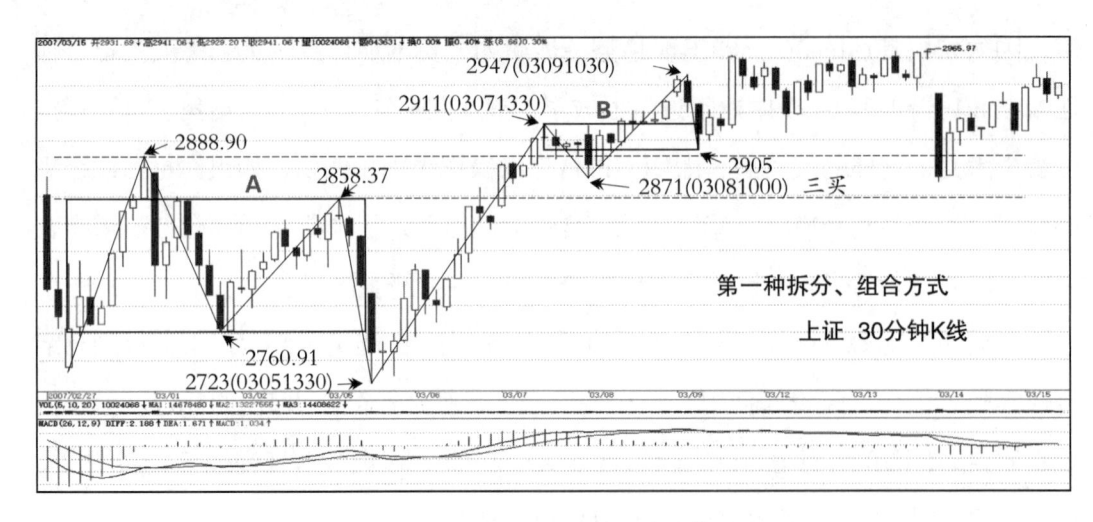

图 36-6　上证 30 分钟 K 线走势一

震荡走出新的 30 分钟级别走势中枢 B（中枢区间 2911~2905 点）。

由于中枢 A、B 震荡区间有重叠，因此可能构成一个更大级别的日线级别中枢。这样拆分、组合后，走势依然不是很直观。

（2）第二种拆分、组合方式，如图 36-7 所示。

三个 5 分钟走势类型构成 30 分钟走势中枢 A，中枢区间 2760～2858 点。

其后 2723～2947 点的走势当成一个 30 分钟的同级别上涨走势类型，2905 点是中枢 A 的第三类买点。

从 2947 点开始构造新的 30 分钟级别中枢 B，这样中枢 A、中枢 B 震荡区间没有重叠，整个走势就成为一个由两个 30 分钟走势中枢组成的上涨走势。

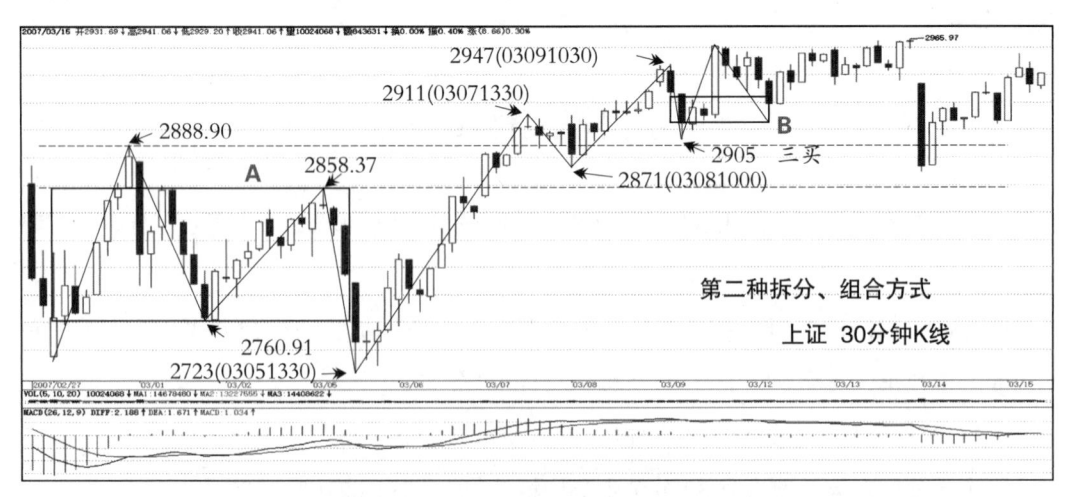

图 36-7　上证 30 分钟 K 线走势二

教你炒股票36 走势类型连接结合性的简单运用

这样拆分、组合，走势比较清楚直观，可以最大限度地运用缠论定理来分析，比如标准背驰，等等。

（3）第三种拆分、组合方式，如图36-8所示。

三个5分钟走势类型构成30分钟走势中枢A，中枢区间2760~2858点。

2723点之后的走势都按同级别的30分钟上涨走势类型来分析。

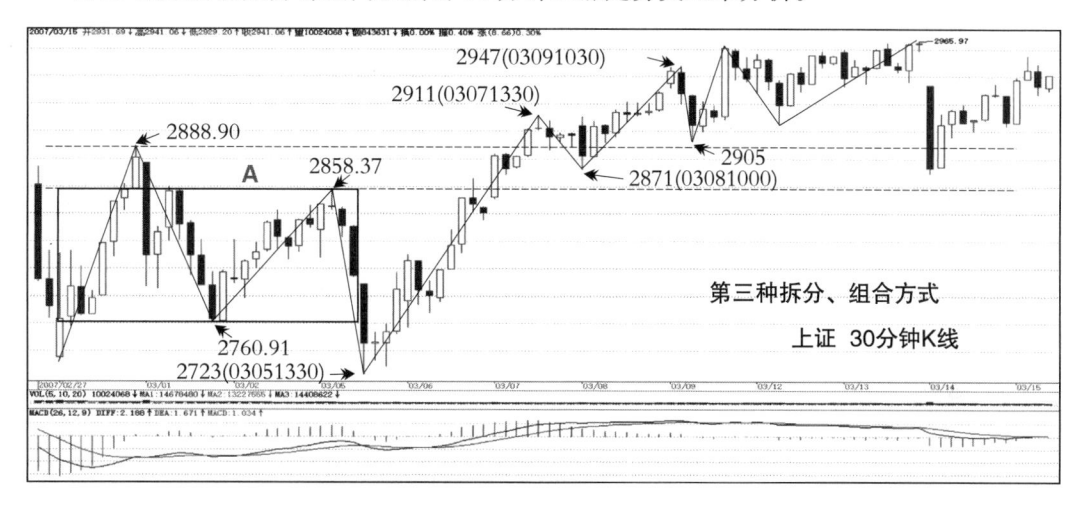

图36-8　上证30分钟K线走势三

这种拆分、组合方式，当然也是符合理论要求的，但2871点形成的第三类买点的意义没有表现出来。按这种分析方式，就会很恐慌地等待一个盘整背驰的出现来终结这个30分钟的上涨。

主题 8
缠论标准三类买卖点（二）

趋势背驰需满足的条件本是第 5 个主题的内容，估计缠中说禅发现很多人胡乱判断第一类买卖点，因此加上了此课，主要严格了判断趋势背驰的条件。

主要内容：

（1）符合缠论要求的趋势背驰结构。

（2）趋势 a+A+b+B+c 中走势 c 的情况分析。

（3）趋势背驰的当下判断。

教你炒股票 37

背驰的再分辨*

（2007-03-16 11:51:32）

背驰问题说过多次，但发现还有很多误解。不妨用最典型的 a+A+b+B+c 为例子，把一些经常被混淆的细节进行说明。

（1）没有趋势，没有背驰，不是任何 a+A+b+B+c 形式的都有背驰的。

当说 a+A+b+B+c 中有背驰时，首先要 a+A+b+B+c 是一个趋势。而一个趋势，就意味着 A、B 是同级别的中枢，否则，就只能看成是其中较大中枢的一个震荡。例如，如果 A 的级别比 B 大，就有 a+A+b+B+c=a+A+(b+B+c)，a 与 (b+B+c) 就是围绕中枢 A 的一些小级别波动。这样，是不存在背驰的，最多就是盘整背驰。当然，对于最后一个中枢 B，背驰与盘整背驰有很多类似的地方，用多义性，可以把 b、c 当成 B 的次级波动。但多义性只是多角度，不能有了把 b、c 当成 B 的次级波动这一个角度，就忘了 a+A+b+B+c 是趋势且 A、B 级别相同的角度。多义性不是含糊性，不是怎么干怎么分都可以，这是必须不断反复强调的。

（2）其次，c 必然是次级别的。也就是说，c 至少包含对 B 的一个第三类买卖点，否则，就可以看成是 B 中枢的小级别波动，完全可以用盘整背驰来处理。而 b 是有可能小于次级别的，力度最大的就是连续的缺口。也就是说，b 在级别上是不能大于 c 的。例如，如果 b 是次级别，而 c 出现连续缺口，即使 c 没完成，最终也延续成次级别，但 c 是背驰的可能性就很小了。就算是，最终也要特别留意，出现最弱走势的可能性极大。【课文解读：最弱走势是指趋势背驰但转折失败的情况，即背驰后将原走势最后一个走势中枢级别扩展的情况。】

（3）还有，如果 a+A+b+B+c 是上涨，c 一定要创出新高；a+A+b+B+c 是下跌，c 一定要创出新低。否则，就算 c 包含 B 的第三类买卖点，也可以对围绕 B 的次级别震荡用盘整背驰的方式进行判断。

对 c 的内部进行分析，由于 c 包含 B 的第三类买卖点，则 c 至少包含两个次级别中枢，否则满足不了次级别离开后次级别回拉不重回中枢的条件。这两个中枢构成次级别趋势的关系，是最标准最常见的情况。这种情况下，就可以继续套用 a+A+b+B+c 的形式进行次级别分析，确定 c 中内部结构里次级别趋势的背驰问题，形成类似区间套的状态，这样对其后的背驰就可以更精确地进行定位了。

最近太忙，不能写太长了。补充两句关于大盘目前的走势（见图 37-1）。说实在[的]，现在如果要摆脱目前的中枢，没有金融股的配合基本是不可能的。但金融股由于某类人掌握得比较厉害，短线的攻击没问题，但一个持续的攻击，就有点困难了。不过金融股在中线角度，依然还是一大早的观点，用工行为例子（见图 37-2），就是围绕 5 元上下的一个大级别震荡，要大跌，打压的人是要付出代价的。顺便说一句，中行里的汉奸实力小点，中行有奥运概念，业绩也较好一点，能否改造成一个反汉奸的武器，成为一个突破口，还需要很大的努力。其实这改造已经不是一天两天的事情，中行这几天已经连续比工行股价要高了（见图 37-3），这就是成绩。具体的细节就不说了。总之，斗争是残酷的，是复杂的，不能赤膊上阵，要用最充分的耐心去消耗汉奸的实力。

图 37-1　上证指数历史走势图

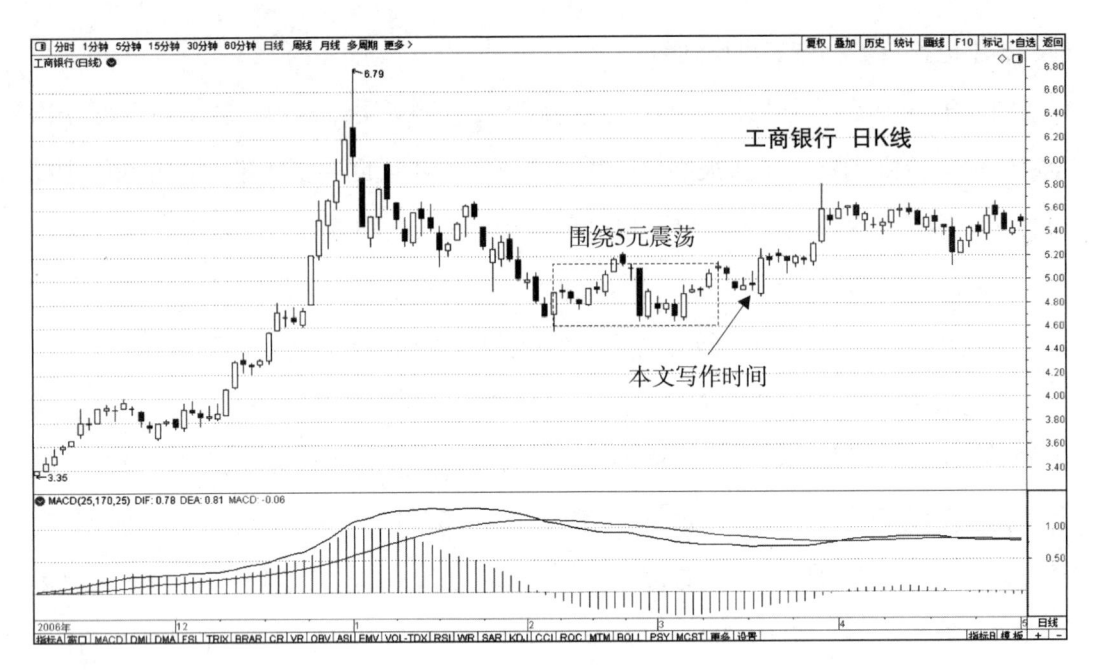

图 37-2　工商银行历史走势图

图 37-3　中国银行历史走势图

下午一收盘就要去开反汉奸利器出炉的最后一次会议，就来不了了。大盘走势，很简单，在第三类买点出现前，继续震荡。这种走势已经反复很多次了，应该熟练应对了，所以也没必要多说了。

深入解析

趋势背驰与盘整背驰解析

本课深入探讨了类似 a+A+b+B+c 的标准趋势中 c 段背驰的几种情况，课程的重点不是如何判断 c 段是否背驰，而是 c 段的背驰是盘整背驰还是标准背驰。因为突破中枢 B 的小级别走势 c，既是围绕中枢 B 的震荡走势，又是 a+A+b+B+c 这个大趋势走势的第三段小级别离开段，所以在分析走势时，要区分出它是围绕中枢 B 的盘整背驰段，还是整个趋势的标准背驰段这两种情况。

基于课程的重点是区分盘整背驰还是标准背驰，所以除非特别说明，以下的例子中 c 段都是背驰的。

一、没有趋势，没有背驰

如图 37-4 所示，标准背驰首先必须是一段趋势。一个趋势，就意味着最少有两个不重叠的同级别中枢。以标准走势 a+A+b+B+c 为例来分析，走势中枢 A 和走势中枢 B 的级别必须一致。假设 A、B 级别不同，整个走势可以看成围绕大级别中枢的盘整，走势按盘整背驰来分析。

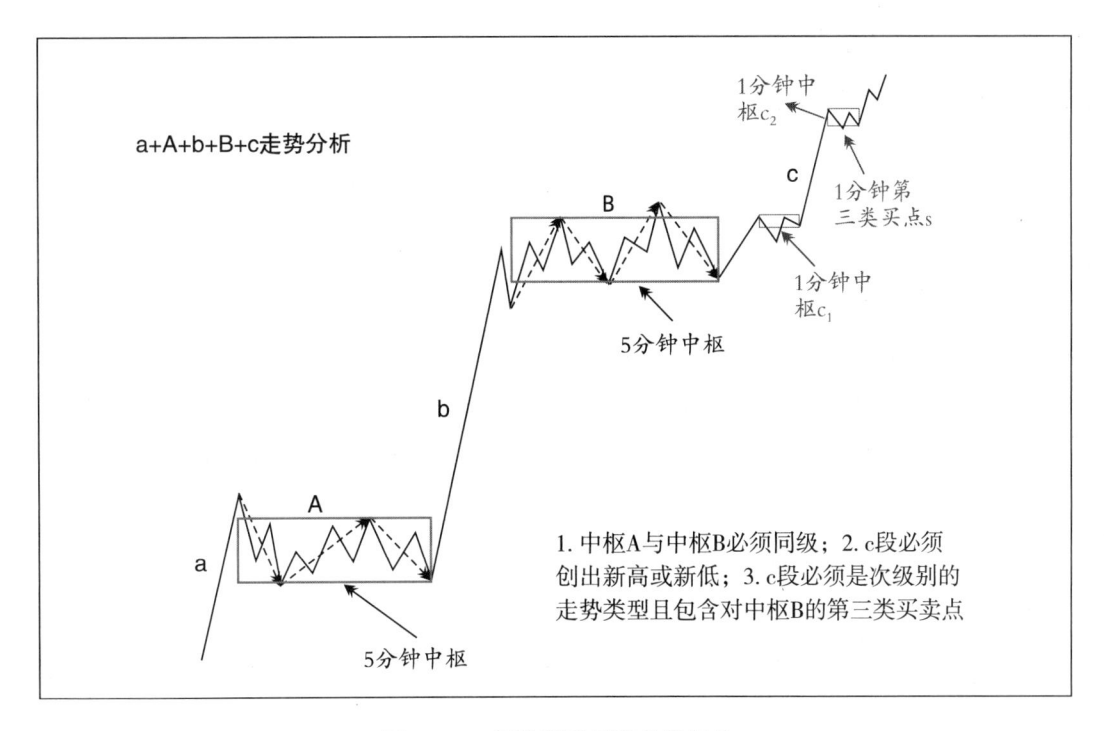

图 37-4 标准背驰需满足的条件

当中枢 A 的级别大于中枢 B 的级别时，整个 a+A+b+B+c 走势可分解为：a+A+(b+B+c)，其中 a 与 (b+B+c) 是围绕大级别中枢 A 的震荡走势。

当中枢 A 的级别小于中枢 B 的级别时，整个 a+A+b+B+c 走势可分解为：(a+A+b)+B+c，其中 (a+A+b) 与 c 是围绕大级别中枢 B 的震荡走势。

二、c 段走势的级别为次级别

如图 37-4 所示，进行标准背驰判断时，c 段必须是次级别的。因为走势都是从小级别生长出来的，当一个次级别以下级别的走势离开中枢 B 时，完全可以用一个次级别以下级别的回抽又回到中枢 B 里，所以这种次级别以下级别的走势离开中枢 B，只能按盘整背驰来比较 MACD 红绿柱状线面积，判断是否有小级别的盘整背驰。

需要注意的情况：走势级别越小，力度越大。如果向上离开中枢 B 的离开段 c，级别小于中枢前的 b 段时，往往代表着走势背驰的可能性不大了。尤其当这个离开段为缺口时，很可能这个最小级别的离开就造成了次级别 MACD 指标不再背驰的情况。

三、c 段走势必须创出新高或新低

如图 37-4 所示，为了证明 c 段不再是围绕中枢的震荡，所以 c 段最起码也要比之前的震荡走势更强才可以，这就要求如 a+A+b+B+c 的走势，上涨走势时 c 段必须创出新高，下跌走势时 c 段必须创出新低。

四、c 段的背驰方式总结

以下对 c 段是盘整背驰还是标准背驰做一个总结。

1. 盘整背驰的情况

（1）走势未创新高、新低。

如图 37-5 所示，走势未创新高就内部背驰，这种情况严格讲 c 段并不成立，它只能看作是围绕中枢 B 的一个震荡走势，需要将它与中枢的前同向走势段进行盘整背驰判断。

这段走势可以是次级别或次级别以下任何级别，图 37-5 以 1 分钟以下级别和 1 分钟级别为例。

（2）次级别以下走势突破中枢，但未形成第三类买点。

如图 37-6 所示，由于走势都是从小级别生长出来的，所以当一个次级别以下级别的突破后，完全可以一个次级别以下级别的走势又回到中枢。此时只能与进入中枢 B 的 b 段进行盘整背驰的比较。

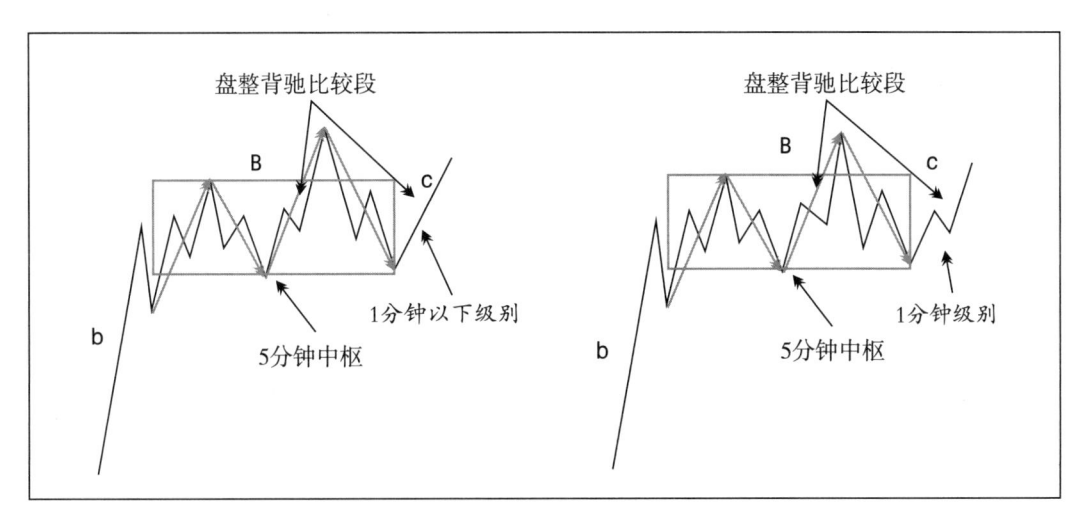

图 37-5　围绕中枢的震荡走势——走势 c 未创新高

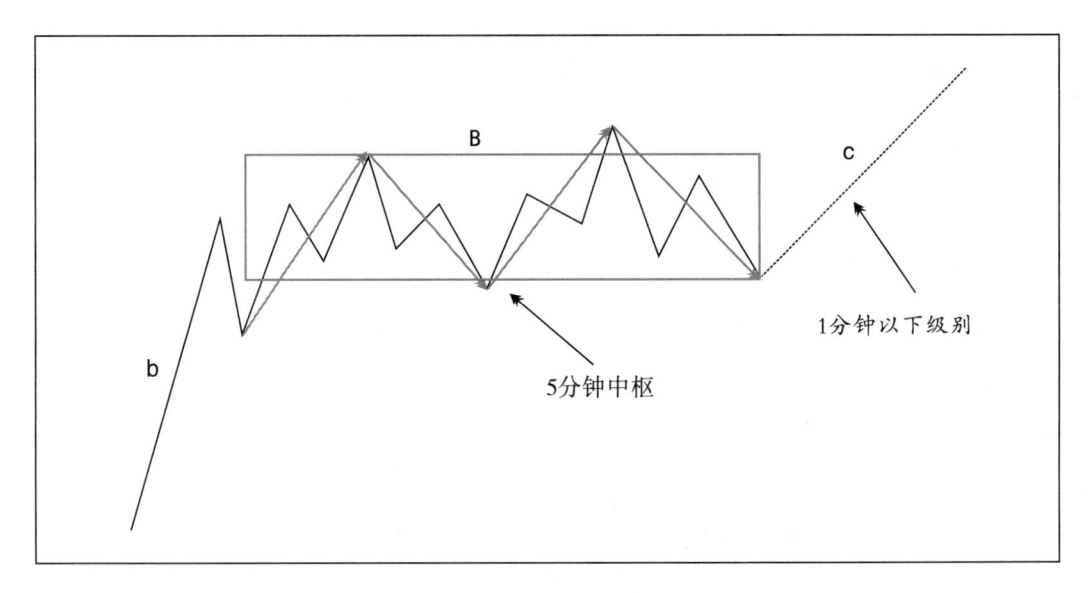

图 37-6　次级别以下走势 c 创新高但未形成第三类买点

需要注意：走势级别越小，力度就越大。如果这个小级别离开段比进入中枢 B 的走势段 b 级别小，那么整个趋势 a+A+b+B+c，最终不背驰的可能性很大。当 c 为跳空缺口时，基本可以确定整个走势不会背驰。

（3）次级别以下走势创出新高，且包含中枢 B 的第三类买点。

如图 37-7 所示，1 分钟以下级别（图中以虚线表示）突破中枢创出新高，回调形成小级别第三类买点后，将走势扩大为 1 分钟级别。此时次级别走势 c 内部盘整背驰，意味着次级别走势终结，而 c 段与 b 段相比 MACD 指标背驰。

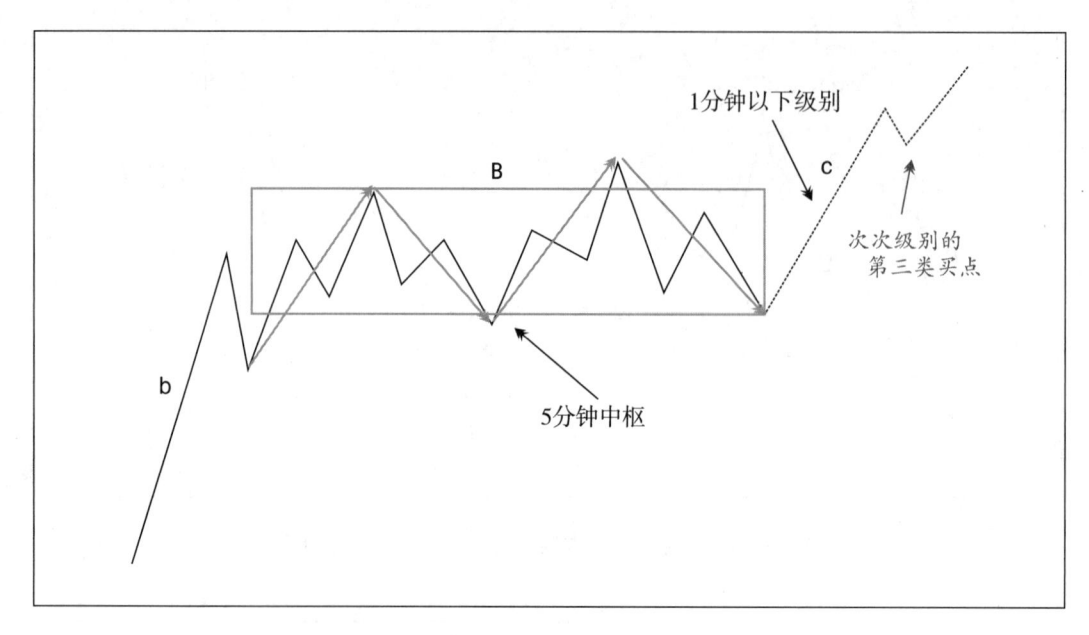

图 37-7 次级别以下走势创新高并包含第三类买点

这种情况比较少见，因为小级别突破创新高并形成第三类买点时，整个 a+A+b+B+c 走势很难再背驰了，但少不代表没有，所以将这种情况总结在此。

2. 标准背驰的情况

标准背驰即次级别走势突破中枢创出新高，包含中枢破坏点。

次级别对中枢 B 的离开，代表走势已经最少有一个次级别的中枢。突破中枢 B 后，必定有一个小级别的回踩以确定突破的有效性，这里会形成一个小级别的第三类买点。

当走势 c 最终内部背驰时，是一个包含最少两个次级别中枢的趋势，同时宣告 a+A+b+B+c 这个大趋势标准背驰确立。

如图 37-8 所示，一个拥有 1 分钟走势中枢 c_1 的 1 分钟走势，突破了 5 分钟中枢 B 且创下新高，并以 1 分钟以下级别回踩中枢，最终以一个 1 分钟以下级别的第三类买点而宣告对原中枢 B 突破的有效，在第三类买点的地方形成一个新的 1 分钟走势中枢 c_2。

此时的走势段 c，成为一个包含两个 1 分钟级别走势中枢 c_1、c_2 的 1 分钟上涨走势。当这个走势内部产生标准背驰从而结束时，在整个 a+A+b+B+c 走势中，c 段相比 b 段依然 MACD 指标背驰，整个走势 a+A+b+B+c 的标准背驰就确定了。

这种情况是标准背驰里最常见的情况，它是一个完美的区间套，两个相邻级别同时产生标准背驰。

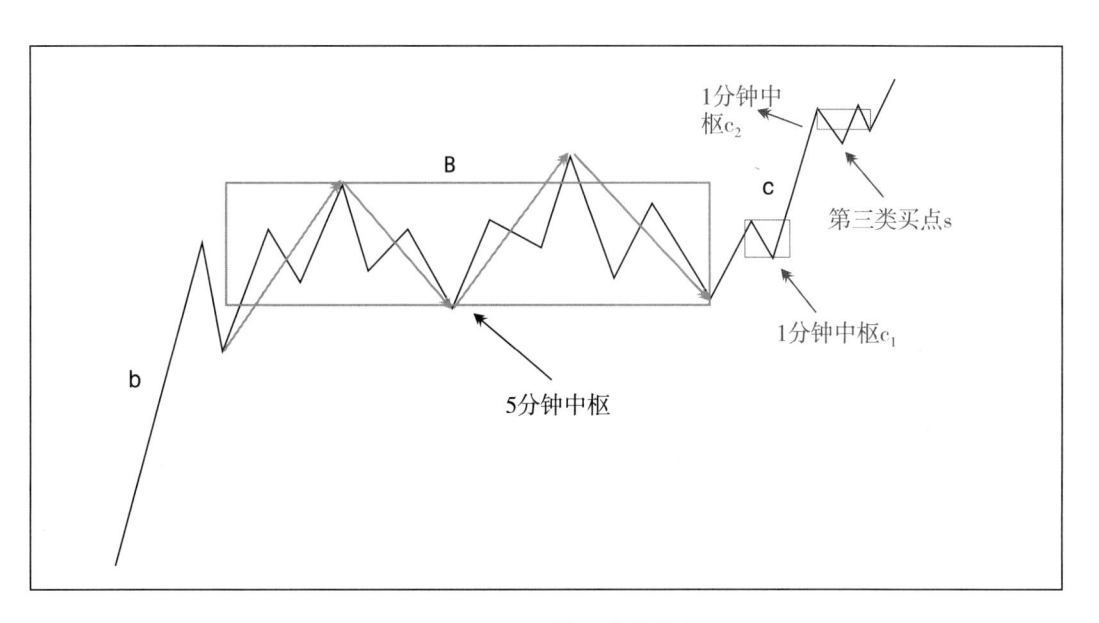

图 37-8　c 段标准背驰

主题 9

走势的同级别分解

严格来讲,这个主题从第35课、第36课就开始了,加上第38课至第40课就完整了。

这一课偏重于实战。实战中,走势仅仅按缠论划分依然不是很清晰,也不能很好地与每个人的操作级别匹配,因此需要同级别分解。

主要内容:

(1)走势同级别分解的原因。

(2)走势同级别分解的两种规则。

(3)走势同级别分解后的机械式操作方法。

教你炒股票 38

走势类型连接的同级别分解

（2007-03-21 15:23:21）

站在纯操作的角度，由于任何买卖点，归根结底都是某级别的第一类买卖点，因此，只要搞清楚如何判断背驰，然后选好适合的级别，当该级别出现底背驰时买入，顶背驰时卖出，就一招鲜也足以在市场上混好了。

不过，任何事情都应该究底穷源。这有点像练短跑，跑到最后，提高 0.01 秒都很难，所以越往后，难度和复杂程度都会越来越深。如果一时啃不下来，就选择可以把握的，先按明白的选择好操作模式。等市场经验多了，发现更多需要解决的问题，有了直观感觉，再回头看，也不失为一种学习的办法。当然，都能看懂并能马上实践，那最好。

前面谈了有关走势类型连接结合的多义性问题，虽然已多次强调多义性不是含糊性，但不少人依然产生误解，认为走势就可以胡乱分解了，这是不对的。多义性是与走势的当下性密切相关的，但对已完成走势类型连接进行相应的分解，就如同解问题设定不同的参数，虽然参数的设定有一定的随意性，但一个好的参数设定，往往使得问题的解决变得简单。根据结合律，如何选择一种恰当的走势分解，对把握当下的走势极为关键。

显然，一个好的分解，其分解规则下，必须保证分解的唯一性，否则这种分解就绝对不可能是好的分解。

其中，最简单的就是进行同级别分解。所谓同级别分解，就是把所有走势按一固定级别的走势类型进行分解。根据"缠中说禅走势分解定理"，同级别分解具有唯一性，不存在任何含糊乱分解的可能。

同级别分解的应用，前面已多有论述。例如，以 30 分钟级别为操作标准的，就可用 30 分钟级别的分解进行操作，对任何图形，都分解成一段段 30 分钟走势类型的连接，操作中只选择其中的上涨和盘整类型，而避开所有下跌类型。

对于这种同级别分解视角下的操作，永远只针对一个正在完成着的同级别中枢。一旦该中枢完成，就继续关注下一个同级别中枢。

注意，在这种同级别的分解中，是不需要中枢延伸或扩展的概念的。对 30 分钟来说，只要 5 分钟级别的三段上下上或下上下 [走势] 类型有价格区间的重合就构成中枢。如果这 5 分钟次级别延伸出 6 段，那么就当成两个 30 分钟盘整类型的连接。在这种分解中，是允许盘整＋盘整情况的。注意，以前说不允许"盘整＋盘整"是在非同级别分解方式下的，这在下面的课中会讲到，所以不要搞混了。【**字斟句酌**: 这段话有两个重点，其一是"同级别"。这里的同级别与第 16 课、第 17 课中的同级别是不同的，那时制定同级别上涨、下跌与盘整的规则，主要是为无法再分解的走势准备的。这里的走势包含走势中枢，自然不是那时的概念，它仅仅指某一相同级别。其二是关于"盘整＋盘整"，这里的表述是不严格的。非同级别的盘整＋盘整走势比比皆是，不足为奇，比如"教你炒股票"第 27 课中第二类、第三类买卖点的确定。所以"以前说不允许'盘整＋盘整'是在非同级别分解方式下的"，应该指同一方向上的，比如向上盘整＋向上盘整或者向下盘整＋向下盘整。非同级别分解时，它们构成更大级别的中枢。整段话的意思是：在用某一相同级别进行走势分解时，不能出现比分解级别更大的走势中枢，如果出现了，就将中枢分成 n 个同级别中枢的连接。】

有人可能马上要问，同级别分解的次级别分解是否也是同级别分解的。答案是，不需要。【**课文解读**：很正常，否则无法推导出本级别。】这里在思维上可能很难转过弯，因为一般人都喜欢把一个原则在各级别中统一运用，但实际上，你完全可以采取这样的分解形式，就是只 [在] 某级别中进行同级别分解，而继续用中枢扩展、延伸等确定其次级别。这里只涉及一个组合规则的问题，而组合的规则，是为了方便操作以及判断，只要不违反连接的结合律以及分解的唯一性，就是允许的，而问题的关键在于是否明晰且易于操作。

说得深入一点，走势分解、组合的难点在于走势有级别，而高级别的走势是由低级别构成的。处理走势有两种最基本的方法，一种是纯粹按中枢来，一种是纯粹按走势类型来，但更有效的是在不同级别中组合运用。因此，完全合理、不违反任何理论原则的,可以制定出这样的**同级别分解规则**＊：在某级别中,不定义中枢延伸,允许该级别上的盘整＋盘整连接；与此同时,规定该级别以下的所有级别,都允许中枢延伸,不允许盘整＋盘整连接；至于该级别以上级别,根本不考虑,因为所有走势都按该级别给分解了。

按照以上的同级别分解规则,用结合律很容易证明,这种分解下,其分解也是唯一的。这种分解,对于一种机械化操作十分有利。这里,无所谓牛市熊市。例如,如果分解的级别规定是 30 分钟,那么只要 30 分钟上涨就是牛市,否则就是熊市,完全可以不管市场的实际走势如何。在这种分解的视角下,市场被有效地肢解成一段段 30 分钟走势类型的连接,如此分解,如此操作,如此而已。

注意,这种方法或分解是可以结合在更大的操作系统里的。例如,你的资金有一定规模,那么你可以设定某个量的筹码按某个级别的分解操作,另一个量的筹码按另一个更大级别的分解操作,这样,就如同开了一个分区卷钱的机（械）[器],机械地按照一个规定的节奏去吸市场的血。这样不断地机械操作下去,成本就会不断减少,而这种机械化操作的力量是很大的。其实,根本无须关心个股的具体涨幅有多少,只要 [股性] 足够活跃,上下震荡大,这种机械化操作产生的利润是与时间成正比的,只要时间足够长,就会比任何单边上涨的股票产生更大的利润。甚至可以对所有股票按某级别走势的幅度进行数据分析,把所有历史走势都计算一次,选择一组历史上某级别平均震荡幅度最大的股票,不断操作下去,这样的效果更好。

这种分解方法,特别适合于小资金又时间充裕的进行全仓操作,也适合于大资金进行一定量的差价操作,更适合于庄家的洗盘减成本操作。当然,每种在具体应用时,方法都有所不同,但道理是一样的。具体的操作程式,按最一般的情况列举如下。注意,这是一个机械化操作,按程式来就行。

不妨从一个下跌背驰开始,以一个 30 分钟级别的分解为例子。按 30 分钟级别的同级别分解,必然首先出现向上的第一段走势类型。根据其内部结构可以判断其背驰或盘整背驰结束点,先卖出,然后必然有向下的第二段,这里有两种情况（见图 38-1）。

（1）不跌破第一段低点,重新买入。

（2）跌破第一段低点,如果与第一段前的向下段形成盘整背驰,也重新买入。否则继续观望,直到出现新的下跌背驰。

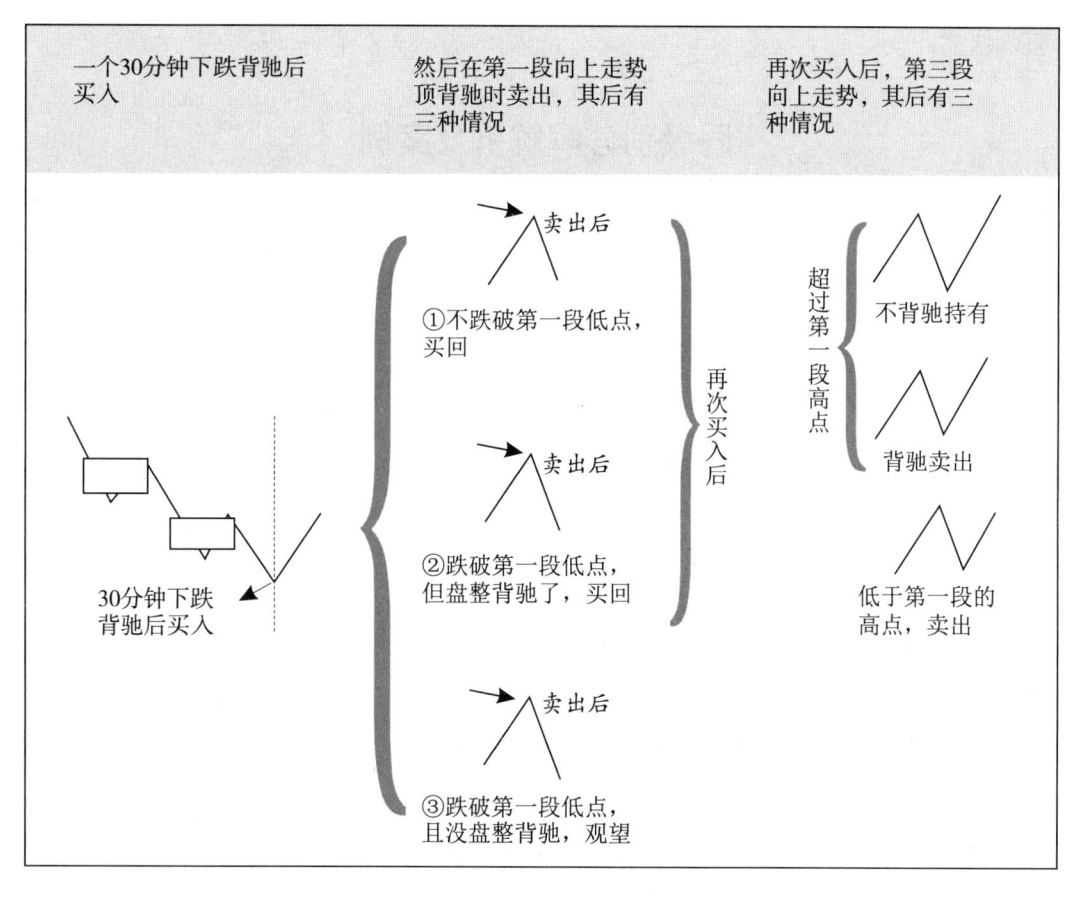

图 38-1 走势同级分解下的买卖点

在第二段重新买入的情况下，然后出现向上的第三段，相应面临两种情况。

（1）超过第一段的高点

（2）低于第一段的高点。

对于第二种情况，一定是先卖出。

第一种情况，又分两种情况。

（1）第三段对第一段发生盘整背驰，这时要卖出。

（2）第三段对第一段不发生盘整背驰，这时候继续持有。

这个过程可以不断延续下去，直到下一段向上的 30 分钟走势类型相对前一段向上的走势类型出现不创新高或者盘整背驰为止，这就结束了向上段的运作。向上段的运作，都是先买后卖的。一旦向上段的运作结束，就进入向下段的运作。向下段的运作刚好相反，是先卖后买，从刚才向上段结束的背驰点开始，所有操作刚好反过来就可以。

> 课文解读

同级别分解解析及案例

前面的课程基本围绕缠论的理论知识展开，本课有所不同，更偏重于实践，即如何在实战中运用缠论，是非常重要的一课。

1. 走势同级分解的补充规则

同级别分解，就是把所有走势按某一固定级别进行分解。"教你炒股票"第35课中有过讲解，但还不够全面，现在加以补充。

同级分解，顾名思义，不能出现比分解级别更高或更低的级别，为此制定出如下分解规定。

（1）不出现比分解级别更高的级别。

不出现比分解级别更高的走势类型，就不能产生高级别的走势中枢。因此，走势同级别分解时不考虑走势中枢的升级，这意味着同级别分解允许相同方向的盘整+盘整的走势连接。比如围绕走势中枢的震荡走势超过6段，就将它看作两个本级别的走势中枢连接。相邻两个本级别走势中枢震荡区间有重叠，也不扩展成高级别的走势中枢。

（2）不出现比分解级别更低的级别。

操作级别以下级别，仍遵循缠论走势的生长规律，允许走势中枢的级别扩展，不允许相同方向的盘整+盘整的走势连接。然后利用第35课所讲方式，通过分解、组合，将小级别走势转化为本级别走势类型。

补充规定后的走势同级别分解方式，相当于使用了两种不同的走势处理方法：在分解级别纯粹按走势中枢来，而在分解级别以下级别纯粹按走势类型来。

2. 同级分解案例

站在纯操作的角度，任何级别的买卖点，都要在次级别上确认，所以只要将走势按操作级别的次级别进行同级分解，再在次级别底背驰时买入，顶背驰时卖出，就一招鲜也足以在市场中混好了。

以北新建材为例，讲解一下同级分解是如何操作的。

图38-2、图38-3是北新建材一段5分钟下跌+30分钟盘整+5分钟上涨走势，按缠论来说，它属于一个30分钟的盘整走势。

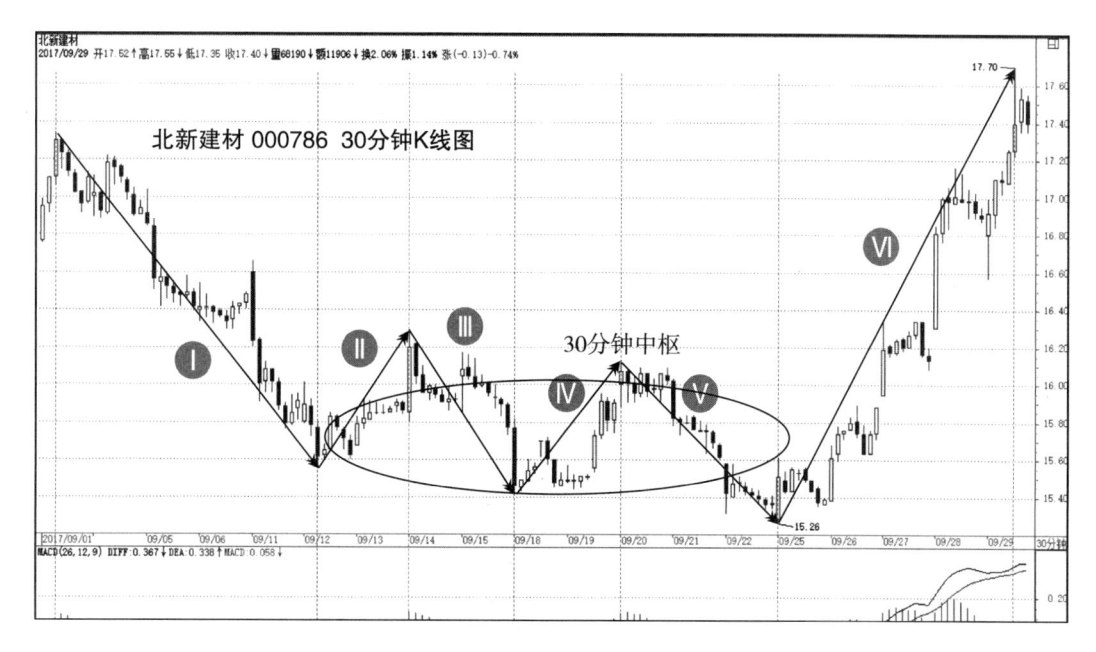

图 38-2　北新建材 30 分钟 K 线走势图

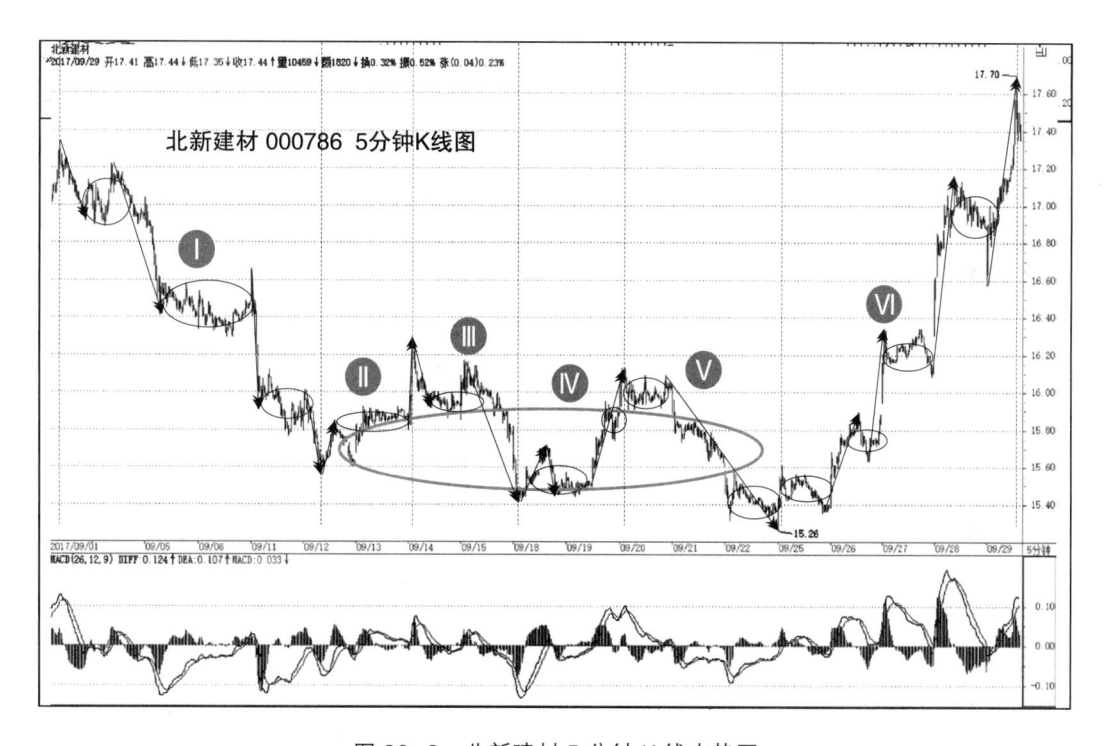

图 38-3　北新建材 5 分钟 K 线走势图

假设操作级别为 5 分钟，那么可以将上面走势如图 38-3 进行分解，共有六段 5 分钟走势类型。分别为：

第 I 段，一个拥有三个中枢的 5 分钟下跌走势，最终标准背驰后产生第一类买点。

第Ⅱ、Ⅲ段为两个 5 分钟盘整走势。

第Ⅳ、Ⅴ段分别是两个 5 分钟趋势，Ⅱ、Ⅲ、Ⅳ、Ⅴ四段 5 分钟走势类型构成了一个 30 分钟走势中枢。

第Ⅵ段是一个未完成的 5 分钟上涨走势类型，卖点尚未出现。

分解后的每个 5 分钟走势类型，都可以通过观察内部结构，找出盘整背驰或标准背驰产生的买卖点，从而进行实战操作。

教你炒股票 39

同级别分解再研究

（2007-03-23 15:16:51）

股票都是废纸，还怕有钱买不着废纸？因此，对于任何操作来说，只要赚钱卖出，是无所谓错误的；反过来，股票是吸血的凭证，没这凭证，至少在股票市场里是真吸不了血的，因此，只要卖了能低价位回补，就无所谓错误。至于卖了可能还涨，回补可能还跌，这是技术的精确度问题。就像练短跑，如果你永远只会撒腿乱跑，那你不可能达到高层次。而基础的练习都很枯燥，甚至100米，每段怎么跑，多少步，可能都要按一个机械的要求来，最终形成一个韵律，这才有可能达到高层次。股票的操作一样，首先就要培养这样一个韵律。不排除在这个培养、训练的过程中，开始还比不上以前撒腿乱跑的速度。但坚持下去，等韵律感形成，那进步就不是撒腿乱跑的能比了。

上节说了一个机械的操作程式，这就有一个基本的韵律，其中最大的就是向上段先买后卖与向下段先卖后买的韵律，【课文解读：在操作级别的上涨或向上盘整走势之初买入，下跌或向下盘整走势开始时卖出，这就是缠论给出的买卖原则，符合这个节奏的操作就是有韵律的操作。】如果这个韵律都错了，那操作就一团糟。很多人的买卖其实都是靠天吃饭，买了，赌的就是上下两面，因此不管位置、不管时间、不管当下的走势结构，胡乱瞎买，然后又胡乱瞎卖。

大的韵律把握了，还有就是每向上向下段中每小段间操作的韵律。显然，只要其中一步错了，这舞步就乱了。【课文解读：操作次级别或以下级别的短差行为，其节奏也是一样的，依然是向上段先买后卖，向下段先卖后买。不符合上述节奏的操作，都有极高的卖了买不回与买了卖不掉的风险。】这时候，唯一正确的选择就是停止操作，先把心态、韵律调节好了再继续。而且，当你按这个机械节奏不断操作下去，人身体的生物节奏都会慢慢有所感应。甚至可以达到这种程度，就是那种该操作的图形出现时，生理上就仿佛有感应一般。其实，这一点都不神秘，就好像有些人睡觉，无论多晚，早上到点都会自动醒来。而股票的操作，都有一定的紧张度，而同级别走势类型分解的节奏，大致有一定的周期性，长期下来，生理上有自然的反应就一点都不奇怪了。

注意，下面的分析，如果对数学推理陌生的，大概要迷糊透，所以请先准备纸和笔，对着画图，才能搞清楚。【课文解读：详见课后解读*。】

按同级别分解操作，还可能有更广泛、更精确的操作。对5分钟的同级别分解，以最典型的a+A为例子。一般情况下，a并不一定就是5分钟级别的走势类型，但通过结合运算，总能使得a+A中，a是一个5分钟的走势类型，而A，也分解为m段5分钟走势类型，则$A=A_1+A_2+\cdots+A_m$。

先考虑a+A是向上的情况，显然，A_i当i为奇数时是向下的，为偶数时是向上的，【课文解读：如图39-1所示，由于A_0的存在，所以a+A为向上情况时，A_i当i为奇数时是向下段，i为偶数时是向上段。】开始先有A_1、A_2出现，而且A_1不能跌破a的低点，如果A_2升破a的高点而A_3不跌回a的高点，这样可以把$a+A_1+A_2+A_3$当成一个a'，还是5分钟级别的走势类型。因此，这里可以一般性地考虑A_3跌破a的高点情况，这样，A_1、A_2、A_3必然构成30分钟中枢。因此，

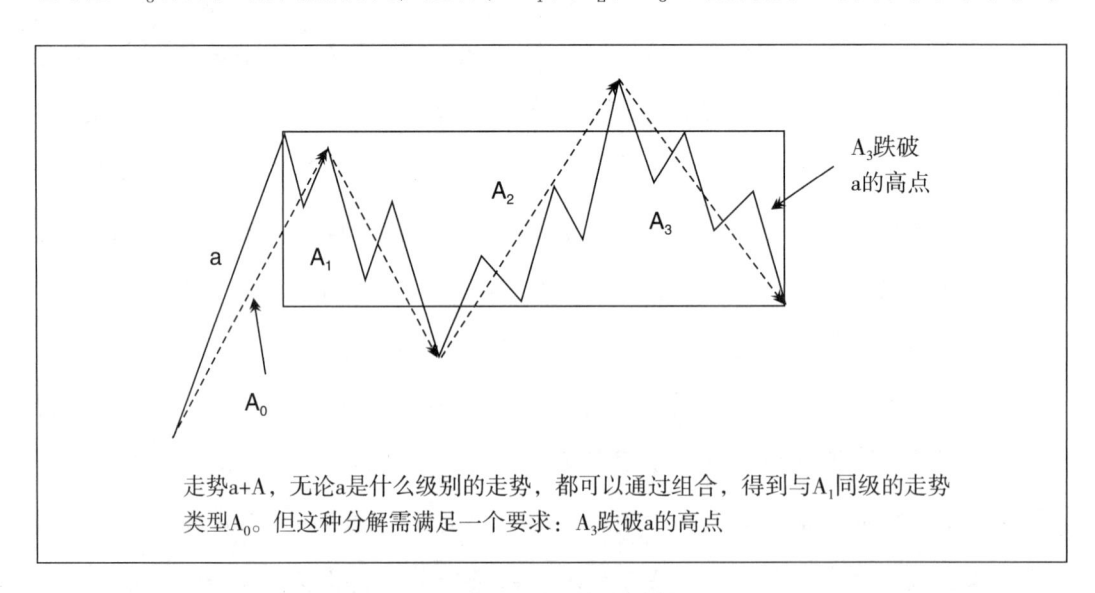

走势a+A，无论a是什么级别的走势，都可以通过组合，得到与A_1同级的走势类型A_0。但这种分解需满足一个要求：A_3跌破a的高点

图39-1 a+A同级分解

这一般性的 a+A 的情况，都必然归结为 a 是 5 分钟走势类型，A 包含一个 30 分钟中枢的情况。把 a 定义为 A_0，则 A_i 与 A_{i+2} 之间就可以不断地比较力度，用盘整背驰的方法决定买卖点。这和前面说的围绕中枢震荡的处理方法类似，但那不是站在同级别分解的基础上的。注意，在实际操作中，下一个 A_{i+2} 是当下产生的，但这不会影响所有前面 A_{i+1} 的同级别唯一性分解。

这种机械化操作，可以一直延续。该中枢可以从 30 分钟一直扩展到日线、周线甚至年线。但这种操作不管这么多，只理会一点，就是 A_i 与 A_{i+2} 之间是否盘整背驰，只要盘整背驰，就在 i+2 为偶数时卖出，为奇数时买入。如果没有，当 i 为偶[数]，若 A_{i+3} 不跌破 Ai 高点，则继续持有到 A_{i+k+3} 跌破 A_{i+k} 高点后在不创新高或盘整顶背驰的 A_{i+k+4} 卖出，其中 k 为偶数；当 i 为奇数，若 A_{i+3} 不升破 A_i 低点，则继续保持不回补，直到 A_{i+k+3} 升破 A_{i+k} 低点后在不创新低或盘整底背驰的 A_{i+k+4} 回补。

看完上面这段，至少 90% 以上的人都心跳加速，头晕眼花。不过没办法，这是最精确的表述，画着图应该不难明白。以上方法，最大的特点，就是在同级别分解的基础上将图形基本分为两类，一类是"当 i 为偶[数]A_{i+3} 不跌破 A_i 高点"或"i 为奇数 A_{i+3} 不升破 A_i 低点"，一类是"A_i 与 A_{i+2} 之间盘整背驰"。对这两种情况采取不同的操作策略，构成了一种机械的操作方法。

附录： 今天大盘没什么可说的，周四、周五的血战已经在周三提前预告。今天中行主动示弱，【**课文解读：** 2007 年 3 月 23 日中国银行公布年报，净利润增长 52%，但当日股价低开，小幅下跌，如图 39-2 所示。】不让汉奸有借利好出货的机会，为大盘以后的发展留下很大的余地。不过汉奸不会因为这两天的折腾而死心，如图（见图 39-3），那两个高点的连线依然在上面，没有效突破前，依然会人心浮动，汉奸依然会随时发难，所以耐心是最重要的，而震荡是稳定人心的最好办法。个股方面，具体的不能说了，免得汉奸有口实。最近打小报告的人忒多，而这又是汉奸的强项。反正前面说的那五个板块，加上最近说的旅游、科技之类的都会陆续表现的。瓜田李下，本 ID 就不多说，说的都是梦话，如此而已。

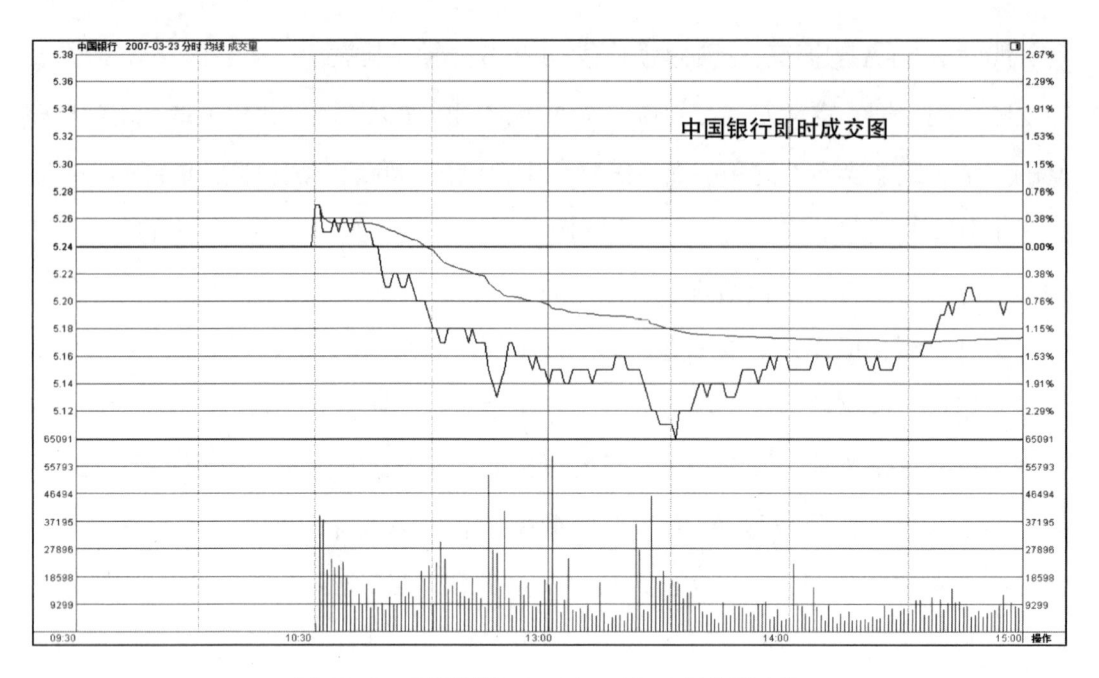

图 39-2　中国银行 2007 年 3 月 23 日分时走势

图 39-3　上证指数历史走势图

深入解析

同级分解的拆分、组合方式

缠论的同级分解其实不光需要拆分，还要重新组合，以达到分解后的走势最终为单一级别的要求。

如图 39-1 中的 a+A 走势，其中的 A 为 30 分钟中枢，a 为 1 分钟的走势类型。使用 5 分钟同级别分解时，整个走势先分解为：a+A_1+A_2+A_3，a+A_1 通过拆分重新组合，将 A_1 的前两个 1 分钟走势类型与 a 组合成一个新的 5 分钟走势类型 A_0，这样整个走势同级分解成四个 5 分钟的走势类型：A_0+A_1+A_2+A_3。

这个拆分、组合方式有两个前提。

（1）A_1 不能破 a 的低点，否则 a+A 的走势无法成立。

（2）a+A 走势中的 A_3 段必须跌破 a 的高点，从而形成一个 30 分钟的走势中枢。如果 A_3 段没有跌破 a 的高点，如图 39-4 所示，整个走势为一个 1 分钟走势 a，和 3 段没有重叠的 5 分钟走势 A_1、A_2、A_3 的连接，则无须进行同级别分解，A_1、A_2、A_3 构成 30 分钟的走势中枢 A 是本次同级别分解的前提。如图 39-5 所示，如果 A_3 跌破 a 的高点，从而形成一个 30 分钟的走势中枢 A，则满足了本次 a+A 走势同级别分解的前提。

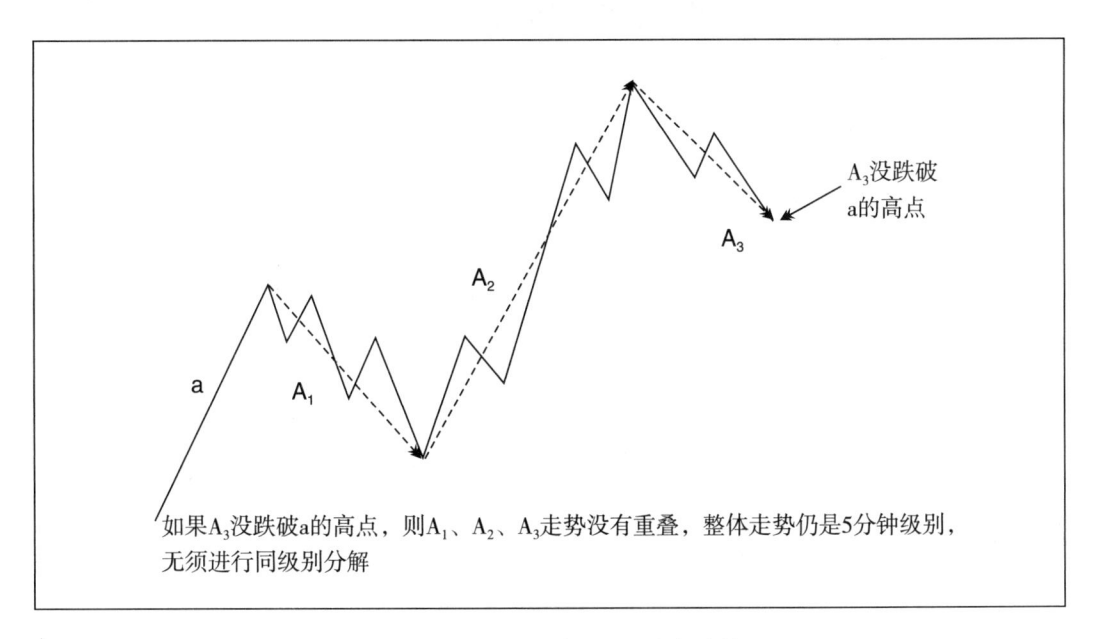

图 39-4　a+A 无法进行同级分解的情况

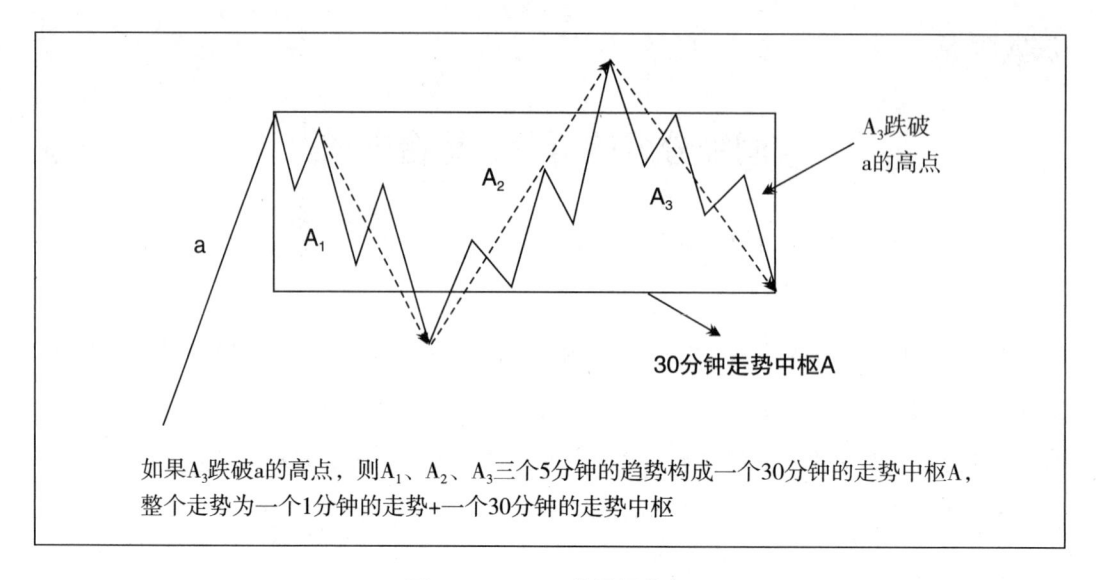

图 39-5　a+A 的同级分解

以上就是同级分解的拆分、组合过程。

深入解析

同级分解后的操作分析

1. 奇数段与偶数段

为了方便课文的理解，下面先分析一下课文中奇数段、偶数段的含义。

如图 39-6、图 39-7 所示，同级分解后的走势，无论是盘整还是趋势，都简化成上涨、下跌交错的同一级别走势的连接。

如图 39-1 所示，课文中的例子 a+A 走势明确为一个向上的情况，所以同级分解后的起始段 A0 同样为向上走势，即偶数段代表向上，奇数段代表向下。

课文中还有一个参数 K，并强调 K 是偶数，这同样是为了不影响奇偶数段的方向性。

2. 从 a+A 开始的走势涉及的操作方式

这节课缠中说禅不但没有附图，文字叙述也很简单，但所讲内容是非常重要的。前几天和今天的课程，缠中说禅希望教给大家一个机械化的操作方式，因此这个从 a+A 开始的走势，需要演化出盘整、上涨和下跌等几种情况并给出相应的操作说明。

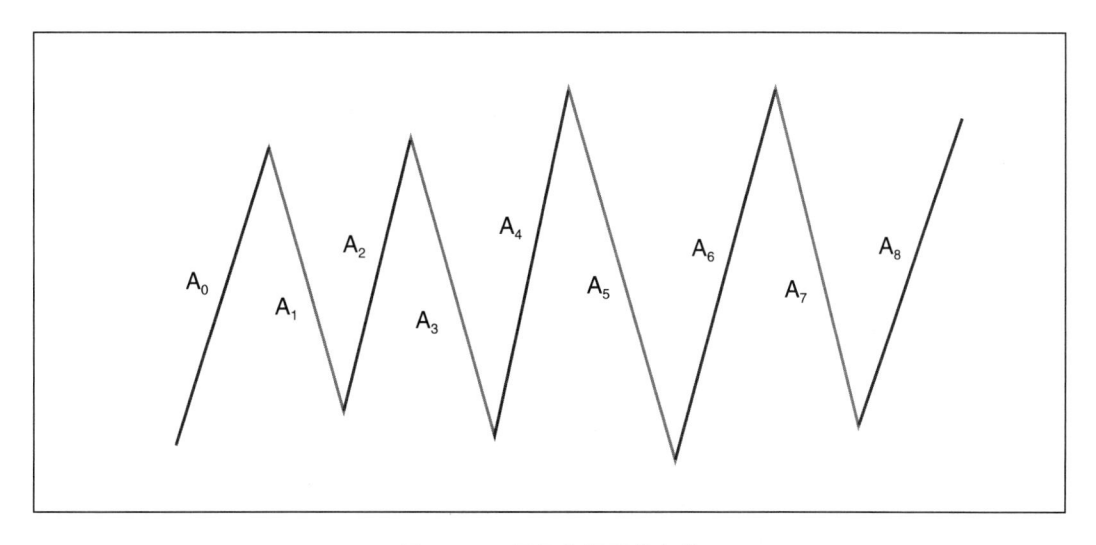

图 39-6 同级分解后的盘整

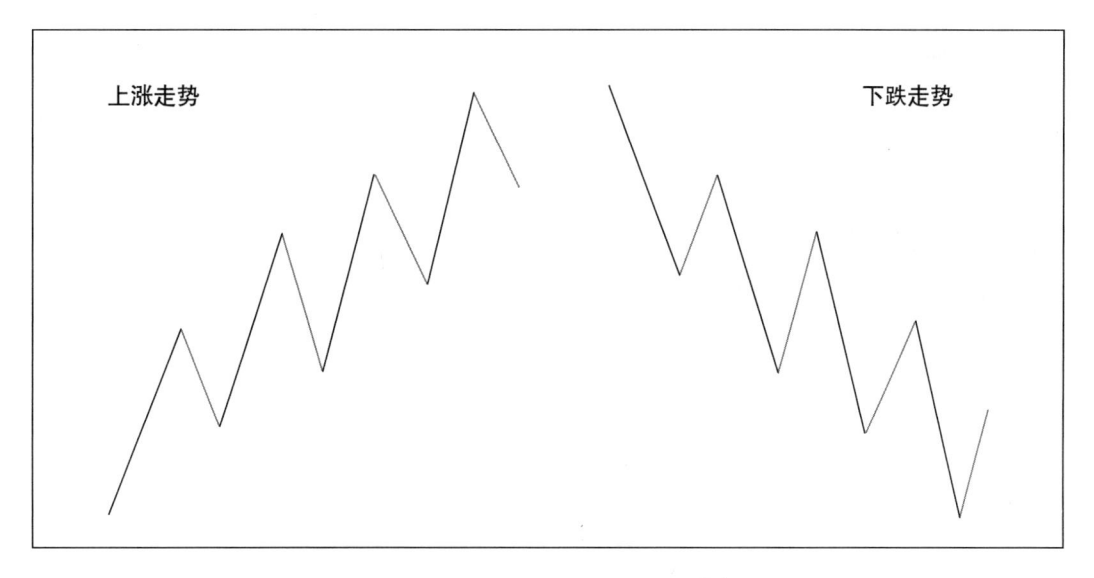

图 39-7 同级分解后上涨与下跌的基本结构

（1）盘整。

"但这种操作不管这么多，只理会一点，就是 A_i 与 A_{i+2} 之间是否盘整背驰。只要盘整背驰，就是 i+2 为偶数时卖出，为奇数时买入。"

这种情况就是盘整走势的描述。如图 39-8 所示，由于 A_i 与 A_{i+2} 间盘整背驰，所以必然是某种情况下的中枢震荡。图 39-8 以围绕 A 这个 30 分钟走势中枢震荡为例。

对应的操作也很简单，即上涨盘整背驰时卖出，下跌盘整背驰时买入，这和围绕走势中枢的操作是一致的。

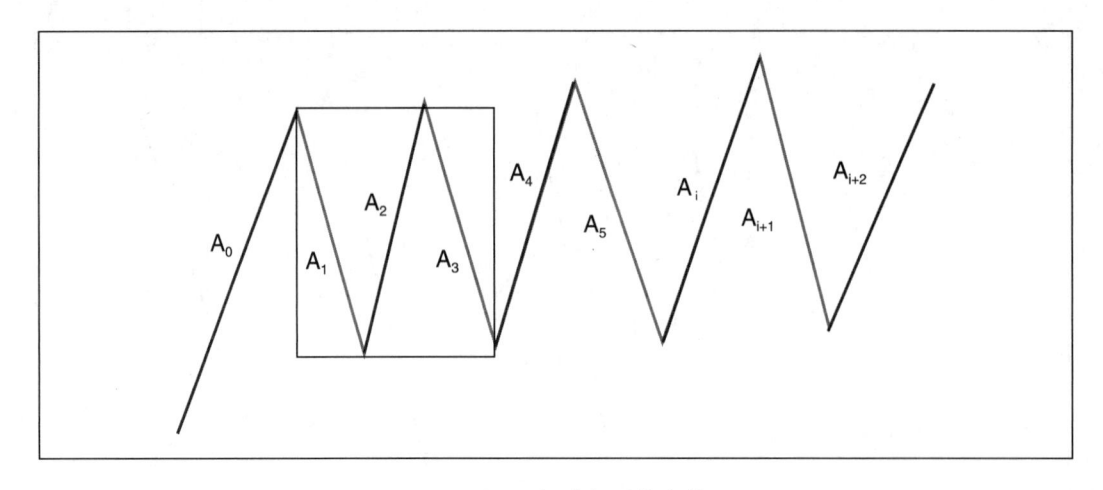

图 39-8 同级分解后的盘整

（2）上涨。

课文中的公式表达："如果（A_i 与 A_{i+2} 之间）没有（盘整背驰），当 i 为偶数，若 A_{i+3} 不跌破 A_i 高点，则继续持有到 A_{i+k+3} 跌破 A_{i+k} 高点后在不创新高或盘整顶背驰的 A_{i+k+4} 卖出，其中 k 为偶数。"

简单表达：当 i 为偶数且 A_i 与 A_{i+2} 之间没有盘整背驰，意味着一个向上的走势段不背驰，走势进入上涨阶段。

如图 39-9 所示，在上涨走势中，如果最后一个中枢是类中枢，那么就等待，直到最后一个中枢是标准走势中枢，且后一段上涨不创新高或创新高但上涨盘整背驰时卖出。

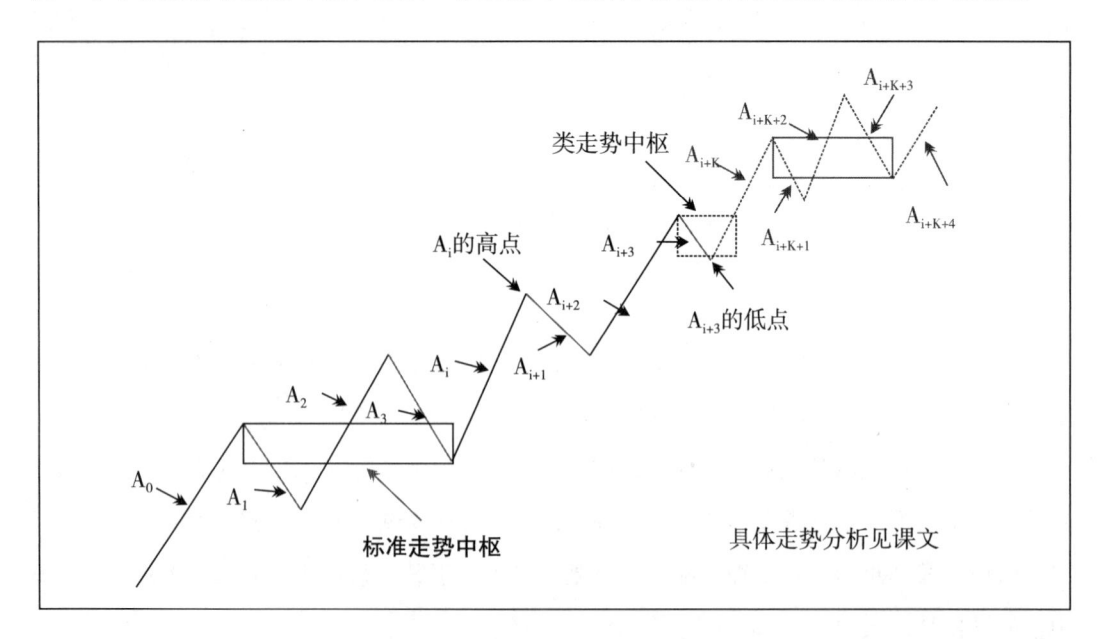

图 39-9 上涨走势中的卖出操作

（3）下跌。

课文中的公式表达："如果（A_i与A_{i+2}之间）没有（盘整背驰），当i为奇数，若A_{i+3}不升破A_i低点，则继续保持不回补，直到A_{i+k+3}升破A_{i+k}低点后在不创新低或盘整底背驰的A_{i+k+4}回补，其中k为偶数。"

简单表达：当i为奇数且A_i与A_{i+2}之间没有盘整背驰，意味着一个向下的走势段不背驰，走势进入下跌阶段。

如图39-10所示，在下跌走势中，如果最后一个中枢是类中枢，那么就等待，直到最后一个中枢是标准走势中枢，且其后的下跌不创新低或创新低但盘整背驰时买入。

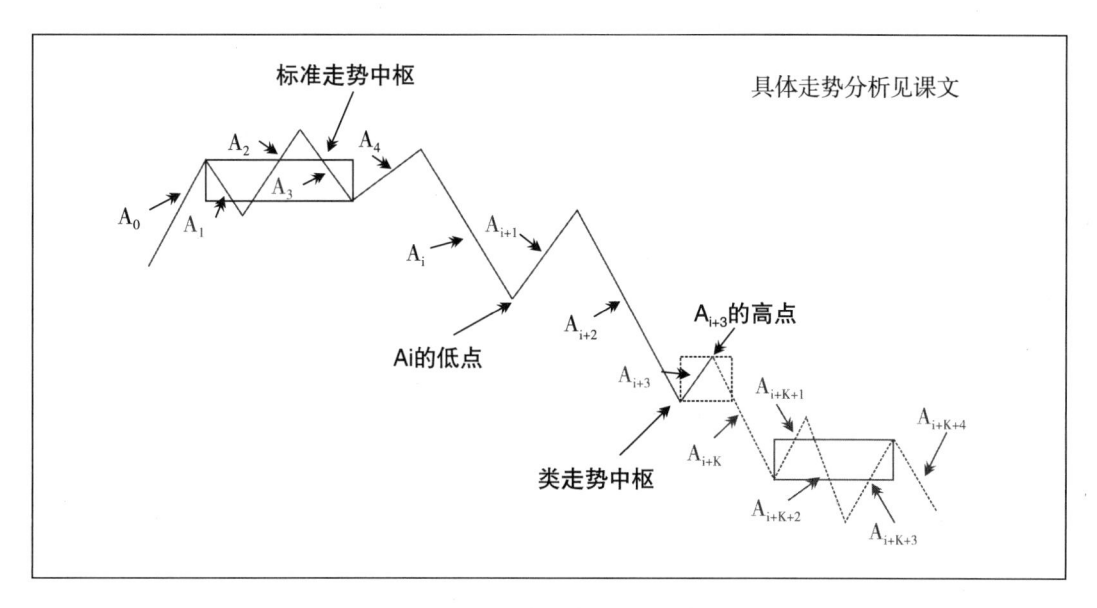

图 39-10　下跌走势中的买入操作

3. 盘整与上涨、下跌操作的异同

盘整中的操作比较简单，主要依靠盘整背驰来决定卖出与回补。

上涨与下跌的操作与盘整时操作有两点不太一样。

（1）首先要形成标准走势中枢，然后才通过盘整背驰或不创新高、新低来决定介入与退出。

（2）如果形成的标准走势中枢不是这段走势的第一个中枢时，A_{i+k+4}通过底、顶盘整背驰或不创新低或新高发现的买卖点，同时有可能是整段上涨或下跌走势的大级别买卖点。

> 学习重点和难点

类中枢与标准走势中枢（3）

如图 39-9、图 39-10 所示，本课给出的买卖规则，可以简单地总结出不同结构中枢的区别，就是仅由 3 段走势形成的中枢和由 5 段以上走势形成的中枢。第 29 课中讲过，这就是类走势中枢与标准走势中枢，不过当时只讲了它们之间的相同之处，今天要讲一下它们之间最大的不同。

标准走势中枢意味着多空力度基本均衡，是一个换手的平台，其后原趋势方向的上涨或下跌如果出现背驰，是一个非常重要的转折信号。

类中枢就不一样了，虽然类中枢在结构上也重创了原走势，但持续时间短，且其后又延续了创新高或新低的走势，原趋势并未被破坏。究其产生的原因，甚至可能是"乌龙指"类的偶然因素，因此一般不能作为买卖点的判断依据。

教你炒股票 40

同级别分解的多重赋格

（2007-03-27 12:53:22）

投资，往往碰到这样两难的事情，就是一个小级别的进入，结果出现大级别的上涨，这时候怎么办？

这时候有两个选择：

（1）继续按小级别操作。这样的代价是相当累，而且小级别操作的问题是对精确度要求比大级别高，而且资金容纳程度低。

（2）升级为大级别操作基础上部分保持小级别操作。

对于资金比较大的投资，后者是比较实用的。

上节中的"A_i 与 A_{i+2} 之间盘整背驰"，将演化出"当 i 为偶 [数] A_{i+3} 跌破 A_i 高点"或"i 为奇数 A_{i+3} 升破 A_i 低点"，因而相应演化出高一级别的中枢。例如在该例子里（见图40-1），A_{i+1}、A_{i+2}、A_{i+3} 就是30分钟的中枢，而所有更大的中枢，当然是先有高一级别才可能有，否则连30分钟的中枢都没有，哪里来日、周、月的？但这个现象就保证了，在同级别分解下，一个小级别的操作是可以按一个自动模式换档成一个高级别的操作。

一般情况下，在上面5分钟同级别分解的例子中，只要从 A_0 开始到某个 A_t，使得 $A_0+A_1+\cdots+A_t=B_1+B_2$，后者是30分钟级别的同级别分解，这时候就可以继续按后一种分解进行相应的操作。

【深入解析】：一般情况下，同级分解时不考虑走势中枢级别扩大引发的走势升级。比如按5分钟级别进行同级别分解时，无须考虑图40-2中构成30分钟走势中枢甚至更高级别走势中枢的情况。但是如图40-3所示，如果从 A_0 开始到某个 A_t，使得 $A_0 + A_1 + \cdots + A_t = B_1 + B_2$，其中 B_1 与 B_2 是按30分钟同级别分解得到的走势，若 B_2 走势内部背驰时，日线级别明显走好，完全可以换档成30分钟级别进行操作，其后必然还有一段30分钟级别的向上走势 B_3。】

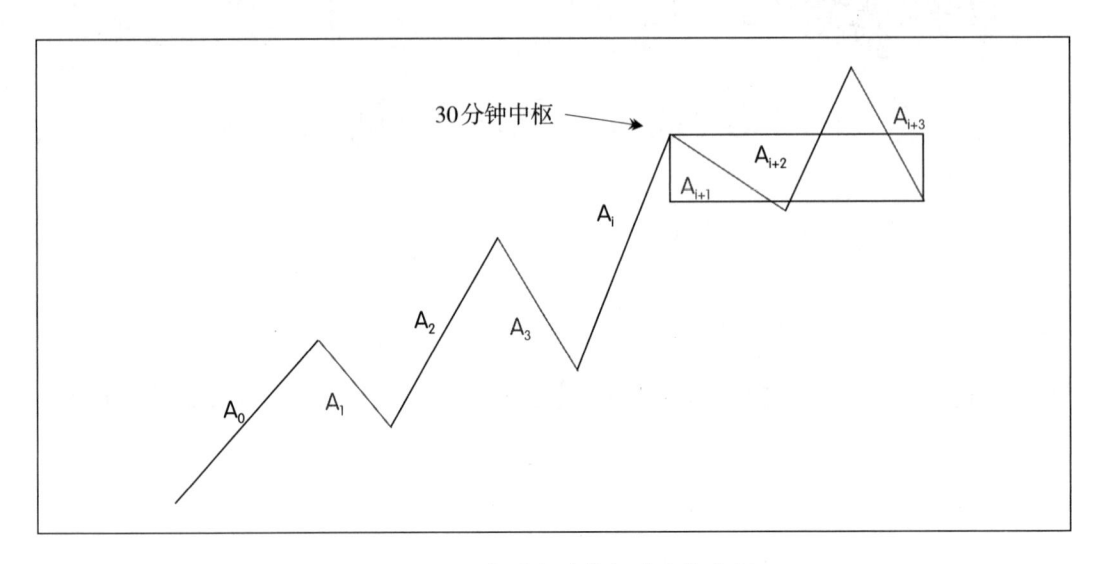

图 40-1　同级分解中的标准走势中枢

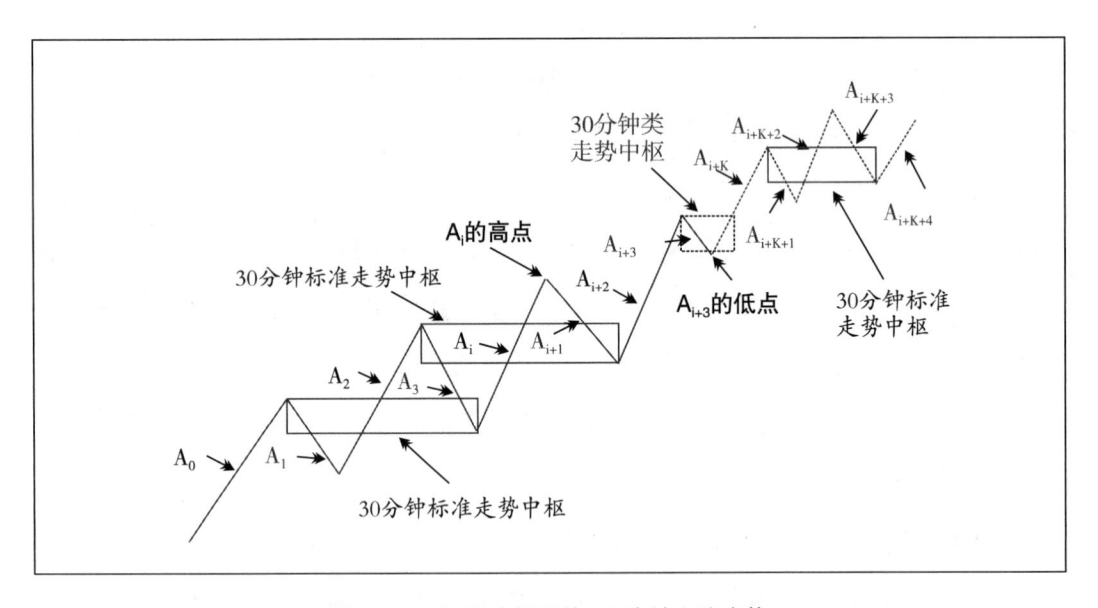

图 40-2　同级分解后的30分钟上涨走势

当然，是否换档成后一种级别的操作，与你的时间、操作风格、资金规模有关。但本ID还是建议，可以进行这种短线变中线的操作，即使你的资金量很小，但如果出现一种明显的大级别走好，这种操作会让你获得稳定的大级别波动利益。因此，根据当下的情况去决定是否换档，就如同开车时根据路况等决定档位一样。

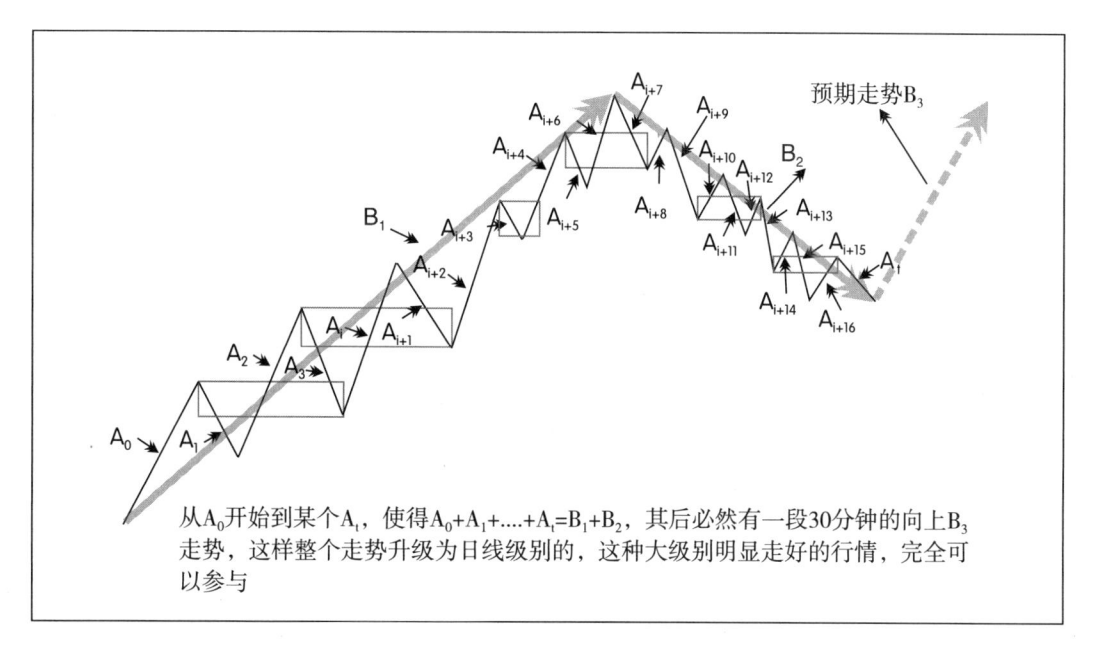

图 40-3 同级分解中的走势升级

对于大资金来说，这种级别的操作可以一直延伸下去，可以变成 N 重层次的操作，每一重都对应着一定的资金与筹码，而相应对应着不同的节奏与波动。

如果对古典音乐有点了解的，就知道，这如同赋格曲，【课文解读：赋格曲（Fugue），就是同一首曲子中有 3 条以上的旋律线展开，就像多部合唱那样，因此曲子听起来奔放多变，是巴洛克音乐的代表，也最适合能同时发出各种器乐声的管风琴演奏。】简单的动机、旋律在 N 个层次上根据不同的转位、移位、对位等原则运动着，合成统一的乐曲。市场的走势，其实就是这样的多重赋格，看似复杂，其实脉络清晰，可以有机地统一在多层次的同级别分解操作中。

在这种同级别分解的多重赋格操作中，可以在任何级别上进行操作，而且都遵守该级别的分解节奏与波动，只是在不同级别中投入的筹码与资金不同而已。对于大资金所具有的整体筹码与资金来说，就永远在一种有活动的多重赋格，实际的市场操作，成了一首美妙的乐曲演奏，能应和上的知音，就能得到最大的利益与享受。而每一层次的操作都是独立又在一个整体的操作中。对这种操作如果没有什么直观感觉，那就去听听巴赫的音乐，那不仅是音乐的圣经，对股票的操作同样有益。

主题 10

投资心态建设（二）

这个主题出现在第 41 课与第 42 课中，详细列举了市场中常见的 10 种认知错误。

主要内容：

（1）何为走势的节奏以及它与买卖点的关系。

（2）市场中 10 种常见的认知错误。

教你炒股票 41

没有节奏，只有死

（2007-03-30　15:17:22）

市场的节奏，只有一个：买点买、卖点卖。这么简单的问题，但从来能遵守的人，能有几个？是什么阻止你倾听市场的节奏？是你的贪婪与恐惧！一个被贪婪与恐惧所支配的人，在市场中唯一的命运就是：死！【深入解析：由于课文中将节奏与买卖点对应起来，所以很多人把节奏与买卖点混为一谈。节奏就是生死，就是向上与向下的走势类型，就是完全分类下的"可介入"与"不可介入"状态，而买卖点是缠论配合节奏给出的介入、退出时机。市场太仁慈了，给了三次改错的机会，对应着三类买卖点，都错过了，需要好好反省自己。但不代表节奏就此改变，第三类卖点后的任何一次反弹依然是卖出的机会，所以对于节奏的把握远远超过对买卖点的选择。】

市场中，买点上的股票就是好股票，卖点上的股票就是坏股票，除此之外的好坏分类，都是瞎掰。你的命运，只能自己去把握，没有任何人是值得信任的，甚至包括本ID。唯一值得信任的，就是市场的声音，市场的节奏，这需要你用心去倾听，用一颗战胜了贪婪与恐惧的心去倾听。

市场的声音，永远是当下的。任何人，无论前面有多少辉煌，在当下的市场中，什么都不是，只要有一刻被贪婪与恐惧阻隔了对市场的倾听，那么，这人，就走入鬼门关。除非，此人能猛醒，否则，等待的只有：死亡。记住，1万亿与1万，变成0的速度是一样的，前者甚至可以更快。

买点买，买点只在下跌中，没有任何股票值得追涨，如果你追涨被套，那是活该；卖点卖，没有任何股票值得杀跌，如果你希望瘦身，那就习惯砍仓杀跌吧。即使你搞不懂什么是买点卖点，但有一点是必须懂的，就是不能追涨杀跌。就算是第三类买卖点，也是分别在回调与反弹中形成的，哪里需要追涨杀跌？

买卖点是有级别的，大级别能量没耗尽时，一个小级别的买卖点引发大级别走势的延续，那是最正常不过的。但如果一个小级别的买卖点和大级别的走势方向相反，而该大级别走势没有任何衰竭，这时候参与小级别买卖点，就意味着要冒着大级别走势延续的风险，这是典型的刀口舔血。【课文解读：如图41-1所示，当30分钟级别处于线段类下跌时，5分钟买点是典型的刀口舔血的营生。】市场中不需要频繁买卖，战胜市场，需要的是准确率，而不是买卖频率。只有券商与税务部门才喜欢买卖高频率。

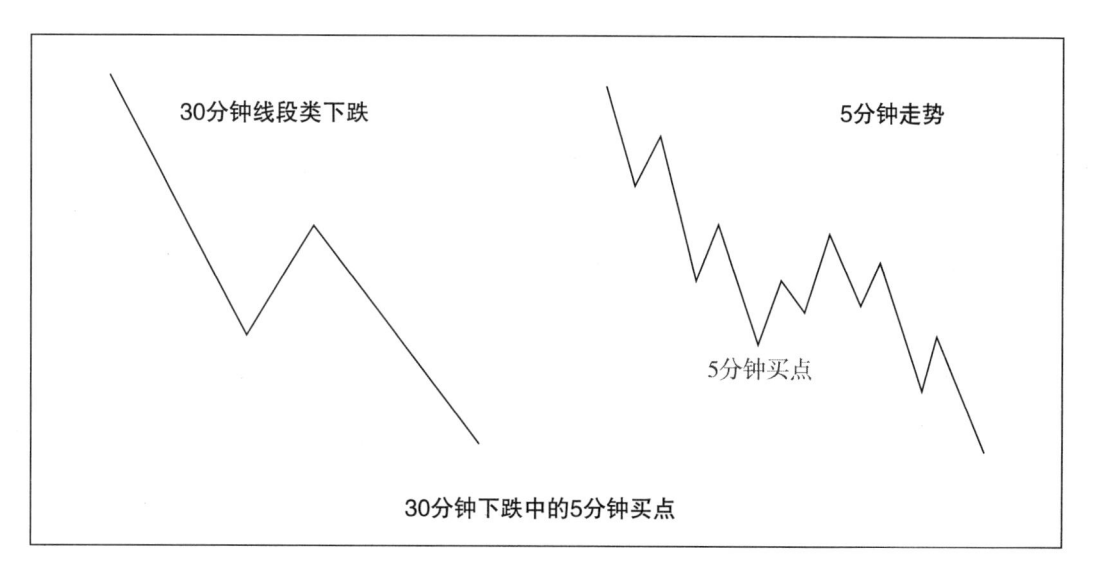

图 41-1 逆大级别的交易风险

市场不是赌场，市场的操作是可以精心安排的。当你买入时，你必须问自己，这是买点吗？这是什么级别的什么买点？大级别的走势如何？当下各级别的中枢分布如何？大盘的走势如何？该股所在板块如何？而卖点的情况类似。你对这股票的情况分析得越清楚，操作才能更得心应手。

至于买卖点的判断，如何提高其精确度，那是一个理论学习与不断实践的问题，但这一套程序与节奏，是不会改变的。

精度可以提高，但节奏不可能乱，节奏比精度更重要。无论你对买卖点判断的水平如何，即使是初学者，也必须以此节奏来要求自己。如果你还没有市场的直觉，那么就强迫自己去执行，否则，就离开。

对于初学者，一定不能采取小级别的操作。你对买卖点的判断精确度不高，如果还用小级别操作，不出现失误就真是怪事了。

对于初学者，按照30分钟[级别]来进出，是比较好的，怎么也不能小于5分钟。5分钟都没有进入背驰段，就不能操作。

级别越小，对判断的精确[度]要求越高，而频繁交易导致的频繁失误只会使心态变坏，技术也永远学不会。先学会站稳，才考虑行走，否则一开始就要跑，可能吗？【字斟句酌：由于缠论有两种看盘方式，所以上面所说的"使用大级别来操作"，首先要确定是指哪种情况。很明显区间套式看盘方式不太适合上面的描述。因为对于同一段走势而言，30分钟走势和5分钟走势没有本质的区别，只有精细程度上的不同。一个将每5分钟的数据做成一根K线，另一个则是将30分钟的数据做成一根K线。如果看到的结构一样，比如同一段上涨走势，高级别K线图可能因缺少细节而更不准确；如果看到的是不同的结构，一个繁一个简，明显繁的更为准确。"递推"方式就不存在上述问题，大级别意味着更为复杂的缠论结构，自然更为准确，可信度更高。级别越小，对判断的精确度要求越高，这本就是事物的两个方面，高级别对于判断精度要求低，但位置误差也会更大。】

节奏，永远地，只有市场当下的节奏。谁，只要与此节奏对抗，只有痛苦与折磨在等待[他]。注意，一定要注意，所谓的心态好不是如被虐狂般忍受市场节奏错误后的折磨，这一定要注意。很多人，错了，就百忍成钢，在市场中是完全错误的。市场中，永远有翻身的机会，那前提是，你还有战斗的能力。一旦发现节奏错误，唯一正确的就是跟上节奏。例如，错过第一类买卖点，还有第二类买卖点。如果你连第三类买卖点都错过，连错三次，死了也活该。

为什么有三类买卖点？市场太仁慈了，给你三次改错的机会。你如果连这都不能改正，那就休息去，喝茶去。三次都不能改错，还犯同样的错误，不休息，不喝茶，还能干什么？那些一个股票上涨N倍后还问能不能买，甚至还追高买，这种人，还能说什么？难道上涨N倍还看不到买点吗？看着很多散户，在连续拉升后还赌后面的所谓涨停，只能毫不客气地说：死了活该。

市场是残酷的，对于企图违反市场节奏的人来说，市场就是他们的死地；市场是美好的，市场就是巴赫的赋格曲，那里有生命的节奏。节奏，永远是市场的节奏，一个没有节奏感的市场参与者，等待他的永远都是折磨。抛开你的贪婪、恐惧，去倾听市场的节奏。周末了，放下一切，却倾听大自然的节奏，生命的节奏，音乐的节奏，然后再回来倾听，这市场的节奏。与市场共舞，你的贪婪与恐惧一一剥落，你会变得光明无比。

教你炒股票 42

有些人是不适合参与市场的

（2007-04-04 15:31:30）

2006年在中国证券市场竟然可以亏损累累（见图42-1），最后被迫转战香港，这种奇人绝对是2006年市场的最大奇迹。前几天，本ID有幸听闻此人后，真有一睹为快的冲动。当被告知此人为一50岁的北京老男人后，才打消此念头。细想，这其实也不奇怪，一个极端心态有问题的人，确实是不难创造2006年全年严重亏损奇迹的。例如，一洗盘就砍仓，开涨的时候不敢买，一买就买个顶，然后又砍，这样来回几次，不严重亏损就怪了。最奇的是，此人到香港后竟然能挣点钱了。他的招数就是，一旦看到国内拉某股票，就去买香港相应的股票，然后T+0出来，绝对不敢过夜。这市场还有这样的妙人，也算有趣。

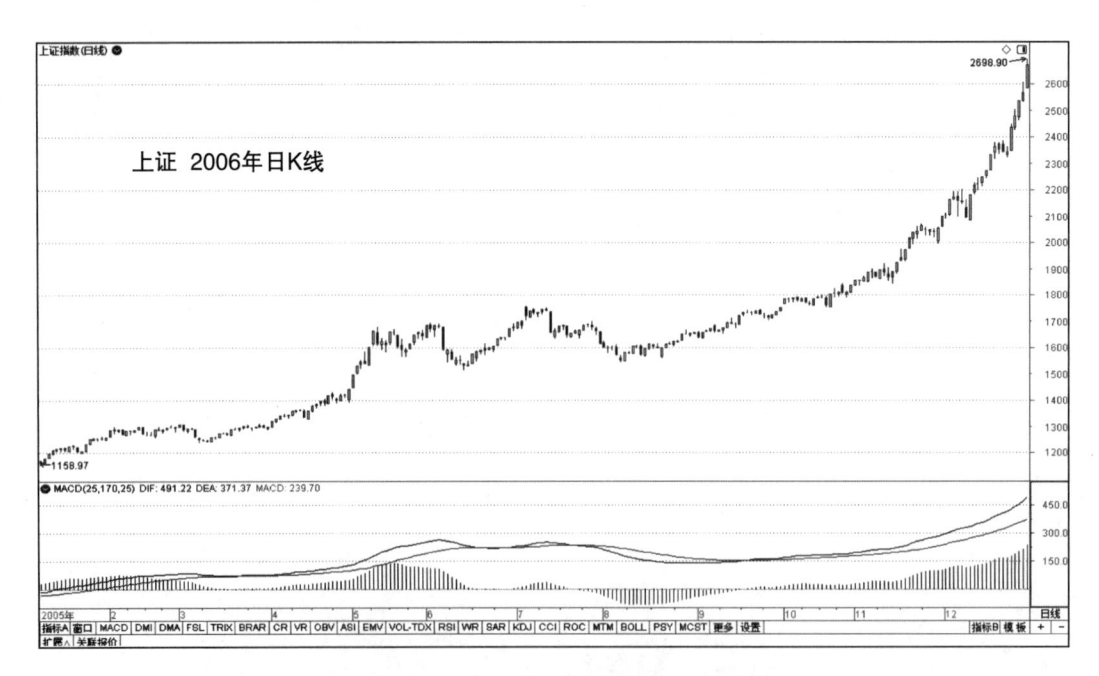

图42-1 2006年上证指数日K线走势图

曾反复说过，心态的磨练对于市场操作的重要性，但这事情要分开看。有些人，心态就是这样的，改无可改，天性如此，到了关键时刻就是顶不住。例如，明明脑子里知道不能买了，但手就是发痒，像毒瘾发作一般，不受控制。现在的买卖操作又特简单，以前最早时，无论机构大户，都有报单、红马甲之类的东西，现在随便一个散户，在网上1秒钟就可以完成买卖，只要扛不住那1秒，什么技术、理论都白搭。这时候怎么办？最好的办法，当然是去"戒毒"。这必须从最基础的心理训练开始，但这不是任何人都有条件办到的。还有，就是远离股市。股市只是生活的一部分，一个没有股市的生活依然是生活，活着就好。还有，就是换一个环境，例如像上面那奇人那样，到了香港，找到一个偏方，病虽好不了，也至少不那么难受了。

从某种意义上说，操作并不一定能磨练心态的，根子上病了，那是很难有好办法的。最好的办法，就是退出，至少不会被江湖郎中反复欺骗而花冤枉钱。当然，对于是否适合市场，也只有当下的意义，并不是说真是永远没救了。但有些特别严重的，确实不适宜留在市场中治疗的，必须先远离市场一段时间，彻底洗心革面，才有可能改善。

这里不妨给出几种不适合在市场上 [的人]。

（1）耳朵控制大脑型。这种人，一旦听到什么，就可以完全不经过大脑，立即由耳朵就直接操纵手。如果你每一次的买卖几乎都是这样完成的，那么，你根本不适合在市场上。

（2）疯狂购物型。这种人，最大的特点就是可能只有几万元的资金，竟然可以拥有十几甚至几十只股票，什么股票都想拥有。什么股票涨了，都说我也有，以此来安慰自己。这种人，根本不适合在市场上。

（3）不受控制型。每次操作，明明知道不对，就是控制不住自己，心里有一股顽劲，一到需要抉择的关键时刻，永远掉链子。这种人，根本不适合在市场上。

（4）永远认错型。典型的永远认错，死不改错。同样的毛病，可以永远犯下去，却永远改不了。而在市场中，一个毛病就足以致命，一个死不改错的人，是不适合市场的。

（5）祥林嫂型。这种人，永远就是哀声叹气，甚至会演变成特别享受这种悲剧情调。市场中不是受罪来的，何必这么折腾，市场外的天空广阔着，离开吧。

（6）赌徒型。对于他来说，市场就是赌场，这种人根本没必要在市场里。不说远的，现在澳门新来不少赌场，珠海的某个岛建桥连过去，该岛将建成大型度假地，白天过桥就可以赌，晚上回来睡觉。参与该建设的，其背景是美国某大型集团的人，在国内刚收购某大型旅游企业，以后是一条龙服务，很方便的。

（7）股评型。市场中喜欢吹嘘的人多了去了，有些人，明明亏的一塌糊涂，就是爱吹，市场对于他来说不是用来操作的，是用来侃用来吹的。这种人，不适合在市场，当股评去吧。

（8）入戏太深型。这种人，把股市的波动当成电视连续剧，每一个细微的变动都可以让他情绪失控，上涨也失控，下跌也失控，盘整也失控。开盘4小时，就煎熬4小时。这种人，在市场上太累，还是回家看肥皂剧好。

（9）偏执狂型。这种人，就爱认死理，万牛拉不回。偏执，对搞理论或其他事情可能影响不大，甚至有好处，但在万变的市场中，偏执狂是没有活路的。

（10）赵括型。市场操作，不同于纯粹的理论研究。市场就是市场，就如同战场，赵括之流同样是没有活路的。

以上十种，是特别不适合在市场中的。当然，并不是有这种表现的就一定要永远离开市场，关键是先要调节过来。所谓功夫在诗外，市场中也一样的。真正能在市场上登顶并长期领先的，有可能是一个大傻瓜、心理有顽疾的吗？

所谓"性格决定命运"，这两节没讲有关技术的问题，说了些似乎无关的东西，其实是大有相关的。要认清市场，首先要认清自己，知道自己的弱点在哪里，自己在市场中的每个行为，都要清楚地意识到。每天收盘后，都找十分钟，把自己当天的操作以及看盘时的心理过程复一次盘，这是十分必要的。

主题 11
小级别背驰引发大级别转折

这个主题出现在第 43 课与第 44 课，趋势背驰是市场走势中的特殊情况，背驰转折是上述情况的特殊处理方式，缠论还需要完善走势转折的可能方式。

主要内容：

（1）为什么会有背驰级别小于当下级别这一课。

（2）背驰级别小于当下级别的含义。

（3）小转大的情况分析。

教你炒股票 43

有关背驰的补习课

（2007-04-06 15:31:28）

发现很多人对最基础的背驰问题还是不大清楚，周末，来一[次]补习。关于如何判断背驰，背驰与盘整背驰的区别之类问题就不说了，这个太基础，连这都没搞清楚，那最好的办法就是重修，而不是补习。

转折必然由背驰导致，但背驰导致的转折并不一定是同一级别的。【**字斟句酌：**转折不一定是同级别的，所以转折必然由背驰导致就基本上成为了一句废话。笔者不喜欢将转折的原因与背驰生拉硬套，看一看"教你炒股票"第 56 课中"530"事件的例子吧，那个转折是突发性的，在可见的大小级别中都没有明显的背驰。】在"教你炒股票 29：转折的力度与级别"中有"缠中说禅背驰 – 转折定理：某级别趋势的背驰将导致该趋势最后一个中枢的级别扩展、该级别更大级别的盘整或该级别 [或] 以上级别的反趋势。"这是一个十分重要的定理，这定理说明了什么？就是某级别的背驰必然导致该级别原走势类型的终止，进而开始该级别或以上级别的另外一个走势类型。

由于不允许"上涨 + 上涨""下跌 + 下跌"的情况，所以，这定理对实际操作就很有意义了。

例如，一个 1 分钟级别的顶背驰，就意味着必然导致一个至少 1 分钟级别的盘整或下跌走势类型，这就为背驰以后可能的走势以及级别给出了很明确的划定。有人经常问，为什么 1 分钟顶背驰后还涨。那有什么奇怪的，只要有一个 1 分钟的盘整，那就可以继续涨。【**课文解读：**此时 1 分钟上涨走势演化为 5 分钟走势类型。】这是 1 分钟顶背驰后可能的情况之一。当然，还有其他可能的情况，例如，最极端的，制造出一个年线级别的下跌。但不能说这个制造 [年线级别的下跌] 是由于 1 分钟顶背驰造成的，因为这是1分钟顶背驰后，形成的盘整或下跌逐步级别扩张，最后才慢慢形成的。如果随便看到一个1分钟顶背驰就说要形成年线级别大调整，那就是脑子水太多了。如果市场的转折与背驰都有这在级别上一一对应关系，那这市场也太没意思、太刻板了，而由于这种小级别背驰逐步积累后导致大级别转折的可能，才使得市场充满当下的生机。

注意，这两种不同的转折方式的区分是十分关键的。所有的转折都与背驰相关，但加上背驰的级别与当下走势级别的关系，就有了这两种不同的转折方式。由于背驰的级别不可能大于当下走势的级别，例如一个30分钟级别的背驰，只可能存在于一个至少是30分钟级别的走势类型中，所以就有这两种不同转折方式的明确分类。

（1）背驰级别等于当下的走势级别。

例如，一个30分钟的走势类型，出现一个30分钟级别的背驰，那么这个背驰至少把走势拉向该30分钟走势最后一个中枢，当然就会跌破或升破相应的高点或低点。

注意，这种情况包括进入背驰段的情况。例如，一个30分钟的走势类型，在30分钟级别进入背驰段。当然，这个背驰段并不一定就演化成背驰，因为，小级别的延伸足以使得大级别最终摆脱背驰，这与当下的走势判断相关。

（2）背驰级别小于当下的走势级别*。

这种情况下，是走势已经明显没有相应级别的背驰。例如，一个30分钟的走势类型，明确显示没有出现30分钟的背驰，也就是背驰段最终不成立，但却出现一个1分钟级别的背驰。用一个最简单的形式，向上的a+A+b+B+c，A、B是30分钟中枢，在c中出现1分钟背驰，而c对b在30分钟级别并没有出现背驰，这时候并不必然保证c的1分钟转折的最终走势就一定不跌回B里。但即使这个回跌出现，其形式也和第一种情况不同。这第二种情况，必然要先形成一个比1分钟级别要大的中枢，然后向下突破，最终形成回跌到B中的走势。

有人可能要问，第一种情况中，【课文解读：背驰级别等于当下的走势级别。】如果是5分钟级别的回跌，也会形成一个比1分钟级别大的中枢，那和第二种情况【课文解读：背驰级别小于当下走势级别。】有什么区别？这区别太大了。在第一种情况中，其回跌是必然的。而第二种情况，在形成一个比1分钟大的中枢后，并不必然回跌，可以往上突破，使得a+A+b+B+c继续延伸。【课文解读：30分钟走势a+A+b+B+c，没有出现背驰。当5分钟走势段c内部背驰时，背驰段是一个1分钟的走势，其至少以一个1分钟的反向走势类型将股价拉回c段最后一个5分钟中枢，但此后不一定继续下跌，还可以向上突破，形成一个新的30分钟中枢，使得a+A+b+B+c的走势延续。】

这种小级别背驰最终转化成大级别转折的情况，最值得注意的，是出现在趋势走势的冲顶或赶底之中，这种情况一般都会引发大级别的转折。这种例子前面都说过，例如2007年1月4日的工行（见图43-1、图43-2），2006年12月7日的北辰实业（见图43-3、图43-4），2007年1月22日的水井坊（见图43-5、图43-6）等。

以上两种情况，对走势的分解也是很有意义的。例如对一个30分钟的走势类型，其完结也同样有相应的两种情况。最普通的一种，例如出现一个30分钟的背驰，从而完成一个30分钟级别走势类型。在这种情况下，对该走势类型的分解就不存在任何含糊的地方，前后两个走势类型，就以该背驰点为分界。

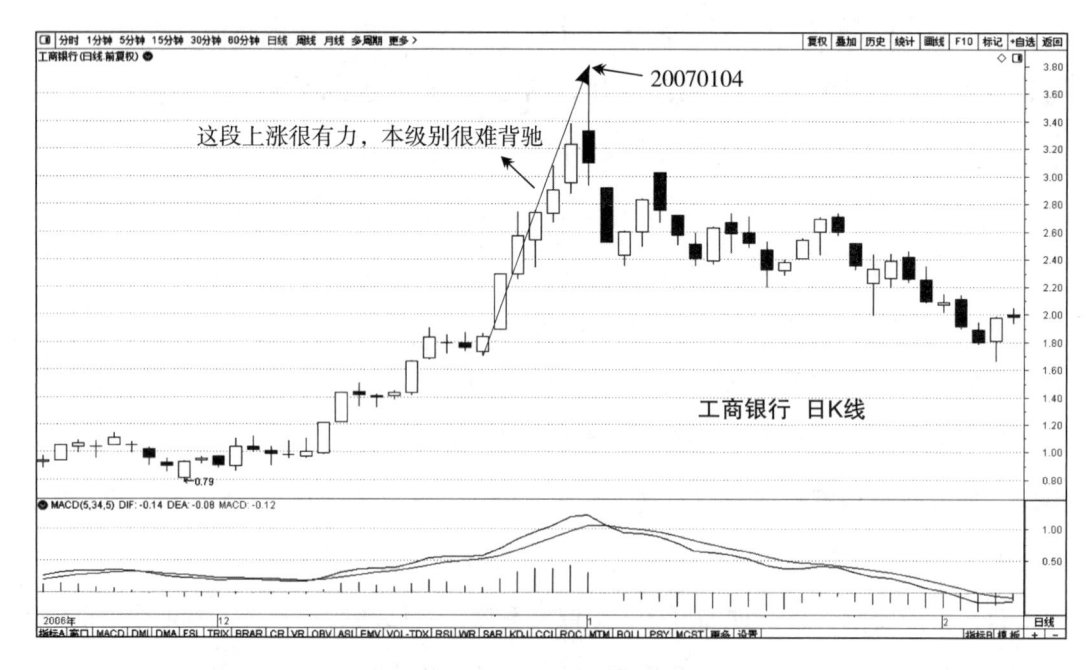

图43-1 工商银行冲顶走势一

图 43-2　工商银行冲顶走势二

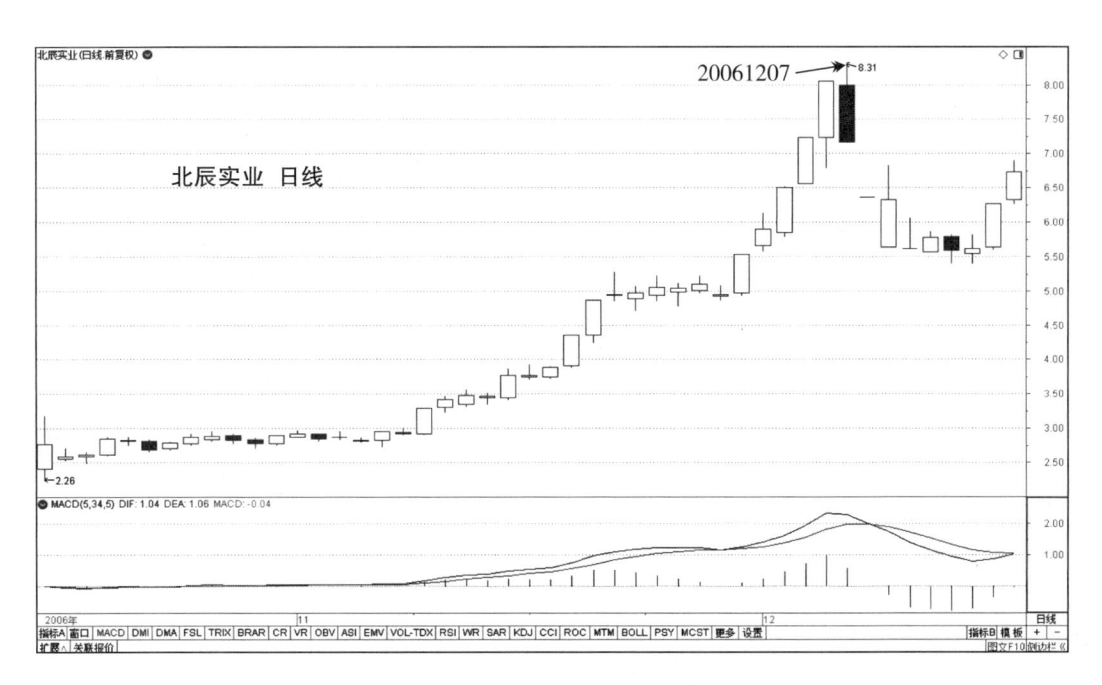

图 43-3　北辰实业冲顶走势一

至于小级别背驰引发大级别转折的情况，这种情况比较复杂，但分解的原则是一致的，就是缠中说禅走势类型分解原则：一个某级别的走势类型中，不可能出现比该级别更大的中枢，一旦出现，就证明这不是一个某级别的走势类型，而是更大

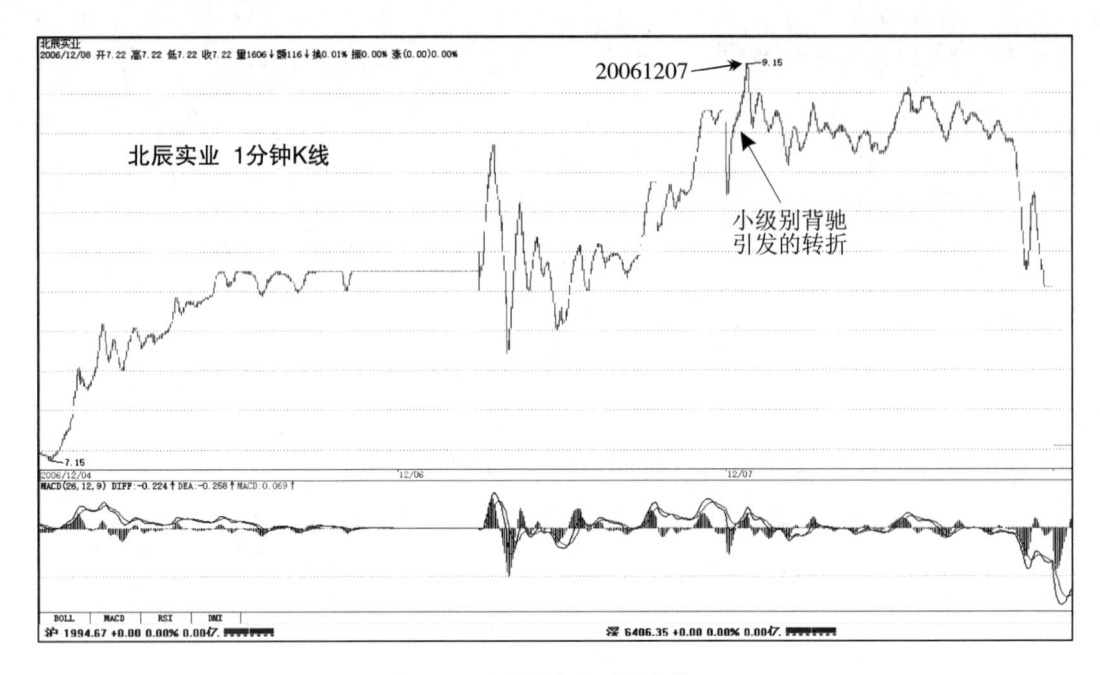

图 43-4　北辰实业冲顶走势二

图 43-5　水井坊冲顶走势一

级别走势类型的一部分或几个该级别走势类型的连接。【**课文解读**：这是走势类型被破坏将导致原走势类型升级的第一次描述。它分为两种情况：（1）走势本级别不背驰，小级别背驰后，新形成的走势中枢与原走势最后一个中枢震荡区间有重合，

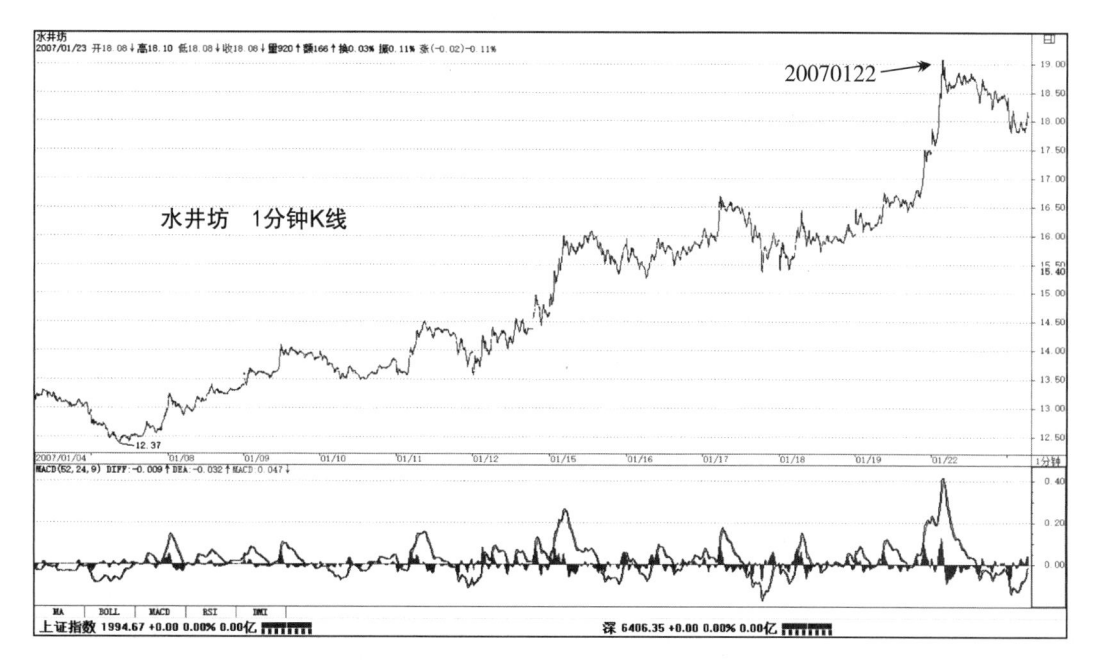

图 43-6 水井坊冲顶走势二

将其级别扩展，此时原走势被破坏。比如 30 分钟上涨不背驰，但最后一段小级别走势内部背驰，其后新形成的 30 分钟中枢与原走势最后一个中枢震荡区间有重合，走势转为日线盘整，此时原 30 分钟上涨走势被破坏，小级别背驰点就是原走势的破坏点（可参考图 43-10）。（2）如果 5 分钟上涨走势不背驰，当它最后一段 1 分钟走势内部背驰时，无法确定原走势是否被破坏。但当 1 分钟背驰后的走势扩展成 5 分钟级别的向下盘整或下跌，使得整体走势升级时，就可以确定原走势类型被破坏。】

这里，把上面第二种情况下的分解可能分析如下。

不妨还是以上面向上 30 分钟级别的 a+A+b+B+c 为例子，在 c 中出现一个 1 分钟级别背驰。不妨假设后面演化出一个 30 分钟中枢 C，如果 C 和 B 没有任何重叠，那就意味着原来的 a+A+b+B+c 并不是一个完成了的 30 分钟走势类型，该走势类型将延伸为 a+A+b+B+c+C，相应的分解要等到该走势类型完成了才可以进行。

如果 C 和 B 有重合，那么 a+A+b+B+c+C=a+A+b+(B+c+C)，其中 (B+c+C) 必然演化成一个日线中枢，那么 a+A+b+B+c 只是一个日线级别走势类型的一部分。如果一定要按 30 分钟级别来进行同级别分解，那么该分解点就是那 1 分钟的背驰点，a+A+b+B+c+C=(a+A+b+B+c)+C。

有了以上的例子，就对如何用背驰对走势分解的基本原则有一个大概的了解了。熟悉了这些分解方法，市场的走势图就不会是天书了，而是如自己的掌纹一样清晰可辩。

深入解析

小级别背驰后的走势分析

一、为什么会有"背驰级别小于当下级别"这一课

前面讲述的走势背驰分析中，有一种情况没有考虑在内。如图43-7所示，a+A+b+B+c 是一个30分钟上涨走势，c 比 b 对应的 MACD 指标红柱面积更大，整个30分钟走势没有背驰。当 c 段走势内部背驰时，按原来的设想，应该会形成一个新的30分钟走势中枢，使得上涨走势得以延续。但现实中反转下跌，价格回到30分钟中枢 B 的情况也时有发生，所以缠中说禅加上了对这种情况的分析。

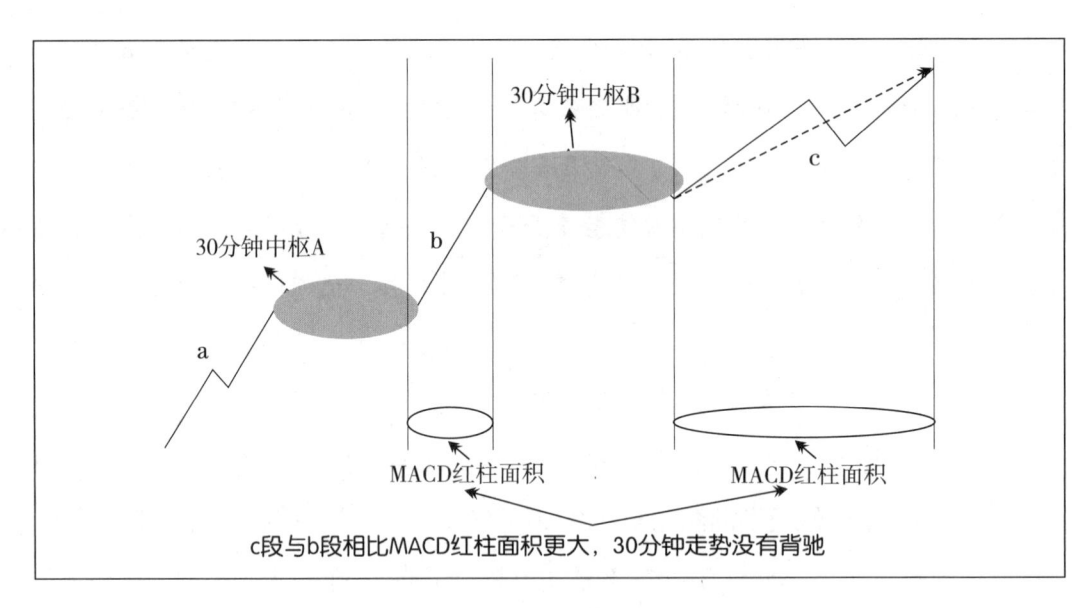

图43-7 小转大情况分析一

这样一段趋势，比如 a+A+b+B+c 的走势转折有两种可能。

（1）背驰级别等于当下走势级别。

（2）背驰级别小于当下走势级别。

第一种情况：背驰级别等于当下的走势级别，就是第29课详细阐述的走势标准背驰

的情况。简单说，本级别标准背驰后，至少会把走势拉向该30分钟走势最后一个中枢里，当然就会跌破或升破相应的高点或低点。

第二种情况："背驰级别小于当下走势级别"则是一个新的课题，需要加以学习。

二、"背驰级别小于当下级别"的含义

关于c段走势的级别，第29课中讲到，判断这个a+A+b+B+c走势是否背驰时，c段走势必须是次级别的，这主要是为了让小级别走势充分表现。只有c段走势为次级别，总体的力度仍不能大于b段走势时，才可以说整个走势标准背驰了。

现在的情况与那时不一样，只要c段走势力度大于b段，并不需要是次级别走势。如果次次级别可以满足条件，那么c段走势就可以是次次级别的。

例如，如图43-8所示，c段是一个1分钟级别的走势，它由连续三段1分钟以下级别的走势类型构成。第一段上涨创出围绕30分钟走势中枢B震荡的新高，且回调不回到中枢B的区间（即有一个小级别的第三类买点，以此确定这个1分钟以下级别的走势不是围绕中枢B的震荡）。

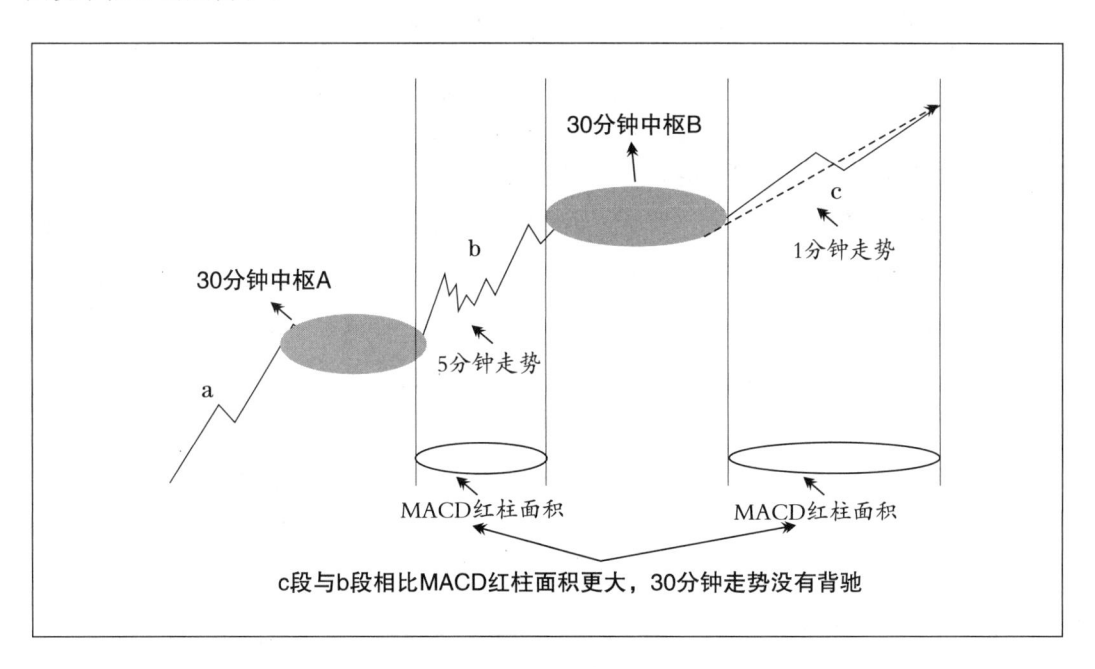

图43-8 小转大情况分析二

图中b段走势是5分钟级别的，c段与b段相比MACD红柱面积更大，整个30分钟趋势已经不可能背驰。当c中这个1分钟的走势段内部出现背驰时，同样属于"背驰级别小于当下走势级别"的情况。

三、"背驰级别小于当下级别"的后续走势分析

（1）形成一个新的本级别中枢，与前中枢无任何交集。

如图43-9所示，当下级别不背驰，小级别背驰后又震荡出一个新的本级别中枢，此中枢与前一个走势中枢B没有任何重合，这就是平常所说的走势延续。整个走势变为：a+A+b+B+c+C三个中枢的上涨走势类型。

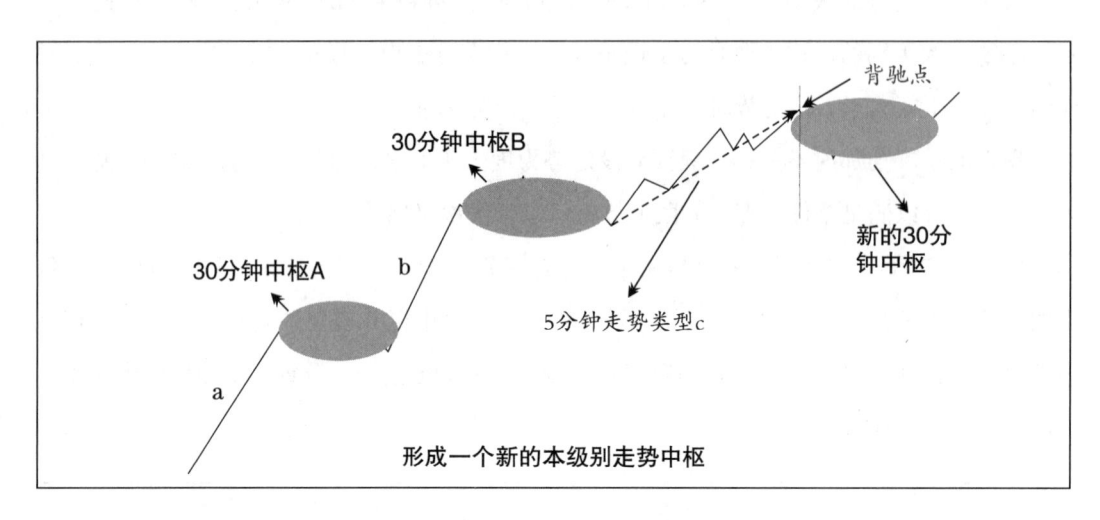

图43-9　背驰级别小于当下走势级别一

（2）与前中枢构成一个更大级别的走势中枢。

如图43-10所示，当下级别不背驰，小级别背驰后又震荡出一个新的本级别中枢，此中枢与前一个走势中枢B震荡区间有重合，共同构成一个日线级别的大中枢，整个走势变成a+A+b+（B+c+C），是围绕（B+c+C）日线中枢的一个盘整走势，此时原走势依然被破坏。

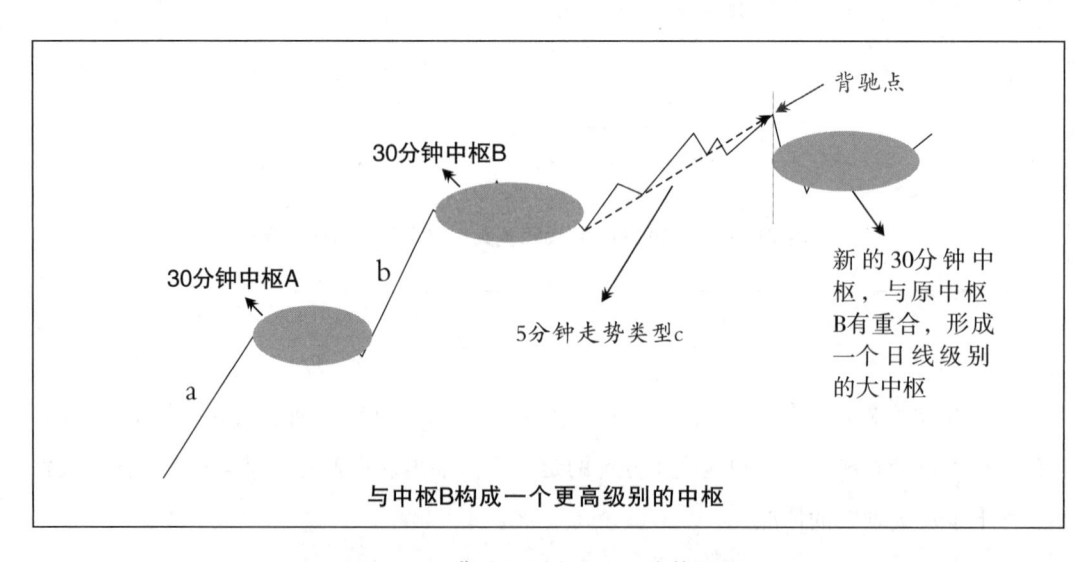

图43-10　背驰级别小于当下走势级别二

（3）直接跌回中枢 B。

如图 43-11 所示，当下级别不背驰。c 段为 5 分钟走势，内部背驰后最终形成一个 30 分钟向下走势类型跌回原中枢 B。这种情况就是"小级别背驰引发大级别转折"的情况，俗称"小转大"，第 44 课有针对这种情况的详细分析，这里略过。

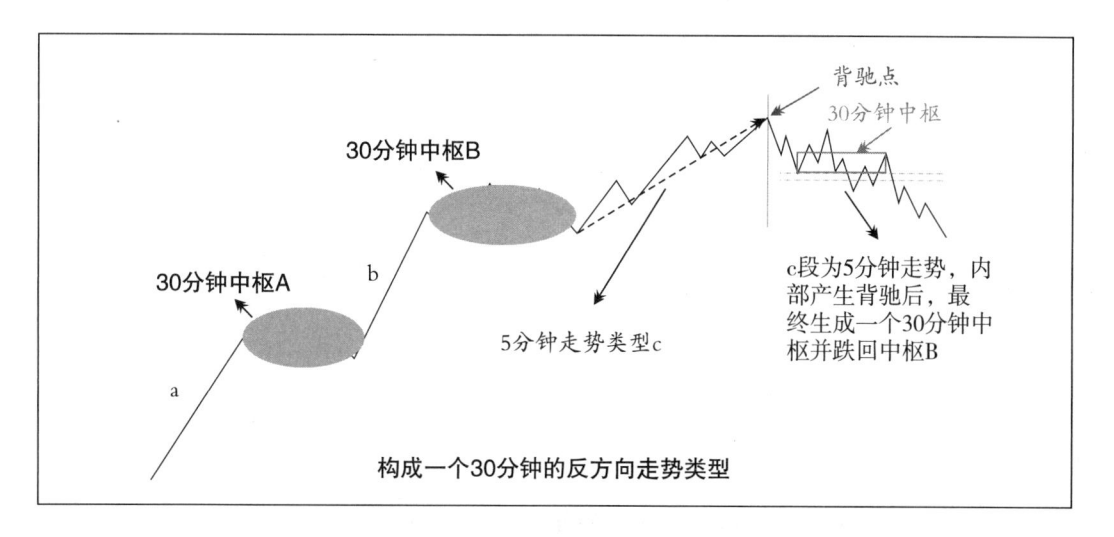

图 43-11　背驰级别小于当下走势级别三

教你炒股票 44

小级别背驰引发大级别转折

（2007-04-10 15:23:46）

有了上一课，对"背驰级别等于当下的走势级别"这最一般的情况，应该是很好把握了。唯一可能出现困难的，就是"背驰级别小于当下的走势级别"这种情况，也就是所谓的小级别转折引发大级别转折*。对这种情况，还要进行进一步的分析。

还是用上次的例子，向上 30 分钟级别的 a+A+b+B+c，如果 c 是一个 1 分钟级别的背驰，最终引发下跌拉回 B 里，这时候，c 里究竟发生了点什么事情？【深入解析：30 分钟的趋势中，中枢 A、B 的级别为 30 分钟，走势段 c 为 5 分钟级别。这个 5 分钟走势内部背驰，意味着最后一段 1 分钟的走势出现顶背驰。】

首先，c 至少要包含一个 5 分钟的中枢，否则，中枢 B 就不可能完成，因为这样不可能形成一个第三类的买点。不妨假设 c′ 是 c 中最后一个 5 分钟的中枢，显然，这个 1 分钟的顶背驰，只能出现在 c′ 之后，而这个顶背驰必然使得走势拉回 c′ 里。也就是说，整个运动，都可以看成围绕 c′ 的一个震荡。而这个震荡要出现大的向下变动，显然要出现 c′ 的第三类卖点。因此，对于那些小级别背驰后能在最后一个次级别中枢正常震荡的，都不可能转化成大级别的转折。这个结论很重要，所以可以归纳成如下定理。

缠中说禅小背驰－大转折定理：小级别顶背驰引发大级别向下的必要条件是该级别走势的最后一个次级别中枢出现第三类卖点；小级别底背驰引发大级别向上的必要条件是该级别走势的最后一个次级别中枢出现第三类买点。

注意，关于这种情况，只有必要条件，而没有充分条件，也就是说不能有一个充分的判断使得一旦出现某种情况，就必然导致大级别的转折。小级别顶背驰后，最后一个次级别中枢出现第三类卖点并不一定就必然导致大级别的转折，在上面的例子里，并不必然导致走势一定回到最后的该级别中枢 B 里。

显然，这个定理比起"背驰级别等于当下的走势级别"必然回到最后一个该级别中枢的情况要弱一点，但这是很正常的，因为这种情况毕竟少见点，而且要复杂得多。因此，在具体的操作中，必须有更复杂的程序来对付这种情况。而对于"背驰级别等于当下的走势级别"，如果你刚好使用该级别为操作级别，只要在顶背驰时直接全部卖出就可以。

对于"背驰级别小于当下的走势级别"的情况，为了简单起见，不妨还是用上面的为例子。如果 [是] 一个按 30 分钟级别操作的投资者，那么，对于一个 5 分钟的回调，是必然在其承受的范围之内，否则可以把操作的级别调到 5 分钟。那么，对于一个 30 分钟的走势类型，一个小于 30 分钟级别的顶背驰，必然首先至少要导致一个 5 分钟级别的向下走势。如果这个向下走势并没有回到构成最后一个 30 分钟中枢的第三类买点那个 5 分钟向下走势类型的高点，那么这个向下走势就不必要理睬，因为走势在可接受的范围内。当然，在最强的走势下，这个 5 分钟的向下走势，甚至不会接触到包含最后一个 30 分钟中枢第三类买点那 5 分钟向上走势类型的最后一个 5 分钟中枢，这种情况就更无须理睬了。如果那向下的 5 分钟走势跌破构成最后一个 30 分钟中枢的第三类买点那个 5 分钟回试的 5 分钟走势类型的高点，那么，任何的向上回抽都必须先离开。

以上这种是全仓操作的处理方法。如果筹码较多，那么当包含最后一个 30 分钟中枢第三类买点那 5 分钟向上走势类型的最后一个 5 分钟中枢出现第三类卖点，就必须先出一部分，然后在出现上一段所说的情况时再出清。当然，如果没有出现上一段所说的情况，就可以回补，权当弄了一个短差。

有人可能问，为什么那 1 分钟背驰的时候不出去？这是与你假定操作的级别相关的。而走势不能采取预测的办法，这是不可靠的。由于没有预测，所以不可能假定任何 1 分钟顶背驰都必然导致大级别的转折。其实这种情况并不常见，你不可能按 30 分钟操作，而一见到 1 分钟顶背驰就全部扔掉，这就变成按 1 分钟级别操作了。如果你的资金量与操作精度能按 1 分钟操作，那就没必要按 30 分钟操作。

而按 1 分钟操作，操作的程序和按 30 分钟的是一样的，不过相应的级别不同而已。

当然，对于有一定量的资金来说，即使按 30 分钟操作，当见到 1 分钟的顶背驰时，也可以把部分筹码出掉，然后根据后面的回调走势情况决定回补还是继续出。这样的操作，对一定量的资金是唯一可行的，因为这种资金，不可能在任何一定级别的卖点都全仓卖掉。至于底背驰的情况，将上面的反过来就可以。

【课文解读】

小级别背驰引发大级别转折解析

本课重点讨论"小级别背驰引发大级别转折"的情况，简称"小转大"。

一、小转大的必要条件

（1）如图 44-1 所示，一个 30 分钟的走势 a+A+b+B+c，c 段与 b 段相比 MACD 红柱面积更大，30 分钟走势没有背驰，这是分析 c 段走势的必要前提。

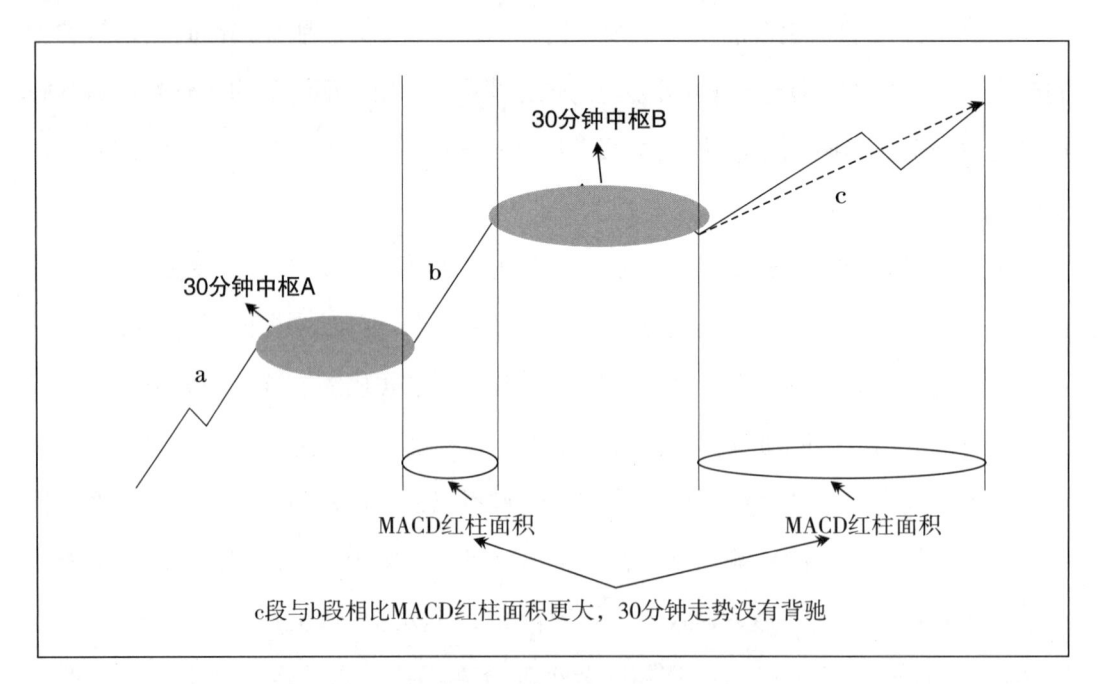

图 44-1 小转大的前提

（2）c段这个小级别上涨走势必然包含一个对走势中枢B的第三类买点，这样才能确定中枢B被破坏，否则只能看做是围绕中枢B的震荡。这里排除了c的级别小于次级别的情况。

如图44-2所示，假设c段是个5分钟走势类型，则最少会在构成第三类买点的地方形成一个5分钟级别走势中枢（也可以是类中枢）。假设这是c段最后一个5分钟中枢，并命名为c′，后面的分析主要围绕这个5分钟中枢c′进行。

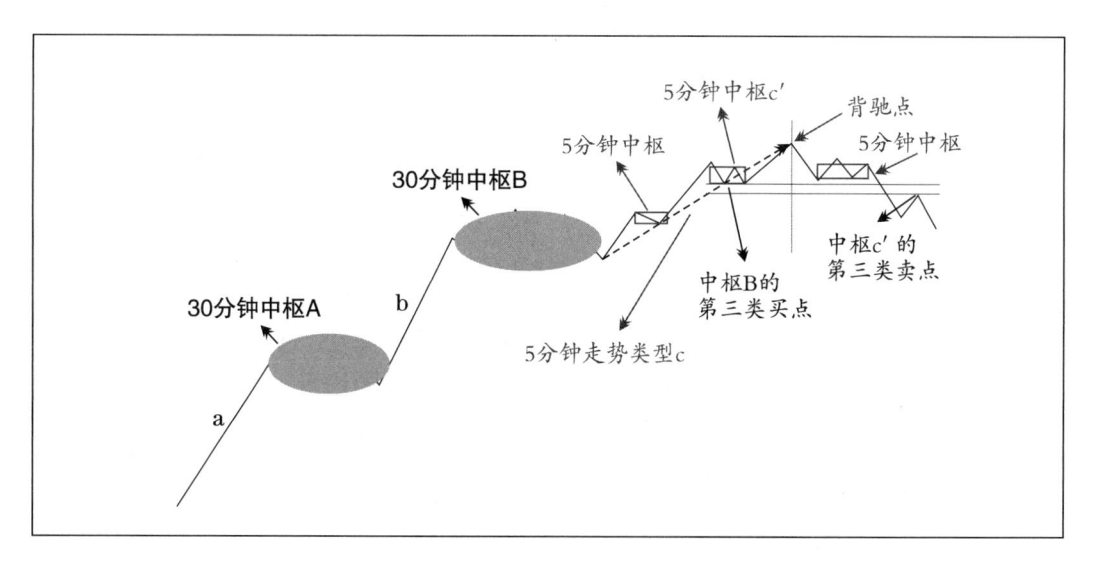

图 44-2　小转大示意图

（3）c段走势内部背驰。

"小级别背驰引发大级别转折"中的小级别背驰，指的就是c段这个小级别走势内部出现了背驰的情况。

仍以图44-2为例，假设c这个5分钟走势的内部产生背驰，此时就满足了小级别背驰引发大级别转折的所有前提条件。

二、小转大情况分析

如图44-2所示，假设c段这个5分钟上涨走势背驰了，背驰必然是因为一个1分钟的上涨离开最后一个中枢c′力度不够造成的，这个顶背驰使得走势拉回c′里。也就是说，整个运动，都可以看成是围绕c′的一个震荡。而这个震荡要出现大的向下变动，显然要出现c′的第三类卖点。

因此，对于那些小级别背驰后能在最后一个次级别中枢正常震荡的，都不可能转化成大级别的转折。这个结论很重要，可以归纳成**缠中说禅小背驰－大转折定理：**

小级别顶背驰引发大级别向下的必要条件是：该级别走势的最后一个次级别中枢出现第三类卖点；小级别底背驰引发大级别向上的必要条件是该级别走势的最后一个次级别中枢出现第三类买点。

三、实战建议

假设是一个30分钟级别的操作者，实战中走势出现30分钟级别的背驰，在顶背驰时直接全部卖出就可以。但如果是小转大的情况，操作就比较复杂了。

如图44-3所示，还以30分钟级别的a+A+b+B+c上涨为例，c段是5分钟上涨走势，其中无论包括多少个5分钟中枢，图中都简化成两个中枢。

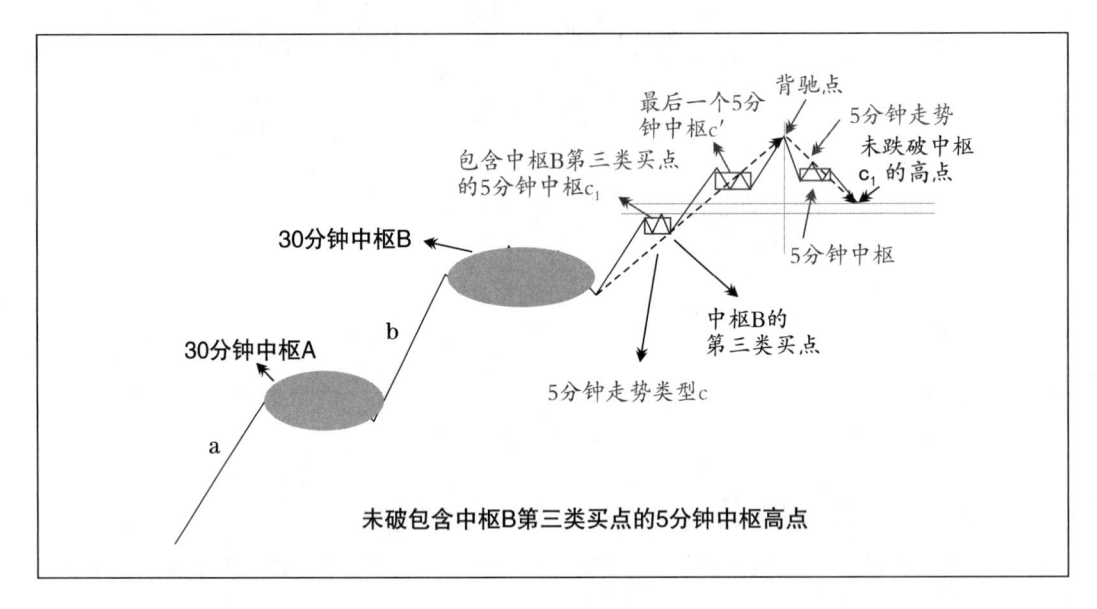

图44-3 小转大操作方法一

5分钟走势中枢 c_1：一个包含走势中枢B的第三类买点的5分钟中枢。

5分钟走势中枢 c'：c段走势最后一个5分钟中枢。

注意：上面两个中枢也可能合为一个，那样的分析可以自己尝试一下。

（1）全仓操作。

A. 如图44-3所示，c段内部背驰，首先必然要导致一个5分钟级别的向下走势。如果这个向下走势并没有回到 c_1 这个5分钟走势中枢震荡高点（不是中枢区间的高点），那么这个向下走势就不必理睬，因为走势在可接受的范围内。

B. 如图44-4所示，在最强的走势下，这个5分钟级别的向下走势，甚至不会接触到c段走势最后一个5分钟中枢 c'，这种情况就更无须理睬了。

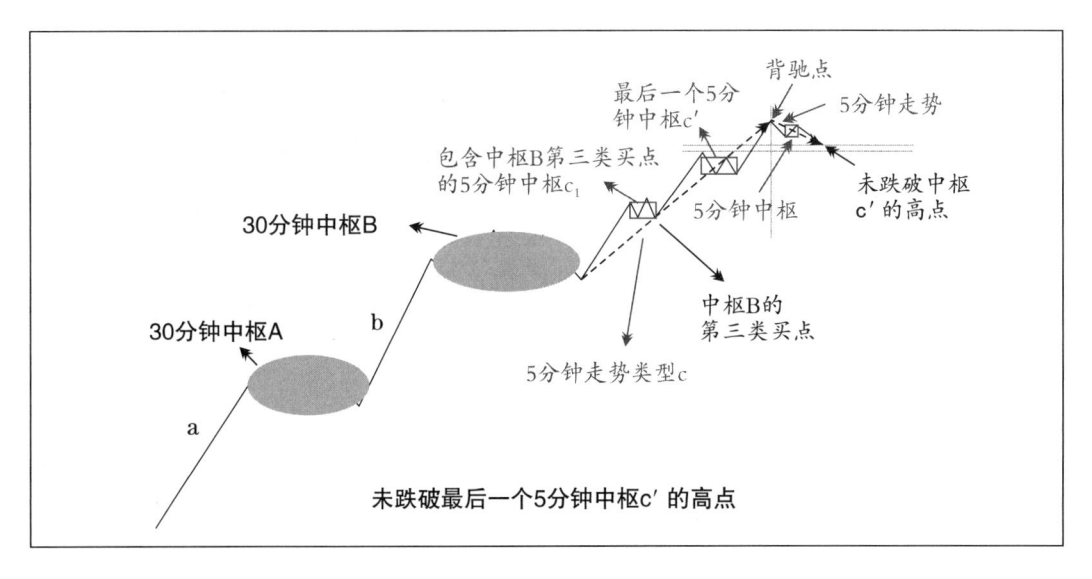

图 44-4　小转大操作方法二

C. 如图 44-5 所示，如果那向下的 5 分钟走势跌破中枢 c_1 的震荡高点（不是中枢区间的高点），那么，任何的向上回抽都必须先离开。

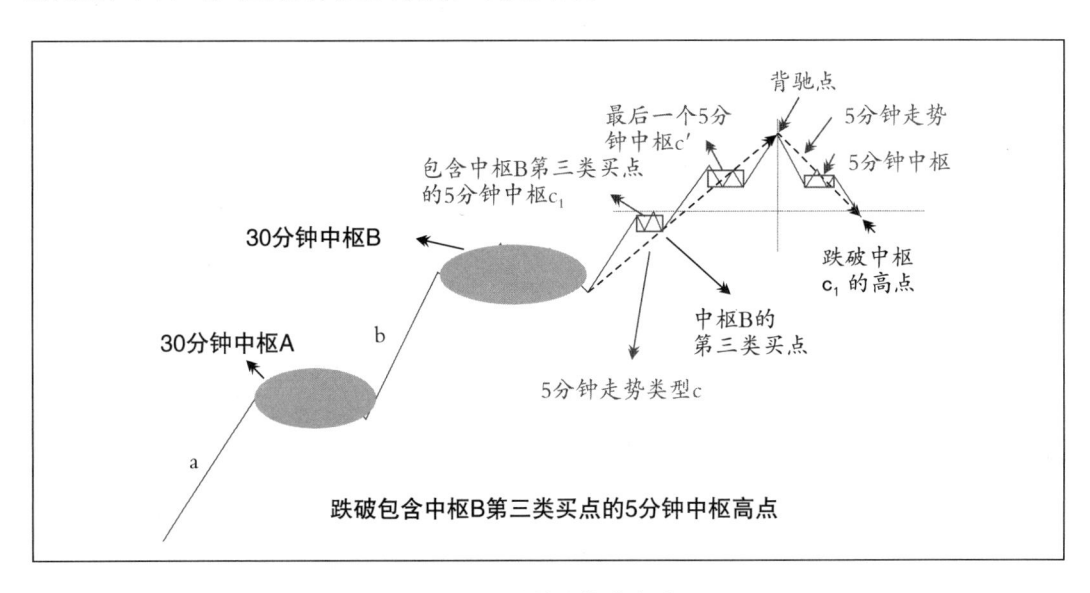

图 44-5　小转大操作方法三

（2）分仓操作。

如图 44-6 所示，如果筹码较多，那么当走势中枢 c' 出现第三类卖点时，必须先出一部分，然后在跌破走势中枢 c_1 的高点后的反弹中出清。当然，如果没有出现上一段所说的情况，就可以回补，权当弄了一个短差。

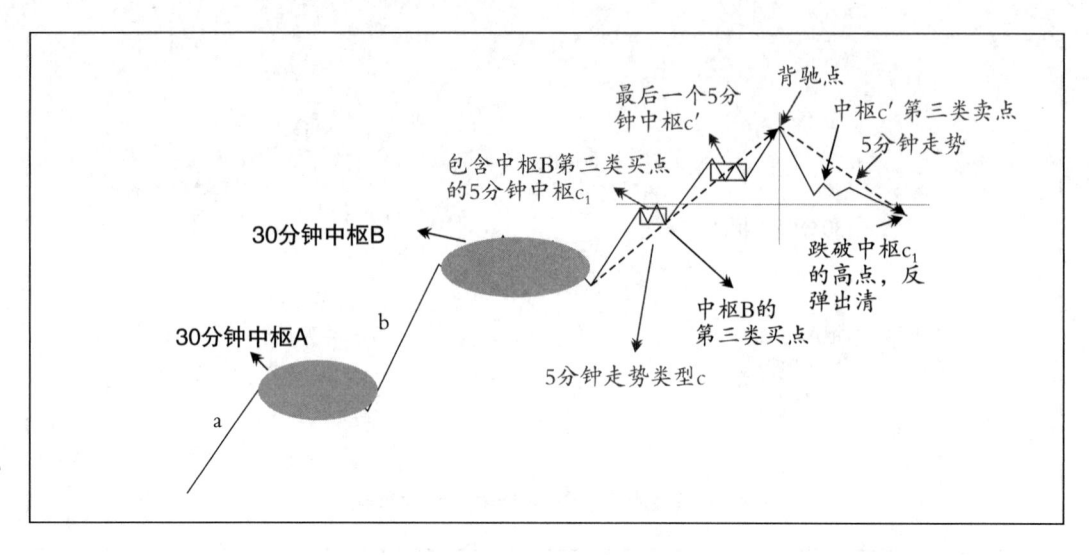

图 44-6　小转大分仓操作示意图

主题 12

日内看盘方式

这个主题主要出现在第 45 课至第 48 课中，目的是提供一个日内看盘的方式。

主要内容：

（1）日内走势的三种分类。

（2）2007 年 4 月 19 日的大盘走势分析。

（3）牛市暴跌的特点以及应对。

教你炒股票 45

持股与持币，两种最基本的操作

（2007-04-12 15:39:04）

发现很多人都有这样的糊涂概念，以为买入卖出才是股票的操作，是股票操作的所有了。其实，对于每一笔交易来说，买入卖出，1秒都不用就完成了，更多、更长时间的，填充在买入与卖出之间两种最基本的操作：持股与持币（见图45-1），才是更重要的操作。

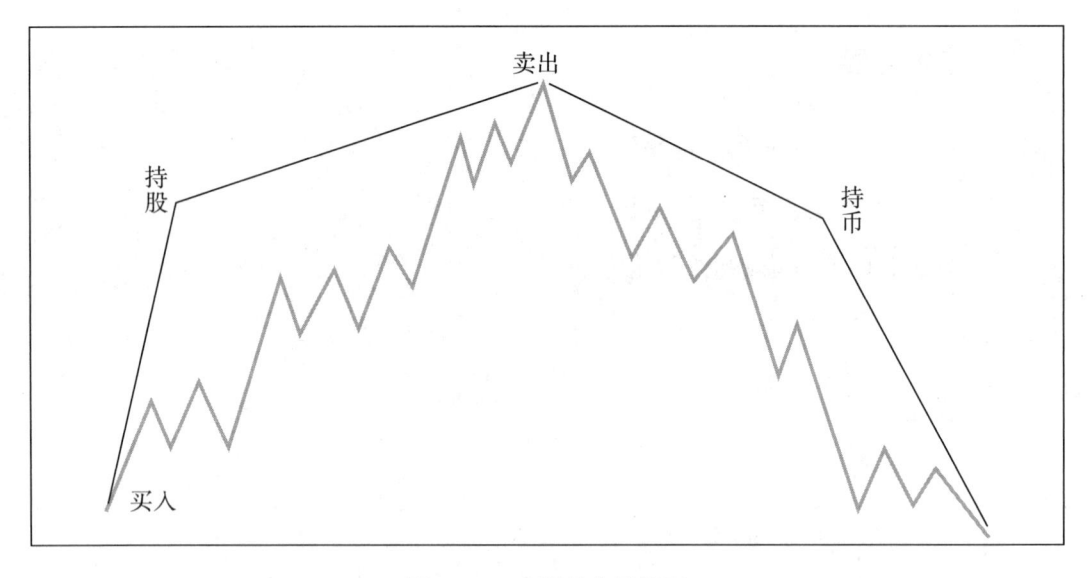

图 45-1 理想的交易模型

假设你是按30分钟级别操作的，那么，在一个30分钟的买点买入后，就进入一个持股的操作中。根据本ID的理论，你很明确地知道，一个30分钟的卖点必然在前面等着，这卖点宣告从那30分钟买点开始的走势类型的结束。在这个卖点到来之前，你就只在持股这唯一的操作里。当这个30分钟的卖点出现时，卖出，然后就进入持币的操作里，直到一个30分钟的买点出现。持股与持币，归根结底就是一种等待，等待那个被理论绝对保证的买卖点。所有股票的操作，归根结底，只有两个字：等待。

等待市场的买卖点，和等待彗星的到来不同。后者，可以很精确地知道具体的时间，而市场的买卖点是生长出来的。买卖点的生长过程，就是一个具体的走势类型的生灭过程。这些过程，不妨用一个 30 分钟第一类买点 a 开始的 30 分钟走势类型如何生灭为例子进行说明。

一个 30 分钟的走势类型，最低标准，就要形成一个 30 分钟的中枢，一旦这中枢形成，该走势类型随时结束都是符合理论的。【课文解读：构成一个 30 分钟的盘整走势。】这样，最弱的走势类型，就是该中枢一完成就结束。在该例子里，就是从 a 点开始，三段重叠的 5 分钟走势类型结束后，该 30 分钟走势类型就结束了。用 A1、A2、A3 来依次代表这三段 5 分钟走势类型，显然，从 a 开始的这 30 分钟走势类型就可以用 A1+A2+A3 表示。那么，在实际操作中，如何事先知道，是否真的将形成这种最弱的走势？答案是否定的，不仅不可能事先知道是否真的要出现这种最弱的走势类型，而且走势类型的任何可能性都不可能被事先确认。这说明什么？说明预测是毫无意义的。走势是干出来的，是市场合力的结果，而不是被上帝所事先确定的。市场中没有上帝，市场的方向只由所有参与者的合力决定。大资金或高技巧，可以用自己的力量去引导市场，按照自己的剧本来演绎，但没有上帝可以完全事先确定市场走势类型完成的所有细节。

那么，如果一切都不可以预测，那本 ID 理论的意义何在？一切虽然不可以预测，但一切走势类型的可能结构与类型，却是可以分类的，每一类之间都有着明确的界限。因此，你唯一需要的，就是观察市场当下的走势，让市场去选择可能的结构与类型，然后根据市场的选择来选择。注意，这对于大资金来说 [是] 一样的，无论任何规模的资金，归根结底都只是市场的分力，不是合力本身。企图把自己当合力本身，把自己装扮成上帝的，最终的结局都是死无葬身之地。只要是分力，就要观察市场当下的反应，根据市场反应的当下选择来选择。

例如，本 ID 可以点火二线股，可以把超级大盘股编写在剧本里，但本 ID 从来就不会觉得自己是上帝在操控市场，本 ID 不过是在和市场互动。一旦市场某方面的能量被引导耗尽，自然就要选择相反的操作来互动市场，这是一个复杂的当下感应过程，必须最敏锐地察觉市场能量的变动。

当第一个中枢形成后，走势类型可以随时结束。后面的分类比较复杂，今天时间太紧，写不完，在下堂课中将详细论述。但今天的课程，是一个思维上的关键，必须明确两点：一、买卖点操作后，等待是一个最关键的过程，必须密切关注相应的走势类型的生长与分类选择，这一切都是当下的。二、买卖点本质上是走势类型的生长状况与分类决定的，反过来，某些买卖点的出现，又使得走势类型的生长状况分类有一个明确的界定，这些都是观察市场细节的关键之处。【课文解读：缠论可以倚仗的是根据走势必完美得出的各种结构，这是缠论预测的基础，也是当下判断的依据。】

教你炒股票 46

每日走势的分类

（2007－04－18　15:36:09）

本来要继续写上节所遗留的第一个中枢形成后走势类型的分类问题，但发现太多人，连每天如何看盘都搞不清楚，这事情可能更迫切，所以先说一下。

当然，如果是按某级别的严格操作，每天具体怎么走是关系不大的，走势不会因为交易是按天来的就有什么本质的不同。但针对每天的走势进行一些分类，至少是一个好的辅助。

一天的交易是 4 小时，等于有 8 个 30 分钟 K 线组成的一个系统。把 3 个相邻 30 分钟 K 线的重叠部分当成一个每天走势上的一个中枢。【深入解析：缠中说禅没有对如何构成 K 线中枢做过多的说明，其实三根 K 线构成中枢远没有上面写的那样简单。如果三根 K 线有重叠就可以构成中枢，那么每天的 8 根 K 线一般都会有一到两个中枢了，走势也难有一个准确的分类，因此，30 分钟 K 线中枢必须参考小级别的走势来确定。图 46-1、图 46-2 是新安股份的 30 分钟与 5 分钟 K 线图，共记录了 6 天的走势。只有当 5 分钟级别走势具有明显的上下上或下上下结构，对应 30 分钟 K 线重叠才能成为一个合格的 K 线中枢。图中新安股份只有第一天、第三天、第四天的走势拥有走势中枢，课文中的例子也遵守这个规定。】

那么，一般来说，显然任何一天的走势，无非只有三类（见图 46-3）：

A.只有一个中枢；B.两个中枢；C.没有中枢，其力度依次趋强。

（1）只有一个中枢。

这种走势，是典型的平衡市。一般情况下，开盘后前三根 30 分钟 K 线就决定了全天的波动区间。而全天的极限位置，基本上，至少有一个（都）[就]出现在这前三根 30 分钟 K 线上，不是创出当天高点，就是创出当天低点。当然，这不是完全绝对的，因此可以对这种情况进行更细致的分类。【深入解析：每天早盘前半小时非常重要，因为经过一晚的休息，多空双方重新规划好了新一天的操作计划，早盘就是多空当日的第一次交手，其胜负很大程度上决定了当天的交易基调。】

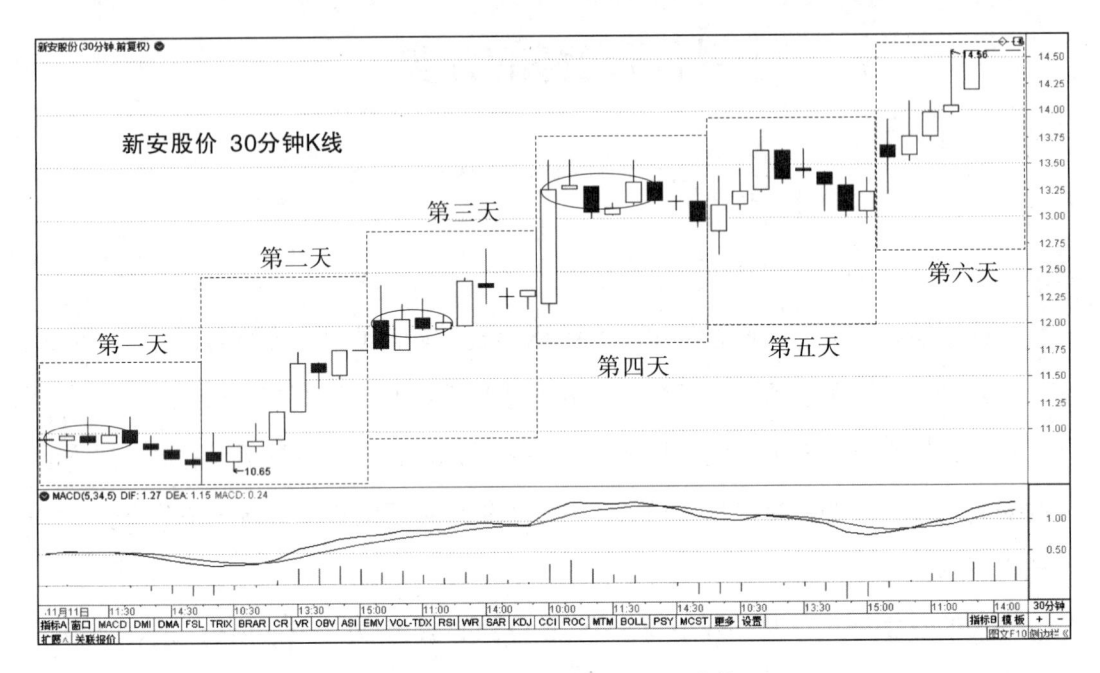

图 46-1　新安股份 30 分钟 K 线走势图

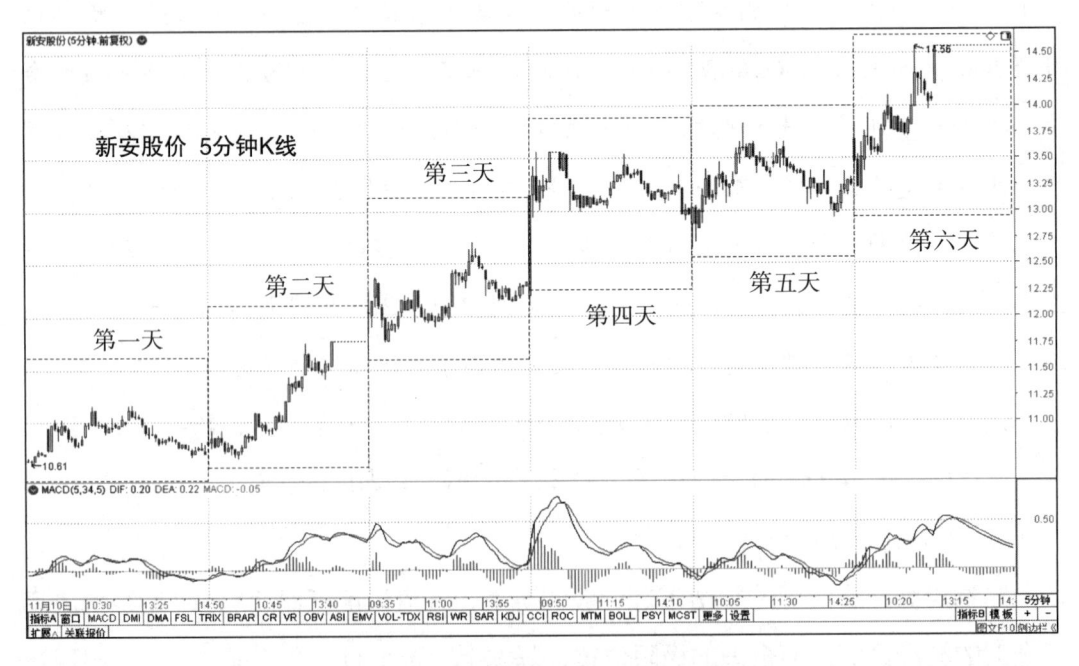

图 46-2　新安股份 5 分钟 K 线走势图

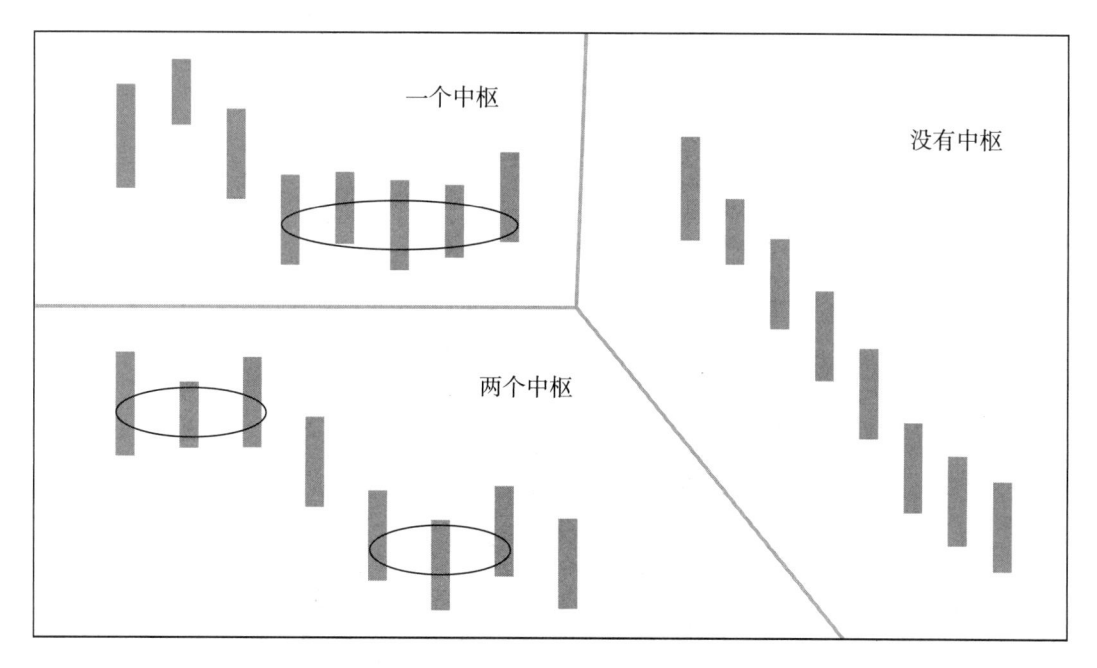

图 46-3 每日 30 分钟 K 线走势的三种分类

A. 在前三根 30 分钟 K 线出现当天高点（如图 46-4 所示）。

这可以称为弱平衡市，其中最弱的是当天低点收。注意，这和当天是否红盘无关，高开最后红盘收也可以形成这种最弱的弱平衡市。

次弱是收在中枢之下，收在中枢是一般的弱平衡市。

收在当天高点附近的是最强的一种。

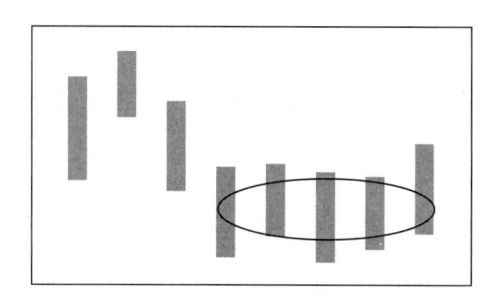

图 46-4 前三根 30 分钟 K 线出现当天高点

B. 在前三根 30 分钟 K 线出现当天低点（如图 46-5）。

这可以称为强平衡市，其中最强的，就是以当天高点收。同样，这与当天是否红盘无关。

次强是收在中枢之上，收在中枢是一般的强平衡市。

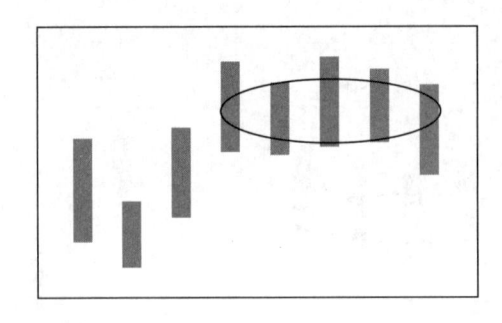

图 46-5　前三根 30 分钟 K 线出现当天低点

收在当天低点附近的是最弱的一种。

C. 在前三根 30 分钟 K 线不出现当天高低点（图 46-6）。

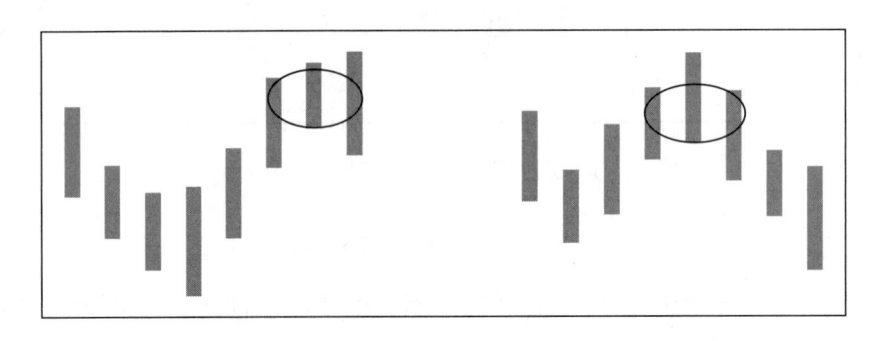

图 46-6　前三根 30 分钟 K 线不出现当天高低点

这可以称为转折平衡市，同样可以像上面情况一样，根据收盘位置定义其强弱。

注意，以上三种情况，中枢的位置不一定是前三根 30 分钟 K 线的重叠，可以是后面几根的。

【深入解析：虽然一个中枢的情况意味着某种程度的平衡，但走势中枢出现的位置很重要。如图 46-7、图 46-8 所示，虽然当日只有一个中枢，但全天的波动并非围绕中枢进行，这种情况也是强烈走势。】

（2）两个中枢。

显然，这根据两中枢的前后方向可以分为向上、向下两种。一般地，讨论向上的情况，向下的情况反过来就是。

两个中枢，显然不能有重叠的地方，否则就会转化成上面的情形。

因此，这种形态（见图 46-9），最大的特点就是这两个中枢之间有至少有一个 30 分钟 K 线，其中有部分区间是不属于两个中枢的任何一个。这个区间，成为单边区间，这是这种走势最重要的特点，是其后走势的关键位置。注意，具有单边区间的 K 线不从属任何一个中枢。

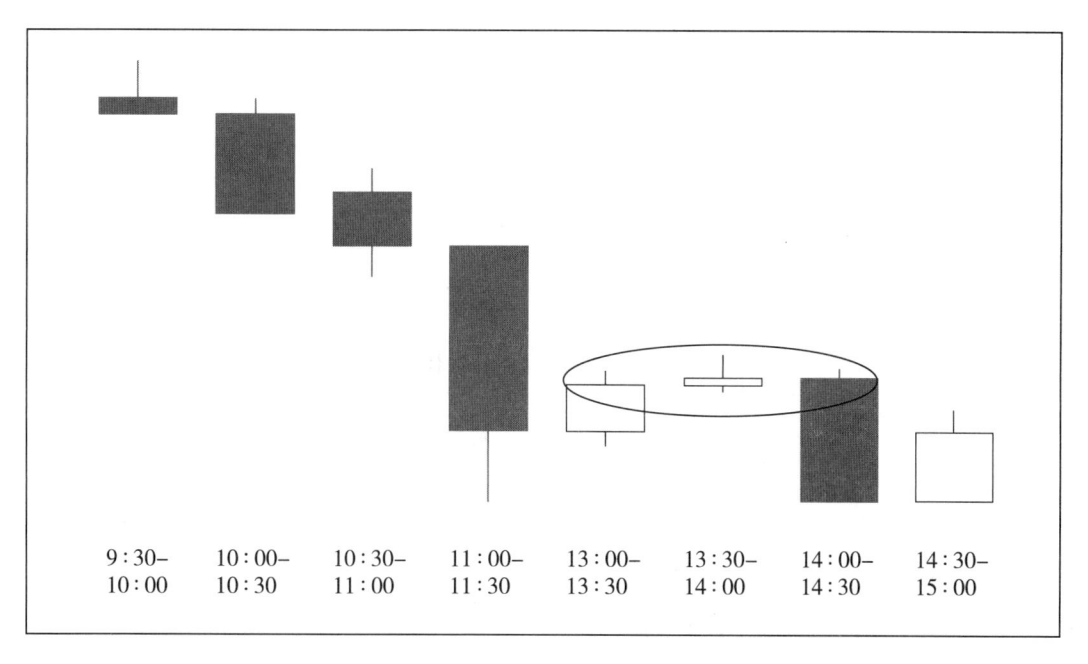

图 46-7　11 月 3 日亚通股份 30 分钟 K 线走势

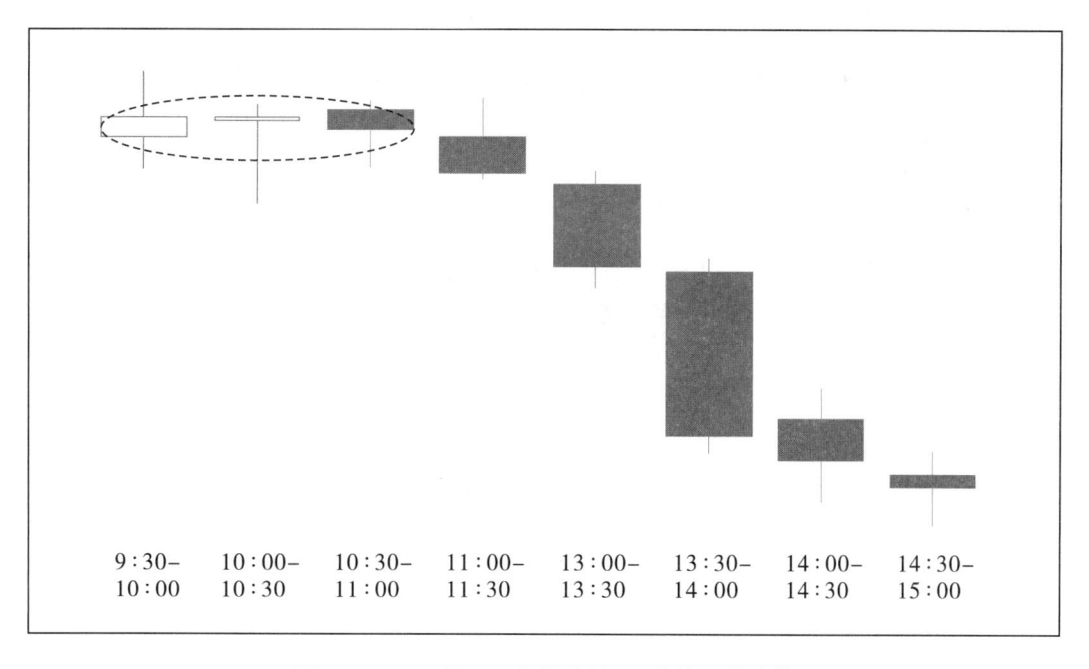

图 46-8　11 月 3 日北新建材 30 分钟 K 线走势

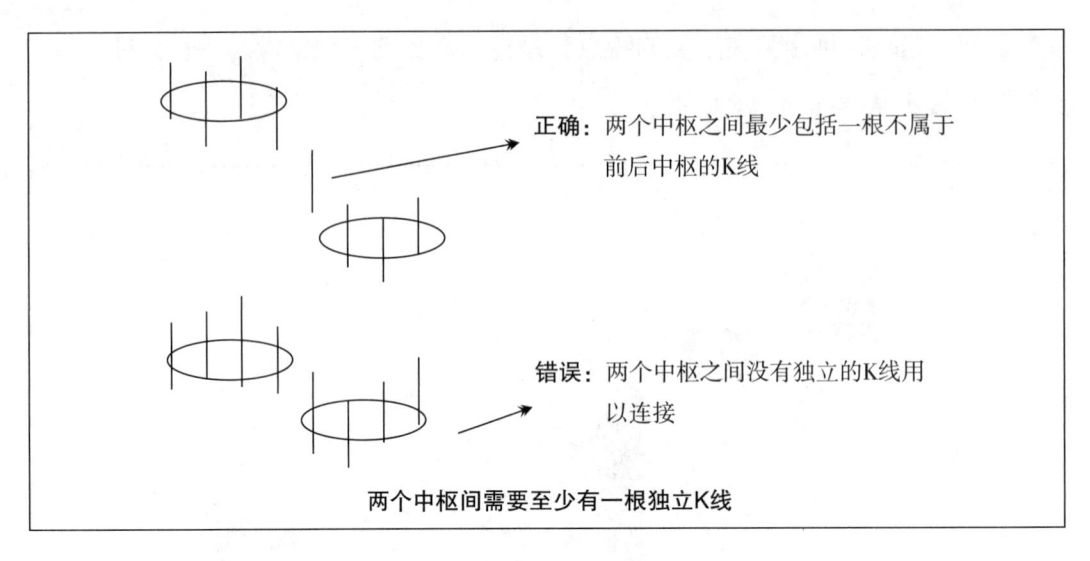

图 46-9 两个走势中枢需满足的条件

由于只有 8 根 30 分钟 K 线，根据单边区间所在位置，无非是两种可能：

A. 单边区间在第四根 30 分钟 K 线。

B. 单边区间在第五根 30 分钟 K 线。

由此就知道，为什么所有出现单边走势的，变盘时间都在中午收盘的前后 30 分钟之内。

当然，第 4 根、第 5 根 30 分钟 K 线可以同时具有单边区间。【**深入解析**：综上，两个中枢的情况有三种可能，如图 46-10 所示，（1）第 4 根 K 线为连接 K 线。（2）第 5 根 K 线为连接 K 线。（3）第 4 根和第 5 根 K 线为连接 K 线。】

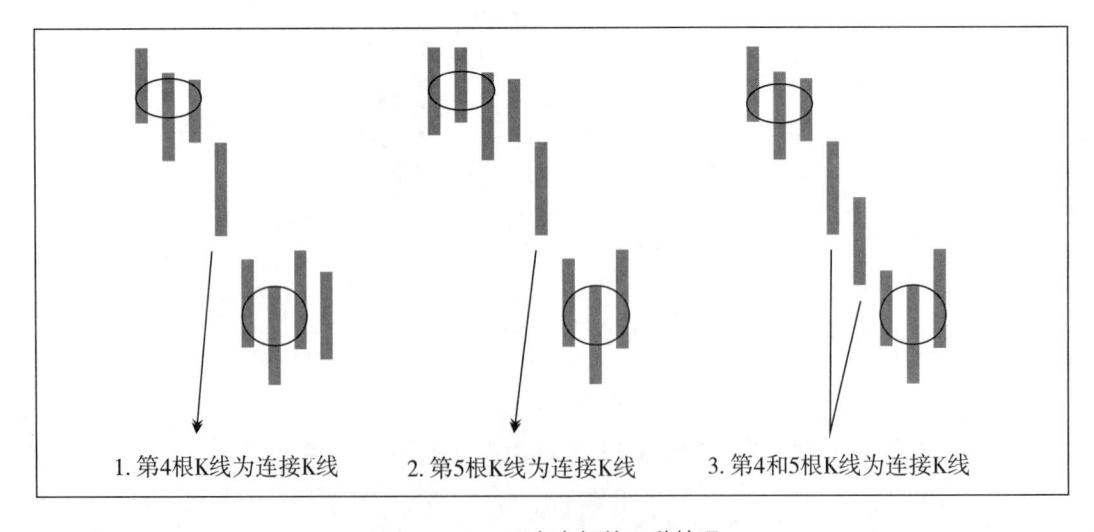

图 46-10 两个中枢的三种情况

如果只有第 4 根 K 线具有单边区间的情况，那么第八根 K 线，有可能出现穿越单边区间的情况，例如，昨天 200070417【课文解读：2007 年 4 月 17 日】的走势（见图 46-11）。

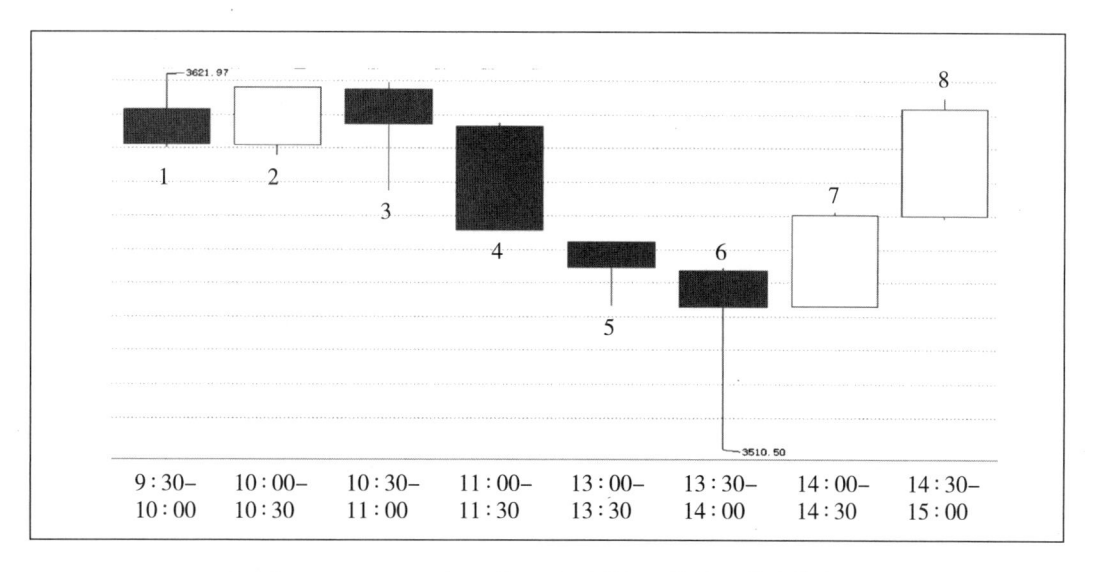

图 46-11　2007 年 4 月 17 日上证 30 分钟 K 线走势图

显然，对于上涨的情况来说，最强的就是收盘在第二个中枢的上方（见图 46-12）；最弱的，就是出现第八根 K 线穿越单边区间的情况，最终收在第一个中枢之下。然后根据收盘的位置，可以依次定出其他的强弱。

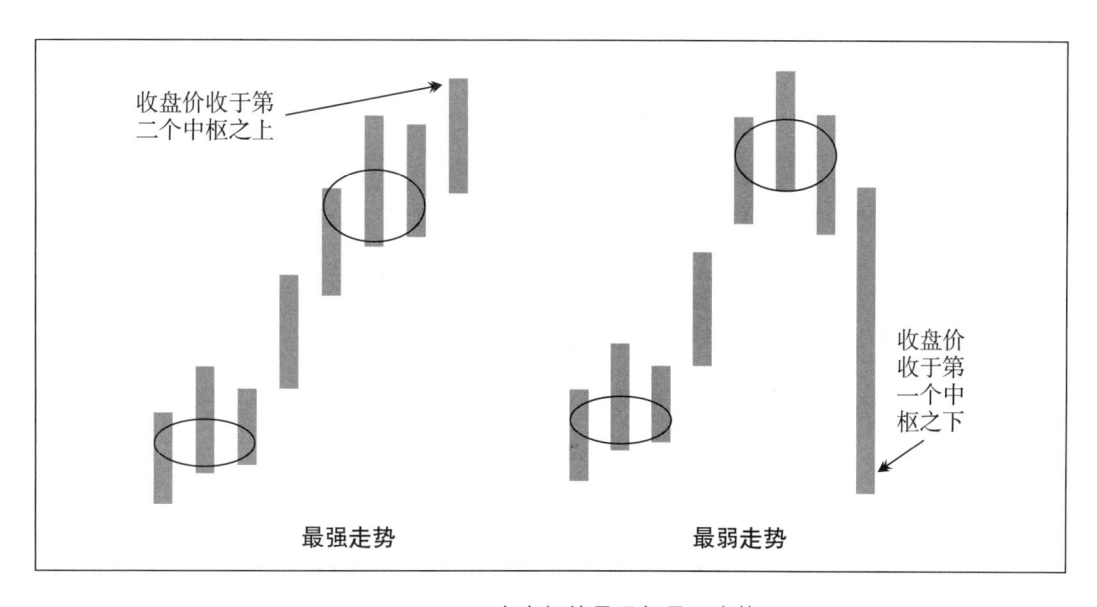

图 46-12　两个中枢的最强与最弱走势

（3）没有中枢。

这是最强的单边走势，8根K线，没有相临3根是有重叠部分的。一旦出现这种情况，就是典型的强烈走势。一旦出现这种走势，该日K线都是具有重要意义的。

一般来说，这种走势很不常见。例如，227【课文解读：2007年2月27日】那天就是（见图46-13）。

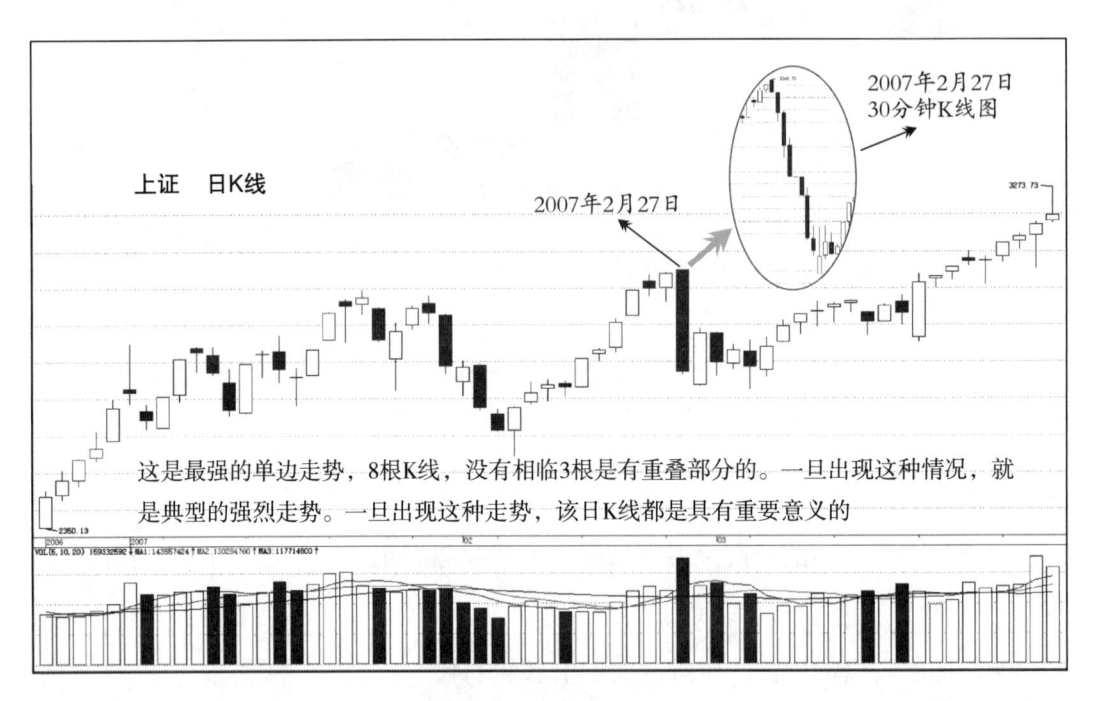

图46-13　最强单边走势

但别以为出现这种走势就一定会继续趋势，往往很多骗线就是故意用这类走势构成，特别是在大的日K线中枢中出现这种情况，更大可能是骗线，例如227。当然，如果是在一个第三类买卖点后出现这种走势，出现大级别的强势趋势的可能性就极大了。

时间紧，不能写太多。如何利用每天走势图进行辅助操作，在周五的下节课中说。

教你炒股票 47

一夜情行情分析[1]

（2007-04-20 08:51:58）

一个很显然的道理，对市场了解越多，对走势的把握越精确。例如，昨天2007年4月19日的2007年一夜情行情（见图47-1），跌破5日线后有一个反抽（见图47-2），在11点08［分］刚好构成对前一天中枢的第三类卖点，这就是最后的、被本ID理论所保障的离开机会。那么，后面去走，就完全与本ID的理论无关了。在一个下跌里，除了最后那一个位置，所有的卖出都是对的，但这和本ID的理论无关，这类似赌博，就赌不是最后的位置。当然，赌博也是一种方法，但这种把握，不在本ID的讨论范围内。

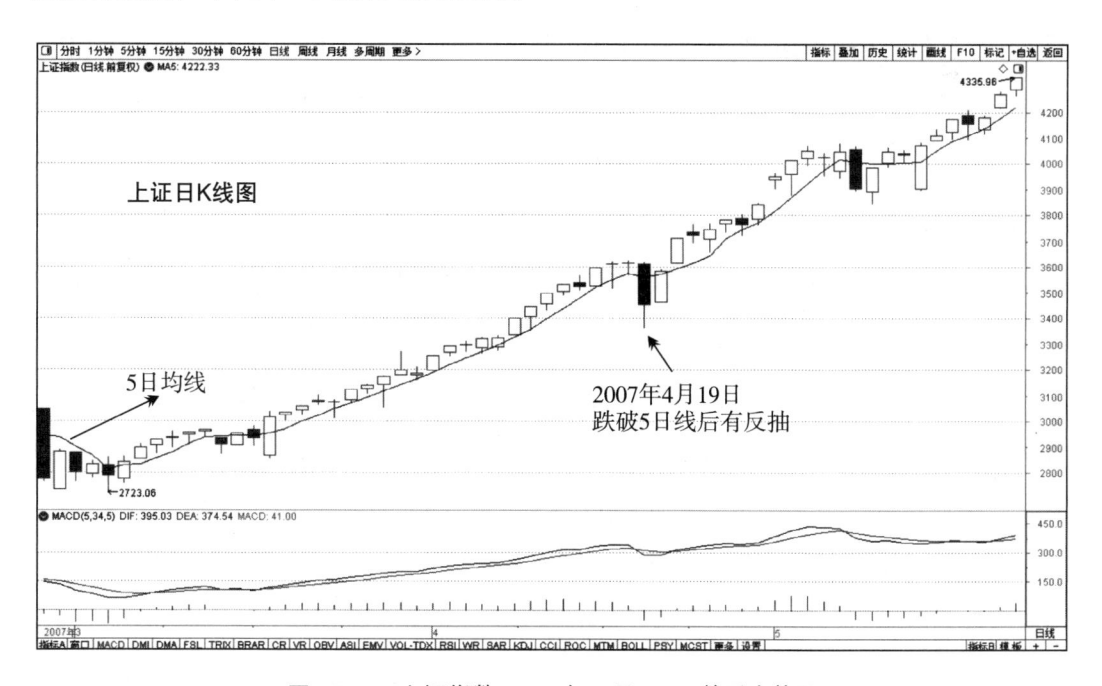

图47-1　上证指数2007年4月19日前后走势图

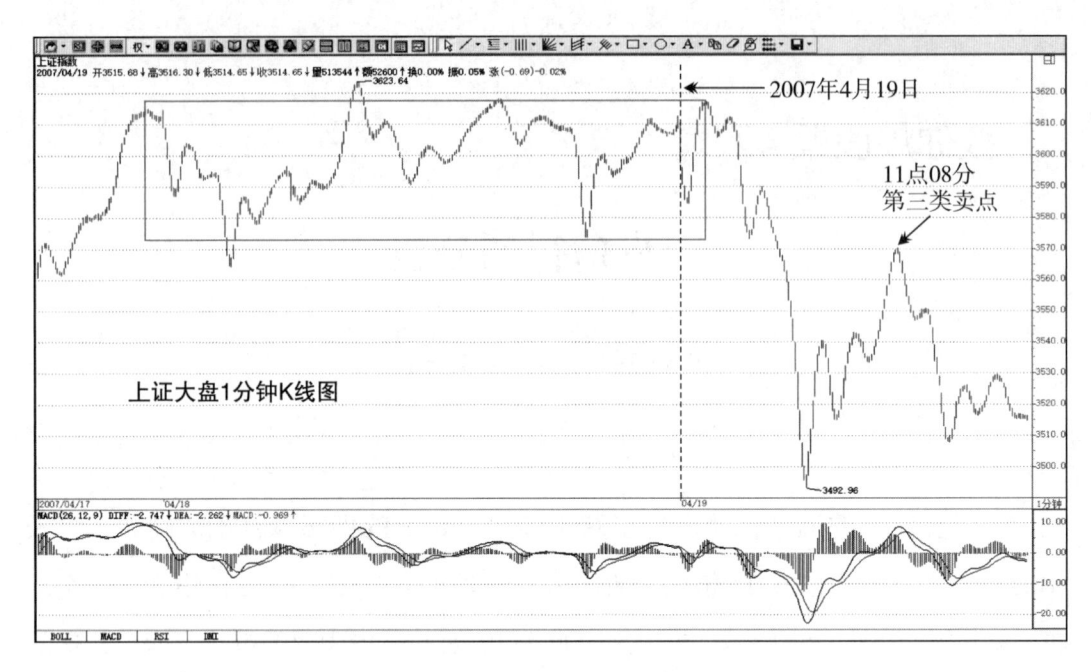

图 47-2　上证指数 2007 年 4 月 18-19 日 1 分钟 K 线走势图

有人可能要问，就算跌破 5 日线，也可能很快就拉起来。确实，存在这种可能性，但市场是否选择这种可能性，就是当下的。如果很快拉起来，那自然会有一个符合本 ID 理论的买点出现，这只要市场自己去选择，既然已经卖出，就耐心等待。而其中，当然与分析的精确度有关。有些人分析不到位，会回补早了，那这很正常；技术更熟练的，当然应该享受更精确的买点。但节奏是重要的，站在小级别操作的角度，就算你补早了，也比没走傻看着强。补早了，就以后多总结经验，使自己的技术精度更高。

不过，必须强调的是，上面说的，都是针对资金比较小，操作级别比较小的说的。如果是按日线级别操作，那这些震荡根本无须理会。如果真按日线操作的，就应该从 1000 多点一直拿到现在，因为日线级别的卖点并没有出现，等出现再说。而用周线级别操作的大资金，那就更无所谓了。此外，这里只是以指数为代表来说一种方法，个股在自己的图上是一样分析的。

其实，如果你对市场理解更多点，就知道，这一夜情走势的当天低点，其实是很容易把握的。

这就和上节所说的当日走势分类有关。最后一个第三类卖点对 5 日线进行反抽出现在 11 点 08 分。【课文解读：5 日均线的位置在 3560 点左右，11 点 08 分的高

点是 3570 点。】

前面 3 个 30 分钟 K 线（见图 47-3），没有重叠。也就是说，下面走势显然不可能出现存在两个中枢的单边走势，三大类里，第二类是不可能出现了。

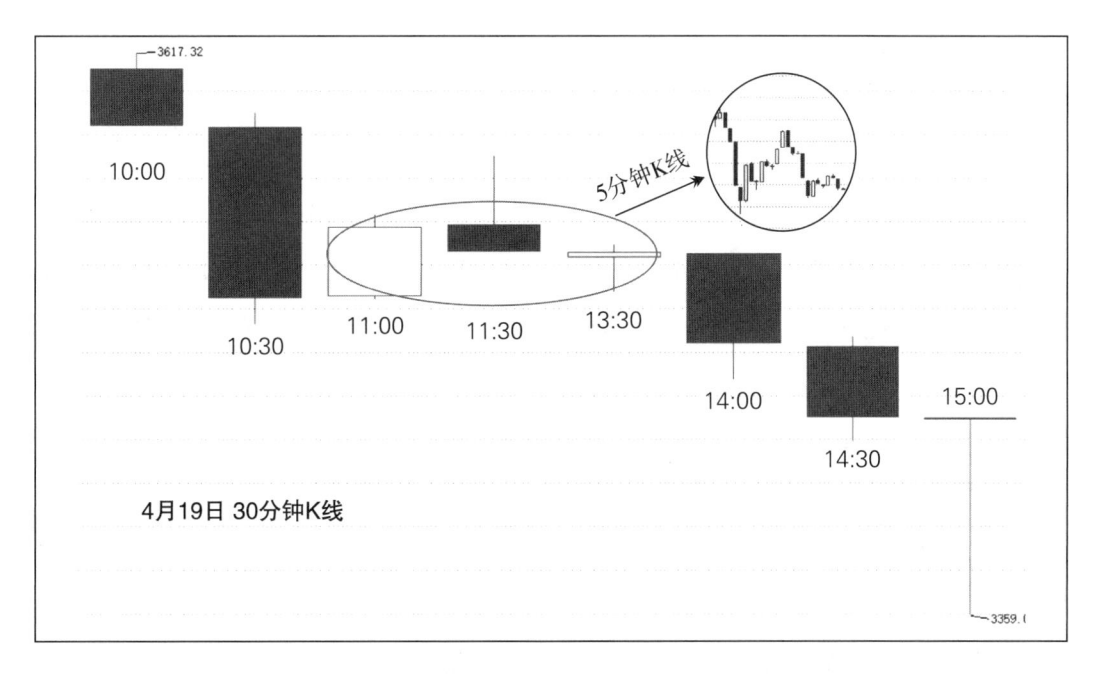

图 47-3 上证指数 2007 年 4 月 19 日 30 分钟 K 线图

对于第一类，平衡市的走势，最好的情况，也只能是当日中枢在 11 点后那个 K 线范围内。

至于出现第三类，也就是没中枢的走势，那意味着后面有巨大跌幅。而第三类卖点后面，至少都会出现一个次级别的跌势，也就是一个 1 分钟以下级别的向下走势是必须完美的。所以，站在纯理论推理的角度，可以 100% 确定地安排后面可能的回补。也就是，从 11 点 08 分开始的向下走势，至少要出现走势的完美。注意，这些分析，在 11:08 后就马上可以给出，并不需要预测或事后编排，都是可以根据本 ID 理论严格分析出来的。

下午开盘后，到 13:30，就知道，第三类可能不存在了，因为当日一个连续三个 30 分钟 K 线的重合已经出现，也就是当日的中枢出现了。【深入解析：如图 47-3 所示，这个中枢要在小级别上确认，见圆圈处的 5 分钟走势 K 线图。】也就是说，到 13:30，市场已经自己给出了选择，市场不可能出现 227 那天的无中枢下跌，最多就是一个弱的平衡市。因此，10:30 到 13:30 这个中枢，就是最值得关注的。用中枢震荡的观点，需要比较的就是 10:30 前的下跌与 13:30 后的下跌。

这时候，大盘还没有真正对该中枢破位，但已经可以 100% 肯定地知道一旦破位，需要去看什么来决定买卖点。用 MACD 辅助，显然 1 分钟图并不适合看，因为 10:30 到 13:30 前，这个 MACD 已经有绿柱子了，这样看起来费劲，可以选择更大级别的图，5 分钟的。

在 5 分钟图上（见图 47-4），10:30 前的下跌刚好构成一个绿柱子面积，而 10:30 到 13:30 刚好出现回拉，所以黄白线没有明显到 0 轴，但红柱子是有了。所以，用中枢震荡的看法，后面的下跌，出现的背驰不会是 5 分钟级别的，只能是 5 分钟以下级别的，甚至就是分笔级别的最小背驰，然后引发大幅度回拉该中枢附近。当然，如果是特小级别的背驰，并不一定有足够力度决定其一定能拉回该中枢，但由于这中枢的存在，其力度是可预期的。

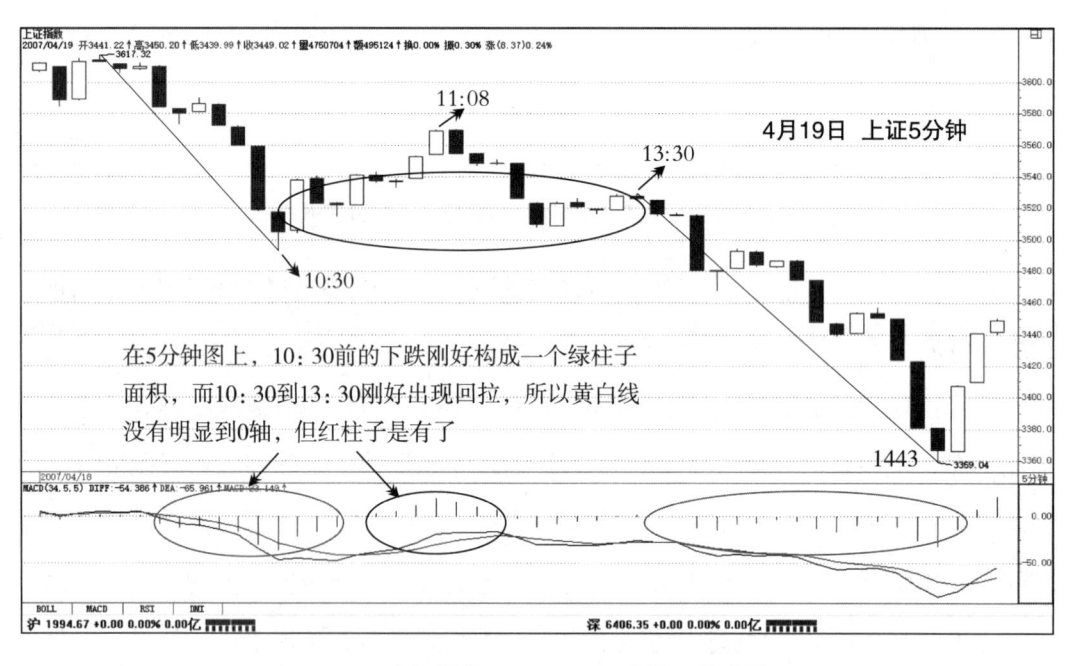

图 47-4　上证指数 4 月 19 日 5 分钟 K 线走势图

上面的分析，在大盘 13:30 没真正继续破位前，就可以 100% 明确地给出，里面都是纯逻辑的推理，和任何预测无关。假设你已经在 11:08 的第三类卖点出去了，而且你又是小级别操作者，那你需要的就是回补。所以，有了如上分析，你就可以耐心等待，看 5 分钟图去比较其力度了。而且，你应该知道，强力回拉，并不一定需要一个 1 分钟的背驰，在大幅度下跌后，一个分笔的背驰就足以引发盘中大幅回拉该中枢。特别地，由于 10:30 前下跌引发的反抽也是一个分笔的背驰造成，一般来说，中枢震荡都有对称性，虽然不是绝对，但已经足以让你不会忽视分笔背驰引发小级别转大级别的极大可能（分笔背驰，一般可以用 1 分钟 MACD 柱子的长度来辅助判断）。

在大盘进入再次下跌时，你已经有足够的准备去等待。而且，你可以很明确地知道，在跌破 10:30 到 13:30 的中枢后，首先会有一个小的第三类卖点。小的第三类卖点后，有两种演化的可能，一是变成一个大一点级别的盘整，一个是形成下跌，至少再有两段向下。【**深入解析**：4 月 19 日的走势，上述两种情况都出现了。如图 47-5 所示，11:08 是上面中枢的第三类卖点，其后的走势段 3 与走势段 1 相比盘整背驰，所以有了走势 4 并形成了一个如图中方框所示的走势中枢，这就是第三类卖点后形成盘整的情况。13:30 后，跌破 10:30 的低点后出现一个小小的反弹，形成一个小的第三类卖点，但其后的下跌走势（见图中标有①的走势，下同）没有盘整背驰，因此小的第三类卖点后，必然有至少两段下跌，见图中的走势①与走势②，这就是第三类卖点后形成下跌的情况。】

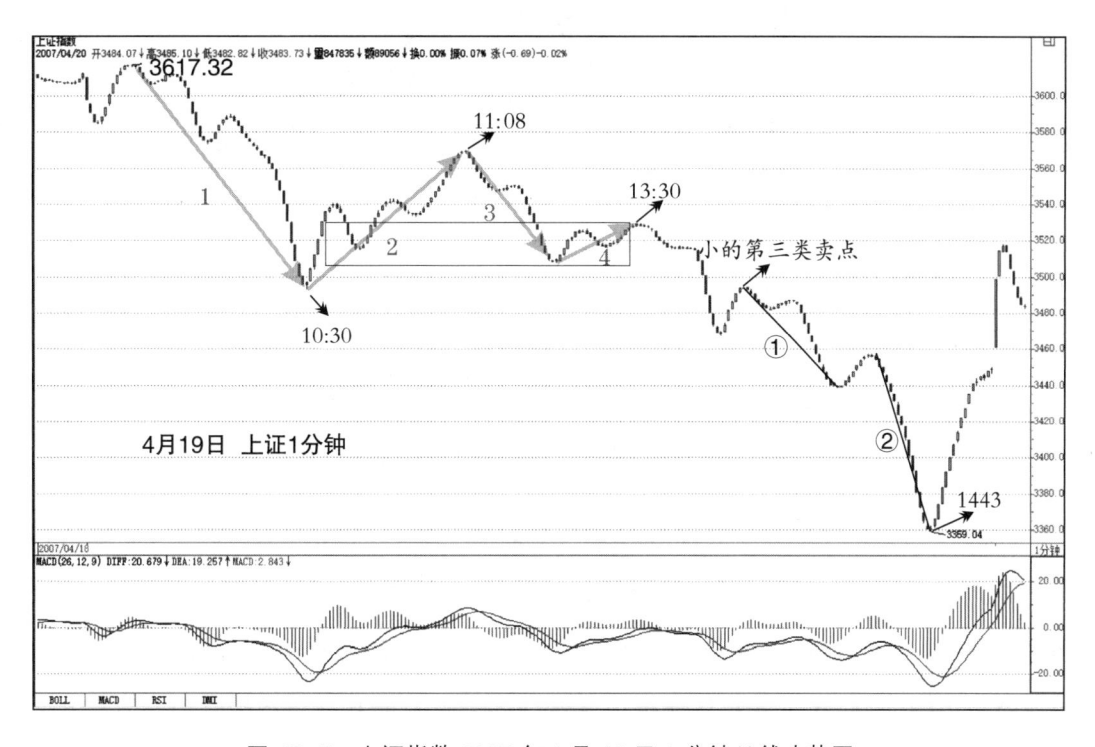

图 47-5　上证指数 2007 年 4 月 19 日 1 分钟 K 线走势图

对第一种情况，在这盘整出现后，有足够的时间去选择介入，所以不用着急。而后面市场的真实选择，现在都很清楚了，就是第二种，在一个小的第三类卖点后，再出现两波下跌。

对于一个跌破中枢的下跌来说，第三类卖点后再来两波就可以随时完美。这个完美，由于该下跌是1分钟以下级别的，因此从该下跌的细部，是找不到根据1分钟背驰去确认的买点的，只可能根据分笔背驰。而根据预先知道的中枢震荡看法，唯一需要确认的是，13:30后的下跌与10:30前下跌的力度比较。

从5分钟MACD两柱子面积的比较可以看到（见图47-4），前者并不比后者的力度大，这一点，参考看深圳成指的图就更明显了（见图47-6）。所以，可以断言，这13:30开始的下跌，一定会有强力回拉。

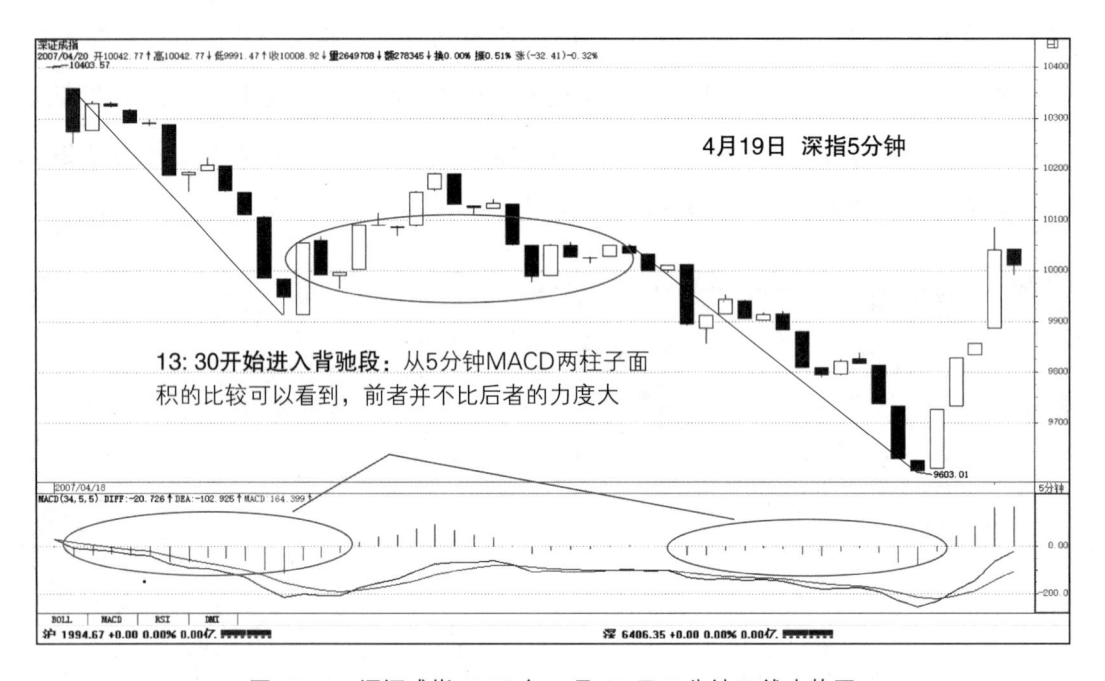

图47-6　深证成指2007年4月19日5分钟K线走势图

实际走势，在该第二波的分笔背驰（看1分钟图14:43的MACD柱子，该K线还是所谓的早晨之星）后，【课文解读：如图47-7所示，分笔背驰不太明显。】大盘出现大幅度回拉，这其实是理论100%保证的事情。【拓展阅读：如图47-8所示，早晨之星由三根K线组成：第一根，股价继续下跌，并且由于恐慌性的抛盘而出现一根巨大的阴线；第二根，跳空下行，但跌幅不大，实体部分比较短，形成星的主体部分，既可以是阴线，也可以是阳线；随后一根大阳线拔地而起，价格收复第一

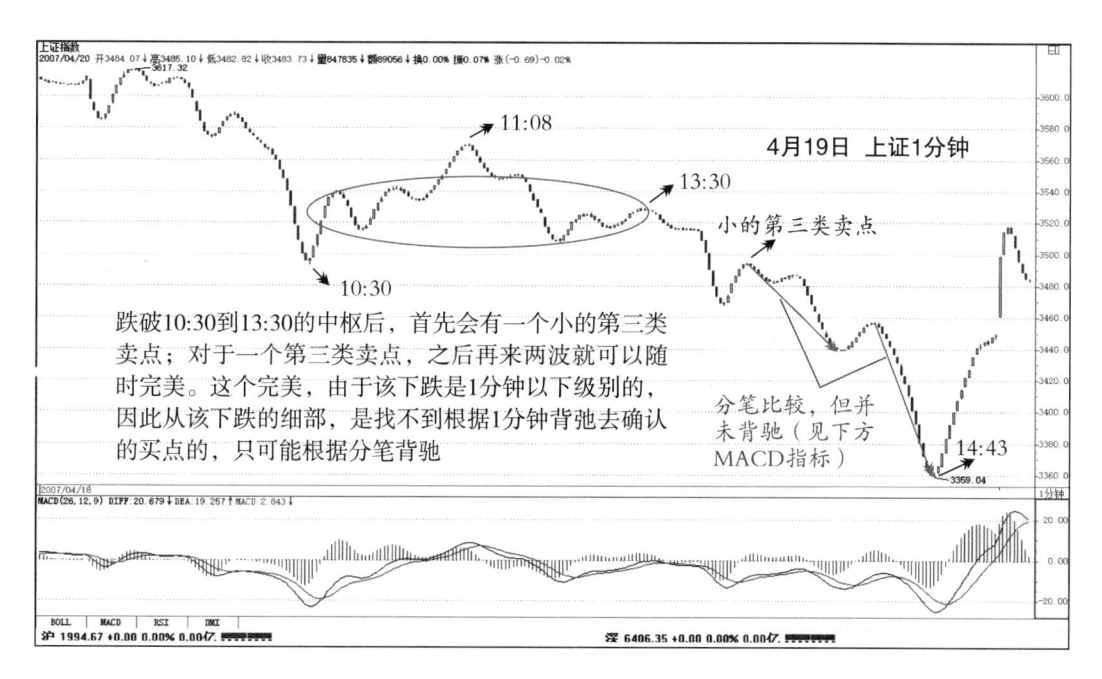

图 47-7　上证指数 2007 年 4 月 19 日 1 分钟 K 线走势图

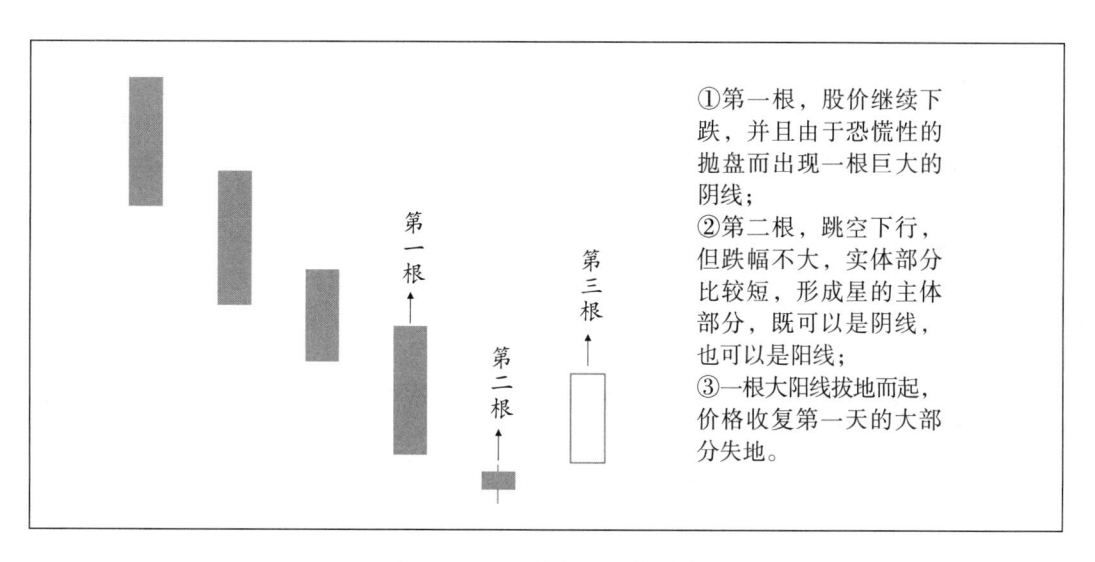

图 47-8　早晨之星 K 线形态

天的大部分失地。早晨之星的出现预示着跌势将尽，股价处于大幅反弹的前夜。】

　　注意，并不是下跌的分笔背驰就一定存在大幅回拉，而是这天的当日平衡市的走势类型的中枢位置与时间决定的。而且，反抽的最低位置也很清楚，就是这下跌最后一个反弹处。结果收盘也真的是在该位置，这其实也是理论所保证的。

　　当然，如果你懂的东西更多点，对该最后位置的确定是可以很精确的。首先，日线的布林通道中轨和 20 天线都在 3351 点（见图 47-9），按一般的技术分析，这是一个强力支持位置，而实际低点在 3358 点。另外，在 1 分钟图上的（下降）[上涨] 通道下轨（见图 47-10），也在该位置。几个因数相配合，该位置出现反抽就完全在把握中了。

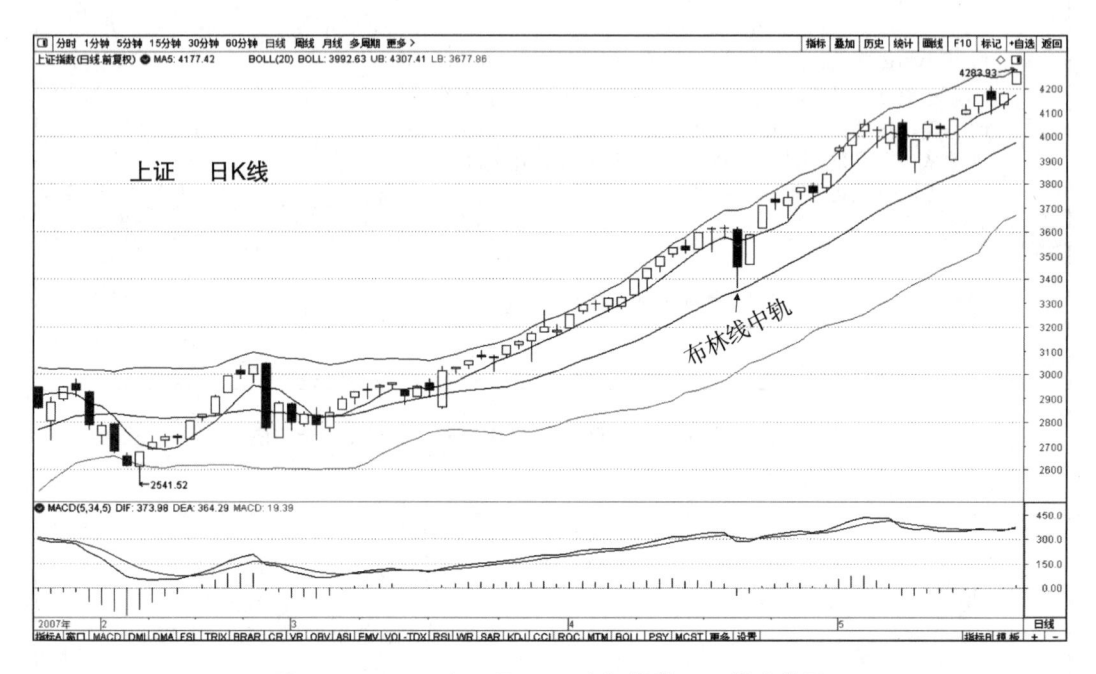

图 47-9　2007 年 4 月 19 日上证指数日 K 线走势图

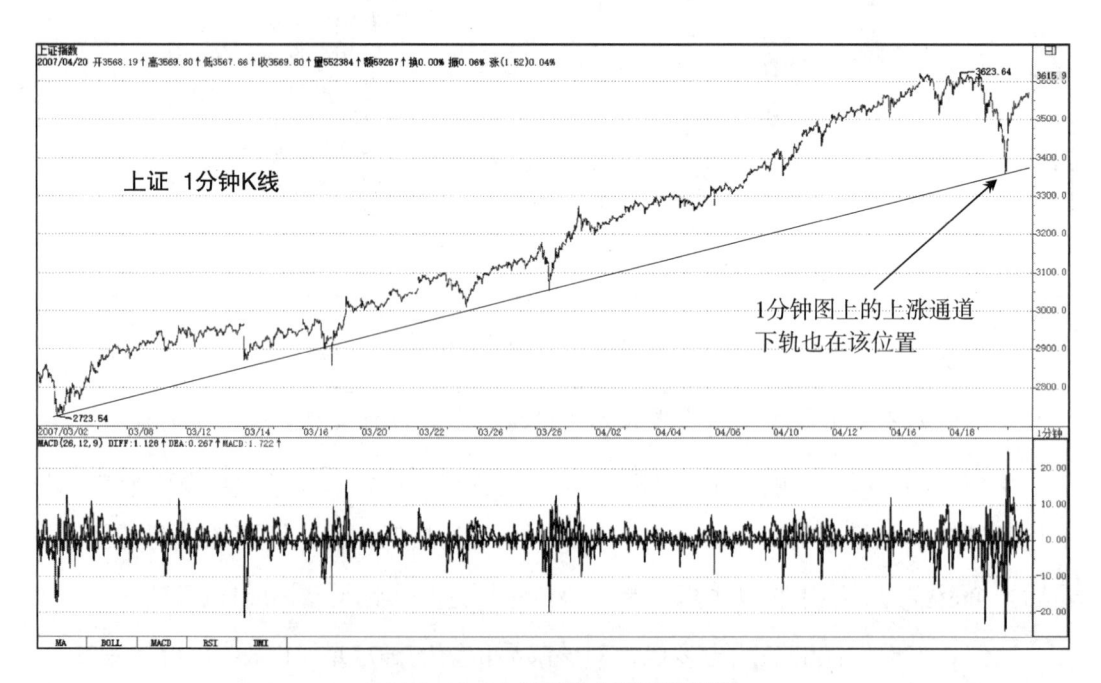

图 47-10　上证指数上涨通道下轨

后面的走势很简单，关键是那中枢。由于分笔背驰只保证回抽到下跌最后一个反弹处，收盘已达到，而分笔背驰并不100%支持对该中枢的完全回拉，所以理论上，依然完全存在继续跌出一个更大级别的背驰再回拉的可能。当然，也可以直接上去，这必须由市场来选择。但无论哪种情况，该中枢都是一个新的中枢形成前的判断关键。而420【课文解读：4月20日】当天中枢的位置，就决定了今后走势可能的演化。

以上，是一个分析的范本。这些分析，都是可以当下进行的，里面不涉及任何预测，市场当下的每一步走势，都相应给出分析的选择。对本ID理论熟悉的，其实1秒就可以把当下情况分析清楚，然后采取最正确的操作。但必须强调，这只是为了说明如何去分析，并不是鼓励所有人都去弄这种超级短线。当然，如果你连这么精确的分析都能当下完成并指导自己的操作，那么那些大级别的操作，就更没问题了。

如果有T+0，对于小资金来说，这些就是有绝对实战意义的事情。当然，在T+1的环境下，就算3358点买的，在第二天，还有出不掉的风险。而如果是T+0，那就不存在了，因为对于超级短线来说，回拉最后反弹位置就可以出来，然后看市场下一步的选择再选择下一买点。再次强调，这只是为了说明理论，并不是说都要按这么小的级别去操作，只不过大级别的分析是一样的，切记。

当然，如果你对当日走势的辅助判断有更深的了解，那么用当日对冲等方法来降低成本，也是可以做到的，但这只能在下节继续了。有时间，可以去研究一下与大盘节奏不同的个股的走势，感受一下大盘这外在因数对个股的影响是如何的。首先必须有个股的内在原因，例如，大盘的下跌反而使得某些股票构造出第二类、第三类买点，而在中枢上移强力延伸的股票，甚至不搭理大盘。也可以去参考一下，那些随大盘下跌的股票，是本来就存在卖点，大盘只是加大了卖点后向买点运动的幅度，但并不会改变卖点与买点的内在逻辑结构。明白了这一点，对本ID理论的理解会更深点。

---

[1] 本篇课文缠中说禅配图。"教你炒股票"108课原文中有少量配图，考虑到其精度不高，而且在其上标注容易引起误会，因此本书将其在课后呈现给大家，方便大家对照分析。

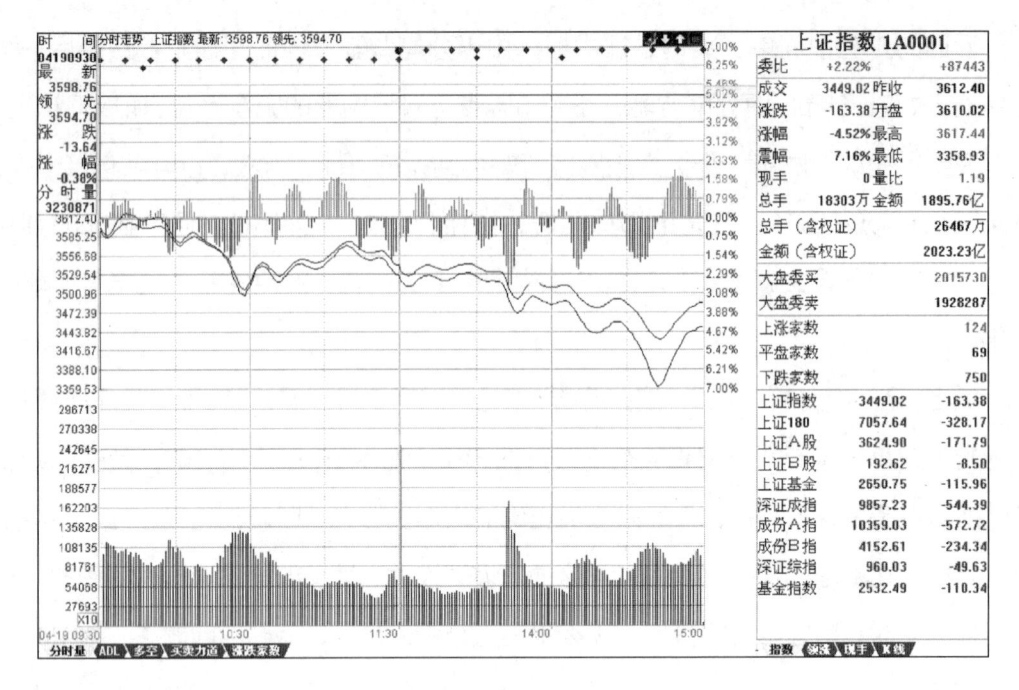

缠中说禅配图-1

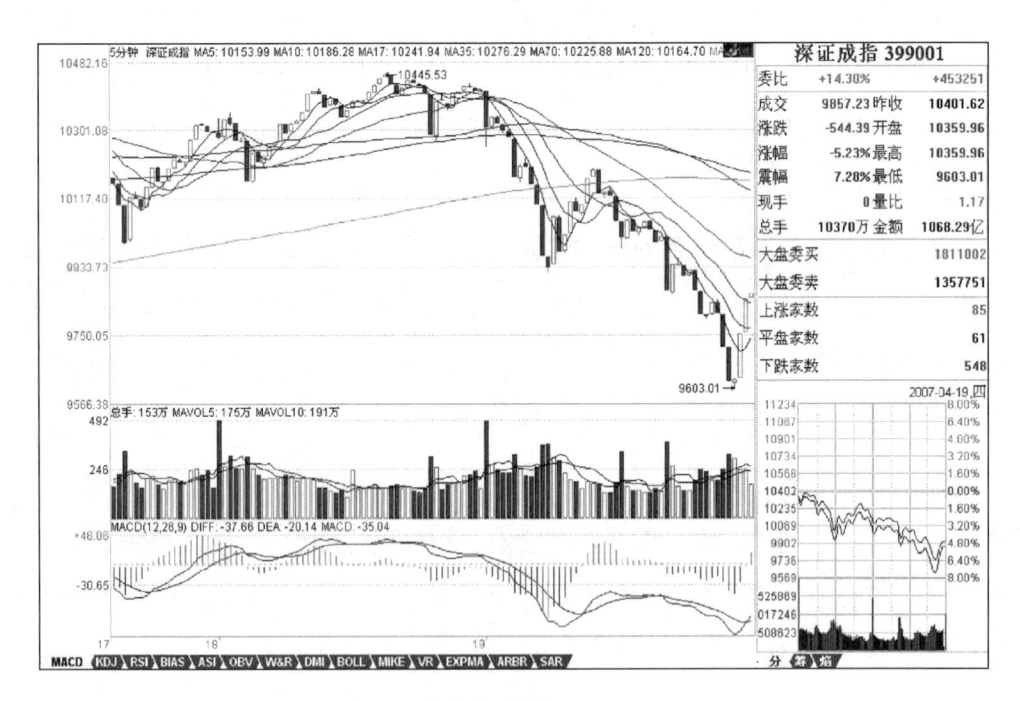

缠中说禅配图-2

教你炒股票48

暴跌，牛市行情的一夜情

（2007-04-24　08:52:02）

前面在每天的行情分析中，曾不客气地说到，对于空头日夜盼望的暴跌，其实永远与空头无关。因为真跌了，空头就只会口头上快感一下，心理上满足一下，但人的思维惯性，使得空头永远没机会在他们满意的地方获得满意的筹码。暴跌，对于牛市行情来说，就如同夏日暴雨，猛烈而刺激。但实质上，暴雨就是暴雨，过后，该干什么还是什么。

牛市调整能力的积聚，也需要宣泄。这种宣泄，与熊市最大的不同，就是暴雨化。暴雨，总是猛烈而疯狂，否则就没必要暴雨了。牛市中的调整也一样，来就狂风暴雨，这和熊市中的大反弹是一样的。

最出名的熊市大反弹，大概就是停国债期货那次，【课文解读：指327国债事件那次。】三天，指数从550点不到翻上920点上（见图48-1）。结果，后面依然继续下跌回来。

而牛市中的暴跌，最出名的算是1996年12月那次*，由于政策打击，连续跌停下来（见图48-2），1250点上几天跌到850点附近，结果依然继续上涨。

所有真正的大顶，都是反复冲击出来的，有足够的时间让你去反应判断。那种V型顶，在大型走势中基本不会构成真正的顶部，就如同一夜情最后天长地久的机会基本为0。所以，那些天天希望暴跌的人，就如同天天期望一夜情的人一样，都有着滥交的潜意识倾向。滥交之人，最终都会给废掉，不会有好结果的。

有一种对风险的错误观点，仿佛股价、市盈率高了才风险大，股价、市盈率低了就风险小了，却不知道股价、市盈率都是些变动的因数，并没有任何绝对的意义。本ID曾多次强调，风险对于市场是绝对的，任何时候都在风险之中。如果你对本

ID 的理论能有所理解,那么,不仅能让风险在操作级别的绝对控制之中,而且还能利用风险达到降低成本。无风险是可以创造出来的,0 成本就是绝对的无风险。如果不理解,那么最简单[的]均线系统就可以控制住风险。

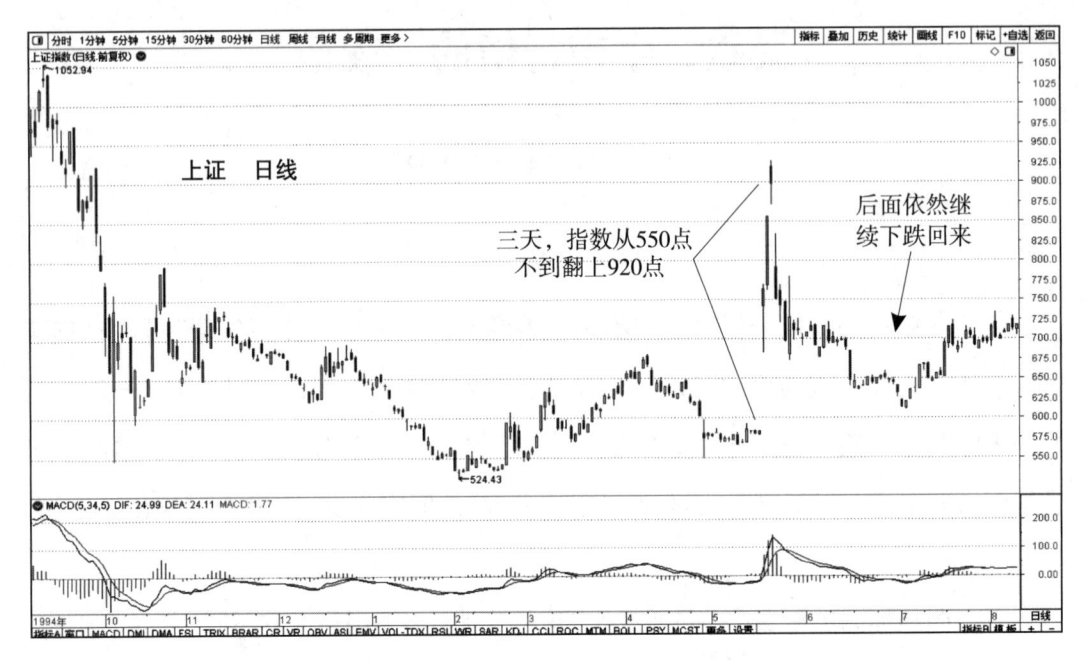

图 48-1　1995 年 5 月最出名的熊市大反弹行情

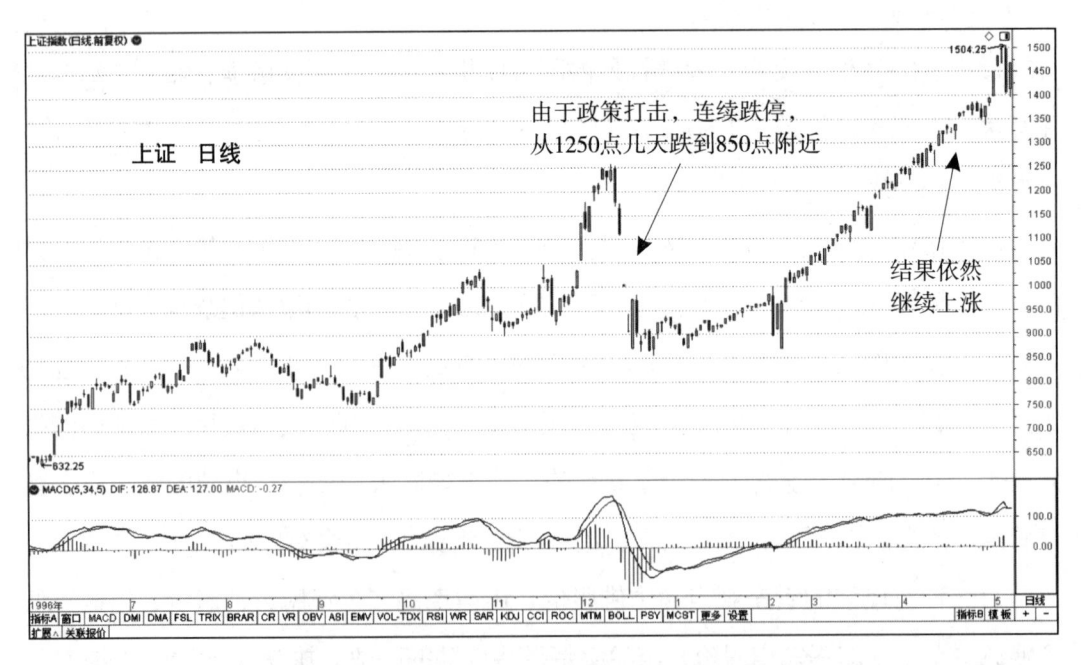

图 48-2　1996 年 12 月发生的牛市暴跌行情

但站在社会财富增长的绝对性上，最大的风险就是你的财富增长赶不上社会平均财富的增长。站在资本市场这个子系统，道理是一样的。因此，在一个大牛市中，筹码的积累甚至更重要。一个大的上涨，3元有1万股，到4元只有1千股，后来到了30元，一股没有，这就是最大的风险，因为市场的上涨并没有为你制造应该的总体利润。你的筹码丧失了，没有筹码，在市场中就没有盈利的准入证。在没有做空机制的市场中，做空最后还是为了做多，除非你永远退出市场。特别在牛市行情依然的情况下，这点更重要了。没有筹码，用嘴是盈利不了的。

最好的情况，当然就是前面所说的，在成本为0前不断降低成本，在成本为0后不断挣筹码。这样股价越上涨，你的筹码越多，你的真正市值才会越来越大。有人问本ID，你以后怎么出货？本ID反问，为什么要出货？每一次震荡，都成了本ID降低成本、增加筹码的机会。知道最高的境界是什么吗？就是等大牛市真正结束那天，你拥有股票的数量最多而成本是0，然后，（后面删去419字）。市场从来不是慈善场所，要战胜市场，必须有正确的大思路与总体的方法。

正确去对待震荡、调整。显然，在大盘中短线能量耗尽后，大盘会出现大规模的调整，如果说227【课文解读：2月27日】、419【课文解读：4月19日】都是在日线上一夜情，那么在周线上、月线上、季线上甚至年线上出现一夜情的可能性，在这长达至少20年以上的大牛市中，都是绝对存在的。但这绝不是空头用嘴欢呼的借口，而是真正操作者减低成本、增加筹码的大好时机。当然，操作的精确度是一个技术问题。技术高的，就能把成本降更低，筹码增得更多，这是绝对正常的事情。技术高的就该有更好的收益，这是天经地义的。但精确度是可以用市场磨练来达到的，而思路、方法的错误，则是不可救药的，这才是问题的根源。

站在纯技术的角度，把握暴跌的级别很重要。一个日线上的暴跌与一个年线上的暴跌，显然力度上不一样。在这次从2005年中开始的大牛市行情中，至今为止，本质上，在周线上都没有出现过快速的暴跌，周线上两次大的调整，周跌幅都是7%，还赶不上227【课文解读：2月27日】的日暴跌，月线上更是连一次真正有意义的下跌都没有。但为什么这么多人，天天依然如惊弓之鸟一般？

如果你把握不住日线的暴跌，证明你的技术程度达不到把握日线暴跌的程度，那么就去把握周线、月线的，那对技术精度的要求要低。给自己安排一些力所能及的活动，暴跌也是有级别的，能否在各级别的暴跌中游刃有余，是对你技术把握度的考验。

事情往往相通，无论技术还是其他，精度都是干出来的。

拓展阅读

1996年12月的牛市暴跌行情

由传闻导致1996年12月12日大盘暴跌5.44%；12月13日，大盘再次暴跌5.70%。

第三天，即1996年12月16日，是个星期一。这一天，《人民日报》头版头条发表了题为《正确认识当前股票市场》的特约评论员文章。并且从这天起，中国股市开始实行涨跌幅限制。

当天，中国股市的股票几乎全部跌停板（仅一只飘红），创造了一个耻辱的奇迹：开盘价、收盘价、最高价、最低价，均为同一个价。深沪股市的交易量仅为21亿元，比上一个交易日的350亿元，相差高达320多亿元。

这天，中国所有的证券交易厅里，都挤满了心急如焚的股民。人们焦虑的只有一件事：如何抛出手中的股票！

12月17日，大盘再度跌停！仅仅四个交易日，大盘跌幅高达30%！

12月18日，深沪股市分别低开8.6%和3.6%，低开后高走出现大幅反弹，当日大盘上涨7%。

12月19日大盘再跌7%。

至此，深沪股市从12月11日的最高点4522点和1258点，到年底跌到最低点2792点和855点，一周左右时间分别跌去38%和32%。

主题 13

实战建议（一）

第 49 课至第 53 课，除了对前面的知识进行复习，主要针对实战操作给出了一些有益的建议。

主要内容：

（1）介入时机的把握。

（2）缠论的两种利润最大化操作方式。

（3）缠论的两种看盘方式及一些操作中的细节。

教你炒股票 49

利润率最大的操作模式

（2007-04-26　08:16:56）

本周就不解《论语》了，并不是本 ID 不想写，而是"五一"长假，对那些希望多学点本 ID 理论的人，是一个好的机会，本 ID 也就多写点这方面的，给有需要的［人］多准备点，毕竟，这对于大多数人来说更迫切。前面说了那么多情况，从实用角度，为了理清实际操作中的基本思路，先穿插这堂课。

一个人，拿着本来想去娱乐的钱准备入市，那么，首先要明确，自己要按什么级别来操作。这个问题，前面已经反复说过了，不妨假设这级别是 30 分钟。那么，进到市场，打开走势图，首先要找什么？就是找当下之前最后一个 30 分钟中枢。这其实对任何新进的股票，道理是一样的。例如，你出了某股票，重新选择一只新的，那就会面对相同的情况。

显然，这将会出现三种情况：

（1）当下在该中枢之中。

（2）当下在该中枢之下。

（3）当下在该中枢之上。

注意，这最后的 30 分钟中枢，是一定可以马上确认的，无须任何预测。当然，前提是你首先要把本 ID 前面说的理论学好，如果连中枢都分不清楚，那就没办法了。

第一种情况，显然，这中枢在延伸中。而后两种情况，分别可以用第三类买卖点分为两小类（见图 49-1）。

对第二种，【课文解读：当下在该中枢之下。】有：

（1）当下之前未出现该中枢第三类卖点。

```
┌─────────────────────────────────────────────────────┐
│                  操作级别为30分钟                    │
│         ┌──────────┼──────────┐                     │
│    第二种情况    第一种情况    第三种情况            │
│   30分钟中枢之下  30分钟中枢之中  30分钟中枢之上     │
│    ┌────┴────┐              ┌────┴────┐             │
│  未出三卖  已出三卖       未出三买  已出三买         │
└─────────────────────────────────────────────────────┘
```

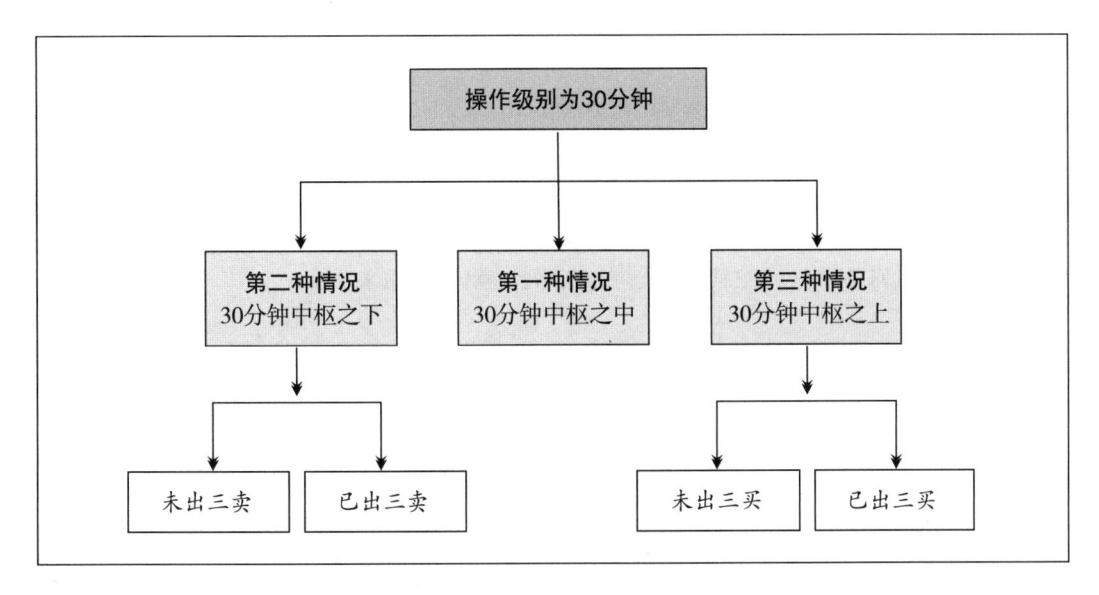

图 49-1　操作级别为 30 分钟的买入股票时机全分类

（2）当下之前已出现该中枢第三类卖点（正出现也包括在这种情况下。按最严格的定义，这最精确的卖点，是瞬间完成的，而具有操作意义的第三类卖点，其实是一个包含该最精确卖点的足够小区间）。

对于第三种，【**课文解读**：当下在该中枢之上。】类似有：

（1）当下之前未出现该中枢第三类买点。

（2）当下之前已出现该中枢第三类买点。

对于第一大类，【**课文解读**：当下在中枢之中，见图 49-2。】因为在中枢里，由于这时候怎么演化都是对的，不操作是最好的操作，等待其演化成第二类、第三类。当然，如果你技术好点，可以判断出次级别的第二类买点，这些买点很多情况下都是在中枢中出现的，那当然也是可以参与的。但如果没有这种技术，那就有了再说了。只把握你自己当下技术水平能把握的机会，这才是最重要的。【**课文解读**：第一类买点介入后，如图 49-2 所示的第一次次级别的回调低点是最符合理论要求的第二类买点。但如果其后形成一个盘整的中枢，则中枢低点都可以看作是类第二类买点，它们可以通过与之前同向震荡走势进行盘整背驰判断来发现。】

对于第二种第（1）类，【**课文解读**：当下在该中枢之下，且之前未出现该中枢第三类卖点，如图 49-3 所示。】由于中枢震荡依旧，因此，先找出该中枢前面震荡的某段，与之用类似背驰比较力度的方法，用 MACD 辅助判断，找出向下离开中枢的当下该段走势，看成背驰判断里的背驰段，然后再根据该段走势的次级别走势逐步按区间套的办法去确定尽量精确的买点。

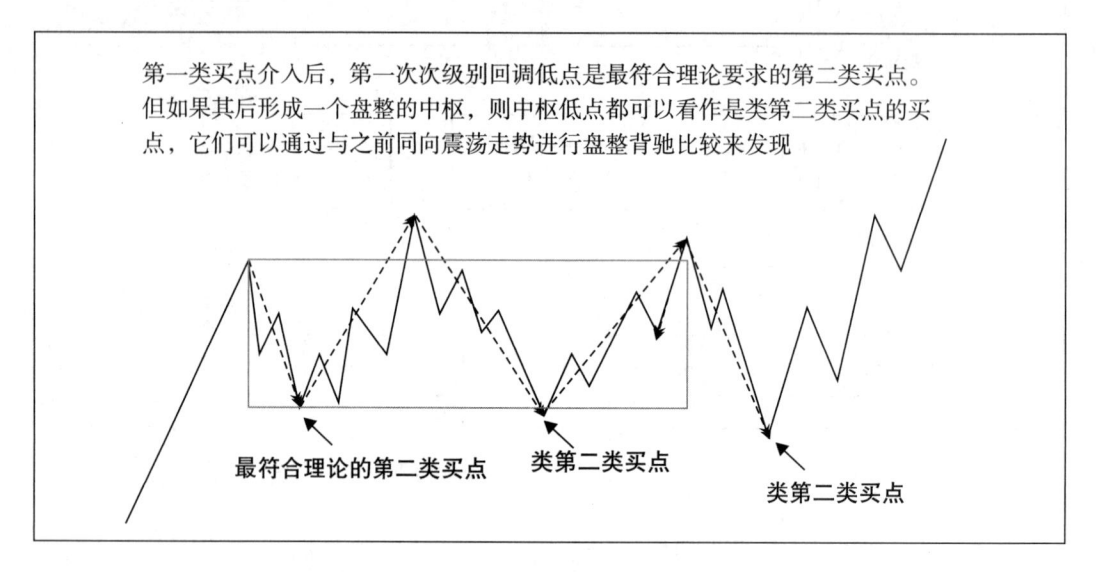

图 49-2　当下股价在中枢之内

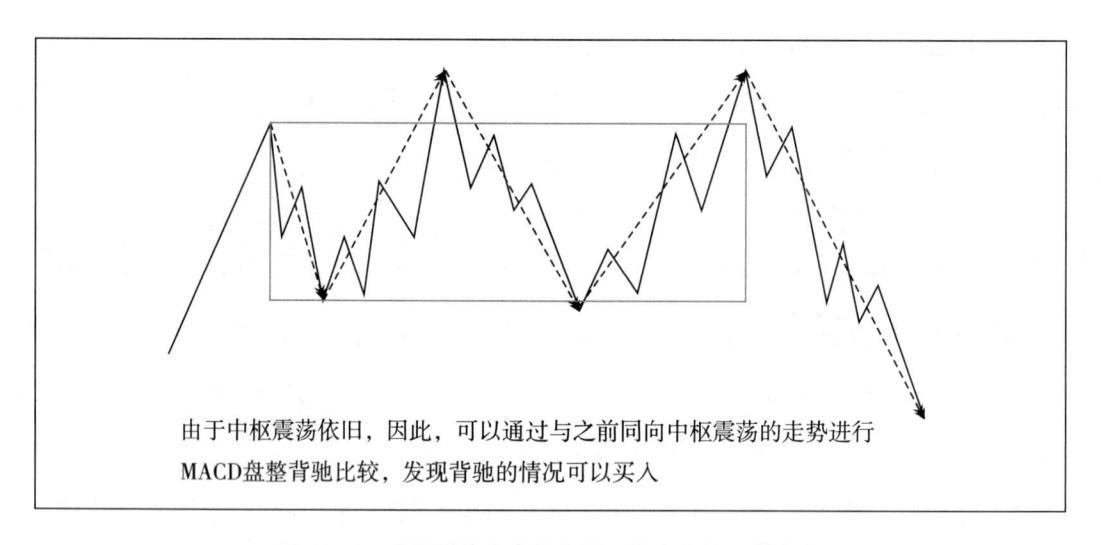

图 49-3　当下股价在中枢之下，且未出第三类卖点

注意，用来比较的某段，最标准的情况，当然是前面最近向下的。一般情况下，中枢震荡都是逐步收敛的，这样，如果继续是中枢震荡，后面的向下离开力度一定比前一个小。当然，还有些特殊的中枢震荡，会出现扩张的情况，就是比前一个的力度还要大，但这并不必然就一定会破坏中枢震荡，最终形成第三类卖点。这个问题比较复杂，在后面谈论中枢的各种图形形态时，才能详细说到。一般来说，这种

情况，用各种图形分解与盘整背驰的方法就可以完全解决。

对于第二种第（2）类，【**课文解读**：当下在中枢之下，且之前已出现该中枢的第三类卖点，如图49-4所示。】由于该中枢已经结束，那就去分析包含该第三类卖点的次级别走势类型的完成，用背驰的方法确定买点。当然，还有更干脆的办法，就是不参与这种走势，因为此后只能是形成一个新的下跌中枢或者演化成一个更大级别的中枢，那完全可以等待这些完成后，再根据那时的走势来决定介入时机。这样，可能会错过一些大的反弹，但没必要参与操作级别及以上级别的下跌与超过操作级别的盘整，这种习惯，必须养成。【**课文解读**：由于该中枢已经完成，现在的机会在于一个新的中枢的构建。第三类卖点后，根据向下的次级别走势是否背驰，可以大致判断出新中枢的位置。当然更干脆的就是不参与这种走势。】

由于该中枢已经完成，现在的机会在于一个新的中枢的构建。第三类卖点后，根据向下次级别的走势是否背驰，可以大致判断出新中枢的位置。当然更干脆的就是不参与这种走势

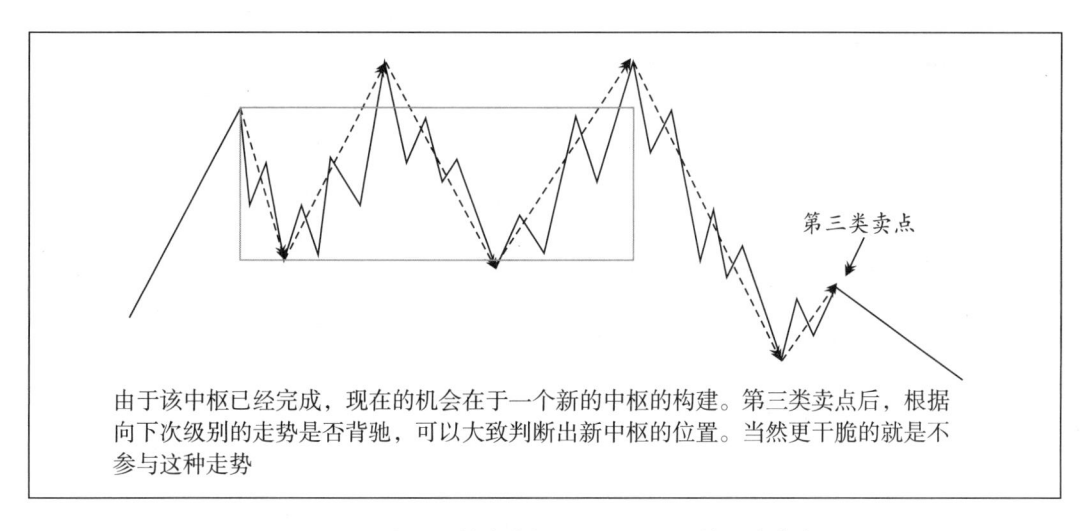

图49-4 当下股价在中枢之下，且已出第三类卖点

对于第三种第（1）类，【**课文解读**：当下在中枢之上，且之前未出现该中枢的第三类买点，如图49-5所示。】这时候不存在合适的买点，等待。【**课文解读**：上涨中是没有买点的，如果最后这段走势没有背驰，可以在形成第三类买点时买入。】

对于第三种第（2）类，【**课文解读**：当下在中枢之上，且之前已经出现该中枢的第三类买点，如图49-6所示。】如果离该买点的形成与位置不远，可以介入，但最好就是刚形成时介入。若一旦从该买点开始已出现次级别走势的完成并形成盘整顶背驰，后面就必须等待，因为后面将是一个大级别盘整的形成。按照上面的习

惯，可以不参与的，等待该盘整结束再说。当然，如果整个市场都找不到值得介入的，而又希望操作，那么就可以根据这些大点级别的中枢震荡来操作，这样，也可以获得安全的收益。【课文解读：可以根据与第三类买点位置的远近来决定是否介入。如果第三类买点后的走势出现盘整背驰，那么将产生一个新的大级别中枢，因此离第三类买点比较远的买入不能确保安全退出。】

上涨中是没有买点的，如果最后这段走势没有背驰，可以在第三类买点形成时买入

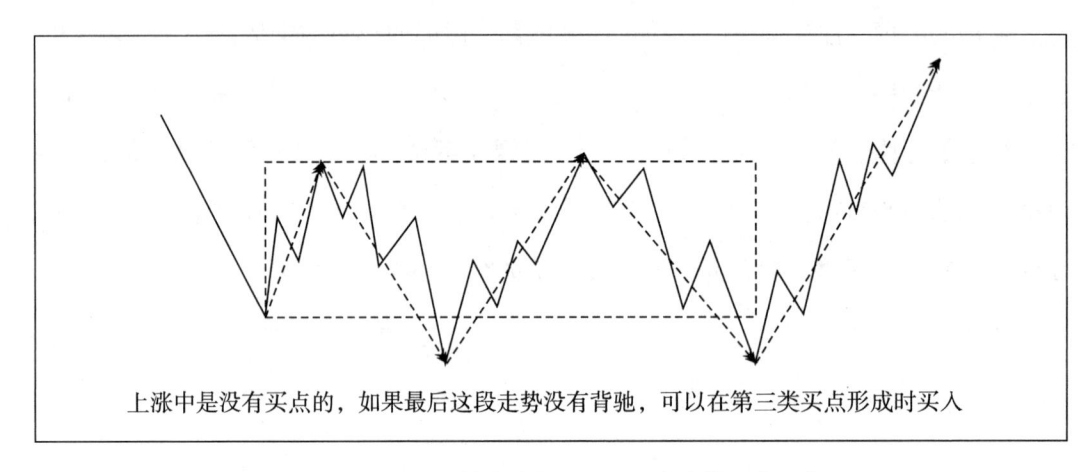

图49-5 当下股价在中枢之上，且未出第三类买点

第三类买点

可以根据与第三类买点位置远近来决定是否介入，如果第三类买点后的走势出现盘整背驰，那么将产生一个新的大级别中枢，因此离第三类买点比较远的买入不能确保安全退出

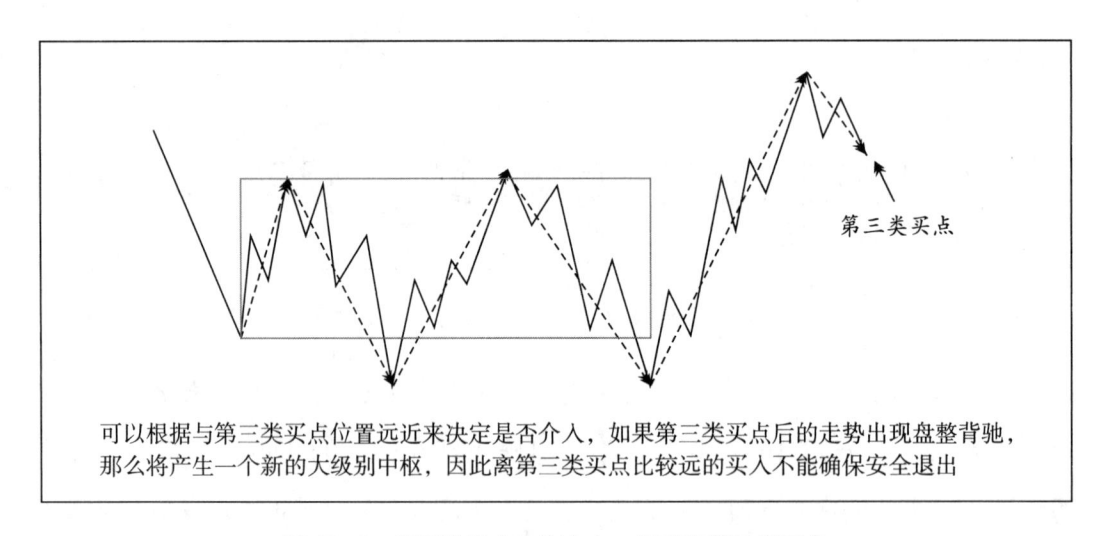

图49-6 当下股价在中枢之上，且已出第三类买点

上面已经把一个固定操作级别的可能操作情况进行了完全分类与相应分析。显然，对于一个中枢来说，最有价值的买点就是其第三类买点以及中枢向下震荡力度出现背驰的买点。前者，最坏的情况就是出现更大级别的中枢，这可以用其后走势是否出现盘整背驰来决定是否卖出。一旦不出现这种情况，就意味着一个向上走势

去形成新中枢的过程，这种过程当然是最能获利的。至于后面一种，就是围绕中枢震荡[做]差价的过程，这是降低成本、增加筹码的。

注意，一定要注意，很多人不知道怎么去弄差价，似乎所有机会都可以去弄。但如果从最严格的机械化操作意义上说，那么只有围绕操作级别中枢震荡的差价才是最安全的，因为肯定能做出来，而且绝对不会丢失筹码。在成本为0后的挣筹码操作中，道理是一样的。也就是说，在确定了买卖级别后，那种中枢完成后的向上移动时的差价是不能做的。中枢向上移动时，就应该满仓，这才是最正确的仓位。

而在围绕中枢[做]差价时，在中枢上方仓位减少，在中枢下方仓位增加。注意，前提是中枢震荡依旧。一旦出现第三类卖点，就不能回补了。用中枢震荡力度判断的方法，完全可以避开其后可能出现第三类卖点的震荡。

那么，如果这个中枢完成的向上移动出现背驰，就要把所有筹码抛出，因为这个级别的走势类型完成，要等待下一个买点了。

如果不背驰，就意味着有一个新的中枢形成。注意，小级别转大级别其实并不复杂，一样可以看成一个新中枢，只是该中枢有可能和前面的重合，而趋势中是不可能出现的。**【课文解读：**一般情况下，一个走势本级别不背驰，将是一个趋势的延续，自然不会与原走势最后一个中枢区间有重合。但小转大时会打破这个规律，形成一个与原走势最后一个走势中枢有重合的新的中枢。**】**该中枢，就可以继续用中枢震荡的方法[做]短差，然后再继续中枢完成向上移动，直到移动出现背驰。

其实，可以用严格的方法证明：

缠中说禅第一利润最大定理：对于任何固定交易品种，在确定的操作级别下，以上缠中说禅操作模式的利润率最大。

该模式的关键只参与确定操作级别的盘整与上涨，对盘整用中枢震荡方法处理，保证成本降低以及筹码不丢失（成本为0后是筹码增加，当然，对于小级别的操作，不会出现成本为0的情况）。在中枢第三类买点后持股，直到新中枢出现，继续中枢震荡操作，中途不参与短差。最后，在中枢完成的向上移动出现背驰后抛出所有筹码，完成一次该级别的买卖操作，等待下一个买点出现。

这里必须注意，中枢震荡中出现的类似盘整背驰的走势段，与中枢完成的向上移动出现的背驰段是不同的，两者分别在第三类买点的前后。在出现第三类买点之前，中枢未被破坏，当然有所谓的中枢震荡。其后，中枢已经完成，就无所谓中枢震荡了。这问题必须清楚，这是有严格区分的，不能搞糊涂了。

还有，在中枢震荡中，本质上是应该全仓操作的，也就是在中枢上方全部抛出筹码，在下方如数接回。当然，这需要[很]高的技术精度，如果对中枢震荡判断错误了，就有可能抛错了。所以对不熟练的，可以不全仓操作。但这有一个风险，就是中枢震荡后，不一定就能出现第三类买点，可以直接出现第三类卖点就下跌，这在理论与实际中都是完全允许的。这样，如果在中枢震荡上方没完全走掉，那有部分筹码就可能需要在第三类卖点处走，从而影响总体利润。如果完全按照以上缠中说禅操作模式，就不存在这个问题了。至于能否达到这缠中说禅操作模式的要求，是技术精度的问题，需要在实际中磨练的问题。

当然，有一种磨练方式是可行的，就是宁愿抛错了，也要严格按方法来。毕竟就算你的技术判断能力为0，抛错的几率也就是50%，后面还有一个第三类买点可以让你重新买入。如果抛对了，那可能每次的差价就是10%以上。别小看这中枢震荡的力量，中枢震荡弄好了，比所谓的黑马来钱快而且安全，可操作的频率高多了，实际能产生的利润更大。

以上方法是对固定操作品种来说的，也就是不换股。还有一种更激进的操作方法，就是不断换股，也就是不参与中枢震荡，只在第三类买点买入，一旦形成新中枢就退出。例如操作级别是30分钟，那么中枢完成向上时，一旦出现一个5分钟向下级别后下一个向上的5分钟级别走势不能创新高或出现背驰或盘整背驰，那么一定要抛出，为什么？因为后面一定会出现一个新的30分钟中枢。用这种方法，往往会抛在该级别向上走势的最高点区间。当然，实际上能否达到，那是技术精度的问题，是需要干多了才能干好的。

其实，同样可以用严格的方法证明：

缠中说禅第二利润最大定理：对于不同交易品种交易中，在确定的操作级别下，以上激进的缠中说禅操作模式的利润率最大。

注意，并不是说第二定理就比第一定理更牛，更有意义。这里所说的利润率，是指每次操作的平均利润/需要占用资金的平均时间，但真正能产生总体利润的，还与操作的频率有关。第二虽然激进，但也需要有激进的市场机会，如果这市场就没有可操作级别的第三类买点，那也只能干等。而第一不需要这么强的市场条件，基本上，除了最恶劣的连续单边下跌、连大点的中枢都没有的，都可操作。所以在实际操作中，两者不能偏废。【**课文解读**：根据个人习惯与资金情况，可以对相同或不同品种的股票进行操作，方法如图49-7所示。】

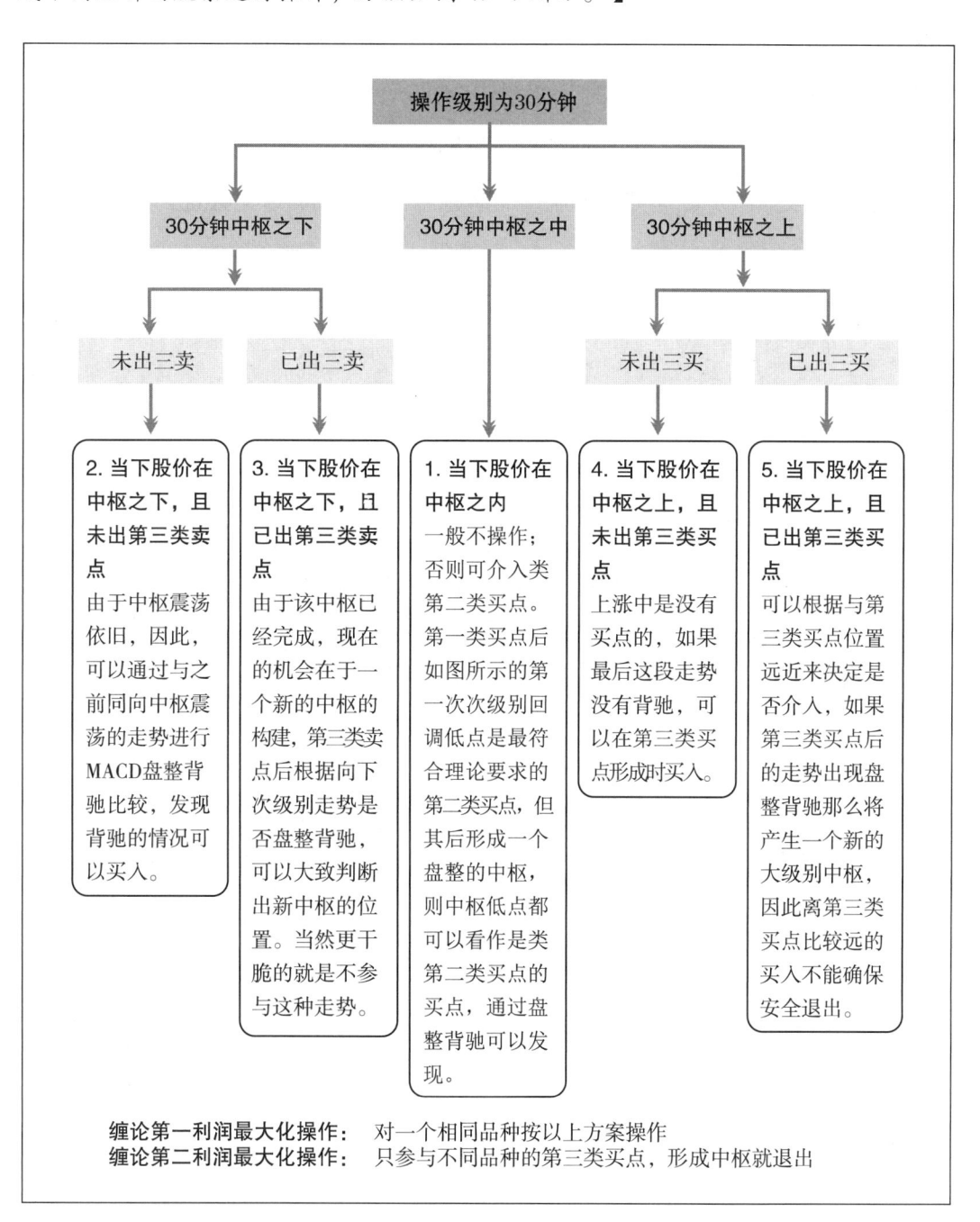

```
                        操作级别为30分钟
        ┌───────────────────┼───────────────────┐
   30分钟中枢之下        30分钟中枢之中        30分钟中枢之上
    ┌──────┴──────┐                          ┌──────┴──────┐
  未出三卖      已出三卖                    未出三买      已出三买
```

2. 当下股价在中枢之下，且未出第三类卖点
由于中枢震荡依旧，因此，可以通过与之前同向中枢震荡的走势进行MACD盘整背驰比较，发现背驰的情况可以买入。

3. 当下股价在中枢之下，且已出第三类卖点
由于该中枢已经完成，现在的机会在于一个新的中枢的构建，第三类卖点后根据向下次级别走势是否盘整背驰，可以大致判断出新中枢的位置。当然更干脆的就是不参与这种走势。

1. 当下股价在中枢之内
一般不操作；否则可介入类第二类买点。第一类买点后如图所示的第一次次级别回调低点是最符合理论要求的第二类买点，但其后形成一个盘整的中枢，则中枢低点都可以看作是类第二类买点的买点，通过盘整背驰可以发现。

4. 当下股价在中枢之上，且未出第三类买点
上涨中是没有买点的，如果最后这段走势没有背驰，可以在第三类买点形成时买入。

5. 当下股价在中枢之上，且已出第三类买点
可以根据与第三类买点位置远近来决定是否介入，如果第三类买点后的走势出现盘整背驰那么将产生一个新的大级别中枢，因此离第三类买点比较远的买入不能确保安全退出。

缠论第一利润最大化操作：对一个相同品种按以上方案操作
缠论第二利润最大化操作：只参与不同品种的第三类买点，形成中枢就退出

图49-7 缠论最佳操作方式

显然，对于大资金，以上方法需要有特殊的处理。资金越大，利润率显然越低，因为很多级别的操作不可能全仓参与，就影响资金的总体利用率。一般来说，小资金增长可以极为迅速，用本 ID 的方法，无论牛市熊市，最笨的人，完全随机挑股票，完全找不到所谓的黑马，每年保持 200% 以上利润是一点问题都没有。如果你技术精度高，即使在熊市里，每年来个 500% 的增长，也是不难的。因为熊市里，中枢震荡的机会反而多，而且大反弹，本质上也就是大级别中枢震荡的机会不少，处理好了，并不比牛市来钱慢。但这种增长只能维持几年，一旦资金大到一定程度，就会遇到资金增长瓶颈。如何突破该瓶颈，这是另一个问题，以后会说到。

教你炒股票 50

操作中的一些细节问题

（2007-04-27 08:42:51）

"五一"前都说股票了，"五一"后再恢复正常，继续解《论语》。今天说点实际的问题，因为，什么理论，最终都要落实到操作。而操作中一些细节问题，是必须要搞清楚的。

首先，你无论如何都应该能看到走势图。至于最小只能看到 1 分钟还是分笔图，甚至连 5 分钟都看不到，这问题都不是太大。其次，只要是正常的软件，没有不能看 MACD 的。有一个很重要的问题，很多人搞不清楚，就是怎么选择看几分钟的 MACD。必须明白一个道理，就是 MACD 的计算方法决定了，1 分钟和 30 分钟 MACD 之间并没有实质的区别，只是计算的周期不同而已。而相应的计算是线性的，只是稍微灵敏与迟钝的区别，没有太大的区别。【字斟句酌：MACD 指标并非为缠论量身定制，指标的计算方式和 K 线的形成很类似，是以固定时间周期为单位进行多空状态计算。缠论的走势基本与时间无关，所以即便缠论的一段持续上涨走势，MACD 指标也会出现黄白线跌破 0 轴的情况，如图 50-1 所示，红绿柱线更是交替出现。1 分钟与 5 分钟代表了指标计算时的取值参数，因此指标具有分段式的特点。5 分钟与 5 个 1 分钟的 MACD 指标之和不存在必然关系，计算背驰与否更是无从谈起。要想利用好指标，必须先将走势按缠论重新划分，即知道何时、以何种级别、对哪段走势对应的红绿柱线面积进行比较。市场上有一种很常见的错误认知，认为 30 分钟的 MACD 指标值是 30 根 1 分钟的 MACD 指标值求和的结果。打破这种错误认知很容易，随便选择一个 5 分钟的 MACD 指标值，看看它是否等于同时间段的 5 个 1 分钟 MACD 指标值的和就可以。图 50-2 是上证指数 11 月 6-8 日 1 分钟和 30 分钟的 K 线走势对比图。观察 MACD 指标的情况，很明显 30 分钟红绿柱线与 1 分钟红绿柱线的多空计算并非一一对应。】

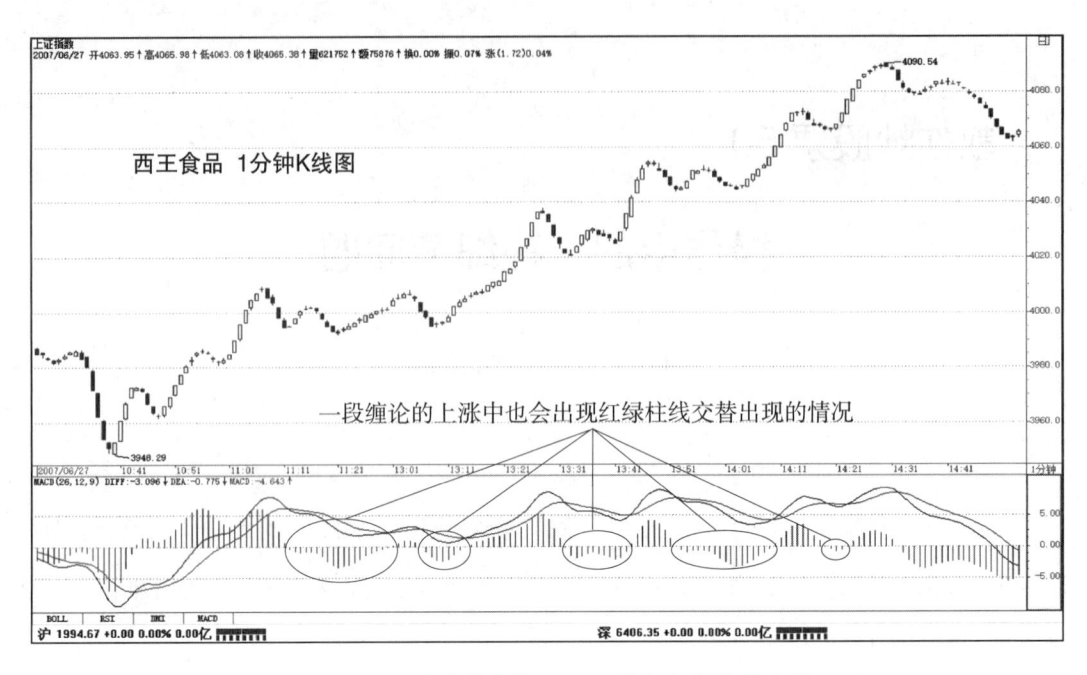

图 50-1　上涨走势中的 MACD 指标红绿柱线表现

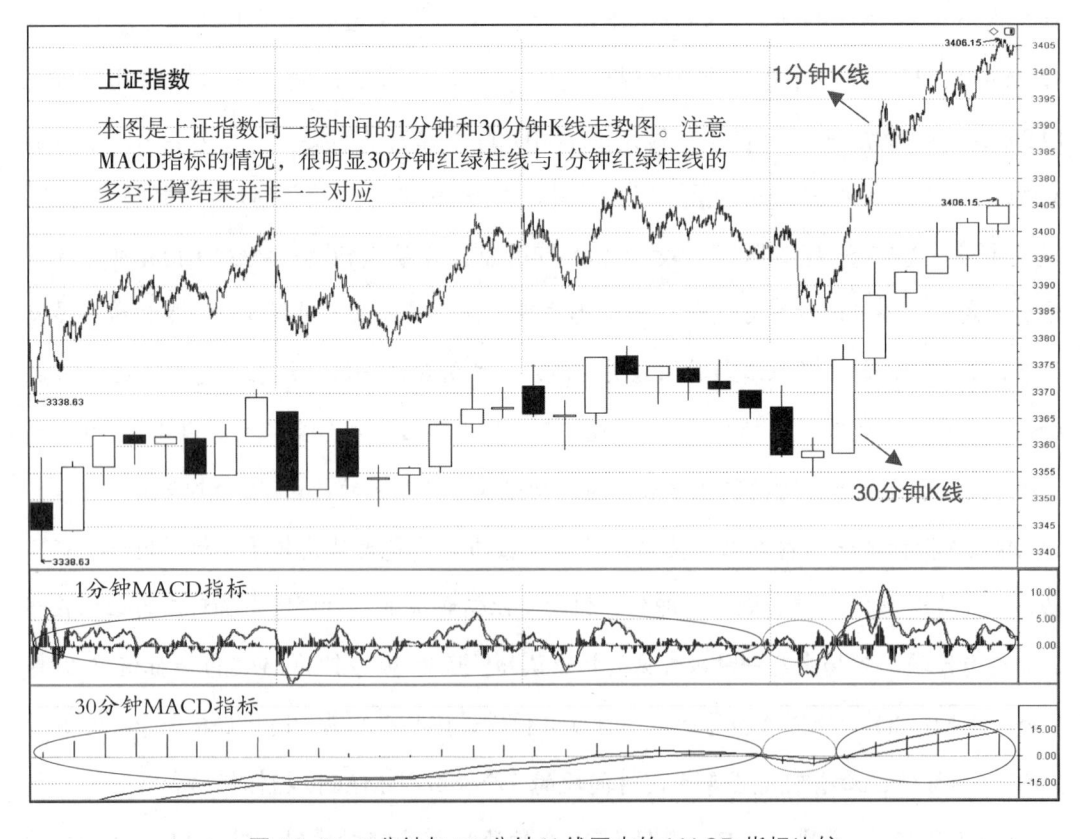

图 50-2　1 分钟与 30 分钟 K 线图中的 MACD 指标比较

问题的关键是，MACD只是力度比较的辅助，因此，是先定好比较哪两段走势，然后才去选择看是1分钟的还是30分钟的更适宜辅助判断（关系到灵敏度）。例如，两段走势，在1分钟上形成很复杂的MACD柱子和黄白线变化，而在30分钟上是很明显的两个柱子面积以及标准的黄白线变化，那当然就选择用30分钟看。由于MACD与K线价格相关，所以一般情况下，30分钟级别的走势变化，经常对应在30分钟的MACD上，【课文解读：因区间套看盘方式的缠论走势级别与K线级别有关，所以缠中说禅方有如此一说。】但这不能因此而改变先根据中枢与走势运动的分析，然后选出需要比较力度的走势段，最后才用MACD辅助判断的顺序原则。

以上是些小的技术细节，但更重要的，是一些操作心理上的细节。操作上，最开始，一定都是患得患失的。为什么一定要把理论搞清楚？就是先从根子上解开自己的疑惑，知道为什么本ID的理论是如几何般严格精确的。否则，例如你对平面三角形内角之和为180度的证明有疑惑，一定要去丈量每一个平面三角形去证明才舒服，这样，就永远有心理阴影，是无法去进行正常操作的。理论的探讨，是为了树立操作的信心，当然，还为了对走势有一个精确的分析去指导操作，但其心理层面的意义也是极为重要的。这绝对不能迷信，因为相信本ID而相信本ID的理论，那就是绝对的脑子进水了。而是要从道理、逻辑等方面彻底搞清楚，这样才能无疑地去操作，而不用瞻前顾后。

对本ID理论对走势分析以及操作的绝对性有把握后，以后解决的都是一个操作精确度的问题。一个正确的理论，应用到实践中，特别是面对瞬息万变的市场，因为应用的人的经验与心理状态，其结果自然有很大差异。如何提高操作的精确度，就是一个长期实践的问题。但无论如何，只有在操作中才能解决这个问题，否则永远都在纸上谈论，那是毫无意义的。

一个最常见的心理就是，看到是买点或卖点了，但买了还跌，卖了还涨，所以下次就不敢尝试了。这在操作不熟练的人中，太正常了。因为，对买卖点的判断，开始时，一定都达不到理论所确立的精确度。毕竟是人，人总有盲点与惯性。例如，对于习惯性多头来说，经常就是买早卖晚；而习惯性空头，就是买晚卖早。就算对理论在认识上没问题了，这种习惯性因数也会导致真正的操作与理论所要求的操作时间有偏差。要改变这种习惯性力量，不可能是一天两天的事情。

一般来说，应用理论开始实际操作前，要先看懂所有曾有的走势，能用理论对已有的走势进行分析。如果这都达不到，那当下去操作一定乱。这一步基础达到后，可以先不用真正买卖，可以进行一定的模拟。市场一周5天开着，当下去模拟操作，每次的操作都记录下来，然后不断根据后面的走势来总结，然后发现自己对理论当下理解上的问题，不断修正。当模拟操作有足够把握后，才开始真正的买卖操作。如果一开始就真正买卖，由于绝大多数人，在真的钱上都会方寸大乱，无论操作成功、失败，都会迷失在输赢上，而忽略了操作上的问题。

所以，首先要把静态的、已有的图形分析清楚，然后再进行动态的、当下的分析把握，最后才是实际的操作，这样就比较稳妥了。当然，这过程不是一两天完成的，所以，本ID在12月下旬开始就说了些股票，当时是让各位学习时，能安心，买了就扔那里，边赚钱边学习。本ID不需要各位的学费，但各位实际操作的时候，可能会交给市场一些学费。本ID告诉点股票让各位拿着，就是把可能要交给市场的学费都给各位准备好了。因为，毕竟最后都要靠各位自己，而在市场上学习，先交点学费，然后不断进步，最后应用自如，都是很正常的过程。

所以心态要平稳点，不要整天去计算今天少挣多少诸如此类的问题。说白了，如果你没有一套有效的方法，只要你在市场里，你赚的钱从本质上就不是你的，只是暂时存在你那里。而要把自己培养成一个赚钱机器，就如同前锋把自己培养成射门机器一样，方法学了都会，但神射手却不一定都是，这需要更多的努力。市场的技术，是需要磨练的。关键是真正掌握技术，只要掌握了，赚钱就成了自然的事情。只要有足够的时间，就自然产生足够的钱，为什么？因为这已经被本ID的理论如几何般严密地保证了。

另外，学本ID的理论，并不荒废任何其他的东西，但那些东西都只能是辅助。甚至，你可以去听消息，去追炒概念，怎么都可以，但必须不能违反本ID的理论。为什么？因为本ID的理论是这市场真实的直接反映，违反本ID的理论，最终都会被市场教训。如果不相信，那你就在本ID理论的第一类买点卖，第一类卖点买，来回坚持，如果按一个较大级别去操作，一般来说，N次以后你就可以离开市场了。有了本ID的理论，就算去跟风，追炒，都会有章法，都会进退自如。

教你炒股票 51

短线股评荐股者的传销把戏

（2007-05-09 08:30:16）

国人，赌博心理特［别］重，一个六合彩就可以横扫大半中国，那些偏僻的山村都可以为之痴狂，而这里包含的某种特点，正是任何群体性运动的基础。【深入解析：指盲目从众、好逸恶劳以及侥幸心理。】股票市场中，那些短线股评荐股者，如传销般，也就利用这种群体性癫狂来达到目的。

有一种最弱智的，就是为所谓的庄家出货卖嘴的。这种长久不了，一两次后就没戏，只能改换门庭。由于没有可持续性，所以不值得专门研究，而且靠找人卖嘴才能出货的庄家，智力水平太低，没资格让本ID去谈论。

现在说的是这样一种具有可操作性的把戏，不妨假设有一痴呆儿，在一每天浏览量超过10万的网站或电视上随机地推荐短线的股票。有5%的人相信并尝试第二天开始半小时内买入，也就是有5000人，每人平均的买入量是2000股，也就是有1000万的买入量。这个买入量，对于绝大多数的股票来说，足以使得该股票具有了极大的支持而呈现大涨。而对于另外的95%，有些因为高了而拒绝买入，但至少有一个印象会留下，这股票推荐得真准，在下次荐股游戏中，这就是新的资源。而有一部分胆子大的，会在更高的价位买入，这样，一个资金的流动输入就产生了。而买入挣钱的，都爱到处忽悠，所以，相应人群就会不断增加，直到资金流入与筹码的松动达到平衡。

这样一个系统，可改进成组织更严密的传销：先建核心的第一级会员。会员，当然都要交会费，得到的回报是可以先买到第一批的货，在广泛向外推荐前，可以优先得到购买权。而更精细的系统，可以把会员分为不同的等级，这样，可以让购买流量得到一个更好的控制，一个逐步扩散的传销效果。这种有精细结构的传销系统，可以支持一个较长时间的操作，大致就演化成一个庄家行为。只是这庄家是很多不同等级的人构成的一个有联系的组织，这比一般的庄家有一个好处，就是不存在一个人挂一大堆虚账号的监管风险。坏处之一，就是这样一个结构，其稳定性是有问题的，一有困难，很容易树倒猢狲散。

对于特别短线，经常换股的传销系统，由于最终必然最大量的人被套，这样来回几次后，就会使得外围的传销者资源逐步枯竭，最终整个系统崩溃。所以，那些经常在电视、网站上，每天N股的人，一般来说其流传寿命都不会长，一轮大的调整，就可以消灭一大批。当然，每轮行情起来，都可以看到类似的人出现，然后消失，如此而已。而比较长线，有着精细结构的传销系统，就会逐步演化成所谓的私募基金，这是比上述传销系统更稳定、更能长久的结构，这就是市场里这类无聊把戏的生命演化进程。

而市场中绝大多数的，都不过是在参加一种无意识的传销游戏，为最终的炮灰提供足够的人肉人骨。【课文解读：市场中流传着诸多的神话，打板就是其中一个，纯粹打板不过是一种传销，利用人性贪婪的一种营销方式。】而在基金等层面上，那是另一种游戏，但其天生的弱点，有着许多可攻击的地方。因此，基金会逐步演化成对冲基金或更稳定的合伙制结构*，这里的赎回或对风险的忍受程度有着更大回旋余地，因此有着更高层次的市场生命。

市场如同大海，这里有各种的生命形态。本ID之所以说这些，是要让各位对市场中各类资金的生存状态有一定的认识。这些生存方式，都会存在，不会出现某种形式一统天下的状态。有人可能要问本ID属于哪种形态，本ID哪种形态都不是，如果一定要说，那本ID属于猎鲸者的那种。你必须对所有猎杀对象有着最清楚的认识，才能对此找到最好的攻击点，然后杀之。而本ID只对大海里最大的生物感兴趣，本ID只猎鲸，特别对鲸群有兴趣，一次只杀一鲸的游戏，早玩腻了。

有人又要问本ID不也推荐过股票吗？那只是本ID希望各位能专心学习。除了那十四只，还有一些最大盘的，但告诉各位只是用来打架，散户没必要介入的。最后明确说过的，就是VC股600635（5元多说的），【课文解读：指大众公用（600635）。VC意为风险投资，英文为"Venture Capital"，缩写为"VC"，又译为创业投资，主要是指向初创企业提供资金支持并取得该公司股份的一种融资方式。】和北京旅游股（10元多说的）【**课文解读：指北京旅游（000802）。**】3月19日加息后1个多月到现在，从来不说具体股票了。为什么？因为这里的人越来越多，本ID再说具体股票，就成了传销或被人利用成传销了。本ID又不需要任何人来抬轿子，注意，本ID是猎鲸的，而不是那鲸鱼。

当然，本ID说过的，都会负责到底，因为本ID自己依然在猎鲸中。但绝对不是说让各位现在才去追高买，其实，对本ID猎鲸中的或不是猎鲸中的，方法是一样的。本ID是要把渔的方法告诉各位，让各位自己去找鱼吃，关键是有什么级别的买卖点而不是对象。至于刚好发现本ID也在猎着的有买点，那当然也可以介入，但不是让各位集体无意识地都聚集在本ID的猎鲸对象上，这不又成了变相的基金了？猎鲸船本来就比鲸鱼大，把本ID变成鲸鱼，那不太小看本ID了？

本ID做事情从来都不想含糊，加上600635（大众公用）、000802（北京旅游），总共16只，依然是本ID猎鲸船所追杀的物体。当然，实际上，这猎鲸船追杀的目标还不只这16只，具体的结构，当然不能说了。这里"汉奸"这么多，记得2000多点那美国老头胡诌，本ID说要把他打到满地找牙夹死他时说过什么吗*？

把这16只分类一下，最早一批是去年12月底，最后一只是3月中旬，现在是5月初，按说过以后的涨幅大致分类一下。这不是为了炫耀，而是让后面来的知道本ID猎杀的介入位置，从中也可以发现一些技巧性的问题。本ID介入的位置和说的位置大致一样，先来的当时买的，基本和本ID的成本是一样的，因为本ID的货多，当然成本不可能比各位低。但是，现在可就不一样了，因为本ID的成本不断在下降。这种最厉害的方法，本ID在课程里可是毫无保留地说过的，就不知道有多少人能办到了（见图51-1至图51-16）。

基本200%及以上：民生控股（000416）、中核科技（000777）、华润三九（000999）、吉恩镍业（600432）。【**课文解读：吉恩镍业（600432）现已退市。**】大众公用（600635）、京能电力（600578）、中信海直（000099）。

150%以上：新兴铸管（000778）、新潮实业（600777）、山大华特（000915）。

100%以上：建投能源（000600）、城投控股（600649）。

50%以上：北京旅游（000802）、航天动力（600343）、清华紫光（000938）、隆平高科（000998）。

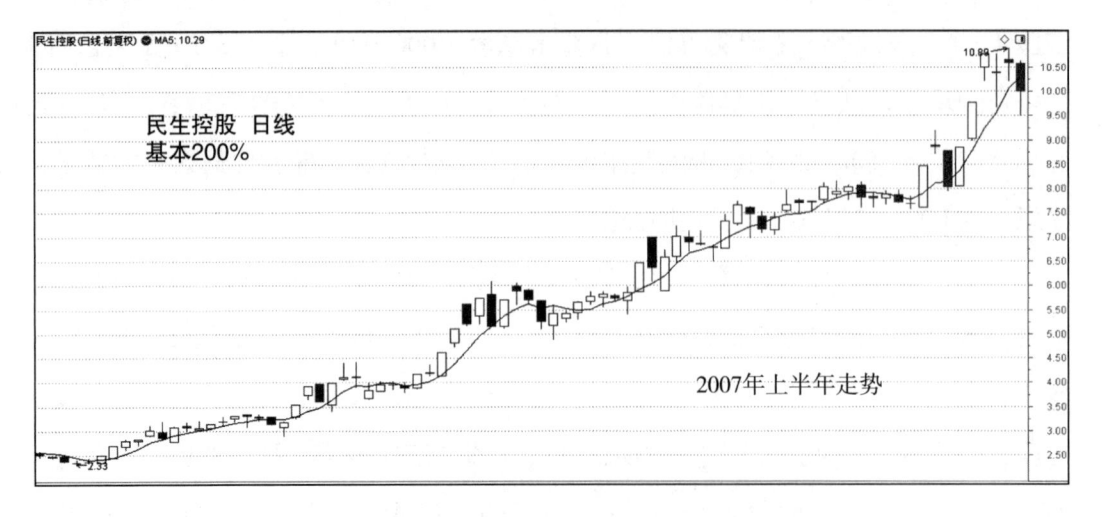

图 51-1　民生控股 2007 年上半年日 K 线走势图

图 51-2　中核科技 2007 年上半年日 K 线走势图

图 51-3　华润三九 2007 年上半年日 K 线走势图

图 51-4　吉恩镍业 2007 年上半年日 K 线走势图

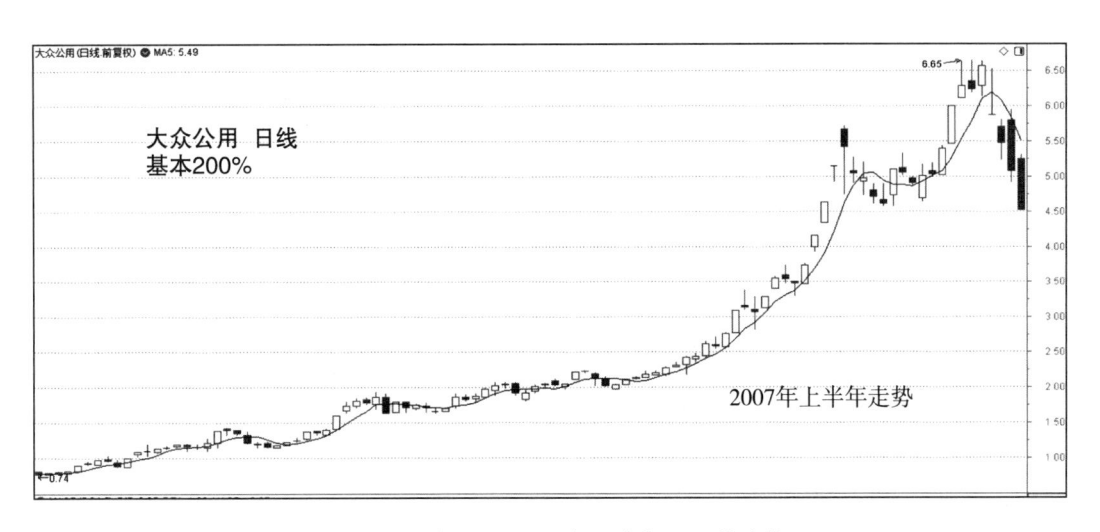

图 51-5　大众公用 2007 年上半年日 K 线走势图

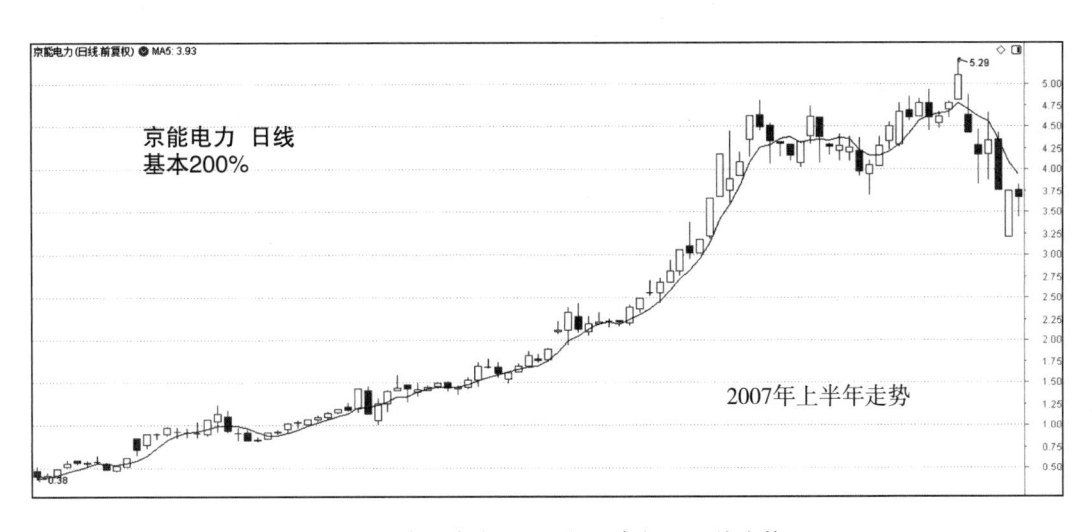

图 51-6　京能电力 2007 年上半年日 K 线走势图

图 51-7　中信海直 2007 年上半年日 K 线走势图

图 51-8　新兴铸管 2007 年上半年日 K 线走势图

图 51-9　新潮实业 2007 年上半年日 K 线走势图

图 51-10　山大华特 2007 年上半年日 K 线走势图

图 51-11　建投能源 2007 年上半年日 K 线走势图

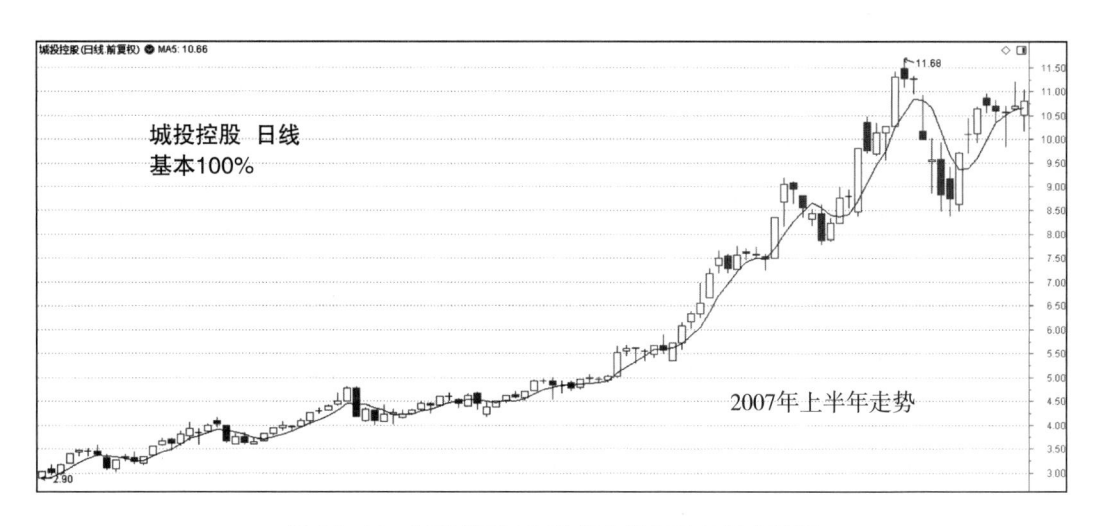

图 51-12　城投控股 2007 年上半年日 K 线走势图

图 51-13　北京旅游 2007 年上半年日 K 线走势图

图 51-14　航天动力 2007 年上半年日 K 线走势图

图 51-15　清华紫光 2007 年上半年日 K 线走势图

图 51-16　隆平高科 2007 年上半年日 K 线走势图

　　股票不过是小道，但条条小道通大道。本 ID 在这里费口舌，有一个目的，是希望这里至少能有人通过学习以及自我磨练，最终能成为猎鲸者。其次，更重要的，要小道而大道，这才不枉来这里一趟。至于想把这个变成传销场所或来这里希望找点传销玩意的，那就入错门了。本 ID 这里不需要这么多人，至于那些希望小道而大道或至少有志于成为猎鲸者的，如果觉得有更好的地方，也没必要留在本 ID 这里。本 ID 只对面首感兴趣，而且只在 419 的时候对面首感兴趣，对徒子徒孙，从来没兴趣。各位自便吧，本 ID 这里门前草深三尺也无妨。

　　【课文解读：从本课内容来看，缠中说禅当时可能遭受一些非议。其实区分传销式股评和授课式微博有个更简单的方法，就是看传播者的关注点。

　　传销关注如何让人加入，所以人为制造、创造神人、神话，将复杂的投资简化为按指令买入、卖出，调动人贪婪的欲望和对决策的恐惧，从而陷入布局者的圈套。

　　缠中说禅的"教你炒股票"108 课本质上是无神的——神即道，尊重客观规律被奉为圭臬。缠中说禅的关注点是对缠论的剖析而非学习的人数，更非无脑的追随者。】

> 拓展阅读

对冲基金与共同基金的异同

对冲基金是指充分利用各种金融衍生产品的杠杆效用，承担高风险，追求高收益的投资模式。对冲基金可以采用各种交易手段如对冲、换位、套头、套期来赚取利润。共同基金是指依法设立基金公司，以发行股份的方式募集资金，投资者的身份是基金公司的股东，投资者将资产委托给基金公司管理运作，同时委托其他金融机构代为保管基金资产。

对冲基金与共同基金的区别主要表现在以下5个方面。

（1）投资者资格。对冲基金的投资者有严格的资格限制。美国证券法规定：如以个人名义参加，最近两年内个人年收入至少在20万美元以上；如以家庭名义参加，夫妇俩最近两年的收入至少在30万美元以上；如以机构名义参加，净资产至少在100万美元以上。1996年作出新的规定：参与者由100人扩大到500人。参与者的条件是个人必须拥有价值500万美元以上的投资证券。一般的共同基金无此限制。

（2）操作。对冲基金的操作不受限制，投资组合和交易受限制很少，主要合伙人和管理者可以自由、灵活地运用各种投资技术，包括卖空、衍生工具的交易和杠杆。一般来说，共同基金在操作上受限制较多。

（3）监管。目前对冲基金基本不受监管。美国1933年证券法、1934年证券交易法和1940年的投资公司法曾规定：不足100个投资者的机构，在成立时不需要向美国证券管理委员会等金融主管部门登记，并可免于管制，因为投资者主要是少数十分老练而富裕的个人，自我保护能力较强。相比之下，对共同基金的监管比较严格，这主要因为投资者是普通大众，许多投资者缺乏对市场的必要了解，出于避免风险、保护弱小者以及保证社会安全的考虑，对共同基金实行较为严格的监管。

（4）筹资方式。对冲基金一般通过私募发起，证券法规定，对冲基金在吸引顾客时不得利用任何传媒做广告。投资者主要通过四种方式参与：根据在上流社会获得的所谓"投资可靠消息"；直接认识某个对冲基金的管理者；通过别的基金转入；由投资银行、证券中介公司或投资咨询公司特别介绍。共同基金则多是通过公募或公开做广告以招徕客户。

（5）能否离岸设立。对冲基金通常设立离岸基金，其优点是可以避开美国法律对于投资人数的限制和避税。通常设在税收避难所如处女岛（Virgin Island）、巴哈马（Bahamas）、百慕大（Bermuda）、鳄鱼岛（Cayman Island）、都柏林（Dublin）和卢森堡（Luxembourg），这些地方对于对冲基金的税收微乎其微。1996年11月统计的680亿美元对冲基金中，有

317亿美元投资于离岸对冲基金。据统计，如果不把"基金的基金"计算在内，离岸基金管理的资产几乎是在岸基金的两倍。共同基金原则上不能离岸设立。

普通基金也可以对冲，不过限制很多。

在中国，由于非公募基金不能买卖期货外汇，所以没有可以卖空的金融产品，因此无法进行对冲操作。

拓展阅读

罗杰斯，有种的和本ID来个PK

当时，美国人罗杰斯说中国股市有泡沫，导致股市急剧波动。第二天缠中说禅发表博客（2007年1月26日15:03）：罗杰斯，有种的和本ID来个PK。

部分内容如下：

在昨天中午最恶劣的情况下敢和美国佬公开叫板的，有谁？昨天明确指出"站在纯交易的角度，本ID早就及时提醒向二三线的战略转移，但工行等控制指数的工具，是不能落入美国人的手里的，这是一个原则问题。工行可以没行情，可以继续围绕目前位置盘整，但企图想把工行打下去拣便宜货，门都没有，首先本ID就不答应"，有谁？更公开"而这轮大牛市，在第三波的大重组行情出现之前，绝不会走完，这是绝对无疑的。即使出现周线中枢的震荡，个股行情机会依然不断。工行可以没有行情，但个股不会没有行情，不信就走着瞧。今天，本ID的农业股、环保股、公用事业股、军工股都创出新高，这就是先头部队"，有谁？今天，本ID的先头部队里，农业股、环保股、军工股、有色继续创出新高，而工行在有大量新股准备上来的巨大利空面前没有给美国佬任何机会，一些可耻的"汉奸"企图让工行跌停，门都没有！

教你炒股票 52

炒股票就是真正的学佛

（2007-05-18 08:49:05）

本ID一直强调无须预测，并不是说市场走势就绝对不可预测，相反，市场走势当然可以绝对预测。不过，这里的预测和一般所说的预测并不是同一意义。一般的预测是建立在一个机械的、上帝式思维基础上，这种思维，把市场当成一个绝对的、不受参与者观察所干扰的系统，由此而形成一套所谓的预测标准，一个建立在错误的思维基础上的标准。这种预测，本来就不存在。关于这点，如果你对量子力学的历史发展有点了解，不难理解。【课文解读：由于股票价格与市场参与者的操作息息相关，因此股价的运行方向会随时进行调整，表现为某种连续的动态形式。在这种情况下，所谓的"绝对预测"（机械式、上帝式）只能是一个笑话。】

市场的预测、观察、参与者，恰好又是市场走势的构成者，这就是市场预测的最基本起点。因此，市场的走势模式，归根结底就是市场预测、观察、参与者行为模式的同构。这意味着，唯一并绝对可以预测的，就是市场走势的基本形态。不学无术之辈，喜欢谈论所谓的点位，却不知道，点位只是基本形态演化的一个结果，是当下中形成了。形态是"不患"的，点位是"不患"之"患"，只要把握了这"不患"，其"患"自然就在当下的把握中。那种追求对点位的非当下把握，绝对是脑子进水。因为点位都是当下形成中的，这是一个"不患"，企图逃离这个"不患"而谋其"患"，不是脑子进水是什么？正因为点位都是在基本形态的演变中当下形成的"不患"，才有点位的"不患"之"患"。

【深入解析：股票走势不可绝对预测，但下一阶段的走势结构却可以有一个基本框架。其根源在于人们预测观察、参与市场投资的行为方式具有相同的规律，反映在走势上，其结构就表现出某些固有的特点。】

明白了这个道理，才算是有了市场预测的"正眼"。无此"正眼"，都是瞎掰。而实际操作中，最基础的，就是对基本形态的最基本把握，这是"不患"的。只有立足于这"不患"上，才有对点位之"患"当下的把握。【深入解析：基本结构是绝对的，点位是这种绝对性下的不确定。】说白了，所有的操作练习，归根结底就是在此之上。所以，本ID说自己只是一个训练者，引导者，因为当下，只能是你的当下，离开你的操作当下，根本是不存在的。

【课文解读：虽然课程使用大量篇幅讲述第一类、第二类、第三类买卖点的判断，但如果不能深切感受到多空力量的此消彼长，深刻理解缠论给出的走势结构，那么点位就只能是幻想而已。就像不理解刀、枪、剑、鞭的优劣，依葫芦画瓢地使用独孤九剑的破刀式、破枪式、破剑式、破鞭式，结果肯定是画虎不成反类犬。实际操作中，一个买卖点是否成立是无法事先预测的，比如一个突破中枢后的次级别回调走势，能否形成第三类买点，只有当下对回调走势进行判断。缠论使用盘整背驰、标准背驰的方法来辅助判断，走势背驰了又符合买卖点对位置的要求，买卖自然而然达成，无需预测。】

由此，不难理解另外一个操作上的"不患"，就是你事先确立的操作级别，这是"不患"的。市场，归根结底只是你的市场，就像，一个看花只能看到花的眼睛，那自然看花就是花，不会把花看成猴子。科学的把戏，就是要先假设所有的被科学定义为眼睛的物体，都只能把花看成花，所以科学在股市上注定死无葬身之地。

【拓展阅读：科学告诉我们条件和结果是一一对应的，具有科学性即具有可复制性。但投资面对的情况太复杂了，比如一个5分钟操作者眼中的上涨，可能是30分钟操作者最后的逃生机会。如图52-1所示，左图是一个印刷品的截图，右图是左图放大几十倍后的情况，与原图相比可谓是面目全非。但有时需要以这种视角来观察，比如判断某处的色彩，比如确定原图的分辨率，等等，这好比使用不同级别观察同一段走势一样。所以不严谨、条件不统一的科学，在股市上注定死无葬身之地。正是诸如级别之类的细微不同，注定每个人眼中的市场不同，所以市场归根结底只是每个人自己的市场，战胜市场也必须依靠自己的力量。明白了以上道理，投资依然是门科学，同样具有可复制性。】

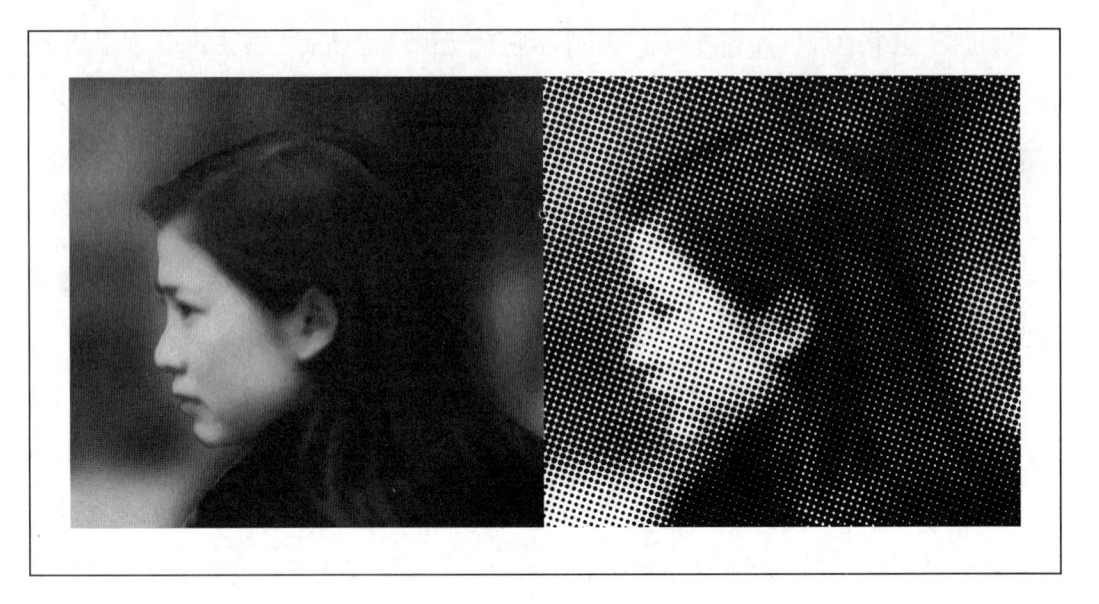

图 52-1　不同精度的人像图片

所有的市场，都必然只能是你当下观察、操作中的市场。离开你当下的观察、操作，市场对于你来说并不存在，或者说毫无意义。而你的观察、操作，必须有一个"不患"的前提，就是你的操作级别。

这操作级别，就等于一个把花看成花或把花看成猴子的眼睛。【课文解读：请参考图 52-1 的例子。】在你的世界里，把花看成花与把花看成猴子所包含的基本模式是同构的，关键是这个模式，而不是花还是猴子的不同设定。所以，本 ID 的理论，可以适用于任何操作级别的人，因为不同级别之间的基本模式是同构的，这就是市场的一个基本特征。注意，这特征不是理所当然的，这个特征之所以存在，归根结底，就是市场参与者有着基本相同的结构。这结构，归根结底，就是贪嗔痴疑慢。甚至可以这样说，在六道轮回中，任何的类市场形态，本 ID 的理论都适用其中，因为，这贪嗔痴疑慢是同构的。所以，如果本 ID 这理论的种子种下后，就算你轮回到其他道上，那里恰好有一个股票市场，你也可以在其中如鱼得水。【深入解析：市场走势在不同级别上具有相同的结构，源于人性中的贪嗔痴疑慢。】

那么，市场的基本形态是什么，最基础的，就是反复说的以中枢、级别为基础的趋势与盘整。而背驰的级别一定不小于转折的级别，是市场预测的最基础手段。例如，你是一个 30 分钟级别的操作者，那么，任何 30 分钟级别下跌及 30 分钟级别以上的盘整，你都没必要参与。因此，当一个 30 分钟的顶背驰出现后，你当然就要绝对退出，为什么？因为这个退出是在一个绝对的预测基础上的，就是后面必然是一个 30 分钟级别下跌或扩展成 30 分钟级别以上的盘整，这就是最有用、最绝对的预测。这才是真正的预测，这是被本 ID 的理论绝对保证的，或者说这是被市场参与者的贪嗔痴疑慢所绝对保证的。

本 ID 的理论，归根结底，就是研究这贪嗔痴疑慢的。由此也就知道，为什么市场的操作，归根结底就是人自身的比较。为什么本 ID 可以把理论大肆公开而不会影响本 ID 自己的操作，因为，只要这世界依然有这贪嗔痴疑慢，本 ID 就如鱼得水。有人整天痴谈学佛，其实，炒股票就是真正的学佛。不在这贪嗔痴疑慢的大烦恼中如鱼得水，得大自在，你那佛，顶屁用！

教你炒股票53

三类买卖点的再分辨

（2007-05-23 08:47:18）

由于新来的人越来越多，请都先把课程认真从头看一遍再讨论问题。另外，在分析［之前］一定要搞清楚中枢的递归定义，这是基础中的基础。连这都搞不清楚，没有彻底明白，那根本就不可能继续下去。

再者，关于级别的问题，如果想不明白，可以当成用不同倍数的显微镜去看一滴水，由此当然会看出不同的精细度，级别之于走势也一样。

一个最简单的例子，三个5分钟级别的走势重叠构成一个30分钟中枢，站在30分钟级别的角度，5分钟的走势都可以看成就是一个线段，没有内部结构的，这线段的高低点就是对应5分钟走势的高低点；而站在5分钟的次级别1分钟上看，每段5分钟的高低点都不绝对是在5分钟走势的结束或开始位置。

当然，按1分钟的级别重新用结合律重新组合，总能让高低点分别在开始或结束的位置，但站在分笔的级别上，这又不行了。【课文解读：如图53-1、图53-2所示，新安股份相同时段的一段走势，图53-1为5分钟级别，图53-2是1分钟级别。区间套看盘方式下：在5分钟K线图上，1分钟的走势被看作没有内部结构的线段，共有三段，分别为A_1、B_1、C_1。在1分钟K线图上，1分钟的走势需要由至少上下上或下上下的结构来确定，因此造成第一段1分钟走势A_1的低点位置与5分钟K线图上A_1的低点不同。】为什么？因为当我们用1分钟的级别重新组合时，其实就先把分笔上的级别都看成没有结构的线段了。

这是十分自然的，就像我们研究猴子的行为时，如果还考虑其中的每个细胞里包含的分子里的原子里的电子的走势问题，那猴子就不是猴子了。所以，这个原则是必须明确的。例如，你决定用30分钟来操作、观察时，其实就已经先假定把所

有完成的5分钟走势都看成线段了。【**课文解读:** 此时的线段,依然是数学意义上的,即一段直线。】

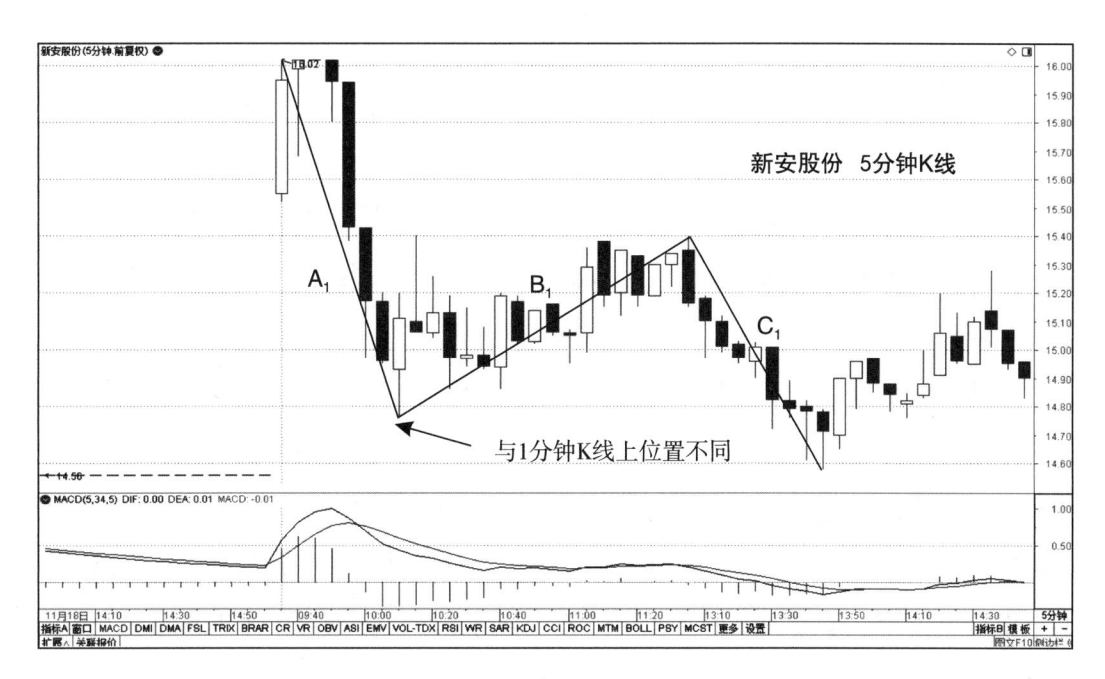

图 53-1　新安股份 5 分钟 K 线走势图

图 53-2　新安股份 1 分钟 K 线走势图

注意，这里和区间套定理是没有冲突的，当30分钟进入背驰段，为了更精细地定位，用倍数更大的显微镜去看这段走势，这是极为自然的。只要知道该在什么时候用什么倍数的去看就可以。

再例如，在看30分钟的第三类买卖点时，由于要涉及次级别5分钟［走势］的判断问题，所以那时候就不能光用30分钟级别的显微镜，同样要转换成5分钟的。但无论这些显微镜如何转换，一个原则是不变的，就是当你用一个级别的显微镜时，就等于先把次级别的当成线段了，也就是说次级别不在该级别的观察中。【深入解析：依然是缠论的第一种看盘方式。】

当然，有这最精细最严格的方法，就是从最低级别的分笔中逐步组合分析上来，这样就不存在上面的问题，但这样太累，而且毫无必要。【深入解析：此为第二种看盘方式。】理论是用来用的，只要不违反理论的基础与绝对性，当然要选择更简单的用法。对这个问题，必须要了解，否则一下30分钟，一下1分钟，一下又年线，非把自己换晕了。【深入解析：必须为第一种与第二种看盘方式下个准确的定义，包括它们的严谨性与实用性两方面，否则只能陷入无聊的口水中。】

其次，对于背驰与盘整背驰，前者是有着最基础意义的。而后者，只是利用前者相应的力度分析方法进行的一个推广用法，主要用在与中枢震荡相关的力度比较中。注意，a+B+c中，a和c的盘整背驰，其实都可以看成是B的中枢震荡，虽然a存在时，B还没出现，但也不妨这样看。

至于第一、二、三类买卖点，归根结底都可以归到第一类买卖点上，只是级别不同。那么为什么不就说第一类买卖点，因为这样，就会涉及不同的级别，等于同时用不同级别的显微镜去看，太乱。实际用起来更乱，因为不同级别的买卖点意义是不同的，因此要统一在一个级别上研究，这个才有三类买卖点的分别。

当然，最充分的操作，就是按分笔的买卖点，这样所有波动的最细微波动都可以把握了。但这在实际中是不可能的，人需要反应的时间，有交易成本，等等。因此，忽略掉某些波动，按更大的级别统一操作，就是客观条件的必然要求。本ID的理论可不是什么先验理论，而是根据客观条件充分反映当下可能的充分可操作性的理论，这必须要彻底明确。因此，三类买卖点，都不能偏废，不能说哪一个更重要，站在同一级别上，三者都重要。

第一类买卖点，就是该级别的背驰点，这足以应付最大多数的情况。但有一种情况是不可以的，就是前面反复强调的小级别转大级别的情况。为什么？因为当小级别背驰时，不触及该级别的第一类买卖点，所以就无须操作。【深入解析：因为小级别转大级别时，走势级别没有背驰，所以这个第一类买卖点当下无法发现，当然无须操作。】

对这种情况，就需要第二类买卖点来补充。该买卖点，不是专门针对这小转大情况的。一般说，高点一次级别向下后一次级别向上，如果不创新高或盘整背驰，都构成第二类卖点，而买点的情况反过来就是了。所以，在有第一类买卖点的情况下，第一类买卖点是最佳的，第二类只是一个补充。但在小级别转大级别的情况下，第二类买卖点就是最佳的，因为在这种情况下，没有该级别的第一类买卖点。【深入解析：前期缠中说禅完全通过背驰来发现走势转折，因此本级别没有背驰时，第一类买卖点就无法发现，只有选择第二类买卖点来操作。】

第二类买卖点，站在中枢形成的角度，其意义就是必然要形成更大级别的中枢，因为后面至少还有一段次级别且必然与前两段有重叠。

而对于第三类买卖点，其意义就是对付中枢结束的。一个级别的中枢结束，无非面对两种情况，转成更大的中枢或上涨下跌，直到形成新的该级别中枢，第三类买卖点就是告诉什么时候发生这种事情的。而在第二、三类买卖点之间，都是中枢震荡，这时候，是不会有该级别的买卖点的，因此，如果参与其中的买卖，用的都是低级别的买卖点。

实际操作中，最干脆的做法，就是不参与中枢震荡，只在预先设定的买卖点上买卖。但对于大资金来说，或者对于有足够操作时间和熟练度的资金来说，中枢震荡当然是可以参与的，而且如果中枢级别足够，其产生的利润往往更大而且稳定。

而在趋势的情况下，一般小级别的买卖点不一定要参与。但如果技术特别好或大资金，同样可以参与，这只是为了提高资金的利用率，加快成本变0或增加筹码的过程。当然，这种小级别的参与，就与该级别能容纳的资金量有关，这就涉及仓位调配控制的问题了，这问题以后再说。

缠中说禅：
教你炒股票
108课(完全解读版)

禅世雕龙/编著

下册

中国宇航出版社
·北京·

目 录

上 册

主题1 投资心态建设（一）

股市闲谈　G股是G点，大牛不用套　　2
教你炒股票1　不会赢钱的经济人，只是废人　　8
教你炒股票2　没有庄家，有的只是赢家和输家　　13
教你炒股票3　你的喜好，你的死亡陷阱　　15
教你炒股票4　什么是理性？今早买N中工就是理性　　17
教你炒股票5　市场无须分析，只要看和干　　20
教你炒股票6　本ID如何在五粮液、包钢权证上提款的　　22
教你炒股票7　给赚了指数亏了钱的一些忠告　　29
教你炒股票8　G点为中心，拒绝"启动失败"　　36
教你炒股票9　甄别"启动失败"的数学原则　　40
教你炒股票10　2005年6月，本ID为何时隔四年后重看股票　　44

主题2 缠论视角下的均线系统

教你炒股票11　不会吻，无以高潮　　50
教你炒股票12　一吻何能消魂　　61
教你炒股票13　不带套的操作不是好操作　　67
教你炒股票14　喝茅台的高潮程序　　71

主题 3　走势必完美在同级别走势中的应用

教你炒股票 15　没有趋势，没有背驰　　　92
教你炒股票 16　中小资金的高效买卖法　　　99
教你炒股票 17　走势终完美　　　108

主题 4　普通走势划分中的走势类型及走势中枢

教你炒股票 18　股性不活跃的不是好股票　　　124
教你炒股票 19　学习缠中说禅技术分析理论的关键　　　134
教你炒股票 20　缠中说禅走势中枢级别扩张及第三类买卖点　　　138

主题 5　缠论标准三类买卖点（一）

教你炒股票 21　缠中说禅买卖点分析的完备性　　　150
教你炒股票 22　将 8 亿大米装到 5 个庄家的肚里　　　164
教你炒股票 23　市场与人生　　　175
教你炒股票 24　MACD 对背驰的辅助判断　　　177
教你炒股票 25　吻，MACD、背驰、中枢　　　187
教你炒股票 26　市场风险如何回避　　　196
教你炒股票 27　盘整背驰与历史性底部　　　204
教你炒股票 28　下一目标：摧毁基金　　　219
教你炒股票 29　转折的力度与级别　　　225

主题 6　缠论的哲学基础（一）

教你炒股票 30　缠中说禅理论的绝对性　　　242
教你炒股票 31　资金管理的最稳固基础　　　248
教你炒股票 32　走势的当下与投资者的思维方式　　　253

主题 7　走势的多义性

教你炒股票 33　走势的多义性　　　262

教你炒股票 34　宁当面首，莫成怨男　　　　　　　　　　　270
　　　教你炒股票 35　给基础差的同学补补课　　　　　　　　　　273
　　　教你炒股票 36　走势类型连接结合性的简单运用　　　　　　283

主题 8　缠论标准三类买卖点（二）

　　　教你炒股票 37　背驰的再分辨　　　　　　　　　　　　　294

主题 9　走势的同级别分解

　　　教你炒股票 38　走势类型连接的同级别分解　　　　　　　　304
　　　教你炒股票 39　同级别分解再研究　　　　　　　　　　　　311
　　　教你炒股票 40　同级别分解的多重赋格　　　　　　　　　　321

主题 10　投资心态建设（二）

　　　教你炒股票 41　没有节奏，只有死　　　　　　　　　　　　326
　　　教你炒股票 42　有些人是不适合参与市场的　　　　　　　　330

主题 11　小级别背驰引发大级别转折

　　　教你炒股票 43　有关背驰的补习课　　　　　　　　　　　　334
　　　教你炒股票 44　小级别背驰引发大级别转折　　　　　　　　344

主题 12　日内看盘方式

　　　教你炒股票 45　持股与持币，两种最基本的操作　　　　　　352
　　　教你炒股票 46　每日走势的分类　　　　　　　　　　　　　355
　　　教你炒股票 47　一夜情行情分析　　　　　　　　　　　　　363
　　　教你炒股票 48　暴跌，牛市行情的一夜情　　　　　　　　　373

主题 13　实战建议（一）

　　　教你炒股票 49　利润率最大的操作模式　　　　　　　　　　378
　　　教你炒股票 50　操作中的一些细节问题　　　　　　　　　　387

教你炒股票 51	短线股评荐股者的传销把戏	391
教你炒股票 52	炒股票就是真正的学佛	402
教你炒股票 53	三类买卖点的再分辨	406

下 册

主题 14　具体走势分析

教你炒股票 54	一个具体走势的分析	412
教你炒股票 55	买之前戏，卖之高潮	426
教你炒股票 56	5·30印花税当日行情图解——图解分析示范（一）	429
教你炒股票 57	当下图解分析再示范——图解分析示范（二）	438
教你炒股票 58	图解分析示范（三）	445
教你炒股票 59	图解分析示范（四）	449
教你炒股票 60	图解分析示范（五）	457
教你炒股票 61	区间套定位标准图解——图解示范分析（六）	465

主题 15　缠论的分型、笔、线段

教你炒股票 62	分型、笔与线段	474
教你炒股票 63	替各位理理基本概念	485
教你炒股票 64	去机场路上给各位补课	494
教你炒股票 65	再说说分型、笔、线段	501
教你炒股票 66	主力资金的食物链	509

主题 16　线段的特征序列及特征序列分型

教你炒股票 67	线段的划分标准	512
教你炒股票 68	走势预测的精确意义	520
教你炒股票 69	月线分段与上海大走势分析、预判	525

教你炒股票 70	一个教科书式走势的示范分析	531
教你炒股票 71	线段划分标准的再分辨	537
教你炒股票 72	本 ID 已有课程的再梳理	546
教你炒股票 73	市场获利机会的绝对分类	554
教你炒股票 74	如何躲避政策性风险	558
教你炒股票 75	逗庄家玩的一些杂史（一）	562
教你炒股票 76	逗庄家玩的一些杂史（二）	571
教你炒股票 77	一些概念的再分辨	576
教你炒股票 78	继续说线段的划分	587
教你炒股票 79	分型的辅助操作与一些问题的再解答	594

主题 17　缠论的哲学基础（二）

教你炒股票 80	市场没有同情、不信眼泪	608
教你炒股票 81	图例、更正及分型、走势类型的哲学本质	614
教你炒股票 82	分型结构的心理因素	625
教你炒股票 83	笔—线段与线段—最小中枢结构的不同心理意义	632
教你炒股票 84	本 ID 理论一些必须注意的问题	635
教你炒股票 85	逗庄家玩的一些杂史（三）	643
教你炒股票 86	走势分析中必须杜绝一根筋思维	646
教你炒股票 87	逗庄家玩的一些杂史（四）	653

主题 18　走势的中阴阶段

教你炒股票 88	图形生长的一个具体案例	658
教你炒股票 89	中阴阶段的具体分析	663
教你炒股票 90	中阴阶段结束时间的辅助判断	668

主题 19　缠论相邻级别的关系（一）

　　教你炒股票 91　走势结构的两重表里关系（一）　　676

　　教你炒股票 92　中枢震荡的监视器　　688

　　教你炒股票 93　走势结构的两重表里关系（二）　　693

主题 20　实战建议（二）

　　教你炒股票 94　当机立断　　698

　　教你炒股票 95　修炼自己　　702

　　教你炒股票 96　无处不在的赌徒心理　　704

　　教你炒股票 97　中医、兵法、诗歌、操作（一）　　706

　　教你炒股票 98　中医、兵法、诗歌、操作（二）　　709

主题 21　缠论相邻级别的关系（二）

　　教你炒股票 99　走势结构的两重表里关系（三）　　716

主题 22　实战建议（三）

　　教你炒股票 100　中医、兵法、诗歌、操作（三）　　722

　　教你炒股票 101　答疑　　726

　　教你炒股票 102　再说走势必完美　　730

　　教你炒股票 103　学屠龙术前先学好防狼术　　734

　　教你炒股票 104　几何结构与能量动力结构　　736

　　教你炒股票 105　远离聪明、机械操作　　738

　　教你炒股票 106　均线、轮动与缠中说禅板块强弱指标　　740

　　教你炒股票 107　如何操作短线反弹　　750

　　教你炒股票 108　何谓底部？从月线看中期走势演化　　753

主题 14

具体走势分析

这个主题存在于第54课至第61课中。前面理论讲得比较多，缠中说禅希望通过一些走势实例，来具体讲解一下市场走势如何当下分析。

主要内容：

(1) 航天机电的例子分析。

(2) 2007年5月30日走势分析。

(3) 走势分析中的两个关键点。

(4) 区间套的使用方式。

教你炒股票 54

一个具体走势的分析[1]

（2007-05-24 01:37:31）

注意，看下面分析之前，不能太饿也不能太饱，不能太兴奋[也]不能太不兴奋，否则一定晕。由于一般的图都没有这么复杂，所以看完之后千万别信心受到打击，而是应该信心百倍。知道只要精通本ID的理论，这么细微、古怪的图，都可以当下精确分析并指导操作，从而对本ID理论关于走势的绝对把握性有一个更清楚的认识。后面就是要多看图，多磨练的问题了。

如果概念不清，看到这样的图，基本都要晕头转向。好了，大家开始深呼吸，放松脑筋，别抽筋了。

这图有个条件（见图54-1），就是$d_1=g_2$，$d_2=g_4$。其实这条件有还是没有，并不影响分析，但有这些条件，就会增加分析的难度。这里，就从18.50元（设为g_0）开始分析。

昨天刚好谈到，当你以某级别分析图形时，就先假设了次级别是线段。这图里，除了最后一个，其余每一个d_ng_n、g_nd_{n+1}都是1分钟以下级别的，所以都可以看成没有内部结构的线段。【课文解读：区间套看盘方法先确定大级别走势，次级别走势只能由本级别一段没有内部结构的走势（后期所说的一笔）来确定。因此本课除了最后的d_7g_7外，都是1分钟以下级别的走势。虽然d_7g_7间只有2根K线，但在本案例中它属于一段1分钟的走势类型，这明显是区间套式看盘方式带来的不严谨。】

我们就从g_0开始，当下地进入图形中（见图54-2）。显然，当下走到g_1时，由于只有两段，所以不形成任何中枢。当然，如果你是一个分笔操作者，那么g_1就构成一个第二类卖点了。

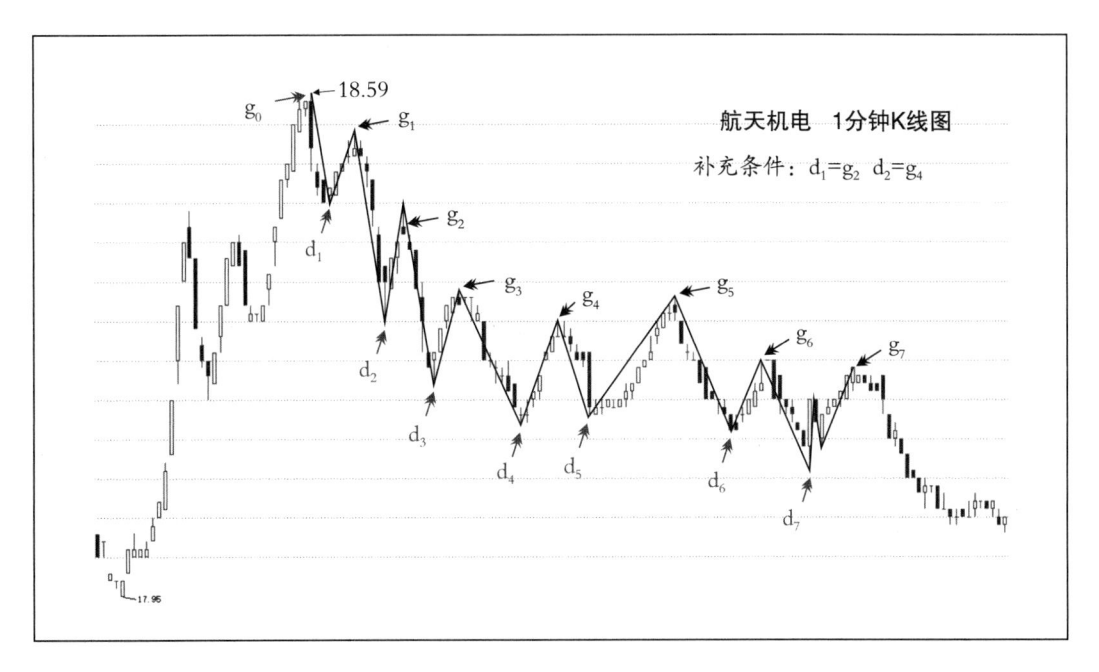

图 54-1 航天机电 1 分钟 K 线走势图

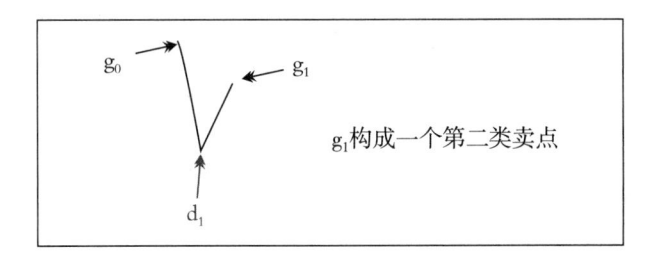

图 54-2 g_0-g_1 走势段分析

当走势发展到 d_2 时（见图 54-3），就形成一个 1 分钟级别的中枢，区间是 $[d_1,g_1]$。

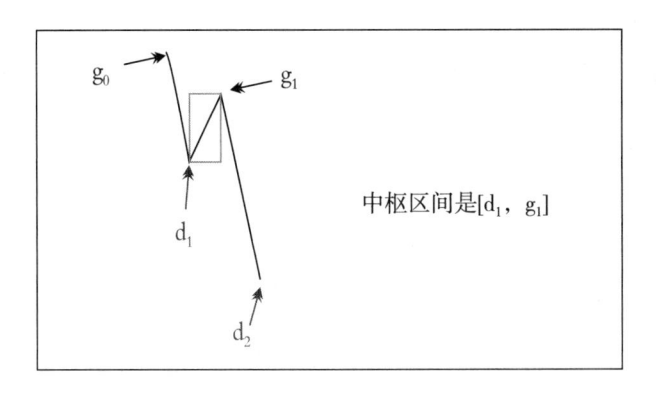

图 54-3 g_0-d_2 走势段分析

后面出现的线段,就要以该区间来决定是中枢震荡还是第三类买卖点。由于 $d_1=g_2$,那么 d_2g_2 这段就属于 $[d_1, g_1]$ 中枢的震荡(见图54-4)。

而到 d_3g_3 这段,显然已经不能触及 $[d_1, g_1]$,所以 g_3 就是第三类卖点。当然,如果前面 $d_1>g_2$,那 g_2 就是第三类卖点了。

g_0—g_3 的两种走势分解方式

第一种分解:
$(g_0d_1+d_1g_1+g_1d_2)+d_2g_2+g_2d_3$

第二种分解:
$g_0d_1+(d_1g_1+g_1d_2+d_2g_2)+g_2d_3$

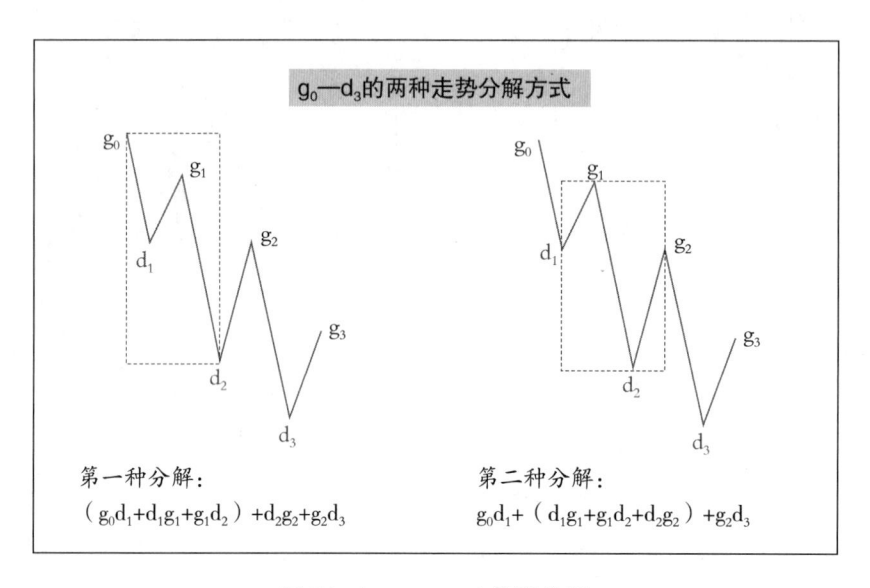

图54-4 g_0—g_3 走势段分析

其实,由于 $d_1=g_2$,所以当行情发展到 d_3,就可以当下地用结合律对走势进行多样性分析。这时候,有如下等式 *:

$g_0d_3=(g_0d_1+d_1g_1+g_1d_2)+d_2g_2+g_2d_3=g_0d_1+(d_1g_1+g_1d_2+d_2g_2)+g_2d_3$

括弧里的是中枢。在后一式子看来,该中枢就是 $[d_1, g_2]$,也就是一个价位。这时候,也并不影响前面关于 g_3 就是第三类卖点的分析。而这种分解,比较符合一般的习惯,所以是可以采取的。

显然,以 MACD 辅助判断,力度上,$g_1d_2>g_2d_3>g_3d_4$,相对来说,后者都是前者的盘整背驰(见图54-5)。当然,在1分钟图上,这种背驰都没有什么操作意义,但如果是日线甚至年线图上,就有了。

分解图形,有一个原则是必须知道的:两个同级别中枢之间必须有次级别的走势连接,例如,$g_0d_4=g_0d_1+(d_1g_1+g_1d_2+d_2g_2)+(g_2d_3,+d_3g_3+g_3d_4)$ 这样的分解是不被允许的(见图54-6),因为括弧中的两个同级别中枢之间没有次级别的连接(注意,这与下面三[个]次级别构成中枢的情况不同,那种情况下,是允许三个括弧相加而之间没有次级别，因为那是扩展成高一级别中枢的情况，和这里两个同级别的情况不同）。【**深入解析**：这个走势分解原则，缘于一个简单的理由：如果两个走势中枢之间有小级别的走势连接，那么按理论规定将形成一个趋势。为了和上述情况有所区别，因此不允许两个中枢间没有小级别走势连接的分解，3个次级别走势构成中枢则无须附加条件。】

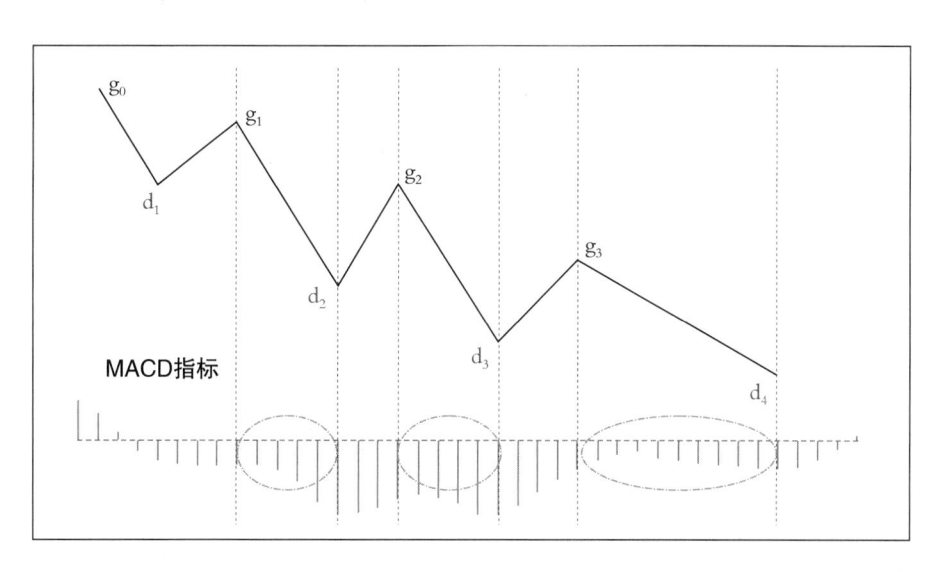

图 54-5 g_0—d_4 走势段分析

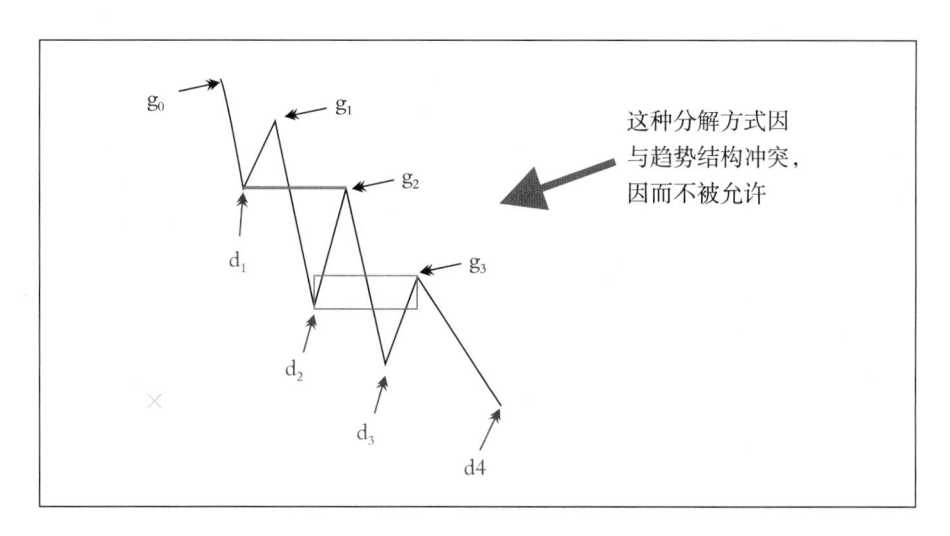

图 54-6 g_0—d_4 走势段错误分解方式

当行情当下走到 d_4 点时，根据上面的原则，无非有下面两种可能的分解（见图 54-7）：

$g_0d_4=g_0d_1+(d_1g_1+g_1d_2+d_2g_2)+g_2d_3+d_3g_3+g_3d_4=g_0d_1+d_1g_1+g_1d_2+(d_2g_2+g_2d_3+d_3g_3)+g_3d_4$

d_4g_4 是盘整背驰后的正常反弹，针对上面第一种分解，这只是第三类卖点后向一个新的同级中枢移动或形成更高级别中枢的一个中间状态，g_4d_5 这段也是。针对第二种分解，由于 $g_4=d_2$，所以 d_4g_4 是（$d_2g_2+g_2d_3+d_3g_3$）的中枢震荡，d_5g_5 这段也是。

g_0—d_4 的两种走势分解方式

第一种分解：
$g_0d_1+(d_1g_1+g_1d_2+d_2g_2)+g_2d_3+d_3g_3+g_3d_4$

第二种分解：
$g_0d_1+d_1g_1+g_1d_2+(d_2g_2+g_2d_3+d_3g_3)+g_3d_4$

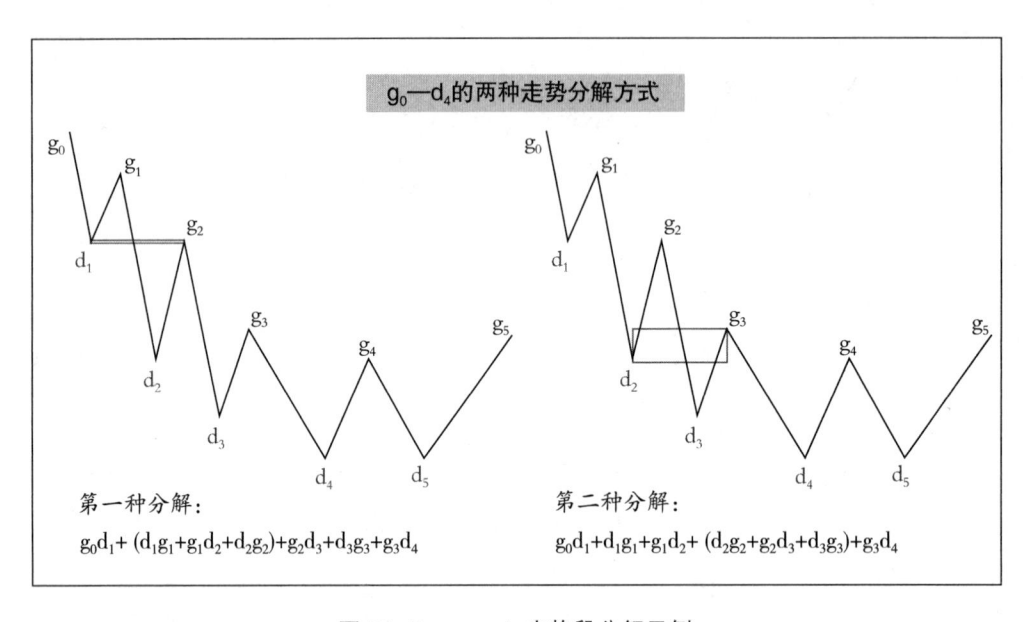

图 54-7　g_0—d_4 走势段分解示例

有人可能要问，在这种情况下，采取哪种分解？其实，哪一种都可以，但第一种，由于在中间状态中，没有一个确定的标准，所以对短线操作指导不足。而第二种，由于是中枢震荡，操作起来就指导明确了，所以从方便操作的角度，就可以用第二种。这就是反复强调的分解多样性的好处。一般来说，对于具体操作，一定要选择当下有明确意义的分解，例如是中枢震荡的，或有第三类买卖点的。但一定要注意，所有的分解必须符合分解的原则，否则就乱套了。

对于第二种分解，d_5g_5 这段属于中枢震荡，但对于第一种分解，d_5g_5 这段就有了一个重大的意义。因为那种第三类卖点出现后的中间状态，在 d_5g_5 这段出现后就彻底消除了，一个更大级别的中枢就给确定了（见图 54-8）。具体如下：

$g_0g_5=g_0d_1+\{(d_1g_1+g_1d_2+d_2g_2)+(g_2d_3+d_3g_3+g_3d_4)+(d_4g_4+g_4d_5+d_5g_5)\}$

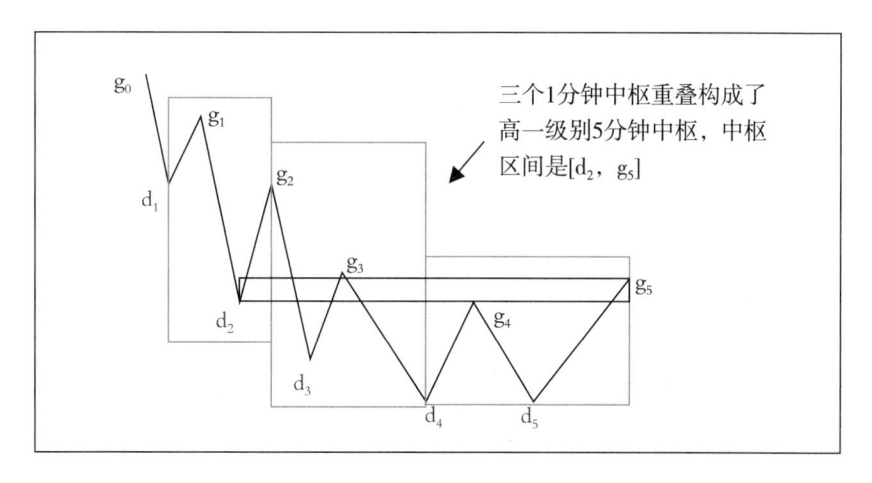

图 54-8 g_0—g_5 走势段的一种分解方式

三个小括弧里的 1 分钟中枢重叠构成了大括弧里的 5 分钟高一级别中枢。中枢的区间是 [d_2, g_5]。注意，这时候，就要把 1 分钟的走势当成线段，小括弧里的都是线段，高低点就是这线段的端点。这样一来，后面的走势就十分简单了。例如，g_7 就是一个第三类卖点（d_7g_7，其中 2、3 根 K 线有一个较大的回试，然后有 5、6 两个小十字星停在该区域，由此就知道这肯定构成 1 分钟中枢了，也就是内部可以画出一个 1 分钟以下级别的三段来。当然，具体的如果有 1 分钟以下图看就可以把握，特别对于级别大的图，这些时候都可以看小级别的图去确认。如果经验多的，一般看到这种情况，不用看小级别的都知道［怎］么回事情）。

按照第二种分解，相应的 5 分钟中枢要到 g_6 点才完成（见图 54-9），这样：
$g_0g_6 = g_0d_1 + d_1g_1 + g_1d_2 + \{(d_2g_2 + g_2d_3 + d_3g_3) + (g_3d_4 + d_4g_4 + g_4d_5) + (d_5g_5 + g_5d_6 + d_6g_6)\}$

相应的 5 分钟中枢区间就是 [d_3, g_5]。在这种情况下，d_7g_7 也是一个中枢震荡，但不构成第三类卖点，因为不符合条件（为什么？本 ID 写了这么多，这么简单的问题，就当成作业请各位回答）。【参考答案：回到了中枢，因此不构成第三类卖点。】

注意，并不是说一定要形成该级别第三类卖点后才能大幅度下跌，完全可以用该级别以下小级别的第三类卖点就突破中枢。但有一点是肯定的，就是只要足够长时间，该级别的这第三类卖点一定会出现的。当然，在最极端的情况下，这个卖点离中枢很远的位置了，但有一点是肯定的，就是该卖点后一定继续向下。而上涨的情况相反，第三类买点后一定继续向上，一个最好的例子就是杭萧钢构（600477）在2007年4月9日这个小级别的第三类买点（见图54-2）。这买点离2月份的中枢很远了，但依然有效，而且还是在这么大监管的条件下，本ID的理论继续发挥作用，为什么？因为那些监管并没有破坏本ID理论成立的两个最基本的前提。

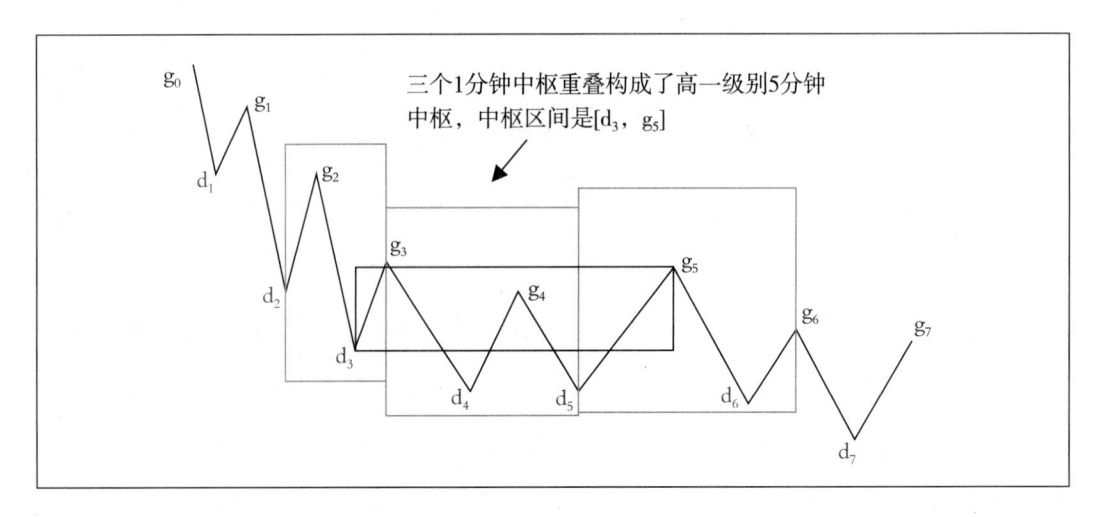

图 54-9　g_0—g_6 走势段一种分解方式

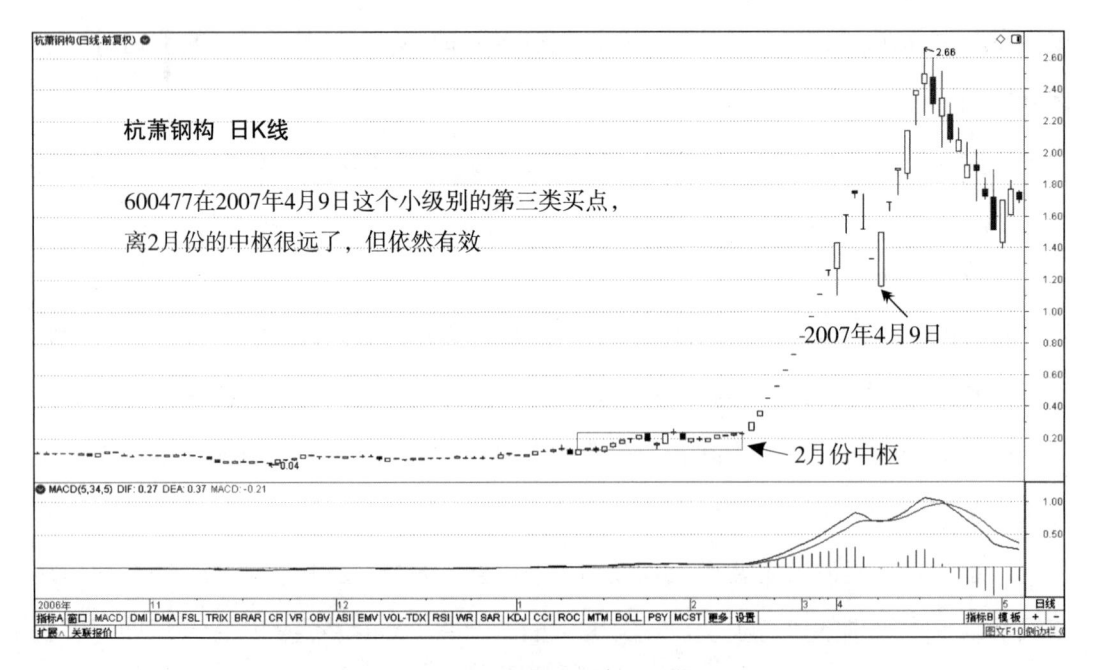

图 54-10　小级别第三类买点案例之一

还有的可以看海通证券（600837）在 2007 年 2 月 6 日的例子（见图 54-11）。

至于暴跌的例子，现在很难找到，老一点的投资者应该都记得庄股跳水后，第一次反抽后再继续更大幅度下跌的例子，那就是第三类卖点。【**拓展阅读**：如图 54-12 所示，银广厦（000557）。】

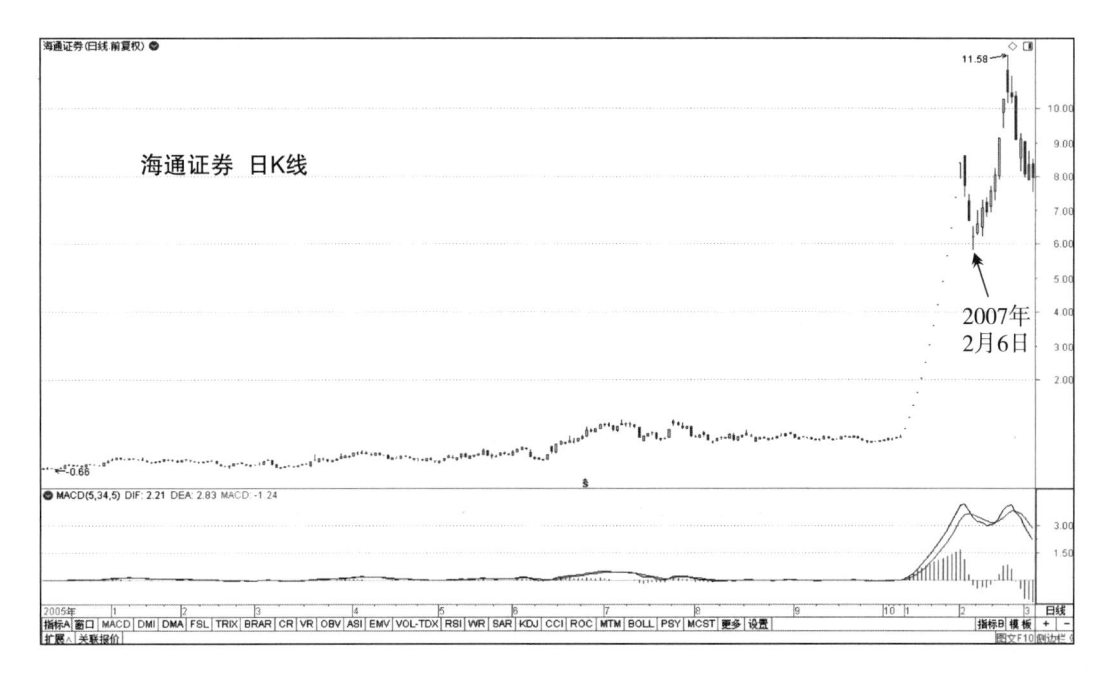

图 54-11　小级别第三类买点案例之二

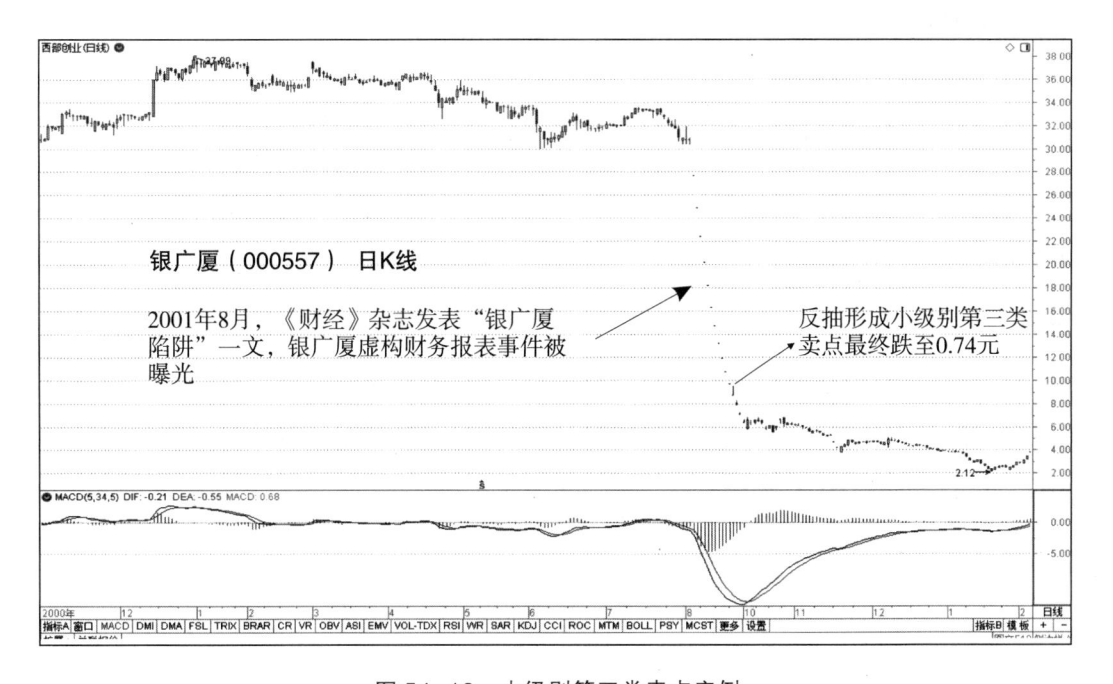

图 54-12　小级别第三类卖点案例

必须注意，在这种大幅快速波动的情况下，一个小级别的第三类买卖点就足以值得介入。例如对一个周线中枢的突破，如果真要等周线级别的第三类买卖点，那就要一个日线级别的离开以及一个日线级别的反抽，这样要等到何年何月？因此，一个30分钟甚至5分钟的第三类买卖点都足以介入了。但这里有一个基本的前提，这种小级别的大幅突破必须和一般的中枢波动分开。这种情况一般伴随最猛烈快速的走势，成交量以及力度等都要相应配合。这种操作，如果理论把握不好，有一定风险，就是和一般的中枢震荡搞混了。因此，理论不熟练的，还是先按最简单的来，例如对周线中枢的突破，就老老实实等周线的第三类买点。注意，卖点的情况，即使理论不熟练的，宁愿按小的来，因为宁愿卖早，绝不卖晚。不过，对于大级别中枢来说，如果还要等到第三类卖点才卖，那反应已经极端迟钝了，那第一、二类卖点去哪了？市场里可不能随地睡觉。

还有一种极端的例子，就是大幅度的中枢震荡，例如5分钟的中枢在10000元，最极端的，甚至可以次级别以下震荡到0.01元，又拉回来。即使连续跌停到0.01元，然后连续涨停到100000000元，再跌回来10000元，这也是5分钟的中枢震荡。当然，这么有病的例子也只能是理论中的，但由此可见本ID理论的涵盖面之广。所以中枢震荡的操作，一定是向上时力度盘整背驰抛，向下力度盘整背驰回补，而不是杀跌追涨，否则真出现这么有病的情况，那就真有病了。

关于追涨杀跌，如果在中枢震荡中，一定死定。但如果是在第三类买卖点后，却不一定，因为中枢的移动，并不一定恰好就是你买卖的位置就结束了。就算是，后面也还有中枢震荡出现。因此，在这种情况下追涨杀跌，也有活的机会。但这都不是长远之计，为什么有好好的第三类买卖点不用，一定要追涨杀跌？就算是追涨杀跌，也可以利用小级别的买卖点进去，为什么一定要瞎蒙？

回到上面的两种分解，其实这两种分解对于 g_7 点来说，结论是一样的。而从MACD辅助看，这种两次拉回0轴都冲不上去的走势，而且第二次红柱子还面积小了，这种情况也预示着后面有麻烦。但多种分解，其实并不是什么麻烦事，反而是相互印证的好办法。不过一定要再次强调，分解必须符合规范，不能胡乱分解。

按严格标准说，如果你能熟练地，无论任何图形，都能当下快速地按以上标准来分解并指导操作，那么对于本ID理论的学习，就大致可以小学毕业了。不过这样可能对信心不足或学习时分析能力比较一般的人打击过大,所以为了鼓励大家,本 ID 决定向教育部门学习学习,也来一个扩招,达到这种水平的,都统一发本科毕业证书,而且决定毕业证书都统一成北大牌的,一律免费,这样大家应该可以放心学习了。

---

［1］本篇课文缠中说禅的配图。

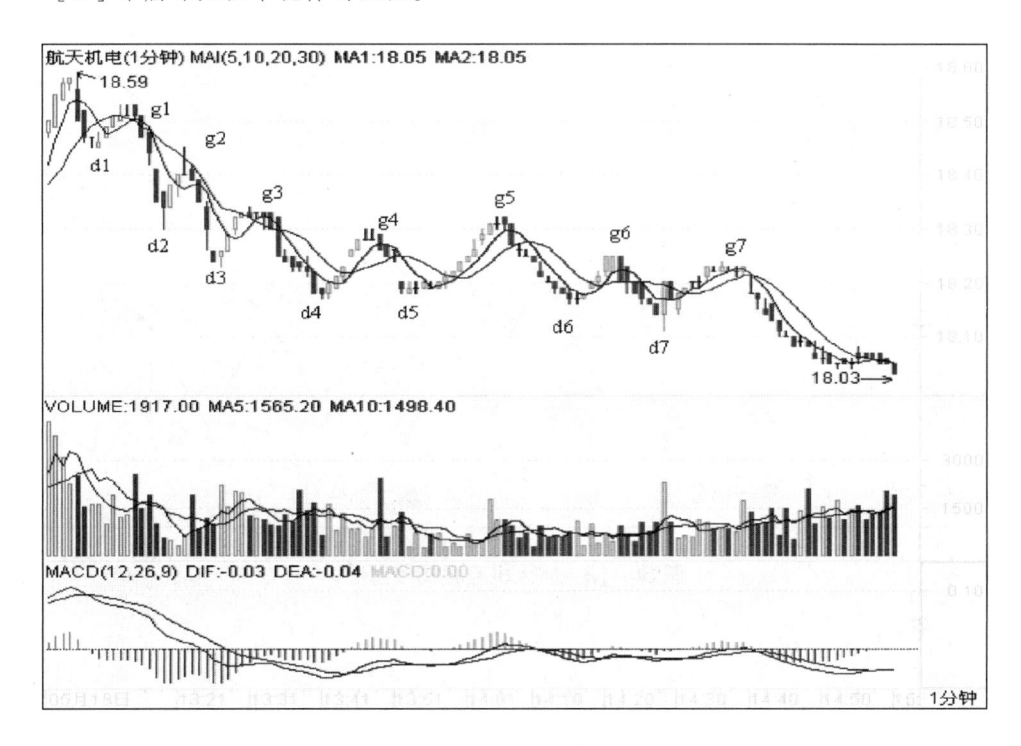

深度解析

本课案例详解

本课依然采取区间套式看盘方法,如图 54-1 所示,1 分钟 K 线图上的一段没有内部结构的走势,代表着一段 1 分钟以下级别的走势类型。

一、本文缠中说禅有两个尝试

（1）缠中说禅尝试忽略类中枢与标准走势中枢的差异,比如[d_1, g_1]构成的中枢,等等。

（2）缠中说禅尝试以走势中枢来进行走势递归。

很明显这两种尝试都不太成功，它们造成走势中枢出现的频率太高，走势结构过于复杂的问题，好在上述方式很快得到了改变。

二、课文中的例子

如图 54-13 所示，为了便于观察，图中去掉了本课例子中的 K 线，只留下线段图形，并将走势分成两个部分。

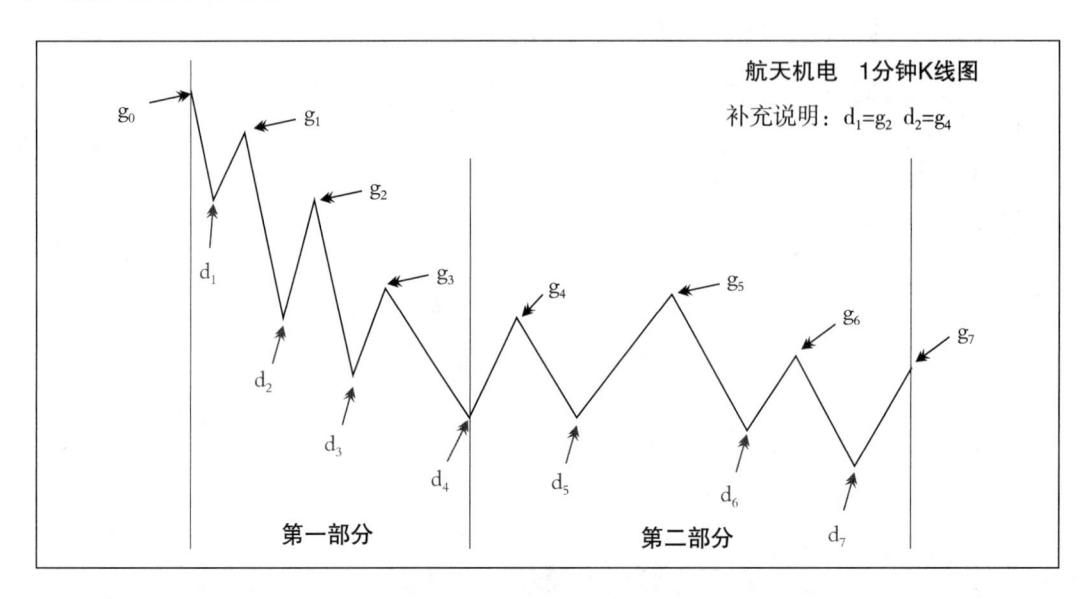

图 54-13　航天机电案例示意图

（1）g_0 到 d_4 走势分解。

第一种分解：由于 $d_1=g_2$，所以 d_1g_1、g_1d_2、d_2g_2 可以构成一个中枢。

如图 54-14 所示，第一部分的走势可以分解成 $g_0d_4=g_0d_1+(d_1g_1+g_1d_2+d_2g_2)+g_2d_3+d_3g_3+g_3d_4$，即 1 个中枢加 4 个分笔的走势，$g_3$ 是第三类卖点。

第二种分解：这种分解如图 54-14 所示，同样分解成 1 个中枢加 4 个分笔的走势，只不过中枢的位置不同，即 $g_0d_4=g_0d_1+d_1g_1+g_1d_2+(d_2g_2+g_2d_3+d_3g_3)+g_3d_4$。

上面两种情况都符合缠论的相关规定，可以看作是走势的多义性：

$$g_0d_4=g_0d_1+(d_1g_1+g_1d_2+d_2g_2)+g_2d_3+d_3g_3+g_3d_4$$

$$=g_0d_1+d_1g_1+g_1d_2+(d_2g_2+g_2d_3+d_3g_3)+g_3d_4。$$

比较而言，显然第二种分解对于短线操作更具指导意义。

（2）g_0 到 g_7 走势分解。

第一种分解：如图 54-15 所示，g_0 到 g_2 可视为围绕中枢（中枢区间是 [d_1, g_2]）震荡的 1 分钟走势类型，g_2 到 d_4 是拥有类中枢的 1 分钟走势，d_4 到 g_5 也是一个有类中枢的

1分钟走势。由这3个1分钟走势类型重合构造出高级别5分钟走势中枢，中枢区间为 $[d_2, g_5]$。

g_0—d_4的两种走势分解方式

第一种分解：
$g_0d_1 + (d_1g_1 + g_1d_2 + d_2g_2) + g_2d_3 + d_3g_3 + g_3d_4$

第二种分解：
$g_0d_1 + d_1g_1 + g_1d_2 + (d_2g_2 + g_2d_3 + d_3g_3) + g_3d_4$

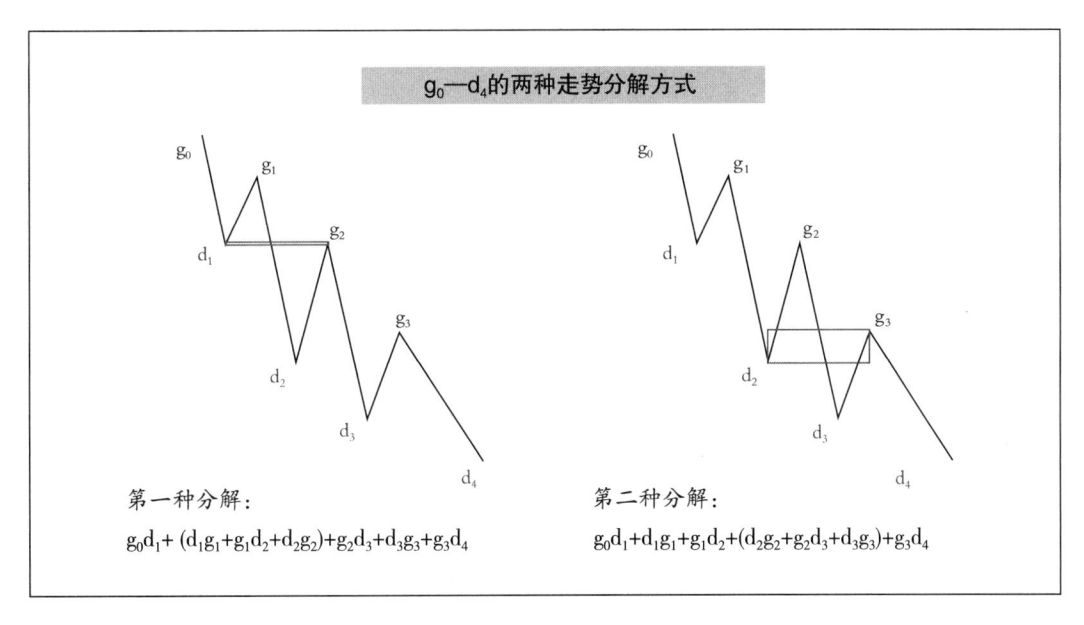

图 54-14　航天机电 g_0—g_4 第一种分解

航天机电　1分钟K线图
补充条件：$d_1 = g_2$　$d_2 = g_4$

g_0—g_7的第一种分解

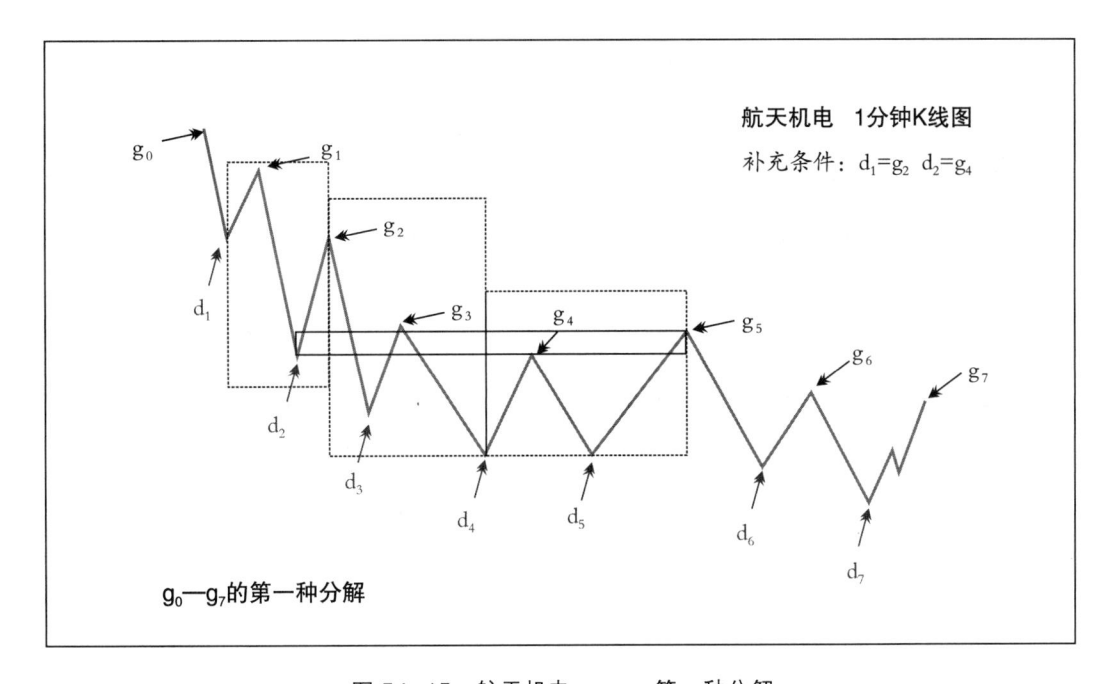

图 54-15　航天机电 g_0—g_7 第一种分解

当走势发展到 g_6 时，由于中枢是5分钟级别的，而 d_6g_6 仅仅是分笔级别，不是中枢的次级别，所以不是 $[d_2, g_5]$ 那个中枢的第三类卖点。

如图 54-16 所示，d_7g_7 就不一样了，走势见底 d_7 后反弹的第二、第三根 K 线有一个较大的回试，然后第五、第六根 K 线两个小十字星停在该区域，由此就知道这肯定构成 1 分钟的线段，即 d_7g_7 这段走势内部可以画出 1 分钟以下的三笔来，g_7 就是 $[d_2, g_5]$ 5 分钟中枢的第三类卖点。

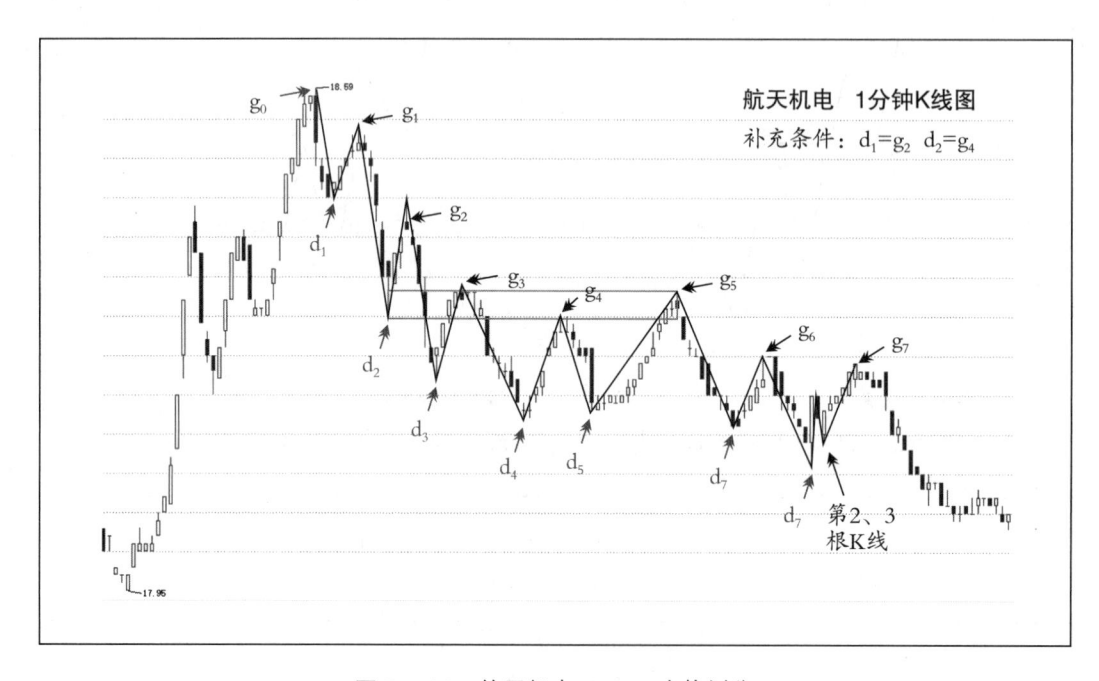

图 54-16　航天机电 d_7—g_7 走势划分

特别注意：由于无法使用更低级别的 K 线图，所以缠中说禅在 1 分钟 K 线图上分析 d_7g_7 的走势，并且排除 d_7g_7 间的走势只是一个毛刺。当然，正如本课前面所讲，这里看成一个毛刺还是一个 1 分钟走势，要根据力度来决定，但缠论区间套式看盘方法无法严格区分。

第二种分解：根据前面 g_0 到 d_4 的第二种分解，同样可以对全部走势进行新的分解。

$g_0g_7 = g_0d_1 + d_1g_1 + g_1d_2 + \{(d_2g_2 + g_2d_3 + d_3g_3) + (g_3d_4 + d_4g_4 + g_4d_5) + (d_5g_5 + g_5d_6 + d_6g_6)\} + d_7g_7$

如图 54-17 所示，同第一种分解一样，由三个 1 分钟走势类型构成一个 5 分钟走势中枢，中枢区间是 $[d_3, g_5]$，此时 d_7g_7 就仅仅是围绕中枢的一个震荡。

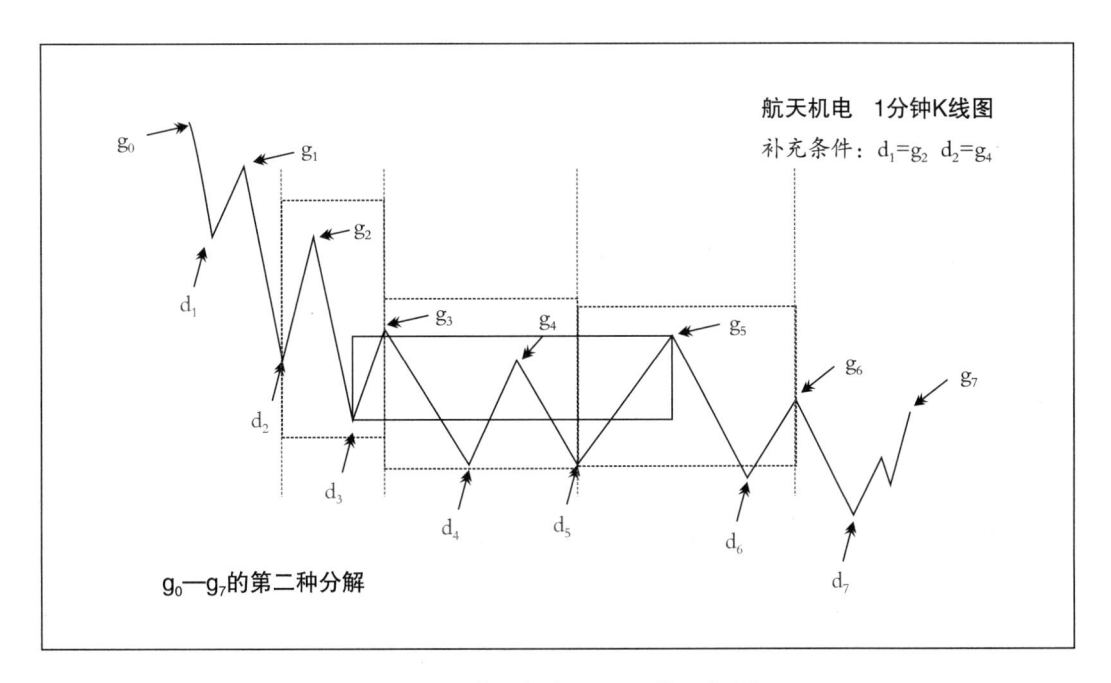

图 54-17　航天机电 g_0—g_7 第二种分解

教你炒股票 55

买之前戏，卖之高潮

（2007-05-28 08:12:41）

投资的关键就是可持续，这与股票走势本身的不可持续构成了投资中最大的矛盾。投资之道，就是切合走势之道，就是顺势而为之术，就是高抛低吸之方。卖出，要讲究其火候，时机太早，难有大的收益，时候太晚，同样是浪费，如果股价从终点又重回起点，则更是大煞风景。因此必须买在上涨之初，卖在高位冲顶之时。

买和卖，是不对等的，相应的策略也是不一样的。为什么？因为买卖的前后状态是不同构的。在市场里，买是钱换筹码，卖是筹码换钱。钱是与时间无关的，1元，今天是，明天还是，只要还是钱，就是不变的。而筹码不是，今天的筹码价值与明天的就不同，而筹码的数量不变是没意义的，因为最终算的还是钱。

而由于时间的不可逆转，因此"钱→筹码"与"筹码→钱"这两个结构，就不是同构的。这道理十分简单，谁都明白，但却是操作逻辑的基础，最基础的往往最简单。

因此，对于一个大级别的买的过程，或者说一个大的建仓过程，买必然是反复的，买中有卖，不断灵活地根据当下的走势去调整建仓的成本与数量。底部区域可以进行最复杂的中枢延伸与扩展，唯一的目的只有一个，取得足够的、成本不断降低的筹码。

这不一定和坐庄有关，当然也可以相关。一个大级别的买的过程，某种程度上还兼备着改造这股票股性的任务，而且这也是一条底线，也就是能顺利退出的底线。在这个底部区域的股性改造中，也就是一个前戏的过程，没有好的"前戏"，不会有好的"高潮"。

注意，底部不一定就是在一个平衡的水平线上中枢震荡，还可以是比较复杂的通道式上升（见图55-1）。当然，一般来说，这种通道都是斜率很小的，充满激烈的震荡，具体的以后再说。

底部不一定就是在一个平衡的水平线上中枢震荡，还可以是比较复杂的通道式上升。当然，一般来说，这种通道都是斜率很小的，充满激烈的震荡

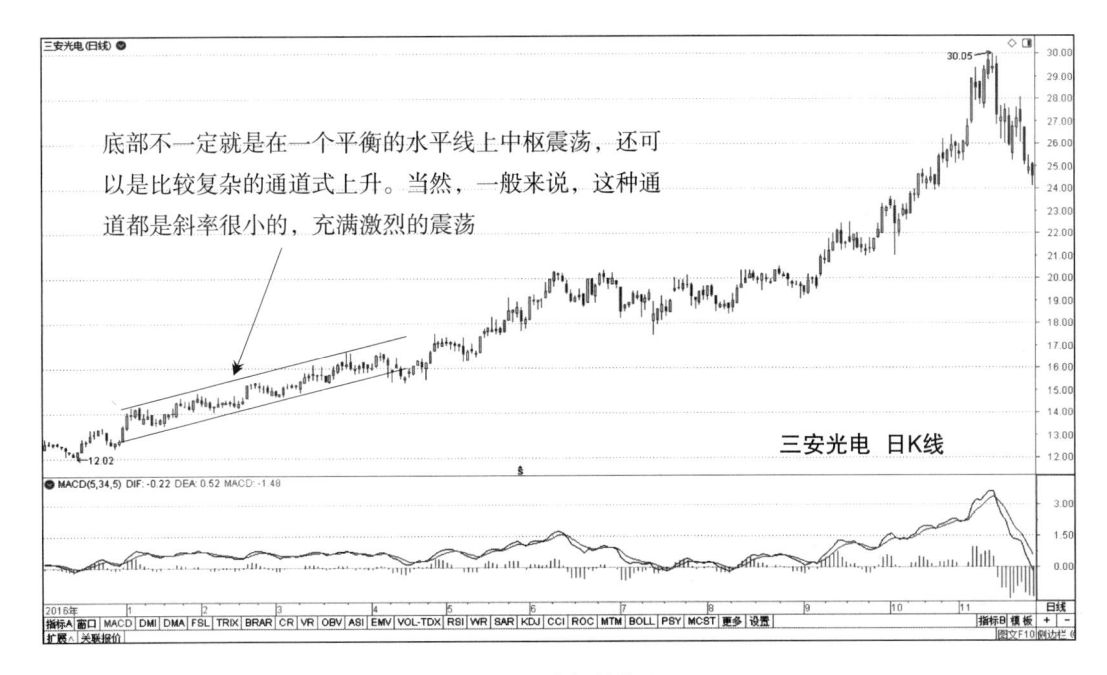

图55-1 底部结构之一

一个好的、具有吸引目光的买，当脱离底部区域时，其成本应该早在该区域之下。而在大级别中枢上移中，只会减少成本。只有最愚蠢的拉抬，才会增加其成本。其后的活动，本质上只是股"性"不断激发，如同蜂王散发那诱惑引发那群雄蜂的追逐。这更如同一个壮观的传销过程，新人不断增加，各种利好、消息，将这传销活动推向高潮。对于刚脱离底部的股票，第一次的上涨就如同一个大型传销现场的序幕，只不过是为第二、第三、第四、第五、第六甚至第十次上涨进行铺垫。第一次上涨的回调往往不长，但可能很猛烈，震荡很激烈，不应期中还有继续上涨的冲力。

这种股票，就如同刚刚投入市场的新产品，只有第二、第三次，甚至第四、第五次的拉升才会渐入佳境。而一个出色的卖，就是在那大级别高潮的后继乏力、背驰中退出。一个好的庄家或大资金操作者，最好的状态就是在那大级别的最后疯狂中被疯狂的人群把货给抢光了。那种所谓筑平台出货的傻瓜，死去吧。

注意，本ID在上面是否正在进行一个传销的解说，这并不重要，重要的是，股票就是这样每天现场直播着。

对于一般的散户投资者，在一些较大级别的介入中，例如日线以上的介入中，并不一定都要在第一类买点介入，因为，其后的前戏过程，并不一定是一般的散户可以忍受的。一般地，可以在第二类买点出现后才考虑介入，或者更干脆的，是第三类买点出现再介入。

但如果资金有一定规模，需要一定数量的筹码，或者要为以后的猎鲸活动储备经验，一个至少从第二类买点开始利用部分前戏的介入是必须的。其中也要如大资金一样，有利用前戏的震荡降低成本、增加筹码的必要。这有什么好处？最重要的一个好处，就是熟悉其股性。一个震荡吸筹阶段都不参与的，怎么可能在后面的N次拉升与调整中得心应手？

股票其运转的模式，归根结底，就是不同级别的中枢震荡与移动的组合最终构成相应的吸筹—高潮模式。但在一样之中，每个股票都有其股性，涉及频率、幅度、形态复杂度，等等，这些，对于每只股票都是独特的。这也就是为什么依据同一模式展开的走势，却呈现千差万别的最终图形。

深入解析

庄家操盘过程分析

今天的课程更适合大资金坐庄时使用。顺利出货是坐庄最重要的一环，这需要未雨绸缪，事先谋划。如果事到临头才考虑，做图形、拉平台也难逃自弹自唱的悲惨命运。

坐庄的过程与传销有异曲同工之妙，都需要维护一个美好的发财梦，需要引起尽可能多的人注意。所以，从建仓开始就要精心呵护走势，还可以模仿各种经典牛股的走势形态，经常性大幅拉升股价，活跃股性，塑造资金实力雄厚的强庄形象。

现实中，有一些目光短浅的庄家，喜欢做出各种走势陷阱来教训跟庄的散户。从长远来看，这种方式短视，难有大的作为。而老到的庄家除始终保持走势的良好形态，还要使前期跟庄者获得一定利润。这样出货阶段，他们不但会加码买入，而且可能成为庄家的义务宣传员。

坐庄期间，主力庄家可以利用走势的起伏高抛低吸，降低成本。

最终的出货，应该是一场盛宴，筹码被一抢而空。这就是成功炒作的股票在头部阶段反而几乎没有抛压，少量的拉升盘就可以使得股价大幅上涨的原因。

教你炒股票 56

5·30 印花税当日行情图解[1]
——图解分析示范（一）

（2007-05-30 22:49:10）

本来不想说股票的，但知道现在说其他，大多数人也反应迟钝，被股票所迷惑了，所以还不如将错就错，就继续股票一把，说说昨天这5·30印花税当日行情[2]如何去当下地分析。

本来这个问题十分简单，而且本ID一大早7点不到就发帖子，提醒要在第二、三类卖点把仓位减掉，很高兴看到不少人都能发现9点48分那第二类卖点。

注意，为什么同时强调第三类卖点？因为有些特别弱的股票，可能就是一个第三类卖点。大盘的走势是一个平均走势，而且当天比很多个股都强，所以大盘是第二类卖点，并不意味着个股是第二类卖点。

很多人大概到现在都不明白为什么本ID的理论中要有三类卖点。其实，第二类卖点除了在小级别转大级别上比第一类卖点优越，在一些特殊的突发情况下，就是最佳的卖点。

例如这次，就是一个很好的例子。因为5·29那天，虽然30分钟明显进入背驰段，但由于当天尾盘是高收的，所以用区间套定理并不能确认当时就是背驰了，毕竟还有第二天的走势。**【课文解读**：如图56-1所示，从MACD指标上看，5·29那天30分钟上涨走势的最后一段次级别上涨的力度明显变弱，即进入了背驰段。**】**而晚上的突发消息，使得这个背驰被立刻确认。这时候，第一类卖点已经不可能在实际操作中存在，那么，唯一可以进行操作的，只能是第二或第三类卖点。这，在开盘前就可以有一个确定。也就是说，一旦大幅度低开，现实的、能被理论完全保证的卖点就是第二类或第三类卖点（见图56-2）。

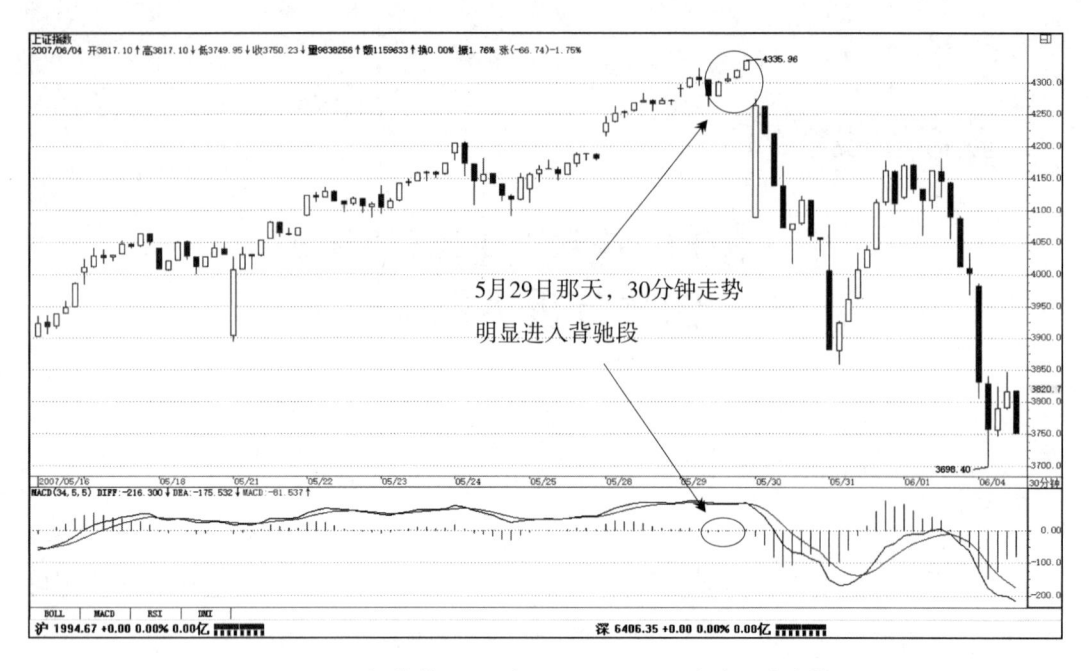

图 56-1　上证指数 2007 年 5 月 29 日 30 分钟 K 线走势图

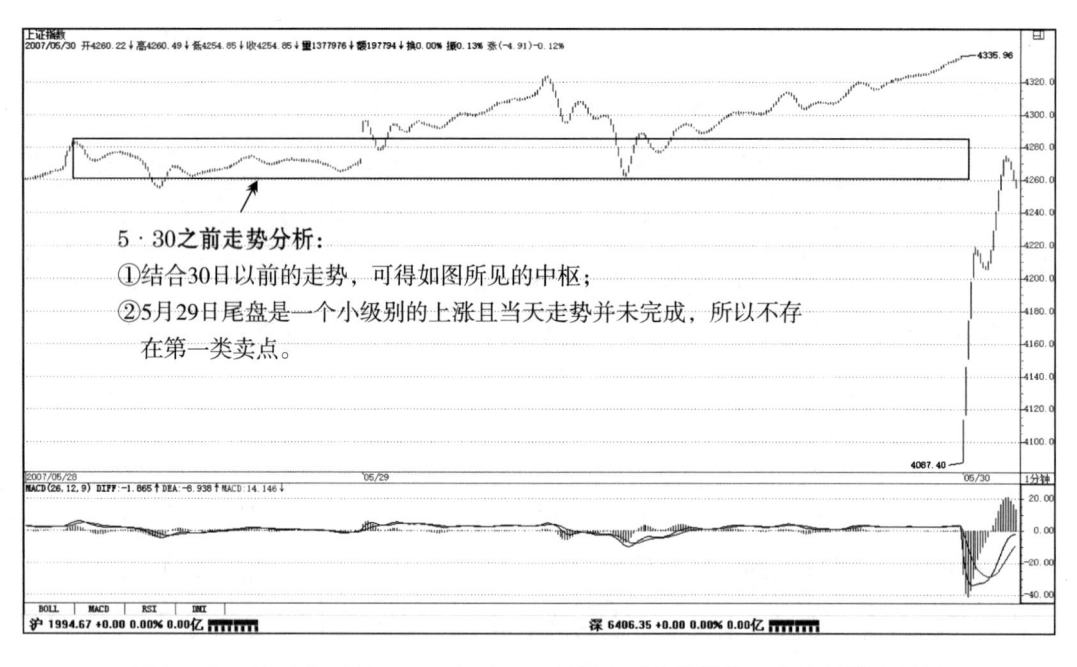

图 56-2　2007 年 5 月 29 日及 5 月 30 日开盘时上证指数 1 分钟 K 线走势图

下面就是昨天走势的 1 分钟图（见图 56-3）。

缺口，被看成最低级别的。而 1 分钟以下级别，在 1 分钟图上，被看成没有内部结构的线段，所以缺口和 1 分钟以下级别在 1 分钟图上是同级别的。【深入解析：此处的线段不再是数学意义上的，当然也不是严格意义上的缠论概念。具体为 1 分钟图的上、下、上或者下、上、下走势，因此有如图所标示的①~⑤的5段走势划分。其中①是一个缺口，也同样被当作1分钟以下级别的走势。】

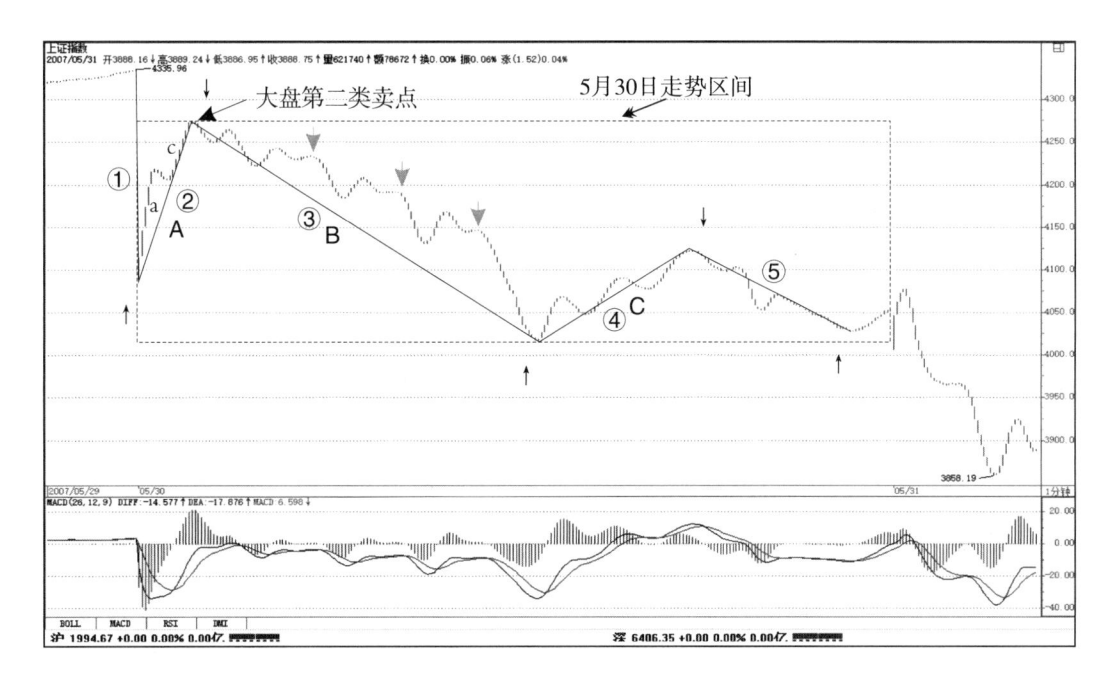

图56-3 上证指数2007年5月30日1分钟K线走势图

图上绿箭头都指着两个1分钟以下级别的分界点，两相邻绿箭头之间都是1分钟以下级别的走势类型。【课文解读：图中绿箭头以黑色"↑"或"↓"表示。】

其中B段，看似要形成三个1分钟的中枢，但由于每一个的第三段其实都是向下倾斜下去的，其实都是第二段向下的一部分，不能算是形成中枢。【课文解读：每个第三段的位置，见图中灰度向下箭头。如果这三处不是向下倾斜下去，就可以形成一个1分钟以下级别的走势类型，那么整个走势将升级为1分钟级别，所以缠中说禅说："看似要形成三个1分钟的中枢。"】

昨天走势其实就这么简单，就是五个1分钟以下走势类型的组合。

显然，这第一段的1分钟以下级别走势类型是以向下缺口的形式构成的。根据第二类卖点的定义，就知道，一旦一个1分钟以下级别的向上过程不能创新高或背驰，都将构成第二类卖点。因此，当图中A段走势出现时，一个构成第二类卖点的走势就当下地形成中。

有人可能有疑问，那怎么知道这A段一定构成第二类卖点而不是直接创新高强烈上升？这很简单，具体的方法和区间套定理是一样的，就是看A段的内部结构。

431

一旦内部出现背驰而当时位置没创新高或与前面走势产生盘整顶背驰，那么就一定是第二类卖点。

在昨天的具体走势中，A 段在内部出现上下上的内部结构时，其中的第二段向上明显出现背驰走势，这可以从成交量，或从第一个红箭头（向下箭头）所指的 MACD 绿柱子与后面红柱子绝对值大小比较辅助判断。【课文解读：如图 56-4 所示，A 段前的缺口造成 MACD 指标滞后严重，不过依然可以通过 MACD 指标发现这个背驰，比较的是第一个向下箭头指向的绿柱面积与后面 A 段的第二段上涨走势对应的红柱面积。】因此，这个第二类卖点，可以用理论完全明确地确认，一点含糊的地方都不会有。如果当时当下不能明白，那就要抓紧学习了，因为这个问题确实太简单了。

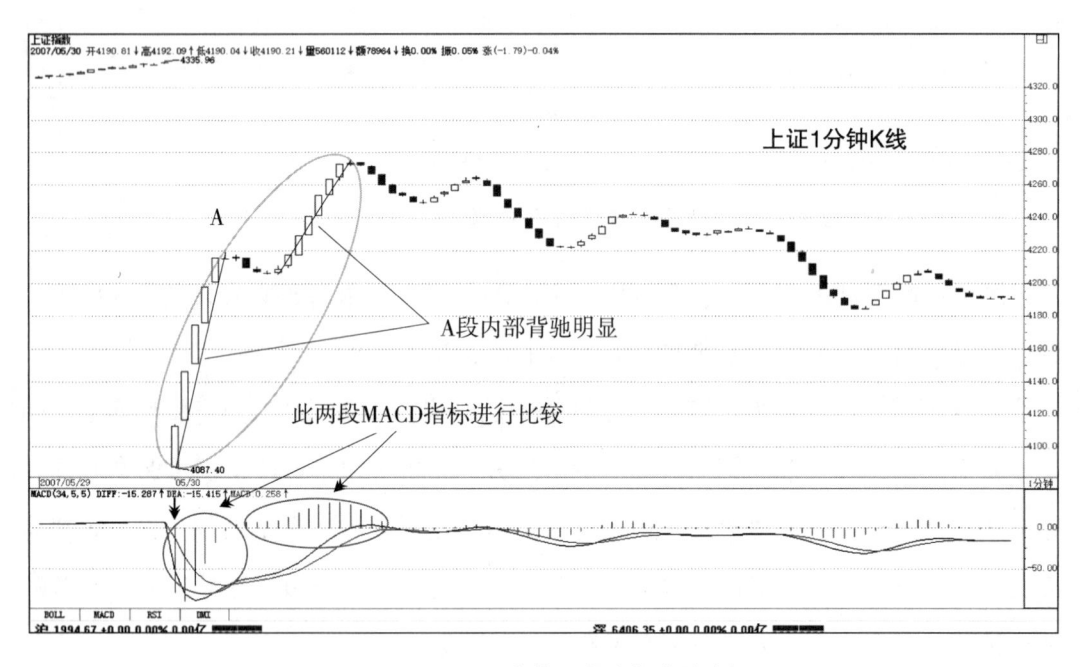

图 56-4　5·30 走势 A 段内部背驰分析

第二类卖点后，从第二个绿箭头（黑色向下）开始的 B 段走势（见图 56-5），其力度就要和缺口那一段来对比，比较 MACD 上两个红箭头（灰色向上箭头）指的绿柱子面积。注意，第二个要把前面的三个小绿柱子面积也加上。可以看出，即使这（个）[样]，后者的力度也不大过前者。由此就知道，B 段构成了盘整背驰，也就是后面的反弹一定回到第一个绿箭头位置之上。【课文解读：如图 56-5 所示，①②③组成的盘整走势出现背驰，其中③段的 MACD 绿柱面积需将本段走势中 4

个小绿柱面积相加。】

（注意，这里是 1 分钟以下级别的力度对比，只需要比较柱子面积。如果是 1 分钟级别的，就要同时考虑黄白线回抽 0 轴的情况。）

而后面 C 段的走势也证明了这一点。此外，C 段的高点（见图 56-5），用 C 段下方对应的 MACD 柱子高度对比不难用背驰的方法判断。

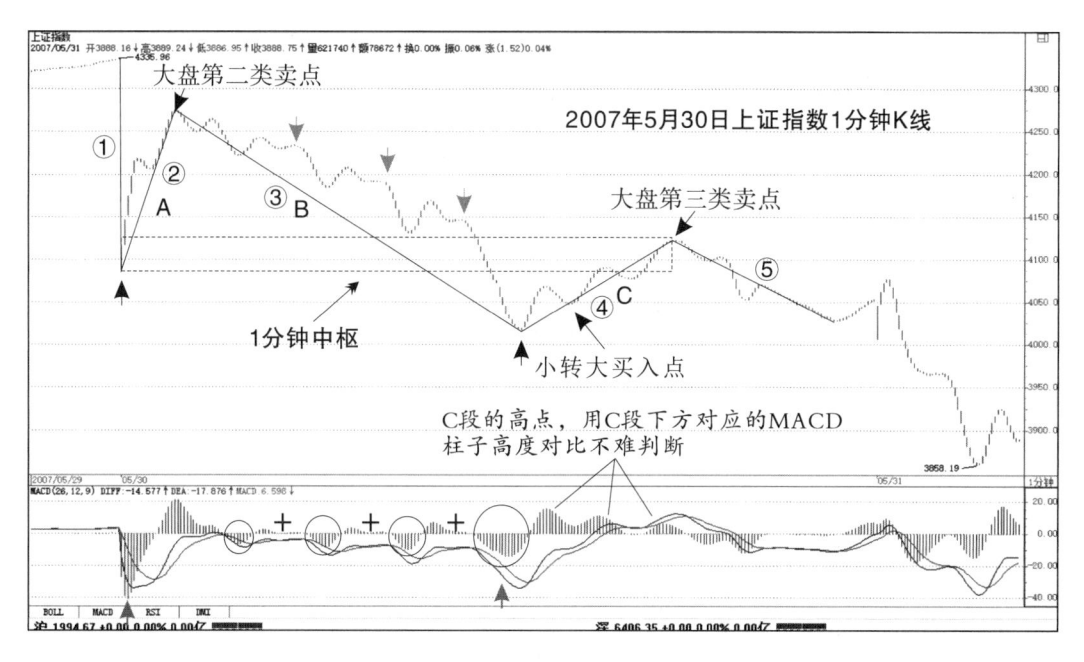

图 56-5　5·30 走势 1 分钟 K 线图走势分析

由此，A、B、C 三段就有了重叠，因此就构成了一个 1 分钟的中枢，区间在 4087 到 4122 点。这就成了直到后面、包括明天走势的最关键地方，究竟是中枢震荡，还是形成第三类买卖点，进而构成更大中枢或趋势，都以此为基准。而这是被理论所当下严格保证，毫无可以含糊的地方。

有些更细致的地方，其实还可以说的。例如，C 段的高点，没有重回 B 段内部最后一个反弹的启始位置，这并不违反理论。因为在 B 段内部，最后一段向下并没有背驰，它的转折，完全是小级别转大级别造成的（由于级别太小，可以从柱子的缩短参考看出），这自然就不一定能回到最后一个反弹的启始位置。【深入解析：从文字看，缠中说禅还是希望以小级别背驰转大级别转折来解释这个反弹，其实大可不必言转折就背驰。走势都是当下的，如果将它看作是一个由小级别反弹发展

成为的大级别走势可能更有说服力，见图56-5中标注的"小转大买入点"，利用MACD指标很容易发现。】

而在B段内部，从绿柱子一个比一个面积大，就知道前面的向下都不会形成背驰而使B段结束，因此就可以当下地等待最后跌破A段低点，形成B段与缺口段的盘整背驰。

这个例子说明，一个大的盘整背驰段的内部结构，完全可以不必有该级别的背驰，完全可以小级别转大级别，昨天的图上就有这样一个标准的例子。

实际操作中，第二类卖点后，B段盘整背驰造成的买点是否要参与回补，这和你的操作级别有关。如果是股指期货，这对应的是100点的空间，当然是可以参与的。但由于T+0，而且现在交易成本提高了，对于股票是否参与，这就与你实际操作的股票有关了，这必须根据自己的情况灵活处理。

但只要你明白了小级别的情况，大级别的操作是一样的，而且大级别的安全性、可操作性更高，操作的频率也更低而已。本ID说这里的例子，只是让大家对理论能更清楚地了解。

---

[1] 本篇课文缠中说禅的配图。

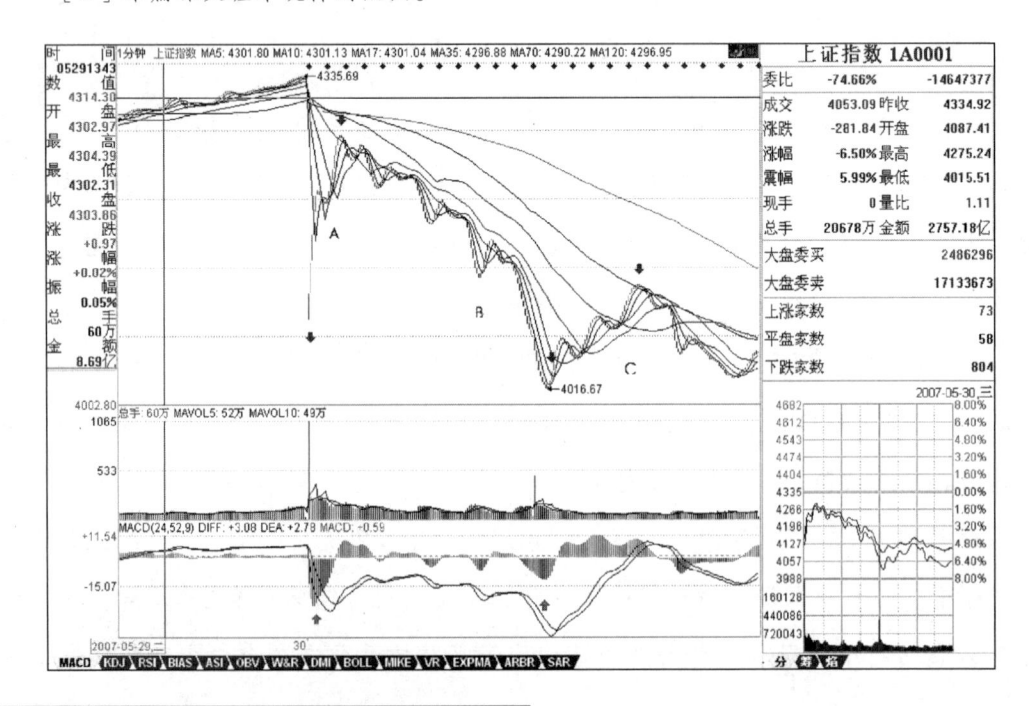

教你炒股票 56　5·30 印花税当日行情图解——图解分析示范（一）

［2］2007 年 5 月 30 日，A 股上证指数暴跌 281.81 点，跌幅 6.5% 如图 56-6 所示；深成指跌 829.45 点，跌幅 6.16%。其后上证指数在短短 5 个交易日里最大跌幅达到 21.49%。股市暴跌的主要原因是 2007 年 5 月 29 日深夜，财政部将股票交易费用中的印花税率由 1‰ 提高到了 3‰。

2007 年 5 月，A 股市场盛传将上调证券交易印花税，财政部曾出面澄清消息不属实。然而在 5 月 30 日凌晨，财政部突然宣布上调印花税，从 1‰ 提高到 3‰，导致股市在短短一周内从 4300 点一路狂泄至 3400 点，众多股票连续遭遇 3 个跌停板。广大投资者猝不及防，损失惨重，俗称"5·30"事件，也有股民戏称财政部"半夜鸡叫"。

图 56-6　5·30 上证指数行情走势

学习重点和难点

缠论相邻级别的结构（2）

这个问题要从第 54 课与本课的级别差异说起。

第 53 课后，缠中说禅逐渐舍弃了从大级别到小级别的看盘方式，以期使理论达到数学般严谨的目的。第 54 课中第一次尝试从小级别到大级别递归的方式进行分析，当时把本级别的线段当作次级别的走势类型，因此有了如图 56-7 所示的走势划分：

$g_0g_7=g_0d_1+d_1g_1+g_1d_2+\{(d_2g_2+g_2d_3+d_3g_3)+(g_3d_4+d_4g_4+g_4d_5)+(d_5g_5+g_5d_6+d_6g_6)\}+d_7g_7$

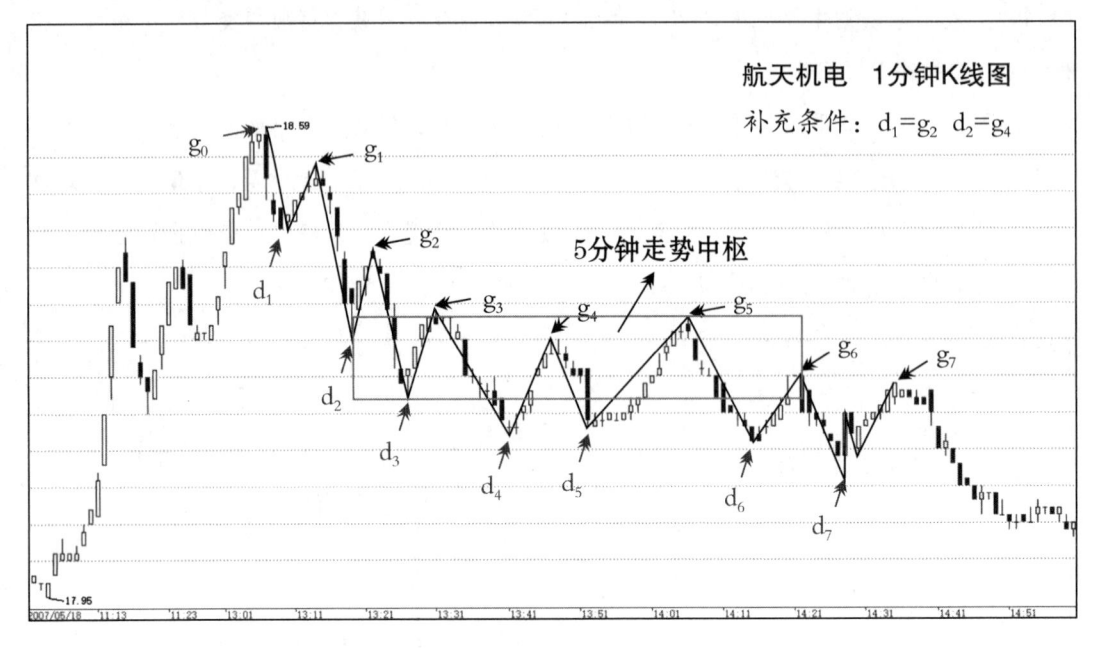

图 56-7 航天机电走势分析

其中 d_2g_2 至 d_6g_6 是一个 5 分钟走势中枢，图中诸如 g_0d_1、d_2g_2 等直线段都代表一个 1 分钟以下级别的走势类型。当时的 1 分钟级别没有被看作最低级别，其下还有分笔级别。包括对 d_7g_7 的 1 分钟级别走势类型认定也是如此，因那里内部有明显的结构，从而构成 1 分钟级别的走势。

本课的图例则不尽相同，如图 56-5 所示，走势 A、B、C 明显具有内部结构，也就是说，不但不是直接使用没有内部结构的线段表示次级别走势，反而需要依靠走势的内部结构，比如至少有上、下、上或下、上、下三段走势，才被认定为一个 1 分钟以下的走势类型。

这种表示方式使得其级别比第 54 课的情况小了一级，但明确了 1 分钟以下级别的结构，第 54 课中的 5 分钟中枢在这里仅仅是一个 1 分钟级别的。

特别提示：后面的课程大量采用本课的标注方式，所以今后以此为准。

> **课文解读**

5·30 前后走势分析

1. 5月30日之前的走势

5月30日之前，大盘形成了一个如图56-2所示的中枢。5月29日尾盘是一个小级别的上涨，并且走势尚未完美。5月29日晚间的利空消息，使得大盘以一种突变的方式反转，缠论第一类卖点在实际走势中不会出现了，本级别可供选择的卖出机会只剩下第二类和第三类卖点，极端情况下甚至只有一个第二类、第三类卖点合一的卖点。

2. 5月30日走势分析

如图56-3所示，5月30日的走势可以划分成五个1分钟以下级别的走势类型。

（1）第一个1分钟以下级别走势类型①：受晚间利空消息影响，5月30日大盘跳空低开，并且大幅跌破前面中枢的低点，在K线图上形成一个大大的缺口。这种逆向缺口可以看成是一个最小级别的走势类型，它是5月30日第一个1分钟以下走势类型。

（2）第二个1分钟以下级别走势类型②：本段内部是一个标准的a+b+c走势，由三段小级别走势构成，走势c相对a盘整背驰，但此时c的高点已经回到前面的中枢，所以是大盘的第二类卖点。

（3）第三个1分钟以下级别走势类型③：这段走势课文中称为走势B。如图56-5所示，它的内部三个灰色箭头所指的地方，都是三个向上走势的第三段，不过均向下倾斜，没有构成明显的向上结构，所以对应的三个1分钟以下级别的盘整不成立，整体被划为一段走势。

将本段与第①段（缺口那段）进行MACD指标比较，明显是一个盘整背驰。本段对应的MACD指标绿柱面积是下方四个绿柱面积之和。

（4）第四个1分钟以下级别走势类型④：如上所述，第③段与第①段产生盘整背驰，因此有了这个1分钟以下级别的上涨走势，其最高点没有回到5·30之前的中枢，所以是大盘的第三类卖点。

至此，前四个1分钟以下级别走势类型构造出一个新的中枢，级别为1分钟，以后的分析因这个中枢的存在而变得简单。

（5）第五个1分钟以下级别走势类型⑤：它是由下、上、下三段分笔走势构成的1分钟以下级别的走势类型，可以看作是围绕上面那个1分钟走势中枢的震荡。

教你炒股票 57

当下图解分析再示范[1]
——图解分析示范（二）

（2007-05-31 22:35:44）

部分由于管理层的"夜半歌声"，本周已经说了4天股票，本ID就来一个大满贯，再说一天，不过下不为例。天天说股票，一周说5天，各位不审美疲劳，本ID也烦了。

看到很多人还是发懵，因此，就用这两天的1分钟图，继续说说怎样进行图解。当然，这些图解都是可以当下进行的。

今天看回帖，好像有人希望本ID在什么QQ上即时发布什么提示之类的，这绝对不可以。QQ对于本ID来说只是用来娱乐的，用来说股票也太浪费了。而且，本ID那4小时是天王老子都不能打扰的，说句不太客气的话，本ID的资金，大概比来这里所有人的资金之和都多，本ID忙着上QQ，出问题了谁负责？所以，最多就这样形式了。很多事情，还是要靠自己多练习，本ID最多就是一个陪练的。

必须要再次强调，不熟练的投资者，一定不能全仓进行操作，基本的仓位应该拿着中长线的股票，部分仓位可以用来练习。否则全仓操作，一旦来几次半生不熟的折腾，到时候连本都没了。而且一定要注意，卖点是在涨的时候出现的，不是追杀出来的。如果你砍了地板价，那一定不是在卖点上。只要是赚钱的，就没有卖错，宁愿卖早，不要卖晚。如果卖错了，就不看这股票，除非有新的买点。

还有，有人误解，认为本ID的方法就是拼命弄短线，这些人大概是跟体育老师学的中文，所以就这水平了。用本ID的方法，如果你选择年线级别操作，那比巴菲特还巴菲特，大概一个年线的买点后，至少要等几十年才有卖点，你就拿几十年吧，就怕你拿不住。【深入解析】记得初看此段时，心潮澎湃，心向望之，不过静下来一想，这不过是一个美丽的乌托邦。首先，年线级别的买点，必然不是仅仅依靠技术面可以获得的，更多的关注点在于行业动态与企业基本面上。十多年前，谁能想到如日中天的柯达、诺基亚等公司会在新技术面前溃败。其次，年线级别的买点对于中国股市也是一个奢求。按照缠论的标准买点计算，它首先要有一个年线级别的下跌，按a+A+b+B+c的最简结构，也需要9段走势，最少45年时间，中国股市至今也不过区区30年。因此，此处年线级别买点一定是基于缠论由大至小的第一种看盘方式而言。那么，提高K线图的级别，是否可以增加稳定性呢？图57-1、图57-2是上证指数冲击6124点那段走势的周K线与月K线图，相比之下，月线确实平滑了走势，剔除了一些小的调整，但这明显是一把双刃剑。比如使用周线图操作时，周线的第二类卖点大约在5500点附近，月线的第二类卖点就降低到了3500点左右，基本浪费了这波大牛市。】

还有，如果你是按周线级别操作，那这两年，至少指数上你根本没有卖点（见图57-1）。至于按30分钟操作的，在一个30分钟第三[类]买点后的中枢上移中，如果这上移是从10元开始，只要不形成新的30分钟中枢，那么就算到了100000元，你还是要拿着，为什么？没有卖点。所以那些说学了本ID理论就拿不住股票的，自己好好反思一下，究竟你学了什么？

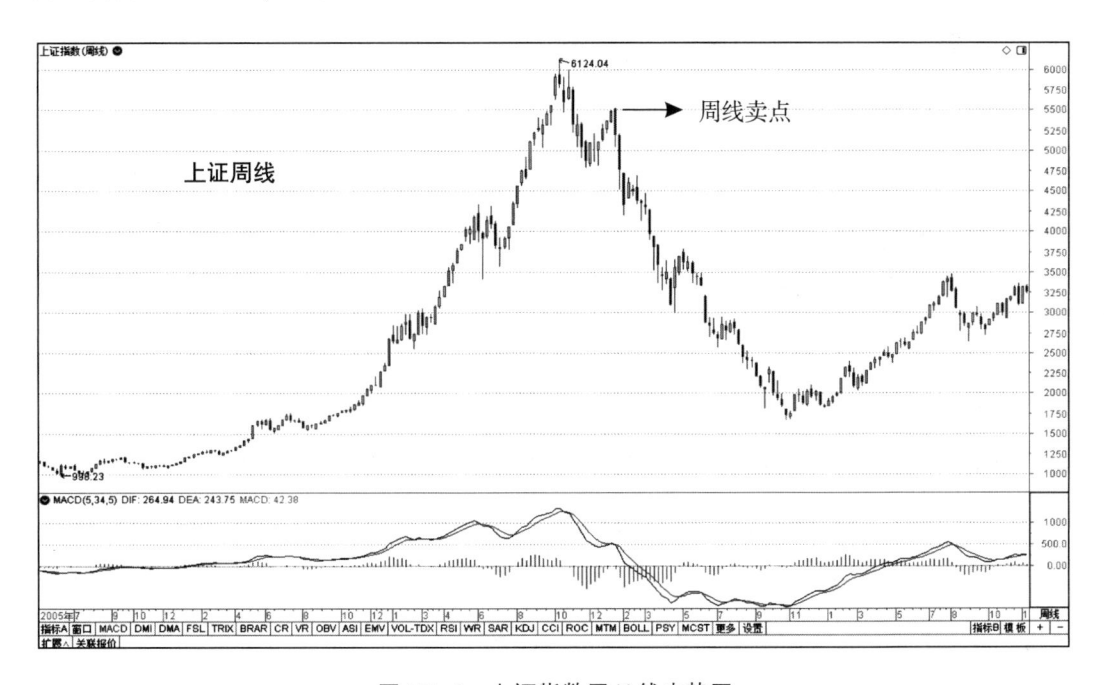

图57-1　上证指数周K线走势图

图 57-2　上证指数月 K 线走势图

闲话少说，看图解图。

对着图，首先要确定最小分析级别，也就是说，这级别以下的都可以看成是线段。而站在最小分析级别的角度，每一线段就是其次级别走势类型，三个线段重合部分就构成最小分析级别的中枢。

当然这些线段本身，可能都属于不同级别，这问题在前面已经说过了。例如本图（见图57-3），最小分析级别先规定为1分钟级别的，所以所有1分钟级别以下的，都是线段，在图上标记着数字，所有的［N，N+1］，都是线段。【深入解析：请特别注意，小级别递推方式下，"线段"的概念改变了。前面的线段强调没有内部结构，是数学概念上的一段直线。这里的线段如12、23、34，等等，都拥有上下上或下上下的结构，它越来越接近后期缠论线段的概念。】

有人可能要问，01段是跳空缺口，23段上上下下，很复杂，怎么都是线段？因为这都不是1分钟的走势类型，里面没有1分钟的中枢，所以都是1分钟以下级别的。虽然缺口是最低级别的，当然比23段这种级别要低，但在1分钟级别显微镜下，没有区别，都可以看成是没有内部结构的线段。当然，如果你要考察23段的内部结构，也是可以的，但那就不是站在1分钟级别的基础上了。【字斟句酌：这个解释略显牵强，不如直接设定逆势缺口为一个次级别的走势类型，更为合理。】

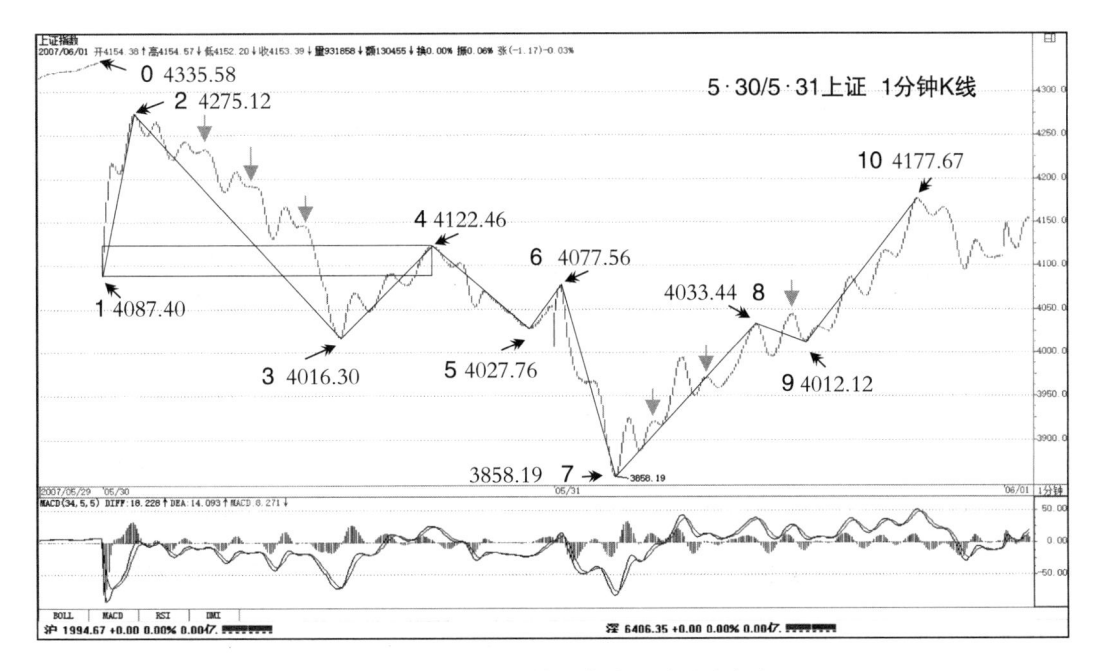

图 57-3　5·30 行情走势第一种划分方式

由此可见，图中 [走势] 可以看成是 10 段线段构成的，线段中的波动，至少在分析 1 分钟级别的角度，就是可以忽略不计的。这里有一个地方是可能有疑问的，在 23、78 段 5 个带绿箭头指着的地方，【课文解读：文中配图为灰度向下箭头。】似乎可以看成是一线段，但为什么没有？因为在这似乎是三段的结构中，第三段的都太微弱，把图形缩小后几乎就看不到了。对比一下 89 段带绿箭头【课文解读：文中配图为灰度向下箭头。】的地方，这第三段就明显不同了，所以这是一个 1 分钟以下级别的上下上结构，【字斟句酌：应为下上下结构。】而前面的不是。

当然，如果你一定要说 78 段那箭头的地方很明显，那么 78、89 就合成一线段的上涨趋势了，这也可以。只是如果你是按这个标准的，那么所有和 78 段箭头位置微弱程度一样的，都要这样处理。本 ID 还是按图上的标记线段。

线段有了以后，一切都好分析了。当然，在当下时，例如在今早 9 点 30 分，是没有后面的线段的，但线段的标准，是一样的。你可以很精细地分析 56 段，是一个上下上的内部结构，其中下一段是跳空缺口，但无论如何，这就是一个线段。【字斟句酌：缺口如何划分要根据方向以及空间位置。不过以后这种划分方式也会被修改，56 不再成为一段，这是后话。】

不过，由于前面 12、23、34 构成的中枢只有 1 分钟级别的，那么其构成第三类卖点的次级别就是 1 分钟以下级别的线段，这时候，就要考察一个有上下上结构的 1 分钟的次级别结构了。而 56 段显然符合这个结构，有明显的上下上，而 45 段也是符合 1 分钟次级别的要求的。注意，当考察 1 分钟的次级别时，就不能笼统地把所有 1 分钟以下的都看成 1 分钟的次级别了，因为这里的视点已经不同。显然，这个的 45、56，就构成了标准的次级别离开中枢与反抽中枢。而这 1 分钟中枢的区间是［4087，4122］，而 56 段只到了 4077 点，所以这就是第三类卖点了。

当然，在具体操作中，还可以特别精细地去分析这个问题。56 段里的上下上，后上对前上的力度，从下面对应的 MACD 的柱子面积比就可以判断出不足来，因此这里就有很小级别的背驰，这都可以在当下分析的。当然，这样的精确度，需要操作者十分熟练并且反应与通道都十分快，并不要求每个人都有这个可能，这里只是进行分析。对大的级别，道理是一样的。

同样道理，67 段里的内部结构下上下，后下力度也比前下弱，这从下面红箭头所指两绿柱子面积的对比就可以知道，所以这内部就有了背驰。

注意，这 67 中的上，幅度上也很微弱，但时间比较长，是一个小的时间换空间的反弹，所以是可以看成一个上的。更重要的是，这上使得绿柱子回缩到 0 轴，这就更证明了这是一个不能忽视的有技术分析意义的反弹。【字斟句酌：由于没有给出缠论笔的概念，所以这里不严格地说 67 段成立，将来这种划分方式也将被弃用。】

当行情走到 6 点时，34、45、56 这三段（见图 57-4），就可以看成是一个 1 分钟中枢了。当然，这种分法和原来［4087，4122］中枢的分解不同，但站在多义性的角度，这是绝对符合结合律的，当然是一个分解的方法。

这分法，就使得 23、67 成为这中枢的一个震荡，从而可以用［比较］力度的方法来发现背驰。对于 23、67 下所有绿柱子面积之和，显然后者小，所以就知道，67 只是针对 34、45、56 中枢的一个震荡，必然至少回抽中枢附近。而对 67 内部用区间套的方法进行精确定位，具体的看上一自然段的分析。按这种方法，7 那买点的把握，就是很简单的事情了。

注意，这都是可以当下分析的，根据当下的走势，自然就能把握。如果那7当成是第一类买点，那么9就是第二类买点了，这符合次级别上，次级别下，不创新低或盘整背驰的定义。对比一下2点和9点，一卖一买，都是第二类的。当然，在78里，其中的下也是一个第二类买点，但该买点的级别比9这点要低。【课文解读：见图57-4，78中的第一个下，也构成一个第二类买点，但级别比9小。】

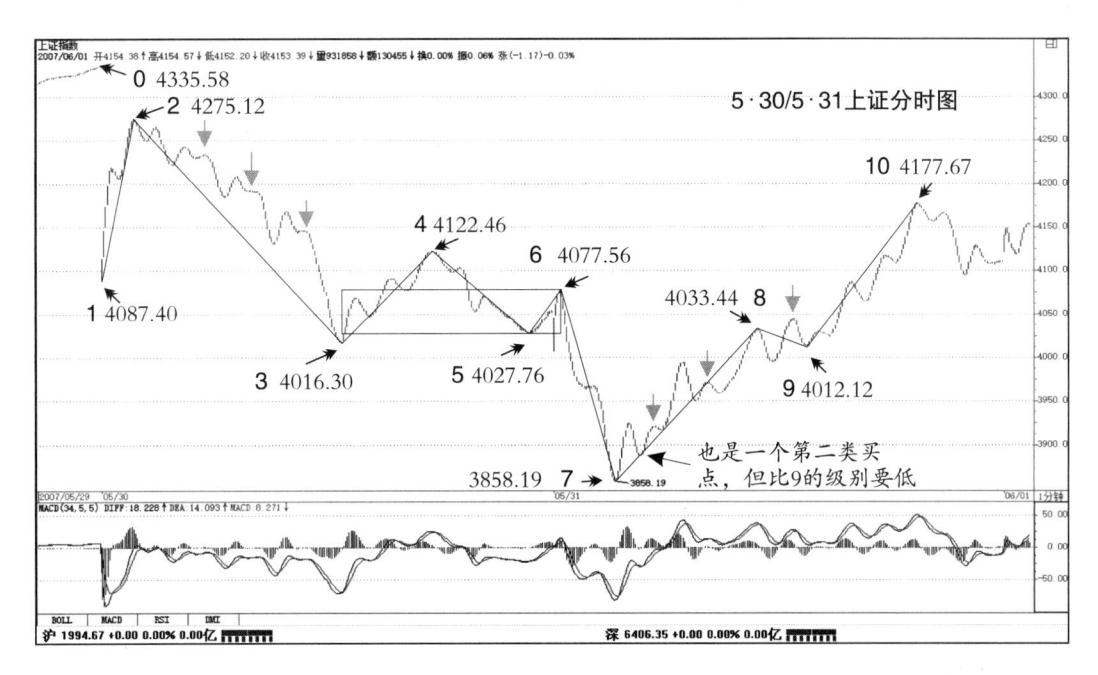

图57-4 5·30行情走势第二种划分方式

显然，这10个线段，已经组成了一个更高级别的5分钟中枢（见图57-5），结合方式如下：（12+23+34）+（45+56+67）+（78+89+910），该中枢的区间是［4015,4122］。【字斟句酌：疑为［4016,4122］】。这一点其实由6这个第三类卖点的存在以及后面的背驰，就可以知道，这中枢级别的扩展，是必然的。【课文解读：依然没有区分类中枢与标准走势中枢，依然希望利用走势中枢来直接递归。】

注意，这是为了示范才分析1分钟的图，这类图是最复杂的。一般来说，级别越大的图越简单。而操作上，技术不好，通道不好的，一般不用1分钟的图，把级别放大点，这点必须明确。【深入解析：这种分析方式很快有改变，所以看下就好。】

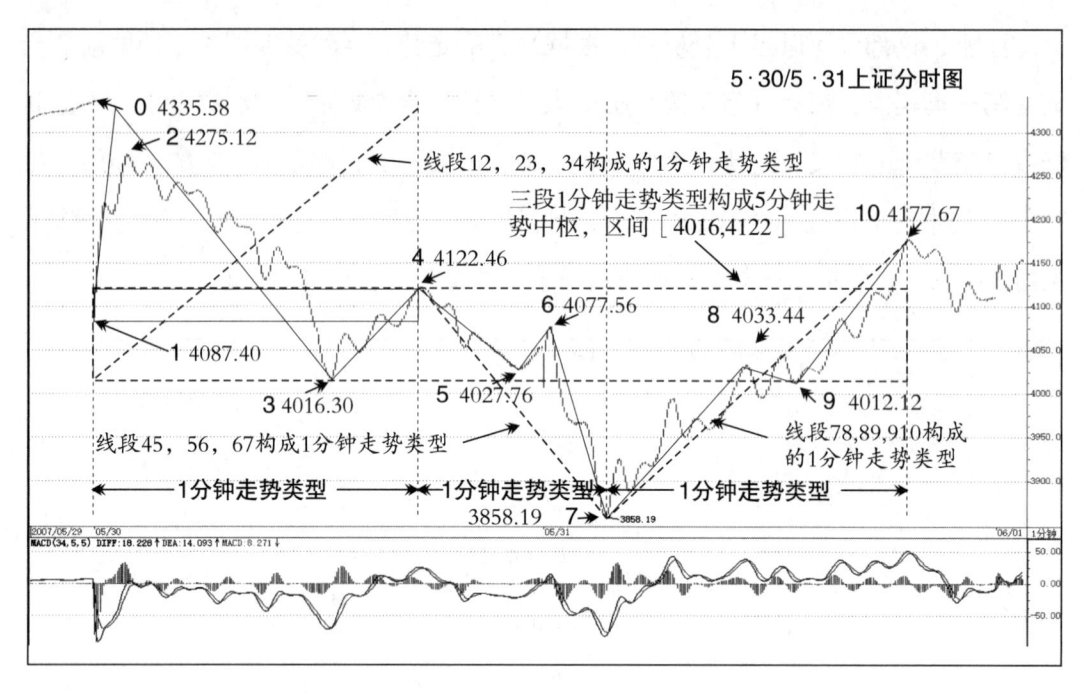

图 57-5　上证 5·30—5·31 行情走势划分

---

[1] 本篇课文缠中说禅的配图。

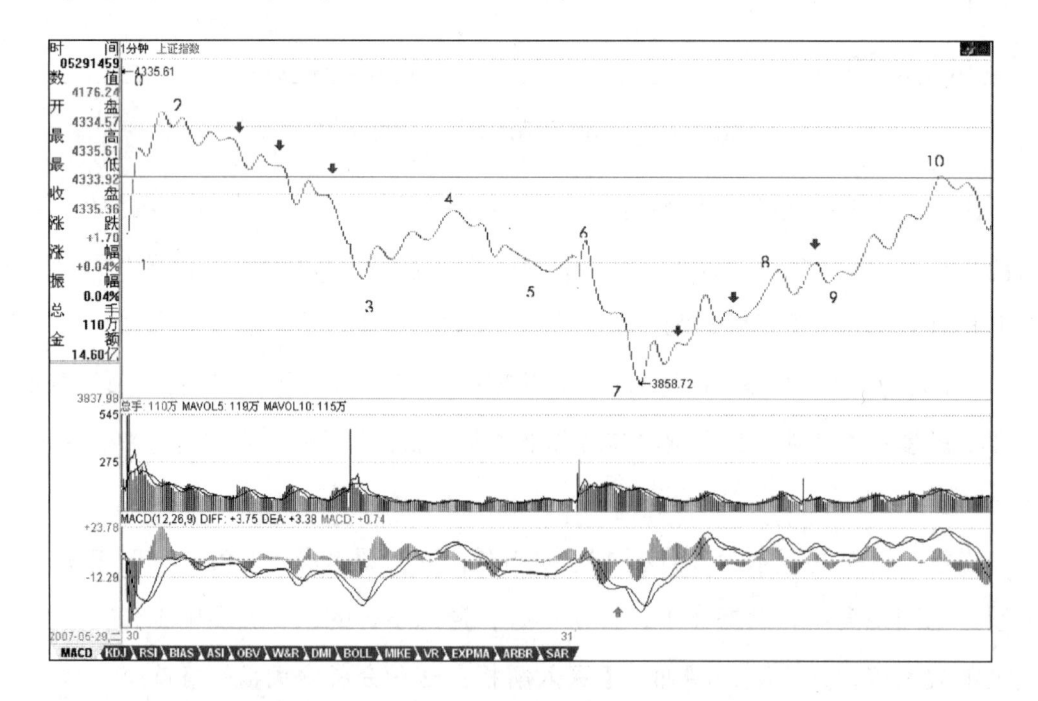

教你炒股票 58

图解分析示范（三）[1]

（2007-06-04 22:34:47）

明天收盘后要出一次差，去一趟曾一日游赋诗的地方，所以，先把课程送上。今后几天都没时间写帖子，但每天收盘后的解盘，都会尽量按时附上。至于其他内容的帖子，等出差回来再说了。

大盘大跌，除了清洗筹码，还可以清洗一下人。本 ID 说过，这里没必要有这么多人。来这里的，如果不是希望成为猎鲸者的，就没必要来了。那种跌个 40% 就惊慌失措的，也不大适合市场。市场从来都是血腥场所，这点在前面已经反复说到。见不了血腥场面的，还是把钱好好去买国债，这样比较安心。股票就是废纸，该卖的时候不卖，把股票当宝，这就是投资的最大软肋。如果你看图形操作时，做不到无我无股票，只有走势图形，那基本可以不看图了，因为有我有股票。被自己的贪婪恐惧所牵引，你看的图，也不过就是自己的贪婪与恐惧，那何必看图？【深入解析：大多数人做不到无我无股票，主要是对专业知识缺乏信任。这里的专业知识不一定指缠论，只要能反映市场规律的理论都是好的。】

说一个最简单的例子，就算你没技术，只按最简单的跌破 5 日线走，那请看看你该在什么时候走，且不说对于具体的个股了。这次是一个很好的实习机会，请回想一下那些卖点［出现］时，你自己究竟在干什么？心里是不是有很多幻想，被幻想蒙蔽了眼睛？看图操作，唯一的对象只有图，谁说都没用。市场是当下发生着的，没有人能替你去反应。

先把市场放一边，继续图解分析。把这次跌势的图形连续分析下去，这样大概对各位的理解与分析有一定的帮助。请看图（见图 58-1）：

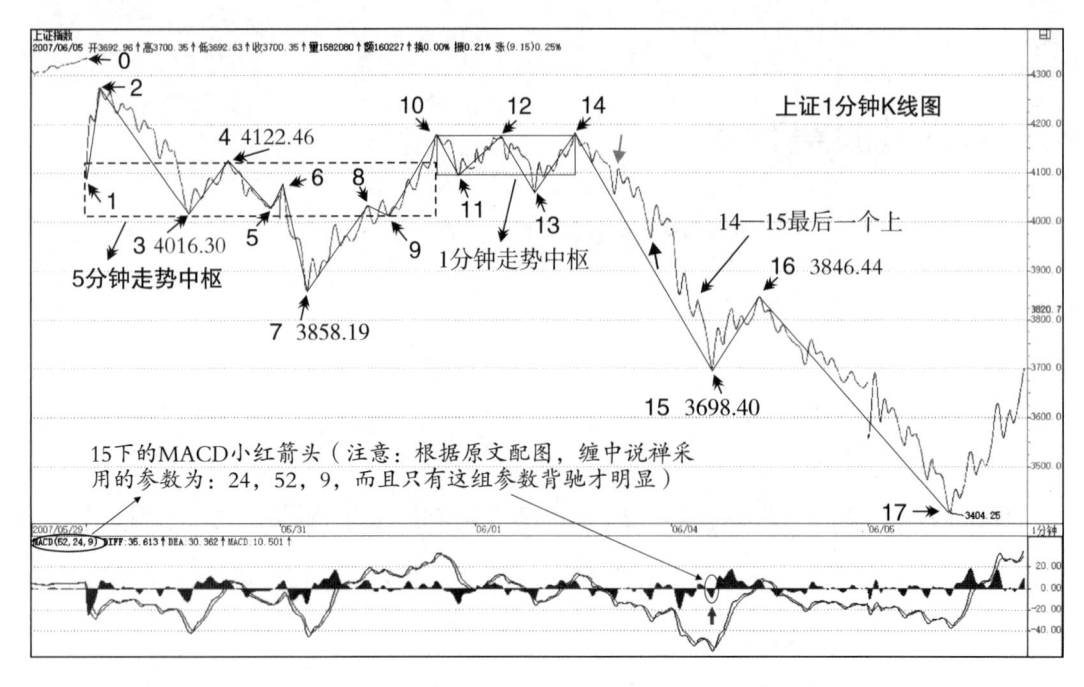

图 58-1 5·30 行情走势及后续走势分析

    各位可能还会对如何去确定线段有很大疑惑，图上已经用数字标记了从 30 日开始的 1 分钟图上的线段。为什么这样标记？例如 14—15 间带红绿箭头（向下、向上箭头）这一段为什么不是线段？这很简单，因为这段中的下—上—下—上—下中，没有任何的重合，也就是第二个上的终点没有触及第一个上的起点，这种图形，和直接的一个下没有任何区别。而一个线段，除非是缺口，否则必须由至少上—下—上或下—上—下的三折组成。只要互相相邻的上或下不重合，则这个模式可以一直延伸下去而依然还是一个线段。这里就不难明白 14—15 为什么只是一段线段了。【课文解读：如图 58-2 所示，此前虽然还没有介绍缠论的线段概念，但此处使我们明白了缠论线段的基本结构，即只能包含类中枢的走势。】

    那么为什么 14-15 这线段不构成合适的买点，因为在下面的 MACD 辅助中，可以看出这一段的力度比前面所有的都大（这从黄白线就一目了然了），那当然不构成任何的 1 分钟以上的背驰，最多就是 1 分钟以下最小级别的背驰。在 15 下 MACD 小红箭头（灰色向上箭头）处，比较绿柱子的面积，就可以发现这个小的背驰，【课文解读：如课后的原文配图，此处使用缠中说禅的 MACD 参数才明显，他选取的参数比默认值大一倍左右。】因此就有了 15—16 的反弹，该反弹在 14—15 最后一个上附近受阻，十分技术。

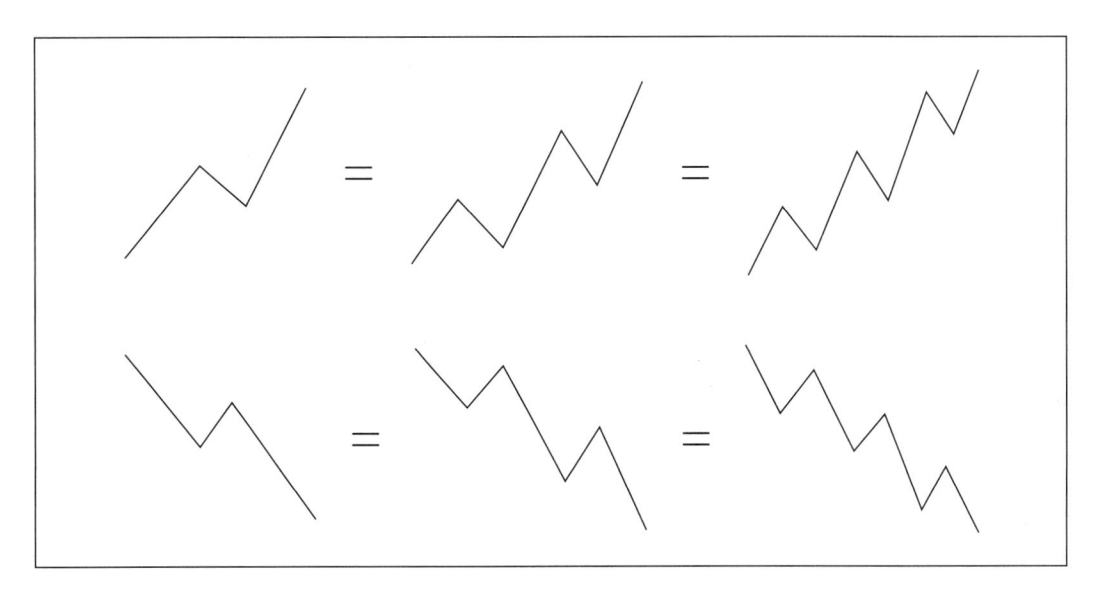

图 58-2　线段的基本结构

而站在 10—13 构成的 1 分钟中枢来看，15—16 这反弹反而是构成一个第三类卖点。本 ID 看了一下留言，有位网友也看出这个是一个第三类卖点，但他的理由好像是这反弹没突破 7 这点，所以是第三类卖点。这是不对的，因为如果是那一点，那对应的中枢就乱了。

注意，第三类买卖点必须是次级别离开，次级别反抽，而且是针对该级别中最近那个中枢。【**深入解析**：这句话很重要，经常看到缠友乱套第三类买卖点。】而以前也曾说过，对于一些快速变动的行情，往往第三类买卖点离开的距离会很远。

从 16 开始的一段，有进入背驰段的可能，但由于明天的行情没有开始，如果明天突然加速下跌，就可以破坏这可能，所以具体是否背驰成立，还要看明天走势的内部区间套的当下定位。如果出现背驰，那么一个反弹至少重新回到 15 这点上，这样就从 15 这点开始至少形成一个 1 分钟的中枢了。

而对于 1—10 这个 5 分钟中枢，该反弹如果不能重新回到 4015 点之上，那就会形成一个 5 分钟的第三类卖点。从目前的情况看，这种可能性有很大，所以这也预示着，今后几天，任何在 4000 点下的反弹，都会构成一个卖点并至少引发一个更大级别的中枢，甚至是新一轮的下跌，除非这反弹能重回 4000 点之上。显然，从中枢的分析中，可以很绝对地分析出今后一段走势的一些操作性质。

站在更大的层面上，大盘要重新站稳，就要形成一个较大级别的中枢。而从

10开始，一个新的5分钟中枢都没形成。如果新的5分钟中枢最终和1—10这个5分钟中枢没有重合，那么就形成一个5分钟级别的下跌，那其后的压力就更大了。所以，那位网友也蒙对了一点，就是7这点有着极强的技术含义。如果一个5分钟背驰引发的反弹都能重回该点之上，那么大盘的走势就会有好转的可能，否则短线压力依然。

别看本ID理论的分析似乎很复杂，但其中绝对条理清晰，每个结论都很严格，没有任何含糊的。但关键，首先要把图给分解对，否则就乱套了。这点必须多看图，多实践。所以，今后一段课程，都继续把这图分解下去，至少看到一个日线中枢的生成为止。有这样的具体分析，对各位的理解和把握应该有所帮助。

―――――――――――――――――

[1] 本篇课文缠中说禅的配图。

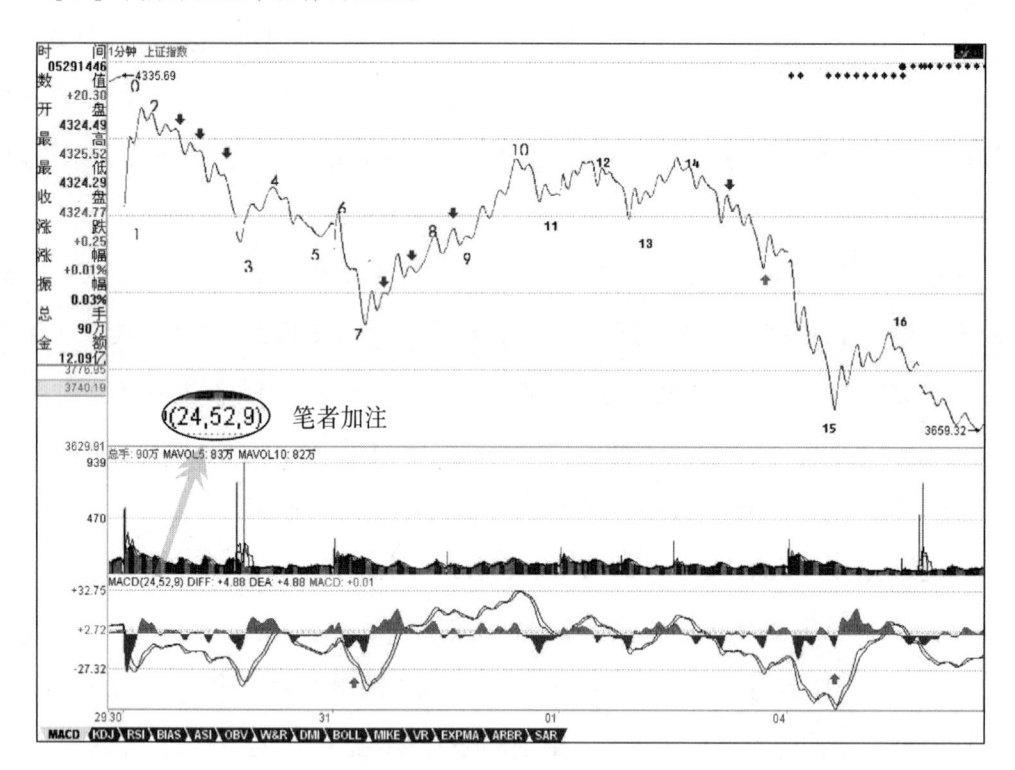

教你炒股票 59

图解分析示范（四）[1]

（2007-06-14 08:23:43）

出差，必须用三张图才能把落下的走势补上。对于初学分析的人，最难搞的就是分清楚线段，所以，在每张图上，都继续用数字标记每一段线段，从中不难学会究竟线段是如何分的。

有人可能要问，为什么有些线段延续上百点甚至更多，而有些很短。这没什么奇怪的，是否线段，关键看走出来的形态。如果任何低点比前一个高点都高，那么即使这情况无限延续下去，也依然只是一线段，这和幅度没关系。【深入解析：注意，这里的线段并非数学意义上的直线，如图59-1所示，只要相邻类中枢之间不重合，就属于一个线段。线段的定义后面会给出，这同时表明缠中说禅要区分类中枢与标准走势中枢。】

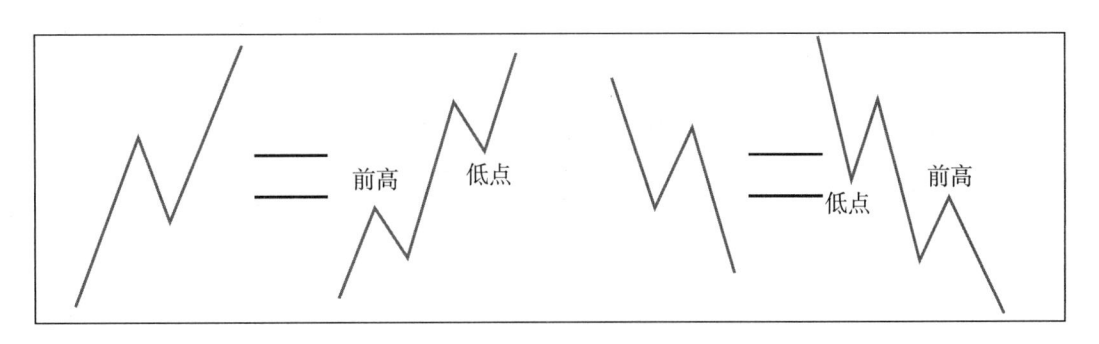

图 59-1 线段的基本结构

还有，前后两线段间，不可能是同向的，同是向上或向下不可能构成两个前后相邻的线段。而且，由于线段都至少呈现上下上或下上下，所以线段不存在一条直线走平的可能。由此也知道，为什么一字涨停，无论如何延续，还是低于线段的级别，是最小级别的。【深入解析：这里很绕，大概意思是：缠论的线段必须有内部结构，至少为上下上或下上下的三段走势构成，而连续一字涨停板只是一段向上的走势，因此是最小级别的，这其实就是后期讲的"笔"概念，"笔"概念的推出迫在眉睫。】

下面，先把三张图列出来（见图59-2）。如图，三者之间是连续的，根据上面的标记可以明白。由于K线太多，不能放到一张图上，否则看不清楚。

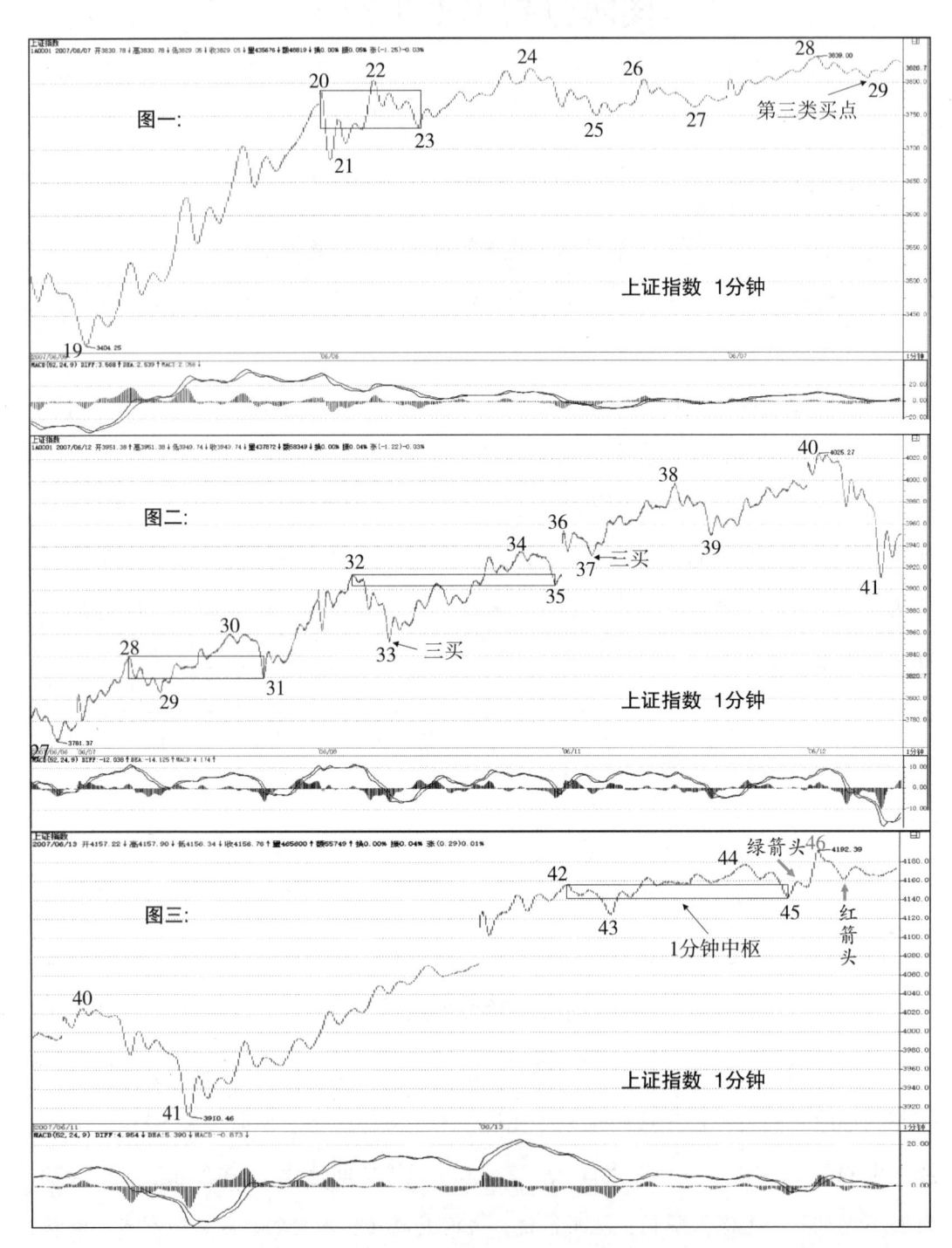

图59-2 5·30后续走势分析

图一中，20—23 构成的 1 分钟中枢产生延续，29 是这中枢的第三类买点。

图二中，33 是 28—31，37 是 32—35 的 1 分钟中枢第三类买点。

图三中，由于红箭头处比绿箭头高，所以不能确定该线段已经完成，【课文解读：图中灰度标记的 46 当日无法确定，需结合后续走势分析。当时图中的红箭头比绿箭头高，所以 45—46 段还不能确定已经走完。】还要看后面走势。由此可以知道如何去把握线段的结束：一般来说，线段的结束与大级别的走势段是一样的，在趋势中用背驰来确认，其他情况用盘整背驰来确认。如果有突发性事件，就要看第二类的买卖点。其道理是一样的，只是所用到的级别特别小而已。

而对于图三，后面的走势，与 42—45 的 1 分钟中枢相关，无非就是中枢震荡直到出现其第三类买卖点。

注意，如图中所示（见图 59-3），在前面一课的 7—8—9 中，由于 8 下来的低点 3994.57 点与 7 中最后一个高点 3994.21 点极为相近，如果点数只用到个位的精度，两者就完全一样的，所以在这种情况下可以看成是有重合的，因此可以分成三个线段。当然，如果精度要求到小数点后两位，那么这 7—8—9 其实可以看成是一个线段。一般来说，如果这两者如此相近，而且 8 中也带着明显的下上下，所以还是看成三线段比较好。当然，如何看，关系到你事先确认的精度，关键是统一去看，至于按哪种精度，都没有任何实质影响。【课文解读：如图 59-3 所示，线段 7 最后一个高点和 8 的低点整数位都是 3994 点。如果点数只精确到个位，两者就完全一样，这种情况可以看成是只有一个价格的同级别盘整，8 的位置就应改到 3994.21 点。但如果精度精确到小数点后两位，则就是目前的划分。】

有人可能又要问，怎么总是说 1 分钟的图？其实，看什么图并不重要。从 1 分钟图看起，只不过意味着这分析的基础有一个 1 分钟图的精度前提，在这个前提下，当然要看 1 分钟的图，而这不影响对大级别的分析。

例如，1—19（见图 59-4），就构成一个 5 分钟的走势类型，而这走势，最终确认并没有形成两个 5 分钟的中枢，所以只能算是一个盘整。

而从 19 开始到 45*（见图 59-5），由于 41 低于 32，所以这走势至少有一个 5 分钟的中枢，但这新的 5 分钟走势类型并没有最终完成。

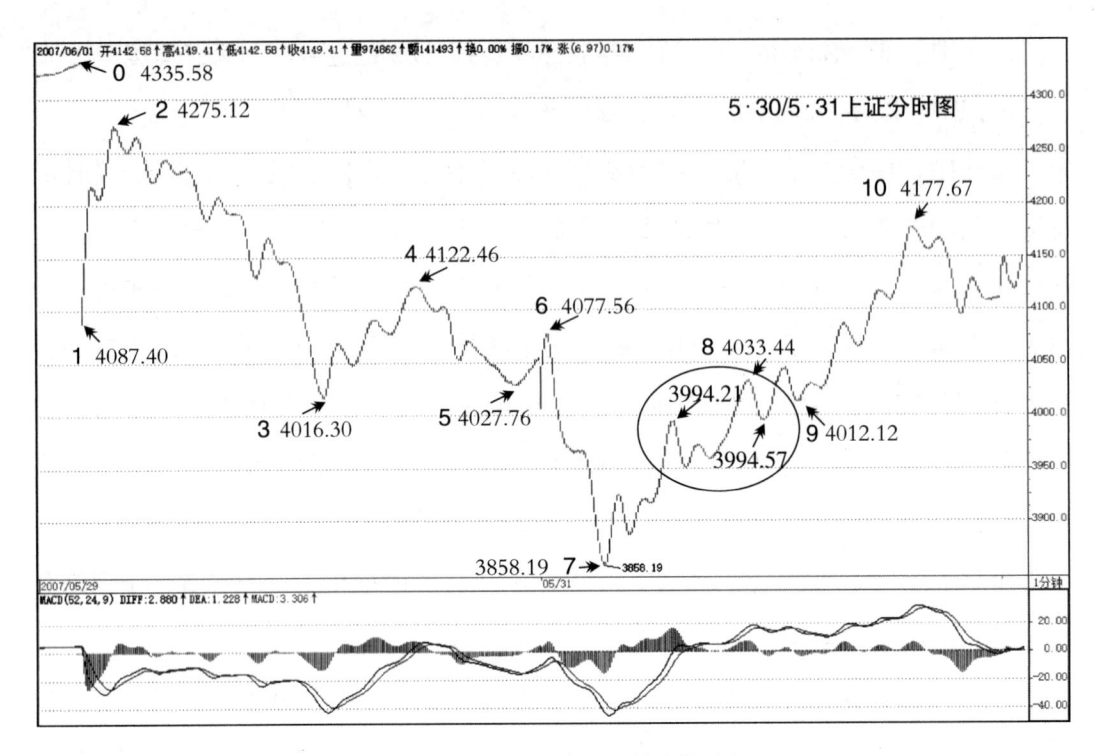

图 59-3　5·30—5·31 行情走势分析

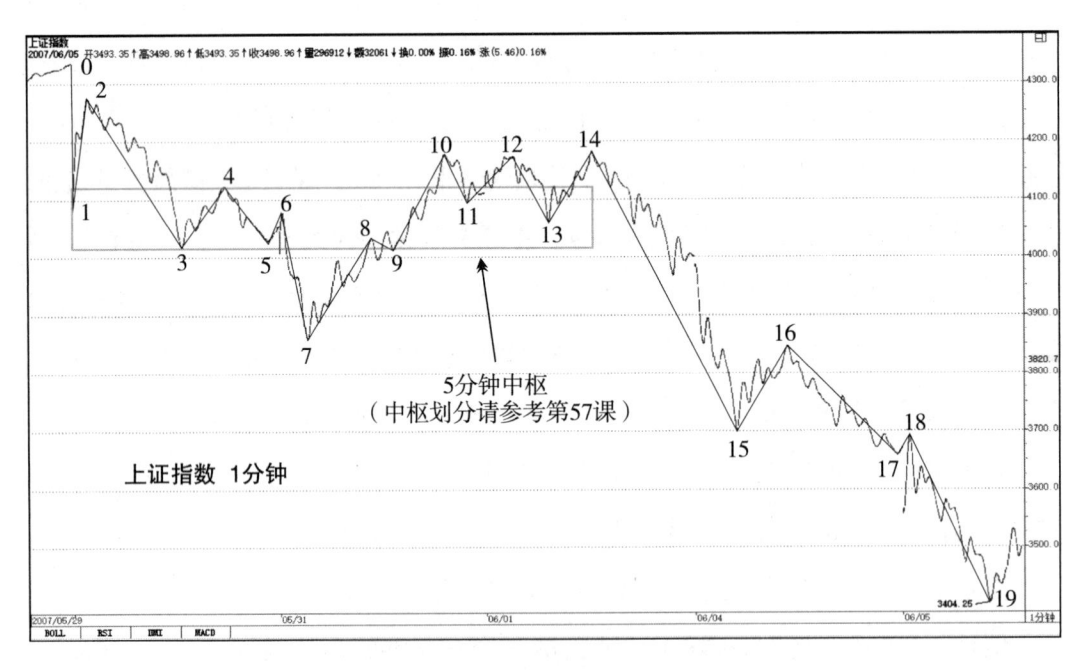

图 59-4　5·30 行情走势中的 5 分钟中枢

对于 19—45 这个未完成的 5 分钟走势类型，可以进行仔细的研究。由于 29 比 24 低，则 22—31 也构成一个 5 分钟中枢，而该中枢，就对应着另一种分解。

但无论如何分解，19—45 至少是一个未完成 5 分钟走势类型的结论不变。当然，站在这种分解下，41 就是 22—31 这 5 分钟中枢的第三类买点。因此，如果 41 开始的上升最终形成 5 分钟中枢后不与 22—31 这 5 分钟中枢重叠，那么这 19 开始的走势类型就是 5 分钟的上涨趋势了。

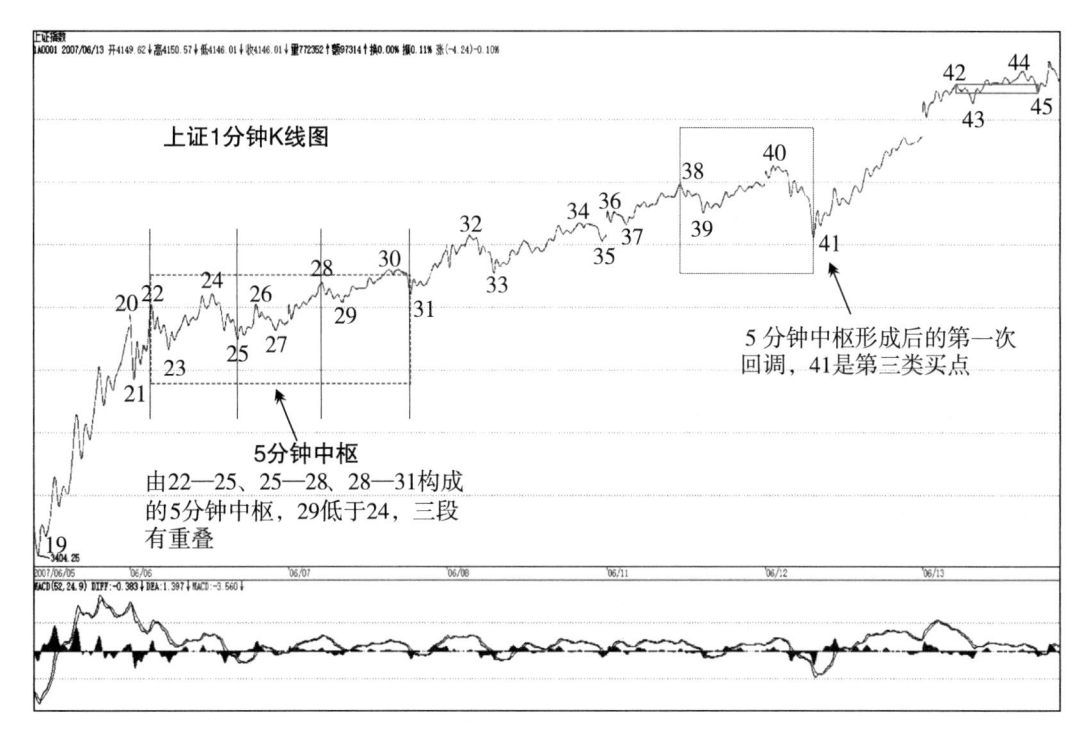

图 59-5　5·30 行情后续走势分析

由上面的分析，对短线的走势就有一个明确的结论，只要关于 42—45 的 1 分钟中枢的震荡不出现第三类卖点，或者即使出现，但其后扩张的走势不触及 22—31 这 5 分钟中枢震荡区间，那么大盘的震荡就是强势的，即使最终形成 30 分钟以上级别中枢，也是至少是围绕 42—45 的 1 分钟中枢发展而来。否则，大盘将以 22—31 这 5 分钟中枢震荡区间为基础扩张出 30 分钟级别的中枢来，相应的走势就比较弱了。而具体的操作，可以按照中枢震荡的手法，根据自己操作的级别，选择相应的中枢级别进行操作。

［1］本篇课文缠中说禅的配图。

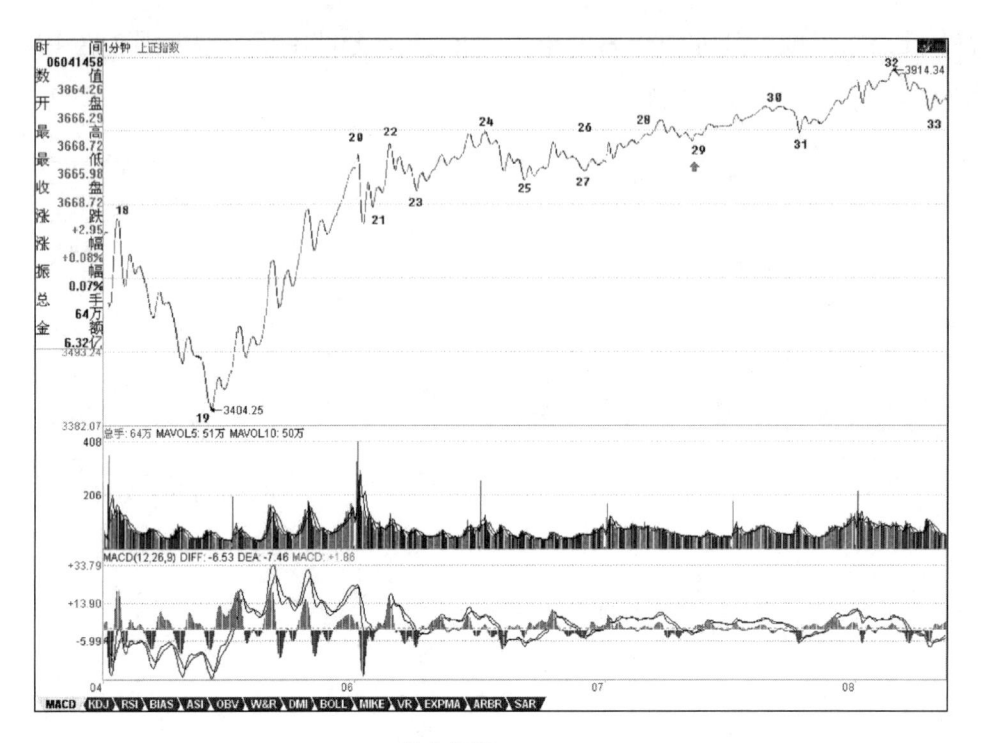

缠中说禅配图-1

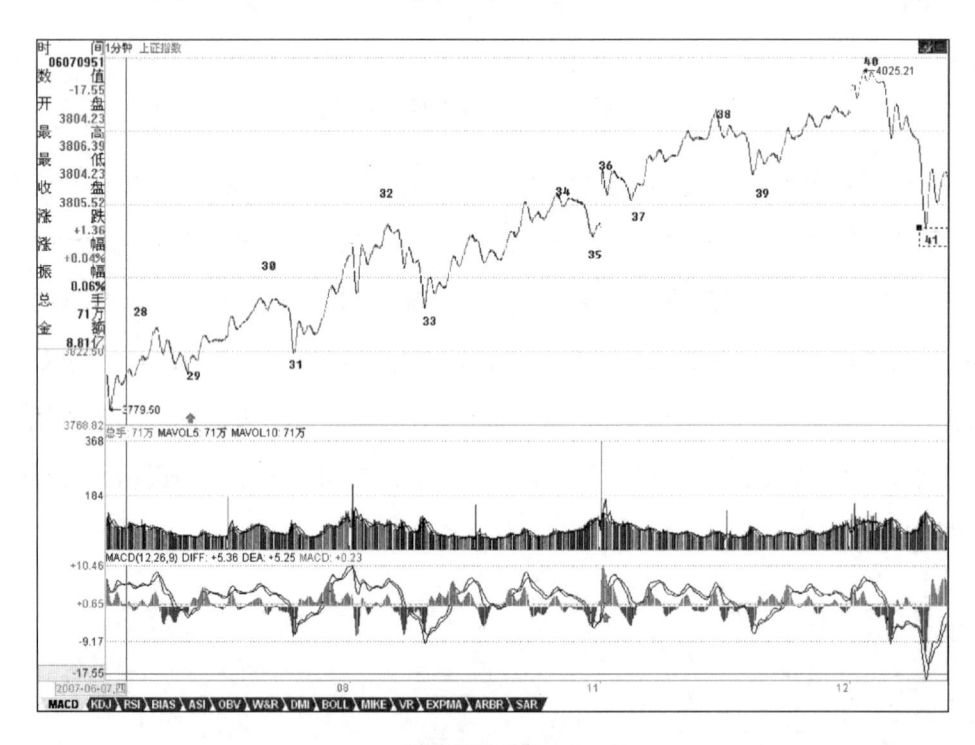

缠中说禅配图-2

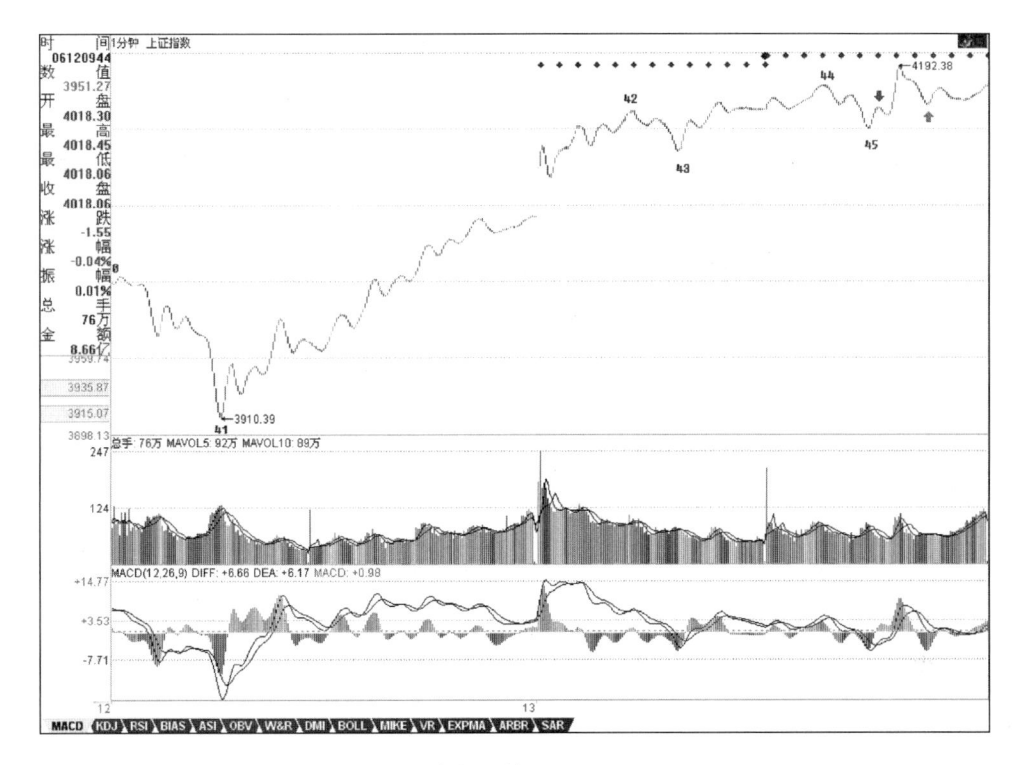

缠中说禅配图-3

[课后解读]

6月5日至14日走势总结

如果按 1 分钟中枢分析，如图 59-2 所示，20—23 构成一个 1 分钟的走势中枢，29 是这个中枢的第三类买点；

28—31 构成新的 1 分钟走势中枢，33 是这个中枢的第三类买点。

38—41 构成一个 1 分钟走势中枢。

如果按 5 分钟走势来分析，19—45 的走势就是另一种分解。

29 比 24 低，如图 59-5 所示，22—25、25—28、28—31 三段 1 分钟走势有重叠，构成 5 分钟中枢。31—38 是离开中枢的向上走势，38—41 是第一次回调，41 即为 22—31 的 5 分钟中枢第三类买点。

42—45 是最近的一个 1 分钟走势中枢，有了 42—45 这个 1 分钟的走势中枢，后面的分析可以围绕这个中枢进行。

42—45 的中枢震荡可能产生一个新的 5 分钟的中枢，使得这个 5 分钟的上涨走势类型阶段性完美。

　　如果 42—45 的震荡出现第三类卖点，可能将最近的 5 分钟中枢扩张成一个 30 分钟的中枢，整个走势改变为一个 30 分钟的走势。

　　如果 42—45 的震荡出现第三类买点，走势将继续 1 分钟的上涨。

　　注意：这种以中枢递推的方式很快就不再使用，了解一下就好。

教你炒股票60

图解分析示范（五）[1]

（2007-06-19 08:04:06）

其实，枯燥的图形，里面包含着很深的心理学意义。

走势，本质上是预期的合力。而预期，本质上是心理层面的。只不过对于市场来说，可以被当成分力去形成市场合力的预期，都是被外化为市场买卖行为的。【课文解读：外化是德国哲学家黑格尔常用的哲学术语。在黑格尔哲学中，外化指内在的东西转化为外在的东西，主要指物质由绝对精神外化而来。缠中说禅用在这里表明市场的交易行为是心理层面的反映。】你的恐惧，如果光是在那里恐惧而没有实际的行动，那并不构成市场的交易行为。因此，所有市场行为，其实已经被如此的心理模式给过滤一遍了。

举一个简单的例子，同级别走势从 B_0 下跌到 A_1 反弹到 B_1（见图60-1），再跌破下跌到 A_2，再反弹到 B_2，这可以分为两类：

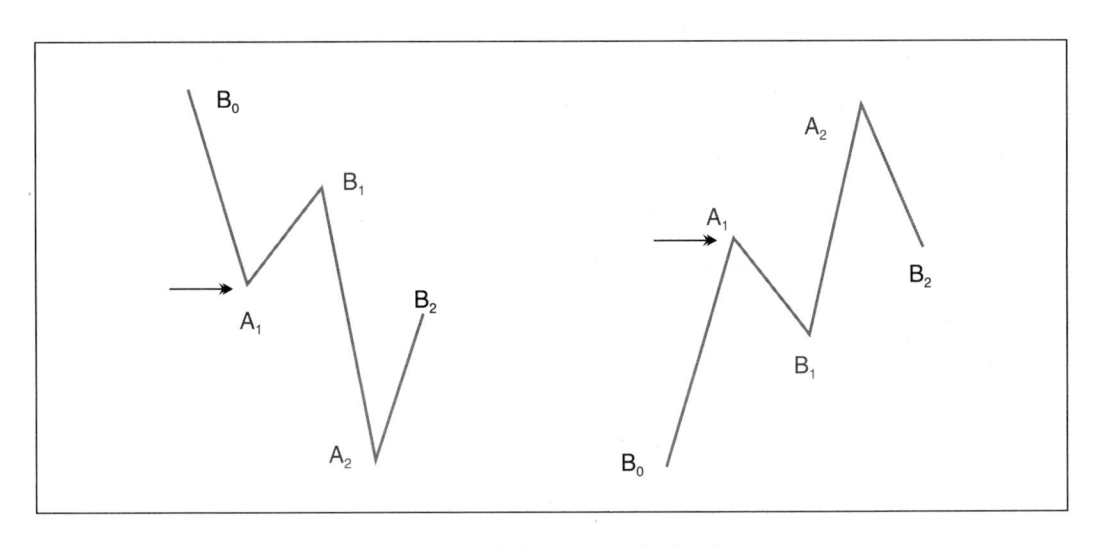

图 60-1 走势中的几个关键点位

（1）B_2 低于 A_1。

（2）B_2 不低于 A_1。

显然，第二种情况，会构成某更大级别的中枢，而第一种情况没有，因此这两种情况是有着本质区别的。【深入解析：早期缠论同级别盘整走势的存在，类中枢与标准走势中枢结构对应不同的走势连接，间接对走势级别产生影响。】在心理层面上，A_1 这第一个反弹的起点，有着很强的心理暗示意义，而再次的跌破，使得这 A_1 的价格成了一个很重要的心理位。而交易本质上都是预期的，这价位就构成了一种实在的预期分类（见图60-2）：

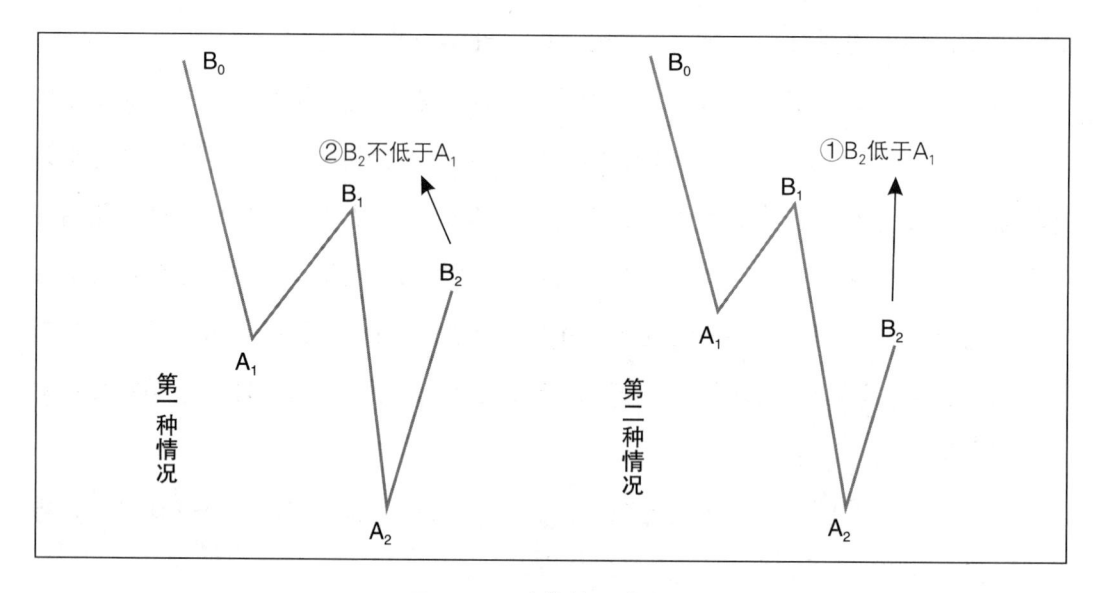

图60-2 走势的两种分类

（1）预期能重新上去 A_1 并实际交易。

（2）预期不能重新上 A_1 并实际交易。

（3）观望。

第三种，在实际的走势中不产生实际的交易，因此第一种、第二种心理预期构成了市场合力。而市场的走势是这合力的当下痕迹，因此这两种心理预期的大小，并不需要实际去测量，因为市场的走势就实际反映出来了。

例如，如果实际上不能重新上去，出现第二种 B_2 低于 A_1 的情况，那么显然在当下的情况下，第二种心理预期大于第一种*。

消息面、政策面、资金面，这面那面，最终作用的都是人心。人心因预期而交易，这里关系的就是人的贪婪与恐惧，人的贪嗔痴疑慢。而本ID的理论从不预测，没有预期，只跟随着市场合力、市场走势而行。这里无须贪婪恐惧，看图作业，如此而已。但光知道这点还远远不够，因为没有预期可能就是最大的预期，没有贪婪恐惧可能就是最大的贪婪恐惧。【课文解读：无知者无畏，比如初生牛犊。】不预测、不预期，并不是不可预测、不可预期，而是不为贪婪恐惧而预期、预测，是根据走势的自身规律来。

走势是有规律的，这规律是"不患"的，这"不患"的根源在于人贪嗔痴疑慢的不患。为什么本ID要强调当下分解的多样性？因为走势本身就是当下形成中的，是市场各种预期的合力当下画出来的。而每种画法都是"不患"的，都是源自人的贪嗔痴疑慢，因此每种多样性的分解都是符合理论的。多样性不是模糊性，而是多角度去让市场本身自己去画地为牢，由此使得市场的走势万变不离本ID理论的控制之中，而这，恰好是市场自身的规律之一。【课文解读：股价走势是市场贪嗔痴疑慢合力的结果。】

不妨看看图（见图60-3），上一课刚好说到"红箭头（46—47中的向上箭头）处比绿箭头（45—46中的向下箭头）高，所以不能确定该线段已经完成，还要看后面走势，由此可以知道如何去把握线段的结束"。有人可能问，为什么在这个位置不可以去预测、预期？因为市场自身并没有完成。

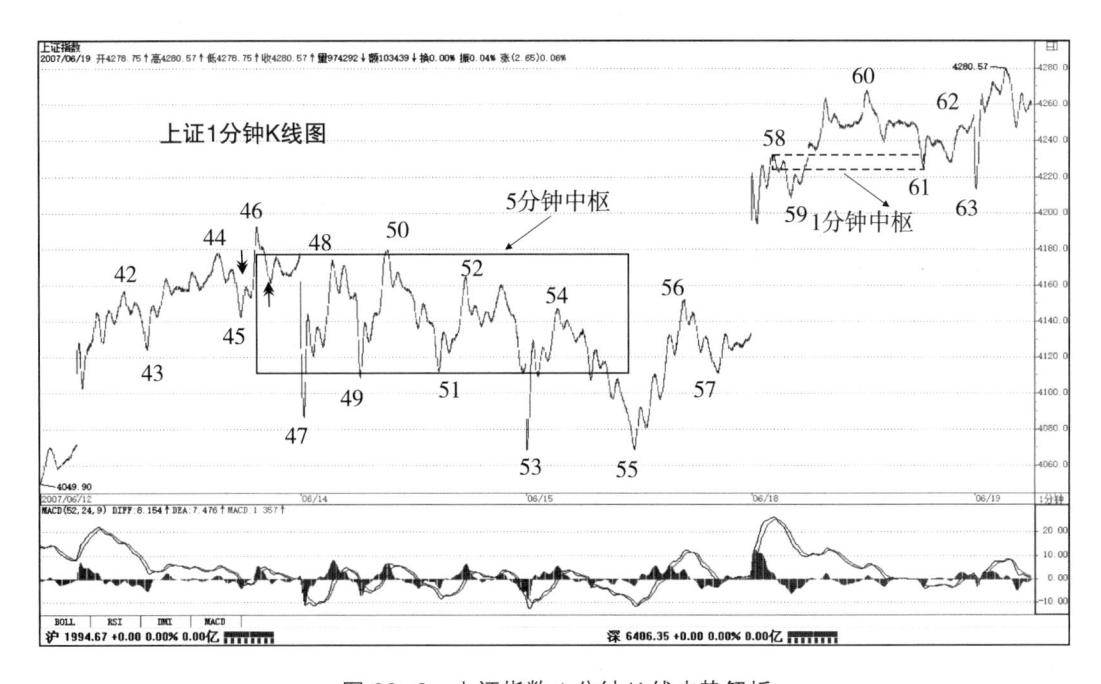

图60-3　上证指数1分钟K线走势解析

但这里的未完成，是站在［每个］人观察的级别上说的，因为所谓的走势，首先是你观察的走势，没有离开你观察的走势。不同倍数的显微镜下的世界是不同的，但市场操作的成本、交易通道、资金规模等，限制了人观察并能实际操作走势的显微镜倍数不可能无限小下去，所以必须确定一个最低级别的线段，把其下一切波动给抹平了。

当然，根据严格的理论，用每笔成交当成最低级别，然后以此构筑线段，这样可以严格地分辨任何级别的走势，但这根本不具有操作性。特别现在交易成本增加，可操作的级别必然要增大，因此，一些可操作级别下的波动，必须要忽视掉。【课文解读：缠论第二种看盘方式没有从每笔成交开始，而是选择1分钟级别K线图，这里给出了原因。】

站在最严格意义上，45—46线段构成43—44线段的盘整背驰（注意，力度比较的是下面所有红柱子的面积之和）。而细致分别线段以下级别，就知道45—46其实是一个小级别转大级别*，而红箭头（向上箭头）后第一次拉起不创新高，就可以出掉了。为什么？因为后面必然形成下上下的重叠结构，也就是有一个小中枢了，而线段以下级别的同级别操作，是不参与这类中枢的。当然，这是按最严格的，并没有太大操作意义的分析。

而实际的操作中，大概真正有意义的操作，都至少是1分钟以下线段级别的。因此，在该图中，如果你是按30分钟级别操作的，46—47的波动就可以不管的。从3404点开始的反弹，一个标准的5分钟级别的上涨，因此你的持有就至少一直等待这5分钟级别的上涨出现背驰或突发破坏为止。【深入解析：如图60-4所示，3404点就是19的位置。】

显然，46—55是一个5分钟的中枢（见图60-3），55跌破53后明显盘整背驰，各位也不难发现。如果把55当成第一类买点（严格来说，盘整背驰无所谓第一类买点，只是这样来类比），57就是一个第二类买点。

55—60，是一个标准的线段级别的上涨。59—60的背驰足够标准，看看下面MACD标准的黄白线回拉0轴，然后60新高，而柱子面积与黄白线高度都比前面不如，由此就知道了。因此，按照理论，60后必然有调整回拉58之下，而实际上61就比58低。也就是说，58—61形成一个新的1分钟中枢。该中枢是否扩展成

5分钟的，以及上一个5分钟中枢的最高点，也就是46，是否被重新跌破，都是今后走势的关键。如果46不再被触及，那就是超强走势，意味着3404点开始的5分钟上涨走势依然延续。

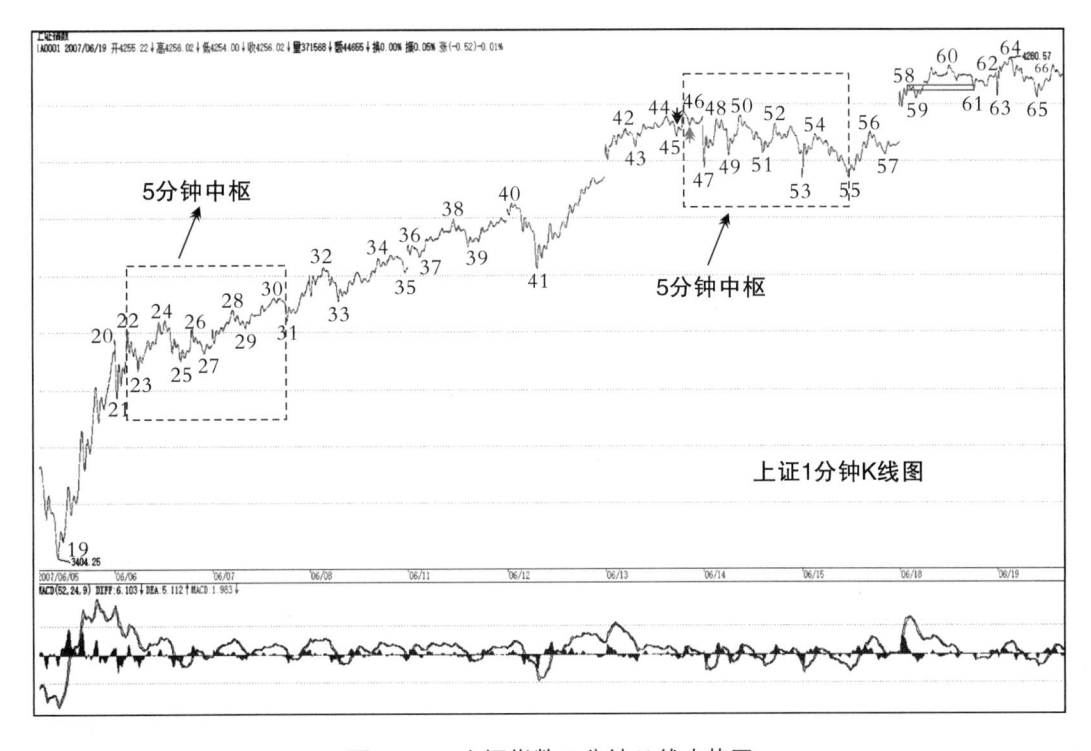

图60-4　上证指数1分钟K线走势图

这里必须强调，突发消息对市场走势以及操作的影响是不必过于在意的。本质上，任何突发的消息，不过增加了一个市场预期的当下分力，最终还是要看合力本身，或者说是市场走势本身。

一般情况下，由于背驰的精确定位需要用区间套的方法，所以突发消息，最不幸的，就是在这精确定位期间出现，例如这次5·30，就是这样。当然，这是一种小概率事件。更多情况，突发消息在背驰的精确定位后出现，这样突发消息对操作的影响就是0了。而对于那种最不幸的情况，用一个第二类卖点就足以应付。因此，突发消息出来后，在实际的操作中就不能放过这第二类卖点。

不过要注意，并不是任何第二类卖点都需要反应的，这和级别有关。例如你是月线级别的，那这次所谓的大跌，看都不用看，爱跌不跌，随他去。即使你是5分钟级别操作的，如果某突发消息连一个1分钟的中枢都没破坏，只制造了1分钟以下级别的震荡，那么在所谓的第二类卖点，也是不用管的。原则很简单，任何消息，都只是分力，关键是看对合力的影响，看他破坏了多大级别的走势，这一切都反映在实际走势中，看图作业就可以了。

注意，突发消息破坏的级别越大，越不一定等相应级别的第二类卖点。例如，一个向下缺口把一个日线级别的上涨给破坏了，那么，消息出来当天盘中的1分钟，甚至线段的第二类卖点，都是一个好的走人机会。如果要等日线级别的第二类卖点，可能就要等很长时间，而且点位甚至还比不上这一点，因为走势是逐步按级别生长出来的。

还有，级别只是区分可操作空间的。为什么按级别？因为级别大，操作空间按通常情况下就大。但在快速变动的行情中，一个5分钟的走势类型就可以跌个50%，例如这次大跌。因此，一个这样的5分钟底背驰，其反弹的空间就比一般情况下30分钟级别的都大。这时候，即使你是按30分钟操作的，也可以按5分钟级别进入，而不必坐等30分钟买点了。

---

[1] 本篇课文缠中说禅的配图。

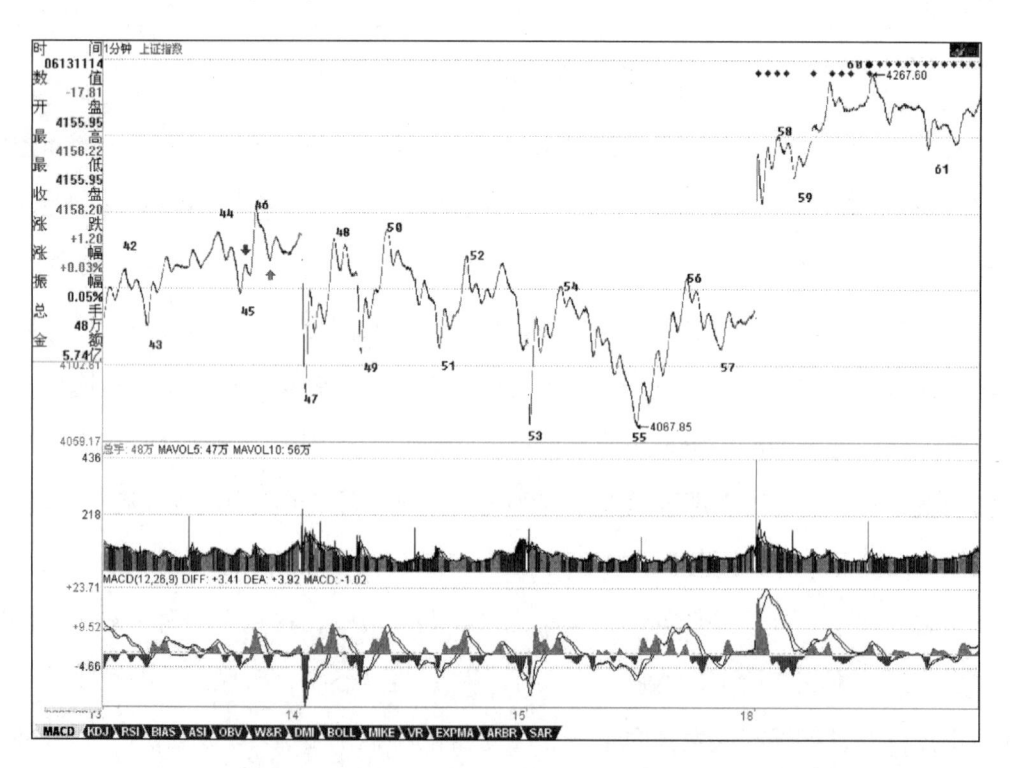

> 学习重点和难点

类中枢与标准走势中枢（4）

如图 60-5 所示，按反弹力度，走势可分为三类，形成三种不同结构的走势中枢。

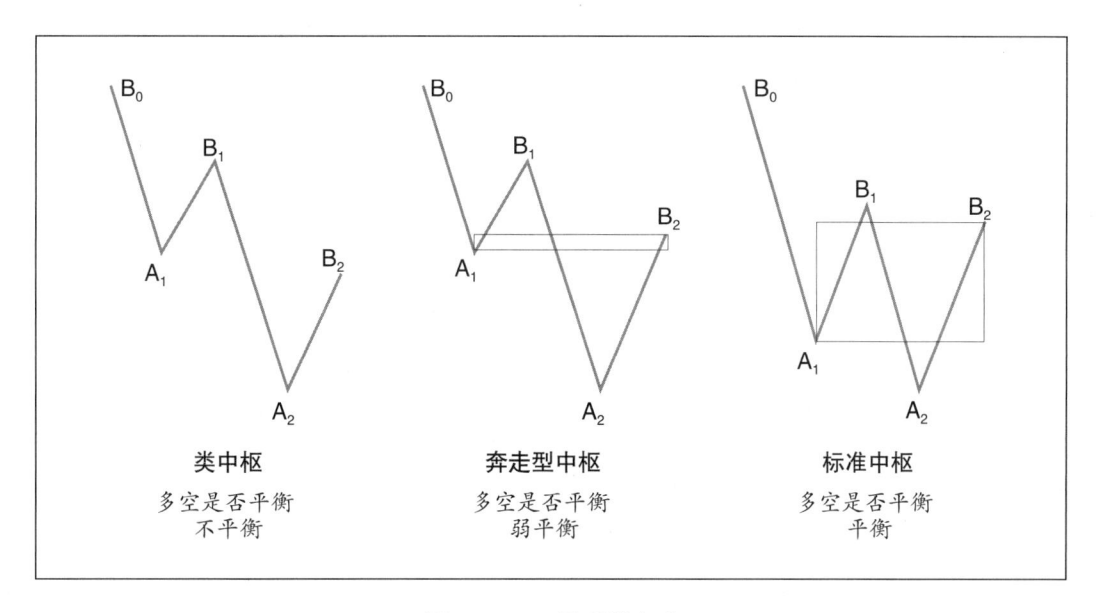

图 60-5　三种反弹力度

（1）类中枢。

这种反弹走势不能回到 A_1 位置，整个走势还是一个单边走势，因此类中枢走势不具备多空平衡、走势阶段性完美等特征。

（2）奔走型中枢。

这种反弹走势虽然回到 A_1 的位置，但力度有限，可看作是多空弱平衡。

（3）标准走势中枢。

反弹走势形成了一个标准的走势中枢，表明多空力量均衡，具有走势阶段性完美的特征。当然，如果反弹甚至上破了 B_1 点，则走势有反转的可能。

> 深入解析

小级别背驰造成大级别转折的例子

"而细致分别线段以下级别,就知道45—46其实是一个小级别转大级别。"如图60—6所示,45—46内部结构为上—下—上,后上与前上相比,明显没有产生背驰。课文中所说的小转大,并非指这里,结合课文分析,应该是46—47间向上箭头后的上。

上一课缠中说禅说:"红箭头(46—47中的向上箭头)处比绿箭头(45—46中的向下箭头)高,所以不能确定该线段已经完成,还要看后面走势,由此可以知道如何去把握线段的结束"。这使用到了本课学习的关键位置。如图46向上箭头处,比45—46间的向下箭头处要高,向下箭头处就是走势的关键点(作用等同于课文中的A1),回跌没破那个关键点,就不能确定上涨走势已经完成,故缠中说禅有以上之说。

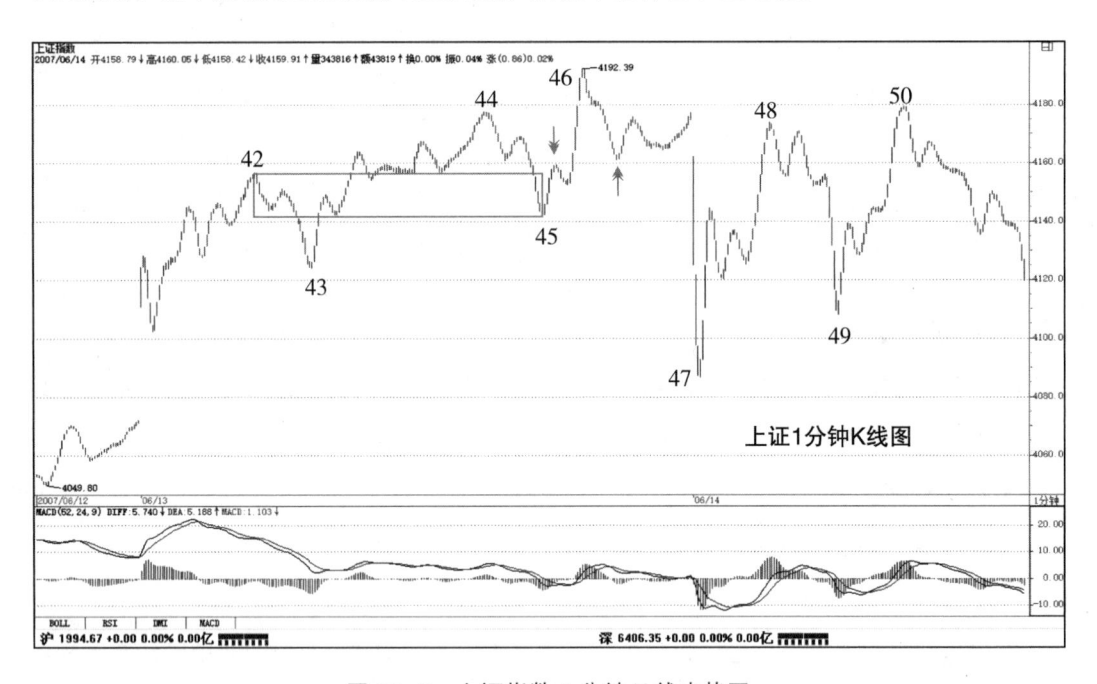

图60-6　上证指数1分钟K线走势图

46向上箭头后第一次拉起没创新高,下面MACD红柱线又实在是太弱了,构成了一个线段以下级别的盘整背驰,其后大概率跌破向上箭头处,形成一个线段类下跌。考虑到45—46与43—44线段类盘整背驰,当47低于45时,始于41的线段类上涨就可能被破坏,形成线段类上涨+线段类下跌的走势,从而将原走势升级。47完成后,低点果然低于45,41以来的上涨走势正式被破坏,最终形成了一个5分钟级别的中枢。

综上,46向上箭头后第一次拉起不创新高,就是一个小转大的卖点。

教你炒股票61

区间套定位标准图解[1]
——图解示范分析（六）

（2007-06-21 08:13:21）

有人经常担心，万一人人都学会本ID的理论，那么本ID的理论还有用吗？问这种问题的，基本就没搞明白本ID的理论。而且，人人都学会本ID的理论，这本来就是一个假命题，像迂腐的文科生，本ID从来都觉得他们能学会的机会比较渺茫。注意本ID这里是有定语的，没有打击所有文科生，而是说"迂腐"的文科生。当然，如果有人爱自己往迂腐的文科生的套里去，本ID没什么意见。

有些无聊问题总是被提着，诸如中枢的意义是什么？对于一个实际操作者来说，中枢的意义就是没有意义，而没有意义就是最大的意义，因为你只要根据中枢的实际走势去反应。问题的关键是你去看明白走势的分解而不是中枢的意义，更重要的就是根据走势的分解去采取正确的反应。如果迂腐的文科生想探讨什么中枢意义，那么就让他们探讨去好了，就如同基督教的神甫千百年来YY上帝的意义一样。对于本ID来说，上帝有什么垃圾意义并不重要，关键是如果真有什么上帝，那么也只是被面首的对象。股票是用来操作的，而不是用来意义的。【**课文解读**：缠论视角下的中枢自然有其特殊的意义，但许多人讨论的目的是希望通过揭示中枢的意义来预测股票的走势，这种意义并不存在。】

还有些人不断地问，为什么1分钟的顶背驰，有时候跌幅很大，有时候很小，究竟什么时候该走？这种问题是典型的垃圾问题。

【**深入解析**：1分钟顶背驰后的跌幅大小，只有在理论的框架下才有讨论的空间。缠中说禅这里的种种不屑与挖苦缘于许多人的简单思维模式，他们认为凡事都有标准答案，都具有"深刻"的意义，比如会涨还是会跌，能够涨到几元，跌到什么位置，

等等。】

如果你的操作级别是1分钟级别的，那么1分钟的顶背驰你就该走了。至于后面的跌幅是大是小，和你有什么关系？你只要耐心等待市场走出新的1分钟底背驰就可以。

反之，如果你的操作级别是月线的，那么1分钟的顶背驰和你有什么关系？你既然已经决定是按月线进出的，那么1分钟级别的所有震荡都是可以接受的，可以忽略的。别说1分钟的，就算这次5·30所谓的大跌，如果你真是月线级别操作的，看都不用看，这种级别的震荡根本就在月线可忍受的范围内，只有那些如迂腐的文科生才会认为本ID的理论只能看1分钟的图。本ID已经多次说过，如果你按年线的级别，那么你比巴菲特还要巴菲特，关键是你有没有这样的耐心。

【字斟句酌：此处反映出缠论第一种看盘方式饱受争议。其实不管是从实际操作还是常识来看，第一种看盘方式都是无法上升到理论高度的，比如对于大级别的认定上，完全凭主观臆断。出现在全国地图或者河北省地图上的天津市，在缠论视角下，成为了两个不同级别的东西，这是很可笑的。与此同时，由于缺少对于走势段的精准定义，使得理论分析形同儿戏。看一下网上各种缠论解盘文章，只要走势有个小的起伏，就被当作是次级别的走势类型，日线、周线都是如此，其实用性与准确性恐怕难超均线系统，完全体现不出缠论走势结构的作用。如果缠论止于此，则并无太大的价值，好在缠论还有第二种看盘方式。】

好了，没必要为迂腐文科生浪费时间。看看下图（见图61-1），一个区间套定位的标准图解*。如果上学时学过基本的数学分析课程，应该不难明白区间套定位。如果没学过的，那就费点劲。虽然前面的课程已经反复说过，但当昨天2007年6月20日13点30分前后大盘走势实际地走出来时，能当下看明白的有几个人？因此，以下的分析请仔细研究。**【课文解读**：注意下面的分析有一个前提，是站在1分钟操作者的视角进行的，即首先对走势按1分钟级别进行同级别分解。】

要比较力度，发现背驰，首先要搞清楚是哪两段比较。其实，只要是围绕一中枢的两段走势都可以比较力度。

显然，对于60—65这个1分钟中枢，55—60与65开始的一段之间就可以比较。在实际操作中，65开始的走势，由于没实际走出来，所以在和55—60比较时，都可以先假设是进入背驰段。而当走势实际走出来，一旦力度大于前者，那么就可以断定背驰段不成立，也就不会出现背驰。在没有证据否定背驰之前，就要观察从65开始的一段其内部结构中的背驰情况。这种方法可以逐次下去，这就是区间套的定位方法。这种方法，可以在当下精确地定位走势的转折点。

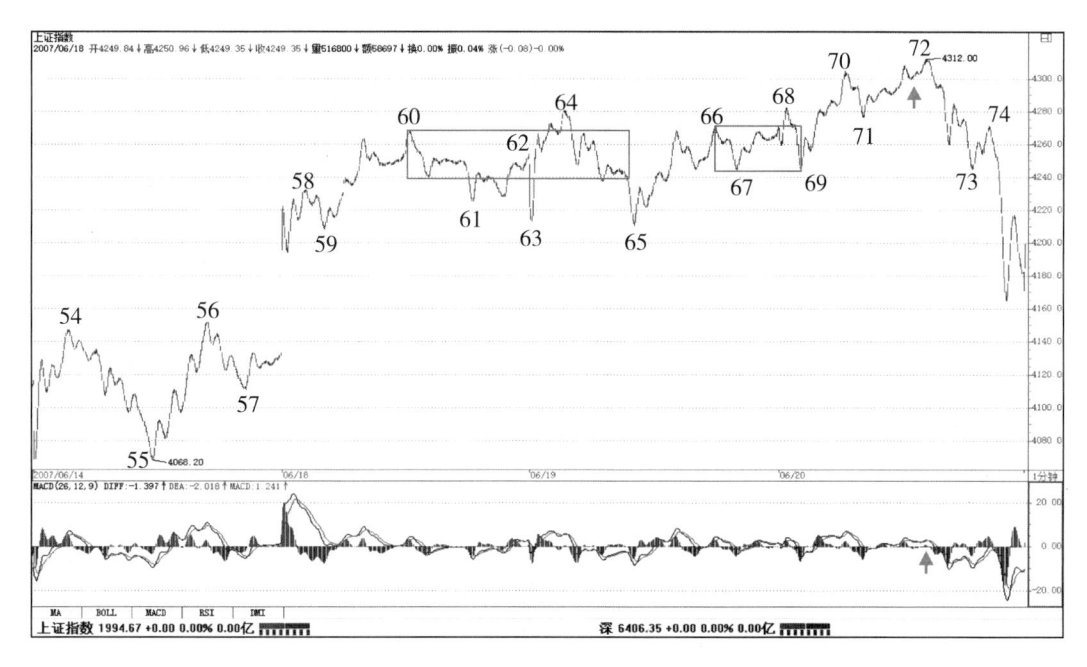

图 61-1 上证指数 1 分钟 K 线走势图

对于65开始背驰段的内部走势，当下走到69时，并不构成任何背驰。为什么？因为背驰如果没有创新高，是不存在的。所以，只有等70点出现时，大盘才进入真正的背驰危险区。由于69—70段与67—68段比并没有盘整背驰，所以70点并没有走的理由，除非你是按线段以下级别操作的。而71点，构成对66—69这1分钟中枢的第三类买点。按照本ID的理论，其后无非只有两种情况，中枢级别扩展或者走出新的中枢上移。对后者，一个最基本的要求就是，从71点这第三类买点开始的向上段不能出现盘整背驰。而在实际中，不难发现，71点开始的走势力度明显比不上69—70段。而对于65—66段，69开始的走势力度也明显比不上，这从两者下面对应的MACD红柱子面积之和可以辅助判断。

因此，65开始的走势是第一重背驰段；69开始的是第二重背驰段，也就是65开始背驰段的背驰段；而71开始的是第三重背驰段，也就是65开始背驰段的背驰段的背驰段。最后当下考察71开始的走势，从走势上红箭头（向上箭头）以及

MACD 上红箭头（向上箭头）可以当下知道，71 的内部背驰也出现，也就是第四重的背驰段出现了。由此可见，72 点这个背驰点的精确定位，是由 65 开始背驰段的背驰段的背驰段的背驰段构成的，这就构成一个区间套的精确定位。这一切，都可以当下地进行。

对于实际的操作，72 四重背驰点出现后，卖是唯一的选择，而区别只在于卖多少。当然，如果是按 5 分钟级别以及以下级别操作的，当然就全卖了，因为后面至少会形成 5 分钟的中枢震荡，实际上，60—69 就是一个 5 分钟中枢。【课文解读：这里不再是 1 分钟级别的同级分解了。】而对于大级别操作的，显然不可能因一个 5 分钟震荡而清仓，所以可以根据 5 分钟震荡可以容纳的数量进行对冲操作。小资金的利润率，在相同操作水平下，显然要远高于大资金的。例如像这样的卖点，小资金就可以全仓操作，大资金是不可能的。

如果说 72 的判断有点难度，需要知道区间套的精确定位，那么 74 的第二类卖点（见图 61-2），就一点难度都没有了。

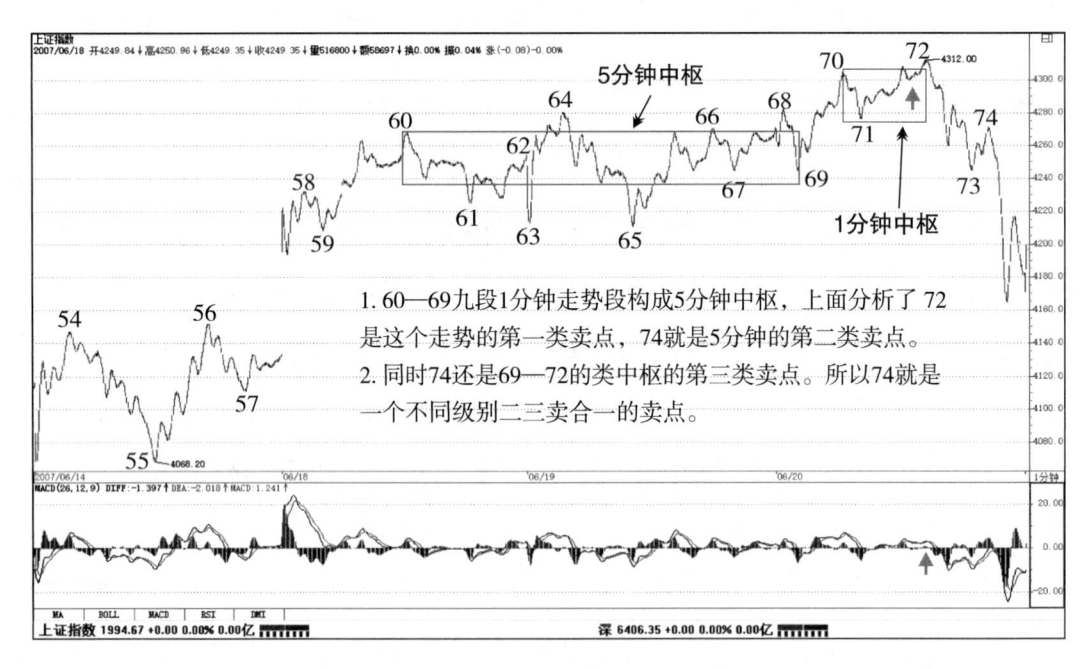

图 61-2 上证指数 1 分钟 K 线走势图

唯一有点需要分辨的就是，这第二类卖点，同时又是一个 1 分钟中枢的第三类卖点。究竟哪个中枢？显然不是 70—73 这个，因为这里需要满足结合律。一个第三类买卖点，至少需要有 5 段次级别的［走势］，前三段构成中枢，第四段离开中枢，第五段构成第三类买卖点。其实，这里的答案很简单，74点是69—72这个中枢的第三类卖点。【**深入解析**：不少解读文章强行把走势中枢画成如图61-3中右图的标准走势中枢，这是不对的。如图61-3中左图，这里的中枢是指类中枢，一共只有三段走势。其中的69—70、70—71、71—72是从65开始的走势中的一部分，因此不能将70—71、71—72与其后的走势重新组合，那样不符合结合律。考虑到中枢的形成只有回调与回升两种，因此69—72中的类中枢区间从70开始画出。】

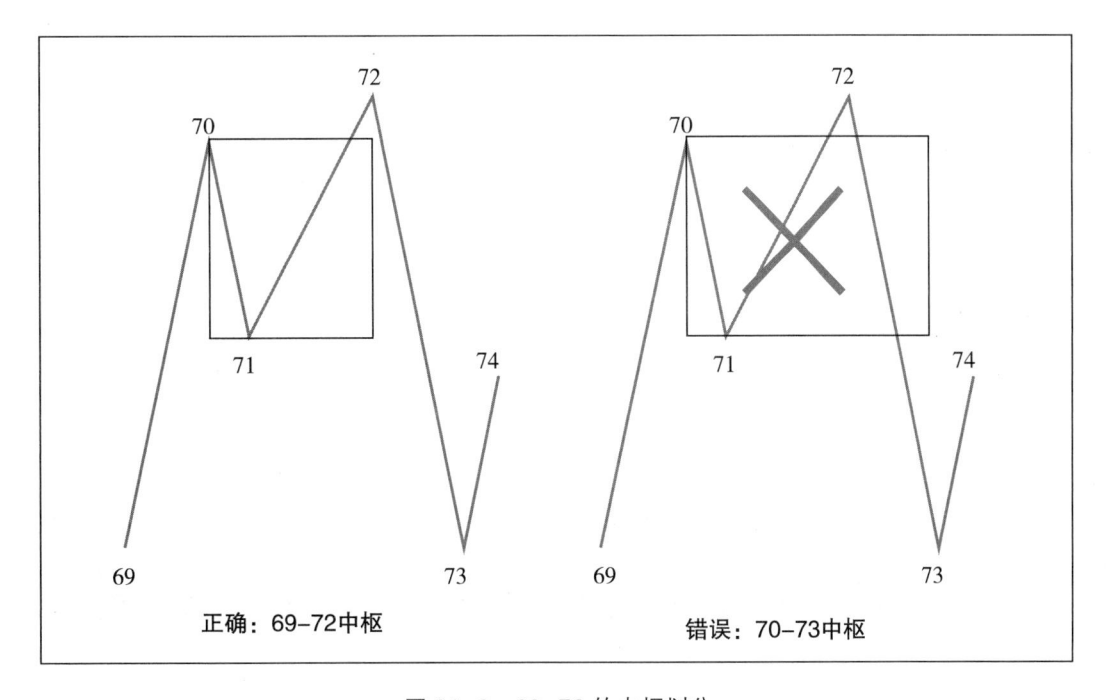

图 61-3　69-73 的中枢划分

也就是说，74点既是一个第二类卖点，又是一个第三类卖点。以前的课程已经说过，一旦出现二、三类买卖点同时出现的情况，往往后面的力度值得关注。实际上，74后面出现更大力度的下跌，这并没有任何奇怪的地方。

对于60—69这个5分钟中枢，69的4244点是一个关键位置。如果在其下出现第三类卖点，那么走势至少将扩展成一个30分钟中枢，调整的幅度与压力就大了。而对于72开始的走势，73很重要，要重新走强，必须冲破73这一点，该点位置恰好也是4244点。因此，短线的4244点十分关键，重新站稳，则大盘将最多是5分钟中枢的延伸震荡。否则即使不演化成5分钟级别的下跌，也将扩展成30分钟级别的中枢震荡。

不管学什么，是否愿意学，首先请先把学的东西搞明白，否则浪费的是自己的时间，还不如不学。本 ID 的理论，你爱学不学，就像无论你是否相信万有引力，无论你是上帝还是小布什，该存在的依然存在。本 ID 的理论亦如此，无论任何人学与否，无论你是庄家、管理层还是什么玩意，都不增一分，不减一分，都一样。

---

［1］本篇课文缠中说禅的配图。

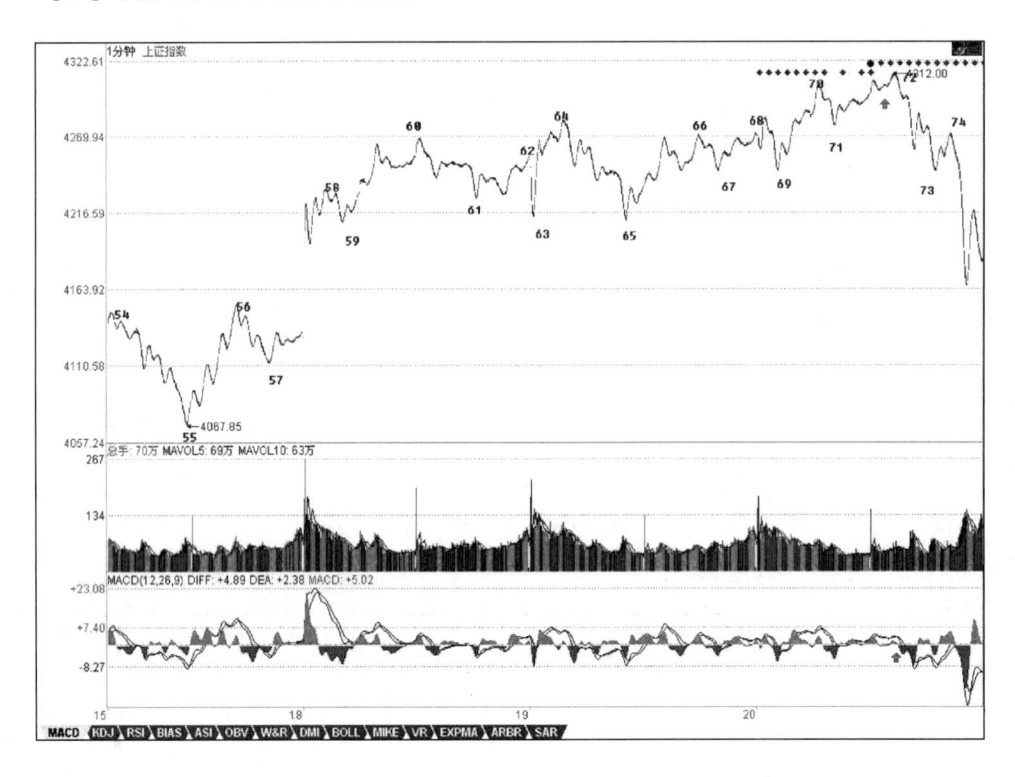

课文详解

一个区间套实例分析

（1）如图 61-4 所示，由于 60—65 的 1 分钟中枢存在，所以中枢前的上涨段 55—60 和 65 开始的中枢离开段可以进行背驰比较。

为了直观比较 MACD 指标，请参考图 61-5 所示的 15 分钟 K 线图，从 65 直到 72 的走势背驰很明显，这是第一重背驰。

教你炒股票 61 区间套定位标准图解——图解示范分析（六）

1. 60—65为1分钟中枢，中枢前后的55—60和65开始的离开段可以进行背驰比较。65到72的走势背驰明显，这是第一重背驰。
2. 66—69为1分钟中枢，中枢前后两段也可以进行背驰比较，参考图61-5。69—72背驰也比较明显，这是第二重背驰。
3. 69—70与71—72盘整背驰，是第三重背驰。（见图下MACD指标）
4. 71—72的走势内部也背驰，红箭头处可以当下知道，这是第四重背驰。

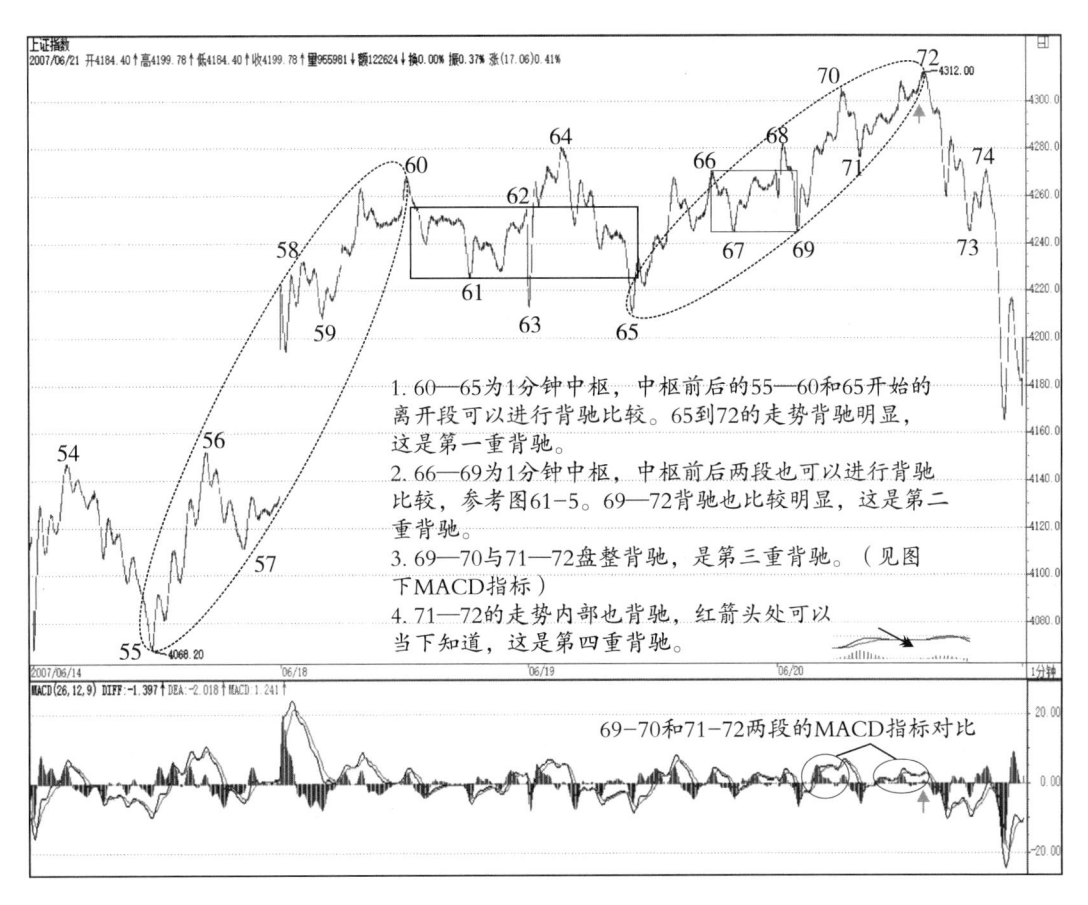

69-70和71-72两段的MACD指标对比

图 61-4　上证指数 1 分钟 K 线走势图

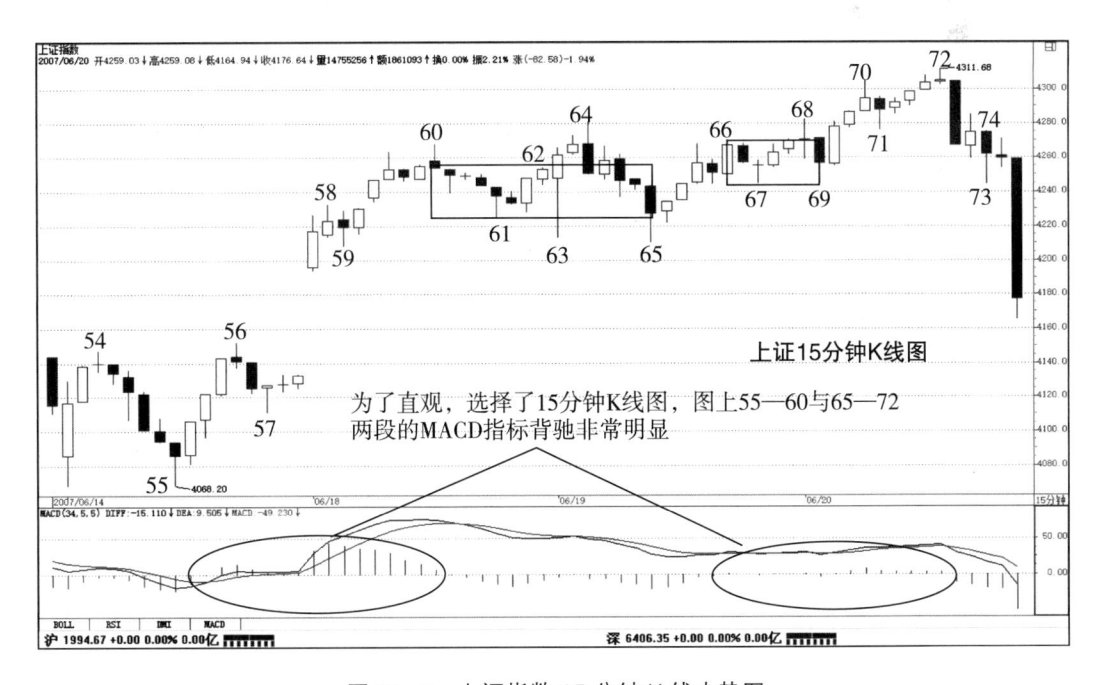

上证15分钟K线图

为了直观，选择了15分钟K线图，图上55—60与65—72两段的MACD指标背驰非常明显

图 61-5　上证指数 15 分钟 K 线走势图

471

（2）65—72的走势也包含一个66—69的1分钟中枢，因此中枢前后两段也可以进行背驰比较，请参考图61-6。同样，为了方便观察，选择了5分钟K线图。69—72背驰比较明显，这是第二重背驰。

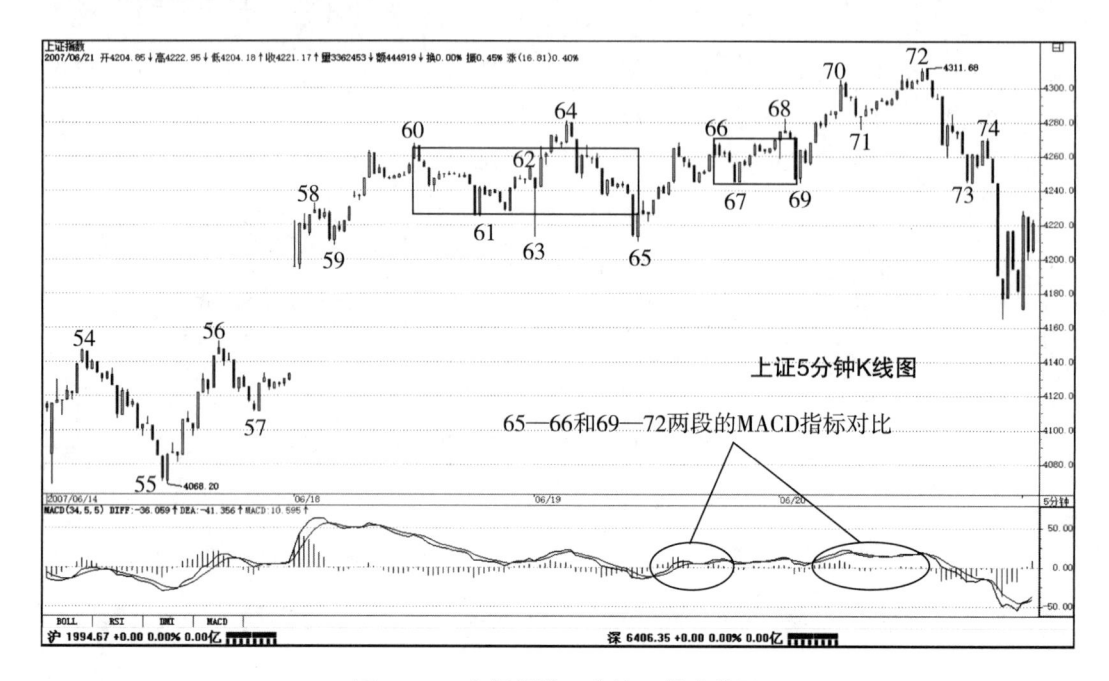

图61-6　上证指数5分钟K线走势图

（3）71—72与69—70盘整背驰，是第三重背驰。见图61-4下方的MACD红柱比较。

（4）如图61-4右下侧放大的MACD指标截图，71—72的走势内部也背驰，箭头处可以当下知道，这是第四重背驰。

主题 15
缠论的分型、笔、线段

这个主题出现在第 62 课至第 66 课中,这里开始才是严谨的缠论。

主要内容:

(1)分型、笔、线段的定义。

(2)K线的包含处理。

(3)笔的划分以及线段的基本结构。

教你炒股票 62

分型、笔与线段[1]

（2007-06-30 09:49:51）

在宾馆里闲着等 10 点开始的"腐败"，半个小时，找个消遣有点时间紧张，还不如给各位写个主贴，来个课程，耗费一下各位周末"腐败"的时间。

瞧了一下，有位网友写了帖子来解释什么是线段，他的理解还行，但不够严密。其实，本 ID 的线段是可以最精确定义的。本 ID 的理论，本质上是一套几何理论，其有效性就如同几何一般。本 ID 理论当然有失败不严谨的时候，但这前提是几何的基础失败不严谨，不明白这一点，就不明白本 ID 的理论。这里，就把本来是后面的课程提前说说。【深入解析：此后如无特殊说明，线段不再是数学意义上的，而是纯粹的缠论概念。】

下面的定义与图，都适合任何周期的 K 线图。先看图中的小线段（见图 62-1），【课文解读：这里的线段依然是数学意义上，即小的直线。】代表的是 K 线，这里不分阳线阴线，只看 K 线高低点。

这种第二 K 线高点是相邻三 K 线高点中最高的，而低点也是相邻三 K 线低点中最高的，本 ID 给一个定义叫顶分型

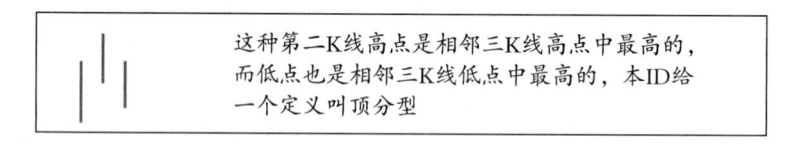

图 62-1 顶分型

像图 62-1 中这种，第二 K 线高点是相邻三 K 线高点中最高的，而低点也是相邻三 K 线低点中最高的，本 ID 给一个定义叫顶分型。

图 62-2 这种叫底分型，第二 K 线低点是相邻三 K 线低点中最低的，而高点也是相邻三 K 线高点中最低的。看不明白定义的，看图就明白了。这么直观都不明白，那去和读死书的文科生为伍吧。

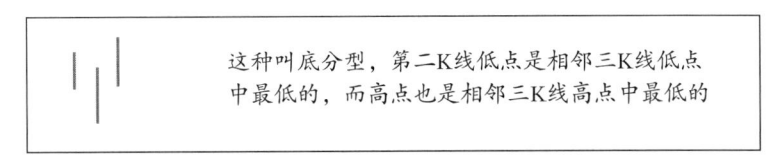

> 这种叫底分型，第二K线低点是相邻三K线低点中最低的，而高点也是相邻三K线高点中最低的

图 62-2　底分型

顶分型的最高点叫该分型的顶，底分型的最低点叫该分型的底。由于顶分型的底和底分型的顶是没有意义的，所以顶分型的顶和底分型的底就可以简称为顶和（低）[底]。也就是说，当我们以后说顶和底时，就分别是说顶分型的顶和底分型的底。

两个相邻的顶和底之间构成一笔。所谓笔，就是顶和底之间的其他波动，都可以忽略不算，但注意，一定是相邻的顶和底，隔了几个就不是了。

而所谓的线段，就是至少由三笔组成。但这里有一个细微的地方要分清楚，因为结合律是必须遵守的。像图 62-3 这种，顶和底之间必须共用一个 K 线，这就违反结合律了，所以这不算一笔。而图 62-4，就光是顶和底了，中间没有其他 K 线，一般来说，也最好不算一笔。而图 62-5，是一笔的最基本的图形，顶和底之间还有一根 K 线。在实际分析中，都必须要求顶和底之间都至少有一 K 线当成一笔的最基本要求。

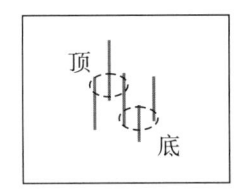

图 62-3　顶底共用 K 线，不算一笔 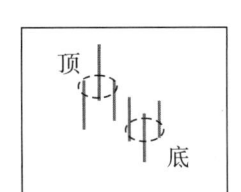　　　图 62-4　只有顶和底，最好不算一笔

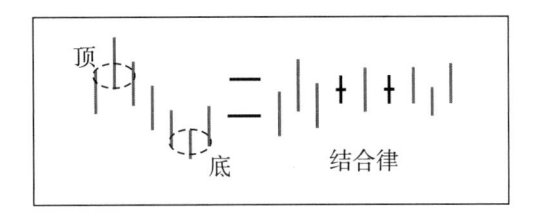

图 62-5　标准的一笔

当然，实际图形里，有些复杂的关系会出现，就是相邻两 K 线可以出现如图 62-6 这种包含关系，也就是一 K 线的高低点全在另一 K 线的范围里。这种情况下，

可以这样处理，在向上时，把两K线的最高点当高点，而两K线低点中的较高者当成低点，这样就把两K线合并成一新的K线。

反之，当向下时，把两K线的最低点当低点，而两K线高点中的较低者当成高点，这样就把两K线合并成一新的K线。经过这样的处理，所有K线图都可以处理成没有包含关系的图形。

图 62-6　具有包含关系的K线

而图 62-7，就给出了经过以上处理，没有包含关系的图形中，三相邻K线之间可能组合的一个完全分类，其中的二、四，就分别是顶分型和底分型，一可以叫上升K线，三可以叫下降K线。所以，上升的一笔，由结合律，就一定是底分型+上升K线+顶分型；下降的一笔，就是顶分型+下降K线+底分型。注意，这里的上升、下降K线，不一定都是3根，可以无数根，只要一直保持这定义就可以。当然，简单的，也可以是一两根，这只要不违反结合律和定义就可以。

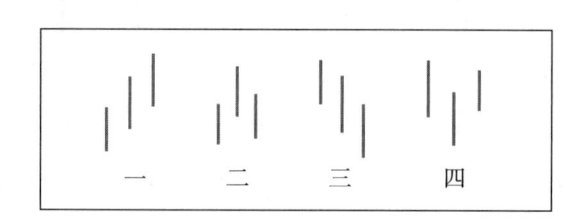

图 62-7　非包含关系的三K线完全分类

至于图 62-8，就是线段的最基本形态，而图 62-9，就是线段破坏，也就是两线段组合的其中一种形态。有人可能要说，这怎么有点像波浪理论。这有什么奇怪的，本ID的理论可以严格地推论出波浪理论的所有结论，而且还可以指出 [波浪] 理论的所有不足，波浪理论和本ID的理论一点可比性都没有。不仅是波浪理论，所有关于股市的理论，只要是关系到图形的，本ID的理论都可以严格推论，因为本ID的理论是关于走势图形最基础的理论，谁都逃不掉。

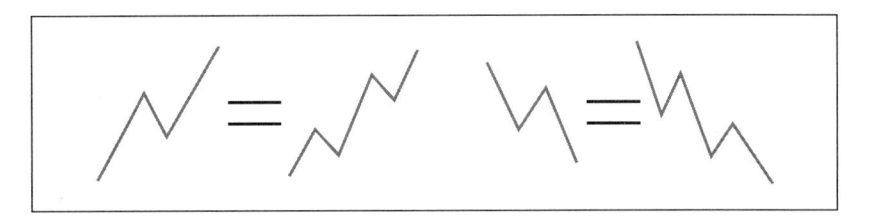

图 62-8　线段的基本形态

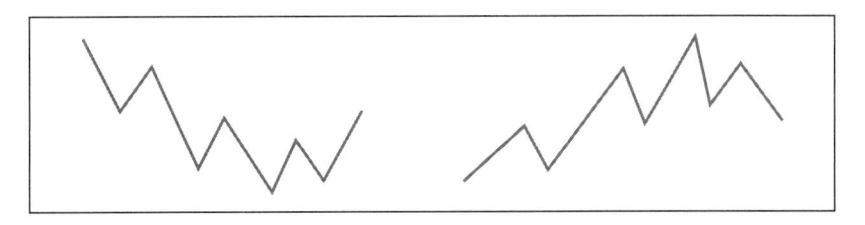

图 62-9　线段破坏的基本形态

———————————

[1] 本篇课文缠中说禅的配图。

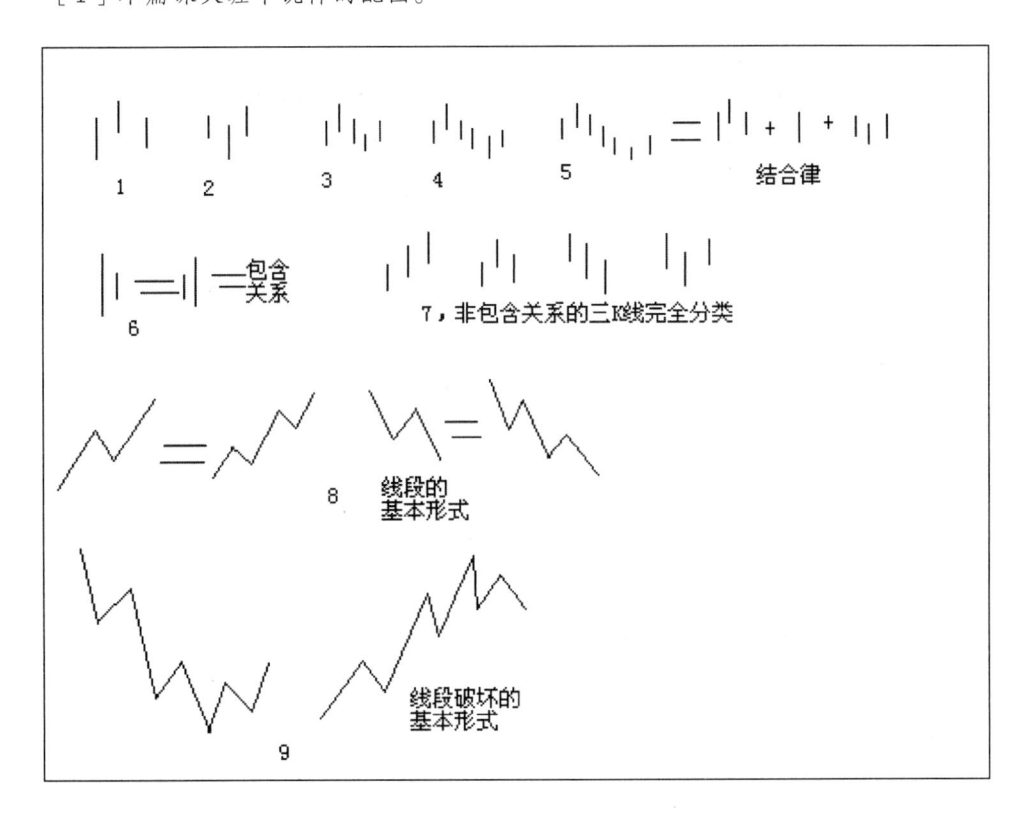

> 深入解析

缠论的K线、分型、笔、线段和走势类型

课前说明：下面几堂课都是围绕分型、笔、线段展开的，为了便于理解，减少重复，现按正常教材顺序重新编排，本课包含了以后课程中的相关知识。

前面的课程中使用了线段，但没有给出严格定义，今天的课程就是弥补理论上的缺失，将线段的定义具体化。

下面让我们从缠论的K线开始。

一、缠论的K线

如图62-10所示，日常使用的K线一般包括四个价格信息，并且以阴线或阳线来表明开盘价与收盘价的高低关系。

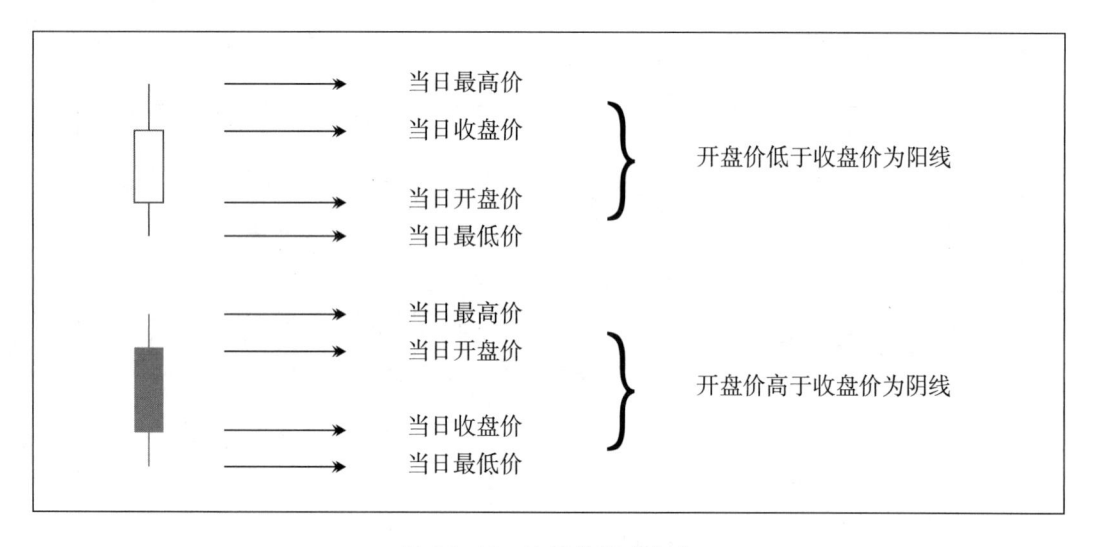

图62-10　K线的构成方式

缠论的K线相对要简单得多，只有最高价与最低价，不分阳线与阴线。

二、K线的包含处理

1. K线的包含

缠论对多根K线形成的K线组合进行划分时，需要先进行包含处理。图62-11就是相邻两K线出现包含关系的情况，即一根K线的高低点完全处于相邻K线中，这两根K线称为具有包含关系的K线。包含处理就是将有包含关系的两根K线合并成一根K线的过程。

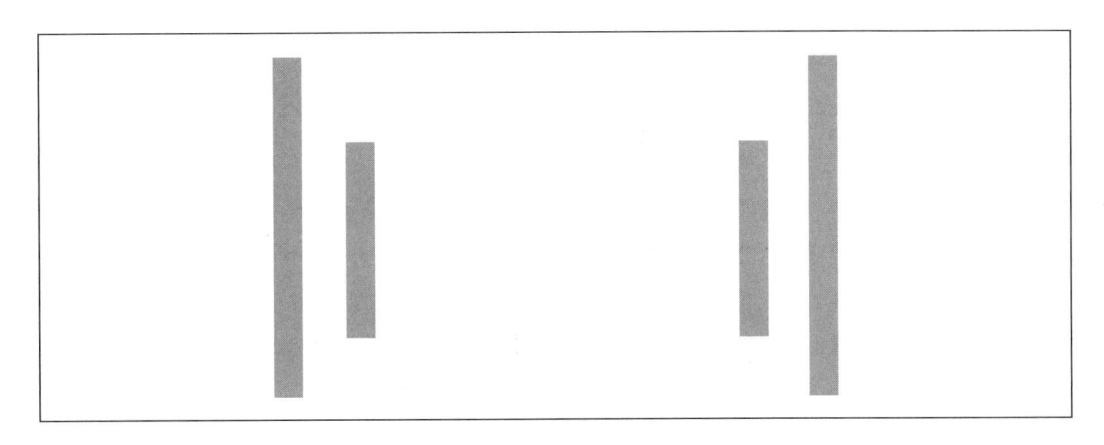

图 62-11 具有包含关系的 K 线

2. K 线包含处理方法

（1）包含 K 线所处走势的方向。

处理具有包含关系的两根 K 线时，还需要考虑 K 线组合所处的走势，即向上或向下。不同方向的包含关系，处理结果也不尽相同。

如图 62-12 所示，有包含关系 K 线中的第一根，与它前面那根非包含 K 线的位置关系，决定了包含 K 线所处走势的方向。

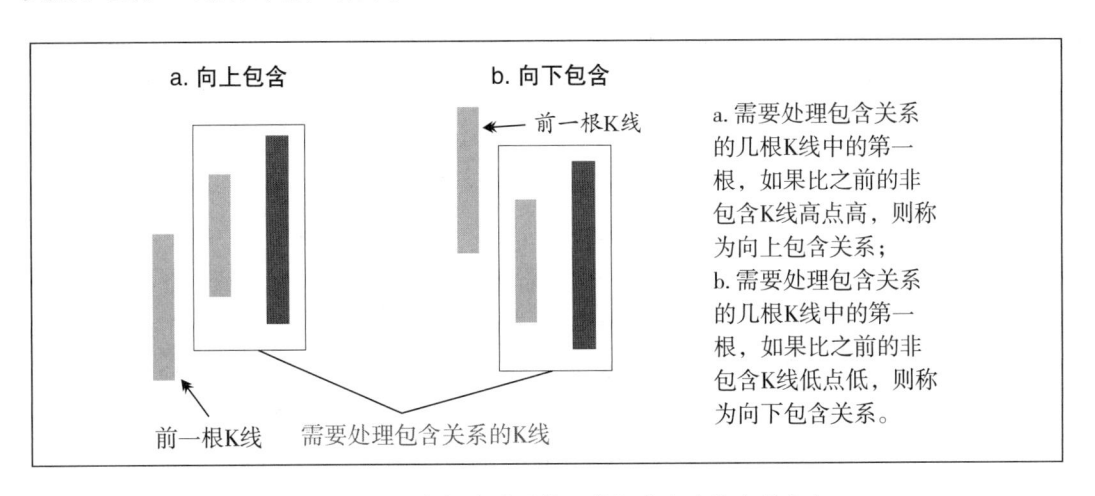

图 62-12 具有包含关系的 K 线组合在走势中的方向

A. 如果比之前的非包含 K 线高点高，则称为向上包含关系

B. 如果比之前的非包含 K 线低点低，则称为向下包含关系。

（2）K 线的包含处理。

如图 62-13 所示，向上包含处理方式：取包含 K 线中高的低点和高的高点构成新 K 线。

向下包含处理方式：取包含 K 线中低的高点和低的低点构成新 K 线。

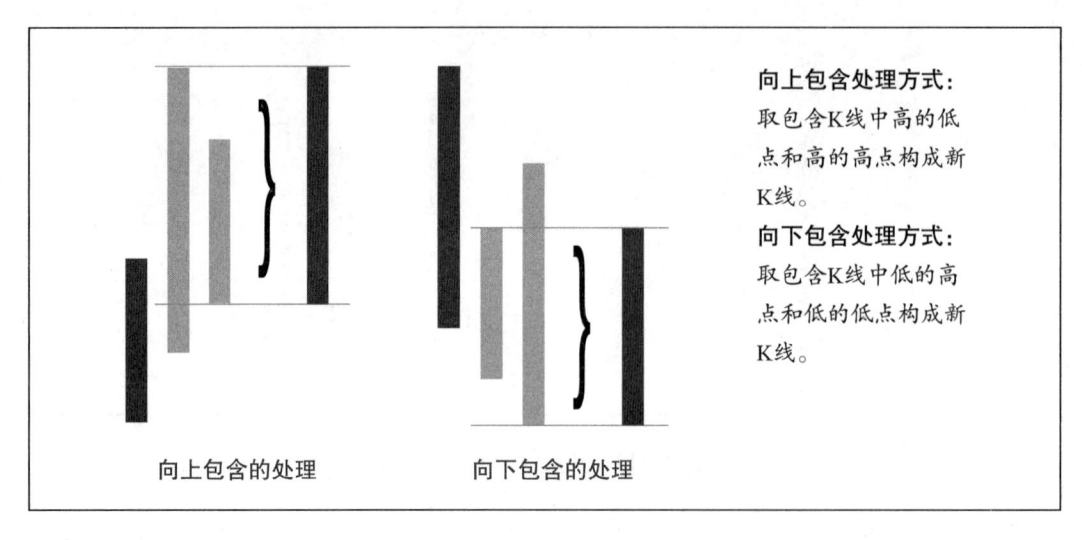

图 62-13 包含处理的方式

三、分型概念

如图 62-14 所示，三根经包含处理的 K 线，按完全分类的方法，仅有以下四种不同的结构。

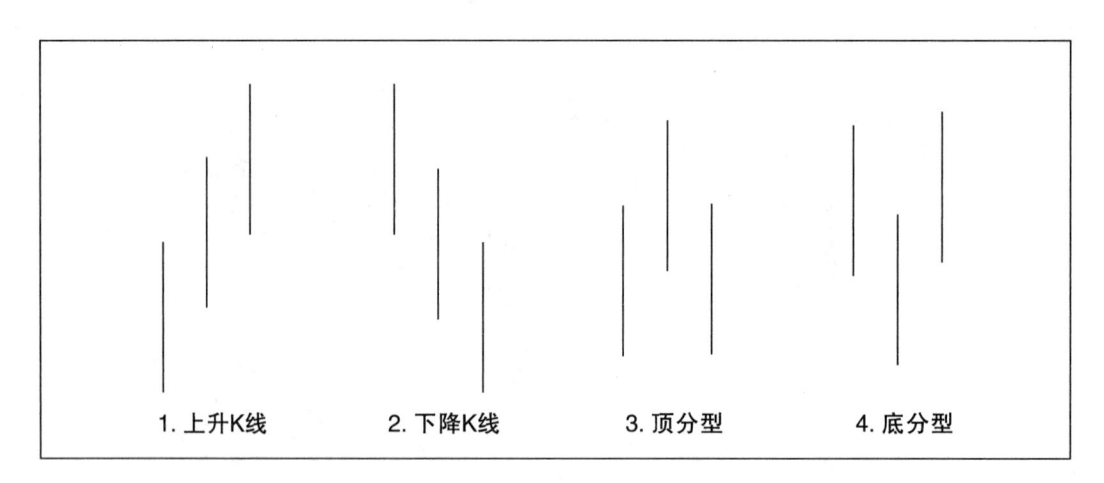

图 62-14 三根 K 线完全分类

其中的第 1 种、第 2 种情况具有明确的方向性，可以看作是 K 线级别的趋势，1 是上升 K 线，2 是下降 K 线。

第 3 种和第 4 种情况，正是今天课程中分析的，缠中说禅将它命名为缠中说禅分型。其中 3 是顶分型，4 是底分型。

顶分型：三根经包含处理后的连续 K 线，若中间的那根 K 线的高点最高，就称为顶分型。

底分顶：三根经包含处理后的连续 K 线，若中间的那根 K 线的低点最低，即为底分型。

隐含结论：由于形成顶、底分型的三根 K 线不存在包含关系，所以顶分型中间的 K 线高点最高就意味着低点也最高；底分型中间的 K 线低点最低，就代表高点也是最低的。

顶分型的最高点叫该分型的顶，底分型的最低点叫该分型的底，以后简称为走势的"顶"和"底"。

分型可以看作是本级别的最小缠中说禅构件，后市升破底分型的最高点宣告底分型成立；后市跌破顶分型最低点预示着顶分型确立。

四、笔

1. 笔的定义

相邻两个不同分型间的连线，叫作笔。比如，顶分型与底分型之间的连线或底分型与顶分型之间的连线。

2. 合格笔需满足的条件

能被缠论使用的笔还需要满足以下几个条件。

（1）顶与顶或底与底之间的连线不能构成笔。首先要满足笔的定义，即从分型到笔，必须是一顶一底构成。两个顶或两个底不能构成一笔。

（2）构成笔的顶与底之间不能有其他的顶和底。在两个顶和底中间还有其他的顶和底，这种情况意味着第一个顶或底后的转折级别太小了，不足以构成值得考察的对象。

（3）构成笔的顶分型与底分型必须是独立存在的。顶分型和底分型可以看作由 K 线构成的两个缠论独立构件，自然它们不可以共用 K 线，否则就无法相对独立。如图 62-15 中 a，顶分型和底分型共用一根 K 线，这种情况是不允许的，所以图中 a 不构成一笔。

图 62-15 中 b，光是顶分型和底分型，中间没有其他 K 线，一般来说，也最好不算一笔。

图 62-15 中，c 是笔的最基本 K 线组合图形，顶分型和底分型之间至少有一根 K 线。

3. 新笔构成规则

关于笔的构成，缠中说禅后来做过调整，见 2007 年 9 月 18 日 22:53:57 发表的博客——忽闻台风可休市，聊赋七律说"风灾"。

本 ID 想了想，计算了一下能量力度，觉得以后可以把笔的成立条件略微放松一下，就是一笔必须满足以下两个条件。

（1）顶分型与底分型经过包含处理后，不允许共用 K 线，也就是不能有一 K 线分别属于顶分型与底分型。这条件和原来是一样的，这一点绝对不能放松，因为这样，才能保证足够的能量力度。

a. 顶分型和底分型共用一根K线，这种情况是不允许的，所以左图不算一笔。

b. 光是顶分型和底分型，中间没有其他K线，一般来说，也最好不算一笔。

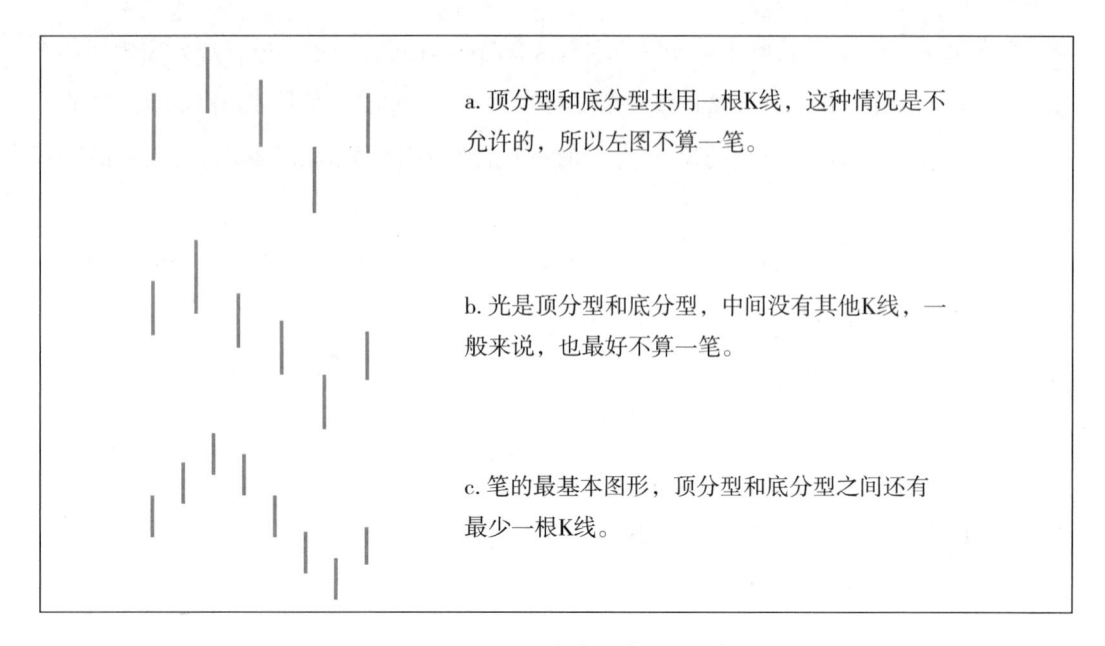

c. 笔的最基本图形，顶分型和底分型之间还有最少一根K线。

图 62-15　分型成笔需满足的条件

（2）在满足上述条件的前提下，顶分型中最高 K 线和底分型的最低 K 线之间（不包括这两 K 线），不考虑包含关系，至少有 3 根（包括 3 根）以上 K 线。显然，第二个条件，比原来分型间必须有独立 K 线这一条，要稍微放松了一点。

笔的新规定包含两方面的意思。

第一，如图 62-16 所示，构成顶底分型的 K 线组合，首先需要进行包含处理并确保处理后的 K 线顶、底分型没有共用 K 线，因此本图的两段 K 线走势都不包含合格的笔。

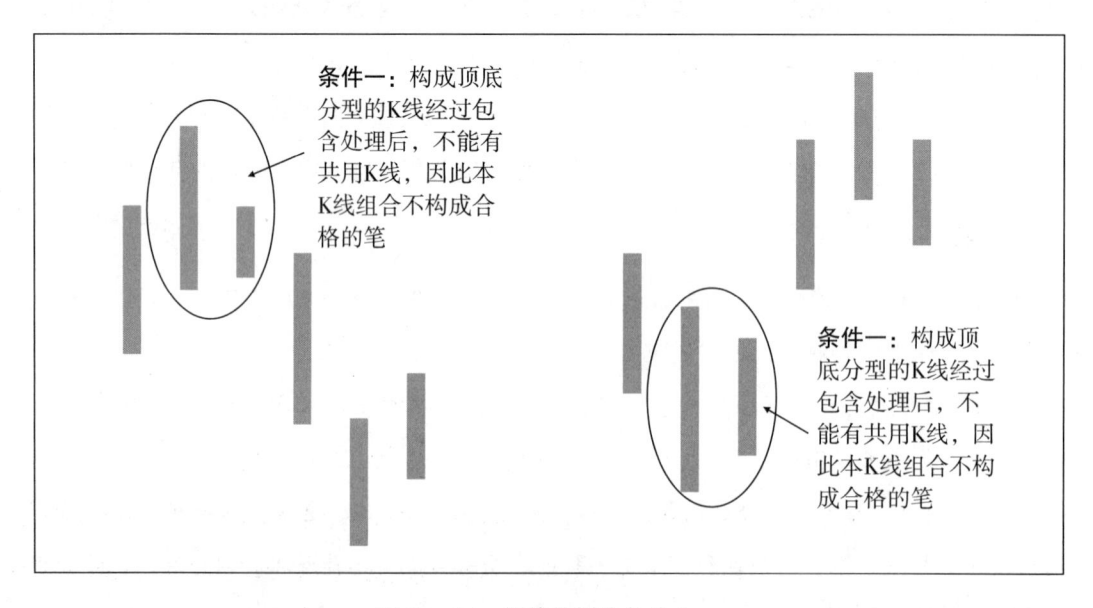

条件一：构成顶底分型的K线经过包含处理后，不能有共用K线，因此本K线组合不构成合格的笔

条件一：构成顶底分型的K线经过包含处理后，不能有共用K线，因此本K线组合不构成合格的笔

图 62-16　新笔的划分条件之一

第二，如图 62-17 所示，满足条件一的情况下，从顶到底或从底到顶的 K 线（不包括顶底 K 线）无论有无包含关系，只要有三根 K 线就可以，因此本图中的两段 K 线走势均可构成笔。

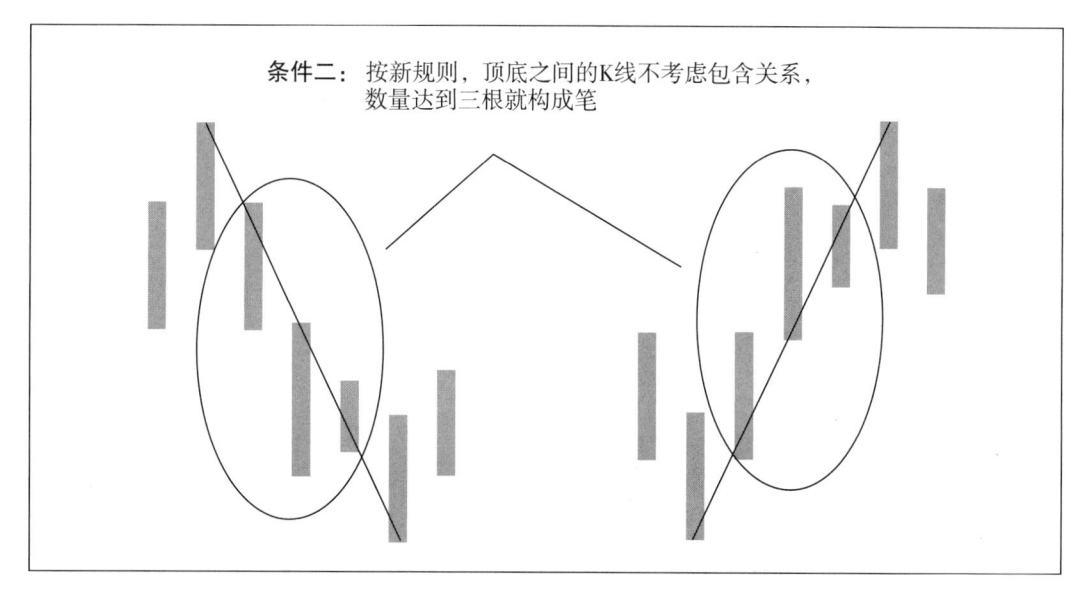

图 62-17　新笔的划分条件之二

4. 笔的方向

由底分型开始的笔叫上升笔，从顶分型开始的笔叫下降笔。

5. 划分笔的步骤

（1）处理 K 线之间的包含关系。

（2）如果连续出现顶分型，则只保留具有更高顶点的那个；如果连续出现底分型，则只保留具有更低底点的那个分型。

（3）经过以上步骤处理后的分型，如果相邻分型是顶和底，那么就可以划为一笔。

五、线段与标准走势类型的异同

图 62-18 所示是线段的基本结构，与标准走势类型相比，线段仅仅包含类中枢，即由三笔构成的中枢。如前所述，类中枢不具备多空暂时性平衡的特点，所以无论包含多个还是一个类中枢的线段，都被看作是一段趋势，称为线段类上涨或线段类下跌。

标准走势类型则必须包含标准走势中枢，图 62-19 就是包含标准走势中枢的标准走势类型。

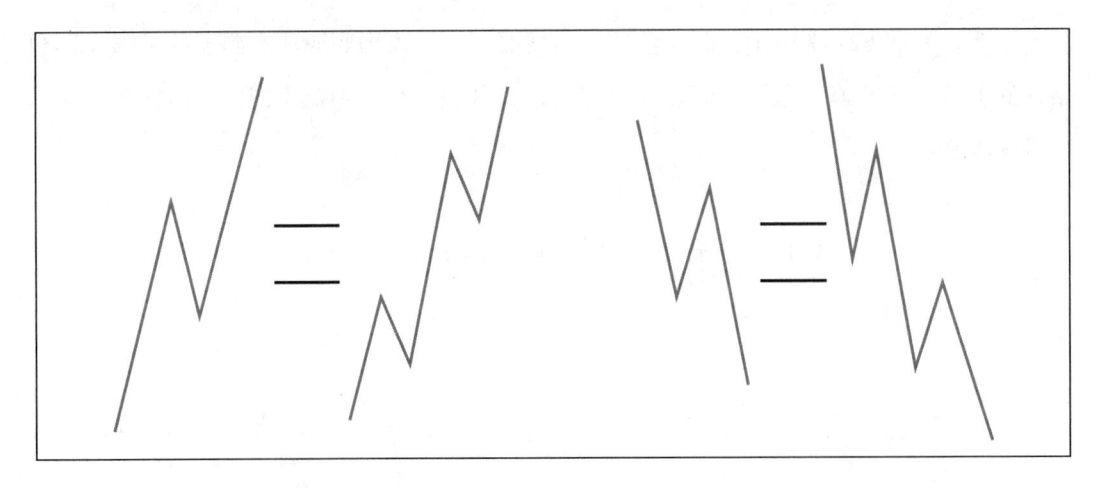

图 62-18 线段的基本结构

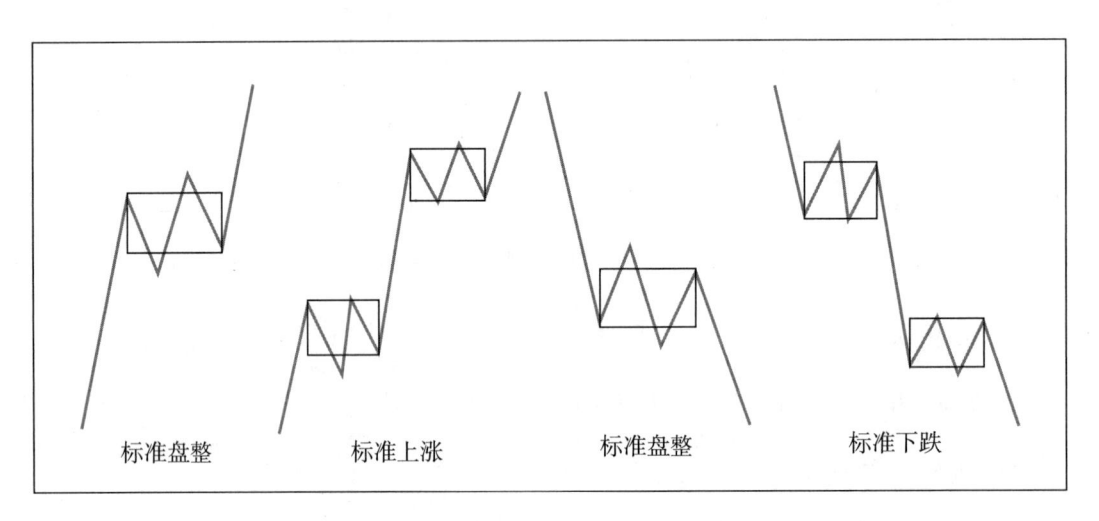

图 62-19 标准走势类型结构

标准盘整　　标准上涨　　标准盘整　　标准下跌

教你炒股票 63

替各位理理基本概念

（2007-07-02 00:07:39）

【深入解析：这节课的重点是介绍缠论的第二种看盘方式。这种方式下市场具有一个总体的结构，级别序列不再是一个时间概念，而是结构概念。】

在外面时间有点长，再好的宾馆也没家里好，有点想北京。明天就可以回北京了，3号还要去听一场音乐会。不过在北京也待不了几天，下周又要去一次深圳，唯一希望就是能赶上最后的荔枝，糯米糍、桂味什么的，在北京吃不到好的，不知道是否过了季节。闲着没事，就随手写一课程，希望对各位有帮助。

一个对象的确立，特别是一个数学和几何对象的确立，首先要证明其存在性。如果你说的那东西根本就不存在，那还说什么？例如中枢或走势类型这对象，如果不能证明其一定存在，而且是按级别存在的，那谈论就没意义了。所以，前面关于中枢的递归定义，就是解决这个问题的，是解决存在性问题。也就是说，中枢是可以递归式地定义出来的，而该定义是可操作性的，该定义实际上是如何找出中枢的一种方法，按照这种方法，就肯定能找出定义中的中枢。【深入解析：课文中使用每笔交易数据开始的级别推导方式，主要为了证明走势中枢和走势类型的存在，从而破解缠论中的循环定义。】

但是，光是存在性定义或定理没什么意义，所谓的可操作性，有时候只是理想化或者数学化的。例如，可以证明自然数的质数分解是唯一的，而且可以很理想化地去设计这种寻找，但实际上用最大的计算机也往往不可能完成，因此就需要变通的方法来方便实际操作。同样道理，对于中枢和走势类型，也就有了关于不同级别的图形的研究。否则，都从最原始的分笔成交去逐步定义、寻找，那这可操作的操作也没什么操作性了。【深入解析：交易所撮合而成的每笔成交，是投资市场中最

原始的交易数据，但使用它来进行级别的推导不具备操作性，实际操作时，最低级别可以自己定义。】

进而，就有了不同级别显微镜的比喻。而实际上，一般能得到的图，最多也就是1分钟级别的，因此，可以从这个图入手。当然，也可以从5分钟，甚至更高入手，但这就等于把显微镜倍数弄小了，看到的东西自然没有1分钟的多且清楚。再次强调，什么级别的图和什么级别的中枢没有任何必然关系。走势类型以及中枢就如同显微镜下的观察物，是客观存在的，其存在性由上面所说最原始的递归定义保证。而级别的图，就如同显微镜，不同倍数的看这客观的图就看到不同的精细程度，如此而已。所以，不能把显微镜和显微镜观察的东西混在一起了。【深入解析：从最原始的交易数据进行走势推导被证明缺乏实用价值，所以需要找到一个替代的方案，这个方案就是选择某级别的K线图进行推导，但选择的某级别K线图不代表走势就是那个级别。这里变相否定了缠论的第一种看盘方式，第一种看盘方式中使用的K线图决定了缠论的走势级别，缠论第二种看盘方式改变了级别的确定方式，缠论级别不再是时间概念，而成为一种结构。】

如果我们首先确立了显微镜的倍数，也就是说，例如我们把1分钟图作为最基本的图，那么就可以开始定义上一课程说的分型、笔、线段，等等。有了线段，就可以定义1分钟的中枢，然后就是1分钟的走势类型，然后按照递归的方法，可以逐步定义5分钟、30分钟、日、周、月、季度、年的中枢和走势类型。【深入解析：缠中说禅第一次以文字的形式说明缠论走势如何递归，它分为两种情况：（1）在最低级别（一般为1分钟级别）K线图上，由分型→笔→线段，形成的线段代表1分钟以下级别的走势类型，三个线段有重合构成1分钟的走势中枢，然后就有了1分钟的走势类型；（2）第二以上级别的走势类型由次级别走势类型构造。】

而有的人总是不明白，例如总是在问，5分钟图怎么看，30分钟[图]怎么看。其实，如果你选择5分钟或30分钟为最基本的图，那么和1分钟的看法一样，只不过你的显微镜倍数比较小，看起来比较粗糙而已。而如果你已经选择1分钟作为最基本的图，也就是选定了1分钟这个倍数的显微镜，那么看1分钟图就可以，所以，本ID也就不断在1分钟图上进行线段的记号来示范。【深入解析：由于炒股

软件的最低级别一般设定为1分钟，所以缠论的递归默认使用1分钟级别的K线图，当然最低级别是可以自行选择的。】

那么，有人可能要问，如果用1分钟图这显微镜，5［分钟］、30分钟等图还有用吗？当然也是有用的。例如走出一个1分钟的走势类型，已经完成了，就可以在5分钟图上相应记号上，这样的一个好处就是帮助记忆。否则，当1分钟图上的线段成千上万时，肯定要抓狂的。而有了5［分钟］、30［分钟］、日［线］等图，就把相应已经完成的走势类型记号上。实际上，在1分钟图上需要记住的，只是最近一个未完成的1分钟走势类型。【深入解析：由小级别递归出大级别的方式，一旦选定了最低级别的K线图，其他级别的K线图就只是用来记录推导出来的结果。比如将缠论的第二级别记录在5分钟的K线图上，等等，详见课后分析。】当然，由于分解的多样性，实际上需要知道的要多点，这里只是站在一种分解的角度说的。另外一个好处就是看MACD辅助判断时，不用对太多的柱子面积进行相加，可以看大级别的MACD图，这样一目了然。日线的背驰，其实在1分钟图上也可以看出来，只不过是需要把所有相应对比段的MACD都加起来进行处理。这样当然是不切实际的，因此就可以看日线图的MACD，在理论上没有任何特别之处，只是为了方便。如果用1分钟的MACD把参数调到足够大，效果其实是一样的。而实际上不可能，一般软件上，MACD的参数有上限限制，所以实际上也限制了日线的背驰不能用1分钟的图解决。【深入解析：图63-1、图63-2是东方财富的1分钟与5分钟级别K线图，其中5分钟走势图的MACD参数为"5，34，5"；1分钟K线图上MACD指标参数扩大了5倍，为"25，170，25"。如图所示，对应的MACD指标只有疏密不同，没有其他差别。】

有人可能又要问，为什么5分钟图上不记号5分钟的走势类型？因为，在大级别图上记号次级别的走势类型有一个好处，就是能让你清晰地看到该级别的中枢和走势类型是如何形成的，这样会更直观。当然，如果在5分钟图上，你愿意记号30分钟甚至年线的走势类型也没什么，这是个人爱好问题。如果你有超强的记忆和分析力，甚至就在1分钟上记号就可以。如果你更牛一点，对图形过目不忘，像计算机一样自动就可以分类合并，那你在1分钟图上连记号都不用了。

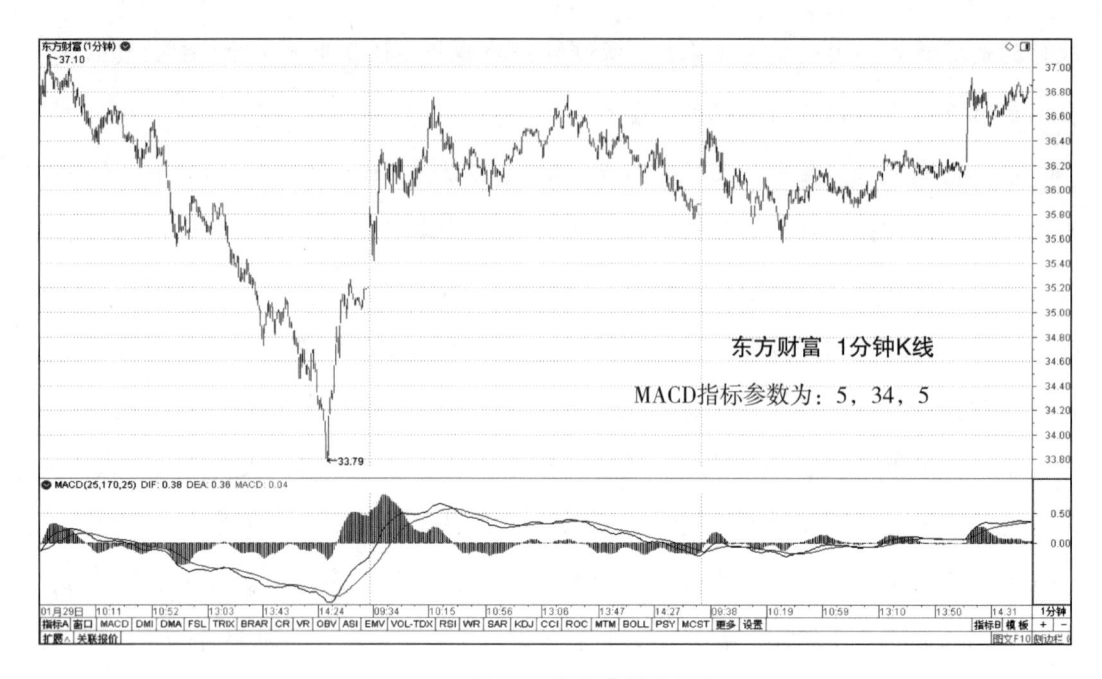

图 63-1　MACD 指标参数分析之一

图 63-2　MACD 指数参数分析之二

说点更实际的问题，一般人面对一只股票，不可能就先看 1 分钟图，大概都是先从日线，甚至周、月、季、年 [线] 入手，这样等于先用倍数小的显微镜，甚至是肉眼先看一下，然后再转用倍数大的，进行精细的观察。因此，对于大级别的图，上一课中的分型、笔、线段等同样有用。不过，一般这个观察都是快速不精细的，所以大概精确就可以。而且，一般看图看多了，根本就不需要一步步按定义来。例如，打开日线图，1秒钟如果还看不明白一只股票大的走势，那就是慢的了。基本上说，如果图看多了，成了机械反应了，一看到可搞的图，就如同看到可搞的面首一样。一见钟情，科学研究说大概不需要1秒。股票如同面首，如果不能1秒之内一见钟情，估计这股票也和你没什么缘分，最多就是有缘无分空折腾了。**【深入解析：无论如何评价以上300多字对于缠论的重要性都不为过，因为缠论的级别如果不能拥有严格的定义，就像中国传统菜谱中的酱油少许、花椒一把之类的说法，完全无法量化，缠论的数学般严谨就无从说起。这300多字实际上是为缠论的第一种与第二种看盘方式定了位。根据这种定位，第一种看盘方式只适合浏览、寻找目标时使用，先得到一个直观的印象。注意，本课同时完善了第一种看盘方式，大级别的走势图上也不能随意定义一段次级别的走势，它们应该符合上一节课中所说的笔。真正实战时必须使用缠论的第二种看盘方式，从一个小级别开始，按定义从小级别推导出整个走势的总体性结构，此时的缠论级别与时间毫无关系，只是一个结构概念。】**

前面的理论分析，最终还是要归到直觉上去。说得更直接一点，例如在419这种事情上，无论男女，其实决定是否419，都是在1秒内决定的。股票同样，是否和股票419，也一样。当然，有些419让[你]后悔终生，有些让你怀念终生，这和股票是一个道理。而真正的419高手，就是一眼就要把一个人给看透，而且知道自己需要什么，该要什么，什么不该要，要了的要甩得开，如雁过长空，否则就不是419了。股票也一样，股票的走势如同面首在搔首弄姿，一眼要看穿其把戏。

但在没有这看破一切的一眼前，就别把自己当情圣了，老老实实在家里抱孩子吧，花心萝卜是需要功力的。股票也一样，没有这超越的直觉，还是老老实实去分析。在大级别图粗略选定攻击目标后，就要选好显微镜，进行精细的跟踪分析。然后定位好符合自己操作级别的买点建仓，按照相应的操作级别进行操作，直到把这股票玩烂，直到厌倦或者又发现新的更好的可玩弄对象为止。而站在纯理论的角度，没有任何股票是特别有操作价值的，中枢震荡的股票不一定比相应级别单边上涨的股票产生的利润少。

只有坏的操作者，没有坏的股票。股票只是废纸，本质上都是垃圾，如果技术、心态不到位，任何股票都可以让你倾家荡产。当然，对于小资金来说，一定要选择股性好的股票。而对于大资金来说，股性是可以改造的，就如同没有面首是不可以面首的，只是代价不同而已。股票也一样，任何股票的股性都可以被改造，只不过需要的能量不同而已。

不写了，已经又一天开始了，本ID也要洗洗睡了。先下，今天收盘后解盘见，然后本ID晚宴后赶最后的班机回北京，归心似箭。周二，盘就可以在北京看了，再见。

学习重点和难点

缠论的两种看盘方式（4）

一、缠论第二种看盘方式介绍

缠论第二种看盘方式的核心是级别的递归，表面看是通过级别标注的方式予以实现，但其核心是缠论的自组生长基因，这个后面再介绍。

图63-3是采用这种方式标注的走势。本应分别标注在1分钟、5分钟、30分钟三个级别的K线图上，但考虑到篇幅以及直观性，现统一标注在一张K线图上，仅以线段的粗细与灰度区分。

如图63-3所示，黑色细线代表1分钟走势类型（本图级别为5分钟，1分钟走势类型需在次级别图上确定，这里只画出了结果），灰色圆圈代表5分钟的走势中枢，灰色粗线是5分钟已完成的走势类型标注在30分钟级别K线图上的情况。

下面举个具体的例子，以一段上证走势解释一下级别序列的标注方式。

图63-4、图63-5、图63-6分别是同段走势的1分钟、5分钟及30分钟K线图。整个走势分别标注如下。

（1）1分钟K线图。

该级别K线图上的划分规则按同级别处理，这里只给出结果。

如图63-4所示，黑色细线代表1分钟以下级别的走势类型，三段有重叠的1分钟以下级别走势类型构成1分钟级别的走势中枢，形成1分钟的走势类型，1分钟的走势类型在图中以灰色粗线表示。

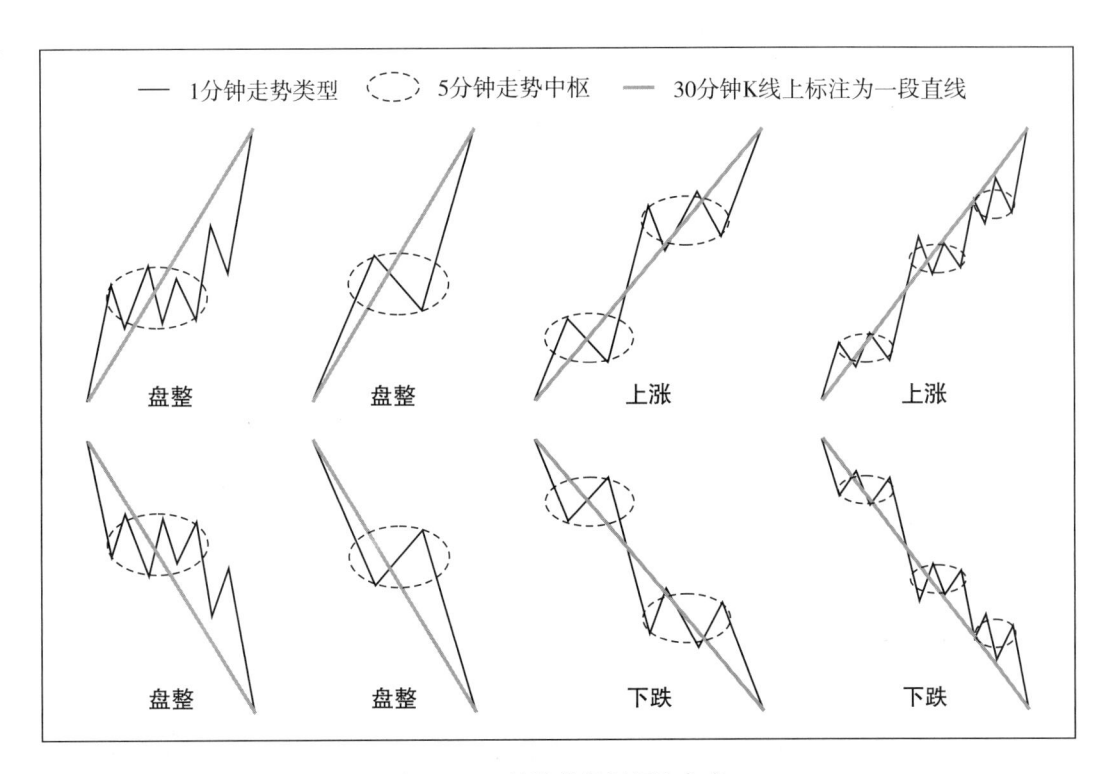

图 63-3 缠论的级别标注方式

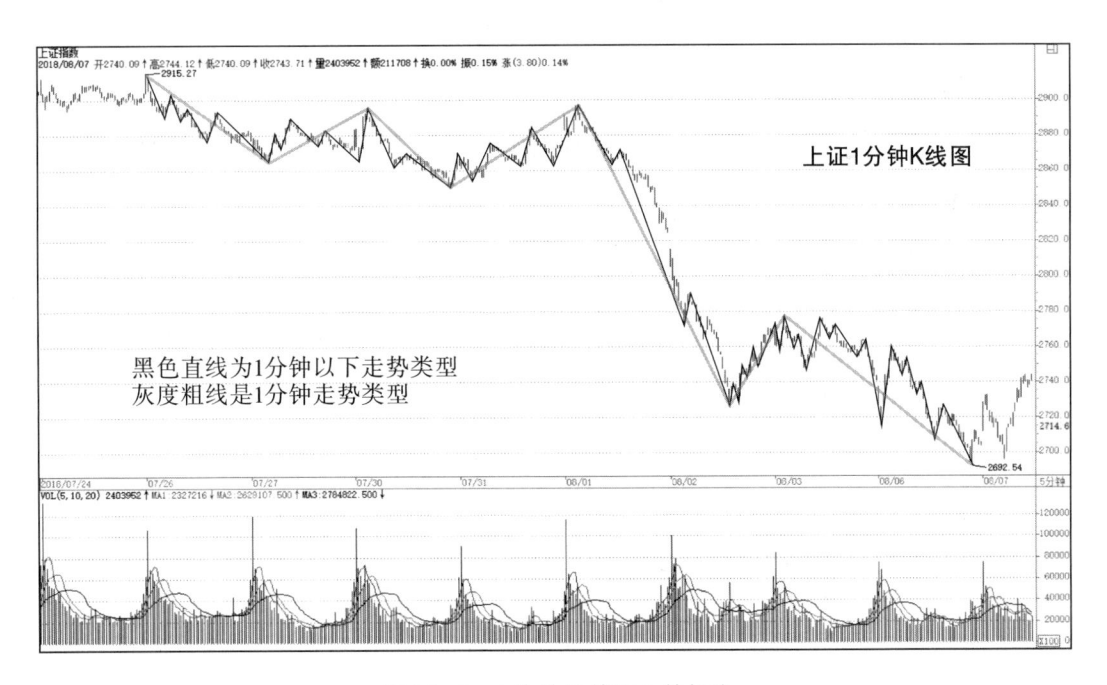

图 63-4 1分钟 K 线图上的标注

（2）5分钟 K 线图。

如图 63-5 所示，整个走势简化成 7 根灰色粗线代表的 1 分钟走势类型，如图方框处是1分钟走势类型构成的5分钟走势中枢。5分钟走势中枢共有两个,一个是标准走势中枢,一个是类走势中枢,整个走势是由两个5分钟走势中枢构成的5分钟级别下跌走势。

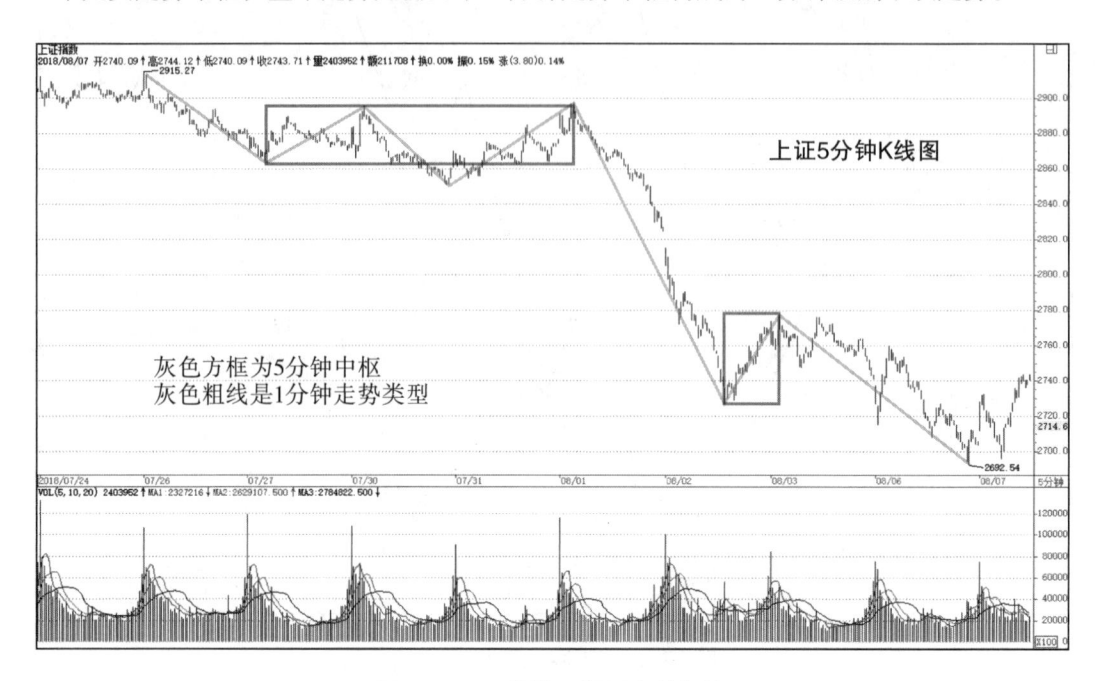

图 63-5　5 分钟 K 线图上的标注

(3) 30 分钟 K 线图。

如图 63-6 所示,5 分钟的下跌走势在本级别图上就是一根直线,用灰色粗线表示。

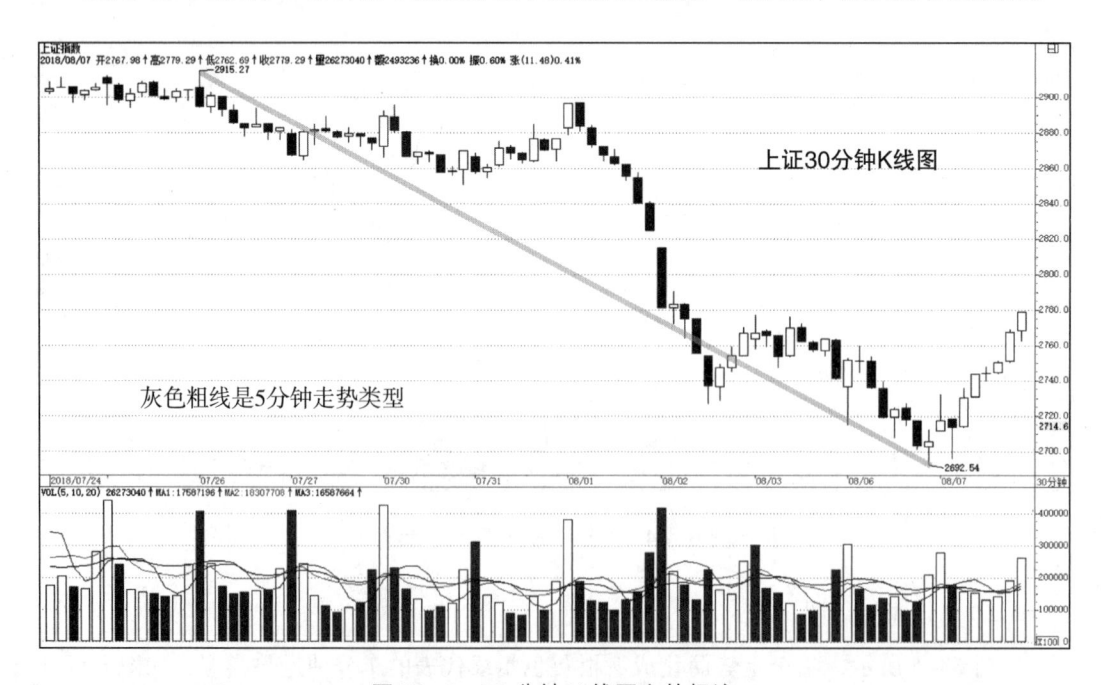

图 63-6　30 分钟 K 线图上的标注

二、两种看盘方式的主要区别

如果采取区间套式看盘方式，本例中的走势级别将有很大的变化。按区间套看盘方式，首先观察 30 分钟 K 线图，是一个下—上—下—上—下的结构，为一段 30 分钟线段类下跌。与上面递推方式仅仅是 5 分钟一段、30 分钟一笔区别明显。

此课后的案例大多使用从小级别递归的方式。当然这种看盘方式与区间套的使用并不矛盾，比如 30 分钟走势进入背驰段，你可以使用小级别，比如 5 分钟级别来精确定位。

教你炒股票 64

去机场路上给各位补课[1]

（2007-07-02 21:37:44）

现在的课已经越来越精细，特别用的是最小的 1 分钟。一般的理论，在这么精细、偶然性那么大的图上都要乱套了，但却恰好能显示本 ID 理论的有力。别说 1 分钟图，分笔图也没问题，这就是本 ID 理论所构筑几何结构的力量。世界都是几何的，别说那几张无聊的走势图了。

看下图（见图 64-1），为什么下午的分段是这样？大概很少人现在就能全部搞清楚。所以，为了让各位能睡一个踏实觉，也为了免得等一下飞机万一不听话，到时候只留下各位在这里争论不休没人再给解答，所以本 ID 在去机场的路上用本本给各位补上一课。

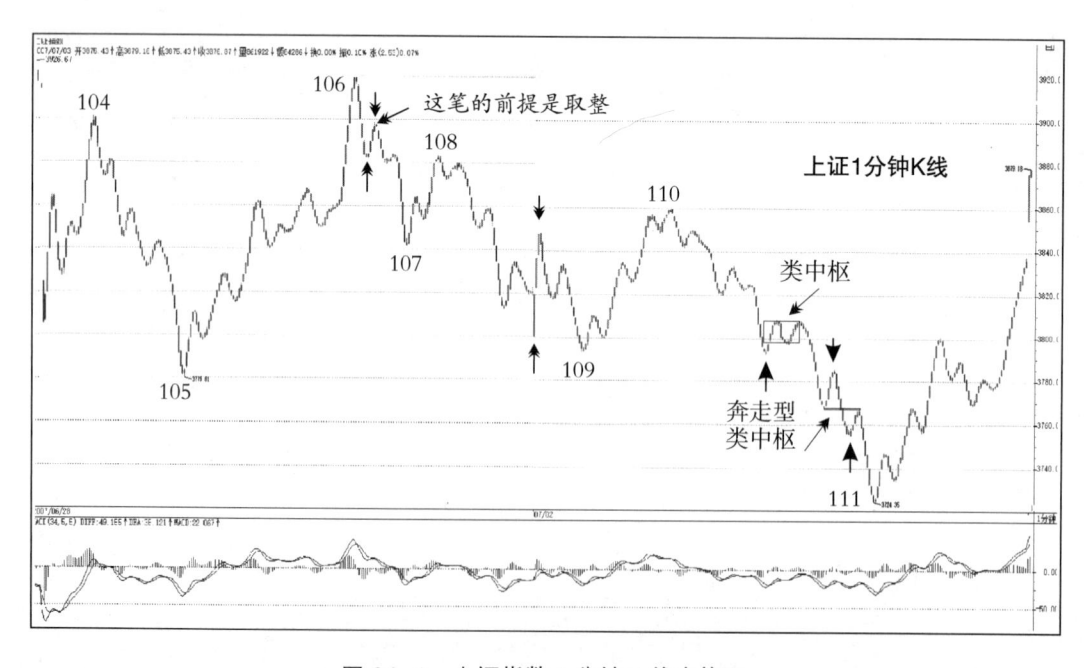

图 64-1　上证指数 1 分钟 K 线走势图

106 到 107 这一段箭头所指的那一笔，用的是取整的前提，所以，只要你仔细去分析，就知道那一定是一笔。这个问题，本 ID 瞧了一下，见一位网友已说到。当然，你可能要问为什么一定要取整？这没有什么必然性，只是预设的前提。你可以采取严格到小数［点］后两位的精确度，但其实不同软件，对 1 分钟这么精细的图，都会有数值上的细微差别，所以，所谓的精确，往往不一定就是。而在这么快速变动的市场中，数值有点细微差别，其实没什么不同。例如，还可以用这样的区别方式，就是两者相差 0.5 点内的看成是一样的。所有预设精度，唯一必须遵守的，就是精度一旦预设，就一定要一路保持。【**深入解析：**如图 64-2 所示，图中圆圈处的两根 K 线的高低点分别为（3884.07，3882.21）与（3884.03，3882.18），精确到小数点后两位，后者为底分型的底，这样底分型到其后的顶分型之间就没有独立 K 线了。但如果 K 线高低点取整，这样就得到两根一模一样的 K 线，底分型的底使用第一根 K 线时，满足了顶底分型间有一根 K 线的要求。这种处理方式和缠中说禅后期（2007 年 9 月 18 日）给出的笔的新规比较接近了。】

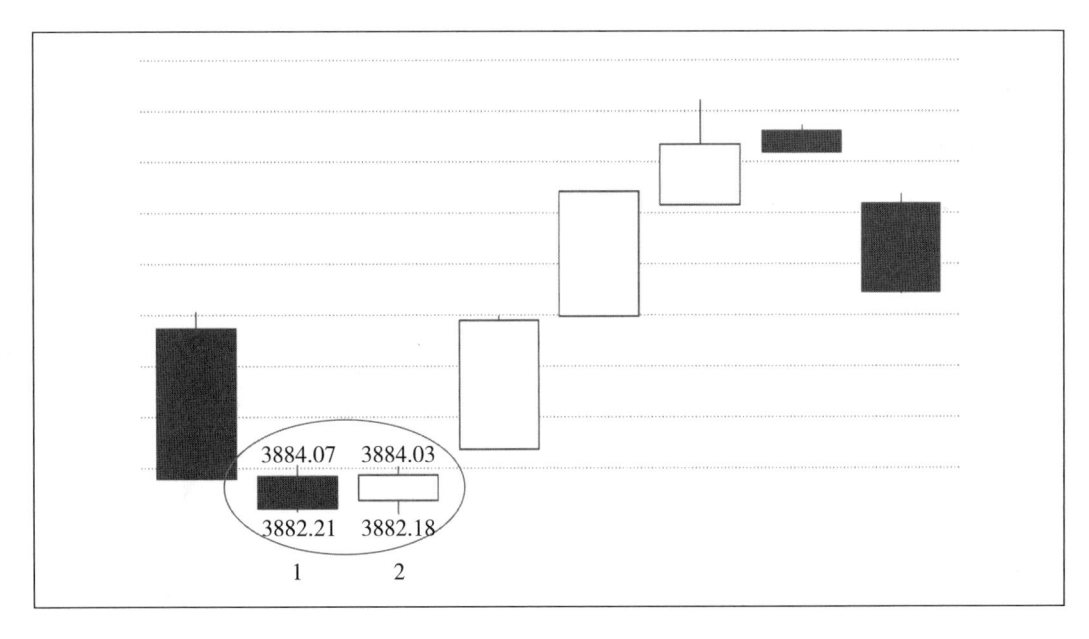

图 64-2　106—107 中间的反向笔处理

注意，没有什么精度是十全十美的。例如，相差 0.5 内看成是相同的，那么如果是 0.51 呢？这和 0.49 也没有多大区别。所以这些细节，其实问题都不大，关键是要统一，不要变来变去。由于现在只是示范，为了方便各位学习，就一直继续采用取整的精度，各位可以根据自己的情况来调整。

至于108—109，带箭头那笔为什么不被算成一段（见图64-3），也就是108—109为什么不是三段？这很简单，因为段必须是至少三笔构成。缺口如果包含在一笔中的，像今天早上低开的缺口，没有破坏昨天那笔，是顺着昨天那笔下来的，所以这种缺口和一般的走势没什么区别，缺口还是包含在昨天的一笔里。但有些突然性的逆着走势来的缺口，就像5·30那个，就必然要当成一段，而不能光当成一笔或一笔里的了。有人可能说，缺口没有三笔？那你可以这样去看，就像0=0+0+0，缺口可以看成是三个缺口的迭加，这样就有三笔以上了。还有，有位网友理解得也不错，线段必须要被破坏才算结束。但必须要强调的是，线段必须要被线段破坏才算是真破坏，单纯的一笔是不能破坏线段的，这就避免了一些特偶然因数对走势的干扰。【**深入解析：**如图64-3所示，图中包含一个缺口，这个缺口是顺着前一天走势产生的，与前面课程中出现的逆向缺口不一样，那种情况被视为一段，而这里只当作原来一笔的延伸。此外需要注意，这里没有按同级别的盘整划分，具体分析见下面。】

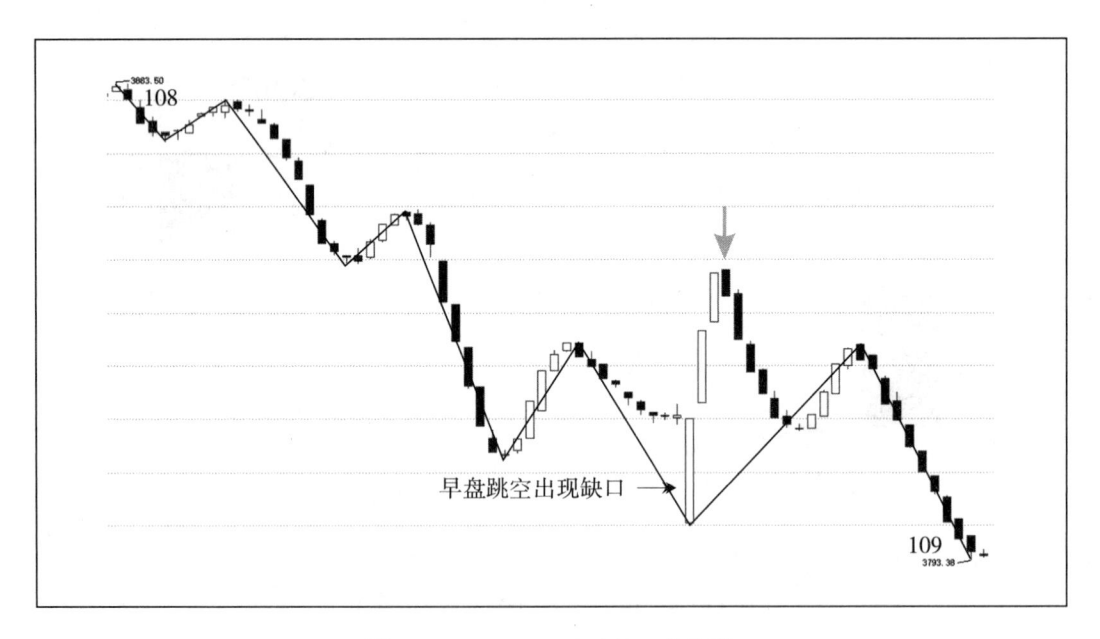

图64-3　108—109中缺口的处理

至于110—111（见图64-4），红箭头那两个（两个向上箭头）为什么不是最终精确定位的背驰点？这都是些以前就应该解决的简单问题。

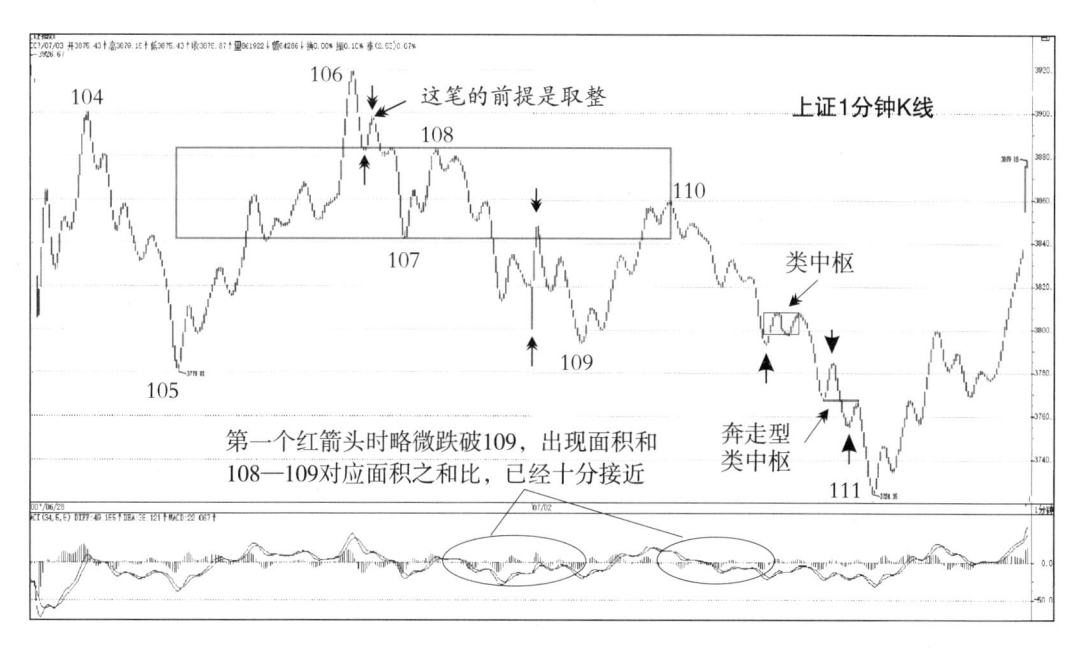

图 64-4　上证指数 1 分钟 K 线走势图

像第一个红箭头（向上箭头）位置，第一次略微跌破 109 那位置，这时候把已经出现的面积和前面 108—109 的对应面积之和比，已经十分接近。也就是说 110—111，刚起跌，这力度已经和前面的 108—109 差不多。这恰好说明这一段的力度是很强的，不但不可能是对 108—109 背驰，而且站在中枢震荡的角度，这种力度，一定是小级别转大级别以时间换空间或与更大力度的［走势段］对比产生的背驰才能化解的。

后面这种情况，在这个实际的图形中，就是与前面 104—105 的下跌力度比。110—111 这段，相比较的是 104—105 这段，中间的中枢震荡的中枢，是 105 到 110 这个。因此，这里根本不存在与 108—109 对比的问题。站在 105—107 这个中枢的角度，110 虽然不构成第三类卖点，但也极为接近，这种对中枢的离开，力度一般都很大。所以就算你搞不清楚和哪段比，也至少要等这段的结构被破坏，才有介入的可能。而后面，上下上的两次反抽，根本就没有破坏其结构，因此后面的破位下跌就是天经地义的。

机场到了，先保存起来。挺好玩的，帖子分两段写，中间过一安检。继续。

至于第二红箭头（向上箭头）那个（见图 64-5），就更不可能是了。绿箭头（向下箭头）那次反抽，等于对前面破位前那上下上的微型类中枢*（注意，站在严格意义上，线段以下是没有中枢的，所以说是类中枢）的一个类第三类卖点。后面有两种变化，就是转大级别类中枢或类中枢移动直到形成新类中枢为止。而下面的黄白线，是一个典型的下上下结构中的第二下刚破上的低点，这是力度最大的一下，怎么可能有背驰出现？MACD第一个红箭头（向上箭头）就指这大的下上下破的一下，这时候除非出现线段结构的突发性破坏，否则不可能有什么背驰出现。而后的回拉，其实刚好构成一个奔走型的上下上结构（也就是第二上刚和第一上的低点稍微重合），这其实也就构成另一个微型类中枢。这和第一个红箭头（向上箭头）指的那个一起，刚好构成两个类中枢的下跌走势。然后，后面的背驰判断就很简单了，和一般的趋势中背驰的判断一样。针对第二那奔走型的微型中枢的前后两段，MACD两个红箭头（向上箭头）对应的绿柱子的比较，一目了然（千万别再问这时候为什么不看黄白线之类的问题，这类问题回答过N次了）。

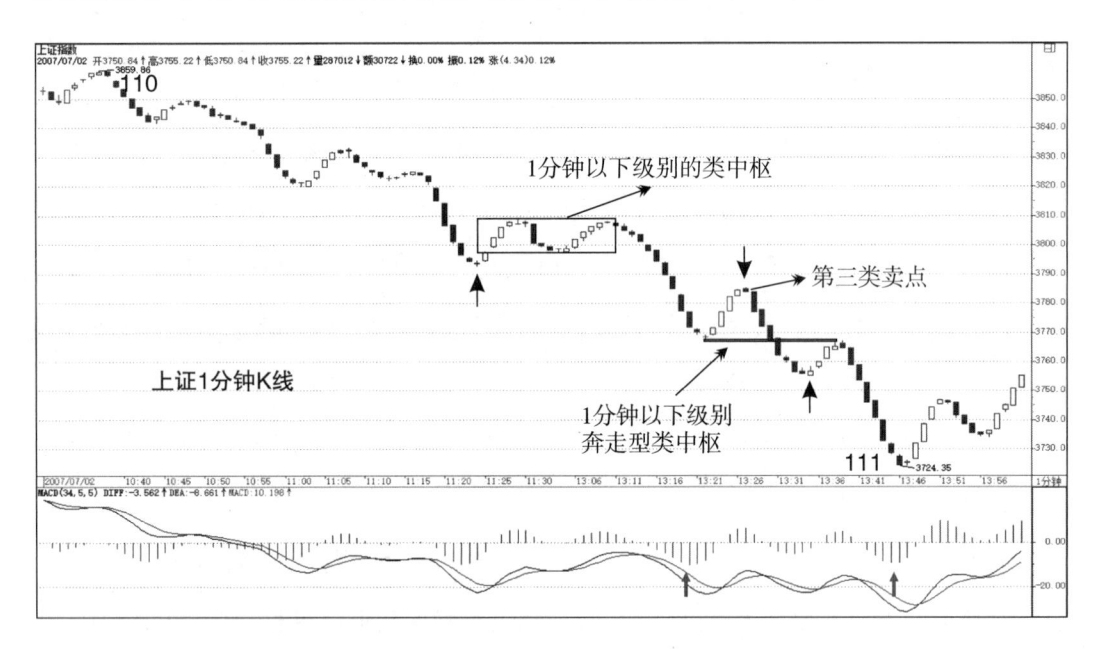

图64-5　上证指数1分钟K线走势图

请各位好好把各类情况消化好，特别一些最基本的知识，一定要掌握。62、63课，要完全吃透，而且能当下应用。当然，这需要不断练习，不断研究不同的图形。

本ID就不再说什么了，准备登机。回到北京，也快第二天了。

[1] 本篇课文缠中说禅的配图。

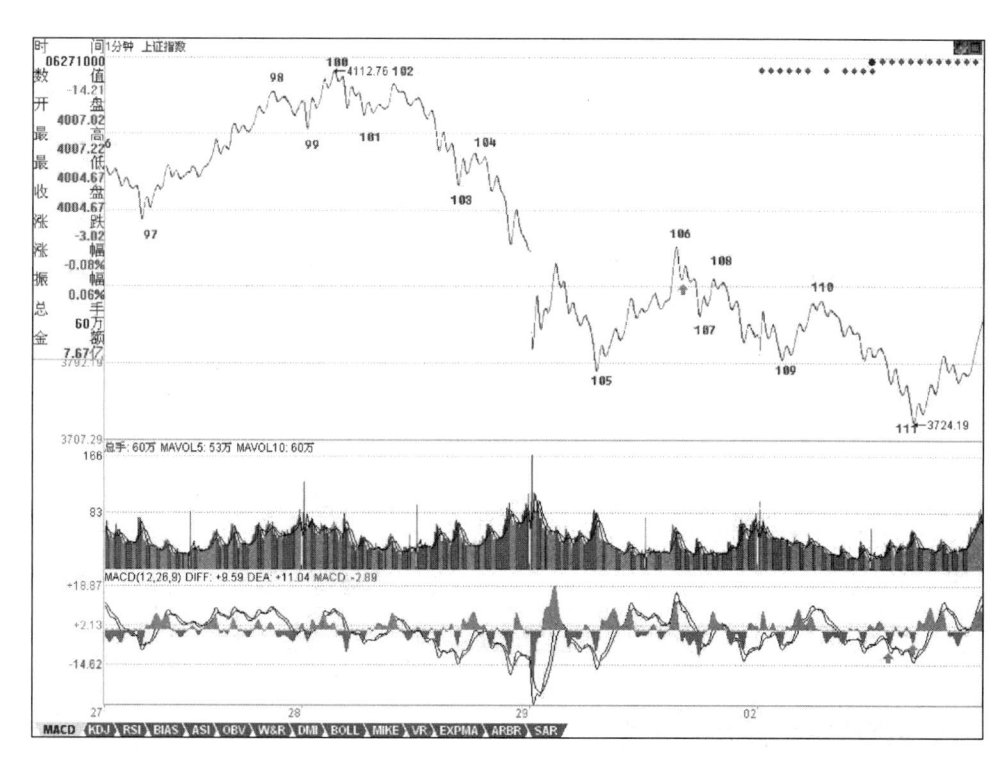

学习重点和难点

缠论的两种走势划分（3）

1. 对同级别盘整（最低级别盘整）走势的调整

请注意，缠中说禅调整了同级别盘整的设定，开始将最低级别上的盘整改称为类中枢，它的使用方式也随之发生转变。和走势类型中的标准走势中枢一样，类中枢成为走势的一部分，不再单独划出。如图64-6所示，本课中的105—106段间的本级别盘整没有再被划分出来，而是将它们视为整体走势类型的组成部分，这和57课中8—9段的划分方式截然不同，今后均以此为准。

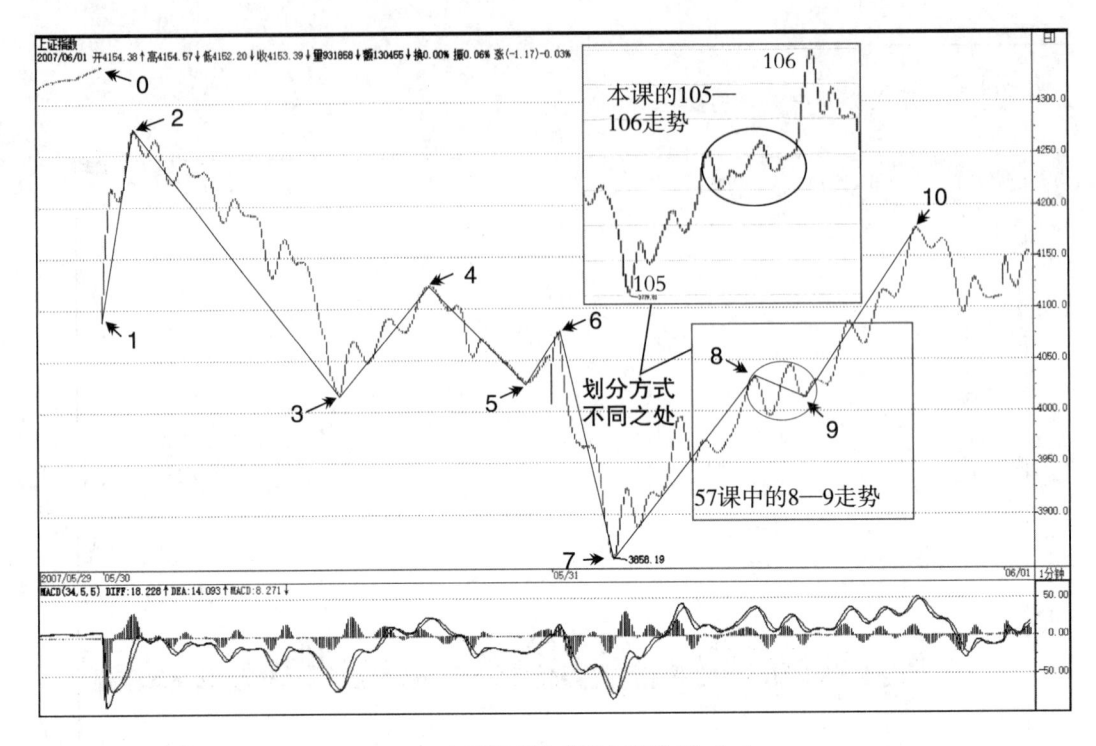

图 64-6　同级别盘整的不同划分方式

2. 最低级别线段类趋势的定义

如图 64-5 所示，110—111 这段走势的内部形成了两个 1 分钟以下级别的类中枢（由于 1 分钟级别是缠论的最小级别，所以其下不存在更小级别的走势中枢，故称之为类中枢），110—111 可看作拥有两个类中枢的下跌走势，可按类似标准背驰的方式来处理。

原来缠论最低级别（同级别）图上的划分，由于有盘整走势的存在，因而无法以类中枢数量来划分盘整与趋势，如今这个前提不复存在。

教你炒股票65

再说说分型、笔、线段

（2007-07-16 22:14:16）

如果真明白了前面的，这课就不必再说了。本ID反复强调，本ID理论的关键是一套几何化的思维，因此，你需要从最基本的定义出发。而在实际操作的辨认中，这一点更重要。所有复杂的情况，其实，从最基本的定义出发，都没有任何的困难可言。

例如，对于分型，里面最大的麻烦，就是所谓的前后K线间的包含关系。其次，有点简单的几何思维，根据定义，任何人都可以马上得出以下的一些推论。

（1）如图（见图65-1），用$[d_i,g_i]$记号第i根K线的最低和最高构成的区间，当向上时，顺次n个包含关系的K线组，等价于$[maxd_i,maxg_i]$的区间对应的K线。也就是说，这n个K线，和最低最高的区间为$[maxd_i,maxg_i]$的K线是一回事情。向下时，顺次n个包含关系的K线组，等价于$[mind_i,ming_i]$的区间对应的K线。

【课文解读：因包含处理时需要按时间顺序，所以这种处理方式意义不大。】

（2）结合律是有关本ID这理论中最基础的，在K线的包含关系中，当然也需要遵守。而包含关系，不符合传递律，也就是说，第1、2根K线是包含关系，第2、3根也是包含关系，但并不意味着第1、3根就有包含关系。因此在K线包含关系的分析中，还要遵守顺序原则，就是先用第1、2根K线的包含关系确认新的K线，然后用新的K线去和第三根比。如果有包含关系，继续用包含关系的法则结合成新的K线，如果没有，就按正常K线去处理。【课文解读：包含处理要遵守时间顺序，如图65-2所示，第1根K线与第2根K线，第2根K线与第3根K线具有包含关系。处理包含关系时，先处理第1根与第2根的包含关系，然后用处理得到的新K线与第3根K线进行包含分析。

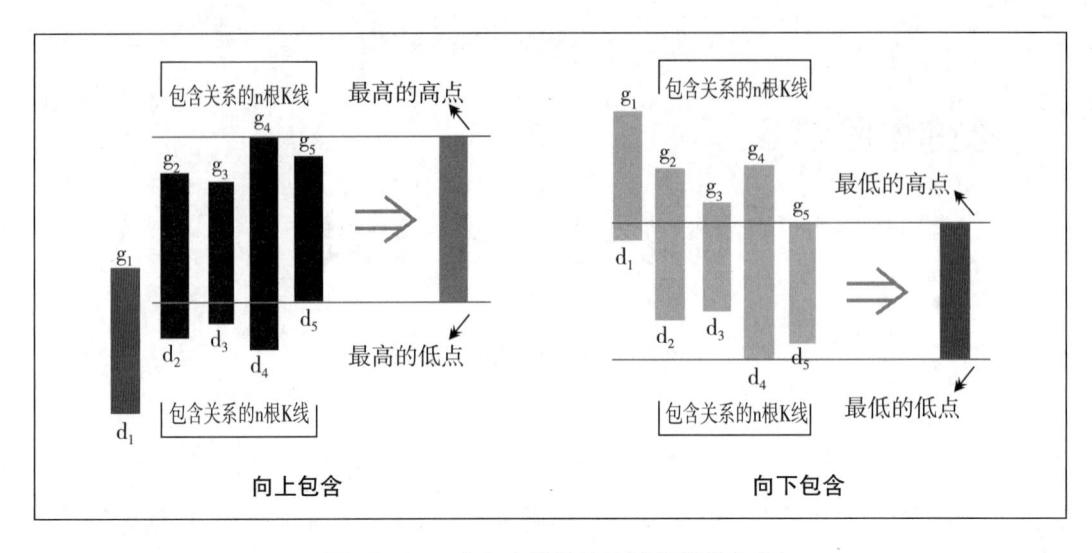

图 65-1　n 个包含关系的 K 线组处理方式

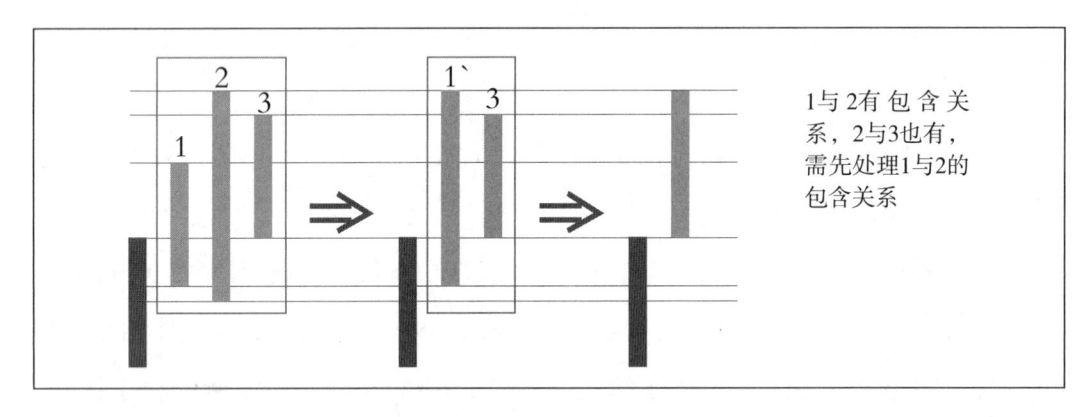

图 65-2　连续包含关系的处理

（3）有人可能还要问，什么是向上？什么是向下？其实，这根本没什么可说的，任何看过图的都知道什么是向上，什么是向下。当然，本 ID 的理论是严格的几何理论，对向上向下，也可以严格地进行几何定义，只不过，这样对于不习惯数学符号的人，头又要大一次了。

假设，第 n 根 K 线满足第 n 根与第 n+1 根的包含关系，而第 n 根与第 n−1 根不是包含关系，那么如果 $g_n \geq g_{n-1}$，那么称第 n−1、n、n+1 根 K 线是向上的；如果 $d_n \leq d_{n-1}$，那么称第 n−1、n、n+1 根 K 线是向下的。

有人可能又要问，如果 $g_n < g_{n-1}$ 且 $d_n > d_{n-1}$，算什么？那就是一种包含关系，这就违反了前面第 n 根与第 n−1 根不是包含关系的假设。同样道理，$g_n \geq g_{n-1}$ 与 $d_n \leq d_{n-1}$ 不可能同时成立。

上面包含关系的定义已经十分清楚，就是一些最精确的几何定义。只要按照定义来，没有任何图是不可以精确无误地、按统一的标准去找出所有的分型来。注意，这种定义是唯一的，有统一答案的，就算是本ID，如果弄错了，也就是错，没有任何含糊的地方，是可以在当下或任何时候明确无误地给出唯一答案的。这答案与时间无关，与人无关，是客观的，不可更改的，唯一的要求就是被分析的K线已经走出来。

从这里，本ID理论的当下性也就有了一个很客观的描述。为什么要当下的？因为如果当下那些K线还没走出来，那么具体的分型就找不出来，相应的笔、线段、最低级别中枢、高级别走势类型等就不可能划分出来，这样就无从分析了。而一旦当下的K线走出来，就可以当下按客观标准唯一地找出相应的分型结构。当下的分析和事后的分析，是一样的，分析的结果也是一样的，没有任何的不同。因此，当下性，其实就是本ID的客观性。【**课文解读：**（1）缠论分析方式是可以当下进行的，虽难免有些滞后，这一点后面有分析。（2）从这课起，缠论的递归改由分型开始，以前一度使用过走势中枢。】

有人可能要问，如果看30分钟图，可能K线一直犬牙交错，找不到分型。这有什么奇怪的，在年线图里，找到分型的机会更小，可能十几年找不到一个也很正常，这还是显微镜倍数的比喻问题。确定显微镜的倍数，就按看到的K线用定义严格来，没有符合定义的，就是没有，就这么简单。如果希望能分析得更精确，那就用小级别的图，例如，不要用30分钟图，用1分钟图，这样自然能分辨得更清楚。

再次强调，用什么图与以什么级别操作没任何必然关系。用1分钟图，也可以找出年线级别的背驰，然后进行相应级别的操作。看1分钟图，并不意味着一定要玩超短线，把显微镜当成被显微镜的，肯定是脑子水太多了。【**课文解读：**缠论的第二种看盘方式下，级别的本质是一种结构，是一套独立系统，与炒股软件中的K线图周期没有必然关系。1分钟的K线图上可以标注年线级别的走势，自然可以找出年线级别的背驰点。】

从分型到笔，必须是一顶一底。那么，两个顶或底能构成一笔吗？这里，有两种情况：

第一种，如图（见图65-3），在两个顶或底中间有其他的顶和底。这种情况，只是把好几笔当成了一笔，所以只要继续用一顶一底的原则，自然可以解决。

图65-3　两个顶之间还有底

第二种，如图（见图65-4），在两个顶或底中间没有其他的顶和底。这种情况，意味着第一个顶或底后的转折级别太小，不足以构成值得考察的对象，这种情况下，第一个的顶或底就可以忽略其存在了，可以忽略不算了。【深入解析：第二种情况还有一个可能，如图65-5所示，由底分型1到顶分型符合缠论对笔的定义，可以暂时定为一笔。其后顶分型到底分型2则不能满足一笔的要求，不构成笔；由于底分型2的低点低于底分型1的低点，所以笔的划分由底分型2重新开始，目前的K线组合中不包含符合缠论定义的笔。顶分型开始的情况，与此相反。这实际造成了笔构建时的延时性，即后一笔满足成笔要求时，前笔才能确定。

所以，根据上面的分析，对第二种情况进行相应处理（类似对分型中包含关系的处理），就可以严格地说，先顶后底，构成向下一笔；先底后顶，构成向上一笔。而所有的图形，都可以唯一地分解为上下交替的笔的连接。显然，除了第二种情况中的第一个顶或底类似的分型，其他类型的分型，都唯一地分别属于相邻的上下两笔，是这两笔间的连接。用一个最简单的比喻，膝盖就是分型，而大腿和小腿就是连接的两笔。

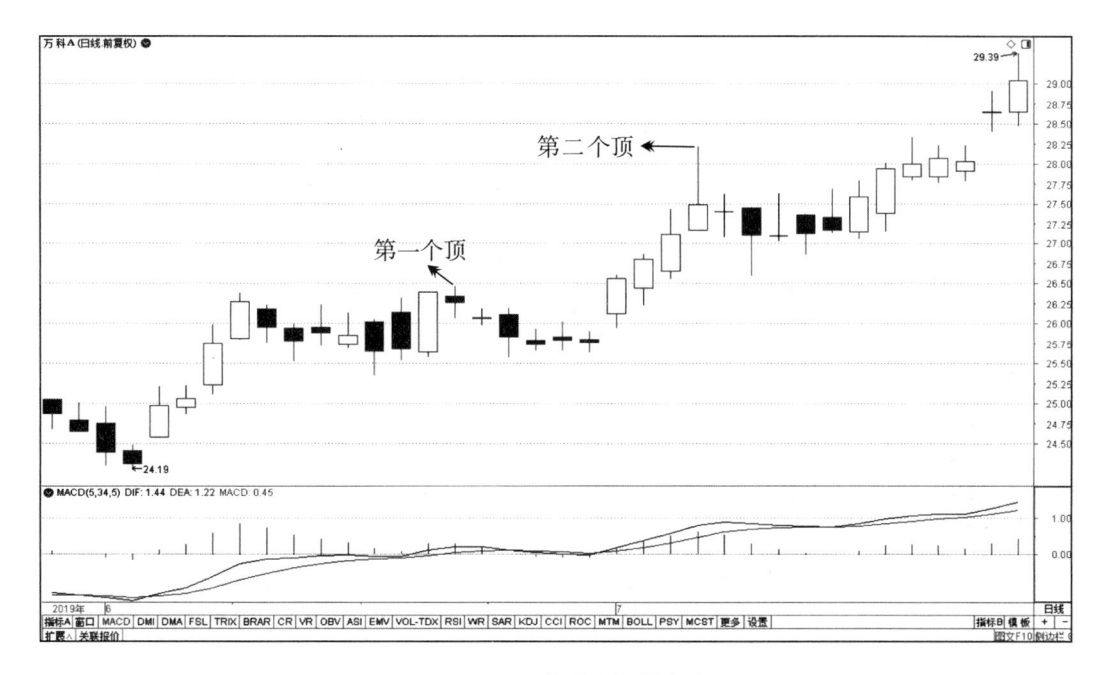

图 65-4　两个顶之间没有底

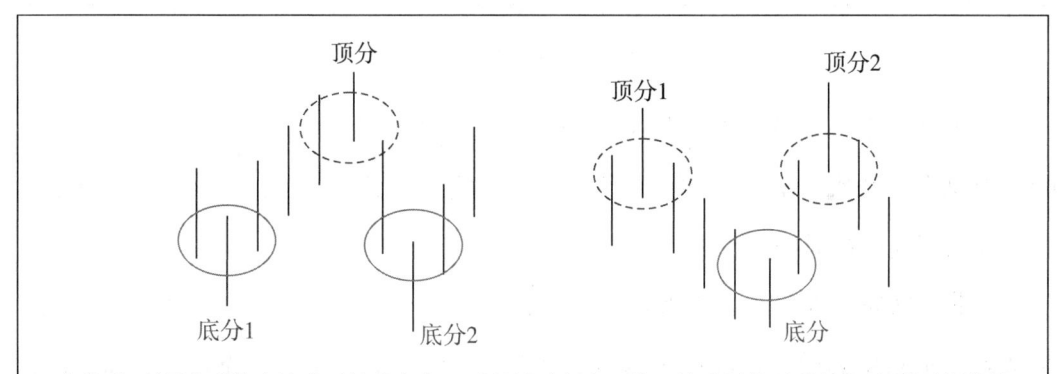

底分型1到顶分型符合缠论对笔的定义,可以暂时定为一笔,其后顶分型到底分型2则不能满足一笔的要求,不构成笔;由于底分型2的低点低于底分型1的低点,所以笔的划分由底分型2重新开始,目前的K线组合中不包含符合缠论定义的笔。顶分型开始的情况,反过来即是。

图 65-5　笔的划分具有延迟性

有了笔,那么线段就很简单了。线段至少有三笔。线段无非有两种,从向上一笔开始的,和从向下一笔开始的。

如图(见图65-6),对于从向上一笔开始的,其中的分型构成这样的序列:$d_1g_1, d_2g_2, d_3g_3\cdots d_ng_n$(其中 d_i 代表第 i 个底,g_i 代表第 i 个顶)。如果找到 i 和 j,$j \geq i+2$,使得 $d_j \leq g_i$,那么称向上线段被笔破坏。

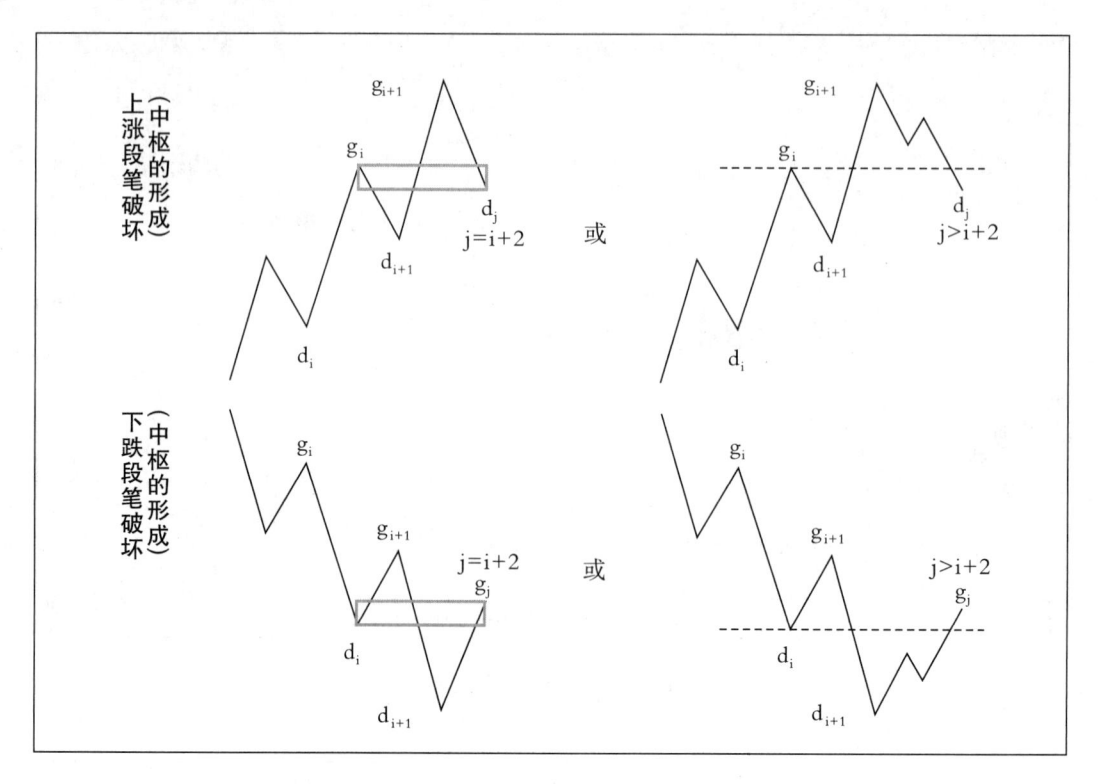

图 65-6　笔破坏的情况

对于从向下一笔开始的，其中的分型构成这样的序列：g_1d_1，$g_2d_2\cdots g_nd_n$（其中d_i代表第i个底，g_i代表第i个顶）。如果找到i和j，$j \geq i+2$，使得$g_j \geq d_i$，那么称向下线段被笔破坏。

【深入解析：线段笔破坏有两种情况，（1）如图 65-6 左侧，当线段中形成了标准走势中枢结构时，线段被笔破坏；（2）此外线段类回调走势封闭了原上涨最近一个高点，也称为线段笔破坏。**】**

如图（见图 65-7），线段有一个最基本的前提，就是线段的前三笔，必须有重叠的部分。这个前提在前面可能没有特别强调，这里必须特别强调一次。线段至少有三笔，但并不是连续的三笔就一定构成线段，这三笔必须有重叠的部分。由上面线段被笔破坏的定义可以证明：

缠中说禅线段分解定理：线段被破坏，当且仅当至少被有重叠部分的连续三笔的其中一笔破坏。而只要构成有重叠部分的前三笔，那么必然会形成一线段，换言之，线段破坏的充要条件，就是被另一个线段破坏。**【深入解析：**这个定理不太严谨。如图 65-8 所示，线段 A 被线段 B 的第三笔破坏了，满足了此定理中线段破坏的充要条件。不过事实上，由于线段 B 第一笔未能对线段 A 构成笔破坏，因此即使线段 B 第三笔封闭了缺口，也不能满足线段 A 被线段 B 破坏的必要条件。此后缠中说禅修正了这个错误，使用了更为严密的定理，具体可见第 71 课中 71-3 图形案例的分析。】

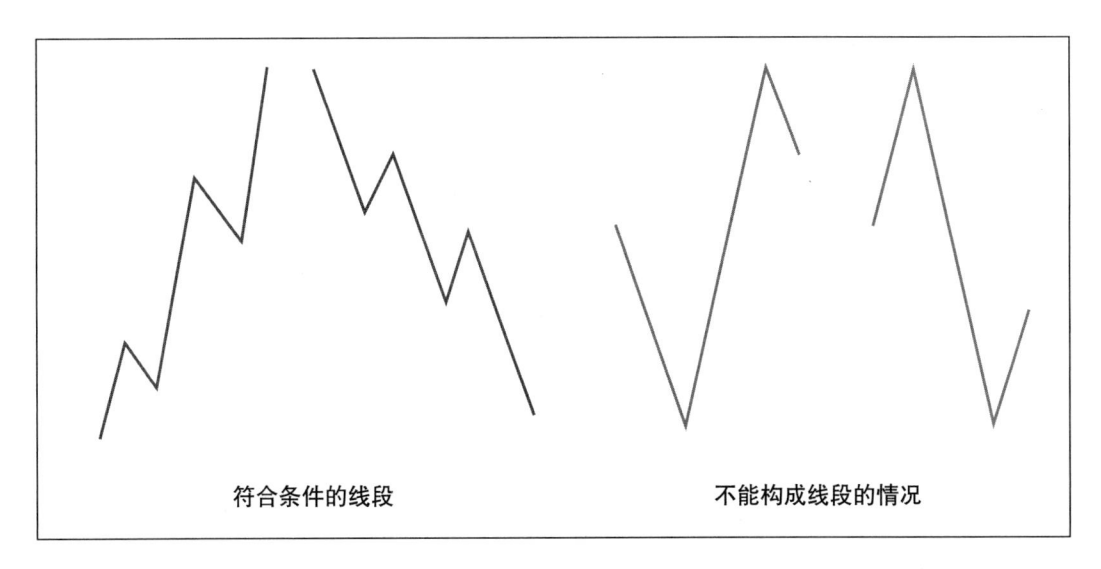

图 65-7 笔构成线段需满足的条件

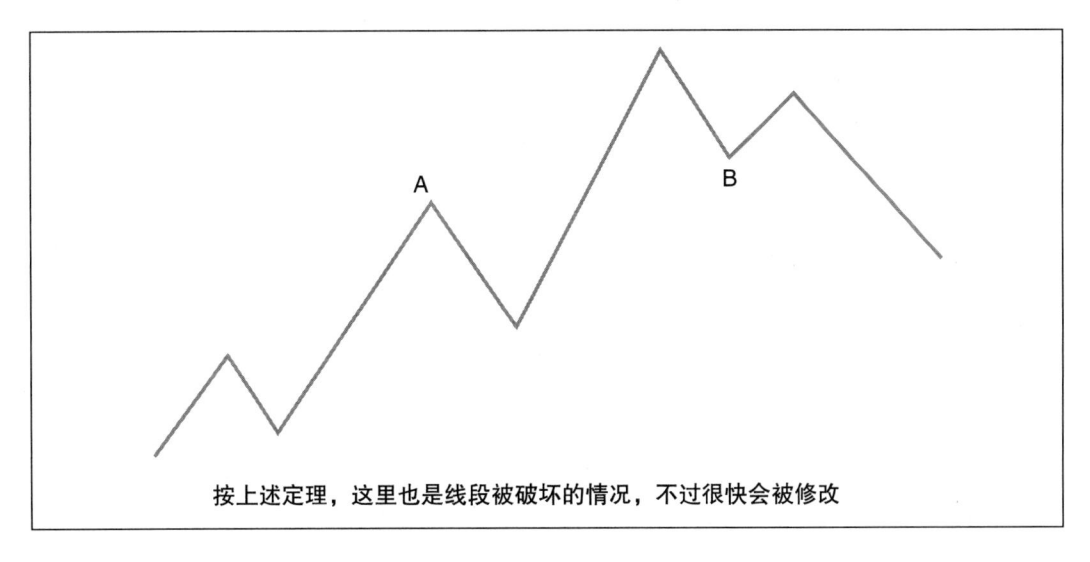

图 65-8 不太严谨的线段被破坏定义

以上，都是些最严格的几何定义。真想把问题搞清楚的，就请根据定义多多自己画图，或者对照真实的走势图，用定义多多分析。注意，所有分析的答案，只和你看的走势品种与级别图有关，在这客观的观照物与显微镜倍数确定的情况下，任何的分析都是唯一的，客观的，不以任何人的意志为转移的。

如果分型、笔、线段这最基础的东西都没搞清楚，都不能做到在任何时刻，面对任何最复杂的图形当下地进行快速正确的分解，说要掌握本 ID 的理论，那纯粹是瞎掰。

教你炒股票66

主力资金的食物链

（2007-07-30 22:42:05）

因为要画图要浪费时间，下一课再说有关线段的问题。今天，说一些宏观点的东西，说说主力资金的食物链。

市场每一时刻的走势，都由当下的合力构成。如果1亿人参加的市场，每一分力都是相等的，都是独立的，那么市场的整个运转和现实的情况，当然有所不同。现实的情况是，有些分力是特别巨大于其他的分力，在这种情况下，对合力的分析，不能脱离对这些特别巨大分力的分析。【深入解析：明白这点，就知道为什么散户不能完全按照背驰来操作了。但对于庄家而言，这套理论就是股海圣经，可以在最适当的时机进行操作。】

如果现实的系统中这种特别巨大的分力只有一个，其他分力与之相比都可以忽略不算，那么市场的所谓合力，就与这分力基本无异了。例如，在那些控盘程度极端高的股票中，就往往呈现这种情况。而这种一个分力远大于其他分力的系统，其稳定性是会产生突变的。关于个股的情况，以后会说到，这里先说说关于大盘合力与分力的关系。

有一种很流行却纯粹出于想象的说法，是关于所谓市场主力资金的。在这种流行的谬误中，似乎市场中的主力只有一拨人，他们控制着市场的走势，画着每天大盘的分时图中每分每秒。而事实上，这种所谓的主力，从来没存在过。市场从来都分裂着不同的利益集团，所谓的主力资金，从来都是分派别的。各派别之间，会有联手，会有默契，但也有暗算、互相拆台等，黄雀、螳螂、蝉的游戏也一点都不新鲜。

主力资金层面的运作，当然也不是单纯的技术分析可以包括的。用打仗来比喻，技术分析，不过是一些战术性问题，而战略性问题，就不是技术分析可以解决的。

例如，如果你是一个散户，你只要把本ID的技术理论搞清楚，那在市场中就可以游刃有余了。但如果光把本ID的技术理论搞清楚，是运作不了主力资金的。当然，技术层面是一个基础，但只是一个方面。但无论什么资金，站在市场走势的角度，不过就是构造出不同级别的买卖点而已。因此，对于散户来说，你无须知道这天上掉下的馅饼是怎么制造的，只需要知道怎么才能吃到这馅饼。

必须明确，任何的主力资金，无论什么背景、级别，最终都不可能逆整个经济的大势而行。资金不是一拨，山头就那么多，10年前的主力，如果不随着市场去发展，到现在就什么都不是了。所以，任何主力资金，无论什么背景、级别，还有一个特点，就是要折腾。不折腾，就没有江湖地位。唯一不同的，只是折腾什么，只是不同市场、板块的变换。

在单一的股票市场中，不同风格、背景、势力的资金，各自控制着不同的板块，最大的几个，构成食物链的最上层。一般来说，这几拨资金都是"老油条"，互相也知根底，其根底往往不在市场中，而在市场之外。一般情况下，各方都是保持江湖规矩，不会轻易与某一方开战。但，绝对不是说，最大的家伙间就没有战争，而是这战争无时不在，只是都在等着一方出现破绽，余下的一拥而上，分而吃之。中国资本市场的历史上，出现过好几次这样的事情，都是陈年旧事，不说也罢。

当然，最大的家伙，也不是一成不变的，不同的年代也会改变点包装，换些名头。

从这食物链的最高端开始，逐级下去，到最后的散户个体，分着好几个层次。对于最大的主力来说，对下面几个层次的生态状态，会保持一定的维持。一般来说，一个新的最高级别的势力出现，是没有人愿意看到的。因此，那些在次一级别中特别活跃，特别有上升苗头的，都会被重点绞杀。对于最高级别的主力来说，一个各层次的生态平衡是最有利的。站在这个意义上，如果有些对散户特别恶劣的，要把散户或某层次赶尽杀绝的，那么肯定成为最高级别主力绞杀的对象。这种事情，在资本历史上也太常见了。一般来说，这种绞杀对象，都类似暴发户。最高级别的主力，就如同贵族。贵族当然看不起暴发户，特别当这暴发户影响了整个市场生态的平衡，不对之株连九族，斩草除根，那还怎么当贵族？这种绞杀，当然可以是市场化的，却不一定是市场化的，这就不想多说了。

主题 16
线段的特征序列及特征序列分型

这个主题贯穿于第 67 课至第 79 课中，主要是为缠论找到一个具有普遍意义的操作方式。

主要内容：

（1）线段的特征序列。

（2）线段的特征序列分型。

（3）线段特征序列分型中的包含处理。

（4）线段被破坏的两种方式。

教你炒股票 67

线段的划分标准[1]

（2007-08-01 22:31:55）

笔的划分标准在前面已经严格给出，因此，下一关键问题，就是如何划分线段*。

【课文解读：这里的划分线段，不是指单一线段的构成，而是指线段与线段之间如何划分。**】**

下面，给出类似笔划分，但有重大区别的划分标准。用 S 代表向上的笔，X 代表向下的笔。那么所有的线段，无非两种：

（1）从向上笔开始。

（2）从向下笔开始。

简单起见，以向上笔开始的线段为例子说划分的标准。

以向上笔开始的线段，可以用笔的序列表示：S_1X_1，S_2X_2，$S_3X_3 \cdots S_nX_n$。容易证明，任何 S_i 与 S_{i+1} 之间，一定有重合区间。而考察序列 X_1，$X_2 \cdots X_n$，该序列中，X_i 与 X_{i+1} 之间并不一定有重合区间，因此，这序列更能代表线段的性质。

定义：序列 X_1，$X_2 \cdots X_n$ 称为以向上笔开始线段的特征序列；序列 S_1，$S_2 \cdots S_n$ 称为以向下笔开始线段的特征序列。

特征序列两相邻元素间没有重合区间，称为该序列的一个缺口。

关于特征序列，把每一元素看成是一 K 线，那么，如同一般 K 线图中找分型的方法，也存在所谓的包含关系，也可以对此进行非包含处理。经过非包含处理的特征序列，称为标准特征序列。以后没有特别说明，特征序列都是指标准特征序列。

参照一般 K 线图关于顶分型与底分型的定义，可以确定特征序列的顶和底。注意，以向上笔开始的线段的特征序列，只考察顶分型；以向下笔开始的线段，只考察底分型。

在标准特征序列里，构成分型的三个相邻元素，只有两种可能：

第一种情况（见图67-1）：

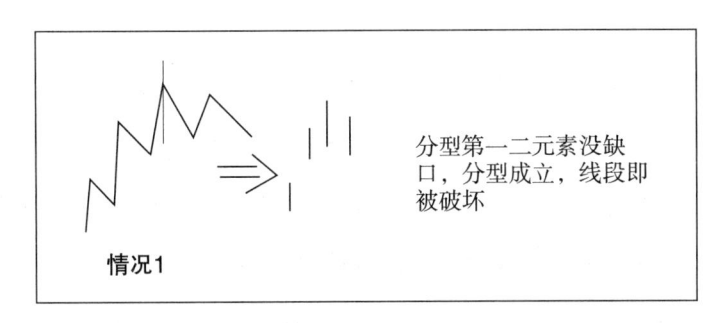

图 67-1　标准特征序列分型第一、第二元素没有缺口

特征序列的顶分型中，第一和第二元素间不存在特征序列的缺口，那么该线段在该顶分型的高点处结束，该高点是该线段的终点。

特征序列的底分型中，第一和第二元素间不存在特征序列的缺口，那么该线段在该底分型的低点处结束，该低点是该线段的终点；【**深入解析**：有一个细节需要注意，即这里假设线段特征序列分型成立，即分型第三元素构造成功。】

第二种情况（见图67-2）：

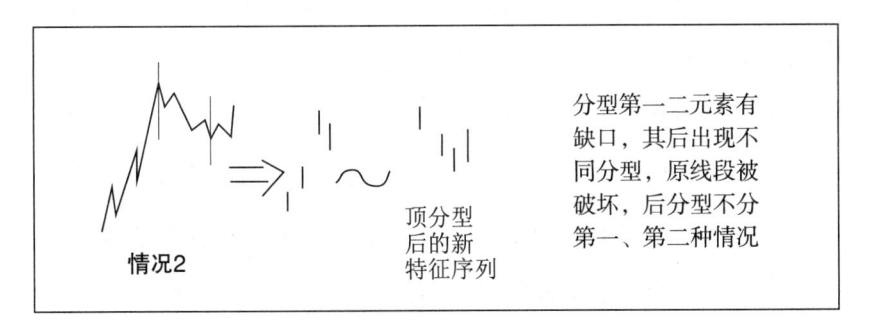

图 67-2　标准特征序列分型第一、第二元素有缺口

特征序列的顶分型中，第一和第二元素间存在特征序列的缺口，如果从该分型最高点开始的向下一笔开始的序列的特征序列出现底分型，那么该线段在该顶分型的高点处结束，该高点是该线段的终点；特征序列的底分型中，第一和第二元素间存在特征序列的缺口，如果从该分型最低点开始的向上一笔开始的序列的特征序列出现顶分型，那么该线段在该底分型的低点处结束，该低点是该线段的

终点。

强调，在第二种情况下，后一特征序列不一定封闭前一特征序列相应的缺口，而且，第二个序列中的分型，不分第一种、第二种情况，只要有分型就可以。

上面两种情况，就给出所有线段划分的标准。显然，出现特征序列的分型，是线段结束的前提条件。本课，就是把前面"线段破坏的充要条件就是被另一个线段破坏"精确化了。因此，以后关于线段的划分，都以此精确的定义为基础。

【课文解读：图67-3是不构成线段被破坏的情况。】

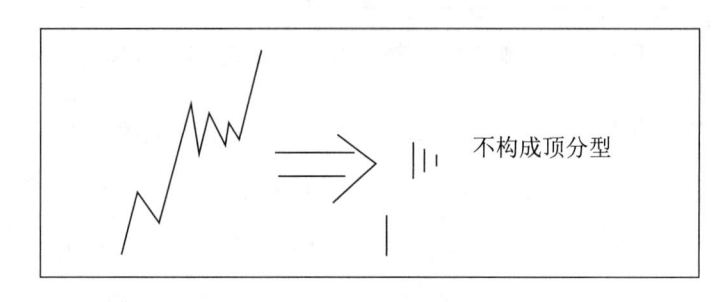

图 67-3　标准特征序列不构成顶分型

这个定义有点复杂，首先请先搞清楚特征序列，然后搞清楚标准特征序列，然后是标准特征序列的顶分型与底分型。而分型又以分型的第一元素和第二元素间是否有缺口分为两种情况。一定要把这逻辑关系搞清楚，否则一定晕倒。

显然，按照这个划分，一切同一级别图上的走势都可以唯一地划分为线段的连接，正如一切同一级别图上的走势都可以唯一地划分笔的连接。有了这两个基础，那么整个中枢与走势类型的递归体系就可以建立起来。这是基础的基础，请务必搞清楚，否则肯定学不好。【深入解析：如图67-4所示，这里给出了缠论的递归：K线分型→笔→线段→走势中枢→走势类型。】

最后，尽量画点图，让各位分清楚上面的一些概念。但最好把定义看清楚，这才是真正理解，图只是一个辅助。前两个图形中标出了线段的划分。

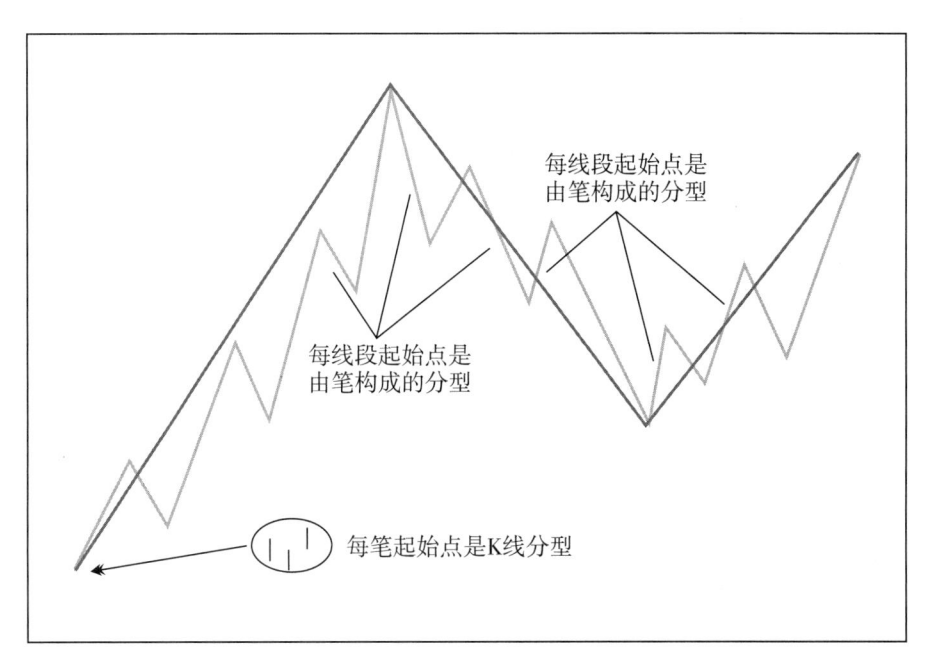

图 67-4　缠论的走势推导

---

[1] 本篇课文缠中说禅的配图。

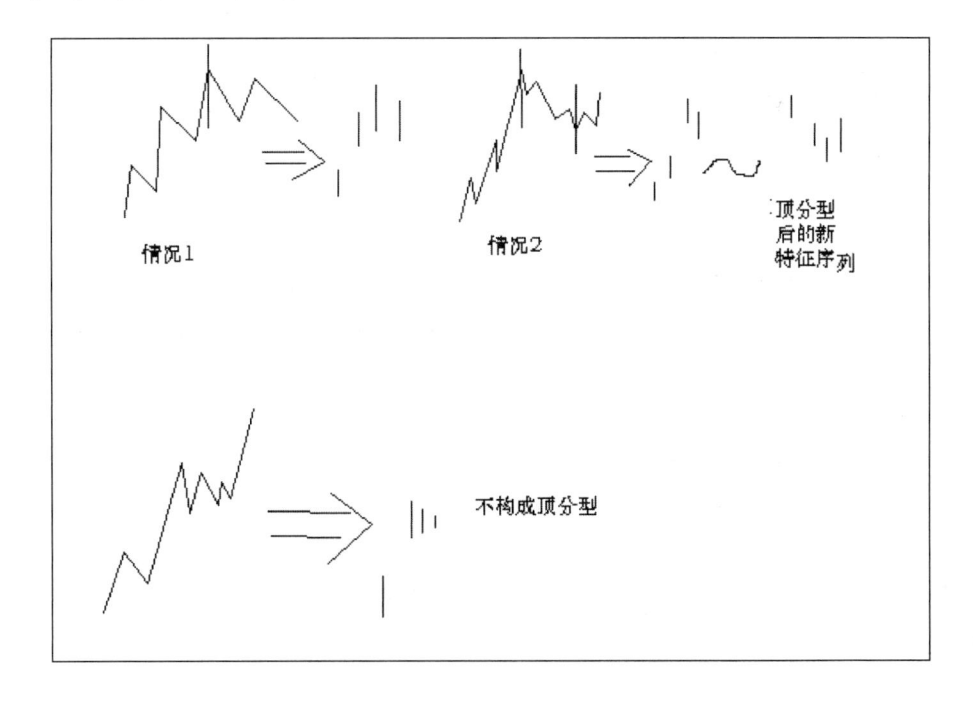

【课文解读】

线段特征序列解析

一、线段与线段的特征序列

1. 线段的特征序列

如图 67-5 所示，线段由向上笔与向下笔构成。分析线段时，与线段方向相反的笔更为重要，比如上涨线段中的向下笔和下跌线段中的向上笔。这不仅因为趋势的转折中，反方向力量的研究价值更大，也因为上涨线段中，只有向下笔之间有缺口，下跌线段中只有向上笔之间有缺口。

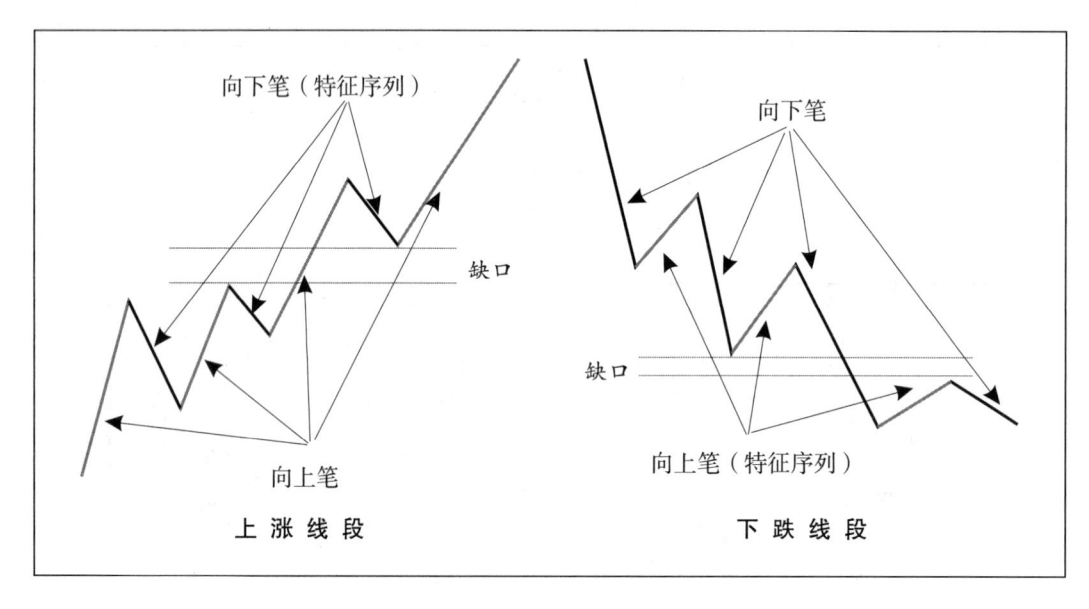

图 67-5 线段的特征序列

上涨线段中的向下笔和下跌线段中的向上笔称为缠中说禅线段的特征序列。

2. 线段特征序列的缺口

图 67-6 是特征序列有缺口的情况。

根据线段的特征序列，可以得到线段的等价 K 线图形，这样可以借助分型的方式来判断走势的发展。

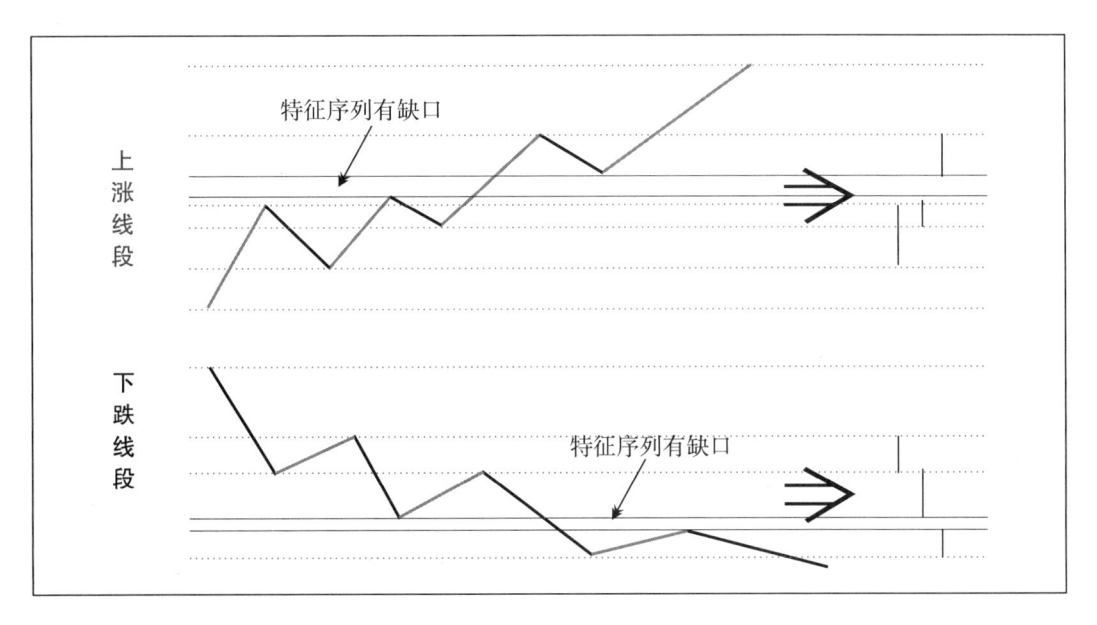

图 67-6 线段特征序列有缺口

二、线段特征序列分型

1. K线分型元素

如图 67-7 所示，不管是顶分型还是底分型，K 线分型都由三根 K 线构成，缠中说禅为它们取名为分型的第一、第二、第三元素。

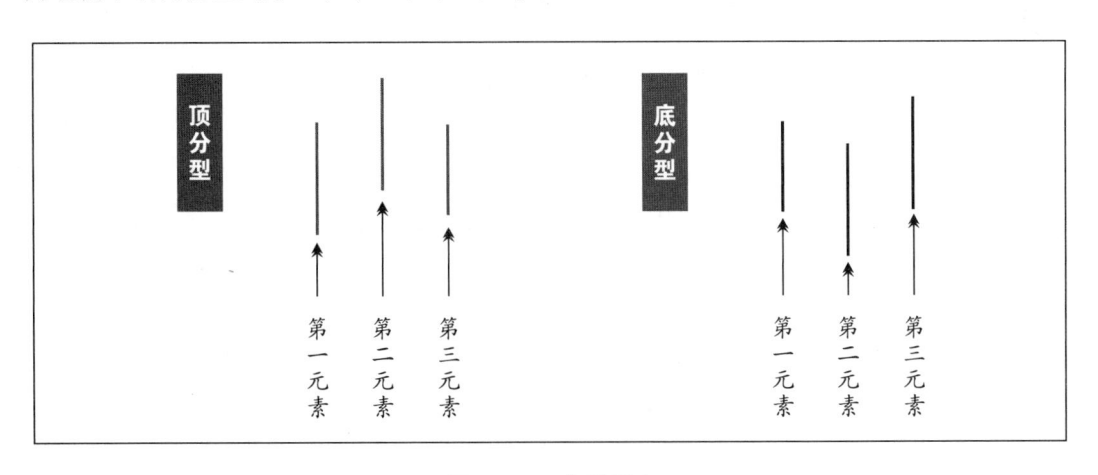

图 67-7 分型元素

2. 线段特征序列分型三元素

图 67-8 是线段特征序列顶分型与底分型的等价 K 线图，那根通过分型顶或底点的垂直直线是为了直观而画的分型辅助线。

注意：顶底特征序列分型元素与线段方向相反

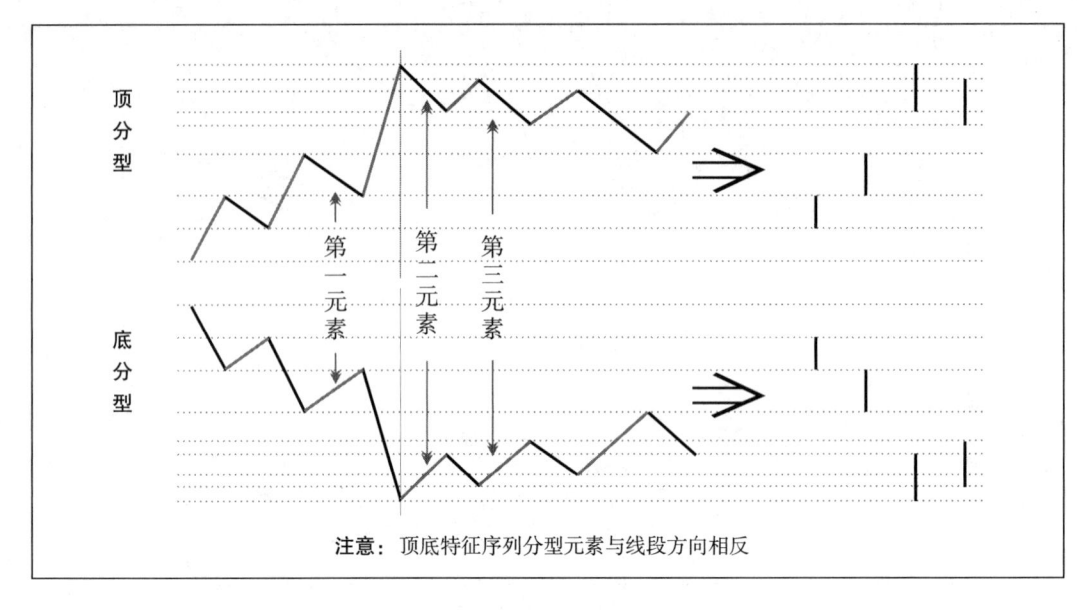

图 67-8　线段特征序列分型元素

同理，线段特征序列分型也有图中所示的三个分型元素。

三、线段被破坏的情况

前面讲到走势有一个关键的点位，按调整走势的第一笔能否触及这个点位，可以将调整走势初步分类，能触及这点的称为线段笔破坏，否则为线段没有被笔破坏，它就是按分型第一、第二元素有无缺口进行分类的理论基础。

（1）线段特征序列第一、第二元素无缺口。

如图 67-9 所示，分型的第一元素与第二元素之间不存在缺口，即前面介绍的线段被笔破坏的情况。

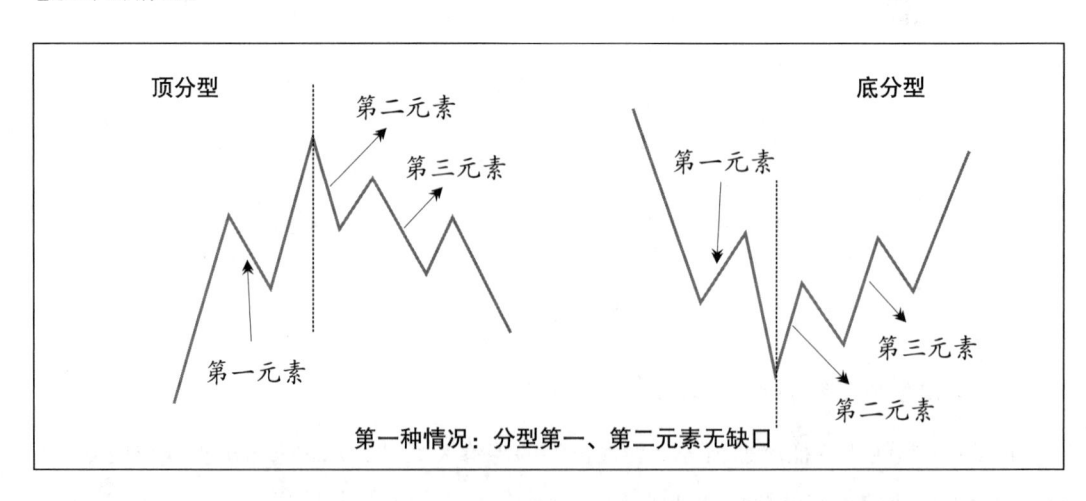

第一种情况：分型第一、第二元素无缺口

图 67-9　线段被笔破坏的情况

这种情况只要分型构造成功且分型第三元素的低点、高点略破分型第二元素的低点、高点，原线段就在该顶、底分型的高点、低点处结束，该顶、底分型的高点、低点就是原线段的终点。

（2）分型第一、第二元素有缺口，线段没被笔破坏。

如图67-10所示，分型的第一元素与第二元素之间有缺口，即线段没有被笔破坏的情况。

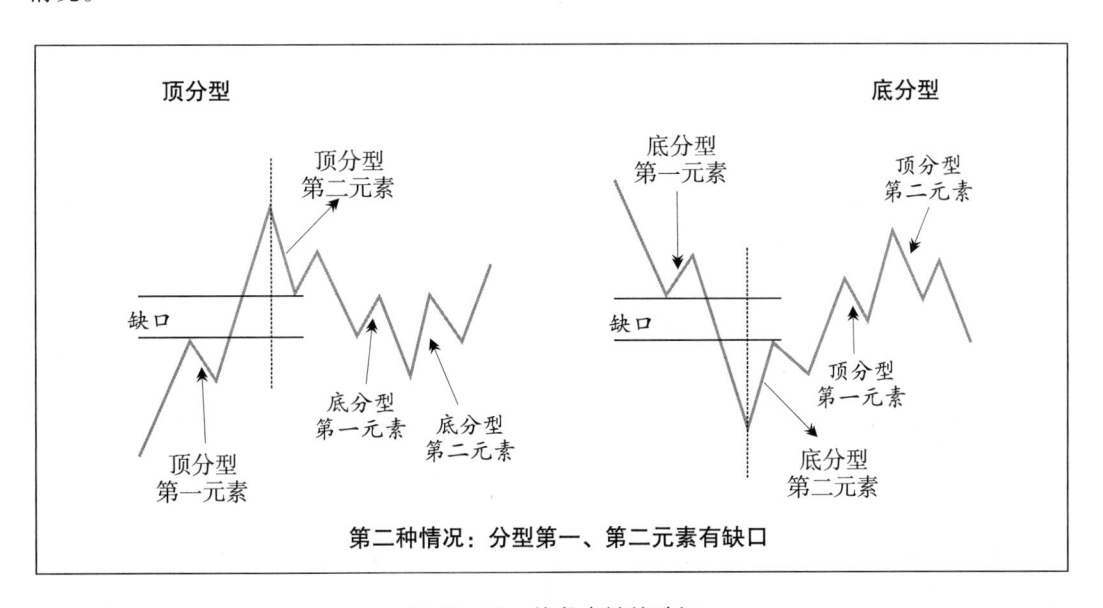

图67-10 线段未被笔破坏

这种情况只有在出现不同的分型时，才能证明原线段被破坏，第二个分型不区分第一、第二种情况。

教你炒股票68

走势预测的精确意义

（2007-08-05　10:36:28）

今天说说预测。何谓预测，一般的预测是什么把戏，而科学严密的预测究竟是怎样的，本ID的理论是如何成为最精确最当下预测的，这都要在这里说明。真正的预测，就是不测而测。当然，这和一般通常的预测不是一个概念。在通常预测概念的忽悠、毒害下，很多人那根爱预测之筋总爱不时不自主地晃动几下，这里也算给那些被预测毒害的人治疗治疗，也算死马当活马治一治了。

市场的所有走势，都是当下合力构成。例如，前几天，认沽权证突然停牌导致的走势，就是由于规则分力有了突发性改变当下构成的。由于一般情况下，政策或规则的分力，至少在一个时间段内保持常量，所以，一般人就忘记、忽视其存在。但无论是常量还是随着每笔成交变化的变量，合力都是当下构成的。常量的分力，用F（t）表示，只是表示其值是一个常量或者是一个分段式常量。对于任何一个具体的t来说，这和变化的分量在合成规则与合成的结果来说，没有任何的区别。【深入解析：常量与变量（Constant and Variate）是数学中反映事物量的一对范畴。常量亦称"常数"，是反映事物相对静止状态的量；变量亦称"变数"，是反映事物运动变化状态的量。市场中的常量是分段式的常量，放在一个大的周期来看依然是某种变量。】

但这些常量的分力，并不是永恒的常量，往往是分段式的，其变化是有断裂点的。很多基本面上的分力，都有这个特点。这些断裂点，构成预测上的盲点。当然，进行基本面分析，对宏观面进行大面积的考察，可以尽量减少这些盲点，但不可能完全消除。这因素的存在，已使得所有一般意义上的精确预测可能变成一个笑话。

【深入解析：分段式常量的变化往往是突发性的，比如政策的调整，完全有可能是

颠覆性的，因此它们对市场施加的影响，不但不是一个连续的平滑曲线，而且经常出现大的跳空缺口。】

更重要的是，基本面上的因素，也是合力的结果。政治、经济等等方面，哪个不是合力的结果？现在的世界政治、经济格局，就是众多合力的结果，一个国家里的就更是这样了。很多人一根筋思维，总是假设政策是一个上帝，是不需要合力的，里面没有各种利益的斗争，所有结果都如同一个预设的机器给出的。所有一般意义上精确预测的理论，实质上都是以类似的一根筋思维为前提的。

比前面这些更深刻的，站在哲学的角度，预测也是一个分力。就如同观察者本来就被假定在观察之中，所有观察的结果都和观察者相关，被观察者所干预，以观察者为前提，预测也是同样的方式介入到被预测的结果之中。正如同量子力学的测不准原理，任何关于预测的理论，其最大的原理就是测不准。【课文解读：测不准原理是指用科学方法测定基本粒子的位置，而同时又做到不影响基本粒子的速度是不可能的，即同时测量微观粒子的位置和速度是不可能的。它给我们的启示是：如果观测者是被观测过程的一部分，那么人们长久以来所领会的客观性就不再是一个有效的概念。任何一个观测者，例如一个进行实地考察的考古学家，或到某一新闻现场进行报道的新闻工作者，当然也包括资本市场的参与者，都必须注意到自己的存在已经成了故事的一部分。】

有人可能会说，很多人都有预测准确的经历，这是为什么？其实，这不过是一个概率事件。因为走势可以发生的情况，按任何标准来分类，其可能情况都是有限的。一般来说，就是三四种情况。而喜欢预测游戏，到处宣布自己预测如何如何准的人，比全世界正在被面首的人都多。瞎猫还能碰到死耗子，就算有人连续碰对了，也依然在概率的范围内，有什么大惊小怪的。而所有号称自己预测如何如何的人，不过都是玩如此的招数或被如此的招数玩而不自知。至于那些把烂的藏起来，只把忽悠对的到处晃悠，那就更等而下之了。

其实，预测一点都不神秘，甚至连迂腐的人都可胜任（注意，这涉及不可知事件预测，本ID对此的准确性没有任何信心）。所有预测的基础，就是分类，把所有可能的情况进行完全分类。

有人可能说，分类以后，把不可能的排除，最后一个结果就是精确的。这是脑子锈了的想法,任何的排除,等价于一次预测。每排除一个分类,按概率的乘法原则,就使得最后的所谓精确变得越不精确,最后还是逃不掉概率的套子。【字斟句酌:不知道包不包括缠论的乘法选股原则。】

对于预测分类的唯一正确原则就是不进行任何排除,而是要严格分清每种情况的边界条件。任何的分类,其实都等价于一个分段函数,就是要把这分段函数的边界条件个[数]【字斟句酌:应为 N 个边界条件】确定清楚。例如下面的函数:

f(x)=-1,x∈(-∞,0),f(x)=0,x=0,f(x)=1,x∈(0,∞)

【深入解析:上面的分段式函数意思为:当 x 取值范围为负时,f(x)=-1;当 x 取值为 0 时,f(x)=0;当 x 取值范围为正时,f(x)=1。】

关键要搞清楚 f(x) 取某值时的 x 的范围,这个范围就是边界条件。在走势的分类中,唯一可以确定的是不可能取负值,也就是从(0,∞)进行分类,把该区域按某种分类原则分为 N 个边界条件。【深入解析:假设 f(x)=-1 代表股价下跌,f(x)=0 意味股价平盘,f(x)=1 代表股价上涨,这样就可以为市场走势建立一个完美的分段函数。此时关键是搞清楚 x 的对应取值范围,即边界条件。】

有人可能要说,股票怎么可能变到 0?这有什么奇怪的,股票停了算什么?别说股票,钱都可以变成 0,你说 1950 年时候的金(元)[圆]券[1]值多少?当然,如果你的子子孙孙能把一张金(元)[圆]券守到宇宙爆炸的最后一刻,那时候,这金(元)[圆]券会值 N 元的,这个 N,大概也会趋向一个恐怖数字的,那就等着吧。

不仅股票是废纸,本质上货币也是废纸,其所谓的价值区间和股票是一样的,0 同样是可能的取值。甚至按最精确的理论来说,还可以取负值。例如,如果有某朝或某国政府规定,私藏前朝或别国钱钞股票的一律死罪,那你说这钱钞或股票是不是负值?至于具体股票变 0 的情况,在权证上就经常发生。

边界条件分段后,就要确定一旦发生哪种情况就如何操作,也就是把操作也同样给分段化了。然后,把所有情况交给市场本身,让市场自己去当下选择。例如,前几天,本 ID 用前期两高点和 10 日[均]线进行分类,那自然就把走势区间分类成跌破与不跌破两种。然后预先设定跌破该怎么干,不跌破该怎么干,如此而已。这就是最本质的预测,不测而测,让市场自己去选择。最后市场选择了不跌破,那就继续持有。

有人说，万一它上去后又跌破怎么办？这是典型的脑子水多瞎预测思维。任何一个市场的操作者，一定不能陷入这种无聊思维之中。市场不跌破是一个事实，你的操作只能根据已经发生的事实来。如果跌破，那就等跌破成为事实再说。因此在本 ID 意义下的预测里，你已经把如果跌破的情况该干什么预设好了，这种情况没成为事实，就是另一种情况成为事实，那就该干什么干什么。

一般来说，喜欢预测的人，通常都是神经过敏，脑子水多，操作低下，喜欢忽悠之辈。那些从 2000 点就开始测顶的，如果说错一次割一块肉，现在都可以去当假冒羊蝎子了。股票是用来面首的，不面首股票，就被股票面首。面首股票，可不能光是忽悠，而是要实际操作。所有的操作，其实都是根据不同分段边界的一个结果，只是每个人的分段边界不同而已。

因此，问题不是去预测什么，而是确定分段边界。例如，前两天用前期两高点分类有意义，现在再用，就没什么意义了，现在就可以完全用均线系统来分类，所以本 ID 就接着强调 5 日、5 周、5 月［均线］的原则。有了分段的边界原则，按着操作就可以，还需要预测什么？又有什么可预测的？

世界金融市场的历史一直在证明，真正成功的操作者，从来都不预测什么，即使在媒体上忽悠一下，也就是为了利用媒体。真正的操作者，都有一套操作的原则，按照原则来，就是最好的预测。

那么，本 ID 理论中的分型、笔、线段、中枢、走势类型、买卖点，等等，是不是预测呢？是也不是。因为本质上本 ID 的理论，是最好的一套分段原则，这一套原则，可以随着市场的当下变化，随时给出分段的信号。

按照本 ID 理论来的，其实在任何级别都有一个永远的分段：X＝买点，买入；X＝卖点，卖出；X 属于买卖点之间，就持有。而这持有的种类，如果前面是买点，卖点没出现，就是股票，反之就是钱。按照分段函数的方法，本 ID 的理论就有这样一个分段操作的最基本原则。

因此，如果你真学习和按本 ID 的理论来操作，就无须考虑其他系统，或者说其他系统都只能是参考。本 ID 解盘的时候，之所以经常说均线，高点连线之类的，只是为了照顾没开始学本 ID 理论的人，并不是本 ID 觉得那种分类有什么特殊的意义。本ID的理论，任何时候都自然给出当下操作的分段函数，而且这种给出都是按级别来的。所以本ID反复强调，你先选择好自己的操作级别。否则，本来是大级别操作的，看到小级别的晃动也晃动起来，那是有毛病。

给出分段函数，就是给出最精确的预测。所有的预测都是当下给出的，这才是真正的预测。这种预测，不需要任何概率化的无聊玩意，也没有所谓预测成功的忽悠或兴奋。【**课文解读**：无论基于何种原因的预测，都会因考虑不够周全而沦为笑谈。缠论讲究的是预设，即将可能发生的情况进行完全分类，并制定出应对方式，在当下中实时完成。】这种预测的成功每一当下都发生着，每一下都要忽悠兴奋一下，这人脑子早锈掉了。

所谓碧空过雁，绿水回风，哪个是尔本来面目？参！【**课文解读**：据此，有理由相信缠中说禅在本书中故设迷阵！】

---

[1] 国民党政府1948年8月19日以总统命令发布《财政经济紧急处分令》，规定自即日起以金圆券为本位币，发行总限额为20亿元，限11月20日前以法币300万元折合金圆券1元，东北流通券30万元折合金圆券1元的比率，收兑已发行之法币及东北流通券；限期收兑人民所有黄金、白银、银币及外国币券；限期登记管理本国人民存放国外之外汇资产。按以上要旨，同时公布《金圆券发行办法》《人民所有金银外币处理办法》《中华民国人民存放国外外汇资产登记管理办法》《整顿财政及加强管制经济办法》等条例。

发行金圆券的宗旨在于限制物价上涨，规定"全国各地各种物品及劳务价，应按照1948年8月19日各地各种物品货价依兑换率折合金圆券出售"。这一政策，使得商品流通瘫痪，一切交易转入黑市，整个社会陷入混乱。

1948年10月1日，国民党政府被迫宣布放弃限价政策，准许人民持有金银外币，并提高与金圆券的兑换率。限价政策一取消，物价再度猛涨，金圆券急剧贬值。

1948年10月11日，国民政府又公布《修改金圆券发行办法》，取消发行总额的限制。

至1949年6月，金圆券发行总额竟达130余万亿元，超过原定发行总限额的65000倍。票面额也越来越大，从初期发行的最高面额100元，到最后竟出现50万元、100万元一张的巨额大票。金圆券流通不到一年即形同废纸，国民党政府财政金融陷于全面崩溃，人民拒用金圆券。

教你炒股票69

月线分段与上海大走势分析、预判[1]

（2007-08-09 23:03:22）

分型、笔、线段，在1分钟图上可以分辨，在月线图上的道理是一样的。但用月线图分辨，等于用一个精度超低的显微镜，只能看一个大概。但这个大概，却是最实质性的，是一个大方向。

下面，就是上海指数的月线图*（见图69-1）。绿箭头（向下箭头）指着的是顶分型，红箭头（向上箭头）的是底分型。打"×"的就是该分型不符合笔所要求分型的规范。这里，主要是两条：（1）顶和底之间没有至少一K线；（2）不满足顶必须接着底或底必须接着顶。

例如，第一个红箭头（向上箭头）和第二个绿箭头（向下箭头）之间显然不能

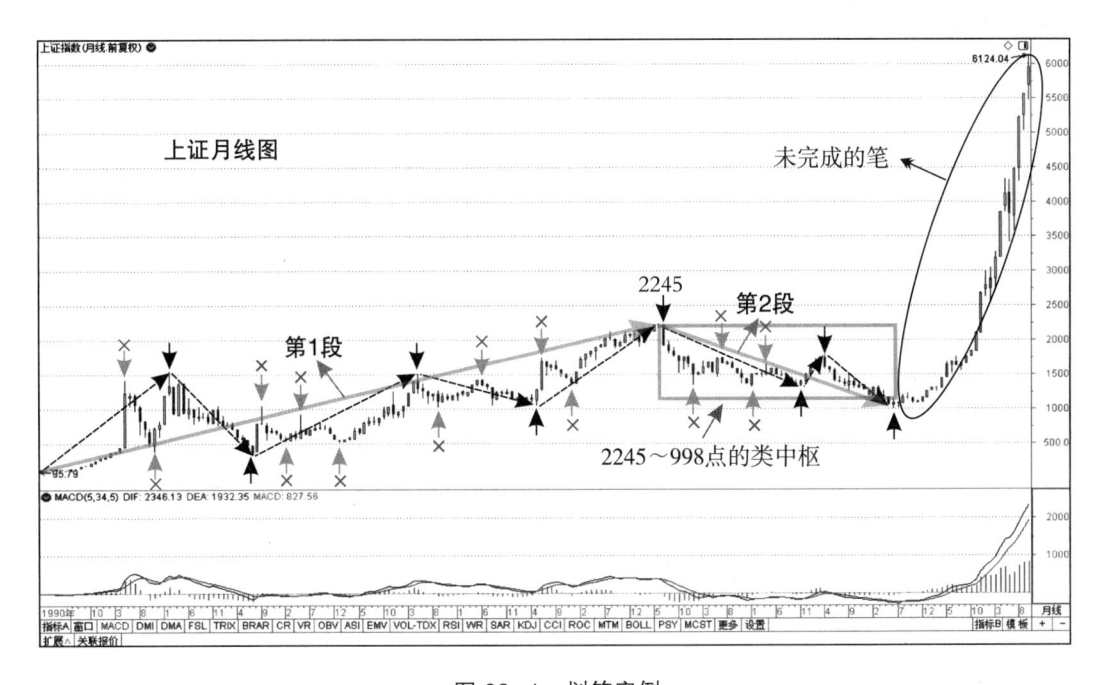

图69-1 划笔案例

构成一笔，也就是说，这两个，只能取一个：如果取第一个红箭头（向上箭头），那么第二个绿箭头（向下箭头）就不是笔中分型，那么第二个红箭头（向上箭头），显然是一个底分型，因此，就形成两个底分型连续的划分。显然，这时候，第一个就不算了，这和前面说取第一个红箭头（向上箭头）对着的底分型矛盾。所以，这里，只能取第二个绿箭头（向下箭头），这时候，第一个绿箭头（向下箭头）对应的顶分型，自然就不算笔中的顶了。

后面的各分型，带"×"的，都可以按照上面两个原则去分析。

有人可能要问，这样分型的确定，在当下如何完成？这必须当下去完成。例如，当走势走到第一个红箭头（向上箭头）时，显然，第一绿箭头（向下箭头）的顶分型也可以暂时看成是确定的顶分型。但当第二绿箭头（向下箭头）走出来后，这个问题就有了可修改的地方。

有人可能要疑问，这样分型是否随时可以修改？答案是否定的。一旦图形完成，这修改就不可能了。分型可修改，证明图形没完成。例如，当第二个红箭头（向上箭头）分型出现后，前面三个分型的取舍就是唯一的。这个分型的可修改性，反而是一个对走势判断极为有利的性质。例如，第二个绿箭头（向下箭头）走出来后，这图形未完成的性质就是百分之百确定了，但所有图形必然完成，走势必完美。如何才能完美，这样，在理论的框架下，只有极少的可能，而这些可能，就成为综合判断的关键条件。然后根据各级别图形的未完成性质，就可以使得走势的边界条件极端的明确与狭小，这对具体操作，就是极为有利的。注意，这可和概率无关，是百分之百的纯理论保证，最终所依据的，就是在本ID理论最早反复强调的走势必完美原则。

其实，本ID的理论的关键不是什么中枢、走势类型，而是走势必完美，这才是本ID理论的核心。但要真正理解这个关键，可不是看字面意思就能明白的。

显然，目前月线上的第1、2段已经走出来（见图69-1），其中，按照线段里笔的类背驰，1的结束那顶与2结束那底都是极为容易判断的。上海指数的历史大顶与底，根据这线段的划分，都不是什么难搞的秘密。那么，对现在依然进行中的第3段走势，有什么可百分之百确定的呢？

（1）显然，这一段要成为段，那至少要三笔，而现在连一笔都没走完，因此，这轮行情的幅度，可想而知。也就是说，即使该笔走完，一个笔的调整后，至少还有一个向上的笔。【字斟句酌：回顾历史，如图 69-2 所示，大盘月线走出了 V 型反转，笔的调整结束于 1664 点，其后的反弹高点在 3500 左右，可见第一种看盘方式是难堪大用的。】

图 69-2　月线第二类卖点

（2）2245 点到 998 点是线段的类中枢，也就是说，只要调整那笔不跌破 2245 点，那么，将构成一个线段的类第三类买点，这也支持至少要走一笔。

（3）笔的完成，必须要构成一个顶分型。而一个月线的顶分型将如何构成？这意味着什么，这个问题就当成是一个作业，各位去思考一下，然后给出这个结论对应的操作策略。从中也可以亲自实践一下，去明白一下理论指导下操作的力量。【参考答案：月 K 线顶分型必然由月线特征序列分型三元素构成，即使 2245～998 那笔成为分型第一元素，目前向上笔完成后，也还需要两个向下笔才能满足分型构造条件。】

最后，再提一个思考题：为什么本 ID 在 7 月份要大搞满江红，而 8 月以后就放手坐轿子，请利用分型的原理给本 ID 的行为一个技术上的解释。

【参考答案：满江红即为满仓。如图 69-3 所示，大盘 5 月的调整构成分型第二元素，由于与之前的分型第一元素之间有一个巨大的缺口（图中只标出了分型第二元素），上涨走势很难被破坏。6 月下旬大盘再次调整，力度更弱，甚至未能破掉分型第二元素的底，至此，5 月、6 月、7 月形成的走势中枢，只可能是上涨中继性质。缠中说禅很好地利用了本次调整，将仓位打满。坐轿子即为满仓待涨。8 月大盘走出预期中的升势，而且涨势气势如虹，作为6124点大牛市缔造者之一的缠中说禅，没有任何需要担心的地方，因此放手坐轿子，等待新调整笔的出现再操作。】

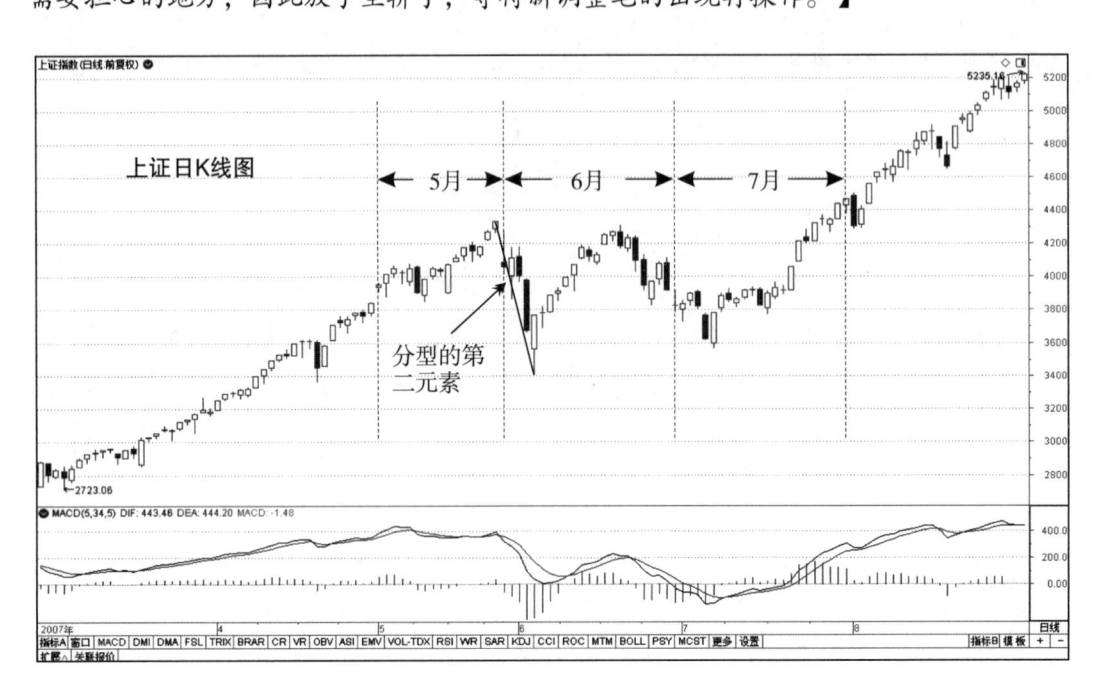

图69-3　上证2007年5—7月日K线走势图

---

[1] 本篇课文缠中说禅的配图。

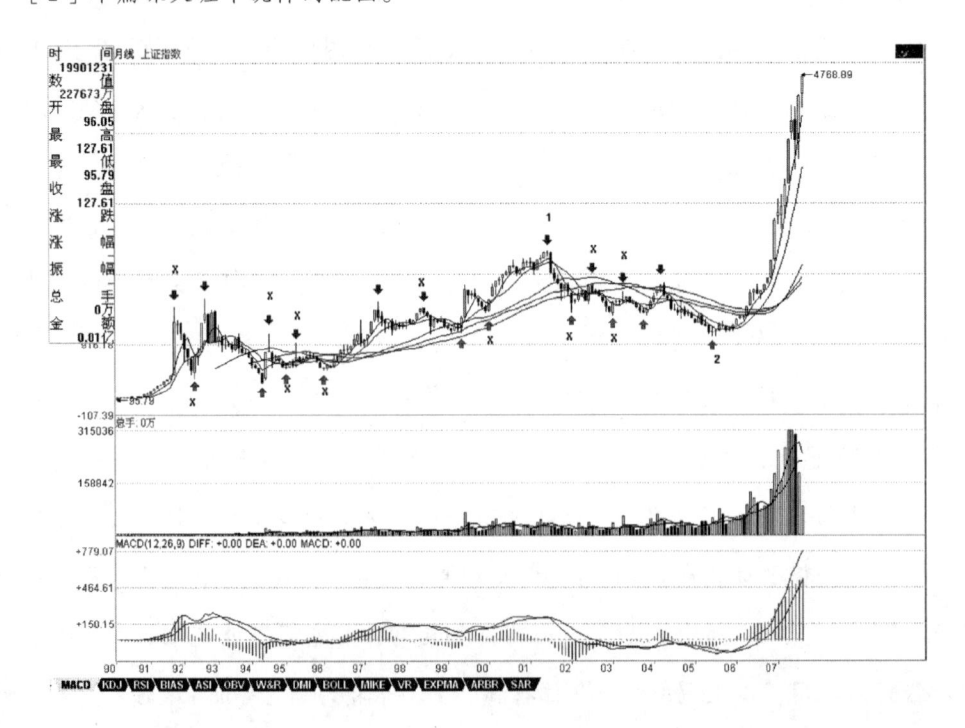

课文解读

课文中上证月线划笔实例分析

（1）如图69-4，依次确定所有的分型，如图标注为1~23。

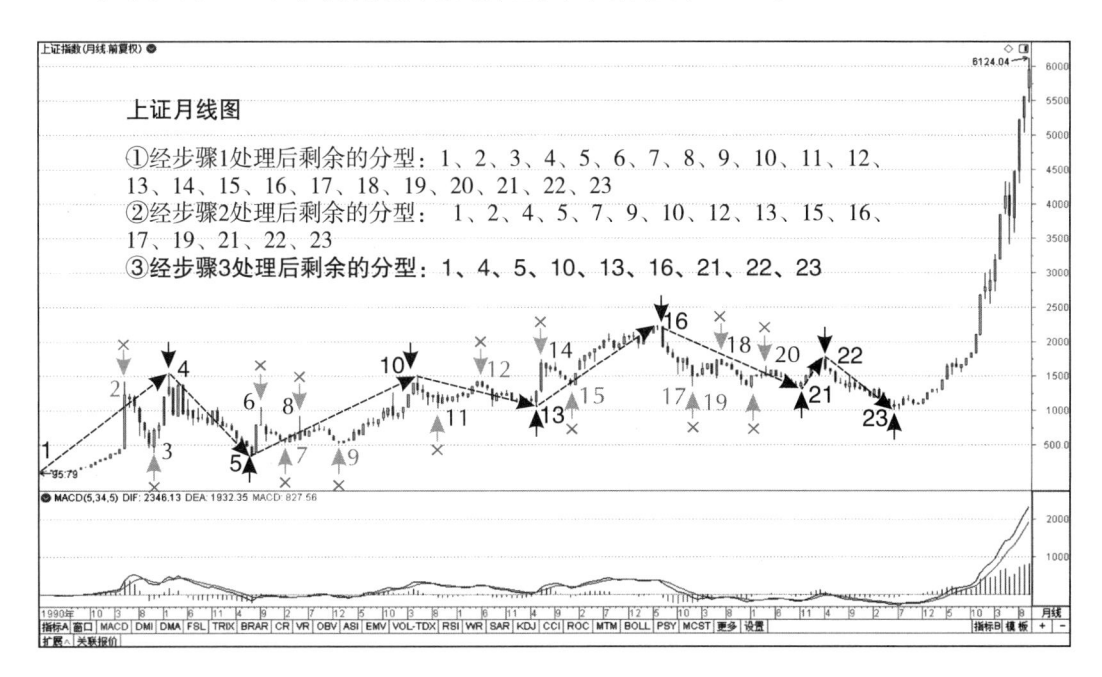

图69-4 笔的划分

（2）去掉不符合条件的分型。

3 作为底分型却在2的顶分型中，所以去掉。

6 因为5—6不满足成笔的条件所以去掉。

8 因为7—8不满足成笔的条件所以去掉。

11 因为10—11不满足成笔的条件所以去掉。

14 因为13—14不满足成笔的条件所以去掉。

18 因为17—18不满足成笔的条件所以去掉。

20 因为19—20不满足成笔的条件所以去掉。

最后剩下1、2、4、5、7、9、10、12、13、15、16、17、19、21、22、23。

（3）正式画笔。

2、4同为顶分型，选择相对高的4，第一笔就是1—4。

5、7、9同为底分型，选择相对较低的5与10构成第一笔。

10、12 同为顶，选择相对较高的 10 与 13 构成一笔。

13、15 同为底，选择相对较低的 13 与 16 构成一笔。

17、19、21 同为底，选择相对较低的 21 与之前的 16 构成一笔。

21、22 构成一笔。

22、23 构成一笔。

通过以上步骤，走势最终划分为：1—4，4—5，5—10，10—13，13—16，16—21，21—22，以及 22-23 这八笔。

教你炒股票70

一个教科书式走势的示范分析[1]

（2007-08-15　22:41:35）

首先，今天下午太匆忙，37后就直接标记39，晚上回来才发现，已经改过来。

在前面的课程里，本ID反复说过，结合律是至关重要的。这里的人，认真学过抽象代数的人少，所以不大明白运算规则的选择对研究对象的决定性意义。对于走势来说，结合律就是连接走势之间关系最重要的规则，不深切明白这一点，如何能明白走势本身？

无论如何结合，本ID的理论对走势的分析原则是不变的。可以这样认为，本ID的理论，就是走势保持结合律下具有变换不变性的一套理论，而且可以严格地证明，是唯一能保持分解变换不变性且保持结合律的一套理论。如果有点现代数学常识，对这理论的意义应该能多点了解。【课文解读："变换不变性"包含两方面的含义：首先，"不变性"指缠论赋予市场的整体性结构，这个如果可以随便改变，理论的可靠性就无法得到保障；其次，"变换"指建立在数学结合律基础上的，对市场走势的多义性分解，即多角度观察市场的一套方式。】

这几天，随着走势的当下发展，本ID不断变换所看的中枢，这根本的原因就在于结合律。因为结合律，我们可以对走势进行最有利观察的分解，这样，才能更容易明白走势究竟在干什么？【深入解析：本课有一个难点，是因为变换所看中枢造成的。使用不同级别的中枢来分析买卖点，意味着同时转换了使用的操作级别，相当于使用不同级别对走势进行同级别分解。】

例如，到今天，走势一种最明显的划分已经自动走出来，就是8—17构成5分钟中枢（见图70-1），该中枢是4300点那个5分钟中枢上来后的一个新的5分钟中枢。这个中枢，在刚形成时，我们已经指出，而且任何学过本ID

理论的，都可以当下指出。一般来说，形成这个 5 分钟中枢后，在理论上只有三种走势：

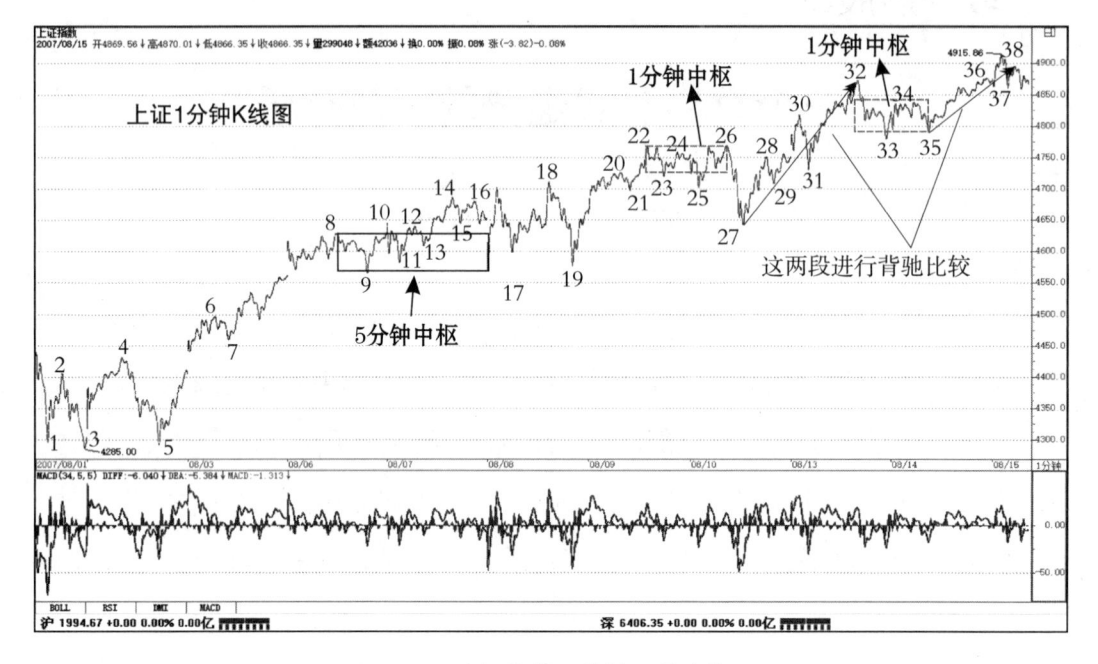

图 70-1　上证指数 1 分钟 K 线走势图

（1）向上出现第三类买点，走出 1 分钟［级别］向上走势类型，然后构成新的 5 分钟中枢。

（2）向下出现第三类卖点，走出 1 分钟线［级别］向下走势类型，构成新的 5 分钟中枢。

（3）中枢延伸，或出现第三类买卖点后扩展成大级别的 30 分钟中枢。

显然，在行情发展中，没必要去预测走势选择什么，走势自然选择，只需要观察着就可以。

现在，走势自然选择了第一种，为什么？因为 17—38 构成完美的 1 分钟上涨走势。目前，围绕这 1 分钟上涨走势的最后一个 1 分钟中枢 32—35，正扩展出新的 5 分钟中枢的雏形。【深入解析：缠中说禅是站在 8—17 这个 5 分钟走势中枢的角度分析走势的。如图 70-2 所示，17—38 这段走势共有三个 1 分钟的走势中枢，17—19 构成的第一个走势中枢仍处于前面 5 分钟中枢之中，因此并非缠中说禅所说完美的 1 分钟上涨中的一部分；22—26 构成第二个 1 分钟走势中枢，32—35 是第

三个 1 分钟走势中枢，它们构成了缠中说禅所说的完美的 1 分钟上涨走势，实际上是从 19 点开始的。】

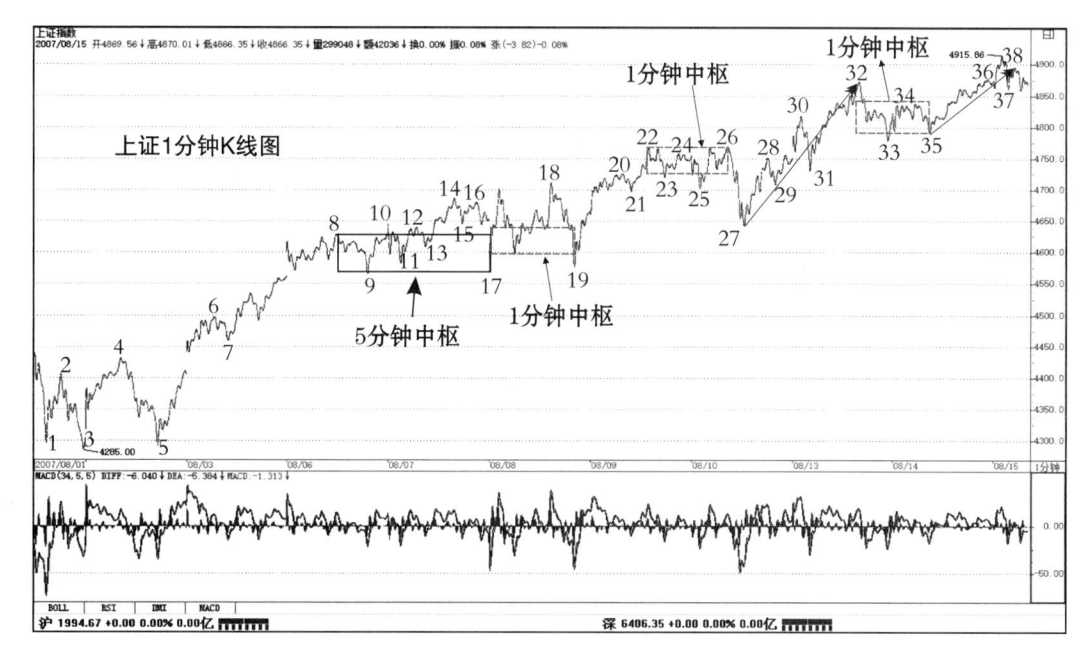

图 70-2 上证指数 1 分钟 K 线走势图

这个 5 分钟中枢，最终至少要完成的。至于是否继续扩展出大的 30 分钟中枢，还是出现新 5 分钟中枢的第三类买点继续上涨，再形成新的 5 分钟中枢，这无须预测，与 8—17 那 5 分钟中枢一样对待，如此而已。

那么，如果是按 30 分钟操作的，这些 5 分钟的中枢移动、震荡之类的活动根本无须理睬，只要看明白就是，根本无须操作。如果是按 5 分钟级别操作，那么就是不参与大于 5 分钟级别的震荡，那么就等 5 分钟上涨出现背驰后走人。如果是按 1 分钟级别操作，那么今天早上就该先走。为什么？因为 1 分钟的上涨出现背驰，按照本 ID 的理论，后面必然回抽到最后一个 1 分钟的中枢之内，从而至少形成一个新的 5 分钟中枢。然后根据 5 分钟震荡的走势进行回补就可以。

注意，按照多样性分解原则，新的 5 分钟中枢，暂时先从最后一个 1 分钟中枢开始算起，后面的操作先以此为准，等走势走出最自然的选择再继续更合理地划分。按照这暂时的划分，并不影响任何操作，5 分钟中枢该怎么操作就怎么操作，如此而已。

在今天的背驰判断中，关键是知道哪一段相比，显然，27—32与35—38这两段去比。而实际的对比中，看1分钟图，去加两段对应的那些MACD，太麻烦，所以可以看5分钟图。这里，把5分钟图给放上来了（见图70-3）。图上，相应对比的两段已经标记出来，下面MACD的红箭头（灰度向上箭头），对应的是回抽那一下，对应走势，就是最后一个1分钟中枢形成的时候。前面两段的对比，极为教科书，请好好揣摩。

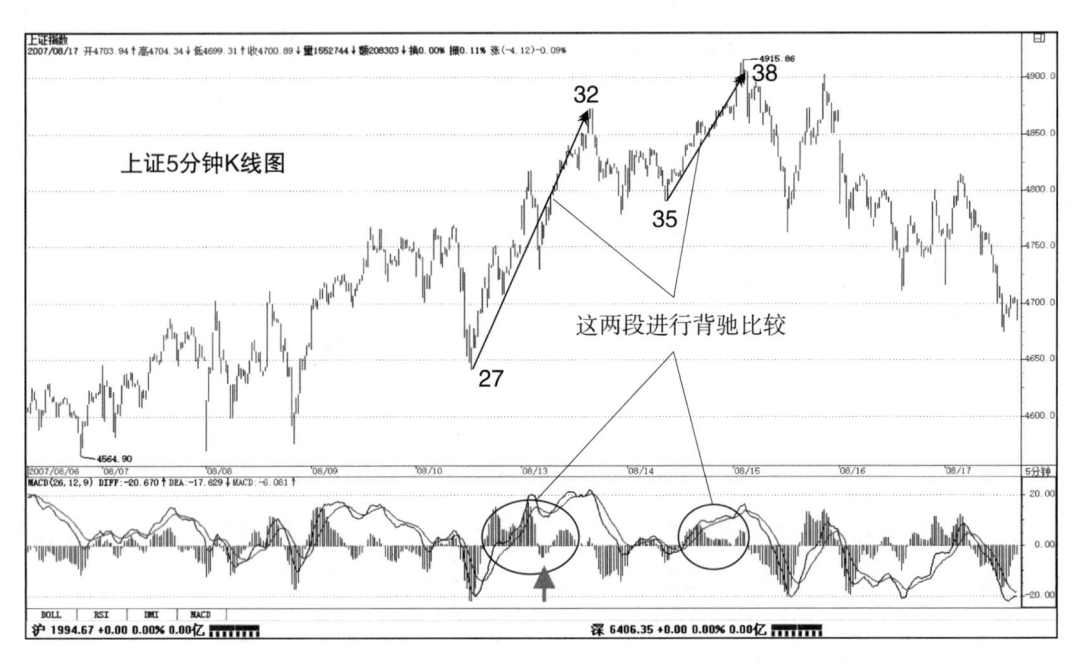

图70-3　上证指数5分钟K线走势图

其实，只要基本概念明确，这些分析，在当下都不是什么难事。这里必须提醒一下，1分钟图上38标记的位置用红箭头（向下箭头）给出（见图70-4），显然，那不是最高的位置。为什么？没有人规定分段的结束位置一定是最高、最低的，关键要有至少三笔。因为从37开始到最高的位置，没有三笔，所以不能认为线段已经完成。但在1分钟级别上看，那么37—38这一段，就结束在最高的位置，为什么？线段的存在，是为了让图形规范化，就如同在5分钟中枢里，看1分钟走势类型的重叠，是把整个走势类型的波动区域算在一起看，道理是一样的。

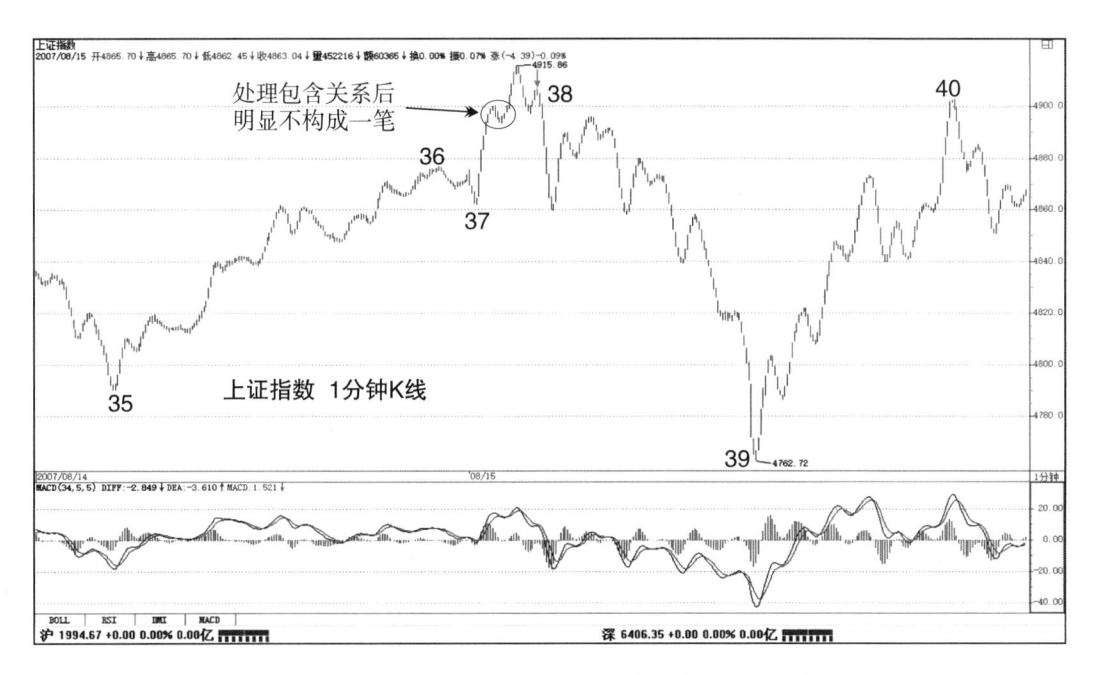

图 70-4　37—38 这一段，结束位置并不是最高点

---

［1］本篇课文缠中说禅的配图。

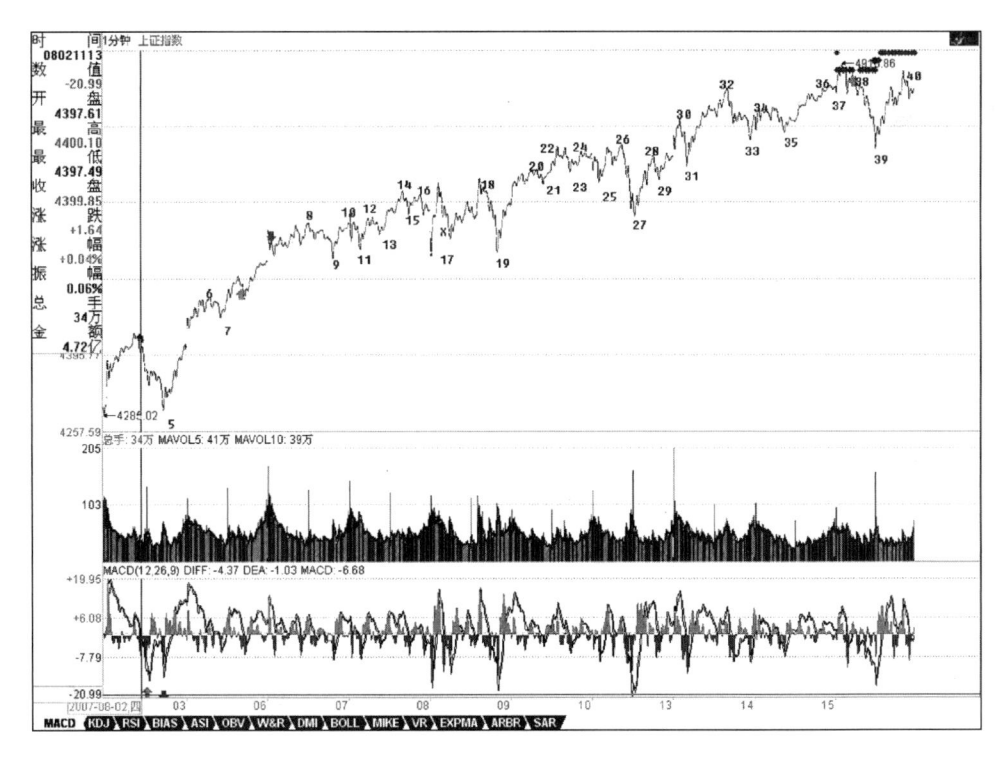

缠中说禅配图 -1

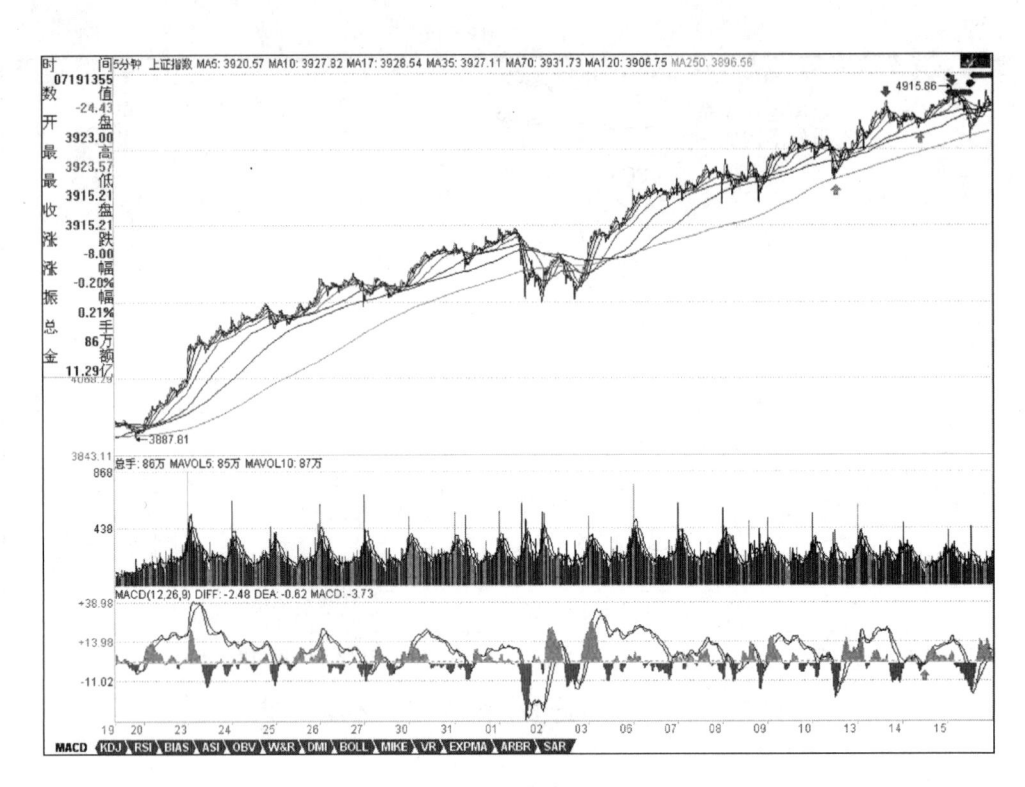

缠中说禅配图-2

教你炒股票 71

线段划分标准的再分辨[1]

（2007-08-16 23:02:06）

虽然 67 课已经给出了线段划分的标准，但由于那里用的是比较抽象的类数学语言，所以理解上可能还有困难，因此，逐一进行再分辨。

首先要分辨的，是特征序列中元素的包含关系。注意，特征序列的元素包含关系，首先的前提是这元素都在一特征序列里。如果两个不同的特征序列之间的元素，讨论包含关系是没意义的。显然，特征序列的元素的方向，和其对应的段的方向是刚好相反的。例如，一个向上段后接着一个向下段，前者的特征序列元素是向下的，后者是向上的，因此，根本也不可能存在包含的可能。【深入解析：图 71-1 是"教你炒股票"第 67 课中缠中说禅所配图，专为说明特征序列分型的情况，并给出了特征序列分型的等价 K 线图。图中的第一、第二、第三特征序列分型元素是笔者标注的，特征序列分型的第一、第二元素应该没有太大的分歧，但第三元素一定会引起不少争议。因为按顶分型的定义，分型第二元素之后，上涨走势会转为下跌，这样线段的特征序列应由向下笔改为向上笔，所以分型第三元素应该是目前第三元素之前那笔（图中标有 ×）。但如果那样，它永远与分型第二元素存在包含关系。反复观察缠中说禅的配图后，确定了 K 线分型第二、第三元素之间不存在包含关系，因此如图标出了分型第三元素。】

那么，为什么可以定义特征序列的分型呢？因为在实际判断中，在前一段没有被笔破坏时，依然不能定义后特征序列的元素，【深入解析：由走势类型的定义可知，沿走势方向可以不断形成新的本级别走势中枢，原走势都没有被破坏。所以如图 71-2 所示，调整笔如果与原走势最后一个走势中枢震荡区间没有重叠，那么无论走势如何折腾，都只能构成一个新的同级别走势中枢，因此仅仅是走势的延续。】

这时候，当然可以存在前一特征序列的分型。这时候，由于还在同一特征序列中，因此，序列元素的包含关系是可以成立的。【深入解析：只有特征序列分型的第二元素完成时，才能知道分型第一元素与第二元素之间有没有缺口。如果存在缺口，那么分型也就不成立，此时已有的特征序列之间需要进行包含处理。】

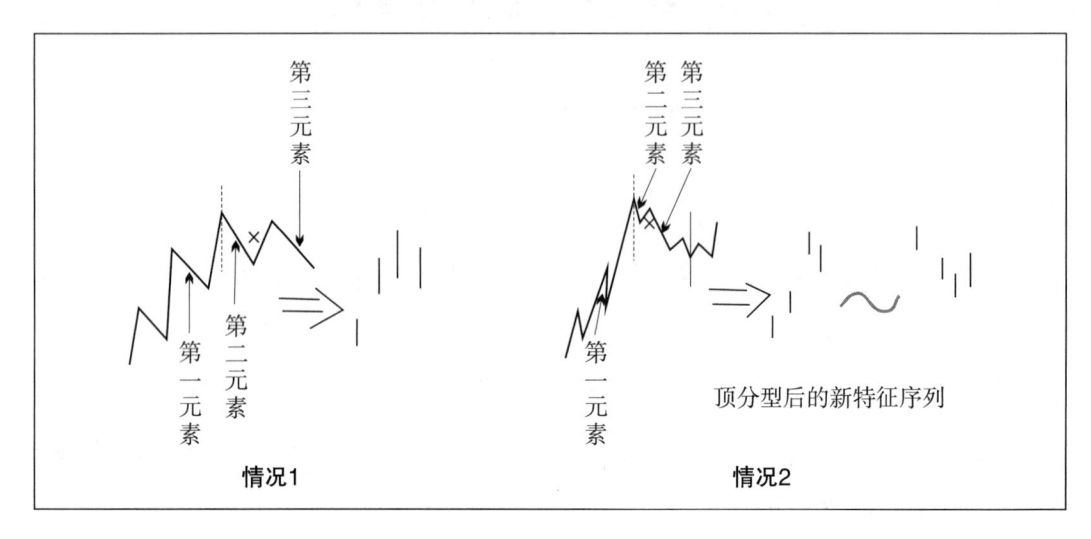

图 71-1　缠中说禅关于特征序列分型的手绘图

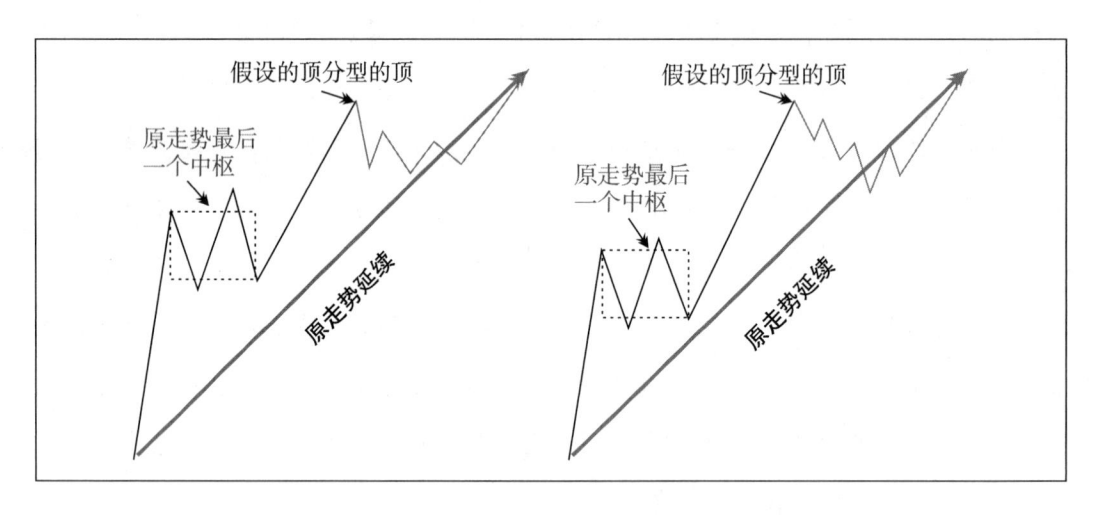

图 71-2　原走势未被破坏

而当前一段被笔破坏时，显然，最早破坏的一笔如果不是转折点开始的第一笔，那么，特征序列的分型结构也能成立（见图 71-3）。因为在这种情况下，转折点前的最后一个特征序列元素与转折点后第一个特征元素之间肯定有缺口，而且后者与最早破坏那笔肯定不是包含关系，否则该缺口就不可能被封闭，破坏那笔也就不可能破坏前一线段的走势。这里的逻辑关系很明确的，线段要被笔破坏，那么必须其最后一个特征序列的缺口被封闭，否则就不存在被笔破坏的情况。【深入解析：如图71-3所示，向下笔3虽然封闭了向下笔1与向下笔2之间的缺口，但未满足线段被破坏需先笔破坏的前提，由向下笔2与向下笔3组成的线段不能破坏前线段。】

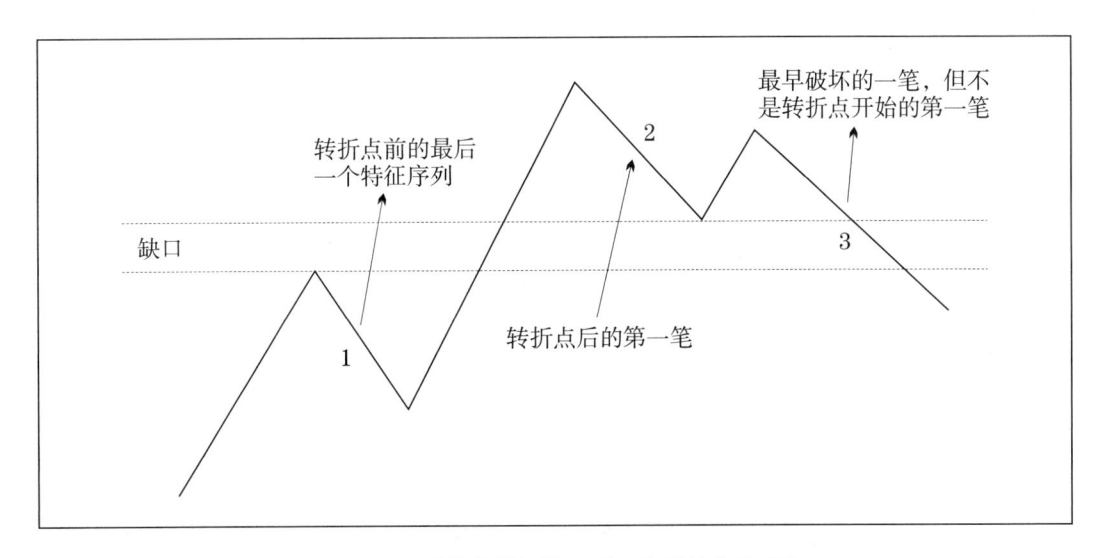

图71-3 以线段封闭缺口时，分型结构不成立

那么，现在只剩下最后一种情况，就是最早破坏那笔就是转折点下来的第一笔，这种情况下，这一笔，如果后面延伸出成为线段的走势，那么这一笔就属于中间地带，既不能说是前面一段的特征序列，更不能说是后一段的特征序列。在这种情况下，即使出现似乎有特征序列的包含关系的走势，也不能算，因为，这一笔不是严格地属于前一段的特征序列，属于待定状态。一旦该笔延伸出三笔以上，那么新的线段就形成了，那时候谈论前一线段特征序列的包含关系就没意义了。

总之，上面说得很复杂，其实就是一句话，特征序列的元素要探讨包含关系，首先必须是同一特征序列的元素，这在理论上十分明确的。

如图（见图71-4），从上面的分析就可以知道，从转折点开始，如果第一笔就破坏了前线段，进而该笔延伸出三笔来，其中第三笔破掉第一笔的结束位置，那么，新的线段一定形成，前线段一定结束。

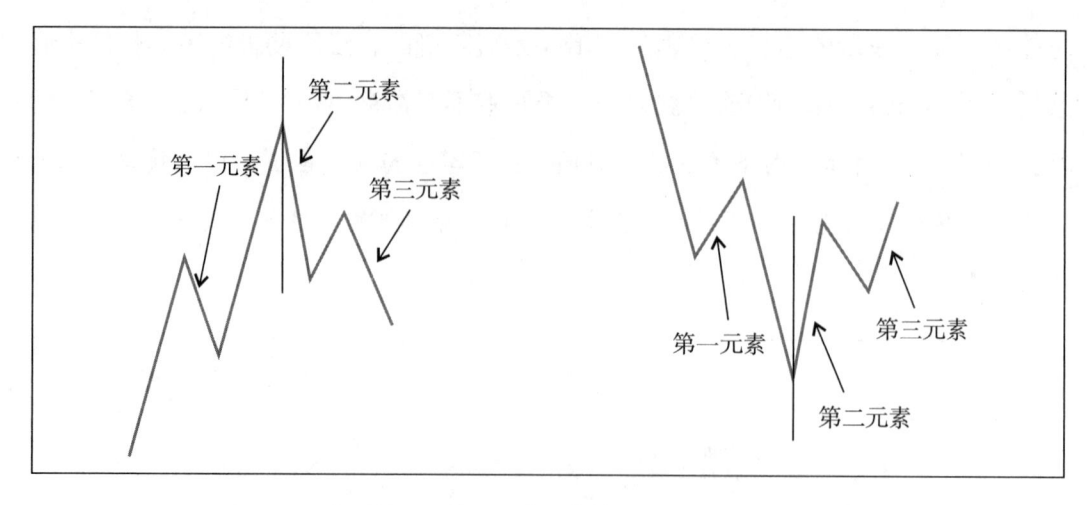

图 71-4 分型第一、第二元素没有缺口，原线段被破坏的情况

这种情况还有更复杂一点的情况，如图（见图 71-5），就是第三笔完全在第一笔的范围内，这样，这三笔就分不出是向上还是向下，这样也就定义不了什么特征序列。为什么？因为特征序列是和走势相反的，而走势连方向都没有，那怎么知道哪个元素属于特征序列？【字斟句酌：分型第一元素为原走势的特征序列，分型第二元素不属于分型前后某段走势，分型第三元素依然是转折前走势的特征序列，如此魔幻，只能理解为分型确立后，特征序列元素才需改变。】

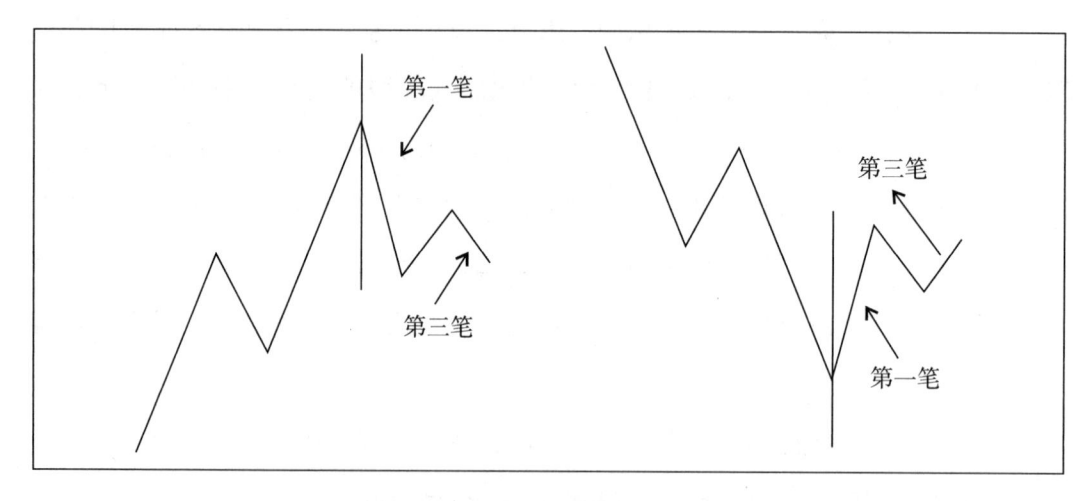

图 71-5 分型第三元素存在包含的情况

这种情况，如图（见图 71-6），无非两种最后的结果：

（1）最终还是先破了第一笔的结束位置，这时候，新的线段显然成立，旧线段还是被破坏了。

（2）最终，先破第一笔的开始位置，这样，旧线段只被一笔破坏，接着就延续原来的方向，那么，显然旧线段依然延续，新线段没有出现。

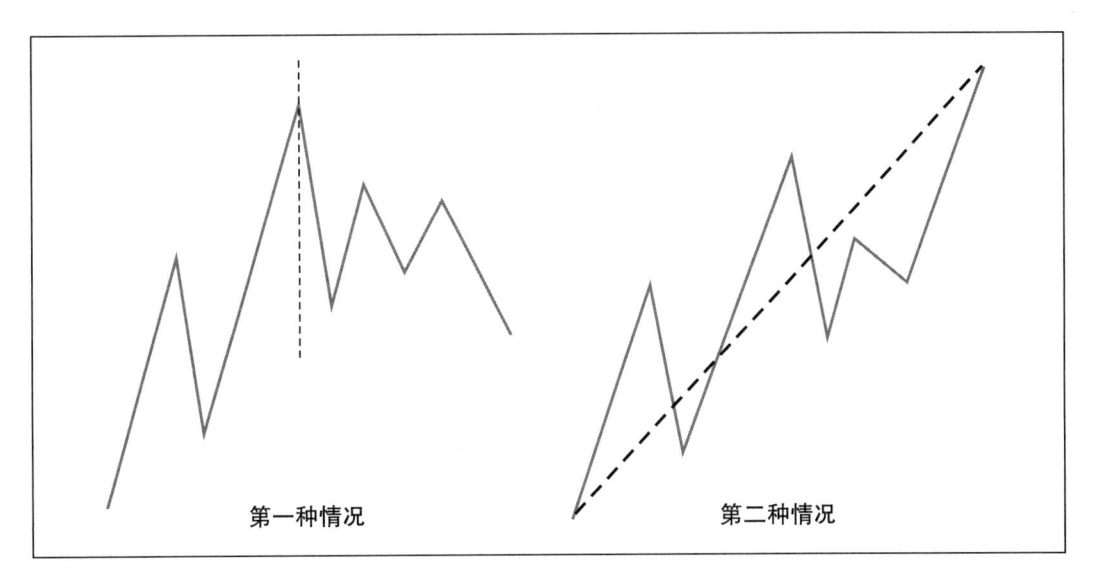

图 71-6　走势被破坏与延续

在 67 课里，把线段的划分分为两种情况。显然，分清楚是哪种情况，对划分线段十分关键。其实，在那里已经把问题说得很清楚，判断的标准只有一个，就是特征序列的分型中，第一和第二元素间［存］不存在特征序列的缺口。

从上面的分析可以知道，这个分型结构中所谓特征序列的元素，其实是站在假设旧线段没被破坏的角度说的。而就像所有的分型一样，就算是一般 K 线的，都是前后两段走势的分水岭、连接点。这和包含的情况不同，包含的关系是对同一段说的，而分型，必然是属于前后的。这时候，在构成分型的元素里，如果线段被最终破坏，那后面的元素肯定不是特征序列里的。也就是说，这时候，分型右侧的元素肯定不属于前后任何一段的特征序列。【课文解读：这里"分型右侧的元素"应该是假设的转折点右侧的那个元素，即分型第二元素。】

这个道理其实很明白，例如前一段是向上的，那么特征序列元素是向下的。而在顶分型的右侧元素，如果最终真满足破坏前线段的要求，那么后线段的方向就是向下的，其特征序列就是向上的。而顶分型的右侧元素是向下的，显然不属于后一段的特征元素，而该顶分型的右侧元素又属于后一段，那么显然更不是前一段的特征元素。所以，对于顶分型的右侧特征元素，只是一般判断方面的一种方便的预设，就如同几何里面，添加辅助线去证明问题一样，辅助线不属于图形本身，就如同顶分型的右侧特征元素其实不一定属于任何的特征元素，但对研究有帮助，当然是要大力去用的，如此而已。【课文解读：这里给出了假设转折点右侧元素不用进行包含处理的原因。】

其实，线段的划分，都是可以当下完成的，无非是如下的程序：假设某转折点是两线段的分界点，然后对此用线段划分的两种情况去考察是否满足。如果满足其中一种，那么这点就是真正的线段的分界点；如果不满足，那就不是，原来的线段依然延续，就这么简单。

如图（见图71-7、图71-8），特征序列的分型中，第一元素就是以该假设转折点前线段的最后一个特征元素，第二个元素，就是从这转折点开始的第一笔，显然，这两者之间是同方向的。因此，如果这两者之间有缺口，那么就是第二种情况，否则就是第一种，然后根据定义来考察就可以。

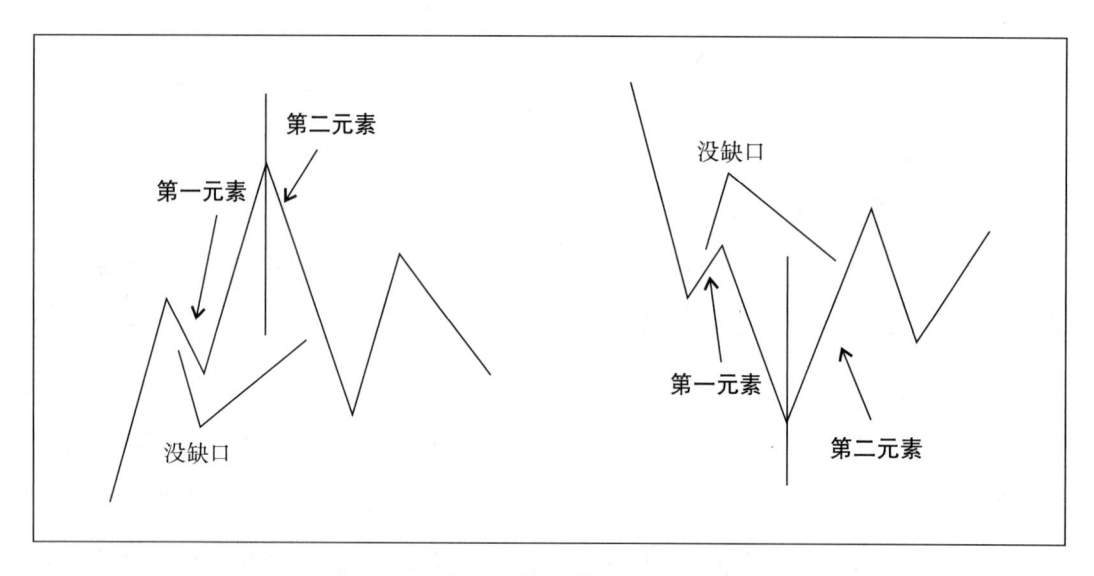

图71-7　第一、第二特征序列没有缺口

这里还要强调一下包含的问题。上面的分析知道，在这假设的转折点前后那两元素，是不存在包含关系的（见图71-9），因为，这两者已经被假设不是同一性质的东西，不一定是同一特征序列的。

但假设的转折点后的顶分型的元素，是可以应用包含关系的（见图71-10）。为什么？因为，这些元素间，肯定是同一性质的东西，或者就是原线段的延续，那么就同是原线段的特征序列中，或者就是新线段的非特征序列中，反正都是同一类的东西。同一类的东西，当然可以考察包含关系。

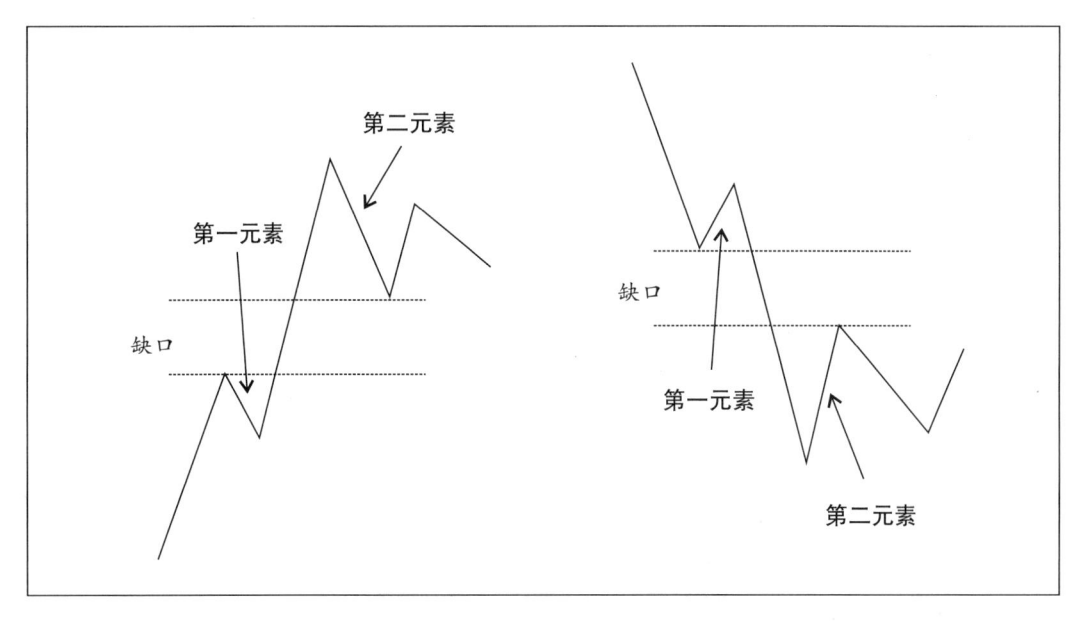

图 71-8　第一、第二特征序列有缺口

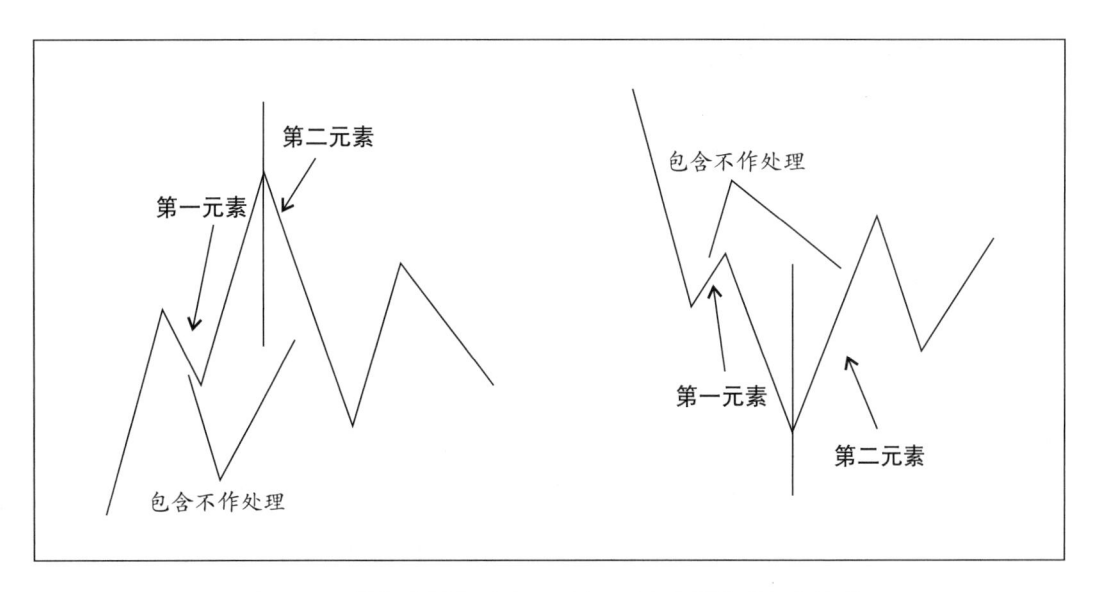

图 71-9　特征序列分型第一、第二元素无须处理包含关系

估计看了上面的话，很多人更晕了。下面有几个图（见图 71-11），各位可以仔细揣摩一下。但最好还是习惯从定义出发。【**深入解析**：图 71-11 中最后一种情况有问题，第 81 课里有更正说明。】

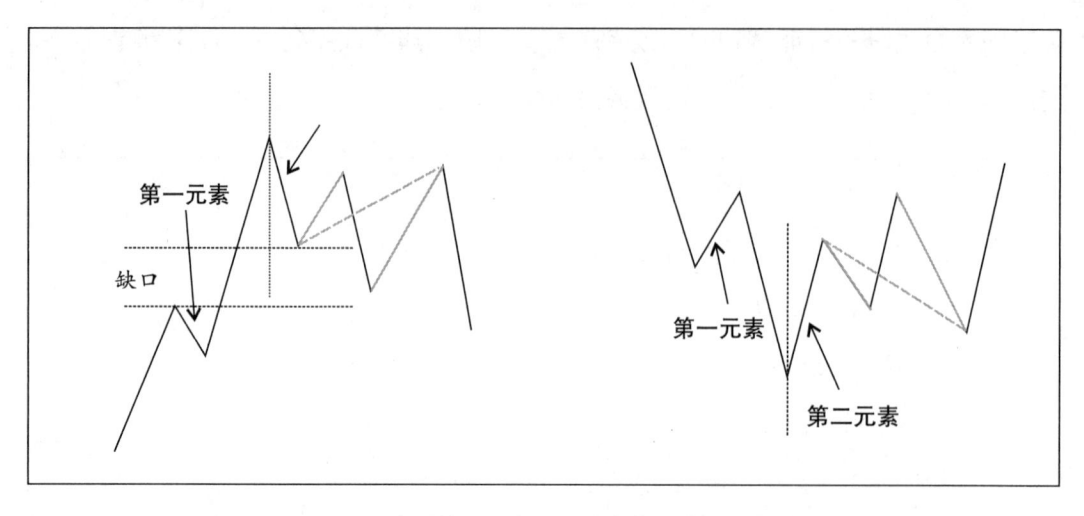

图 71-10　分型第二元素以后的走势要进行包含处理

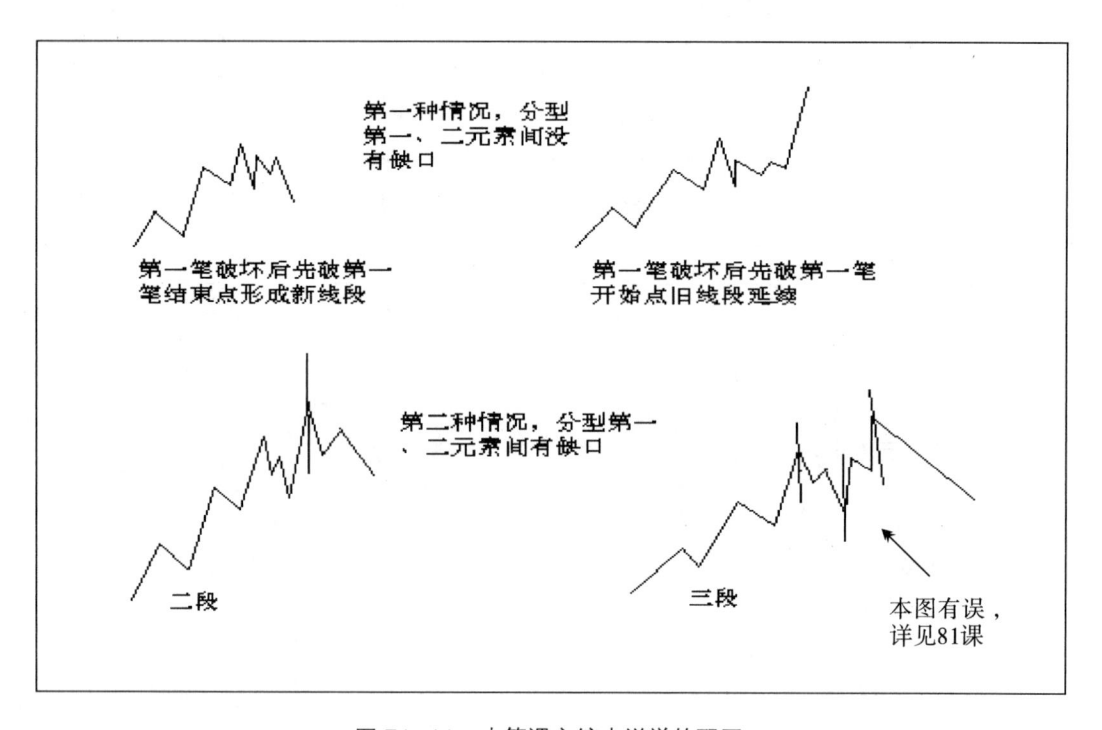

图 71-11　本篇课文缠中说禅的配图

另外，今天 42—44 的分段（见图 71-12），显然也是成立的。

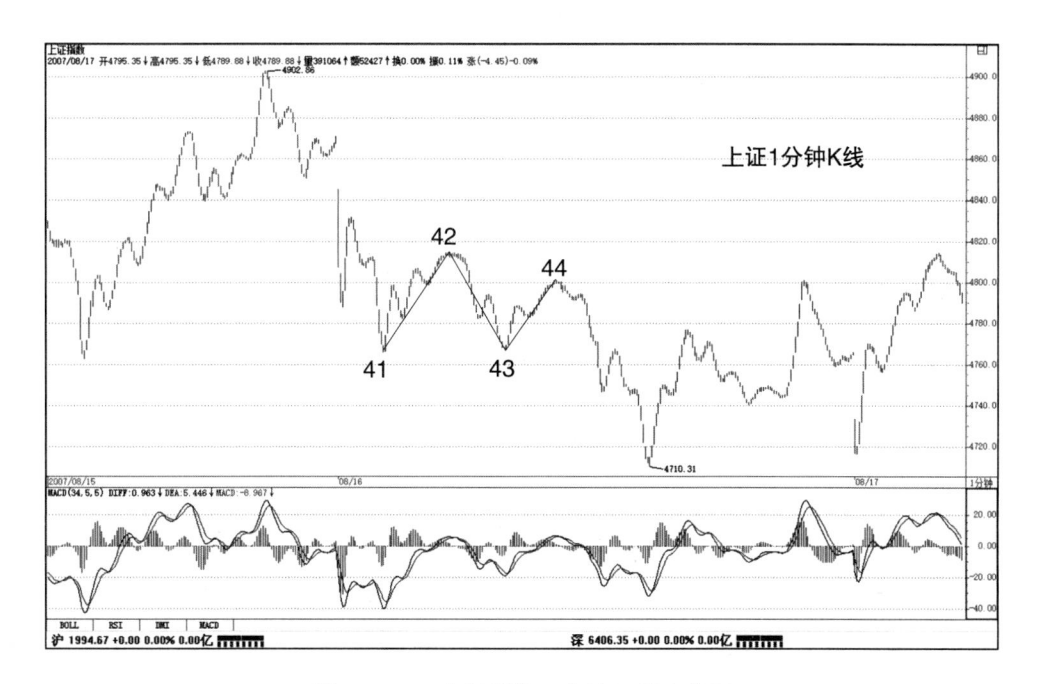

图 71-12　上证指数 1 分钟 K 线走势图

教你炒股票 72

本 ID 已有课程的再梳理

（2007-08-21 22:37:20）

任何事情，都有缘起。本 ID 是个大杂家，本 ID 现实中最终的落脚处，是文化的总构建，所谓"三教九流"，究底穷源地玩弄一把。虽然，经济上，本 ID 早就可以天天腐败，什么活都不干了，但现在又没老到要在书斋里天天写书的地步，本 ID 觉得，那至少是 40 岁以后才能干的事情。因此，本 ID 在网上写东西，纯粹是顺着形势来，并没有什么计划。

写关于股票的事情，对于本 ID 来说，不过是把本 ID 这十几年天天干的事情复述一下。正如在课程开头，本 ID 说的"'教你炒股票'这样的题目，全中国不会有第二人比本 ID 更适合写的"。当然，这种话招人恨的，不过却是事实。

和股票相关的事情千奇百怪，本 ID 是什么都经历过，所以，开始写的时候，并没什么主题，只是漫谈。但对一般散户来说，听些掌故没什么实质意义，说消息面，肯定也没什么意义。如果你消息灵通到公布什么利好利空前都是第一时间知道，那么就没什么可说的。而对于散户来说，那种靠拿着原始股就可以翻几十几百几千倍的时代早过去了。靠研究公司基本面买股票，那种积累速度太慢，只适合大资金。其实，一切关于基本面的研究，最终都归于行业或总体经济的发展。最简单、最不伤脑筋的方法，本 ID 也说过，就是买指数基金，或者具体行业、板块的基金。对于散户来说，你对基本面的研究能力要超过一个好的基金团队的可能性是微乎其微的。至于指数基金，那就更不用说了，至少你肯定不会跑输指数。

对于散户来说，最终能战胜市场、获得超越市场的回报的，只有在本 ID 所说的乘法原则下的技术面操作。技术面是三个独立系统里的一个，而另外两个，例如比价关系与基本面，可以配合决定你的介入种类。但当介入到一个品种后，技术面在操作上就（起着）[具有]决定性的意义。为什么？因为其他的面，变化的频率都没有技术面高。像基本面，其变化大致是有一定的稳定性的，不可能天天都是奇点、断裂点。【课文解读：技术面针对市场变量进行分析，基本面、政策面等等是市场中的分段式常量，不可能天天有变化，但一旦变化，就可能是突然性的。】比价关系也一样，一种比价确立后，就基本保持稳定了，不可能天天都变化。所以这种变化少的系统，不需要花太多精力去研究，而技术面显然不同。

所以，最终本课程开始说技术面是顺理成章的。而技术方面，本ID的理论，肯定是关于技术方面最好的理论了。本ID本来是想在40岁退休后才写出来的，但大概是缘分到了，本ID也没刻意一定不写出来，所以就慢慢地写出来，而且现在还在写着。

开始时，本ID并没有认真想写整套理论，因为当时好在网上骂男人玩，所以开始写技术的，都是用些损男人开心的招数。【课文解读：这也是课程晦涩难懂的重要原因。课程之初，缠中说禅没想写出整套理论，随着博客的演进，这种心态逐渐改变。依缠中说禅的写作态度，整个课程可分为三个阶段。第一阶段，缠中说禅并未决定将缠论公之于众，他更多地是在网上讥讽、嘲弄持不同意见的网友，为激怒对手甚至不惜以女性身份示人。这个阶段主要是教程的前10课，期间有关缠论讲得不多，更多是对于炒股心态建设的建议。其他阶段见本课后面的解读。】当时说的只是均线系统，那东西和本ID的理论没什么关系，只是闹着玩的。当然，如果真掌握了均线系统，也可以应付一定的情况了。例如，在日线单边走势中，最偷懒的方法就是看着5日线就可以，而5周线就更是中线的关键，5月线是长线的关键。【课文解读：这个阶段，为方便教学，缠中说禅借用了大家比较熟悉的均线系统。很明显，均线系统并非是缠论的组成部分。与均线有关的课程，可以看作是缠中说禅利用均线系统，用来宣扬缠论的理论思想。均线系统中湿吻形成的缠绕平台，可视作简版的缠论中枢；包含有湿吻形成的上涨或下跌走势，可看成是缠论中的线段类走势。不少人在学习后面的课程时，依然套用这期间的定义，其实是没有深刻理解缠中说禅写作心态造成的。】例如，为什么现在牛市的第一轮肯定没走完？很简单，你什么时候见过牛市的第一轮调整不跌破5月线的？这两年多，这5月线被有效跌破过吗？显然没有。而第一次跌破5月线后，下面的10月、30月线上来，自然构成新的调整底部，后面自然还有一波大的。

后来开始写与本 ID 理论有关的东西。开始，只是想把一些有用的结论告诉各位，因此课程都不是按正式的理论框架写的。【课文解读：第二阶段，此时开始写与理论有关的东西，但是只是想把一些有用的结论告诉大家，因此存在诸如"缠中说禅走势分解定理二"等定理，不光理论依据缺失，甚至出现以结论为依据，本末倒置性推导，这是课程难懂的另一个重要原因（"缠中说禅走势分解定理二"详见"教你炒股票"第 17 课相关内容）。这个阶段从第 11 课开始至第 61 课结束。目前是真正教学的第三个阶段。】

本 ID 的理论，本质上分两部分，一是形态学，二是动力学，当然三就是两者的结合。如果按正式的课程，那肯定要先讲形态学。但如果不说动力学，那至少背驰是没法讲了，然后中枢震荡也不可能用类背驰的方法去判别，第一类买卖点也无法说了。而所有买卖点，归根结底都是第一类买卖点，那这样，要把形态学和动力学都说完，才说第一类买卖点，估计所有看的人都会晕倒。【深入解析：形态学给出了缠论三类买卖点需要满足的空间位置关系，动力学则解决了如何在动态环境中确定这个买卖点，它们是相辅相成的。实际使用中，一般对于形态学的把握都比较好，而缺少对于动力学的运用，这也是不少人认为缠论"马后炮"的原因吧。】

所以，当时把于初学者有用的一些简单结论先说了，就是让各位有点实践的乐趣。当时华润三九（000999）刚好在 6 元（见图 72-1），还很明确地说了，买这股票，就当本 ID 把你要给市场交的学费都给各位准备好了，就是让各位耐心学下去。拿着一个长线股票，至少比你到处乱跑要强点。这样安心学习，也是不错的。当然，有能力的，也就可以边学边实践，这没有任何需要统一规划的地方。

站在纯理论的角度，形态学是最根本的。形态学，从本质上就是几何，这部分内容，是无须任何前提的。以前说的本 ID 理论成立的前提，其实并不是针对这部分的，主要是针对动力学部分。因此，就算一个庄家自己全买了，一个人天天自我交易，也永远逃不出形态学画的圈圈。【课文解读：走势永远逃不掉上涨、下跌以及盘整的基本结构，就和汉字永远跳不出"一丨丿、乙"一样。】而动力学方面的东西就不同了，必须有本 ID 要求的那两个前提：价格充分有效市场里的非完全绝对趋同交易。

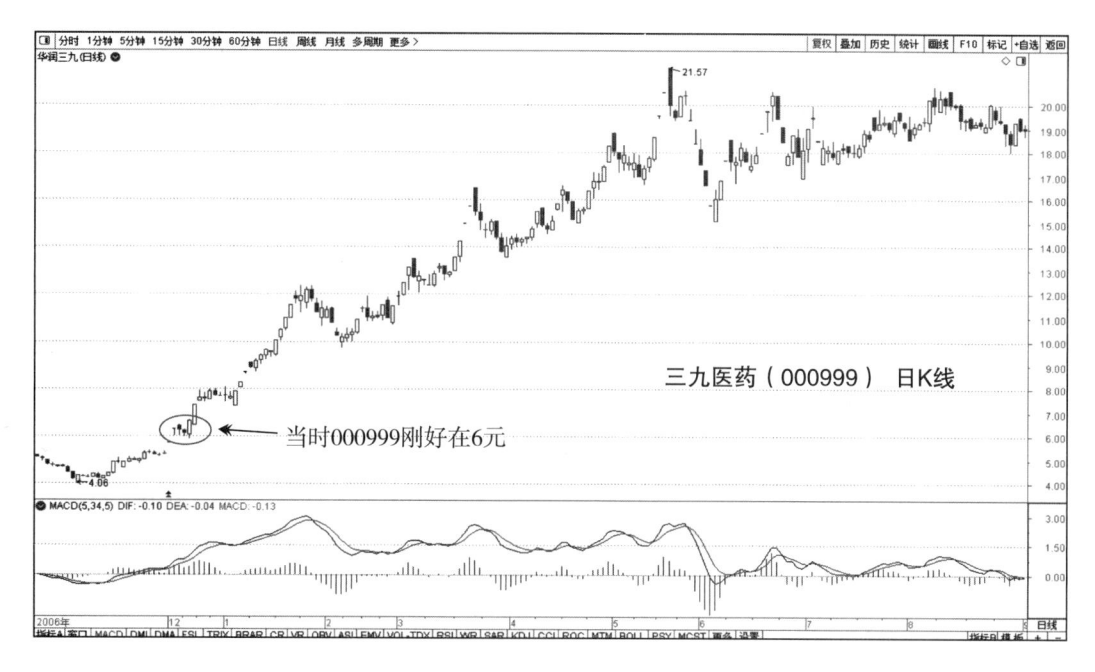

图72-1　三九医药是K线走势图

动力学,是属于物理范畴的,但站在更高的层次上看物理,物理的本质就是几何,当然,这是所有物理学家都不可能认同的。但如果用一些几何结构就可以把所有物理的常量给搞掂,那物理学家不认同也是白搭。同样道理,本ID理论里的动力学部分,本质上也是几何,只是这种几何比较特别,需要把价格充分有效市场里的非完全绝对趋同交易作为前提转化为某些几何结构,然后构造出理论的证明来。【课文解读:动力学是用来描述力量的轨迹,它必须满足以上两个前提,否则如UFO一样忽南忽北,无法分析。】

所以,本ID理论在整体上依然只是几何,只是需要有价格充分有效市场里的非完全绝对趋同交易的前提。而且,最终的理论,当然不会涉及那些基本上谁看都会晕的几何结构,而是谁看都能看明白的当下的走势。理论和理论的证明那是两回事情。费马猜想谁都看得懂,费马猜想的证明,能全看懂的人不会超过1千万分之一。

当然,本ID的课程,基本的逻辑顺序还是一直坚持的。不过,如果是最终的课程,那么最开始的一章,肯定是形态学,和这课程的顺序大为不同。但现在,由于已经写成这样一种形态学和动力学混着说的状态,当然只能一直混着下去。

所谓形态学、动力学,其实很好分辨。任何涉及背驰的,都是动力学的范围,背驰是动力学的基本点之一。另外,中枢、走势的能量结构之类的东西,也属于动力学。而形态学，就是中枢、走势类型、笔、线段之类的东西。【课文解读：需使用 MACD 辅助的是动力学，走势的结构是形态学。】

其实，光用形态学，就足以形成一套有效的操作体系。只是在形态学中，由于没有背驰的概念，所以第一［类］买卖点是抓不住了，但第二［类］买卖点是肯定没问题的。单纯用形态学去操作，就是任何对最后一个中枢的回拉后第一个与回拉反向的不创新高或新低的中枢同级别离开，就是买卖段（见图72-2）。【字斟句酌：此处疑为"不创新高或新低的中枢（次）级别离开"。】

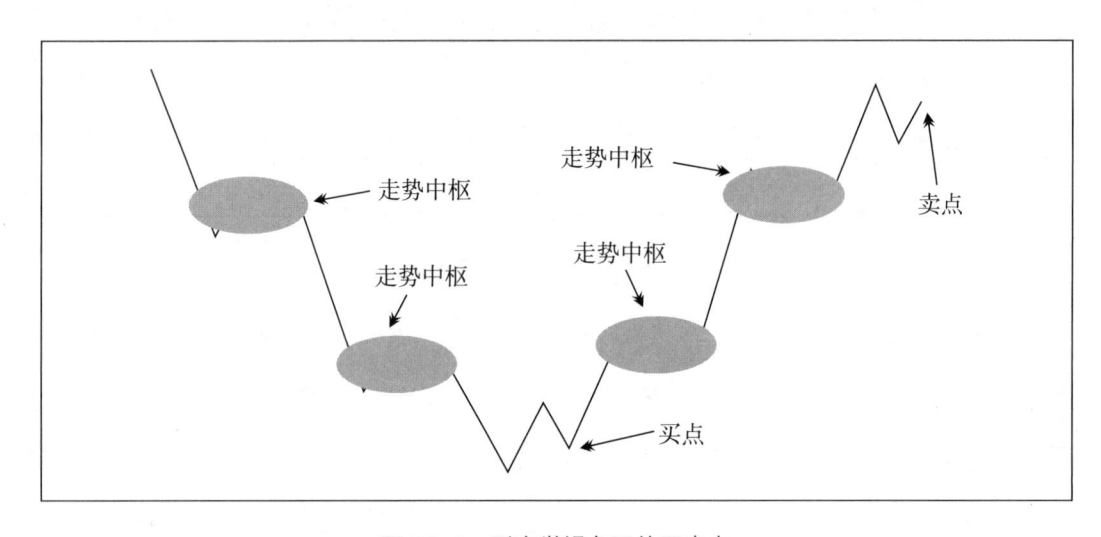

图 72-2　形态学视角下的买卖点

就算按照这么简单的方法，也可以很容易判断现在在日线上的操作思路。例如，去年 5 月和今年 5 月后的调整，算是同级别的，那么，其后的卖点就是，万一回拉 4335 点之下，任何第一次向 4335 点上的与回拉级别相同的不创新高的反抽都是卖点。如果一直没有回拉回到 4335 点，又在上面形成新的同级别中枢，那么操作的标杆就进一步提到那个中枢上，如此类推。按照这种方法，那么从 2005 年中到现在，你都应该持股不动。为什么？因为没有卖点。当然，实际操作，要针对具体个股，说指数只是举例子。【课文解读：因为只使用了形态学，所以所谓的卖点指缠论第二类卖点。如图 72-3 所示，两个圆圈为 2006 年、2007 年 5 月形成的两个同级别走势中枢。2007 年形成的中枢，震荡高点在 4335 点。如果后续调整走势与 2007 年最后一个中枢没有缺口，那么再次上涨不创新高都是卖点。当然，此时的走势属于突破中枢后的上涨，按缠论大概率会在上方形成一个新的中枢，因此日线级别的操

作者，可以静静等待一个新的日线级别中枢的出现再做决定，目前完全没有卖出的理由。】

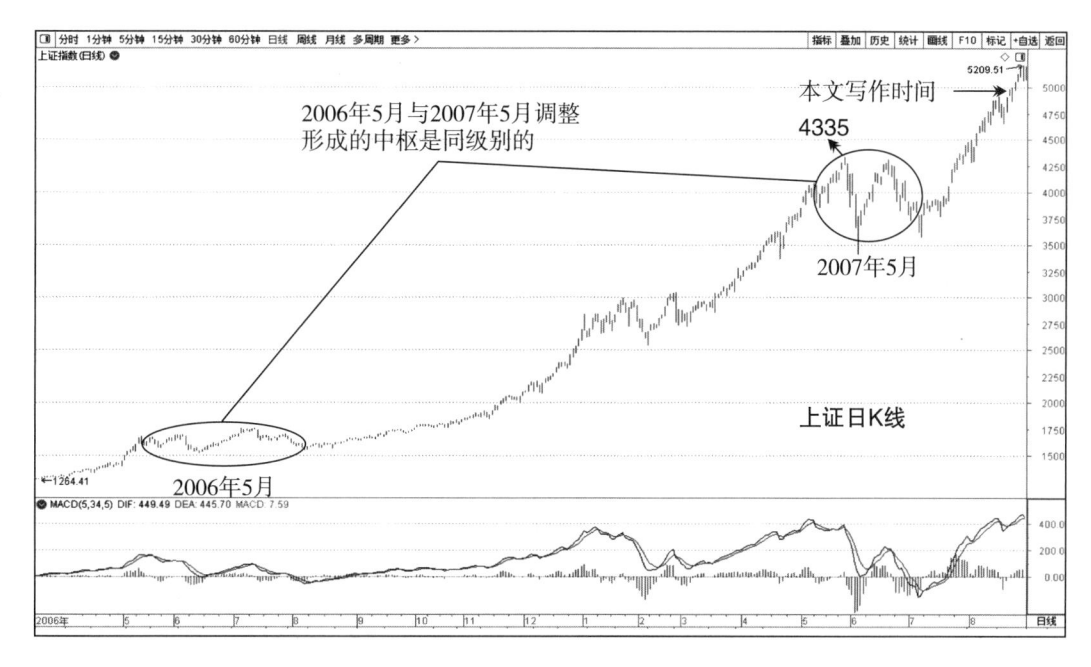

图 72-3 上证指数日 K 线走势图

个股上，看中核科技（000777）在日线 6 月 20 日前后的一段（见图 72-4），就可以看出类似的效果。但如果你是看周线图的，那么现在的卖段还没有出现。而且可以明确地看出，其 6—7 月份的调整，不过是突破历史高位后的回抽过程。站在更大的视野上，看到更大的方向，如此而已。【课文解读：假设构造中枢所需的 K 线数量一样，那么周线上的中枢就需要更多的时间，本例就是如此：日线级别是中枢构造成功后的震荡，需要考虑灭和死的情况了，而周线还在构造中枢，正处于生的阶段。】

当然，上面只是说如果只用形态学，也可以进行操作。但实际上，当然是动力学、形态学一起用更有效。所以，千万别认为以后就只用形态学了。不过这里有一个用处，就是那些对背驰、区间套没什么信心的，可以先多从形态学着手。而且，形态分析不好，也"动力"不起来。

站在实际应用的角度，关于中枢的递归定义以及与从分型、笔、线段开始的最小级别定义之间的区别之类的东西，也是可以不管的，但这样，逻辑上就容易乱，所以，搞清楚没坏处。如果你实在特懒，那就从分型学起，这也可以。【课文解读：分型、笔、线段是将之前50多课中许多概念严谨、具体化了，因此以后即便使用缠论第一种看盘方式，高级别图上的一段次级别走势也要满足笔的定义。】

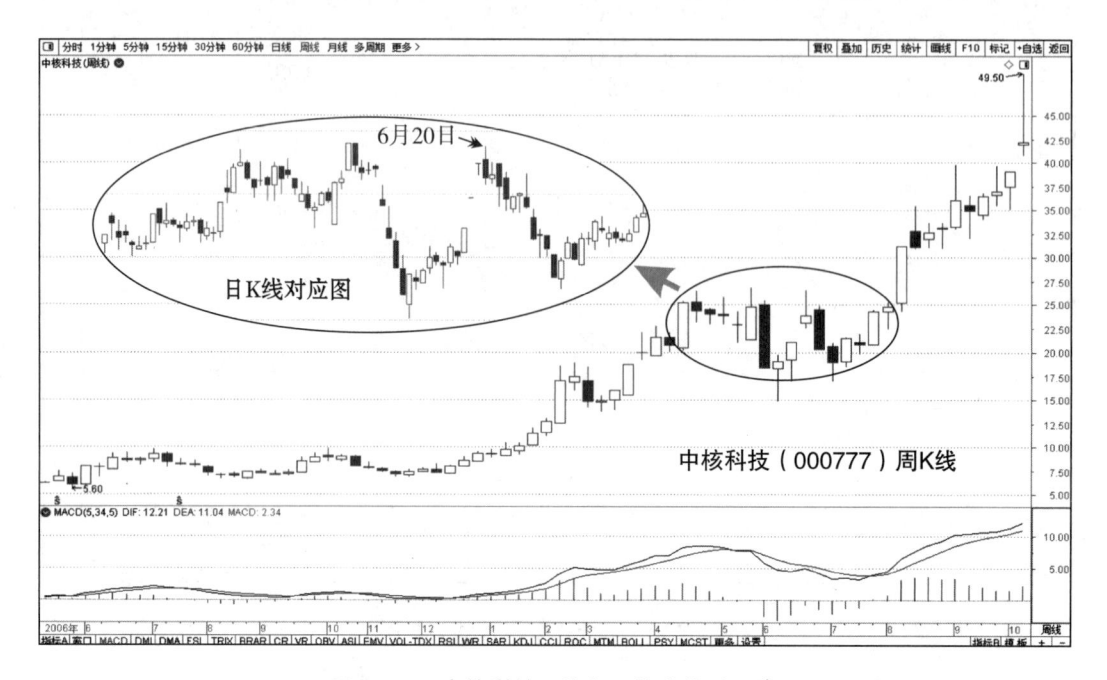

图72-4　中核科技日线与周线走势对照图

下面，本ID给出一个懒人线路图：

分型—笔—线段—最小级别中枢—各级别中枢、走势类型。

上面几个东西，是形态学中最基本的，完全没有办法再简略了，所以无论多懒，如果真想学本ID的理论，那请先把这几样东西搞清楚。

关于形态学，后面还有很多内容，最主要是关于各种与结合律相关的问题。当然还包括世界上所有有关股票的理论中关于形态部分的理论，根据本ID的形态学，例如什么K线理论，波浪理论之类的玩意，都可以从本ID的形态学中严格推出，而且，本ID还可以指出它们的缺陷以及原因。这个工作是必须干的，究底穷源的其中一个方面，就是要包罗万象。

注意，有时候课程是由浅入深，前面不严格的，后面引进新概念后，就可以严格定义了。例如，最开始时，说上涨、盘整，都是用高低点之类的东西，因为当时没说中枢，所以不可能严格定义。后来说了中枢，就可以给出严格定义。

再例如，64课里，由于没说特征序列的元素之类的概念，所以里面关于线段一些论述都如同用高低点定义上涨、盘整一样，不太严格。到67课说了特征序列之类的东西后，定义就是严格的，所以在67课里，本ID说"本课，就是把前面'线段破坏的充要条件就是被另一个线段破坏'精确化了。因此，以后关于线段的划分，都以此精确的定义为基础"。

为什么说原来的不精确，因为按照原来没有特征序列的定义，那么线段里都要继续存在类似小级别转大级别的情况，而有了特征序列后，就不再需要这种情况了，这样才能把线段给精确划分。【深入解析：小转大就是分型第一、第二元素有缺口，但原线段最终被破坏的情况。】

由于本ID目前的讲课，一开始就没有按正常课程应该的顺序，所以，这种开始不精确后来再精确的情况才会发生。本ID愿意先不引进复杂的概念，先把大方向给说了，然后再说复杂的概念。这样有一个好处就是，如果理解能力差的，可以接受简单、不太精确的方式，这样也没什么问题，也可以用。例如，像特征序列的分型这样的概念，本ID就严重怀疑迂腐文人理解的概率能超过10%。所以，如果不能理解精确的，就用不精确的，等有理解力，对市场了解深了，再学精确的也可以。【课文解读：因此一个好的解读版本，必须反映出这种不精确到精确，不严谨到严谨的过程。】

例如，如果你现在只能理解空头趋势、多头趋势、吻之类的东西，那也很好。关键是精通一样东西，精通就好，就怕半通不通。所以，以后有问题，一定要问，把所有想解决的问题都解决才行。当然，本ID无法回答所有问题，但有代表性的，一定会安排回答的。

教你炒股票 73

市场获利机会的绝对分类

（2007-08-23 22:35:20）

说起获利，最一般的想法就是低买高卖就获利，但这是一种很笼统的看法，没什么操作和指导意义。任何市场的获利机会，在本 ID 理论下，都有一个最明确的分类，用本 ID 理论的语言来说，只有两种：中枢上移与中枢震荡。【课文解读：如图 73-1 所示，中枢上移的最大获利空间是前中枢低点至新中枢的高点，最快获利是前中枢第三类买点至后中枢高点；如图 73-2 所示，中枢震荡的获利区间为中枢的震荡高低点之差。】

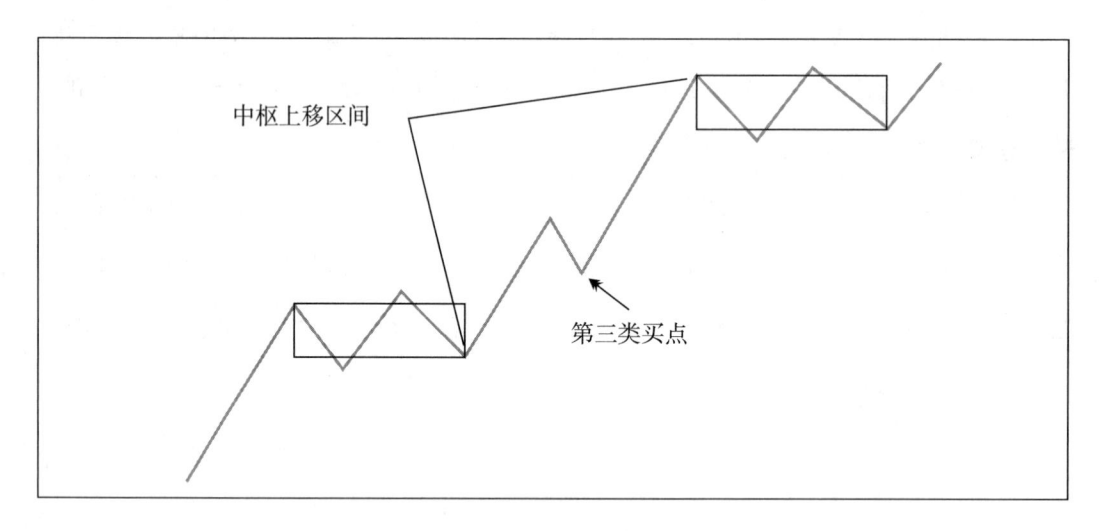

图 73-1　中枢上移的获利空间

显然，站在走势类型同级别的角度，中枢上移就是意味着该级别的上涨走势。而中枢震荡，有可能是该级别的盘整，或者是该级别上涨中的新中枢形成后的延续过程。任何市场的获利机会，都逃脱不了这两种模式，只是百姓日用而不知，本 ID 理论而知。

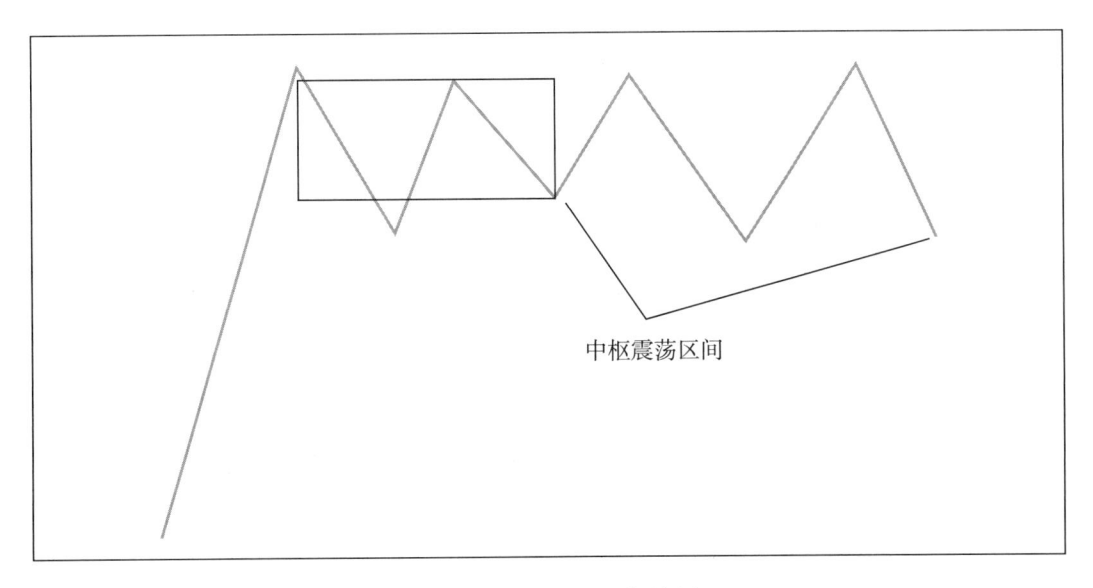

图 73-2　中枢震荡的获利空间

在你的操作级别下，中枢上移中，【**课文解读**：突破前中枢直至形成新的走势中枢。】是不存在着任何理论上短差机会的，除非这种上移结束进入新中枢的形成与震荡。而中枢震荡，就是短差的理论天堂。只要在任何的中枢震荡向上的离开段卖点区域走掉，必然有机会在其后的中枢震荡中回补回来，唯一需要一定技术要求的，就是对第三类买点的判断。如果出现第三[类]买点你不回补回来，那么就有可能错过一次新的中枢上移。当然，还有相当的机会，是进入一个更大的中枢震荡，那样，你回补回来的机会还是绝对的。

很多人，经常说自己按本 ID 的理论做短差买不回来，这没什么奇怪的。如果你连中枢都没分清楚，级别也没搞懂，中枢上移与中枢震荡也分不清楚，第三类买点就更糊涂，那也能短差成功，只能说你刚好运气好，死耗子摔到瞎猫爪子上了，天上哪能天天掉死耗子？

以上，只是在某一级别上的应用。用同一级别的视角去看走势，就如同用一个横切面去考察，而当把不同的级别进行纵向的比较，对走势就有了一个纵向的视野。【**深入解析**：三维立体结构，除了价格与时间，又加上了不同的级别。】

一个月线级别的上涨，在年线级别上，可能就是一个中枢震荡中的一个小段。站在年中枢的角度，如果这上涨是从年中枢之下向中枢的回拉，那么，中枢的位置，显然就构成需要消化的阻力；如果是年中枢之上对中枢的离开，那么中枢就有反拉作用。这都是一个最简单的问题。下面谈论的,是如何选择超大的机会。

人生有限,一个年中枢的上移,就构成了人生可能参与的最大投资机会。一个年的中枢震荡,很有可能就要搞 100 年。如果你刚好落在这样的世界里,简直是灾难。而能遇到一个年中枢的上移机会,那就是最牛的长线投资了。最牛的长线投资,就是把一个年中枢的上移机会给拿住了。

当然,对于大多数人的生命来说,可能最现实的机会,只是一个季线级别的上涨过程。这个过程没结束,没见到那新的年中枢,人已经没了。这个年中枢的上移过程,有时候需要 N 代人的见证。看看美国股市的图,现在还没看到那新的年中枢,依然在年中枢的上移中,想想美国股市有多少年了?

所以,对于一个最现实的获利来说,一个季度甚至月线的中枢上移,已经是足够好的一生最大的在单个品种上的长线获利机会。

一个季度中枢的上移,可能就是一个十年甚至更长的月线上涨,能有如此动力的企业,需要怎么样的素质?即使在全球化的环境下,单个企业的规模是有其极限的。而一个能获取超级上涨的公司,也不可能突破那个极限。因此,顶已经是现实存在了,根据企业的行业〔性质〕,其相应的极限还有所不同。对于操作来说,唯一需要知道的,就是哪些企业能向自己行业的极限冲击。

但针对中国的企业、上市公司,我们还可以给出一个判断,就是几乎所有的行业,都必然有至少一个中国的上市公司会去冲击全球的行业理论极限。这就是中国资本市场的现实魅力所在。因为,几乎有多少个行业,就至少有多少只真正的牛股。

不过,有些行业,其空间是有限的,因此可以筛选出去。这种行业的企业,注定了,是没有季线甚至月线以上级别中枢上移的,除非它转型。因此,远离那些注定没有季线甚至月线以上级别中枢上移的行业,这些行业的企业,最终都是某级别的中枢震荡。这里,就涉及基本面的分析与整个世界经济的综合判断,谁说本 ID 的理论只管技术的?但任何的基本面,必须在本 ID 的几何理论的关照下才有意义。在这个视角的关照下,你才知道,究竟这基本面对应的是什么级别、什么类型的获利机会。

找到了行业,就到了具体企业的寻找。对于长线投资来说,最牛的股票与最牛的企业,最终是必然对应的。没有人是神仙,谁都不知道哪个是最后的获胜者。但谁都知道,最终的获胜者最终必然要到,例如 10 万亿人民币的市值,那么,它的市值必然要经过任何一个低于 10 万亿人民币的数。

这就足够了，这就马上可以百分之百推理出，这个企业，或者是当下的龙头，或者是在今后某一时刻超越当下龙头的企业。有这样一个推论，本 ID 就可以构建出一个最合理的投资方案。

（1）用最大的比例，例如 70%，投在龙头企业（可能是两家）中，然后把其他 30% 分在最有成长性（可能是两三家）的企业中。注意，在实际操作中，如果龙头企业已经在基本面上显示必然败落，那当然就选择最好的替代者，如此类推。

（2）只要这个行业顺序不变，那么这个投资比例就不变，除非基本面上出现明显的行业地位改变的迹象。一旦如此，就按等市值换股。当然，如果技术面把握好，完全可以在较大级别卖掉被超越的企业，在其后的买点再介入新的龙头——已经成长的企业。

（3）这就是本 ID 理论的独门武器了，充分利用可操作的中枢震荡（例如日线、周线等），把所有投资成本变为 0，然后不断增加可持有筹码。注意，这些筹码，可能是新的有成长［性］或低估价值的公司。

（4）没有第四，如果一定要说，就是密切关注比价关系。这里的比价关系，就是市值与行业地位的关系，发现其中低估的品种。

注意，任何的投资，必须是 0 成本才是真正有意义的。

以上这个策略，就是基本面、比价关系与技术面三个独立系统完美的组合。能这样操作股票，才有点按本 ID 理论操作的味道。

当然，以上，只适合大资金的操作。对于小资金，其实依然可以按照类似思路，只是只能用简略版。例如，就跟踪龙头企业，或者就跟踪最有成长性的那家。

当然，对于原始资本积累的小资金，利用小级别去快速积累，这是更快速的方法。但资金到一定规模后，小级别就没有太大意义了。

有人可能说，你怎么不说政策面？政策面那种玩意，不过是制造最多是周线级别的震荡，这正是提供技术上降低成本、增加筹码的机会。1929 年［大萧条］、二次世界大战，都没改变美国股市年线级别的中枢移动，政策面又算得了什么？

【课文解读：本文是 108 课中少之又少的讲述如何使用三个独立系统的文章，非常有价值。】

教你炒股票 74

如何躲避政策性风险

（2007-08-28　08:41:11）

政策性风险，属于非系统风险，【**拓展阅读：**系统风险又称市场风险。非系统风险即超出市场掌控的风险。】本质上是不可准确预测的，只能进行有效的相应防范。【**课文解读：**如图 74-1 所示，本博写作时间离 6124 点即中国股市 2007 年大牛市时的大顶已经很近了。】

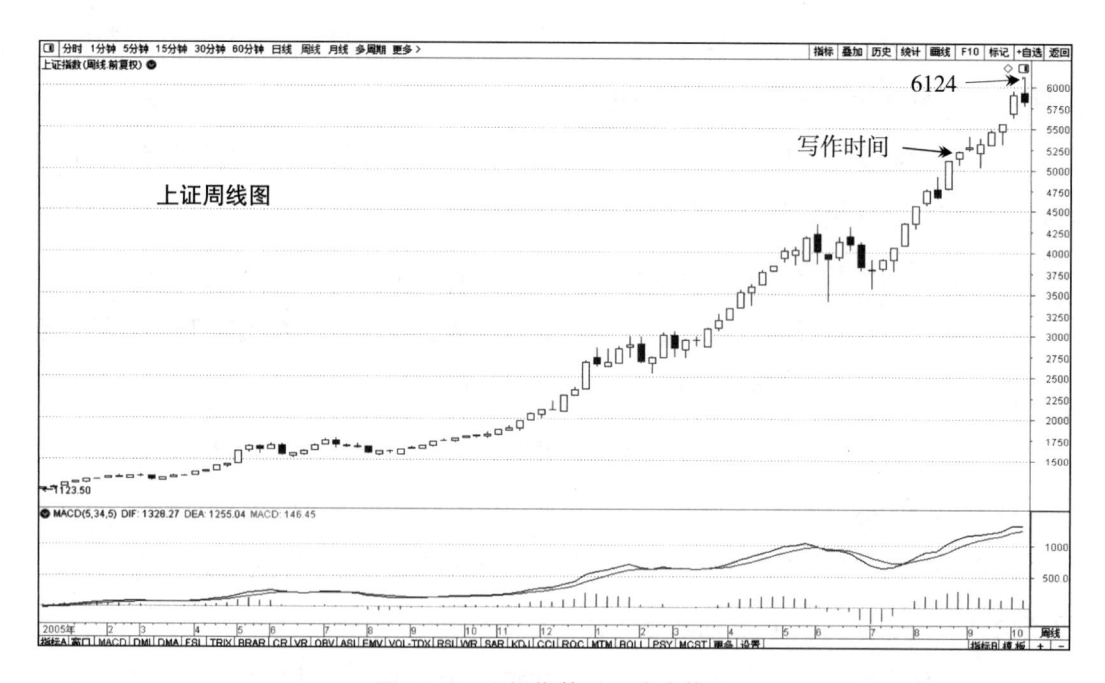

图 74-1　上证指数周 K 线走势图

首先，中国政策性风险将在长时间内存在，这是由目前中国资本市场的现实环境所决定的。一个成熟的资本市场，应该是重监管、轻调控。而目前中国的资本市场，至少将在很长时间内，监管和调控都至少是同等重的，甚至，在一些特定的时期，调控将成为最重要的方向。这是客观现实，是由中国经济目前的发展阶段所决定的，其实并不是任何人故意要这样的，所以，任何对这的指责，其实都是有毛病的。

调控，有硬调控与软调控两种。像发社论、讲话、严查之类的，就是明显的硬调控。这种调控方式是否永远不再发生，这谁都不敢保证。至于软调控，就是调控中不直接以资本价格为最直接的目的，而是结合着更多大的方面考虑，政策上有着温和和连续的特征。

当然，站在调控的角度，如果软调控不得力，那么硬调控成为唯一选择的时候，这其实不是调控者的悲哀，而是市场的悲哀。当市场的疯狂足以毁掉市场时，硬调控也是不得已为之。这方面，也要对调控者有足够的理解。

有一种很错误的说法，就是中国的调控只调控上涨，不调控下跌。其实，站在历史实证的角度，这种说法是没有事实根据的。因为，实际上，调控下跌的情况一点都不少。最著名的，就是1994年的325点，那三大政策的缺口，现在还在那里，这难道不是对过分下跌的调控吗？【拓展阅读：如图74-2所示，1994年7月29日，《人民日报》刊登证监会和国务院有关部门稳定和发展股票市场的措施（年内暂停新股发行上市；严控上市公司配股规模；采取措施扩大入市资金范围），昭示1993年上半年熊市后管理层的坚定信心，引发八月狂潮，俗称"三大政策"，上证指数从当日收盘的333.92点涨至1994年9月13日的1052.94点，涨幅达215.33%。】只不过，那是一次最成功的调控。而对下跌的调控，或者说是救市，经常都很失败，这只能说明调控的水平需要在实践中不断提高。

必须旗帜鲜明地反对这样的观点，就是调控者都是坏蛋，散户都是受害者，机构都是串在一起和调控者一起算计散户的。这不过是一些市场的失败者或别有用心者的无耻谰言，根本没有任何事实的根据，纯粹出于自我想象。

一个政策的出台，决不是任何一个人拍脑袋就可以决定的。任何一个体制下，只要是一个体制，就有均衡，那种个人任意超越体制的事情，已经越来越没有发生的可能。而且，散户、机构都不是一个抽象的名词，企图用抽象的名词掩盖一个个现实的实体而达到互相斗的结果，不过是某些运动逻辑的僵尸版。

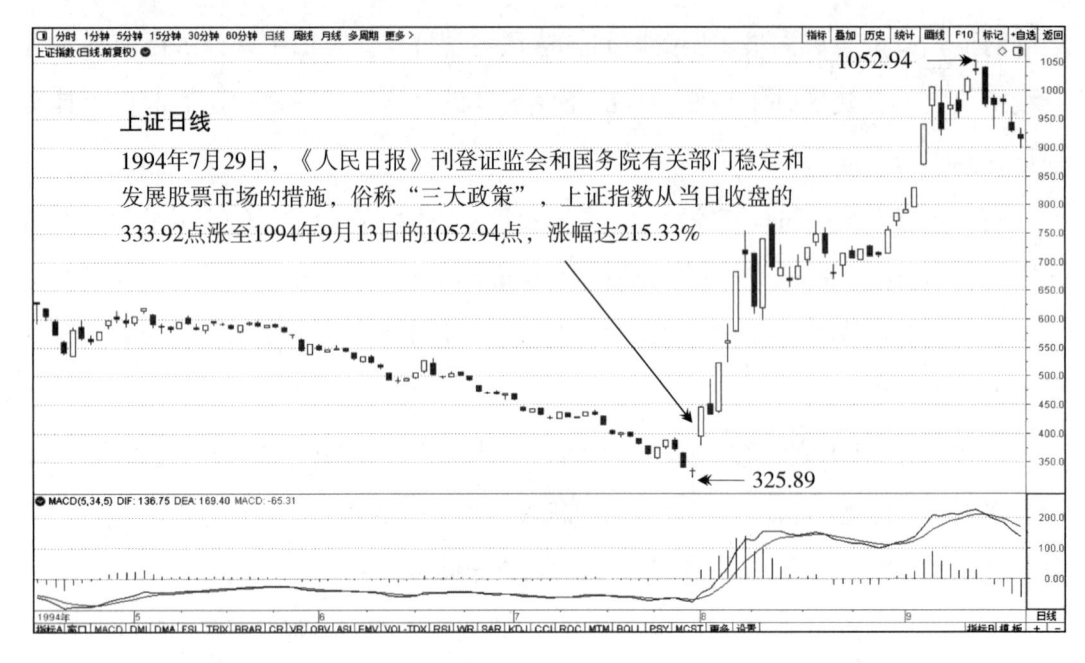

图74-2　1994年7月29日，政府调控市场引发一轮超级牛市行情

其次，必须要明确，政策只是一个分力，政策不可能单独去改变一个长期性的走势。例如，就算现在有一个硬调控使得中短期走势出现大的转折，但最终也改变不了大牛市的最终方向。政策只有中短期的力量，而没有长期的力量，这点，即使对经济也是一样的。经济的发展，由经济的历史趋势所决定。中国经济之所以有如此表现，归根结底，就是因为中国经济处于这样的历史发展阶段，任何国家在这样的阶段，都会有类似的发展。但并不是说政策一无所用，一个好的政策，是促进、延长相应的历史发展进程，是一个好的分力。

所以，政策是一个分力，其作用时间和能量不是无限的，而且，政策也是根据现实情况而来的。任何政策，都有其边界，一旦超越其边界，新的政策就要产生，就会有新的分力产生。而且政策分力，即使在同一政策维持中，也有着实际作用的变化。一个政策，5000点和1000点，效果显示不可能一样。

明白了政策的特点，对政策，就没必要如洪水猛兽，以下几点是可以注意的：

（1）一个最终结果决定于价格与价值的相关关系。当市场进入低估阶段，就要更注意向多政策的影响；反之，在市场的泡沫阶段，就要更注意向空调控的影响。

（2）最终的盈利，都在于个股。一个具有长线价值的个股，是抵御一切中短分力的最终基础，因此，个股对应企业的好坏与成长性等，是一个基本的底线。只要这底线能不被破坏，那么，一切都不过是过眼云烟，而且，中短的波动，反而提供了长期介入的买点。

（3）注意仓位的控制。现在透支已经不流行，但借贷炒股还是不少见。这是绝对不允许的，把资本市场当赌场的，永远也入不了资本市场的门。在进入泡沫化阶段后，应该坚持只战略性持有，不再战略性买入的根本原则，这样，任何的中短波动，都有足够的区间去反应。

（4）养成好的操作习惯。本ID反复说了，只有成本为0，才是安全的，这大概是彻底逃避市场风险的唯一办法。

（5）贪婪与恐惧，同样都是制造失败的祸首。如果你保持好的仓位，有足够的应对资金以及低成本，那么，就让市场的风把你送到足够远的地方。你可以对政策保持警觉，但没必要对政策如惊弓之鸟，天天自己吓自己。

（6）不要企望所有人都能在硬调控出台前提早一天跑掉。可以明确地说，现在政策出台的保密程度已经和以前大为不同，很多政策的出台，都是十分高效保密的。当然，一定范围内的预先，那肯定是有的，但这种范围已经越来越小，而且，经常能够反应的时间也越来越小。对于大资金来说，那点时间，基本无效。本ID可以开诚布公地说，现在政策的公平性已经越来越高，有能力预先知道的，资金量小不了，因而也没足够的时间去全部兑现。这在以前，有长长的时间去组织大规模撤退，那决不是一回事了。

（7）必要的对冲准备，例如权证等。最近，认沽热销，也和一些资金的对冲预期有关。

（8）一旦政策硬调控出现，则要在一切可能的机会出逃。在历史上，任何硬调控的出现，后面即使调整空间不大，时间也少不了。

（9）关键还是要在上涨时赚到足够的利润。如果你已经N的平方倍了，即使用一个10%~20%去留给这飘忽不定、神经叨叨的非系统风险，那还不是天经地义的事情？成为市场的最终赢家，和是否提前一天逃掉毫无关系，资本市场，不是光靠这种奇点游戏就能成的。心态放平稳点，关键是反应，而不是神经叨叨的预测。

教你炒股票 75

逗庄家玩的一些杂史（一）

（2007-08-29 22:00:23）

当然，以下这些，都是本 ID 胡言乱语，梦话连篇，各位就当笑话看，谁当真谁有毛病。

说故事，不过让各位认识一下市场运行中一些更深层次的东西。走势是由合力构成的，但各分力后面代表的，都是真实的、有思想有感情的人，因此，了解一下一些心理层面的东西，还是有好处的。

当然，对于一般散户来说，多了解一点事情，并不能改变对走势完全严格客观的态度。为什么？因为对于一般的散户，其影响力对于合力可以完全忽略不算，因此，其操作，当然就可以完全只看合力最终的结果，而不需要关心每一刻合力所对应的各分力间的博弈。

但人必须有远大的目标，不想成为大资金的散户，就如同不想成为元帅的士兵。最终能否达到，这和每个人的悟性、修炼、机缘等等密切相关。但有时候结果并不一定太重要，过程往往更加美好。如果说到结果，任何人的结果都是咸鱼一条，因此，任何人都没必要有任何负担与畏惧心理。只要按照正确的道路，就算最终只能登到山腰，也不枉这一行了。

市场上，存在一些资金，是可以影响到最终的合力的。实际操作中，资金量当然很重要，但更重要的是技巧，打仗还有以少胜多的。有时候，1/10 资金制造的效果，比 10 倍资金的都大，这就和操作者密切相关了。简单起见，这里只说在具体个股中的操作。对于大盘的操作，涉及的复杂程度大幅度增加，而且，这一般也不是一个人能完成的，都是一些集团式力量的结果，能领导其中，更需要很大的人格凝聚力与历史信任感，这都不是一年半载能够达到的。

个股操作，涉及对合力产生影响的，无非两类资金，一种就是庄家，一种就是玩庄家的人。一般的误区总是觉得，庄家就最牛了，庄家如何如何凶煞，如何如何吃人不吐葡萄皮，其实，都是人云亦云的无聊玩意。确实，有不少所谓的庄家成功过，但有更多的庄家给搞死了，死的庄家比最终活下来的多得多。庄家被搞死，有很多种原因，其中一种很常见的，就是给玩庄家的人搞死的。

市场里有一种这样的人，这种人的资金实力当个庄家肯定是一点问题都没有，而且一般来说，这种人以前都是牛庄。但后来，因为证券法之类的法律出来，不想惹事，或者就太懒了，天天去算计散户太累，还不如一下算计一个大家伙，吃一顿够 N 顿了，或者就是无聊，看着别人当庄，就是想搞死，赚不赚钱倒是次要。一般这种人，钱早不是问题，纯粹是为了开心或者就为了教训一下暴发户。

一般来说，这种人在资本市场里都有着最广泛的信息网络，这都是从资本市场从小苗开始就缠上的，如藤倚树，这资本市场的树长多大了，这藤也跟着绕了多少。一般来说，这市场上的大的动静，一般都逃不过这些人的眼线耳线。由此，这些人都能很快知道，又有什么猎物可以爽上一把了。

如何圈定猎物，这并不一定有任何固定的原则。当然，有些人比较死板，或者在这行里还是新手，所以比较注意攻击目标，至少不敢攻击太垃圾的东西，否则万一搞砸了，连回旋的余地都没有。但对于老手来说，其实都无所谓，股票不过是一个游戏的凭证，玩烂了也无所谓，大不了来个凤凰变乌鸡、乌鸡变凤凰地来回折腾几次，还不是越搞越有搞头？【**课文解读**：*被动坐庄，借题材炒作。*】

说句实在话，搞股票，归根结底是搞资源组合的能力，功夫在诗外。组合能力强，资金能长期坚持，有什么不能成功的？本 ID 有一个不大好的习惯，就是对被搞废掉的人，从来都不关心。但这两年，本 ID 不断发现，有好几个 N 年前，注意，这个 N 有的都快到 10 了，被本 ID 搞废掉的，竟然都坚持到了大牛市，都成了这两年最牛的股票之一。一打听，人还是那些人，歌还是那些歌。这些人身残志坚地把 N 年的生命都奉献给了某只股票，连本 ID 都不得不说，人的无明之力，真是老强大了，佩服佩服。

为了表彰这些残废人士的惊人业绩，本 ID 对其中几只不点名地表扬一下。

（1）如图（见图 75-1），那年夏天后，最后的一吻，市场就走入漫漫熊途（见

图75-2），你也留下一个个向下的惊人缺口。大概除了本 ID，没有人知道你的痛苦，那高高的山冈，你只能用一个个除权缺口去追赶大盘下跌的速度。你在最悲壮时，依然站在实际的山腰之上，离那令你疼的顶峰依然不远。终于，你熬过那最后

图 75-1　上证指数周 K 线走势图

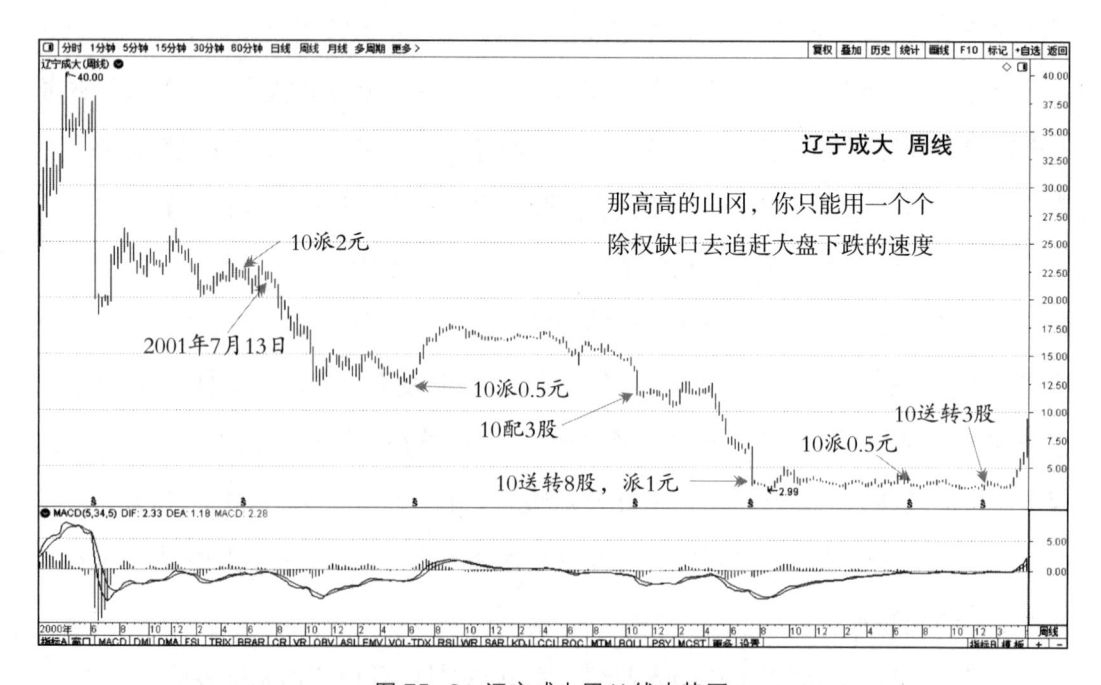

图 75-2　辽宁成大周 K 线走势图

的血腥。春天来了，猫儿又开始叫春了，你跨过那一个个的缺口，冲出那曾经绝望的顶峰（见图75-3）。原来，山峰之外依然有山峰，你应该释怀了。【课文解读：疑似辽宁成大（600739）。】

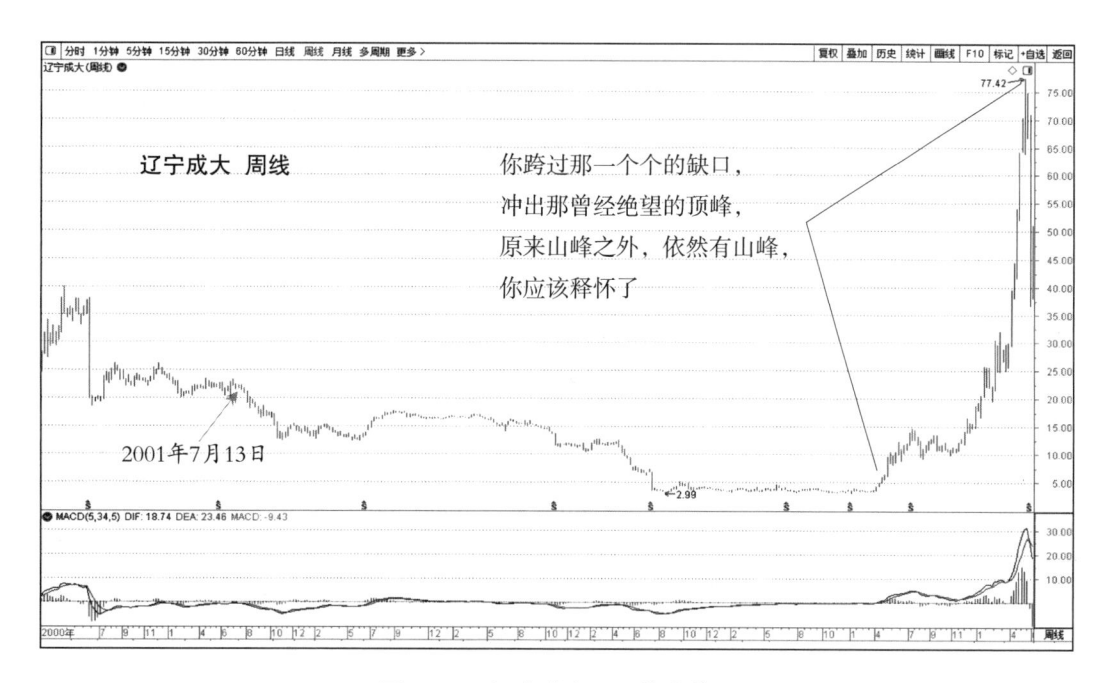

图75-3　辽宁成大周K线走势图

（2）山顶到山谷，90%多的落差并不一定是故事的终结。后来，你终于明白，在山谷回到山脚后，继续半年就可以飞升1000%，就可以走上更高的山峰。这时候，这N年的煎熬，大概就是最好的人生回忆了。你现在最感谢的，是否就是那N年前给了你最好回忆机会的人？【课文解读：如图75-4、图75-5所示，疑似原来的ST长控（现为浪莎股份，600137）。2001年6月至2005年7月期间最高26.50元，最低2.01元，跌幅达到92.4%。2007年4月13日被浪莎股份借壳，当天最高炒到85元，上涨10倍多。】

（3）惨跌80%多依然能站住的，才能引来2000%以上的升腾。本ID不会为曾经的残酷而有丝毫歉疚，但为了这能站住的，本ID给你四字：还算爷们。【课文解读：如图75-6、图75-7所示，网传原为岁宝热电（现为哈投股份，600864）。2000年11月至2005年5月期间，从最高38.15元跌到最低4.25元，跌幅88%，2007年大牛市中冲上83.38元高峰，上涨20多倍。】

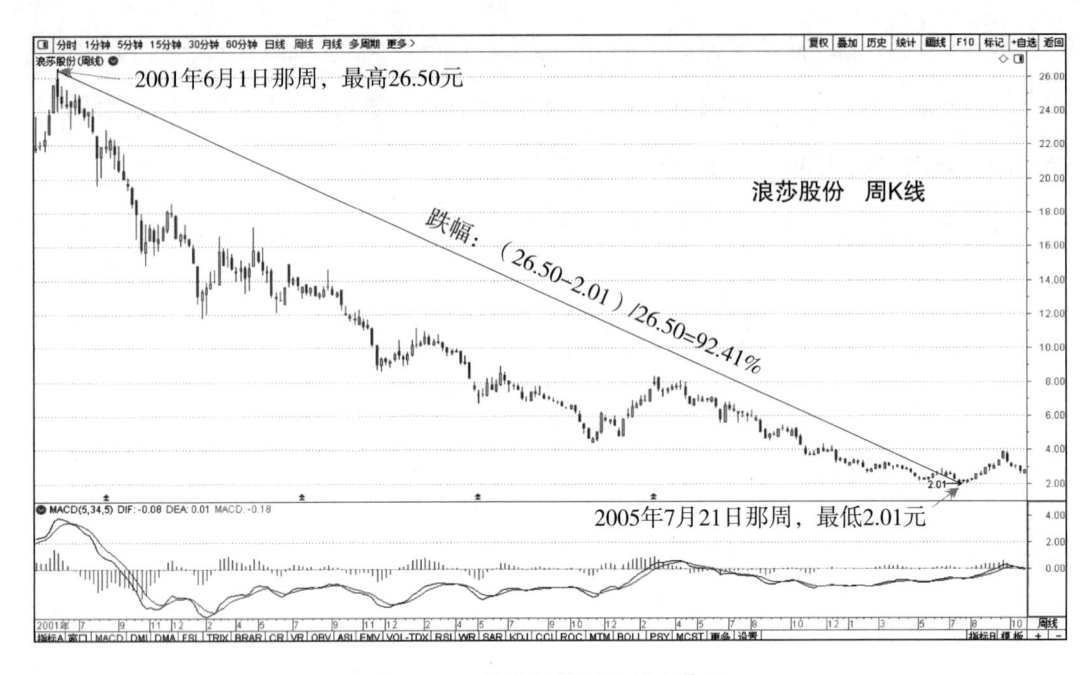

图 75-4　浪莎股份周 K 线走势图

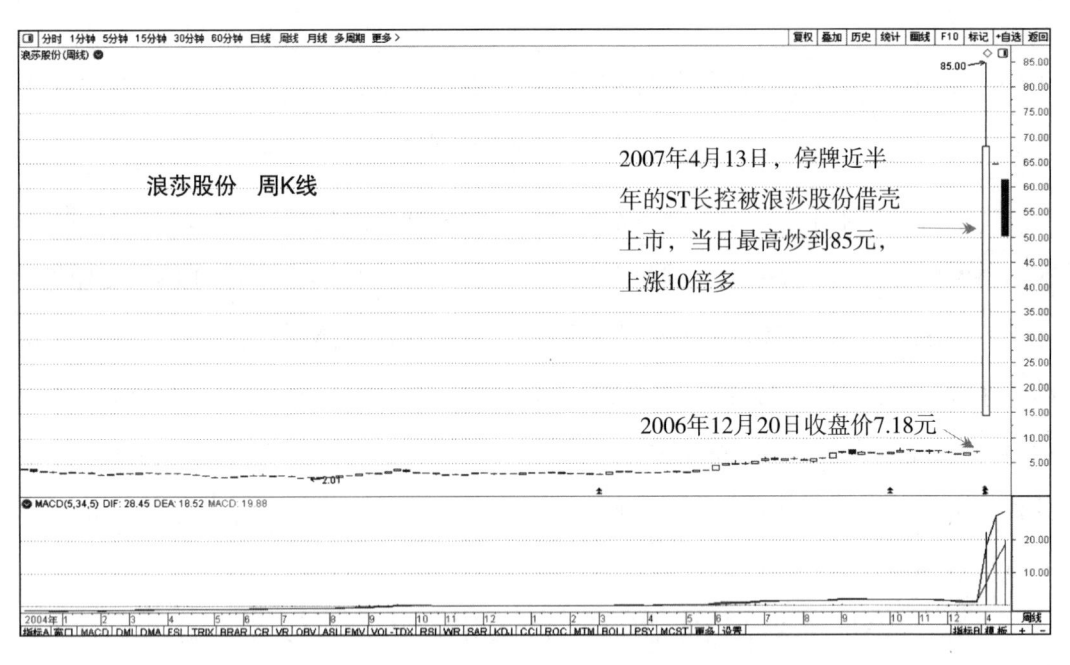

图 75-5　浪莎股份周 K 线走势图

（4）当你用一字涨停铺起台阶冲破所有顶峰时（见图 75-8、图 75-9），又有多少人知道你 N 年前的痛苦？那些台阶已经名喧天下，而 N 年的那些日夜，究竟是什么缝补那颗破裂的心？粗略看了一下，最大跌幅 94%，【**字斟句酌**：疑

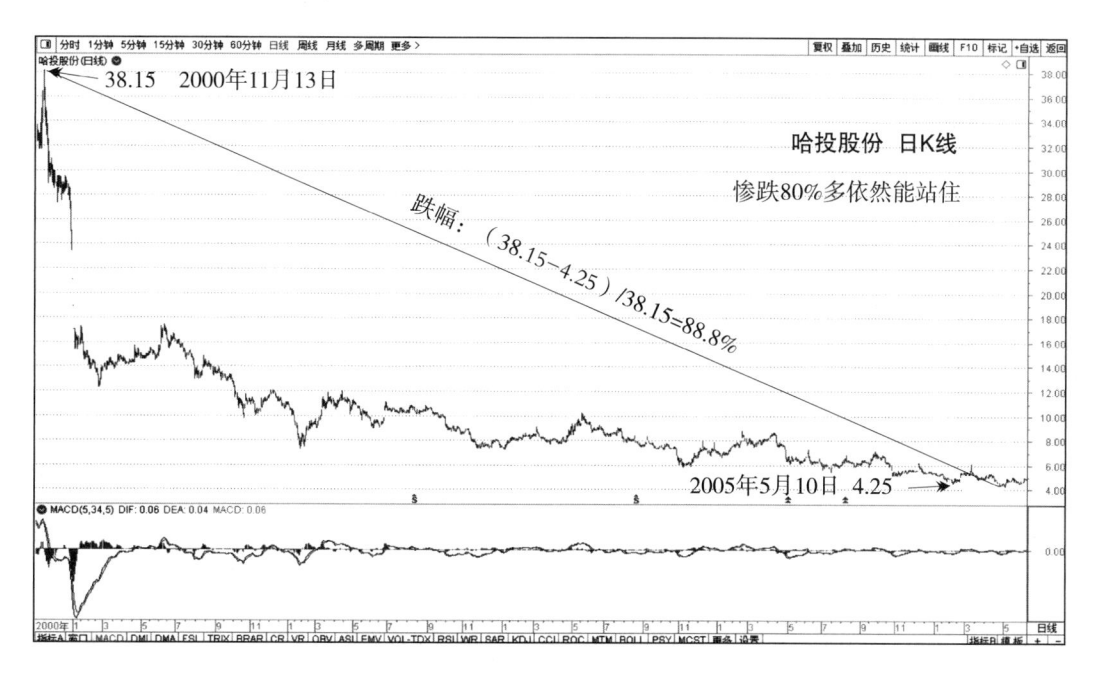

图 75-6 哈投股份日 K 线走势图

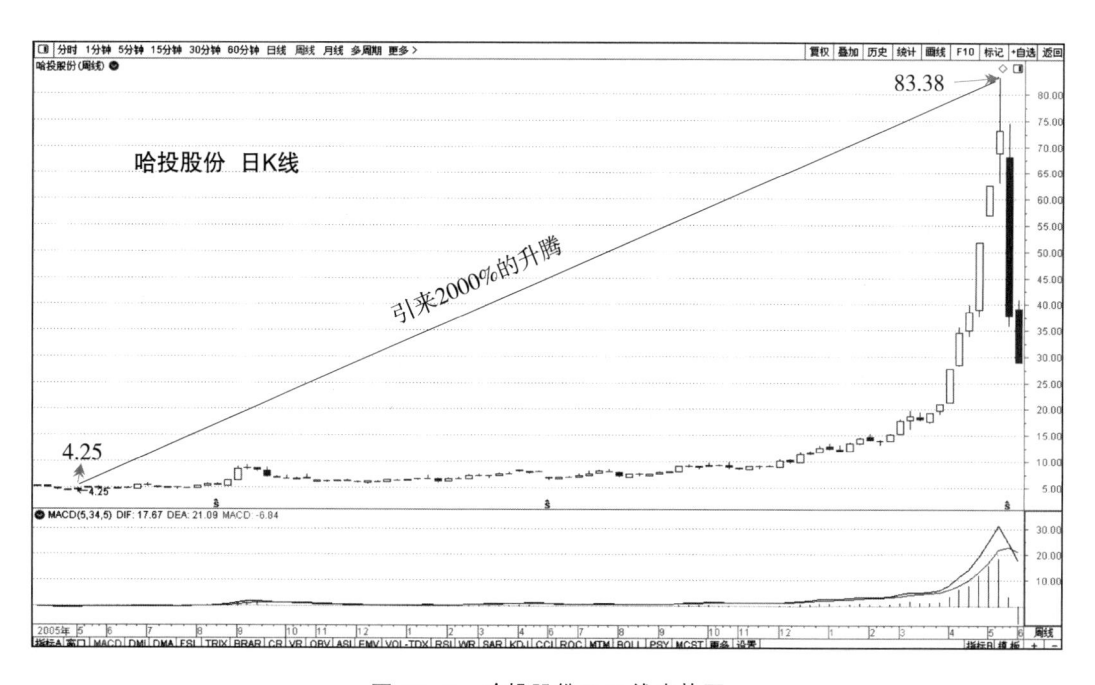

图 75-7 哈投股份日 K 线走势图

为（31.48-2.56）/31.48=91.8%。】真是梅花香自苦寒来啊。【**课文解读**：网传是 S 前锋股份（现为北汽蓝谷，600733），该股从 2000 年 6 月的最高 31.48 元跌至 2005 年 7 月的最低 2.56 元，期间最大跌幅 91.8%，其后在 2007 年 5 月冲上 52.08 元高峰。】

图 75-8　S 前锋周 K 线走势图

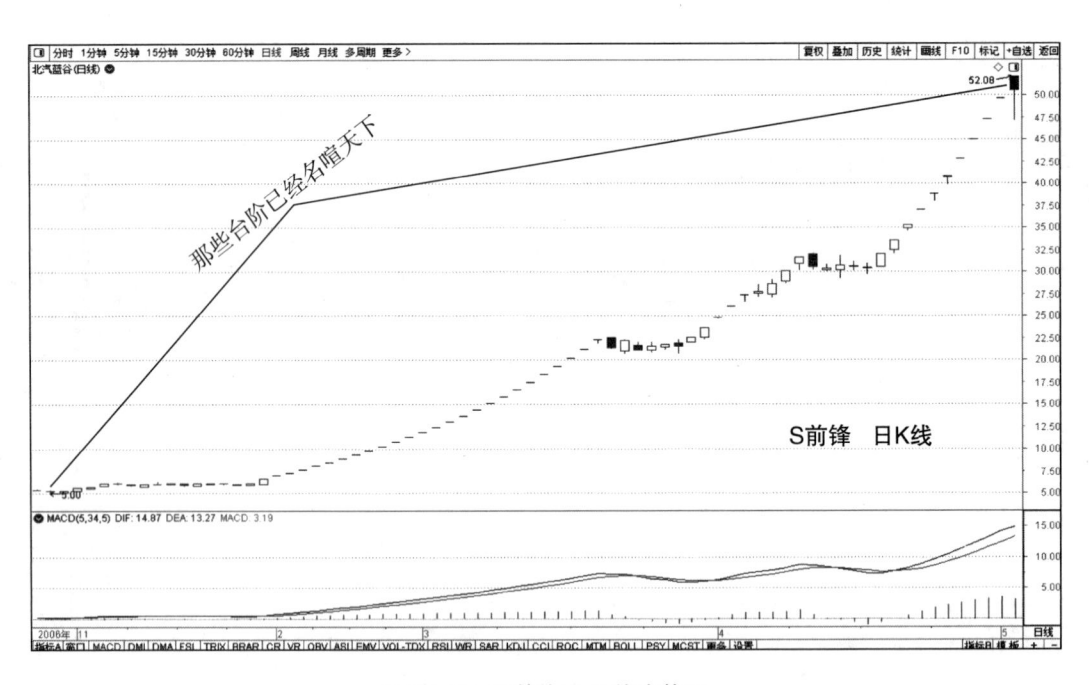

图 75-9　S 前锋日 K 线走势图

不要以为，庄家就是好差事。一般的散户，有上面四位优秀吃苦耐劳模范的一点功力，你想不成功都难了。看看人家，94% 还可以梅花香自苦寒来，那些被 N 天半月洗盘就搞得筋疲力尽的，还不如去买豆腐回家算了。

能熬住的少，熬不住的，最后都给人做嫁衣裳。那些在大峡谷底买货的新人，要知道，这些骨头里，可能最多的，就是所谓庄家的。看着100元的潍柴动力（000338，见图75-10）[1]，本ID就仿佛看到那铁窗下唐家兄弟的灰影，这里，就再重温一下，本ID在000338（潍柴动力）最低那天贴出来的五言诗——偶见湘火炬广告牌，口占五绝。**【拓展阅读**：偶见湘火炬广告牌，口占五绝：曾经湘火炬，今已鲁潍柴。十载风云客，七尺老残骸。——发表于2007-05-15 15:14:19。**】**有人可能又要问，为什么那天以后，就没有那个位置了？因为，如果还有那个位置，天都要哭老的。

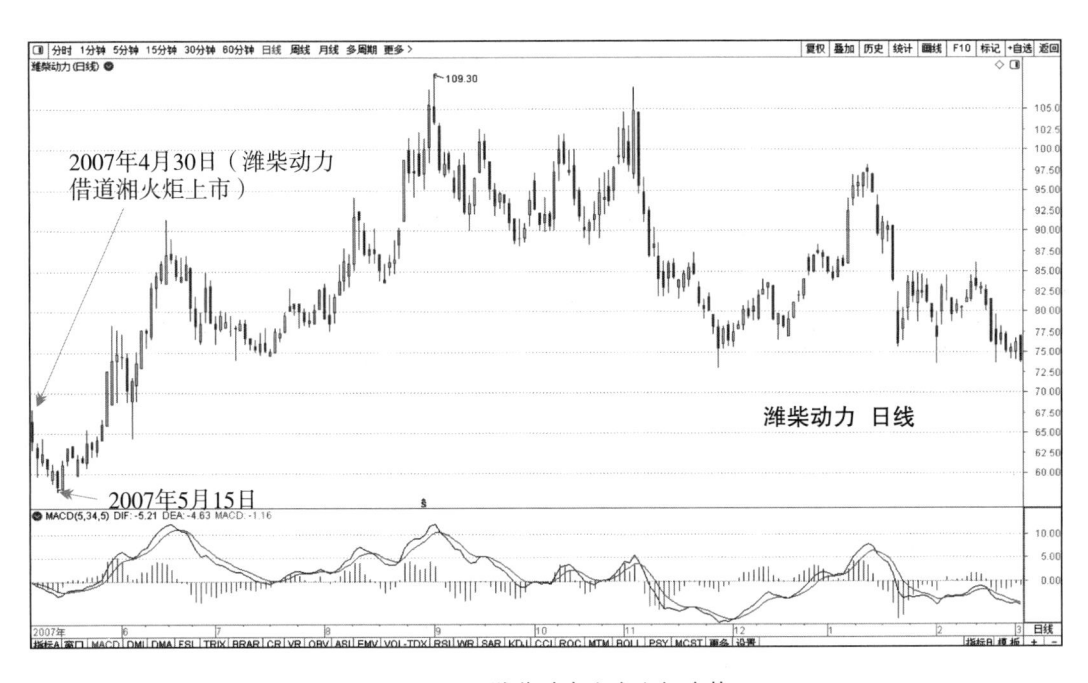

图 75-10　潍柴动力上市之初走势

搞死庄家，首先对其资金面、来路等等方面有充分的了解。那些光有几个钱，靠收买了个把刺史、郡守就蚁假猫威的暴发户，是最该收拾，也最容易收拾的。**【课文解读**：常用狐假虎威，缠中说禅使用蚁假猫威，突出了讽刺的意味。**】**一般来说，资金上的弱点是攻击的最好前提。当然，资金没什么弱点的，也可以攻击，特别是那些水平不高的新庄家。在市场上，新人新猪肉，被吃是天经地义的。还有一种，就是刚成功一把正在G点上G着的，这种是绝佳的猎杀对象。

当然，有些老狐狸，也是可以攻击的，但一旦介入，就要准备好长期作战。

所以，除非有特别的理由或特别没事干，要找点乐，否则，一般不和老狐狸们玩。但实际上，本ID经常不遵守这个所谓的一般。

晕，回头一看，这梦话也说得老长了，下次再继续说吧。

---

[1] 曾是新疆德隆系"三驾马车"之一的湘火炬（000549），其控股股东潍柴动力（潍坊）投资有限公司之母公司、香港主板上市公司潍柴动力（2338.HK），于2007年4月30日借道湘火炬回归内地上市，并取代湘火炬在深证的上市地位，成为换股吸收合并后的存续公司。

潍柴动力向湘火炬现有的除第一大股东潍柴投资外的其他所有股东发行A股，同时注销湘火炬。潍柴动力发行股份的换股价格为20.47元，湘火炬换股价格为5.80元，换股比例为3.53:1，即湘火炬除潍柴投资外的股东每持有3.53股湘火炬股票，可以换取1股潍柴动力的A股股票。

同时，湘火炬第二大非流通股股东株洲市国有资产投资经营有限公司，向流通股股东按10:0.35的比例"送股"作为股改对价。株洲国资以支付对价后的持股总数5344.627万股，换成潍柴动力A股股票1514.0586万股。流通股股东则以获得对价后的股份换股。

教你炒股票 76

逗庄家玩的一些杂史（二）

（2007-09-03 19:19:43）

现在梦话一点杂史，并不是说技术已经说完了，那还早着。只能在说技术中间穿插一下，这样不会让人完全沉浸在技术之中。毕竟，技术只是其中一方面。视角越全面，才会有更大的成就。

以下开始说梦话，谁信谁有毛病。

股票，公开的，谁都可以买卖，这就是其复杂所在。一般来说，单纯犯坏的难度当然比建设的难度小。如果你技术过关，你可能只拥有流通量的 5%，但你就能阻击一个有流通量 50% 的人。

玩死一个庄家，归根结底，就是两种：时间上害死他；空间上害死他。

有些心理有毛病的庄家，最容易被时间上害死。特别那些有洁癖的，总是希望把盘给洗得一尘不染，这种人，最容易玩了。你只要不断在里面折腾，让他感觉到里面人特乱，筹码特乱，那么这些无聊的家伙就是洗呀洗的，洗到行情都走完了，还在那里洗。很多庄家，就是太有洁癖了而被害死的，特别那些经验不足的，资金实力又有限的。

以前，要玩这些家伙，有一招一直都很有效，不过后来用多了，就不大好用了，现在基本没用。当时，喜欢用一个账号，齐刷刷就买一个巨大的惹眼的数量。能坐庄的，基本都能打单，这样一个账号，不可能不知道。一般来说，这样一件事情，对于那些新手，就够他们一阵折腾了。开始，不用在盘面上搞他们，等他们适应一段时间，有点麻木，就要给新的刺激。例如，再找一个新的账号买一个更大量的数量。注意，这些数量一般都控制在流通量的 2% 以下，不能大到影响这些家伙坐庄的信心。再折腾一段时间后，就要换手法。例如，在盘面上就要不时神经质地搞他两下，一般都是在他将高潮未高潮的时候，狠狠来一下，让他以后欲高潮时都留下后遗症。这样反复折腾，将他搞成残废。

注意，折腾人不是靠光砸光买就可以。其实，真干的时候，就是来回弄，那家伙砸的时候，就要敢接，拉的时候就要敢给，但那几个明目张胆的账号是不能动的，让他们搞不明白水的深浅。一般来说，阻击，只要拿流通的10%以下就足够了。其实，都不需要那么多。原则就是有能力在出手的一天内倒出一个10%~20%上下的换手大量来，而且震荡的区间一定要足够大，有可能就涨停到跌停来回N次。一个股票，特别在准备高潮时倒出这样一个大幅度震荡的大量，想不残废都难了。

而倒出这样的量，实际需要的筹码并不要太多，因为，不可能全天的交易都是一方搞出来的。倒的时候，技术高的，完全可以做到顺便就把差价给弄了而筹码尽量不丢。但注意，这种折腾，一定是在底部或相对底部的位置，最好就在庄家成本的附近，这样操作的难度就小多了。如果庄家给你玩恼火了，不玩了，撤了，一定要捣乱，不能让他顺利出去。只要你能让他亏钱出去，就是成功。一句话，就是不能让他挣钱跑。而且，在日常的折腾中，一定要弄各类手段去垫高其成本。

有些手法，和经验有关，不是一般人能干的。例如，要充分利用另外的分力的力量。庄家只是其中的一个分力，如果你能利用好其他分力，那庄家也只有给你折腾的份。

最狠的一种折腾，就是把这股票完全搞臭，也就是所有散户都知道这股票庄家不行，然后就搞成两家或N家对垒。一般搞到这种地步，就是完全的强盗逻辑了。或者你就亏钱走，或者就送钱给大家花，否则大家就耗着，看谁怕谁。庄家比你拿得多，占的资金多，而且他的钱可能还来路不明，有期限的，这样折腾，100个至少99个要死掉。

当然还有更狠的，那就是工夫在诗外的玩法了，一般这种招数不能用，这样有点过分，有点不讲江湖规矩了。这种玩法，最普通的就是从资金面下手，只要能断了对方的资金来源，你想搞死谁不可以？当然还有更狠的，就没必要说了。

上面是说在时间上搞死，一般这种，都是走出一个复杂的大级别中枢。而在空间上搞死，那就是另一种玩法了。这种玩法的基本原则就是：庄家要风，就助他风；要雨，就助他雨。这样，先养其骄。等到其觉得不可一世、春风得意时，突然出手。这出手，一定要稳、准、狠，一下就要其命。在纯技术的角度，这就是要先砸出一个相当狠的第一段，然后，引发散户恐慌盘后，回接。这里，出手的位置很关键，太低没有杀伤力，太高又太晚。因此出手的时机决定成败，这需要经验、判断、技术很多综合的因素，不是一般人能干的。

回接后，就是用来阻击庄家反扑的。庄家给第一段出手后，肯定有反扑，这时候，就要有足够的子弹进行塔山阻击战。股票有一个好处，没有子弹，只要有钱，马上就可以采购，所以必须要利用好这一特性，控制好阻击的节奏、能量。

一定要注意，第一段后只能回接散户的恐慌盘，不能接庄家的抛盘。因为你先出手，所以如果庄家跟着也砸，你就要更狠地倒下去。最好直接倒出一个 V 型反转，这样，连塔山阻击战都省了。这股票，至少残废一年半载，再找一个机会完全把他废了，还不是迟早的事？

不能再说梦话了，快 7 点半了，等一下还有事忙。先下，再见。

拓展阅读

阻击庄家

这一课对于我们来说，就算是开开眼界吧。

搞死庄家，技术难度要小于坐庄，而且非常适合使用缠论。

缠中说禅猎庄一般有两种方式：（1）在时间上害死他；（2）在空间上害死他。

1. 在时间上害死他

做为猎鲸者，最重要的是让猎物奔跑起来，这样才能为猎手创造获利机会。这其实就是前面说的让股性活跃起来，这样的股票对于缠论高手就是天堂。除了让股价奔跑起来，还不能让庄家浮盈太多，否则他随时可以砸盘走人，"游戏"就不能继续。因此不光要让猎物奔跑，还需将运动空间圈定在一个获利空间不大的范围内。站在缠论视角下，就是走出一个复杂的大级别中枢震荡，让猎物奔跑起来，直到力竭而亡。

这种方式对于心理有毛病尤其有洁癖的庄家最有效，庄家的多疑与不自信，很容易在时间上害死他。

只要不断在里面折腾，让他感到里面人特乱，筹码特乱，那么这些无聊的家伙就会洗呀洗的，洗到行情都走完了，还在那里洗。很多庄家，就是太有洁癖了而被害死的，特别是那些经验不足，资金实力又有限的。

2. 在空间上害死他

这种方式就是潜伏。和上面正相反，要掩盖自己的行踪，并尽可能地给庄家创造坐庄的机会，然后在一个大级别的卖点上雷霆出手，一击致命。站在纯技术的角度，就是要先砸出一个相当狠的第一段，最好是涨停到跌停，此时庄家的动向很重要。如果庄家没出手，就回接散户的恐慌盘，坐等庄家的反扑，在第二类卖点上搞死他。如果庄家被砸后也选择砸盘，那么就清仓砸盘走人，最好直接倒出一个V型反转，这样，连阻击战都省了，这股票，至少残废一年半载。

图76-1、图76-2是宁德时代的K线走势图，高度疑似遭遇本节所说的阻击。图76-3是暴跌那天的龙虎榜，中信证券股份有限公司上海分公司是做空主力，但如此砸盘出货，其目的应该不仅仅是出货。

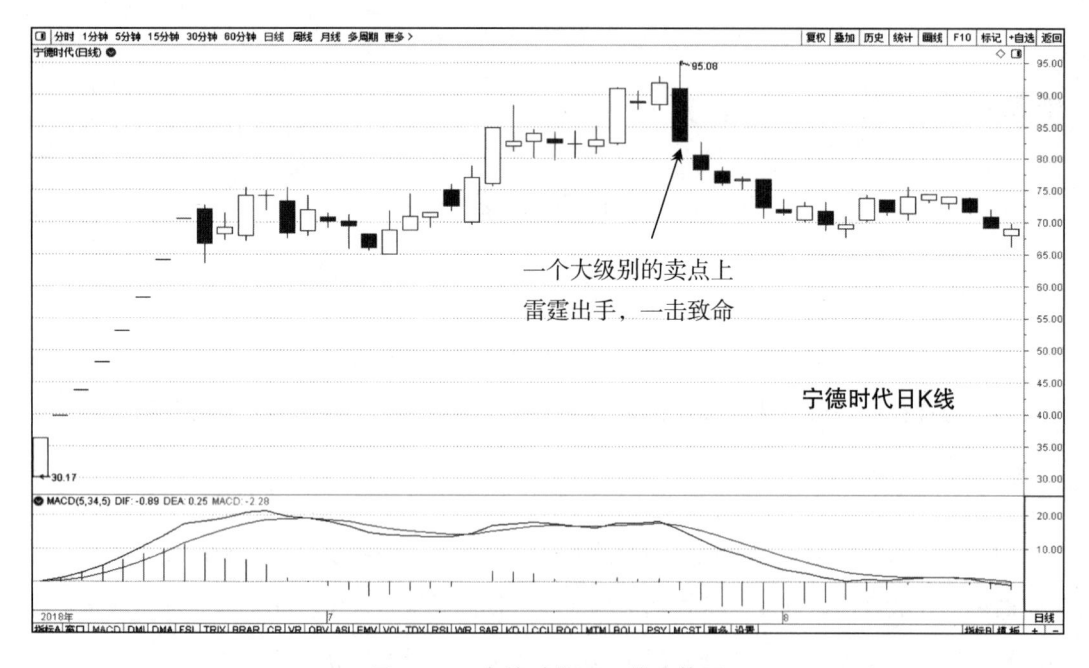

图76-1 宁德时代日K线走势图

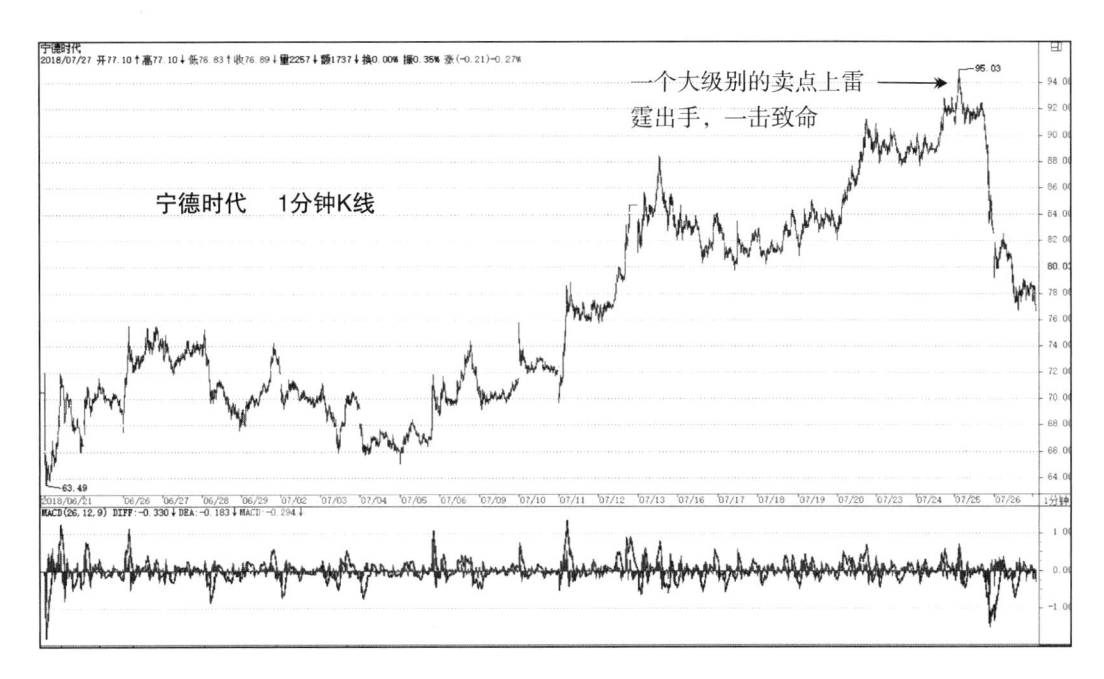

图76-2 宁德时代1分钟K线图

图76-3 宁德时代成交龙虎榜

教你炒股票 77

一些概念的再分辨

（2007-09-05 23:24:01）

梦话不能连续说，现在回到技术上来。对一些概念进行再分辨，因为有些概念太基础，如果搞不清楚，后面永远就一个字：乱。为了不乱，希望是最后一次再把前面最基础的概念分辨一下。

先用缺口的例子说明基于严格分类基础上正确预测的思维方法。任何预测，都必须基于严格分类的基础上，这是一个最基本的思维。否则，整天陶醉在纯概率的游戏中，只能是无聊当有趣。

例如缺口，用向上的为例子。首先，要给缺口一个明确的定义，这定义是有利于分类的，只有明确的定义才有明确的完全分类。何谓缺口，就是在该单位K线图上，两相邻的K线间出现没有成交的区间。例如，在上海指数日线单位的K线图里，1994年的7月29日与8月1日，就出现[339,377]这个区间没有成交（见图77-1）。那就说，[339,377]是一缺口。

而缺口的回补，就是在缺口出现后，该缺口区间最终全部再次出现成交的过程。这个过程，可能在下一K线就出现，也可能永远不再出现。例如[339,377]这一缺口，虽然不敢说永远不再回补，但到股市被消灭前，大概也没什么机会回补了。

像本ID之类有幸经历这一天的人，有福了。本ID还记得，本ID当时在1994年7月29日最大量买入的股票，深圳是老星源（世纪星源，000005，见图77-2），上海是大飞乐（飞乐音响，600651，见图77-3）。

根据缺口的是否回补，就构成了对走势行情力度的一个分类。

（1）不回补，这显然是强势的。

（2）回补后继续新高或新低，这是平势的。

图 77-1　上证指数中的著名缺口

图 77-2　世纪星源 1994 年 7 月前后日 K 线走势图

（3）回补后不能新高、新低，因而出现原来走势的转折，这是弱势的。

一般来说，突破性缺口极少回补，而中继性缺口，也就是趋势延续中的缺口，回补的几率对半，但都一定继续新高或新低，也就是至少是平势的。

图 77-3　飞乐音响 1994 年 7 月前后日 K 线走势图

　　而一旦缺口回补后不再新高、新低，那么就意味着原来的趋势发生逆转，这是衰竭性缺口的特征。一旦出现这种情况，就一定至少出现较大级别的调整，这级别至少大于缺口时所延续的趋势的级别。也就是说，一个日线级别趋势的衰竭性缺口，至少制造一个周线级别的调整。而一个 5 分钟级别的衰竭性缺口，至少制造一个 30 分钟级别的调整。【**深入解析**：衰竭性缺口引发的反噬与趋势背驰差不多。】

　　注意，这里的级别和缺口所在的 K 线图无关，只和本 ID 理论中的走势类型级别有关。【**课文解读**：因为缺口会出现在某级别以下各个级别的图形中，因此首先要分清楚缺口属于缠论什么级别走势类型。】不同周期 K 线图和走势的级别，就如同不同倍数显微镜和显微镜所观察的物体，这个比喻反复说了，不能再混淆了。

　　显然，日 K 线图有缺口，在日线以下的任何周期的 K 线图都会相应有缺口。而回补日线的缺口，不一定能回补日线以下周期 K 线图上的缺口。【**字斟句酌**：应该会回补，只是小级别的走势可能无法在同一张 K 线图上观察到。】

　　另外，在盘整走势中的缺口，与在趋势中的缺口性质不同，属于普通缺口。这种缺口，一般都回补，而且没有太大的分析意义。唯一的意义，就是在中枢震荡中有一个目标，就是回拉的过程中，几乎肯定能至少拉回补掉缺口的位置。

　　【**课文解读**：图 77-4 是宁德时代的日 K 线图，这一段走势中包含了三种缺口：

（1）突破性缺口，代表行情加速，是极强的走势，一般不回补；（2）中继性缺口，代表走势延续，强度一般，回补后继续新高或新低；（3）衰竭性缺口，代表原趋势终结，是趋势转折信号。】

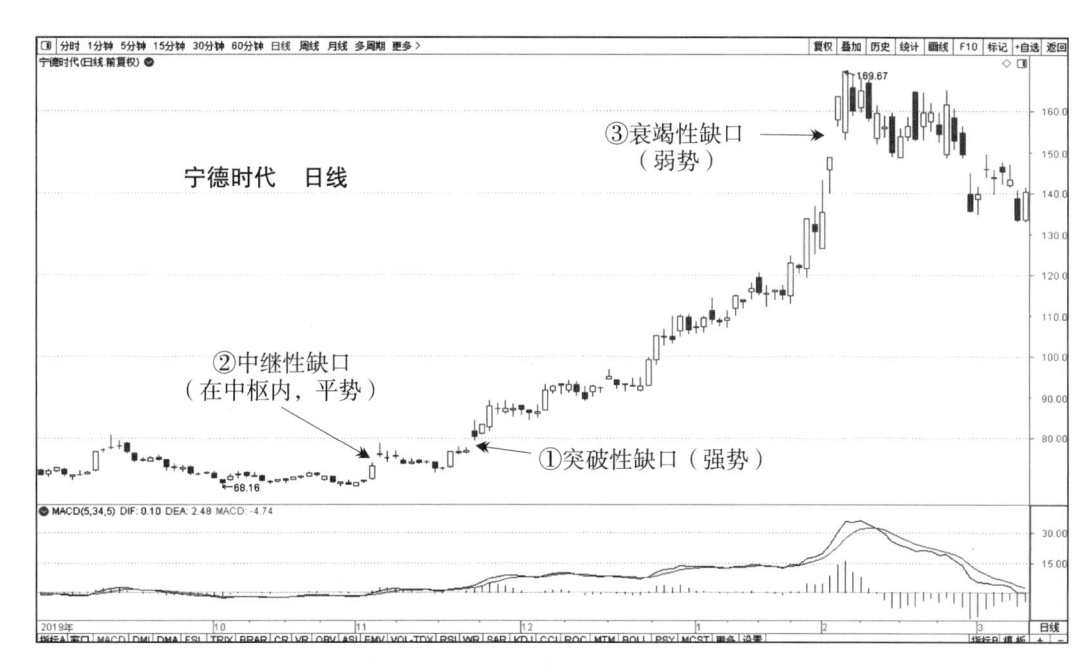

图 77-4 三种不同的缺口

缺口说完了，就再说说分型、笔、线段的问题。

分型就不用再说了，按定义，只要把包含关系搞清楚，相信连迂腐的文人都应该能描红一番。如果没有包含关系，3 个 K 线就可以决定一个分型。但注意，任何相邻的分型之间必须满足结合律，也就是，不能有些 K 线分属不同的分型，这样是不允许的。

一般来说，对不熟悉的人，首先应该按定义，把分析的图中的分型按照包含关系以及结合律的最基本处理后给标记好，顶分型可以用向下的箭头，底分型可以用向上的箭头，这样就一目了然了。

有了上面这基础工作，那这个图就可以看成只有这些分型，分型之间的 K 线都可以暂时不用管。

下面的工作，就是确定笔了。笔，必须是一顶一底，而且顶和底之间至少有一个 K 线不属于顶分型与底分型。

当然，还有一个最显然的，就是在同一笔中，顶分型中最高那 K 线的区间至少要有一部分高于底分型中最低那 K 线的区间，【**字斟句酌**：这里应该有错，应为"高于底分型中最高那 K 线"的区间。】如果这条都不满足，也就是顶都在（低）[底]的范围内或顶比底还低，这显然是不可接受的（见图 77-5）。

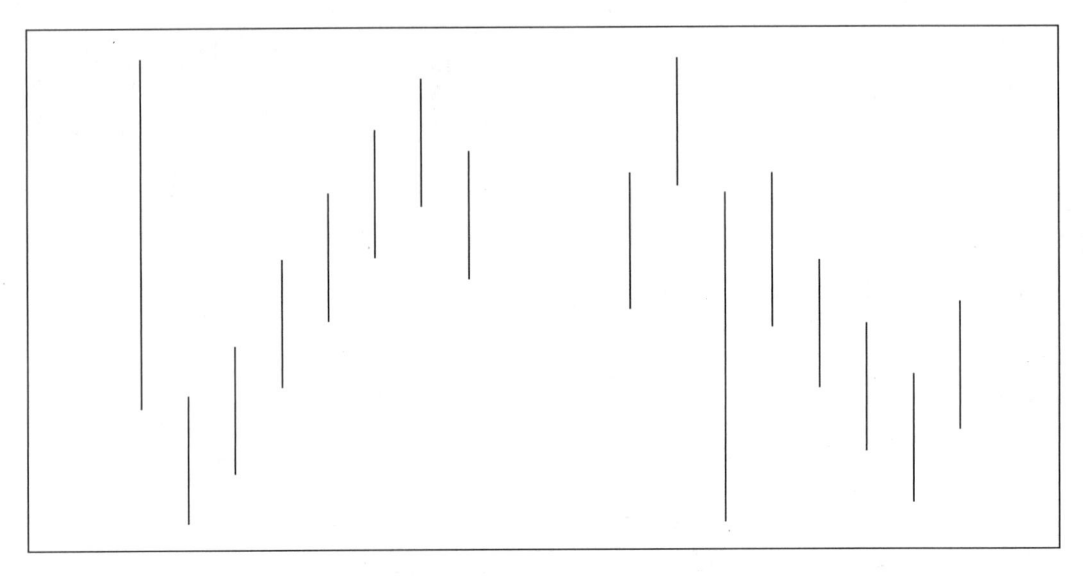

图 77-5　顶在底中或底在顶中的情况

因此，在确定笔的过程中，必须要满足上面的条件，这样可以唯一确定出笔的划分。这个划分的唯一性很容易证明，假设有两个都满足条件的划分（见图 77-6），这两个划分要有所不同，必然是两个划分从第 N-1 笔以前都是相同的，从第 N 笔开始出现第一个不同，这个的 N 可以等于 1，这样就是从一开始就不同。那么第 N-1 笔结束的位置的分型，显然对于两个划分的性质是一样的，都是顶或底。

对于是顶的情况，那么第 N 笔，其底对于两个划分必然对应不同的底分型，否则这笔对两个划分就是相同的，这显然矛盾。由于分型的划分是唯一的，因此，这两种不同的划分里在第 N 笔对应的底分型，在顺序上必然有前后高低之分，而且在这两个底之间不可能还存在一个顶，否则这里就不是一笔了。

如果前面的底高于后面的底，那么前面的划分显然是错误的，因为按这种划分，该笔是没有完成的。一个底不经过一个顶后就有一个更低的底，这是最典型的笔没完成的情况。【**课文解读**：如图 77-6 所示，第 N 笔的结束位置最少有两种可能，即图中的 A 或 B 点。当 A 高于 B 时，前笔是没有完成的。】

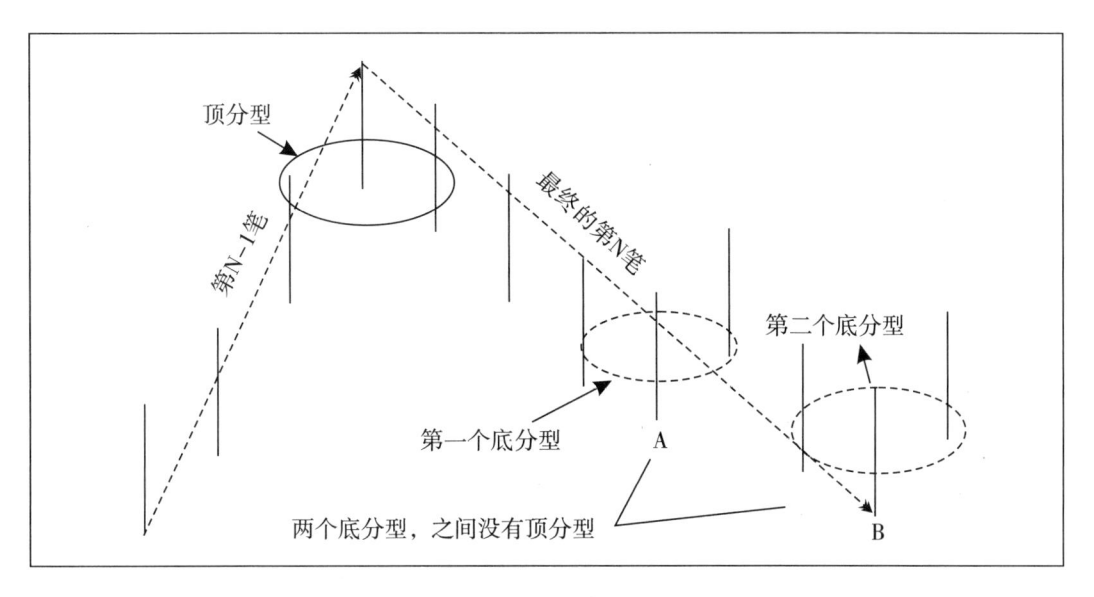

图 77-6 笔的划分具有唯一性（一）

如果前面的底不低于后面的底，那么在下面一个顶分型出现前，如果有一个底分型低于前面的底，那么，这两种划分都是不正确的，所划分的笔都是没完成的。

【课文解读：这里有点重复了：在下一个顶分型出现前，所有的底分型都未被确认，都有可能被更低的底分型代替。】

如下面一个顶分型出现前，没有一个底分型低于前面的底，那么下面一个顶分型，必然高于前面的底，因此，前面的底和这个顶分型就是新的N+1笔（见图77-7），因此，第N笔和第N+1笔就有了唯一的划分，这和第N笔开始有不同划分相矛盾。

关于第N-1笔结束的位置的分型是底的情况，可以类似去证明。

综上所述，显然，笔的划分是唯一的。

从上面笔划分的唯一性证明中，其实也知道如何去划分笔的步骤：

（1）确定所有符合标准的分型。

（2）如果前后两分型是同一性质的，对于顶，前面的低于后面的，只保留后面的，前面那个可以×掉；对于底，前面的高于后面的，只保留后面的，前面那个可以×掉。不满足上面情况的，例如相等的，都可以先保留。

（3）经过步骤二的处理后，余下的分型，如果相邻的是顶和底，那么这就可以划为一笔。

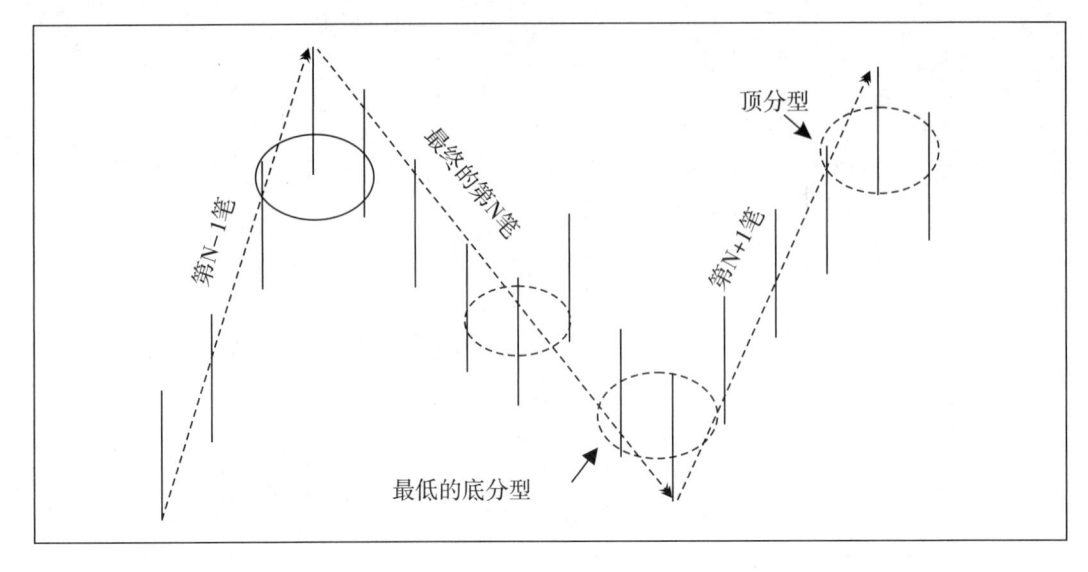

图 77-7　笔的划分具有唯一性（二）

如果相邻的性质一样，那么必然有前顶不低于后顶，前底不高于后底，而在连续的顶后，必然会出现新的底，把这连续的顶中最先一个，和这新出现的底连在一起，就是新的一笔，而中间的那些顶，都×掉；在连续的底后，必然会出现新的顶，把这连续的底中最先一个，和这新出现的顶连在一起，就是新的一笔，而中间的那些底，都×掉。

显然，经过上面的三个步骤，所有的笔都可以唯一地划分出来。

有了笔以后，就是线段了。线段划分的最基本原则，就是线段必须至少有三笔，这是十分显然的。否则，一笔都能构成线段，那笔和线段又有什么区别？

至于两笔为什么不能构成线段，这理由更简单，因为两笔，那么线段的两段的分型的性质肯定是一样的，和笔一样，一个完整线段的两段的分型不可能是同性质的。也就是说，和笔一样，线段也不可能从一个顶开始结束于一个顶，或者从一个底开始结束于一个底。由此可见，线段中包含笔的数目，都是单数的。而且，线段开始的那三笔，必须有重合，开始三笔没有重合，是构不成线段的。

另外，线段必须被线段所破坏才能确定其完成。对于线段划分的第一种情况，【课文解读：分型第一、第二元素无缺口。】如果第一笔出现笔破坏后，接着的一笔就创新高，而且再后一笔，根本就不触及笔破坏那一笔，那么，这时候，显然构成不了线段对线段的破坏，因为后面这三笔没有重合，不可能构成一线段（见图77-8）。

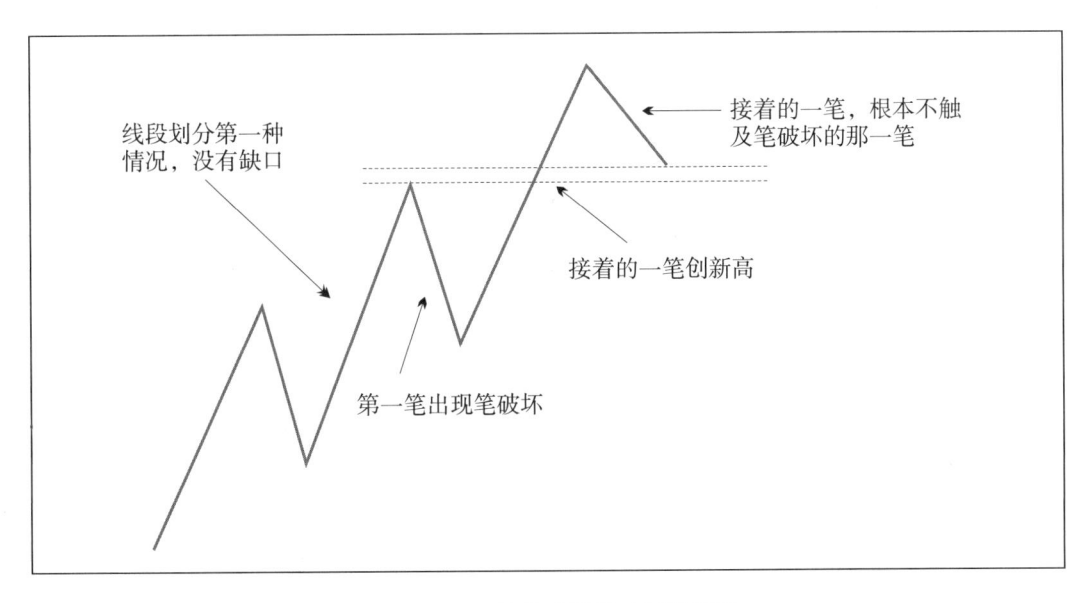

图 77-8　无法构成线段破坏的情况

而这，用第一种情况的判断法就更明确了，上面这种情况根本不可能形成特征序列的分型，当然就不可能是线段的完成。

再者，线段被线段破坏，必须不能是被同一性质的线段所破坏，也就是从向上一笔开始的线段不可能被向上一笔[开始]的线段所破坏，必然是被从向下一笔开始的线段所破坏。

线段的第二种情况，【课文解读：分型第一、第二元素有缺口。】其实就包含这种情况。也就是，按第一种情况，线段 A 没有被接着的线段 B 破坏，但接着的线段 C 破坏了线段 B，因此，线段 B 是完成的，当然线段 A 也应该是完成的（见图 77-9）。注意，这里的线段 A、B、C 只是用结合律的原则先划分，括弧里面满足线段的基本性质，在这破坏关系没被确认之前，这只是一个假设的称呼。【字斟句酌：线段 B 需要封闭与 A 走势最后一个中枢震荡高点的缺口。否则，如图 77-9 中虚线部分所示，线段 B 与线段 A 最后一个类中枢有缺口，即使线段 C 完成，因只有两段高级别走势，所以不能构成一个高级别的类中枢，具体情况可参考第 39 课为 a+A 的同级别分解附加的前提条件。】

各位（肯）[一]定注意，在第二种情况下特别强调，第二特征序列，其实就是对应着线段 C 对线段 B 的破坏，不再分第一、二种情况了。这，其实是一个简化的方法。为什么？

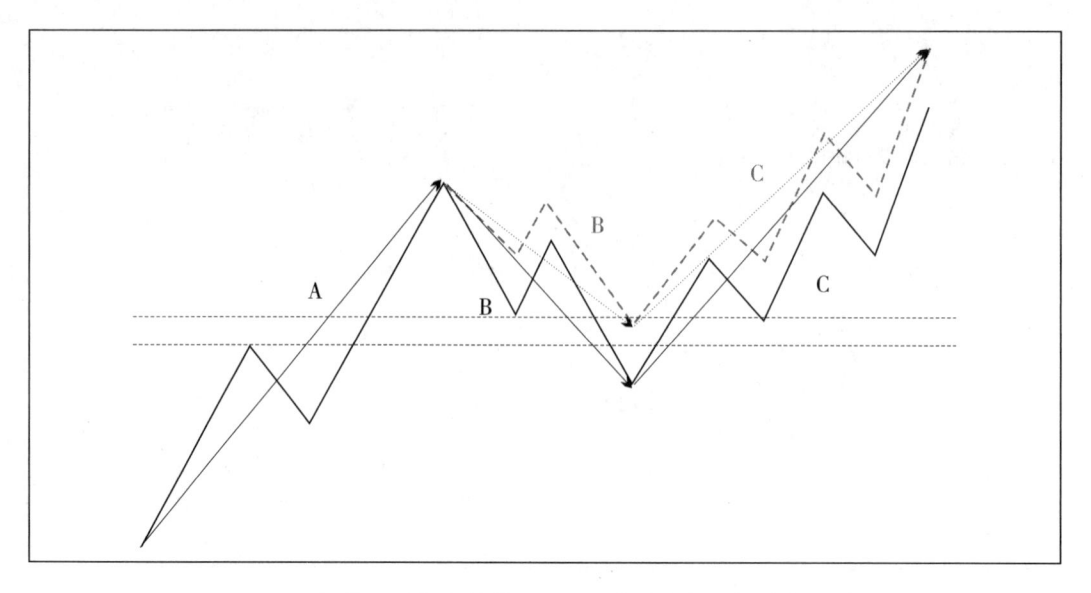

图 77-9　线段 C 破坏了线段 B，可以确认线段 A 被线段 B 破坏

如果我们坚持线段的最终破坏回补特征序列缺口情况，那么，如果线段 C 对线段 B 还是第二种情况，那么线段 C 的区间肯定就在线段 A 特征序列缺口与线段 B 特征序列缺口之间（见图 77-10）。如此类推，总会出现一个线段 X，使得对应前面的线段是回补特征序列缺口，否则，这些线段的区间就会无限缩小，最后就会形成一个点，这显然是不可能的，学过极限的都应该能理解。所以，在一串的相对前一线段是第二种情况的线段串中，比如最终会出现第一种情况的破坏，这样倒推回来，必然有这一串假定线段间的连续破坏。

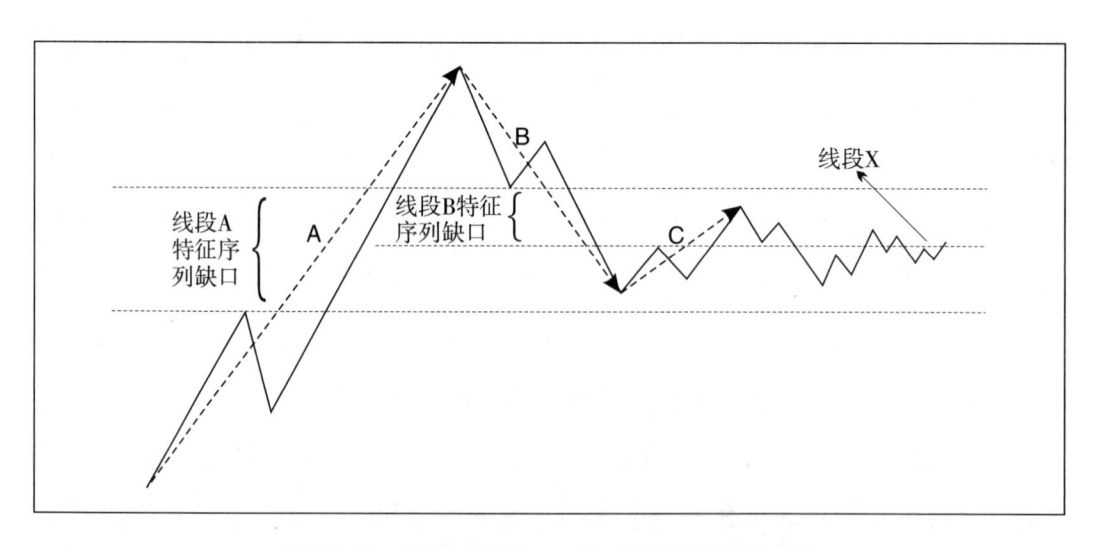

图 77-10　不再区别第一、第二种情况的线段破坏

正因为这样,所以在第二种情况中的第二特征序列判断中,就不再分第一、二种情况了,这样是免得有一串线段串不断收敛后倒推回来的麻烦。这在数学上当然是绝对完美,但操作起来太麻烦,而且这种特殊的情况很少见,就更没必要了。

那么,为什么要区分第二种情况,因为是不希望在线段的层次上出现小级别转大级别这样不确定的情况,用第二种情况就能解决这个问题。【深入解析:分型第一、第二元素之间有缺口,表明最后一段上涨比较有力,因此大级别上往往不存在背驰。】

有一种复杂的情况,在今天的80—83的划分中就出现了(见图77-11)。图中就是对80—81,出现了第一笔的笔破坏,然后接着是一个符合线段标准的走势A,但没有创新低,这样当然不能算是原线段的延续。但线段的破坏也不能算,为什么?因为没有符合要求的三笔。接着,一个反弹,也满足线段的要求,然后就转头继续创新低。这里有一个细微的区别,如果这个反弹只是一笔,那么就没有破坏走势A,后面接着的新(底)〔低〕,就意味着走势A依然延续,所以走势A就是原来80—81的延续。

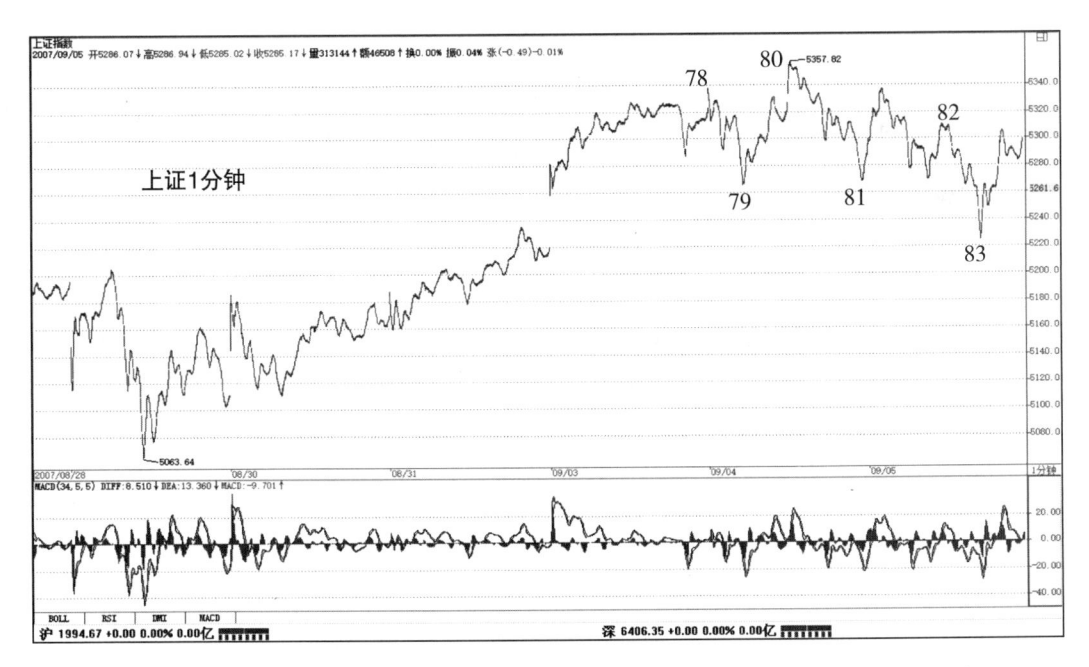

图77-11 上证指数1分钟K线走势图

但现在的问题是,这个反弹把走势A给线段破坏了,因此,说走势A依然延续是显然不对的,所以后面的走势和走势A无关。因此,唯一合理的划分,就是把第一笔的笔破坏、走势A、一个反弹合成一个线段，这完全满足线段的定义，所以就有了81—82。【**课文解读**：如图77-12所示，（1）笔b直接破坏了笔a，所以只要笔b能延伸成线段，就可以破掉线段80—81。由于笔x的K线数量不足，最终未能延续成线段。（2）走势A未能破掉线段80—81的低点，这样就必须观察下一个上涨段，来决定哪段为线段81—82；（3）反弹线段未能打破笔b的高点，结合后续走势，划出了线段81—82。】

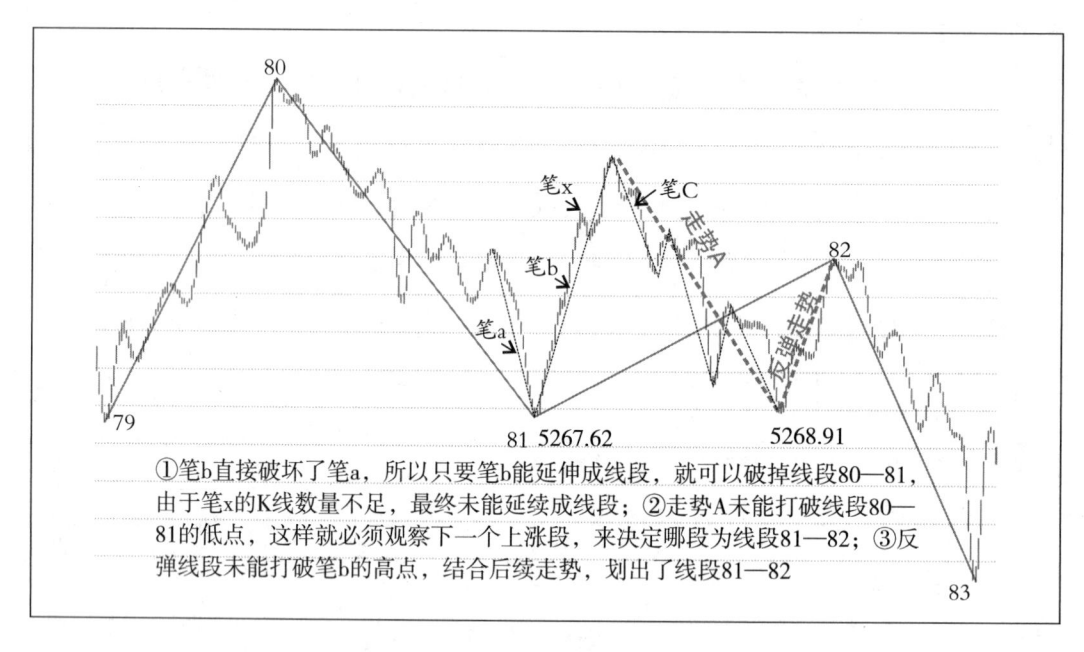

图77-12 "古怪走势"的处理

线段的划分，其实一点都不难，关键是要从定义出发。而且用线段划分的两种情况的规定，不难证明，线段的划分也是唯一的。

教你炒股票 78

继续说线段的划分

（2007-09-06 22:28:31）

本来说好要开新课，但看到很多人确实还是没搞清楚，而且，今天本来也不是说股票的，等于占用了别的时间来补这一课。

线段的划分，就是上面课程里的两种情况，根据这两种情况的完全分类来，没有不能唯一去划分的。但一到实际划分，很多人就晕，为什么？因为基本的概念还是没搞清楚。

首先，线段和笔，都是有方向的，从顶开始的笔一定结束在底。同样，以向上笔开始的线段一定结束于向上笔，不可能一个线段，开始是向上笔，结束于一个向下笔。向上的笔的开始分型是底，而向下笔的结束分型也是底，换言之，一个线段，不可能是从底到底或从顶到顶，这是一个最基本的概念。

同样，正如同一笔不可能出现顶低于底的情况，同一线段中，两端的一顶一底，顶肯定要高于底。如果你划出一个不符合这基本要求的线段，那肯定是划错了。

由于图形不断延续，因此，除非是新股上市后最开始的一段，否则任何一段都是破坏前一段的。如果你的划分，不能保证前面每一段都是被后一段破坏，那么这划分肯定不对。线段的破坏是可以逆时间传递的，也就是说被后线段破坏的线段，一定破坏前线段。如果违反这个原则，那线段的划分一定有问题。

当然，实际划分中没必要都从上市第一天开始，一般都是从K线图中近期的最高或最低点开始。例如，如果你今天才开始进行划分1分钟图，那么，就可以从昨天下午跳水的最低点5224点开始（见图78-1）。但这样，肯定对大的走势不可能有正确认识。要对这波行情有明确的分析，即使不从7月6日的3563点开始，也要从8月17日的4646点开始（见图78-2）。

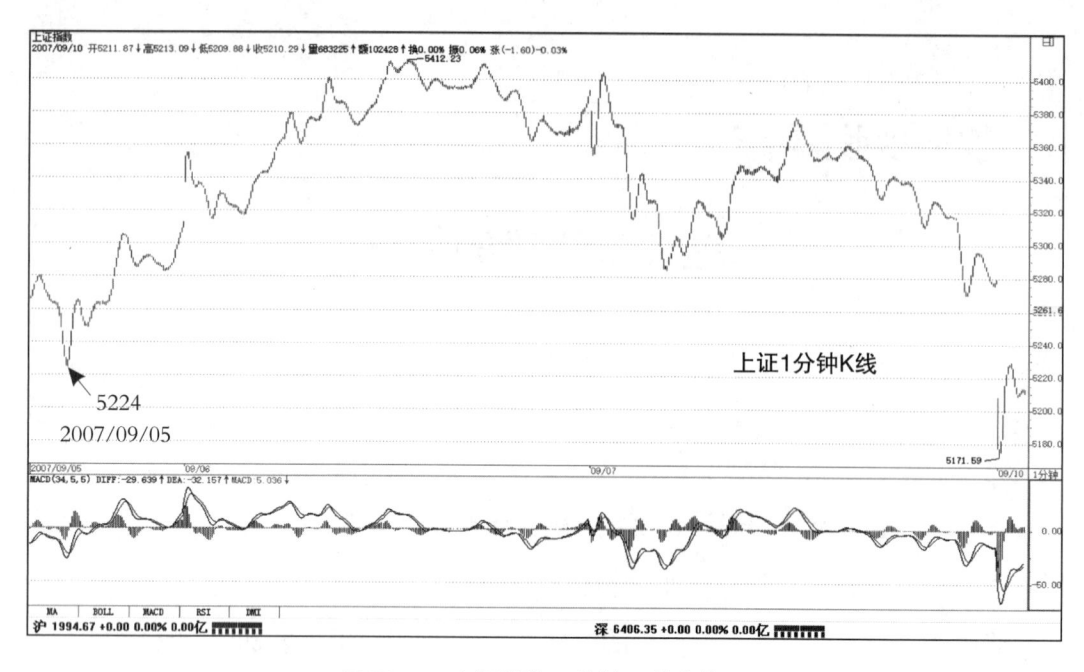

图 78-1　上证指数 1 分钟 K 线走势图

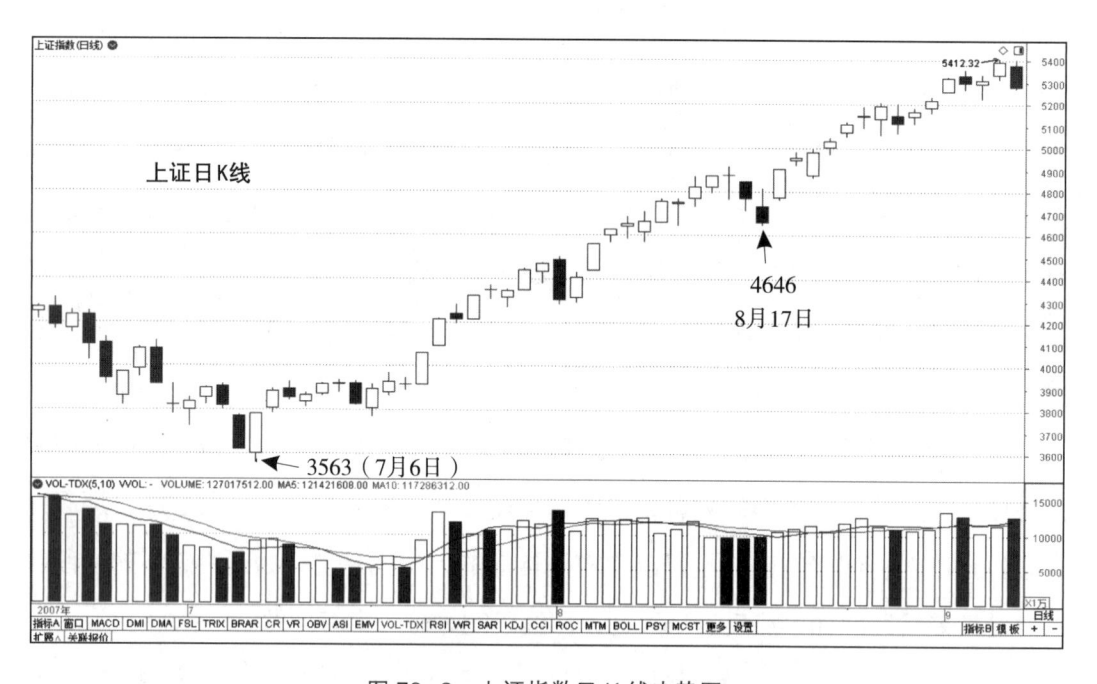

图 78-2　上证指数日 K 线走势图

选择好了开始点，就可以进行分段了。如果熟练了，就可以直接分段，因为分型、笔都可以心算就知道，直接就可以进行分段；但如果不熟练，还是先从分型开始，然后笔，再线段，这样比较稳妥。

在实际划分中，会碰到一些古怪的线段。其实，所谓的古怪，是一点都不古怪，只是一般人心里有一个印象，觉得线段都是一波比一波高或低，很简单那种，其实，线段完全不必要这样。一般来说，在类似单边的走势中，线段都很简单，不会有太复杂的情况，而在震荡中，线段出现所谓古怪的可能性就大增了。

所有古怪的线段，都是因为线段出现第一种情况的笔破坏后，最终没有在该方向由该笔发展形成线段破坏所造成的，这是线段古怪的唯一原因。【**课文解读：第二种情况，即分型第一、第二元素间有缺口时，走势最终没被破坏是正常的，所以不古怪。**】因为，如果线段能在该方向出现被线段破坏，那就很正常了，没什么古怪的。

注意，这里有一个细节必须注意，线段最终肯定都会被线段破坏，但线段出现笔破坏后，最终并不一定在该方向由该笔发展形成线段破坏。

由最简单概念知道，任何线段都有方向的。例如线段 B，其方向是下，也就是由向下笔开始的线段，那么其结束笔肯定也是向下笔（见图 78-3）。因此，线段出现第一种情况的笔破坏，这破坏的一笔肯定是向上笔。但这一笔之后，没有形成特征序列的分型，满足不了第一种线段破坏的情况，因此，就在这个方向上形成不了线段的破坏。

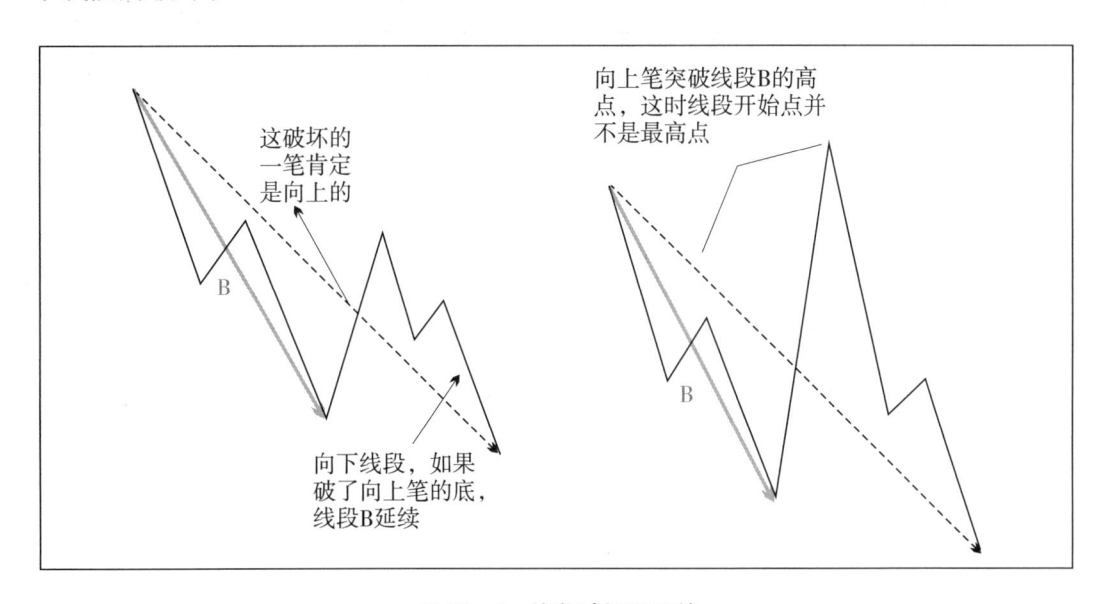

图 78-3 线段破坏和延续

而线段，不可能被同方向的线段破坏。任何同方向的线段，或者互相毫无关系，或者就是其中一线段其实是前一线段的延续，也就是说前一线段其实根本没完成。

但线段出现第一种情况的笔破坏后，最终没有在该方向由该笔发展形成线段破坏时，在上面例子中的向上破坏笔完成后，接下来肯定是向下的笔，这笔肯定会形成一个向下的线段，否则，就意味着前面那向上破坏笔能延续出线段，这和假设矛盾（见图78-4）。

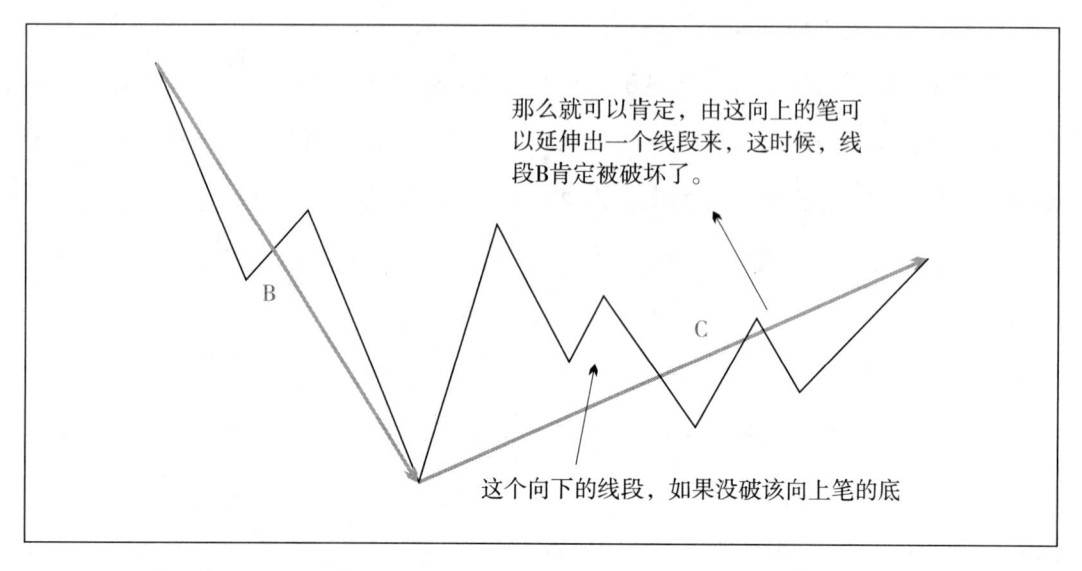

图78-4 笔破坏发展出线段破坏

这个向下的线段，如果破了该向上笔的底，那么，原来的线段B就是没结束，在继续延续（见图78-5）。

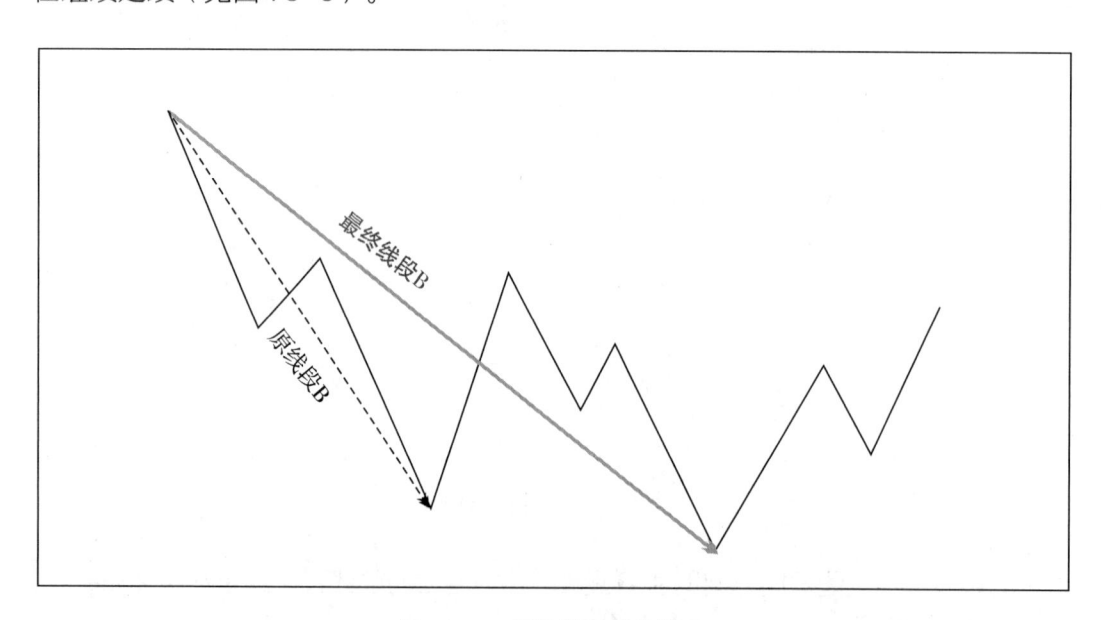

图78-5 原线段延续的情况

这种情况下，如果那向上笔突破线段 B 的高点，这时候就会出现，线段的开始点并不是最高点的情况（见图 78-6）。

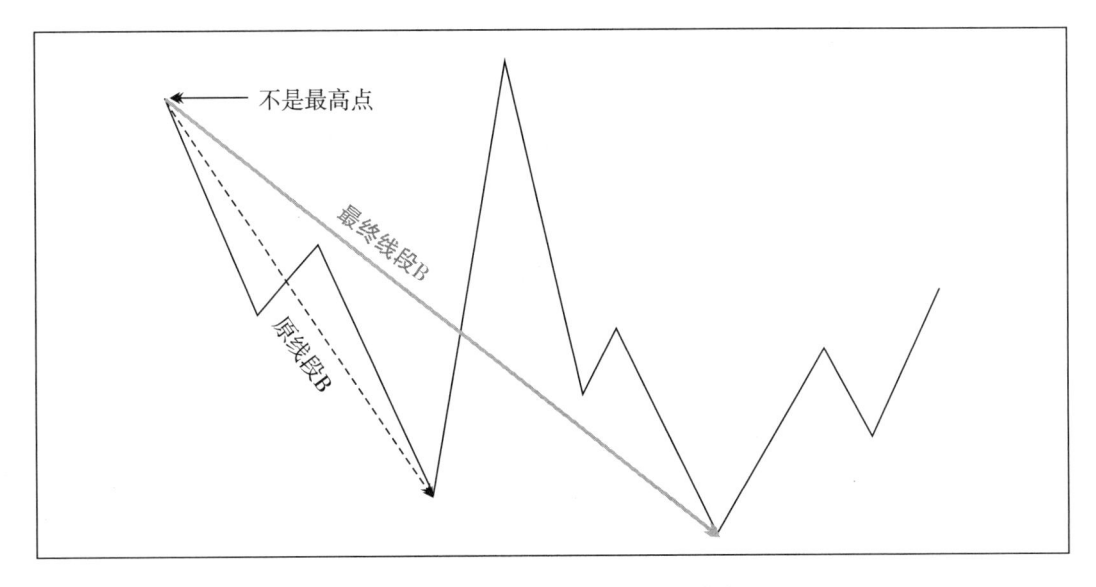

图 78-6　线段的开始点不是最高点

如图（见图 78-4），这个向下的线段，如果没破该向上笔的底，那么就可以肯定，由这向上的笔可以延伸出一个线段来，这时候，线段 B 肯定被破坏了。

注意，这个例子中有一个最关键的前提，就是线段 B 已经确认线段破坏了它前面的线段。如果线段 B 对前面线段的破坏都没确认，那就先确认，这里的分析都不适用了。

从这个例子就知道，笔破坏与线段破坏的异同。对于线段破坏的第二种情况，例如线段 B 对线段 A 是第二种情况，而线段 C 没有形成第二特征序列的分型又直接新高或新低了，这时候，不能认为这是三个线段，线段 A、B、C 加起来只能算是一个线段（见图 78-7）。

另外，一定要注意，对于第二种情况的第二特征序列的分型判断，必须严格按照包含关系的处理来，这里不存在第一种情况中的假设分界点两边不能进行包含关系处理的要求。为什么？因为在第一种情况中，如果分界点两边出现特征序列的包含关系，那证明对原线段转折的力度特别大，那当然不能用包含关系破坏这种力度的呈现。而在第二种情况的第二特征序列中，其方向是和原线段一致，包含关系的出现，就意味着原线段的能量充足。而第二种情况，本来就意味着对原线段转折的能量不足，这样一来，当然就必须按照包含关系来。【**深入解析**：如图78-8所示，据此可以得出一个有意思的推论：后元素包含前元素时，按反方向处理包含关系；前元素包含后元素时，按原方向处理包含关系。因此以后处理包含关系时还需考虑有包含关系的两笔（两根K线）的位置关系。】

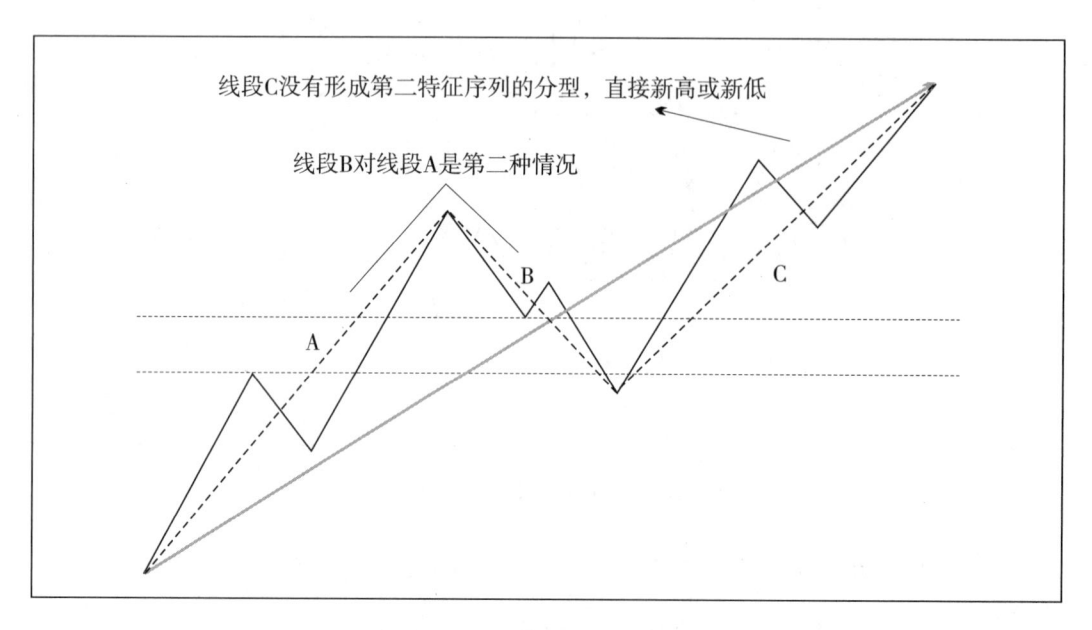

图78-7 线段延续的情况

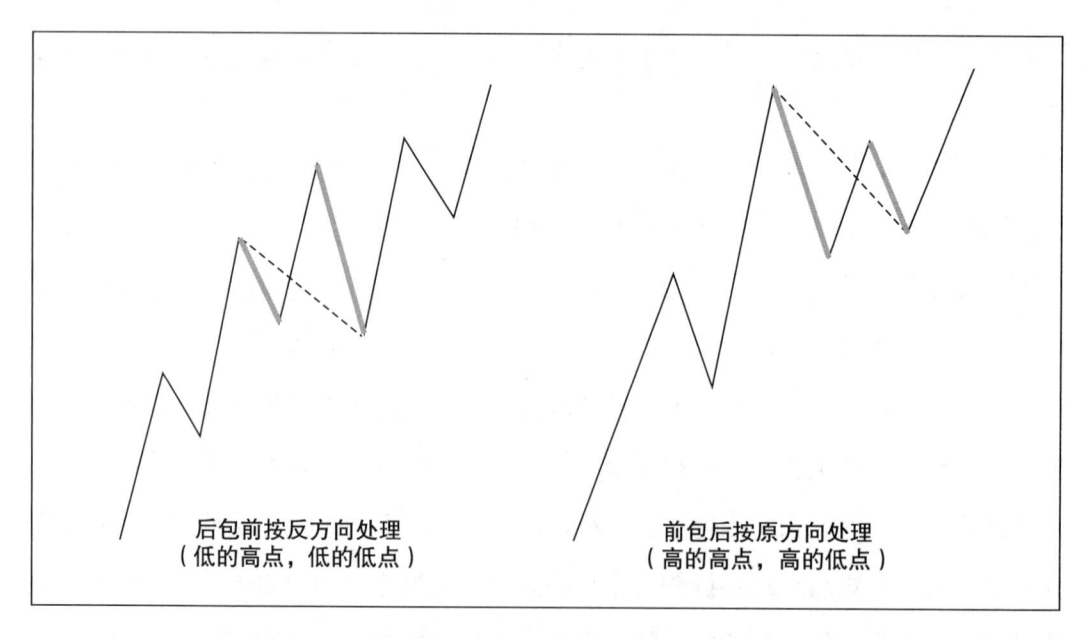

图78-8 新的包含处理规则

通过上面的讲解，应该没有任何线段问题能难倒各位了，当然前提是能把上面的内容搞明白。

注意，这里必须提醒一句，这在以前也曾说过，就是，如果线段中，最高或最低点不是线段的端点，那么，在任何以线段为基础的分析中，例如把线段为基础构成最小级别的中枢等，都可以把该线段标准化为最高[最]低点都在端点。因为，在以线段为基础的分析中，都把线段当成一个没有内部结构的基本部件，所以，只需要关心这线段的实际区间就可以，这样就可以只看其高低点。【课文解读：如图78-9所示，上课中的例子，最终按虚线处理。】

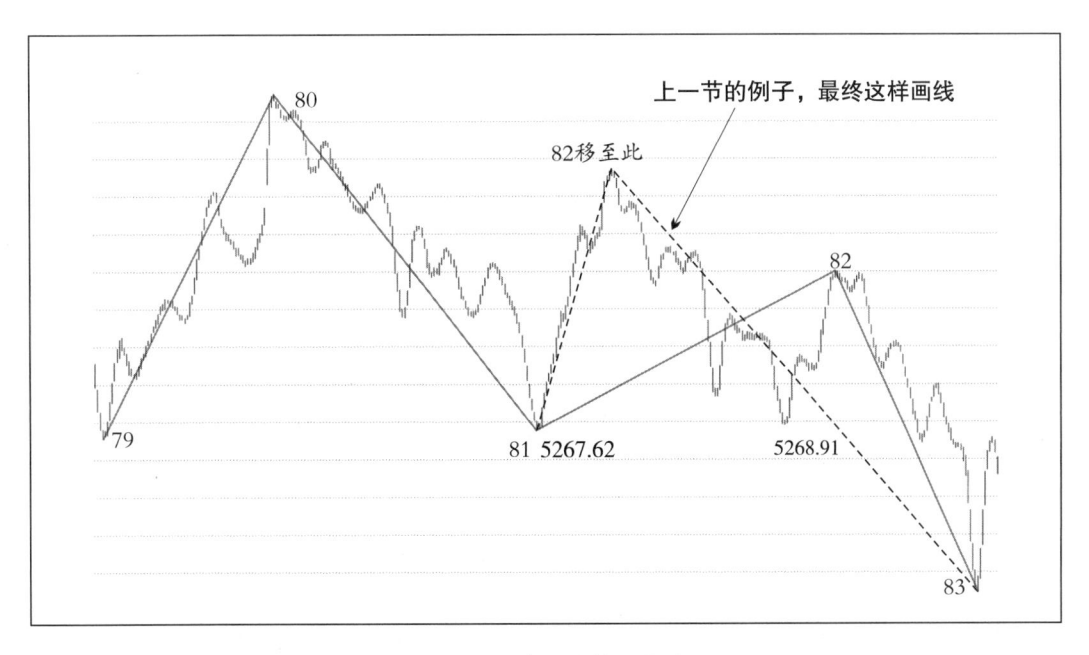

图 78-9 "古怪走势"的处理

经过标准化处理后，所有向上线段都是以最低点开始最高点结束，向下线段都是以最高点开始最低点结束。这样，所有线段的连接，就形成一条延续不断、首尾相连的折线。这样，复杂的图形，就会十分地标准化，也为后面的中枢、走势类型等分析提供了最标准且基础的部件。

教你炒股票 79

分型的辅助操作与一些问题的再解答

（2007-09-10 22:37:13）

首先，发现还有很多人对一些最基本问题犯晕，所以必须再解答一下。然后再说分型的辅助操作。

任何人进入市场，不是要求一个万能的宝贝，然后抱着就想得什么得什么了。本 ID 的理论，只是其中的因素。利用本 ID 理论操作的人对理论的把握程度，是一个因素，利用本 ID 理论操作的人的资金规模以及操作时间，又是一个因素，这些因素加在一起的合力，才是你最终用本 ID 理论操作的结果。世界上的一切事情，都是各种因素和合而生，没有任何是主宰，是唯一的决定力量，这是必须明确的。

第二个因素，因人而异，无法分析。

第三个因素，资金量和操作时间，是可以进行一定的分类分析的。

（1）对于很忙，根本没时间操作的人，最好就去买基金。但本 ID 对基金没有任何信心，而且可以肯定地说，基金肯定会 [在] 可见的将来内出大事，有些基金要被清盘，最终严重影响市场等，这都是正常的事。美国每年死掉的基金还少吗？中国为什么就不能有基金死掉？证券公司可以死，基金公司凭什么就不能死？

但对基金，是可以对指数基金进行定投，这样等于直接买了中国资本市场这个股票，对该股票，本 ID 还是有信心的。这样，如果最终牛市上到三四万点，那么至少你不会丢掉指数的涨幅。

其次，一定要投那些与指数关系不大的成长股 [基金]。因为如果你投了指数基金，再投和指数关系特别大的基金，就没什么意义了。而成长股，往往在熊市或指数表现不好时有大表现，关键这些成长股有足够的成长性。但唯一不能确定的是，你买的基金的管理者是否有足够的能力去找到有足够成长性的股票组合。

如果很忙，就用这两种方式进行一个基金组合，例如60%买指数基金，40%买高速成长股的基金，这样就别自己搞股票了。采取的方式很简单，就是定投，每个月去投一次。这对于一般的散户投资者，最好了，你至少能买到市场波动的平均。

买基金，等于把自己托付给别人，是生是死，就看你的运气了。不过指数基金稍微好点，毕竟对管理者的要求比较低。

（2）对于有充足时间的散户，如果交易通道还行，那就用本ID在前面说过N次的第三[类]买点买卖法，方法再说一次：

A. 选定一个足够去反应的级别，例如，30分钟或5分钟的，或者干脆就用日线级别的，这样选择的目标相对少点，不用太乱。

B. 只介入在该级别出现第三类买点的股票。

C. 买入后，一旦新的次级别向上不能新高或出现盘整背驰，坚决卖掉。这样，只要级别足够，肯定是赚钱的。走了以后，股票可能经过二次回抽会走出新的行情，但即使这样也节省了时间，有时间就等于有了介入新股票的机会。

D. 如果股票没出现上面所说的情况，那一定是进入新一轮该级别的中枢上移中，一定要持有到该上移的走势出现背驰后至少卖掉一半。然后一个次级别下来（这里可以回补，但如果有新股票，就没必要了），再一个次级别上去，只要不创新高或盘整背驰，就一定要把所有股票出掉。注意，有一个最狠的做法，就是一旦上移出现背驰就全走。这样的前提是你对背驰判断特别有把握，不是半桶水，这样的好处是时间利用率特别高。

E. 尽量只介入第一个中枢的第三类买点。因为第二个中枢以后，形成大级别中枢的概率将急剧加大。

F. 本方法，一定不能对任何股票有感情。所有股票，只是烂纸，只是用这套有效方法去把纸变黄金。走了以后，股票经过盘整可能还会有继续的新的中枢上移，这是否要介入，关键看高一级别中枢的位置。如果该继续是在高一级别中枢上有可能形成第三[类]买卖点，那这介入就有必要，否则就算了。天涯何处无芳草，把所有的草都搞一遍，你自然就从散户变大散户了。

（3）资金量比较大的大散户，这时候，用所有资金去追逐第三类买点已经不切实际了，那么就可以对基本面上有长期价值的股票进行敲骨吸髓式的操作，例如各种级别的中枢震荡去减低成本，增加筹码。这样，资金效率肯定没有第二种散户的高，但资金量不同，操作方法自然不同。

（4）专门的猎手，经过（3）的训练和操作，资金量变得比较庞大了，就可以对选定目标进行猎杀式的攻击。有些人问，把庄家都杀死了，有什么好处？这不是好不好的问题，资金大了，又不坐庄，又要快点把资金效率提高，唯一的办法就是吃大鱼。吃小鱼还不够塞牙缝，有什么意思？

（5）就是组织大规模的战役，这必须要有（4）的良好基础，否则根本做不了。但这种做法，有时候法律的界限比较模糊。例如，对一个或N个板块进行攻击，这和坐庄是什么关系？当然，如果对原来潜伏在一个或N个板块中的所谓大鳄进行围歼式攻击，那么很多时候，解决问题的，就不光是盘面本身了。

（6）全局式的战争。这涉及的方面太多，没有一个全局式的战争是光在市场本身就能解决问题的。而且，资本市场的全局战争，更多时候是更大范围的金融战争的一部分，这是全方位的立体战争，主要考虑的，反而不是市场本身了。

本ID的理论，适用于各种层次的游戏。当然，在越高的层次，技术面的因素就越不重要，因为技术面不过是合力的结果，而如果你有高超的调节各种分力的能力，那么一切的技术面都可以制造出来的。但必须注意，任何制造出来的技术面，都无一例外，不能违反本ID技术理论中的最基本结论。

有人可能会提这样无聊的问题，在背驰的地方让它不背驰继续上涨难道不可以吗？这是一句废话，没有任何地方是该背驰的。背驰是一个合力的结果，如果合力最终的结果把可能的背驰给破坏了，就证明这地方没出现背驰，这也是合力的结果。

注意，任何力量，即使能调节合力结果本身，但绝对调节不了合力结果的结果，除非这是一个完全没有对手的，一个人的交易。

下面再分辨一下两个图（见图79-1、图79-2）：

其实，明白了上几节课，这两个图一定都不难分辨。首先，前提是这两个的前面都没有其他走势了，否则这种分析没意义。前面有其他走势，就有着很多不同的可能变化。

这些图形好像很复杂，其实，只要找到其特征序列就可以。如图，由于34都有第一种类型的笔突破，所以后面的特征序列就很清楚了，34、56、78，其中前两者可以进行包含关系处理，因此可以合并为 36（指区间），所以 78 显然和 12、36 构成底分型，第一种类型笔破坏后延伸出标准的特征序列分型，那显然满足线段破坏的标准。上面的分析，对两个图都是成立的，因此，两者都至少有两个线段。

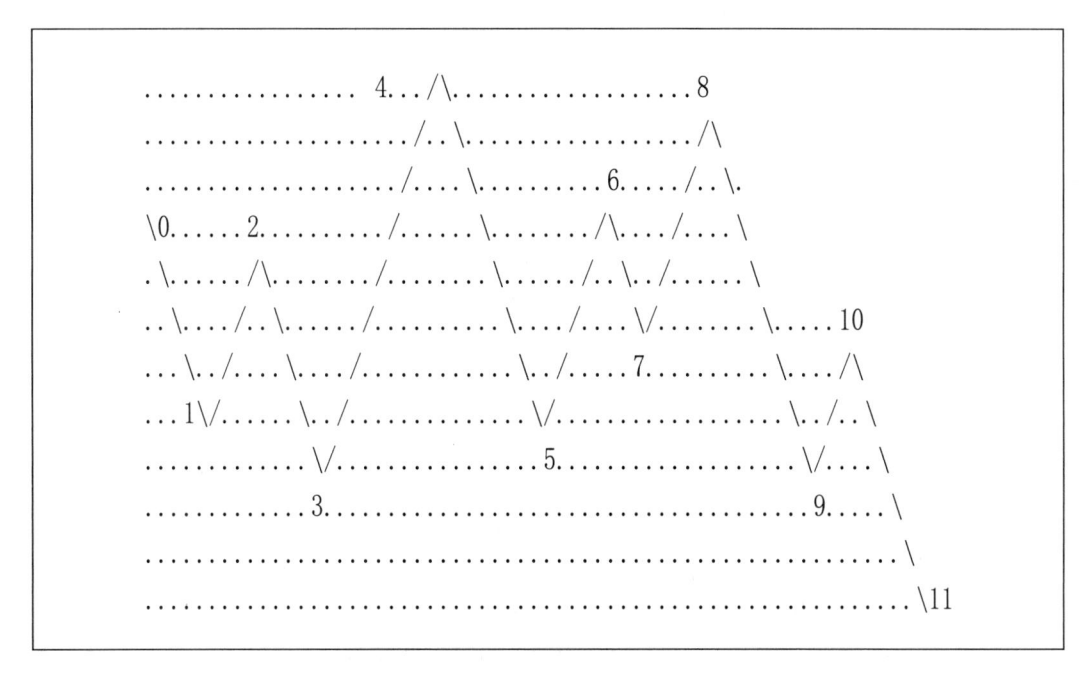

图 79-1　课文配图一

图 79-2　课文配图二

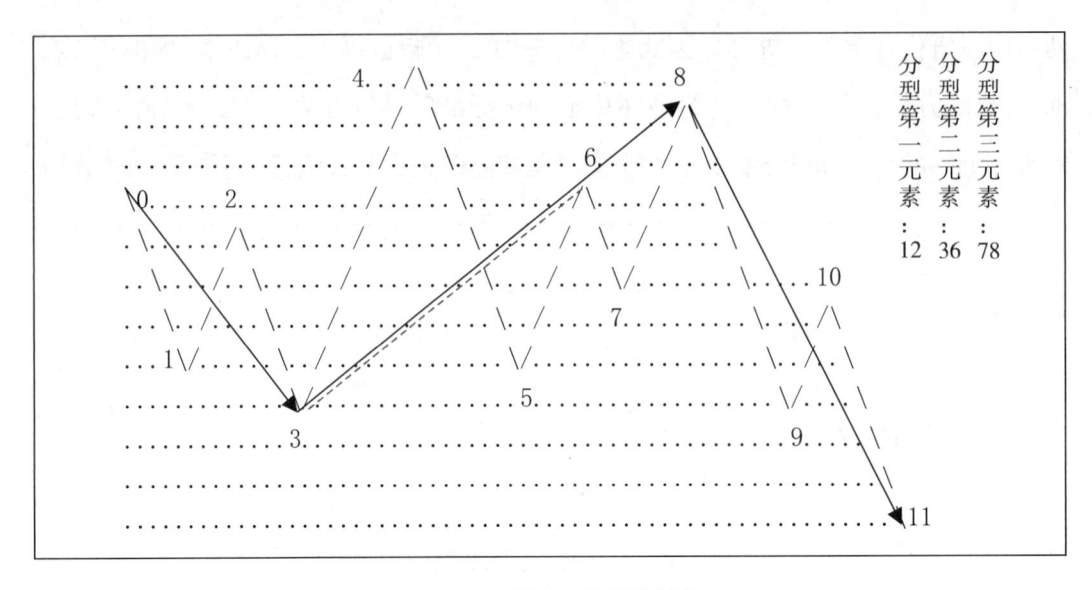

图 79-3　配图一的线段划分

对于上图（见图 79-3），显然 89 属于第一种情况的笔破坏，后面也延伸出特征序列分型，所以该图（见图 79-3）的第二线段也被破坏了，所以就是三线段。

下图（见图 79-4），由于 9—10 是 78 的包含关系，所以可以认为线段二延伸到了 10，而后面的 10—11，只有一笔，因此必须再看两笔才知道是否满足第一种类型后继续延伸出特征序列分型的基本线段破坏要求，所以该图属于未完成的图。如果 9 跌破 7，而 10 的位置不变，那么就显然是三线段了。

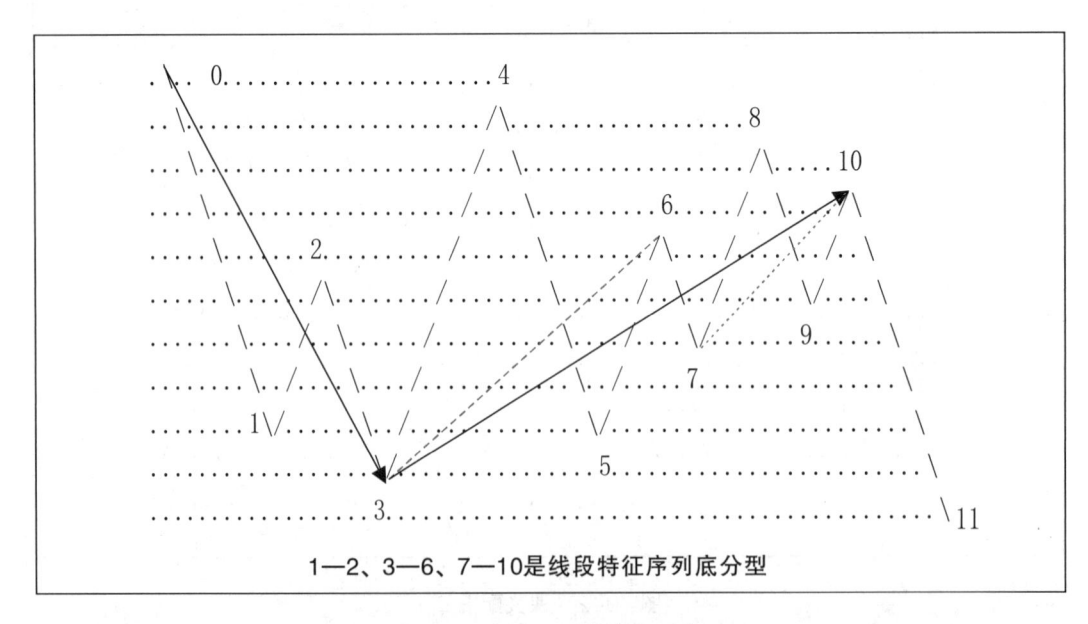

1—2、3—6、7—10是线段特征序列底分型

图 79-4　配图二的线段划分

线段的划分其实一点不难，关键从概念出发就可以。

最后说说如何利用分型进行一些辅助判断的问题。一般，都至少用日线以上K线图上的分型。当然，如果你不觉得麻烦，30分钟也是可以的。但那些变动太快的，准确率就要大大有问题了。

本ID也不避嫌疑，都用本ID持有的股票为例子：

新兴铸管（000778），2007年8月27日，高开后，没有突破前一天高位，一个典型的构成顶分型走势（见图79-5）。

西部资源（600139）：看周线，9月7日这周高开后，没有突破前一周高位，形成典型的顶分型走势（见图79-6）。

中粮糖业（600737）：看日线，这属于复杂的，有所谓的包含关系。2007年9月4、5、6三天，是典型的包含关系（见图79-7）。然后7日这天，破坏包含关系，并没有创14.28元新高，典型的顶分型结构。【课文解读：如图9月4、5、6三天需向上处理包含关系，所以9月7日走势不再与之前的走势包含。】

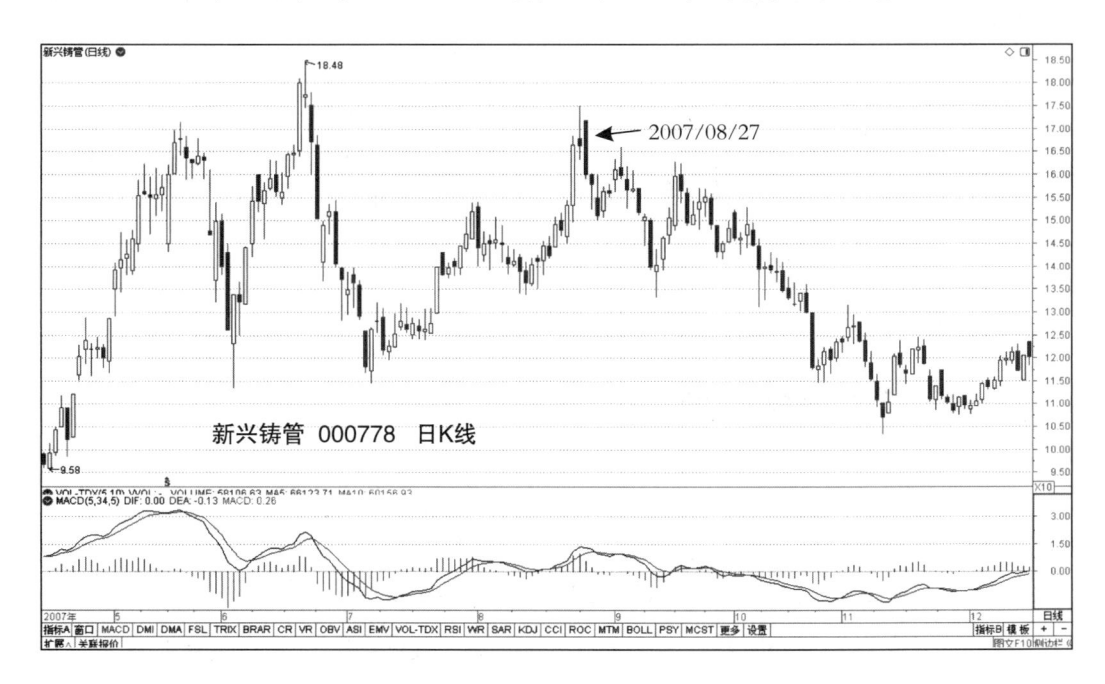

图79-5 新兴铸管2007年日K线走势图

注意，顶分型结构后，不一定有底分型结构与顶分型结构有一个非共用的K线，也就是不一定构成笔。但一般来说，如果顶分型后有效跌破5日线，那就没什么大戏了，就算不用搞个笔出来，也会用时间换空间，折腾好一阵子。

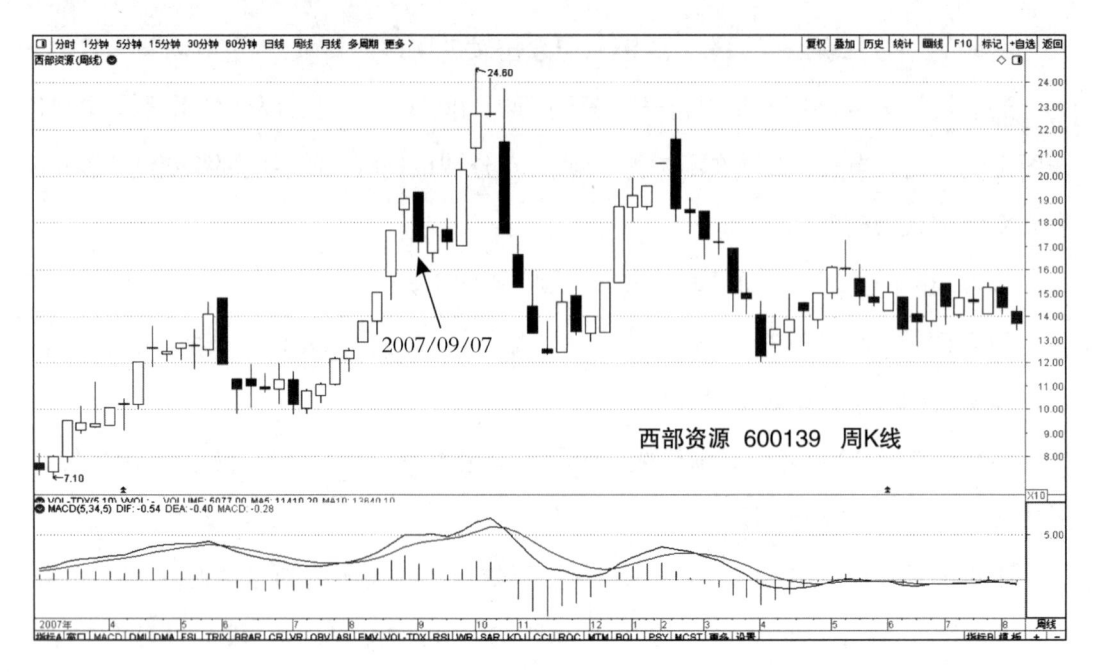

图 79-6　西部资源 2007 年周 K 线走势图

图 79-7　中粮糖业 2007 年日 K 线走势图

如图（见图 79-8），北京文化（000802），日线。2007 年 8 月 9 日，形成典型的顶分型结构。后面没有形成笔，但在 5 日线上下折腾了好几下，使得几条均线吻起来，才再次兴奋。

图 79-8　北京文化 2007 年日 K 线走势图

但如果没有有效跌破 5 日线，那往往只是中继。

如图（见图 79-9），紫光股份（000938），2007 年 9 月 4 日构成顶分型，然后假突破 5 日线后继续上攻。

图 79-9　紫光股份 2007 年日 K 线走势图

注意，利用顶分型进行操作时，必须配合小级别的图。本质上，分型都是某小级别的第一、二［类］买卖点成立后出现的。用卖点来说，如果第二［类］卖点后次级别跌破后不形成盘整背驰，那么调整的力度肯定大。如果时间一延长，就搞出笔来了，特别日线上的向下笔，都是比较长时间的较大调整形成的，那肯定是要有效破5日线的。而第二［类］卖点后次级别跌破形成盘整背驰，那调整最多就演化成更大级别的震荡，其力度就有限，一般5日线不会被有效跌破。

利用上面的性质，实质上并不需要在顶分型全部形成后再操作。例如，紫光股份（000938，见图79-10），9月4日那天，不需要等到收盘，而在其冲高时，一看在前一天高位下形成小级别卖点，就可以坚决出掉，然后下来形成顶分型。等跌破5日线后，看是否出现小级别的盘整背驰，一旦出现，就回补，所以就有了9月5日的走势，这样，等于打了一个10%多的短差。

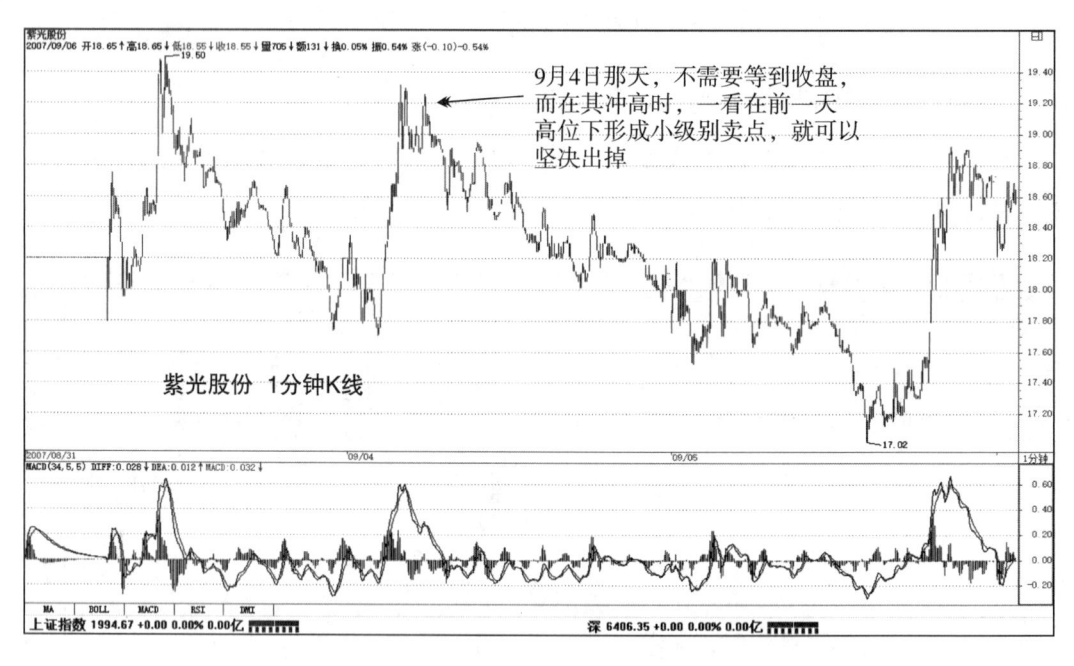

图79-10　紫光股份9月4日1分钟K线走势图

注意，操作的难点在于：

（1）必须与小级别的第二［类］买卖点配合看。如果小级别看不明白，只看今天冲起来没破前一天高位或没跌破前一天低位，这样操作的效果不会太好。

（2）要利用好盘整背驰，这样就不会漏掉回补，或者是非盘整背驰而回补早了。

一般来说，非盘整背驰的，一定要等待背驰出现才可以回补。买点的情况反过来就是了。

注意，大级别的分型和某小级别的第一、二[类]买卖点并不是绝对的对应关系。有前者一定有后者，但有后者并不一定有前者，所以前者只是一个辅助。

最后可以看一个综合的例子，首创股份（600008，见图79-11）。

2007年8月8日，顶分型后跌破5日线，然后调整到均线吻起来再启动。9月3日，顶分型后没有有效跌破5日线，然后继续上涨，第二天有一个盘整背驰的回补点。

图79-11　首创股份2007年日K线走势图

注意，顶分型的时候是形成顶分型那天冲高卖，而不是收盘等顶分型都很明确了再走。例如，在首创股份（600008）的9月3日的例子里，只要当天不破20.90元，肯定就是顶分型，这不需要收盘才知道，没开盘都知道的。关键是结合小级别的走势，去当下确认这卖点。然后第二天的回补，关键看5日线是否有效跌破。而判断的关键，其实不在5日线，而在小级别的是否盘整背驰上。

这些细微的技术问题，都需要不断磨练才能操作自如。现在，最好多找些图来看，先感受一下，否则一点概念都没有，操作什么？

> 深入解析

按中枢和线段划分走势的异同

线段类走势的划分方式，笔者一直存有疑问，就和学缠论之初质疑缠论第一种看盘方式一样。后期实际操作中，发现了更多的问题，不仅仅是增加了判断的困难，更为理解和把握理论带来了混乱。

缠中说禅从来没有否定过原来按中枢分析的方式，所以目前纯粹按线段破坏的分析方式，应是原方式的补充或精细化操作，但两种方式存在相互矛盾的地方。

比如，如图79-12所示，假设在5分钟的K线图上，按原有方式，图中每笔代表着次级别走势类型，所以它就是一个明显的5分钟走势中枢，如图中虚线方框所示，目前仍处于走势中枢的震荡之中。

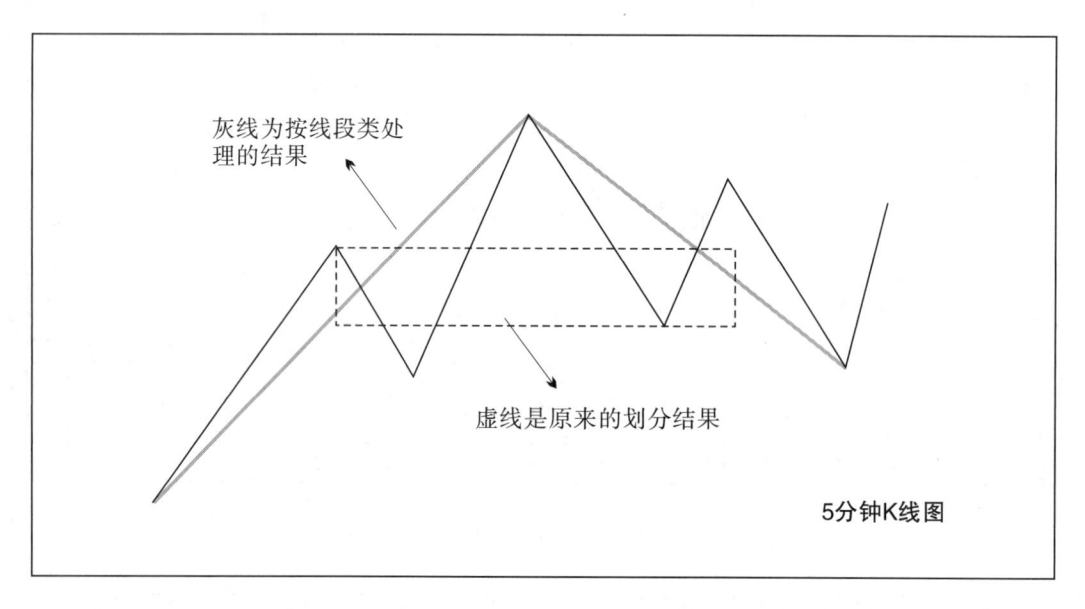

图 79-12 按中枢或线段划分走势的异同

如果按纯粹线段的处理方式，它将成为两段走势的连接，见图中灰度线段。

同理，图79-13、79-14是本课例子按走势中枢方式划分的结果，相对本课的线段式划分，走势一下就清爽、明了了。对于后续走势的判断，也很明确，只要静静等待走势中枢的破坏即可。

按线段类划分方式，你不但需要关注可能出现的分型元素，还要不断进行包含处理，其结果是对一段混沌走势进行了莫名其妙的划分。比如课文中对图79-3与图79-4的走势划分，大动干戈的结果有多大的实际意义呢？

更为重要的是，它们与理论的其他设定产生了冲突。缠中说禅曾经说过："因分歧产生的多义性不是含糊性，一个含糊的理论，其分类、概念等呈现的含糊性，只是证明理论基础的含糊。而多义性，是站在一个严格、精确的理论基础上，用同一理论的不同视角对同一现象进行分析。"因此，我一直认为这是缠中说禅为了考验大家挖的坑。

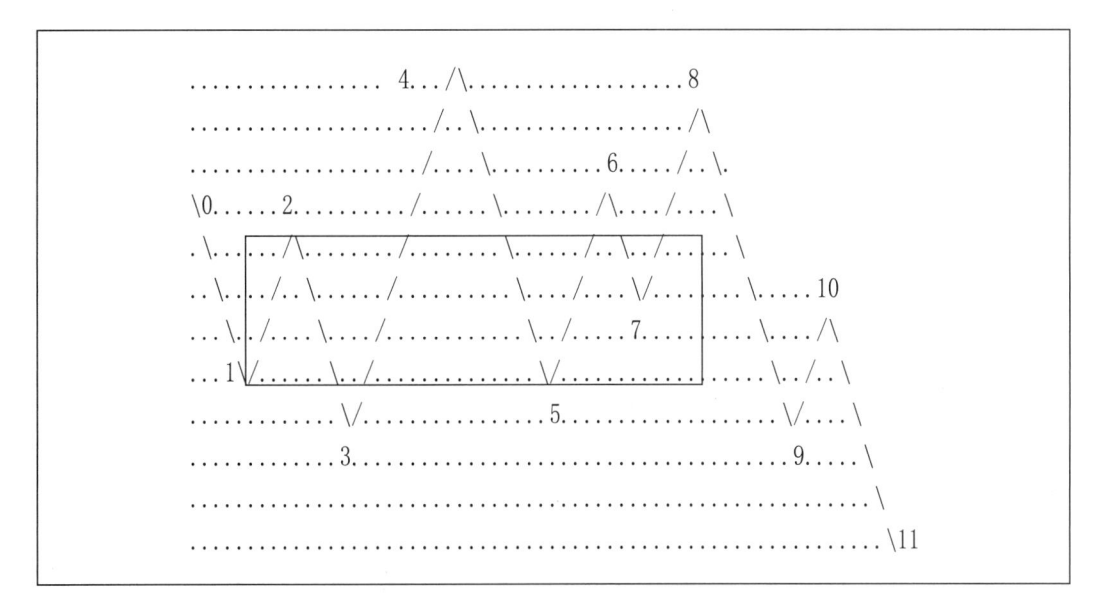

```
................4.../\........8
.................../..\......./\
.................../....\...../..\
\0....2............/......\.../....\
.\..../\.........../........\./......\
..\.../..\......./..\......\/........\....10
...\./....\...../....\...../..........\..../\
....1\/.....\.../......\.../............\../..\
.............\./........\./..............\/....\
..............\/.........\5................\/....\
...............3..........................9......\
............................................ \
............................................ \11
```

图 79-13 课文配图一按中枢划分的结果

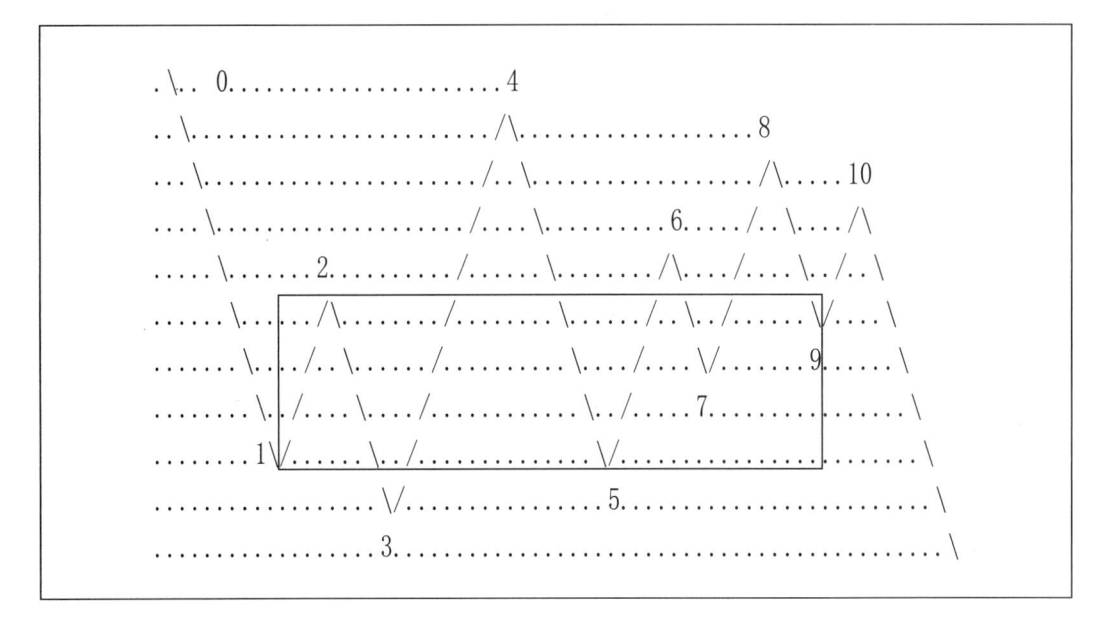

```
.\..0.....................4
..\....................../.\..........8
...\..................../...\......../\.....10
....\................../.....\....../..\..../\
.....\......2........./.......\..../....\../..\
......\..../\......./.........\../......\/....\
.......\../..\...../...........\/........9......\
........\./....\.../............7...............\
.........1\/......\./.............................\
...........\/......5................................\
............3.......................................\
```

图 79-14 课文配图二按中枢划分的结果

主题 17
缠论的哲学基础（二）

第 80 课至第 87 课，缠中说禅主要给出缠论的哲学基础。

主要内容：

（1）分型的心理依据。

（2）自相似性形态与缠论的自同构性结构。

（3）如何利用自同构性结构进行操作。

教你炒股票 80

市场没有同情、不信眼泪

（2007-09-11 21:38:07）

今天本应该说点别的，但市场一跌，大多数人都没什么心情看别的，所以不妨再说一下股票。而股票又何曾就是股票？把股票只当成股票，那当然会被股票所缠。

股票从来就不是股票，而是你的贪嗔痴疑慢；没有任何的失败相关于股票，而只关乎你的贪嗔痴疑慢，股票不过是一个幌子，一个道具。

在西方，真正在资本市场上有成就的，基本都成了哲学家。没有对市场的洞察，靠整天这消息、那题材地折腾，那永远只能在散户的区间中震荡。有此眼界，不一定能达此高度，毕竟眼高手低也是通病；但无此眼界，就一定不可能达此高度。

本 ID 有时候喜欢用一些刺激性的词语，为什么？就如棒喝，就是要刺痛你，激发你的贪嗔痴疑慢，这样才有醒的一天。所有希望来市场寻找温情、同情、眼泪的，都可以回家磨豆腐，这些玩意，市场里什么时候曾有过？【深入解析：推而广之，对于缠论的解读，应重知识与观点，而非贩卖情怀与鸡汤，更非无脑的吹捧。】

在市场里要成功，除了比市场还要强悍，别无他法。市场出现卖点，你还幻想着火星，那就回火星去吧，地球需要的是手起刀落的强悍。

这次，提供了一个绝佳的例子，那么，不妨看看所有没有强悍的究竟都犯了什么毛病？注意，这不是批斗会，而是严肃的解剖。无论你现实中具体如何操作，都有解剖的必要。

市场，没有逻辑，本 ID 的理论给了市场以逻辑。

1. 所有的顶点都必然是顶分型

这是本 ID 理论的一个最简单的结论。从这可以严格推导出什么？就是一旦出现顶分型，离开就是唯一的选择。至于顶分型后是否形成笔，那是离开后再判断的事情。顶分型后，无非两种选择：（1）形成笔，也就是构成一个底分型与顶分型间有不共用的K线。（2）不形成笔，也就是构成的底分型与这顶分型之间只有共用的K线。

但无论哪种选择，都有足够的空间让你反应。如果是第一种，那调整是大的，第二种，调整是小的。这，在昨天，本ID专门写的课程里有很多例子反复说明了。为什么？因为本周，3600点以来第一次有绝大的可能出现周线上的顶分型（见图80-1），这可不是今天才说的。

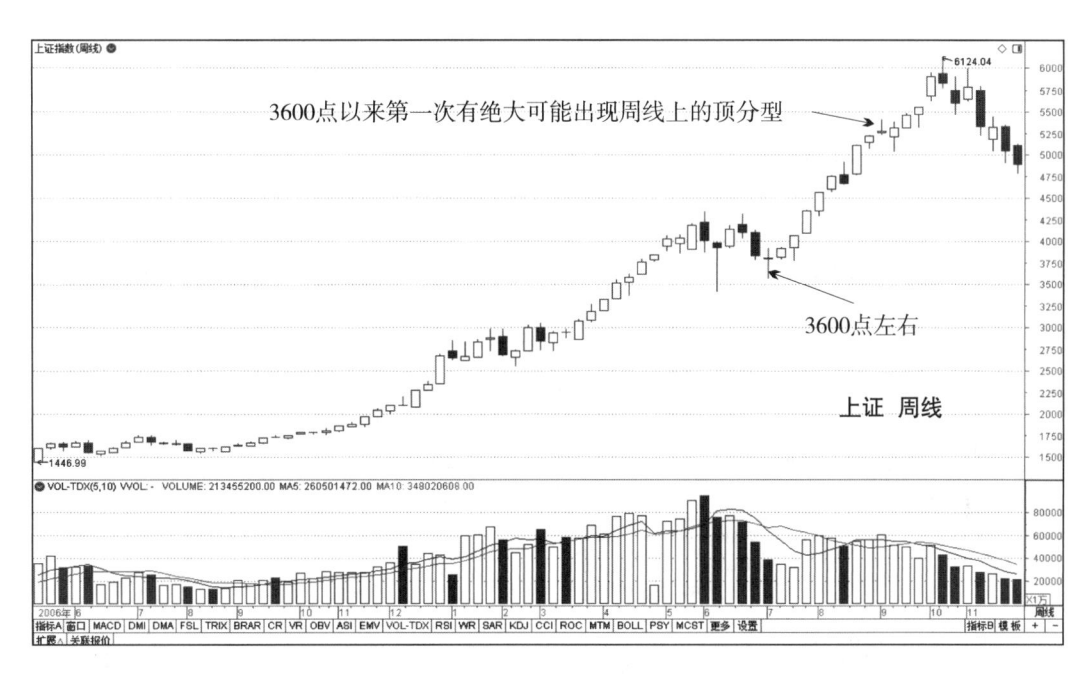

图 80-1 周线顶分型案例

那么，这么明确地知道了这一点，按照市场的逻辑，正如昨天的课程里反复强调的"注意，顶分型的时候是形成顶分型那天冲高卖，而不是收盘等顶分型都很明确了再走"，那么对于周K线，这一点是一样的。

而日线上，大盘在9月7日的顶分型已经明白无误（见图80-2）。

2. 中枢震荡的卖点都是出现在向上离开中枢时

这也是本ID理论中最简单的结论了。那么，在最近形成的5分钟中枢中，任何向上离开5333点的震荡，最终都将形成卖点。当然，该卖点后回抽如果回不到

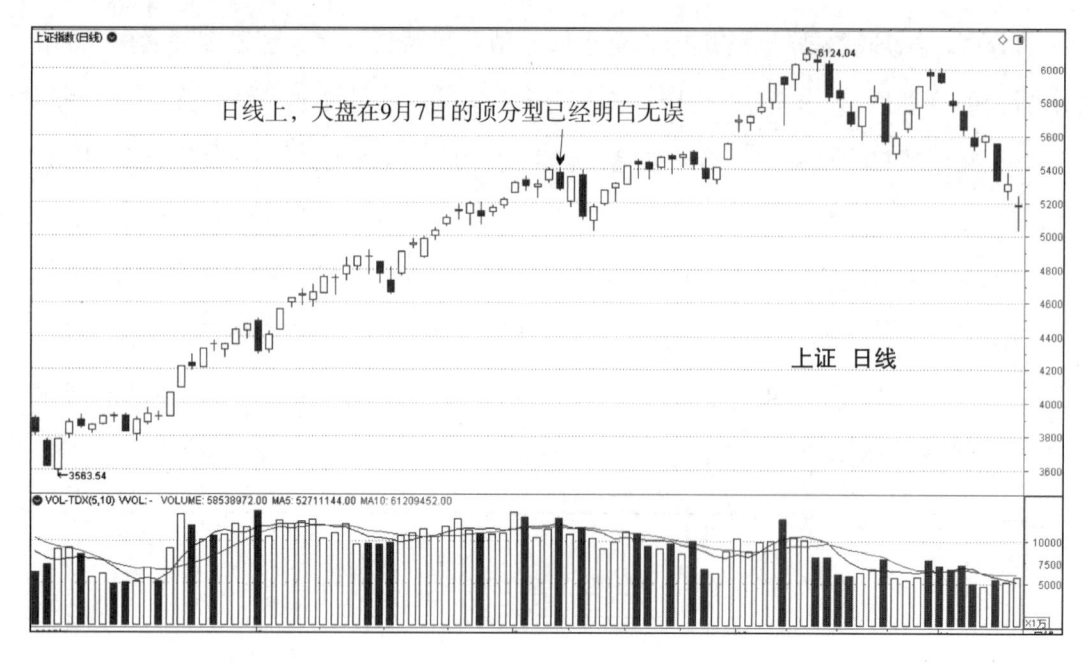

图 80-2 日线顶分型案例

5333点，可能形成第三类买点，【**课文解读**：如图 80-3 所示，目前已经震荡出一个 5 分钟的中枢，但中枢区间高点是 5327 点，不是 5333 点，可能是不同软件造成的误差，下面不再标注。】但这是卖点后的事情，没有任何可能比当下的卖点更重要。而且，股票的交易规则，没有规定卖了就不能再买。

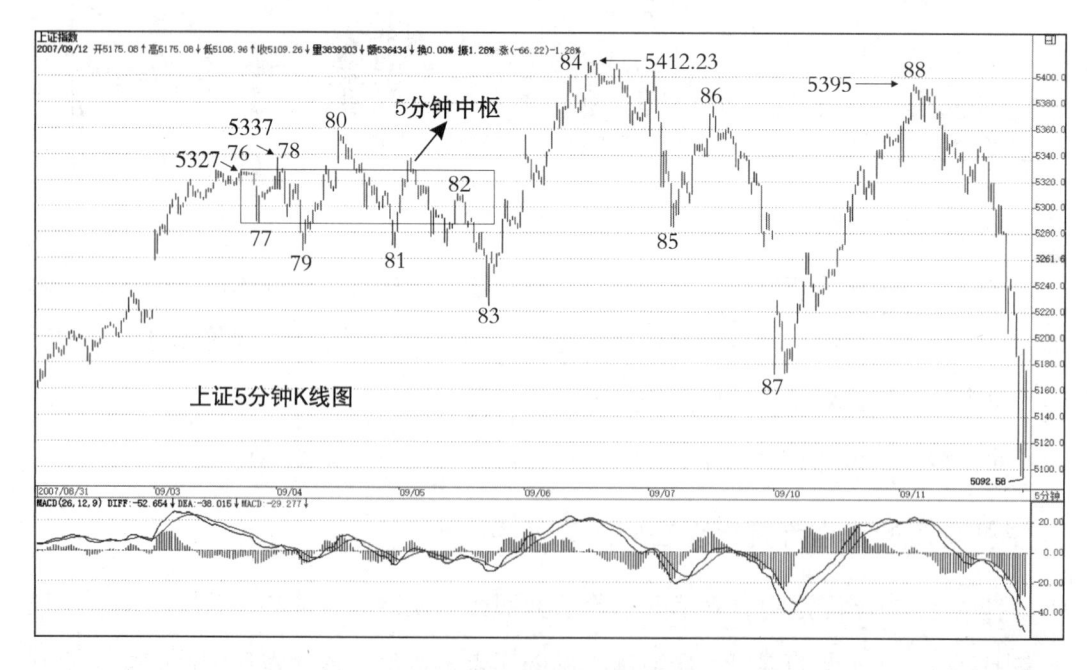

图 80-3 上证指数 5 分钟中枢

现在，我们可以很客观地面对这样一个问题，就是，一个离开5333点的中枢震荡把指数带到了5395点，该震荡对应的线段出现明显的类背驰然后出现明显的破坏，这时候，我们可以很理智地判断当下的形势：

（1）周K线顶分型可能不成立，也就是可以突破5412点，和5395点相差的距离就17点。【**课文解读**：这是第一种可能，5395点背驰后下跌背驰，形成下面5分钟中枢的第三类买点，从而突破5412点，因此周K线顶分型不成立。】

（2）周K线顶分型一旦成立，那么，即使不形成周线图上的笔，也将至少调整到出现一个底分型，至少去碰一次5周均线。而一旦出现笔，那调整的幅度就至少是对3600点以来的总调整，最强势的1/4，也要有450点，更不用说1/3、1/2的比例了。【**课文解读**：如图80-4所示，大盘最终选择了第二种可能，略破5周线，但没有形成周线上一笔。】

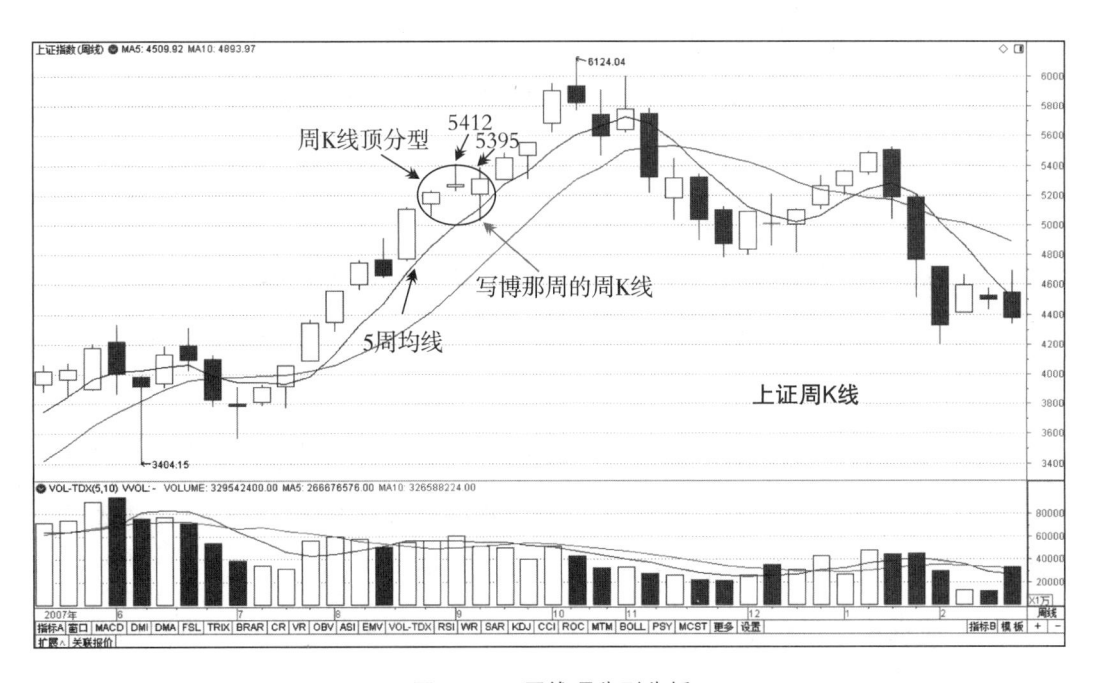

图80-4 周线顶分型分析

（3）短线中枢震荡已经出现卖点，如果在这个位置卖，就算后面周的顶分型不成立，也有震荡的低点以及第三类买点可以重新介入。

归纳上面三个最严格的判断，那么，该干什么还不是一目了然的事情？

本ID在昨天特别强调，这时候宁愿卖错，绝对不能买错。为什么要强调这，就是本ID知道，很多人，被自己的贪嗔痴疑慢所迷惑，宁愿用十几点去对赌几百点，用1%的可能去对赌99%的可能。如果1%可以换来100倍的收益，那当然没问题。但事实上根本不是这样，那么，为什么还要坚持？说白了，只有五个字：贪嗔痴疑慢。

【**课文解读：**如图80-3所示，5395点是一个中枢震荡的卖点，此时卖出是唯一的选择。即使其后回调走势产生第三类买点，周K线顶分型不成立，也需要如此处理，没有任何情况比当下的卖点更重要。】

对于散户来说，本质上没有卖错，只有买错。为什么？卖错又不会亏钱，买错就不同了。卖错了，有钱，这么多股票可以被面首，为什么要一棵树吊死？

而且实际上，只要你不被自己的贪嗔痴疑慢所左右，根本也不存在卖错的问题。很多人，在连日[线]顶分型的雏形都没有的情况下就卖，为什么？不过是贪嗔痴疑慢，觉得高了，觉得恐慌了，觉得惊吓了。而到真正的顶分型出来了，反而要假设这顶分型是假的，调整一下就可以突破的，就不觉得高了，不觉得恐慌了，不觉得惊吓了。人的颠倒，往往如此。

来本ID这里，如果真是想洗心革面，就要首先掌握本ID的理论，然后用该理论去操作，在操作中把自己培养成钢铁战士。

钢铁战士的最基本标准是什么：

（1）买点总在恐慌的下跌中形成，但只要买点出现，就要义无返顾地买进。

（2）上涨总在不同情绪的交织中进行，抵抗住各种情绪的干扰，用钢铁般的意志把股票持住，决不中途给抛下车。

（3）卖点总在疯狂的上涨中形成，只要卖点出现，手起刀落，让股票见鬼去。

（4）任何的操作失误，只是一次跌倒，跌倒就爬不起来的，绝对不可能是钢铁战士。失误就要总结，绝对不在同一错误上犯上两次。

（5）买错比卖错严重，一旦确认买错了，一定要手起刀落，让股票见鬼去。如果市场给你一次改正错误的机会你没把握，也就是第二类买卖点，那就买豆腐回家；如果市场给你第二次改正错误的机会你没把握，也就是第三类买卖点，那就直接回家磨墙。

（6）市场只有你才能帮助你，被市场毁掉的是你，战胜市场的也是你。你比市场强悍，市场就是你的；否则，你就是市场的点心。

（7）踏准市场的节奏，就可以在刀山火海中逍遥游。

本 ID 这里，人越少越好，草深三丈也无妨。如果不想成为钢铁战士，那就没必要来这里看任何有关股票的东西。其他东西可以看，别的地方可以去，何必来这里生气？

如果哪一天，你［成为］钢铁战士了，你也没必要觉得本 ID 教了你什么。本 ID 这里无授无得，本 ID 无一法给人，你只是你，你钢铁了，自然就战士了，和本 ID 无关。

但你没成为钢铁战士之前，最好还是有自知之明。本 ID 反复强调，如果你技术不行的，没有手起刀落的修为，就先把仓位减下来。那么，很多没减的，又没有手起刀落修为的，是不是又被贪嗔痴疑慢［所误］？

没到那水平，没到能在刀锋上舞蹈的水平，就别玩悬的，干自己能力范围内的事情。市场中最大的毛病之一，就是杀牛用鸡刀，屠龙用鸭刀，最后都被鸡了鸭了去了。

市场上不是每一笔钱都适合任何人去赚的，面对市场的机会，少点贪嗔痴疑慢，认清自己的能力，这比什么都重要。

市场是连续的，高位走了不是天堂，高位没走不是地狱。大跌，不过是下一买点后大反弹的前戏。这一切，都逃不过本 ID 的理论。而是否参与，则与你的操作级别相关，也和你的操作能力相关。

没有人天生就是胜利者，也没有人天生就与失败为伍。人人是佛，无一人可渡，无一人需救。人人有明珠一颗，照破山河大地，又何必憋屈了自己？

教你炒股票81

图例、更正及分型、走势类型的哲学本质

（2007-09-17 22:57:16）

请首先看一个回帖：

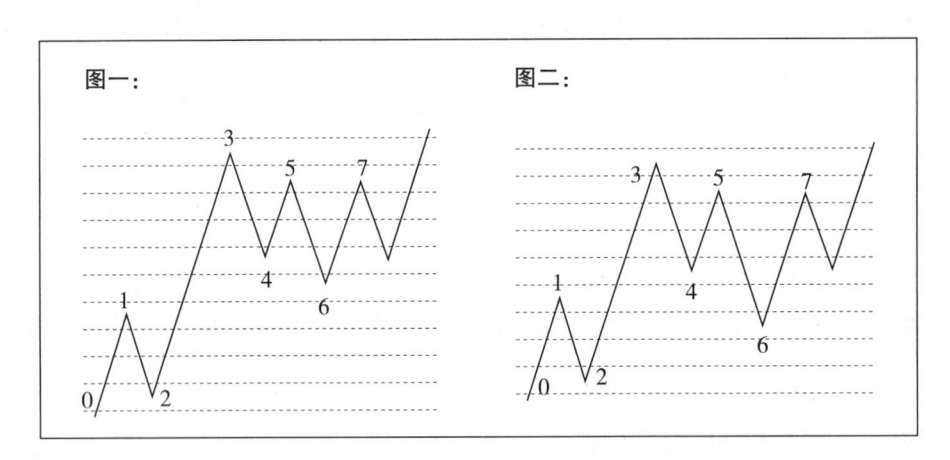

图 81-1　网友就走势划分的一个提问

请问图一是几段，图二是几段？

（网友答：）如果5 = 7或者5低于7，都是一段；如果5高于7，都是3段（见图81-1）。

下午，本ID回答问题时，一边电话不断，所以给出的答案是不大完整的，因为本ID按图中看出的7不低于5来回答的。晚上回来，发现已经有人把正确答案完整写出，所以必须给一朵大红花。【字斟句酌：依然不是全对，见下面的分析。】

这两种情况，都属于线段破坏的第二种情况，所以必须考虑高点下来走势的特征序列，而且必须考虑包含关系，所以上面这位网友的回答才是完整的。

【深入解析】（1）假设5=7或5<7，则如图81-2所示，需要先进行包含处理，所以都是一段；（2）假设5>7，如图81-3所示，此时6与1的位置关系很关键，

参考第78课的分析，原图一是一段，原图二是三段。】

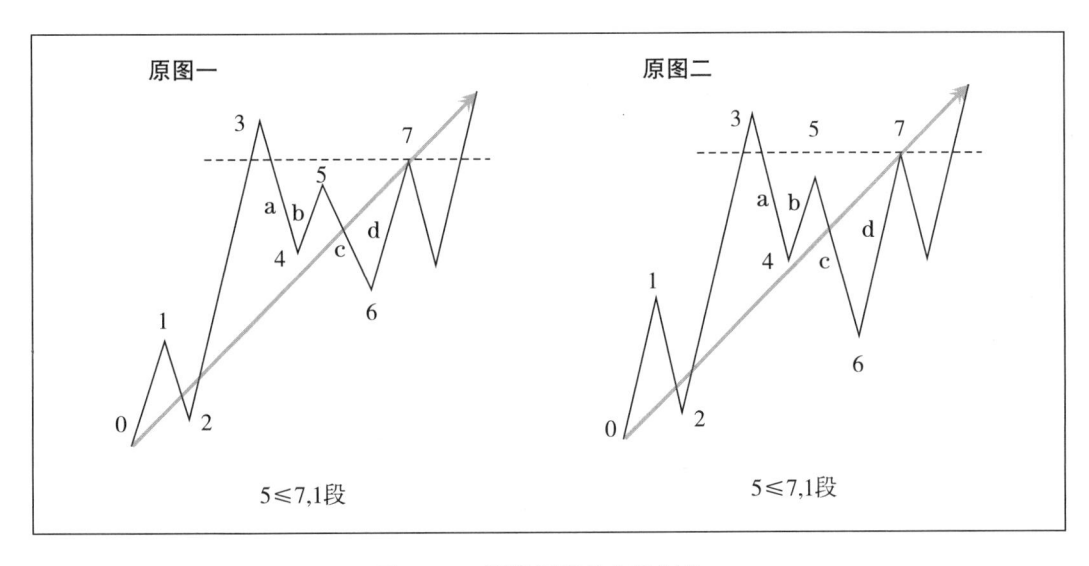

图 81-2 课堂问题的走势划分一

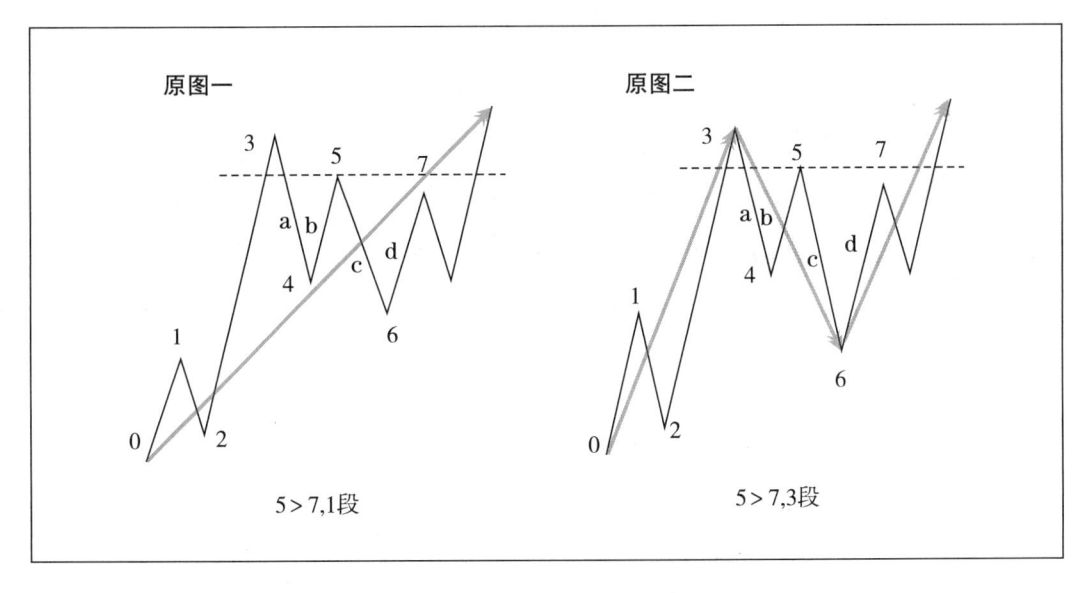

图 81-3 课堂问题的走势划分二

另外，有人提到71课里最后一个图（见图81-4中左图），那个图显然是错的。问题就在于与这里类似的，把7的位置画高了，应该类似7的位置比类似5的位置低才对，那才是三段。当时画的时候，没特别注意，所以这里必须指出。

所以，一切根据定义来，把定义搞清楚了，一切都好办。就是本ID画错了，你也能一眼看出来。

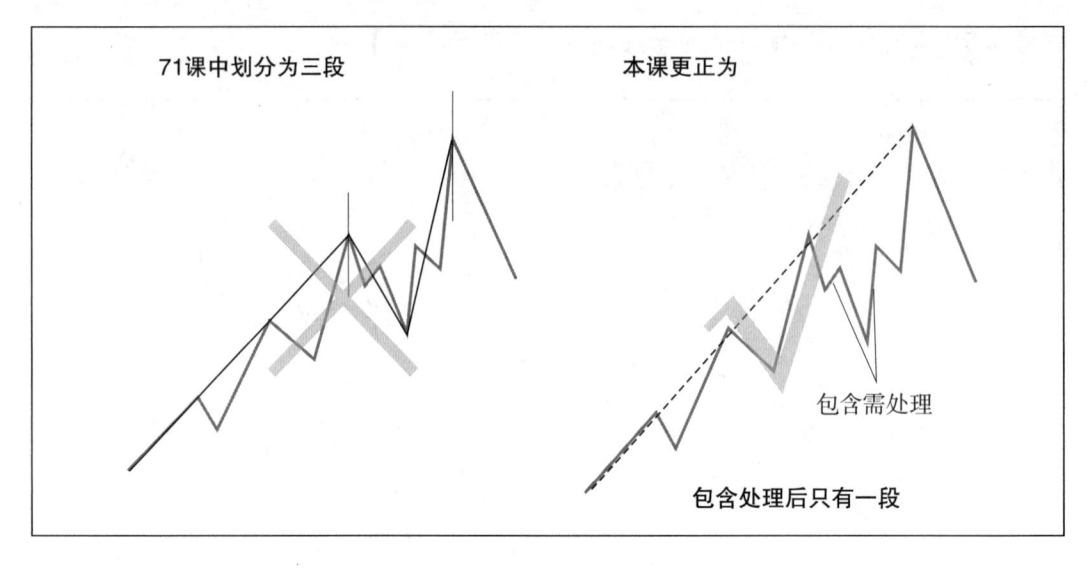

图 81-4　71课案例走势划分的修正

另外提一个问题，今天走势的划分，有一些特别的地方。本ID下午说的，有点问题，主要出在，10:17的低点5386.47点比前一分钟的5386.39点高，所以顶分型的顶在10:17那时间，所以那里就是一笔*，但图形上粗略看顶在[10点]16分那点。【**深入解析**：如图81-5所示，102—103之间的高点应该在10点18分，瞬间产生的价格，不同的软件可能有误差，笔者使用的软件10点17分与10点18分具有包含关系，按最初笔的定义，这里不构成一笔。】下午写东西太快，没有仔细去比较，晚上回来，仔细对比一下数据，才发现那里应该构成一笔，所以整个划分就要有点改变，也就是今天形成1分钟中枢了。该中枢前面一段很简单，关键是第二、三段，究竟怎么划的。能正确划出的，对线段划分也就有点及格了，明天下午再公布答案，可以对比一下。

各位以后要吸取本ID下午失误的教训，对那些只有五六根K线的，一定要看好其中是否有包含关系，这样才不会一时大意，这是最容易出毛病的地方。

有人可能要问,难道就那0.08点的差别就可以影响整个大盘？这有什么奇怪的，如果你知道某些物理学的理论，就知道，在那些理论看来，我们的世界之所以这样，就是因为一些极其微小的差别造成的，没有那些差别，世界一定不是这个样子了。另外，请注意，一定要用同一种软件，这样，等于测量的精确度或误差是基本一致的，就保持整个划分是在同一误差或精确的基础上。

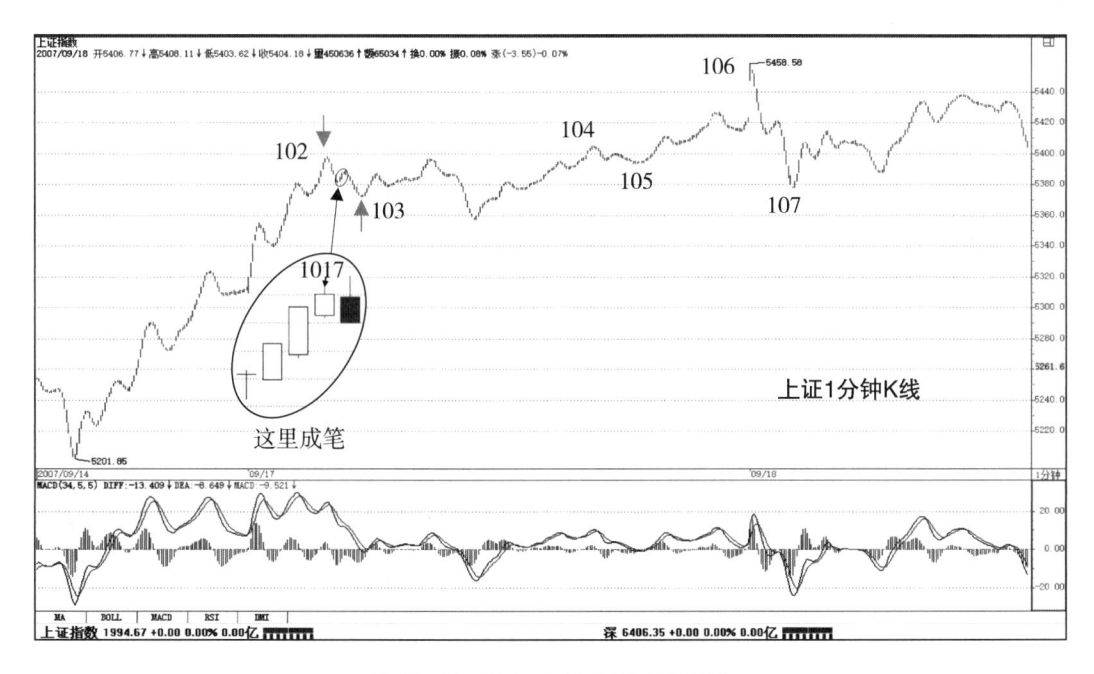

图 81-5　102—103 间的走势划分

好了，闲话不说，进入新课程。

为什么要研究分型、走势类型等东西，其哲学基础是什么？这就是人的贪嗔痴疑慢。因为人的贪嗔痴疑慢都是一样的，只是跟随时间、环境大小不一，所以，就显示出自相似性*。而走势是所有人贪嗔痴疑[慢]的合力结果，反映在走势中，就使得走势显示出自相似性。【**深入解析**：市场参与者因缺少必要的专业知识，只能按人性本能进行选择，因此走势反映出人性的特点。】

分型、走势类型的本质就是自相似性。同样，走势必完美的本质也就是自相似性。分型，在1分钟级别是这样的结构，在年线上也是这样的结构，在不同的级别上，级别不同，但结构是一样的，这就是自相似性。同样，走势类型也一样。【**深入解析**：当我们说找到了规律，就表明某种现象会在特定条件下不断重复出现，自相似性代表着具有某种规律。】

正因为走势具有自相似性，所以走势才是可理解的，才是可把握的。如果没有自相似性，那么走势必然不可理解，无法把握。要把握走势，本质上，就是把握其自相似性。

自相似性还有一个最重要的特点，就是自相似性可以自组出级别来。上面的话中，先提到级别，在严格意义上是不对的。级别是自相似性自组出来的，或者说是生长出来的。自相似性就如同基因，按照这个基因，这个图谱，走势就如同有生命般自动生长出不同的级别来。不论构成走势的人如何改变，只要其贪嗔痴疑［慢］不改变，只要都是人，那么自相似性就存在，级别的自组性就必（须）〔然〕存在。【深入解析：由于三个本级别走势类型有重叠可以得到一个高级别的走势中枢，所以走势具有了自组升级的可能。】

本ID理论的哲学本质，就在于人的贪嗔痴疑慢所引发的自相似性以及由此引发走势级别的自组性这种类生命的现象。走势是有生命的，本ID说"看行情的走势，就如同听一朵花的开放，嗅一朵花的芬芳，见一朵花的美丽，一切都在当下中灿烂"，这绝对不是迂腐文人的矫情比喻，而是科学般的严谨说明，因为走势确实有着如花一般的生命特征，走势确实在自相似性、自组性中发芽、生长、绽放、凋败。

因此，本ID的理论是一种可发展的理论，可以提供给无数人去不断研究。研究的方向是什么？就是走势的自相似性、自组性。这里，可以结合现代科学的各门学科，有着广阔的前景以及可开发性。

所以，本ID的理论，不是一些死的教条，而是一门生命学科。

只是，目前本ID只和各位讲述一些最简单的自相似性：分型、走势类型。

本ID的理论中，有一条最重要的定理，就是有多少不同构的自相似性结构，就有多少种分析股市的正确道路，任何脱离自相似性的股市分析方法，本质上都是错误的。【深入解析：有多少不同构的自相似性结构，就代表有多少种规律。】

显然，分型、走势类型是两种不同构的自相似性结构，我们还可以找到很多类似的结构，但现在，还是先把这两个最基础的结构给搞清楚。【深入解析：分型与走势类型是市场中的规律，笔、线段、盘整、趋势则是规则。】条条大路通罗马，只要把这两个结构搞清楚，就能到达罗马。而其他结构的寻找、研究，本质上是一种理论上的兴趣。而不同的自相似性结构对应的操作的差异性问题，更是一个理论上的重大问题。

本ID的理论上还有一个暂时没有解决的问题，就是走势中究竟可以容纳多少自相似性结构。还有一个更有趣的问题，就是起始交易条件对自相似性结构生成的影响，如果这个问题解决了，那么，对市场科学的调控才能真正解决。【深入解析：筑坝修水库阻断河流，或迫使河流改道很困难，但在河流的源头可能只需要改变几

个大石头的位置，就可能改变河流的方向。】

本 ID 的理论还可以不断扩展，也可以精细化进行。例如，对于不同交易条件的自相似性结构的选择，就是一个精细化的理论问题。【深入解析：比如股票操作方式就无法在期货市场中简单套用。】

自相似性结构有什么用处，这用处大了去了。一个最简单的结论：所有的顶必须是顶分型的，反之，所有的底都是底分型的。如果没有自相似性结构，这结论当然不可能成立。但正因为有自相似性结构，所以才有这样一个对于任何股票、任何走势都适用的结论。

反之，这样一个结论，就可以马上推出这个 100% 正确的结论，就是：没有顶分型，没有顶；反之，没有底分型，没有底。那么，在实际操作中，如果在你操作级别的 K 线图上，没有顶分型，那你就可以持有睡觉，等顶分型出来再说。

另外，有了自相似性结构，那么，任何一个级别里的走势发展都是独立的。也就是说，例如，在 30 分钟的中枢震荡，在 5 分钟的上涨走势，【课文解读：这段的意思大概是：30 分钟的中枢震荡与其中的 5 分钟上涨走势都可以独立运行。】那么两个级别之间并不会互相打架，而是构成一个类似联立方程的东西。如果说单一个方程的解很多，那么联立起来，解就大幅度减少了。也就是级别的存在，使得对走势的判断可以联立了，也就是可以综合起来系统地看了。这样，走势的可能走势的边界条件就变得异常简单。

所以，看走势，不能光看一个级别，必须立体地看，否则，就是浪费了自相似性结构给你的有利条件。

拓展阅读

缠中说禅对笔定义的修订

如图 81-6 所示，如果处理 102—103 之间反向笔的包含关系，就不能满足原来成笔的要求，所以 2007 年 9 月 18 日，即发表本课的第二天，缠中说禅修改了笔的定义，见当天的博客。

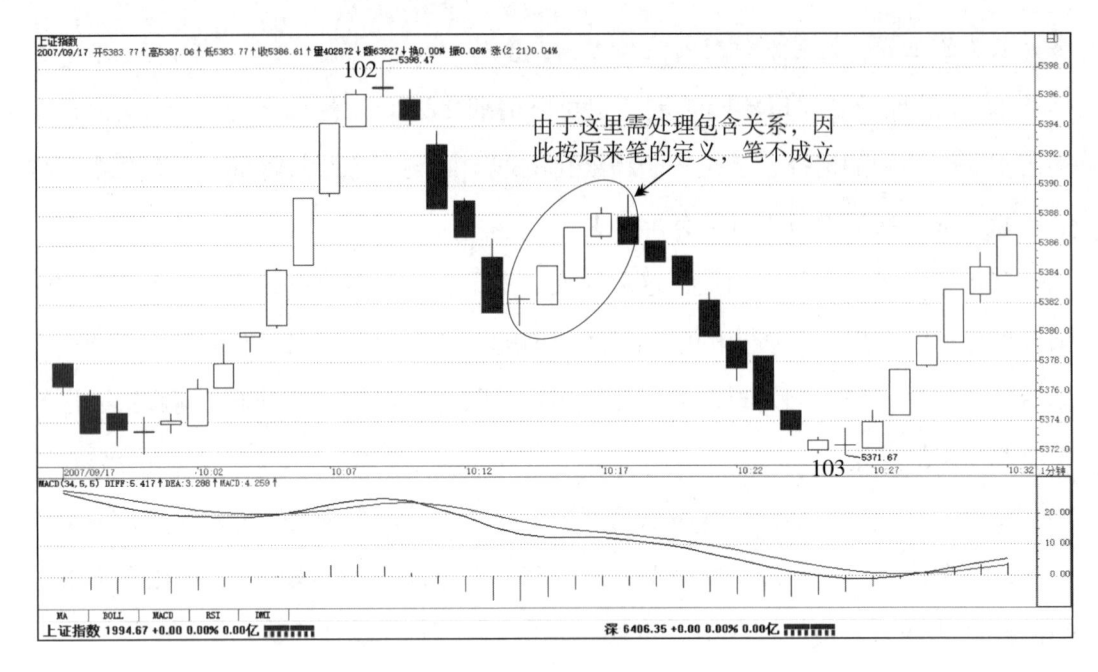

图 81-6　102—103 间的 K 线走势

忽闻台风可休市，聊赋七律说"风灾"

（2007-09-18　22:53:57）

　　回来晚了，有点累。听说上海那边，明天有可能因为台风休市，借个话头，写首七律敷衍一下各位。可惜，就算上海休市，深圳也还开。"十一"将至，真是有点无心恋战了，干脆都放假休息，游山玩水去，不亦快哉？

　　今天，急着外出，把107写成108，后来是在谈完一轮，去吃饭的路上车里改的。

　　现在发现各位对那些古怪的分段还是有点乱。那些古怪的分段，经常是因为第一次笔破坏时，延伸不出线段来。例如，今天图里绿箭头所指的地方，顶和底分型经过包含处理后中间没有K线了，这就不能算一笔。

　　本ID想了想，计算了一下能量力度，觉得以后可以把笔的成立条件略微放松一下，就是一笔必须满足以下两个条件：

　　（1）顶分型与底分型经过包含处理后，不允许共用K线，也就是不能有一K线分别属于顶分型与底分型。这条件和原来是一样的，这一点绝对不能放松，因为这样，才能保证足够的能量力度。

　　（2）在满足（1）的前提下，顶分型中最高K线和底分型的最低K线之间（不包括这两K线），不考虑包含关系，至少有3根（包括3根）以上K线。

显然，第二个条件，比原来分型间必须有独立K线的一条，要稍微放松了一点。这样，像今天绿箭头（106—107间）所指的地方，就是一笔了。相应那三笔下来就构成一段了，整个划分就不会出现比较古怪的线段。

对线段一直比较晕的人，这个新的条件大概容易处理一点，至少可以避开处如106到107这样复杂的线段。而这，本ID刚计算过，也不会影响整个线段的动力学能量。但103—104这样的线段，是无法更改的，这类线段必须能够处理。

另外，以前也说明过，现在再说一次，本ID平时交易时不用同花顺，只是本ID用的系统网上没有，所以那里的标记无法搞过来，因此，本ID在同花顺上的标记，都是收盘后才弄的。两套系统的数据经常有点小出入，有时候偷懒，就照抄过去，偶尔就会出问题。其实，本ID这个示范，只是为了让各位能明白真正的划分，只是一个示范。如果你真明白了划分的原则，不看也可以，根据自己系统的数据，都有唯一正确的答案。分型、笔、线段，都是最基本的准备，关键还是通过这去分别出更高级别的走势类型，那才是操作的关键之处。所以，一定要把这两部分的区别搞清楚。

不说了，本ID写的七律来也，上海的朋友，看看和外面的比怎么样？

风　灾

层城飙卷万星帷
昆柱倾摧折缫徽
天海低昂惊叠错
云山吞吐莽相围
九重阊阖龙虎散
六道婆婆神鬼饥
斗碾参磨冰火淬
茫茫三界只灰飞

如图81-7所示，文中106—107间绿箭头那里，无论按新笔还是旧笔都能满足成笔的条件。相反，102—103那里不能满足旧的成笔条件，因此应该是笔误。新笔主要影响了诸如102—103间那种有包含关系K线的划分。

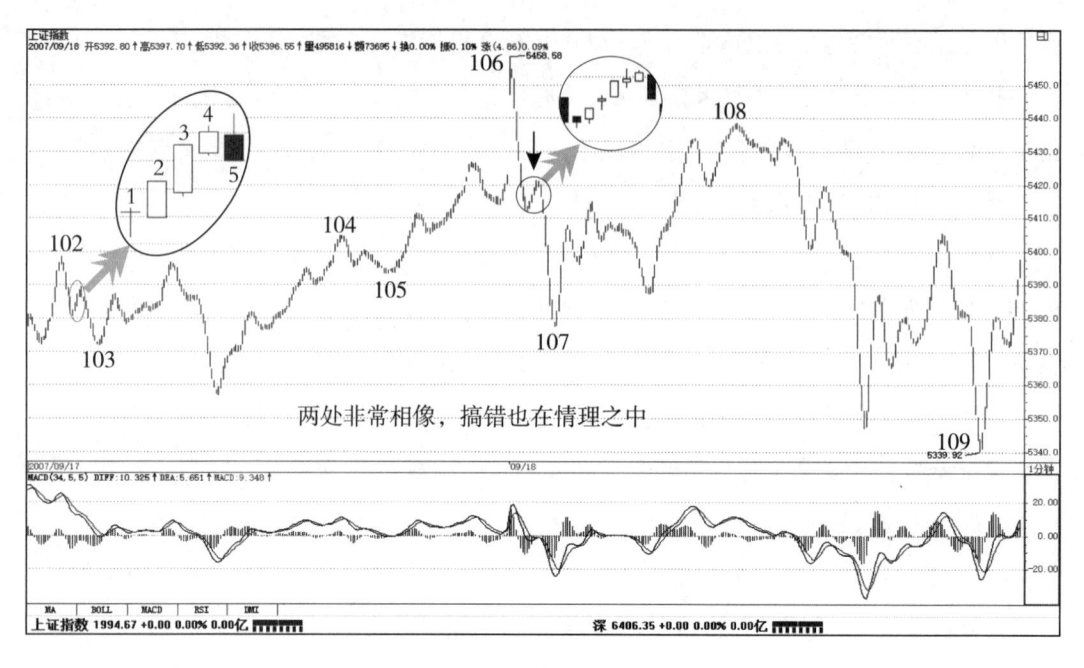

图 81-7　102—103 与 106—107 走势对比

如图 81-8 所示，102—103 之间的走势，当第 4 与第 5 根 K 线进行包含处理后，从底到顶一共只有 4 根 K 线，这样除了底分型、顶分型之外，就没有多余的 K 线了，按原来的笔规则，这里不能成为一笔。

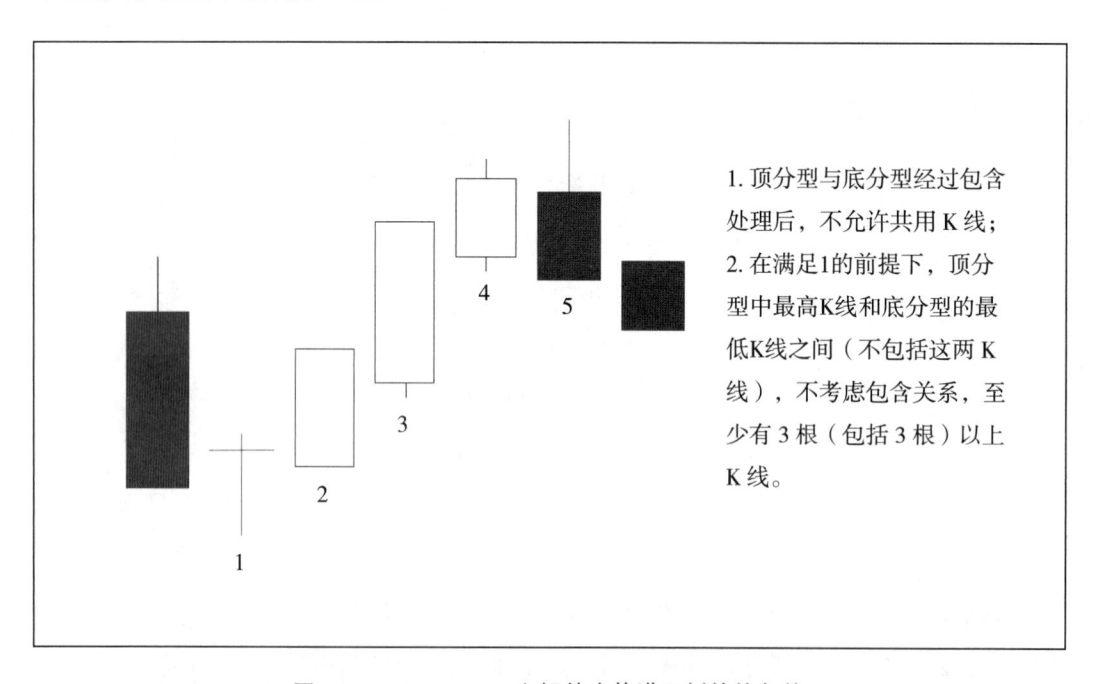

图 81-8　102—103 之间的走势满足新笔的条件

"教你炒股票"第 81 课发表的第二天，缠中说禅在博客中修改了笔的定义，放松了成笔的条件，修改为：

（1）顶分型与底分型经过包含处理后，不允许共用 K 线。

（2）在满足（1）的前提下，顶分型中最高 K 线和底分型的最低 K 线之间（不包括这两 K 线），不考虑包含关系，至少有 3 根（包括 3 根）以上 K 线。

需要注意的是，这两个条件只需分别满足即可，即进行包含处理后能满足条件（1），不进行包含处理能满足条件（2）即可。如此一来，102—103 之间那笔就成为满足新笔规则的一笔，以后的笔都按此种方式处理。

拓展阅读

自相似性形态与结构

自相似性形态是自然界中的一种现象。如图 81-9、图 81-10 所示，自然界种类繁多的蕨类植物，平日常见的西兰花等等，它们某个局部与整体虽大小悬殊，但形状相似。这种情况在自然界并非个体存在，像更为常见的一根树枝和一棵大树等等，都具有这种特点，所以可以视作自然界中的一种规律。

图 81-9　蕨类植物

自然界中的自相似性形态

图81-10　西兰花

　　这种不同精密程度下具有相似的形态，叫作自相似性形态。

　　然而缠论分型、走势类型的自相似性结构，与自然界中的自相似性又有很大的不同。自然界中，事物的自相似性就是它们具有的规律，而缠论的分型、走势类型具有的自相似性，是走势内在规律的表现形式。因此后期缠中说禅用"自同构性结构"来代替"自相似性形态"。

教你炒股票 82

分型结构的心理因素

（2007-09-24 21:31:06）

走势反映的是人的贪嗔痴疑慢，如果你能通过走势当下的呈现，而观照其中参与[者]的心理呈现，就等于看穿了市场参与者的内心。心理，不是虚无飘渺的，最终必然要留下痕迹，也就是市场走势本身。而一些具有自相似性的结构，就正好是窥测市场心理的科学仪器。

注意，分型不是分形。分形理论，是数学的一个分支，有人用这分支的一些研究成果硬套到市场走势上，得出来的结论，没有太大意义。本 ID 理论的逻辑，是直接来源于市场走势本身，而不是一个先验的、市场之外的数学理论。至于这现实的市场逻辑显现出数学理论的结构，那是另一回事情。

世界，本来就是数学的。但本 ID 的理论，不是任何原有数学理论的应用，而是市场本身现实逻辑的直接显现，这是一个极为关键的区别。

显然，一个顶分型之所以成立，是卖的分力最终战胜了买的分力。而其中，买的分力有三次的努力，而卖的分力，有三次的阻击。【**深入解析：事不过三。**】

用最标准的已经过包含处理的三 K 线模型[来说明]（见图 82-1）：

第一根 K 线的高点，被卖分力阻击后，出现回落。这个回落，出现在第一根 K 线的上影部分或者第二根 K 线的下影部分。

而在第二根 K 线，出现一个更高的高点。但这个高点，显然与第一根 K 线的高点中出现的买的分力，一定在小级别上出现力度背驰，从而至少制造了第二根 K 线的上影部分。

最后，第三根 K 线，会再次继续一次买的分力的攻击。但这个攻击，完全被卖的分力击败，从而不能成为一个新高点。在小级别上，大致出现一种第二类卖点的走势。

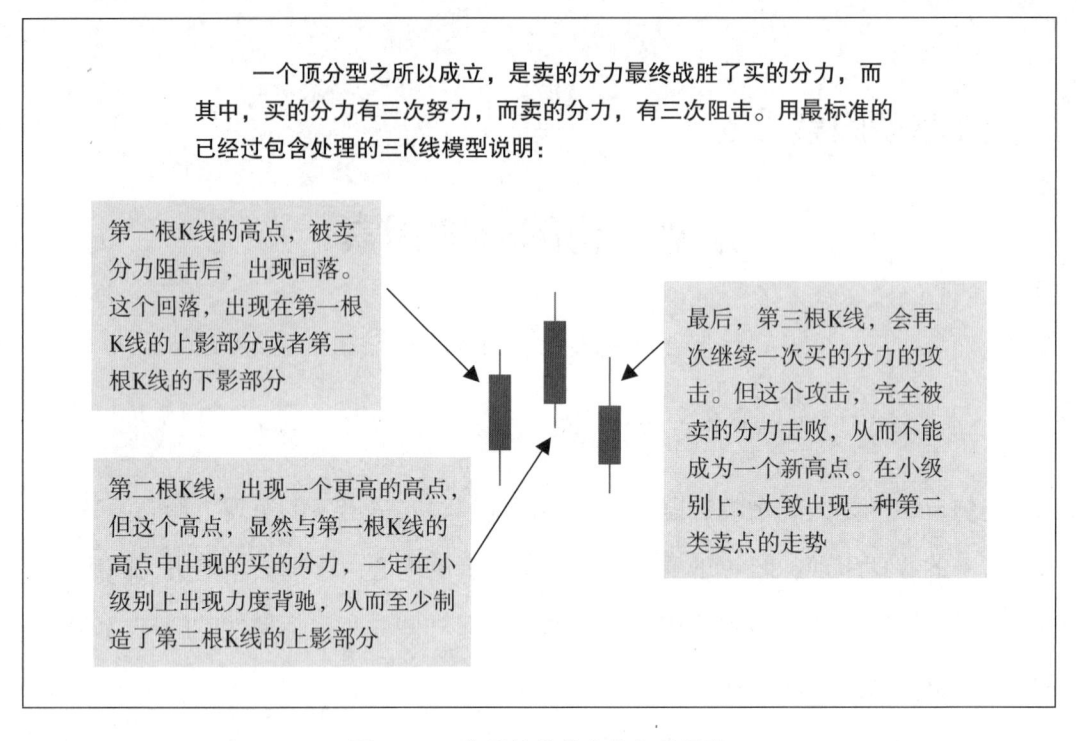

图 82-1　分型结构代表的心理因素

由上可见，一个分型结构的出现，如同中枢，都是经过一个三次的反复心理较量过程，只是中枢用的是三个次级别。所谓"一而再，再而三，三而竭"，所以一个顶分型就这样出现了。而底分型的情况，反过来就是。

现在，我们可以深入分析这三根 K 线的不同情况。【**深入解析**：这里研究包含处理前的 K 线分型结构。】

首先，一个完全没有包含关系的分型结构（见图 82-2），意味着市场双方都是直截了当，没有太多犹豫。包含关系（只要不是直接把阳线以长阴线吃掉）意味着一种犹豫，一种不确定的观望等，一般在小级别上，都会有中枢延伸、扩展之类的东西。

其次，还是用没有包含关系的顶分型为例子。如果第一[根]K 线是一长阳线，而第二、三都是小阴、小阳，那么这个分型结构的意义就不大了，在小级别上，一定显现出小级别中枢上移后小级别新中枢的形成。一般来说，这种顶分型，成为真正顶的可能性很小，绝大多数都是中继的。例如，上海日线 9 月 17、18、19 日这三根 K 线组成的顶分型结构（见图 82-3）。

但，如果第二根K线是长上影甚至就是直接的长阴，而第三根K线不能以阳线收在第二根K线区间的一半之上，那么该顶分型的力度就比较大，最终要延续成笔的可能性就极大了。例如，上海日线6月18、19、20、21日的（见图82-4），里面有一个包含关系，但这包含关系是直接把阳线以长阴线吃掉，是最坏的一种包含关系。【课文解读：如图82-4所示，6月20日的长阴线将6月19日的小阳线整体吃掉了。】

顶分型为例说明	分型形态	心理因素分析
	1）没有包含关系的分型结构	双方直截了当，没有太多犹豫
	2）有包含关系的分型结构	意味着一种犹豫，一种不确定的观望等，一般在小级别上，有中枢延伸、扩展之类的东西。
	3）大阳线后小阴、小阳线	这种顶分型，真正成为顶的可能性很小，绝大多数都是中继
	4）如果第二根K线是长上影甚至就是直接的长阴，而第三根K线不能以阳线收在第二根K线区间的一半之上	那么该顶分型的力度就比较大，最终延续成笔的可能性极大。
	5）有一种包含关系，以长阴线直接把阳线吃掉	是最坏的一种包含关系。

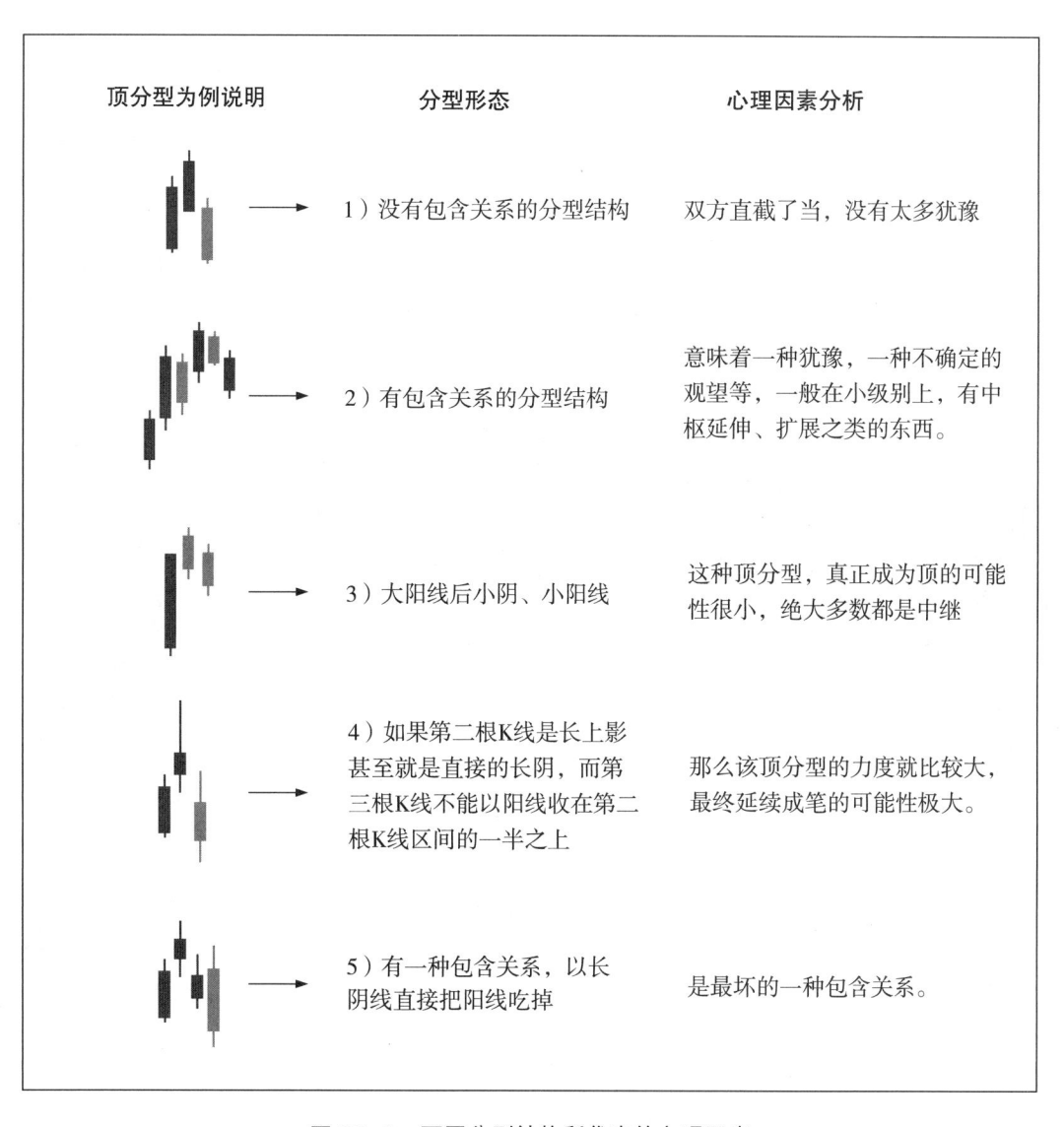

图82-2 不同分型结构所代表的心理因素

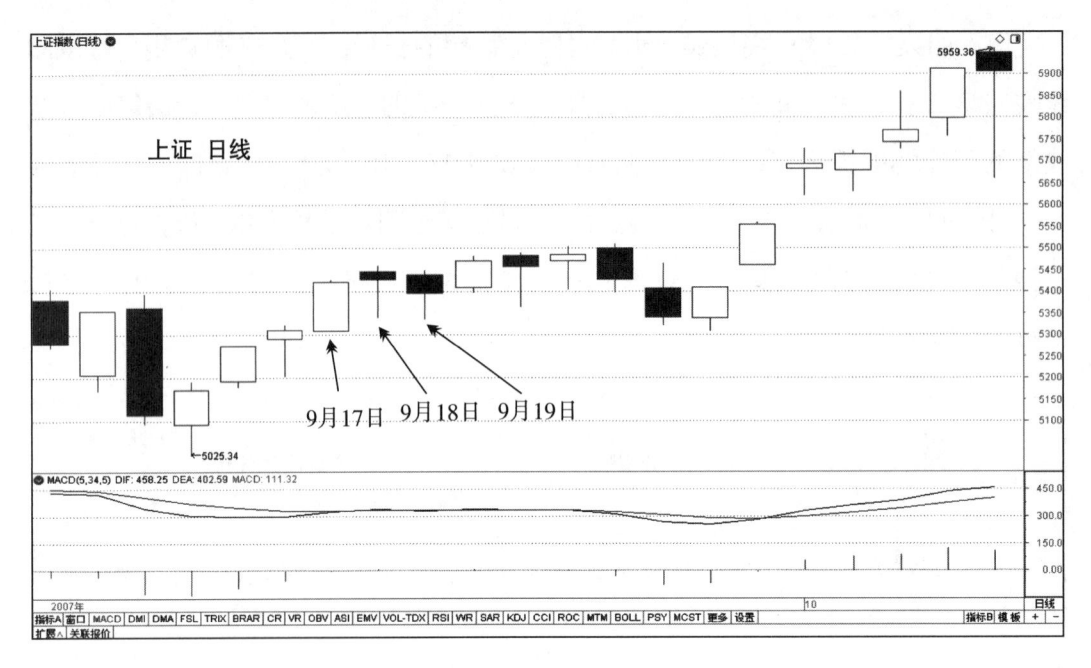

图 82-3 分型案例一

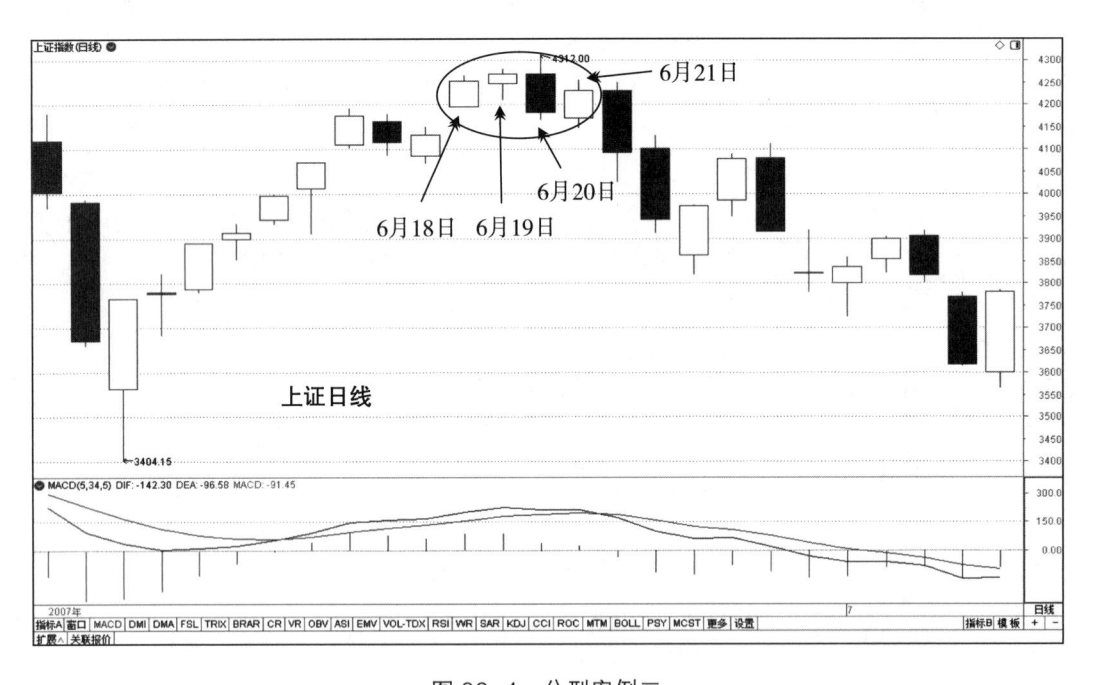

图 82-4 分型案例二

一般来说,非包含关系处理后的顶分型中,第三根 K 线如果跌破第一根 K 线的底而且不能高收到第一根 K 线区间的一半之上,属于最弱的一种,也就是说这顶分型有着较强的杀伤力。例如上海日线 5 月 28、29、30 日(见图 82-5)。

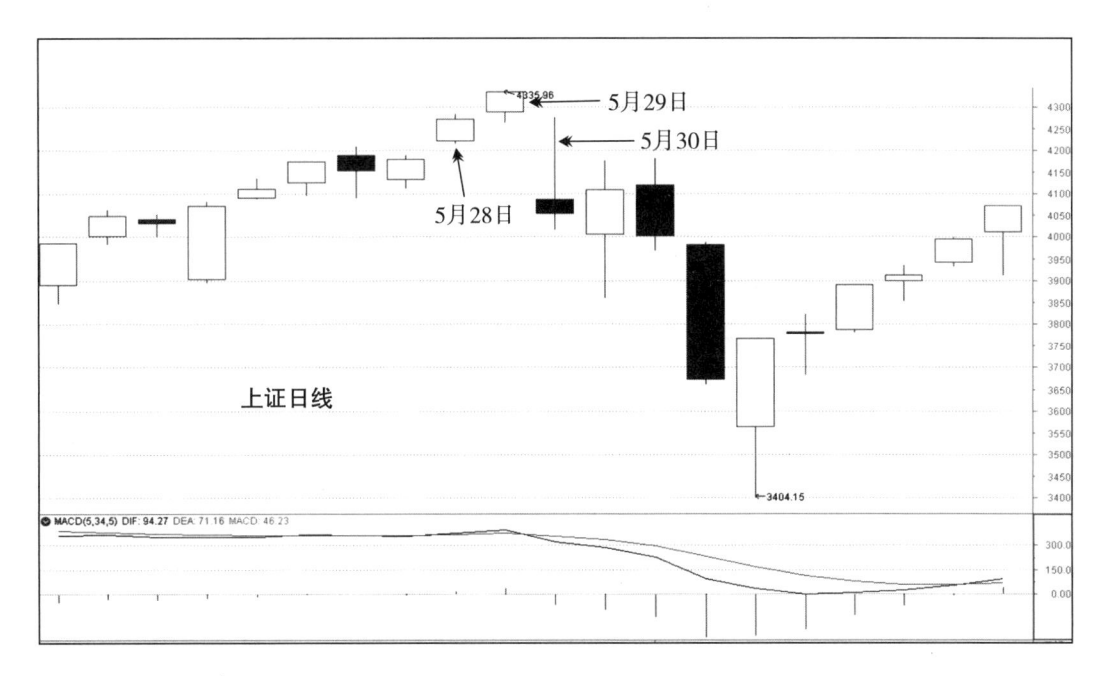

图 82-5 分型案例三

分型形成后,无非两种结构:

(1)成为中继型的,最终不延续成笔。

(2)延续成笔。

对于后一种,那是最理想的。例如在日线上操作完,就等着相反的分型出来再操作了,中间可以去操作别的股票,这是效率最高的。

而对于第一种情况,前面说过,可以看是否有效突破 5 周期的均线。例如对日线上的顶分型,是否有效跌破 5 日均线,就是一个判断顶分型类似走势很好的操作依据。

不过,还有更精确简单的,就是这分型所对应的小级别中枢里,是否出现第三类买卖点,而且其后是否出现中枢移动。例如,对于一个顶分型,该顶分型成立后,对于该分型区间,在小级别里一定形成某级别的中枢,选择其中最大一个。例如日顶分型后,可以找到相应的 5 分钟、1 分钟中枢,一般最大的就是 5 分钟,30 分钟没可能,因为时间不够。如果该 5 分钟中枢或 1 分钟中枢出现第三类卖点,并且该卖点不形成中枢扩张的情形,那么几乎 100% 可以肯定,一定在日线上要出现笔了。【深入解析:缠论的构件不光具有级别上的不同,还有"亲缘"关系上的差异。比如 K 线构成笔,笔构成线段,线段确立走势中枢。从这个角度看,日

线级别的 K 线顶分型，就差不多等于 5 分钟的走势类型。当然这种关系不是一一对应的。】

可以 100% 肯定的，要不出现笔并最终有效破坏该顶分型，那一定要出现某级别的第三类买点，否则就算有短时间的新高，也一定是假突破。所以结合小级别的中枢判断，顶分型是否延伸为笔，是可以当下一目了然的。

如果你能有效地分辨中继分型，那么你的操作就会有大的进步。

一般来说，可以把分型与小级别走势类型结合操作，例如日线与 5 分钟的。如果一个小级别的中枢震荡中连日 K 线都没出现顶分型结构，那么，这个中枢震荡就没必要走了。后者就算打短差也要控制好数量，因为没有分型，就意味着走势没结束，随时新高，你急什么？而一旦顶分型成立，必然对应着小级别走势的第一、二类卖点，其后，关键看新形成中枢的第三类买卖点的问题：一般情况下，如果是中继的，都是第三类卖点后形成中枢扩展，也就是有一个绝妙的盘整底背驰让你重新介入。这样，利用分型搞了一个美妙的短差，又不浪费其后的走势，这就是一个比较及格的操作了。这操作，其实我们都经历过，就是上海周线 9 月 7 日前后那个顶分型的操作，一个完美的中继顶分型（见图 82-6、图 82-7），在假跌破 5 周均线以及相应小级别的背驰的共同作用下完成。

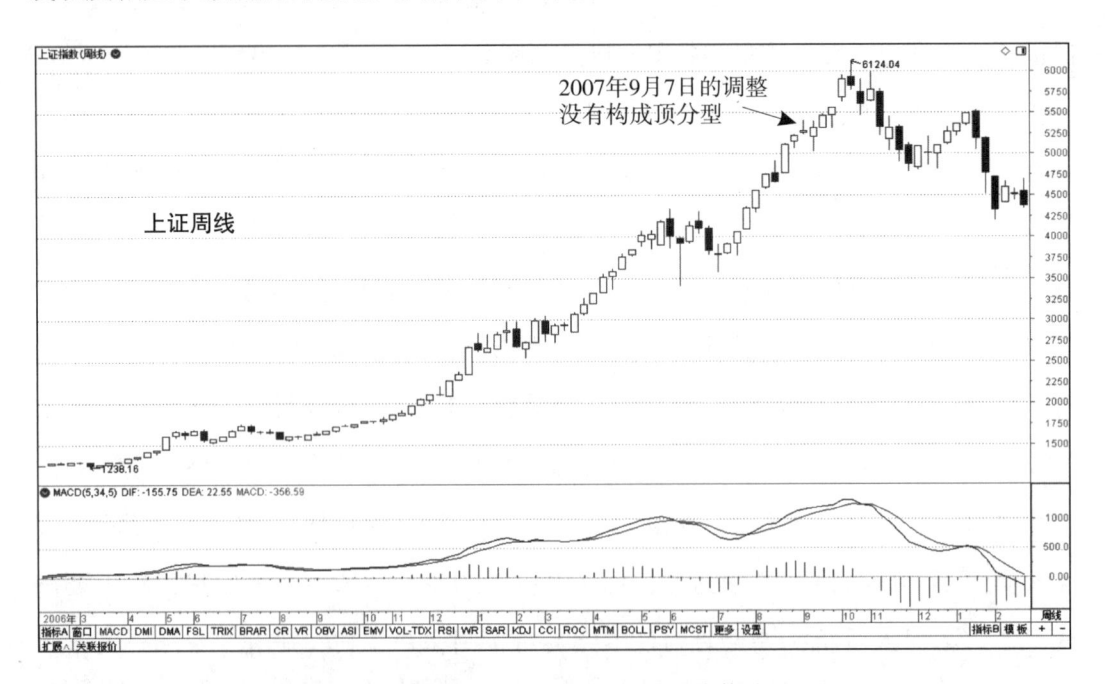

图 82-6　大级别分型与对应的小级别走势关系一

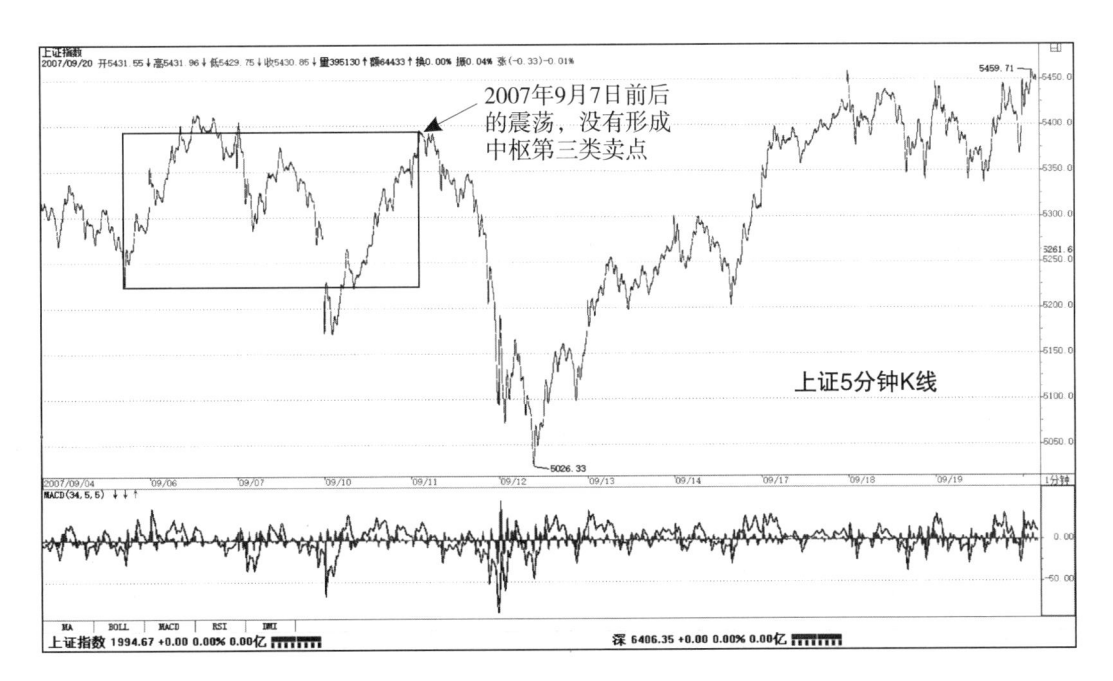

图 82-7　大级别分型与对应的小级别走势关系二

注意，利用分型，例如顶分型，卖了以后一定要注意是否要回补。如果一旦确认是中继的，应该回补，否则就等着笔完成再说。

但一定要注意，中继顶分型后，如果其后的走势在相应小级别出现背驰或盘整背驰，那么下一顶分型，是中继的可能性将大幅度减少。中继分型，有点类似刹车，一次不一定完全刹住，但第一[次]刹车后，如果车速已明显减慢，证明刹车系统是有效的，那么第二次刹住的机会就极大了，除非你踩错，一脚到油门上去了。

教你炒股票 83

笔—线段与线段—最小中枢结构的
不同心理意义

（2007-09-26 21：28：05）

【课文解读：本课前半部分讲述的是缠论第一种走势划分方式，最小中枢结构专指缠论第一级别走势中枢的结构。】

一个最简单的问题，为什么不能由笔构成最小中枢？其实，这不是一个问题。为什么？因为实质上，我们是可以设计这样的程序，也就是用笔当成构成最小中枢的零件，但这样构造出来的系统，其稳定性极差。

众所周知，一笔的基础是顶[分型]和底分型，而一些瞬间的交易，就足以影响其结构。例如，突然有人打错单，或者有人给老鼠仓送货，那么全天走势的分析就大变样了。而由线段构成最小中枢，则不存在这个问题。为什么？一个线段的改变，不会因为一个偶尔一笔的错误而改变，也就是说，线段受偶尔性的影响比较少。想想要破坏一个线段的麻烦程度，就知道这一点。【深入解析：这也是缠论不得不拥有两套走势划分方式的原因之一。】

从心理上看，偶尔因素是允许发生的，只要不被再次确认，就证明偶尔因素对原来的心理合力没有大影响，反过来确认了该合力的有效性。所以，线段破坏本身，其实就反映着一种微妙的心理结构的变化。特征序列分型的引入，本质上就是去勾勒这种心理结构的变化的。就像一般的分型，三次的确认才能构成，特征序列的分型，本质上也是一样的，这样的确认，其有效性就极大增加了。由此构成最小中枢的零件，才是合适的。

如果说三个 K 线的折腾就可以决定一笔的转折，那么一个线段的破坏转折，就需要三个特征序列分型的折腾。这样，市场买卖双方都有足够的时间去反应，从而使得体现出的合力痕迹，当然具有了一定的延续性。而一个线段，至少由三笔组成，这也使得转折后的新线段，同样可以让合力得到充分体现。对比这两个不同方向的线段，买卖双方在相应时间内的心理、实力对比，就一目了然了。

更重要的是，线段破坏的两种方式，是有着很大的心理面不同的。第一种方式（见图83-1），第一笔攻击就直接攻破上一段的最后一次打击，证明这反攻的力量是有力的。再回来一笔，代表着原方向力量的再次打击，但反攻力量抗住并再次反攻形成特征序列的分型，这证明，这反攻至少构造了一个停歇的机会。最坏的情况，就是双方都稍微冷静一下，去选择再次的方向。而这，就恰好构成了最小中枢形成的心理基础。【深入解析："双方都稍微冷静一下"是最小中枢形成的心理基础。】

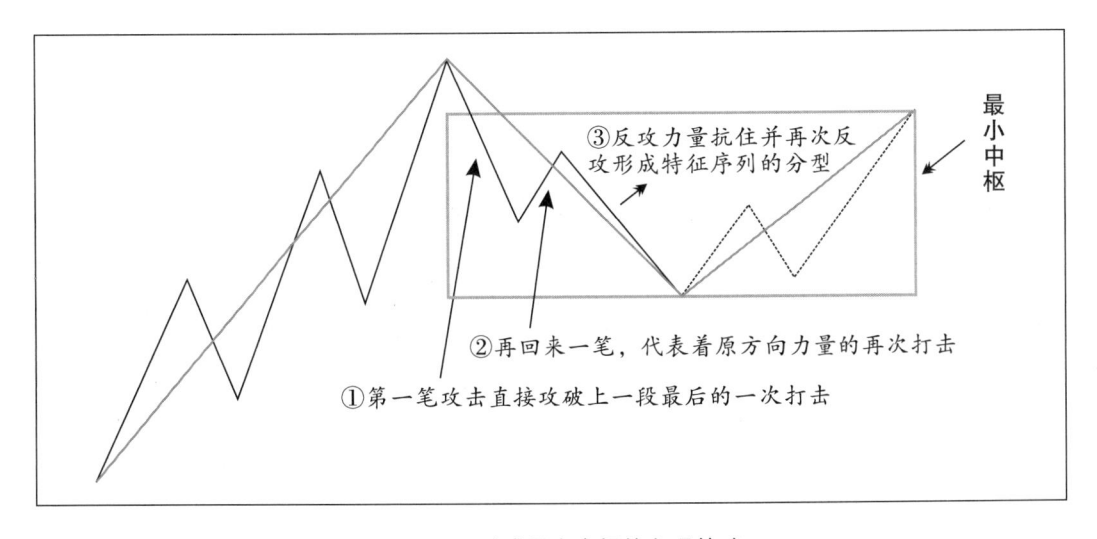

图 83-1 形成最小中枢的心理基础

【课文解读：以下部分不仅仅针对缠论最低级别而言。】

中枢，其实就是买卖双方反复较量的过程，中枢越简单，证明其中一方的力量越强大。中枢的复杂程度，是考察市场最终动向的一个很重要的依据。一个超复杂的中枢过后，就算一方赢了，其后的走势也是经常反复不断的。

而且，在同一趋势中，相邻两中枢的复杂程度、形态，经常有所区别。为什么？人都有提前量，而提前量，经常就是找最近的模本去抄袭。这样，等于在买卖的合力中，都加了一个提前的变量，从而造成整个结构的变化。这是一个很重要的原理，所谓不会两次跨进同一条河流，这本质上由人的贪嗔痴疑慢造成的。

至于线段的第二种破坏方式，本质上是以时间换空间，反攻开始的力量很弱，需要慢慢积累。这一方面代表原方向的力量很强,另一方面,又要密切关注是否会形成骨牌效应,也就是开始的反攻力量很小,却能迅速蔓延开。这往往证明,市场原方向的分力,其结构具有趋同性,一旦有点风吹草动,就集体转向。这在投机性品种经常能看到,经常是一个小 M 头就引发大跳水。趋同性,如果对于一般性品种来说,往往意味着庄家控盘程度高。【课文解读:一个寻找强庄的小窍门。】

一些猛烈上涨或下跌的股票,往往甚至由于一个 1 分钟的小顶分型就引发大跳水或大反弹,其原因,就是这种分力的趋同性所引发的骨牌效应。一般来说,这种第二类的线段破坏,一旦出现骨牌效应,至少要回到前一高、低点范围内,这就是市场上冲顶和赶底时发生的 V 字型走势。

分力的趋同性所引发的骨牌效应,基本上就是表现为所谓的多杀多、空杀空。特别在一些大的趋势之后,市场的力量一边倒,如果这时候突然来一个加速,一旦逆转,就会发生典型的多杀多、空杀空现象。

叛徒成为叛徒之前,必然是同志,甚至就是同志中的牛人。而最危险的敌人,总是志同道合的所谓同志的背叛,同一阵营内部的塌陷才是最有杀伤力的。无论多头空头,死的时候,沿着那滴血的刀看上去,那双眼睛,一定是你最熟悉的。

教你炒股票 84

本 ID 理论一些必须注意的问题

（2007-10-07　16:09:06）

股票走势，归根结底是不可复制的。但股票走势的绝妙之处就在于，不可复制的走势，却毫无例外地复制着自同构性结构。而这自同构性结构的复制性是绝对的，是可以用本 ID 的理论绝对地证明而不需要套用任何诸如分形之类的先验数学理论。这种同构性结构的绝对复制性的可绝对推导性，就是本 ID 理论的关键之处，也是本 ID 理论对繁复、不可捉摸的股票走势的绝妙洞察之一。【深入解析：市场走势意外频发，无法预测，但不影响缠论自同构性结构的不断复制。缠论自同构性结构揭示了市场内在、本质的规律。】

注意，自同构性结构，在前面不太精确地用了"自相似性结构"之类的词语，这很容易和数学里的分形以及利用这种先验性理论构造的理论中的一些术语相混淆，所以以后都统一为"自同构性结构"。【深入解析：自相似性就是规律本身，缠论的自同构性是规律的结果。】

而正因为有了自同构性结构，所以股票走势才可以被技术所绝对分析。而任何有效的技术分析，本质上都是本 ID 理论的分支。本 ID 还没看过任何有效的股票操作程序，是外于本 ID 理论的。

最近似乎很多人举出很多书，说这也和本 ID 的相通，那也和本 ID 的相通。其实，这就如同说欧几里得之前或与之独立的，就有很多人知道勾股定理，但那是欧几里得的几何吗？而且，更重要的是，本 ID 依然没看过任何一本书，达到勾股定理的那种程度，就更不用说欧几里得几何的本 ID 理论。本 ID 建议，除了看本 ID 的理论，一定要多看别人的，这样才会有比较。

本 ID 的理论不仅集所有技术分析理论的大成，更重要的是，本 ID 理论完全构建在不同的思维框架下。这就如同中印的古代几何都很牛，但真正逻辑化、推理化、系统化、理论化的是欧几里德的，这是一种完全不同的数学路线，不明白这个，那肯定白学了。

所以，学本ID的理论，很关键的一点，就是要找出所有技术分析以及操作程序在本ID理论领域中的具体位置。由于本ID的理论对于任何技术分析以及操作程序具有一个绝对的视角，由此，可以绝对性发现所有分析与程序的优劣与缺陷。

注意，可能会发现，本ID理论中的有些结论，似乎和别的一些理论有类似的地方，这恰好证明了本ID理论的涵盖面。例如，本ID的理论，可以解释波浪理论里一切的细节以及不足之处，但反过来不可能，因为本ID理论是一个更广阔的理论，波浪理论不过是一个有着巨大缺陷的不成熟理论。

同样，可能在其他人的理论中，也有对K线组合定义类似分型的概念，但那些定义，都不过和一般的K线分析一样，是通过某种经验性的归纳而来。而本ID的分型定义，源自K线组合的一个完全分类，是一个纯理论的推导。正因为如此，本ID理论与其他任何理论相比，都有着绝对性与涵盖性，这一点，在以后的课程中会逐步揭示的。

走势的不可重复性和自同构性结构的绝对复制性以及理论的纯逻辑推导，这就构成了本ID理论视角的三个基本的客观支点，不深刻地明白这一点，是很难有真正的理解的。

走势的不可重复性，决定了一切的判断必须也必然是不可绝对预测的；自同构性结构的绝对复制性，决定了一切的判断都是可判断的，有着绝对的可操作性；理论的纯逻辑推导，就证明其结论的绝对有效性。

本ID的理论，是人类历史上第一次用100%理论推导的方式绝对地证明了走势分解的唯一性，这从上面关于笔、线段等分解的唯一性证明就明白。世界有哪种交易理论，是按这种绝对推理的方式构成的？显然没有，这才是本ID理论的最强大力量所在，前两个客观点如果没有最后这第三点，都是瞎掰。

其实，这三点，又何止是与股票走势相关，真明白了，对你的人生与社会操作，有着同样的意义。每个人的生活，世界的变化，诸如此类，本质上，离不开这走势的绝对不可重复性和自同构性结构的绝对复制性以及相应不患的共业的绝对推理性。

多空通杀，不是根据自己的喜好，而是如一个零向量那样当下于走势的合力之中。零向量，加多少，都不会改变走势合力丝毫，这样，才能真正去感应市场合力本身，感应其转折，感应其破裂，在电光石火的一下中出手，如风行水，如电横空。不思多、不思空，如零向量般与合力随波逐浪，才可能最终盖天盖地，多空通杀。

所以，资本市场最终，比的是人本身。就如都是玩独孤九剑的，和那些所谓五岳剑派的玩，当然见一个搞废一个。但如果最终同玩独孤九剑了，那就要比人本身了。本ID的理论的一章，就是不断的修炼。最终能到什么层次，最终是玩小资金还是大战役，都只能与此相关。但这还不够，光是所谓身心的修炼，只不过是鬼窟里活计，你的身心，非你的身心，所以为你的身心，从此开始，才可以百尺竿头更进一步。

看走势的背驰、转折，不过是第一层次的东西。哪天，能看明白社会经济、政治等等结构的背驰、转折，那才是更高层次的东西。

自从结构与解构哲学的流行，用结构的观点观察，就是一个最基本的思维方式。但问题的关键，很多所谓结构性的思维*，不过是一种归纳性的结果，不具有任何的理论系统性与有效性。

这里，本ID必须强调一次，分型与分形有着本质的不同。【课文解读：分形理论，是数学的一个分支，始于形态而终于形态；缠论的分型特指一种具有逻辑基础的走势结构。】本ID所说的分型，是建立在一个K线组合的纯粹分类的基础上，任何与这个纯粹分类不同的，都必然是错误的，这一点必须明白。至于所谓的分形，当然也可能是一种结构，但这种结构，本质上都是归纳性的，因此都必然是有缺陷、划分不唯一的，和在一种完全分类基础上给出的绝对结论，有着本质的区别。

其次，分型只是中枢与走势级别递归定义的一个起始程序，甚至可以说，并不是本ID理论中必然需要的东西，其目的，不过是为了中枢等的递归性定义中给出其最开始的部分，完全可以用别的定义去取代。【课文解读：缠论赋予市场的整体性结构是由走势类型组成的。分型—笔—线段—走势中枢是为定义走势类型服务的。】例如，我们可以用收盘的价位去定义顶分型、底分型结构，也可以用成交量给出相应的递归开始部分，只要能保证分解的唯一性，就可以。【深入解析：由于成交量只是个分歧指标，而且很容易造假，因此使用成交量设定理论的难度可想

而知。】

本ID关于中枢等的定义，其实一直没有改变过，因为中枢定义的关键，在于定义的递归性。一般的递归定义，由两部分组成：

（1）$f_1(a_0)=a_1$。

（2）$f_2(a_n)=a_{n+1}{}^*$。

关于第二条的中枢过程规则，是一直没有任何改变的。而关于第一条，其实，可以随意设置任何的，都不会改变中枢定义的递归性。而且，任何有点数学常识的都知道，$f_1(a_0)=a_1$之前是不需要再有什么递归性的。也就是，（1）和（2）之间的f_1、f_2可以是完全不同的两个函数。

有些人一直还搞不清楚中枢，就是一直都搞不清楚这点。例如，可以用分型、线段这样的函数关系去构造最低级别的中枢、走势类型，也就是（1）中的a_1，而在（2）中，也就是最低级别以上，可以用另一套规则去定义，也就是有着和f_1完全不同的f_2。这个问题其实太简单了，有点数学常识都不会有疑问，所以这问题，以后就不再说了。【深入解析：缠中说禅第一次以公式的形式证明了缠论有两套走势划分方式。】

至于MACD的辅助判别，已经反复说过多次，关键不是MACD，而是走势的分解，这才是关键。如果MACD真有用，那光用MACD就可以。连这问题都没解决，那前面的课程是白学了。

另外，必须再给一种错误的想法敲打一下。级别，本质上与时间无关，级别也不是什么时间结构。级别，只是按照本ID的规则，自生长出来的一种分类方法。而所谓的时间结构，本质上和电脑软件上的K线时间周期选择一样。一个最低级别不到的走势类型，可以生长100年不长成更高级别的，级别与时间，本质上没有太大的关系。【深入解析：看完此课，不由想起"教你炒股票"第68课所说：所谓碧空过雁，绿水回风，哪个是尔本来面目？参！】

级别的关键，就是本ID设计的那套规则。级别，本质上不对任何时间结构有任何绝对的承诺，为什么？因为这里没有任何的绝对的理论推导可以保证这一点。级别被破坏了，就是因为被破坏了，只此而已，并不是因为有什么时间的因素，结构就被破坏了。

还有一个更大的误解，有人见本 ID 整天说当下，那当下就最重要了。这是绝对的误解。当下之所以被反复提出，就是因为有人企图预测的想法太过根深蒂固，只是一种破的手段。能当下，那只是第一步，而真正要破的，正是当下本身。【**课文解读**：当下看出市场状况只是第一步，而且此时的结果已经失去了意义。市场中有一种非常常见的现象，就是通过走势来确定判断，比如股价大幅上涨后才认为自己的判断是对的，然后去追涨，结果往往是一追即套，这些都需要破除。市场走势总是处于不断动态变化中，"当下"最大的意义在于对后续走势分析提供思路，即如何破当下。】现在，有很多学口头禅的，整天忽悠什么活在当下，而所谓过去心不可得，现在心不可得，未来心不可得，又有什么当下可得？

学了本 ID 的理论，去再看其他的理论，就可以更清楚地看到其缺陷与毛病。因此，广泛地去看不同的理论，不仅不影响本 ID 理论的学习，更能明白本 ID 理论之所以与其他理论不同的根本之处。本 ID 看到有人提到《混沌操作法》和《证券新时空》，这样，新的作业就有了，就是如果有时间，请好好研究，然后用本 ID 理论的眼光，去发现其理论的重大问题与操作程式上的致命毛病。如果你能完成这作业，那么对本 ID 理论的理解，就更进一步了。

更重要的是，为什么要去了解其他理论，就是这些理论操作者的行为模式，将构成以后我们猎杀的对象，他们操作模式的缺陷，就是以后猎杀他们的最好武器。这就如同学独孤九剑，必须学会发现所有派别招数的缺陷，这也是本 ID 理论学习中一个极为关键的步骤。

拓展阅读

结构性思维

无论是自然界还是人类社会，"结构"都在其特定的位置发挥着重要乃至决定性的作用。同样，思维也有结构，有结构的思维称之为"结构性思维"。

人的行为不同是因为背后的思维方式不同，表面上的表达不清，实际上是思维混乱。思维决定了行为，而行为决定了结果。所以，如果想要得到正确的结果，就必须用正确的思维来取代错误思维。结构性思维，是指人们在认识世界的过程中，从结构的角度出发，利用整体和部分的关系，有序地思考，从而更清晰地表达，更有效地解决问题的思维方式，简单说就是想清楚，说明白。

结构性思维有以下四大原则。

（1）结论先行。

结论先行是结构性思维的四大原则之一。在我们的生活当中，信息复杂、时间紧迫和受众需要这三种情况下，必须结论先行。比如向领导汇报工作、与客户进行信息反馈的时候。

（2）上下对应。

做到上下对应的最重要一步，就是要站在受众角度反过来思考：这样对应吗？在实际的操作过程中，就是要回过头来检查一下自己有没有上下严格对应。

（3）分类清楚。

从思维的角度看，分类清楚使得结构性思维不再是对问题机械、简单地肢解，而是内在逻辑的体现。分类充分体现了思维逻辑性、结构性，使得思考更有条理。从分析的角度看，分类清楚可以帮助我们尽可能地把事情考虑周全，将一个概念或一件事努力地解构，从相关的各个方面去审视和分析。从使用的角度看，分类清楚可以使复杂的事物简单化。

（4）排序逻辑。

排序逻辑是让受众更容易记忆和理解的一种方式。在文章、说话中，常常使用"首先""其次""最后"这一类的关联词，受众就很容易清楚我们所描述的事情发生的时间顺序和逻辑。

学习重点和难点

缠论的两种走势划分方式（4）

课程伊始，缠中说禅就表明了缠论有两种走势划分方式，今天给出了两种走势划分的数学推导公式：

（1）$f_1(a_0) = a_1$。

（2）$f_2(a_n) = a_{n+1}$。

其中的 f_1、f_2 代表着两种递归规则。

特别提醒： 只有缠论的第二种看盘方式即由小至大的递归方式，才存在走势划分的区别。

（1）$f_1(a_0)=a_1$。

这是缠论最低级别走势的递归公式，公式中的 a_1 代表第一级别的走势类型，如图 84-1 所示。从图中可以看出第一种递归方式 f_1，它是由分型—笔—线段—走势中枢推导出来的，递推的源头 a_0 就是 K 线的分型。

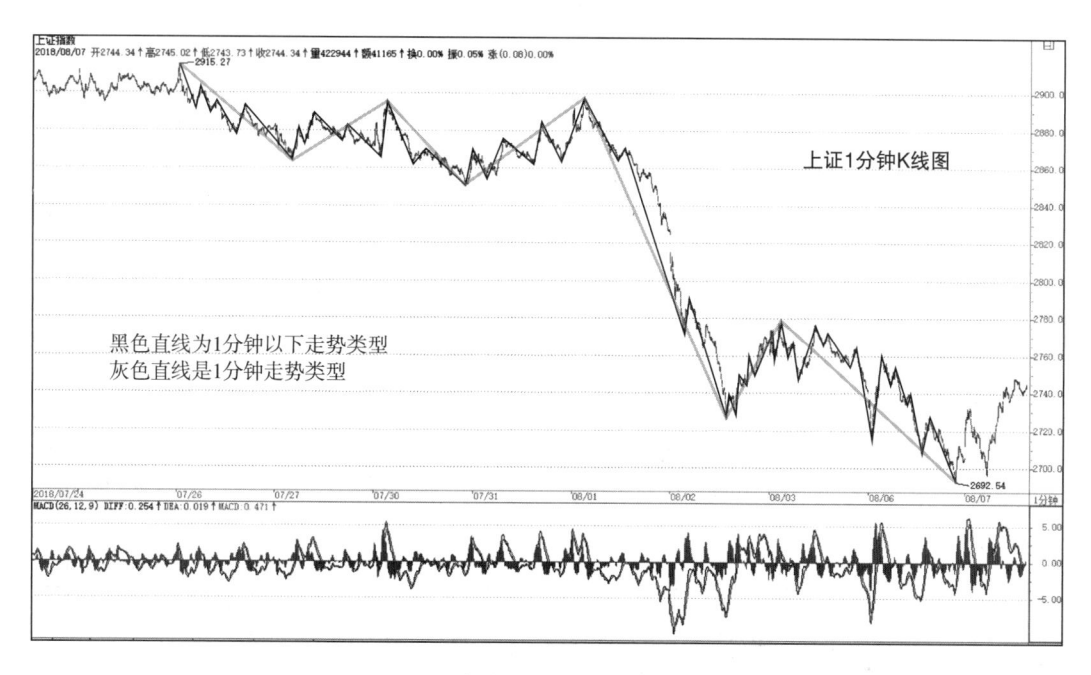

图 84-1　1 分钟 K 线图上的缠论走势标注

如图 84-1 所示，黑色直线代表 1 分钟以下级别的走势，它由 K 线分型—笔—线段推导出来。三个线段有重叠就构成 1 分钟的走势中枢，从而构成如图中灰度粗线表示的 1 分钟走势类型。

缠论的最低级别默认为在 1 分钟的 K 线图上递归。当然，选择不同的 K 线图作为推导的底层数据也是可以的，只是不管选择哪个级别的 K 线图，缠论第一级别的递归规则都是不变的，就是上面所说的 $f_1(a_0)=a_1$。

（2）$f_2(a_n)=a_{n+1}$。

这里的 n ≥ 1，代表着公式给出了缠论第二及以上级别的递归方式。

当 n 取值为 1 时，就是缠论第 2 级别走势的推导公式——$a_2=f_2(a_1)$。此处的 a_1 是通过第一个公式推导出来的，不过更高级别走势的推导就与第一种推导方式无关了。$f_2(a_n)=a_{n+1}$ 表明，第二及以上级别的走势是从次级别推导而来。

缠论第二及以上级别的递归规则 f_2，具体方式如下：

次级别的走势类型被看作本级别 K 线图上的一笔，然后由笔推导出本级别的线段（或标准走势类型）。其核心是高级别走势中枢的形成。如图 84-2 所示，灰度粗直线代表 1 分钟级别的走势，三个 1 分钟级别走势有重合形成 5 分钟的走势中枢，从而构建出 5 分钟的走势类型。

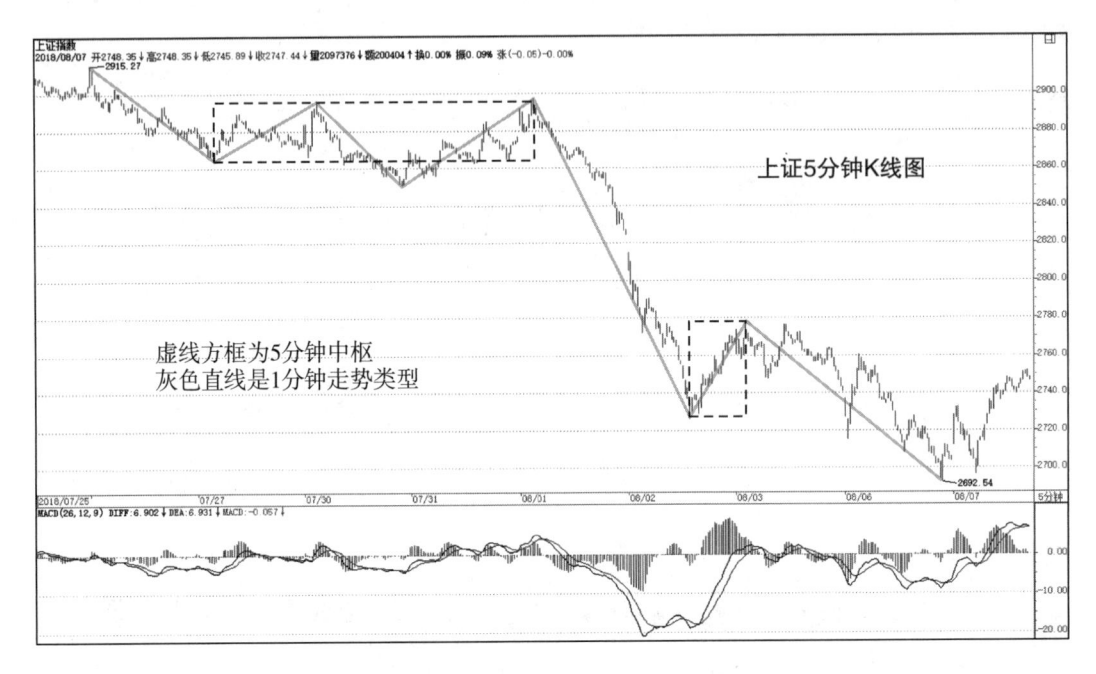

图 84-2　5 分钟 K 线图上的缠论走势标注

教你炒股票 85

逗庄家玩的一些杂史（三）

（2007-10-22 21:42:06）

说点老皇历，让各位都北大北大。

干这活的手法，就算现在的证券法算来，也是完全没有一点违法的地方。这绝对是一个经典案例，也看看股市里是如何做顶的。

当时要干的事情，就是要把一股票的货出掉，而且还不是现价，必须在某个位置上。这不算难，关键是持有也就30%多，已经上涨N倍，而且里面有不少小家伙的老鼠仓，多的有10%。由于这游戏最终把一所谓的牛人给套住了，现在这牛人还在市场上混，最重要的是，这股票这么多年都没回到过当年的高位，所以为了不让那被套住的中年男人知道后有磨墙的心，更为了保护北京的文物，本ID就不说当时的价位和股票了。

先把1/2的筹码集中调到一个最多八卦人的证券部，然后，告诉他们，过三周要陆续调N亿来。很认真地找了人去谈手续费分成问题，而且要求最高的比例，特别强调了对倒时比例要更高。注意，去谈的人也不知道想干什么，只是告诉他要在那边干点活，找一个成本最低的。

然后，该股就从N元开始异动起来。再起来20%后，就在别的证券部开始出，但手法很特别，总是在低位出。出了以后一副给夹空痛不欲生的样子，关于某股票被人抢筹码的消息就此流传。

接着，把出的钱以及部分其他的钱提前划到第一个证券部，然后再告诉他们，更多的钱还要划过来。

很快股价就比开始上涨40%了（见图85-1）。继续在其他地方逢低出货，被彻底夹空。这一下戏演得连老鼠仓都知道损失无数筹码，要压盘把货补回来，老鼠仓也开始大幅度增仓。接着，已经不用逢低出货了。只要压单，就给扫掉，好过分呀。

图中文字：
- C. 股票三周多上涨70%多，一开盘，在买盘涌起的那一下，最后的屠刀开始了，所有剩余的筹码一起涌出。具体过程就不说了，只是当天是跌停的，当然，也是巨大无比的量。见C处分时图。
- B. 很快股价就比开始上涨40%了，已经不用逢低出货了。只要压单，就给扫掉，好过分呀。见B处分时图。
- A. 该股就从N元开始异动起来，再起来20%后，就在别的证券部开始出，但手法很特别，总是在低位出。
- 深桑达A（000032）
- B处分时图
- C处分时图

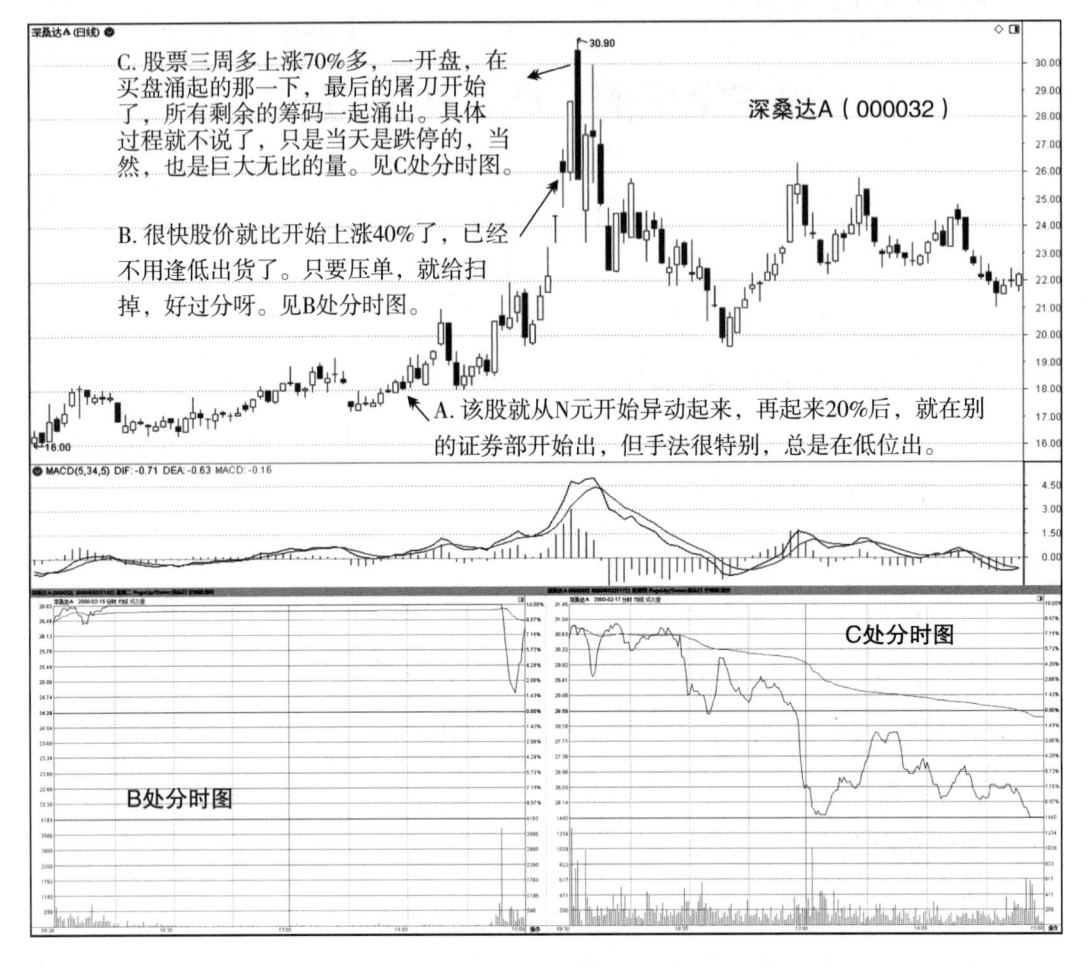

图 85-1　深桑达 A 股价走势图

这时候，开始在第一证券部谈透支问题，说要用筹码押钱，希望是1比2。但对方说他们最多只能1比1.5，因为最近这股票涨太多了。所以让人很气愤告诉他们，找了一个可以1比3透支的，马上就把筹码转了一半去别的证券部，然后对方就开始很恐慌地要挽留我们。其实，是别的地方出得差不多了，需要筹码。

最后一天，股票在三周多点上涨了70%多，那一天早上，一开盘，在买盘涌起的那一下，最后的屠刀开始了，所有剩余的筹码，一起涌出。具体过程就不说了，只是当天是跌停的。当然，那天也是巨大无比的量。

最后，派人和那第一家证券部说，不想玩了，你们那里风水不好，不能为客户保密，消息封锁不住，让我们被人砸盘，套住，亏死了，这里的资金要去别的地方救火去，走人了。

只想说最后那股票的命运，就是从最高位下跌了90%以上。至于比最开始的N元下跌了多少，大概不是一个困难的问题了。

注意，这次游戏，之所以经典，就是在整个做顶过程中，根本没拉抬过一笔，都是分批出货，最正常的手法，谁都说不了有任何违规的地方。而且，也没说任何一句影响股价的话。那么为什么成功了？只是因为那些人的贪嗔痴疑慢。

最绝的是，该股后来一直翻不过身来，多杀多的，自从最后一天后就从来没买卖过该股，但该股却一直下来，甚至后来2245点2001年的历史高位，也没靠近过那历史高位。有些傻瓜总是说什么庄家打压，典型的脑子进水。为什么散户、小庄家、老鼠仓的多杀多就不可以让人死得一点脾气都没有？

当然，做顶的手法千百样，本ID也玩过无数的花招，有时候一顶就是一顶，有时候一顶不做一顶，千变万化。兵者，诡道，股票又何尝不是？

大盘的顶部和个股的顶部不同，要复杂得多，因为集中其中的分力更多，所以其合力当然要更复杂。一般来说，大盘的顶部都不会是简单的图形，都是十分复杂。而且即使真的形成，最后破位前反而要有很多的犹豫，越大型的顶部越是这样。

大盘的顶部都是折腾出来的，所以一般在大盘顶部时，反而机会多多。为什么？因为很多不死心的人，会不断折腾，板块个股，跳来跳去。那些认为大盘顶部一形成就一下死掉的，都是脑子水太多的。

个股的顶部，大多都不复杂，除非是很多人参与的大型股票。原因和大盘的一样，只是相反，就是分力少，对比太明显，所以复杂不起来。

当然，顶部是有级别的。一个中期顶部，中期调整后，就不是顶部了，所以顶部以后，也不一定是世界末日。但顶部以后是否世界末日，这是走势今后的发展决定的，如果你对任何顶部都想长线一把，那么，最终的命运多数是被股票上上下下地面首了。真正解决问题的，还是要通过本ID的理论去分清楚级别，按照买卖点去操作。

必须注意，无论什么花招，最终合力的结果还是买卖点。买卖点是不患的，任何庄家、大资金，包括本ID本身，都不可逃避。所以，对于散户来说，其实不需要知道里面的故事，而只要看好走势，一切就尽在把握中了。

教你炒股票 86

走势分析中必须杜绝一根筋思维

（2007-10-24 21:53:45）

一根筋思维的心理基础，就是企图找到一个永恒固定的公式，然后不管任何情况，只要套进去，就有一个现成答案。这种思维，把世界看成一个精密的机械，任何的运行，都等价于起点—结果模式，只要起点相同，就有相同的结果。这就是典型的一根筋思维。有些人，学本ID的理论，本质上就是希望找到这样的东西，却不知道，法成则人成，人不成，法何成？【**深入解析**：法成的原因是人成，人不成，法自然难成。比如，世间见过蛇鹤相争的人成千上万，但悟得武当拳法的却只有张三丰一人。】

一个很简单的实验，同一批人，同样的资金，同样的股本，同时开始股票运行的实验，显然，这个实验是不可重复的。因为，股票走势，归根结底，是参与者心理合力的痕迹，而心理，是不可重复的。否则，请问，有谁能百分之百复制自己9月30日开盘那四小时的心理曲线？这都是一次性的，不可复制。而几千万、上亿人的交易的可复制性，就更没可能了。为什么？每天都是新世界，影响市场的因素，每天都在变化着，而这些因素对市场参与者的心理影响，更是模糊、混沌，由此产生的走势，很显然不具有任何百分之百复制的可能性。

因此，从最开始的时候，就必须要有一个大的眼界。如果看1分钟就被锁在1分钟层面里，那搞100年都进步不了。

一个很简单的例子，也是最基础的一步，就是必须动态地把握各种概念。例如，第三类卖点，这在不同的情况下，其操作意义显然是不同的。

不妨以此为例子，仔细分析一下：

（1）在一个大级别的中枢上移中（见图86-1），一个小级别的第三类卖点，唯一注意的，就是这个卖点扩展出来的走势，是否会改变大级别中枢上移本身。这里，根据大级别的走势，不难发现其界限。因此，这种第三类卖点的操作意义，就不大，关键是警戒的意义。如果是短线的短差，那也是小级别的中枢震荡中来回操作，因此这第三类卖点也只是构成一个震荡意义的操作点。

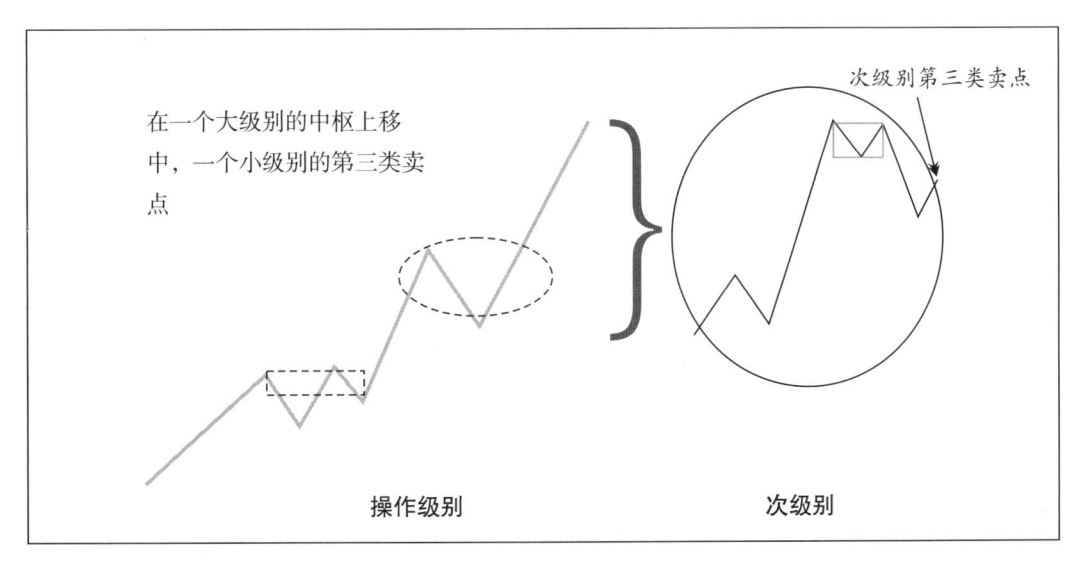

图 86-1　大级别上涨中的小级别卖点

（2）在一个大级别的中枢下移中（见图 86-2），这样一个小级别的第三类卖点，其意义就是这卖点是否让大级别中枢的下移继续，如果继续，那就意味着这里没有任何的操作价值（当然，如果有卖空的，那是另算了）。这类第三类卖点的操作意义，基本没有。如果说卖，大级别都中枢下移了，好的卖点估计都过去了 N 的 N 次方个了，也就是说市场已经给你 N 的 N 次方卖的机会，你还没改正，那你大概更适合去卖豆腐了。

（3）在一个大级别的中枢震荡中（见图 86-3），这样一个小级别的第三类卖点，其意义就看这是否延伸出大级别的第三类卖点，如果没有这种危险，本质上不构成大的操作机会，只是一个短线震荡机会。而且，很有可能，一个小级别的第三类卖点后，反而延伸出大级别的买点，这在震荡中太常见了。

最后说的这种情况，就是多空通杀中经常用到的一种技巧。通杀，就是要把所有人的舞步搞乱。怎么搞乱？就是买点卖点轮番转折，而且模式不断变化，让不同的操作模式都被破裂一次。而这种舞步错乱的本质，就是要触及不同的突破、止蚀位置，让止蚀刚卖出的又回头，刚买入追突破的马上给一巴掌。

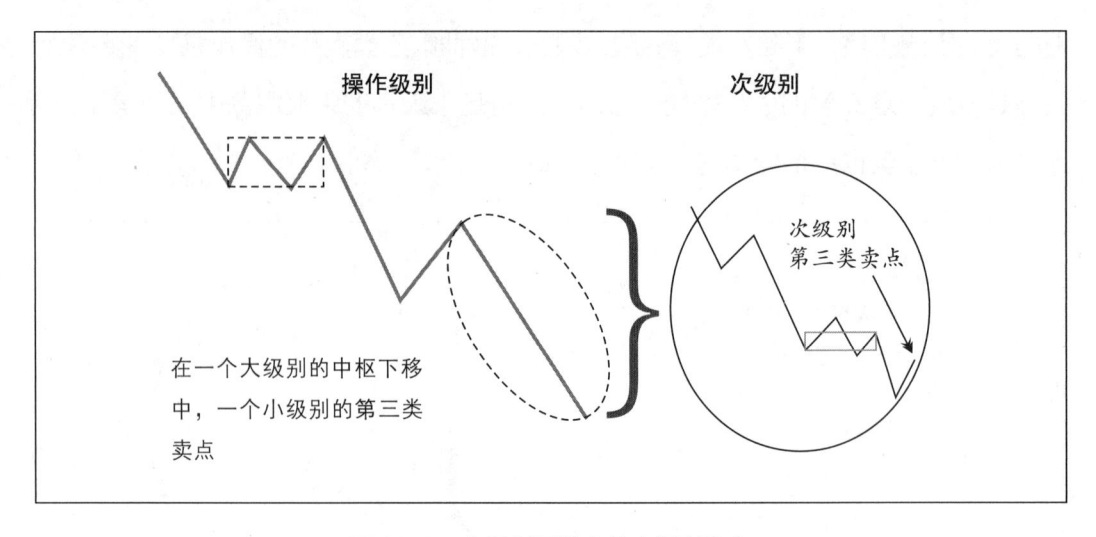

图 86-2　大级别下跌中的小级别卖点

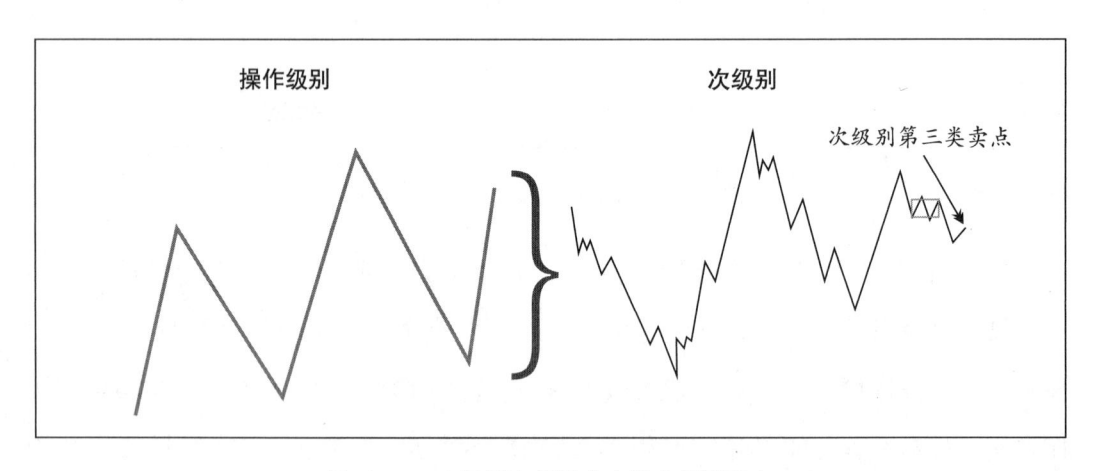

图 86-3　大级别中枢震荡中的小级别卖点

本 ID 理论，从来没有任何止蚀之类的无聊概念。有什么可止的？三大卖点，给三次机会，加上不同级别的，机会 N 多，你都没反应，等到缺胳膊少腿才去止蚀，那是有病，回火星去吧。

而只要把握了本 ID 的理论，那么第三那种情况，正好适合去凌波微步一番。这里，还可以更精确地分析一把。根据先后（已经）〔以及〕买卖点的级别，无非以下几种情况。

A. 大买点后小买点（见图 86-4）。

这种情况，后面的小买点，往往构成相对于大买点的第二次介入机会，但不一定是最精确的机会。因为最精确的机会，一定是符合区间套的，而并不是任何的小级别买点，都必然在大级别买点对应的区间套中。也就是说，这种小级别买点，往往会被小级别的波动所跌破。但这种破坏，只要不破坏前面大级别买点所构造的大级别结构，那就一定会有新的小级别波动，重新回到该买点之上。

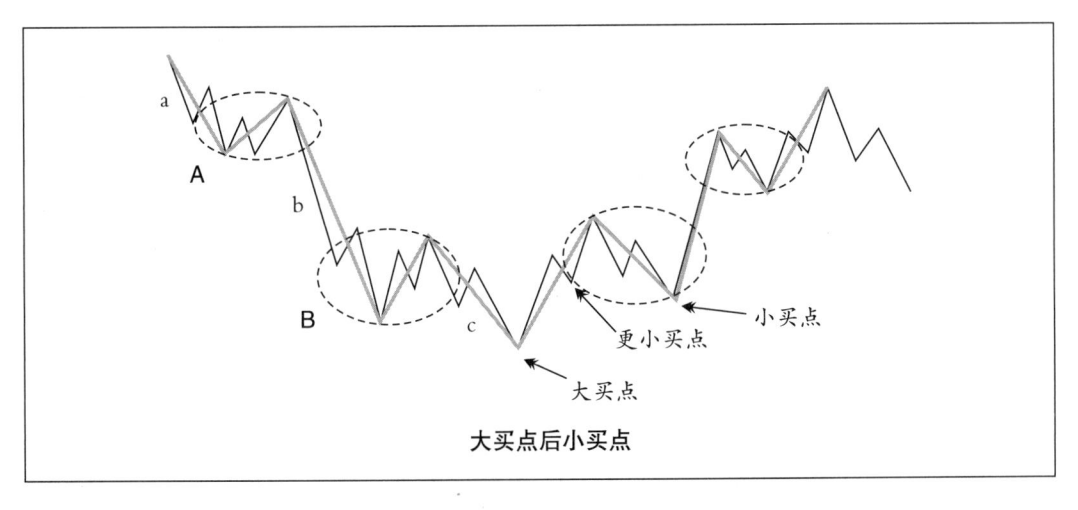

图 86-4　大级别中枢震荡买卖点分析一

大买点后，必然产生相应级别的结构，因为后面的小买点，不过是构造这大结构中的小支架，明白这个道理，相应的操作就很简单了。

B. 大卖点后小卖点（见图 86-5）。

和上面那种情况反过来就是。

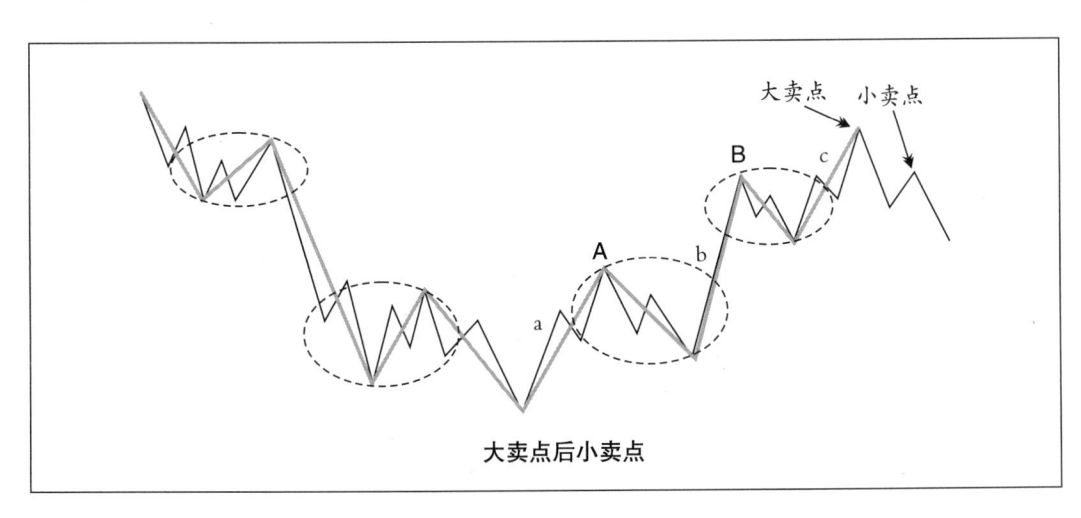

图 86-5　大级别中枢震荡买卖点分析二

C. 大买点后小卖点（见图86-6）。

如果两点间有一个大卖点，那么，就可以归到第2种情况去。如果没有，那么这个小卖点后，将有一个小级别的走势去再次考验或者确认这个大买点后形成的大级别结构。只要这个走势不破坏该结构，接着形成的小买点，往往有着大能量，为什么？因为大结构本身的能量将起着重要的力量。一个结构形成后，如果小级别的反过程没有制造出破坏，一种自然的结构延伸力将使得结构被延伸，这是一种重要的力量。

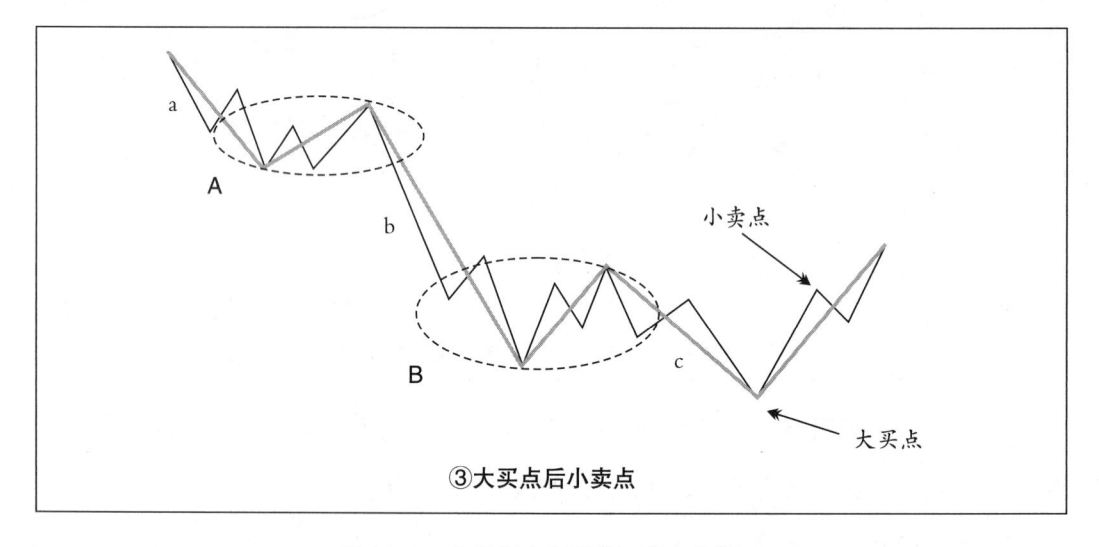

图86-6　大级别中枢震荡买卖点分析三

D. 大卖点后小买点（如图86-7）。

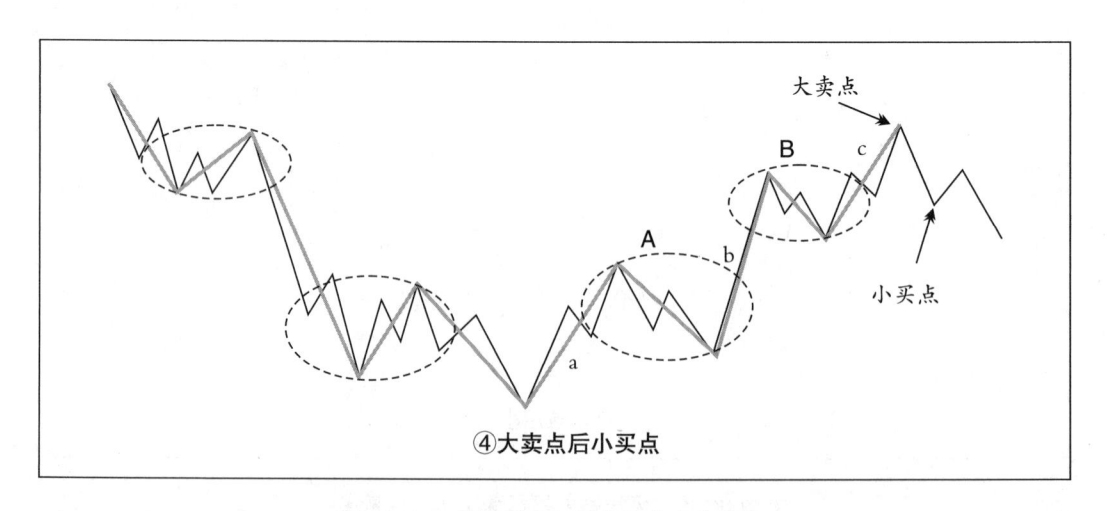

图86-7　大级别中枢震荡买卖点分析四

和上面反过来就是。

E. 大中枢中的小买卖点。

在一个大中枢里，是没有大买卖点的，因为出现第三类买卖点，就意味着这中枢被破坏了。这种大中枢中的小买卖点，只会制造中枢震荡，一般不具有小级别的操作意义，这是最容易把多空搞乱的。

但是，其中有一种买卖点，往往具有大级别的操作意义，就是大级别中枢震荡中，次级别的买卖点。例如，一个5分钟的震荡里面的1分钟级别买卖点，就具有5分钟级别的操作意义。因为该买卖点后，无非两种情况：

a. 就是继续5分钟中枢震荡。

b. 刚好这次的次级别买卖点后的次级别走势构成对原中枢的离开后，回抽出第三类买卖点。这样，原来这个买卖点，就有点类第一类买卖点的样子，那第三类买卖点，就有点新走势的类第二类买卖点的样子了。（注意，这只是比喻，不是说这就是大级别的第一、二[类]买卖点。）

注意，有些买卖点的意义是不大的。例如，一个1分钟的下跌趋势，在第二个中枢以后，相对的中枢的第三类卖点，就没有什么操作意义了，为什么？前面第一个中枢的第三类卖点哪里去了？趋势，本质上就是中枢移动的延续。这种，第一个中枢的第三类买卖点，本质上就是最后一个合适的操作的机会，后面那些如果还需要操作，那是证明反应有大毛病了。到第二个中枢以后，反而要去看是否这趋势要结束了。例如对上面1分钟下跌趋势的例子，跌了两个中枢以后，就要看是否有底背驰了，那时候想的是买点，不是卖点了。

而且，必须注意，对于趋势的转折来说，例如上面的1分钟下跌趋势，最后背驰转折后，第一个上去的线段卖点，很有可能刚好形成最后一个1分钟中枢的第三类卖点。这时候，这个卖点，几乎没有任何的操作意义，反而是要考虑下来的那个第二类买点。很多抄底的人，经常在第一次冲起后就给震掉，然后再追高买回来，就是没搞清楚这种关系。

如果你是抄一个1分钟级别的底，后面最坏有一个1分钟的盘整，连这盘整的格局都没有走势必完美，也就是最基本的三个线段都没形成就跑，不给震出来才怪了。

当然，有一种稳妥的办法，给那些对大级别背驰判断没信心的，就是都在第二类买点介入。当然，实际操作中，你可以完全不管第二类买点形成中的背驰问题，反正第一类买点次级别上去后，次级别回跌，只要不破第一类买点的位置，就介入。这样，只要后面的走势，在下一个次级别不破第一个次级别上去的高点，就坚决卖掉；如果破，就拿着，等待是否出现第三类买点，出现就继续拿着，不出现就卖掉。

按上面的程序，你甚至连背驰的概念都可以不管。所以，分清楚走势类型，其实就可以完美地操作了，其他概念，只是如虎添翼而已。

教你炒股票87

逗庄家玩的一些杂史（四）

（2007-10-30　22:05:40）

下面都是梦话，千万别相信。明天要出差，没心情写复杂的东西，就说说故事，继续说点老皇历。

前面说了做顶出货的，今天说说做底吃货的。准确说，如果是吸货，无所谓底部。只要有筹码有钱有足够的时间，什么成本拿的货，其实都可以摊下来的。特别是那些对走势有足够影响的分力，后面各级别的顶是自己的，底也是自己的，差价都是自己的，什么成本不能下来？

为什么很多庄家最后都做死，就是没有什么成本概念。说实在，很多，甚至可以说大多数庄家，都还是散户心态，见到市值起来就晕头，却忘记了，股票只是一个凭证，一个抽血的凭证，能把血抽到才是真本事。

大多数愚蠢的庄家，都希望玩一种收集派发的游戏，但这种游戏经常把自己放到火上去了。实际上，最关键是成本的下降。一般来说，如果成本没有到0，根本没有大力拉抬的必要，就要来回折腾，把筹码成本都洗到0了，才有必要去拉抬。而真正的拉抬，是不需要花钱的。如果拉抬要花钱，证明价格已经高了，资金流入已经跟不上，早该回头砸了。

经常是早砸一天和晚一天，就是两重天地，这里需要的是经验和悟性以及感觉。基本的0成本筹码，然后反复拉抬都变成纯负数的，最后搞出N的N次方倍后，实在不想玩了，满手都是负成本的筹码，再大甩卖，谁要都死，这才是真的最安全的方法。当然，甩卖不一定是跳楼的，还可以是跳高的，甚至是批发的，手法多多，只是不同的故事而已。

因此，要玩这个游戏，关键是要有基本的筹码。这筹码，当然可以抢回来，例如，以前就说过，曾经和别人抢东西，从8元一口气抢到20多元，然后一个大平台，最后再飞起一波，然后就该干什么干什么了。这是一种方法，但这种方法过于无聊，一般都不这样干。

当然，最直接就是能在最低的位置把该拿的全拿了，这是最考功夫的。这里说一个曾经的经典例子（见图87-1）。

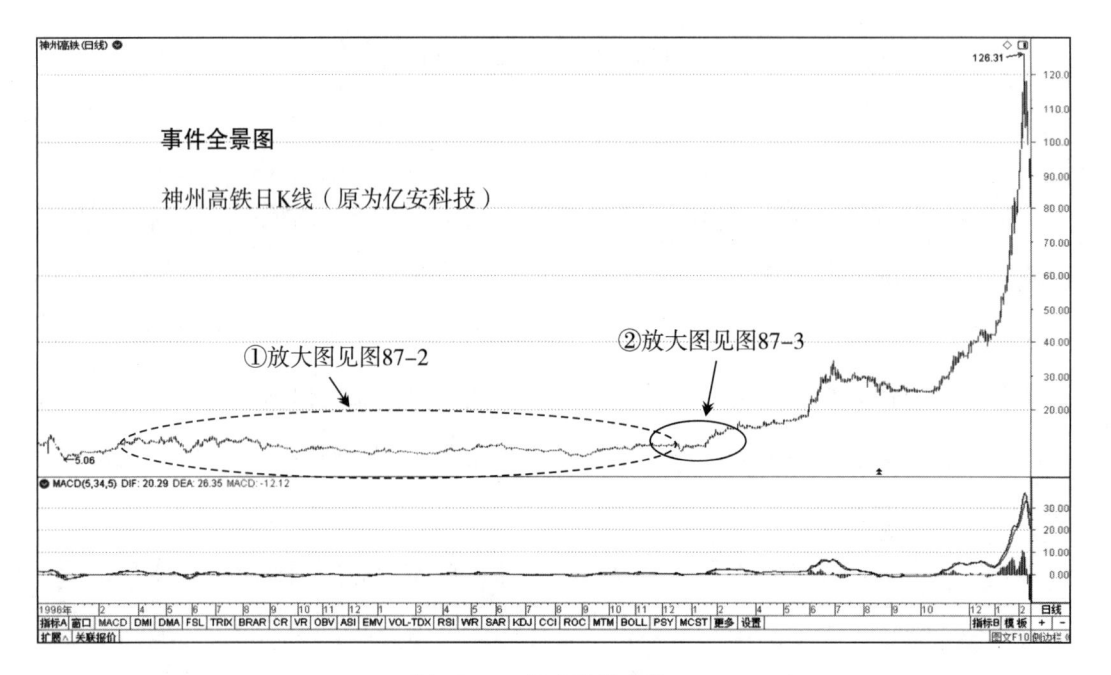

图87-1 亿安科技走势一

这例子，还没动手，老鼠仓就抢起来了。因此，后面的任务十分艰巨，首先要抢到足够的东西，其次还有成本不能太高，第三还要把老鼠仓洗出来，最后，这时间还不能太长。这怎么看都是一个不可能完成的任务。

首先，在一个大的压力位上顶着，接了所有的解套盘（见图87-2）。老鼠仓是不会接解套盘的，别的小玩意就更不会了。然后在那位置上不断地假突破（图87-3）。一般在强压力位上，一般人不会拼命给你冲关的，而不断的假突破，就让所有技术派的人把筹码交出来了。但这时候，买到的，是最高的成本，除了历史上的高位套牢，所有人的成本都要比这低。

这时候，把账上所有的钱基本都打光了，还有一部分。当时，有一种透支是需要当天平仓的，用剩下的钱，借了该种透支。然后那天疯狂地买，早上就把所有的钱加透支全买完了。因为前面N次的假突破，突破后根本没人管，需要的就是这种效果。

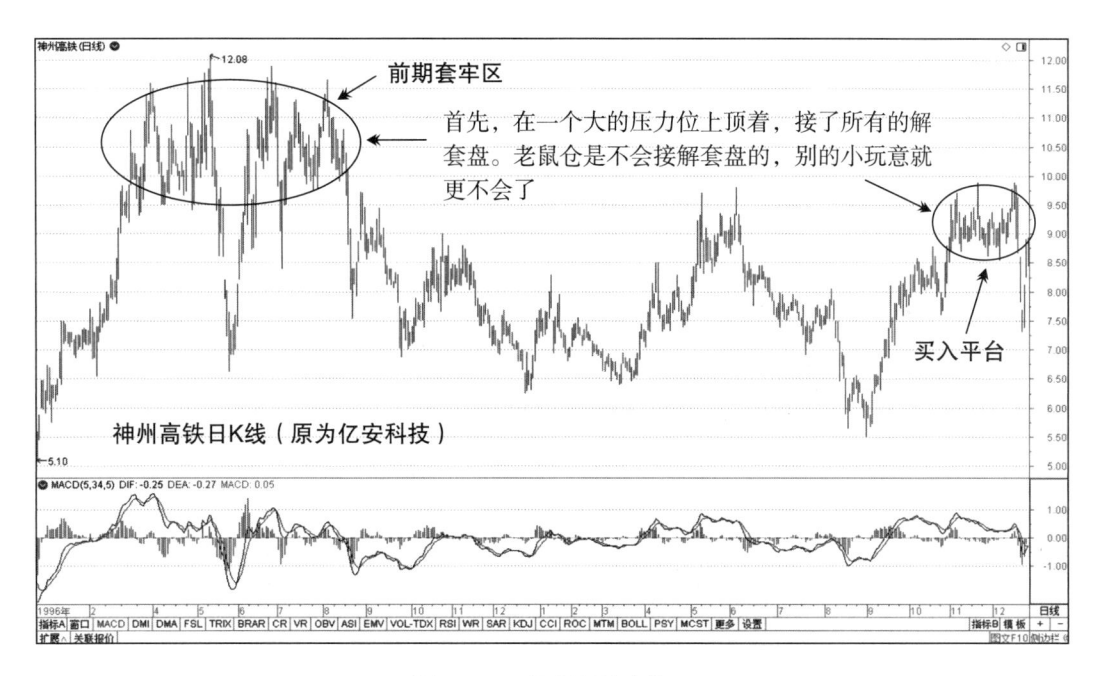

图 87-2　亿安科技走势二

图 87-3　亿安科技走势三

下午，需要平仓了。不断交涉是否可以不平，结果是不可以。很痛苦状地开始平仓行动，瀑布一样，价格下来了（图 87-3）。早上买的，亏损着全砸了出去，结束一天悲惨的交易。价格也砸穿前面一直坚持的平台，收盘后，有人被套被人追债的传闻马上到处流传。

第二天，所有的老鼠仓，所有知道消息的都蜂拥而出。然后是第三天，也是这样。

这时候，在 N 个别处的遥远的地方，所有的抛盘都被吸到一个无名的口袋里。所有出逃的人都在庆幸，因为第四天依然大幅度低开。

突然，强力的买盘如同地底喷薄的熔岩，任何挂出的筹码都被一扫而光。任何人都没反应时，他们已经没有任何买入的机会了。第二天，依然如此，一开盘，就迅速让任何人失去买入的机会，而前面来不及逃跑的，却依然抛着。

第三天，快回到原来的平台了。在那里，买盘突然没了，仿佛从来没有任何买盘出现过，所有的人都不知道该怎么办好。如果是 V 型反转，那上面平台的巨大套牢 [区] 却没人敢去顶破，如果是超跌反弹，那所有的空间都耗尽了。经过市场一段的沉寂后，卖盘再次涌出，多杀多又开始了，没人敢接，但价格却永远也回不到反弹第二天的位置。在一个狭窄的空间里，抛掉的人，没空间回补，想买的人，又怕上面不远的巨大套牢区，以及可能的超跌反弹骗线。但价格不跌了，所有的筹码，都掉入一个巨大的口袋。

最后，在一个谁都想不到的时刻，价格迅速地脱离上面的套牢区，所谓技术上的巨大压力区。突破时，连 15 分钟都不到就过去了。

至于老鼠仓的命运，在砍掉价格 N 倍的位置，老鼠仓最后又重新进来，那是另一个故事了。

主题 18

走势的中阴阶段

本主题的出现，一定程度上反映出缠中说禅想将走势分析回归以中枢为主的轨道上。

这个主题出现在第 88 课至第 90 课以及 92 课中，主要研究了走势转折时的中枢结构。

主要内容：

（1）中阴与走势中枢的区别。

（2）中阴阶段结束时间的辅助判断。

（3）中阴阶段的操作实例。

（4）中枢震荡的监视器。

教你炒股票 88

图形生长的一个具体案例[1]

（2007-11-06 22:38:43）

本 ID 的理论，对所有的走势，进行了一个最明确的分解。所有的分解，本质上只有两类，就是延续与转折。用残酷一点的词语，就是生和死。

一个走势类型的死，必然意味着一个走势类型的生。走势，就在这样一个生死的轮回中，如同众生的生命，生死轮回不断。看明白了股票的走势，对人生，也大概应该有点领悟了。

一个走势类型确立后，同时就确认了前一个走势类型的死，同时也开始了自己面向死亡的生存。

如同众生的轮回生死，在死与生之间，有一段被称为中阴身的阶段。股票的走势，同样存在着这个阶段。如果说前一个走势类型的背驰或盘整背驰宣告了前一个走势类型的死亡，那么到新的走势类型确立，这里有一个模糊的如同中阴般的阶段。【深入解析：佛教认为，就一般而言，人死后皆有中阴身。自亡者断气，意识脱离躯壳，至转世投胎前称为"中阴身"。前阴已谢，反映其寿命已尽，后阴未至，意谓尚未投胎。因此缠论中的中阴阶段与普通中枢是有区别的，中阴阶段只存在于新老走势转换之时。判断进入中阴是有条件的，走势必须出现背驰或小转大等信号。】

要把握这阶段的走势，必须把前一段走势的部分走势结合起来分析。也就是说，前一段走势的业力在发挥着作用，这个业力与市场当下的新合力构成了最终决定市场方向的最终合力。

用一个例子，就能很好地说明这个问题。

如图（见图88-1），191的背驰宣告前一走势类型的死亡。按道理，新的走势类型，是从191开始分析的。但这时候，新的走势类型连第一段线段都没走出来，甚至走到193的位置，也依然轮廓不明，因此，这时候，就是典型的中阴身阶段，必须借助前面189开始形成的中枢来完成分析与相应的操作。

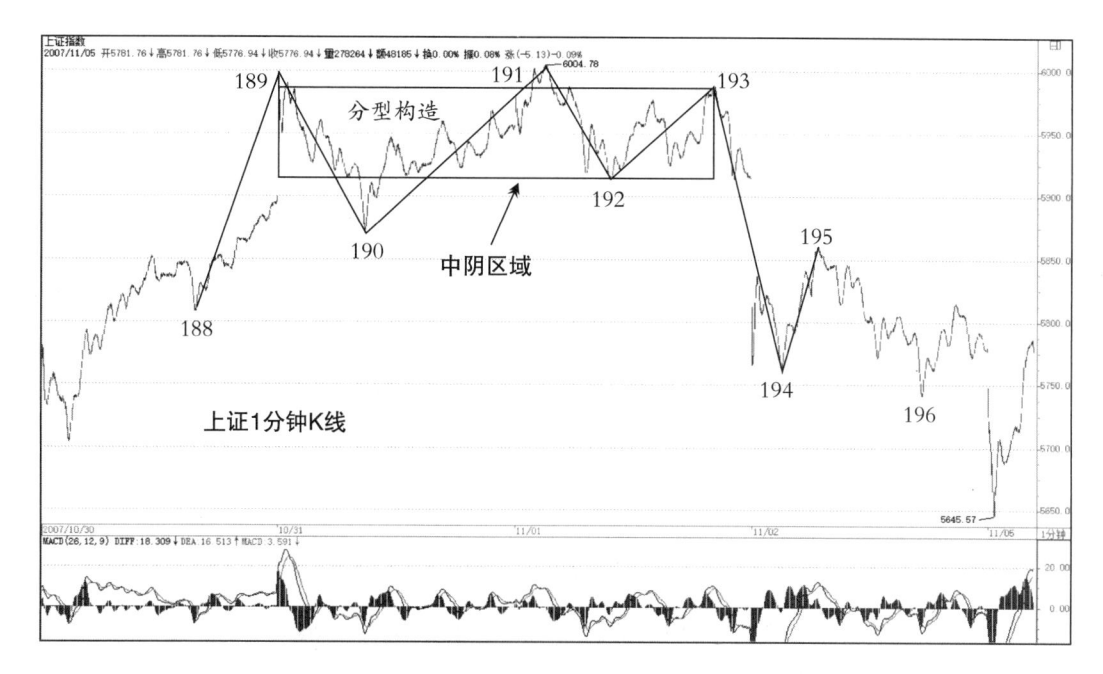

图88-1 中阴阶段分析

如果从191开始，192、193都很难说有什么可依据的。当然，可以说193就是第二类卖点，这个自然没错。但站在189开始中枢的角度，这就存在一个中枢震荡的问题，这样，这个干瘪的第二类卖点，就有一个更大的可依靠的分析基础。一切关于中枢震荡的分析，都可以利用到关于192、193以及后面走势的分析中，这等于有了双重的分析保证。

当然，后面的195的第三类卖点，也是站在中阴阶段的角度说的。但这一点是一个中阴阶段与新的走势类型确立阶段的分界点。195出来以后，新的走势类型最开始的形态就确立了，也就是至少是一个线段类的下跌走势。这时候，分析的重心，就可以移到191开始的新走势类型上了。这时候，就可以基本在这个线段级别上，不用考虑191之前的事情。

但191之前的走势并不是没有用了，而是在更大级别上，例如在1分钟、5分钟等等级别上发挥作用了。191后面出现的走势，就和191之前的，结合出大级别的走势形态。

因此,当各位熟练以后,标记上就不一定要不断地标记下去了。例如,如果你是按 1 分钟级别操作的,那么,前面 191 个线段记号,可能就可以一下简化为 10 个不到的 1 分钟级别相关的记号。当 191 后面的走势演化出的 1 分钟走势结束后,这 1 分钟级别的记号才再增加一个,这样,记号的数目就很有限了。当然,如果是 5 分钟级别、30 分钟、日线等等,就更少了。【深入解析:原来在图上标记的是线段,现在可以按走势类型记录,要简单很多。将分析的重心转移到走势类型上,不知是缠中说禅刻意为之还是灵机一动。】

为了方便明确起见,还是把记号的级别进行分类,例如,用 Xn 代表线段的记号,用 Yn 代表 1 分钟的级别,Wn 代表 5 分钟的记号,Sn 代表 30 分钟记号。日、周、月、季、年,分别也可以用 Rn、Zn、Mn、Jn、Nn 来表示。其中的 n 都是具体的数字,这样,所有的走势,都可以被这个标号体系所标记而清楚异常了。

例如,对于 191 这个点位,站在线段上,就是 X191 的标号,站在 1 分钟级别,可能就是某个 Yn 的标号。而 189 这个点,就只有线段的标号,这同时也显示了,191 这点和 189 点的重要性是不同的。【课文解读:189 只是线段的标号,191 是线段与走势类型二合一的标号。】

什么是最牛的点?就是从线段一直到年,同时都有标号的那个点,如果是顶,那就是百年大顶。当然,是否有幸碰到这样的点,就看各位的运气了。【课文解读:6124 点、5178 点等等都是这样的点。】

这个标号体系,不单单为了方便阅读、记号,首先就培养了各位一种综合的、系统的习惯。看一个走势,就要知道,不单单是一个线段,而是在一个大得多的层次系统里,这样才不会被每天的波动所迷失。

其次,这个标记的过程,意味着什么?既然线段有中阴阶段,那么其他级别当然也有。所以无论任何级别,在一个顶点出来后,都有对应级别长度的中阴阶段。

注意,一定要注意。为什么很多人逃了顶,最后还是被套住了;抄了底,最终还是没赚到钱,被震出来了。这就是被相应级别的中阴阶段给搞死的,而且,越大级别转折后的中阴阶段,越能搞死人。

就如同人的中阴,非人非鬼;行情走势的中阴阶段,也是多空齐杀,不断折腾转换。等最后转折确认时，就如同已经重新投胎。饭熟了，还找米，能有戏吗？

有些蠢人，经常在行情转折的中阴阶段，觉得世界又美好了，或者世界又恶劣了，结果都是被业力所牵引。

中阴阶段，无一例外，都是表现为不同级别的盘整（注意，这是只从截取这一阶段的形态说，并不是说新的走势类型一定是盘整）。【深入解析：盘整与中枢这两个概念的使用在系列课程中也比较乱，原因可参考下面缠中说禅给出的理由。】也就是围绕前一走势的某一部分所构成的中枢震荡，即使是所谓的 V 型反转，也一样，只是震荡的区域回得更深而已。

其实任何转折，也就是第一类买卖点之后，都对应着某一级别的 V 型反转。例如，191 的转折，190—191 与 191—192，其实就是一个 V 型反转，只是级别特别小。这个 V 型反转的级别，决定了中阴的级别与力度。例如，站在日线图上看 6124 点前后 N 天的走势，其实就是某级别的 V 型反转，然后就同时进入中阴阶段。

注意，中阴阶段结束后，不一定就是真正的反转，也可以是继续延续前一走势类型的方向，例如上涨 + 盘整 + 上涨，这样的结构是完全合理的。【课文解读：这个走势类型的连接意味着原走势级别的扩大。】例如，人的中阴后，不一定就要变鬼之类的，也可以成所谓的神仙。如果你前一世是从鬼来的，鬼到人是上涨；中阴盘整后，从人到神仙，也是上涨。

但，上涨 + 盘整 + 下跌，上涨 + 下跌等等，同样是可能的选择。这时候，唯一正确的操作，只有一点：如果你技术好的，就在这个大的中枢震荡中，中枢震荡操作一把；如果技术不好的，就拿着小板凳看戏，看它最后是升天还是下地狱，等市场自己去选择，然后再决定操作。

不过，站在本 ID 理论的角度，最大效率的，就是利用这个震荡去中枢震荡操作一把。学了本 ID 理论，就是要把技术练好，练好了，就自然不用整天小板凳了，上台自己票友一把不是更爽？

当然，没这本事的时候，还是别玩这一招。为什么？这就如同，在中阴身的阶段，还是可以去修炼去证悟。但你总不能因此说，我现在就不修炼了，等中阴再说。真等那时候，业力牵引着，你修什么鬼呀。

所以，有真本事，什么情况都不怕，都可以折腾。关键，是要有真本事。

［1］本篇课文缠中说禅的配图。

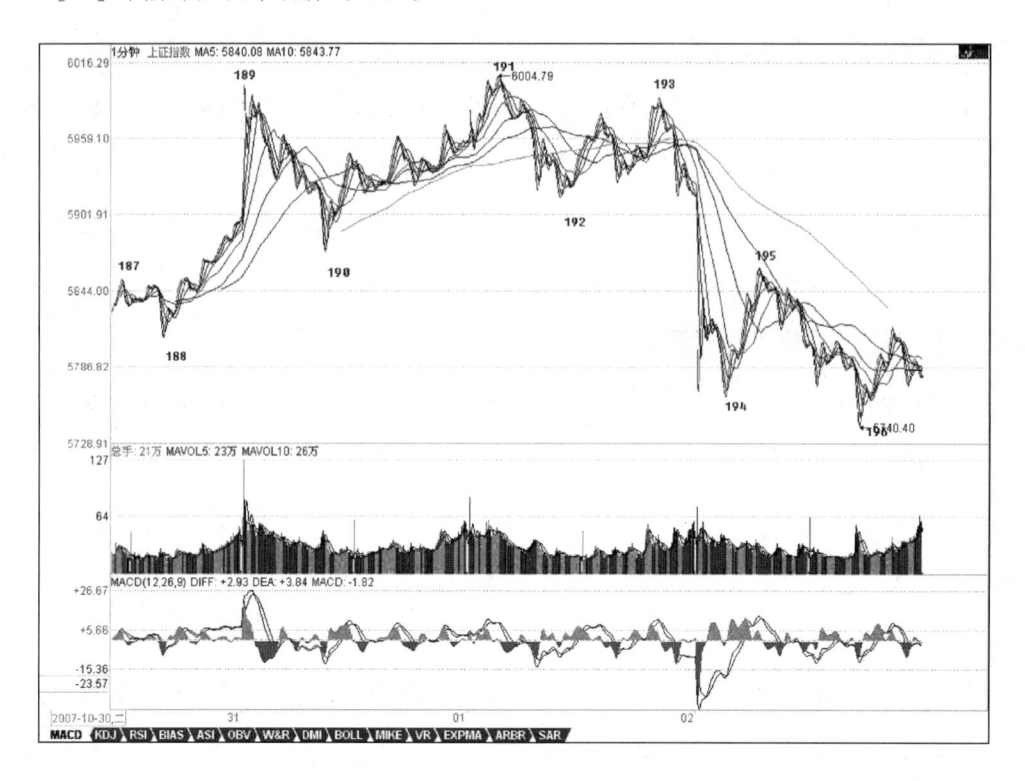

教你炒股票89

中阴阶段的具体分析

（2007-11-18 20:14:06）

大概很多人都想，上次说的中阴阶段也没什么特别的，其实也是一个盘整，和其他的盘整也没什么不同。如果有这种想法，就有大问题了。

中阴阶段能否处理好，关系到操作节奏的连接问题。很多人的操作节奏特乱，就是因为不知道中阴阶段的问题。中阴阶段，虽然表现为中枢震荡，但并不是一般性的中枢震荡。【课文解读：可能引起走势转折的中枢震荡才被称为中阴阶段。】

另外，特别要注意，精确的理论，当然也可以很粗略地说。例如，所有人都知道，市场不是上就是下或者就是盘整，这本质上是废话。但废话的另一面，就是公理。这个废话，刚好表现了市场的本质。

就如同欧氏平面几何里，说两点之间只能有一条直线。这对于常识来说，就是废话，但这废话就是公理。关于欧氏平面几何里的公理，这个公理正好反映了欧氏平面几何的本质特征。同样，市场不是上就是下或者就是盘，这一点，刚好反映了地球上现在所存在的股市的特征。完全有可能在别的星球上的股市，就存在第四种情况，那里有和我们的思维完全不同的分类。

但更重要的一点是，知道了公理，其实什么都没知道。这其实也是中国人思维里的一个大弱点。中国人喜欢大而化之地讨论问题，结果最终讨论的都是废话，都是所谓的公理，或者说就是我们的共业所生的东西。【深入解析：共业是相对于别业的，即普通意义与特殊情况之分。缠中说禅用它表达流于表面、普遍、普通的观点。】

但科学，特别对于具体操作来说，这些大而化之的东西，没有任何意义。例如，市场上的操作，是一就是一，多一分不行，少一分也不行。所以，这里，必须有严密的逻辑思维习惯，而且是精确思维的习惯。

我们从公理出发，并不意味着我们就停留在公理的水平上。否则，欧氏几何就是干瘪瘪的 5 条公理，那还研究干什么？同样，讨论市场，不是上就是下或者就是盘〔整〕，那样什么都别研究讨论了，抛硬币就可以。

中阴阶段的存在，就在于市场发展具体形式在级别上的各种可能性。这些可能性的最终选择，并不是预先被设定好的，而是市场合力的当下结果，这里有着不同的可能性。而这些可能性，在操作上并不构成大的影响，因为都可以统一为中阴过程的处理。

例如，这次从 6004 点开始的 1 分钟级别下跌背驰后（见图 89-1），就进入中阴时段。首先，根据走势分解的基本定理，就知道，其后的行情发展，一定是一个超 1 分钟级别的走势。但超 1 分钟级别的走势，存在很多可能，就如同一个人死后在中阴阶段，也存在着多种可能：人、鬼、神、阿修罗、地狱、畜生等等。

这些可能，首先一个最基本的原则是，必须先出现一个 5 分钟中枢。因为无论后面是什么级别的走势，只要是超 1 分钟级别的，就一定先有一个 5 分钟中枢，这没有任何特例的可能。而这个 100% 成立的结论，就构成我们操作中最大也是 100% 准确的基本依据。【课文解读：趋势背驰后有三种可能的走势，即使是一个 1 分钟的上涨，也将形成一个 5 分钟的走势中枢。】

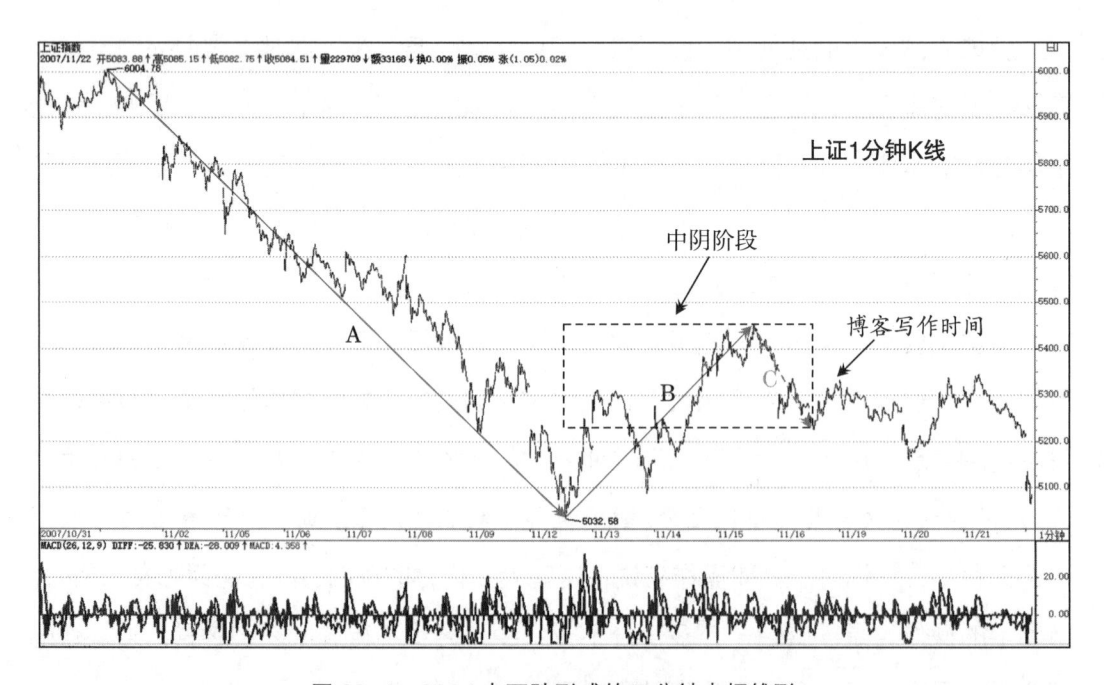

图 89-1 6004 点下跌形成的 5 分钟中枢雏形

1分钟级别的走势后，你不能说它一定是下还是上还是盘［整］，因为都有可能。但你一定能说，它最终必须先有一个5分钟中枢，这是100%的，而且，只有本ID的理论才能明确给出这样的必然结论。

有了这个结论，一切关于行情后续演化的争论都没有了意义。不管后面是什么，首先把这5分钟中枢给处理好，这才是唯一重要而且有着100%操作性与准确性的事情。

因此，你在操作中，脑子里必须有这样一个100%准确的判断。而5分钟的中枢震荡如何操作，那是最简单的幼儿园问题。如果还不懂，上面有88节课程，请好好再学学。

当然，如果你是按5分钟以上级别操作的，那么这个5分钟中枢的中阴过程，对于你来说可以说是不存在的，你可以根本不管。

而这5分钟中枢成立后，就必然100%面临一个破坏的问题，也就是一个延伸或者第三［类］买卖点的问题，而这也是超级幼儿园的问题，不懂就回头学。

当然，如果这中枢不断延伸，搞成30分钟中枢了，那就按30分钟中枢的第三［类］买卖点来处理。如此类推，总要面临某一个级别的第三［类］买卖点去结束这个中枢震荡。

一般性的，我们可以以5分钟中枢后就出现第三类买卖点为例子，那么，这个1分钟的走势，就演化为5分钟的走势类型。至于是只有一个中枢的盘整，还是两个中枢的趋势，那用背驰的力度判断就可以把握，这也是幼儿园问题。

例如现在，如果已经形成的5分钟中枢出现第三类卖点，那么，就算共同富裕的目标达不到，全面小康*肯定是没问题了。【深入解析：如图89-1所示，站在缠中说禅写作之日分析，1分钟的走势A、B、C形成了一个5分钟中枢的雏形，其中C段尚未完成。】

从上面就可以看到，本ID的理论是这样把一个看似复杂，没有方向的中枢问题，以100%准确的逻辑链连接成一个可以100%具有准确操作度的简单操作程序，而这，不过是本ID理论的最低级威力而已。

这里，必须再次说明，本ID理论的盘整和一般所说的区间震荡盘整的概念不是一回事。指数从10000点跌到0也可以是一个盘整，只要中间只有一个中枢。另外，盘整和中枢也不是一个概念。中枢如果是苹果，那么盘整就是只有一个苹果的苹果树，而趋势就是可以有两个以上直到无穷个苹果的苹果树。你说苹果和苹果树是一个概念吗？【课文解读：如图89-2所示，A是中枢，a+A+b是盘整走势。】

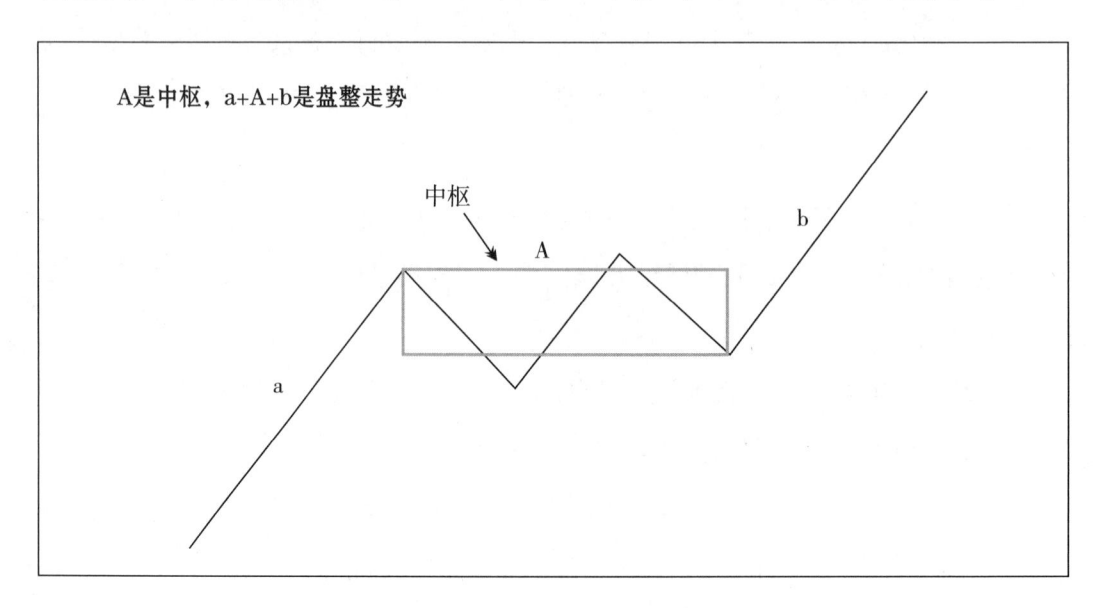

图89-2　中枢与盘整的异同

另外，千万别以为盘整就一定比趋势弱。有些盘整，第一段就杀得天昏地暗的，后面一段，即使力度没有第一段的力量，两者加起来，也可以超越所谓的趋势了。还是上面的比喻，只有一个苹果的苹果树，难道一定比有100个苹果的苹果树矮？显然不是的。

所以，那些连中枢、盘整、趋势都没搞清楚的，就请虚心点好好去学习。本ID的理论，不会因为多一人学了而多一分准确性，更不会因为少一人学了多一人反对了而少一分准确性。这就如同三角形之和180度，只要在欧氏平面里，你爱信不信，都不会变成179度的。

拓展阅读

"共同富裕"与"全面小康"的含义

关于"共同富裕"与"全面小康"的含义，可参考缠中说禅2007年11月27

日发表的博客文章"时间错乱还有两天,抱歉了。"(有删节)

这几天,真是疯狂了,时间也跟着错乱,这种状态还需要两天。写完这帖子,还要修改一个文件,再坚持两天吧。

今天的大盘,走得没什么可说的,5160点上不去后的延续性走势而已。站在周K线角度,因为本周肯定新低了,所以这周K线肯定完成不了底分型的构造。站在周线角度,只要5周线不能重新站住,基本可以不看这个盘了,爱跌到多少都行。

跌1000点是小康水平,1500点是全面小康,2000点是初步富裕,2500点中等发达,3000点是实现现代化,3500点叫什么好呢?请建议一下。

教你炒股票 90

中阴阶段结束时间的辅助判断[1]

（2007-12-03 22:33:08）

注意，这里给出的是中阴阶段结束时间的辅助判断，并不是一个绝对性的判断。如同用 MACD 判断背驰一样，只是一个辅助，但由于准确率极高，绝对的判断反而因为太复杂而不实用，所以就可以一般性地利用这进行判断。一般来说，这个中阴阶段结束时间的辅助判断的有效性可以达到接近 100%，很少有例外。

当然，由于是辅助性判断，所以技巧性与熟练程度就很关键了。这就如同玩杂技，训练有素的上台出错的几率很小，而一个训练都没有的一上台肯定出错。

这个辅助判断，可以利用所有软件都有的一个指标：布林通道。

【拓展阅读：布林通道指标的计算方法引进了统计学中的标准差概念，涉及到中轨线（MB）、上轨线（UP）和下轨线（DN）的计算。

以日布林通道指标的计算公式为例：

中轨线（MB）= N 日的移动平均线

上轨线（UP）= 中轨线 + 两倍的标准差

下轨线（DN）= 中轨线 − 两倍的标准差】

一般在软件上都用 BOLL 表示。该指标一般都[有]三条线，上、中、下三个轨道（见图 90-1）。一般性地，在上轨以上和下轨以下运行是超强状态，一般中枢移动时肯定会出现，唯一区别是前者是上涨超强，后者是下跌超强。

注意，用这个指标可以很好地辅助判断第二类买卖点，有时候也可以用来判断第一类买卖点。一般来说，从上轨上跌回其下或从下轨下涨回其上，都是从超强区域转向一般性区域，这时候，如果再次的上涨或回跌创出新高或新低但不能重新有效回到超强区域，那么就意味着进入中阴状态了，也就是第一类买卖点出现了。

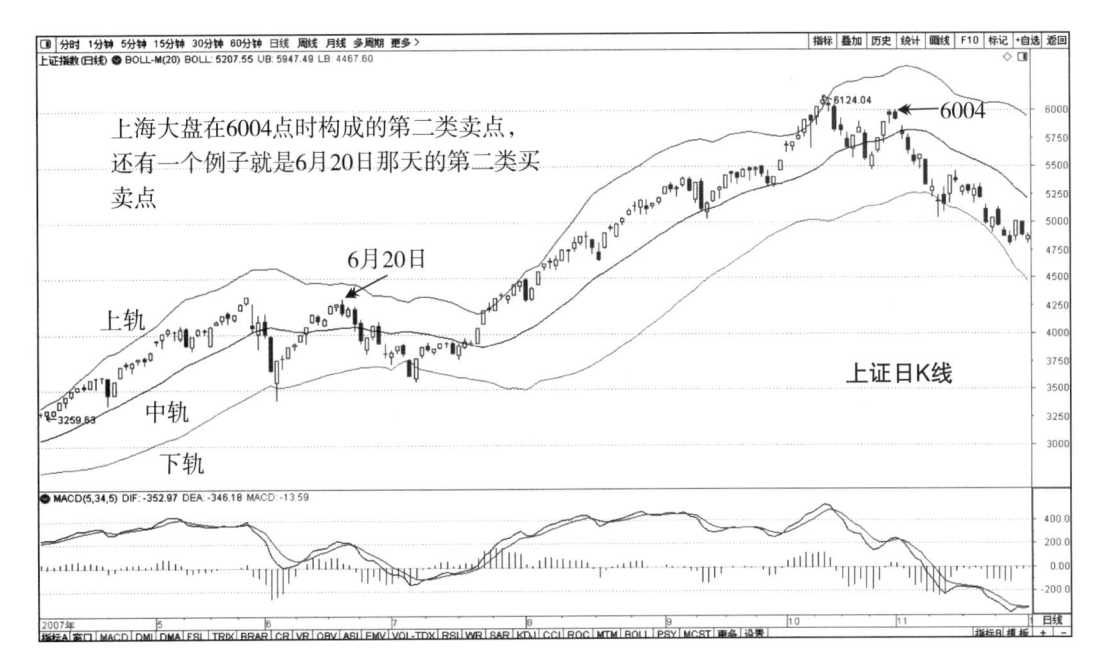

图 90-1　布林线对第二类买卖点的辅助判断

但更有效的是对第二[类]买卖点的辅助判断。一般来说，进入中阴状态，上轨和下轨都会滞后反应，也就是等第一次回跌或回升后再次向上或下跌时，上轨和下轨才会转向。而这时候转向的上轨和下轨，往往成为最大的阻力和支持，使得第二类买卖点在其下或其上被构造出来。一个例子，就是上海大盘在6004点时构成的第二类卖点（见图90-1），还有一个例子就是6月20日那天的第二类买卖点。

个股方面，紫光股份（000938）是一个经典的例子（见图90-2），9月14日的第一类卖点，10月8日的第二类卖点，太教科书了。

华润三九（000999）10月10日的第一类卖点以及11月6日的第二类卖点（见图90-3），也同样教科书。这些例子太多，而且在不同的级别中都一样有效。

注意，有人可能说本ID上面那两个例子都是自己的股票，那肯定对。其实，别的股票更准确，例如万科A（000002，见图90-4），这股票够大众情人了，请看它的周线，40.78元那周，看看究竟发生了什么事，竟然构成了周线的第一[类]卖点？

不过，布林通道最有用的，还是关于中阴结束时间的预判上。一般来说，布林通道的收口，就是对中阴结束时间的最好提示。但这里有一定的技巧性，不是1分钟级别就一定要看1分钟的布林通道的。例如下图（见图90-5、图90-6），一个5分钟的中阴过程，对应的是看30分钟的布林通道。

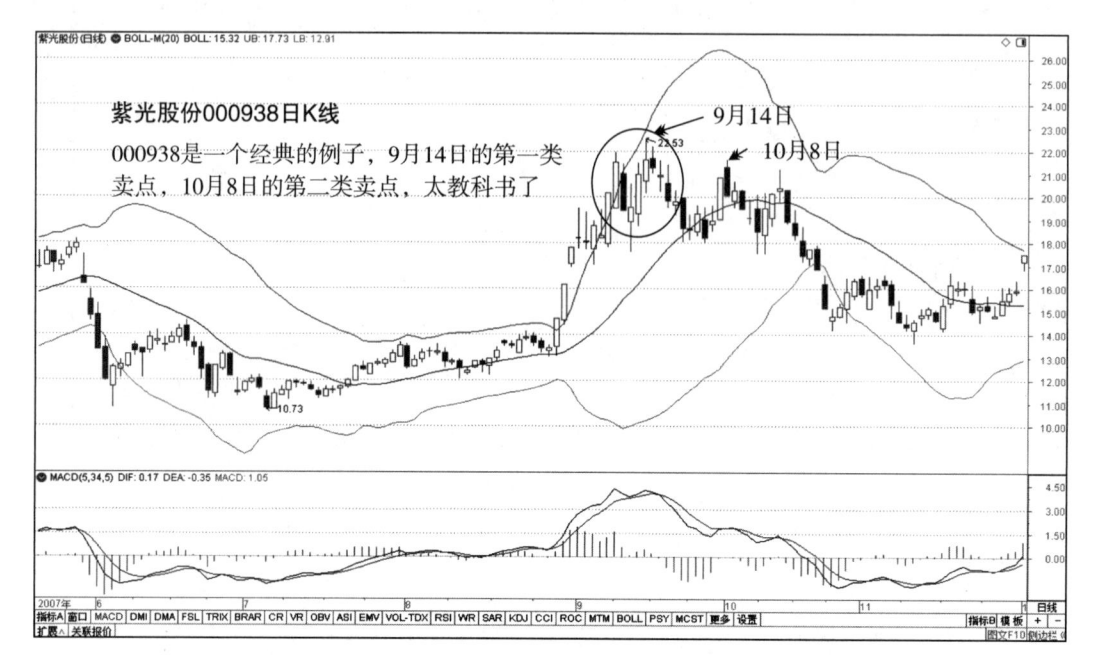

图90-2 布林线对第一、第二类买卖点的辅助判断

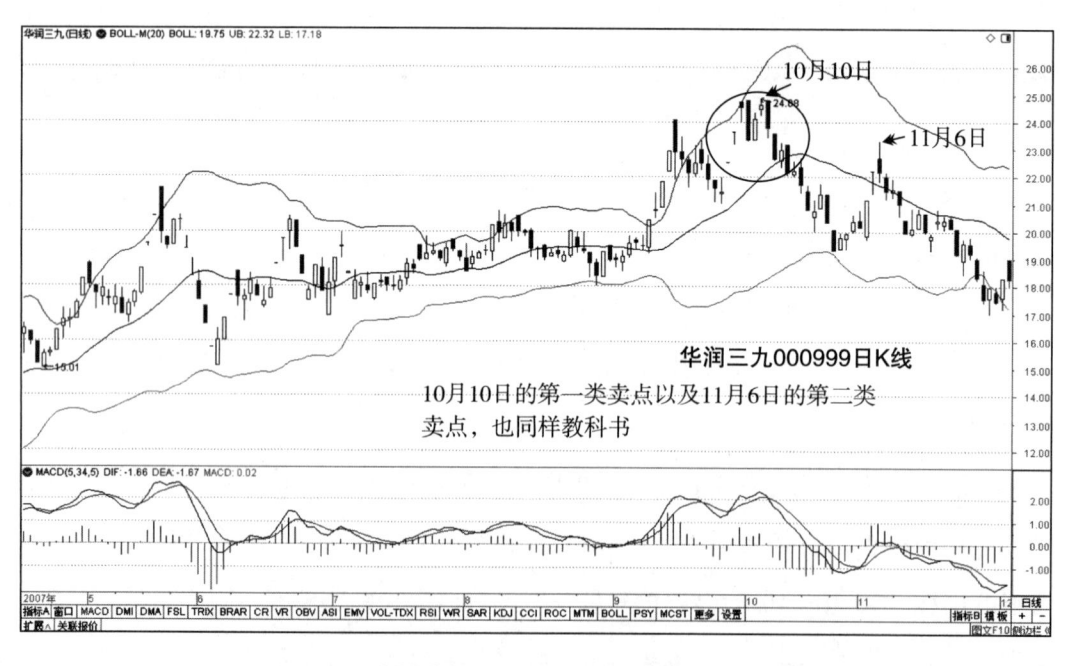

图90-3 布林线对第一、第二类买卖点的辅助判断

教你炒股票 90 中阴阶段结束时间的辅助判断

万科A000002周K线

这股票够大众情人了，请看周线，40.78元那周，看看究竟发生了什么事，竟然构成了周线的第一类卖点？

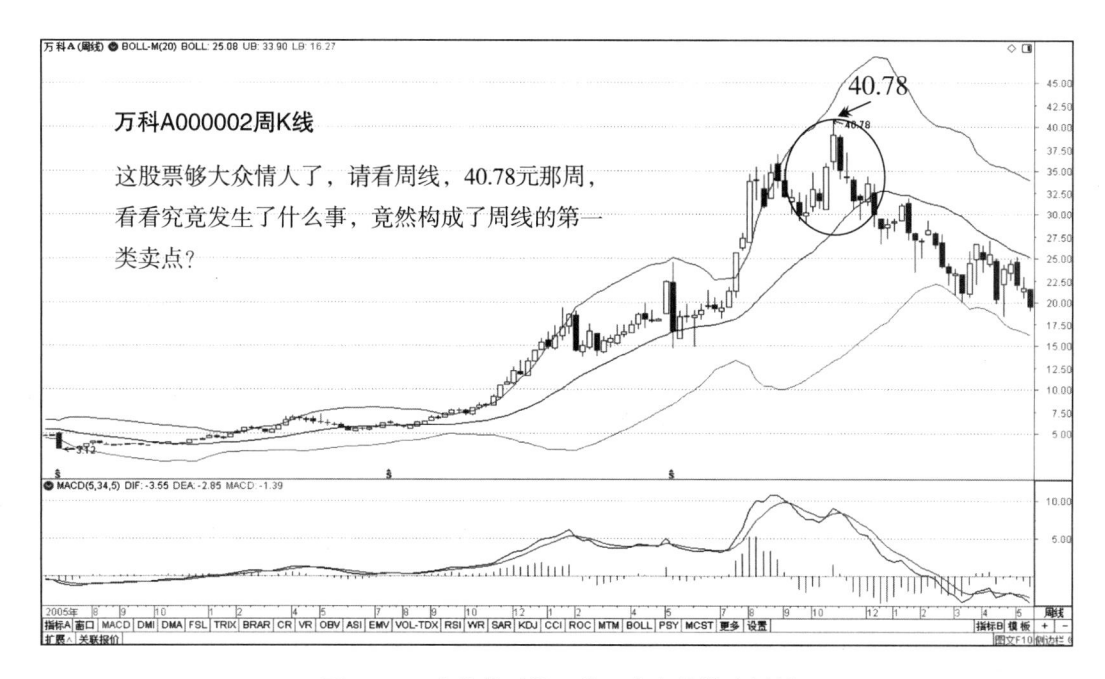

图 90-4　布林线对第一类买卖点的辅助判断

上证5分钟K线

一个5分钟的中阴过程，对应的是看30分钟的布林通道

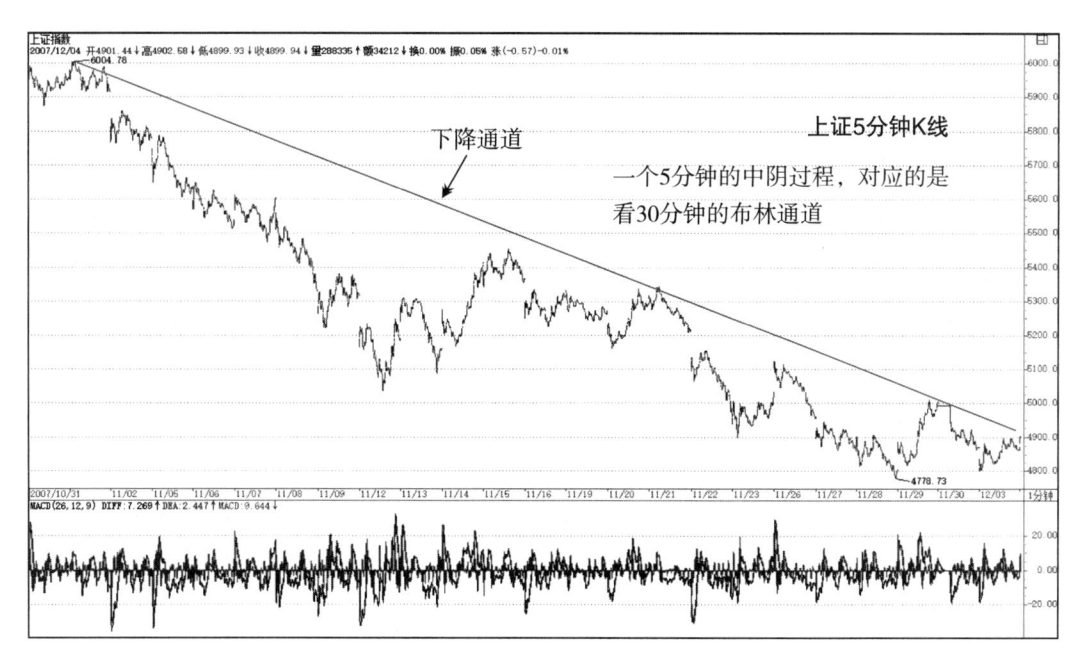

下降通道

图 90-5　布林线对中阴阶段结束时间的辅助判断一

一般来说，某一级别的布林通道收口，就意味着比这低级别的某个中阴过程要级别扩展或结束了，一般都对应着有相应的第三类买卖点。

下图（见图90-5、图90-6）这个例子请好好研究一下，里面还有下午说的那

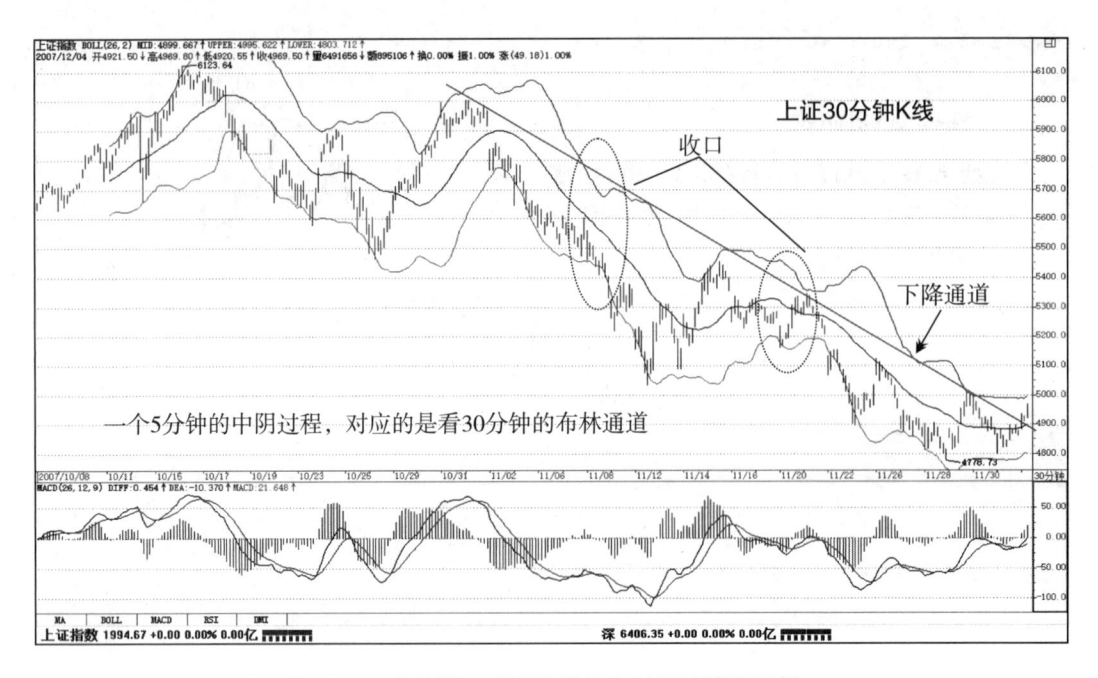

图 90-6　布林线对中阴阶段结束时间的辅助判断二

条下降通道，可以看到，现在离这个上轨有多接近。

　　注意，这个辅助判断，比 MACD 那个技巧性还要高点，必须不断看图，自己去总结自己的经验才会有所得。本 ID 这里只是把月亮指给各位，要把月亮变成自己的，还需要自己去努力。【课文解读：佛经说："当智者伸出手指指向月亮时，愚者却朝着智者的手指望去。"一老尼请教大禅师："我研读经书多年，却仍有多处不明，请不吝赐教。"禅师推开经书："我不认识字！请您把经文念出声，或许在下可以略解其中的真理。"老尼不解："你连字都不认得,如何能了解其中的真理？"禅师微笑："真理是与文字无关的！真理好比是天上的明月，而文字却是你我的手指。""手指可以指出明月所在，但手指却不是明月，看月亮也不必非得透过手指，不是么？"】

[1] 本篇课文缠中说禅的配图。

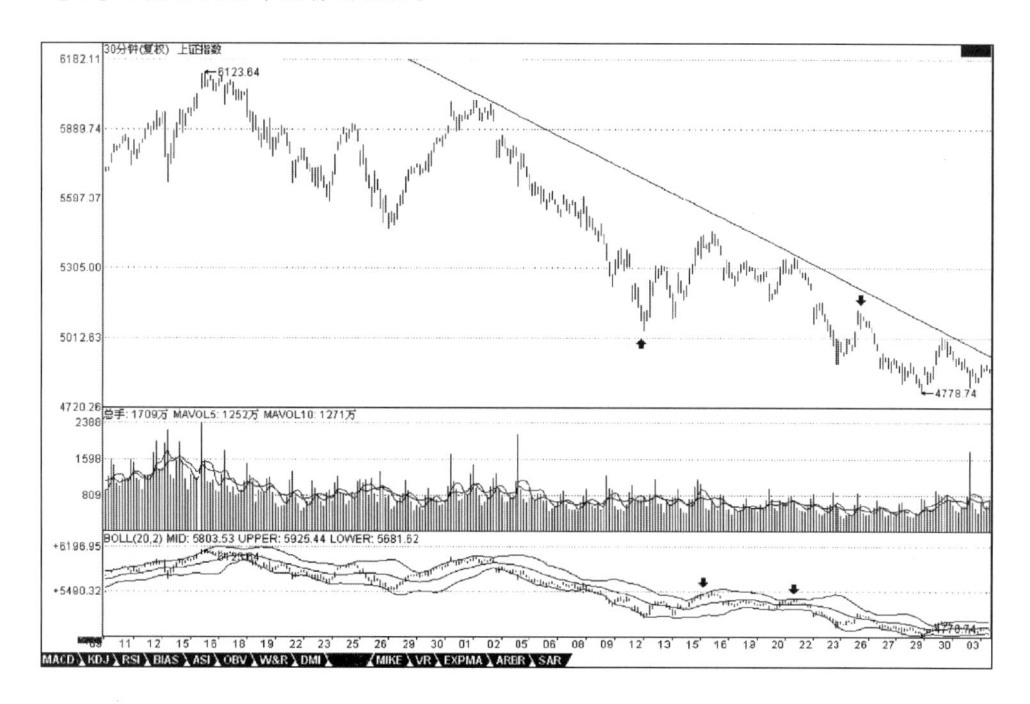

主题 19
缠论相邻级别的关系（一）

这个主题存在于第91课和第93课中，主要是讨论缠论相邻级别走势间的关系。

主要内容：

（1）高级别的笔与次级别笔的关系。

（2）高级别笔与小级别走势类型的相互配合。

（3）缠论递归方式下多级别联立的操作建议。

教你炒股票91

走势结构的两重表里关系（一）

（2007-12-17　21:40:15）

判断走势，如同中医看病，未病而治的是第一等的，次之的是治欲病，到已病阶段，那只能算是亡羊补牢了。但绝大多数的人，病入膏肓了还在幻想，市场里最终牺牲的，总是这种人。

级别的存在，可以比拟成一种疾病的级别，1分钟的可能是一个小感冒，而有时候一个5分钟的下跌就足以是一个小的感冒流行了。至于30分钟、日线的下跌，基本就对应着一些次中级或中级的调整，大概就相当于肺结核之类的玩意。而周线、月线之类的下跌，那是什么就不用说了。如果是季线、年线级别的下跌，就算不是死人一个，也至少是植物人了。

未病—欲病—已病，对应的界限就是相应级别的第一、二、三类买卖点。注意，对于上涨来说，踏空也是一种病，涨跌之病是相对的。【课文解读：改为：健康—疑似—确诊更贴切。】

如何诊断出这病所处的阶段，这和中医的道理是一样的。例如，肺和大肠相表里。注意，中医里的肺不单单指西医那叫肺的玩意，而是相应的一个功能系统。例如，鼻子就属于肺这个系统的，因此，鼻子的毛病，可能就和大肠相联系着，而在西医里，这两样东西无论如何都是不搭界的。

而在走势中，当下的走势，就对应着这样类似的两重表里关系。【课文解读：表里是辨别病位外内浅深的一对纲领。表与里是相对的概念，如躯壳与脏腑相对而言，躯壳为表，脏腑为里；脏与腑相对而言，腑属表，脏属里；皮肤与筋骨相对而言，皮肤为表，筋骨为里等。缠中说禅引用这个医学名词表达出缠论相邻级别的关联性。】

在我们前面所讨［论］的走势分解的配件中，有两种类型：

（1）能构成中枢的。

（2）不能构成中枢的。

第一种，包括线段以及各种级别的走势类型。

第二种，只有笔。

笔是不能构成中枢的，这就是笔和线段以及线段以上的各种级别走势类型的最大区别。【字斟句酌：走势中枢混沌无方向性，因此缠中说禅用能否构成走势中枢来分类。但笔构成的类中枢同样混沌，所以使用是否包含走势中枢来区分更为合理，笔也就成为唯一的选项了。】

因此，笔在不同时间周期的K线图上的相应判断，就构成了一个表里相关的判断。越平凡的事情往往包含最大的真理，一个最简单的笔，里面包含了什么必然的结论？一个最显然又有用的结论就是：

缠中说禅笔定理：任何的当下，在任何时间周期的K线图中，走势必然落在一确定的具有明确方向的笔当中（向上笔或向下笔）。而在笔当中的位置，必然只有两种情况：

（1）在分型构造中。

（2）分型构造确认后延伸为笔的过程中。

根据这个定理，对于任何的当下走势，在任何一个时间周期里，我们都可以用两个变量构成的数组精确地定义当下的走势（见图91-1、图91-2）。

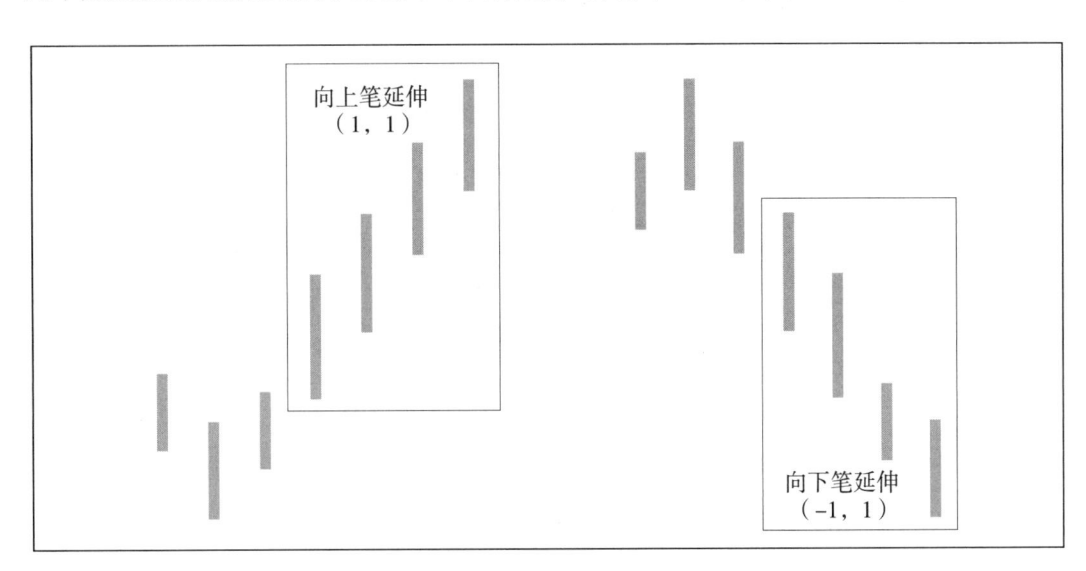

图91-1 笔的延伸

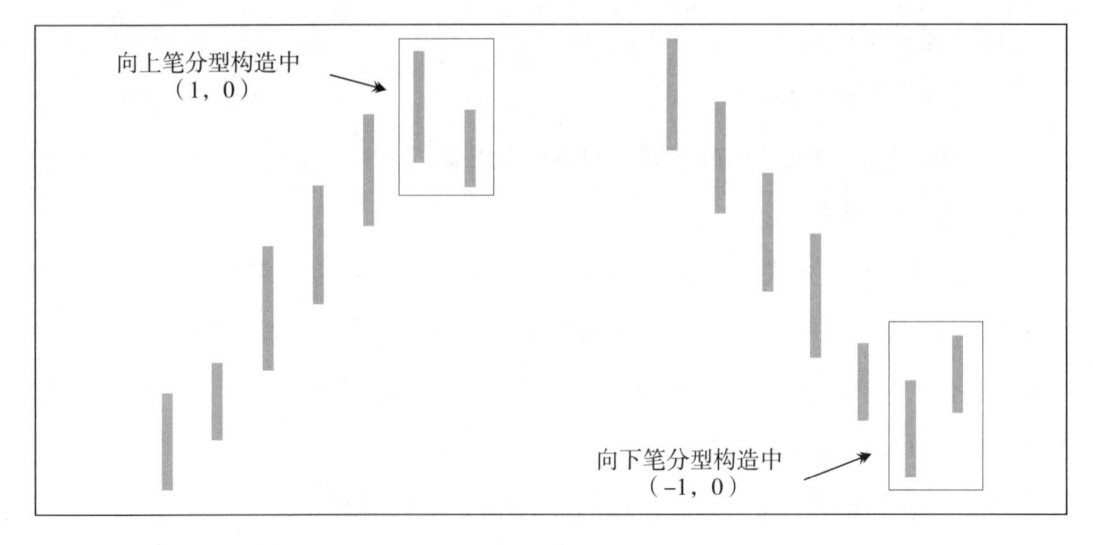

图91-2　笔的分型构造

第一个变量，只有两个取值，不妨用1代表向上的笔，-1代表向下的笔；第二个变量也只有两个取值，0代表分型构造中，1代表分型确认延伸为笔的过程中。

【深入解析：分型构造包含分型成立但未能延伸出笔。】

例如（1，1）这就代表着一个向上的笔在延伸之中，（-1，1）代表向下的笔在延伸中，（1，0）代表向上的笔出现了顶分型结构的构造，（-1，0）代表向下的笔出现底分型的构造。

任何的当下，都只有这四种状态，这四种状态描述了所有的当下走势。

更关键的是，这四种状态是不能随便连接的。例如（见图91-3、图91-4），（1，1）之后绝对不会连接（-1、1）或者（-1，0），唯一只能连接（1，0）。同样，（-1，1）只能连接（-1，0）；而（1，0）有两种可能的连接：（1，1）（-1，1）；（-1，0）有两种可能的连接：（-1，1）（1，1）。

有了上面的分析，我们就很容易进行更复杂点的分解。考察两个相邻的时间周期K线，例如1分钟和5分钟的。如果5分钟里是（1，1）或者（-1，1）的状态，那么1分钟里前面的任何波动，都没有太大的价值，因为无论这种波动如何大，都没到足以改变5分钟（1，1）或者（-1，1）状态的程度，这里就对1分钟的波动有了一个十分明确的过滤作用。如果你是一个最少关心5分钟图的操作者，你根本无须关心这些无聊的波动。

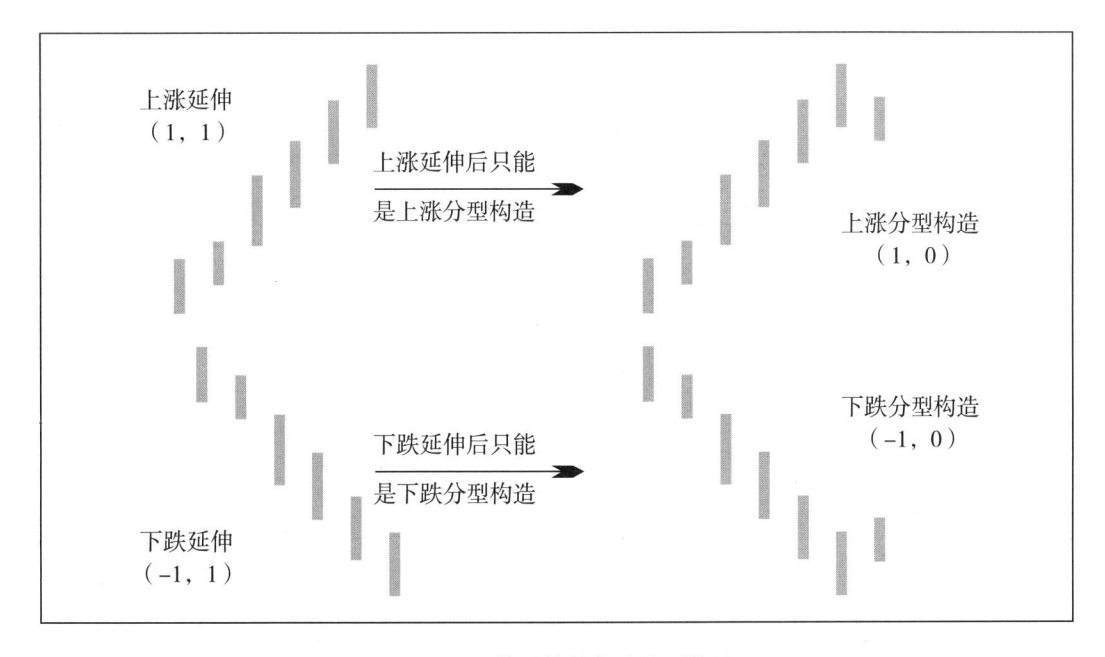

图 91-3 笔延伸转化为分型构造

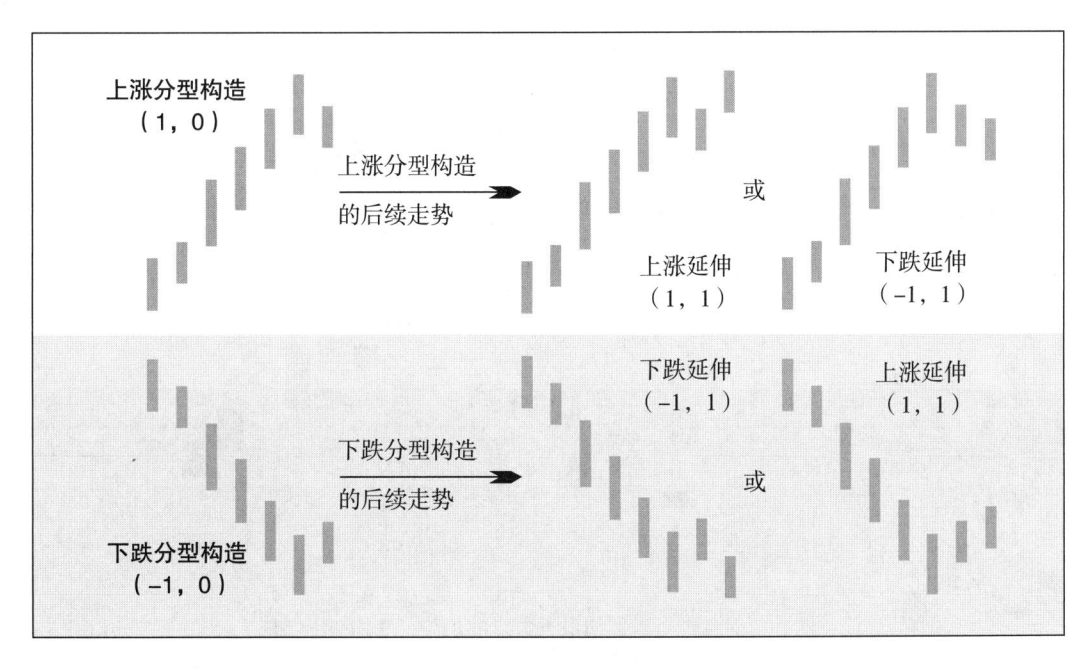

图 91-4 分型构造的后续走势

此外，如果5分钟是（1，1），1分钟也是（1，1），那么，5分钟是断无可能在其后几分钟内改变（1，1）模式的，要5分钟改变（1，1）成为（1，0），至少要在1分钟上出现（1，0）或（-1，1），而在绝大多数的情况下，都是必然要出现（-1，1）的。【**课文解读**：引入相邻级别观察走势，可以优化买入程序。】

因此，站在病的三阶段判断的角度，对于5分钟的笔状态，1分钟的笔状态可能导致5分钟笔状态的改变，就是一种未病的状态。例如，对于5分钟的（1,1），1分钟出现（1,0）是一个小的警告，但这个警告如果只出现在1个5分钟的K线里，那么不足以破坏5分钟的结构，所以这个警告不会造成实质的影响。但如果这个1分钟的（1,0）被确认了，那么一个重要的警告就成立了，这就是将向欲病发展了。【**深入解析**：由此段文字和下面的例子，可以得出如下结论：以上内容针对缠论第一种看盘方式，即操作中通过不同级别的笔相互呼应，划定出两个级别笔中K线的分段边界。并且以上操作方式其实是针对K线的，不过是原来诸如日K线分型参考小级别走势的简化版。】

但这个1分钟的（-1,1）出现并导致5分钟的（1,0）在形成中，就是一个欲病向已病发展了。当5分钟的（1,0）也确认向（-1,1）发展时，就确认已病了。

这种分析，同样可以应用在日线与周线的关系上。例如（见图91-5、图91-6），最近大盘的走势，在周线上出现（-1,0），而日线上目前是（-1,1），【**字斟句酌**：由于最近一根K线没有创出新低，所以日线为下跌，分型构造（-1,0）更合理。】这种状况是下跌里第三恶劣的情况，因为最恶劣的是周线是（-1,1），日线也是（-1,1）；次恶劣的是周线是（-1,1），日线是（-1,0）。对于第二、

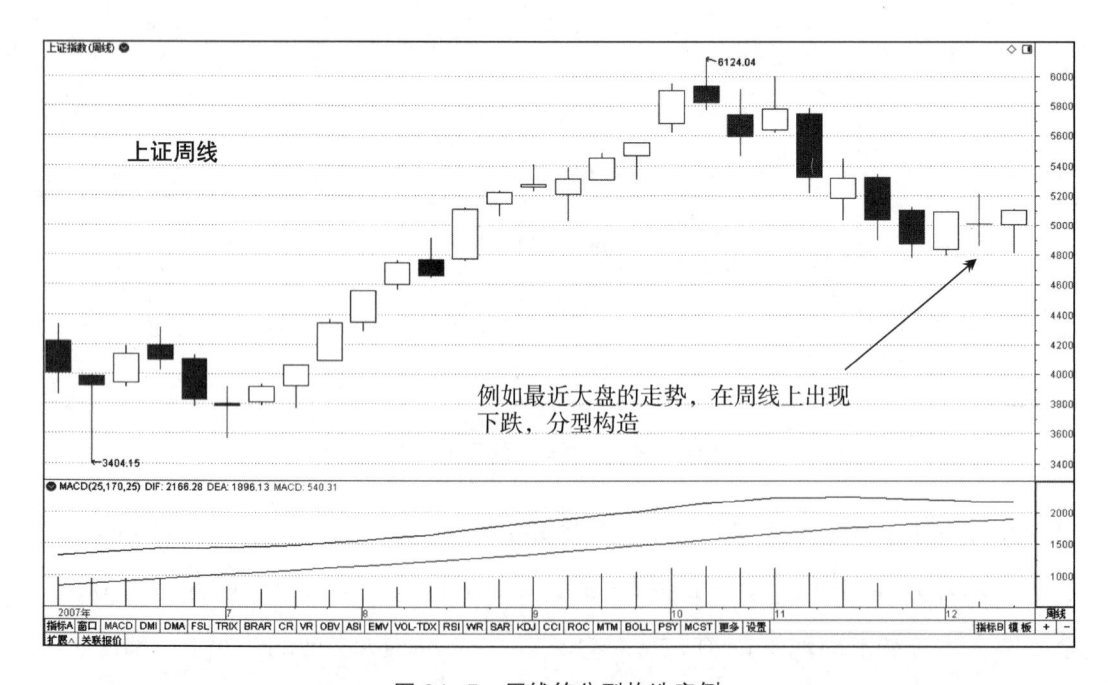

图91-5 周线笔分型构造案例

三恶劣的情况，技术高的也是可以去操作的。至于对于最恶劣的那种，就算技术高的，也算了。

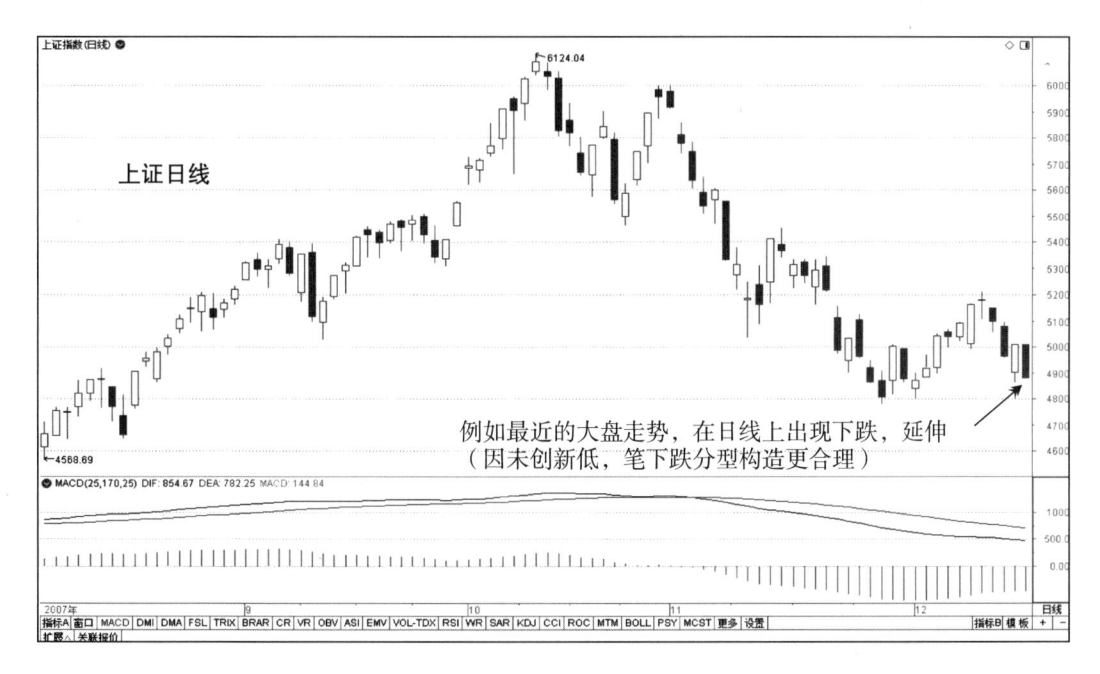

图 91-6　日线笔延伸案例

目前，首要等待的就是日线出现（-1，0）的信号。而如果这信号出现时，周线还能保持（-1，0），那么就会出现第四恶劣的情况，也就是有可能出现转机的情况。是否出现，大盘走出来就知道了。而目前的大盘处在最微妙的时候，为什么？因为一旦日线的（-1，1）延续到打破周线的（-1，0），这样就会变成最恶劣的走势状态，也就是周线（-1，1），日线也（-1，1）。换言之，目前的大盘只面临两种选择，第一恶劣还是第四恶劣，如此而已。【课文解读：如图 91-7 所示，相邻两个级别走势最差与最好的情况分析。】

为了记录，我们可以随时给大盘开一个即时的病情记录，这个记录是一个矩阵，按 1［分钟］、5［分钟］、30［分钟］、日、周、月、季、年的级别分类，这矩阵有 8 行，每一行就是对应级别的状态数组。这矩阵可能的情况就有 4 的 8 次方个，一个相当大的数字，代表了走势所有可能的状态，也就是所有病的状态。

当然，用巨大的计算机，我们可以实时监控所有股票的病情。注意，每一种状态后并不是随机到任何另一种状态的，可变的状态是极为有限的，从中，可以分析出可能变化状态中出现最大可能盈利的转折状态，这种转折是必然的。然后用大型的机器监控所有股票，在相应的状态买入，相应的状态卖出，一部自动赚钱的永动机器就构造成了。

		最恶劣	次恶劣	第三恶劣	第四恶劣
下跌的情况	高级别	下跌，延伸 -1, 1	下跌，延伸 -1, 1	下跌，分构 -1, 0	下跌，分构 -1, 0
	本级别	下跌，延伸 -1, 1	下跌，分构 -1, 0	下跌，延伸 -1, 1	下跌，分构 -1, 0
		最佳	次佳	第三佳	第四佳
上涨的情况	高级别	上涨，延伸 1, 1	上涨，延伸 1, 1	上涨，分构 1, 0	上涨，分构 1, 0
	本级别	上涨，延伸 1, 1	上涨，分构 1, 0	上涨，延伸 1, 1	上涨，分构 1, 0

图91-7　走势优劣分类

关于哪些状态的转折效率是最高的，这是一个纯粹的数学问题，知识是有力量的，这就是一个例子。

当然，对于一般人来说，完全没必要去制造这样的机器，研究这样的问题。因为我们完全可以只关心三个连续的级别，例如，1、5、30分钟，然后这就对应着64种状态，这里，就和易经联系上了。很多人用易经研究股票，都是糊涂一通，其实，真要用易经研究，就从这下手，这才是正道。这个以后慢慢说。

【字斟句酌：按照字面理解，上述实时监控系统作用有限。该方案也无法承担缠论多级别联立的重任，当然更和易经扯不上关系。一方面由于易经只有两种初始状态，相当于二进制，而上面相邻两个级别的笔有-1、1与0三种情况。（另一方面见后续解读）。】

可能不少人对日分型、周分型，这笔那笔地搞得晕，这其实是最简单的情况了。现在很少有好的中医，因为学医的看到这生那克的，那里这表的都晕了，所以中医的前途堪忧。不是中医有什么大问题，而是现在笨人、一根筋的人太多了。

当然，光是笔这重表里关系，不足以精确地诊断市场走势，这就像光搞清楚肺和大肠的关系，是治不好人的。【深入解析：另一方面，以上分析无疑又是缠论第一种看盘方式下的产物，相邻级别的笔在相应级别的走势中是孤立的，低级别笔的情况只能看作高级别笔的预警，只能提供：健康—疑似—确诊的信息，不存在必然的关联。比如小级别趋势延伸了，大级别依然可能是分型构造中；大级别分型构造成功后的延伸，也有可能延续不出一笔来，因此对于实际操作的帮助有限。举个不那么恰当的例子：好比医生建议小于直径 10mm 的包块无需处理一样，他没对包块是良性还是恶性进行化验，只是使用大小来判断病的严重性。实事上，本课思路非常具有价值，缠论因此可以有一套非常科学、严谨的多级别联立方式，见课后相关内容。】可能在这重关系中的未病，站在别的关系下就看出已病来了。因此，必须再研究另外的表里关系。【课文解读：这就是缠中说禅认为单纯的技术派不行的原因吧。】

更重要的是，不同的表里关系，之间还是有生克关系的，就如同中医里不同系统间的生克关系一样。只有在这个层面上，才能算初步沾了一点诊断的边。

后面这些问题，后面再说，今天累了，睡觉。

深入解析

笔与多级联立分析

本 ID 愿意先不引进复杂的概念，先把大方向给说了，然后再说复杂的概念。这样有一个好处就是，如果理解能力差的，可以接受简单、不太精确的方式，这样也没什么问题，也可以用。例如，像特征序列的分型这样的概念，本 ID 就严重怀疑迂腐文人理解的机会能超过 10%。所以，如果不能理解精确的，就用不精确的，等有理解力，对市场了解深了，再学精确的也可以。

以上是"教你炒股票"第 72 课的内容，据此可以认为本课相邻级别笔的用法就是一个大的方向，而其更为复杂、深层次的应用是缠论的多级联立。

（1）更加实用的多级联立需满足的条件。

与十进制、二进制一样，相邻级别相互关联是缠论多级联立的基础，比如逢十进一或者逢二进一等，即高级别的走势可以通过次级别走势推导出来，这和缠论的级别递归方式不谋而合。

反观本课中针对相邻级别笔的分析，小级别笔是为大级别笔的确定服务的，大级别的笔为小级别笔的情况划清了边界，这一切都与笔在其相应级别走势情况无关，因此多级别不过是对同一买卖点进行不同精细程度的观察而已。

因此，更具实用价值以及数学般结构的缠论多级联立，小级别的变化不单影响高级别中某个构件的产生及变化，而且影响高级别走势的生成及变化，就像十进制的个位数可以引发十位数变化一样。

要满足上述条件，同一段走势不同级别的划分应该保持一致。这个要求只有缠论的递归方式可以做到，区间套式的大小级别间不存在必然关联。

使用区间套式看盘方式时，中国人寿日K线图上有两笔，分别是向上笔与向下笔，如图91-8所示。在其次级别30分钟K线图中，日线的向上笔仍然是表现为一段向上的笔，日线向下笔，对应着30分钟K线图上的一段线段类下跌，如图91-9所示，如此表现失去了多级联立的基础。

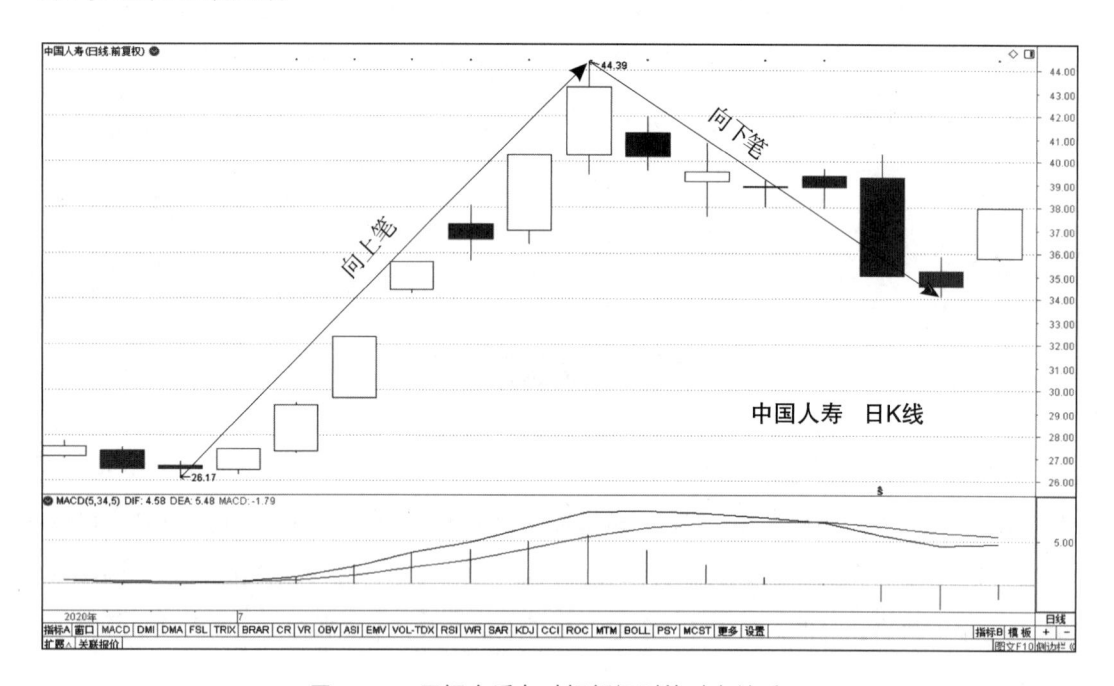

图91-8 区间套看盘时相邻级别的对应关系一

（2）缠论多级联立的公用元素——笔。

此外，走势多级联立还有一点非常关键，即只能使用一个公用元素，否则就无法建立起类似二进制式的简单走势结构，无法与易经进行关联。

不过这对于缠论而言不是问题，缠论各级别走势中可以只出现笔这个元素，如图 91-10 所示，这是缠论的高级别笔与本级别笔的关系图，走势都是由笔搭建而成，完全可以不出现其他的元素。

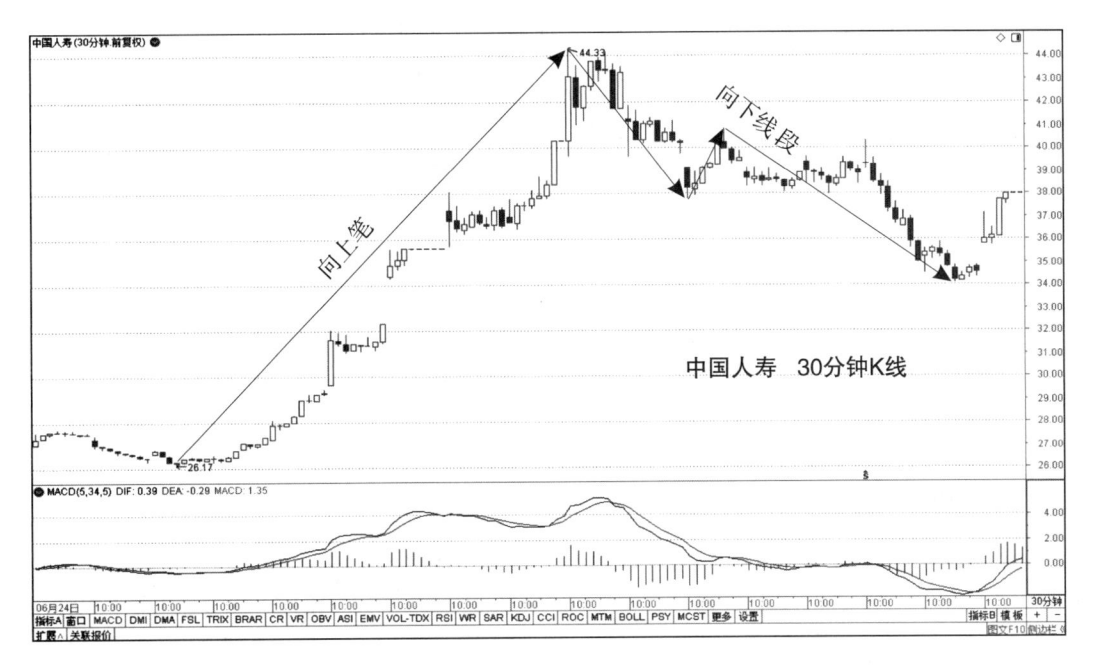

图 91-9 区间套看盘时相邻级别的对应关系二

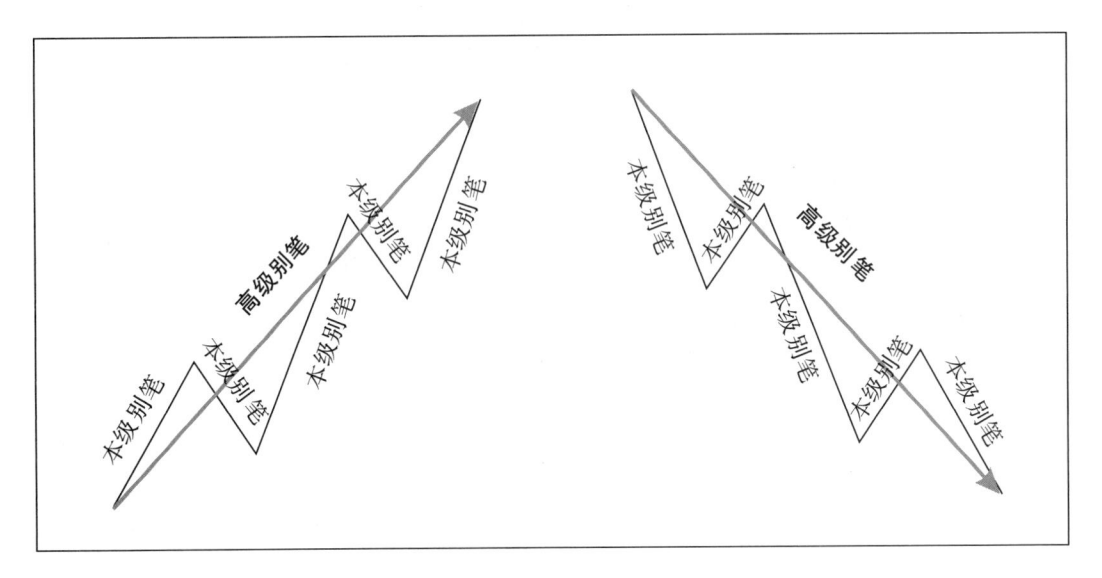

图 91-10 高级别笔与本级别笔

图中的高级别走势只有一笔，只能分为向上笔与向下笔，这个很明确。本级别的走势由向上笔与向下笔交错产生，提供了判断上涨延伸、上涨但分型构造与下跌延伸、下跌但分型构造所需的结构。下面根据缠论的买卖点来分析一下这两种情况。

（3）缠论多级联立中笔的四种状态。

如图 91-10 所示，缠论本级别 K 线图上使用笔来记录次级别的走势类型，这样本级别中向上或向下一笔，在次级别 K 线图上表现为由多笔构成的走势类型。

如图 91-11、图 91-12 所示，结合前面线段被破坏的情况，可以对上涨但分型构造以及下跌但分型构造下一个很好的定义。

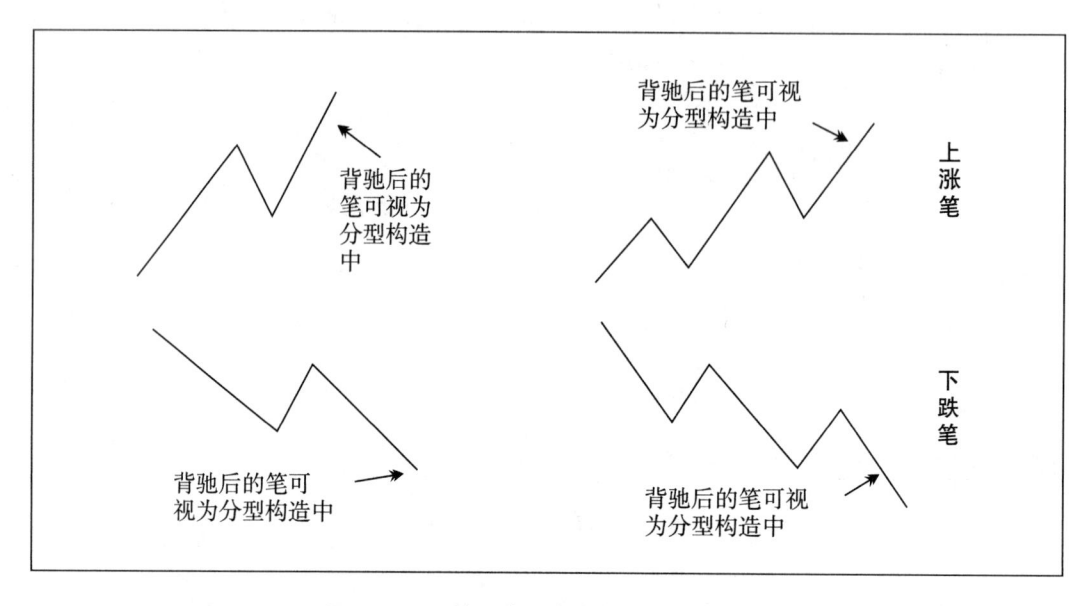

图 91-11　第一类买卖点产生的分型构造

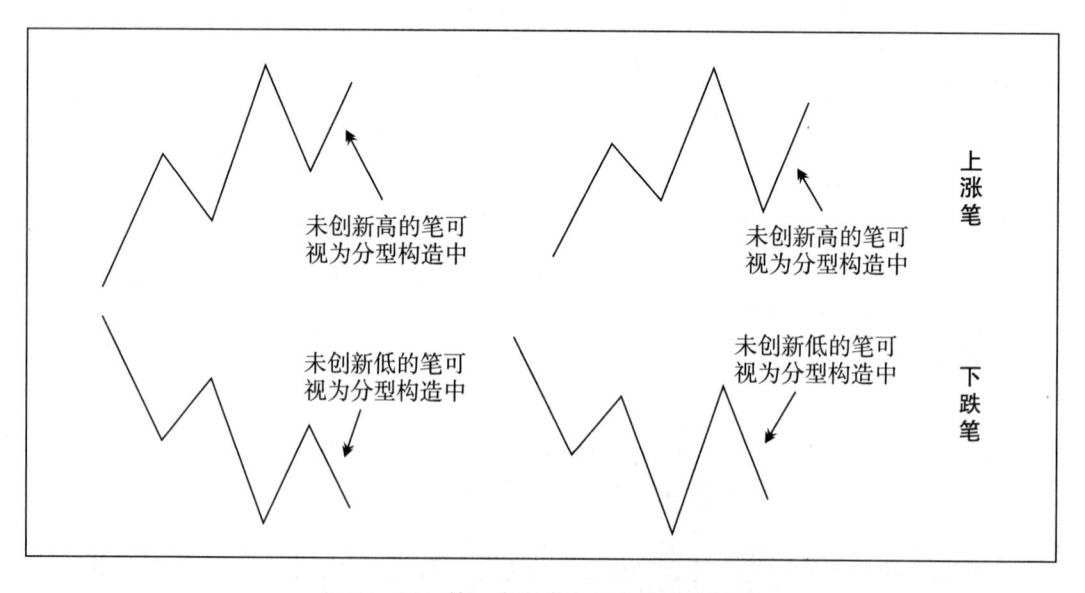

图 91-12　第二类买卖点产生的分型构造

实际操作中，不建议使用线段特征序列分型。它与走势方向相反，用于判断卖点时，特征序列却是向下的笔，这与习惯不相符。当然坚持用也没问题，图可以自行画出。

将向上笔设为1，向下笔设为0，向上分型构造设为0，向上延伸设为1，向下分型构造设为1，向下延伸设为0，就可以建立一个最简的多级联立系统。

教你炒股票 92

中枢震荡的监视器*

（2007-12-27　20:31:33）

这几天解盘时说到关于中枢震荡的一些细节问题，这里先穿插把相应内容说说。

中枢震荡，最终一定以某级别的第三类买卖点结束。但问题是，如何预先给出有参考价值的提示，也就是如何去监控这震荡是在逐步走强，还是逐步走弱，这是一个有操作价值的问题。当然，顺便地，可以为每次的震荡高低点的把握给出一个大致的区间。

一个中枢确立后，中枢区间的一半位置，称为震荡中轴Z（见图92-1）。而每一个次级震荡区间的一半位置，依次用 Z_n 表示。当然，最标准的状态，就是 Z_n 刚好就是Z，但这是很特殊的例子。

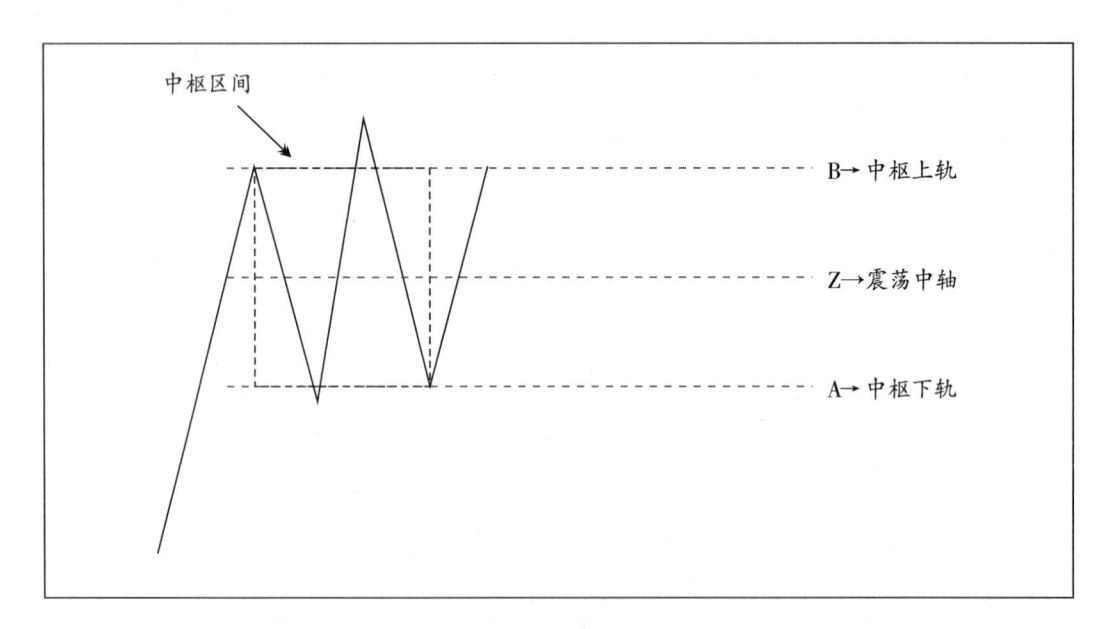

图92-1　中枢震荡监视器

显然，Z_n 在 Z 之上，证明这个震荡是偏强的，反之偏弱（见图92-2、图92-3）。震荡的中枢区间是[A，B]，【字斟句酌：结合上下文，这里应为震荡围绕着中枢区间[A，B]。】那么，A、Z、B这三条直线刚好是等距的，Z_n 的波动连成曲线，构成一个监视中枢震荡的技术指标。

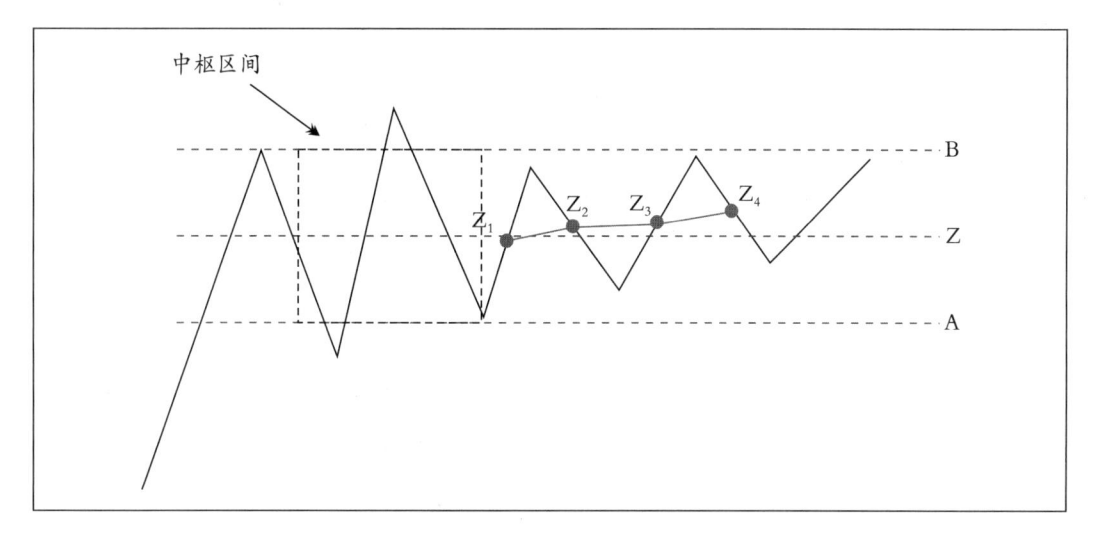

图92-2　强势中枢震荡

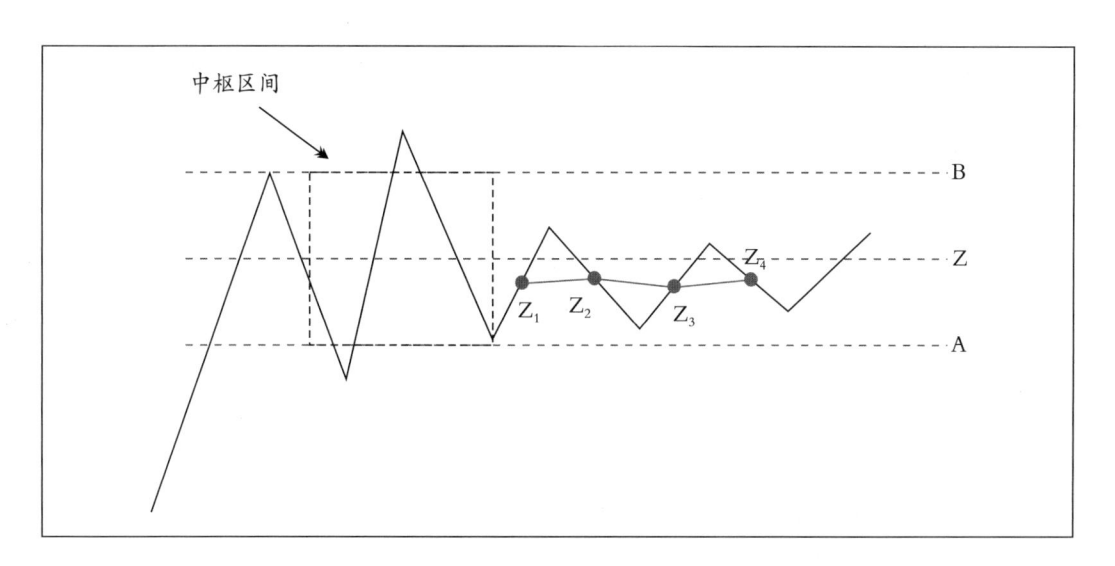

图92-3　弱势中枢震荡

当然，只要有波动，就可以用类似中枢、走势类型之类的手段去分析。不过 Z_n 的数量不会过于庞大，不会超过9个数据，超过了，次级别就要升级了，所以这样的分析意义不大。

一般来说，这个指标是一个监视。这里，存在着一种必然的关系，就是最终，Z_n肯定要超越 A 或 B，为什么？如果不这样，就永远不会出现第三类买卖点了，这显然是不可能的。

但必须注意，反过来，Z_n超越 A 或 B 并不意味着一定要出现第三类买卖点的，也就是，这种超越可以是多次的，只有最后一次才构成第三类买卖点。不过实际上的情况在绝大多数情况下没有这么复杂，一般一旦有这类似的超越，就是一个很大的提醒，也就是这震荡面临变盘了。

一般来说，如果这超越没有构成第三类买卖点，那么一般都将构成中枢震荡级别的扩展。这没有 100% 的绝对性，但概率是极为高的。

有了这些知识，对于中枢震荡的可介入性，就有了一个大概的范围。对于买[入]来说，一个 Z_n 在 Z 之下甚至在 A 之下的，介入的风险就很大，也就是万一你手脚不够麻利，可能就被堵死在交易通道中而不能顺利完成震荡操作。

同时，那些 Z_n 缓慢提高，但又没力量突破 B 的（见图92-4），要小心其中蕴藏的突然变盘风险，一般这种走势，都会构成所谓的上升楔型之类的诱多图形。这种情况，反着，同样存在下降楔型的诱空，道理是一样的。

那些Z_n缓慢提高，但又没力量突破中枢区间的，要小心其中蕴藏的突然变盘风险。一般这种走势，都会构成所谓的上升楔形之类的诱多图形

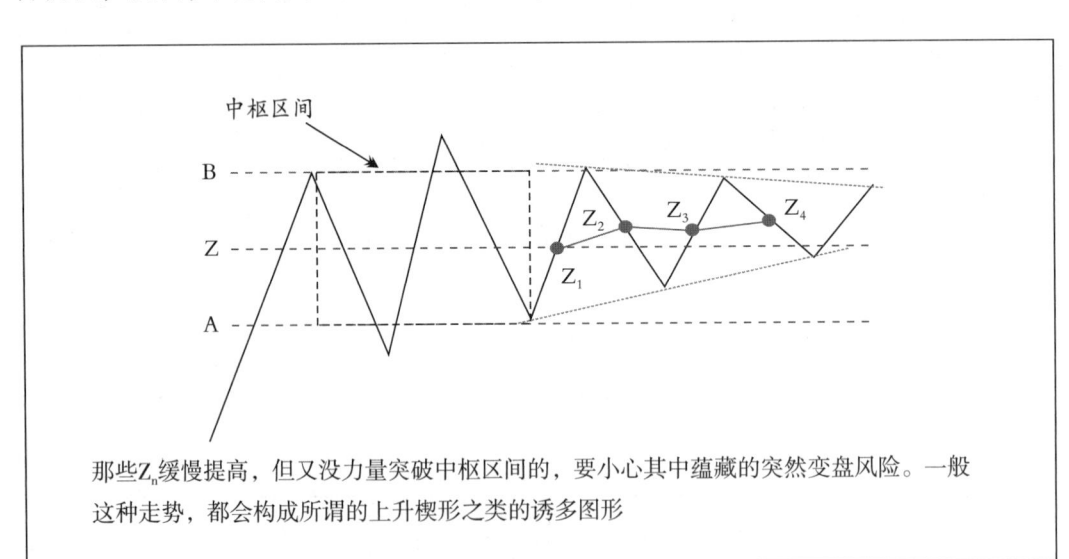

图92-4 常见的诱多形态——上升楔形

另外，中枢震荡中次级别的类型其实是很重要的，如果是一个趋势类型，Z_n又出现相应的配合，那么一定要注意变盘的发生。特别那种最后一个次级别中枢在中

枢之外的（见图92-5），一旦下一个次级别走势在该次级别中枢区间完成，震荡就会出现变盘。

图中文字：
中枢区间　最后一个次级别中枢　次级别趋势
Z_1　Z_2　Z_3　Z_4
B　Z　A

中枢震荡中，次级别的类型其实是很重要的。如果是一个趋势类型，Z_n又出现相应的配合，那么一定要注意变盘的发生。特别那种最后一个次级别中枢在中枢之外的，一旦下一个次级别走势在该次级别中枢区间完成，震荡就会出现变盘

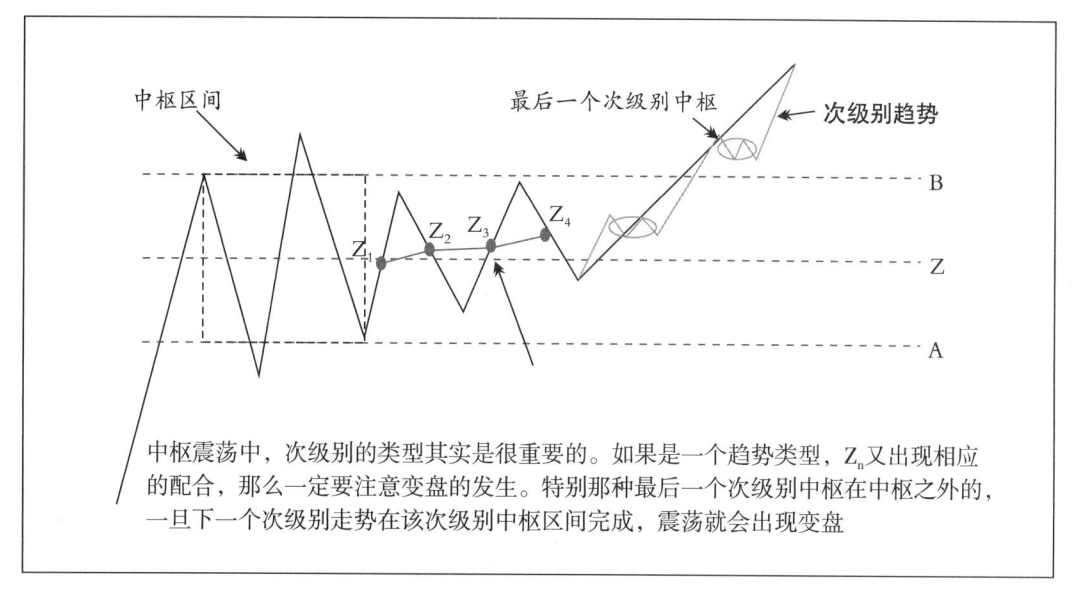

图92-5 常见的中枢突破形态——Z_n连线在震荡中轴之上运行

结合上布林通道的时间把握，这样对震荡的变盘的把握将有极高的预见性了。

除了特殊的情况，Z_n的变动都是相对平滑的，因此，可以大致预计其下一个的区间。这样，当下震荡的低点或高点，就可以大致算出下一个震荡的高低点，这都是小学的数学问题，就不说了。

深入解析

缠论走势结束的两种方式——分型结构和走势中枢

线段被破坏的情况解决了大部分走势转折的问题，还有一部分转折是以走势中枢开始的，这应该是缠中说禅介绍中阴阶段的应对方式，介绍中枢震荡监视器的原因。

至此，缠论走势结束就有了两种方式：（1）以分型结构为代表的走势转折；（2）以走势中枢为代表的原走势终止。

这两种方式有许多共同点，但也具有各自的特点。图92-6是以分型为转折的情况，图92-7是以中枢转折的情况，图92-8是同时形成分型结构与走势中枢的情况。

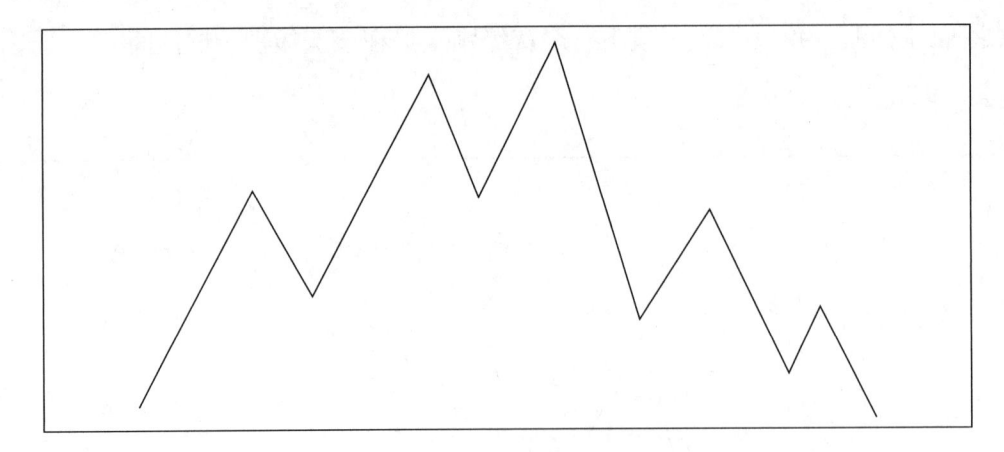

图 92-6 仅以分型转折的情况

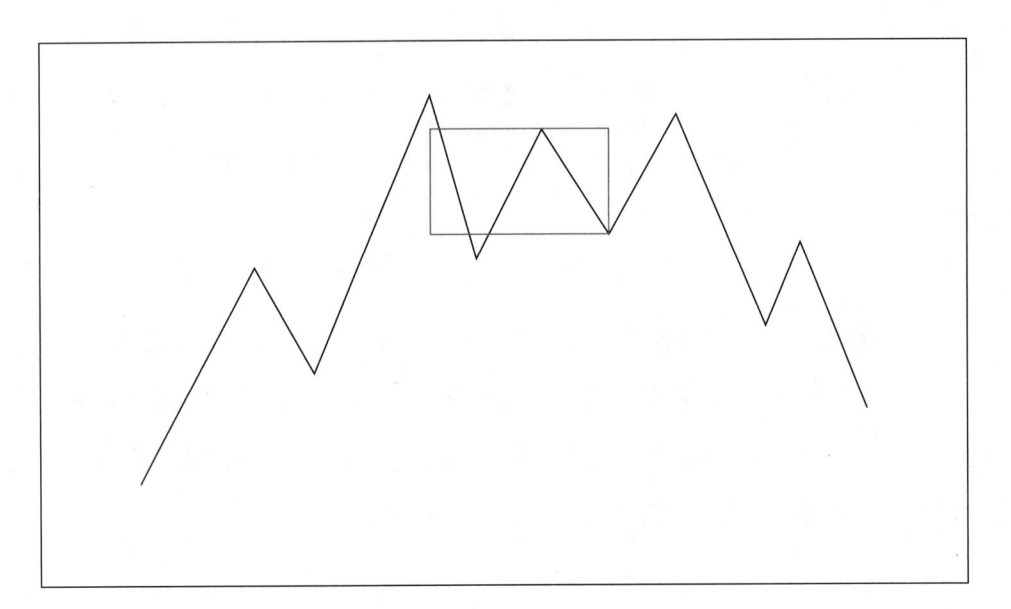

图 92-7 仅以中枢转折的情况

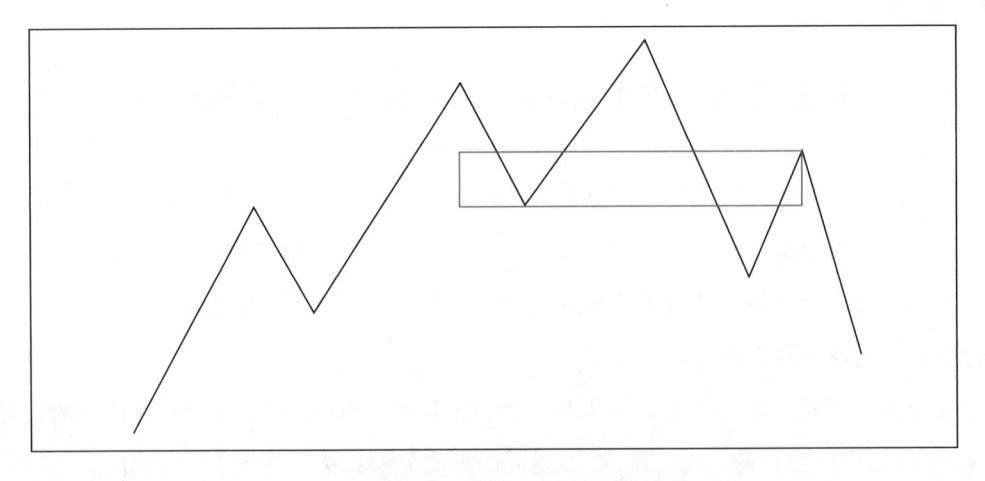

图 92-8 同为分型结构与走势中枢的转折情况

教你炒股票 93

走势结构的两重表里关系（二）

（2008-01-15 18:08:05）

显然，所有问题都集中在（1，0）或（-1，0）之后怎么办。如果这两种情况后只有一种情形，那当然不错，可惜这世界没有这么简单。（1，0）或（-1，0）之后，都有（1，1）（-1，1）两种可能。

以（1，0）为例子，（-1，0）的情况反过来就是。（1，0）这个信号是绝对明确，毫不含糊的，任何人都可以唯一地去确定。那么，一个同一的信号，对于不同的人，处理的方法是不同的，这和每个人的水平相关。

（1）如果你震荡操作的水平一般，而又胆子比较小，又没时间、跑道，喜欢落袋为安的，那么，一个足够周期的（1，1）后出现（1，0），例如周的或日的，这意味着已经有足够的获利空间。这时候，最简单的做法就是把成本先兑现出来，留下利润，让市场自己去选择，不费那个脑子了。

剩下的筹码可以这样操作，就是如果出现（-1，1），那么意味着低周期图上肯定也出现（-1，1），那么在这个向下笔结束后回来的向上笔只要不创新高，就可以把剩余筹码扔掉。例如周的，你可以看日或者30分钟周期的低周期。当然，还可以直接就看周的5周均线，只要有效跌破就走，这可能更简单。

（2）如果你震荡操作水平比较好，就利用（1，0）后必然出现的震荡进行短差操作。由于都是先卖后买，所以如果发现市场选择了（-1，1），那么最后一次就不回补了，完全退出战斗。

注意，利用短差操作时，一定要分析好这个（1，1）到（1，0）所对应的走势类型。例如一个周线上的（1，1）到（1，0），必然对应着一个小级别的上涨，至于这个级别是1分钟还是5分钟、30分钟，那看具体的图形就一目了然了。【字斟句酌：

区间套看盘方式，因使用如一碗水、一堆面之类含糊不清的级别概念，配不上缠论数学般严谨的称号。】

（1，0）的出现，有两种可能的情形。**【深入解析：注意，下面又是高级别笔与低级别走势类型相互配合的操作。】**

（1）该对应的上涨出现明确的背驰完全地确认结束，那么整个震荡的区间，就要以上涨的最后一个中枢为依据，只要围绕着该区间，就是强的震荡（见图93-1），否则，就肯定要变成（-1，1）了，就是弱的震荡了（见图93-2）。

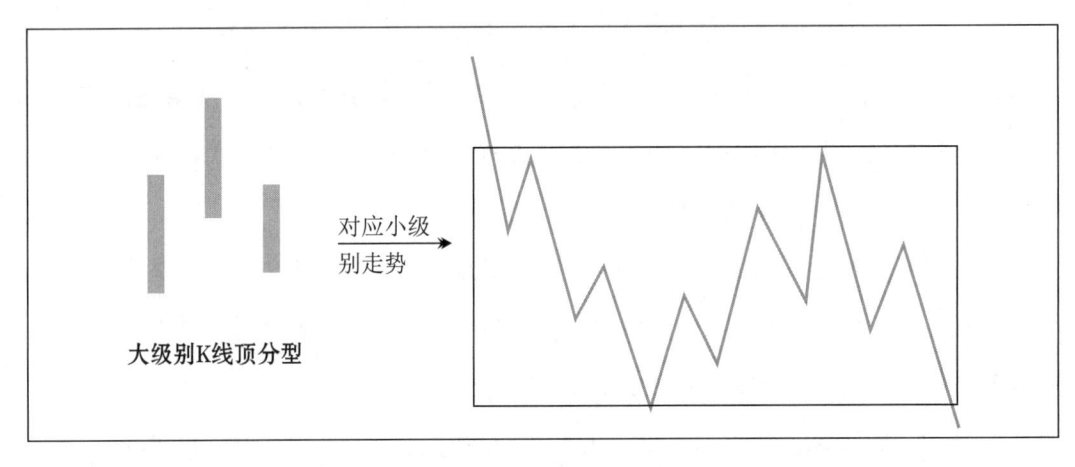

图93-1 强震荡情况示意图

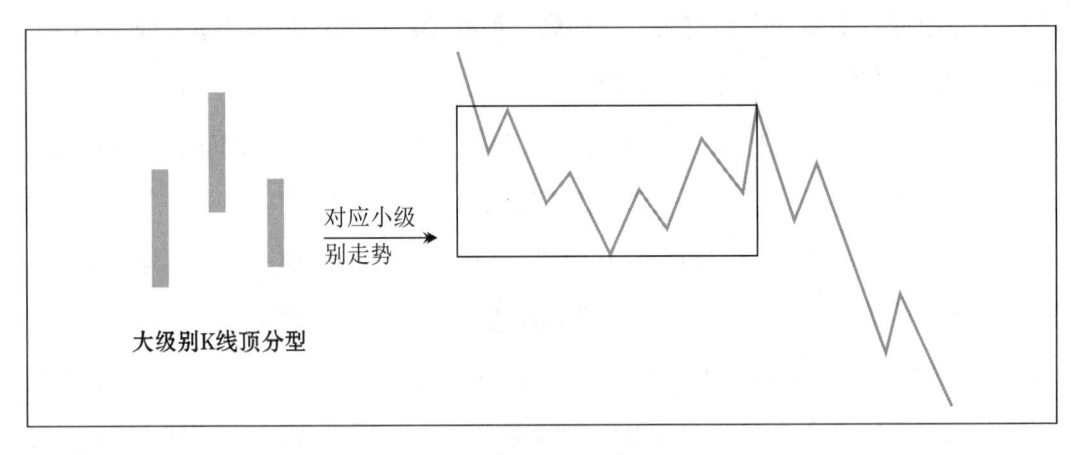

图93-2 弱震荡情况示意图

弱的震荡，一般一旦确认，最好还是不参与，等出现（-1，0）再说了。

（2）如果市场最终选择（1，1），那么这个（1，0）区间就有着极为重要的意义。这区间上下两段的（1，1），就可以进行力度比较（见图93-3），一旦出现后一段力度小于前一段，就是一个明确的见顶信号，然后根据对应的走势类型进行区间套定位，真正的高点就逃不掉了。

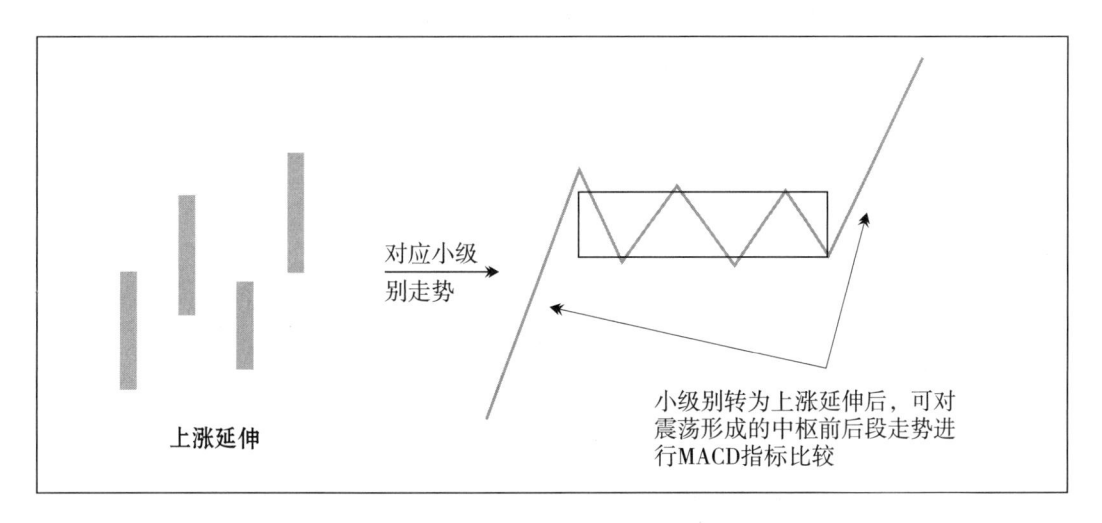

图 93-3　走势延续构成的背驰判断

上面，把可能的操作进行了分类说明，方法不难，关键是应用时得心应手，这可不是光说就行的。最终能操作到什么水平，就看各位自己磨练的工夫了。

主题 20

实战建议（二）

这个主题存在于第 94 课至第 98 课中，基本上是对原有知识的复习。

主要内容：

（1）如何利用缠论分析市场机会。

（2）股市中的修炼方法和需注意的问题。

（3）走势分析实例。

教你炒股票 94

当机立断

（2008-01-21 17:29:47）

本 ID 说过，要学本 ID 的理论，首先要洗心革面。为什么？因为你前面一切关于股票的知识，可能都是后面学习的毒药。在本 ID 这里，只有严格分类后的不同操作类型，没有其他那么多无聊的不切边际的所谓预测。【课文解读：把握时机，毫不犹豫地做出决定。】

一句话，来本 ID 这里学习，第一层次，就是要达到：当机立断。

机会，是可以预先分析的，但这分析，不是预测，而是建立在完全分类基础上的边界划分。这划分完全来自本 ID 理论的纯数学构造，这构造的唯一性与精确性保证了这分类与边界的当下确认性。

其实，这问题已经说过，但必须再次说，为什么？因为这是一种完全不同的思维方式。如果你不能明白，就永远与本 ID 的理论无缘。

例如，在现在，对以后的大盘走势，我们马上可以分析出所有必然出现的机会。

（1）一个最小的机会，就是大盘线段下移后形成的线段类背驰。这里对应着两个目标，最好的是回拉上面的 1 分钟中枢从而形成 5 分钟中枢（见图 94-1），剩下的就是形成第二个 1 分钟的下跌中枢（见图 94-2）。

（2）第一个机会出现后，根据演化的当下选择，马上可以找到下一个必然出现的机会，就是如果是 5 分钟中枢，那么就有着一个中枢震荡的机会。

如果是 1 分钟的第二中枢，那么就等着后面的底背驰或者这中枢扩展为 5 分钟后的震荡机会。

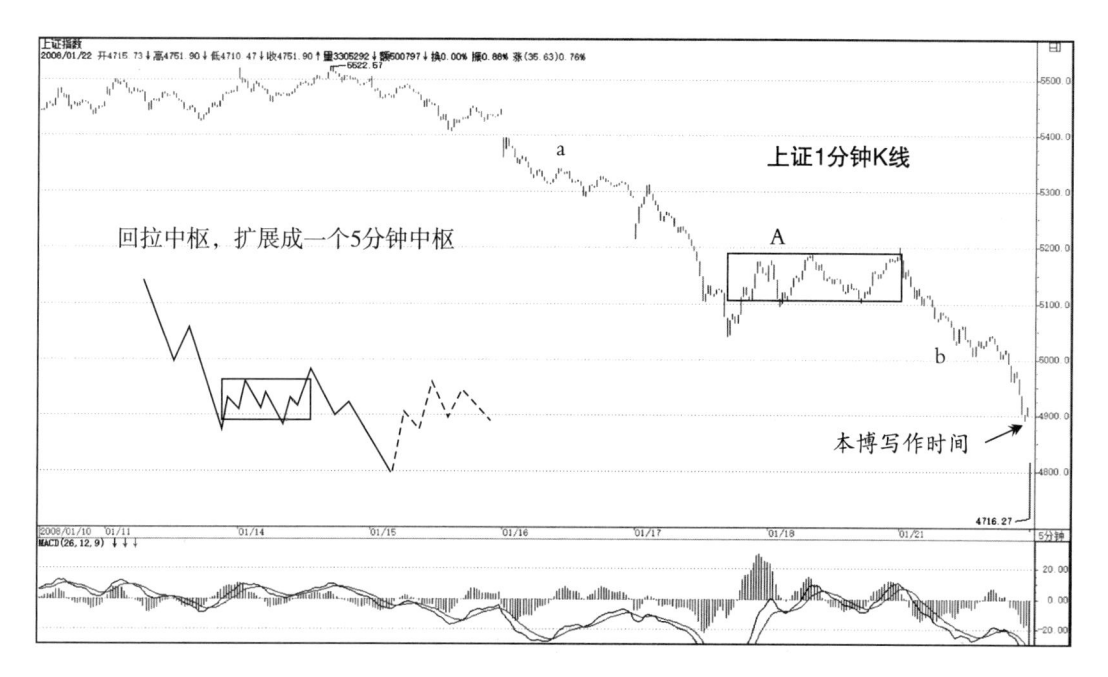

图 94-1　两种可能走势之一

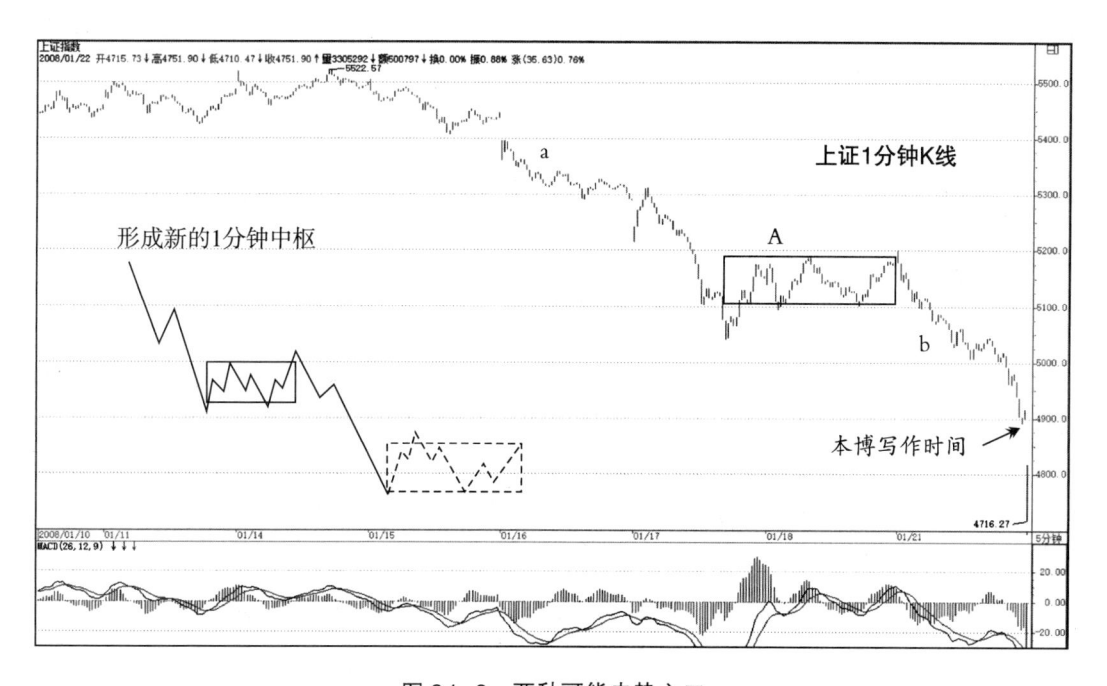

图 94-2　两种可能走势之二

类似地，对任何走势，我们都可以根据理论，马上严格地给出必然出现的机会。市场就是这么贱，虽然折腾无数的人，但就是从来没有任何失误地按照本 ID 的理论去走，所以，本 ID 可以把市场叫为面首。

任何一个当下，你都可以根据本ID的理论马上给出后面必然要出现的机会。上面说的是买点，卖点的情况是一样的。

好了，你根据理论，可以罗列出一大堆必然出现的机会。后面面临的，只是选择问题。例如，第一个机会，你会觉得级别太小，不想搞。那么不想搞就不想搞了，你见了不想搞，难道还需要什么理由？

你真正明白了本ID的理论，操作其实就是这么简单，唯一需要问自己的，就是你现在有没有搞的兴趣：这个机会，这个股票，在这一刻，你想搞吗？

如果你想搞，那么，你就需要一系列的准备，通道的、资金的，一切的安排都要安排好，然后关键要把退出的边界条件也设置好。

例如，对于第一个机会，设置的退出条件，就可以是原来的最后一个类中枢，或者是线段向上走势类型中的类背驰或类盘整背驰。

当然，根据这样的设置条件，在T+1条件下，你完全有可能走不出来，为什么？因为这买卖点可能就在当天完成了，买了卖不掉。所以，在设置时，可能还要参考机会出现的时间。如果在早上，可能要考虑一下。如果在下午，那胆子就可以大点。

当然，这还和你自己实际的情况有关。例如一个中线走势极为良好的股票，如果一个线段下跌就去掉了20%，而你又在高位跑掉了，那这个回补机会当然就可以胆子大点。

更容易的，就是把级别放大点儿。如果你按周线操作，那么从2005年下半年买了到现在，你根本连一次都不需要操作。谁告诉你本ID的理论只做短线的？是迂腐的文科生告诉你的吧？

对于每种机会类型，都需要把各种可能出现的情况考虑清楚，这样可以判断其力度，从而（绝对）[确定]进出的资金量。这就如同购物，你今天想购物了，但总要看到真正的货后，才能决定这投入的量。谁告诉你购物就一定要奋不顾身的？购物难道就不可以见了就撤？从见了就撤到奋不顾身，这里可以有无数的情况出现，当机立断，这就是唯一的。

学了本ID的理论，脑子里必须时刻有两个字：级别。如果连级别都搞不清楚，你还炒股票？被股票炒还差不多。有了级别，就是节奏问题了。股票操作，就是见好要收，而不是天长地久。这都不明白，就等着灾难连连吧。

不会卖出，就等于失去了下次买入的机会。这个节奏之所以难，说白了，就是贪嗔痴疑慢作怪。

对于初学者，一定要机械地给点束缚，等于那死猴子带上个圈圈。这个束缚，就是5周、5日这些[均]线，一旦分型后有效破了，一定走，这就是束缚。当然，对熟练的，就不需要这些了，严格的走势分类自动就给出一切。

练习的第一步，很简单，就是在任何时刻点位，都能马上把后面根据理论把机会第一时间反应出来。

注意，任何的机会，必然在本ID理论的输出中。市场的机会与本ID理论的输出，是严格一一对应的。这就是本ID理论所以厉害的其中一面。

第二步，根据自己当下的心情、资金等等，选择介入的机会，放弃不想介入的机会。

然后就等待机的显现，当机立断，就这么简单。但，这最后一步，足够你修炼N年了。

教你炒股票 95

修炼自己

（2008-01-22　16:10:20）

本 ID 觉得，当人被刺激后，大概学习的效率会高点，所以就连续写课程了，让有缘人得之。

要战胜市场，首先要了解市场的众生。市场是合力的，而合这力的不是机械，而是活生生的人。

市场中，最多数的，都是糊涂蛋，赚钱了不知道为什么，亏钱了不知道为什么。最后变青蛙了，也会说，井上面的天空好大，好复杂，怎么处理啊？哪里有拐杖啊？

几乎绝大多数的人，进到市场来时，根本不知道市场是什么，然后就不断投入。最后有些输红眼了，砸锅卖铁也就进来了。

对于市场，本 ID 有一个观点，大概有点过分，但确实是对的。市场，就是要 0 投入去赚钱。

很多人很关心本 ID 的投资历史，当然，有很多事情，不能说，因为涉及太多的东西。但有一样事情，本 ID 是可以说的，就是本 ID 在市场中，等于没有投入过 1 分钱。

本 ID 第一笔钱是 90 年 [代] 初新股赚回来的。那时候买新股的钱，很不好意思，不是本 ID 的。上市后，就把本还了，剩下的利润，就是本 ID 在市场中的第一笔钱。从此，无论本 ID 操作的钱有多少，本 ID 从来没有在市场中投入过 1 分钱。

当然，现在还按 90 年代初那种疯狂状态是不行了。但本 ID 还是觉得，你投入市场的钱，一定不能无限增加。如果你第一笔投入 100 万元，还不能赚到钱，你还投什么啊？你 100 万元都搞不好，难道想搞 100 万元的平方啊？

只要你有稳定的技术和操作，初始投入多少根本不重要。就算你只有 1 万元，

10 次翻倍操作后也就 1000 万元了；即使你开始有 1000 万元，10 次连续的亏损后，你也没有多少钱了。

问题不是投入的多少，而是技术与操作。所有把市场当赌场的，最终的命运都只能是悲惨的。

对于市场上的众生，本 ID 给的第一忠告就是，把你的第一笔钱运作好，然后把本拿走，最后把这利润变成巨大的数字，这才是市场中的真正操作。

市场上的真正成功，是以 10 年为单位的。无论你开始有多少钱，10 年都足以让你上一个足够大的台阶。一笔 0 成本、0 投入的钱，让你在市场中无比轻松。

绝大多数的人，因为贪婪而不断投入，又因为恐惧而落荒而逃。但市场，进来一次，几乎就很难再离开了。落荒而逃的，最终都是在高潮中又被忽悠进来，最终还是青蛙给煮了。这种事情，难道还少见？

还有不少的，以评价别人为事情。市场中，唯一的评价，就是你的操作，有那时间，练习一下操作吧，这才是市场中人干的事情。

市场，不是选秀场，别把自己当超男超女或他们的粉丝。市场里，是刀和血，超男超女和粉丝，只有被煮的份。

市场中，唯一需要考虑的，就是对操作水平的提高，这是一切的根本。别人，最多是你的陪练。

学习理论，一定要究底穷源，然后在实践中不断升级，工夫是要靠磨练出来的。用你的第一笔钱，一笔绝对不影响你生活的钱，创造一个操作的故事，这就是市场的操作者。

操作的层次很多，这是一个不断修炼的过程。把基础弄好了，你可以不断前行。市场的机会无穷，坐一次电梯不怕，关键是电梯之后，你能不再电梯。

修炼自己，市场中生存，别无他法。

教你炒股票 96

无处不在的赌徒心理

（2008-01-23 16:18:38）

市场中，最大的敌人之一，就[是]赌徒心理、赌徒思维。赌，最终的结局就只有一个。如果你以赌徒心理参与市场，那么你的结局就已经注定。你就算还没在锅里，那也只是养肥了再煮而已，没什么区别。

赌徒心理无处不在，除了上一课说的不断加码，还有一些，甚至自己都没注意到。

例如，有人亏钱了，然后就想，等反弹到多少多少一定出来，以后不玩了。这看起来很不赌徒，但其实也是赌徒心理。

赌徒心理一个最大的特点，就是预设一个虚拟的目标，一个想象中的目标，完全无视市场本身。

还有一个特点，就是怕失去机会，怕失去了赚大钱的机会。例如，万一走错了，怎么办？万一还涨，不就亏了？诸如此类。

注意，市场中生存，从来就不是靠一次暴富得到的。一次暴富最后倾家荡产的，本 ID 见多了。

市场真正的成功，都是严格的操作下完成的。操作失误了有什么大不了的，市场的机会不断涌现，一个严格的操作程序，足以保证你长期的成功。

赌徒心理，一个很经常的行为，就是砍了又追，追了又砍，完全被一股无明的业力牵引，就往那鬼窟里去了。这所谓的杀红了眼，所以就被杀了。

赌徒心理，一个更经常的行为，就是不敢操作。看到机会到来，就是怕，等机会真正起来了，又后悔，然后就追上去，5 元不敢买的，过段时间 50 元都敢买，结果又被杀了。

赌徒心理，还有一种就太常见了，就是听消息，找捷径，以为这世界上就有一个馅饼一定能拍着自己,可能吗?就算能吃到点馅饼,那玩意能当长期饭票吗?

赌徒心理,还有一种大概是最常见的,就是我要赚钱买房子、车子。我投入,要把装修的钱赚回来。可悲呀,你以为市场是慈善场所?那是杀人的地方!

生活,很简单,一天三顿,五谷为养,五果为助,五畜为益,五菜为充,【课文解读:出自《黄帝内经》。】而不是那些古灵精怪的玩意。市场很简单,就如同生活,在一定的韵律中生长出利润。只有那韵律,那平凡但又能长久的盈利模式,才能使得你战胜市场。

你不需要如赌徒一样整天烦躁不安,又期盼又恐惧,折腾不休。你只要平静地按照自己的韵律、按照市场的显现去与日俱增地强大自己。错过了,就错过了,后面有无数的机会等着。

你,不需要把自己设计为超人。超人是不需要设计的,超人是干出来的。你能长期地战胜市场,你就是市场的超人。因为市场的原则就是,只有最少数的人才能长期地战胜市场。你不是超人,谁还是?

你,当然会不时面对不同的危机。危机不能躲,用最快最明确最直面的手段解决。只要还有翅膀,天空就是你的。

前面说,你要用 0 成本投入。当然,实际上也没必要这样严格。你可以把你完全不影响生活的钱拿出来,告诉自己,这就是你唯一的资本,你没有后援,然后就用这创造你自己的神话。当然,如果你输光了,你可以再给自己一次机会。但在给自己这次机会之前,你必须把自己彻底解剖一次,把你所有失败的根源都挖出来,然后你告诉自己,这是你最后的尝试。

如果你又输光了,那么,你就退出吧。不是每一个人都适合市场的,不是每一个人都要去当市场的高峰的,我们有时候必须面对的最客观的事实就是:我不行。

然后给自己 N 年的机会,去学习,去历练。在 N 年以后,你觉得你有足够的信心重新回到市场了,你再给自己一次机会。如果这还不行,那这一生,你就和市场永远再见。买基金,买国债,什么都可以,但还是别亲自到市场来了。

市场,只是生活的一部分,如此而已。

教你炒股票 97

中医、兵法、诗歌、操作（一）

（2008-01-29　15:49:06）

世界上，从来不缺乏贪婪，最大的表现之一，就是上帝式思维。有一上帝，你信了他，所有事情就是他的，你就又天国，又永生的，这本质上，就是人类的贪婪所制造的幻象。

在市场中，操作中，这贪婪的最大表现就是希望寻求一种预测性的、一劳永逸的上帝式指标、模式，先验地决定了一切，然后有这东西，在市场中就可以又天国又永生地财源滚滚了。

这是什么？典型的贪婪思维。这种人，佛出世都救不了，最终就是当青蛙的料。而市场中，最多这种人。最下劣的，就是希望找一根万能拐杖，最好这拐杖可以自动给出所有的买卖，这样就什么都不用干地财源滚滚了。

贪字和贫字就差那一点，如此贪婪的想法，不被市场所屠杀，真是笑话了。

市场中操作，最相似的，就是和中医、兵法、诗歌类似。

学中医，你首先要把中医的理论、系统、思维方法、分类原则等等给搞明白。按照中医的系统，所有的病都是有一个对应的理论输出与实际相符合，这就如同本ID的理论，所有的市场机会都会被本ID的理论所一一对应地输出。

但你光知道输出，什么用都没有。你学了一大堆理论，没什么用，因为理论指导和应用是要靠人的。而人的素质、水平等等的不同，在应用中相差就太远了，所以最终都归结于人的修炼。

【深入解析：理论知识不等于技能。知识是人脑对客观事物的主观认知，技能不光要"说得出"，还要能转化为相应的行动。

比如明白如何投篮，代表拥有了投篮的知识，真正运用肢体将球投篮入框则是

技能，为此需要进行成百上千次的练习，以解决投篮力度、出手角度等问题。此外，人的心理同样会影响动作的使用。】

但是，理论的输出是最基础的，你连理论的分类等等都搞不清楚，那么谈应用就很可笑了。所以，首先你当然要完全吃透理论。

一个中医，学了理论，然后就要开始玩望闻问切之类的游戏，这就等于本ID理论中看市场机会的当下显发。有些人，总是想预测，那么请问，一个医生，他知道下面肯定有一个病人要来，难道他还需要预测一下这病人的性别、什么病，可以开什么药？如果世界上有这样的医生，你敢去看吗？

同样，市场机会的到来，就如同要来的那个病人，你不需要对他预测什么，点位、时间什么都不需要，你只需要等他来的时候对他望闻问切就可以了。事情就这么简单，为什么这个思维就拐不过来？

机会必然按理论的要求输出，第二步就是看机会的显发，对之望闻问切，这就是更高的一种要求。这就如同医生，能熟练地望闻问切，那是需要功夫的，需要实践中增长能力。所以，你开始的时候，总是看走眼，这太正常不过了。多看，多练习，这是唯一的渠道。

再说一次，一定要看走势图，那是世界上最昂贵的图画，最昂贵的艺术品，多看，就如同培养你的鉴赏力。为什么玩古董的，很多人总是被假玩意骗，而有人就能专破假玩意，这就是鉴赏力等的问题，但这是需要磨练的。磨练的时候，被骗几次，那不是最正常不过的事情？

为什么很多人在市场中很痛苦，就是他不热爱这走势。走势是最好的艺术品，你站在热爱的角度，才能激发你的鉴赏力。否则，你脑子里总是被盈亏之类的贪婪之念所占据，眼睛怎么可能不被蒙蔽？

望闻问切有成了，后面最难的就是操作了。操作，就如同中医的开药方。会看病，基本就等于中医的1/10，而用药、开药方的难度，就是后面的9/10。而没有最后这开药方，前面的所有东西都是白搭的。同样，操作也是这样。【**深入解读**：缠中说禅为缠论的理论知识部分定了位。】

开药方，就如同行军布阵，所谓用药如同用兵。如何用，这可以用你一生去修炼。这就如同操作，操作是一生的事情，除非你离开市场。

中医开药方，因人、因时、因地等等因素的不同而开，就如同打仗，哪里会有一样的仗？仗仗都不同。中医不同西医，西医就把人当机器，所有的人，只要是所谓同样的病，就给你同样的药，完全的流水线机械化生产。现在很多人在市场中的思维，就是这种思维。

当然，所有的不同里有这一个共同"不患"的基础，例如，市场运行的"不患"基础就被本ID的理论所完全描述。同样，所有用药的"不患"基础也被中医的理论所描述。也就是，无论怎么折腾，都出不了这基础。这是不同中的同，患中的不患。

明白这点，操作就有了一个大的不患背景，而这背景之上，就是一个创造充分显法的过程。每个人，按照自己的能力、修养等开出不同的药方，给出不同的操作记录。这里是一个没有止境的过程，要不断修炼下去。

具体说，就是在一般程度上，你必须遵守买卖点的原则去买卖。但是，这并不是一定的。例如，本ID就经常愿意在买卖点偏移一点的地方去买卖，为什么？因为那样可以买卖到更多的数量，或者可以制造出一些特别的东西达到更大的目的。

这就如同写格律诗，你开始的时候，必须严格按格律来。如果没有按格律来，那是你的水平问题，你千万别以自己是写拗体来自我安慰，【**课文解读**：律诗、绝句每句平仄都有规定，误用者谓之"失粘"，不依常格而加以变换者为"拗体"。具体地说，在一个诗句中，如果在该用平声字的地方用了仄声字，该用仄声字的地方用了平声字，则该字就叫"拗字"。有"拗字"的句子就叫"拗句"。全诗用拗句或大部分用拗句，就叫做拗体。"拗体"是排合关系不合律的律体诗篇。】那将害了你，以后你就永远和真正的格律诗无缘了。但，当你已经自由于格律，得心应手时，你就可能要根据诗歌的内容，自设声律而构成奇响成为所谓的拗体，这时，就是出神入化的过程了。而操作，同样如此。

对不起，还想写，有一坏蛋打电话来说要谈一个项目的事情。这个坏蛋太熟了，不能推，就先写到这里，以后继续。

教你炒股票98

中医、兵法、诗歌、操作[1]（二）

（2008-02-04 19:51:49）

一种思维模式的改变是很难的，因为一种思维模式的存在，往往连自己都不察觉。特别，一出现强烈走势后，那些老的毛病就又出来了。这几天的大盘转折走势，就是一个很好的例子。

一个背驰后，无论是盘整背驰还是真正的背驰，理论只能保证其回拉原来的中枢，这是正确的思维方式。那么，回拉之后如何，这涉及预测。正确的思维是，把回拉后出现的情况进行完全的分类，根据每种分类对应的后果，决定你自己的对策。

例如，上周五下午的背驰是很明显的，任何人都可以当下发现（见图98-1、图98-2）。这个背驰进去后，收盘了，后面面临着继续向中枢上边突进以及再次

图98-1 上证指数2008年日K线走势图

回探两种情况。第一种情况，意味着362开始的线段要继续延续下去（见图98-3），而第二种情况，首先就要破坏362开始的线段（见图98-4）。那么，这两种情况就很简单了，就等周一的开盘当下地决定这线段是否被破坏。

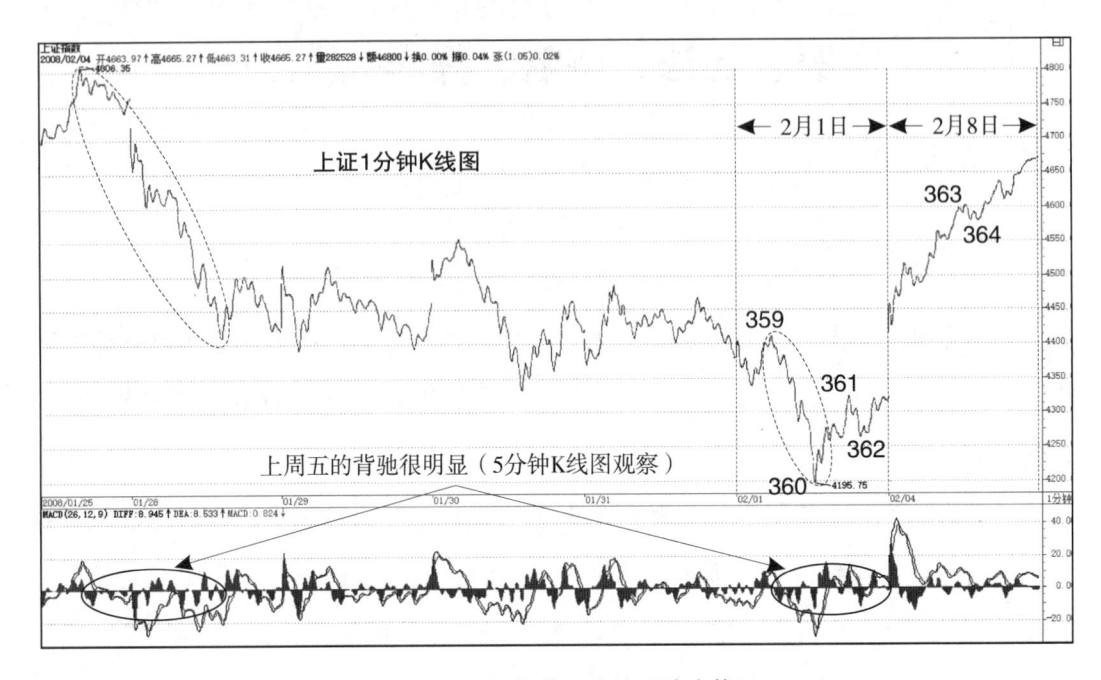

图98-2 上证指数1分钟K线走势图

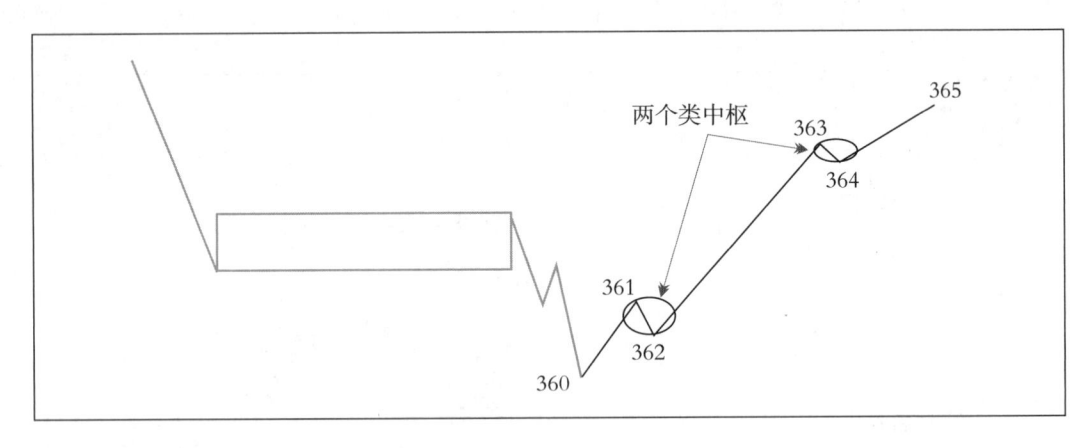

图98-3 假设的第一种情况：线段类上涨

注意，这是严格的理论思维，和周一有没有消息，是否有利好毫无关系。特别地，如果有利好，竟然还走出破坏362开始线段的走势，那么这问题就严重了。当然，实际上，大盘一直到364才破坏了这线段。但这时候，就不存在走的问题了，为什么？因为理论上，这演化成线段类上涨的可能性极大，除非363开始这线段跌

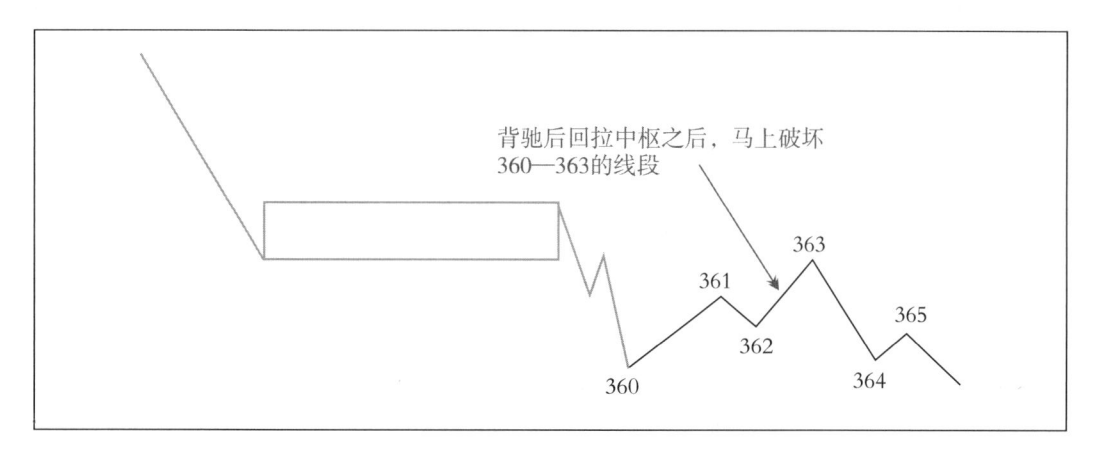

图 98-4　假设的第二种情况：再次回落

破 361 这个位置。【**课文解读**：如此才有可能线段被破坏。】所以，后面你只要看着这线段是否跌到那位置。显然也没有，所以就继续持有。

现实中的走势，市场最终选则了第一种走势（见图 98-3），362—363 的走势没有背驰，指数也突破了原中枢的上沿，此时无需马上卖出，可以安心地等待它的后续演化。

等 364 这出来，展开新的线段后，因为已经有第二个线段类中枢，所以就要注意是否有可能出现类背驰，这就看明天开盘后的情况。如果不能继续保持类似斜率的上涨，那么这线段类上涨结束形成一个 1 分钟中枢就在情理之中了。【**字斟句酌**：363—364 的划分很奇怪，按照线段特征序列分型，这段是线段破坏的第二种情况，所以不成立。】

你看，上面所有的分析，都在严格的逻辑关系之中，这是理论的必然结果，也是一种正确的思维方式。当然，一个线段的类背驰是否需要抛点货，这是每个人的爱好问题，你的操作级别问题。

这就如同打仗，你不能假设明天某某山头还在自己手里，然后根据这个假设去安排兵力，山头是否在自己手里，那是当下的。当然，你可以去反复争夺一个山头，但你不可以假设这山头在未来的某一个时刻 100% 就在自己手里。

这也如同中医，你不能认为你的药一定有什么效果，效果是吃了药以后再望闻问切测出来的。而同一病人的药，要根据这不断的望闻问切进行必要的增减。当然，你也可以保持不变，就如同在一个上涨趋势中，你可以保持持有。但一旦出现超越你的级别，你的操作限度的转折信号，也就是背驰，那么你的药就必须要变了，甚至是大大地改变。

因此，如果周一并没有出现今天的利好，你的操作逻辑并不会有任何改变，还是根据当时的图形是否触及你的操作分类界限进行，这才是正确的思维。

换言之，你在操作时，你后续的所有可能面对的情况与对策都必须了然，否则你就没资格操作。对于一个真正的操作者，没有任何情况是意外的，因为，所有的情况都被完全地分类了，所有相应的对策都事先有了，只是等着市场自己去选择，去触及我们事先给定的开关。

说实在，比起中医、打仗，股票是最简单的。为什么？因为股票的后续走势，有了本ID的理论，都可以严格地唯一地给出统一的完全分类。而中医、打仗，要面对的可能就更复杂了。特别打仗，完全的分类，可能只能是一种假设了。

如果你的思维还是转不过来，那么就没有必要再去学习，首先把思维转过来。

有人可能问，如果出现回探的情况，那么可能在背驰买的出不掉。显然，这种情况是很可能的，因为T+1，该反应的时间你可能没资格卖。不过，一个很简单的对策就是，你必须买比大盘要强势的股票，也就是先于大盘［启动上涨］的股票。这样，一旦大盘回转，这类股票的走势都会比大盘强，这样自然有足够的空间让你选择。

注意，最好的选择是比大盘稍微先一点的，而不是完全逆于大盘的，【深入解析：下一波的龙头板块，往往利用大盘下跌洗盘，表现为不跌或小涨；纯粹的庄股却可能是逆势的，因为大盘大跌时，它的庄股特点才容易被市场挖掘，容易吸引资金关注。但大势反转后，它庄股身份的优势就有限了。】因为后者，往往有可能补跌，或者逆着大盘洗盘。例如，今天的中国糖业（600737，见图98-5）就是一个很好的例子。当然，新股也是一个很好的选择，【课文解读：新股没有套牢盘。】不过这需要这类股票开得不太高，而且有明显的新资金介入，在一个有一定级别的向上过程中，这一般都有比较稳定的表现。还有就是先于大盘调整的，例如这次那聪明的驴，【课文解读：疑为中国铝业（601600），它是提前开始调整的，见图98-6。】就是这种类型。

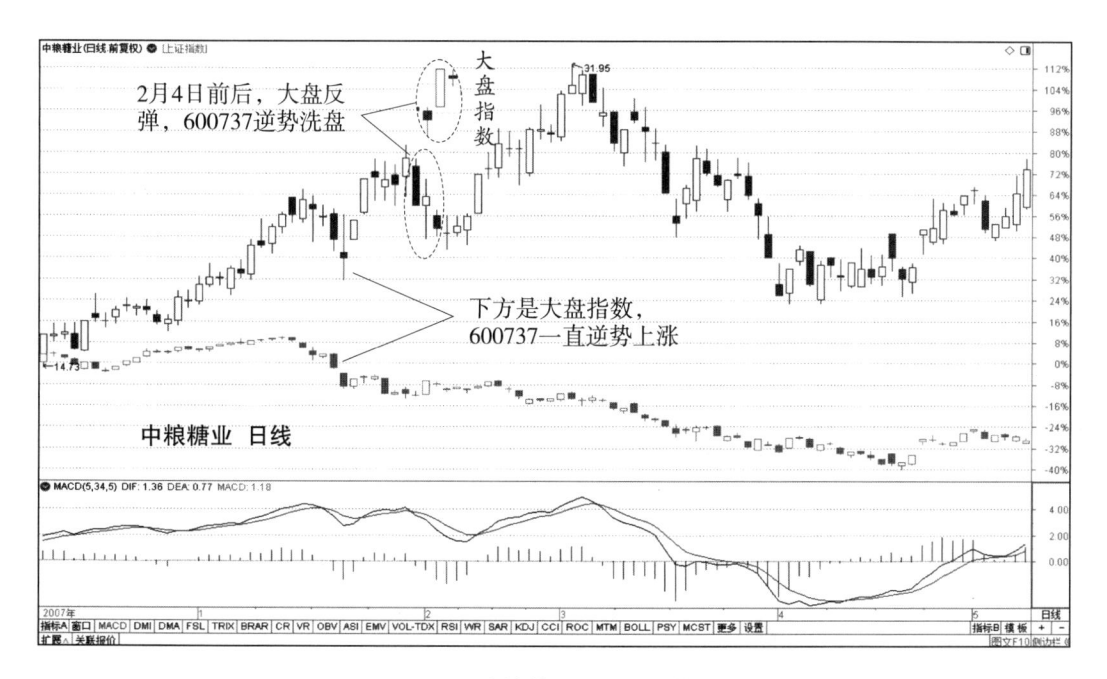

图 98-5　中粮糖业与大盘走势对比

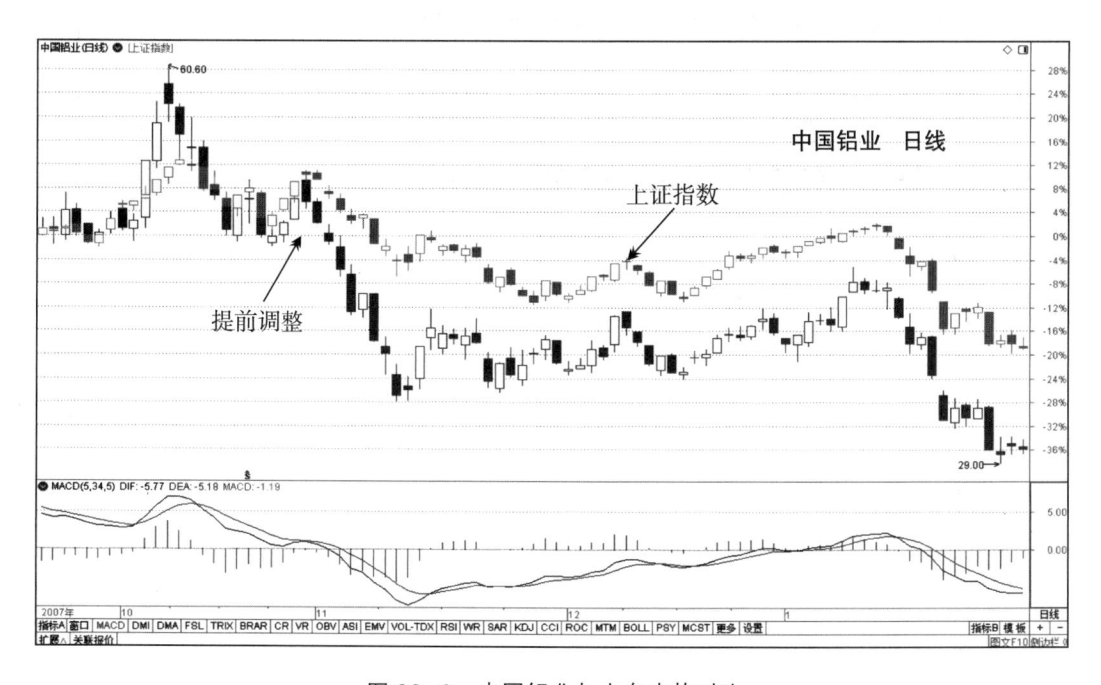

图 98-6　中国铝业与大盘走势对比

当然，如何选择股票，这是一个经验问题，必须要反复练习才会有灵感与感应的。其实，股票真没有那么复杂，如果你有了感应后，打开一个股票的图，你一眼就能看出这面首是否在搔首弄姿在等着宠幸。这就如同419时，你选择人难道还需要技术分析吗？那不就是一眼的事情吗？哪天，你看股票就如同419选人一样有感觉，那你就有点靠谱了。

―――――――――――――――

[1] 本篇课文缠中说禅的配图。

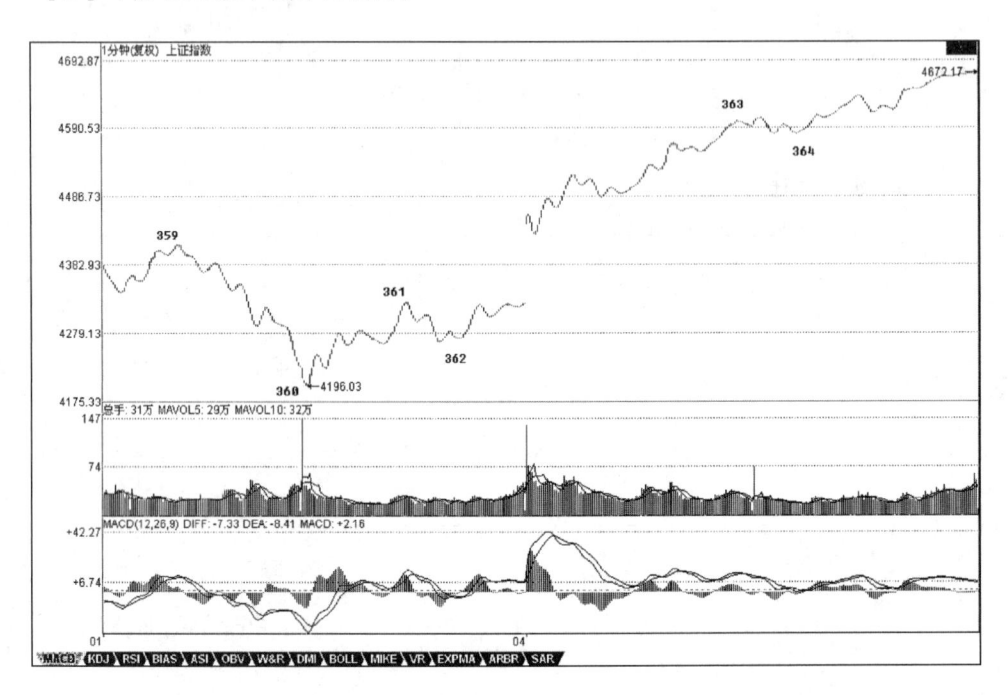

主题 21
缠论相邻级别的关系（二）

这个主题接第 91 课和第 93 课，主要是讨论缠论相邻级别走势间的关系。

主要内容：

（1）走势划分的基本原则。
（2）走势被破坏后的强弱分析。

教你炒股票 99

走势结构的两重表里关系（三）

（2008-02-18 16:19:16）

走势结构，最重要的就是有中阴部分的存在。有人可能认为，中阴存在是理论不完善的结果。其实，这是典型的一根筋思维，对于这种思维，世界就是机械的，任何时候都只有一个机械精确的结果。而实际上，世界更多是量子化的，是测不准的，中阴的存在恰好客观地反映了走势的这种特性。

中阴状态的存在，反映了行情走势生长阶段的未确定性。这种未确定性，不会对操作有任何的影响，因为中阴状态都可以看成是一个中枢震荡的整理，根据中枢震荡操作就可以了。

很多人，一碰到中阴状态就晕，因为这时候，你不能对走势给出明确的划分。注意，这里不是指同级别的划分，而是一般性的划分。【课文解读：这里的"同级别"指同级别分解。同级别分解时，走势中枢无须升级，不符合走势类型被破坏的特点，所以这里是一般性的划分。】

例如，一个线段（性类）〔类〕上涨类背驰后，必然首先出现一个1分钟的中枢，也同时进入一种中阴状态。【深入解析：这里的线段类上涨为1分钟级别的，即线段中每笔代表1个1分钟以下级别的走势；中阴阶段只能出现在标准走势中枢中。】但你不能说这走势必然就是1分钟类型的，因为，最极端情况下，两个年中枢之间也可以是一个线段连接，甚至就是缺口连接，这在实际上都是完全可能发生的。因此，理论必须包括这些情况，而且这些情况太常见了，并不是一个古怪的问题。

另外，根据结合律，连接中枢的走势，并不一定是完全的趋势类型。也就是说，一个线段类上涨后，可能第二个类中枢就消融在中阴状态的那个中枢里了。【深入解析：这里明确了线段类上涨也需要两个类中枢，但却没有给出线段类盘整的新定义。类中枢演化成标准走势中枢意味着进入中阴阶段，同时也说明类中枢不属于中阴阶段。】也就是说，a+b+c+d+e+f=a+b+c+（d+e+f），a+b+c+d+e 是一个线段类上涨，c+d+e 的重合部分构成最后的一个类中枢，f 是类背驰后的回调，这时候，就可以马上构成一个 1 分钟的中枢（见图 99-1），然后后面直接继续上涨，构成 1 分钟的上涨是完全合理的。因为，最终的划分，就必须把 a+b+c+d+e 给拆开了。

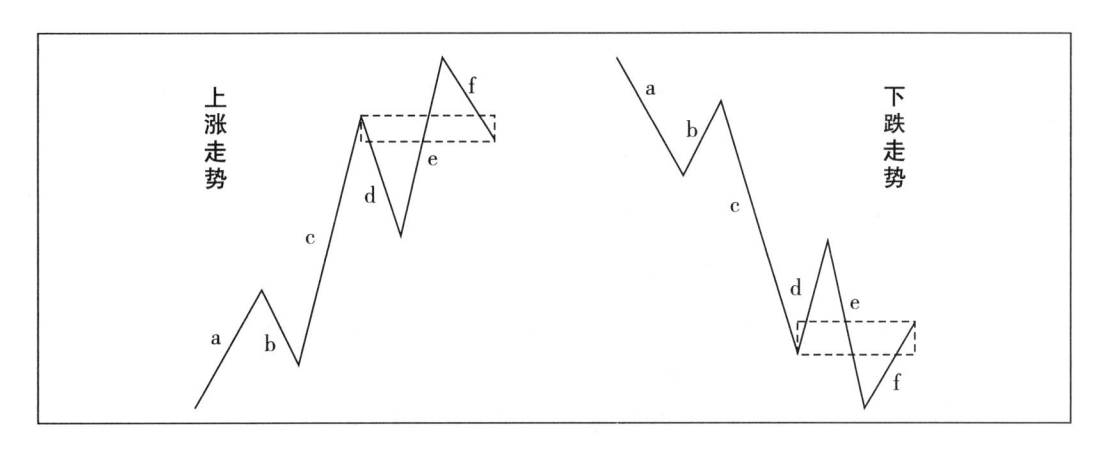

图 99-1 中阴阶段的划分一

因此，一般划分中，如果中阴状态中，从前面的背驰点开始已经构成相应的中枢，例如，在 a+b+c+d+e+f 后又有 g、h（见图 99-2），f、g、h 构成 1 分钟中枢，那么整个的划分就可以变成 a+b+c+d+e+（f+g+h），这样，原来的线段类上涨就可以保持了。

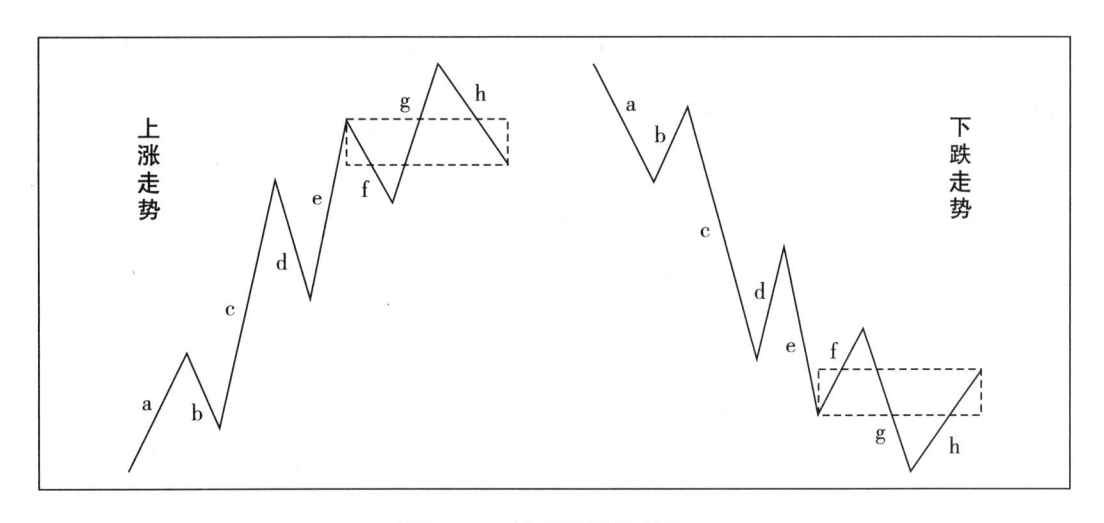

图 99-2 中阴阶段的划分二

如果后面包括d+e+f延伸出9段（见图99-3），然后又直接上去了，划分中，必须首先保证5分钟中枢成立。换言之，划分的原则很明确，就是必须保证中枢的确立。在这前提下，可以根据结合律，使得连接中枢的走势保持最完美的形态。

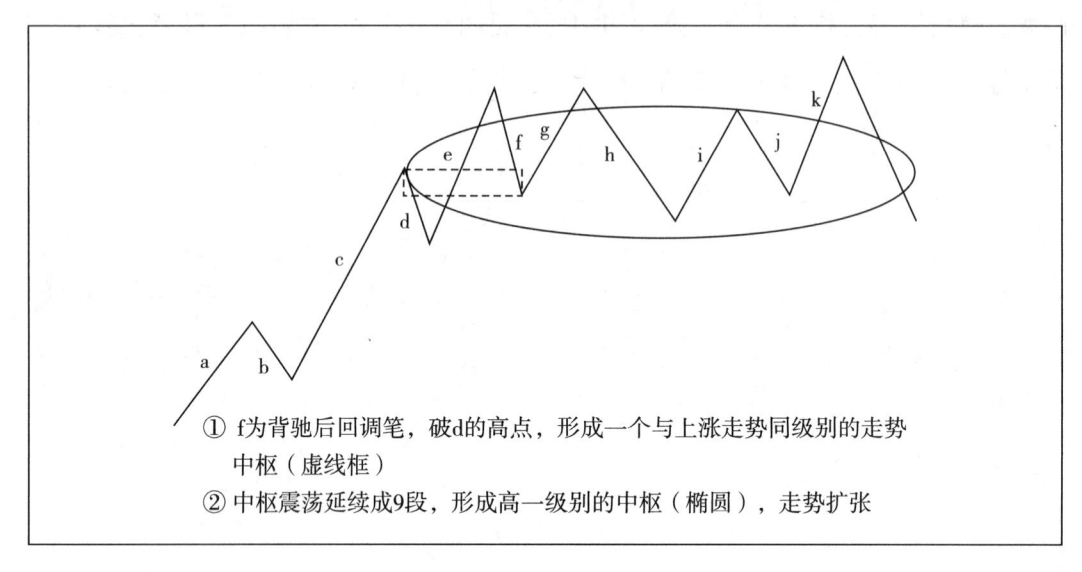

① f为背驰后回调笔，破d的高点，形成一个与上涨走势同级别的走势中枢（虚线框）
② 中枢震荡延续成9段，形成高一级别的中枢（椭圆），走势扩张

图99-3 线段类上涨形成大级别中枢的演变情况

由此可见，因为划分中的这种情况，我们就很明确地知道，走势的最大特点就是，连接中枢的走势级别一定小于中枢。【课文解读：走势划分要遵循走势中枢优先，高级别走势中枢更优先的原则。它保障了划分后连接走势中枢的走势必然是次级别或以下级别的。】换言之，一个走势级别完成后，必然面临至少大一级别的中枢震荡。例如，一个5分钟的上涨结束后，必然至少要有一个30分钟的中枢震荡，这就是任何走势的必然结论，没有任何走势可以逃脱。【深入解析：走势只能被同级别的反向走势破坏，上述原则保证了某级别走势被破坏后，必然面临大一级别的中枢震荡。】

有了这个必然的结论，对于任何走势，其后的走势都有着必然的预见性，也就是其后走势的级别是至少要大于目前走势的级别。这里，一个很关键的问题就是，这个大的走势级别的第一个中枢震荡的位置，极为关键，这是诊断行情的关键。

首先，任何一个后续的更大级别中枢震荡，必然至少要落在前一走势类型的最后一个中枢范围里，这是一个必然结论。换言之，只要这中枢震荡落在最后一个范围里，就是正常行为，就是正常的。也就是说，这种中阴状态是健康的。

但，一旦其中枢震荡回到原走势类型的第二甚至更后中枢里，那么，对应的中阴状态就是不健康的，是危险的，而原来走势的最后一个中枢，就成了一个关键的指标位置。【**课文解读**：如图99-4所示，根据线段被破坏的定义，5分钟上涨结束后，必然有一个5分钟的相反走势类型出现，加上其后一段走势，构成一个30分钟的中枢震荡。如果这个中枢落在最后那个5分钟的中枢范围内，表示走势只是换档了，从5分钟改为30分钟级别。但一旦其中枢震荡回到原走势类型的第二甚至更后中枢里，那么，对应的中阴状态就是不健康的，是危险的。】

注意，危险是相对的，对于原下跌走势的中阴危险，就是意味着回升的力度够强，对多头意味着好事情。

结合分型，例如，一个日[线]分型的出现，意味着笔中对应的小级别走势里出现大的中枢，因此，这个分型对应的中枢位置，就很关键了，这几乎决定了这分型是否是最后真正的顶或底。

5分钟线段类上涨a结束后，必然有一个5分钟的相反方向走势类型b出现，加上其后一段走势c，构成一个30分钟的中枢震荡。如果这个中枢落在最后那个5分钟的中枢范围内，表示走势只是换档了，从5分钟改为30分钟级别。但一旦其中枢震荡回到原走势类型的第二甚至更后中枢里，那么，对应的中阴状态就是不健康的，是危险的

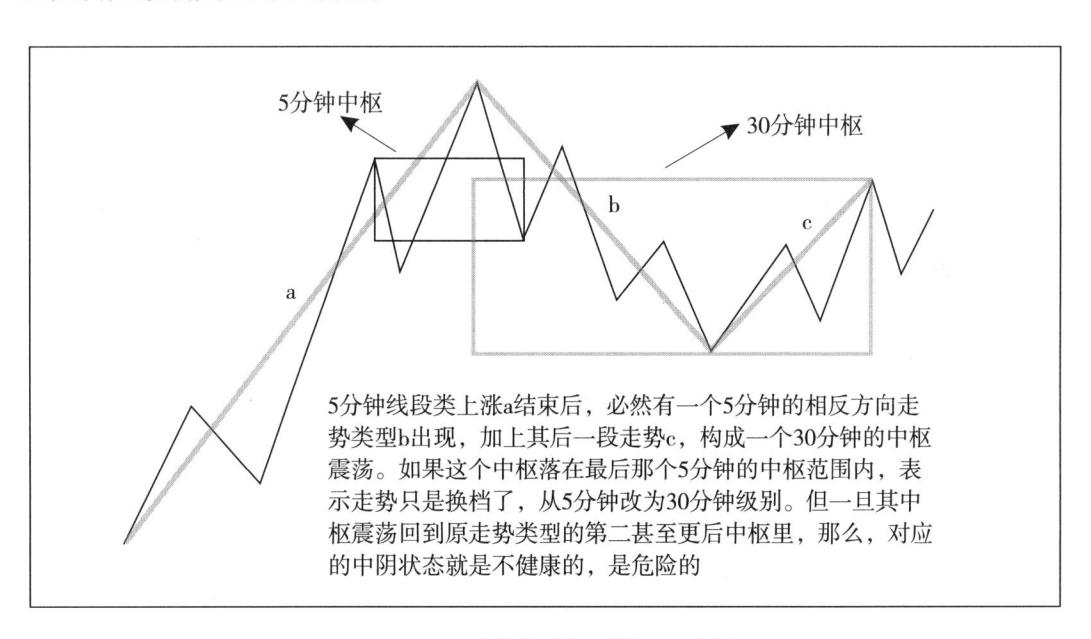

图99-4 走势被破坏后的强弱分析

主题 22

实战建议（三）

该主题接第94课至第98课，基本上是对原有知识的复习。

主要内容：

（1）缠论赋予市场的整体性结构及走势必完美的高级应用。

（2）缠中说禅教给大家的防狼术。

（3）板块强度分析。

（4）底部的缠论定义。

教你炒股票100

中医、兵法、诗歌、操作（三）

（2008-02-25　16:32:23）

只要是中国人，都知道，诸葛亮曾因为一场雨没把司马懿给灭了。这虽然是小说情节，但还是有分析意义的。打仗，必须要把尽可能的情况完全分类，用火攻，那当然最怕下雨。诸葛亮草船借箭的时候算天气算得那么准，怎么这次就没好好算？此外，既然诸葛亮知道这一次不搞死司马懿就没机会了，那怎么不把所有的可能都想到？其实，就算有雨，如果在峡谷外再安排点兵马，那司马懿也逃不掉了。

当然，其实并不是诸葛亮真想不到，而是历史上司马懿就没被诸葛亮干掉，写小说的总不能编得太离谱了，只好把这一切归于天命。其实，在现实中，所谓的天命，都是在人谋之中，只是你的谋划是否完全。另外，一个很重要的是，完全的谋划是否超越你的能力。

股票比战争要简单得多，因为，对于股票来说，完全的分类或谋划，基本不存在超越能力的问题，只是买卖多少的问题，有能力就多点，没能力就少点，不存在某种分类完全不能执行的情况。因此，所有的重点，都在这完全的分类上了。

这点，前面已经反复说过。但完全的分类，不是单层次的，一定也必须是多层次的。本ID的理论最重要的特点之一，就是自然给出了分类的层次，也就是不同的自然形成的级别。不同的级别，有不同的完全分类，综合起来，就有了一个立体的完全分类的系统，这才是我们的操作必须依赖的。

当然，对于小资金，你可以完全用一个层次的完全分类进行操作，但对于大一点的资金，这是不合适的。例如，30、5、1分钟的三个层次所构成的系统里，任何的当下状态，都对应着不同层次完全分类中的一个现实状态。

例如，现在的上海指数，从6124点下来，是一个30分钟的下跌，现在处在最近一个中枢的中枢震荡之中（见图100-1），只要不出现第三类卖点，这震荡还是有效的。

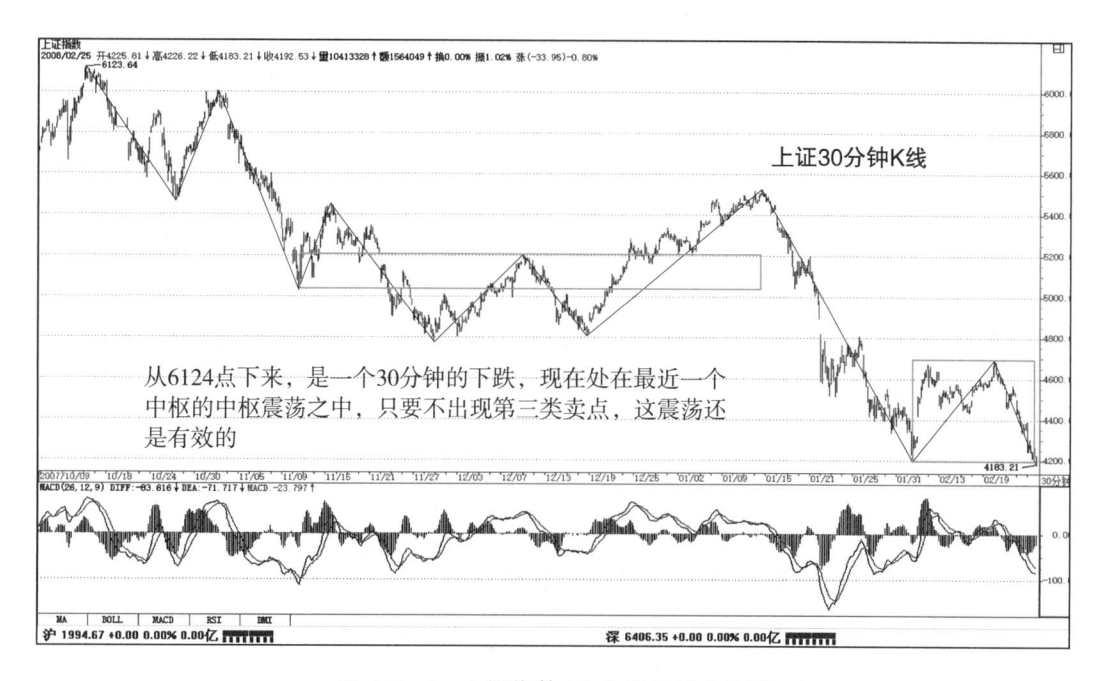

图100-1　上证指数30分钟K线走势图

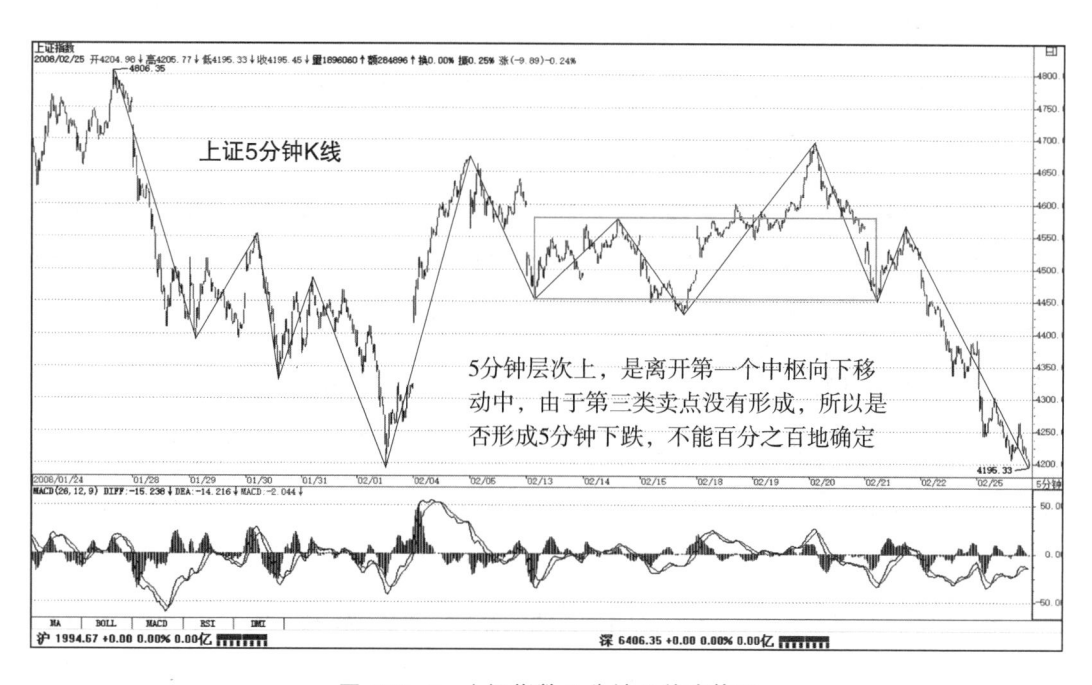

图100-2　上证指数5分钟K线走势图

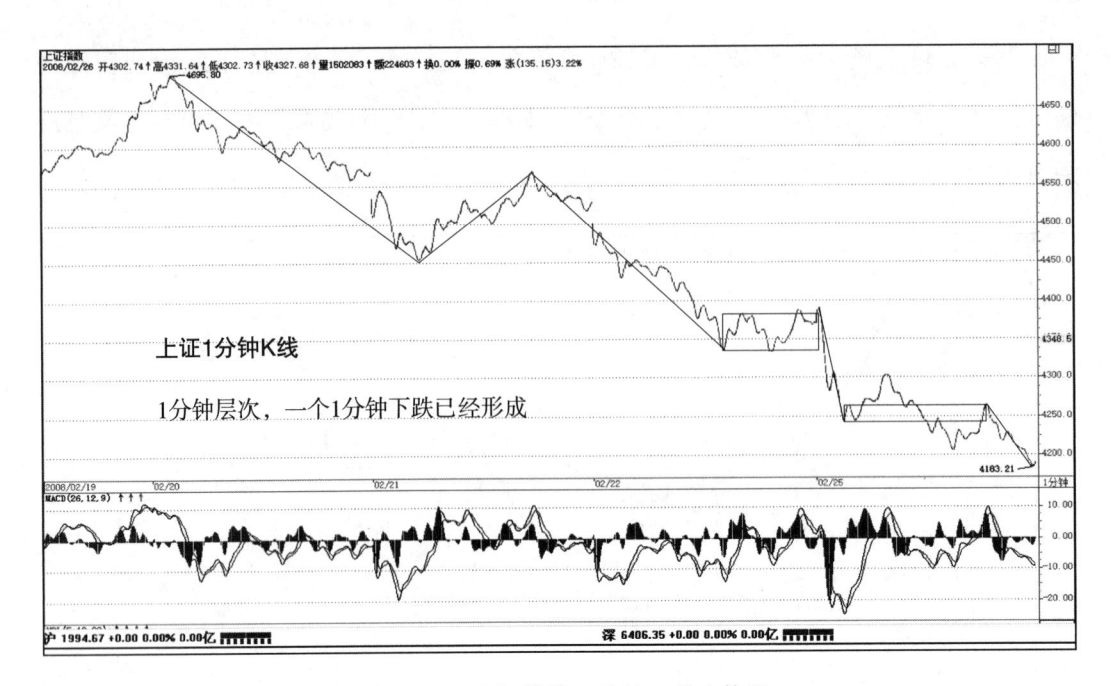

图 100-3　上证指数 1 分钟 K 线走势图

5 分钟层次上，是离开第一个中枢向下移动中（见图 100-2），由于第三类卖点没有形成，所以是否形成 5 分钟下跌，不能给出 100% 的确定。

1 分钟层次，一个 1 分钟下跌已经形成（见图 100-3）。【**深入解析**：这里又是使用的区间套式看盘方法，它只能看个大概。】

因此，这三层次构成的完全分类就给出了最完美的操作指示。首先，第一个必然且一定是最先出现的变化，就是 1 分钟层次的底背驰。如果连这都不出现，其他两个层次是不会有任何状态变化的。而这底背驰后，必然出现回拉，这里就面临两个完全分类：（1）这回拉构成原来 5 分钟的第三类卖点；（2）回拉不构成原来 5 分钟的第三类卖点。因此，对应这两种 5 分钟层次的状态变化：（1）第二个 5 分钟中枢的确认从而确认 5 分钟的下跌。（2）原来 5 分钟中枢继续震荡的确认。

显然，这两种 5 分钟 [走势] 的新变化，都不会导致 30 分钟层次有状态变化。但，其中的一种，却隐含着 30 分钟 [走势] 即将可能面临变化，因为 5 分钟下跌一旦结束回拉构成 30 分钟第三类卖点，那么 30 分钟层次就会有所变化了。

因此，在当下的状态，我们可以很逻辑很严密地推算出后面下一步的系统层次的状态变化。那么这个变化的可能结果，都对应着你可以承受的范围。因此，你只需要把自己可以承受的能力与之相匹配，给出相应的参与资金比例，相应的仓位控制，就可以自如地参与其中了。

例如，你没法应付可能出现的第三类卖点的情况，那么，你就别参与了，为什么？因为这第三类卖点是一个可能的选项。反之，如果你对所有的可能都有面对的技术，那么，就可以参与这1分钟底背驰的活动了。

所以，最终还是那个问题，把市场分析好了，把情况分类好了，然后问一下自己，你有这个处理所有可能情况的能力吗？如果没有，那就算了；如果有，就上。事情就这么简单。

当然，你还可以这样，就是把仓位弄得特别小地去参与，这样，可能培养自己面对相应情况的能力。能力毕竟要干才能培养的，光说不练，那永远还是没能力。关键是知道自己干什么，而不是糊涂蛋瞎蒙就行。

教你炒股票 101

答疑

（2008-03-04 16:14:02）

发现课程到这里，后面还有很多内容，但前面的一些内容，很多人还是没能完全把握。所以，这里不定时答疑，各位有问题的，最好集中一下，本 ID 有时间可以把其中典型且重要的回答一下。

1. 第二类买卖点的问题

简单地，就说第二类买点，卖点的情况反过来就是。

第一类买卖点就是背驰点，第三类买卖点就是中枢破坏点，这都是很清楚的。而这第二类买卖点，好像还是有很多[人]不明白。

其实，所谓第二类买点，就是第一类买点的次级别回抽结束后再次探底或回试的那个次级别走势的结束点。这个定义在前面说得很清楚。例如，一个 5 分钟底背驰后，第一类买点上去的 1 分钟走势结束后，回头肯定有一个 1 分钟的向下走势，这走势的结束点，就是第二类买点。【深入解析：缠论第一类买卖点与第二类、第三类买卖点不是同一个级别的，第一类买卖点比第二类、第三类买卖点的级别要大。】

那么，第二类买点有哪几种可能的情况？

（1）最强的情况（见图 101-1）。

第二类买点刚好构成原来下跌的最后一个中枢开始的震荡走势的第三类买点，也就是第二、三类买点合一了，这是最强的走势。这情况，一般都对应 V 型反转的快速回升，是最有力度的。

（2）最弱的情况（见图 101-1）。

第二类买点跌破第一类买点，也就是第二类买点比第一类买点低，这是完全可以的。这里一般都构成盘整背驰，后面对应这从顺势平台到扩张平台等不同的走势，这在后面的课程里会说到。

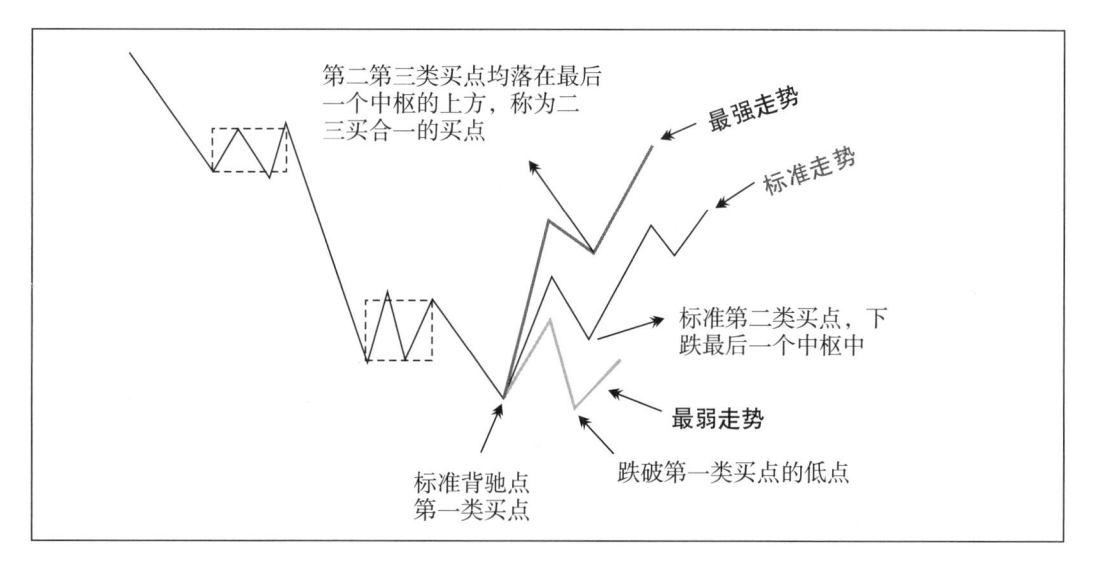

图 101-1 第二类买卖点强弱分析

（3）一般性走势（见图 101-1）。

也就是前面两者之间的走势。这种情况下，第一、二、三[类]买点，是依次向上，一个比一个高。

站在原来下跌最后一个中枢的角度，第一、二、三类买点都可以看成是中枢震荡的结果（见图 101-2），因此，在第二类与第三类[买点]之间，可能会存在着更多的中枢震荡走势，不一定如第一、二[类买点]之间是紧接的。那第二类与第三类买点之间的震荡买点，一般就不给特别的名称了，当然，也可以看成是第二类买点，这样，并没有多大的影响。

注意，只有在这回升的中阴状态下才有第一、二类买点，中阴状态结束后，所有的中枢震荡只存在第三类买卖点以及中枢震荡的买卖点，就不存在第一、二类买卖点了。【**深入解析**：中阴阶段只存在于走势转折时。】

2. 走势必完美

这问题，估计没有人能真明白，因为这里学过现代数学的人很少，所以对这样整体性的问题，估计只有糊涂的份。

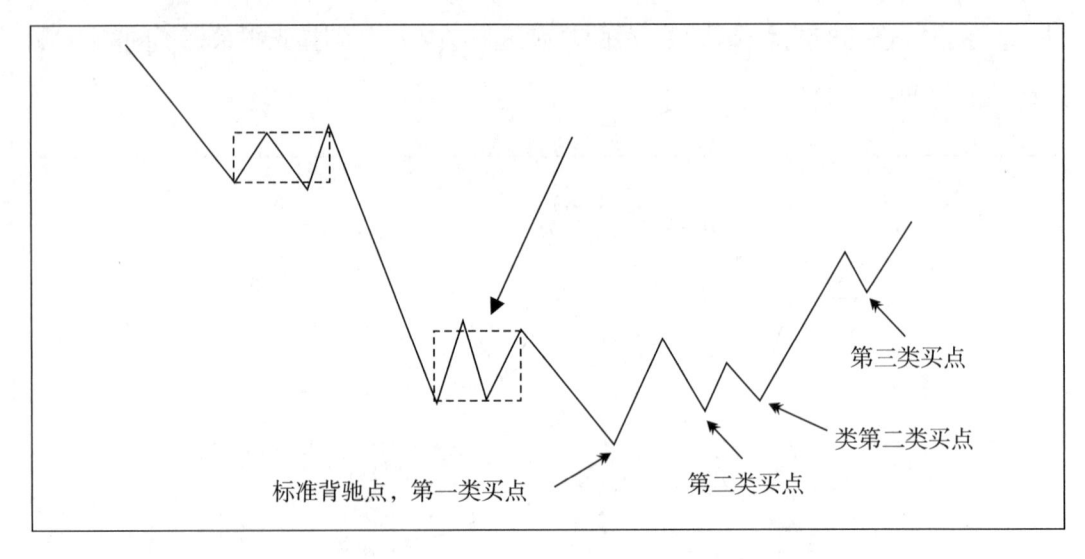

图 101-2　缠论三类买卖点都可以看做围绕中枢的震荡

所谓走势必完美，就是本 ID 所给出的分型、笔、线段、不同级别走势类型所对应的递归函数，能将行情的任何走势唯一地分解。

唯一分解定理，在现代数学理论的任何分支中都是核心的问题。一个具备唯一分解定理的理论，都是强有力的。例如，当时在解决费马猜想时，用到分圆域的问题，但分圆域没有唯一分解定理，也就是唯一分解并不是总能成立，这样只能引进理想数，使得在理想数的角度能让唯一分解定理成立，从而展开了代数数论一个全新篇章。

本 ID 理论最牛的地方，就是把仿佛毫无头绪的股票走势，给出了唯一分解定理，也就是走势必完美，这等于引进理想数，使得代数数论升堂入室一样牛。

数学不行，当然看不明白这些关节。很多人，整天纠缠在分型如何如何上，只能证明这些人根本没看懂本 ID 的理论。分型等于递归函数的 a0，这完全可以随意设计，如何设计都不会影响到唯一分解定理的证明。【课文解读：缠论赋予市场的整体性结构只需要走势中枢与走势类型即可。缠论第一种划分方式推导出了最低级别的走势中枢与走势类型；缠论第二种划分方式从小级别推导出大级别。详见第 84 课相关内容。】

但现在这种设计，一定是所有可能设计中最好的，这使得笔出现的可能性最大并把最多的偶然因数给消除了，使得实际的操作中更容易把走势分解。

注意，很多人连分型都没完全搞明白。分型不需要任何假设，只需要符合定义就可以。是否符合，只有唯一的答案，不需要任何假设。

有了走势必完美，就可以把一切关于走势的理论包含其中，所以本ID的理论可以包含所有其他的理论并指出其不足的地方，就在于本ID的理论解决了最根本的理论问题：唯一分解。【**字斟句酌**：唯一分解要求走势级别序列必须是递归得到的，可惜书中例子大多按区间套方式给出。】

当然，对于这个问题，如果有好的现代数学背景，理解得更深一点。当然，如果不明白的，也无所谓，本ID已经把大的背景藏在后面，给出了浅的，谁都可以应用的操作方法，把那方法搞明白就可以。

教你炒股票 102

再说走势必完美

（2008-03-06　16:10:18）

如果是单纯地唯一分解，并不能显示本 ID 理论真正厉害之处，因为走势必完美对应的是一种最特殊、最强有力的唯一分解，这看似毫无规律的市场走势竟然有这样完美的整体结构，这才是最牛的地方。

最完美的系统，肯定是自然数了。为什么？因为自然数具有诸多的唯一分解方式，例如素数的分解。但还有一种最牛的分解，就是对于幂级数的唯一分解，因为有这种分解，所以自然数有记数法。例如，2 的幂级数对应的唯一分解就是 2 进位，而 10 的就是 10 进位。如果没有这种分解，我们就不能用记数法记录自然数了。

正因为这分解如此有力，所以我们都会觉得很平常，似乎自然数有记数法是天经地义的，其实，这才是自然数整体结构中最牛的地方。而一般的数系，一般是没有这种性质的。

同样，本 ID 的理论给出的递归函数，完美地给出市场走势一个类似记数法一样的唯一分解。也就是说，本 ID 揭示了看似毫无规律的市场走势竟然有着和自然数类似的整体结构，完全超越一般的想象，这才是真正最牛的地方。

正因为本 ID 的理论揭示了看似毫无规律的市场走势有如此完美的整体规律，所以才有了其后一系列的操作可能。这才是走势必完美真正关键的地方。【深入解析：如果把走势必完美当作规律，那么很难理解缠论，它其实是一个规则，就像十进制记数法则中的"逢十进一"一样。】

因此，级别在本 ID 理论中就极端关键了。为什么？因为本 ID 的递归函数是有级别的，是级别依次升大的。所以，搞不明白级别，根本就不明白本 ID 的理论。

那么，这样一个整体结构有什么厉害的结论呢？这可以推演的东西太多了，随便说一个，就是区间套方法的应用。如果市场走势没有本ID所揭示的整体结构，那么区间套是不会存在，也就是没有操作意义的。因此，区间套的方法，就是走势必完美的一个重要的应用。有了区间套，买卖点的精确定位才有可能，也就是说走势必完美的存在导致了买卖点可以精确定位，这显然是操作中最牛的一种方式了。【**深入解析**：区间套思路同样适用于缠论递归出来的级别序列，甚至只有在这种方式下才有精度可言。】

从1分钟一直到年，对应着8个级别。其实，这些级别的名字是可以随意取的，只是这样比较符合习惯。否则说级别1、2的，容易搞不清楚。

当然，加上线段与笔，可以有更精细的分解，但一般来说没这必要。

任何走势，都可以在这些级别构成的分解中唯一地表达。但一般来说，对于一般的操作，没必要所有分解都搞到年、季、月这么大的级别，因为这些级别，一般几年都不变一下。【**深入解析**：缠论第二种看盘方式是从小级别递归得出，因此比区间套式看盘方式的级别小很多。】你看，从6124点下来，N个月了，还在30分钟级别里混。所以，一般来说，1、5、30分钟三个级别的分解，就足以应付所有的走势。当然，对于大点的资金，可以考虑加上日级别的。【**深入解析**：长久以来，一直坚信缠中说禅在"教你炒股票"108课中故设迷阵。图102-1是大盘从6124点下跌至4000多点的1分钟K线图，共计跌去2000点，但最多是一个缠论30分钟级别的走势，这才是缠论所需的级别序列。】

也就是说，任何走势，都可以唯一地表示为$a_1A_1+a_5A_5+a_{30}A_{30}$的形式。【**字斟句酌**：这是模仿十进制规则写的，但市场结构并非相加关系，而是按从大到小，类似地址之类方式表达的。比如一个年线盘整或者第二个日线中枢的第三段30分钟上涨等等。】而级别的存在，一个必然的结论就是，任何高级别的改变都必须先从低级别开始。例如，绝对不可能出现5分钟从下跌转折为上涨，而1分钟还在下跌段中（见图102-2）。【**课文解读**：下跌段指由1分钟向下笔开始的线段类下跌。】有了这样一个最良好的结构，那么，关于走势操作的完全分类就成为可能。

完全分类，其实是一个超强的实质性质。学点现代数学就知道，绝大多数系统并不一定存在完全分类的可能。而要研究一个系统，最关键的是找到某种方式实现

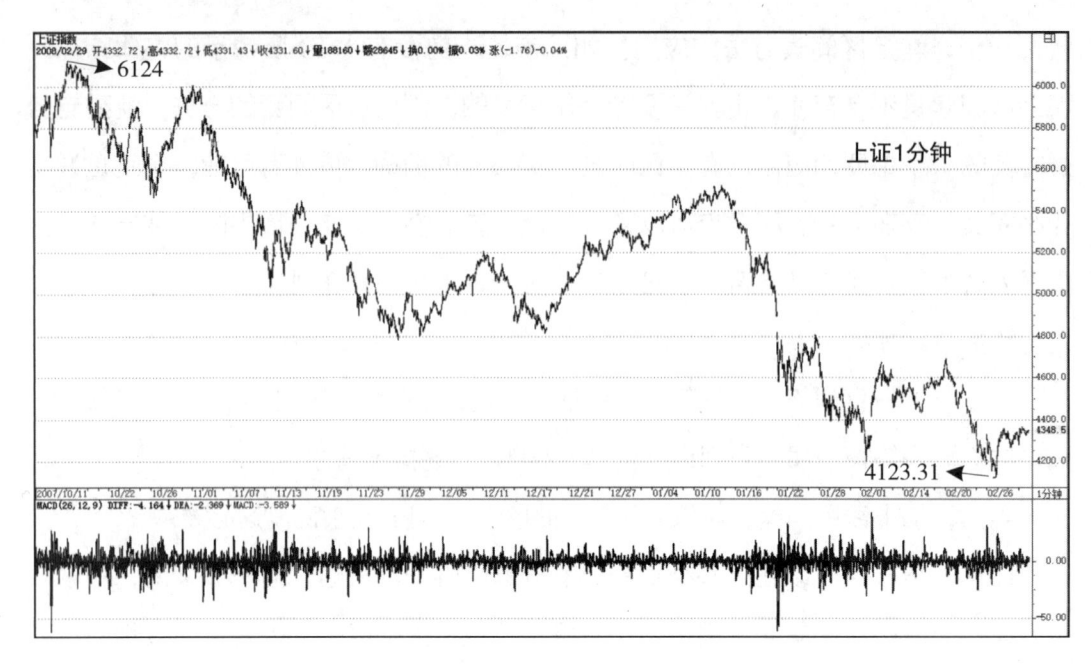

图 102-1　上证指数 6124-4123 点的 1 分钟 K 线走势图

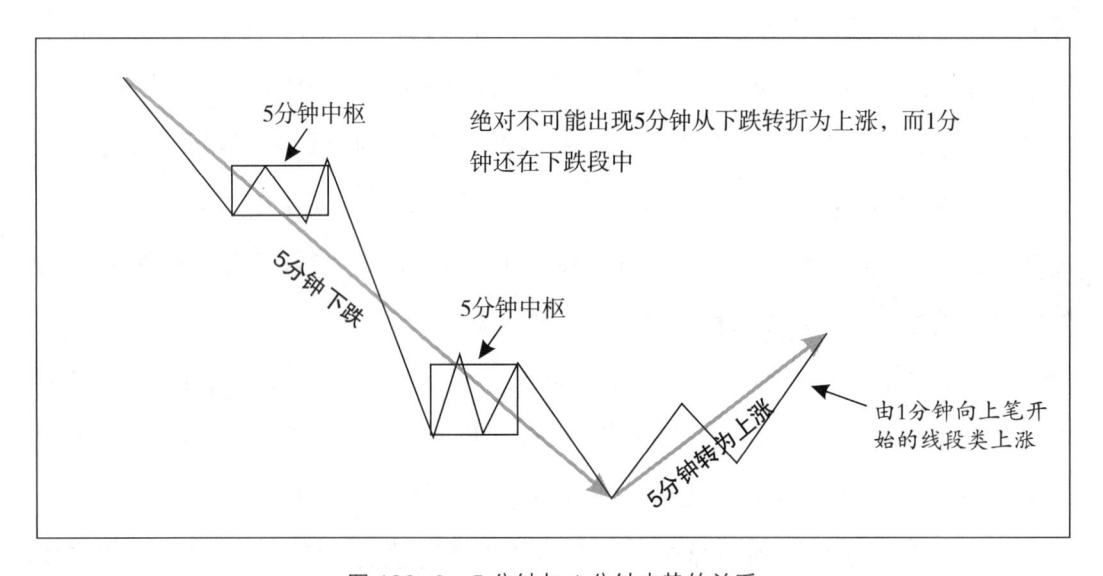

图 102-2　5 分钟与 1 分钟走势的关系

完全分类，说得专业点，就是具备某种等价关系。

而由于走势必完美，所以走势就是可以完全分类的。而所有的分类，都有明确的界限，这样，任何的走势都成为可控的。这种可控并不需要任何人的预测或干预，而是当下直接地显现的。你只需要根据这当下的显示，根据自己的操作原则操作就可以。

注意，完全分类是级别性的，是有明确点位界限的，而不是粗糙的上下平的无聊概念。【**深入解析**：书中大量使用粗糙的上下平概念。】也就是说，本 ID 的理论完全是数量化的，因此就是精确化的，里面不存在任何含糊的地方。

所以，明白上面这些，这样就有了一个大概的框架，而不至于迷失于理论中了。

教你炒股票 103

学屠龙术前先学好防狼术

（2008-03-19 15:58:15）

似乎有人嫌本 ID 的课程太慢，而世界上最多[的]就是这种人，100 多课，估计里面任何一课都没真正弄懂，就嫌课程太慢？如果你真正弄懂其中任何一课，也不至于在实际操作[中]灰头土脸了。

学屠龙术前先学好防狼术吧。本 ID 看现在绝大多数是连防狼术都没过关，大盘稍微来点劲，就会被大盘严重侵犯。

在没彻底[明白]下面所说的防狼术之前，你也别研究什么中枢、级别的了。因为有了这防狼术，至少不会被大盘严重侵犯，也不会在大盘大跌时鬼哭狼嚎了。

这防狼术，其实在上面的课程都有提及，这里再一次综合地总结。看好了。

就一个最简单 MACD 指标，0 轴分为多空主导。也就是说，一旦 MACD 指标陷入 0 轴之下，那么就在对应时间单位的图表下进入空头主导，而这是必须远离的。

各位请自己去看看大盘的 60 分钟图（见图 103-1），5200 点 MACD 跌破 0 轴并反抽确认后，一直到现在 3000 多点，一直就在 0 轴下晃悠，其间产生多大的杀伤力，各位自己难道没有体验吗？【深入解析：MACD 既是一个震荡指标，又是一个趋势指标，0 轴就是趋势分界点，黄白线在 0 轴以上代表多头趋势，0 轴以下是空头趋势。】

回避所有 MACD 黄白线在 0 轴下面的市场或股票，这就是最基本的防狼术。

当然，这涉及时间周期。例如，如果是 1 分钟，那就经常在 0 轴下又上的。这里，你可以根据自己的能力，决定一个最低的时间周期。例如，60 分钟图上的或 30 分钟图上的，一旦出现自己能力所决定的最低时间周期的 MACD[黄白线进入] 0 轴以下的情况，就彻底离开这个市场，直到重新站住 0 轴再说。

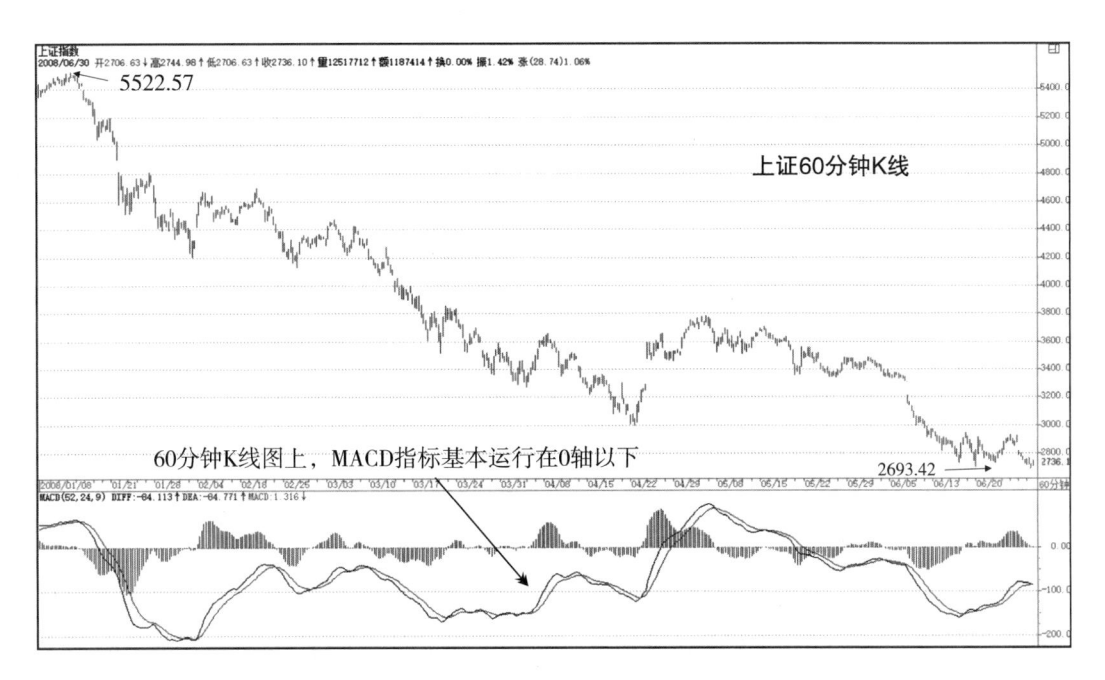

图 103-1　上证指数 60 分钟 K 线走势图

当然，如果你技术高点，完全可以在背驰的情况下介入，这是最高的。但这里不能给太高的要求，一切都要傻瓜化。如果你连 MACD 黄白线是否 [在] 0 轴以下都看不懂，那就彻底离开这个市场吧，地球很危险，回火星去吧。

教你炒股票 104

几何结构与能量动力结构

（2008-03-26 15:47:42）

本 ID 的理论是一个超级完美的理论，第一是在数学的角度超级完美，其次，是在物理的角度超级完美。物理角度，以前说的不多，因为这需要的思维方式，同样要有一个大的改变。【课文解读：这里多少有点儿王婆卖瓜之嫌，笔者希望缠论成为一种人人可学，人人可用的技术，就像自由搏击、跆拳道之类的武功一样。每个学习、使用的人都了解自己的真实能力，赢得明白，输得清楚，这才有利于缠论发扬光大。】

有些工科或老一代理科的，对现代物理一点概念都没有，以为能量动力，就如同牛顿时代，用各种微积分或各种级数等等无聊算法就是了。

现代物理的一个核心概念，就是物理与几何的高度统一。本质上，现代物理就是一门几何学，只不过是各种不同高深的几何学。而几何学也不是一般认为的那些几何学，几何的领域，可以涵盖并超越你思维的所有方面。

广义相对论是第一种真正意义上的现代物理学，而其基础是几何，一种比较简单的几何学。后面，到规范场、超弦、膜空间等等，就涉及各种超越一般人直观的几何了。【课文解读：规范场、超弦、膜空间都是高大上的现代物理学理论，有些还仅仅是一些假说。】

在那些几何学里，能量、动力等结构对应着一些特殊的几何结构。这才是现代物理的主流。

对于一般人来说，广义相对论可能是最简单的了。那里，物质结构与几何结构是高度统一的，诸如引力结构等，对应着一些特殊的几何结构。如果有兴趣，可以找本广义相对论的课本看看，看看这种几何结构的威力。

而本 ID 的理论，本质上是站在这种现代物理的角度构建自己的能量动力学结构的。这里，一切都是几何结构说了算，一切的能量动力形态，都变几何化。因此，必须有这种思维上的根本改变，才会有真正的理解。否则，还是牛顿时代那种弱智思维，那就将陷入一种机械化思维的陷阱中。

　　具体怎么样，以后慢慢说来。

教你炒股票 105

远离聪明、机械操作

（2008-04-13 21:51:14）

股市里死掉的，大半是聪明人，越聪明的，死得越快。要在市场上生存，就必须远离聪明，因为，你的聪明在市场面前一钱不值。

市场就如同一头牛，只有目无全牛，才可能随心解之而合其关节。在本ID的理论中，机械化操作的本质就是目无全牛而合其关节。因为，根据本ID的理论，市场的结构已经被彻底分解。站在本ID理论的角度，哪里有什么市场，不过是一堆的关节。而机械化操作，就是逐步合于其关节的节奏，而不被全牛的繁复所影响。

至于分解这市场的那个标准是什么并不重要，也就是分类的原则并不重要，关键这分类能导致完全分类就行了。那些看不起分类的，永远只能在全牛的迷惘中可怜，咱就不带他们玩了。

本ID可以再次明确地说，全牛纷繁，因此可以口水多多，各有道理，那么，就让这些聪明人去道理去，去争论去。咱不爱聪明，咱不爱全牛，咱只知道关节的节奏；咱不爱争论，咱更不爱预测，咱只负责挣钱。

如果你喜欢道理而不喜欢白花花的银两，喜欢争论而不喜欢挣钱，那么就远离本ID的理论吧，那对你没用。

最近，不写课程，但其实一直都在写。每天，就是用一个最简单的分型以及能否延伸为笔的最基本标准进行分类，就完全可以处理如此震荡的行情。人总爱复杂的东西，看不起简单的，而这才是真工夫。

挣钱，本来就是很简单的事情，不过就是一个良好习惯与操作策略的结果，一点劲都不用费。那些费力才能挣到的钱，也不会"袋"得住。

人总爱贪多，请问，分型这最简单的分类导致的操作，你把握了吗？如果这都没熟练把握，你再学其他又有什么意义？好好总结吧。

教你炒股票 106

均线、轮动与缠中说禅板块强弱指标

（2008-07-10 12:12:22）

以反弹为例子说本节，调整的只要反过来就是。

任一级别，都有最少的延伸时间。例如，一笔，由于必须有顶与底的分型，因此，必须至少延伸 6 个基本 K 线单位。也就是说，如果 5 日线都不能碰到，那就不会是笔的反弹了。同样的道理，可以给出线段、1［分钟］、5［分钟］、30［分钟］、日、周等等级别的最少延伸时间，以及相应最少挑战的均线。

由此可见，走势级别与均线虽然没有必然的关系，但还是有一个大致的区间对应的。特别地，根据经验，一个趋势中 N 个中枢对应的压制均线大致都是相同的。例如，第一中枢被 89 日均线压制了，那后面同趋势中后继的中枢，很有可能就会被同样的均线压制。如果有一个反弹只能达到 34 日线，那么和前面第一中枢同级别的概率就很小了。

除了最简单的笔，任何走势都是大级别套小级别的，因此，单纯一条均线的意义不大，必须是均线系统。【课文解读：不同均线，代表不同的级别。】

注意了，均线系统的设置，一定要根据实际的走势来，也就是你设置的均线系统，一定要和实际已有走势相吻合。例如，从 6124 点下来，我们选择 5、13、21、34、55、89、144、233 参数构成均线系统（见图 106-1），各位可以看看，该系统就完全和走势极端吻合。【课文解读：此均线系统由斐波那契数列组成。】

例如，4778 点就是 233 日均线支持下产生的，【字斟句酌：如图 106-1 所示，此处应为 144 日均线。】其后在 55、89 日均线上构成多头陷阱，其后下跌一直受制于 21 日均线，直到 3000 点下。其后反弹又被 55 日均线精确压制，接着的下跌，一直在 13 日均线下，直到这次反弹。

教你炒股票 106　均线、轮动与缠中说禅板块强弱指标

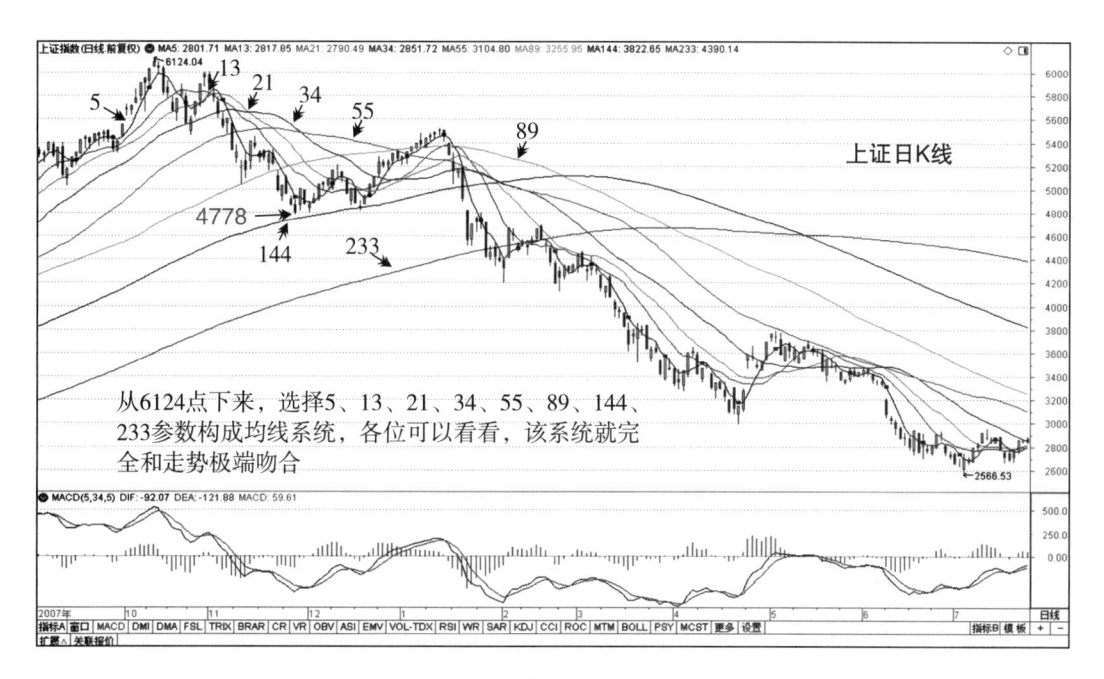

图 106-1　走势与均线系统的选择

用这个系统，可以给出一个完全的分类去判别走势的强弱与先后。当然，单纯看指数还不是该分类最有用的地方，那是单一品种的用法。关键我们还可以打横来用，对所有股票按此进行分类，由此市场轮动的节奏就一目了然了。

分类的原则是本次反弹目前为止未曾攻克的最小周期均线，因此，8 条均线就可以分成 9 类，最差的一类当然就是完全在所有均线下那种（见表 106-1）。

表 106-1　多重均线视角下的走势强度

第一类	被所有均线压制
第二类	仅突破 5 日均线
第三级	突破 5、13 日均线
第四类	突破 5、13、21 日均线
第五类	突破 5、13、21、34 日均线
第六类	突破 5、13、21、34、55 日均线
第七类	突破 5、13、21、34、55、89 日均线
第八类	突破 5、13、21、34、55、89、144 日均线
第九类	突破 5、13、21、34、55、89、144、233 日均线

注意，最厉害的不一定完全在所有均线之上的，为什么？（各位思考一下，不要所有答案都依赖本ID，思考一次的效果比本ID说1000次答案都要好。）【参考答案：比如5日均线是一个比较小的级别，因此强力突破了其他均线但在5日均线之下的股票，并不一定比全突破的差。】

还是用本ID长期反复折腾的股票为例子：

北京旅游（000802，见图106-2）、隆平高科（000998，见图106-3）、三爱富（600636，见图106-4）显然是最厉害的第9类。

西部资源（600139，见图106-5）属于第8类。

京能电力（600578，见图106-6）、上实医药（600607，见图106-7）属于第7类，这几天在89日线上的调整极端标准。

中牧股份（600195，见图106-8）、航天动力（600343，见图106-9）属于第6类。

中粮屯河（600737，见图106-10）、建投能源（000600，见图106-11）属于第5类。

而大盘最大周期均线只站上21日线（见图106-12），属于从最弱数起的第4类。

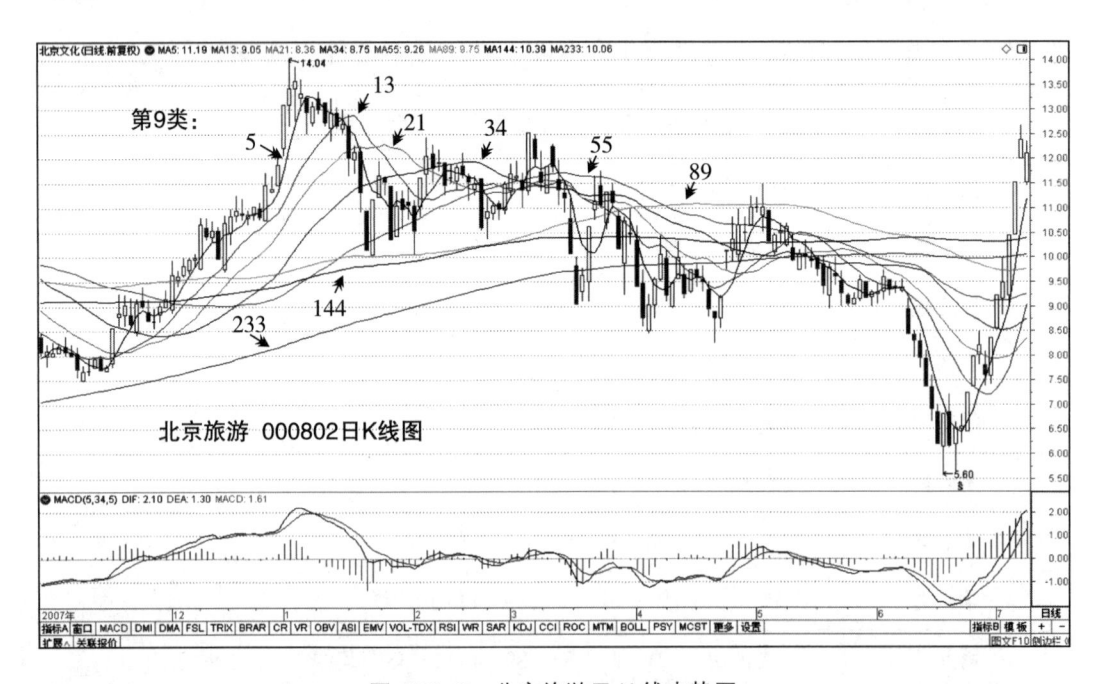

图 106-2　北京旅游日 K 线走势图

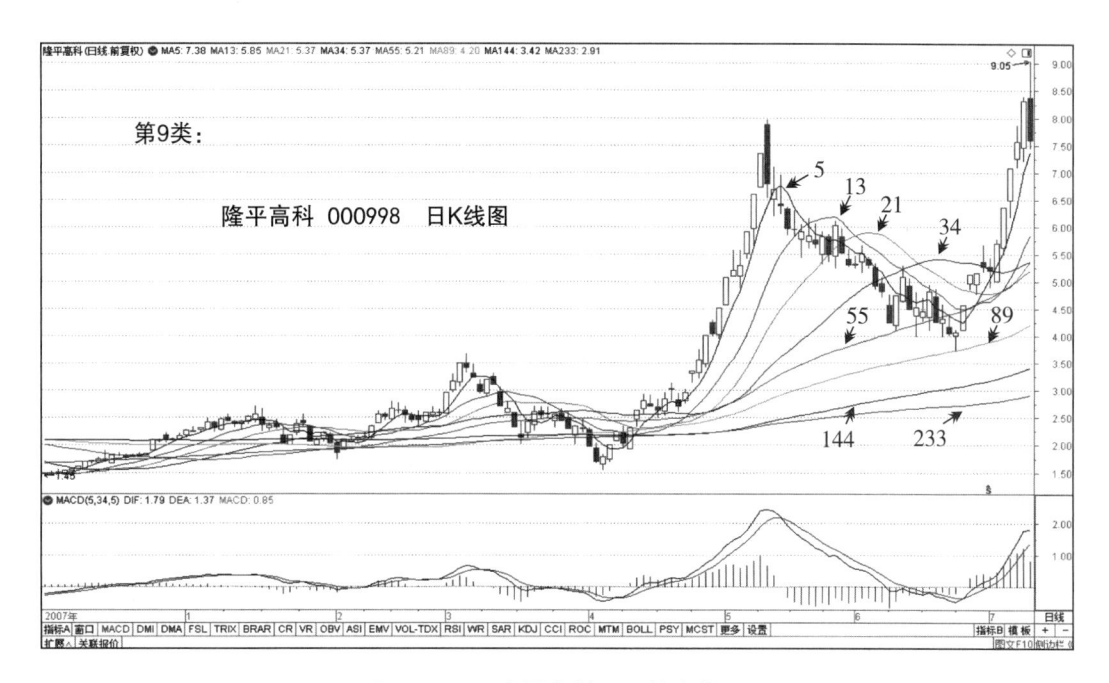

图 106-3　隆平高科日 K 线走势图

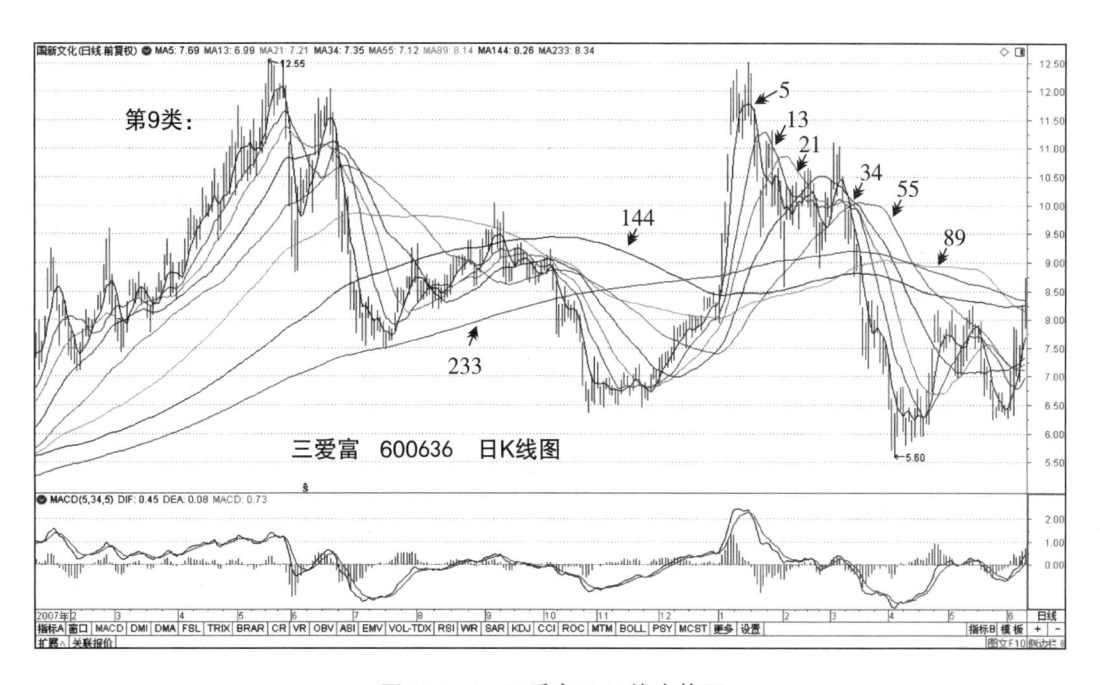

图 106-4　三爱富日 K 线走势图

从这分类可以看出两点，统计一下，目前被 34 天线上下压制的股票是最大量的，这就提示我们，34 天线对于大盘也是压力很大的。由于大盘还没到该线，因此这提示就有预示的意义了。

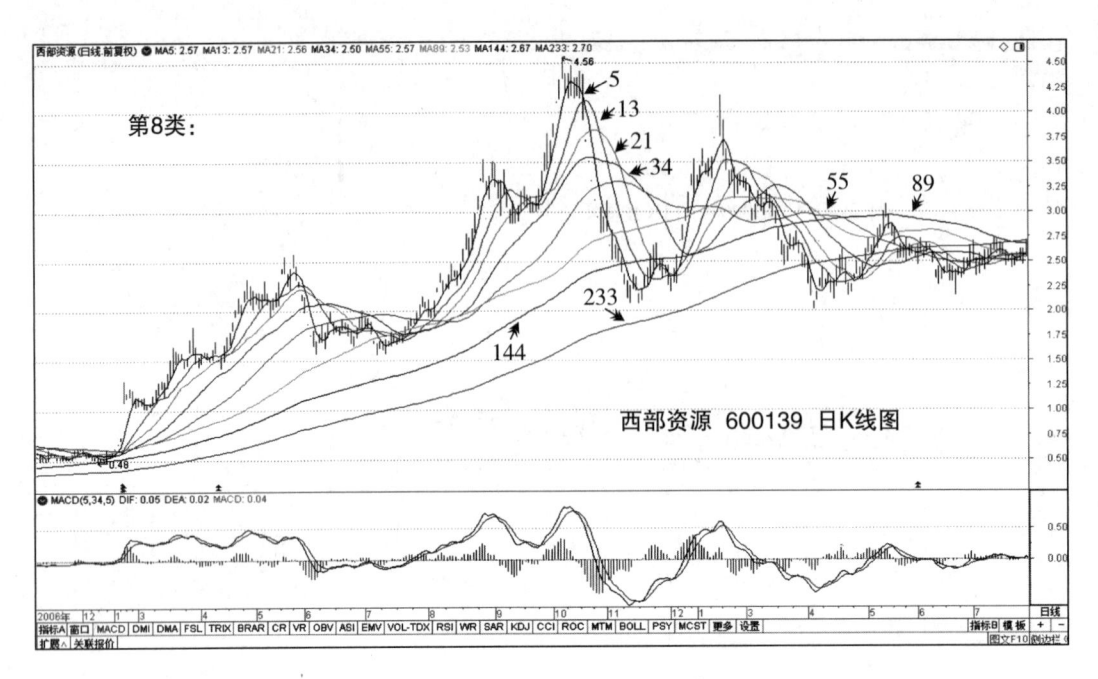

图 106-5 西部资源日 K 线走势图

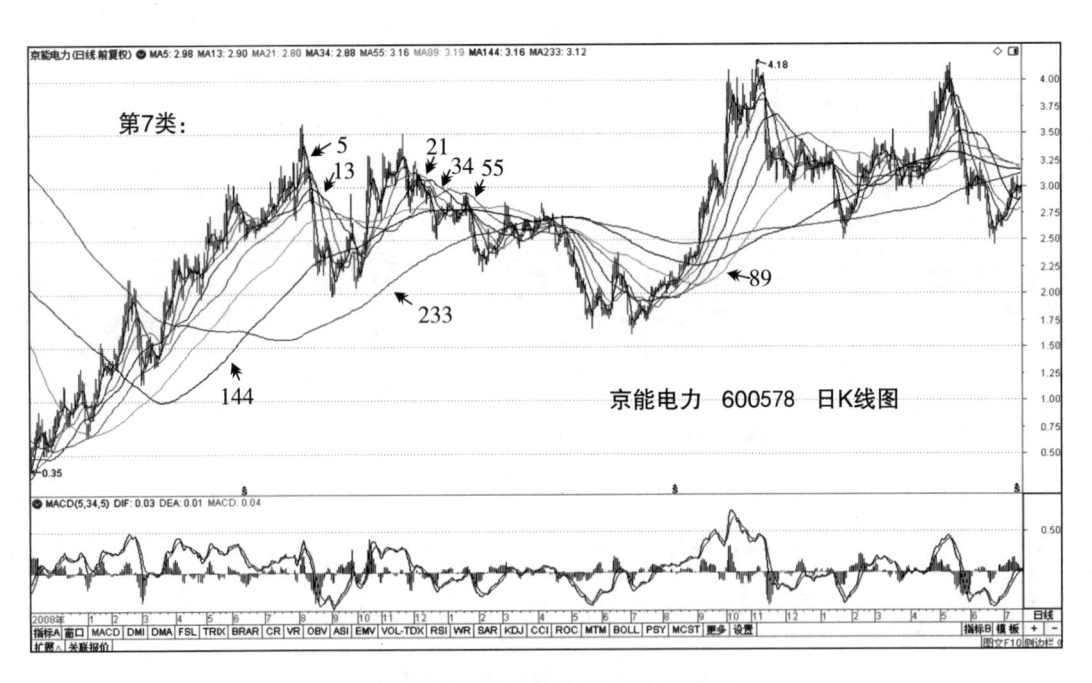

图 106-6 京能电力日 K 线走势图

此外，由于每类股票一旦在 N 类调整，要到 N+1 类，至少有很大一段时间折腾，所以这就给了一个轮动的最好选择。一旦一个趋势级别的走势在 N 类上出现顶背驰，就可以先出来一下，至少有几天偷欢的时间可以去找找别的已经调整可以再启动的

教你炒股票 106　均线、轮动与缠中说禅板块强弱指标

图 106-7　上实医药日 K 线走势图

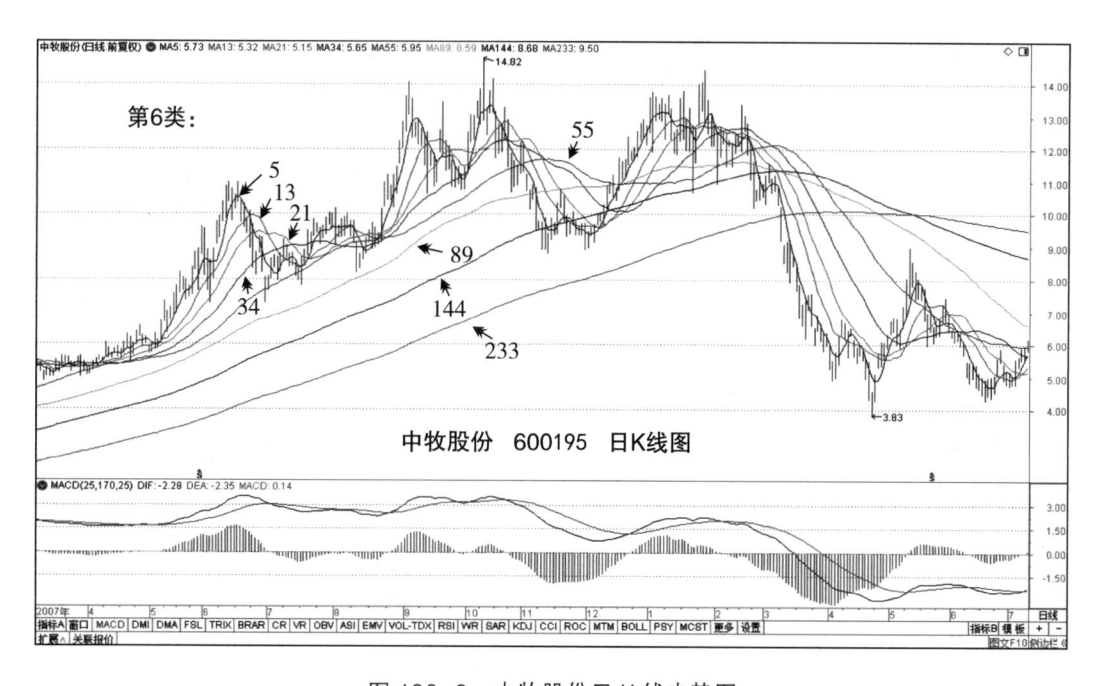

图 106-8　中牧股份日 K 线走势图

股票或者补涨的。

还有一种更重要的，就是根据板块来。要判别一板块的强弱很简单，就是把类别数平均一下，越大越强。这个平均类别数，可以叫**缠中说禅板块强弱指标**。

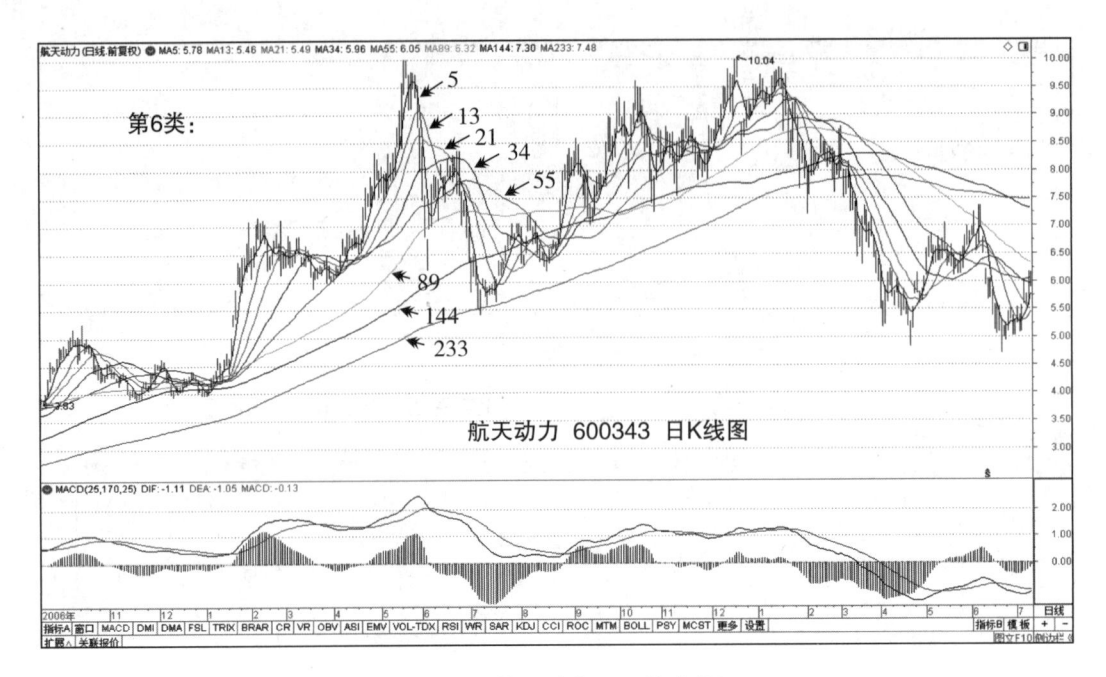

图106-9 航天动力日K线走势图

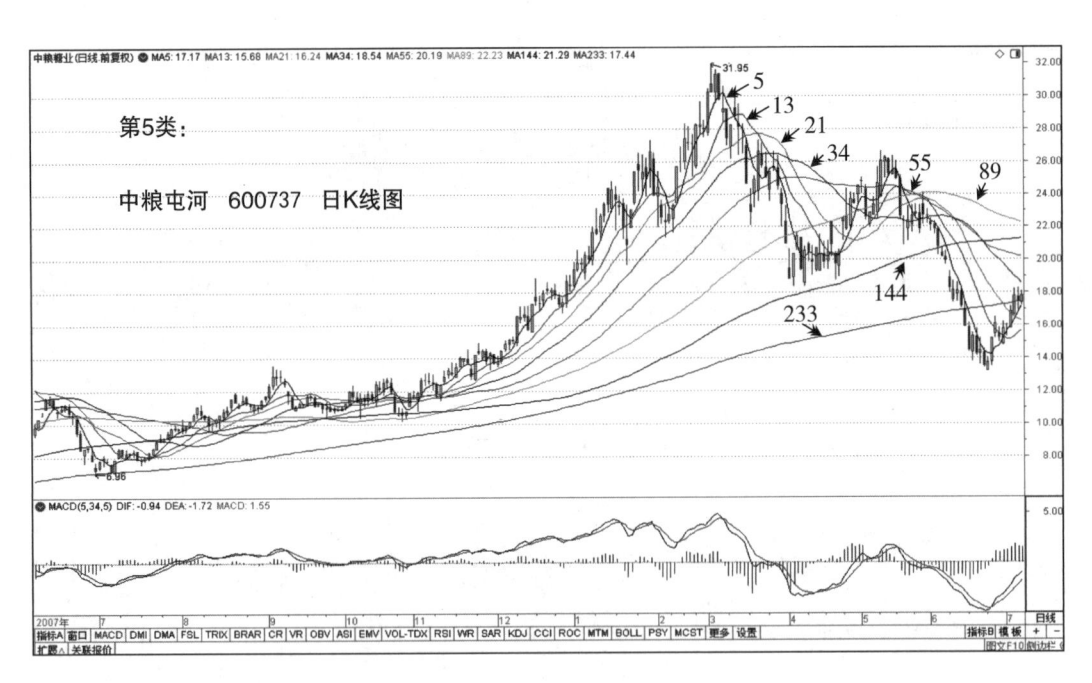

图106-10 中粮屯河日K线走势图

最强的板块属于领涨板块,该板块的动态就十分关键了。此外,把所有板块的缠中说禅板块强弱指标列在一个图上,其轮动的次序与节奏就一目了然了。根据这并配合具体股票的走势分析来,轮动操作当然就极为简单了。

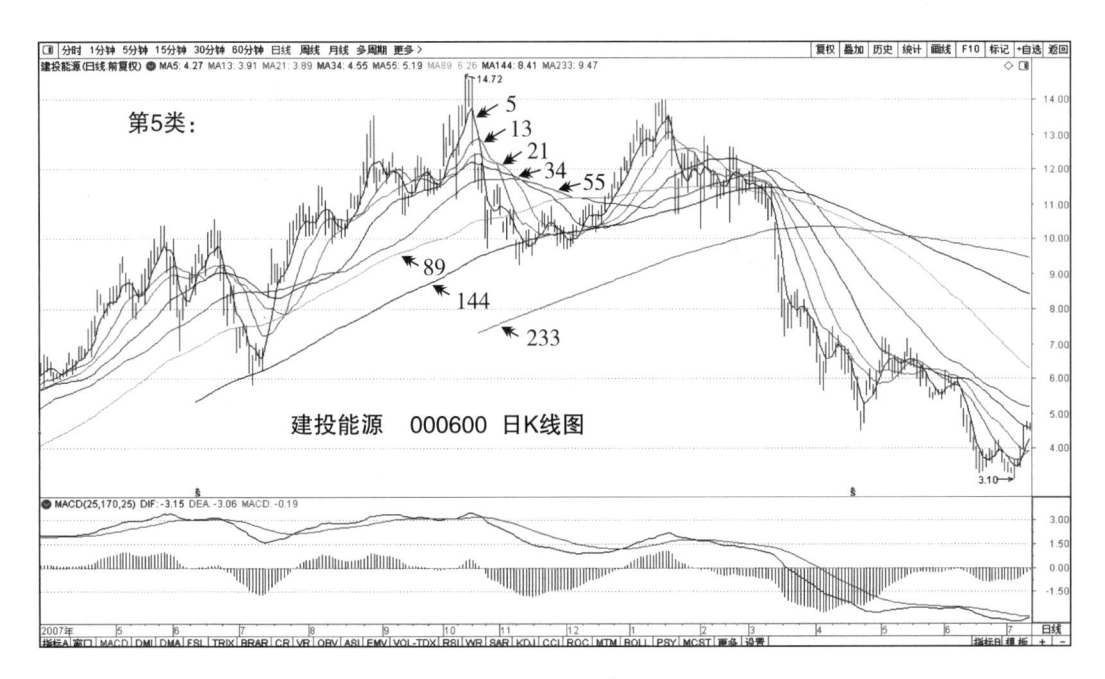

教你炒股票 106　均线、轮动与缠中说禅板块强弱指标

图 106-11　建投能源日 K 线走势图

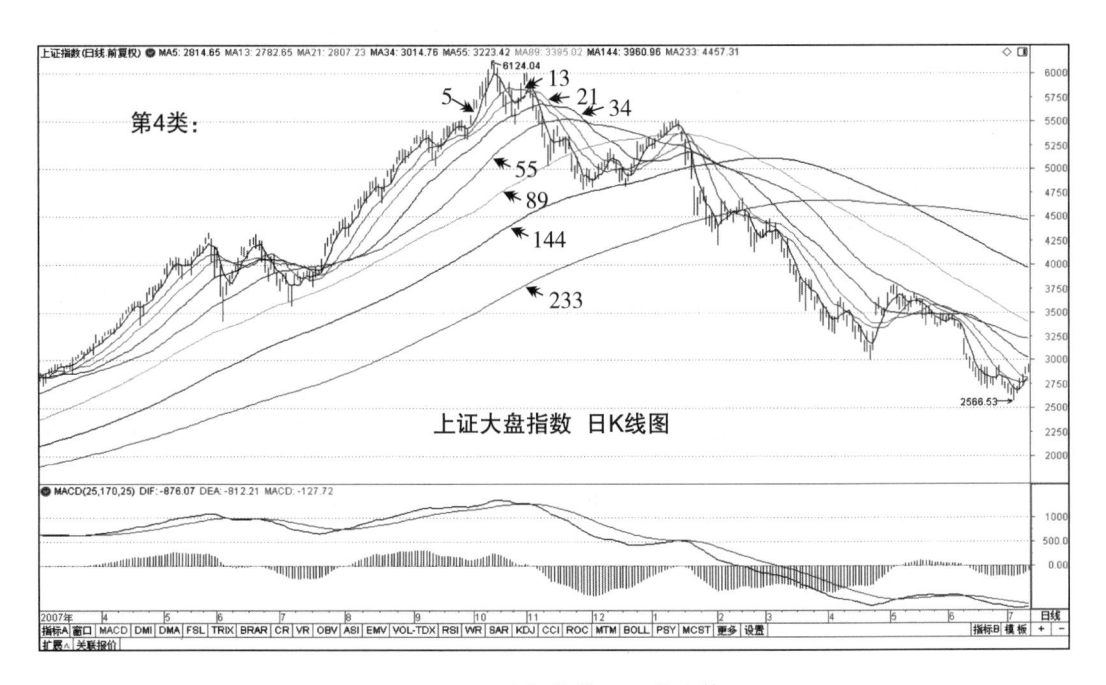

图 106-12　上证指数日 K 线走势图

以上操作，用电脑设计一个程序是很容易解决的，这就不是本 ID 应该为各位准备的事了。面包的制作方法说了，没理由让本 ID 还把面包烘好一个个喂吧，各位就自己糕点一把了。

拓展阅读

缠中说禅板块强度的设定

洞察板块强弱，掌握板块轮动规律，对操作非常有帮助。这一课缠中说禅将观察板块强弱的方法公之于众，当然现在已经不需要自己设计程序来实现这个目标，很多炒股软件提供了这方面的数据，按需选取即可。

图 106-13、图 106-14、图 106-15 就是东方财富通软件给出的板块信息。

2018 年 11 月，酿酒行业相对最弱，股价位于 10、20 日均线之间；汽车行业指数突破 30 日均线，一般强度；券商行业最强，已经突破了 120 日均线。

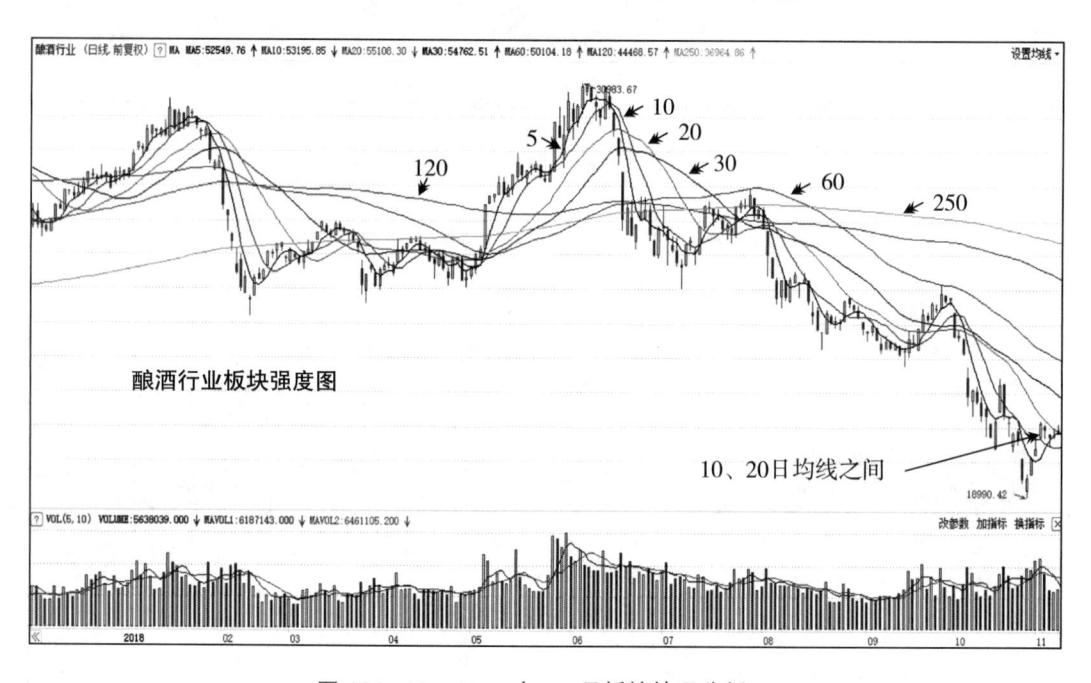

图 106-13　2018 年 11 月板块情况分析一

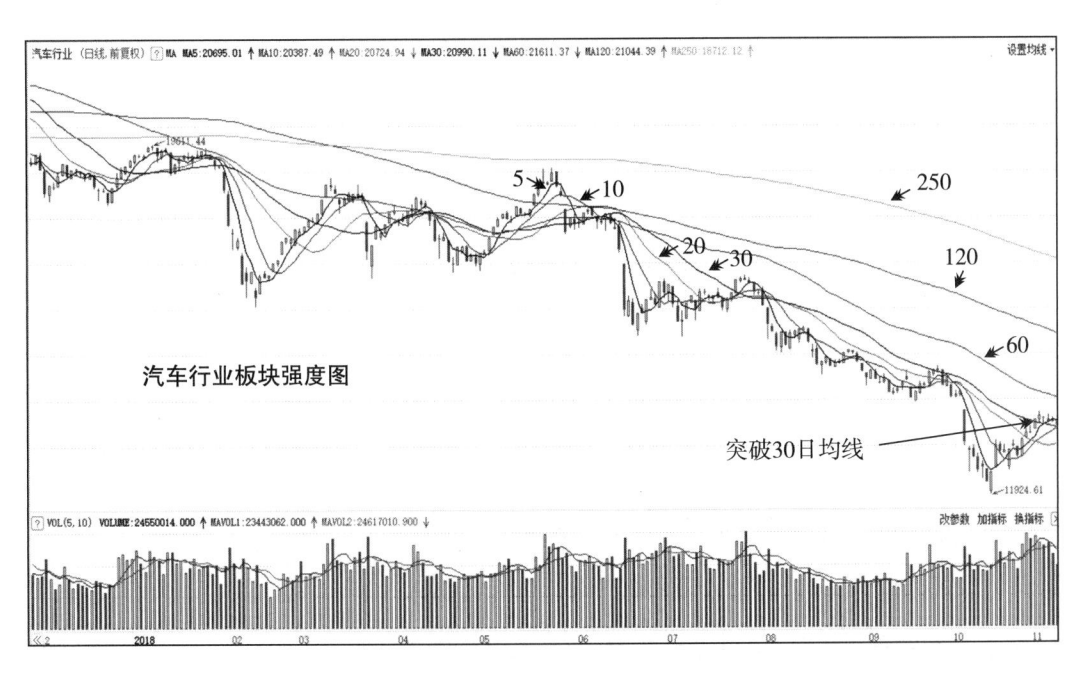

教你炒股票106　均线、轮动与缠中说禅板块强弱指标

图 106-14　2018 年 11 月板块情况分析二

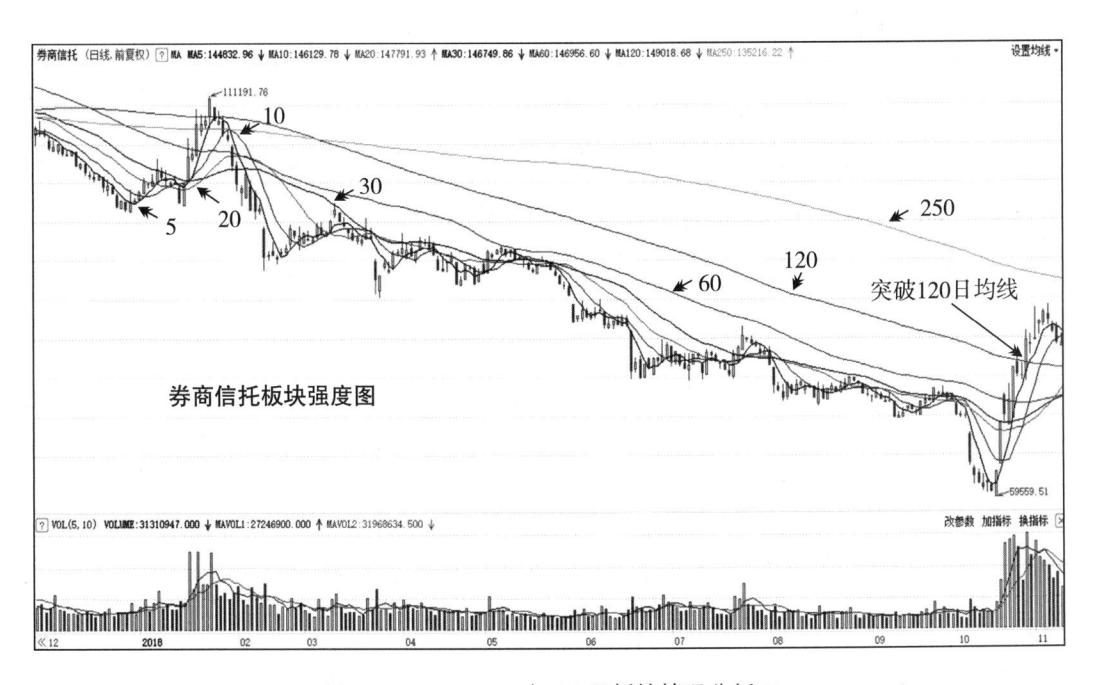

图 106-15　2018 年 11 月板块情况分析三

教你炒股票 107

如何操作短线反弹

（2008-08-19　16:10:39）

好了，没活动就继续说股票。今天的走势都在前面的分析中，具体就不用再说了，各自学习把握就可以。这里，再强调一下一些最基本的操作问题。其实，操作没把握，归根结底是对理论没完全彻底地把握。

例如，一个最实际的问题，如果按照理论，至少有一个30分钟级别的反弹，那么具体的操作应该怎么安排？首先，你必须搞清楚反弹可能的具体走势形式，因为同样是30分钟级别，不同形式，对应的操作难度与方式都是不同的。最大的难点在于，你并不能事先知道反弹究竟用什么方式，因为这涉及预测，而一切预测都不能纳入操作计划的范围，只能聊天吹牛时使用。要解决这难点，必须从绝对性出发，里面不能涉及任何预测。

对一个30分钟的走势类型，我们能绝对性指出的无非有一点，就是这个反弹至少有一个30分钟级别的中枢。有这就足够了，为此就可以构造出一套绝对性的操作方法。

某级别的中枢都是由三个以上次级别走势类型重叠构成，也就是说，一个30分钟的中枢，一定涉及上下上的三个5分钟走势类型。这就是构成我们操作绝对性的最坚实基础。

显然，没有任何绝对性可以保障上下上中，最后一个上一定有比第一个上更高的高点（见图107-1），特别那种所谓奔走型的反弹，后上的高点可能只刚好触及前上的低点。因此，如果你一定要等上下上都完成才抛出，那很可能面对这样的尴尬，就是你在第一个上的最低点买的，在上下上的电梯过后，你只有一个可能连手续费都不够、稍纵即逝的卖点。因此，这种操作，注定是只有相对的理论上的绝对安全性，而没有具体操作上的绝对安全性。要解决这个问题，只能从第一上就开始分解操作，也就是说，没必要等待第二个上了。既然每次上之后都必然有一个同级别的下，而这下的幅度又是不可能绝对控制的，所以还不如就把操作分段，让分段提供给你绝对的具体操作安全。

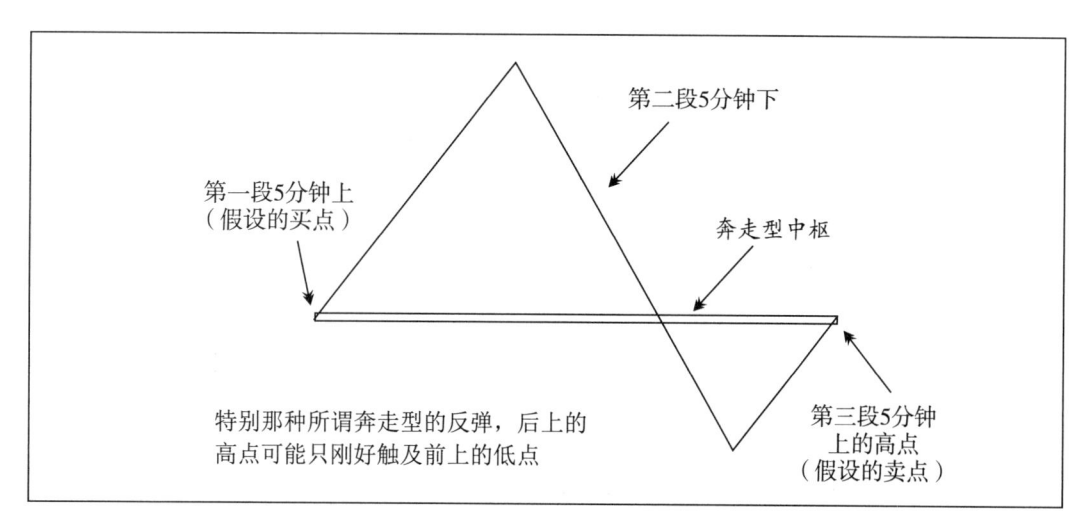

图 107-1　最差的 30 分钟反弹走势示意图

因此，在这种分析下，具体的反弹操作一定是同次级别分解方式进行的。也就是说，30 分钟级别的反弹，是按 5 分钟的节奏去处理的。

注意，这只是统一的处理方法。其实实际操作中，一旦第一上与下出现后，可能的走势形式，就有了很大的绝对性确认了。例如，一个 30 分钟中枢后接一个第三类买点，然后非背驰力度地强劲拉升，那你就完全可以开始坐轿子，等第二中枢，甚至第三、四、五中枢完成，出现背驰后第三类卖点再说了。

其次，更要注意，这绝对性的具体操作还不是平均效率最高的。最高的，就是保持部分仓位，用余下仓位进行换股轮动操作。对于资金少的，这更可以全部仓位进行，不过这技术要求更高，就不多说了。

最后，一定不要去预测什么反弹还是反转，这根本没意义。反弹越搞越大，最后就自然成了反转，而是否如此，根本没必要知道。你唯一需要知道的就是，只要在第一中枢后出现第三类买点并形成非背驰类向上，才可以流着口水地持股睡觉等其余中枢形成，否则，随时都有被反回来的风险。

有人喜欢精确定义，那么这里其实也给出了什么是上升趋势形成的最精确定义，就是在第一中枢后出现第三类买点并形成非背驰类向上。趋势形成，只要趋势没有扭转的信号，当然就可以睡觉，这是太常识的东西了。本ID的理论，并不一定要违反常识，只是本ID的理论可以给正确的常识以合理的理论基础，这才是关键。

后面的课程，将开始具体分析各种可能的反弹类型，这对具体的盘整操作也是有极大用处的。不过必须补充的是，实际的操作效果还是必须靠磨练的。反弹如此，回调的操作反过来就是，更不用多说。

教你炒股票108

何谓底部？从月线看中期走势演化

（2008-08-29 09:15:01）

何谓底部？这里给出精确的定义，以后就不会糊涂一片了。底部都是分级别的，如果站在精确走势类型的角度，那么第一类买点出现后一直到该买点所引发的中枢第一次走出第三类买卖点前（见图108-1），都可以看成底部构造的过程。只不过如果是第三类卖点先出现，就意味着这底部构造失败了，反之，第三类买点意味着底部构造的最终完成并展开新的行情。当然，顶部的情况，反过来定义就是。

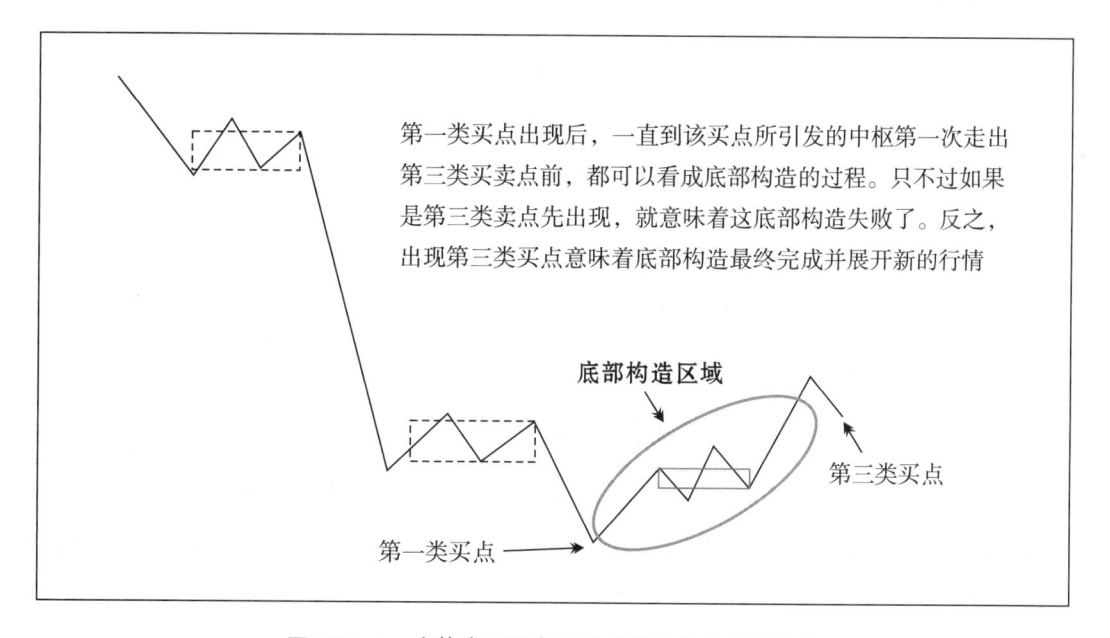

图108-1 走势类型视角下的底部走势分析示意图

此外，用分型的角度同样可以给出底部的概念，只是这粗糙一点，对一时把握不了精确走势类型分类的，这是一个将就的办法。此外，一般性分析中，这方法也可以用，因为对把握大方向已经足够。

站在分型的角度，底部就是构成底分型的那个区间（见图 108-2、图 108-3）。跌破分型最低点意味着底部构成[造]失败，反之，有效站住分型区间上边沿，就意味着底部构造成功并至少展开一笔向上行情。其实，这都不是什么新鲜内容，但这里统一说出来，还是有好处的。同样，顶部反过来就是。【课文解读：分型可以是线段类的，也可以是K线类的，所以分两种情况。】

站在分型的角度，底部就是构造底分型的那个区间，跌破分型最低点意味着底部构造失败。反之，有效站住分型区间上边沿，就意味着底部构造成功并至少展开一笔向上行情

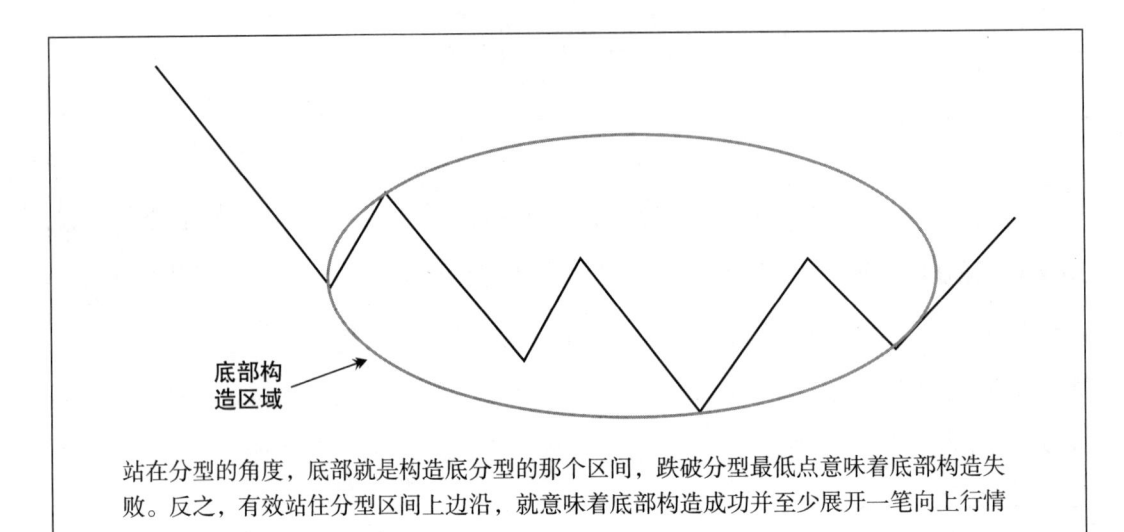

图 108-2　线段视角下的底部

注意了，有了这个定义，就一定要搞明白，不是在底部的区间上买，而是相反，应该和中枢震荡的操作一样，在区间下探失败时买，这才是最好的买点。连这都搞不明白，就白学了。此外，底部是有级别的，日线图上的底分型，当然就对应着分型意义上的日线级别底部。

现在就有一个现成有意义的例子，如图（见图 108-4），2008 年 8 月这月 K 线基本走出来了。显然，9 月是否能构造出底分型，关键是看这个区间 [2284，2952]。其中 2284 点是绝对不能破的，一旦破了，就马上宣告月 [线] 底分型至少要到 10 月后才有戏。因此，即使 9 月没到，我们已经可以有一个大致的操作强弱分类空间了。只要回 2284 点不破的任何分型意义上周级别以下走势，都必然成为一个良好的短线买点，而且其中可以充分利用类似区间套的方法去找到最精确的买入位置。

站在分型的角度，底部就是构成底分型的那个区间，跌破分型最低点意味着底部构造失败。反之，有效站住分型区间上边沿，就意味着底部构造成功并至少展开一笔向上行情

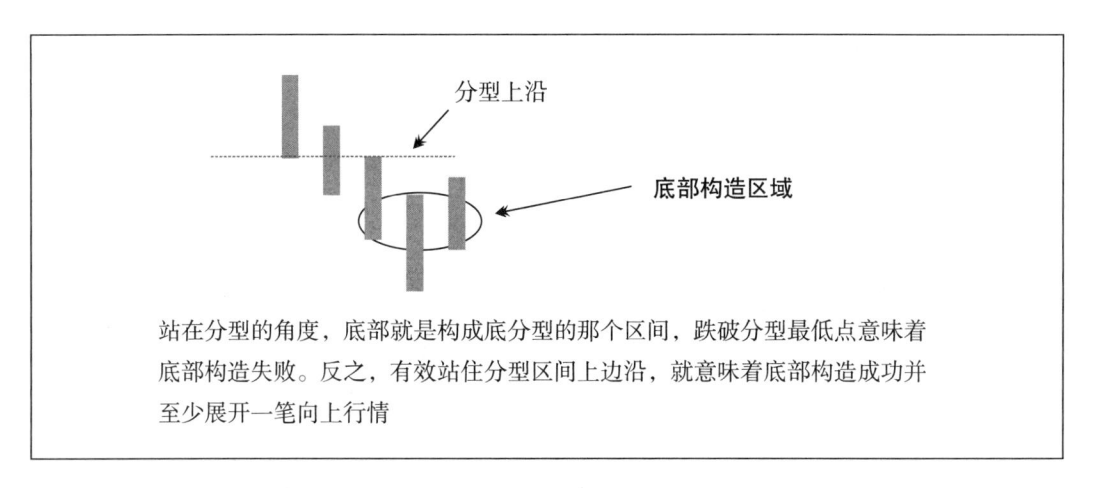

图 108-3　K 线视角下的底部

2008年8月这月K线基本走出来了，显然，9月是否能构造出底分型，关键是看这个区间〔2284，2952〕。其中2284点是绝对不能破的，一旦破了，就马上宣告月底分型至少要到10月后才有戏。因此，即使9月没到，我们已经可以有一个大致的操作强弱分类空间了，只要回2284点不破的任何分型意义上周级别以下走势，都必然成为一个良好的短线买点，而且其中可以充分利用类似区间套的方法去找到最精确的买入位置

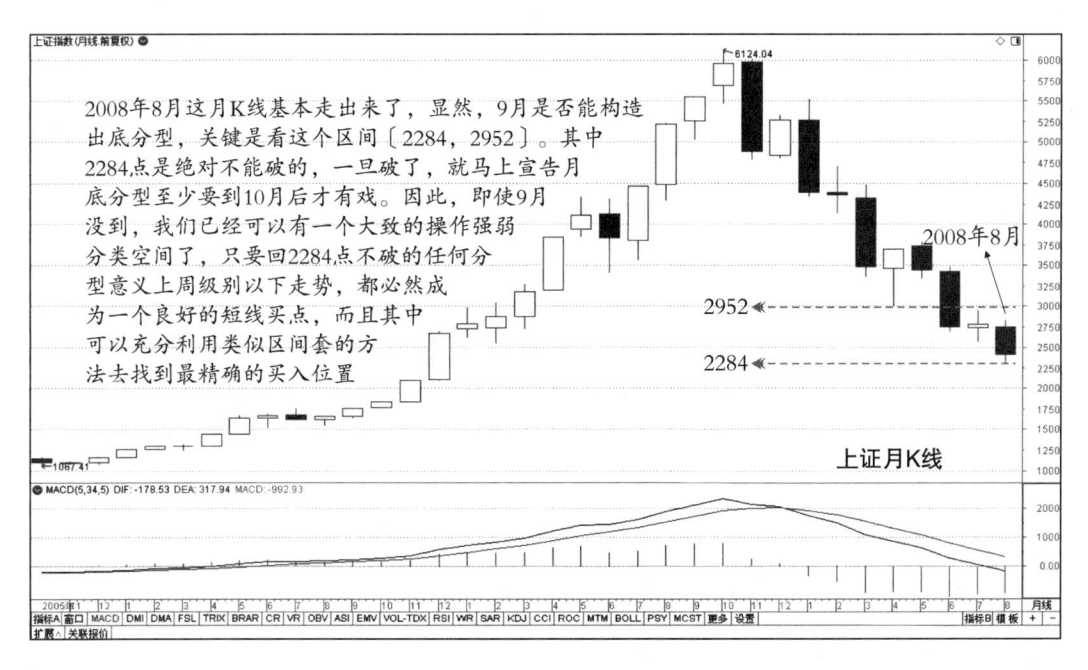

图 108-4　K 线底部案例一

同样，马上可以断言的是，在10月有效确认站住2952点前，月线意义上的行情是没有的，最多都只能看成是分型意义下月线级别的底部构造过程。因此，这对我们操作参与的力度与投入就有了一个很明确的指引。

当然，对于一般投资者，月线图太大了，因此可以看周线图。例如，本周与上周比，到目前为止就是一个包含关系（见图108-5），因此，到下周是关键的能否构成底分型的日子。而真正要走出底部，那还需要对〔2284，2601〕突破有效的

确认。也就说，在中秋前，要确认一个分型意义下的周线行情是不可能的，除非今天，本周最后一天能突然突破2523点，否则就绝对不可能了。

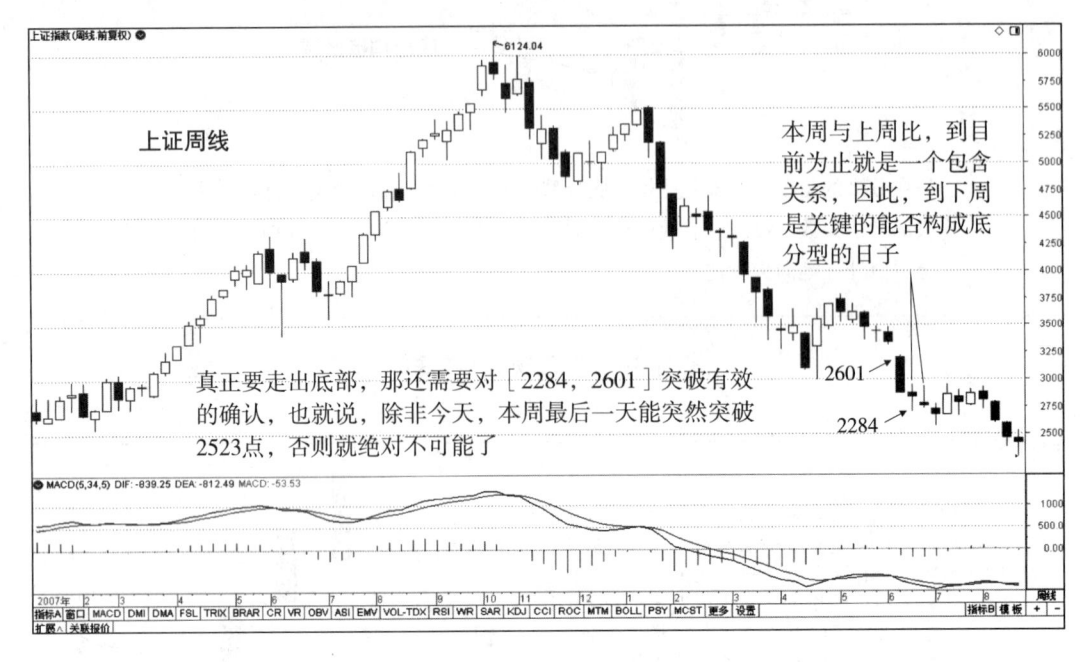

图 108-5　K线底部案例二

从更短的日线看（见图108-6），目前无非就在8月18日开始那底分型引发的底部构造中，是否最终有效，就看［2284，2455］区间走势的演化了。

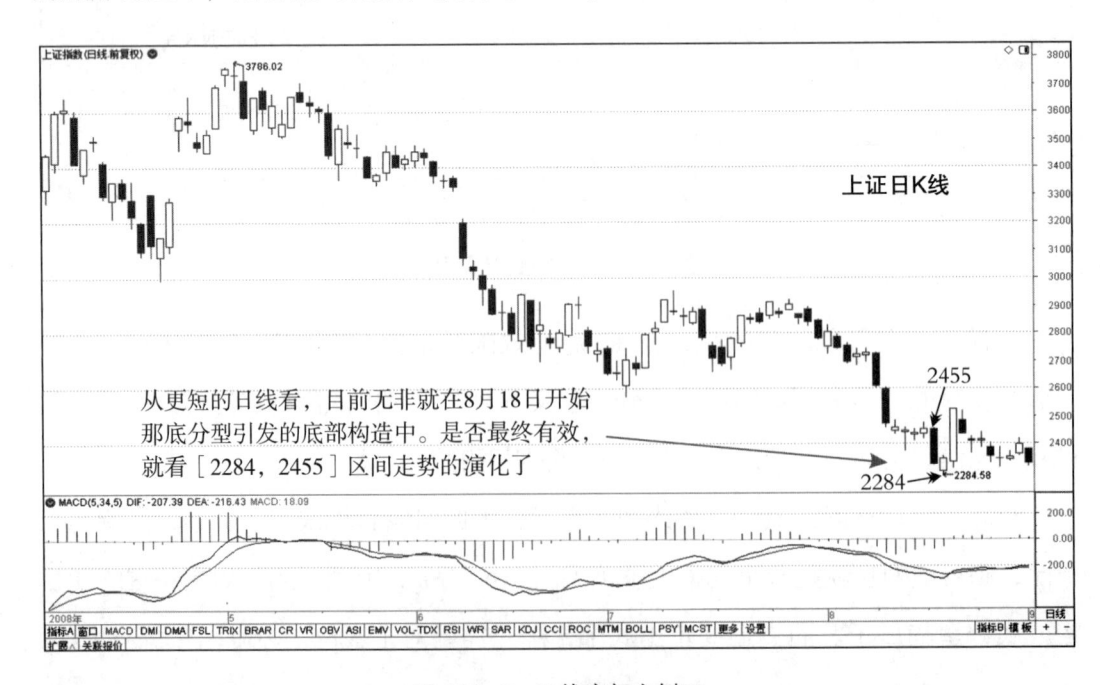

图 108-6　K线底部案例三

操作其实很简单，一个基本的原则就是，任何走势，无论怎么折腾，都逃不出这个节奏，就是底、顶以及连接两者的中间过程。因此，在两头的操作节奏就是中枢震荡，只是底的时候要先买后卖，顶的时候要先卖后买，这样更安全点。至于中间的连接部分，就是持有。当然，对于空头走势，小板凳就是一个最好的持有，一直持有到底部构造完成。

而有技术的，根本就不需要什么小板凳，按操作级别，分清楚目前是三阶段中的哪一段，然后日日是好日，时时是花时，不赚钱那真是脑子有水了。亏钱都是错误操作引起的，不断反省，才会有进步的。